主审孙光荣教授题字

主管单位：国家中医药管理局机关服务局

承办单位：中和亚健康服务中心

中华中医药学会亚健康分会

富智中和（北京）健康科技有限公司

图书在版编目（CIP）数据

国医年鉴.2011年卷/孙涛等主编.--北京：中医古籍出版社，2011.5

ISBN 978-7-5152-0009-5

Ⅰ.①国…Ⅱ. ①孙…Ⅲ.①中国医药学-2011-年鉴 Ⅳ.①R2-54

中国版本图书馆CIP数据核字（2011）第108207号

《国医年鉴》2011卷

主　　编：孙　涛　李俊德　朱　嵘

责任编辑：杜杰慧

封面设计：张东东

出版发行：中医古籍出版社

社　　址：北京东直门内小街16号（100700）

印　　刷：廊坊市安次区团结印刷有限公司

开　　本：889㎜×1194㎜　1/16

印　　张：37.5印张

字　　数：880千字

版　　次：2011年5月第1版　　2011年5月第1次印刷

定　　价：365.00元

标准书号：ISBN 978-7-5152-0009-5

《国医年鉴》编撰委员会

序

《国医年鉴》第三卷面世了。

老子《道德经》中说："一生二，二生三，三生万物"。虽然哲人们对"三生万物"各有所解，但从一到三的递进寓意发展变化则是共识。《国医年鉴》第三卷也期待有所突破。2010 年 9 月，《国医年鉴》编委会诚邀在京的各方面学者，专门召开过一次编辑研讨会。中华中医药学会李俊德秘书长、国家中医药管理局政策法规与监督司桑滨生司长、国家中医药管理局人事教育司张为佳副司长、中国中西医结合学会穆大伟秘书长、北京中医药大学靳琦副校长、北京中医药大学远程教育学院孙光荣副院长、中国中医科学院原基础所所长孟庆云教授、河北医科大学中医研究院曹东义教授等依次发言，就《国医年鉴》的定位、体例、文献采集等提出了很多建设性的意见；中医古籍出版社杜杰慧副社长从出版的视角给出了自己的建议。通过集思广益，《国医年鉴》第三卷采用了栏目框架，扩大了行业涵盖面，优化了编辑队伍，可谓开始了一个新的起点，但又一如既往地保持了鲜明的个性特色。

《国医年鉴》以传承、传播中医药文化为宗旨，无论学术殿堂的精华还是民间散传的璞玉，均兼收并蓄，本卷既有一代名医活用经方温阳的出神入化，也有民间世家传承的特色接骨技法……

《国医年鉴》以构建交互平台为职能，促进学术与产业对接，知识向产品转化。一个理论知识点诞生一个具有广阔市场的产品，一项技术带动一个保健服务企业，这样的内容在《国医年鉴》中屡见不鲜。

《国医年鉴》以服务于中医药事业为己任，上至政策导向、行业法规，下至网络医药信息的真伪，都予以密切关注。行业所需的“中成药临床应用指导原则”、“中医电子病历基本规范（试行）”，民众愿意知晓的“虚假中医药机构网站”、“国家抽验不符合标准规定的药品名单”，均能从《国医年鉴》获得权威信息。

以编年的方式，把中医药行业一年里方方面面的掠影集合印刷出版发行，以一本出版物的传世功能成为传达政府主管部门信息、发布医药行业资讯、聚合社会中医药爱好者的开放平台，这是《国医年鉴》的长久积极意义所在。是以欣然为序。

2011年5月于北京

编辑说明

1. 编辑主体

《国医年鉴》编辑工作在国家中医药管理局指导下，由国家中医药管理局机关服务局组织，中和亚健康服务中心，富智中和（北京）健康科技有限公司和中华中医药学会亚健康分会负责承办。

2. 编辑主旨

实录中医药行业年度法规、重大事件；记录中医药学术科研成果、教育文化和民间特色经验；编录中医药世家方药技艺传承发展脉络；中医药名人成长经历、医学感悟；辑录中医药年度人物重大影响，学术成就；选录国内外中医药文化史实、趣文。搭建一切有志、有成就中医药事业者的展示平台。

3. 编辑原则

以传承、传播中医药文化为目标、摈弃门户之见，力求客观、真实、多元。

4. 篇章结构

在《国医年鉴》2010 卷基础上改版，设 14 个栏目：

一、政策法规选编

二、重大事件

三、年度人物

四、世家传承

五、中医药名人榜

六、中医药传人

七、中医药教育与文化

八、年度成果

九、特色医案

十、数字中医药

十一、 治未病与亚健康

十二、 海外中医药

十三、 杏林故事

十四、 警示台

5．组稿途径

之一：国中医药机服[2010]31 号文件——关于组织编纂《国医年鉴》2011 卷通知，下发各行政单位征稿

之二：政府信息网站正式发布的资讯

之三：行业主要媒体公开刊发的资讯

之四：国家中医药管理局、各级中医药行政机构、一级学会、科研机构、医疗机构等评选出来的优秀人员征稿。

《国医年鉴》编辑委员会

生命与疾病
中医秉承了中华民族认识自然的天人合一思想，形成了对生命认识的整体观，运用阴阳平衡和五行生克制化的观念阐释生命的机理，采用比类取象、由表及里的方法把握生命与疾病的变化规律，创造了以藏象、经络、精气神等为核心的生命观。产生于两千年前的《黄帝内经》奠定了中医理论的基础，经过世代传承、创造和发展，相继产生了《伤寒杂病论》、《脉经》等经典文献。
书影《黄帝内经》
内景图

目　录

一　政策法规选编

二　重大事件

六 中医药传人（按姓氏拼音排序）

七 中医药教育与文化

八　年度成果

十　数字中医药

十一　治未病与亚健康

十二　海外中医药

十三　杏林故事

十四　警示台

一 政策法规选编

1

【法规名称】卫生部办公厅、国家中医药管理局办公室关于在甲型H1N1流感防控工作中进一步发挥中医药作用的通知
【颁布部门】卫生部/国家中医药管理局
【发文字号】国中医药办发[2010]5号
【颁布时间】2010-01-28
【实施时间】2010-01-28
【效力属性】有效
【法规编号】482719

卫生部办公厅、国家中医药管理局办公室关于在甲型H1N1流感防控工作中进一步发挥中医药作用的通知

各省、自治区、直辖市卫生厅局、中医药管理局，新疆生产建设兵团卫生局，部直属（直管）医院，局直属（直管）医院：

在前一阶段甲型H1N1流感防治工作中，按照党中央、国务院的统一部署，卫生部、国家中医药管理局和地方各级卫生行政部门、中医药管理部门高度重视发挥中医药的作用，广大中医药工作者积极主动参与，中医药防治甲型H1N1流感取得良好效果，引起了全社会和国际上的广泛关注。为进一步发挥中医药在甲型H1N1流感防控工作中的作用，现将有关事宜通知如下：

一、提高认识，建立健全协调机制

目前，我国部分地区甲型H1N1流感病毒依然活跃，未来一段时间疫情将在农村地区进一步蔓延，但流行强度将持续减弱，南方地区疫情下降速度可能慢于北方地区；全国重症和死亡病例的报告数呈下降趋势，但农村、边远地区还将有一定数量的报告。专家认为，鉴于春节前后人员大范围流动，不排除局部地区出现甲型H1N1流感暴发疫情，全国范围疫情有所回升的可能。

去年甲型H1N1流感防控的实践和科学研究证明，中医药治疗甲型H1N1流感是行之有效的，发挥了独特作用，是我国防控工作独具的优势。做好甲型H1N1流感中医药防治工作，对于减少甲型H1N1流感带来的危害具有重要意义。

各级卫生行政部门和中医药管理部门要进一步提高认识，切实加强组织领导，落实部门责任，按照《卫生部国家中医药管理局关于在卫生应急工作中充分发挥中医药作用的通知》要求，进一步建立健全中医药参与甲型H1N1流感防控工作的协调机制，将中医药纳入甲型H1N1流感防治工作总体规划中。要建立完善组织体系，各级卫生行政部门成立的甲型H1N1流感领导小组中要有中医人员参与；在组建的临床专家组及多学科人员组成的重症与危重症病例医疗救治团队中，要有中医专家参与；要将符合条件的中医医院确定为甲型H1N1流感定点医院和后备定点医院。各级卫生行政部门和中医药管理部门要加强沟通协调，建立完善协调制度，共同做好中医药参与甲型H1N1流感防治工作部署和安排。

二、加强协作，共同开展医疗救治

各级医疗机构和中医药人员要按照卫生部制定的甲型H1N1流感诊疗方案，科学应用中医药技术和方法开展治疗。对于轻症患者，可考虑主要以中医治疗为主，防止病情加重；对于重症和危重症患者，中医药要早介入，发挥中西医结合综合治疗的优势，最大程度降低病死率。要加强中医人员与西医人员的配合，加强中医医疗机构和其它医疗机构之间的协作，收治甲型H1N1流感病例的传染病院、综合医院要积极吸纳中医科室或中西医结合科室的

中医药人员参加救治，对于中医力量薄弱的传染病院或综合医院，要主动请区域内技术力量较强的中医医院的专家参加会诊和救治。要探索建立中西医人员协同治疗甲型H1N1流感的有效途径，逐步形成有中国特色的甲型H1N1流感治疗模式。

三、及时总结，深入开展科学研究

开展甲型H1N1流感中医药治疗的医疗机构和人员要高度重视中医药治疗情况的总结和临床研究工作，及时做好病例资料的收集、整理和分析，完整记录中医药诊疗的全过程，特别是要认真总结中医药在重症和危重症病例治疗的经验，要针对临床诊疗中的关键问题和提高疗效的瓶颈问题，科学设计，规范实施，积极深入开展临床研究，肯定疗效，规范方案，发现机理，为充分发挥中西医两种医学的优势、制定中西医结合的综合治疗方案提供依据。

相关机构要组织多学科专家共同参与中医药防治甲型H1N1流感科学研究，建立相关保障措施和机制，临床科研同步实施，中西医结合，平战结合，立足当前，着眼长远，共同推进中医药防治甲型H1N1流感等传染病临床科研体系建设。

四、资源共享，确保信息沟通畅通

建立完善中医药防治甲型H1N1流感的信息报送制度，进一步加强信息沟通。省级中医药管理部门要及时了解、汇总本地区甲型H1N1流感中医药防治情况，并反馈至国家中医药管理局。因防治工作需要，省级中医药管理部门组织收集、了解中医药治疗甲型H1N1流感相关信息时，各级医疗机构要积极配合和支持。

五、加强建设，不断提高防治能力

各级卫生行政部门在加强防治能力建设、组织人员培训及安排相关经费和物资储备时，要对中医药防治甲型H1N1流感工作提供必要的支持和保证。医疗机构要加强中医药参与甲型H1N1流感防治工作能力建设，中医医疗机构重点加强基础设施设备建设和诊断治疗、消毒隔离等知识培训等，传染病院等其它医疗机构重点加强中医临床科室建设和中医药防治甲型H1N1流感技术方案培训，不断提高中医药防治甲型H1N1流感的临床疗效和救治水平。要充分发挥中医药专家的作用，切实加强技术指导。

二〇一〇年一月二十八日

2

【法规名称】国家中医药管理局关于印发2010年中医药工作要点的通知
【颁布部门】国家中医药管理局
【发文字号】国中医药发[2010]1号
【颁布时间】2010-02-05
【实施时间】2010-02-05
【效力属性】有效
【法规编号】478102

国家中医药管理局关于印发2010年中医药工作要点的通知

各省、自治区、直辖市及计划单列市、副省级省会城市卫生厅局、中医药管理局，新疆生产建设兵团卫生局，局各直属单位，北京中医药大学：

现将《2010年中医药工作要点》印发给你们。请结合本地区、本单位工作实际，认真贯彻落实，并及时将工作进展情况报告我局。

二〇一〇年二月五日

2010年中医药工作要点

2010年中医药工作的总体要求是：以邓小平理论和“三个代表”重要思想为指导，深入学习实践科学发展观，全面贯彻党的十七大和十七届三中、四中全会以及中央经济工作会议精神，认真落实深化医药卫生体制改革和《国务院关于扶持和促进中医药事业发展的若干意见》提出的各项任务要求，围绕卫生工作的总体部署，着力做好推进中医药继承与创新，大力发展中医医疗和预防保健服务，加强中医药人才培养和科技支撑体系建设，繁荣发展中医药文化等工作，抓住机遇、改革创新，扎实工作、狠抓落实，努力开创中医药事业持续健康发展新局面。

一、积极参与实施医改各项重点任务

（一）在基本医疗保障制度建设中，认真研究制定有利于提供和使用中医药服务的优惠政策。各地调整新农合补偿方案时，要落实好统筹补偿方案重点提高使用中医药有关费用补偿比例的政策措施，引导农民应用中医药适宜技术。

（二）按照国家基本药物制度的实施意见，认真做好中药基本药物配备和使用管理以及各省（区、市）增补中药品种的遴选工作。与卫生部联合制订《国家基本药物目录临床应用指南（其他医疗机构配备使用部分）》中成药卷。开展国家基本药物中的中成药临床应用培训和应用情况的监测与评估。

（三）在健全基层医疗服务体系中，继续组织实施县中医医院建设项目，加强乡镇卫生院和村卫生室中医药条件建设。完善各类中医医疗机构及中医科室建设标准，进一步强化县、乡、村三级网络协作。继续参与实施“万名医师支援农村卫生工程”，组织开展城乡医院对口支援工作，建立一批三级中医医院与县级中医医院对口协作关系，确保10%以上的县级中医医院接受对口支援。加强中医临床适宜技术筛选工作，制定中医适宜技术筛选研究工作指南。积极推广基层中医药适宜技术，建立基层中医药适宜技术推广长效机制。

（四）落实国家基本公共卫生服务项目中的中医药内容。将应用中医药预防保健技术和方法、发挥中医药在公共卫生服务中的作用，纳入基本公共卫生服务绩效考核体系并列为重点指标予以考核。

（五）积极稳妥推进公立中医医院改革试点。各地特别是在国家级的公立医院改革试点地区，要在公立医院区域布局和结构调整规划中，合理规划公立中医医院的布局，探索建立有利于公立中医医院发挥中医药特色优势的财政补偿机制和具体补助办法，落实对公立中医医院在投入上的倾斜政策，协调相关部门完善中医医疗服务收费项目及价格政策。深化中医医疗机构应用临床路径管理的试点研究与创新，加快研究制订常见病的中医临床路径和中医电子病历标准和规范。加强公立中医医院的运行管理和内涵建设，建立健全有利于发挥中医药特色优势的医院管理和服务监管的评价指标体系。开展中医执业医师多点执业试点。鼓励和引导社会资本举办中医医疗机构，推进符合条件的药品零售企业举办中医坐堂医诊所，研究制定中医专业技术人员特别是名老中医开办中医诊所鼓励政策。

二、加强和改善中医医疗与预防保健服务

（六）巩固发展城乡基层中医药服务，推动中医药服务进乡村、进社区、进家庭。印发实施《农村中医药工作近期重点实施方案（2010-2011年）》和《农村中医药工作指南》。进一步完善农村中医药服务网络，抓好农村医疗机构中医特色专科、针灸理疗康复特色专科，县级中医医院中药房、急诊急救能力等项目建设。认真总结经验，做好将农村具有中医药一技之长人员纳入乡村医生管理工作。继续开展全国中医药特色社区卫生服务先进单位创建活动，加大《社区中医药服务工作指南》推广实施力度。探索建立中医类别全科医师规范化培训制度，对全国10000名中医类别执业医师进行岗位培训。修订印发中医民族医（师承和确有专长人员）医师资格考试大纲。

制定加强民间医药和民营中医医疗机构工作的意见，推动民间医药的挖掘整理和推广应用。

（七）继续做好中医药防治重大疾病工作。建立健全中医药参与重大疾病防治与突发公共事件卫生应急工作机制和应急网络。进一步加强中医药防治甲型H1N1流感、手足口病等重大传染病工作，继续开展中医药治疗艾滋病试点项目，在项目省试行《中医药治疗HIV/AIDS疗效评价分期标准及指标体系》。

（八）努力提高中医医疗服务质量和水平。继续开展发挥中医药特色优势为主题的中医医院管理年活动，加强中医医疗机构医疗服务质量管理与评价，促进中医医疗机构因病施治、规范诊疗、合理用药。大力实施中医“三名三进”战略，加快培育一批中医名医、名科、名院。继续组织实施重点中医医院建设项目。实施重点专科（专病）行动计划，继续开展临床诊疗方案验证和临床治疗难点解决工作，组织重点专科建设项目的评审验收。推进中医医院信息化建设，提高中医药服务科学化管理水平。加强综合医院中医药工作，印发《综合医院中医药工作指南》，开展“全国综合医院中医药工作示范单位”创建活动。

（九）加强和改进中医医疗机构中药服务管理。加强与食品药品监管部门协调，完善医疗机构中药制剂管理办法。实施中医医院中药制剂能力建设项目，加强医疗机构中药制剂的研制，出台提高中药饮片质量的政策措施，继续推广使用小包装中药饮片和新型煎药机。规范中成药合理应用，对中药处方书写提出规范要求。

（十）组织实施中医诊疗设备促进工程。制订关于发展中医诊疗设备的意见和中医医院设备配置标准，组织实施“改造一批，提升一批，开发一批”中医诊疗设备项目，适时开展第二批中医诊疗设备推荐工作。

（十一）继续实施“治未病”健康工程。对第一批中医预防保健服务试点单位试点情况进行督导，加强对“治未病”服务的效果评价和总结工作。建立健全中医预防保健机构和人员等方面的管理规范，并开展试点工作。继续组织举办“治未病”高峰论坛及其系列专题讲坛。

三、切实做好中西医结合与民族医药工作

（十二）大力促进中西医结合。加强重点中西医结合医院和重点中西医结合专科建设，总结交流中西医结合医院建设经验，制定印发《中西医结合医院工作指南》，采取有效措施，鼓励西医师学习中医，培养一批中西医结合人才。

（十三）印发实施《全国民族医药工作近期重点实施方案（2010-2011年）》。继续加强重点民族医院、民族医重点专科（专病）建设。督导检查《关于切实加强民族医药事业发展的指导意见》的贯彻落实情况。研究制定民族医名词术语、疾病诊疗指南、技术操作规范等标准。开展民族医药文献整理及适宜技术筛选推广项目，支持一批重要民族医药文献的校勘、注释和出版，挖掘规范、推广一批疗效明显的民族医适宜技术项目。推动将傣医、朝医、壮医纳入国家医师资格考试。

四、加强中医药科技支撑体系和能力建设

（十四）认真做好中医药继承工作。适时开展中医药古籍普查登记工作，建立综合信息数据库和珍贵古籍名录，加强整理、研究和利用。继续加强名老中医研究型传承，设立一批当代名老中医药专家学术研究室，提炼并推广成果，促进知识和技术传承。做好973中医理论基础研究专项实施。

（十五）加强科技创新体系建设，完善科研组织管理模式和机制。组织实施中医临床研究基地建设项目，加强业务建设和重点病种研究，开展临床科研能力培训。深化重点研究室内涵建设，适时开展交流活动。建立科研实验室开放交流服务的信息平台。统筹协调做好传染病重大专项的实施，加强中医药防治传染病临床科研体系建设，促进临床科研紧密结合，为更好地发挥中医药优势提供科学证据和技术支撑。探索防治疾病、保障中药质量科研体系的组织模式和机制，完善分级管理制度和部门协调机制，开展中医药科技资源调查，启用中医药科技管理系统。制定发布加强中医药科技创新能力建设的指导意见。

（十六）加大中医药科技成果转化和推广力度。制定发布关于促进中医药科技成果转化的指导意见，实施中医药科技成果推广项目，面向需求，总结重大疑难疾病、常见病、针灸、中药研究等方面研究成果，以临床证据为基础，结合研究名老中医药专家经验，明确中医药治疗的优势病种和优势环节并加以推广。加强与知识产权保护部门协调，研究制订加强中医药知识产权保护的指导意见和中医药专利审查标准。

（十七）为中药产业发展提供科技支撑。组织开展中药资源普查工作，促进中药资源的保护、研究开发和合理利用。扩大道地药材保护和规范化基地建设试点。与国家发改委共同实施现代中药产业发展专项。积极协调相关部门，研究制定有利于中药产业发展的优惠政策。

五、加大中医药人才培养力度

（十八）继续做好第四批全国老中医药专家学术经验继承工作和第二批全国优秀中医临床人才研修项目，开展中期检查。加强“国医大师”等名老中医的学术思想和临床经验的传承工作，研究中医药人才成才规律，探索符合中医药发展规律的人才培养机制。

（十九）继续推进中医药重点学科建设工作，建立重点学科共享管理平台。贯彻落实《中医药继续教育规定》，强化中医药继续教育组织管理，完善各级中医药继续教育管理体系，加强中医药继续教育基地建设与管理。做好有关中医药院校共建工作，开展中医药院校教育质量评价试点工作。会同有关部门制订其他中医药行业特有工种职业标准，推行职业资格证书制度。加强与教育等部门协调，研究提出推进中医药院校教育改革的方案，制定重点中医临床教学基地建设方案，协调教育部选择部分高等中医药院校进行中医临床类本科生招生与培养改革试点。建设一批中医临床教学基地。

（二十）加强农村中医药人才队伍建设。印发进一步加强农村中医药人才队伍建设重点实施方案，建立健全农村中医药人员培训制度，开展乡村医生中医药知识与技能培训，加强县级中医临床技术骨干培训。继续抓好农村中医药人员学历教育，完成24000名的乡村医生中专学历教育计划，协调教育部开展农村基层中医药人员中医专业大专学历教育。探索定向为农村培养中医药人才的措施，通过招聘、师带徒等多种途径吸引中医药人员进入乡镇卫生院和村卫生室工作。建设一批农村中医药知识与技能培训示范基地。

六、努力提高中医药文化建设水平

（二十一）研究制定中医药文化发展中长期规划，并协调有关部门将中医药文化建设纳入国家文化发展规划。继续组织实施好“中医药知识宣传普及项目”。做好中医药申报国家非物质文化遗产工作。

（二十二）认真做好“中医中药中国行”活动总结和深化工作。深入实施中医药文化建设“五个一”工程，即建立一支中医药文化科普人才队伍，建设一批门类相对齐全、布局比较合理的中医药文化宣传教育基地，开展一批内容丰富、形式多样的中医药文化科普宣传活动，开发一批科学、规范、普及性强的中医药文化科普创意产品，探索建立一个文化科普工作的长效机制。

（二十三）进一步推进中医药机构文化建设。继续做好中医医院中医药文化建设试点工作，研究制定中医药教育、产业机构文化建设指导意见，适时开展中医药文化建设经验交流活动。

（二十四）加强中医药新闻宣传工作。加大新闻发布工作力度，深入开展中医药新闻宣传，正确引导舆论。加强与各地信息的沟通，及时了解和宣传各地中医药工作的重要进展。加大对中医药行业先进集体、先进人物的宣传力度。

七、推进中医药法制化、标准化、规范化建设

（二十五）进一步推动中医药法制建设。加快中医药立法进程，开展立法中重点难点问题的研究，抓紧完成《中（传统）医药法》草案和说明的起草，配合卫生部尽早上报国务院。做好中医药行业法制宣传教育和“五五”普法总结验收工作。

（二十六）加快推进中医药标准化工作步

伐。推动中医药标准体系构建，继续做好中医药名词术语、服务规范等国家标准的制修订任务，推进中医各科常见病证诊疗指南和中医诊疗技术操作规范的研究制定。加强中医药标准化支撑体系建设，加强中医药标准化人才特别是国际标准化后备人才的培养。

（二十七）加强中医药监督工作。进一步规范中医类别医师执业行为。加强对中医医疗机构和中医医疗服务质量安全的监管。继续开展虚假违法中医医疗广告监测和查处工作，完善中医医疗广告出证查询系统等管理措施。严厉打击假冒中医名义的非法行医行为。加强中医药监督工作的基础条件建设，完善有关规章制度，开展从事中医药监督工作人员的专业知识和相关法律法规培训。

八、继续深化中医药对外交流与合作

（二十八）制定实施新时期中医药对外交流与合作中长期规划。继续加强与世界卫生组织合作，促进“传统医学决议”各项任务的落实。进一步加强与联合国教科文组织合作，力争将中医药纳入世界非物质文化遗产和世界记忆遗产代表作名录。认真筹备开好国际标准化组织中医药技术委员会（ISO/TC249）第一次会议。提出中医药国际标准制定的重点领域，推动我国中医药标准向国际标准转化。配合世界卫生组织做好国际疾病分类代码（ICD-11）传统医学部分的研究制定工作。建设好中国-东盟传统医药合作长效机制。继续加强与非洲的传统医药合作，推动中医药治疗艾滋病、控疟等项目的落实。加强政府间双边合作，落实各项合作协议。加强和指导民间中医药国际交流与合作。

（二十九）推动中医药对外文化交流，组织好中医药海外文化巡展系列活动。协调有关部门，制定实施促进中医药服务贸易发展的政策措施，开展中医药服务贸易试点工作。深化中医药贸易便利化工作，在中医药服务贸易谈判中发挥积极作用，破除有关技术壁垒。逐步完善中医药对外交流与合作的支撑体系，加强基地和人才队伍建设。

（三十）进一步推动与港澳台地区的交流与合作。抓好内地与港澳合作协议的落实。促进“两岸搭桥专案”中医药领域的合作，建设好两岸中医药稳定的交流平台，促进两岸中医药实质性项目合作。

九、科学编制中医药发展“十二五”规划

（三十一）根据我国经济社会发展的新变化和卫生事业发展的新要求，全面总结“十一五”规划实施情况，开展重大问题的研究，确定“十二五”中医药事业发展的基本目标、重点任务、主要措施及项目需求。同时，做好中医药规划与总体规划和相关专项规划的衔接，将中医药内容更多地纳入总体规划和卫生专项规划。

（三十二）加强重大项目的设计和筛选论证工作，加强与各级政府和有关部门的沟通协调，将中医药重大项目纳入国家和各地总体规划重点支持项目。参与做好中药产业发展规划的编制和实施工作。

十、全面加强中医药队伍自身建设

（三十三）大力加强行业精神文明建设。深入开展职业道德教育，完善医德医风教育制度，总结推广各地在加强行风建设方面的经验。弘扬大医精诚的优良传统，发扬救死扶伤的人道主义精神和无私奉献精神，继续开展向先进典型的学习活动。

（三十四）抓好党风廉政建设和反腐败工作。认真贯彻中纪委十七届五次全会精神。加强中医药系统惩治和预防腐败体系建设，重点解决群众反映的突出问题。深入开展反腐倡廉经常性教育，继续深入治理医药购销领域商业贿赂，加强对项目和资金的监管，坚决纠正行业不正之风。

（三十五）继续开展创建学习型组织、服务型机关、和谐团队活动。加强学习，开阔视野，结合中医药改革发展的实践，提高科学领导中医药事业发展的能力和水平。加强中医药信息和政务公开工作。进一步更新思想观念、调整工作思路、提高工作效率、转变工作作风，深入基层，贴近群众，开展调查研究，了解和掌握真实情况，不断增强服务意识，进一步营造团结和谐、奋发有为的环境和氛围。

3

【法规名称】国家中医药管理局关于印发乡镇卫生院中医科基本标准的通知
【颁布部门】国家中医药管理局
【发文字号】国中医药发[2010]3号
【颁布时间】2010-02-22
【实施时间】2010-02-22
【效力属性】有效
【法规编号】477643

国家中医药管理局关于印发乡镇卫生院中医科基本标准的通知

各省、自治区、直辖市卫生厅局、中医药管理局，新疆生产建设兵团卫生局：

根据《医疗机构管理条例》及有关规定，卫生部和国家中医药管理局制定了《乡镇卫生院中医科基本标准》，现印发给你们，请遵照执行。各地要将中医科的设置及业务开展情况纳入乡镇卫生院评审工作中予以考评，并将在执行过程中发现的问题，及时反馈卫生部和国家中医药管理局。

本标准自印发之日起施行。凡与本标准不一致的规定一律以本标准为准。

附件：乡镇卫生院中医科基本标准

二〇一〇年二月二十二日

附件：

乡镇卫生院中医科基本标准

一、科室设置

（一）中医科作为乡镇卫生院一级临床科室独立设置。

（二）无床型卫生院设立1个以上中医诊室；有床型卫生院和中心卫生院设立1个以上中医诊室和1个以上中医康复治疗室。

（三）设置中药房，配置包括国家基本药物目录规定品种在内的中成药和中药饮片。

二、人员

（一）中医人员和中药人员总编制根据乡镇卫生院编制意见确定。

（二）每个中医诊室至少配备2名中医类别医师，每个中医康复治疗室至少配备1名中医类别医师。

（三）负责中药房的药剂人员应当为具有中专以上学历的中药人员，或具有丰富中药饮片鉴别经验的中药人员。

三、医疗用房

（一）每中医诊室净使用面积不低于乡镇卫生院每诊室平均净使用面积。

（二）中药房面积应当与乡镇卫生院规模和业务需求相适应。

四、设备配备

（一）基本设备：诊断床、听诊器、血压计、温度计、治疗推车、电冰箱、计算机等。

（二）中医设备：针灸器具、火罐、电针仪、艾灸仪、智能通络治疗仪、颈腰椎牵引设备、中药熏蒸设备、TDP神灯、中药雾化吸入等设备。

（三）设置中医康复治疗室的，应配备针灸治疗床、推拿治疗床等设备。

（四）根据专科业务工作需要，配备相应的专科诊疗设备。

（五）中药房设备：中药饮片柜（药斗）、药架（药品柜）、调剂台、药戥、电子秤、小型粉碎机、小型切片机、小型炒药机、消毒锅、标准筛、煎药机、包装机、冷藏柜。

五、执行中医药行业标准规范，并制定各项规章制度，有国家制定或认可的医疗护理技术操作规程，并成册可用。

六、民族地区乡镇卫生院民族医科参照本《基本标准》执行。

4

【法规名称】国家中医药管理局关于印发中医电子病历基本规范(试行)的通知
【颁布部门】国家中医药管理局
【发文字号】国中医药发[2010]18号
【颁布时间】2010-04-21
【实施时间】2010-05-01
【法规编号】475950

国家中医药管理局关于印发中医电子病历基本规范（试行）的通知

各省、自治区、直辖市中医药管理局，卫生厅局中医处，新疆生产建设兵团卫生局：

为贯彻落实《中共中央、国务院关于深化医药卫生体制改革的意见》和国务院办公厅《关于印发医药卫生体制五项重点改革2009年工作安排的通知》，加强中医医疗机构电子病历管理，规范电子病历临床使用，促进医疗机构信息化建设，我局组织制定了《中医电子病历基本规范（试行）》。现印发给你们，请遵照执行。

附件：中医电子病历基本规范（试行）

二〇一〇年四月二十一日

附件：

中医电子病历基本规范（试行）

第一章　总　则

第一条　为规范医疗机构中医电子病历管理，保证医患双方合法权益，根据《中华人民共和国执业医师法》、《医疗机构管理条例》、《医疗事故处理条例》、《护士条例》等法律、法规，制定本规范。

第二条　本规范适用于医疗机构中医电子病历的建立、使用、保存和管理。

第三条　电子病历是指医务人员在医疗活动过程中，使用医疗机构信息系统生成的文字、符号、图表、图形、数据、影像等数字化信息，并能实现存储、管理、传输和重现的医疗记录，是病历的一种记录形式。

使用文字处理软件编辑、打印的病历文档，不属于本规范所称的电子病历。

第四条　医疗机构电子病历系统的建设应当满足临床工作需要，遵循医疗工作流程，保障医疗质量和医疗安全。

第二章　中医电子病历基本要求

第五条　中医电子病历录入应当遵循客观、真实、准确、及时、完整的原则。

第六条　中医电子病历录入应当使用中文和医学术语，中医术语的使用依照相关标准、规范执行。要求表述准确，语句通顺，标点正确。通用的外文缩写和无正式中文译名的症状、体征、疾病名称等可以使用外文。记录日期应当使用阿拉伯数字，记录时间应当采用24小时制。

第七条　中医电子病历包括门（急）诊电子病历、住院电子病历及其他电子医疗记录。中医电子病历内容应当按照国家中医药管理局《中医病历书写基本规范》执行，使用国家中医药管理局统一制定的项目名称、格式和内容，不得擅自变更。

第八条　电子病历系统应当为操作人员提供专有的身份标识和识别手段，并设置有相应权限；操作人员对本人身份标识的使用负责。

第九条　医务人员采用身份标识登录电子病

历系统完成各项记录等操作并予确认后，系统应当显示医务人员电子签名。

第十条　电子病历系统应当设置医务人员审查、修改的权限和时限。实习医务人员、试用期医务人员记录的病历，应当经过在本医疗机构合法执业的医务人员审阅、修改并予电子签名确认。医务人员修改时，电子病历系统应当进行身份识别、保存历次修改痕迹、标记准确的修改时间和修改人信息。

第十一条　电子病历系统应当为患者建立个人信息数据库（包括姓名、性别、出生日期、民族、婚姻状况、职业、工作单位、住址、有效身份证件号码、社会保障号码或医疗保险号码、联系电话等），授予唯一标识号码并确保与患者的医疗记录相对应。

第十二条　电子病历系统应当具有严格的复制管理功能。同一患者的相同信息可以复制，复制内容必须校对，不同患者的信息不得复制。

第十三条　电子病历系统应当满足国家信息安全等级保护制度与标准。严禁篡改、伪造、隐匿、抢夺、窃取和毁坏电子病历。

第十四条　电子病历系统应当为病历质量监控、医疗卫生服务信息以及数据统计分析和医疗保险费用审核提供技术支持，包括医疗费用分类查询、手术分级管理、中医临床路径管理、单病种质量控制、平均住院日、术前平均住院日、床位使用率、合理用药监控、药物占总收入比例、中药占药物收入比例、中药饮片占药物收入比例、中药（饮片、成药、医院制剂）处方比例、中药饮片处方占门诊处方总数的比例、采用非药物中医技术治疗人次占医院门诊总人次的比例等医疗质量管理与控制指标的统计，利用系统优势建立医疗质量考核体系，提高工作效率，保证医疗质量，规范诊疗行为，提高医院管理水平。

第三章　实施中医电子病历基本条件

第十五条　医疗机构建立电子病历系统应当具备以下条件：

（一）具有专门的管理部门和人员，负责电子病历系统的建设、运行和维护。

（二）具备电子病历系统运行和维护的信息技术、设备和设施，确保电子病历系统的安全、稳定运行。

（三）建立、健全电子病历使用的相关制度和规程，包括人员操作、系统维护和变更的管理规程，出现系统故障时的应急预案等。

第十六条　医疗机构电子病历系统运行应当符合以下要求：

（一）具备保障电子病历数据安全的制度和措施，有数据备份机制，有条件的医疗机构应当建立信息系统灾备体系。应当能够落实系统出现故障时的应急预案，确保电子病历业务的连续性。

（二）对操作人员的权限实行分级管理，保护患者的隐私。

（三）具备对电子病历创建、编辑、归档等操作的追溯能力。

（四）电子病历使用的术语、编码、模板和标准数据应当符合有关规范要求。

第四章　中医电子病历的管理

第十七条　医疗机构应当成立电子病历管理部门并配备专职人员，具体负责本机构门（急）诊电子病历和住院电子病历的收集、保存、调阅、复制等管理工作。

第十八条　医疗机构电子病历系统应当保证医务人员查阅病历的需要，能够及时提供并完整呈现该患者的电子病历资料。

第十九条　患者诊疗活动过程中产生的非文字资料（CT、磁共振、超声等医学影像信息，心电图，录音，录像等）应当纳入电子病历系统管理，应确保随时调阅、内容完整。

第二十条　门诊电子病历中的门（急）诊病历记录以接诊医师录入确认即为归档，归档后不得修改。

第二十一条　住院电子病历随患者出院经上级医师于患者出院审核确认后归档，归档后由电子病历管理部门统一管理。

第二十二条　对目前还不能电子化的植入材料条形码、知情同意书等医疗信息资料，可以采取措施使之信息数字化后纳入电子病历并留存原件。

第二十三条　归档后的电子病历采用电子数据方式保存，必要时可打印纸质版本，打印的电子病历纸质版本应当统一规格、字体、格式等。

第二十四条　电子病历数据应当保存备份，并定期对备份数据进行恢复试验，确保电子病历数据能够及时恢复。当电子病历系统更新、升级时，应当确保原有数据的继承与使用。

第二十五条　医疗机构应当建立电子病历信息安全保密制度，设定医务人员和有关医院管理人员调阅、复制、打印电子病历的相应权限，建立电子病历使用日志，记录使用人员、操作时间和内容。未经授权，任何单位和个人不得擅自调阅、复制电子病历。

第二十六条　医疗机构应当受理下列人员或机构复印或者复制电子病历资料的申请：

（一）患者本人或其代理人；

（二）死亡患者近亲属或其代理人；

（三）为患者支付费用的基本医疗保障管理和经办机构；

（四）患者授权委托的保险机构。

第二十七条　医疗机构应当指定专门机构和人员负责受理复印或者复制电子病历资料的申请，并留存申请人有效身份证明复印件及其法定证明材料、保险合同等复印件。受理申请时，应当要求申请人按照以下要求提供材料：

（一）申请人为患者本人的，应当提供本人有效身份证明；

（二）申请人为患者代理人的，应当提供患者及其代理人的有效身份证明、申请人与患者代理关系的法定证明材料；

（三）申请人为死亡患者近亲属的，应当提供患者死亡证明及其近亲属的有效身份证明、申请人是死亡患者近亲属的法定证明材料；

（四）申请人为死亡患者近亲属代理人的，应当提供患者死亡证明、死亡患者近亲属及其代理人的有效身份证明，死亡患者与其近亲属关系的法定证明材料，申请人与死亡患者近亲属代理关系的法定证明材料；

（五）申请人为基本医疗保障管理和经办机构的，应当按照相应基本医疗保障制度有关规定执行；

（六）申请人为保险机构的，应当提供保险合同复印件，承办人员的有效身份证明，患者本人或者其代理人同意的法定证明材料；患者死亡的，应当提供保险合同复印件，承办人员的有效身份证明，死亡患者近亲属或者其代理人同意的法定证明材料。合同或者法律另有规定的除外。

第二十八条　公安、司法机关因办理案（事）件，需要收集、调取电子病历资料的，医疗机构应当在公安、司法机关出具法定证明及执行公务人员的有效身份证明后如实提供。

第二十九条　医疗机构可以为申请人复印或者复制电子病历资料的范围按照卫生部《医疗机构病历管理规定》执行。

第三十条　医疗机构受理复印或者复制电子病历资料申请后，应当在医务人员按规定时限完成病历后方予提供。

第三十一条　复印或者复制的病历资料经申请人核对无误后，医疗机构应当在电子病历纸质版本上加盖证明印记，或提供已锁定不可更改的病历电子版。

第三十二条　发生医疗事故争议时，应当在医患双方在场的情况下锁定电子病历并制作完全相同的纸质版本供封存，封存的纸质病历资料由医疗机构保管。

第五章　附　则

第三十三条　各省级中医药管理部门可根据本规范制定本辖区相关实施细则。

第三十四条　中西医结合电子病历基本规范参照本规范执行。民族医电子病历基本规范由有关省、自治区、直辖市中医药管理部门参照本规范另行制定。

第三十五条　本规范由国家中医药管理局负责解释。

第三十六条　本规范自2010年5月1日起施行。

5

【法规名称】国家中医药管理局关于印发促进中医诊疗设备发展的意见的通知
【颁布部门】国家中医药管理局
【发文字号】国中医药发[2010]22号
【颁布时间】2010-04-23
【实施时间】2010-04-23
【效力属性】有效
【法规编号】492054

国家中医药管理局关于印发促进中医诊疗设备发展的意见的通知

各省、自治区、直辖市卫生厅局、中医药管理局，新疆生产建设兵团卫生局：

为了指导中医诊疗设备有关工作的顺利开展，使中医诊疗设备在保持发挥中医药特色优势、丰富中医临床诊疗手段、提高中医临床疗效方面发挥更大作用，我局组织制定了《关于促进中医诊疗设备发展的意见》，现予印发。

请各省（区、市）中医药管理部门按照《关于促进中医诊疗设备发展的意见》有关要求，加强对中医诊疗设备有关工作的指导和监督。工作中有何意见和建议，请及时与我局医政司联系。

联 系 人：董云龙

联系电话：010-65955519

传　　真：010-65930820

附件：关于促进中医诊疗设备发展的意见

二〇一〇年四月二十三日

附件：

关于促进中医诊疗设备发展的意见

中医诊疗设备（含民族医诊疗设备，下同）是指在诊疗活动中，在中医理论指导下应用的仪器、设备、器具、材料及其他物品（包括所需软件）。发展中医诊疗设备，有利于保持发挥中医药特色优势，更好地为人民群众服务；有利于丰富中医临床诊疗手段、提高中医临床疗效；有利于推动中医药现代化发展，更好地体现和保护中医自主知识产权。近年来，中医诊疗设备的发展取得了一定成效，但从总体上看，中医诊疗设备发展相对缓慢，产品科技含量低、升级换代缓慢、同类化现象严重的问题比较突出，设备研发与中医理论和临床实践的结合不够紧密，研发的基础十分薄弱，人才队伍严重不足，标准化建设滞后。为满足中医医疗服务需要和人民群众的需求，现就发展中医诊疗设备提出以下意见。

一、基本原则与目标

（一）基本原则

坚持以人为本，为中医临床诊疗服务。把维护人民健康、满足群众对中医药服务的需求作为发展中医诊疗设备的根本出发点和落脚点。中医诊疗设备的研究、开发、生产和推广，必须体现实用性，在临床诊疗过程中得到应用，为保持发挥中医特色优势服务。

坚持以中医理论为指导，继承与创新相结合。在中医诊疗设备的研发和应用中以中医理论为指导，体现中医诊疗原理，同时积极借鉴和利用现代科学技术，实现自主创新、集成创新、引进消化吸收再创新。

坚持多方参与，开发、生产、应用有机结合。建立政府引导、市场主导、多方参与的机制，鼓励中医医疗机构、企业、科研院所、大专院校等多方面参与，中医专家、开发人员和临床应用人员密切配合。开发、生产、应用三个环节相互配合，相互促进，共同提高。

坚持突出重点，优先发展重点领域。加大对集成设备、诊断设备等重点领域的研发，改变目前中医诊疗设备类型单一、同类化严重的现象。

（二）目标

经过几年的努力，建立一批中医诊疗设备的开发平台，开发能力显著增强；形成一批中医诊疗设备的生产基地和龙头企业，产品整体水平显著提高；推广一批中医诊疗设备，在医疗机构中的配置更加完善，临床应用更加广泛，对保持发挥中医特色优势、提高中医临床疗效的促进作用更加突出。具体目标包括：

到2011年，初步达到以下目标：

中医医院（含中西医结合、民族医医院，下同）、综合（专科）医院、乡镇卫生院、社区卫生服务机构、村卫生室均能配备一批中医诊疗设备；提升、改造一批中医诊疗设备；启动一批中医诊疗设备开发项目。

到2015年，在前一段工作的基础上，争取达到以下目标：

中医诊疗设备在全国医疗机构广泛应用；提升、改造、开发出一批中医诊疗设备并应用于临床；初步建立起中医诊疗设备的开发生产体系；初步形成中医诊疗设备政策支持和标准规范体系。

二、积极推广和配备中医诊疗设备

国家中医药管理局组织专家筛选技术成熟、中医特色突出、临床疗效明显的中医诊疗设备，在医疗机构中推广使用。中医诊疗设备的配备和使用情况，纳入中医医院考核评价内容。

各级各类医疗机构特别是中医医疗机构，要根据有关规定，切实达到中医诊疗设备配置的基本要求，并结合自身特点，不断优化配置结构，提高配置水平，更好地满足临床诊疗需要。在临床应用中，要严格执行设备操作规范，确保设备使用的安全性和准确性。

在国家和地方开展的中医医院建设相关项目中，要划出专门经费用于中医诊疗设备的配备。

三、提高中医诊疗设备的开发能力和水平

根据现有中医诊疗设备在临床应用中的问题，遴选一批具有提升潜力的中医诊疗设备，有针对性地对其外观、核心技术、产品功能、工艺流程等加以改进提升，使其更加符合中医临床的实际需求。同时，对现有中医诊疗设备进行二次开发，进一步提升设备的质量和性能。提高设备诊疗水平和临床疗效。

选择一批目前在临床上应用的医疗设备，在中医理论指导下进行改造，使其为中医所用，进一步拓展原设备诊疗功能，提高临床疗效。

基于中医临床应用需求，组织多学科研究团队，以中医理论为指导，充分应用和借鉴现代科学技术方法和成果，研究开发一批符合中医理论、具有科学性和实用性、安全有效、便于临床推广应用的中医诊疗设备，不断提高中医临床诊断的客观化和规范化，促进中医临床疗效的提高。同时，着力搭建中医诊疗设备研发平台，培养多学科交叉的研究队伍，加强中医诊疗设备研发原理和技术标准研究，不断提高研发能力，为促进中医诊疗设备产业的健康发展提供科技支撑。

建立以项目为纽带，政府搭建平台，企业主体投入，研究机构技术支持，医疗机构应用评价的多方联合机制。加大中医诊疗设备开发的财政支持力度，引导企业增加设备开发投入，形成多元化、多渠道的投入体系。鼓励社会资金进入中医诊疗设备行业。

四、提高中医诊疗设备的生产质量

中医诊疗设备生产企业应严格按照国家食品药品监督管理局制定的医疗器械质量体系管理相关法规，严格规范医疗器械生产过程，确保上市产品的质量。应针对中医临床需求，围绕主导产品，调整产品结构；加强新品开发，形成系列品种；加强技术改造，提高生产能力；加强售后服务，扩大市场份额，逐步实现企业生产的规模化发展。积极扶持技术水平高、开发能力强、产品质量优、市场信誉好的企业，打造一批示范性的中医诊疗设备生产企业。

五、加强政策研究和标准化建设

国家中医药管理局将协助有关部门开展对中医诊疗设备的标准和产品注册技术审查指导原

则的制定工作。完善中医诊疗设备使用的收费标准，将符合条件的中医诊疗设备服务项目纳入医保范围，制定中医诊疗设备知识产权保护相关政策，营造有利于中医诊疗设备发展的政策环境。

积极参与中医诊疗设备标准制修订工作，不断完善中医诊疗设备标准体系，形成国家标准、行业标准、企业标准协调互补的标准体系。制定并不断完善中医诊疗设备的临床配置标准，促进中医诊疗设备的合理应用。

六、加强组织管理

积极开展中医诊疗设备的宣传、交流与合作。加大宣传，提高全社会对中医诊疗设备工作重要性的认识；引导企业、医疗机构、科研院所、高等院校及相关机构，积极推动中医诊疗设备工作；通过召开学术会议，举办展览活动等多种形式，扩大中医诊疗设备的影响。

提高政府部门特别是卫生、中医药管理部门对中医诊疗设备工作的重视程度，加强对中医诊疗设备的开发、生产、应用的组织引导和政策支持，特别是对注重中医诊疗设备发展的科研院所、医疗机构、企业单位及相关机构，从政策支持、开发投入、规范生产等方面给予必要的扶持和支持，鼓励积极探索发展中医诊疗设备的有效途径。

加强中医诊疗设备人才队伍建设，积极探索中医诊疗设备人才培养的途径和机制。鼓励中医药等高等院校设立相关专业，大力培养中医诊疗设备专业人才；同时，通过继续教育着力培养符合中医诊疗设备研发需要的复合型人才，为中医诊疗设备的发展提供人力资源保障。

强化政府的组织协调，国家中医药管理局组织实施中医诊疗设备促进工程，实施推广一批、提升一批、改造一批和开发一批的计划，为中医诊疗设备的发展提供人才支撑、科技支撑和产业支撑。成立由医学工程、中医临床、研发生产、应用管理等专业人员参加的中医诊疗设备专家委员会，协助开展中医诊疗设备的市场调研、标准制订、评估推广、行业管理规划等方面的工作。

6

【法规名称】国家中医药管理局关于印发中成药临床应用指导原则的通知
【颁布部门】国家中医药管理局
【发文字号】国中医药医政发[2010]30号
【颁布时间】2010-06-11
【实施时间】2010-06-11
【效力属性】有效
【法规编号】486398

国家中医药管理局关于印发中成药临床应用指导原则的通知

各省、自治区、直辖市卫生厅局、中医药管理局，新疆生产建设兵团卫生局：

为提高中成药的临床疗效，规范中成药使用，减少中药不良反应发生，降低患者医疗费用，保障患者用药安全，国家中医药管理局和卫生部组织制定了《中成药临床应用指导原则》，现予印发，供各级医疗机构在临床使用中成药时参考。

各地在执行过程中有何问题，请与国家中医药管理局医政司联系。

附件：中成药临床应用指导原则

二〇一〇年六月十一日

附件：

中成药临床应用指导原则

目　录

前　言

为加强中成药临床应用管理，提高中成药应用水平，保证临床用药安全，国家中医药管理局会同有关部门组织专家制定了《中成药临床应用指导原则》（以下简称《指导原则》）。《指导原则》由四部分组成，第一部分为中成药概述；第二部分为中成药临床应用基本原则；第三部分为各类中成药的特点、适应证及注意事项；第四部分为中成药临床应用的管理。

《指导原则》是为适应中成药临床应用管理需要而制定的，是临床应用中成药的基本原则。每种中成药临床应用的具体要求，还应以药品说明书、最新版本的《中华人民共和国药典》、《中华人民共和国药典-临床用药须知-中药卷》为准。在医疗工作中，临床医师应遵循中医基础理论，根据患者实际情况，选用适宜的药物，辨证辨病施治。

第三部分各论中为更好地说明各类中成药的特点，列举了部分中成药，列举的药物是《国家基本药物目录》中的药物和《国家基本药物目录》未包括但又属临床常用的中成药。

中药注射剂的临床应用及使用管理，《指导原则》提出了具体要求，同时还应遵照《卫生部关于进一步加强中药注射剂生产和临床使用管理的通知》（卫医政发〔2008〕71号）执行。

第一部分　中成药概述

中成药是在中医药理论指导下，以中药饮片为原料，按规定的处方和标准制成具有一定规格的剂型，可直接用于防治疾病的制剂。中成药有着悠久的历史，应用广泛，在防病治病、保障人民群众健康方面发挥了重要作用。

中成药的处方是根据中医理论，针对某种病证或症状制定的，因此使用时要依据中医理论辨证选药，或辨病辨证结合选药。

中成药具有特定的名称和剂型，在标签和说明书上注明了批准文号、品名、规格、处方成分、功效和适应证、用法用量、禁忌、注意事项、生产批号、有效期等内容。相对于中药汤剂来说，中成药无需煎煮，可直接使用，尤其方便急危病症患者的治疗及需要长期治疗的患者使用，且体积小，有特定的包装，存贮、携带方便。

一、中成药的常用剂型

中成药剂型种类繁多，是我国历代医药学家长期实践的经验总结，近几十年，中成药剂型的基础研究取得了较大进展，研制开发了大量新剂型，进一步扩大了中成药的使用范围。

中成药的剂型不同，使用后产生的疗效、持续的时间、作用的特点会有所不同。因此，正确选用中成药应首先了解中成药的常用剂型。

（一）固体制剂

固体剂型是中成药的常用剂型，其制剂稳定，携带和使用方便。

1. 散剂系指药材或药材提取物经粉碎、均匀混合而制成的粉末状制剂，分为内服散剂和外用散剂。散剂粉末颗粒的粒径小，容易分散，起效快。外用散剂的覆盖面积大，可同时发挥保护和收敛作用。散剂制备工艺简单，剂量易于控制，便于婴幼儿服用。但也应注意散剂由于分散度大而造成的吸湿性、化学活性、气味、刺激性等方面的影响。

2. 颗粒剂系指药材的提取物与适宜的辅料或药材细粉制成具有一定粒度的颗粒状剂型。颗粒剂既保持了汤剂作用迅速的特点，又克服了汤剂临用时煎煮不便的缺点，且口味较好、体积小，但易吸潮。根据辅料不同，可分为无糖颗粒剂型和有糖颗粒剂型，近年来无糖颗粒剂型的品种逐渐增多。

3. 囊剂系指将药材用适宜方法加工后，加入适宜辅料填充于空心胶囊或密封于软质囊材中的制剂，可分为硬胶囊、软胶囊（胶丸）和肠溶胶囊等，主要供口服。胶囊剂可掩盖药物的不良气味，易于吞服；能提高药物的稳定性及生物利用度；对药物颗粒进行不同程度包衣后，还能定时定位释放药物。

4. 丸剂系指将药材细粉或药材提取物加适宜的粘合剂或其他辅料制成的球形或类球形制剂，分为蜜丸、水蜜丸、水丸、糊丸、蜡丸、浓缩丸等类型。其中，蜜丸分为大蜜丸、小蜜丸，水蜜丸的含蜜量较少；水丸崩解较蜜丸快，便于吸收；糊丸释药缓慢，适用于含毒性成分或药性剧烈成分的处方；蜡丸缓释、长效，且可达到肠溶效果，适合毒性和刺激性较大药物的处方；浓缩丸服用剂量较小。

5. 滴丸剂系指药材经适宜的方法提取、纯化、浓缩，并与适宜的基质加热熔融混匀后，滴入不相混溶的冷凝液中，收缩冷凝而制成的球形或类球形制剂。滴丸剂服用方便，可含化或吞服，起效迅速。

6. 片剂系指将药材提取物、或药材提取物加药材细粉、或药材细粉与适宜辅料混匀压制成的片状制剂。主要供内服，也有外用或其它特殊用途者。其质量较稳定，便于携带和使用。按药材的处理过程可分为全粉末片、半浸膏片、浸膏片、提纯片。

7. 胶剂系指以动物的皮、骨、甲、角等为原料，水煎取胶质，经浓缩干燥制成的固体块状内服制剂，含丰富的动物水解蛋白类等营养物质。作为传统的补益药，多烊化兑服。

8. 栓剂系由药材提取物或药材细粉与适宜基质混合制成供腔道给药的制剂。既可作为局部用药剂型又可作为全身用药剂型，用于全身用药时，不经过胃，且无肝脏首过效应，因此生物利用度优于口服，对胃的刺激性和肝的副作用小，同时适合不宜或不能口服药物的患者。

9. 丹剂系指由汞及某些矿物药，在高温条件下烧炼制成的不同结晶形状的无机化合物，如红升丹、白降丹等。此剂型含汞，毒性较强，只能外用。

10. 贴膏剂系指将药材提取物、药材和/或化学药物与适宜的基质和基材制成的供皮肤贴敷，可产生局部或全身作用的一类片状外用制剂。包括橡胶膏剂、巴布膏剂和贴剂等。贴膏剂用法简便，兼有外治和内治的功能。近年来发展起来的巴布膏剂，是以水溶性高分子材料为主要基质，加入药物制成的外用制剂，和传统的中药贴膏剂相比，能快速、持久地透皮释放基质中所包含的有效成分，具有给药剂量较准确、吸收面积小、血药浓度较稳定、使用舒适方便等优点。

11. 涂膜剂系指由药材提取物或药材细粉与适宜的成膜材料加工制成的膜状制剂。可用于口腔科、眼科、耳鼻喉科、创伤科、烧伤科、皮肤科及妇科等，作用时间长，且可在创口形成一层保护膜，对创口具有保护作用。一些膜剂尤其是鼻腔、皮肤用药膜亦可起到全身作用。

（二）半固体剂型

1. 煎膏剂系指将药材加水煎煮，取煎煮液浓缩，加炼蜜或糖（或转化糖）制成的稠厚状半流体制剂。适用于慢性病或需要长期连续服药的疾病，传统的膏滋也属于此剂型，以滋补作用为主而兼治疗作用。

2. 软膏剂系指将药材提取物、或药材细粉与适宜基质混合制成的半固体外用制剂。常用基质分为油脂性、水溶性和乳剂基质。

3. 凝胶剂系指药材提取物与适宜的基质制成的、具有凝胶特性的半固体或稠厚液体制剂。按基质不同可分为水溶性凝胶和油性凝胶。适用于皮肤黏膜及腔道给药。

（三）液体制剂

1. 合剂系指药材用水或其他溶剂，采用适宜方法提取制成的口服液体制剂，是在汤剂基础上改进的一种剂型，易吸收，能较长时间贮存。

2. 口服液系指在合剂的基础上，加入矫味剂，按单剂量灌装，灭菌制成的口服液体制剂。口感较好，近年来无糖型口服液逐渐增多。

3. 酒剂系指将药材用蒸馏酒提取制成的澄清液体制剂。酒剂较易吸收。小儿、孕妇及对酒精过敏者不宜服用。

4. 酊剂系指将药材用规定浓度的乙醇提取或溶解而制成的澄清液体制剂。有效成分含量高，使用剂量小，不易霉败。小儿、孕妇及对酒精过敏者不宜服用。

5. 糖浆剂系指含药材提取物的浓蔗糖水溶液。比较适宜儿童使用，糖尿病人慎用。

6. 注射剂系指药材经提取、纯化后制成的供注入体内的溶液、乳状液及供临用前配制成溶液的粉末或浓溶液的无菌制剂。药效迅速，便于昏迷、急症、重症、不能吞咽或消化系统障碍患者使用。

（四）气体剂型

气雾剂：系指将药材提取物、药材细粉与适宜的抛射剂共同封装在具有特殊阀门装置的耐压容器中，使用时借助抛射剂的压力将内容物喷出呈雾状、泡沫状或其他形态的制剂。其中以泡沫形态喷出的可称泡沫剂。不含抛射剂，借助手动泵的压力或其他方法将内容物以雾状等形态喷出的制剂为喷雾剂。可用于呼吸道吸入、皮肤、粘膜或腔道给药。

二、中成药分类

中成药分类的方法较多，按中成药的功效可分为以下20类：

1. 解表剂辛温解表、辛凉解表、扶正解表。

2. 泻下剂寒下、温下、润下、逐水、攻补兼施。

3. 和解剂和解少阳、调和肝脾、调和胃肠。

4. 清热剂：清气分热、清营凉血、清热解毒、清脏腑热、清退虚热、气血两清。

5. 祛暑剂祛暑清热、祛暑解表、祛暑利湿、清暑益气。

6. 温里剂温中祛寒、回阳救逆、温经散寒。

7. 表里双解解表攻里、解表清里、解表温里。

8. 补益剂补气、补血、气血双补、补阴、补阳、阴阳双补。

9. 安神剂重镇安神、滋养安神。

10. 开窍剂凉开、温开。

11. 固涩剂固表止汗、涩肠止泻固脱、涩精止遗、敛肺止血、固崩止带。

12. 理气剂理气疏肝、疏肝散结、理气和中、理气止痛、降气。

13. 理血剂活血（活血化瘀、益气活血、温经活血、养血活血、凉血散瘀、化瘀消癥、散瘀止痛、活血通络、接筋续骨）、止血（凉血止血、收涩止血、化瘀止血、温经止血）。

14. 治风剂疏散外风、平熄内风。

15. 治燥剂清宣润燥、滋阴润燥。

16. 祛湿剂燥湿和中、清热祛湿、利水渗湿、温化水湿、祛风胜湿。

17. 祛痰剂燥湿化痰、清热化痰、润燥化痰、温化寒痰、化痰熄风。

18. 止咳平喘剂清肺止咳、温肺止咳、补肺止咳、化痰止咳、温肺平喘、清肺平喘、补肺平喘、纳气平喘。

19. 消导化积剂消食导滞、健脾消食。

20. 杀虫剂驱虫止痛、杀虫止痒。

三、中成药安全性

中成药的历史悠久，应用广泛，大量研究和临床实践表明，在合理使用的情况下，中成药的安全性是较高的。合理使用包括正确的辨证选药、用法用量、使用疗程、禁忌症、合并用药等多方面，其中任何环节有问题都可能引发药物不良事件。合理用药是中成药应用安全的重要保证。

药物的两重性是药物作用的基本规律之一，中成药也不例外，中成药既能起到防病治病的作用，也可引起不良反应。

1. 中成药使用中出现不良反应的主要原因

（1）中药自身的药理作用或所含毒性成分引起的不良反应；

（2）特异性体质对某些药物的不耐受、过敏等；

（3）方药证候不符，如辨证不当或适应证把握不准确；

（4）长期或超剂量用药，特别是含有毒性中药材的中成药，如朱砂、雄黄、蟾酥、附子、川乌、草乌、北豆根等，过量服用即可中毒；

（5）不适当的中药或中西药的联合应用。

2. 中成药使用中出现的不良反应有多种类型，临床可见以消化系统症状、皮肤粘膜系统症状、泌尿系统症状、神经系统症状、循环系统症状、呼吸系统症状、血液系统症状、精神症状或过敏性休克等为主要表现的不良反应，可表现为其中一种或几种症状。

3. 临床上预防中成药不良反应，要注意以下几个方面：

（1）加强用药观察及中药不良反应监测，完善中药不良反应报告制度。

（2）注意药物过敏史。对有药物过敏史的患者应密切观察其服药后的反应，如有过敏反应，应及时处理，以防止发生严重后果。

（3）辨证用药，采用合理的剂量和疗程。尤其是对特殊人群，如婴幼儿、老年人、孕妇以及原有脏器损害功能不全的患者，更应注意用药方案。

（4）注意药物间的相互作用，中、西药并用时尤其要注意避免因药物之间相互作用而可能引起的不良反应。

（5）需长期服药的患者要加强安全性指标的监测。

第二部分　中成药临床应用原则

一、中成药临床应用基本原则

1. 辨证用药依据中医理论，辨认、分析疾病的证候，针对证候确定具体治法，依据治法，选定适宜的中成药。

2. 辨病辨证结合用药辨病用药是针对中医的疾病或西医诊断明确的疾病，根据疾病特点选用相应的中成药。临床使用中成药时，可将中医辨证与中医辨病相结合、西医辨病与中医辨证相结合，选用相应的中成药，但不能仅根据西医诊断选用中成药。

3. 剂型的选择应根据患者的体质强弱、病情轻重缓急及各种剂型的特点，选择适宜的剂型。

4. 使用剂量的确定对于有明确使用剂量的，慎重超剂量使用。有使用剂量范围的中成药，老年人使用剂量应取偏小值。

5. 合理选择给药途径能口服给药的，不采用注射给药；能肌内注射给药的，不选用静脉注射或滴注给药。

6. 使用中药注射剂还应做到：

（1）用药前应仔细询问过敏史，对过敏体质者应慎用。

（2）严格按照药品说明书规定的功能主治使用，辨证施药，禁止超功能主治用药。

（3）中药注射剂应按照药品说明书推荐的剂

量、调配要求、给药速度和疗程使用药品，不超剂量、过快滴注和长期连续用药。

（4）中药注射剂应单独使用，严禁混合配伍，谨慎联合用药。对长期使用的，在每疗程间要有一定的时间间隔。

（5）加强用药监护。用药过程中应密切观察用药反应，发现异常，立即停药，必要时采取积极救治措施；尤其对老人、儿童、肝肾功能异常等特殊人群和初次使用中药注射剂的患者应慎重使用，加强监测。

二、联合用药原则

（一）中成药的联合使用

1. 当疾病复杂，一个中成药不能满足所有证候时，可以联合应用多种中成药。

2. 多种中成药的联合应用，应遵循药效互补原则及增效减毒原则。功能相同或基本相同的中成药原则上不宜叠加使用。

3. 药性峻烈的或含毒性成分的药物应避免重复使用。

4. 合并用药时，注意中成药的各药味、各成分间的配伍禁忌。

5. 一些病证可采用中成药的内服与外用药联合使用。

中药注射剂联合使用时，还应遵循以下原则：

1. 两种以上中药注射剂联合使用，应遵循主治功效互补及增效减毒原则，符合中医传统配伍理论的要求，无配伍禁忌。

2. 谨慎联合用药，如确需联合使用时，应谨慎考虑中药注射剂的间隔时间以及药物相互作用等问题。

3. 需同时使用两种或两种以上中药注射剂，严禁混合配伍，应分开使用。除有特殊说明，中药注射剂不宜两个或两个以上品种同时共用一条通道。

（二）中成药与西药的联合使用

针对具体疾病制定用药方案时，考虑中西药物的主辅地位确定给药剂量、给药时间、给药途径。

1. 中成药与西药如无明确禁忌，可以联合应用，给药途径相同的，应分开使用。

2. 应避免副作用相似的中西药联合使用，也应避免有不良相互作用的中西药联合使用。

中西药注射剂联合使用时，还应遵循以下原则：

1. 谨慎联合使用。如果中西药注射剂确需联合用药，应根据中西医诊断和各自的用药原则选药，充分考虑药物之间的相互作用，尽可能减少联用药物的种数和剂量，根据临床情况及时调整用药。

2. 中西注射剂联用，尽可能选择不同的给药途径（如穴位注射、静脉注射）。必须同一途径用药时，应将中西药分开使用，谨慎考虑两种注射剂的使用间隔时间以及药物相互作用，严禁混合配伍。

三、孕妇使用中成药的原则

1. 妊娠期妇女必须用药时，应选择对胎儿无损害的中成药。

2. 妊娠期妇女使用中成药，尽量采取口服途径给药，应慎重使用中药注射剂；根据中成药治疗效果，应尽量缩短妊娠期妇女用药疗程，及时减量或停药。

3. 可以导致妊娠期妇女流产或对胎儿有致畸作用的中成药，为妊娠禁忌。此类药物多为含有毒性较强或药性猛烈的药物组份，如砒霜、雄黄、轻粉、斑蝥、蟾酥、麝香、马钱子、乌头、附子、土鳖虫、水蛭、虻虫、三棱、莪术、商陆、甘遂、大戟、芫花、牵牛子、巴豆等。

4. 可能会导致妊娠期妇女流产等副作用，属于妊娠慎用药物。这类药物多数含有通经祛瘀类的桃仁、红花、牛膝、蒲黄、五灵脂、穿山甲、王不留行、凌霄花、虎杖、卷柏、三七等，行气破滞类枳实、大黄、芒硝、番泻叶、郁李仁等，辛热燥烈类的干姜、肉桂等，滑利通窍类的冬葵子、瞿麦、木通、漏芦等。

四、儿童使用中成药的原则

1. 儿童使用中成药应注意生理特殊性，根据不同年龄阶段儿童生理特点，选择恰当的药物和用药方法，儿童中成药用药剂量，必须兼顾有效性和安全性。

2. 宜优先选用儿童专用药，儿童专用中成药一般情况下说明书都列有与儿童年龄或体重相应的用药剂量，应根据推荐剂量选择相应药量。

3. 非儿童专用中成药应结合具体病情，在保证有效性和安全性的前提下，根据儿童年龄与体重选择相应药量。一般情况3岁以内服1/4成人量，3-5岁的可服1/3成人量，5-10岁的可服1/2成人量，10岁以上与成人量相差不大即可。

4. 含有较大的毒副作用成分的中成药，或者含有对小儿有特殊毒副作用成分的中成药，应充分衡量其风险/收益，除没有其它治疗药物或方法而必须使用外，其它情况下不应使用。

5. 儿童患者使用中成药的种类不宜多，应尽量采取口服或外用途径给药，慎重使用中药注射剂。

6. 根据治疗效果，应尽量缩短儿童用药疗程，及时减量或停药。

第三部分　各类中成药临床应用

一、解表剂

解表剂是以麻黄、桂枝、荆芥、防风、桑叶、菊花、柴胡、薄荷、豆豉等药物为主组成，具有发汗、解肌、透疹等作用，用以治疗表证的中成药，解表剂分为辛温解表、辛凉解表和扶正解表三大类。临床以恶寒发热、舌苔薄白或黄、脉浮等为辨证要点。

临床可用于治疗普通感冒、流行性感冒、上呼吸道感染、扁桃体炎、咽炎等见上述症状者。

1. 辛温解表剂适用于外感风寒表证。症见恶寒发热、头项强痛、肢体疼痛、口不渴、无汗或汗出而仍发热恶风寒、舌苔薄白、脉浮紧或浮缓等。例如感冒清热颗粒、九味羌活丸（颗粒）。

2. 辛凉解表剂适用于外感风热证。症见发热、微恶风寒、头痛、口渴、咽痛，或咳嗽、舌尖红、苔薄白或兼微黄、脉浮数等。例如银翘解毒丸（颗粒、胶囊、片）、桑菊感冒片、柴胡注射液。

3. 扶正解表剂适用于正气虚弱复感外邪而致的表证。可根据气血阴阳虚损的不同有所区别。气虚感冒者症见反复感冒、低热汗出、倦怠、舌质淡有齿痕、苔薄、脉弱等。例如玉屏风颗粒（口服液）、参苏丸（胶囊）。

注意事项：（1）服用解表剂后宜避风寒，或增衣被，或辅之以粥，以助汗出；（2）解表取汗，以遍身持续微汗为最佳。若汗出不彻，则病邪不解；汗出太多，则耗伤气津，重则导致亡阴亡阳之变；（3）汗出病瘥，即当停服，不必尽剂；（4）服用解表剂时忌生冷、油腻之品，多饮水，注意休息；（5）若外邪已入里，或麻疹已透，或疮疡已溃，或虚证水肿，均不宜使用。

二、泻下剂

泻下剂是以大黄、芒硝、火麻仁、牵牛子、甘遂等药物为主组成，具有通利大便、泻下积滞、荡涤实热或攻逐水饮、寒积等作用，用以治疗里实证的中成药。泻下剂分为寒下、温下、润下、逐水及攻补兼施五类。临床以大便秘结不通、少尿、无尿、胸水、腹水等为辨证要点。

临床可用于治疗便秘、肠梗阻、急性胰腺炎、急性胆囊炎、幽门梗阻、胸腔积液、腹水等见上述症状者。

1. 寒下剂适用于里热与积滞互结之实证。症见大便秘结、腹部或满或胀或痛，甚或潮热、苔黄、脉实等。例如三黄片（胶囊、丸）、当归龙荟丸、复方芦荟胶囊。

2. 温下剂适用于因寒成结之里实证。症见大便秘结、脘腹胀满、腹痛喜温、手足不温，甚或厥冷、脉沉紧等。例如苁蓉通便口服液。

3. 润下剂适用于肠燥津亏、大便秘结证。症见大便干结、小便短赤、舌苔黄燥、脉滑实等。例如麻仁润肠丸（软胶囊）、麻仁滋脾丸。

4. 逐水剂适用于水饮壅盛于里之实证。症见胸胁引痛或水肿腹胀、二便不利、脉实有力等。例如舟车丸。

5. 攻补兼施剂适用于里实正虚而大便秘结证。症见脘腹胀满、大便秘结兼气血阴津不足表现。例如便通胶囊（片）。

注意事项：（1）泻下剂作用峻猛，大都易于耗损胃气，中病即止，慎勿过剂；（2）老年体虚，新产血亏，病后津伤，以及亡血家等，应攻

补兼施，虚实兼顾。

三、和解剂

和解剂是以柴胡、黄芩、青蒿、白芍、半夏等药物为主组成，具有和解少阳、调和肝脾、调和肠胃等作用，用以治疗伤寒邪在少阳、胃肠不和、肝脾不和等证的中成药。和解剂分为和解少阳、调和肝脾、调和肠胃三类。临床以寒热往来、胸胁满闷、呕吐下利等为辨证要点。

临床可用于治疗疟疾、感冒、各类肝炎、胆囊炎、慢性肠炎、慢性胃炎、胃肠功能紊乱等见上述症状者。

1. 和解少阳剂适用于邪在少阳证。症见往来寒热、胸肋苦满、心烦喜呕、默默不欲饮食，以及口苦、咽干、目眩等。例如小柴胡颗粒（片）。

2. 调和肝脾剂适用于肝脾不和证。症见脘腹胸胁胀痛、神疲食少、月经不调、腹痛泄泻、手足不温等。例如加味逍遥丸、逍遥丸（颗粒）。

3. 调和肠胃剂适用于肠胃不和证。症见心下痞满、恶心呕吐、脘腹胀痛、肠鸣下利等。例如半夏泻心汤等。

注意事项：（1）本类方剂以祛邪为主，纯虚不宜用；（2）临证使用要辨清表里、上下、气血以及寒热虚实的多少选用中成药。

四、清热剂

清热剂是以银花、连翘、板兰根、大青叶、黄芩、黄连、黄柏、栀子、丹皮、桑白皮、紫草等药物为主组成，具有清热泻火、凉血解毒及滋阴透热等作用，用以治疗里热证的中成药。清热剂分为清气分热（清热泻火）、清营凉血、清热解毒、气血两清、清脏腑热、清虚热等六类。临床以发热、舌红苔黄、脉数等为辨证要点。

临床可用于治疗各种感染性与非感染炎症性疾病如流感、流行性乙型脑炎、流行性脑脊髓膜炎、牙龈炎、急性扁桃体炎、流行性腮腺炎、各类肺炎、肝炎、胃肠炎、败血症、流行性出血热等见上述症状者。

1. 清气分热（清热泻火）剂适用于热在气分、热盛津伤之证。症见身热不恶寒、反恶热、大汗、口渴饮冷、舌红苔黄、脉数有力等。例如牛黄上清丸（胶囊、片）、黄连上清丸（颗粒、片、胶囊）。

2. 清营凉血剂适用于邪热传营，或热入血分证。症见身热夜甚、神烦少寐、时有谵语，或斑疹隐隐、发斑、出血、昏狂、舌绛、脉数等。例如石龙清血颗粒、五福化毒丸、新雪丸（颗粒、胶囊、片）。

3. 清热解毒剂适用于火热毒邪引起的各类病证。症见口舌生疮、咽喉肿痛、便秘溲赤或大热渴饮、谵语神昏、吐衄发斑、舌绛唇焦；或头面红肿焮痛、痈疡疔疮、舌苔黄燥及外科的热毒痈疡等。例如西黄丸（胶囊）、双黄连合剂（颗粒、胶囊、片）、银黄颗粒（片）、板蓝根颗粒、季德胜蛇药片、连翘败毒丸（膏、片）、如意金黄散。

4. 清脏腑热剂适用于火热邪毒引起的脏腑火热证。

心经热盛症见心烦、口舌生疮或小便涩痛、舌红脉数；肝胆火旺症见头痛、目赤、胁痛、口苦、舌红苔黄、脉弦数有力；肺热症见咳嗽气喘、发热、舌红苔黄、脉细数；热蕴脾胃症见牙龈肿痛、溃烂、口臭、便秘、舌红苔黄、脉滑数；湿热蕴结肠腑可见腹痛腹泻、脓血便、里急后重、舌苔黄腻、脉弦数。例如牛黄清心丸、龙胆泻肝丸、护肝片（颗粒、胶囊）、茵栀黄颗粒（口服液）、复方黄连素片。

5. 清虚热剂适用于阴虚内热之证。症见夜热早凉、舌红少苔，或骨蒸潮热，或久热不退之虚热证。例如知柏地黄丸。

6. 气血两清剂适用于疫毒或热毒所致的气血两燔证。症见大热烦渴、吐衄、发斑、神昏谵语等。例如清瘟解毒丸（片）。

注意事项：（1）中病即止，不宜久服；（2）注意辨别热证的部位；（3）辨别热证真假、虚实；（4）对于平素阳气不足，脾胃虚弱之体，可配伍醒脾和胃之品；（5）如服药呕吐者，可采用凉药热服法。

五、祛暑剂

祛暑剂是以藿香、佩兰、香薷、鲜银花、鲜扁豆花、鲜荷叶、西瓜翠衣等药物为主组成，具有祛除暑邪的作用，用以治疗暑病的中成药。祛暑剂分为祛暑解表、祛暑清热、祛暑利湿和清暑益气四类。临床以身热、面赤、心烦、小便短赤、舌红脉数或洪大为辨证要点。

临床可用于治疗胃肠型感冒、急性胃肠炎、小儿腹泻等见上述症状者。

1.祛暑清热剂 适用于夏月感受暑热之证。症见身热心烦、汗多口渴等。例如甘露消毒丸。

2.祛暑解表剂 适用于暑气内伏，兼外感风寒证。症见恶寒发热、无汗头痛、心烦口渴等。例如藿香正气水（丸、胶囊）、保济丸。

3.祛暑利湿剂 适用于感冒挟湿证。症见身热烦渴、胸脘痞闷、小便不利等。例如十滴水。

4.清暑益气剂 适用于暑热伤气，津液受灼证。症见身热烦渴、倦怠少气、汗多脉虚等。例如清暑益气丸。

注意事项：（1）暑多挟湿，祛暑剂中多配伍祛湿之品，但不能过于温燥，以免耗伤气津；（2）忌生冷、油腻饮食。

六、温里剂

温里剂是以制附子、干姜、肉桂、吴茱萸、小茴香、高良姜等药物为主组成，具有温里助阳、散寒通脉等作用，用以治疗里寒证的中成药。温里剂分为温中祛寒、回阳救逆、温经散寒三大类。临床以畏寒肢凉、喜温蜷卧、面色苍白、口淡不渴、小便清长、脉沉迟或缓为辨证要点。

临床可用于治疗慢性胃炎、胃及十二指肠溃疡、胃肠痉挛、末梢循环障碍、血栓闭塞性脉管炎、风湿性关节炎等见上述症状者。

1.温中祛寒剂适用于中焦虚寒证。症见脘腹疼痛、呕恶下利、不思饮食、肢体倦怠、手足不温、口淡不渴、舌苔白滑、脉沉细或沉迟等。例如附子理中丸（片）、黄芪建中丸。

2.回阳救逆剂适用于阳气衰微，阴寒内盛，甚至阴盛格阳或戴阳的危重病证。症见四肢厥逆、恶寒蜷卧、呕吐腹痛、下利清谷、精神萎靡、脉沉细或沉微等。例如参附注射液。

3.温经散寒剂适用于寒凝经脉证。症见手足厥寒，或肢体疼痛，或发阴疽等。例如小金丸、代温灸膏。

注意事项：（1）凡实热证、素体阴虚内热、失血伤阴者不宜用；（2）孕妇及气候炎热时慎用。

七、表里双解剂

表里双解剂是以解表药与治里药为主组成，具有表里双解作用，用以治疗表里同病的中成药。表里双解剂分为解表攻里、解表清里、解表温里三类。临床以表寒里热、表热里寒、表实里虚、表虚里实以及表里俱寒、表里俱热、表里俱虚、表里俱实等表现为辨证要点。

临床用于治疗急性胰腺炎、急性胆囊炎、胆石症、胃及十二指肠溃疡、肥胖症、习惯性便秘、痔疮、痢疾、胃肠型感冒、急性肾炎等有表里同病表现者。

1.解表攻里剂适用于外有表邪，里有实积之证。既有表寒或表热的症状，又有里实表现。例如防风通圣丸（颗粒）。

2.解表清里剂适用于表证未解，里热已炽之证。既有表寒或表热的症状，又见里热表现。例如葛根芩连丸。

3.解表温里剂适用于外有表证而里有寒象之证。临床兼见表寒与里寒的症状。小青龙胶囊（合剂、颗粒、糖浆）、五积散。

注意事项：（1）必须具备既有表证，又有里证者，方可应用，否则即不相宜；（2）辨别表证与里证的寒、热、虚、实，然后针对病情选择适当的方剂；（3）分清表证与里证的轻重主次。

八、补益剂

补益剂是以人参、黄芪、黄精、玉竹、当归、熟地、女贞子、鹿茸、肉苁蓉等药物为主组成，具有补养人体气、血、阴、阳等作用，用以治疗各种虚证的中成药。补益剂分为补气、补血、气血双补、补阴、补阳、阴阳双补六种，临床以气、血、阴、阳虚损不足诸症表现为辨证要点。

临床可用于治疗慢性心力衰竭、贫血、休克、衰老、退行性病变、内分泌与代谢性疾病出现气血阴阳虚损表现者。

1.补气剂适用于脾肺气虚证。症见肢体倦怠乏力、少气懒言、语声低微、动则气促、面色萎黄、食少便溏、舌淡苔白、脉弱或虚大，甚或虚热自汗，或脱肛、子宫脱垂等。例如参苓白术散（丸、颗粒）、补中益气丸（颗粒）。

2.补血剂适用于血虚病证。症见面色无华、头晕、眼花、心悸失眠、唇甲色淡、妇女经水愆期、量少色淡、脉细数或细涩、舌质淡红、苔滑少津等。例如归脾丸（合剂）、当归补血丸。

3.气血双补剂适用于气血两虚证。症见面色无华、头晕目眩、心悸气短、肢体倦怠、舌质淡、苔薄白、脉虚细等。例如八珍益母丸（胶囊）、乌鸡白凤丸（胶囊、片）、人参养荣丸。

4.补阴剂适用于阴虚证。症见肢体羸瘦、头晕耳鸣、潮热颧红、五心烦热、口燥咽干、虚烦不眠、大便干燥、小便短黄，甚则骨蒸盗汗、呛咳无痰、梦遗滑精、腰酸背痛、脉沉细数、舌红少苔、少津等。例如六味地黄丸、杞菊地黄丸（胶囊、片）、生脉饮（颗粒、胶囊、注射液）、百合固金丸。

5.补阳剂适用于阳虚证。症见腰膝酸痛、四肢不温、酸软无力、少腹拘急冷痛、小便不利，或小便频数、阳痿早泄、肢体羸瘦、消渴、脉沉细或尺脉沉伏等。例如金匮肾气丸（片）、四神丸（片）。

6.阴阳双补适用于阴阳两虚证。症见头晕目眩、腰膝酸软、阳痿遗精、畏寒肢冷、午后潮热等。例如补肾益脑片。

注意事项：（1）辨治虚证，辨别真假；（2）体质强壮者不宜补，邪气盛者慎用；（3）脾胃素虚宜先调理脾胃，或在补益方中佐以健脾和胃、理气消导的中成药；（4）服药时间以空腹或饭前为佳。

九、安神剂

安神剂是以磁石、龙齿、珍珠母、远志、酸枣仁、柏子仁等药物为主组成，具有安定神志作用，用以治疗各种神志不安疾患的中成药。安神剂分为重镇安神和滋养安神两类。临床以失眠、心悸、烦躁、惊狂等为辨证要点。

临床可用于治疗睡眠异常（失眠）、神经官能症、甲状腺机能亢进症、高血压、心律失常等出现上述症状者。

1.重镇安神剂适用于心阳偏亢之证。症见烦乱、失眠、惊悸、怔忡等。例如磁朱丸、朱砂安神丸。

2.滋养安神剂适用于阴血不足，心神失养证。症见虚烦少寐、心悸盗汗、梦遗健忘、舌红苔少等。例如天王补心丸（片）、养血安神丸、柏子养心丸（片）。

注意事项：（1）重镇安神类多由金石药物组成，不宜久服，以免有碍脾胃运化，影响消化功能；（2）素体脾胃不健，服用安神剂时可配合补脾和胃的中成药。

十、开窍剂

开窍剂是以麝香、冰片、石菖蒲等芳香开窍药物为主组成，具有开窍醒神等作用，用以治疗神昏窍闭（神志障碍）、心痛彻背诸证的中成药。开窍剂分为凉开（清热开窍）和温开（芳香开窍）两类。临床以神志障碍、情志异常为辨证要点。

临床可用于治疗急性脑血管病、流行性乙型脑炎、流行性脑脊髓膜炎、尿毒症、肝昏迷，癫痫、冠心病心绞痛、心肌梗死等见上述症状者。

1.凉开（清热开窍）剂适用于温邪热毒内陷心包的热闭证。症见高热、神昏谵语，甚或痉厥等。例如安宫牛黄丸、清开灵注射液（胶囊、片、颗粒）、安脑丸、局方至宝丸。

2.温开（芳香开窍）剂适用于中风、中寒、痰厥等属于寒闭之证。症见突然昏倒、牙关紧闭、神昏不语、苔白脉迟等。例如苏合香丸、十香返生丸。

注意事项：（1）神昏有闭与脱之分，闭证可用本类药物治疗，同时闭症要与祛邪药同用，脱证不宜使用；（2）孕妇慎用或忌用；（3）开窍剂久服易伤元气，故临床多用于急救，中病即止。

十一、固涩剂

固涩剂是以麻黄根、浮小麦、五味子、五倍子、肉豆蔻、桑螵蛸、金樱子、煅龙骨、煅牡蛎等药物为主组成，具有收敛固涩作用，用以治疗气、血、精、津耗散滑脱之证的中成药。固涩剂分为固表止汗、敛肺止咳、涩肠固脱、涩精止遗、固崩止带五类。临床以自汗、盗汗、久咳、久泻、遗精、滑泄、小便失禁、崩漏、带下等为辨证要点。

临床可用于治疗肺结核病、植物神经功能失调、小儿遗尿、神经性尿频、神经衰弱、功能性子宫出血、产后出血过多、慢性咳嗽等见上述症状者。

1.固表止汗剂适用于体虚卫外不固，阴液不能内守证。症见自汗、盗汗。例如玉屏风颗粒。

2.敛肺止咳剂适用于久咳肺虚，气阴耗伤证。症见咳嗽、气喘、自汗、脉虚数等。例如固本咳喘片。

3.涩肠固脱剂适用于泻痢日久不止，脾肾虚寒，以致大便滑脱不禁证。症见久泻久痢或五更泄泻、完谷不化、形寒肢冷、腰膝冷痛等。例如固肠止泻丸。

4.涩精止遗剂适用于肾气不足，膀胱失约证或肾虚封藏失职，精关不固证。症见遗精滑泄或尿频遗精等。例如缩泉丸（胶囊）、金锁固金丸。

5.固崩止带剂适用于妇女崩中漏下，或带下日久不止等证。症见月经过多、漏下不止或带下量多不止等。例如千金止带丸。

注意事项：涩剂为正虚无邪者设，故凡外邪未去，误用固涩剂，则有“闭门留寇”之弊。

十二、理气剂

理气剂是以枳实、陈皮、厚朴、沉香、乌药等药物为主组成，具有行气或降气作用，用以治疗气滞或气逆病证的中成药。理气剂分为行气剂和降气剂。临床以脘腹胀痛、嗳气吞酸、恶心呕吐、大便不畅、胸胁胀痛、游走不定、情绪抑郁、月经不调或喘咳为辨证要点。

临床可用于治疗抑郁症、更年期综合征、肠胃功能紊乱、慢性肝炎、慢性结肠炎、慢性胃炎、慢性胆囊炎等见上述症状者。

1.行气剂适用于气机郁滞证。行气剂可分为理气疏肝、疏肝散结、理气和中、理气止痛等。气滞证可见脘腹胀满、嗳气吞酸、呕恶食少、大便失常或胸胁胀痛，或疝气痛，或月经不调，或痛经。例如丹栀逍遥丸、逍遥丸（颗粒）、胃苏颗粒、元胡止痛片（颗粒、胶囊、滴丸）、三九胃泰颗粒、气滞胃痛颗粒（片）、妇科十味片。

2.降气剂适用于气机上逆之证。症见咳喘、呕吐、嗳气、呃逆等。例如苏子降气丸。

注意事项：⑴理气药物大多辛温香燥，易于耗气伤津，助热生火，当中病即止，慎勿过剂；⑵年老体弱、阴虚火旺、孕妇或素有崩漏吐衄者应慎用。

十三、理血剂

理血剂是以桃仁、红花、川芎、赤芍、三棱、莪术、乳香、没药、三七、水蛭、虻虫、苏木，大小蓟、花蕊石、血余炭、藕节等药物为主组成，具有活血祛瘀或止血作用，用以治疗各类瘀血或出血病证的中成药。理血剂分为活血祛瘀与止血两类。临床以刺痛有定处、舌紫黯、瘀斑瘀点、痛经、闭经、病理性肿块，及各种出血病症（吐血、衄血、咳血、尿血、便血、崩漏及外伤）为辨证要点。

临床可用于治疗各类骨折、软组织损伤、疼痛、缺血性疾病（冠心病、缺血性脑血管病）、血管性疾病、血液病、风湿病、肿瘤等有瘀血表现及各类出血性疾病如外伤出血、月经过多、血小板减少性紫癜等见上述表现者。

1.活血剂又可分为活血化瘀、益气活血、温经活血、养血活血、凉血散瘀、化瘀消癥、散瘀止血、接筋续骨剂。适用于蓄血及各种瘀血阻滞跌打损伤病证。症见刺痛有定处、舌紫暗、舌上有青紫斑或紫点、腹中或其他部位有肿块、疼痛拒按、按之坚硬、固定不移等。例如丹参注射液、麝香保心丸、复方丹参片（胶囊、颗粒、滴丸）、血府逐瘀丸（胶囊）、冠心苏合丸（胶囊、软胶囊）、速效救心丸、地奥心血康胶囊、通心络胶囊、益母草膏（颗粒、片、胶囊）、接骨七厘散、伤科接骨片、云南白药（胶囊、膏、酊、气雾剂）、活血止痛散（胶囊）、舒筋活血丸（片）、颈舒颗粒、狗皮膏。

2.止血剂适用于血溢脉外的出血证。症见吐血、衄血、咳血、便血、尿血、崩漏等。例如槐角丸、三七胶囊（片）。

注意事项：⑴妇女经期、月经过多及孕妇均当慎用或禁用活血祛瘀剂；⑵逐瘀过猛或久用逐瘀，均易耗血伤正，只能暂用，不能久服，中病即止。

十四、治风剂

治风剂是以川芎、防风、羌活、荆芥、白芷及羚羊角、钩藤、石决明、天麻、鳖甲、龟板、牡蛎等药物为主组成，具有疏散外风或平熄内风等作用，用于治疗风病的中成药。治风剂分为疏散外风和平熄内风两类。临床以头痛、口眼?斜、肢体痉挛、眩晕头痛、猝然昏倒、半身不遂或高热、抽搐、痉厥等为辨证要点。

临床可用于治疗偏头痛、面神经麻痹、破伤风、急性脑血管病、高血压脑病、妊娠高血压、癫痫发作、震颤麻痹、小儿高热惊厥、流行性乙型脑炎、流行性脑脊髓膜炎等见上述症状者。

1.疏散外风剂适用于外风所致病证。症见头痛、恶风、肌肤瘙痒、肢体麻木、筋骨挛痛、关节屈伸不利，或口眼歪斜，甚则角弓反张等。例如川芎茶调丸（散、颗粒、片）、疏风活络丸。

2.平熄内风剂适用于内风证。症见眩晕、震颤、四肢抽搐、语言蹇涩、足废不用，甚或卒然昏倒、不省人事、口角歪斜、半身不遂等。例如天麻钩藤颗粒、松龄血脉康胶囊、华佗再造丸。

注意事项：（1）应注意区别内风与外风；（2）疏散外风剂多辛香走窜，易伤阴液，而助阳热，故阴津不足或阴虚阳亢者应慎用。

十五、治燥剂

治燥剂是以桑叶、杏仁、沙参、麦冬、生地、熟地、玄参等药物为主组成，具有轻宣外燥或滋阴润燥等作用，用于治疗燥证的中成药。治燥剂分为轻宣外燥剂与滋阴润燥剂。临床以干咳少痰、口渴、鼻燥、消渴、便秘、舌红为辨证要点。

临床可用于治疗上呼吸道感染、慢性支气管炎、肺气肿、百日咳、肺炎、支气管扩张、肺癌、习惯性便秘、糖尿病、干燥综合征、肺结核、慢性萎缩性胃炎等见上述症状者。

1.轻宣外燥剂适用于外感凉燥或温燥证。凉燥证症见头痛恶寒、咳嗽痰稀、鼻塞咽干、舌苔薄白；温燥证症见头痛身热、干咳少痰、或气逆而喘、口渴鼻燥、舌边尖红、苔薄白而燥。例如杏苏止咳糖浆（颗粒）。

2.滋阴润燥剂适用于脏腑津伤液耗的内燥证。燥在上者，症见干咳、少痰、咽燥、咯血；燥在中者，症见肌肉消瘦、干呕食少；燥在下者，症见消渴或津枯便秘等。例如养阴清肺口服液（膏、丸、糖浆）、蜜炼川贝枇杷膏。

注意事项：⑴首先应分清外燥和内燥，外燥又须分清温燥与凉燥；⑵甘凉滋润药物易于助湿滞气，脾虚便溏或素体湿盛者忌用。

十六、祛湿剂

祛湿剂是以羌活、独活、秦艽、防风、防己、桑枝及茯苓、泽泻、猪苓等药物为主组成，具有化湿利水、通淋泄浊作用，用于治疗水湿病证的中成药。祛湿剂分为化湿和胃、清热祛湿、利水渗湿、温化水湿、祛湿化浊五类。临床以肢体麻木、关节疼痛、关节肿胀、腰膝疼痛、屈伸不利及小便不利、无尿、水肿、腹泻等为辨证要点。

临床可用于治疗各类风湿病、各类骨关节炎、骨质增生及急性肾炎、慢性肾炎、肝硬化腹水、泌尿系感染、前列腺炎、前列腺增生、产后小便困难等见上述症状者。

1.化湿和胃剂又称燥湿和中。适用于湿浊内阻，脾胃失和证。症见脘腹痞满、嗳气吞酸、呕吐泄泻、食少体倦等。例如香砂平胃散（颗粒、丸）、枳术丸。

2.清热祛湿剂适用于湿热外感，或湿热内盛，以及湿热下注证。症见身目发黄、小便短赤，或霍乱吐泻、下利脓血便或大便臭秽、小便混浊，或关节红肿酸痛等。例如消炎利胆片（颗粒、胶囊）、妇科千金片、八正颗粒。

3.利水渗湿剂适用于水湿壅盛证。症见小便不利、水肿、腹水、泄泻等。例如五苓散（胶囊、片）。

4.温化水湿剂适用于阳虚不能化水和湿从寒化证。症见痰饮、水肿、小便不利、泻痢不止、形寒肢冷等。例如萆解分清丸、肾炎康复片。

5.祛湿化浊剂适用于湿浊不化所致的白浊、

妇女带下等证。症见小便混浊、淋漓涩痛，或带下色白、质稠、状如凝乳或豆腐渣状，气味酸臭、舌苔厚腻、脉滑等。例如血脂康胶囊、白带丸。

6.祛风胜湿剂 适用于风湿痹阻经络证。症见肢体、肌肉、关节疼痛、酸楚、麻木、沉重以及关节肿大、变形、屈伸不利等。例如独活寄生丸。

注意事项：祛风湿剂多由芳香温燥或甘淡渗利之药组成，多辛燥，易于耗伤阴津，对素体阴虚津亏，病后体弱，以及孕妇等均应慎用。

十七、祛痰剂

祛痰剂是以半夏、贝母、南星、瓜蒌、竹茹、前胡、桔梗、海藻、昆布等药物为主组成，具有消除痰涎作用，用以治疗各种痰病的中成药。祛痰剂分为燥湿化痰、清热化痰、润燥化痰、温化寒痰和化痰熄风等五类。临床以咳嗽、喘促、头疼、眩晕、呕吐等为辨证要点。

临床可用于治疗慢性支气管炎、肺气肿、支气管哮喘、神经性呕吐、神经官能症、消化性溃疡、更年期综合征、癫痫、中风、冠心病、肺炎、高血压病、眩晕等见上述症状者。

1.燥湿化痰剂适用于湿痰证。症见咳吐多量稠痰、痰滑易咳、胸脘痞闷、恶心呕吐、眩晕、肢体困重、食少口腻、舌苔白腻或白滑、脉缓或滑等。例如二陈丸、内消瘰疬丸、祛痰止咳颗粒。

2.清热化痰剂适用于痰热证。症见咳吐黄痰、咯吐不利、舌红苔黄腻、脉滑数。例如祛痰灵口服液、止咳橘红丸（颗粒、胶囊、片）、黄氏响声丸。

3.润燥化痰剂适用于燥痰证。症见咳嗽甚或呛咳、咯痰不爽，或痰粘成块，或痰中带血、胸闷胸痛、口鼻干燥、舌干少津、苔干、脉涩等。例如养阴清肺丸（膏、糖浆）、蜜炼川贝枇杷膏。

4.温化寒痰适用于寒痰证。症见咳吐白痰、胸闷脘痞、气喘哮鸣、畏寒肢冷、舌苔白腻、脉弦滑或弦紧。例如通宣理肺丸（颗粒、胶囊、片）。

5.化痰熄风适用于内风挟痰证。症见眩晕头痛，或发癫痫，甚则昏厥、不省人事、舌苔白腻、脉弦滑等。例如半夏天麻丸。

注意事项：（1）辨别痰病的性质，分清寒热燥湿、标本缓急；（2）有咳血倾向者，不宜使用燥热之剂，以免引起大量出血；（3）表邪未解或痰多者，慎用滋润之品，以防壅滞留邪，病久不愈；（4）辨明生痰之源，重视循因治本。

十八、止咳平喘剂

止咳平喘剂是以杏仁、苏子、枇杷叶、紫菀、百部、款冬花、桑白皮、葶苈子等药物为主组成，具有止咳平喘等作用，用以治疗各种痰、咳、喘证的中成药。临床以咳嗽、咯痰、哮喘、胸闷、憋气等为辨证要点。根据配伍不同又可分为清肺止咳、温肺止咳、补肺止咳、化痰止咳、温肺平喘、清肺平喘、补肺平喘、纳气平喘等。

临床可用于治疗急性支气管炎、支气管哮喘、慢性阻塞性肺病、肺源性心脏病、胸膜炎、肺炎、小儿喘息性支气管炎、上呼吸道感染等见上述症状者。例如蛤蚧定喘丸、固本咳喘片。

注意事项：外感咳嗽初起，不宜单用收涩止咳剂，以防留邪。

十九、消导化积剂

消导化积剂是以山楂、神曲、谷麦芽、鸡内金、莱菔子等药物为主组成，具有消食健脾或化积导滞作用，用以治疗食积停滞的中成药。消导化积剂分为消食化积剂和健脾消食剂两类。临床以脘腹胀闷、嗳腐吞酸、厌食呕恶、腹胀、腹痛或泄泻、舌苔腻等为辨证要点。

临床可用于治疗消化不良、小儿厌食症、胃肠炎、胆囊炎、细菌性痢疾等见上述症状者。

1.消食化积剂适用于食积内停之证。症见胸脘痞闷、嗳腐吞酸、恶食呕逆、腹痛泄泻等。例如保和丸（颗粒、片）、枳实导滞丸。

2.健脾消食剂适用于脾胃虚弱，食积内停之证。症见脘腹痞满、不思饮食、面黄体瘦、倦怠乏力、大便溏薄等。例如健脾丸、健儿消食口服液。

注意事项：（1）使用人参类补益药时，不宜配伍使用含莱菔子的药物；（2）食积内停，易使气机阻滞，气机阻滞又可导致积滞不化，配伍具

有理气作用的药物，使气行而积消；（3）消导剂虽较泻下剂缓和，但总属攻伐之剂，不宜久服，纯虚无实者禁用。

二十、杀虫剂

杀虫剂是以苦楝根皮、雷丸、槟榔、使君子、南瓜子等药物为主组成，具有驱虫或杀虫作用，用以治疗人体消化道寄生虫病的中成药。临床以脐腹作痛、时发时止、痛定能食、面色萎黄，或面白唇红，或面生干癣样的白色虫斑，或胃中嘈杂、呕吐清水、舌苔剥落、脉象乍大乍小等为主要表现。

临床可用于驱杀寄生在人体消化道内的蛔虫、蛲虫、绦虫、钩虫等。例如乌梅丸。

注意事项：（1）宜空腹服，尤以临睡前服用为妥，忌油腻香甜食物；（2）有时需要适当配伍泻下药物，以助虫体排出；（3）驱虫药多有攻伐作用或有毒之品，故要注意掌握剂量，且不宜连续服用，以免中毒或伤正；⑷年老、体弱、孕妇等慎用或禁用；⑸临证时结合粪便检验，若发现虫卵，再辨证选用驱虫剂；⑹服驱虫剂之后见有脾胃虚弱者，适当调补脾胃以善其后。

第四部分　中成药临床应用管理

一、含毒性中药材的中成药临床应用管理

毒性中药材是指按已经公布的相关法规和法定药材标准中标注为“大毒（剧毒）”、“有毒”的药材。其中属于大毒的，是国务院《医疗用毒性药品管理办法》（1988年）颁布的28种毒性药材，包括砒石（红砒、白砒）、砒霜、水银、生马钱子、生川乌、生草乌、生白附子、生附子、生半夏、生南星、生巴豆、斑蝥、青娘虫、红娘虫、生甘遂、生狼毒、生藤黄、生千金子、生天仙子、闹羊花、雪上一枝蒿、红升丹、白降丹、蟾酥、洋金花、红粉、轻粉、雄黄。

含毒性中药材的中成药品种较多，分布于各科用药中，其中不乏临床常用品种。毒性中药材及其制剂具有较独特的疗效，但若使用不当，就会有致患者中毒的危险。且其中的毒性中药材的毒性范围广，涉及多个系统、器官，大部分毒性药材可一药引起多系统损伤，应引起重视。

另外，一些历代本草学著作中没有毒性记载的饮片及其制剂，近年来有研究报道其具有严重不良反应，比如，马兜铃、关木通、广防己、青木香、天仙藤等含马兜铃酸，处方中含有这些中药材的中成药，若长期服用，可能造成马兜铃酸的蓄积，导致肾间质纤维化，引起肾功能衰竭等不良反应。

因此，临床使用含毒性中药材的中成药时应注意：

1. 辨证使用是防止中毒的关键。不同的病证选用不同的药物治疗，有的放矢，方能达到预期效果。另外，还应注意因人、因时、因地制宜，辨证施治，尤其对小儿、老人、孕妇、哺乳期妇女、体弱者，更应注意正确辨证使用中成药。

2. 注意合理配伍。利用药物间的相互作用进行合理配伍用药，既可增强功效，又可减少毒性，如配伍相杀、相畏药。

3. 注意用量。含毒性中药材的中成药安全范围小，容易引起中毒，因而要严格控制剂量。既要注意每次用药剂量，还要注意用药时间，防止药物在体内蓄积中毒，同时还要注意个体差异，如孕妇、老人、儿童、体弱者要考虑机体特点。使用此类药，通常从小量开始，逐渐加量，而需长期用药的，必须注意有无蓄积性，可逐渐减量，或采取间歇给药，中病即止，防止蓄积中毒。

4. 建立、健全保管、验收、调配、核对等制度，坚持从正规渠道购进药品。

二、中成药不良反应的监测

在合理使用中成药的同时，应加强其不良反应的监测工作，逐步建立起完善的中成药不良反应监测体系，减少漏报率。一旦出现不良反应立即停药，并采取相应治疗措施。

特别加强中药注射剂、含毒性中药材中成药的不良反应监测，临床用药前应详细询问过敏史，重视个体差异，辨证施治。制定科学用药方案，避免中西药联合应用的不良反应，掌握含毒性药材中成药的用药规律。

建立中药严重不良反应快速反应、紧急处理预案，并建立严重病例报告追踪调查制度。对中药严

重不良反应关联性进行分析评价时，必要时应追踪原始病案、药品生产厂家、批号及原料药的产地、采集、加工、炮制与制剂的工艺方法等。

对上市5年以内的药品和列为国家重点监测的药品，要报告该药品引起的所有可疑不良反应；对上市5年以上的药品主要报告该药品引起严重、罕见或新的不良反应。各省、自治区、直辖市药品监督管理部门和卫生行政部门是本地区实行药品不良反应报告制度的监管部门。国家对药品不良反应实行逐级、定期报告制度。严重或罕见的药品不良反应须随时报告，必要时可以越级报告。医疗预防保健机构发现严重、罕见或新的不良反应病例和在外单位使用药物发生不良反应后来本单位就诊的病例，应先经医护人员诊治和处理，并在15个工作日内向所在省、自治区、直辖市药品不良反应监测部门报告。

三、开展中成药临床应用监测、建立中成药应用点评制度

中成药临床使用时应针对实际情况，监测所使用的中成药品种、数量、合理用药情况和不良事件。特别是对风险较大、毒性明确的中成药，如中药注射剂和含毒性中药材的中成药，可进行重点监测。

处方点评制度和临床药师制度等的落实，可有效地促进中成药临床使用监测，及时获取中成药用量的动态信息、合理用药情况、药品不良事件发生情况等。

中成药处方点评内容包括辨证用药、用药剂量、用药方法、给药途径、溶媒、联合用药及配伍合理性、治疗过程中更换药品或停药的合理性等，定期进行中成药处方点评有利于提高临床用药的水平。

临床药师可参与临床药物治疗，监测患者用药全过程，对药物治疗做出综合评价，发现和报告药物不良反应，最大限度地降低药物不良反应及有害的药物相互作用的发生，从而更好地保证中成药的临床合理应用，减少和避免药源性伤害。

7

【法规名称】卫生部、国家中医药管理局关于印发《中医病历书写基本规范》的通知

【颁布部门】卫生部/国家中医药管理局

【发文字号】国中医药医政发[2010]29号

【颁布时间】2010-06-11

【实施时间】2010-07-01

【效力属性】有效

【法规编号】486396

卫生部、国家中医药管理局关于印发《中医病历书写基本规范》的通知

各省、自治区、直辖市卫生厅局、中医药管理局，新疆生产建设兵团卫生局，中国中医科学院：

为规范中医病历书写，提高病历质量，保障医疗质量和医疗安全，根据《医疗事故处理条例》有关规定，2002年卫生部和国家中医药管理局印发了《中医、中西医结合病历书写基本规范（试行）》（以下简称《规范》）。《规范》执行以来，在各级卫生、中医药管理部门和医疗机构的共同努力下，中医病历质量有了很大提高。

在总结各地《规范》执行情况的基础上，结合当前医疗机构管理和医疗质量管理面临的新形势和新特点，卫生部和国家中医药管理局对《规范》进行了修订，制定了《中医病历书写基本规范》。现印发给你们，请遵照执行。执行中遇到的情况及问题，请及时反馈国家中医药管理局医政司。

附件：中医病历书写基本规范

二〇一〇年六月十一日

附件：

中医病历书写基本规范

第一章　基本要求

第一条　病历是指医务人员在医疗活动过程中形成的文字、符号、图表、影像、切片等资料的总和，包括门（急）诊病历和住院病历。

第二条　中医病历书写是指医务人员通过望、闻、问、切及查体、辅助检查、诊断、治疗、护理等医疗活动获得有关资料，并进行归纳、分析、整理形成医疗活动记录的行为。

第三条　病历书写应当客观、真实、准确、及时、完整、规范。

第四条　病历书写应当使用蓝黑墨水、碳素墨水，需复写的病历资料可以使用蓝或黑色油水的圆珠笔。计算机打印的病历应当符合病历保存的要求。

第五条　病历书写应当使用中文，通用的外文缩写和无正式中文译名的症状、体征、疾病名称等可以使用外文。

第六条　病历书写应规范使用医学术语，中医术语的使用依照相关标准、规范执行。要求文字工整，字迹清晰，表述准确，语句通顺，标点正确。

第七条　病历书写过程中出现错字时，应当用双线划在错字上，保留原记录清楚、可辨，并注明修改时间，修改人签名。不得采用刮、粘、涂等方法掩盖或去除原来的字迹。

上级医务人员有审查修改下级医务人员书写的病历的责任。

第八条　病历应当按照规定的内容书写，并由相应医务人员签名。

实习医务人员、试用期医务人员书写的病历，应当经过本医疗机构注册的医务人员审阅、修改并签名。

进修医务人员由医疗机构根据其胜任本专业工作实际情况认定后书写病历。

第九条　病历书写一律使用阿拉伯数字书写日期和时间，采用24小时制记录。

第十条　病历书写中涉及的诊断，包括中医诊断和西医诊断，其中中医诊断包括疾病诊断与证候诊断。

中医治疗应当遵循辨证论治的原则。

第十一条　对需取得患者书面同意方可进行的医疗活动，应当由患者本人签署知情同意书。患者不具备完全民事行为能力时，应当由其法定代理人签字；患者因病无法签字时，应当由其授权的人员签字；为抢救患者，在法定代理人或被授权人无法及时签字的情况下，可由医疗机构负责人或者授权的负责人签字。

因实施保护性医疗措施不宜向患者说明情况的，应当将有关情况告知患者近亲属，由患者近亲属签署知情同意书，并及时记录。患者无近亲属的或者患者近亲属无法签署同意书的，由患者的法定代理人或者关系人签署同意书。

第二章　门（急）诊病历书写内容及要求

第十二条　门（急）诊病历内容包括门（急）诊病历首页（门（急）诊手册封面）、病历记录、化验单（检验报告）、医学影像检查资料等。

第十三条　门（急）诊病历首页内容应当包括患者姓名、性别、出生年月日、民族、婚姻状况、职业、工作单位、住址、药物过敏史等项目。

门诊手册封面内容应当包括患者姓名、性别、年龄、工作单位或住址、药物过敏史等项目。

第十四条　门（急）诊病历记录分为初诊病历记录和复诊病历记录。

初诊病历记录书写内容应当包括就诊时间、科别、主诉、现病史、既往史，中医四诊情况，阳性体征、必要的阴性体征和辅助检查结果，诊断及治疗意见和医师签名等。

复诊病历记录书写内容应当包括就诊时间、科别、中医四诊情况，必要的体格检查和辅助检查结果、诊断、治疗处理意见和医师签名等。

急诊病历书写就诊时间应当具体到分钟。

第十五条　门（急）诊病历记录应当由接诊医师在患者就诊时及时完成。

第十六条　急诊留观记录是急诊患者因病情需要留院观察期间的记录，重点记录观察期间病情变化和诊疗措施，记录简明扼要，并注明患者去向。实施中医治疗的，应记录中医四诊、辨证施治情况等。抢救危重患者时，应当书写抢救记录。门（急）诊抢救记录书写内容及要求按照住院病历抢救记录书写内容及要求执行。

第三章　住院病历书写内容及要求

第十七条　住院病历内容包括住院病案首页、入院记录、病程记录、手术同意书、麻醉同意书、输血治疗知情同意书、特殊检查（特殊治疗）同意书、病危（重）通知书、医嘱单、辅助检查报告单、体温单、医学影像检查资料、病理资料等。

第十八条　入院记录是指患者入院后，由经治医师通过望、闻、问、切及查体、辅助检查获得有关资料，并对这些资料归纳分析书写而成的记录。可分为入院记录、再次或多次入院记录、24小时内入出院记录、24小时内入院死亡记录。

入院记录、再次或多次入院记录应当于患者入院后24小时内完成；24小时内入出院记录应当于患者出院后24小时内完成，24小时内入院死亡记录应当于患者死亡后24小时内完成。

第十九条　入院记录的要求及内容。

（一）患者一般情况包括姓名、性别、年龄、民族、婚姻状况、出生地、职业、入院时间、记录时间、发病节气、病史陈述者。

（二）主诉是指促使患者就诊的主要症状（或体征）及持续时间。

（三）现病史是指患者本次疾病的发生、演变、诊疗等方面的详细情况，应当按时间顺序书写，并结合中医问诊，记录目前情况。内容包括发病情况、主要症状特点及其发展变化情况、伴随症状、发病后诊疗经过及结果、睡眠和饮食等一般情况的变化，以及与鉴别诊断有关的阳性或阴性资料等。

1．发病情况：记录发病的时间、地点、起病缓急、前驱症状、可能的原因或诱因。

2．主要症状特点及其发展变化情况：按发生的先后顺序描述主要症状的部位、性质、持续时间、程度、缓解或加剧因素，以及演变发展情况。

3．伴随症状：记录伴随症状，描述伴随症状与主要症状之间的相互关系。

4．发病以来诊治经过及结果：记录患者发病后到入院前，在院内、外接受检查与治疗的详细经过及效果。对患者提供的药名、诊断和手术名称需加引号（“”）以示区别。

5．发病以来一般情况：结合十问简要记录患者发病后的寒热、饮食、睡眠、情志、二便、体重等情况。

与本次疾病虽无紧密关系、但仍需治疗的其他疾病情况，可在现病史后另起一段予以记录。

（四）既往史是指患者过去的健康和疾病情况。内容包括既往一般健康状况、疾病史、传染病史、预防接种史、手术外伤史、输血史、食物或药物过敏史等。

（五）个人史，婚育史、月经史，家族史。

1．个人史：记录出生地及长期居留地，生活习惯及有无烟、酒、药物等嗜好，职业与工作条件及有无工业毒物、粉尘、放射性物质接触史，有无冶游史。

2．婚育史、月经史：婚姻状况、结婚年龄、配偶健康状况、有无子女等。女性患者记录经带胎产史，初潮年龄、行经期天数 、间隔天数、末次月经时间（或闭经年龄），月经量、痛经及生育等情况。

3．家族史：父母、兄弟、姐妹健康状况，有无与患者类似疾病，有无家族遗传倾向的疾病。

（六）中医望、闻、切诊应当记录神色、形态、语声、气息、舌象、脉象等。

（七）体格检查应当按照系统循序进行书写。内容包括体温、脉搏、呼吸、血压，一般情况皮肤、粘膜，全身浅表淋巴结，头部及其器官，颈部，胸部（胸廓、肺部、心脏、血管），腹部（肝、脾等），直肠肛门，外生殖器，脊柱，四肢，神经系统等。

（八）专科情况应当根据专科需要记录专科特殊情况。

（九）辅助检查指入院前所作的与本次疾病相关的主要检查及其结果。应分类按检查时间顺序记录检查结果，如系在其他医疗机构所作检查，应当写明该机构名称及检查号。

（十）初步诊断是指经治医师根据患者入院时情况，综合分析所作出的诊断。如初步诊断为多项时，应当主次分明。对待查病例应列出可能性较大的诊断。

（十一）书写入院记录的医师签名。

第二十条　再次或多次入院记录，是指患者因同一种疾病再次或多次住入同一医疗机构时书写的记录。要求及内容基本同入院记录。主诉是记录患者本次入院的主要症状（或体征）及持续时间；现病史中要求首先对本次住院前历次有关住院诊疗经过进行小结，然后再书写本次入院的现病史。

第二十一条　患者入院不足24小时出院的，可以书写24小时内入出院记录。内容包括患者姓名、性别、年龄、职业、入院时间、出院时间、主诉、入院情况、入院诊断、诊疗经过、出院情况、出院诊断、出院医嘱，医师签名等。

第二十二条　患者入院不足24小时死亡的，可以书写24小时内入院死亡记录。内容包括患者姓名、性别、年龄、职业、入院时间、死亡时间、主诉、入院情况、入院诊断、诊疗经过（抢救经过）、死亡原因、死亡诊断，医师签名等。

第二十三条　病程记录是指继入院记录之后，对患者病情和诊疗过程所进行的连续性记录。内容包括患者的病情变化情况及证候演变情况、重要的辅助检查结果及临床意义、上级医师查房意见、会诊意见、医师分析讨论意见、所采取的诊疗措施及效果、医嘱更改及理由、向患者及其近亲属告知的重要事项等。

中医方药记录格式参照中药饮片处方相关规定执行。

病程记录的要求及内容：

（一）首次病程记录是指患者入院后由经治医师或值班医师书写的第一次病程记录，应当在患者入院8小时内完成。首次病程记录的内容包括病例特点、拟诊讨论（诊断依据及鉴别诊断）、诊疗计划等。

1．病例特点：应当在对病史、四诊情况、体格检查和辅助检查进行全面分析、归纳和整理后写出本病例特征，包括阳性发现和具有鉴别诊断意义的阴性症状和体征等。

2．拟诊讨论（诊断依据及鉴别诊断）：根据病例特点，提出初步诊断和诊断依据；对诊断不明的写出鉴别诊断并进行分析；并对下一步诊治措施进行分析。诊断依据包括中医辨病辨证依据与西医诊断依据，鉴别诊断包括中医鉴别诊断与西医鉴别诊断。

3．诊疗计划：提出具体的检查、中西医治疗措施及中医调护等。

（二）日常病程记录是指对患者住院期间诊疗过程的经常性、连续性记录。由经治医师书写，也可以由实习医务人员或试用期医务人员书写，但应有经治医师签名。书写日常病程记录时，首先标明记录时间，另起一行记录具体内容。对病危患者应当根据病情变化随时书写病程记录，每天至少1次，记录时间应当具体到分钟。对病重患者，至少2天记录一次病程记录。对病情稳定的患者，至少3天记录一次病程记录。

日常病程记录应反映四诊情况及治法、方药变化及其变化依据等。

（三）上级医师查房记录是指上级医师查房时对患者病情、诊断、鉴别诊断、当前治疗措施疗效的分析及下一步诊疗意见等的记录。

主治医师首次查房记录应当于患者入院48小时内完成。内容包括查房医师的姓名、专业技术职务、补充的病史和体征、理法方药分析、诊断依据与鉴别诊断的分析及诊疗计划等。

主治医师日常查房记录间隔时间视病情和诊疗情况确定，内容包括查房医师的姓名、专业技术职务、对病情的分析和诊疗意见等。

科主任或具有副主任医师以上专业技术职务任职资格医师查房的记录，内容包括查房医师的姓名、专业技术职务、对病情和理法方药的分析及诊疗意见等。

（四）疑难病例讨论记录是指由科主任或具有副主任医师以上专业技术任职资格的医师主持、召集有关医务人员对确诊困难或疗效不确切病例讨论的记录。内容包括讨论日期、主持人、参加人员姓名及专业技术职务、具体讨论意见及主持人小结意见等。

（五）交（接）班记录是指患者经治医师发生变更之际，交班医师和接班医师分别对患者病情及诊疗情况进行简要总结的记录。交班记录应当在交班前由交班医师书写完成；接班记录应当由接班医师于接班后24小时内完成。交（接）班记录的内容包括入院日期、交班或接班日期、患者姓名、性别、年龄、主诉、入院情况、入院诊断、诊疗经过、目前情况、目前诊断、交班注意事项或接班诊疗计划、医师签名等。

（六）转科记录是指患者住院期间需要转科时，经转入科室医师会诊并同意接收后，由转出科室和转入科室医师分别书写的记录。包括转出记录和转入记录。转出记录由转出科室医师在患者转出科室前书写完成（紧急情况除外）；转入记录由转入科室医师于患者转入后24小时内完成。转科记录内容包括入院日期、转出或转入日期，转出、转入科室，患者姓名、性别、年龄、主诉、入院情况、入院诊断、诊疗经过、目前情况、目前诊断、转科目的及注意事项或转入诊疗计划、医师签名等。

（七）阶段小结是指患者住院时间较长，由经治医师每月所作病情及诊疗情况总结。阶段小结的内容包括入院日期、小结日期，患者姓名、性别、年龄、主诉、入院情况、入院诊断、诊疗经过、目前情况、目前诊断、诊疗计划、医师签名等。 交（接）班记录、转科记录可代替阶段小结。

（八）抢救记录是指患者病情危重，采取抢救措施时作的记录。因抢救急危患者，未能及时书写病历的，有关医务人员应当在抢救结束后6小时内据实补记，并加以注明。内容包括病情变化情况、抢救时间及措施、参加抢救的医务人员姓名及专业技术职称等。记录抢救时间应当具体到分钟。

（九）有创诊疗操作记录是指在临床诊疗活动过程中进行的各种诊断、治疗性操作（如胸腔穿刺、腹腔穿刺等）的记录。应当在操作完成后即刻书写。内容包括操作名称、操作时间、操作步骤、结果及患者一般情况，记录过程是否顺利、有无不良反应，术后注意事项及是否向患者说明，操作医师签名。

（十）会诊记录（含会诊意见）是指患者在住院期间需要其他科室或者其他医疗机构协助诊疗时，分别由申请医师和会诊医师书写的记录。会诊记录应另页书写。内容包括申请会诊记录和会诊意见记录。申请会诊记录应当简要载明患者病情及诊疗情况、申请会诊的理由和目的，申请会诊医师签名等。常规会诊意见记录应当由会诊医师在会诊申请发出后48小时内完成，急会诊时会诊医师应当在会诊申请发出后10分钟内到场，并在会诊结束后即刻完成会诊记录。会诊记录内容包括会诊意见、会诊医师所在的科别或者医疗机构名称、会诊时间及会诊医师签名等。申请会诊医师应在病程记录中记录会诊意见执行情况。

（十一）术前小结是指在患者手术前，由经治医师对患者病情所作的总结。内容包括简要病情、术前诊断、手术指征、拟施手术名称和方式、拟施麻醉方式、注意事项，并记录手术者术前查看患者相关情况等。

（十二）术前讨论记录是指因患者病情较重或手术难度较大，手术前在上级医师主持下，对拟实施手术方式和术中可能出现的问题及应对措施所作的讨论。讨论内容包括术前准备情况、手术指征、手术方案、可能出现的意外及防范措施、参加讨论者的姓名及专业技术职务、具体讨论意见及主持人小结意见、讨论日期、记录者的签名等。

（十三）麻醉术前访视记录是指在麻醉实施前，由麻醉医师对患者拟施麻醉进行风险评估的记录。麻醉术前访视可另立单页，也可在病程中记录。内容包括姓名、性别、年龄、科别、病案号，患者一般情况、简要病史、与麻醉相关的辅助检查结果、拟行手术方式、拟行麻醉方式、麻醉适应证及麻醉中需注意的问题、术前麻醉医嘱、麻醉医师签字并填写日期。

（十四）麻醉记录是指麻醉医师在麻醉实施中书写的麻醉经过及处理措施的记录。麻醉记录应当另页书写，内容包括患者一般情况、术前特殊情况、麻醉前用药、术前诊断、术中诊断、手术方式及日期、麻醉方式、麻醉诱导及各项操作开始及结束时间、麻醉期间用药名称、方式及剂量、麻醉期间特殊或突发情况及处理、手术起止时间、麻醉医师签名等。

（十五）手术记录是指手术者书写的反映手术一般情况、手术经过、术中发现及处理等情况的特殊记录，应当在术后24小时内完成。特殊情况下由第一助手书写时，应有手术者签名。手术记录应当另页书写，内容包括一般项目（患者姓名、性别、科别、病房、床位号、住院病历号或病案号）、手术日期、术前诊断、术中诊断、手术名称、手术者及助手姓名、麻醉方法、手术经过、术中出现的情况及处理等。

（十六）手术安全核查记录是指由手术医师、麻醉医师和巡回护士三方，在麻醉实施前、手术开始前和病人离室前，共同对病人身份、手术部位、手术方式、麻醉及手术风险、手术使用物品清点等内容进行核对的记录，输血的病人还应对血型、用血量进行核对。应有手术医师、麻醉医师和巡回护士三方核对、确认并签字。

（十七）手术清点记录是指巡回护士对手术患者术中所用血液、器械、敷料等的记录，应当在手术结束后即时完成。手术清点记录应当另页书写，内容包括患者姓名、住院病历号（或病案号）、手术日期、手术名称、术中所用各种器械和敷料数量的清点核对、巡回护士和手术器械护士签名等。

（十八）术后首次病程记录是指参加手术的医师在患者术后即时完成的病程记录。内容包括手术时间、术中诊断、麻醉方式、手术方式、手术简要经过、术后处理措施、术后应当特别注意观察的事项等。

（十九）麻醉术后访视记录是指麻醉实施后，由麻醉医师对术后患者麻醉恢复情况进行访视的记录。麻醉术后访视可另立单页，也可在病程中记录。内容包括姓名、性别、年龄、科别、病案号，患者一般情况、麻醉恢复情况、清醒时间、术后医嘱、是否拔除气管插管等，如有特殊情况应详细记录，麻醉医师签字并填写日期。

（二十）出院记录是指经治医师对患者此次住院期间诊疗情况的总结，应当在患者出院后24小时内完成。内容主要包括入院日期、出院日期、入院情况、入院诊断、诊疗经过、出院诊断、出院情况、出院医嘱、中医调护、医师签名等。

（二十一）死亡记录是指经治医师对死亡患者住院期间诊疗和抢救经过的记录，应当在患者死亡后24小时内完成。内容包括入院日期、死亡时间、入院情况、入院诊断、诊疗经过（重点记录病情演变、抢救经过）、死亡原因、死亡诊断等。记录死亡时间应当具体到分钟。

（二十二）死亡病例讨论记录是指在患者死亡一周内，由科主任或具有副主任医师以上专业技术职务任职资格的医师主持，对死亡病例进行讨论、分析的记录。内容包括讨论日期、主持人及参加人员姓名、专业技术职务、具体讨论意见及主持人小结意见、记录者的签名等。

（二十三）病重（病危）患者护理记录是指护士根据医嘱和病情对病重（病危）患者住院期间护理过程的客观记录。病重（病危）患者护理记录应当根据相应专科的护理特点书写。内容包括患者姓名、科别、住院病历号（或病案号）、床位号、页码、记录日期和时间、出入液量、体温、脉搏、呼吸、血压等病情观察、护理措施和效果、护士签名等。记录时间应当具体到分钟。

采取中医护理措施应当体现辨证施护。

第二十四条　手术同意书是指手术前，经治

医师向患者告知拟施手术的相关情况，并由患者签署是否同意手术的医学文书。内容包括术前诊断、手术名称、术中或术后可能出现的并发症、手术风险、患者签署意见并签名、经治医师和术者签名等。

第二十五条　麻醉同意书是指麻醉前，麻醉医师向患者告知拟施麻醉的相关情况，并由患者签署是否同意麻醉意见的医学文书。内容包括患者姓名、性别、年龄、病案号、科别、术前诊断、拟行手术方式、拟行麻醉方式，患者基础疾病及可能对麻醉产生影响的特殊情况，麻醉中拟行的有创操作和监测，麻醉风险、可能发生的并发症及意外情况，患者签署意见并签名、麻醉医师签名并填写日期。

第二十六条　输血治疗知情同意书是指输血前，经治医师向患者告知输血的相关情况，并由患者签署是否同意输血的医学文书。输血治疗知情同意书内容包括患者姓名、性别、年龄、科别、病案号、诊断、输血指征、拟输血成份、输血前有关检查结果、输血风险及可能产生的不良后果、患者签署意见并签名、医师签名并填写日期。

第二十七条　特殊检查、特殊治疗同意书是指在实施特殊检查、特殊治疗前，经治医师向患者告知特殊检查、特殊治疗的相关情况，并由患者签署是否同意检查、治疗的医学文书。内容包括特殊检查、特殊治疗项目名称、目的、可能出现的并发症及风险、患者签名、医师签名等。

第二十八条　病危（重）通知书是指因患者病情危、重时，由经治医师或值班医师向患者家属告知病情，并由患方签名的医疗文书。内容包括患者姓名、性别、年龄、科别，目前诊断及病情危重情况，患方签名、医师签名并填写日期。一式两份，一份交患方保存，另一份归病历中保存。

第二十九条　医嘱是指医师在医疗活动中下达的医学指令。医嘱单分为长期医嘱单和临时医嘱单。

长期医嘱单内容包括患者姓名、科别、住院病历号（或病案号）、页码、起始日期和时间、长期医嘱内容、停止日期和时间、医师签名、执行时间、执行护士签名。临时医嘱单内容包括医嘱时间、临时医嘱内容、医师签名、执行时间、执行护士签名等。

医嘱内容及起始、停止时间应当由医师书写。医嘱内容应当准确、清楚，每项医嘱应当只包含一个内容，并注明下达时间，应当具体到分钟。医嘱不得涂改。需要取消时，应当使用红色墨水标注“取消”字样并签名。

一般情况下，医师不得下达口头医嘱。因抢救急危患者需要下达口头医嘱时，护士应当复诵一遍。抢救结束后，医师应当即刻据实补记医嘱。

第三十条　辅助检查报告单是指患者住院期间所做各项检验、检查结果的记录。内容包括患者姓名、性别、年龄、住院病历号（或病案号）、检查项目、检查结果、报告日期、报告人员签名或者印章等。

第三十一条　体温单为表格式，以护士填写为主。内容包括患者姓名、科室、床号、入院日期、住院病历号（或病案号）、日期、手术后天数、体温、脉搏、呼吸、血压、大便次数、出入液量、体重、住院周数等。

第四章　打印病历内容及要求

第三十二条　打印病历是指应用字处理软件编辑生成并打印的病历（如Word文档、WPS文档等）。打印病历应当按照本规定的内容录入并及时打印，由相应医务人员手写签名。

第三十三条　医疗机构打印病历应当统一纸张、字体、字号及排版格式。打印字迹应清楚易认，符合病历保存期限和复印的要求。

第三十四条　打印病历编辑过程中应当按照权限要求进行修改，已完成录入打印并签名的病历不得修改。

第五章　其　他

第三十五条　中医住院病案首页应当按照《国家中医药管理局关于修订印发中医住院病案首页的通知》（国中医药发〔2001〕6号）的规定

书写。

第三十六条　特殊检查、特殊治疗按照《医疗机构管理条例实施细则》（1994年卫生部令第35号）有关规定执行。

第三十七条　中西医结合病历书写参照本规范执行。民族医病历书写基本规范由有关省、自治区、直辖市中医药行政管理部门依据本规范另行制定。

第三十八条　中医电子病历基本规范由国家中医药管理局另行制定。

第三十九条　本规范自2010年7月1日起施行。卫生部、国家中医药管理局于2002年颁布的《中医、中西医结合病历书写基本规范（试行）》（国中医药发〔2002〕36号）同时废止。

8

【法规名称】国家中医药管理局关于印发中医医院中医护理工作指南（试行）的通知
【颁布部门】国家中医药管理局
【发文字号】国中医药医政发[2010]36号
【颁布时间】2010-07-21
【实施时间】2010-07-21
【效力属性】有效
【法规编号】491622

国家中医药管理局关于印发中医医院中医护理工作指南（试行）的通知

各省、自治区、直辖市卫生厅局、中医药管理局，新疆生产建设兵团卫生局，中国中医科学院，北京中医药大学：

为加强中医医院中医护理工作，国家中医药管理局在总结中医医院中医护理工作经验的基础上，组织制定了《中医医院中医护理工作指南（试行）》。现印发给你们，请参照执行。

工作中有何意见和建议，请及时与我局医政司联系。

附件：中医医院中医护理工作指南（试行）

二〇一〇年七月二十一日

附件：

中医医院中医护理工作指南（试　行）

目　录

前　言

中医历来高度重视护理。“三分治疗、七分护理”的理念，突出强调了护理在治疗疾病和维护健康中的重要作用。护理是中医药学的重要组成部分，在中医药理论指导下，已经形成了独具特色的技术方法和服务流程。

中医护理工作，是中医医院工作的重要内容，是体现中医特色优势的重要方面。为推动中医医院中医护理工作扎实开展，提高中医医院中医护理科学管理水平和服务水平，促进中医护理工作健康、可持续发展，国家中医药管理局医政司组织编写了《中医医院中医护理工作指南（试行）》（简称《指南》）。

《指南》适用于各级中医医院，围绕突出中医特点，加强中医护理工作提出要求，常规性的、西医护理的内容以及对中医特色优势发挥影响不大，关系不密切的在本《指南》中不涉及。

《指南》主要针对做好中医护理工作的关键环节，从管理体系与职责、人员管理、临床护理实施、质量评价等四方面，在总结全国中医医院经验基础并广泛征求意见基础上，结合中医护理工作的基本要求而制定，以指导各中医医院的中医护理工作。

第一章　管理体系及职责

中医医院的护理组织管理体系，是医院组织管理体系的重要组成部分，是医院中医护理工作目标全面实现和工作计划有效实施的重要保证。

一、管理体系

（一）设置原则

1．因地制宜　应根据医院的实际情况和发展需要，合理设置护理组织体系的结构和布局。

2．精简高效　护理组织管理体系的设置应层级简明清晰，工作流程合理，运行顺畅高效。

3．协调统一　护理组织管理体系的各层级的职责任务明确，协调配合，权责统一。

（二）基本结构

根据中医医院的不同规模，护理组织管理体系主要有两种结构形态。

1．三级结构　实行护理部、科护士长、护士长三级结构。

2．二级结构　实行护理部（总护士长）、护士长二级结构。

各级各类中医医院应确定分管护理工作的院领导，床位在500张以上的医院可配备护理专职副院长。

医院床位在300张以上，或不足300张但医疗、教学、科研任务繁重的，应设护理部；300张床位以下的，可设总护士长。

医院床位在100张以上或设有三个以上护理单元的，可根据医院具体任务情况设科护士长。

每个护理单元或有5名以上护理人员时，应设护士长。

二、职能职责

（一）护理管理部门

负责全院中医护理的临床、教学、科研、预防管理工作；制定全院中医护理工作中长期规划和年度计划，并组织实施；组织制定完善中医护理常规、技术操作规程、护理质量要求，并组织实施和考核；制定各级护理人员中医护理培训计划，并组织实施等。

（二）护理管理人员

1．主管院长（专职副院长）

在院长直接领导下，负责医院中医护理管理工作。指导护理管理部门制定相关中医护理工作计划、规章制度、操作规程等，督促其组织实施和落实；组织护理管理部门提出并实施中医护理人员培养计划，指导开展中医护理科研工作等。

2．护理部主任（总护士长）

在主管院长的领导下，全面负责医院的中医护理行政与业务管理。拟定全院中医护理工作计划，并负责组织、实施、总结；组织制定并完善、中医护理常规、技术操作规程等；定期组织对中医护理质量进行检查，并及时组织研究讨论，制定改进措施；负责拟定全院各级护理人员的中医护理教育工作计划，并开展培训和考核；组织护理人员开展中医护理科研工作；建立护理人员技术档案，建立健全护理信息系统，开展中医护理相关信息的收集和分析等。

3．科护士长

在护理部主任的领导和科主任的业务指导下，负责本科中医护理的行政、业务管理。制定本科中医护理工作计划，报护理部审批后组织实施；组织实施中医护理常规、技术操作规程；定期对本科的中医护理质量进行检查并提出改进措施；参加主任或主治医师查房，指导危重患者中医护理，解决本科中医护理工作中的疑难问题；制定并落实本科中医护理的培训计划等。

4. 护士长

在护理部主任（总护士长）或科护士长、科主任领导下负责病区中医护理工作。根据护理部及病区内工作计划，制定本病区工作计划并组织实施；实施中医护理常规、技术操作规程；指导病区护士或亲自操作复杂中医护理技术；定期组织护理查房，参加科主任或主治医师查房，全面掌握本病区中医护理工作情况与患者动态，解决临床实际问题，指导并做好危重患者的中医护理；组织护理人员学习中医护理理论，实施辨证施护；负责病区的护理安全，对中医护理质量进行检查并及时提出改进措施；组织并监督本病区护士完成中医护理继续教育任务等。

第二章 人员管理

一、人员配备

（一）配备依据

1. 《中华人民共和国护士条例》（2008年5月12日施行）。

2. 卫生部《中国护理事业发展规划纲要2005-2010》。

3. 国家中医药管理局的有关规定。

（二）配备要求

1. 从事护理工作岗位的人员达到医院卫生技术人员总数的50%。

2. 系统接受中医知识与技能培训（是指毕业于中医药院校或中医护理专业；或毕业于西医药院校，三年内接受中医药知识和技能岗位培训时间≥100小时）的护士，达到医院护理人员总数的70%以上。

3. 护理管理人员应系统接受中医药知识与技能培训。

4. 病区的床位数与在岗护士人数的比例不低于1：0.4并逐步达到1：0.5。

5. 重症监护室的床位数与在岗护士人数的比例不低于1：2.5-3。

二、人员培训

护理人员掌握中医药知识与技能，是做好中医医院中医护理工作的重要基础，中医医院应切实加强对全体护理人员的中医药知识与技能培训。

（一）培训目标

1. 副主任护师以上人员 熟练掌握并运用中医基础理论和专科专病中医护理常规指导临床护理工作；熟悉中医护理科研方法，具备组织申报护理科研课题、指导护理人员撰写护理论文的能力；具备开展专题讲座（课）和专科教学能力。

2. 主管护师 掌握并运用中医基础理论和专科专病中医护理常规从事临床护理工作，提出临床辨证护理措施；能够参与中医护理科研工作；指导下级护士实施中医临床护理；具备中医临床护理理论与技能的教学能力。

3. 护师及护士 掌握中医基础理论、基本技能；熟悉并正确应用中医护理常规、技术操作规程。

（二）培训内容与学时要求

1. 培训内容

（1）副主任护师以上人员

国家卫生、中医药工作基本方针、政策、法律法规等；中医护理管理基本理论和方法；中医专科专病护理工作进展；国内外护理学科发展概况；中医护理科研方法等。

（2）主管护师

国家卫生、中医药工作基本方针、政策、法律法规等；中医专科专病护理常规、技术操作规程；急、危、重、疑难病基本知识和中医护理技能；中医护理科研基本方法（如科研课题申报和论文撰写）；中医护理教学基本方法与技能。

（3）护师及护士

国家卫生、中医药工作基本方针、政策、法律法规等；中医基础理论、基本技能；中医护理常规、技术操作规程；急、危、重、疑难病基本知识和中医护理技能。

2. 学时（分）要求

（1）副主任护师以上人员每两年参加继续教育获得的1类学分中，中医护理项目不少于6学分。

（2）主管护师每年参加继续教育获得的学分中，中医护理项目不少于6学分。

（3）西医院校毕业的护士，在中医医院工作三年内完成中医理论与技能培训时间累计不得少于100学时。可参照以下要求分配学时：中医理论知识培训每年不少于15学时，专科专病中医护理常规培训每年不少于15学时，中医护理技术培训和护理记录书写培训每年不少于5学时。

（三）培训计划制定

1．护理部（总护士长）负责制定医院的总体培训计划。科护士长、护士长按照总体计划，结合本科、本护理单元的实际制定具体培训计划。

2．培训应长期目标与短期计划相结合。

3．培训内容应体现护理人员的不同层次，并符合各自的培训目标。

4．培训形式应注重多样性和针对性，强调可行性、实效性。

5．应对培训计划实施情况及时评估，必要时及时做出调整。

（四）培训形式

1．院内培训 是护理培训的主要形式，包括全院培训和科室培训，主要结合实际工作开展中医基本知识与技能方面的培训。培训方法主要包括集中授课、模拟演示、实操训练、小组讨论、参观交流等。

2．脱产或半脱产培训 选派不同层次的护理骨干（以主管护师为主），集中时间参加学习培训，包括参加学习班、培训班、学术交流会等。

3．在职学历培训 中医专业或中医护理专业的高等学历在职继续教育，包括网络教育等。

（五）考核评价

1．内容方法

（1）培训的管理工作。

医院成立考核评价小组，全面监督和考核护理培训计划制定与实施情况。通过查看相关材料（包括制度、计划、原始记录等）方式，评价培训管理工作是否落实到位。

（2）培训效果。

通过理论考试、实践技能操作、现场答辩等方式，考核评价不同层级接受培训的护理人员是否达到培训目标。

2．结果应用

（1）反馈。采用书面反馈和沟通反馈两种形式，将考核评价结果反馈给考核评价对象。

（2）建档。医院应建立护理人员技术档案，并将护理人员中医基础理论和技能的培训、考核记录及时记录在技术档案中。

技术档案的内容包括：个人基本资料；学历资料；一般专业资料；技术操作及理论考试情况；科研、教学情况；与业务技术相关的情况，如护理科研项目、护理论文、参加学习或培训、获得奖励情况等。

第三章 临床护理实施

一、基本要求

（一）严格遵循医嘱。药物使用和技术操作等护理实施必须严格按照医嘱执行。

（二）执行标准规范。认真执行《中医护理常规 技术操作规程》等技术标准和规范，充分遵循和贯彻中医学理论整体观、辨证施护，全面体现中医特色和优势。

（三）加强协调配合。在医院统一领导下，明确护理、医疗、药剂、后勤保障等相关部门职责任务，完善机制，相互配合，整体推进。

（四）强化检查评估。加强对医院各相关部门及临床护理岗位职责任务落实情况的检查评估，分析问题，落实措施，坚持持续改进。

二、内容与要点

（一）工作内容

1．生活起居护理 主要包括病室及环境、皮肤护理、口腔护理等。

2．饮食护理 主要包括普通膳食、治疗膳食护理和饮食健康养生指导等。

3．用药护理 主要包括中药内服、灌肠、熏洗、足浴、贴敷、静脉给药等用药护理，药食作用指导及不良反应护理等。

4．情志护理 主要包括情绪调整、心理调护等。

5．康复护理 主要包括语言、肢体功能锻炼的中医保健操、健身操（如太极拳、八段锦）、音乐疗法等。

6．专科护理 主要包括疾病护理、症状（体征）护理等。

（二）工作要点

1．临床护理的实施应尊重患者。充分考虑患者习惯、喜好等。

2．临床护理应符合患者疾病证型的护理要求，同时根据患者病情变化及时调整。

3．饮食护理特别是对患者膳食的具体指导应加强与医师和营养师的沟通。

4．中药用药护理应正确执行给药方法、时间、剂量，指导患者正确使用药物，密切观察用药反应，发现不良反应及时报告，保证患者用药安全。

5．情志护理应注重多种方法的综合应用，注意与患者家人的密切配合。

6．专科护理应注重解决某种（类）疾病、症状（体征）在临床护理中的突出问题（专科护理常规制定见附件）。

7．临床护理中遵循医嘱积极开展拔罐、刮痧、耳穴压豆、灸法、熨法等中医护理技术操作。

三、职责任务

（一）护理部门和护理人员

1．护理部

（1）负责组织全院各科（病区）规范地实施临床护理。

（2）负责组织、指导各科（病区）研究制定专科护理常规并督促实施。

（3）负责制定临床护理检查评估办法、标准、细则等，并组织实施。

（4）定期与医院相关部门的沟通协调，保障临床护理的实施。

2．科护士长、护士长

（1）负责组织本科（病区）全面、规范地实施临床护理。

（2）负责组织研究制定并实施本科（病区）相关专科护理常规。

（3）负责组织开展本科（病区）临床护理工作检查。

3．病区护士

规范实施各项临床护理。

（二）医疗部门及医师

1．医务管理部门

（1）为临床护理实施提供医疗方面的相关保障和指导。

（2）加强对医师开具医嘱的规范化管理。

2．医师

（1）应当开具中医护理技术相关医嘱。

（2）加强对医嘱执行的指导、督促、检查。

（三）药剂部门

为临床护理实施提供必要的药学服务和专业指导。

（四）后勤保障部门

为临床护理的实施提供后勤服务，特别是膳食等方面的保障和指导。

附：

专科护理常规制定

专科护理常规是指针对某种（类）疾病、症状（体征）在临床护理中的突出问题所采取的护理措施。

专科护理常规的制定，应在医院护理部（总护士长）组织指导下，由科护士长或护士长组织护理骨干具体负责。

一、制定的过程

（一）明确问题

1．应针对本科（病区）常见的疾病、症状（体征）。

2．应明确这些疾病、症状（体征）在护理中需解决的突出问题。

3．针对这些疾病、症状（体征）所采取的中医护理措施具有明显的特色和优势。

（二）拟定草案

1．回顾采取的中医护理措施并进行疏理。

2．将汇总的资料进行评估，筛选出具有明显中医特色并能改善临床症状（体征）的措施。

3．按照常规的框架，与本专科及相关专业的医生进行沟通听取意见，形成草案。

（三）征求意见

1．由护理部（总护士长）组织，采取多种方式广泛征求对草案的意见。

2．根据常规草案的内容，全面征求所涉及部门、专业的管理者、专业技术人员的意见。

3．对各方面的意见建议进行全面分析论证，对草案进行修改后定稿。

4．由护理部(总护士长)将定稿报送医院审定。

（四）公布实施

1．专科护理常规经医院审定后发布实施。

2．护理部负责实施的具体组织工作，加强对护士长、护理技术骨干的培训是做好实施的基础。

（五）评价改进

1．护理部负责组织定期对专科护理常规实施情况进行评价。

2．在实施时应同时制定实施评价方案。

3．根据实施评价情况，应对常规及时进行修订。

二、常规框架

（一）疾病护理常规框架

1．疾病名称

疾病名称应以国家中医药管理局1994-06-28发布的《中医病证诊断疗效标准》为依据。

2．临床表现

3．临证护理

4．饮食护理

5．用药护理

6．并发症护理

7．健康指导

（二）症状（体征）护理常规框架

1．症状（体征）名称

2．临床表现

3．症状（体征）护理

通过中医护理方法，能够减轻或缓解的专科疾病症状（体征）。

4．专科用药护理

5．特殊饮食护理

6．情志护理

7．并发症护理

8．健康指导

第四章　质量评价

一、评价依据

（一）中华中医药学会制定发布的中医护理常规和技术操作规程。

（二）其他中医护理工作的相关规定。

（三）各级卫生行政部门或医院制定的中医护理质量标准。

二、评价组织

成立以主管护理副院长为组长、由护理部及护士长（主管护师以上人员）组成的护理质量管理委员会，根据医院实际情况建立护理质量专项考核小组，如护理安全管理考核小组、护理技术操作考核小组等，负责组织开展护理质量评价工作。

三、评价对象

包括各护理单元和护理人员。

四、评价内容

（一）涉及中医护理工作落实的要素质量、过程质量、终末质量。

（二）护理工作核心制度的落实。

（三）中医专科专病的护理质量，包括生活起居、饮食护理、情志护理、用药护理等方面的护理实施情况。

（四）中医护理常规的执行情况和中医护理技术操作情况。

（五）护理文书书写质量，包括体温单、医嘱单、病程记录中的手术清点记录和病危、病重患者护理记录。

五、评价方法

定期检查与不定期抽查相结合，对重点环节进行专项检查，通过查阅相关资料、现场考核、查看患者、问卷调查等方式进行评价。

六、持续改进

（一）护理部应及时汇总，分析中医护理实施中存在的质量问题。

（二）可以通过发放不合格报告、护士长例会、全院护士大会等形式及时反馈检查发现的问题，并提出改进措施。

（三）对检查中发现的突出问题，可召开专题分析会，查找原因，及时整改。

（四）根据评价结果，及时对中医护理质量检查标准进行修订，不断完善。

七、部分中医护理质量评价指标

（一）中医护理技术操作合格率≥90%

（二）护理文书书写合格率≥90%

（三）每科室开展中医护理技术不少于2项

9

【法规名称】卫生部、国家中医药管理局、国家食品药品监督管理局关于印发加强医疗机构中药制剂管理意见的通知
【颁布部门】卫生部/国家食品药品监督管理局（原国家药品监督管理局）/国家中医药管理局
【发文字号】国中医药医政发[2010]39号
【颁布时间】2010-08-24
【实施时间】2010-08-24
【效力属性】有效
【法规编号】505991

卫生部、国家中医药管理局、国家食品药品监督管理局关于印发加强医疗机构中药制剂管理意见的通知

各省、自治区、直辖市卫生厅局、中医药管理局、食品药品监督管理局，新疆生产建设兵团卫生局、食品药品监督管理局：

医疗机构中药制剂对于满足群众的中医药服务需求、提高中医临床疗效、保持发挥中医药特色与优势、推动中医药的继承与创新具有重要意义。为加强医疗机构中药制剂管理，促进医疗机构中药制剂发展，卫生部、国家中医药管理局和国家食品药品监督管理局共同组织制定了《关于加强医疗机构中药制剂管理的意见》，现予印发。请各地在实际工作中遵照执行。

附件：关于加强医疗机构中药制剂管理的意见

卫生部
国家中医药管理局
国家食品药品监督管理局
二〇一〇年八月二十四日

附件：

关于加强医疗机构中药制剂管理的意见

医疗机构中药制剂是医疗机构根据本单位临床需要经批准而配制、自用的固定的中药处方制剂。长期以来，医疗机构中药制剂在满足临床需求、促进中医药事业发展方面发挥了重要作用，但是，也存在发展不平衡、与中医临床需求结合不够、优势和特色体现不突出等问题。根据《药品管理法》及相关规定，为贯彻落实《中共中央 国务院关于深化医药卫生体制改革的意见》（中发〔2009〕6号）和《国务院关于扶持和促进中医药事业发展的若干意见》（国发〔2009〕22号），遵循中医药发展规律，充分体现中药制剂特点，加强医疗机构中药制剂管理，促进医疗机构中药制剂发展，现提出以下意见：

一、深刻认识发展医疗机构中药制剂的重要意义

医疗机构中药制剂以临床应用效果良好的中药处方为基础研制而成，具有临床疗效确切、使用方便、费用相对低廉等优势，体现了中医地域特色、医院特色、专科特色和医生的临床经验，是中医临床用药的重要组成部分。医疗机构中药制剂的使用能够弥补市售中成药产品不足，有利于满足群众的中医药服务需求；能够服务于临床需求，有利于提高中医临床疗效；能够带动特色专科及医院特色建设与发展，有利于保持发挥中医药特色与优势；能够有效继承名老中医药专家的临床经验，有利于推动中医药的继承与创新；能够为新药研发奠定良好基础，有利于促进中

药新药研发。《国务院关于扶持和促进中医药事业发展的若干意见》（国发〔2009〕22号）中指出，要“鼓励和支持医疗机构研制和应用特色中药制剂”。扶持和促进医疗机构中药制剂发展对于深化医药卫生体制改革、提高人民群众健康水平、促进和谐社会有十分重要的意义。

二、发展医疗机构中药制剂的基本原则

一是重特色。发展医疗机构中药制剂要紧密结合本医疗机构的中医专科特色，注重体现地域特点和疾病谱特点，体现工艺、剂型的传统特色和合理性。

二是讲实效。发展医疗机构中药制剂要注重安全性，突出疗效，保证质量，方便使用，要与当地经济社会发展水平相适应。

三是抓重点。发展医疗机构中药制剂要统筹规划，突出重点领域与品种，避免盲目追求品种数量，改变小而全、多而散的状况。

四是重传承。医疗机构中药制剂的研制要注重以名老中医长期临床实践的验方为基础，与名老中医临床经验和学术的传承相结合。

五是循规律。发展医疗机构中药制剂既要体现辨证论治，突出中药传统特色，又要遵循药物研发的基本规律，注重临床使用数据的积累和效果的评价。

六是求发展。发展医疗机构中药制剂要把社会效益放在首位，立足于满足病人的需求，规范管理，不断提高制剂水平，为名科、名院建设和中医药事业发展服务。

三、加强医疗机构中药制剂注册管理

（一）各省、自治区、直辖市药品监督管理部门应根据《药品管理法》、《药品管理法实施条例》等法律法规的规定，切实加强医疗机构中药制剂的监督管理，保障医疗机构中药制剂的安全、有效和质量可控。应按照《医疗机构制剂注册管理办法》（试行）的要求，结合本地实际制定实施细则，突出继承传统，体现中医药理论特色，发挥中医药临床治疗优势，为中药新药的研制奠定基础。

（二）《医疗机构制剂注册管理办法》（试行）中规定，根据中医药理论组方，利用传统工艺配制（即制剂配制过程没有使原组方中治疗疾病的物质基础发生变化的），且该处方在本医疗机构具有5年以上（含5年）使用历史的中药制剂，可免报资料项13-17。利用传统工艺配制是指配制工艺与传统工艺基本一致，包括中药饮片经粉碎或仅经水提取制成的固体、半固体和液体传统剂型、现代剂型，也包括按传统方法制成的酒剂、酊剂。

本医疗机构具有5年以上（含5年）使用历史是指能够提供在本医疗机构连续使用5年以上的文字证明资料（如医师处方，科研课题记录，临床调剂记录等），并提供100例以上相对完整的临床病历。

（三）医疗机构中药制剂的临床研究应注重安全性评价。不具备成立伦理委员会的医疗机构申请中药制剂临床研究，可委托已按规定向药品监督管理部门备案的其他医疗机构伦理委员会进行审查。

（四） 下列情况不纳入医疗机构中药制剂管理范围：

1．中药加工成细粉，临用时加水、酒、醋、蜜、麻油等中药传统基质调配、外用，在医疗机构内由医务人员调配使用。

2．鲜药榨汁。

3．受患者委托，按医师处方（一人一方）应用中药传统工艺加工而成的制品。

四、完善医疗机构中药制剂的配制管理

（一）各地应推进《医疗机构制剂配制质量管理规范》（试行）的实施，加强医疗机构中药制剂的配制管理，不断提高医疗机构中药制剂的质量管理水平。

（二） 已获得批准的“医院”类别医疗机构中药制剂，如不具备配制条件或配制能力不足，经省级食品药品监督管理部门批准，可委托本辖区内符合条件的医疗机构制剂室或药品生产企业配制。

（三）《中国药典》制剂通则中未规定微生物检查要求的，其制剂配制可不要求在洁净区操作；非无菌制剂的药材净制、漂洗等前处理和提取用水可使用符合卫生学标准的饮用水。

五、加强医疗机构中药制剂的使用管理

（一）医疗机构中药制剂只能在本医疗机构内凭医师处方使用，不得在市场上销售或者通过

互联网、邮购等变相销售，不得发布医疗机构中药制剂的宣传广告。

（二）发生灾情、疫情、突发事件或者临床急需而市场没有供应等特殊情况下，经国务院或者省、自治区、直辖市人民政府的药品监督管理部门批准，医疗机构配制的制剂可以在指定的医疗机构之间调剂使用。

符合《医疗机构制剂注册管理办法》（试行）医疗机构调剂使用有关规定的民族药制剂，经省级食品药品监督管理部门批准，可以在本辖区内指定的民族医医疗机构和综合性医院民族医科室之间调剂使用，具体实施规定由各民族地区省级药品监督管理部门会同中医药管理部门，结合本地区实际情况制定。

（三）属于下列情形之一的医疗机构中药制剂，经省级中医药管理部门审核同意，并经省级药品监督管理部门批准，可在本行政区域内指定的医疗机构之间使用。跨辖区使用的须经国家中医药管理局审核同意，并经国家食品药品监督管理局批准。

1. 经卫生部或国家中医药管理局批准的对口支援。

2. 国家级重点专科技术协作。

3. 国家级科研课题协作。

申请及批准时，应提供相关证明文件并明确数量、用途、使用范围和期限等，使用期限一般不超过6个月。

取得制剂批准文号的医疗机构应当对批准使用的医疗机构制剂的质量负责。使用制剂的医疗机构应当严格按照制剂的说明书使用，并对超范围使用或者使用不当造成的不良后果承担责任。

各级卫生行政管理部门、食品药品监督管理部门和中医药管理部门要高度重视医疗机构中药制剂的发展，进一步加强沟通协作，充分发挥指导作用，保证医疗机构中药制剂发展的方向和重点，贯彻落实医疗机构中药制剂管理的各项规定，严格把关，认真审查，保证质量，突出特色，既要保证中医临床用药的安全、有效，又要充分考虑医院和人民群众的实际需求，促进医疗机构中药制剂的健康发展，繁荣中医药事业。

10

【法规名称】国家中医药管理局关于印发2010年中医医院管理年活动方案的通知
【颁布部门】国家中医药管理局
【发文字号】国中医药医政函[2010]130号
【颁布时间】2010-08-26
【实施时间】2010-08-26
【效力属性】有效
【法规编号】505133

国家中医药管理局关于印发2010年中医医院管理年活动方案的通知

各省、自治区、直辖市卫生厅局、中医药管理局，新疆生产建设兵团卫生局，中国中医科学院，北京中医药大学：

2009年，我局在全国范围内开展了以发挥中医药特色优势为主题的中医医院管理年活动，取得了积极成效。为深入贯彻落实《中共中央国务院关于深化医药卫生体制改革的意见》和《国务院关于扶持和促进中医药事业发展的若干意见》

精神，进一步加强中医医院内涵建设，为人民群众提供更加优质的中医药服务，根据2008-2010年中医医院管理年活动总体安排，经研究，2010年中医医院管理年活动的主题仍然是发挥中医药特色优势。

现将《2010年“以病人为中心，以发挥中医药特色优势为主题”的中医医院管理年活动方案》印发给你们，请认真组织实施。

附件：2010年“以病人为中心，以发挥中医药特色优势为主题”的中医医院管理年活动方案

二〇一〇年八月二十六日

附件：

2010年“以病人为中心，以发挥中医药特色优势为主题”的中医医院管理年活动方案

2009年在全国范围内开展的“以发挥中医药特色优势为主题”的中医医院管理年活动，对引导中医医院保持中医药特色，充分发挥中医药优势起到了重要作用。在总结2009年中医医院管理年活动经验的基础上，根据2008-2010年中医医院管理年活动总体安排和2010年中医药工作总体部署，2010-2011年度继续开展“以发挥中医药特色优势为主题”的中医医院管理年活动。为保证活动的顺利开展，制定本方案。

一、活动目的

深入贯彻落实《中共中央国务院关于深化医药卫生体制改革的指导意见》和《国务院关于扶持和促进中医药事业发展的若干意见》精神，推进公立中医医院改革，引导和促使中医医院在保证医疗安全和质量，提高服务和管理水平的基础上，进一步突出中医药特色，发挥中医药优势，为人民群众提供更加优质的中医药服务。

二、活动范围

各级各类中医医院（含中西医结合、民族医医院，下同），重点是公立中医医院。

三、重点工作

（一）发挥中医药特色优势的措施。

1．医院中长期发展规划体现以中医为主的发展方向，具有明确的发展目标。

2．医院年度工作计划明确发挥中医药特色优势的具体措施。

3．医院管理体系中建立发挥中医药特色优势的鼓励和考核制度，科室综合考核目标中将发挥中医药特色优势作为重要指标。

4．积极开展中医对口支援工作，并制定鼓励措施。

5．认真组织实施中医药特色优势建设相关项目。

（二）人员配备与培训。

1．严格执行《关于中医医院突出中医药特色优势加强人员配备的通知》。

2．制定中医药人员队伍建设规划和计划，并认真组织实施。

3．积极开展中医药知识和技能培训。

（三）临床科室建设。

1．按照有关规定，合理设置临床科室，科室命名符合《国家中医药管理局关于规范中医医院医院与临床科室名称的通知》的有关规定。

2．按照中医医院临床科室建设与管理指南（试行）的相关要求加强科室建设与管理。

3．制定并实施常见病及中医优势病种中医诊疗方案。定期对方案实施情况进行分析、总结及评估，优化诊疗方案。对中医优势病种的疗效及中医药特色进行年度分析、总结和评估，并制定改进措施。

4．严格执行《中医病历书写基本规范》和《中医电子病历基本规范（试行）》，中药处方格式及书写符合相关规定。

5．严格执行《中成药临床应用指导原则》。

6．中医类别执业医师掌握本科中医基础理论和基本技能（含中医诊疗技术操作及常用中药方剂应用）。

7．按有关要求，合理配置应用中医诊疗设备。

8．开展中医诊疗技术项目，积极采用非药物中医治疗方法。

9．有一定数量的医疗机构中药制剂并积极使用；门诊处方中，中药（饮片、成药、医院制

剂）处方比例应占60%以上，中药饮片处方占门诊处方总数的比例应占30%以上。

（四）重点专科建设。

1．制定并实施专科建设发展规划、工作计划和发挥中医药特色优势的具体措施。确定的重点病种应具有明显的中医药特色优势，主要研究课题应解决该病种中医治疗难点。

2．制定并实施本专科常见病及重点病种的中医诊疗方案，定期对中医治疗方法的临床疗效进行评价，分析中医治疗的难点并提出解决难点的思路和措施。

3．按照有关规定，在临床诊疗活动中开展中医诊疗方案和中医临床路径应用推广工作。4．重视本专科名老中医学术经验继承，加强专科学术继承人培养。

（五）中药药事管理。

1．中药房设置达到《医院中药房基本标准》。

2．严格执行《医院中药饮片管理规范》。

3．按照要求积极使用小包装中药饮片。

4．严格执行《医疗机构中药煎药室管理规范》。

5．严格执行《关于中药饮片处方用名和调剂给付有关问题的通知》。

6．按照《关于加强医疗机构中药制剂管理的意见》开展中药制剂管理相关工作。

（六）中医护理。

1．参照《中医医院中医护理工作指南（试行）》开展中医护理工作。

2．执行《中医护理常规　技术操作规程》，积极开展辨证施护。

3．护士掌握本科常见病的中医护理常规和中医护理基本操作，能够提供具有中医药特色的康复和健康指导。

（七）中医药文化建设。

1．贯彻执行《关于加强中医医院中医药文化建设的指导意见》及相关文件要求。

2．医院宗旨等医院价值观念体系中充分体现中医药文化。

3．建立并不断完善行为规范体系，形成富含中医药文化特色的服务文化和管理文化。

4．建筑风格、内部装饰、医院标识、庭院等医院环境形象体系建设体现中医药文化。

（八）中医预防保健服务。

1．医院制定发展中医预防保健服务的工作计划，明确具体措施。

2．按照《中医预防保健服务提供平台建设基本规范（试行）》，合理设置和建设“治未病”服务提供平台。

3．按照《中医特色健康保障-服务模式服务基本规范（试行）》提供中医预防保健服务。

4．积极应用常用中医预防保健技术，技术应用符合相关规定。

四、组织实施（2010年8月-2011年7月）

（一）动员部署（2010年8-9月）。

国家中医药管理局组织召开全国中医医院管理年活动视频会议，进行动员部署。各省级中医药管理部门根据通知和活动要求，部署本辖区中医医院管理年活动。

（二）自查自纠（2010年9月-2011年5月）。

中医医院按照2010年中医医院管理年活动年度重点工作，结合2009年中医医院管理年活动检查评估情况，制定本单位的活动实施方案和工作措施，自查自纠，认真整改。

（三）指导督查（2011年1月-2011年5月）。

各省级中医药管理部门对中医医院开展2010年中医医院管理年活动重点工作情况进行指导和督导，特别是对县级中医医院要重点指导和督查，确保实施效果。国家中医药管理局适时对各省级中医药管理部门和中医医院管理年工作情况进行督导。

（四）检查评估（2011年6-7月）。

各省级中医药管理部门组织专家组对本辖区各级各类中医医院管理年活动情况进行检查评估并形成书面报告，报送至国家中医药管理局。国家中医药管理局将组成专家组适时对各级各类中医医院进行抽查，重点抽查县级中医医院，并以各种形式通报各地中医医院管理年活动开展情况，同时对未按要求贯彻落实的，进行通报。中医医院管理年活动开展情况将作为中医医院评价、示范中医院评选及中医药特色优势项目安排等工作的重要参考。

五、工作要求

（一）统一认识，明确目标。

各级中医药管理部门和中医医院要进一步提高对发挥中医药特色优势重要性的认识，把发挥好中医药特色优势做为参与医改、顺应医改的重要工作来抓，要克服松懈情绪，保证重视程度不降低，工作力度不减弱，牢固树立中医医院以中医为主的办院方向，坚定发挥中医药特色优势的信心，以开展中医医院管理年活动为抓手，全面提高中医医院中医服务的能力和水平。

（二）加强领导，完善措施。

各级中医药管理部门要切实加强组织领导，继续加大宣传、指导、培训和检查力度。各中医医院要明确医院主要负责人是中医医院管理年活动的第一责任人，围绕主题广泛开展动员部署，调动广大中医药工作者的积极性，制定完善措施和制度，确保活动取得实效。

（三）突出重点，分级指导。

各省级中医药管理部门要针对不同级别中医医院的实际情况，有重点、有层次地进行指导。各省级和地市级中医医院要针对2009年中医医院管理年活动中的薄弱环节做好整改工作，各县级中医医院要全面加强中医药特色优势建设，切实提高中医医疗水平和能力，处理好生存发展与发挥中医药特色优势的关系。

（四）逐步推进，建立机制。

各级中医药管理部门和中医医院要把发挥中医药特色优势作为一项长期性工作抓好抓实，持之以恒地予以推动。要结合活动开展以来的经验和体会，积极探索，研究形成中医医院发挥中医药特色优势的长效机制，使之逐步转向常态。

11

【法规名称】中医药临床研究伦理审查管理规范
【颁布部门】国家中医药管理局
【发文字号】国中医药科技发[2010]40号
【颁布时间】2010-09-08
【实施时间】2010-09-08
【效力属性】有效
【法规编号】514662

中医药临床研究伦理审查管理规范

第一章 总 则

第一条 为规范中医药临床研究伦理审查工作，尊重和保护参加中医药临床研究受试者的权益与安全，依据《中华人民共和国科学技术进步法》、《中华人民共和国中医药条例》、《医疗机构管理条例》有关规定，制定本管理规范。

第二条 涉及人的中医药临床研究伦理审查工作按照本管理规范执行。

第二章 伦理委员会

第三条 国家和省级中医药管理部门负责建立本行政区域内的伦理专家委员会。伦理专家委员会受管理部门委托开展如下工作：针对重大伦理问题进行研究讨论并提出政策咨询意见；对重大科研项目进行伦理审查；对辖区内机构伦理委员会工作进行指导、监督；开展伦理培训和学术交流。

第四条　开展中医药临床研究的医疗卫生机构、科研院所、高等院校等，负责设立本机构的伦理委员会，为伦理委员会工作提供必要的保障条件。伦理委员会应当在本行政区域中医药管理部门备案。

第五条　伦理委员会的组成和工作应当符合独立、胜任、多元和透明的原则。伦理委员会的审查决定不受研究者、申办者及其主管部门的影响。

第六条　伦理委员会应当由5名以上委员组成，包括医药专业（含中医临床专业）、非医药专业、法律专业以及外单位人员，并且应有不同性别的委员。伦理委员会委员可通过招聘或推荐等方式产生。

第七条　伦理委员会委员应当同意公开其姓名、职业和隶属关系，承诺对有关审查项目、受试者信息等保密，遵守利益冲突管理规定。

第八条　伦理委员会应当规定项目审查会议所需的法定到会人数。法定到会的人数应超过委员的半数，并且不得少于5人，包括医药专业、非医药专业的委员，本单位、非本单位的委员，以及不同性别的委员。

第九条　根据工作需要，伦理委员会可以聘请独立顾问。独立顾问就研究方案中的一些专门问题向伦理委员会提供咨询意见，但不具有表决权。

第十条　伦理委员会应当建立上岗培训和继续教育机制，培训内容包括相关法律法规、研究伦理基本原则、伦理指南以及标准操作规程等。

第十一条　伦理委员会应当制定工作制度、岗位职责与标准操作规程，伦理委员会工作制度应明确其隶属机构、组织构架、工作职能；标准操作规程应涵盖伦理审查工作的各个环节，明确工作流程、责任人、操作细则等。

第十二条　伦理委员会负责对本机构所承担实施的中医药临床研究项目进行伦理审查；也可以受委托对其他机构提交的中医药临床研究项目进行伦理审查。

第十三条　伦理委员会对中医药临床研究项目进行审查可以行使以下权力：批准/不批准一项中医药临床研究；对批准的中医药临床研究进行跟踪审查；终止或暂停已经批准的中医药临床研究。

第三章　伦理审查

第十四条　需要进行伦理审查的研究项目应当向伦理委员会提交下列材料：

（一）临床研究方案（注明版本号和日期）；

（二）知情同意书（注明版本号和日期）；

（三）招募受试者材料（如有）；

（四）病例报告表/调查问卷；

（五）研究者手册（如有）；

（六）主要研究者履历；

（七）其他伦理委员会对本研究项目的重要决定等。

第十五条　伦理审查以遵循现行法律法规为前提，审查研究方案的科学性和伦理性，主要审查内容和要求包括：

（一）研究的设计与实施：

（1）研究符合公认的科学原理，基于中医药长期的临床使用经验，必要时有充分的实验室研究和动物实验证据，并考虑中药多成分混合物的特点；

（2）研究设计与研究目的相符。研究对照应选择已被证明的最佳干预措施，如果没有已被证明有效的干预措施，或出于令人信服的、科学合理的方法学理由，使用安慰剂对照或不予治疗不会使受试者遭受任何严重或不可逆的伤害时，可以考虑使用安慰剂对照；

（3）研究人员具有相应的资格与经验，并有充分的时间开展临床研究，具有与研究相适应的条件与设备。

（二）试验的风险与受益：风险应在可能的范围内最小化，研究对受试者的风险相对于预期受益来说是合理的；对受试者健康的考虑应优先于科学和社会的利益。

（1）对受试者有直接受益前景的研究，预期受益与风险应当至少与目前可获得的替代治疗的受益与风险相当；试验风险相对于受试者预期的受益而言必须是合理的；

（2）对受试者没有直接受益前景的研究，风险相对于社会预期受益而言，必须是合理的。

（三）受试者的招募：研究的负担和受益在研究目标疾病人群中公平分配，受试者人群相对于研究目标疾病人群具有代表性。

（四）知情同意书告知的信息主要包括：

（1）说明是临床研究，而非临床医疗。包括研究目的、应遵循的研究步骤（包括所有侵入性操作）、研究持续时间以及可供受试者选择的其他治疗方法等；

（2）预期的受试者风险与受益，当受试者没有直接受益时，应告知受试者；

（3）参加研究是否获得报酬和承担费用情况；

（4）能识别受试者身份有关记录的保密程度，说明研究主管部门、伦理委员会可以按规定查阅受试者研究记录；

（5）如发生与研究相关的损害，受试者可以获得的医疗和相应赔偿；

（6）受试者参加研究是自愿的，受试者可以拒绝参加或在任何时候以任何理由退出研究，不会遭到歧视和报复，其应享有的权益不会受到影响；

（7）当存在有关研究和受试者权利的问题，以及发生试验相关伤害时，联系人及联系方式。

（五）知情同意的过程：知情同意应当符合完全告知、充分理解、自主选择的原则。知情同意书语言和表述符合受试者理解水平。对如何获得知情同意有详细的描述，包括明确规定由谁负责获取知情同意以及签署知情同意书。

（六）受试者的医疗和保护：研究者的资格和经验与研究要求相适应；在研究过程中和研究结束后，应向受试者提供相应的医疗保障。如发生与研究相关的损害时，受试者可以获得治疗和相应的赔偿。

（七）隐私和保密：保护受试者个人信息和隐私的措施恰当；有可以查阅受试者个人信息（包括病历记录、生物学标本）人员的规定。

（八）涉及弱势群体的研究：唯有以该弱势人群作为受试者，研究才能很好地进行。

研究是针对该弱势群体特有的疾病或健康问题；当研究对弱势群体受试者不提供直接受益可能时，研究风险一般不得大于最小风险，除非伦理委员会同意风险程度可略有增加。

当受试者不能给予充分知情同意时，要获得其法定代理人的知情同意，如有可能还应同时获得受试者本人的同意。

（九）涉及特殊疾病人群、特定地区人群或族群的研究：考虑研究对特殊疾病人群或特定地区人群或族群造成的影响，该研究应有利于当地的发展，如加强当地的医疗保健服务，提升研究能力以及应对公共卫生需求的能力等。

第十六条　批准中医药临床研究必须至少符合以下原则：

（一）对预期的试验风险采取了相应的风险控制管理措施；

（二）受试者的风险相对于预期受益而言是合理的；

（三）受试者的选择是公平和公正的；

（四）知情同意告知信息充分，获取知情同意的过程符合规定；

（五）如有需要，研究方案应有数据和安全监查计划，以保证受试者的安全；

（六）受试者的隐私得到保护；

（七）涉及弱势群体的研究具有相应的特殊保护措施。

第十七条　伦理委员会的审查方式有会议审查、紧急会议审查、快速审查。

会议审查应提前向委员递送审查文件，为委员预审留有充足时间。

第十八条　伦理委员会应当在对研究方案进行充分讨论后，以投票表决的方式做出审查决定。

做出审查决定应当符合以下条件：审查材料齐全、充分讨论、符合法定到会人数、避免利益冲突。

第十九条　伦理审查决定可以是：同意、作必要的修正后同意、作必要的修正后重审、不同意、终止或暂停已批准的研究。

第二十条　伦理审查会议应当有书面会议记录。伦理审查决定应当以书面形式及时传达给申请人。

（一）对于“作必要的修正后同意”和“作必要的修正后重审”的研究项目，应通过审查确认研究者已经按伦理审查意见做出修改或澄清后，方可发出同意批件；

（二）对于“不同意”和“终止或暂停已批准的研究”，伦理审查决定文件应当明确阐述理由。如果申请人对审查决定有不同意见，可以向伦理委员会提出申诉。

第二十一条　对于所有批准的临床研究项目，伦理委员会应当进行跟踪审查，从批准研究开始直到研究结束。

跟踪审查包括：复审、修正案审查、年度/定期跟踪审查、严重不良事件审查、违背方案审查、提前终止研究审查、结题审查。必要时，伦理委员会可以开展实地访查。

第二十二条　快速审查适用于不大于最小风险的研究项目。快速审查由一至两名委员负责审查。如果两名委员的意见不一致或审查为否定性意见，应转入会议审查。快速审查同意的研究项目应在下一次伦理审查会议上通报。

第二十三条　多中心临床研究的伦理审查应以审查的一致性和及时性为基本原则。多中心临床研究可建立协作审查的工作程序。各中心的伦理委员会均有权批准、不批准或中止在其机构进行的研究。

第二十四条　国际多中心临床研究，除申办国伦理委员会审查外，研究实施国伦理委员会也应进行审查。

第二十五条　伦理审查项目应独立建档，保存研究者提交的审查文件、审查记录、审查决定文件、跟踪审查记录等。项目审查文件档案保存至临床研究结束后5年。

第四章　监督管理

第二十六条　国家和省级中医药管理部门负责对伦理委员会的审查工作进行监督管理。包括：开展涉及人的中医药临床研究机构是否按要求设立伦理委员会；伦理委员会是否按照伦理审查原则实施伦理审查；伦理审查内容和程序是否符合有关法规和指南要求。

第二十七条　任何个人或者单位均有权利和义务向有关伦理委员会或中医药管理部门反映中医药临床研究中违反伦理的行为；也可以向有关管理部门反映伦理委员会工作中出现违反法律法规规定的问题。

第二十八条　伦理委员会没有依据本规范及其他相关法律法规开展审查工作，各级中医药管理部门应予以相应的处理，包括：公开批评、提出警告、责令整改等；情节严重者，取消该伦理委员会的备案。

中医药临床研究中如发生违反伦理规范的行为，所属机构以及中医药管理部门均有权给予相应的处理，包括公开批评、中止项目实施、取消相关资格等；触犯国家法律的，移交司法机关处理。

第五章　附　则

第二十九条　本规范由国家中医药管理局负责解释。

第三十条　本规范自发布之日起施行。

12

【法规名称】国家中医药管理局关于印发中医坐堂医诊所管理办法（试行）和基本标准（试行）的通知

【颁布部门】国家中医药管理局

【发文字号】国中医药医政发[2010]58号

【颁布时间】2010-10-19

【实施时间】2010-10-19

【效力属性】有效

【法规编号】525323

国家中医药管理局关于印发中医坐堂医诊所管理办法（试行）和基本标准（试行）的通知

各省、自治区、直辖市及计划单列市卫生厅局、中医药管理局，新疆生产建设兵团卫生局：

为贯彻落实《国务院关于扶持和促进中医药事业发展的若干意见》（国发[2009]22号），加强对中医坐堂医诊所的管理，根据《中华人民共和国执业医师法》、《医疗机构管理条例》等法律法规的有关规定，国家中医药管理局和卫生部制定了《中医坐堂医诊所管理办法（试行）》和《中医坐堂医诊所基本标准（试行）》，并将《中医坐堂医诊所基本标准（试行）》作为卫生部1994年印发的《医疗机构基本标准（试行）》（卫医发[1994]第30号）的第五部分。现将中医坐堂医诊所管理办法（试行）和基本标准（试行）印发给你们，请遵照执行。在试行过程中，有何意见和建议，请及时反馈国家中医药管理局和卫生部。

附件：

1. 中医坐堂医诊所管理办法（试行）
2. 中医坐堂医诊所基本标准（试行）

二〇一〇年十月十九日

附件1：

中医坐堂医诊所管理办法（试行）

第一条　为了加强对中医坐堂医诊所的管理，保障公民享有安全、有效、便捷的中医药服务，根据《中华人民共和国执业医师法》和《医疗机构管理条例》等法律法规的有关规定，制定本办法。

第二条　药品零售药店申请设置的中医坐堂医诊所，适用本办法。

第三条　国家中医药管理局负责全国中医坐堂医诊所的监督管理。县级以上地方人民政府卫生行政部门、中医药管理部门负责本行政区域内中医坐堂医诊所的监督管理。

第四条　申请设置中医坐堂医诊所的药品零售药店，必须同时具备以下条件：

（一）具有《药品经营质量管理规范认证证书》、《药品经营许可证》和营业执照；

（二）具有独立的中药饮片营业区，饮片区面积不得少于50平方米；

（三）中药饮片质量符合国家规定要求，品种齐全，数量不少于400种。

第五条　设置中医坐堂医诊所，必须按照医疗机构设置规划，由县级地方人民政府卫生行政部门、中医药管理部门根据《医疗机构管理条例》、《医疗机构管理条例实施细则》和《中医坐堂医诊所基本标准》以及本办法的有关规定进行设置审批和执业登记。《中医坐堂医诊所基本标准》由卫生部、国家中医药管理局另行制定。

第六条　中医坐堂医诊所的法定代表人由药品零售药店法定代表人担任。

第七条 中医坐堂医诊所登记注册的诊疗科目应为《医疗机构诊疗科目名录》“中医科”科目下设的二级科目，所设科目不超过2个，并且与中医坐堂医诊所提供的医疗服务范围相对应。

第八条 中医坐堂医诊所的命名由识别名称和通用名称依次组成。识别名称：药品零售药店名称和地名，通用名称：中医坐堂医诊所。

第九条 中医坐堂医诊所聘用的医师，应当是取得医师资格后经注册连续在医疗机构从事5年以上临床工作的中医类别中医执业医师。中医坐堂医诊所可以作为中医类别中医执业医师的第二执业地点进行注册，但至少有1名中医类别中医执业医师的第一执业地点为该诊所。

第十条 中医类别中医执业医师可以在中医坐堂医诊所执业，其他类别的执业医师不得在中医坐堂医诊所执业。

第十一条 中医坐堂医诊所只能提供中药饮片处方服务，不得超出执业范围;同一时间坐诊的中医类别中医执业医师不得超过2人。

第十二条 中医坐堂医诊所执业，须严格遵守国家有关法律、法规、规章和技术规范，加强对中医从业人员的教育，预防医疗事故，确保医疗安全和服务质量。

第十三条 中医坐堂医诊所须建立健全以下规章制度：

（一）人员职业道德规范与行为准则;

（二）人员岗位责任制度;

（三）人员聘用、培训、管理、考核与奖惩制度;

（四）技术规范与工作制度;

（五）医疗事故防范与报告制度;

（六）医疗质量管理制度;

（七）医疗废物管理制度;

（八）就诊患者登记制度;

（九）财务、收费、档案、信息管理制度;

（十）其他有关制度。

第十四条 中医坐堂医诊所要严格执行国家关于中医病历书写、处方管理的有关规定。要严格按照国家规定规范使用有关部门统一印制的收费票据。

第十五条 中医坐堂医诊所应当在显著位置公示诊疗科目、诊疗手段、诊疗时间以及收费标准等。

第十六条 中医坐堂医诊所发生医疗事故，按国家有关规定处理。

第十七条 县级地方人民政府卫生行政部门、中医药管理部门负责对中医坐堂医诊所实施日常监督与管理，建立健全监督考核制度，实行信息公示和奖惩制度。

第十八条 县级地方人民政府卫生行政部门、中医药管理部门应当建立社会民主监督制度，定期收集接受服务公民的意见和建议，将接受服务公民的满意度作为考核中医坐堂医诊所和中医从业人员的重要标准。

第十九条 违反《中华人民共和国执业医师法》、《医疗机构管理条例》及其实施细则等法律、法规、规章的，按照有关规定予以处罚。

第二十条 各省、自治区、直辖市卫生行政部门、中医药管理部门可根据本办法，制定具体实施细则。

第二十一条 本办法由国家中医药管理局负责解释。

第二十二条 本办法自发布之日起施行。

附件2：

中医坐堂医诊所基本标准（试行）

一、中医坐堂医诊所由中药饮片品种不少于400种的药店设置，只允许提供中药饮片处方服务。

二、人员

至少有1名取得医师资格后经注册连续在医疗机构从事5年以上临床工作的中医类别中医执业医师。

三、房屋

设置的诊室必须独立隔开，不超过2个。每个诊室建筑面积不少于10平方米。

四、设备

设有诊察桌、诊察床、诊察凳和与开展诊疗科目相应的设备设施。

五、制定各项规章制度、人员岗位责任制，有国家制定或认可的医疗技术操作规程，并成册可用。

2011

国医年鉴

GUO YI NIANJIAN

二　重大事件

1 第四届中医药发展论坛举行

2010年1月10日，由中华国际医学交流基金会、中国民族卫生协会主办的第四届中医药发展论坛开幕式在北京人民大会堂举行，全国政协副主席阿不来提·阿不都热西提，全国人大常委会原副委员长何鲁丽、顾秀莲，卫生部副部长、国家中医药管理局局长王国强，科技部副部长刘燕华等领导出席。

中华国际医学交流基金会理事长兼秘书长宗淑杰致开幕辞，全国政协教科文卫体委员会副主任张大宁致贺辞。王国强副部长在讲话中指出，在政府重视中医药的良好环境下，中医药工作者要深入学习《国务院关于关于扶持和促进中医药事业发展的若干意见》，进一步理清思路，发挥中医药特色与优势，建设重点专病专科，以疗效为核心发展中医药。

论坛以“展示新中国60年中医药发展成就，探讨中医药发展机遇”为主线，就我国中医药发展现状、新医改给中医药事业带来的机遇与挑战、继承创新与合作等热点问题展开深入探讨。开幕式上还举行了“中医药产学研联盟”的启动仪式，以推进中医药院企、校企之间及中医药科研人员之间的交流合作，实现优质中医药资源与先进中医理念的共建共享。

2 中医药十项成果获奖

2010年1月11日，2009年度国家科学技术奖励大会在北京人民大会堂隆重举行。中医药（民族医药）10项成果获奖，获奖数量为近十年来最多的一次。其中包括国家技术发明奖1项，国家科学技术进步奖9项。

在获奖项目中，以《中国药用植物种质资源迁地保护与利用》为代表的研究成果，凸显了我国对中医药的发展战略及政策导向的变化；《复杂性疾病维医病证及其方药的一体化研究》、《开郁清热法在2型糖尿病中的应用》、《中医临床科研信息共享系统》、《当归提取物治疗高血压病的作用机制与临床研究》等获奖研究成果突出反映了国家对中医药临床科研的重视以及我国中医药、民族医药的快速发展。

2009年度国家科学技术奖励共授奖374项（人）。其中，国家最高科学技术奖获得者2人；国家自然科学奖授奖项目28项；国家技术发明奖授奖项目55项；国家科学技术进步奖授奖项目282项；授予7名外籍科学家中华人民共和国国际科学技术合作奖。

国家技术发明奖二等奖

人工种植龙胆等药用植物斑枯病的无公害防治技术（原名称：人工种植药用植物病害无公害防治技术）——王喜军，曹洪欣，孙海峰，孙晖，马伟，王富龙

国家科学技术进步奖二等奖

1. 中国药用植物种质资源迁地保护与利用——肖培根，陈士林，张本刚，魏建和，周庆年，缪剑华，陈伟平，张昭，杨世林，李学兰

2. 开郁清热法在2型糖尿病中的应用——仝小林，周水平，连凤梅，刘喜明，常柏，甄仲，朱永宏，焦拥政，李敏，董柳

3. 当归提取物治疗高血压病的作用机制与临床研究——吕圭源，陈素红，潘智敏，陈建真，葛卫红，宋玉良，李万里，石森林，陈子江，俞巧仙

4．复杂性疾病维医病证及其方药的一体化研究（原名称：基于现代理论和技术的复杂性疾病维医病证及其方药的一体化研究）——哈木拉提·吾甫尔，阿不都热依木·玉苏甫，斯拉甫·艾白，努尔买买提，迪丽娜尔·马合木提，季志红，李风森，茹仙古丽，库热西，阿地里江

5．旋提手法治疗神经根型颈椎病的临床和基础研究及应用——朱立国，孙树椿，于杰，张清，李金学，冯敏山，高景华，罗杰，高云，李俊杰

6．基于中医药特点的中药体内外药效物质组生物/化学集成表征新方法（原名称：符合中医药特点的中药药效物质研究新方法的建立及应用）——李萍，王广基，郝海平，齐炼文，杨中林，李会军，闻晓东，周建良，陈君

7．参松养心胶囊治疗心律失常应用研究——吴以岭，浦介麟，曹克将，杨新春，邹建刚，郭利平，田书彦，张健，杜彦侠，吴相锋

8．中药超微粉体关键技术的研究及产业化——蔡光先，杨永华，张水寒，黄江波，杨瑛，唐正平，王实强，秦裕辉，王宇红，李跃辉

9．中医临床科研信息共享系统——刘保延，姚乃礼，王映辉，李平，谢阳谷，徐浩，倪青，高颖，周雪忠，胡镜清

3 2010年全国中医药工作会议召开

2010年全国中医药工作会议1月14日-15日在北京召开。全国各省、自治区、直辖市和计划单列市、副省级省会城市卫生厅局分管负责人、中医药管理局局长、卫生厅局中医处处长和中医药管理局办公室主任、新疆生产建设兵团卫生局分管负责人、国家中医药管理局局领导及机关各部门负责人、局各直属单位主要负责人、中央和国家机关有关部门相关司局负责人、全国人大、全国政协有关委员会相关司局负责人、总后勤部卫生部、武警总部后勤部卫生部有关负责人出席会议。

会议传达了中共中央政治局常委、国务院副总理李克强对本次会议作的重要批示：2009年，全国中医药系统坚决贯彻中央决策部署，积极参与医药卫生体制改革，各项成绩令人鼓舞。尤其在防治甲型H1N1流感疫情中，中医药发挥了独特作用，成效显著。谨向全国中医药工作者表示诚挚问候和敬意！新的一年，医药卫生事业改革发展任务艰巨，是医改关键之年。希望你们深入贯彻落实科学发展观，把满足人民群众对中医药服务的需求作为出发点，推动中医药继承与创新，提升中药产业技术水平，增强对基层的服务能力，在医药卫生体制改革中发挥特有作用，努力开创中医药事业持续健康发展的新局面！

卫生部党组书记张茅做了重要讲话。他肯定了2009年中医药工作取得的成绩，指出2010年是全面实现深化医改近期目标的攻坚之年。全国中医药系统要紧紧抓住深化医改的重大机遇，积极参与、努力探索，推进中医药事业发展，使中医药为提高人民健康水平发挥更大的作用。各级卫生行政部门、中医药管理部门要推动建立扶持中医药事业发展的领导机制和中医药工作协调机制，加强中医药管理机构建设，强化管理职能。制定《若干意见》具体实施办法和政策措施，将其相关措施体现在深化医改的配套文件中，结合各地实际细化和实化政策措施。要在深化医改中研究中医药发展的重点、难点问题，探索建立和完善有利于推进中医药继承创新的体制机制，充分发挥中医药特色优势。他指出，中医药“简、便、验、廉”的特点，注重“治未病”的预防保健、促进健康的理念，强调“大医精诚”以人为本的人文精神，在深化医药卫生体制改革、建立基本医疗卫生制度以及转变我国卫生发展方式中大有可为。中国的医药卫生体制改革，要立足于我国既有西医药又有包括民族医药在内的中医药这个现实国情，坚持中西医并重的方针，充

分发挥中西医各自的优势，取长补短，共同担负维护和增进人民健康的重要使命。要加快推进中医药继承与创新，一要整合资源，集中国内各种优势资源，打造中医药科技创新体系；二要注重加强以病种为导向的临床研究平台建设，争取在“十二五”期间增加国家中医临床研究基地的数量，扩大病种范围和覆盖区域；三要开展重大疾病联合攻关，调动海内外中医药科研工作者的积极性和主观能动性，大胆引进并采用适用于中医药研究的现代自然科学研究的技术和方法，促进多学科融合，注重多中心研究，力争在重大疾病中医药防治方面有所突破；四要注重产研结合，将研究结果及时转化。要加强中医药人才培养和队伍建设。将中医药人才培养纳入国家卫生人才培养规划，探索更加符合中医药特点的人才培养机制。重视毕业后教育，建立健全中医住院医师规范化培训制度，使院校毕业生真正成为一名具有扎实中医功底的合格医师；切实加强师承教育，将国医大师等名老中医的学术思想、经验、技能等继承下来；高度重视基层中医药人员的培养和队伍建设，提高基层中医药服务能力和水平；建立长效机制，保证优秀人才下得去、用得上、留得住。在编制“十二五”卫生事业发展规划纲要和专项卫生规划中要吸纳中医药研究成果、突出中医药内容。同时加快推进中医药信息化建设。

卫生部副部长、国家中医药管理局局长王国强做了工作报告。他首先总结了2009年中医药工作取得的重要进展：国务院发布关于扶持和促进中医药事业发展的重要文件，中医药参与深化医改取得积极进展；积极参与甲型H1N1流感防治工作，中医药发挥重要作用；中医药服务体系进一步健全，服务能力进一步提高；中医药科研工作力度加大，创新体系建设取得进展；开展首届“国医大师”评选活动，探索中医药人才成长机制取得成效；“中医中药中国行”活动不断深入，产生了广泛而深刻的社会影响；中医药立法和监管工作稳步推进、标准化工作取得重大进展；中医药对外交流与合作取得新进展，国际影响力进一步提升；巩固学习实践科学发展观活动成果，工作作风进一步转变，队伍建设得到加强。他指出，要认清形势，把握机遇，增强中医药发展的信心和决心。一是党中央、国务院对中医药工作高度重视，作出的一系列重要指示和部署前所未有。二是各地政府对中医药事业发展的重视程度和推动力度前所未有。三是广大人民群众信中医、用中药，对中医药知识和服务的需求日益增长前所未有。四是中医药的理论与方法受到国际社会、现代医学的重视和关注程度前所未有。五是中医药系统各界同仁团结和谐、振奋精神、奋发有为的状态前所未有。他强调，要正确把握好中医药事业发展中的几个重要关系。一是要正确把握好深化医药卫生体制改革与扶持和促进中医药事业发展之间的关系，坚持深化改革，在改革中推进中医药事业发展。二是要正确把握好完善政策和学术进步之间的关系，坚持遵循规律，加快推进学术发展。三是要正确把握好中医医院建设与城乡基层中医药服务网络建设之间的关系，坚持统筹城乡，重心下移。四是要正确把握好中医药科学研究、人才培养和中医临床实践之间的关系，坚持临床实践，提高服务能力。五是要正确把握好中医医院发挥中医药特色优势和生存发展之间的关系，坚持特色兴院，优势强院。

关于2010年中医药工作王国强副部长重点部署了九个方面的工作。一是围绕深化医改中心工作，充分发挥中医药作用。在基本药物制度建设中，配合制订《国家基本药物目录临床应用指南》中成药卷。在推进基本医疗保障制度建设中，推动新农合参合县制订提高使用中医药有关费用的补偿比例。在促进基本公共卫生服务逐步均等化中，要督导落实国家基本公共卫生服务项目中的中医药内容。在健全基层医疗服务体系中，做好建设项目。开展城乡医院对口支援工作，加强农村中医药人才培养，建立中医类别全科医师规范化培训制度，以公立医院改革试点工作全面启动为契机，进一步加强公立中医医院建设和管理，推动中医医院发展机制、强特色、增能力、上水平。二是抓住全面贯彻落实《若干意见》的历史机遇，积极协调有关部委出台相关政策文件。三是着眼谋划中医药长远发展和基础性建设，科学编制中医药事业发展“十二五”规划，抓好中医药立法和重大规划的编制工作。四是突出加强城乡基层中医药工作为重点，进一步增强中医药服务能力和提高可及性。实施《农村中医药工作近期重点实施方案》和《农村中医药工作指南》，继续开展全国中医药特色社区卫生服务示范区创建活动，建立基层中医药适宜技术推广长效机制。加强综合医院中医药工作，开展“全国综合医院中医药工作示范单位”创建活动，实施“治未病”健康工程，建立健全“治未病”服务机构和人员等管理规范。五是着力加强体系机制建设，不断提高中医药防治甲型H1N1流感等重大疾病的能力水平。总结中医药防治经验，完善中医药参与重大疾病防治与突发公共事件卫生应急工作的机制，加强中医药防治传染病临床科研体系建设。六是增强加快中医药继承与创新的紧迫感，全力抓好继承、创新、转化、推广工作。加强中医药古籍文献的整理研究，建立一批名老中医药专家学术研究室，总结重大疑难疾病、常见病、针灸、中药研究等方面研究成果，以临床证据为基础，结合研究名老中医药专家经验，明确中医药治疗的优势病种和优势环节并加以推广。七是适应中医药事业发展的新要求，加大中医药人才培养改革与探索的力度。推进中医药重点学科建设，强化中医药继续教育管理，加强中医药继续教育基地建设，探索中医药人才培养新模式，制定其他中医药行业特有工种职业标准。八是满足人民群众对中医药的新需求，不断开辟中医药文化建设新途径。研究编制中医药文化建设规划，实施中医药文化建设“五个一”工程，制定中医药教育、产业机构文化建设指导意见，推进中医医院中医药文化建设。九是应对中医药国际发展的新变化，不断提高对外交流与合作的质量与水平。

会议上，广西壮族自治区政府介绍了该区以建立中国-东盟自由贸易区为契机，开展传统医药交流与合作，投资4.98亿元建立广西药用植物园，实施《广西壮族自治区发展中医药壮医药条例》，促进民族医药发展方面的经验。宁夏回族自治区人民政府介绍了该区投资1.4亿元改扩建十四所中医院，根据绩效考核结果补助各级中医医院的经验。安徽省卫生厅介绍了该省以医改为契机推出“5+1”模式，将中医事业发展纳入医改重点任务，出台扶持政策方面的经验。甘肃省卫生厅介绍了该省开展“中医学经典、西医学中医”活动的经验。北京市中医管理局介绍了该市发挥中医药优势，科学防控甲型H1N1流感，推广使用多种中药制剂（处方），开展防控宣传方面的经验。吉林省中医药管理局介绍了该省在机构改革中加强中医药管理部门建设，使省级内设处室增加到五个，全部市州和60%以上的县市成立中医药管理局方面的经验。黑龙江省中医药管理局介绍了该省实行县中医医院不达标的县不能得到全国2000所县级医院建设项目政策，使全省全部县中医医院在建设周期内达标的经验。四川省中医药管理局介绍了该省组建“四川省中医药科教集团”，创新科技攻关合作机制，加速中医药事业发展的经验。

4 药品管理有新思路

国家食品药品监督管理局副局长吴浈1月19日在2010年全国食品药品监督管理工作会议上，对2010年药品监管工作做出部署。今年药品监管工作的总体思路是：深入开展药品安全专项整治，结合基本药物制度的实施，针对监管中的突出问题和薄弱环节，创新监管机制，完善监管制度，落实监管责任，提高监管成效，全面提升药品质量安全保障水平。

新版药品GMP将在今年上半年颁布

吴浈表示，今年要以基本药物制度的实施为契机，进一步加大监管力度，提高药品生产经营的管理水平，保证药品质量安全。

新修订的药品GMP将在今年上半年正式颁布，硬件要求有提高，软件要求进一步加强。新开办企业、基本药物生产企业和注射剂品种生产企业将率先实施新版药品GMP。同时，还要抓紧组织起草修订相关附录，撰写技术指南，研究制定药品GMP认证与日常检查相结合、与药品注册现场核查相结合的工作机制，探索试行DMF制度。

吴浈强调，将结合基本药物制度的实施，推动药品经营的资源整合、兼并重组、优胜劣汰，促进药品现代物流发展，保证基本药物的及时配送。

国家食品药品监管局还将发布新修订的《药品不良反应报告和监测管理办法》，全面加强ADR监测工作，推动药品合理使用。

新药要有新疗效

吴浈强调，新药要有新疗效，解决新药不新的问题；仿制药要与被仿药品一模一样，解决低水平重复的问题；改剂型要有明显的临床使用优越性，解决无序改剂型的问题。要严格审评，把药品研发引导到创新上来。

吴浈表示，将争取用三年左右的时间，使我国药品研制相关技术指导原则系统化并基本与国际接轨。同时，要构建“创新药物研发和评价规范体系”、“国家新药审评数据支持体系”、“国家药品审评信息化动态管理体系”、“药品技术审评网络实验室体系”、“重大新药创制成果转化与应用服务体系”，以此构筑药品审评新的技术平台，实现药品审评的规范化、标准化。

坚决淘汰落后标准

吴浈说，2010版《中国药典》已编制完毕，2010年7月1日起将正式实施。今年要开始着手2015版《中国药典》的编制准备工作。要把2015版《中国药典》的编制与标准提高工作紧密结合起来，使《中国药典》的覆盖面不断扩大。

今年国家食品药品监管局将重点加强基本药物、民族药以及中药注射剂等高风险品种的标准提高工作，全面提高和完善307种基本药物的质量标准；编制2010年及“十二五”药品标准提高计划；研究制定《药品标准管理办法》，理顺药品标准的管理，建立药品标准形成、提高与淘汰的长效机制。

吴浈要求，药品再评价工作应与药品标准提高工作相结合，坚决淘汰落后标准，消除安全隐患。要引入药品生产风险管理的概念，探索药品质量安全风险评估的模式，探索药品再评价工作的新机制和新方法。

2010年要重点开展两类产品的评价：一是中药注射剂安全性再评价。促进中药注射剂标准提升，坚决淘汰有严重安全隐患的品种。二是疫苗质量再评价。

5 中医药防治传染病工作专家委员会成立

为促进中医药防治传染病临床科研体系的建设，进一步发挥中医药的优势和作用，做好甲型H1N1流感等传染病的防控工作，按照《卫生部国家中医药管理局关于在卫生应急工作中充分发挥中医药作用的通知》（国中医药发﹝2009﹞11号）要求，国家中医药管理局于2010年2月4日发布《国家中医药管理局关于成立中医药防治传染病工作专家委员会的通知》（国中医药函〔2010〕35号），决定成立国家中医药管理局中医药防治传染病工作专家委员会。并将有关事项通知如下：

一、专家委员会主要职责

（一）负责为中医药防治传染病相关战略规划和政策法规的制定与实施提供咨询和建议。

（二）指导、参与中医药防治传染病临床诊疗和预防方案的研究制定。

（三）进行中医药防治传染病医疗和科研重大项目的宏观指导和论证。

（四）组织有关中医药防治传染病重大科研项目的实施，并对相关工作提出咨询意见和建议。

（五）对各地中医药防治传染病重点研究室和临床基地建设工作提供业务咨询和技术指导。

二、专家委员会工作方式

专家委员会在国家中医药防治传染病工作领导小组的领导下，根据工作需要，开展相关工作。委员会

下设办公室。

请各有关部门和单位积极支持专家委员会开展工作。

三、专家委员会组成人员

专家委员会成员（名单见附件）

组　长：王永炎

副组长：张伯礼 刘保延 晁恩祥 王融冰

办公室：范吉平 刘清泉 李秀惠 张忠德 陈晓蓉 王玉光 吕爱平

联络员：刘文武 王思成

附件：国家中医药管理局中医药防治传染病工作专家委员会成员名单（此略）

二〇一〇年二月四日

6 国家中医药管理局公布2009年度政府信息公开工作报告

2010年3月2日，根据《中华人民共和国政府信息公开条例》（以下简称《条例》）的有关规定，国家中医药管理局向社会公布2009年度政府信息公开工作报告。摘要如下：

2009年1月1日至12月31日，我局累计主动公开政府信息4130条，原创信息75条、照片135张，提供网上下载各类电子表格313张，在线调查栏目更新7期。其中：机构职能类信息8条；人事信息类1条；法规文件类信息18条；通知公告类信息184条；综合管理类信息290条；行政许可类信息0条；最新动态类信息3462条。公开的形式有：政府网站、内网网站、新闻发布会、报刊杂志、局长信箱，以及编发政务通报等。

2009年1月1日至12月31日，我局共受理政府信息依申请公开申请8件，均通过电子邮件申请，全部为信息查询和业务咨询，已全部按时答复。

2009年，我局在办理依申请公开工作中，均未向申请人收取费用。

2009年，我局未出现因政府信息公开而引起申请行政复议和提起行政诉讼的情况。

本年度报告数据统计期限为2009年1月1日至2009年12月31日。

7 全国中医医政工作会议召开

2010年3月5-6日，2010年度全国中医医政工作会议在贵阳召开。会议总结了2009年中医医政工作，研究部署了2010年中医医政工作。国家中医药管理局副局长吴刚、马建中出席并讲话。

吴刚对2009年医政工作做了全面总结，肯定了一年来所取得的成就，并部署2010年医政工作。强调进一步贯彻落实《国务院关于扶持和促进中医药事业发展的若干意见》和2010年全国中医药工作会议精神，深化改革，狠抓落实，推进中医医政各项工作全面协调开展。

会议结合吴刚的讲话精神和工作部署，重点围绕公立中医医院改革、中医医院评审、中医医院管理年活动、民间医药及民营中医医疗机构管理与发展等问题进行了讨论。

国家中医药管理局医政司司长许志仁介绍了近几年来中医医政工作情况。甘肃、安徽、山东、湖北、北京等省、市卫生局的负责同志，也分别就综合医院推广使用中医药、中医医院特色

绩效考核、基层中医药工作、社区中医药服务工作、治未病管理工作等作了经验介绍。

马建中在总结讲话中强调，要积极主动做好公立中医医院改革试点的各项工作，做好甲流防治组织管理工作经验的总结，继续做好中医医院管理年活动，并希望提高医政管理队伍素质，进一步加强作风建设，不断提高执行力。

各省、自治区、直辖市及新疆建设兵团卫生厅局、中医药管理局分管厅局长、医政处长、中医处长及有关单位的负责人约100人参加了此次会议。

8 国家中医药管理局召开局长会议传达学习全国两会精神

2010年3月16日，国家中医药管理局召开局长会议，传达学习十一届全国人大三次会议和全国政协十一届三次会议精神。会议由卫生部副部长、国家中医药管理局局长王国强主持，国家中医药管理局副局长于文明、李大宁、马建中，局党组成员王志勇及局机关各部门主要负责同志参加和列席会议。

王国强传达了国务院总理温家宝所作的政府工作报告。他指出报告总结的五点经验体会，对于中医药事业的发展具有十分重要的借鉴意义。报告指出，今年将加快推进医药卫生事业改革发展，积极稳妥推进医药卫生改革，全面落实医改五项重点工作任务，强调扶持和促进中医药、民族医药事业发展，这些都对中医药工作提出了更高的要求。

王国强结合今年两会精神，就做好贯彻落实工作提出了四点要求：一，局机关各部门、各直属单位要认真组织学习两会精神，深刻领会党中央、国务院带领全国人民克服困难的经验。二，要认真学习政府工作报告提出的加快推进医改的要求。中医药参与医改，在医改中推动解决影响中医药发展的体制、机制问题。三，要认真做好人大代表建议和政协委员提案的办理工作。四，要利用党组中心组学习的机会，认真学习政府工作报告。

9 中医医院评审评价体系试点将启动

从2010年3月举行的全国中医医政工作会议上获悉，国家中医药管理局2010年将着力加强中医医院管理和内涵建设，建立健全有利于发挥中医药特色优势的中医医院评价体系，并将启动中医医院评审评价体系试点工作。

国家中医药管理局通过建立完善中医医院监测、巡查、评价、预警警示制度，加强对中医医院的评审与分级管理。现阶段省级中医医疗监测中心要重点监测省（区、市）内所有二级以上中医医院，主要监测内容包括医院基本情况、人员情况和服务情况，特别是中医药特色优势、医疗质量和管理的有关情况，使中医医院了解自身在全行业中的位置。农村和社区中医药服务监测工作将采取抽样的方式进行，通过对监测点年度中医药服务总体情况等基本数据进行汇总、分析，形成对全国农村和社区中医药工作基本情况的分析报告。

国家中医药管理局将继续研究制定中医临床科室建设与管理指南，修订中医诊疗科目和中医医疗机构类别及基本标准，印发实施《中医医院中医护理工作指南》。通过改进中医医院护理管理模式、完善中医医院护理人员结构、培训护理人员掌握中医药知识与技能等，加强中医医院护理工作。

国家中医药管理局还将加强和改进中医医疗机构中药使用管理，印发实施《中成药临床应用

指导原则》，继续推广使用小包装中药饮片和新型煎药机；组织制定《中医处方格式及书写要求》；协调国家食品药品监管局印发实施《关于加强医疗机构中药制剂管理的意见》；组织实施中医诊疗设备促进工程。

10 《黄帝内经》《本草纲目》入选《世界记忆亚太地区名录》

2010年3月19日，国家中医药管理局、国家档案局联合在京发布：我国两部中医药古籍《黄帝内经》和《本草纲目》顺利入选《世界记忆亚太地区名录》。此次入选是在3月8日至9日在中国澳门举行的世界记忆工程亚太地区委员会第四次会议上通过的。这为下一步继续申报《世界记忆名录》打下了良好基础。卫生部副部长、国家中医药管理局局长王国强，国家档案局副局长李明华出席新闻通气会。

“世界记忆亚太地区名录评审委员会”对入选的两部中医药古籍给予了高度评价，认为“《黄帝内经》理所当然地是一部珍贵的文献，值得被列入《世界记忆亚太地区名录》”；“《本草纲目》代表了当时东亚最先进的科学思想，被认为是该地区科学史领域最重要的参考书目，强烈推荐将这部文献列入《世界记忆亚太地区名录》。”

评选第二批入选《世界记忆亚太地区名录》的文献是世界记忆工程亚太地区委员会第四次会议的一项主要议题。委员会共收到11个国家和地区的12份（组）申报材料。经严格审核和有关国家、地区代表的陈述，会议采取秘密投票的方式批准8份（组）文献入选《世界记忆亚太地区名录》。来自联合国教科文组织以及澳大利亚、中国等16个国家和地区的58名代表出席了会议。

此次入选的《黄帝内经》版本是1339年由胡氏古林书堂印刷出版，为当今世界上保存最早、最完好的版本。《黄帝内经》是中医学理论体系的奠基性著作，成书于距今2200多年前的战国时期。该书系统总结了公元前2世纪以前中国古代传统医学的实践经验，揭示了中医学的生命观、思维方式和认知方法。《黄帝内经》所构建的理论体系和医疗模式至今仍然被传统医药学运用和西方医学借鉴，是世界医学和人类文明发展的最好见证。

此次入选的《本草纲目》1593年金陵版，是迄今中外一切版本的祖本。《本草纲目》是由中国明代李时珍（1518-1593年）编著的一部药物学专著，内容涉及医学、植物学、动物学、矿物学、化学等诸多领域。英国生物学家达尔文称该书为“中国古代的百科全书”。18世纪到20世纪期间，《本草纲目》被全译或节译成英、法、德、俄、韩等20多种语言文字，再版100余次，在世界广泛流传，成为西方许多领域学者的研究对象。

中医药古籍入选《世界记忆亚太地区名录》是中国中医药古籍进入世界文化遗产保护工程的一项重要成果，不仅对于中医药古籍文献的保护利用、中医药文化乃至中华文化的传承具有重大意义，而且对于进一步在世界范围内提高对中医药历史文化、科学价值的认识，扩大中医药国际影响具有深远意义。

王国强表示，国家中医药管理局将采取切实措施继续加强中医药古籍保护工作，同时在国家档案局的支持和指导下，做好充分准备，努力完成两部古籍申报《世界记忆名录》的相关工作。

针对韩国申报《东医宝鉴》成为世界记忆名录的问题，王国强表示，韩国是“申忆”不是“申遗”。申请世界记忆工程是一个国家的主权和权力，“世界记忆工程”的主要目标是保护文献遗产不再遭受自然和人为因素的破坏。《东医宝鉴》是韩国的重要历史文献，我们对于韩国的申报成功是感到高兴的。第一，这说明世界对传统医学的重视，它能够列入到世界记忆目录里去。第二，这也表明韩国政府对传统医学的重视，更重要的一点，《东医宝鉴》在形成过程中参考80多部中医著作，引用了大量中医药的文献，《东医宝鉴》的申报成功对于宣传中医药，宣传传统医学是有益的。

11 国家中医药管理局召开中医药行业科研专项经费管理咨询委员会扩大会议

2010年3月26日上午，国家中医药管理局召开了中医药行业科研专项经费管理咨询委员会扩大会议，会议由中医药行业科研专项经费管理咨询专家委员会副主任委员、国家中医药管理局副局长李大宁主持，委员会主任委员、国家中医药管理局副局长吴刚出席了会议，并对会议进行了总结。

会议对2010、2011年度中医药行业科研专项项目组织总体思路、组织工作过程以及专项项目安排顺序及经费匡算的原则等进行了审议。会议认为2010、2011年中医药行业科研专项组织思路清晰，定位把握准确，紧密结合了行业发展的实际需求，中医慢病病种和中药研究内容方向的选择比较合理；项目组织过程严格按照程序，充分听取了相关方面专家的意见，体现了行业专项的组织要求；组织工作中发挥了行业主管部门的统筹作用，探索改进了组织模式，注意体系化与项目关系，立足当前，集中优势资源，培育提升行业科研能力，带动长远发展。会议要求，2010、2011年中医药行业科研专项项目要进一步加强项目方案的论证，突出中医药优势，突出研究切入点，突出成果转化应用。会议强调，中医药行业专项的组织实施要坚持政府决策和专家咨询相结合，并建立决策、咨询和监督相对独立、相互制约的机制。

12 亚健康干预技术实验室揭牌

2010年3月30日上午9：30，“国家中医药管理局亚健康干预技术实验室”授牌仪式在湖南农业大学生命科学楼国际会议厅举行。国家中医药管理局李大宁副局长出席。一同出席的还有国家中医药管理局科技司苏钢强司长，中和亚健康服务中心孙涛主任、朱嵘副主任。

李大宁副局长指出，亚健康干预技术实验室要紧跟医疗卫生工作的“战略前移”，抓预防、治未病，贯彻“预防为主”的方针。湖南农业大学应充分发挥在中药资源栽培管理、遗传育种和特色中药资源开发方面的特色与优势，通过亚健康理论研究、亚健康诊断治疗、中医诊断治疗亚健康研究等工作，更好地推广亚健康概念，创新健康理论，形成亚健康的检测、预防、治疗、管理、评估专业技术体系，开发相应系列健康产品，产、学、研有机结合，推动我国健康产业和高附加值农产品深加工产业的结合和快速发展。

亚健康干预技术实验室负责人刘东波教授介绍了实验室的具体情况，“国家中医药管理局亚健康干预技术实验室”是以湖南农业大学中药资源与开发系为基础，依靠作物种质创新与资源利用国家重点实验室培育基地、分析测试中心、湖南省天然产物工程技术研究中心和湖南省亚健康诊断与干预工程技术研究中心为研究平台，在国家中医药管理局指导下，依托中医药学术团体和机构的资源，从事健康、亚健康的教学、研究、管理、服务。推广亚健康知识，培养中医药亚健康专业服务人才，致力于服务全民健康，推进亚健康产业发展。

13 发改委定价药品目录重新调整

2010年4月1日起，《国家发展改革委定价药品目录》做出新调整并开始执行。已公布标注使用"天然麝香"的安宫牛黄丸，及以"天然麝香"、"天然牛黄"入药的其他中成药，未纳入各省、自治区、直辖市价格主管部门定价目录的，开始实行市场调节价。

根据发改委通知，新增进入2009年版《国家基本医疗保险、工伤保险和生育保险药品目录》（以下简称《医保目录》）药品通用名称项下的所有处方药剂型，以及所有国家基本药物，增补进入《国家发展改革委定价药品目录》。其中，列入定价范围的中成药部分药品共有766种。

退出定价药品目录的药品，纳入各省、自治区、直辖市价格主管部门定价目录的，将由各省、自治区、直辖市价格主管部门重新制定价格；未纳入各省、自治区、直辖市价格主管部门定价目录的，实行市场调节价，由企业自主制定价格。

对列入发改委定价范围、已上市销售但尚未制定价格的药品，暂由生产经营单位根据现行市场情况自行制定价格。

14 中药产业发展研讨会在宁召开

2010年4月15日，国家中医药管理局科技司在江苏省南京市组织召开中药产业发展研讨会。就加快中药产业发展的总体思路、战略目标、重点方向和主要任务以及科技在中药产业发展中如何更好地发挥支撑、引领作用等进行了研讨。来自中药生产、流通企业和中医药医疗、科研、教育等单位的近30位代表参加了会议。

国家中医药管理局李大宁副局长出席研讨会，并同与会代表共同就促进中药产业发展问题进行了讨论。会议由国家中医药管理局科技司苏钢强司长主持。

15 2010年973计划中医理论专项项目初评会议在京召开

2010年5月11日，国家中医药管理局在京组织召开2010年973计划中医理论专项项目初评会议。科技部基础司、国家中医药管理局科技司领导、行业内相关领域专家及项目办公室有关人员参加了会议，国家中医药管理局李大宁副局长出席会议并讲话。

为进一步发扬光大并创新中医理论，2005年，科技部在广泛听取各方面意见建议基础上，决定在973计划中专门设立中医理论专项，加大对中医基础研究的支持力度。在此次项目初评会议上，国家中医药管理局科技司报告了2010年中医理论专项申报指南和2010年项目评审方案的形成过程，以及2010年项目评审原则与方案。科技部基础司介绍了973计划2010年项目的整体申报情况，强调了973计划中医理论专项组织实施的基本原则：一是总体应遵照973计划管理办法和经费管理办法。二是考虑中医的特殊性，专项的实施，一要强调国家目标导向，充分遵循中医理论和临床实践的规律和特点；二要充分发挥专项专家组作用，加强顶层设计和学术咨询；三要充分发挥行业主管部门的作用，由国家中医药管理局协助进行专项组织管理。国家中医药管理局科技司李昱副司长进一步强调了评审的原则和纪律。李振吉教授代表973计划中医理论专项专家组介绍了中医理论专项实施概况、中医理论基础研究的特点与基本要求，并重点介绍了专家组对2010年项目申报指南的理解和把握。

16 亚健康专业培训项目启动

2010年5月13日，北京中医药大学与中和亚健康服务中心举行“亚健康专业培训项目”合作签字揭牌仪式。该项目将在北京中医药大学针灸推拿学院建立亚健康专业培训基地，双方共同培养适应社会需要、素质高、技能强的应用型亚健康专业人才，包括亚健康咨询师系列、少儿亚健康推拿调理师系列、亚健康经络调理师系列、亚健康芳香调理师系列、亚健康检测师系列及其他亚健康调理师系列。

近年来，亚健康研究及其相关服务机构应运而生，蓬勃发展。去年《国务院关于扶持和促进中医药事业发展的若干意见》提出“积极发展中医预防保健服务”。目前亚健康服务手段缺乏规范，专业人才数量匮乏和技能不高成为制约亚健康事业发展的瓶颈。

17 中医药防治手足口病临床研究启动

2010年5月，国家中医药行业重大科研专项——中医药治疗手足口病的临床方案与诊疗规律研究课题在安徽省中医院启动。该项目是安徽省中医药行业参与公共卫生领域最大的科研专项，项目研究对象是0-14岁普通型手足口病患儿，研究内容是关于特定人群的手足口病的发病机理、中医药治疗方案的前瞻性研究和中医症候学研究，项目拟通过对核心病例的临床研究，进一步发挥中医药在防治传染病中的特色优势，总结中医药诊疗规律，形成手足口病中医药防治的疗效评价体系和经济评价体系。

18 我国中医药事业“十一五”成就辉煌形成“六位一体”全面发展新格局

时值“十一五”末期，记者从国家中医药管理局获悉，“十一五”期间我国中医药事业取得显著成就，形成了中医药医疗、保健、科研、教育、产业、文化“六位一体”全面发展的新格局。

党和国家对中医药事业高度重视，出台了一系列重要政策法规。党的十七大报告首次

把中医药方针写入全国代表大会报告，国务院中医药工作部际协调小组成立，国务院16个部门联合发布《中医药创新发展规划纲要（2006-2020）》。尤其是《国务院关于扶持和促进中医药事业发展的若干意见》颁布实施，成为指导新时期中医药事业发展的纲领性文件。中医药法制化、标准化建设取得新成效。发布27个中医药法律法规，国家标准从6个增加到33个，《中(传统)医药法》列入十一届全国人大常委会立法规划，发布中医药地方性法规的省(区、市)达到26个，中医药监督工作得到加强，中医药标准体系框架初步建立。

国家对中医药投入力度不断加大。“十一五”期间政府中医药投入从41亿元升至110亿元，截至2009年底，中医药总费用达1927亿元。中医药全面参与深化医改，围绕五项重点工作推出一系列有利于发挥中医药作用的政策措施，在基本医疗卫生制度建设中发挥应有的作用，中医药发展的社会环境明显改善。

中医药医疗服务的覆盖面和可及性明显提高。中医院年诊疗人次达3.3亿，全国有中医院3164家，中医院床位数43万张，卫生机构的中医类别执业（助理）医师和中药师（士）分别为27万人、9万人，中医院病床使用率从65%提高到82%，中医院出院人数从年612万人次增加到年1124万人次。中医医院（含中西医结合医院和民族医院）基础设施条件明显改善，中医药特色优势进一步发挥，综合医院中医药工作进一步加强。民族医药和中西医结合工作稳步推进，印发实施《关于切实加强民族医药事业发展的指导意见》。

中医预防保健服务建设取得积极进展。中医药服务领域进一步拓展，中医“治未病”工程全面展开，现全国有“治未病”服务示范点103家。中医药应对突发公共卫生事件和防治重大疾病能力进一步提高，中医药治疗艾滋病等重大传染病取得较好效果，在汶川特大地震、北京奥运会、上海世博会等重大事件和手足口病、甲型H1N1流感等突发公共卫生事件中发挥出独特而重要的作用。农村和社区中医药工作基础进一步夯实，中医药适宜技术应用更加广泛，基层医疗卫生机构中医药服务能力不断提高。

中医药科技创新体系初步形成。中医药继承与创新能力明显增强，建设16家国家中医临床研究基地，建立一批重点研究室和三级实验室，《中华本草》编纂工作全面完成，对一批中医古籍进行整理研究，对一批老中医药专家学术思想和临证经验开展传承研究，中医药重点学科和重点专科建设成效显现，２０多项科研成果获得国家科学技术奖。国务院发布的《国家中长期科学和技术发展规划纲要（２００６－２０２０年）》将中医药传承与创新发展列为人口与发展的优先主题。中医药科研机构申请的专利有118个，中成药总产值和中药材总产值分别达2054亿元和469亿元，中药出口额突破14亿美元。中药产业水平进一步提升，中药资源保护、开发和可持续利用得到重视。

中医药院校教育教学改革取得初步成效。我国现有高等中医药类院校３４所，在校生人数从38万人增至53万人，中医药人才队伍素质进一步提高，我国首次设立中医师承专业学位，首次在全国评选表彰30名德高望重、医术精湛的“国医大师”，中医药继续教育覆盖率进一步扩大，农村和社区中医药人才培养不断加强。

中医药文化建设新局面初步形成，已申报成功国家和世界非物质文化遗产41个，中医药传统文化教育基地10家。由国家中医药管理局联合中宣部、卫生部等共23个部委主办的“中医中药中国行”大型科普宣传活动走遍31个省（区、市）、新疆生产建设兵团和香港、澳门特别行政区，走进了军营，产生深刻社会影响，中医针灸成功列入世界非物质文化遗产代表作名录，《黄帝内经》和《本草纲目》被列入亚太地区记忆工程名录。

中医药对外交流与合作更加活跃，国际影响日益扩大，第62届“世界卫生大会”顺利通过了由中国倡议的世界传统医学决议，与33个国家和地区签订了48个专门的传统医药双边合作协议。

19 国家中医药管理局办公室关于调整国家中医药管理局“治未病”工作领导小组和办公室组成人员的通知

局机关各部门、局各直属单位：

根据工作需要和人员变动情况，我局决定对国家中医药管理局“治未病”工作领导小组和办公室组成人员进行调整。现将调整后的组成人员名单通知如下：

一、领导小组

组　长：王国强

副组长：李大宁　马建中

成　员：闫树江　姜在旸　许志仁　苏钢强　武　东　李俊德　莫用元

二、领导小组办公室

主　任：许志仁

副主任：苏钢强　杨龙会

成　员：刘文武　王思成　邴媛媛　范劲松　刘　平

领导小组办公室设在医政司。

二〇一〇年四月六日

20 中医药全面参与上海世博会

中国2010年上海世界博览会于5月盛大开幕。作为历史悠久的国际性博览活动，世博会一直是参展者向世界各国展示当代文化、科技和产业等方面成果的重要平台。而这样一个向世界展示中国的平台，也可以成为宣传展示中医药文化、普及中医药知识的窗口。为推动中医药参与世博，上海中医药管理部门积极组织全市有关中医药机构，充分发挥地域优势，采取多项有力措施，让中医药融入世博。

中医亮相中国馆及城市未来馆

从2009年7月开始，上海中医药发展办公室便会同有关单位与上海世博会事务协调局中国馆部多次联系和讨论，提出了在中国馆展示中医药内容的建议方案。目前，根据中国馆部反馈的最新信息，中医与中医药具体展示内容位于中国馆49米展示层的“智慧的长河”展区，通过四件古代文物体现中医的伟大成就与悠久历史。此外，展示还将以幻影成像的技术手段展现中医药在今天“治未病”领域的传承。

除了国家馆外，中医药还将在“城市未来馆”的主题展馆中呈现，上海道生医疗科技有限公司研发的中医四诊仪将作为张江高科技园区重大科技创新成果进入“城市未来馆”参展。目前，该计划已通过上海世博局的评审，并被选为重点展示项目，当VIP客户及相关领导前来参观时，还将进行现场展示和体验。中医四诊仪将以实物产品方式参展，并获得了两个区域的参展机会，一是以产品实物方式及多媒体视频形式在家庭未来智能医疗区域展示，二是以多媒体视频方式在社区未来智能医院区域展示。

浦东为中医药宣传搭建平台

世博会主要场馆坐落于浦东新区，如何向海内外来宾充分展示中医药，浦东新区卫生局制订了“三个一”方案，即搭建一个平台、设计一条旅游路线、印发一本宣传中医药的双语小手册。通过“三个一”，向来宾游客宣传中医、弘扬中医药文化。

上海中医药大学附属曙光医院作为上海市七个世博定点医院之一，根据世博事务协调局要求，全力做好世博会医疗保障，一是制订周密的医疗保障方案，落实人力、物资、技术等应急储备；二是承担世博园区医疗站点医疗保障任务。

此外，曙光医院医疗点与东院将做好中医药文化展示，并结合“治未病”工程，将曙光东院纳入浦东新区中医药“治未病”展示和中医药健康保健的体验定点机构。

抓契机加强中医药科普

由上海中医药学会和曙光医院联合编写一本图文并茂的中医药知识宣传和普及手册，将于近日出版。约有20万字的手册为中英文双语，目前，编委会正积极联系一些赞助单位，争取手册在世博旅游点免费发放。此外，一些报刊将在世博会期间开辟专版用于中医药文化知识的宣传。

为了配合世博会的举行，上海市其他一些区域卫生机构，结合辖区内中医药的普及和推广工作，将在创建全国中医药特色社区卫生服务示范区的基础上，采取中医宣传展版、发放宣传资料、百名讲师团进社区、社区健康讲堂等形式，让中医“治未病”理念、中医药适宜技术进社区，配合世博“城市，让生活更美好”的主题，达到“中医，使你更健康”。

上海市长宁区新泾社区卫生服务中心是上海市市委外宣办确定为2010年世博会期间“对外介绍上海世博科技与城市发展”的新闻媒体采访点和参观点。该中心已于2009年9月24日接受了16家境外媒体记者采访。主要宣传“治未病”的健康理念，打造“治未病”信息数字网络平台，进一步探索中国特色健康保障服务全新模式。

21 第三批国家级非遗名录推荐项目名单公示，包含11项传统医药 四个新入选项目均为民族医药

2010年6月，文化部发布公告对第三批国家级非物质文化遗产名录推荐项目名单进行公示。在349项推荐项目中，包含了11个传统医药项目，其中新入选项目4项，扩展项目7项。

4个新入选项目均为民族医药，分别是：壮医药，由广西中医学院申报的壮医药线点灸疗法；彝医药，由云南省楚雄彝族自治州申报的彝医水膏药疗法；傣医药，由云南省西双版纳傣族自治州、德宏傣族景颇族自治州共同申报的睡药疗法；维吾尔医药，由新疆维吾尔自治区新疆维吾尔医学高等专科学校申报的维药传统炮制技艺、新疆维吾尔自治区和田地区申报的木尼孜其·木斯力汤药制作技艺、新疆维吾尔自治区莎车县申报的食物疗法、新疆维吾尔自治区维吾尔医药研究所申报的库西台疗法。

7个扩展项目包括中医诊法、中医传统制剂方法、针灸、正骨疗法、藏医药、蒙医药、苗医药。

中医诊法项目：北京市海淀区申报的葛氏捏筋拍打疗法、北京市宣武区申报的王氏脊椎疗法、山西省平遥县申报的道虎壁王氏中医妇科、上海市申报的朱氏推拿疗法、安徽省黄山市申报的张一贴内科疗法。

中医传统制剂方法项目：天津中新药业集团股份有限公司达仁堂制药厂申报的达仁堂清宫寿桃丸传统制作技艺、山西省太谷县申报的定坤丹制作技艺、上海市黄浦区申报的六神丸制作技艺、江苏省江阴市致和堂膏滋药制作技艺、江苏省南通市申报的季德胜蛇药制作技艺、浙江省杭州市申报的朱养心传统膏药制作技艺、福建省漳州市申报的漳州片仔癀制作技艺、湖北省京山县申报的夏氏丹药制作技艺、湖北省武汉市武昌区申报的马应龙眼药制作技艺、广东省博罗县申报的罗浮山百草油制作技艺、广东省医药行业协会申报的保滋堂保婴丹制作技艺、重庆市南岸区申报的桐君阁传统丸剂制作技艺。

针灸项目：上海市申报的陆氏针灸疗法。

正骨疗法项目：山西省高平市申报的武氏正骨疗法、内蒙古自治区科尔沁左翼后旗申报的蒙医正骨疗法、浙江省富阳市申报的张氏骨伤疗法、浙江省台州市申报的章氏骨伤疗法、福建省福州市仓山

区申报的林氏骨伤疗法。

藏医药项目：云南省迪庆藏族自治州申报的藏医骨伤疗法。

蒙医药项目：内蒙古自治区中蒙医医院申报的蒙医传统正骨术、辽宁省阜新市申报的血衰症疗法。

苗医药项目：湖南省凤凰县申报的癫痫症疗法、湖南省花垣县申报的钻节风疗法。

22 王国强部长要求正确把握好五方面关系推动中医药事业科学发展

2010年6月卫生部副部长、国家中医药管理局局长指出：

中医药工作是一项综合性、系统性很强的工作。党的十七大报告中历史性提出要“坚持中西医并重”、“扶持中医药和民族医药事业发展”，在深化医改中强调要充分发挥中医药作用。国务院专门出台了《关于扶持和促进中医药事业发展的若干意见》，为建设中国特色的医药卫生体制和中医药在新时期新阶段的科学发展指明了方向。各地政府对中医药事业发展的重视程度和推动力度前所未有，加大对中医药的投入，为中医药事业发展营造了良好的环境。我国中医药事业迎来了难得的历史性发展战略机遇。同时，中医药事业发展现状与人民群众日益增长的健康需求还有较大差距，中医药的特色优势还没有得到充分发挥。对此，我们要高度重视，增强使命感和责任感，以科学发展观为指导，科学谋划全局，找好找准着力点突破口，遵循中医药医疗、保健、科研、教育、产业、文化全面发展的思路，正确把握好以下五方面的关系，谋划长远的中医药发展规划，不断推进中医药事业的科学发展。

一、协调发展，正确把握好深化医药卫生体制改革与扶持和促进中医药事业发展之间的关系

长期以来，中医药与西医药相互补充，协调发展，共同担负着维护和增进人民健康的任务，已经成为我国医药卫生事业的重要特征和显著优势。坚持中西医并重，扶持和促进中医药发展，充分发挥中医药在维护人民群众健康中的作用是深化医药卫生体制改革的重要内容。没有中医药事业的健康发展，就不可能实现医药卫生体制改革的总体目标。当前，中医药事业滞后于卫生发展，是医药卫生发展领域的“短腿”，不能适应人民群众日益增长的中医药服务需求。必须将中医药纳入卫生改革发展的全局，在深化医药卫生体制改革中推动中医药事业的发展。通过改革，建立健全体制机制，转变发展方式，转变服务模式，探索出中医药事业科学发展之路，使中医药在深化医改中发挥更大的作用。中医药事业要与卫生事业协调发展，切实落实中西医并重的方针，就要充分发挥政府的扶持作用，在政策上给予倾斜，促进中医药事业加快发展。

二、遵循规律，正确把握好完善政策和学术发展之间的关系

学术发展是中医药发展的标志之一，很大程度上影响着中医药存在的价值。政策是推动中医药发展的外部环境，是中医药发展和学术进步的助推器，两者相互支持，协调互动。学术要为政策制定提供依据，政策要为学术发展提供支撑。只有不断认识和把握中医药学术发展的规律，才能够不断完善政策，建立起有利于中医药学术发展的体制、机制和制度；只有遵循中医药发展规律，建立起符合中医药特点的政策环境，才能更好地推进中医药学术进步和发展。当前，中医药学术发展缓慢的问题，引起了社会的普遍关注和忧虑。在现代医学快速发展的当今时代，中医药如果在学术发展上没有新的突破，在疾病防治技术上没有新的发展，在临床疗效上没有新的提高，中医药服务领域必将出现萎缩，甚至有失去服务领域的危险和可能。当前，在党中央、国务院的高度重视下，政策环境越来越好，投入逐年增长，无疑对中医药学术发展形成了倒逼机制。对此，我们要把推进中医药学术发展作为政策扶持和事业发展的战略重点。在遵循中医药学术发展规律的基础上，坚持中医的整体观、辨证论治等核心思想，营造宽松民主的学术氛围，鼓励多种形式的科技创新和学术流派发展，力争在中医药防治重大疾病上有所突破，在中医药诊疗技术上有所创新，在中医药临床疗效上有所提高。

三、统筹城乡，正确把握好中医医院建设与基层中医药服务网络建设之间的关系

在中医药服务体系乃至中医药发展中，城乡基层中医药服务网络具有基础性地位，是中医药生存和发展的根基。由于受各种因素的影响，城乡基层中医药服务阵地正在逐步萎缩，人民群众对中医药服务的需求得不到满足，已成为中医药事业发展的瓶颈。要坚持中医药服务进乡村、进社区、进家庭的工作思路和要求，合理规划中医药服务体系的布局，将重心下移，加大城乡基层特别是农村中医药服务网络的建设力度，加大城乡基层中医药人才的培养和培训力度，加大中医药适宜技术的推广力度，提高基层中医药服务的可及性和覆盖面，建立和完善城乡基层医疗卫生服务机构提供中医药服务的财政补偿机制和方式。注重城乡统筹，建设分工合理、优势互补、功能明确、成效显著的中医医疗服务体系。省级中医医院主要承担重大、疑难疾病和急危重症的中医药防治任务，成为中医药临床研究中心、继续教育基地；市、县级中医医院主要以开展常见病、多发病和急危重症中医药防治工作为主，成为中医药适宜技术培训和推广基地，成为对城乡基层医疗卫生服务机构中医药服务的指导示范中心；城乡基层医疗卫生服务机构要充分发挥中医药特色优势，利用掌握的中医药适宜技术为人民群众提供基本医疗卫生服务。

四、提高能力，正确把握好中医药科学研究、人才培养和中医临床实践之间的关系

中医药是一门源于临床实践的科学，临床实践对于中医药科学研究和人才培养具有特别重要的意义。但是，目前在科研、人才培养等方面都不同程度地存在与临床实践相脱节的现象。如果这样发展下去，势必导致继承与创新成为无源之水、无本之木，失去方向、失去目标。对此，我们要按照中医药发展的规律，坚持中医药科学研究、人才培养与临床实践紧密结合，从临床实践中来，到临床实践中去。要以提高临床疗效为目标，以中医药疗效确切、优势明显的病种和重点专科（专病）为抓手，形成一批诊疗技术规范、临床疗效显著的中医药技术和方法，在全国范围内培训推广；改革中医药院校教育，强化中医药基础理论的教学，把临床实践放在更加突出的位置，为培养合格的中医药人才打下坚实的实践基础。加强毕业后教育，使刚进入医疗机构的中医药专业毕业生在临床实践中加强基本理论、基本知识及基本技能的培训，真正成为合格的中医医师和中药师。加强继续教育和师承教育，强化读经典、做临床、跟名师的人才成长规律，培养一批中医药学科带头人和技术骨干。

五、调整思路，正确把握好中医医院发挥中医药特色优势和生存发展之间的关系

中医药特色优势是中医医院的立院之本，发展之魂，必须坚持特色兴院、优势强院。在现代医学高度发达的今天，中医药只有坚持特色，发挥优势，才能获得更大发展。由于投入政策不到位，补偿机制不合理，人才队伍不适应，一些中医医院的特色优势逐渐淡化萎缩。中医医院的生存发展和中医药特色优势发挥不是对立的。要转变观念，纠正一定程度上存在的坚持中医特色就没有效益、就不能生存发展的不正确认识，要做到坚持特色与促进发展的辩证统一。调整中医医院发展思路，加强对各级中医医院发展模式和规律的探索。不但要注重数量的扩张和综合能力的提高、“做大做强”，也要注重重点专科专病建设，“做精做细”，对“大专科”、“小综合”的中医医院发展模式进行探索。不但要注重病房数量的增多和规模的扩大，也要注重有利于中医药特色优势发挥的门诊建设，对“大门诊”、“小病房”的中医医院发展模式进行探索。不但要注重提高中医医院疾病诊疗的能力和水平，也要注重将治疗和预防、养生、保健、康复服务结合起来，努力形成中医特色的多元化综合服务模式。不但要注重充分运用好中医药传统诊疗方法和技术，也要注重在中医药理论和实践指导下，积极研制和利用现代科技和诊疗设备，丰富和完善中医医院的诊疗方法和手段，不断提升检验中医临床疗效的技术和水平。要在公立医院改革中，围绕中医医院突出中医药特色优势这个主题，出台有利于突出中医药特色优势的具体补助办法，合理确定中医医疗服务收费项目和价值，充分体现服务成本和技术劳务价值，从机制和制度上保障中医药特色优势的发挥和满足人民群众对中医药服务的需求。

23 国家中医药管理局新办公大楼正式启用

2010年7月16日，国家中医药管理局新办公大楼启用揭牌仪式在位于工人体育场西路的新大楼门前举行，这标志着国家中医药管理局局机关正式开始在新的工作环境里办公。卫生部副部长、国家中医药管理局局长王国强，国家中医药管理局副局长于文明、马建中，党组成员王志勇共同为新大楼揭牌。

国家中医药管理局自1986年7月成立以来，24年间数次搬迁，这是第一次拥有独立的办公大楼。正如国家中医药管理局在回顾搬迁历史中所说的：新地址，新起点，新征程；新形势，新任务，新要求。局机关曾于新办公楼搬迁之际，“掠影往事，以策未来”。

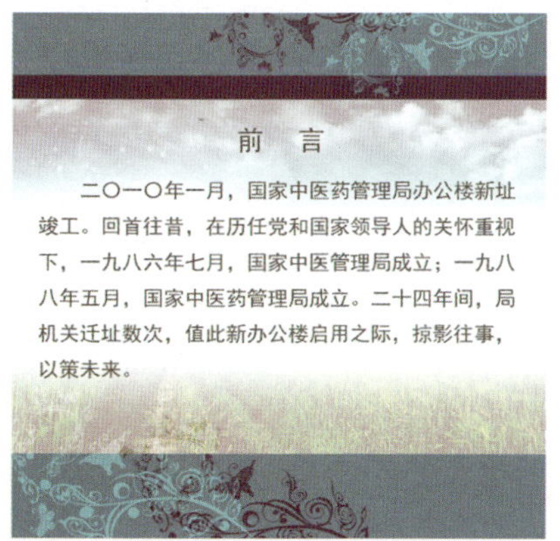

领导关怀

领导关怀

第一处办公地址
北京市西城区后海北沿44号
国家中医管理局成立
国家中医管理局机构

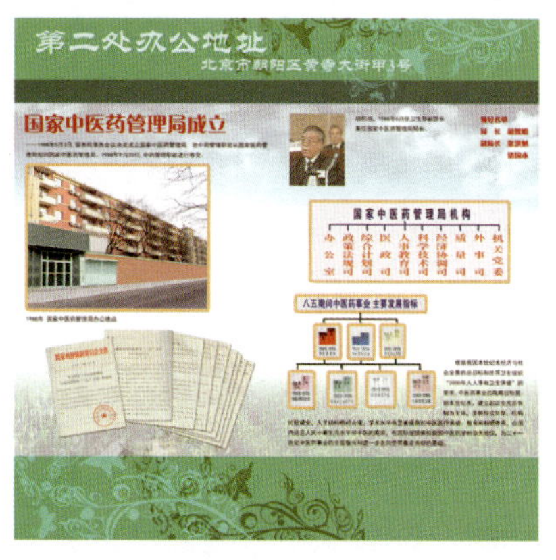
第二处办公地址
北京市朝阳区营香大街甲3号
国家中医药管理局成立
国家中医药管理局机构
八五期间中医药事业主要发展指标

第三处办公地址
北京市朝阳区东兴路7号
国家中医药管理局机构

第四处办公地址
北京市朝阳区白家庄东里13号院
国家中医药管理局机构

第四处办公地址
北京市朝阳区白家庄东里13号院
国家中医药管理局机构
国家中医药管理局党的工作会议

第四处办公地址
北京市朝阳区白家庄东里13号楼
全国中医药工作会议

第四处办公地址
北京市朝阳区白家庄东里13号楼

第四处办公地址
北京市朝阳区白家庄东里13号楼
"中医中药中国行"
大型科普宣传活动
新闻发布会

第四处办公地址
北京市朝阳区白家庄东里13号楼
抗震救灾

第四处办公地址
北京市朝阳区白家庄东里13号楼
治未病

24　2010年公共卫生专项“民族医药文献整理及适宜技术推广”项目启动

2010年7月29-30日，国家中医药管理局在广西召开民族医药文献整理和适宜技术筛选推广项目启动会，国家中医药管理局副局长李大宁、广西省北海市副市长董仕军、广西卫生厅甘霖副厅长出席会议并讲话。

根据《国家中医药管理局关于印发2010年中医药部门公共卫生专项资金项目管理方案的通知》（国中医药规财发〔2010〕35号文）要求，到2012年底，国家将投入7480万元建成民族医药古籍文献基础数据库、《全国民族医药古籍文献总目》、出版150部民族医药文献、筛选推广140项民族医药适宜技术，培训4200名民族医技术人员，并使21万患者享受到安全、有效的民族医药适宜技术。

该项目覆盖内蒙古、吉林、湖北、湖南、广西、四川、云南、西藏、宁夏、青海、新疆等11个民族医药分布集中、民族医药工作基础较好的中西部省、自治区，是迄今为止中央财政投入经费强度最大、直接用于民族医药文献整理及适宜技术筛选推广的公共卫生专项资金项目。旨在通过开展民族医药文献整理和民族医药适宜技术筛选推广工作，加强民族医药文献的保护和利用，大力推广民族医药适宜技术，逐步规范和升华民族医药的实践经验，丰富完善民族医药理论体系，提升民族医药的技术水平，提高民族医药防治疾病的服务能力，为广大民族地区提供一批能够学、学得会、用得起的成熟的适宜技术，满足民族地区日益增长的民族医药需求，更好地保持和发挥民族医药的特色优势，促进民族医药事业健康可持续发展。

25 120项中医适宜技术走进农村社区

2010年8月，中医临床适宜技术推广工作座谈会举行，记着在会上了解到，近年来，国家中医药管理局高度重视中医临床诊疗技术特别是面向农村和社区基层适宜技术的整理、研究和推广，自2000年设立了中医临床诊疗技术整理与研究专项以来，已分4批向农村和社区推出120项临床安全、有效、规范的中医适宜技术。推广7年来，这些技术已覆盖到全国所有省区市，共约1万余名医生接受了师资培训并向基层推广，形成群众得实惠、基层中医学有技术、中医院有效益的多赢局面。

中医临床诊疗技术整理与研究专项实施以来，因筛选出的适宜技术费用低廉、治疗方式灵活、安全有效，深受基层中医和广大农村、社区居民的欢迎，推动中医药行业普遍重视诊疗技术的挖掘和独特疗法的整理，并根据“凝练技术关键环节、规范可控临床操作和安全经济适于推广”的思路，筛选推广具中医特色和优势的诊疗项目。有些省、市、区还设立了省级诊疗技术整理和研究专项，各级各类中医药机构也开展诊疗技术的整理和研究工作。全国上下形成了对中医临床诊疗技术整理、规范和推广的热潮，促进了中医药特色和优势的发挥。

通过近几年的实践，中医临床诊疗技术的整理和研究工作已形成统一顶层设计和管理、专家委员会和数据管理中心重点环节监控、技术持有者及其所在单位主体组织临床验证和推广的研究管理模式，并探索了向技术持有者与临床验证单位和研究协作单位三方配合的临床验证和推广模式的转变，提高了第三方验证的科学性、客观性，提高了研究水平和管理效率，形成中医临床诊疗技术遴选、评价和管理的技术方法体系，整理规范一批临床诊疗技术，培养一批中医临床科研型人才，建立一批推广示范基地，探索了适宜技术成果推广转化的机制和模式。

据承担项目开展的中国中医药科技开发交流中心副主任杨德昌介绍，自2007年起，该中心还承担了财政部中医药行业科研专项“50项中医特色临床诊疗技术规范化的示范研究”的项目，每项技术在3个以上医疗机构选择不少于100例患者进行临床验证和应用研究，明确适应症和禁忌症，考察技术操作内容和步骤的规范及是否易于掌握，完善技术操作规程，最终确定50项左右技术的《技术操作规范文本》及教学课件，这些技术经规范研究后，将由国家中医药管理局验收、鉴定并确定部分技术作为适宜技术推广项目。

近年来，中国中医药科技开发交流中心还探索多途径、多渠道开展推广工作的模式和机制，联合有关部门，主办不同形式、不同规模的学术研讨会、展览会、推广推介会、培训班等。几年来，与广东、河北、辽宁等地中医药主管部门及项目持有单位、项目推广单位等联合组织中医药技术推广培训班80多期，如石氏中风单元疗法现已在全国数百家医院得到应用。

26 2010年中国卫生十大新闻

为稳步推进卫生新闻宣传工作，卫生部2010年继续开展了年度卫生十大新闻评选活动，有关内容如下：

1. 十七届五中全会“十二五”规划建议指出要加快医疗卫生事业改革发展。2010年10月18日，中国共产党第十七届中央委员会第五次全体会议通过《中共中央关于制定国民经济和社会发展第十二个五年规划的建议》，指出要加快医疗卫生事业改革发展，按照保基本、强基层、建机制的要求，增加财政投入，深化医药卫生体制改革，调动医务人员积极性，把基本医疗卫生制度作为公共产品向全民提供，优先满足群众基本医疗卫生需求。《建议》为卫生事业改革发展指明了方向。

2. 胡锦涛在中共中央政治局第二十次集体学习时强调建立健全覆盖城乡居民的基本医疗卫生制度。2010年5月28日，中共中央政治局就世界医药卫生发展趋势和我国医药卫生体制改革问题进行第二十次集体学习。中共中央总书记胡锦涛在主持学习时强调，医药卫生事业关系亿万人民健康，关系千家万户幸福，关系经济发展和社会和谐，关系国家前途和民族未来，是一个十分重大的民生问题。建立健全覆盖城乡居民的基本医疗卫生制度，为群众提供安全、有效、方便、价廉的医疗卫生服务，是党和政府义不容辞的责任，是保障和改善民生、促进人的全面发展的必然要求，是全面建设小康社会、加快推进社会主义现代化的重要任务。

3. 深化医药卫生体制改革工作总体进展顺利，公立医院改革试点启动。一年来，全国卫生系统根据国务院2010年度医改工作安排，以医改五项重点工作为核心，加大力度，稳步实施，总体进展顺利。新农合参合率保持在90%以上，基本药物制度已经在50%以上政府办基层医疗卫生机构实施，9类国家基本公共卫生服务项目和重大公共卫生项目稳步推进。我国先后出台了《关于公立医院改革试点的指导意见》和《关于进一步鼓励和引导社会资本举办医疗机构的意见》，16个国家级联系试点城市和31个省级试点城市开展了公立医院改革试点工作，试点工作开局良好、进展顺利。

4. 国务院研究部署进一步加强艾滋病防治工作。2010年11月29日，国务院总理温家宝主持召开国务院常务会议，研究部署进一步加强艾滋病防治工作的政策措施。12月1日，温家宝来到四川凉山彝族自治州考察艾滋病防治工作，探望艾滋病病毒感染者、病人和致孤儿童，慰问工作在艾滋病防治一线的医务人员并进行座谈。11月22日，李克强副总理考察了中国疾控中心艾滋病预防控制中心，现场主持召开国务院防治艾滋病工作委员会全体会议，要求提高科学防治艾滋病工作水平，切实维护人民群众身体健康和生命安全。

5. 全国医药卫生系统深入开展创先争优活动。2010年5月以来，按照中央的统一部署和要求，全国医药卫生系统启动深入开展创先争优活动，进一步巩固和拓展科学发展观的学习实践活动成果，推动卫生事业科学发展，加强基层单位党建工作。全国医药卫生系统开展创先争优活动坚持从深化医药卫生体制改革和全国医药卫生系统的实际出发，以“落实医改任务、提高服务水平、改进医德医风、加强基层组织”为总的实践载体，努力创建以“五个好”为基本要求的先进基层党组织、争做以“五带头”为主要内容的优秀共产党员。

6. 我国完成1.02亿人的麻疹疫苗强化免疫。2010年9月，卫生部在全国范围开展适龄儿童麻疹疫苗强化免疫活动，以尽可能给予免疫空白人群接种机会，最大限度阻断麻疹病毒的传播，加快消除麻疹进程，提高全人群健康水平。9月11日至29日，全国共接种1.02亿人，没有与疫苗接种相关的死亡病例发生，没有群体性不良反应发生。本次强化免疫活动异常反应发生率低于世界卫生组织公布的参考指南,低于既往水平。

7. 青海玉树地震、甘肃舟曲山洪泥石流灾害紧急医学救援工作取得重大胜利。2010年4月14日，青海玉树发生地震，2010年8月7日夜至8日凌晨，甘肃舟曲突发特大山洪泥石流。两次特大自然灾害发生后，卫生部门迅速启动卫生应急一级响应，创新建立前后方指挥一体化、军警地协同一体化工作机制，协调组织全国卫生力量奔赴灾区开展卫生应急工作，全力指导支持灾区卫生部门开展紧急医学救援、伤员转运、疾病控制、卫生监督、高原病防治、心理援助和鼠疫防控等工作，实现了“最大程度降低死亡率和伤残率”和“大灾之后无大疫”的目标。

8. 我国进一步维护乙肝表面抗原携带者入学和就业权利。2010年2月10日，人力资源社会保障部、教育部、卫生部联合下发通知，进一步明确取消入学、就业体检中的乙肝病毒检测项目，各级各类教育机构、用人单位在公民入学、就业体检中，不得要求开展乙肝项目检测，不得要求提供乙肝项目检测报告，也不得询问是否为乙肝表面抗原携带者；各级医疗卫生机构按要求不得在入学、就业体检时提供乙肝项目检测服务。此项措施得到了公众的积极支持。

9. 我国检测出携带NDM-1耐药基因细菌。2010年10月26日，中国疾病预防控制中心通报，在对既往收集保存的菌株进行NDM-1耐药基因检测时，检出3株携带NDM-1耐药基因阳性细菌。国际上报道发现携带NDM-1耐药基因细菌后，引起社会广泛关注，卫生部立即组织有关医疗机构和疾病预防控制机构，开展了该耐药菌的调查、检测和监测，并采取相应防控措施，确保广大群众健康。

10. 卫生部调查“圣元乳粉疑致儿童性早熟”情况。2010年8月，针对媒体报道有婴幼儿因食用圣元乳粉导致性早熟的情况，在国务院食品安全委员会办公室的统一组织协调下，卫生部成立专家组，会同有关部门和湖北省立即开展调查处理，对相关产品进行检测和评估，并及时向社会通报。卫生部专家组评估认为，湖北3例婴幼儿单纯性乳房早发育与食用圣元优博婴幼儿乳粉没有关联,市场上抽检的圣元乳粉和其他婴幼儿乳粉激素含量没有异常。

27 国家中医药管理局举办“中医中药中国行”大型科普宣传活动

为认真贯彻吴仪副总理在今年全国中医药工作会议上的重要讲话精神，进一步加强中医药科普宣传，国家中医药管理局联合有关部委决定共同主办“中医中药中国行”大型科普宣传活动。通过在全国范围内举办大规模的中医药科普宣传，集中展示中医药在维护人民健康，促进经济社会发展，弘扬我国优秀传统文化等方面的重要地位和作用，增进大众对中医药的了解和认同，使中医药更好地惠及百姓，为人民健康服务，促进社会主义和谐社会建设。

“中医中药中国行”是一项全国性的大型科普宣传活动，历时长、要求高、范围广、内容多，整个活动计划用三年左右的时间完成。2007年先期在北京、河北、山西、辽宁、吉林、黑龙江、广东、厦门以及香港等地举行，其它省（区、市）也要紧紧围绕“中医中药中国行”主题，按照“中医中药中国行”（2007）活动方案要求，在活动期间，结合当地实际，积极组织开展多种形式的中医药科普宣传活动。

举办“中医中药中国行”大型科普宣传活动，是宣传党中央、国务院坚定不移地发展中医药事业的一项重要举措；是落实吴仪副总理重要讲话精神的一次实际行动；是宣传中医药优势特色，为中医药发展营造氛围的一次重大活动。

28 2010年中医药十大新闻

1. 中医药积极参与医改、全面落实《若干意见》取得成效。

各地普遍提高中医药报销比例、降低报销起付线，推进中药基本药物的增补、配备和使用，县中医院、乡镇卫生院中医药科室得到加强，中医坐堂医进一步规范，将中医药内容作为基本公共卫生服务绩效考核内容，安徽、北京、甘肃等地探索有利于发挥中医医院特色优势的体制机制。中央安排50多亿元，国家重点支持了16个中医临床研究基地、41所地级市以上中医院和147所县中医院建设。吉林、上海等9个省（区、市）出台扶持促进中医药发展的专门文件。卫生部、国家中医药管理局出台意见支持甘肃中医药发展。国家中医药管理局首次召开全国民间医药和民营中医医疗工作座谈会，提出鼓励和引导社会资本举办中医医疗机构，形成多元办医格局。

2. 中医针灸列入人类非物质文化遗产代表作名录。

中医药申报人类非物质文化遗产代表作名录取得突破。11月，“中医针灸”正式被联合国教科文组织列入人类非物质文化遗产代表作名录，这是目前213项代表名录中的第一个传统医药类项目。《本草纲目》、《黄帝内经》两部中医古籍成功入选世界记忆亚太地区名录。

3. 由南京中医药大学与澳大利亚皇家墨尔本理工大学合办的中医孔子学院成立，为国外民众开启了一扇了解中医和中国文化的新窗口。

6月，由南京中医药大学与澳大利亚皇家墨尔本理工大学合办的中医孔子学院在墨尔本成立，中医药学凝聚着深邃的哲学智慧和中华民族几千年的健康养生理念及其实践经验，是中国古代科学的瑰宝，也是打开中华文明宝库的钥匙。该院是继2008年黑龙江中医药大学、哈尔滨师范大学与伦敦南岸大学合办伦敦中医孔子学院之后全球第二家中医孔子学院，为国外民众开启一扇了解中医和中国文化的新窗口。

4. 国际标准化组织（ISO）确定中医药技术委员会秘书处落户中国上海，并召开第一次会议。

国际标准化组织成立中医药技术委员会（暂定名），并将秘书处设在我国，国际疾病分类与代码（ICD-11）首次将中医药等传统医学纳入。中医药技术委员会秘书处由国家标准化管理委员会和国家中医药管理局共同负责指导和管理，对中医药进入国际标准化体系意义重大。

5. 中医药参与玉树、舟曲重大自然灾害防病救治，发挥了独特作用。

4月青海玉树强烈地震和8月甘肃舟曲特大泥石流灾害发生后，中医药系统紧急组建救援医疗队参加救灾救治，中医（藏医）传统疗法和制剂在抢救伤员、灾后防疫、康复保健中得到广泛应用，发挥了独特作用。

6. 新中国成立以来首次全国中医基本现状调查完成，摸清了中医家底。

全国中医基本现状调查顺利完成。这是新中国成立以来第一次在全国范围内开展的中医现状调查。被调查机构达80万个，此次调查是一项事关中医药事业发展全局的战略性、基础性工作，对做好中医药宏观战略规划、科学管理决策、政策研究制定，确保中医药事业科学发展具有重要意义。

7. 中医中药中国行活动再启程，重点转向“进乡村、进社区、进家庭”。

9月，以“进乡村、进社区、进家庭”为主题的中医中药中国行第二阶段活动顺利启动，通过中医药文化科普宣传周、中医药文化科普巡讲、全国万名基层中医师读报等系列活动，普及中医药科学知识，引导民众正确认识中医药、使用中医药。这也是对张悟本等人引发的“养生乱象”所暴露出的群众对中医药服务强烈需求与中医药文化科普宣传薄弱不相适应的有效回应。

8. 四部委印发《全国民族医药近期重点工作实施方案》，加大对民族医药的扶持力度。

国家中医药管理局会同国家民委、卫生部、国家食品药品监管局印发《全国民族医药近期重点工作实施方案（2010-2012）》，对民族医药工作全面部署。首次对民族医药进行大规模整理研究，对150部民族医药特色文献和140个民族医药诊疗技术进行规范整理和研究。确定了16个民族医药重点学科建设点。中国民族医药学会第一次换届改选顺利完成，组织建设得到加强。

9. 发展现代中药被列为国家发展战略性新兴产业生物医药部分重点之一。

国务院出台《关于加快培育和发展战略性新兴产业的决定》，提出要"大力发展现代中药"。工业和信息化部等三部门联合印发《关于加快医药行业结构调整的指导意见》，提出优先发展具有中医药优势的治疗领域的药品，培育50个现代中药。卫生部等三部局发布《关于加强医疗机构中药制剂管理的意见》，简化审批程序，扩大调剂范围，规范制剂管理。中成药复方丹参滴丸完成美国FDA II 期临床试验品种，并将进入III期临床试验。

10. 5个中医药项目获国家科技进步二等奖。

"抑郁症中医证候学规律的研究"、"肾阳虚证的神经内分泌学基础与临床应用"、"基于中医药特点的中药样品库的建立与新药研究"、"经方现代应用的临床与基础研究"、"中药质量控制综合评价技术创新及其应用"获国家科技进步二等奖。首届国家中医药发展论坛"珠江论坛"在广州举行，论坛倡导科学精神、学术民主和平等自由交流，推动学术创新发展。

29 "中国-东盟中医优势与传统医学发展研讨会"在京召开

2010年8月16日，"中国-东盟中医优势与传统医学发展研讨会"在北京召开。本次研讨会由卫生部、国家中医药管理局和东南亚国家联盟共同主办，中国中医科学院承办。共有来自7个东盟成员国、东盟秘书处及国内的传统医学领域官员、专家和学者约60人参加了本次研讨会。国家中医药管理局副局长于文明、外交部及卫生部的官员出席了开幕式。

30 弘扬科学精神 倡导学术民主 平等自由交流——首届国家中医药发展论坛举行

2010年9月12日，旨在打造国家级中医药学术交流平台的首届国家中医药发展论坛（珠江论坛）在广州举行。论坛开始之前举行了简短的开幕式，卫生部副部长、国家中医药管理局局长王国强，全国人大外事委员会副主任委员、广东省科协主席卢钟鹤，广东省人大常委会副主任钟阳胜、原副主任李兰芳，广东省政协副主席姚志彬、陈蔚文，广东省副省长雷于蓝，科技部社会发展科技司领导等到会祝贺。王国强、雷于蓝等领导对办好论坛提出要求。论坛开幕式由国家中医药管理局副局长李大宁主持。

王国强指出，作为国家中医药发展论坛（珠江论坛），要突出"高立意、高层次、高见地"的原则，要立足于推动我国中医药事业全面、协调、可持续发展，在政府主导下由中医药行业内外专家学者和中医药管理者共同参与，立足传统，面向科学前沿，围绕中医药的传承、创新、发展等命题，创造自由、民主、宽松的学术氛围，展开开放式对话，促进多学科交叉与渗透，致力于提高中医药学术水平，探讨和推动中医药的未来与发展。

王国强要求，要把“珠江论坛”打造成为代表国家级、高层次的中医药学术交流平台，打造成为促进中医药学术繁荣、为科学决策提供重要咨询的平台，打造成为具有深厚内涵和深远影响的文化品牌，并在推动产学研管结合与培养、发现和推出优秀人才等方面发挥重要作用。使之成为代表国家中医药发展水平的永久性论坛。

王国强强调，要坚持科学精神和学术第一的原则，秉承“包容、争鸣、民主”的精神，建立科学民主的对话机制、开放的多学科交流互动机制和科学的议题征询、发起、凝炼和成果转化机制。论坛的议题，必须结合中医药发展的实际，必须有利于解决实际问题，必须有利于行业内外至贤大家充分发表见解，为政府决策提供参考和建议，为解决中医药发展难题启迪思路，为中医药创新发展提出建议。同时还要建立起论坛成果转化机制，对于讨论中提出的主要信息、观点、思路、方法要给予关注和追踪，对形成的共识要及时总结，通过有效渠道供政府行政决策和设立重大科技项目决策时参考。

首届论坛的主题是“中医学术流派研究的历史与现状、继承与发展”。对此，王国强提出四点建议：一要提倡包容，要承认特定个体、群体和某个阶段认知的局限性，尊重不同流派认知的差异性和存在的必要性，能够相互虚心学习和交流。二要提倡争鸣，要秉承求同存异的科学精神，在新的历史阶段，鼓励不同流派、不同观点在实践中争鸣，真正形成百花齐放、百家争鸣的学术繁荣局面。三要抓紧继承，加紧做好不同流派古籍文献、名家医案和名老中医药专家学术思想、临床经验和技术的整理研究，能够把握不同流派学术思想的精髓。四要抓紧创新。充分利用现代科技手段和方法，对不同流派基础理论、诊疗技术、药物和疗效评价等进行系统研究，在更高层次上推动中医药学术的传承和发展。

广东省副省长雷于蓝在致辞中表示，自2006年广东省人民政府提出“建设中医药强省”目标以来，该省先后出台了一系列扶持和促进中医药“六位一体”发展的政策措施，建立了较为完善的中医药服务体系。目前正处在广东省中医药发展的重要机遇期，将国家中医药发展论坛设立在广东举办，这必将进一步推进广东省中医药事业的发展。她希望来自各地的专家学者利用这一良好平台，加强交流，共同促进广东及全国中医药事业的发展。

据了解，珠江论坛将以弘扬科学精神、倡导学术民主、营造学术自由、平等交流的宽松氛围为基本理念，采取圆桌会议等方式进行。开幕式结束后，论坛实行执行主席负责制，按照首届论坛确定的主题和议程，国医大师张学文以及来自全国各地的50多位中医药领域及相关学科专家进行了热烈的发言和研讨。首届论坛的执行主席由中国科学院院士陈可冀、中国工程院院士张伯礼、中国中医科学院院长曹洪欣和广州中医药大学校长徐志伟担任。与以往的中医药学术会议不同，珠江论坛并不以达成共识为目标，会议主张学术平等，鼓励对原有理论提出质疑，提倡发表不同意见和提出非常规的思考。

首届论坛由科技部、国家中医药管理局和广东省人民政府共同主办，广东省科技厅、广东省中医药管理局、广东省中医药科学院、广东省中医院承办。

31 全国中医药文化科普宣传周活动启动

2010年9月19日，作为中医中药中国行第二阶段活动重要组成部分的中医中药中国行文化科普宣传周全国启动仪式在北京朝阳公园举行，标志着中医中药中国行未来三年活动揭开序幕。在活动的6天时间里，老百姓通过义诊咨询、中医体验、科普展板等丰富的现场活动，感受中医药的魅力。各地宣传周活动近期也将陆续举办。宣传周活动此后将每年将举办一次。全国人大教科文卫委员会副主任委员李志坚、全国政协教科文卫体委员会副主任张耕、解放军总后勤部卫生部部长张雁灵、卫生部副部长、国家中医药管理局局长王国强等领导出席活动开幕式。

宣传周活动将举办以展览展示、义诊咨询、文体表演、体验互动为主的大型广场活动和以中医药文化科普知识讲座和技能培训为主要内容的教育培训活动，宣传中医药方针政策、中医药在医改中的地位作用、中医药历史文化、养生保健知识。来自北京及全国各地的百余名中医药、民族医药知名专家为群众提供义诊咨询，市民能够现场体验针灸推拿、特色保健等中医传统技法。现场群众还能通过大篇幅的科普展板，了解中医药历史文化、健康理念和知识、方法。在养生保健体验展的展区前，群众们络绎不绝的前来咨询与体验，近距离的感受了中医的神奇魅力。

开幕式上，李志坚向“中医药文化科普巡讲团”专家代表中国中医科学院望京医院副主任医师张宏伟授旗。巡讲团专家随后将深入农村、城市社区，开展中医药文化与科普知识的巡讲活动，将中医药知识和服务送到百姓身边，惠及千家万户，有效提高社会各界中医药科普可及性。

宣传周期间，全国各省（区、市）中医药系统均组团赴京参展。展览活动设置了国家中医药管理局展区，各省份、部队展区，中药产业展区，中医针推服务区，养生保健特色体验区等5大展区，展区总面积达上万平方米。活动期间恰逢中秋节小长假，在为期六天的活动中，约有10余万人次品尝中医药科普“大餐”。

32 “中医针灸”列入人类非物质文化遗产代表作名录

2010年11月16日中国申报项目“中医针灸”正式通过联合国教科文组织保护非物质文化遗产政府间委员会第五次会议审议，被列入“人类非物质文化遗产代表作名录”。

国家中医药管理局在2006年成立了中医药申报世界非物质文化遗产委员会、专家组、办公室，组织开展中医药非物质文化遗产保护的研究和申报工作。于2008年9月将“中医”向联合国教科文组织申报“人类非物质文化遗产代表作名录”，后因申报规则的具体要求，2009年10月改为“中医针灸”申报。2010年5月通过联合国教科文非物质文化遗产处附属机构评审，2010年11月16日联合国教科文组织保护非物质文化遗产政府间委员会第五次会议审议通过，将“中医针灸”正式列入“人类非物质文化遗产代表作名录”。

针灸发源于中国，是中医的重要组成部分，也是中国优秀民族文化的代表，这个项目的成功申报是对中国传统医学文化的认可。这对进一步促进“中医针灸”这一宝贵遗产的传承、保护和发展；提高国际社会对中华民族优秀传统文化的关注和认识，彰显国家软实力，增进中国传统文化与世界其他文化间的对话与交流，保护文化多样性都具有深远的意义。

针灸理论认为，人体作为一个小宇宙通过经络联系在一起，刺激这些经络可以促进人体的自我调节功能，以恢复健康。这种刺激包括在经络穴位上针刺或燃烧艾绒（艾）的方法，以达到恢复机体平衡，预防和治疗疾病的目的。针刺，是根据人体的不同状态选择适宜的针具刺激特定的穴位；灸法通常分为直接灸与间接灸两种，用艾炷接触穴位灸灼，或用艾条并与体表保持一定距离热薰穴位。艾炷和艾条由干艾叶制成。

中医针灸被列入代表作名录，有助于提高民族文化的保护意识，推动中医针灸在世界上健康发展，正是还针灸以原貌，保护文化多样性的一种有效方式。将有助于促进传统针灸的保护、传承和未来的发展；另一方面，促进针灸向世界的传播，通过针灸这个载体，增进中国传统文化与世界其他文化间的对话与交流，促进世界文化多样性。

“中医针灸”的申报成功，将使中医针灸的自然、绿色健康理念与方法，在当今医学大环境下将得到更多地了解、理解和尊重，为传统针灸理论方法提供更加良好的发展环境。针灸不仅是中国的文化遗产，也是人类非物质文化遗产之一，在世界范围内提高其共享度，成为服务于全人类生命健康的宝贵资源。

中国政府一贯保护和支持中医药，高度重视文化遗产的保护工作。联合国教科文组织2003年10月在巴黎召开第32届大会，表决通过《保护非物质文化遗产公约》确定了非物质文化遗产的概念、分类、保护模式，强调保护传统文化，维护人类文化的多样性。2004年8月中国正式加入该公约，确定每年6月的第二个星期六为我国的“文化遗产日”。2006年“中医针灸”列入第一批国家级非物质文化遗产名录。2007年王雪苔和贺普仁被中华人民共和国文化部命名为国家级非物质文化遗产项目代表性传承人。

申报成功不是目的，而是为了更好的保护和传承。同时也是中医针灸获得更好发展的良机，我们将按照联合国教科文组织《保护非物质文化遗产公约》精神，履行缔约国责任，强化该遗产保护的政策保障力度。我们相信，中医针灸在全社会的认知度将会进一步提升，与国际社会的对话交流更为增强，在更大范围传承和发展这一人类文化遗产，为全人类的生命健康保障，维护世界文化多样性和人类的可持续发展发挥更积极的作用。

33 中国民族医药学会第二次全会召开

2010年11月14日-15日，中国民族医药学会第二次全国会员代表大会在京召开，这是民族医药学会1997年成立后的首次换届改选。卫生部副部长、国家中医药管理局局长王国强出席开幕式并讲话。国家中医药管理局副局长马建中当选新一届学会会长。

第一届会长诸国本在开幕式上致辞，并作中国民族医药学会第一届理事会工作报告。近180名各民族代表出席了大会。会议选举产生了第二届理事会和黄汉儒（壮族）、黄传贵（彝族）等副会长14人，秘书长由梁峻担任。国家中医药管理局副局长吴刚、于文明、李大宁、马建中及局机关各司局领导，国家民委、国家药监局、各中医药团体有关领导出席会议。

资料来源：《国家中医药管理局网站》、《人民日报》

2011

國醫年鑒

GUOYI NIANJIAN

三 年度人物

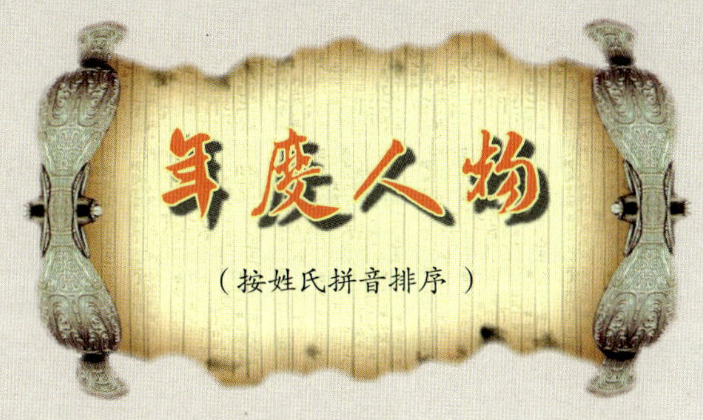

黄龙祥研究员在“中医针灸”申遗成功新闻发布会现场答记者问

黄龙祥

背景资料

国家中医药管理局在2006年成立了中医药申报世界非物质文化遗产委员会、专家组、办公室，组织开展中医药非物质文化遗产保护的研究和申报工作。2006年针灸被列入第一批国家级非物质文化遗产名录，开展了一系列的传承保护工作。2008年9月将“中医”向联合国教科文组织申报“人类非物质文化遗产代表作名录”，后因申报规则的具体要求，2009年10月改为“中医针灸”申报。2010年5月通过联合国教科文非物质文化遗产处附属机构评审，2010年11月16日联合国教科文组织保护非物质文化遗产政府间委员会第五次会议审议通过，将“中医针灸”正式列入“人类非物质文化遗产代表作名录”。

中国中医科学院针灸研究所为“中医针灸”申遗牵头申报单位。

人物简介

黄龙祥，男，1959年5月生，安徽桐城人。1983年毕业于甘肃中医学院，获中医学士学位；1986年毕业于中国中医研究院，获中医硕士学位。研究员，博士生导师。中国中医研究院针灸研究所副所长，曾任针灸文献研究室主任，兼任科研处处长、国家中医药管理局经络重点实验室副主任。社会兼职：中国针灸学会理事、针灸文献分会第一副主委、中国针灸学会中医文化研究会理事、中国民间医药研究会常务理事等。《针刺研究》、《世界针灸》杂志主编。1997年获第一届“全国优秀科技工作者”称号。此后的5年中获部局级一等奖一项、三等奖二项，院级二等奖二项、三等奖一项。

主要学术成就

1.学术研究

黄龙祥研究员主要从事中医针灸学术史、中医经典和中医文献及方法学研究。通过对现行针灸诊疗体系的反思，提出重建针灸诊疗体系的方案并进行了初步探索；在经络理论研究方面，全面阐述了古代经络学说的科学内涵，并将古人的科学思想以科学命题的形式加以概括，使其成为能够被科学界理解的科学问题；在针灸标准化方面，作为主要研究者参加了第一个国颁针灸标准《经穴部位》的制订，并主持了该标准的修订工作，以及参与经穴定位国际标准的咨询工作。最早开展经穴主治规范化研究；在针灸史学方面，写出第一部针灸学术史专著《中国针灸学术史大纲》和《中国针灸史图鉴》；建立了针灸博物馆，研究复制了明正统仿宋针灸铜人。先后承担多项国家重大科研项目，如：心包经、心经与心相关研究(九五攀登项目“经络的研究”第二专题组长)、经络问题的史学研究及经穴主治的文献计量学研究（分课题组长）、十二经穴主治形成、演变及规律性研究(国家中医管理局重点课题组长）。他主持的“国际标准经穴定位的原则、方法及现状分析”课题受到世界卫生组织高度评价和多次表扬；完成的国家科技部课题“针灸文物保护与针灸图库建设”取得了重大研究成果，受到部领导及专家组的高度评价，科技部项目办公室还专门为该课题研究成果出版了专刊，本行业的所有报刊及中央电视台一套、二套及北京电视台都先后报道，在国内外产生较大影响；他所负责的国家中医药管理局课题“国标经穴部位的修订”、科技部专项基金“经穴主治国家标准研究”等课题也相继圆满完成。

2.主要代表作

著作：

1.《黄帝明堂经辑校》 中国医药科技出版社，1987年出版。

2.《针灸甲乙经校注》 中国医药科技出版社，1990年出版。

3.《中国针灸证治通鉴》 青岛出版社，1994年出版。

4.《中国针灸刺灸法通鉴》 青岛出版社，1996年出版。

5.《针灸名著集成》 华夏出版社，1997年出版。

1995年以来在专业期刊公开发表的独撰论文：

1.针麻50年——超越麻醉与手术，生理通讯，2009，2。

2.《针灸甲乙经》的读法，中医药文化，2008，6。

3.《针灸甲乙经》的章法，中医药文化，2008，5。

4.读《雪苔针论》，针刺研究，2008，4。

5.腧穴主治标准化研究的关键问题，中国针灸，2007，12。

6.腧穴主治的规范化表述，中国针灸，2007，11。

7.表面解剖学、影像学、人体测量学方法在针灸腧穴定位标准化研究中的综合应用，针刺研究，2007，4。

8.《生命的色彩与图案》后记，广西民族大学学报·自然科学版，2007，3。

9.中医药的科学研究：走出中医看中医，科技导报，2007，10。

10.东京国立博物馆针灸铜人研究的突破与反思，自然科学史研究，2005，1。

11.AN“OPEN MUSEUM”OF ACU-MOXIBUSTION，世界针灸杂志·英文版，2004，2。

12.中医现代化的瓶颈与前景论中医理论能否以及如何有效进入实验室，科学文化评论，2004，3。

13.从“厥阴脉”概念的形成过程看经络学说的意义与价值，针刺研究，2003，4。

14.任脉、冲脉概念的形成与演变，中国针灸，2002，8。

15.古代经络学说进入现代实验室前必须过“五关”，科技导报，2002，2。

16.经络学说的理论结构与科学内涵，中医杂志，2002，10。

17.腧穴主治的演变，中国针灸，2001，3。

18.腧穴主治的形成，中国针灸，2000，11。

19.《琼瑶神书》考略，中华医史杂志，1999，1。

20.《针灸大全》考略，中国针灸，1998，12。

21.《勉学堂针灸集成》版本源流考，中国针灸，1998，11。

22.腧穴概念的演变，针刺研究，1998，3。

23.论《素问》遗篇“刺法论”的针法学术价值，针灸临床杂志，1996，4。

24.寒热刺法的形成与演变，针灸临床杂志，1995，10。

25.灸法源流考，针灸临床杂志，1995，9。

年度聚焦

国家中医药管理局于2010年11月24日上午9:30在国家中医药管理局一层新闻发布厅召开新闻发布会，发布“中医针灸”入选“人类非物质文化遗产代表名录”的有关情况。以下是黄龙祥研究员在新闻发布会现场答记者问：

文汇报记者：我有两个问题请台上的专家介绍一下，中医针灸在向联合国教科文组织申报的过程中，是怎么向西方的专家解释我们中医针灸的。因为我们都知道，中医的传统文化可能在西方面临一个文化冲突的问题，像前几年有一个很知名的电影《刮痧》，中国传统的刮痧在西方来说可能误认为一种对儿童的伤害，这种文化冲突我们是怎么样去解释的？因为整个20世纪也是我们研究中国传统文史和传统文化的学者在向西方借鉴话语权的过程，现在越来越多的本土学者意识到一个问题，就是整个中国传统文化当中的精髓，可能并不能用西方的那一套话语体系或者那种建构的概念体系来理解中国的内容，我们在这个过程当中，怎么用我们的语言向西方人解释清楚针灸到底是怎么回事，包括我们当中有很多天人合一、经络、整体观，可能连普通老百姓都不是特别明白的，我们怎么向西方的那些专家讲清楚的？第二，我刚刚看到材料，2008年的时候，我们一开始以中医整体项目申报非遗，为什么后来调整到针灸项目，请问在调整的过程当中，有没有考虑到其他的中医项目，为什么首选的是针灸？

黄龙祥：从我个人的理解来回答两方面的问题。一是为什么选择针灸申报，二是我们选择针灸之后，如何把针灸里面比较专业的理念，向世界或者向联合国教科文专家解释清楚。

选择针灸当时有许许多多的考虑，中医有许许多多的方面，针灸是其中的一个方面，像刚才吴局长发言当中已经指出的，选择针灸第一个考虑就是要有丰富的代表性，就是把中医里面比较能够代表中医和西方医学不同的理念的、比较优秀的、带有现代科学内涵的理念，表达、代表得比较突出，这是我们当初选择的第一个考虑。如果我们选择中医里面的一个东西，不能代表或者不足以代表中医的最优秀的特质的话，那我们这个选择可能就不是最大化、最优化的一个选择。

第二个选择针灸的想法，是考虑实践性和技艺性比较突出。像昨天在文化部新闻发布会上指出的，这是看得见、摸得着的，中医的文化在这个领域当中可以通过我们的触摸可见的形式，这样国外的专家和国外的民众理解起来，首先是看得见、摸得着，有具体的形态，我们表述起来更方便一些。

第三个选择针灸的想法，针灸作为中医里走向世界比较早的学科领域，在世界上这么多年的推广和推进过程中，有一些基本理念，已经被国际社会或者被国际医学界相对于其他中医的门类理解和了解得比较多，特别是通过针刺麻醉的事件的推导，在世界上的传播和影响，形成了一个好的基础。当时基于这三点的考虑，我们选择了针灸作为申报的范围选择。

接下来我们就要考虑《公约》的具体要求，如何更好地在短短的200多字或者1000字里面把针灸几千年的积淀一些最根本的东西，包括文化体制，特别西方不同主流理念在这么短的文字里表述清楚，我们也做了许许多多的考虑，我们首先发掘中医文化，我们说的中医文化博大精深，本质的是什么？对现代主流文化、世界主流医学文化最大的启迪在什么地方？未来可能作出的巨大贡献在什么地方？我们思考以后有这么一个判断，从现代主流医学的判断来看，基本上对人体的认识和对生命的认识还是一种分析的理念，对整体的把握，特别是对普遍联系的观察比较少，他们注重关注的是结构性的，所以从解剖学、形态学分析非常的充足，但是这种解剖结构我们研究清楚以后，对生命规律的把握还不能完，必须要把这种结构之间的整体联系搞清楚以后，才能更完整。而中医针灸恰恰在这方面可以给主流医学提供一些借鉴和启迪，所以我们想从这些方面去表述文化价值和可能存在的潜在的对现代生命科学提出新问题的价值，从这两个方面讲述，再配上我们一些比较直观的操作的画面和技艺的描述，这样抽象的理念和具体实践形态配合起来，就提供一个比较便于理解和把握的方式。

第二个做法，我们还有一个经验，我们提交给联合教科文组织是英文文本，其他单位中文写得非常有文化，有文化的氛围和特质，但是相应英文的翻译要求比较高，要把特别有文化的中文，要翻译成外国专家看起来非常亲切的英文，这是一个很难的过程，在这些方面我们也积累了一些经验，这也是我们成功的一个因素之一。

资料来源：《国家中医药管理局新闻办》、《中国中医药报》

裘沛然

背景资料

2010年5月3日，上海《新民晚报》讯：

国医大师裘沛然先生今晨逝世

国医大师、上海中医药大学和上海市中医药研究院终身教授裘沛然先生因病经多方医治无效，于今天5时在上海龙华医院逝世，享年97岁。

人物简介

裘沛然，原名维龙，男，汉族。1913年出生于浙江宁波慈溪县。1928年-1930年随叔父裘汝根学针灸。1930年-1934年，在上海丁甘仁先生所创办的中医专门学校学习。1934年-1958年，在浙江慈溪、宁波及上海市行医。1958年-1977年，在上海中医学院任教。先后担任针灸学教研室副主任，经络学、内经、基础理论、各家学说等教研室主任。1978年任上海中医学院基础部主任。1979年任上海中医学院教授，博士研究生导师。1980年任上海中医药大学、上海市中医药研究院专家委员会主任，并任国家科委中医组成员。1981年任卫生部医学科学委员会委员，1990年任上海中医药大学终身教授。全国第一届500名老中医药专家学术经验继承工作的导师，1991年被国务院批准享受突出贡献科技人员的特殊津贴，1995年被评为首届“上海市名中医”。2009年被评为首届国医大师。

裘沛然先生早年从师即勤求博览，常求教于上海诸名家，如程门雪、秦伯未、章次公，深得青睐。裘老家中藏书数万卷，寝馈其中数十年，可谓饱读诗书。1958年进入上海中医学院担任教学工作时，正值学院开创伊始，无现成的教材，他用自己丰厚的学养带头编写各种教材以应教学急需。并在短短的四年中主持编写出了六种针灸书籍，推动了全国针灸学术的发展。他对教学重视启发式讲课，形象教学和现场教学。他还创造性地制订了“三基”(基本知识，基本理论，基本技能)训练项目，对中医教学质量的提高发挥了巨大的作用，受到了卫生部的表彰。

裘沛然先生1980年担任国家科委中医组成员，1981年任卫生部医学科学委员会委员，经常参加卫生部召集的论证和探讨中医工作、学术的各种会议，提出了许多中肯的意见。有一次在广州召开的全国医学辩证法会议上，他作了“祖国医学的继承、渗透和发展”的长篇学术报告，提出中医发展有三条途经：首先是提高中医理论和临床水平，二是采用多学科发展中医学；三是中西医应求得真正的结合。他的报告受到全国许多学者的赞扬，并被有关刊物转载发表。2005年，上海中医药大学成立“裘沛然名师工作室”，开始系统整理裘沛然的学术思想和临床经验。2006年国家科技部批准“裘沛然学术思想和临床经验研究”正式确立为“十五”攻关课题，2008年“裘沛然治疗喘咳病的临床经验运用研究”又确立为科技部“支撑”计划课题。

主要学术成就

裘沛然先生长期从事中医教育和中医理论及临床的研究工作，精通医道，兼通文史哲，笔耕不辍，在中医基础理论及历代各家学说方面颇多建树，获得了几十项奖励和成果。

1.独到的学术见解

1.1伤寒温病一体论

裘沛然先生力倡“伤寒温病一体论”。汉代医学家张仲景著《伤寒杂病论》开辨证施治之先河，为治疗外感热病树立圭臬。他首先从病证概念作缜密的考证，并以充分的资料说明，“伤寒”这一名词本是古代一切外感疾病的总称，包括近代医家所称的温病。温病中还有许多具体病名、病因病机及证治大法，在《伤寒论》中亦基本论及，伤寒与温病在某种意义上来说是同义语。再从实际内容分析，伤寒论以八纲为主导，以经络脏腑（包括三焦）为基础，从病邪的性质、受病的部位、正气的盛衰、证候的表现而辨证施治，这是中医治疗疾病的共同依据。

1.2经络学说

关于经络问题，他提出，“经络学说是祖国医学的机体联系学说，是阐述人体内各部分之间的相互关系及其密切影响，说明这些联系是人体生命活动、疾病机转和诊断治疗的重要依据，它体现了祖国医学理论中的整体观点”。经络担负着传输气血、运行营卫、联系脏腑、濡养组织等重要作用；当机体发生异常变化时，经络具有反映病候、传导病邪的作用；在应用针灸或汤药施治时，又有接受刺激和传递治疗效应的作用。他指出，经络除“点”、“线”相连之外，还应当从它隶属范围较大的“面”来理解。近代医家所发现的压痛点与过敏带等，也是经络反映的印证和充实。有人认为某些压痛点与皮肤活动点同经络俞穴不尽符合。这是因为经穴仅仅是经络学说中的一部分，它还包括经别、奇经、经筋、皮部及标本，根结之类。

1.3“是动”与“所生病”

关于十二经病的“是动”与“所生病”的涵义，千百年来众说纷纭。历代医家或从阴阳气血论，或从本经他经论，或从内因外因论，或从经络脏腑论等等。裘沛然认为，历代诸说虽各言之近理，但《内经》中“是动”的原意是从经气发生病理变化方面而言，“所生病”是从经脉和俞穴所主治的病证方面来说，两者相互补充和相互印证。

1.4奇经八脉

上世纪50年代裘沛然曾发表《奇经八脉循行经路考正》一文，在李氏基础上进一步对奇经的循行路线详加厘订，勘谬正误，为后来的教科书所征引。1960年，又在《文汇报》上发表了《奇经八脉研究》，展示了他对该领域的研究成果。

1.5养生

裘沛然对养生学说深有研究。他曾分析了中医的“不治已病治未病”的含义，并发表了“高明的医生是防病于未然，而医学的最高境界是消灭医生”的见解。他认为养生的根本在于“全神”。中医学中的“神”，是人生命的内核。裘沛然所说的“全神”不仅是通常所说的感觉思维、“神色”、“神气”，而是指“神明”的妙用。他指出：“神”实际上就是目前科学家远未了解的宇宙界的自然运动变化的规律，它是“妙万物而为言”的。人为万物之灵，得神最全，故凡人体的生长衰老寿夭以及气血精髓的充养，喜怒哀乐的调控，对外界环境的适应等诸多生理活动，无不赖“神”所主宰。他比喻说：人有如一部最精密的“自动机器”，具有自我调节、自我修补、自我适应、自我控制四大功能。这四大功能只有在精神不受损害的情况下才能充分发挥其作用。治疗疾病的任何手段和措施，都是通过“神”的功能发挥其治疗效应的。倘若病人到了“神不使”的境地，药虽对症也难以为功。因此，养生首先要全神。所谓“全神”，就是努力使自己的精神完美无缺，要运用各种修心养性、澄心息虑的方法，使自己的心态保持至善至美、恬淡宁静的境地。

裘沛然还主张，养生要坚持一个“啬”字。人的精神气血是有限的，要处处注意摄养爱护，使之多贮存而少消耗。

2.主要论著

裘沛然7岁始入私塾，11岁就读国学专修馆，先生施叔范是当地硕儒，博学通达，仁爱好施，而督学甚严，要求他熟诵经史百家、唐宋词章。午夜一灯，晓窗千字，习以为常，让年幼的裘沛然初窥国学之门径，并一生浸淫于医学和国学典籍，著述等身，所主编及撰写的医学与诗文书籍几十部，寝馈于《辞海》工作逾四十年，还编着其它各种辞书、丛书和医学百科全书等巨著。

主要代表著作：

1.壶天散墨（独著），上海科学技术出版社，1985年出版。

2.中医历代各家学说（主编），上海科学技术出版社，1984年出版。

3.中国医学百科全书·中医内科学（参与主编），上海科学技术出版社，1989年出版。

4.上海名医学术精萃（主编），上海中医学院出版社，1990年出版。

5. 新编中国针灸学（主编），上海科学技术出版社，1991年出版。

6. 中国中医独特疗法大全（主编），上海文汇出版社，1991年出版。

1996年以来公开发表的独撰论文：

1. 五十年铸就辉煌，新世纪再续华章——怀念程门雪先生，上海中医药大学学报，2006，4。

2. 经济全球化时代儒家思想的价值，中外书摘，2006，3。

3. 识度与养生，中外书摘，2006，2。

4. 养生且莫贪生，中外书摘，2006，1。

5. 裘沛然再谈疑难杂症——辛温蠲饮，苦寒泄肺：治疗慢性支气管炎、肺源性心脏病，现代中医药（北京），2004，3。

6. 虚中求实，补泻互寓——治疗慢性肝炎、肝硬化经验，现代中医药（北京），2004，3。

7. 名中医裘沛然谈疑难杂症，现代中医药（北京），2003，12。

8. 七十年学医行医的体会和教训，上海中医药杂志，2000，1。

9. 六十年代从事中医学术和临床实践的体会，上海中医药大学上海市中医药研究院学报，1996，2。

年度聚焦

多样人生是大医（节选）

撰稿：胡展奋(主笔) 章 原

2009年，国家第一次评选出了30位国医大师，平均年龄85岁，裘沛然是最年长的一位，当时96岁。

裘沛然先生的一生，恰是中医事业百年命运的缩影，他几乎参与了历次重大的中医界大事，到了晚年，更以拔山扛鼎之力捍卫着中医的尊严与荣誉。

他的离世，不止是中医界少了一位年高德劭的名医，还意味着一个文化符号的消逝——儒医，从此，大概只会存在于历史的记忆中。

裘老不仅是中医临床大家，也是中医养生理论的大家。他很少生病。每每有人向他讨教养生之道，他总老老实实地回答：“做人大度才是养生的关键。”

他晚年所好，聊天、象棋、写诗、吸烟。其中唯吸烟似乎与养生有悖。他是老资格的烟民了，据说悬壶多久就烟龄多久，也就是七十多年了，新中国的烟厂也没有他的烟龄长。他烟瘾很大，一天两包寻常事。赶稿和思考就要超标。他曾经和我们笑谈，这么长时间的烟龄，吸烟的费用累积起来，“毛估估”也有150万元。但是他的身体一向很健康，用他的话来说，就是“三无”：无咳、无痰、无喘。这对戒烟理论似乎是个反讽。许多人都觉得奇怪，他则会笑着谈他的“小循环吸烟理论”。原来，他吸烟只在喉咙里里过一下，立刻就吐出来，绝不下咽，是为“小循环”。意思是，吸烟虽有毒，我使其徒具形而不具神，宛如古之房中，老夫惠而不施，其奈我何？！问题是，据近年研究，口腔黏膜也有吸收香烟成分的功能，裘老对此何以解释呢。他笑笑：大吸大恙，小吸小恙。小恙不足惧也。

但生命的发条，似乎的确自《人学散墨》出版的那天开始颓弛，2009年初，他对我们说，这吸烟，我原来是“三无”，现在怎么有痰了呢？是身体向我发出戒烟信号了：还有书要写，不要超负荷了。

97岁的老人还要写书。于是，一天早上，他决定戒烟。

吸烟的“老枪”都知道，戒烟是极为折磨人的过程，俗云比失恋还难过，所以更多的人屡戒屡吸，大都不了了之。但是，裘老说到做到，他宣布戒烟的那天，一支烟也没吸，而且，此后，他再也没有吸过。对此，他还孩子似地颇有得色：人戒烟屡戒屡败，我戒烟举重若轻，得无老天果然赐我期颐之年欤？但是，如果客人给他敬烟，他还是会接受，不过最多是放到鼻子下闻闻而已，像一只候鸟，回其越冬处看看也是过瘾，而且大多时候他只是倒着拿，将过滤嘴朝外。原来，这是他的待客之道，他怕客人由于自己不吸烟，也不好吸烟，故此装装样子而已。

说到诗，他的诗名不仅在医界享有盛誉，也广为文史大家称赞。程门雪先生曾以“千古文章葬罗绮，一时诗句动星辰”的诗句盛赞裘老的诗才。他与已故海派大画家唐云相交甚笃，但是二人相识却赖“诗”之力，颇具“不打不相交”的味道。唐云精绘画、擅书法，工诗文，精鉴赏，是海内外钦仰的艺术家，但他也以孤傲狂放著称，遇人求画、求字，不管对方是何来头，都视心情而定。是以，就连他的家人都不敢轻易开口。裘沛然对于唐云的书法极为钦佩，以他的社交之广阔，挽人索画，应该胜算很大。但他亦有傲骨，不想得自蝇营狗苟，央人转托，形同乞赖，岂君子所为。某日裘沛然外出，路过“幸福村”唐府，便径直进门造访。唐云恰巧在家，但面对不速之客，毫不客气，只见他踞坐高椅，“目露凶光”而生硬地问：“你，是什么人，到我家干什么？”傲慢之态溢于言表。裘沛然昂然答曰：“鄙人有一首诗，想请你写字。”唐云依然视若无睹说：“把诗拿来看看。”那“卖门”的腔调显然是一不对路就要掷还的。但唐云毕竟是方家，接手之后，读之再三，蓦然改容起立，请“不速之客”裘沛然就座，并招呼保姆递烟送茶，拿出美食留饭，说：“大作极佳，理当遵命。”宾主谈诗论艺，言谈甚欢，遂成莫逆。

裘老晚年居住的“茅庐”，最大的遗憾就是离开市区太远，朋友虽然多，但是一向晚就得回去，他一个人也就常有“闲敲棋子落灯花”的寂寞，有时候按捺不住寂寞，也会打电话叫我们过去下棋。说起他的棋艺，有个和“胡司令”对弈的故事。

象棋特级大师胡荣华棋界人称“胡司令”，一日拜谒心目中的高人裘沛然。裘沛然年逾九秩，神清气爽，思路敏捷，棋风犀利，尤长残局，早年曾同扬州名宿窦国柱手谈过，而窦国柱恰是胡荣华的老师之一。裘沛然兴致一来，又免不了开掘楚河，垒筑汉界。横车跃马之际，轰炮进兵之时，裘沛然的棋艺得到“司令”的好评。“司令”说：“裘先生您也是全国冠军。”他又补了一句：“是您这个年龄段的冠军，不仅是全国冠军，而且还是世界冠军。”闻此一言，裘沛然禁不住哈哈大笑。若是像举重、拳击那样按照体重设置级别，象棋也来个依据年龄段进行比赛，举办个“元老杯”，裘沛然在耄耋段拿个冠军，或许犹如囊中取物，手到擒来。

医苑泰斗，棋坛霸主，有此欢聚，存此妙语，也算是医界、弈林的佳话。裘沛然的潇洒人生由此可见一斑。

资料来源：《上海新民晚报》、《中国中医药报》、《科技期刊》数据库

任继学

吉林省长韩长赋看望获得“国医大师”荣誉称号的任继学教授

背景资料

长春中医药大学召开纪念国医大师任继学座谈会

2010年4月7日，清明时节，长春中医药大学召开了纪念国医大师任继学座谈会，缅怀任老的学术品格和大师风范。省卫生厅厅长隋殿军，学校党政领导陈海英、王之虹、周立、曲晓波、刘宏岩、周进、姜彤伟及任老亲属、子女、学生代表出席参加座谈会，会议由王之虹校长主持。

校长王之虹在讲话中说，任老是我国国医大师，是学校的骄傲，任老为学校发展建设做出了巨大贡献。学校将整理任老藏书，在校图书馆设立“继学书屋”，让全校师生学习任老的治学精

神。拟建任老纪念馆，收集任老生前的影音资料、图片资料、学术手稿等，以示后人。……

人物简介

任继学，男，1926年1月出生，吉林省扶余人。1940－1945年，从师于吉林省名医宋景峰先生学习中医。1945－1948年，在吉林省扶余县第七区人民政府兵站参加革命，从事中医医疗工作。1948-1954年，在吉林省扶余县第十六、十八区卫生所从事中医医疗工作。1954－1956年，在吉林省中医进修学校学习。1956－1958年，在吉林省中医进修学校从事中医教学工作。1958－1960年，在北京中医学院教学研究班学习。此后历任长春中医学院内科教研室主任，脑病、心病、热病硕士、博士研究生导师，长春中医学院终身教授，广州中医药大学客座教授，内科博士研究生导师，北京中医药大学脑病研究室顾问，国家中医药管理局中医药工作专家咨询委员会委员，全国高等中医药专业教材建设专家指导委员会委员，世界中医药学会联合会高级专家顾问委员会委员，中华中医药学会终身理事。1990年被国家确认为首批、二批、三批全国继承老中医药专家学术经验导师，享受国务院政府特殊津贴。吉林省英才奖章获得者，吉林省荣誉省管优秀专家。中华人民共和国人事部、卫生部、国家中医药管理局白求恩奖章获得者。 2009年，他被国家人力资源和社会保障部、卫生部等评为首届“国医大师”。

主要学术成就

1.独到的学术见解

1.1曾先后提出肺胀、胆胀、真心痛、脾心痛、厥心痛、时行感冒、虚损性肾衰、急性肾风、慢性肾风等20余种病名及系统的辨证论治理论。

1.2对于急性缺血性中风、急性出血性中风等，提出“气血逆乱、痰瘀内结、水毒伤害脑髓元神”的病机观。创立了“破血行瘀、泻热醒神、化痰开窍”的治疗原则。

1.3创建了中医急诊学学科体系

自上世纪六十年代始，任继学带领医务人员着手系统研究常见急症，运用中医药手段进行临床研究，对急性缺血性中风、甲亢、心悸、急性咳嗽、外感高热等展开了深入研究，尤其是采用长白山区、吉林西部的道地药材治疗急症。开发了益脑复建丸、抑亢丸、肺宁冲剂、返魂草注射液、木集灵冲剂等一大批科研成果，推广省内外，为吉林省药业发展做出了巨大贡献，也为中医药治疗急症提供了有效的治疗药物。并于上世纪80年代初率先在国内开设“中医急症学”等系列学术讲座，后演变为学生选修课，在中医急诊学学科体系的构建方面贡献极大。因其在该领域的学术权威与影响，承担了国家第一部国家规划教材《中医急诊学》和国家中医药管理局临床丛书《中医急诊学》的主编，从规范中医急诊学的概念与范围，确立了常见的病因病机，创建了对耳人工呼吸术，首次提出脾心痛、急性胆胀、肾风等十七种新的病症证治体系，对于推动中医急诊学术与临床工作有重大的贡献。

1.4 倡导“中医研究”

无论是临床还是科研，任继学都不排斥西医，但是讲求西医为我所用，他能用中药治病的坚决不用西药，一直倡导“中医研究”。任继学曾明确指出：“中医研究”与“研究中医”模式的根本区别在于是否以中医药理论和实践为指导。不能只搞“研究中医”，而要“中医研究”，他说：“研究了那些高级的一二类药物为什么没有疗效，为什么不受广大患者认可，反而那些古代名方、经方经久不衰，难道不值得深思吗？”

任老对中医本质的深刻领悟，体现为临床中艺高胆大，出奇制胜。任氏对经方的研究，造诣颇深，每于临证时，师其法而不泥其方。小柴胡汤，原为和解少阳之剂，但任老加减化裁后，用治多种病证，效果俱佳。任老认为：小柴胡汤中有五味药可以变换，惟柴胡、甘草不可更。并一再告诫学生，方中只要有柴胡、甘草，就具小柴胡汤的原义。张仲景“但见一症便是，不必悉具”的深义，即在于此。例如治咳嗽：虚火者，去人参加五味子、寸冬、元参；有实火者，去人参、半夏，加黄连、黄芩、黄柏；燥咳者，去人参、半夏，加天冬、寸冬、生地、元参、阿胶。

2.主要论著

主编我国中医急症第一部规划教材《中医急诊学》，填补了国内空白，推动了中医急症学术的加速发展，专著有《悬壶漫录》、《任继学经验集》。主编《中国名老中医经验集粹》、《汉英双解中医大辞典》。副主编《建国四十年中医药科技成就》等著作。

1998年以来公开发表的独撰论文：

1.动静结合，调养身心，任继学口述，李俊德整理，中华养生保健，2010，5。

2.继承是创新的源泉，天津中医药，2005，3。

3.伏邪探微，长春中医学院学报，2005，1。

4.时行感冒，中国中医药现代远程教育，2004，5。

5.“伏邪”探微（上）——外感伏邪，中国中医药现代远程教育，2003，1。

6.时疫病毒腹泻论治，长春中医学院学报，2003，3。

7.升降散合达原饮治疗非典，中国社区医师，2003，11。

8.中医对非典型肺炎的治与防，中国中医药现代远程教育，2003，4。

9.“伏邪”探微（下）——杂病伏邪，中国中医药现代远程教育，2003，2。

10.人体三维生理系统新释，中医药学刊，2002，5。

11.厥心痛的病因病机及其辨证论治，中医药学刊，2002，2。

12.邪崇病临床之我见，江苏中医药，2002，1。

13.人体三维生理系统简述，上海中医药杂志，2000，9。

14.心包络病治疗发微，吉林中医药，1999，2。

15.维厥病证治，浙江中医杂志，1999，4。

16.依那普利治疗糖尿病合并高血压临床观察，山西临床医药，1999，3。

17.三谈中风病因病机与救治，中国医药学报，1998，5。

18.刚柔相济 勿忘温阳活血 通补并行 当求血肉有情，中国乡村医生，1998，7。

3.科研及获奖成果

任老先后承担国家科委“中医药治疗缺血性中风的临床及实验研究”、“中医药治疗出血性中风的临床及实验研究”等重大攻关课题，并荣获国家“八五”科技攻关重大科技成果证书以及国家中医药管理局关于“中医药治疗糖尿病的临床及实验研究”和“中医药治疗真心痛的临床及实验研究”等课题。研制出醒脑健神胶囊、益脑复健丸、中风脑得平、澳泰乐冲剂、肺宁口服液、反魂草冲剂等10余种新药。

3.1.“肺宁冲剂治疗急慢性呼吸道感染的研究” 获吉林省科技进步三等奖

3.2.“肝炎春冲剂治疗病毒性肝炎的研究”获吉林省科技进步三等奖

3.3.“中医药治疗出血性中风的实验研究”获国家“八五”科技攻关重大科技成果奖

3.4.“破血化瘀、泄热醒神、化痰开窍治疗出血性中风的临床与实验研究” 获国家中、医药管理局中医药科技进步一等奖

3.5.“澳泰乐冲剂产品开发” 获延边州科技进步一等奖

3.6.“破血化瘀、泄热醒神、化痰开窍治疗出血性中风的临床与实验研究” 获国家科技部科技进步三等奖

3.7.《中国名老中医经验集萃》获北京市科技类图书三等奖

年度聚焦

他让我们仰视

长春中医药大学 李磊

2010年2月4日，噩耗传来，国医大师任继学先生因病在长春去世。尽管一段时间以来，任老身体状况一直不好，在医院接受治疗。但先生驾鹤西去，我们还是感到突然和悲痛。就在一

个月前，我们在编辑校报特刊《长春中医大年轮2009》的时候，在“年度人物”版中首推的就是任老，题目叫《国医大师任继学：中医界的一面旗帜》。我们在文章中写道：“当我们回顾2009年学校人物的时候，首推任继学教授，这一点没有人怀疑。任继学以他在中医药界崇高的威望、精湛的医术、高尚的医德，一直为人们所崇敬。今年，是首次国家层面进行国医大师的评选，被授予这一称号也是众望所归。而在这一年随后的几个月时间里，任老先后入选吉林骄傲人物、感动长春人物。他已不仅仅是只属于我们学校的年度人物，而是属于长春市、吉林省乃至全国中医药事业的年度人物。”我们一直希望任老能早日康复，重新回到他热爱的治病救人、教书育人的岗位。

任老在中医药界有很高的威望，他曾获得国家“白求恩奖章”。获得国医大师称号后，本地的媒体进行了重点报道。时任吉林省长韩长赋得到消息后，亲自来到先生家中，表示祝贺，表达敬意。任老的名字和其他国医大师的名字如同耀眼的星辰，照亮了中医药的星空。作为后来者，我们时常仰望这些闪闪发光的名字。事实上，大师真实地生活在我们身边，我们时刻感受着大师的存在。……我因为工作的关系参与了几届校学生中医药学术研讨会的策划和筹备。在会议期间，我们邀请了中医药专家题词鼓励现在的中医药学生。开始，我们是怀着忐忑不安的心情来做这件事的。但出乎意料的是，这些专家们在第一时间认真地进行了回复，寄来了手书的题词或饱含深情的信件。在30位国医大师中有近一半的先生曾为我校学生学术活动题词。每一届，任老都欣然题词，给我们鼓励。其实，这不是单纯的题词，题词的背后是大师们对中医药事业的热爱，对中医药未来发展的期待，对中医药后来者的重托。我们每一届研讨会都把大师们的题词进行展示，并印在会议论文集上。会后，把题词原件存放在学校档案室里，作为永久档案收藏。而随着时间的推移，这些，愈发显得珍贵。还记得，2003年，我负责校团委工作不久，和科技处共同推出了“名师论坛”系列讲座。作为活动的启动，我们邀请任老给大学生作报告。他非常高兴地接受了，讲座也非常精彩。讲座的地点是新校区刚刚投入使用的致知楼学术报告厅，300多座位的报告厅，去了近500人，学生一直坐到任老的讲台下。

我们再没有机会聆听任老的讲座了，任老的音容笑貌停留在声像资料中了，留在了师生的记忆中了。

大师已去，精神永存。

悼国医大师任继学兄

山东中医药大学　张灿玾

近日从《中国中医药报》报道获知长春中医药大学终身教授、国医大师任继学兄于2010年2月4日病逝，顿令人不胜哀痛。吾与继学兄相识有年，此间，在国内各种重大学术活动如学术报告会、评审会及高级讲习班讲课等，屡屡相会，每言及中医学术及中医事业方面的问题，真可谓“所见皆同”。今日见此噩耗，痛念之情，难以言表，天丧我之良师益友也。遥天相望，难达我情，纸书之诔，聊寄哀思，恸哉！哀哉！

六十春秋，杏林习业，悬壶黑水白山，壮志苍生司命，德才备，折桂蟾宫，举世荐贤称国手；

一生桑海，仁术修真，倚案青灯黄卷，宏图华夏昌明，噩耗至，陨星北极，对天捧盏酹师魂。

怀念恩师

长春中医药大学 南征

任继学教授不幸于2010年2月4日14时43分因病医治无效在长春逝世，享年85岁，2月8日在长春殡仪馆隆重举行遗体告别会，参加告别会的有省领导，生前友好，同道，同事，弟子们达千人。哀乐奏响，千人热泪纵横，声泪俱下，顿足捶胸，肝胆心碎，泪水纷飞，场面空前悲壮，肃穆。

任老的逝世是我们国家卫生事业和中医药事

业的重大损失，他为国家中医药事业的发展振兴建立的功勋永载史册。

任老走了，永远走了，然而越是这样，越使我们更加怀念他老人家。

60岁才真正开始

任老常说“60岁才是行医生涯的真正开始。”任老说对中医的认识需要通过大量临床实践，大量病例，需要几十年从正反两个方面总结经验教训，总结治愈率，不断改进诊疗方法，惟其如此，才能真切地体会到中医的精髓。中医是一个博大精深的完整体系，有些理论不是年轻时就能懂得，大多数人60岁以后才能全面掌握中医理论。“书读百遍，其义自现”。任老好多经典古籍都读坏了，像《黄帝内经》、《本草纲目》读坏了10本，不得已用糨糊粘住。任老常对弟子们说：“中医学无止境，60岁以前别乱说话。”

医乃仁术 妙手回春

任老医术精湛，患者接二连三地登门求医，甚至半夜里经常有人敲门求治，他每次都热情接待，从不拒绝，患者们常常感动得热泪盈眶。他还设身处地地为患者着想，经常垫钱送药。有一年冬天，一对延边朝鲜族夫妇背儿子来看病，儿子患水肿病，腹水明显，病情较重。任老请他不用排队进屋看病，任老对患者详细诊脉、观舌、查体等，开出了“千金鲤鱼汤”等中药方。当询问中得知孩子家长是农民，生活困难，为了给孩子看病几乎倾家荡产，任老拿钱让学生给患者抓药，并亲自把药送到患者手里，叫患者留下详细地址，说是以后随访用。患者家长激动得只说一句“大夫，谢谢了！”就哽咽了，在场的人们无不为之感动。事后任老多次寄去医药费，直到病人病情明显好转。又一位患者患带状疱疹，屡治不愈，已经花了5000多元钱，左侧胸肋、上臂前臂外侧疼痛难忍，静滴口服抗生素、镇痛药均无效，任老处方让她用马莲草熏洗外敷，一周后疼痛消失，并发的感染症状明显减轻，三周后痊愈，只花了挂号费。任老常说：“现在好多病人不富裕，看病贵，看病难，我们应尽量用有效且便宜的药品才是。”

……

为振兴中医而奔忙

任老非常繁忙，他主持多项国家、省部级课题，一周出四、五次门诊和住院部查房，到全国各地出差讲学。他为中医之存亡上书献策，为中医之兴废奔走呼吁，为中医之振兴精勤不倦，为弘扬中医孜孜求索，他是一位永不疲倦的斗士，他把中医事业看成是自己的生命，自己的灵魂，自己的一切，这种全心全意完全彻底为振兴中医事业献身的崇高精神，更值得我们学习。……

任继学教授虽然与世长辞了，但他的高尚医德和奉献精神永远铭刻在我们心中……

资料来源：《吉林高教教学网》、《中国中医药报》

孙　涛

背景资料

2010年12月22日，中共中央国家机关工作委员会紫光阁网报道：

国家中医药管理局机关服务中心孙涛主任荣获“全国优秀科技工作者”

为深入贯彻党的十七大、十七届五中全会和全国人才工作会议精神，根据《全国优秀科技工作者评选表彰办法》，经各全国学会、各省区市科协，公众投票，全国优秀科技工作者评审委员会评审，中国科协常委会批准，同意授予977名同志为“全国优秀科技工作者”。国家中医药管理局机关服务中心主任孙涛教授荣获此项殊荣。

获得“全国优秀科技工作者”荣誉称号的同志，是我国广大科技工作者的优秀代表。为我国总体科技水平提高、经济社会发展和人民生活改善做出了显著成绩和重要贡献，为推动经济社会发展和科技进步创造了新的业绩。

人物简介

孙涛，男，1953 年生。辽宁铁岭人，教授，主任医师。现任中华中医药学会亚健康分会主任委员，世界中医药学会联合会亚健康专业委员会执行会长，中和亚健康服务中心理事长。

孙涛教授虽然是西医出身，却对中医有着深刻的认识，近年来致力于亚健康专业的系统研究，在国内外享有很高的知名度。面对学术界对“亚健康”在概念、范围界定等方面存在的争议，孙涛教授意识到必须着手对亚健康这一新兴学科展开系统的研究。他较早提出中医亚健康学科体系建设的构想并积极实践。2009年，国家中医药管理局批准在湖南农业大学成立“亚健康干预技术实验室”，以推进亚健康干预技术的发展。他从2003年开始，为成立亚健康相关学术团体而奔走。次年4月，中华中医药学会亚健康分会宣告成立；为弘扬中医药在亚健康干预方面的优势，在孙涛教授的积极倡导下，世界中医药学会联合会亚健康专业委员会于2006年1月成立，他担任执行会长。亚健康专业委员会以宣传健康理念和中医预防保健知识为宗旨，团结海内外力量，共同开展亚健康学术交流，亚健康研究队伍不断扩大。

孙涛教授在“治未病”理念指导下对于亚健康学科体系的探索研究和实践，取得引人注目的实绩，产生良好的社会效益和经济效益，被中国科协评为2010全国优秀科技工作者。

主要学术成就

早在20世纪90年代中期，“亚健康”的概念刚刚在我国兴起时，孙涛教授便开始关注。在他看来，在21世纪人类共同面临的三大健康问题（亚健康问题、慢性复杂性疾病和老年人健康问题）中，亚健康问题因涉及问题和人群广泛而位居三者之首。他认为，中医药经几千年历史发展，在养生保健方面的理论和技术不逊色于对疾病的临床治疗；而用“亚健康”这个具有时代意义又容易让人接受的词汇在某种程度上诠释了中医“治未病”的理念，更易深入人心。

1. 组织编写全国第一部亚健康行业的规范性文件——《亚健康中医临床指南》，于2006年由中华中医药学会发布，为开展临床研究提供指导。

2. 合作主编国内外第一部论述亚健康的学术专著——《亚健康学》。著名科学家周光召在为《亚健康学》作序时指出，探索“亚健康学”的学科构建与内涵，已成为医学科学的当务之急，这本书是一次可贵的奉献和勇敢的尝试。王永炎院士也认为，尽管对于亚健康的概念仍然存在一定争议，但它引领着健康医学发展方向已成为不争的事实。“《亚健康学》一书是在未病学思想指导下的亚健康干预，颇具理论意义和实用价值。”

3. 发表“以‘治未病’理念为指导，发挥中医药调治亚健康优势”，“从亚健康说中医养生文化”等十余篇学术论文。

4. 承担世界卫生组织“中医药‘上工治未病’工程项目以及中医药对亚健康防治干预研究”、国家中医药管理局医政司“常用中医养生保健方法技术指南”、国家中医药管理局科技司“热成像技术图像采集规范研究”等八项科研课。

5. 组建为亚健康人群服务的实体。孙涛教授说，对于亚健康人群的干预研究，事实上就是在“治未病”理念指导下，通过挖掘中医养生保健的特色优势，用更通俗化、现代化的语言来阐释和传播，为社会上日益庞大的亚健康人群服务。“亚健康学术和产业二者应保持良性互动发展”，这是孙涛教授对于亚健康学科发展基本方向的定位。因此，他希望通过打造产业同盟、制定标准规范、构建学科体系、推广专业培训等一系列努力，弘扬中医“治未病”预防保健服务工作，促进亚健康事业的发展。为此，他牵头组建了经民政部批准的唯一从事亚健康事业的一级社团组织——中和亚健康服务中心。

年度聚焦

在孙涛教授及中和亚健康服务中心核心团队的推动下，世界卫生组织开展了《中医药“上工治未病”工程项目以及中医药对亚健康防治干预研究》、《制定中医药干预亚健康人群的适用标准和评估方法》两项课题研究，并由孙涛教授牵头负责，由中和亚健康服务中心和湖南中医药大学承担实施。作为项目的组成部分之一，他主持编撰科普书籍《漫话中医治未病》，由中医古籍出版社正式出版发行。书中通过问答形式对常见亚健康状态的中医调治方法进行了简明、形象的阐述，受到普遍欢迎。

孙涛教授率领的核心团队在中华中医药学会亚健康分会提供学术支撑的基础上，他们以中和亚健康服务中心为平台，一边完善亚健康学科体系，一边面向社会推动亚健康服务体系建设。目前，中心推出了亚健康经络调理师、亚健康芳香疗法师，后续还陆续推出少儿亚健康推拿调理师、亚健康罐诊罐疗师、亚健康整脊调理师、亚健康音乐疗法师等方面的培训。

为了培养更多亚健康领域人才，孙涛教授及其团队依托中华中医药学会亚健康分会和世界中医药学会联合会亚健康专业委员会，推进人才培养基地建设，在科学构建亚健康学科体系的基础上，逐渐形成亚健康教学基地和调治示范基地，如北京中医药大学、湖南中医药大学、湖南农业大学、辽宁中医药大学等多所院校开设了亚健康学方向的专业课程。目前，《亚健康专业系列教材》陆续出版，已出版发行13部。北京中医药大学从2009年开始，由基础医学院中医诊断系对本校本科生开设了“亚健康学基础”选修课。课程受到广大师生的普遍欢迎，不仅加深了学生对亚健康的认识，开拓了视野，而且有助于拓宽学生就业途径。

谈到亚健康学科和产业的发展，孙涛教授坦言，学科的相关研究还需继续深入，人才培训的范围亟待扩大、质量仍需提高，而最重要的是要建立由政府引导、市场主导的，以顺应群众需求为出发点的市场化运作模式，从而让亚健康产业有更好的落脚点。孙涛教授希望通过科普宣传等方式，在“治未病”理念指导下，让社会上更多的人对“疾病发生前的亚健康阶段”有科学的认识，他说：“我们正致力于研究出能够分类识别亚健康不同形态的技术方法，推进亚健康学科和产业的规范化发展。”

资料来源：《中共中央国家机关工作委员会紫光阁网》、《中国中医药报》

四　世家传承

河南 王氏世家

世家传略

王泰升，男，世家第十八代传人，生于1955年10月，汉族，河南省西平县芦庙乡盘龙桥村人。毕业于河南中医学院，现任河南省现代医学研究院副院长、副主任中医师。连任四届政协委员，河南省十大科技精英、十大新闻人物，入录2002中华人民共和国年鉴、河南省年鉴、省大百科全书；2004中国医学基金会“华夏医魂”全国百名优秀人物；2009感动中原公益之星。

王泰升世家业医从十五代太祖父至第十六代祖：王德民字子正，生于古都金陵太平天国宫内御医苑。五岁时避战乱而入南京天主堂，历30年。任神父，通多国语言，承家业而精通医术，擅长内、妇、儿、外各科，兼军马诊疗。著有“温病探疑”、“妇人杂病十三章”、“儿科秘要”、“外科玉旨”、“军马治要十六诀”、“生男育女如意方”、“眼科玉旨”等论述后均毁于文革。生五男二女，风歧长，金堂次，保堂三，保录四，寅堂五，长女大妮，次女一平，五位名医。

证 书

豫南药枕厂

贵单位 …… 项目
荣获2000年河南科技成果交易会金奖，特颁发此证书，以资鼓励。

证 书

王泰升

你当选为中华中医药学会……，任期三年。

中华中医药学会
200 年 月 日

第十七代：长子王风歧，字鸣洲（1911—1970），河南省西平县芦庙乡盘龙桥村人。西平县志记载：著名老中医，出身中医世家，精通琴、棋、书、画、对古筝、古琴造诣较深。建国初期县广播电台常年演奏琴师。为世医第四代掌门人，随父在南京建“济生堂”。治蛊胀善通下，后返驻马店老街再建“济生堂”治疗瘟疫、发热、乙脑、蛊胀、水肿等活人无数。对内、妇、儿科皆能通达。对“温病”等可采用中西医结合治疗的方法进行治疗。1962年出席保定市“乙脑”专题学术会议，所撰“乙脑辩证治疗精要”一文，深得与会者的赞誉。著《乙脑辩证论治》、《心脏病症治》、《肝病治要》等。对中风、消渴、肝胆疾病、食管癌的诊治，有“小神仙”之誉。为建国初期的500名老中医之一。夫人：袁淑芳（1910—2007），西平县吕店乡袁庄村人，建国初期著名老中医。出身书香门第，幼承家技，善治癫痫、精神病、外科杂疾等。承家传“九色灵药”烧制法，治疗股骨头坏死、骨髓炎、骨癌神效。后专攻妇、儿二科，擅治月经病、不孕病、婴幼儿发热、咳嗽、腹泄等。业医80年。著有《骨髓炎治验》、《大面积烧伤的中药疗法》、《顽固性癫痫治验》、《男女不孕病治验》等医案。有“送子观音”之誉。荣获省、市科技进步二等奖各一项，百年后将毕生所用秘方刻碑明示，受到河南大河报、益寿文摘报、百度网等媒体报道后，引来全国各地慕名抄方者。传承人：女儿王福兰，平顶山市中医院中医师。儿媳王桂枝，泰升之妻，大专学历，主治中医师，幼承母亲袁淑芳，言传身教。擅长妇儿科。在继承的基础上发展了中医药治疗不孕不育，先兆流产，胎儿发育不良，输卵管不通的诊疗。发表论文4篇，获省、地科技进步二等奖各一项。

第十七代：次子王金堂，字玉亭（1915-1989），承继温热病，活人较众。为著名老中医。四子王保录，承继眼科，名誉乡里。五子王寅堂，承继内科善肝胆疾病，新疆建设兵团名老中医。长女王大妮，承继妇科后嫁入叶县，饮誉一方。

第十八代，王凤歧长子王太和（1942-2003），著名中医师。自幼随父行医数十年。对肝脏疾病，肝癌，肝硬化，肝腹水等，在继承基础上采用了因人、因时、因地治宜的方法，活人较众。夫人李桂梅，驻马店太和堂知名中医师。

第十八代，王太平，王金堂长子，1940-1956年参军，参加抗美援朝战争后，任武汉军区后勤部第36分部卫生处处长（正团）。1984年转湖北省直机关门诊部任书记、主任。1990年任主治医师、高级政工师等。夫人李正兰，失眠科中医师。

第十九代，王步高，太和次子，1969年生，大学专科。自幼从父，擅治中风、肝病、胃肠炎等常见病多发病。对牛皮癣、痔疮的治疗已获国家专利。

第十九代，王胜利，泰升之子，1989年生，大学本科，承继父业。

第十九代，王旋，王太平次子，1973年生，湖北医科大学影像医学系毕业。湖北省直机关门诊部B超室主任，中医主治医师。

学术经验

王泰升40年如一日工作在中医药科研事业的第一线，创办豫南心脑血管研究所为龙头，从1979-2010年奋斗31年，据中原地区病种的需要，潜心研制新药用于爱滋病肺肾双虚的发热、咳嗽气喘、皮疹及视力障碍，以及脾胃阳虚的腹泄、食道炎、元气衰弱、淋巴结肿大、霉菌性口腔感染等。研制“威马胶囊”用于类风湿性关节炎、风湿性关节痛，属河南省1997科技攻关计划。“克糖胶囊”用于II型糖尿病的治疗，属2000年河南省科技攻关计划。还研制胶囊剂用于青少年曲光不正的近视眼、远视眼、青光眼，用于血热内积肥胖和热毒充阻血脉而引起的脸部色素沉着及青春痘疹等。研制口服液用于青春期女性第二性征发育不良症，改善人体汗腺和内分泌腺的PH值调整体液异味。研制“寿神口服液”用于中老年内分泌失调，更年期综合症所致的面部皮肤老化、便秘、失眠多梦、动脉硬化症。研制“天龙胶囊”用于肾脏阴阳双虚的阳痿精少、滑精早泄、夜尿频多、腰痛、性功能低下症。创开胸醒脑新疗法用于冠心病所致的胸闷、胸疼、高血压、脑动脉硬化引起的头眩、头疼、失眠、耳鸣及夜间睡眠中的突发卒死的防治。开发了以山区当地药材为主的准字号产品“开胸醒脑药枕、健脑增智药枕系列。”

主要成果

主持科研成果22项。克糖胶囊、治疗2型糖尿病临床研究，获2002省科技厅攻关计划。威马胶囊、治疗类风湿性关节炎临床研究获1997省科技厅攻关计划，省科技进步三等奖。开胸醒脑香磁枕、儿童健脑增智香磁枕获国家发明专利金牌奖、省科技进步二等奖。豫药器监（准）字99第227002号、2298218382.8专利号，豫药器监（准）字99第227001号、2298218383.6专利号，批量生产。神授汤治疗高血压脑出血省科技进步三等奖。ZL95117047.3（专利号），证书第55461号。鼻炎散治疗多发性鼻炎、鼻咽癌获省科技进步三等奖。发明专利：ZL95117045.7（专利号），证书第62300号。寿神口服液治疗亚健康研究，获中国中医药学会华佗杯铜奖，省科技进步三等奖。发明专利：ZL9511704615（专利号），证书第55460号。“房室养生与优生优育”研究，获河南省1997年科技进步三等奖。“周易五行归类法医护心脑血管疾病”研究获河南省1996年科技进步三等奖。“中西医结合治疗难治性心衰”获省科技进步三等奖。“乙肝净胶囊治疗乙肝大三阳和肝癌临床研究”获首届创新医学大会创新杯优秀成果金奖，地级科技进步一等奖。“泻胆活血治疗胆囊炎胆石症”获1992年省科技进步三等奖。

公开发表的论文主要有：

1. 克糖胶囊治疗2型糖尿病临床研究，中国中医药现代远程教育，2010，11。

2. 鲜蒲公英的临床应用，中国乡村医药，2000，4。

3. 自拟威马胶囊治疗类风湿性关节炎100例临床观察，河南中医药学刊，1997，2。

轶闻趣事

1. “三个代表”的忠实执行者

2001年带领专家医疗队，长期工作在山区第一线，践行党的医疗下乡政策，温暖着边远贫困革命老区群众的心。他看到山区缺医少药的实际情况，筹资76万元，建起了酒店卫生分院，推行了贫困家庭、孤寡老人、荣残军人、民办教师、因病致贫的老党员、老村干部免费诊疗制度，使当地民众发自内心地感谢党，感谢驻山村的专家医疗队。

2.仁心孝子

他悉心照顾82岁高血压脑出血症后遗症的岳母13年。照顾97岁高龄的亲生母亲20年如一日，给老母洗澡、洗头、洗脚，修那伤残的小脚。特别是他母亲二次脑出血瘫痪在床的6年，无微不至地照顾到去世。并将他母亲行医81年积累的秘方整理后，无私地刻在了墓碑上，方便了一方百姓，有病了就去石碑上对症抄方。此事被大河报首席记者李钊报道在2008年12月9日河南社会版头条。受到益寿文摘等多家报纸的转载和网络的广泛传播，感动了患者，感染了医务工作者，人们带着鲜花去拍照、录像、抄方。

3.大爱无疆

他承包的10万亩原生态山区野生药源基地建设，将以科技+农户+产业集团模式推动中医药产业化，带动一方经济发展造福乡梓。

医学感悟

医德医术为本，万民平安为业。

黑龙江 孙氏世家

世家传略

孙林云，男，1960年4月生。中共党员，高级推拿师、高级针灸师。孙氏正骨第十一代传人，祖籍山东莱州。孙氏正骨已有三百年历史，因年代久远，详细记载是从第七代传人孙海明至今。

孙海明（1861-1945）是孙氏正骨第七代传人。山东莱州人士，对骨伤病的研究颇深。擅于用中草药治疗骨伤疾病和用中医正骨手法复位，并在祖传中药基础上经过自己的潜心研究，加减中草药，合理配伍，经过临床实践收到了很好的治疗效果。他研究独创的正骨手法和改进的中药方法受到当地患者的好评。孙老先生曾给当时著名的画家、学者张士宝看过病，受到张士宝夸奖，上报朝廷给予孙老先生“杏林大医”的称号。

孙广生（1884-1968）是孙氏正骨第八代传人。自幼跟随祖父（第六代传人）学习中医正骨。是当时辽宁省宽甸、灌水远近闻名的正骨大师。精通《黄帝内经》，熟读善修《本草纲目》，总结一套正骨新经验，阐明了骨伤内病外治和内外兼治等方法，深受患者的赞扬，他不但医术精湛，而且医德更是让人人敬之，无论何时何地，百姓有求必应，被当地百姓称之为大善人。

孙振远（1913-1995）孙氏正骨第九代传人，传承孙氏医学，擅长骨科疑难病症，自行采摘中草药，按祖传秘方熬制加工膏药，经长时间的临床验证，取得了较好的临床效果。由于年幼时期勤奋好学，对家传正骨技术悉心钻研，在18岁便单独行医。随着正骨技术的不断提高和在临床中正骨经验的日益积累，从20多岁以后病人就越来越多。老先生不仅医术高超，而且平易近人，治病树德，受到广大患者的一致称赞。

孙天杰（1939- ）是孙氏正骨第十代传人，擅长正骨推拿，治疗骨伤注重手法，主张“先扶其正，后接其骨”，无论整复骨折或关节脱位，手法一定要轻柔，用力先由轻逐渐加重，以减轻患者痛苦。老先生严于律己，医德高尚，教子要讲医德，医人先做人。

孙林云是孙氏正骨第十一代传人，自幼跟随祖父学习正骨，熟读正骨八法，随祖父采集中药，虚心学习熬制祖传秘方的药膏。1980年到海林市柴河镇街道卫生所参加工作，1982年在柴河镇开办了“林云正骨所”。1993年到山东中西医结合大学深造。1998年被牡丹江血栓病专科医院中医骨伤科录用。孙林云大夫运用现代中医理论，结合家传孙氏正骨疗法的特点，创造性地配制出骨伤专用“孙氏接骨膏”，经临床运用，疗效显著，大大减轻了患者的痛苦和经济支出。孙林云在牡丹江市血栓病专科医院工作至今整十年，治愈了近千名重症骨病患者，深受患者的信赖和好评。不远千里来此求医的患者数百名，患者赠送的锦旗数十面。孙林云在近30年的正骨生涯中，不断完善与学习先进经验，对于骨伤科疾病逐渐有了自己独特的见解。运用中草药治疗颈椎病、腰间盘突出、骨质增生、软组织损伤（膝关节半月板损伤、滑膜炎）取得了新的进展，可嘉的成绩。

孙洪云是孙氏正骨第十一代传人，自幼跟随父亲兄长学习正骨，身残志不残，终于学有所成，于1998年参加工作。

孙鹏飞是孙氏正骨第十二代传人，哈尔滨医科大学毕业，跟随父亲学习正骨，熬制膏药，现已独立工作。

学术经验

孙林云从事骨伤科临床30余年，对家传秘方反复不断地在实践中探索，主张理伤续断应注重活血化瘀、消肿止痛为先，强调疗骨伤先祛瘀，瘀去则骨接，血活则筋续，兼用补益肝肾，方能强筋健骨。正骨手法应做到肌触于外、巧生于内、手随心转、法从心出，用力适度而轻柔，量人而宜。

他在临床实践中把祖传秘方与现代医学理论相结合，经过多次组方和熬制反复临床研究探索独创了“孙三贴”膏药，主要用于治疗骨质增生、颈肩综合症、椎间盘突出、风寒湿性骨关节痛等，几年来收治患者八百多例，均收到满意的效果。

病例1：海林市三道镇张氏，女，61岁。1979年6月坐车时，车侧翻沟中，经诊断为腰椎压缩性骨折、骨盆多处骨折。经过手法复位后，外敷孙氏接骨膏，1个月后痊愈，无任何后遗症。

病例2：海林市道林铁路客运段王某，男，32岁。1995年7月，工作中不慎右手碰到高压线，左手被击穿，双手烧伤重3度。某医院要做双手截肢术，患者不同意前来就诊，经一个月治疗痊愈，至今工作。

病例3：牡丹江市穆棱八面通镇李某，男，26岁。1995年8月，因车祸致左小髋粉碎性骨折，左髌骨骨折，左外踝骨折等多处骨折。经手法复位后，外敷孙氏接骨膏，28天后痊愈，至今无任何后遗症。

病例4：牡丹江市阳明区吴某，女，81岁。2007年8月，走路时不慎摔倒，下肢外翻，不能站立行走。经X光诊断股骨颈骨折，因伤者有严重心脏病不能手术治疗，前来就诊。经手法复位后，选皮牵引，外敷孙氏接骨膏。40天后痊愈，行走自如，随诊无后遗症。

病例5：牡丹江市铁岭四道陈某，男，32岁。2008年5月，抬重物品时不慎扭伤腰部，疼痛明显，并压迫右侧大、小腿外侧神经，不能行动、行走时疼痛加剧。手法复位后，卧床休息，外敷孙氏金丝膏，15天后痊愈。

病例6：牡丹江市西三条路鲁某，男，27岁。2008年10月，因车祸造成左股骨头骨折。在某医院治疗3个月后，CT片显示股骨头坏死。求诊于孙氏，外敷孙氏接骨膏，内服活血化瘀中药。2个月后疼痛消失，走路正常。CT片诊断:痊愈。

轶闻趣事

1.汶川救灾获殊荣

大医精诚，共赴国难

2008年5月12日四川汶川发生强烈地震之后，在国难当头之时，孙林云心急如焚，寝食难安，以一个普通医生、普通公民的身份，义不容辞为国分忧，用自己辛勤劳动和省吃俭用积攒的6万元钱购买骨伤药品自费飞往四川灾区，去做一名抗震救灾的志愿者。

经受考验，获得荣誉

在地震灾区的27个昼夜里，他不怕苦，不怕死，在余震不断、山体滑坡、巨石滚落这样极其险恶的环境下，在随时都有可能受伤甚至牺牲生命的情况下，他走向了通往重灾区的生死线，做出向重灾区运送救灾物资的惊人举动。

向重灾区押送救灾物资的工作是一项十分艰巨的工作，有些押车的志愿者在押车途中不辞而别，而孙林云却以顽强的意志、崇高的思想境界硬是在崎岖山路的生死线上坚守了27个昼夜，经历了常人难以想象的恶劣环境和生命危险，圆满地完成了向地震重灾区运送救灾物资的工作，运送物资达十趟之多共计100多辆卡车。他利用押运卸车的时间，深入到灾民临时帐篷中，询问受伤情况，把自己带去的药品一一捐赠给他们。他受到四川省红十字会和中国红十字总会领导的赞扬，荣获“汶川抗震救灾优秀志愿者”，中国红十字会授予“抗震救灾优秀志愿者”，四川省委省政府授予“抗震救灾模范”，获得“2008年全国十大影响力人物”荣誉称号及“牡丹江市道德模范”称号等荣誉。他的英雄事迹已载入国务院“抗震救灾志”中。2008年10月22日下午，孙林云收到四川省红十字会寄来的“汶川地震抗震救灾优秀志愿者”荣誉证书。据悉，他是所在城市唯一获此殊荣的人。

2.玉树救灾，民间中医的榜样

2010年4月14日，青海玉树发生了强烈地震。在第一时间，孙林云联系了北京、山东、辽宁、河南等地的中医，组建了一支民间中医救援队，自备药品，前往玉树地震灾区。在海拔4千多米的高原，严重的高原反应情况下，他义无反顾，冒着生命危险，战斗在灾区的救援第一线，救治藏族同胞八百多人次，受到当地政府和红十字会的高度赞扬，给民间中医争了光。

医学感悟

医为仁术。救治疾病是医家的本分，抵御灾难救死扶伤也是医者的天职。

云南 吴氏世家

世家传略

我國著名中醫學家吳佩衡先生

云南吴氏中医世家，已传承四代。第一代即我国著名中医学家、中医教育家、现代经方大家吴佩衡（1888-1971），原名钟权，原籍四川省会理县。出身于耕读家庭，其祖父吴正明略通中医，曾在当地开过“双合堂”药铺。其父吴子祥为清朝秀才、岁进士。

吴佩衡幼承父训，读书启蒙，十余年的寒窗苦读，使他在中国传统文化、书法等方面深有所得，为日后学习中医打下坚实的基础。

1906年18岁时，受业于当地名医彭恩溥先生，导入医门。习医期间，由于特别能吃苦耐劳，勤奋好学，深得老师器重，从师4年，尽得师传，奠定了毕生从事中医事业的基础。

1910年22岁的吴佩衡从师卒业，回乡行医，禀承师训，每获良效，常受病家赞誉，并发奋读书，钻研医术。

1921年吴佩衡为采风访贤，广开见识，离乡徒步南下，赴滇创业。途径云南禄丰县，恰逢滇军将领朱德从昆明率军经过禄丰，因病请吴佩衡诊治，二人有缘促膝谈心。经朱德建议，吴佩衡

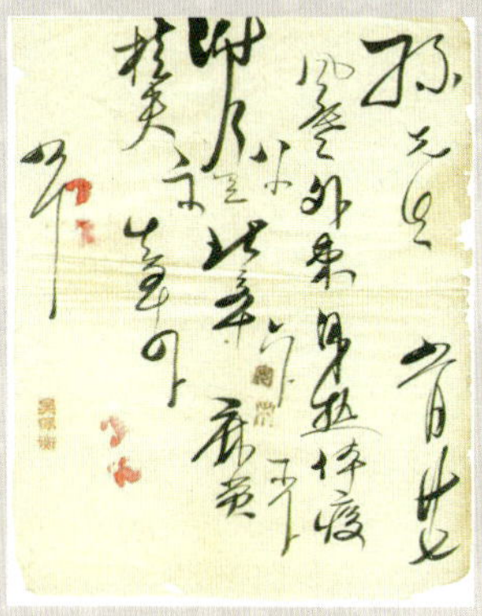

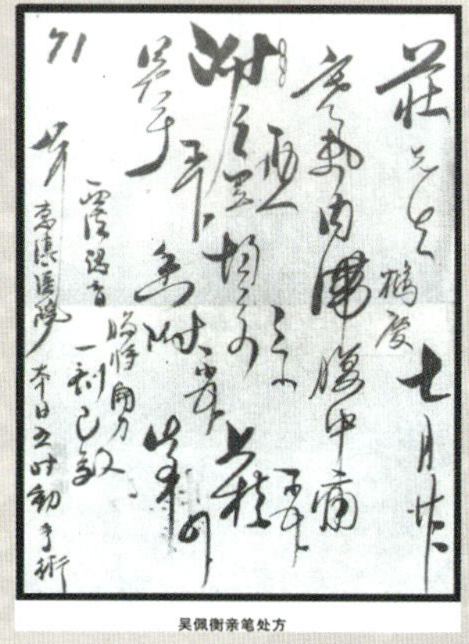

吴佩衡亲笔处方

遂到昆明行医创业。

吴佩衡于1922年5月抵达昆明。多年来，他博览群书，深研经典，勇于在实践中探索，突破了当时的陈医陋俗，学术上有独特见解，实践中大胆创新。中年以后，集中精力深研仲景学说，对仲景学说有精辟诠释和应用创新，积极倡导经方学理，擅长运用六经辨证。临证强调保护阳气、温扶先天心肾。在阳虚阴寒证的治疗中，积累了丰富的经验，对阳虚阴寒重证，善用附子大剂，起死回生，誉满天下，世誉“吴附子”。对疑难危重病证的治疗胆识过人，力挽沉疴，蜚声海内外。他一生所救治的危急重症中不乏阳热之证，创用“白虎”、“承气”合方，投用大剂石膏、大黄峻药，急下存阴，经腑两燔并蠲，治愈了不少瘟疫、温病重证。

吴佩衡一生为中医的生存和发展奔波抗争，百折不挠。1930年初代表云南中医界赴沪出席全国神州中医总会，会议推举了27位代表赴南京请愿，抗议国民党政府取缔中医之条例，为中医的生存和地位作出了一定贡献。

吴佩衡精深的学术造诣、精湛的医术、高尚的医德医风，深受医界同仁及广大病家的敬重，于1939年被公推为昆明市中医师公会理事长，1942年成立云南省中医师公会，又被推举为云南省中医师公会理事长，并受聘兼任云南省中医考试主试委员及云贵考铨处中医考试襄试委员及检核委员。

吴佩衡为了中医文化的传承、提高云南中医的学术水平，于1945年创办了《国医周刊》，促进了当时中医界的学术交流。

为了培养中医人才，壮大中医队伍，发展中医事业，吴佩衡于1948年创办了云南省私立中医药专科学校，为云南中医办学开了先河，被同仁一致公推为校长。

解放后，云南省委统战部动员吴佩衡出任省卫生厅副厅长，他婉言谢绝，表示只愿继续从事中医医疗与教育工作。于是被任命为云南中医学校校长，后为云南中医学院首任院长，并兼任中华医学会云南中医分会副会长、《云南中医药杂志》编辑委员会副主任、省政协常委。

在吴佩衡的教诲和献身精神鼓舞下，吴氏家族中从医者30余人。其胞弟吴钟泽、吴镜波、长子吴少衡、长媳陈菊仙、三婿顾恒章、女儿吴元慧、吴元坤、次子吴生元、吴昌元、子侄吴济潭、孙辈吴华、吴荣祖、顾树芬、顾树祥、顾树华；重孙辈吴文迪、吴麟梓等均是广大群众敬重和欢迎的名中医，现仍在从事中医临床及学术研究的有多人。

儿子吴生元，主任医师、教授，吴氏学术第二代传人，原云南中医学院附属医院院长。自幼随父学医，1960年医学院校毕业，选派为吴佩衡学术继承人，研究吴氏中医学术，并在云南中医学院系统研习中医三年，迄今从医50年。学术上继承了吴佩衡的学术专长及实际经验，注重经典医学研究，对吴氏临床应用附子一脉相承。历年来整理编印了吴佩衡许多学术文稿，如《中风病论治》、《咳嗽论治》、《痢疾论治》。整理编印了吴佩衡《伤寒论新注》、《医药简述》。出版了吴佩衡编著的《麻疹发微》、《吴佩衡医案》，主编及参编了《名中医真传》、《中医疾病诊疗纂要》等多部学术论著，发表过《附子的药理与临床应用问题》等多篇论文，主编及参编出版多部学术著作，让吴氏学术思想及丰富的临床经验得以流传后世。享受国务院政府特殊津贴，1996年被评为云南省名中医，国家中医药管理局认定为全国名老中医学术继承导师，2006年授予全国首届名老中医学术传承特别贡献奖。

孙女吴华，主任医师、教授，吴氏学术第三代传人。1962年昆明医学院医疗系毕业。1963年至1966年分配至云南中医学院。师从祖父吴佩衡学习中医。对吴氏学术思想和学术经验有全面系统的认识。从事临床、教学、科研工作46年，能熟练应用吴氏学术理论和临床经验。总结和发表了“附子强心作用的临床应用”、“心肌病的中医分型治疗”、“心梗低血压状态的中医治疗”等论文。曾主持过“肾虚本质研究”课题，对甲亢、甲减、溃疡性结肠炎、风湿类疾病等的临床研究，并取得一定成绩，总结和发表论文十余篇。历任昆明医学院中医教研室主任、附一院中医科主任、云南中医中药研究所所长、云南省女医师协会副会长等职务。

孙子吴荣祖，主任医师、教授，云南省名中医。吴氏学术第三代传人。1968年毕业于云南中医学院，熟悉中医经典著作，特别对《伤寒论》有深入研究，临床擅长运用六经辨证。在附子的应用上继承家学且有所创新。临床常以“扶阳固本”大法为指导，应用于疑难病辩治中取效显著，深得患者信赖；临床带教重视突出中医特色广为学子敬重。担任中华中医学会委员、云南省中医药学会常务理事、云南省中医学院兼职教授、美国加州中国医学研究学院顾问、法国巴黎杵针中医学院临床教授等职。

外孙顾树祥，吴氏学术第三代传承人。毕业于云南中医学院，自幼随外祖父吴佩衡学医，崇尚《内经》、《伤寒论》，临床运用六经辨证、五脏辩证、八纲辩证，善用经方，传承家学，使用附子或以附子为主遣方治疗常见病、多发病及一些危急重症。1986年初创办昆明健民中医门诊部，20多年来取得了明显的社会效益及医疗效果，被昆明市卫生局评为“社会办医十佳医疗单位”，现为昆明“圣爱中医馆”特聘专家。论文《浅谈附子的临床应用》在“著名中医学家吴佩衡学术思想研讨会”上作专题讲座，《附子伍半夏的普遍性及临床疗效》发表在《中医论床研究》杂志，其部分医案选入著名学者张存悌教授《中医火神派医案新选》，有关论文入选《中华名医文库》。在经方及附子的运用上继承家学，是吴氏学术思想的积极传承者及忠实践行者。

外孙顾树华，副主任医师，吴氏学术第三代传承人。自幼随外祖父吴佩衡习医，1971年应诊，从医40年，谦和好学，敬业执著，医德佳，口碑好，深得患者信赖。现为昆明“圣爱中医馆”特聘专家。多年来潜心研究、虔诚传承、积极弘扬吴佩衡学术思想，较多感悟。《真武汤的临床运用》、《伤寒论温扶阳气法临床应用举隅》、《运用仲景经方治疗危急重症医案5则》、《传承吴佩衡学术思想践行温阳扶阳大法》、《运用吴佩衡温阳扶阳法治疗危急重症》、《吴佩衡临证真机临床应用》等多篇论文，发表在《云南中医中药杂志》、《中国医药文摘》、《中华中医药杂志》上。有关论文获“首届中华名中医论坛”优秀论文一等奖，并载入《中国医学临床技术新进展》、《国医年鉴》（2010年卷）及《中华名医文库》，其大部分医案选入著名学者张存悌教授《中医火神派医案新选》。在经方及附子的运用上继承家学，是吴氏学术思想的积极传承者及忠实践行者。

重孙吴文笛，吴氏学术传人。2001年毕业于云南中医学院本科，分配到昆明市中医医院内三科（干疗科）工作至今。注重中医经典理论的学习，特别在《伤寒论》六经辨证运用上传承家学。临床带教重视以中医临床思维引导分析，受到学生的欢迎。

重外孙吴麟梓，吴氏学术第四代传人。2000年毕业于云南中医学院本科。对吴氏学说刻苦钻研，治病思路清晰。傳承了吴氏学说对《伤寒论》六经辨证、及中药附子的运用特色。尤其对消化系统、妇科、儿科、及女性内分泌失调等疾病的诊治疗效较佳。

重外孙顾然，现在北京中医药大学攻读，立志今后高起点、高层次地系统研究吴佩衡学术体系，传承家学，弘扬吴佩衡学术思想。

吴氏家族中，不仅继承中医事业的人多，而且中西医人才皆备，学科覆盖面广。吴佩衡的儿女辈有十人习医，孙辈计有十七人习医。重孙辈中，目前已有六人习医。后辈中有包括西医心内科、神经内科、口腔颌面外科、泌尿外科、小儿科、妇产科、眼科、传染病科等著名的西医教授、专家十余名，年轻的博士四人，很多人都为我国的医学事业作出了积极的贡献。吴氏家族已成为名副其实的医学世家。

学术经验

1. 吴佩衡精研经典，对《伤寒论》的研究尤为精深。他大力倡导经方学理，十分尊崇《伤寒论》六经辨证理论，精于六经辨证。极度重视人体阳气的重要作用，立法论治首重温阳。其《医药简述》中说："少阴君火位居于上，而源于坎中之阳。""命门真火乃生命之根，潜藏暖水"。是"人身最宝贵之主要生命线"，是生命活动之"原动力"，是人身立命之本。

2. 外感病的治疗。吴佩衡强调贵在早治、急治，切实把住"太阳关"，采用桂枝汤、麻黄汤、麻黄杏仁甘草石膏汤及麻黄附子细辛汤等方剂分别施治，往往一汗而解。并且根据人体正气的强弱，感邪的轻重，灵活掌握剂量增减，权衡变通，使之能多发汗、少发汗、微似汗出、不令汗出或反收虚汗，一方数用，均能效如浮鼓。

3. 瘟疫与温病的治疗。吴佩衡认为人身真阳之少火决不可损，而邪热之"壮火"必须消灭。瘟疫、温病"壮火食气"之证，对人危害非浅，决不能对瘟毒、热邪忍手而姑息之。他本着《内经·阴阳应象大论》"壮火之气衰，少火之气壮，壮火食气，气食少火，壮火散气，少火生气"的要旨，对热盛灼阴之证，能够当机立断，施以"急下存阴"或"养阴制阳"之法，创用"白虎"、"承气"合方，经腑两燔并蠲；针对疫邪盘踞募原而有弛张之势者，巧妙地在达原饮中加用了石膏，杜绝了邪陷内传的不良后果。治愈了不少瘟疫温病重证。

4. 阳虚阴寒证的治疗。吴佩衡对阳虚阴寒证的治疗经验尤为丰富，十分尊崇《伤寒论》"温扶阳气"的治疗大法，对于人体须当保存"元气"的重要意义有深刻体会。他常言："多一分阳气，便有一分生机；多一分阴霾，便多一分杀气。"他主张对于阳虚阴寒证的治疗，必须抓住温扶先天心肾阳气这一主要环节，方能获得阳复阴退，克敌制胜的效果。临床上他擅用长沙诸方，采用麻黄附子细辛汤、四逆汤、通脉四逆汤、白通汤等扶阳散寒、回阳救逆之剂，治愈了许多阳虚阴寒病证。救治阴寒危笃重证，敢以附子大剂起死回生、力挽沉疴。

5. 内科疾病的治疗及寒热辩证要领。吴佩衡在内科疾病治疗方面有自己的独特见解和发挥。他善于运用六经与脏腑密切联系的辨证论治法则，明辨阴阳，谨守病机，独创一格而又不离法度。创用四逆二陈麻辛汤治疗寒湿痰饮咳嗽，吴萸四逆汤治疗虚寒胃痛及血寒气滞的妇科疾病，以四逆当归补血汤挽救了衄血、崩漏及寒闭危证，以四逆苓桂丁椒汤治疗一切脘腹阴寒疼痛；以四逆五苓散治疗肝肾病变引起的腹水、水肿等证，四逆合瓜蒌薤白汤治疗胸痹心痛属阴证者，重用当归、杭芍治疗热利下重。他通过大量临床观察，从寒证、热证的各种临床表现中归纳了寒热辩证的基本要领，即热证为"身轻恶热，张目不眠，声音洪亮，口臭气粗"；寒证为"身重恶寒，目瞑嗜卧，声低息短，少气懒言"的十六字诀。真热证兼见烦渴喜冷饮，口气蒸手；真寒证兼见口润不渴或喜热饮而不多，口气不蒸手。临证不论患者症状如何繁杂多变，疑似隐约，通过全面诊察之后，以此作为指导辨证的要领，则热证、寒证不难以确立，在他的临证经验中，始终贯串着这个精神。

学术成果

吴佩衡数十年来在繁忙的诊疗、教育及学术研究之余，一直勤于笔耕，撰写、编著了《麻疹发微》、《中医病理学》、《伤寒与瘟疫之分辨》、《伤寒论条解》、《医药简述》、《伤寒论新注》等多部著作，在中医理论研究上有所建树。

吴佩衡学术思想是开阔而广博的，它具备完整而行之有效的理论，并有所建树；实践中有所突破、创新。他是云南中医教育的先驱者和奠基人，并在解放后呕心沥血、鞠躬尽瘁继续办中医教育，桃李满天下，造就了一大批中医界的栋梁之才。随着时间的推移，吴佩衡的学术思想、临床特色及超常的用药风格受到中医学术界越来越高的评价。吴佩衡的超群医术和过人胆识已被医界同仁公认。他的学术理论、临床经验无疑是全面的，这已是学术界的共识。这就很自然地形成了独具特色的吴佩衡学术流派。

逸闻趣事

1.名医恭请出诊

吴佩衡早年在会理行医，当时县城一位贡生出生的儒医张辅廷，其孙染病甚重，亲自施治多日而无起色，于是躬身来请吴佩衡。经吴佩衡诊治，仅投药2剂而痊愈。张先生心悦诚服，每与人言及此事，对吴佩衡推崇有加。

2.西医举荐起死回生得义子

1943年昆明市市长17岁的独子曾某某，患肠伤寒重证，群医宣告无救，嘱备后事。后经著名西医徐彪南引荐，吴佩衡为之诊治。他以大剂通脉四逆汤、回阳饮等方投之，经过多日救治，终于挽回生机。此时，他书引七绝一首以为志："阴云四合日光微，转瞬真龙便欲飞。辛甘化阳离火见，何愁大地不春归。"

时隔45年后，1988年在纪念吴佩衡诞辰100周年大会上，当年经吴佩衡救治的曾某某已年过六旬，他欣然题诗一首："道坚伤寒病厥阴，秉哲明断危难生。义父药到春便回，六经辨证妙如神。先君得全心头肉，复生吾子铭骨深。欣逢诞辰庆百年，彪焕千秋照杏林。"并附言："旧体一首实述当年患伤寒重症往事，范先生亦西医名家，曾经叹为神。先父曾恭赠'复生吾子'四字，并以道坚作先生螟蛉之子，以义父尊称，对深恩刻骨铭心。欣逢诞辰百年之庆，借云南省卫生厅、中医学院及学会征文纪念之机，为颂为祝。"

3.赠对联与烧对联

吴佩衡常对门生说："有才无德，有德无才，均不足为良医，应当以德统才，方为优秀的医生。"一门生一直珍藏着吴佩衡书赠他的一副对联。上联：敢诩救人即救国；下联：须知良相媲良医。

吴佩衡曾言："盖凡一种学问，非寝馈其中数十年，断难知其精义所在。"虽然吴佩衡的学术造诣及声望日高，但他仍十分谦逊。一次一个门生出于对他的仰慕和敬重，特地为他写了一副对联："济世全凭寸心无任钦佩，处方独具斗胆有谁抗衡。"吴佩衡看后，认为有过誉之辞，为避免伤害这个门生的自尊心，便借用了一个典故加以开导，结果师生二人欣然将这副对联烧了。

医学感悟

吴佩衡常言："古今医理，极而难穷，欲得一守约之道，实未易也"。此"守约之道"，即精益求精，博而约之之意。

2011

國醫年鑒

GUOYI NIANJIAN

五　中医药名人榜

顾文忠

名人小传

顾文忠，男，1945年生。1969年毕业于上海第二军医大学，1976年毕业于云南省首届中医研究班。曾任昆明军区军医学校中医教研室副主任。1986年从部队转业回上海，曾任上海市南汇区中心医院中医科主任，南汇区高级专家带教导师、南汇区老中医工作室学术经验继承指导老师。1994年荣获上海市劳动模范，2004年荣获全国“五·一”劳动奖章。现为上海市浦东新区名中医，上海复旦大学附属华山医院南汇分院中医科主任医师，中国疑难病研究协会委员，中华中医药学会亚健康分会委员。

从事中医、中西医结合全科医、教、研近40年，学验俱丰，擅长治疗慢性气管炎，慢性胃炎，慢性胆囊炎、胆石症，慢性肝炎、肝硬化，慢性结肠炎，男女不孕不育症，男子性功能障碍，慢性前列腺炎，妇女月经不调，慢性盆腔炎及原因难明的发热等。临床医疗特色为：辨证论治，寒热并用；疑难危症，大剂重药；注重扶阳，擅用附子。

学术经验

顾文忠擅用附子。附子具有回阳救逆，补火助阳，散寒除湿，温经止痛等功效。近代有火神派之称的郑钦安强调：凡见阳虚证候，即投姜附，提倡早用。他说：“凡是阴气上腾诸症，不必近至脱时而始用回阳，务见机于早，即以回阳镇纳诸方投之，方不致酿成脱症之候。”他认为：“凡一切阳虚诸症，如少气、懒言、身重、恶寒、声低、息短、舌润、苔黑，二便清利，不思水饮，心悸、神昏、不语，五心潮热，遗尿，遗屎，手足厥逆，自汗，心慌不寐，危候千般，难以投举，非姜附何以能胜其任而转危为安也乎？”故郑氏治病，凡见阳虚，方方不离干姜附子。

顾文忠以为，郑钦安先生关于“凡阳虚见证，即可投以姜附”的观点，实质是体现了中医“治未病”的伟大思想，非常值得后人继承和发扬。临证30余年来，应用附子治疗一切阳虚证疾病时，根据阳虚轻重程度及老弱妇幼之不同，剂量亦有差异。剂量轻者3-5g，较重者5-10g，重者10-20g，超重者20-30g，极重者30-50g。炮附子剂量满20g以上时，必须用开水先煎1-2小时，然后用筷子蘸取少许口尝，舌不麻为度，再入他药共煎取汁，绝不会发生中毒现象。

在文革期间，顾文忠在云南大理州下关市师从杨丽升和王济承二位擅用附子的老中医时，见他们应用水蒸汽蒸熟附子的新炮制方法，加工命名为“红心附片”。此种附片用量在60g以内，不必先煎，可与其它药同时煎汁，也不会发生中毒现象。王济承老中医在讲课时提到，当地有耕牛误食野草中的生附子而中毒时，即用当地易得的新鲜续断打汁灌服即可解救，人中毒时，也用此法有效。

顾文忠在应用附子治疗阳虚证时，总结出了很多附子与各类药物配伍治疗各种疾病的验方，略举如下：

1. 温阳清热利胆汤

组成：炮附子、淡干姜、补骨脂、党参、白术、柴胡、生山栀、炒黄芩、姜半夏、郁金、赤芍、金钱草、茵陈、甘草。

功用：温肾健脾，清热凉血，利胆退黄。

主治：瘀胆型肝炎及某些阻塞性黄疸之寒热错杂证。面目俱黄，畏寒肢冷，腰膝酸软，口苦口臭，渴欲凉饮，大便溏薄，小便深黄，舌质淡红，苔黄滑腻，脉细滑。

2. 附子平胃汤

组成：炮附子、炒苍术、厚朴、陈皮、藿香、茯苓、淡干姜、甘草。

功用：温脾化湿，行气和胃。

主治：寒湿阻滞脾胃证。畏寒肢冷，胃腹胀满，不思饮食，恶心呕吐，嗳气吞酸，肢体沉重，怠惰嗜卧，大便溏薄，舌苔白腻厚，脉缓。

3. 附子抗风湿汤

组成：炮附子、桂枝、防风、独活、羌活、细辛、当归、川芎、桑寄生、黄芪、白术、茯苓、熟地、秦艽、白芍、甘草。

功用：温阳散寒，祛风除湿，滋养肝肾，益气补血，通痹止痛。

主治：痹证日久。阳气不足，肝肾亏损，气血虚弱，畏寒肢冷，腰膝酸痛，肢节屈伸不利或麻木不仁，心悸气短，舌淡苔白，脉象细弱。

4. 附子养心汤

组成：炮附子、淡干姜、白术、茯苓、黄芪、炒枣仁、党参、当归、炙远志、枸杞子、柏子仁、龙齿、灵磁石、木香、甘草。

功用：温阳散寒，益气补血，健脾养心。

主治：心脾阳虚，气血二虚证。畏寒肢冷，心悸怔忡，健忘失眠，体倦食少，面色萎黄，腰膝酸软，大便溏薄，舌淡苔白，脉细弱。

5. 附子降压汤

组成：炮附子、淡干姜、肉桂、巴戟肉、茯苓、白术、姜半夏、天麻、白蒺藜、代赭石、石决明、灵磁石、荷叶顶、木香、甘草。

功用：温肾暖脾，平冲降逆。

主治：高血压病之脾肾阳虚证。头昏胀痛，伴恶心呕吐，四肢厥冷，舌苔白滑，脉沉迟无力。

6. 附子温胃理气汤

组成：炮附子、淡干姜、党参、白术、茯苓、陈皮、姜半夏、木香、香附、荔枝核、九香虫、炒川连、淡吴萸、甘草。

功用：温补脾胃，行气止痛。

主治：脾胃阳虚之胃痛证。畏寒肢冷，食少便溏，胃腹胀痛，呕吐呃逆，舌淡苔白，脉弦细无力。

7. 附子温阳活血汤

组成：炮附子、淡干姜、黄芪、桃仁、红花、川芎、当归、地龙、仙灵脾、巴戟肉、白术、淡吴萸、水蛭、虻虫、甘草。

功用：温阳益气，活血通络。

主治：中风后遗症之阳虚证。畏寒肢冷，半身不遂，口眼口呙斜，语言蹇涩，口角流涎，下肢痿废，大便溏薄，小便频数，或遗尿不禁，舌黯淡，苔白，脉细涩。

8. 附子消食开胃汤

组成：炮附子、淡干姜、陈皮、姜半夏、木香、砂仁、茯苓、鸡内金、党参、白术、三棱、甘草。

功用：温阳益气，和胃消食。

主治：脾胃阳虚之饮食内停症。畏寒肢冷，食少难消，脘腹胀闷，大便溏薄，舌苔白腻，脉弦细。

9. 附子小青龙汤

组成：炮附子、淡干姜、麻黄、桂枝、白芍、五味子、细辛、姜半夏、象贝母、白芥子、甘草。

功用：解表散寒，温肺化饮。

主治：外寒内饮证。恶寒发热，无汗，胸闷喘咳，痰多而稀，或痰饮喘咳，不得平卧，或身体疼重，头面四肢浮肿，大便溏薄，舌苔白滑，脉浮者。

10. 清肺回阳汤

组成：炮附子、淡干姜、红参、炒黄芩、鹅不食草、光杏仁、炒苏子、象贝母、炙批把叶、败酱草、鱼腥草、半枝莲、炒葶苈子、枳实、半夏、甘草。

功用：温阳益气，清肺化痰。

主治：肺部感染性休克之亡阳证。素患慢性支气管炎，常有咳喘，痰白或黄，粘稠难出，食欲不振，大便秘结，甚者不能平卧，突发神志不清，唇紫而青，手足冰凉，体温、血压下降，汗出而稀。舌质暗红，舌质白腻而厚，脉细弱。

11. 附子温阳止嗽汤

组成：炮附子、淡干姜、麻黄、光杏仁、姜半夏、象贝母、当归、炒苏子、厚朴、紫苑、冬花、茯苓、细辛、五味子、甘草。

功用：温肺化痰，降气平喘。

主治：上实下虚之喘咳。痰涎壅盛，喘咳短气，胸膈满闷，或腰痛脚弱，肢体倦怠；或肢体浮肿，舌苔白滑或白腻，脉弦滑。

12. 复方壮阳汤

组成：炮附子、淡干姜、党参、白术、茯苓、仙灵脾、补骨脂、锁阳、鹿角片、枸杞子、菟丝子、阳起石、当归、红花、木香、甘草。

功用：温补脾肾，壮阳振痿。

主治：阴茎勃起功能障碍之阳虚证。阳痿早泄，畏寒肢冷，神疲乏力，腰膝酸软，大便溏薄，小便清长或液尿频数，舌淡苔白，脉沉细。

13. 加味肾气丸

组成：炮附子、淡干姜、枸杞子、菟丝子、山茱萸、山药、鹿角片、桑寄生、丹皮、茯苓、泽泻、太子参、莲子肉、芡实、麦冬、 五味子。

功用：温阳滋阴，补肾固摄。

主治：消渴病（下消）之阴阳二虚证。小便频数，混浊如膏，甚至饮一溲一，面容憔悴，耳轮干枯，腰膝酸软，畏寒肢冷，阳痿或月经不调，舌淡苔白而干，脉沉细无力。

14. 附子温脏汤组成：炮附子、淡干姜、党参、白术、茯苓、补骨脂、淡吴萸、台乌，芡实、肉豆蔻、五味子、炒地榆、甘草。

功用：温补脾肾，涩肠止泻。

主治：慢性结肠炎之脾肾阳虚证。五更泄泻，或久泻不愈，或白色粘冻样便，畏寒肢冷，神疲乏力，不思饮食，食不消化，或腹中冷痛，舌淡苔白，脉沉迟无力。

主要成果

主持完成市、区级科研课题5项，获科技进步奖4项。参编中医、中西医结合专著5部。近年来公开发表的部分独撰或排名第一的论文：

1. 从临床疗效看中医的科学性，实用中医药杂志，2008，1。

2. 桂枝加大黄汤治案二则，实用中医药杂志，2006，3。

3. 万艾可治疗阴茎勃起功能障碍65例分析，实用中医药杂志，2005，7。

4. 经闭如狂治验1例，实用中医药杂志，2005，2。

5. 黄芪当归生姜羊肉膏治疗阴茎勃起功能障碍122例，实用中医药杂志，2004，12。

6. 倒经治验1例，实用中医药杂志，2004，8。

7. 最新论文列表尿道疼痛治验1例，实用中医药杂志，2004，7。

8. 苡仁附子败酱散治疗阑尾炎2例，实用中医药杂志，2004，4。

9. 复方壮阳合剂治疗阴茎勃起功能障碍临床研究，实用中医药杂志，2003，12。

10. 寒温并用治疗顽固性口腔溃疡1例，实用中医药杂志，2003，11。

11. 六味地黄丸异病同治二则，实用中医药杂志，2003，9。

12. 痰厥治验1例，实用中医药杂志，2003，8。

13. 金匮肾气丸治验三则，实用中医药杂志，2003，6。

14. 顽固性龟头痛治验1例，实用中医药杂志，2003，5。

15. 最新论文列表柴胡桂枝汤治验1例，实用中医药杂志，2002，12。

16. 附子汤治验1例，实用中医药杂志，2002，11。

17. 柴胡加龙骨牡蛎汤治验一则，实用中医药杂志，2002，10。

18. 静脉炎治验1例，实用中医药杂志，2002，9。

19. 泽泻汤治验一则，实用中医药杂志，2002，8。

20. 下淤血汤治验一则，实用中医药杂志，2002，7。

21. 栀子干姜汤治验一则，实用中医药杂志，2002，6。

22. 右归丸合狗肾粉治疗阴茎勃起功能障碍50例，中国男科学杂志，2002，3。

23. 重用苍术治疗顽固性湿证举隅，实用中医药杂志，2001，9。

24. 麻黄升麻汤治验1例，实用中医药杂志，2001，8。

25. 最新论文列表顽固性结节性痒疹1例治验，实用中医药杂志，2001，6。

李少波

名人小传

李少波，1910年2月出生，河北省安平县人。出生中医世家，专长中医内科、针灸。幼年体弱多病，师从祖父学练吐纳导引、行气摄生之术，兼攻《黄帝内经》、《道德经》、《易经》、《勿药元诠》等经典，研究各家各派养生修持要旨。经数十年的躬亲实践和潜心钻研，深悉医经即道，道经亦医，皆以健身延年为旨归。上世纪30年代末和40年代，辗转在陕西凤县、甘肃兰州、青海西宁和北京等地行医，以医道至理医人济世，医德医术颇受群众好评。建国初期，在甘肃省藏族群众聚居的临潭、卓尼等县医院任门诊部主任、住院部主任，极力推广中医、针灸，培养医疗专业人才，为民族地区的医疗卫生事业做出了很大贡献。60年代以来，先后在甘肃省中医院和甘肃中医学院工作、任教，任医院针灸门诊主任、副主任医师，学院真气运行研究所所长、中医主任医师、教授，兰州大学、甘肃老年大学名誉教授，政协甘肃省第四、五届委员等职。

1987年入编《甘肃省教育人名录》，2001年获第五届世界传统医学大会优秀科技成果奖，2004年甘肃省人民政府授予“甘肃省名中医”称号。现任兰州李少波真气运行研究所所长、中国民间中医医药研究开发协会真气运行研究专业委员会主任委员、新加坡李少波真气运行学会名誉会长、马来西亚真气运行学会永久学术顾问等职。

学术经验

早在上世纪30年代，李少波以家传所得为基础，西去川陕秦陇，寻访贤达名流，探索“吐纳导引”的理论渊源及内蕴，力图用医学科学的概念把所学治病方法规范化，让现代人容易理解且方便操作。在此期间，他不仅自学成为一名中医，而且从中医理论中探究出了“吐纳导引”实际上就是《黄帝内经》“上工治未病”预防医学的具体方法。他以自身锻炼的体会和各家经典中有关养生的论述相印证，经过多年从临床和基础理论上进行较大范围观察、探索与研究，总结出“真气运行法”，并制定了五个步骤，亦称“真气运行五步功法”，今称“真气运行养生实践”。以《内经》真气与真气运行概念命名，以区别所谓“气功”的概念，避免混乱。作为该学说的基础真气运行养生实践方法，其特征主要是自练自养，通过集中思想，调整呼吸，培养真气，贯通经络，燮理阴阳，促进细胞新陈代谢，恢复再生力，达到自我修复，自我调节，自我治疗，自我重建等一系列自然疗能。

他在专著中讲到，我们的祖先非常重视养生，首先提出“上工治未病不治已病”的预防思想。如能遵照这种修养方法，即可享乐天年。可是，自隋唐以来，养生保健由盛渐衰，清代以后便无声无息地消失了。究其原因，一是社会形势变得复杂了，人们忙于生产、社交、建设和战争等，无暇从事静养生息。尤其道教、佛教形成后，修真养性的事，便成为僧道的专业。二是生齿日繁，物质日渐丰富，生活日渐多彩，特别是城市的发展，吸引人们离开了大自然的怀抱，衣食住行的安逸舒适使人们自身抗病的功能下降，众多的人便乞灵药物，于是医生增多，药房增多，医药事业兴盛了起来。直到今天，医药事业在全世界已非常发达。医者只追求治疗的工巧，却忽略了未病先治的预防思想。医药治病尽管有一定的效应，但对健康长寿则显得不足。随着药品的日趋增多，杂药乱投，多服久服而引起了医源病和药源病。鉴此，在文明先进的地方，正兴起慎医慎药，提倡健身自疗思潮。如何发挥人体的潜能，采用自控、自调、自我修复、自我建设，勿药而愈的方法，就显得非常重要。而他所创编的真气运行养生实践方法，所发挥的作用充分体现了“上工治未病”这一预防医学思想。人们如能依此去锻炼，假以时日，真气便在人体中循经运行，克期通督，由后天返先天，恢复再生力，有病治病，无病防病。大凡实践者，都能感到体内各种生理变化，从而对中医理论中的阴阳学说、脏象学说、经络学说、气化学说都能有所体验，是实实在在的中医预防医学。

主要成果

经长达5年多的临床观察研究，真气运行获甘肃省卫生厅临床验证科技奖。著有《真气运行法》、《增订真气运行法》、《李少波真气运行法》、《真气运行论》、《真气运行学》等，形成了完整的真气运行学术体系。《真气运行法》曾获全国新长征优秀科普作品奖、甘肃省同名一等奖；《李少波真气运行法》获全国优秀图书奖、中共甘肃省委、甘肃省政府优秀图书奖等；摄制出版发行的《真气运行法》大型电视教学录像片，获国家广播电影电视部著作演示“双向”荣誉奖。

1979年，第一部专著《真气运行法》由甘肃人民出版社出版发行。以后多次重印，印量达100多万册。就在这部书出版前的1978年，甘肃省卫生厅选择了他多年在临床运用的真气运行医疗保健方法，作为科研项目，进行了长达5年多的临床科学研究，证明对多种慢性疑难病症都有显著疗效，于1983年获甘肃省卫生厅真气运行临床科技二等奖。经修订、补充成书的《增订真气运行法》、《李少波真气运行法》，又相继出版发行，同样大受社会和广大读者的欢迎。1995年，又一部专著《真气运行论》由甘肃文化出版社出版发行。1999年，在他90岁的时候，力作《真气运行学》问世，在国内和海外同时出版发行。从“法”而“论”，从“论”而“学”，不仅是学术思想的升华，而且标志着真气运行已成为一个完整的学术体系。

医学感悟

无病先防是《内经》的重要精神，也是中医学的核心。只有抓住这个根本问题，才不致舍本逐末。

廖品东

名人小传

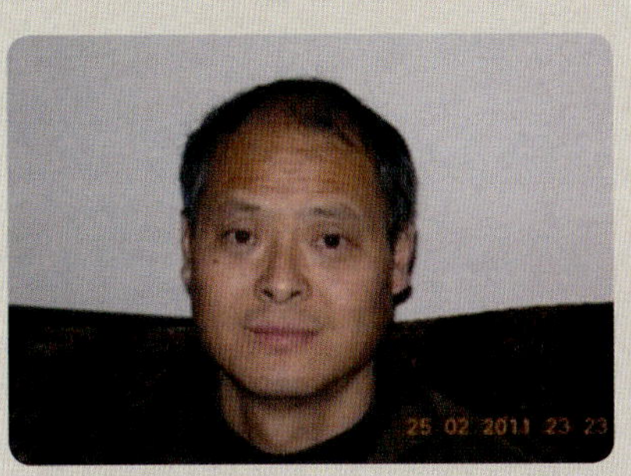

廖品东，男，出生于1959年1月。教授，推拿专业硕士生导师。中国针灸学会推拿专业委员会委员，四川省针灸推拿学会推拿专业委员会副理事长。《中华推拿疗法杂志》专家编委。四川省职业鉴定委员会推拿鉴定专家。

廖教授于1977年参加高考被当时的绵阳中医学校录取，从此走上中医之路。中专毕业后，在江油长城钢厂职工医院工作两年之后，复参加高考，于1982年考入当时的成都中医学院医学系，1987年又以优异成绩考取中医内科研究生，师从著名中医内科专家张发荣教授。毕业后留校，在推拿教研室工作。

由于其历经中专、大学本科和研究生等不同层次专业学习，具有中医内科和针灸推拿的系统理论知识，中医功底较为深厚，阅历与经验丰富。

几十年来，他坚持临床从未间断。善于内、外治结合，中、西医结合。对中药、针灸、推拿、薰洗、外治等疗法的特点及适应范围体会尤深，善于扬长避短组合应用，因而临床疗效较佳。他长期研究小儿推拿，先后整理了小儿感冒、小儿厌食、小儿复式操作手法等古代文献；整理了小儿推拿三字经、湘西小儿推拿等流派，为继承和发展小儿推拿作出了贡献；在临床，他对小儿厌食、感冒、泄泻、脑瘫等有独到的认识和很好的治疗。

在教学方面，他严格要求学生，业务上悉心指导，推拿时言传身教，其教学语言生动，联系实际，运用启发式教学，并善于调动学生的积极性，使教学互动。在杂症推拿与小儿推拿教学方面尤有特色。曾三次参加学校主办的教学比赛，获得两个第一名，一个第二名。还多次被评为省市“优秀教师”和“优秀学生指导员”。先后主持了“启发式教学模式探讨”、“推拿手法操作技能的客观化评判标准”，以及“师、生、患三位一体推拿临床教学模式探讨”等教研课题。担任过四川、甘肃等省的推拿手法技能大赛的裁判长。

从2000年开始招收小儿推拿研究生，其学生遍布海内外。

曾先后应邀到新加坡、韩国、台湾、马来西亚、香港和澳门等地主讲小儿推拿学。

在科研方面，主持并承担国家自然科学基金、国家中医药管理局、卫生部、省教委、省中医管理局及学校等不同层次的推拿课题共7项。

学术经验

1. 内、外治疗结合。廖教授深刻地认识到每一种治疗方法都有其最佳适应范围。如内治法运用有针对性的药物，药物弥散全身，对全身气血、阴阳的调节作用是一般的外治法不可比拟的；但“是药三分毒”，故其副作用，以及药物的煎煮、味道等又制约着它们的运用。而外治法具有局部接触优势，对内脏无毒副作用，直接激荡气血。故一个好的医生就是要善于运用最为有效，最为简便，同时又是最少毒副作用，以及最为便宜的方法去治疗疾病。廖教授从小儿的皮肤、阴阳、气血、感应性等特点出发，在临床上大力提倡小儿推拿，取得了很好的临床疗效。

2. 重视脘腹直接操作。传统小儿推拿的穴位主要在四肢，民间有小儿“百脉皆汇于两掌”之说。很多小儿推拿流派也大多在手上取穴与操作。廖教授在运用手上穴位的基础上，特别重视脘腹穴位与部位的运用。他认为脘腹囊括了重要的消化脏器，在其上直接操作将改变腹腔和盆腔的内压，激荡内体器官，其促进胃肠蠕动的功能是其它疗法不可比拟的。他创立了荡腹法、挪腹法、挤碾法等尤为适用于小儿厌食、便秘、肥胖等。他关于传统小儿止泻四法（龟尾七节摩腹揉脐）现代机理与特点的总结为学术上所认可。

3. 创新手法。他非常重视继承传统小儿推拿，经常深入民间，收集与整理民间的小儿推拿资料，如他整理了民间小儿推拿的“抱肚法”、“倦抱扳胸法”和“捏脊疗法”等，还以录像的方式进行保存，为小儿推拿技法传承做出了很大的贡献。但他却不拘泥于古法，他常说，只有创新，学术才能发展并充满活力。他根据现代对小儿生理与病理的认识，积极思考与创新手法。如他的许多脘腹部的直接操作，以及“调五脏”等创新手法由于更加切合小儿实际，因此，深受小孩喜爱，从而有利于提升疗效。

主要成果

1. 编制小儿厌食、小儿反复感冒和小儿健脑益智图书与光碟，2005年10月由重庆西南大学音像出版社出版。

2. 主编《小儿推拿学》，2000年10月由北京科学技术出版社出版。

3. 不同方向摩腹对胃生物电影响的比较研究，四川中医，2006，12。

4. 我们民间的两种（小儿推拿）特殊扳法，《按摩与导引》，2006，6。

5. 不同方向摩腹对胃肠动力学影响的实验研究，《中医杂志》，2006.12。

6. 论推拿三字经流派的临床特点，《中华推拿疗法杂志》，2005，3。

7. 推拿手法操作的客观评判标准探讨，成都中医药大学学报·教育科学版，2004，2。

8. 拔颈法对老年人血压影响的临床观察，四川中医，2000，9。

9. 推拿教育的时代要求和现实差距，按摩与导引，2000，4。

10. 推拿治疗脾胃病症的优势和方法，按摩与导引，2000，3。

11. 空调综合征及其推拿防治对策，按摩与导引，1999，6。

12. 推拿调整人体升降的原理与方法，按摩与导引，1999，5。

13. 论推拿医学的学术特点，按摩与导引，1998，3。

14. 推拿调整人体阴阳的原理与方法，按摩与导引，1996，6。

15.辨证加“脏腑点穴”治疗小儿久泻56例，按摩与导引，1996，4。

16.提高小儿推拿临床疗效值得注意的几个问题，1995，4。

17.择时针刺对肾虚者红细胞免疫的影响，成都中医学院学报，1990，1。

18.肾虚患者红细胞免疫粘附抑制因子测定，四川中医，1989，12。

医学感悟

当面对疾病的时候，当面对活泼可爱的小小生命的时候，在为自己的职业而兴奋的同时，却又无不因为治疗途径的缺乏，以及疗效难以满意而陷入深深的痛苦之中。

医学无止境，探索亦无止境。

刘华为

名人小传

刘华为，男，中共党员，1950年出生。毕业于陕西中医学院，研究生学历，医学硕士学位，中医主任医师、教授、博士生导师。现任陕西省中医药研究院暨陕西省中医医院业务副院长，中医肿瘤科学科带头人，国家“天使工程项目”陕西中医肿瘤中心主任。兼任中国中医科学院博士生导师，西安交通大学医学院教授、硕士生导师，陕西中医学院教授、硕士生导师，世界中医药联合会亚健康委员会理事，陕西中医学会常务理事，《陕西中医》杂志编委会副主任，陕西省军区首长医疗保健首席专家等职。

他早年师从多位名医，从1968年起正式悬壶，1972年在陕西中医学院开始就读深造，大学毕业后在宝鸡中医药学校任教，先后担任教研室主任、副校长；1980年9月在温州医学院参加了卫生部举办为期一年的“全国古典医著师资提高班”进修；1985年9月后，在陕西中医学院攻读“温病理论与临床研究”硕士学位研究生，师从于原陕西中医学院院长、全国著名中医内科学

家、国医大师张学文教授，获医学硕士学位；从1988年9月起，兼任陕西省委机关医院副主任医师、主任医师；从1998年7月起，任西安医科大学、西安交通大学校长助理、教授、主任医师；2002年8月至今任陕西省中医药研究院暨陕西省中医医院业务院长，研究员、主任医师、硕士生导师；2006年被新闻媒体组织的百万读者公投评选为“陕西十大名医”，同年被省卫生厅推荐进入《陕西省志、人物志》（下册）；同年被全国中华中医药学会授予“全国首届百名中医药科普专家”称号；被省委、省政府授予“陕西省有突出贡献专家”称号；2007年9月被中华中医药学会评选为“全国中医医院优秀院长”；2008年被国家确定为第四批全国老中医药专家学术经验继承工作指导老师，同年被陕西省人民政府授予“陕西省名中医”称号；2009年被评定为中国中医科学院博士研究生导师。

刘华为教授敏而好学，学研俱丰，2003年获陕西省第八届自然科学优秀论文三等奖1项，2004年获中国管理科学院《中国新时期人文科学优秀成果奖》1等奖1项，先后获国家新药成果证书6项，国家新药临床批件5项，科技成果转化5项，2004、2005、2006、2007年连获“陕西省科学技术奖”3等奖4项，国家中医药管理局中医药科研成果推广项目2

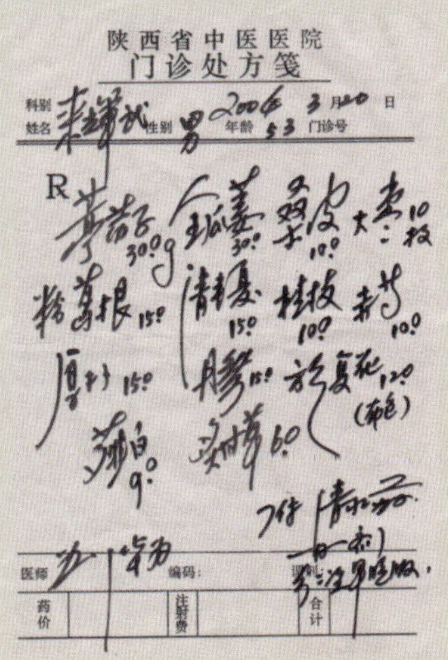
陕西省中医医院
门诊处方笺

项，陕西省科技厅中医药科研成果推广项目1项，陕西省卫生厅科技项目1项，陕西省中管局中标课题3项，先后指导国家级老中医药专家学术继承人2名，博士研究生1名，硕士研究生11名。

他曾多次应邀前往新加坡、马来西亚、西班牙、日本、葡萄牙等国家讲学和学术交流，促进了中医药在国外的传播。近年来，他为推动中医事业改革和发展，积极奔走呼吁，可谓呕心沥血，作为院领导、著名中医专家，对中医药现代化、中医继承与发展以及中医教育、中医实验、中医立法等有关问题，提出了诸多建设性意见，在中医界产生了重大影响，促进了中医药学科的发展。

学术经验

刘华为教授中医理论根底深厚，对一些现代人认为玄妙的中医学说领悟深刻，并能娴熟运用于指导临床。他认为，气化是人体物质代谢的高度概括。人体要把饮食物变化为自身的营养成分（气、血、津、液），必须经过脏腑气机的升降出入运动才能实现，而这一新陈代谢的过程就是气化。他认为，中医和西医都有研究人体新陈代谢的任务，西医叫“细胞氧化”，中医称为“气化”，细胞氧化是在细胞中进行的，中医气化是在以五脏为中心的人的整体进行的。中医应用五行循环的生克制化理论来阐明五脏在人体气化中的重要性，它通过生克制化把饮食物变成人体的精微物质（气血津液）。相生过程是精微物质的合成过程，相克过程就是津微物质的分解过程。若生克制化（气机）失司，则为相乘相侮。气机升降失常，气化失司，就会导致痰、饮、水、湿、瘀等代谢性产物的产生，形成继发性致病病因，其中痰、饮、水、湿往往是气和津液代谢失常的产物，瘀是血代谢失常的产物。在生理上气血津液相互补充，在病理上往往相互交结， 形成“水瘀互结”、“湿瘀互结”、“痰瘀互结”、“痰湿互结”等病理机制，发生在各类疾病的过程中，进一步导致气机失常，气化失司，形成复杂的恶性循环。他把五行学说同中医的气化学说联系起来，深化了中医的基础理论。他用这种理论指导临床实践，他认为内科疾病的产生尤其是疑难杂症，都与“气化失司”，“痰（水、饮、湿）瘀互结”有关。治疗的目的在于恢复人体正常的气机运动和气化功能。从这一理念出发，他在治疗内科疾病中，紧守病机，各司其属，着眼气机，着手气化。如他在分析脾胃肝胆大小肠等消化系统疾病时，把调节气机、恢复气化放在首位。他认为脾胃肝胆大小肠气机升降失常是本，是发病的根源，而痰、湿、水、瘀是病理性产物，是标，治宜标本兼顾。或疏肝健脾化痰，或疏肝健脾利水，或理气健脾化瘀，或柔肝健脾通络，或疏肝和胃降逆等等，病机千变万化，治疗随证变法，但其目的是变相乘相侮为相生相克，恢复生克制化的正常气化关系。他常把四逆、逍遥散、痛泻要方、半夏泻心汤、大小柴胡汤、温胆汤、胃苓汤、归芍六君、香砂养胃等古方，灵活地合并或化裁，得心应手，疗效显著。他以《素问经脉别论篇》“饮入于胃，游溢精气，上输于脾，脾气散精，上归于肺，通调水道，下输膀胱”的理论和临床实践，认为《素问》已明示了人体水液代谢的全过程和最终下输膀胱的结论，中医膀胱的概念应包括现代医学的“肾”和“膀胱”，“肾”为膀，“膀胱”为胱，合称膀胱。他认为现代医学的“肾”与“膀胱”之病，实质是中医膀胱“气化不宣，水瘀互结”所致。治宜宣气化，利水湿，化瘀毒，认为五苓散，桃核承气汤或抵挡汤是治疗该病的典型方剂。还认为，伤寒论太阳病篇蓄水证和蓄血证是指慢性肾炎、肾病综合征、尿毒症。作者归类在太阳病篇的原因是因为这类病与溶血性链球菌感染有关，多由感冒，上呼吸道感染后复发或加重，故列为太阳病篇。认为五苓散健脾利水，适用于慢性肾炎；桃核承气汤或抵当汤活血利水通便，适用于“肾病综合征”或“尿毒症”，既活化了肾小球基底膜血管硬化，又使水从大便排出，减轻“肾”的负担，实际上对肾衰和尿毒症进行了肠道透析。同时他还认为中风的本质是脏腑间的生克制化（气化）失司，主要表现为肝气升发太过（气机失常），水瘀互结是其主要病机。

血有瘀便是水，用五苓散类方剂健脾利水，

降低脑压，或用桃核承气汤或抵当汤类，既可活血通络，又可通腑下气，以降低脑压和血压。他认为“肾”与“膀胱”之病与中风同为“气化失司，水瘀互结”，病机相同，可异病同治。

他的这些观点都体现了中医的辩证思维。他常用辛开苦降，分消走泄法治疗代谢综合征，他认为气化失司，气机失常，体内代谢产物（痰、湿、水、淤）停聚是代谢综合征的实质，法宜辛开苦降，分消走泄，方能舒展气机。主张用黄连温胆汤，半夏泻心肠合五苓散或加杏、蔻、橘、菖、薤等轻苦微辛，具有流动功效的中药以调畅气机，恢复气化。他在治肺病时，主张分析病情要着眼于五脏六腑，治疗宜宣降并施，急则兼通腑气，缓则培土生金。认为肺之为病是脏腑气机失常，导致肺失宣降，气化失司，不独在肺。对癌症治疗主张带瘤生存，分年龄段治疗。认为癌症发生的病机是正虚邪实，气化失司，水瘀、痰瘀、湿瘀交夹，治宜祛邪，但又须温化，温化用参附、术苓之辈。中青年血气方刚、癌变迅速多端，治宜七攻三补，年老体弱，癌亦相对稳定，治宜七补三攻，攻不宜峻，以免损伤元气，使气化难以恢复。

他在治疗疑难杂症中，常用辨证思维与逆向思维合参，迂回出招，取效甚捷。如他用利水剂治愈多尿症；用升举法治愈顽固性呃逆症；用通降法治疗胃下垂；用附子退高热；用附子降虚火；他还从气治水，用升清降浊治愈积水症（脑积水、肝硬化腹水、心包积液、胸膜积液、肾盂积水等）；从水治血，用利水法治愈功能性子宫出血，用“少火生气”理论治愈甲状腺功能减退症；用壮火食气理论辩治“衰竭症”；用通腑泻热法治愈胃柿石所致急黄昏迷症，等等。不一而论。他善用四苓、五苓、四君、六君、理中、补中之辈；温胆、泻心、二妙、四妙之类，认为这类方剂能调节气机、气化。甚或半夏附子同用，认为附子能生阳气，半夏能降逆气，一升一降，温阳化气，调畅气机，恢复气化。

1999年，西北政法学院的王教授患口渴多尿症，每天喝四五瓶水仍不解渴，因为尿比重和渗透压低，开始以为患上尿崩症，怀疑是脑垂体方面的病变，检查后被排除。后来又怀疑腮腺分泌失常，经检查左侧腮腺有轻度萎缩，用陈皮酊等刺激腮腺分泌，以干燥综合症请中医会诊，先后用增液汤、益胃汤、麦味地黄丸等，症状仍未消除。经人介绍请刘华为诊治，他依据膀胱气化不宣而用“五苓散”治疗，3剂后各种症状有所减轻，5剂后渴止尿停。王教授曾在中医学院工作8年，对中医也略有研究，他对刘华为教授为自己采取的尿多而利尿治疗思路感觉蹊跷。刘华为解释：膀胱气化不宣，就会津不上承而口渴，渴而大量饮水或用滋阴、养阴、生津的药物，使膀胱气化进一步失常，失常后津不上承口更渴，渴而饮水尿更多，遂成恶性循环。五苓散为利尿之剂，通过利尿宣通膀胱气机，使膀胱气化功能恢复，水液代谢正常，口渴饮水自然消失，尿多症状就自然解除。

主要成果

刘华为教授热爱中医事业，是一名“铁杆中医”。几十年来，他发表学术论文百余篇，出版著作八部。其中《陕西温病学发展史》、《传统哲学与传统医学的关系》、《中医的优势、缺陷及对策》、《中医的继承与发展》、《中医的病根在哪里》、《中医药要走自己发展的道路》、《中国的传统医药应该建立完备的法律体系》、《日本对中医诊治之研究》、《中医及复方的临床研究》等书籍和论文在国内外引起了很大的反响和好评。

主要科研成果

1.2004、2005、2006、2007年连续四年获“陕西省科学技术奖”三等奖4项。

2.2003年获省第八届自然科学三等奖优秀论文奖（获奖成果编号：503055）； 2004年获中国管理科学院《中国新时期人文科学优秀成果》一等奖（获奖成果编号：NO：02-50-19》）；《脑积水》一书2006年获中华中医药学会“康莱特杯”优秀著作奖。

3.研制的《益气复脉片剂》于1998年6月3日被卫生部批准为国家三类新药，证书编号：

（98）卫药证字Z—129号；研制的《抗癌新药——注射用高三尖杉酯碱》2002年9月30日被国家药品监督管理局批准为国家三类新药，证书编号：国药证字H20020382；研制的《注射用苦参碱》2003年9月23日被国家药品监督管理局批准为国家四类新药，证书编号：国药证字H20030841；研制的《抗高血压新药—替米沙坦片剂》2004年1月6日被国家食品药品监督批准为国家二类新药，证书编号：国药证字H20040264；研制的《新一代质子泵抑制剂—雷贝拉唑钠肠溶液胶囊》2004年7月23日批准为国家2类新药，证书编号：国药证字H20040789；研制的《治疗Ⅱ型糖尿病新药——那格列奈》2006年6月13日被国家食品药品监督管理局批准为国家2类新药，证书编号：国药证字H20060705。

4.《抗癌新药—注射用高三尖杉酯碱》、《抗高血压新药——替米沙坦的研究》、《新一代质子泵抑制剂—雷贝拉唑钠肠溶液胶囊》、《治疗Ⅱ型糖尿病新药—那格列奈的研究》从2004年6月14日起均被陕西省科技厅确认为陕西省科学技术成果。

5.新药《可欣舒》、《欣可静》、《将军烧伤软膏》、《雷贝拉唑纳肠溶液胶囊》、《那格列奈》等先后被国家药品食品监督管理局批准进行临床研究。批件号分别为2004L01100、2004L01171、2004L04330、2004S02931和2003L01819。

6.主持研制的《调中益气丸》2001年度被陕西省食品药品监督管理局批准为院内临床制剂；主持研制的《华威关节康热敷袋》于2004年度被陕西省食品药品监督管理局批准为保健用品，已投入市场，收效良好。

7.《注射用苦参碱》、《抗癌新药—注射用高三尖杉酯碱》、《抗高血压新药—替米沙坦片剂》、《新一代质子泵抑制剂—雷贝拉唑钠肠溶液胶囊》、《治疗Ⅱ型糖尿病新药—那格列奈的研究》均转让药厂，产生了重大的经济和社会效益。

代表性论文与专著

1.试论传统哲学与传统医学的关系，《西北大学学报》，1991，4。

2.陕西温病学发展史，《陕西卫生志》，1987，1。

3.试论中医学的优势缺陷及对策，《医学与哲学》，1989，5。

4.活血化瘀法则在萎缩性胃炎中的应用，《陕西中医学院报》，1991，3。

5.《论中医药的继承与发展》（刊于《中国医药学术探微》），2004年11月由陕西科技出版社出版。

6.《中药及复方的临床研究》(刊于《中医药临证研究实录》），2006由陕西科技出版社出版。

7.消积健脾丸治疗营养过剩导致幼鼠缺铁、缺锌的实验研究，陕西中医，2007，5。

8.《日本对中医诊治之研究》，1999年7月由陕西人民出版社出版。

9.《中华伦理道德辞典》，1992年6月由陕西人民出版社出版。

10.《脑积水》，2001年11月由中国图书出版公司出版。

他还担任了《健康教育从书》（1996年由陕西科技出版社出版）、《乡村医生教材》、《中医药研究》（2002年11月由世界图书出版公司出版）、《中医药实践与创新》（2003年9月由中国社会出版社出版）、《中医药学术探微》（2004年11月由陕西科学技术出版社出版）等书编委及部分编写工作。

他先后还在《陕西中医》、《陕西中医学院学报》、《中医杂志》、《医学与哲学》、《中国社会医学》、《中国医学伦理学》、《西北大学学报》、《陕西中医学院学报》、《内蒙古中医药》、《陕西卫生志》、《西北护理学》等杂志发表了“内经中唯物辨证法思想初探”、“陕西温病学发展史”、“千金犀角地黄汤治疗热瘀证机理初探”、“诸病源候论、千金方、外台秘要对温病学的贡献”、“养生之道中的辨证法”、“汉藏医学交流形式”、“顺性养老——一个值得探讨的社会问题”、“金匮要略治瘀法则初探”、“张学文论瘀治瘀经验琐谈”、“急黄诊治方法初探”、“医德概念举隅”、“中医免疫思想初探”、“赵炳南外用药剂型初探”、“传统医德篇章举隅”、“活血化瘀法则在萎缩性胃炎中的应用”、“试论传统哲学与传统医学的关系”等学术论文。

医学感悟：

“大医精诚，做好医就要有这种精心和诚心，性命相托，不敢有丝毫马虎懈怠！”

刘振寰

名人小传

刘振寰，1958年4月出生于山西，祖籍河北省。现任广州中医药大学附属南海妇儿医院副院长，脑瘫康复中心主任，儿科教授、主任医师、博士生导师；享受国务院特殊津贴的儿科专家；2005年国务院授予其全国先进工作者称号；传统医学博士，获卫生部首批有突出贡献中青年专家称号。

1974年知青时成为赤脚医生，并跟随当地名老中医学习中医妇儿科逾3年之久；1981年毕业于长治医学院儿科专业；1981年至1996年于山西省阳泉市第二人民医院儿科工作；1990年任儿科主任；1985年至1986年在浙江中医学院学习中医儿科；1988年在北京医科大学第一医院进修小儿神经；1997至1999年任山西省阳泉市妇幼保健院副院长、阳泉市弱智儿童康复医院院长。在职期间(1996—1998年)就读山西医科大学在职研究生；1997年11月至1998年1月在美国纽约学习小儿脑瘫康复；1998年赴德国短期学习小儿脑瘫康复。从事中西医结合儿科临床工作30年，对儿童神经康复的研究近20年。创办广州中医药大学附属南海妇儿医院（南海妇幼保健院）小儿神经康复科。

历年所担任的社会兼职有：国际亚洲大洋洲小儿神经协会终身会员，国际亚洲传统医学会副主任委员，国际物理与康复医学会会员，国际神经修复学会理事，世界中医药联合会儿科专业委员会理事，世界中医药联合会康复保健专业委员会常务理事，世界神经康复治疗学会会员，全国中医药高等教育学会儿科研究会理事，中国中西医结合学会儿科专业委员会委员，中国针灸学会针灸康复专业委员会理事，中国微循环学会理事，中国音乐治疗学会常务理事，中国优生优育协会儿童发育与行为专业委员会委员，中国康复医学会儿童康复专业委员会常务委员，中国残疾人康复协会小儿脑瘫康复专业委员会常务理事，中国中西医结合学会微循环专业委员会委员，中国康复医学会创伤康复专业委员会副主任委员，广东省康复医学会儿童康复专业委员会副主任委员，广东省特殊儿童保健专业委员会副主任委员，广东省中西医结合儿科专业委员会副主任委员，广东省针灸学会常务理事，《中国微循环学杂志》《中国儿童保健杂志》《中国伤残医学杂志》《中医儿科学杂志》编委等。

学术经验

1986年以来，经大量的动物实验和后天性小儿智力低下、脑瘫的临床研究，提出脑瘫患儿“脑微循环障碍学说理论”，采用大剂量莨菪类药和服用其研制的益智康复丸为主、并应用其创立的头部智九针疗法等以改善脑微循环，促进脑细胞信息传递的中西医结合的创新疗法，共收治中国及法国、美国、日本、英国、新西兰、新加坡、波兰等20个国家的智力低下患儿和脑瘫患儿1万多例，使6800多例患儿回归学校、回归社会。率先研究出了“现代医学康复+传统医学康复+家庭医学康复”的中西医结合家庭康复模式，该康复模式使脑瘫患儿大脑萎缩、脑发育不良恢复率达25.9%，明显高于康复训练组的2.56%，可促进患儿的脑发育及神经细胞的功能重组。该模式在促进瘫痪肢体运动功能恢复的同时，还可明显促进智力、认知、语言的恢复，是国际先进的Bobath法、NDT法、SPR手术、BTX－A注射疗法所不能达到的一个亮点。成果在北京、天津、上海、广州、香港、印尼、荷兰、等国内外医疗机构推广应用并取得了较好的临床效果。1993年以来先后赴美国、英国、西班牙、澳大利亚、挪威、新加坡等12个国家进行小儿脑瘫康复学术讲座。2004年11月25日在英国，第二届国际Oswestry脑瘫学术会议上做了45分钟的“针灸在脑瘫康复中的应用与评价”大会主题报告，系亚洲唯一的主题报告者。

主要成果

科研成果

主持完成了国家自然基金项目——针刺合神经生长因子治疗脑性瘫痪的机理研究；主持完成了广东省科技厅的省社会发展科技计划项目——围产期脑损伤性残疾儿童及父母生存质量研等10余项省市级重大科技项目。

在国内率先开展了小儿脑瘫的家庭康复，研究出经济实用、可操作性强、有效的脑瘫家庭康复适宜技术，编辑出版了配套的实用有效、易操作的可读可视的家庭康复系列教材，经数千个家庭的应用得了显著的效果。研制发明了“脑瘫舒筋活络按摩油”并获得了国家发明专利。《小儿急性肺炎血液流变学研究》1993年获山西省科技进步二等奖、全国科技创新奖；《小儿MOF多部位微循环研究》1996年获山西省科技进步三等奖；《小儿智力低下的中西医结合治疗研究》1998年获山西省科技进步二等奖；所著《综合治疗小儿脑性瘫痪的临床应用研究》获2006广东省科技进步二等奖。培养儿童中西医结合康复研究生10余人。2009年被中华中医药学会授予全国中医康复保健先进个人及全国中医药治疗难治病学术贡献奖。

主要论著

主要著有《儿童脑发育与保健》，《让脑瘫儿童拥有幸福的人生》，《现代康复治疗学》，《小儿脑瘫家庭康复手册》，《中国儿童早教工程》，《小儿脑瘫家庭康复按摩法》，《0-2岁运动落后和姿势异常的家庭科学康复法》，《小儿脑瘫家庭康复》，《脑瘫儿童家庭康复训练指导VCD》，《小儿运动发育迟缓康复训练图谱》，《临床疾病康复学》等。

在国内医学刊物及学术会议发表论文152篇，国际刊物发表38篇，被SCI和ISTP收录数篇。部分论文题录如下：

1.Clinical study of treating cerebral palsy with Chinese and western medicine ——Brain &Development (Official Journal of the Japanese Society of child Neurology) 2002 VOL 24 NO 6 634

2.Improving Quality of Life in Children With Cerebral Palsy By Acupuncture Therapy ——Neurorehabilitation & Neural Repair 2006 VOL 20 NO 1，111

3.Clinical Observation on Effect of Clearing the Governor Vessel and Refreshing the Mind Needling on Head SPECT and CT Scanning of children with Cerebral Palsy——Journal of Rehabilitation Medicine 2008 Supplement 46，44

4.电针对新生鼠缺氧缺血脑组织神经细胞凋亡及神经生长因子蛋白表达的影响，《中国临床康复》2006，10（23）

5.针灸对痉挛型脑瘫患儿生存质量的研究，《中国中西医结合杂志》 2007，27（3）

6.针灸合神经生长因子对脑瘫患儿脑功能代偿的研究，《中国针灸》2007，27(8)

7.脑性瘫痪疗效影响因素的Logistic回归分析，《中华物理医学与康复杂志》2007，29(8)

8.通督益肾健脾按摩结合音乐疗法治疗脑性瘫痪临床观察，《世界针灸杂志》2009，19（2）

9.儿童运动发育迟缓康复的新进展，《按摩与康复医学杂志》，2010，1（9）

10.脑瘫患儿智能发育与粗大运动功能分级的相关分析，《实用儿科临床杂志》2010，25（13）

11.通督醒神针刺法对脑性瘫痪幼鼠脑组织神经细胞凋亡及神经生长因子蛋白表达的影响，

《中医药临床杂志》，2010，22（1）

12.体感音乐疗法降低痉挛性脑性瘫痪患儿肌张力临床观察，《中国中西医结合儿科学》，2010，2 （1）

13.不随意运动型脑性瘫痪患儿不同亚型运动预后的回顾分析，《中国中西医结合儿科学》，2010，2（1）

14.推拿结合药浴早期干预婴儿脑损伤的临床观察，Journal of Acupuncture and Tuina Science （针灸推拿医学），2010，8（5）

15.通督健脑补肾运脾推拿法对预防高危儿脑损伤后遗症的临床观察，《世界中西医结合杂志》，2010，5（2）

栾长业

名人小传

栾长业，男，1937年7月生，辽宁盖州市人，中共党员，栾氏推拿创始人。1956年毕业于鞍山汤岗子卫校。历任山东省威海市疗养院推拿研究室主任，腰腿痛科主任，中医科副主任，现任中国传统医学手法研究会山东省分会常务理事，山东省推拿学会副主任。

栾长业早年师从推拿名医郑国范和田永恒先生多年，又经过上海推拿学校系统学习，随后虚心向国内几名不同流派的推拿名家学习，如丁季峰先生的一指禅，马万龙、李锡九先生的中医内科推拿及石笑仙的伤科整骨推拿，青岛李德修、张汉臣两位老先生的小儿推拿。在50多年的临床实践中，栾长业秉承传统中医推拿诸流派之精髓而创立的栾氏推拿学派，融医疗与保健功能于一体，手法丰富系统，治疗独具特色，获得广泛赞誉。

学术经验

栾长业在运用个人经验龟尾穴拔火罐一次性治愈婴幼儿消化不良性腹泻的特效疗法基础上，根据龟尾穴这个部位是马尾神经分布的区域，有司二便的生理功能以及督脉经的固摄与对胃肠具有调节作用的特点，在龟尾穴部位上施以拍打法，用于配合治疗小儿肚腹胀满和便秘等病症也收到了较为理想的治疗效果，并且发现此法对小儿小便赤色不利和遗尿等也有很好的治疗作用。

为了体验在龟尾穴这个部位拔罐与拍打刺激后有何作用，栾长业请弟子用相同方法在自己龟尾穴部位上拔罐与拍打，其拔罐的体会是：当胃肠功能处于严重紊乱时，火罐拔上后腹部立即有一种像做热敷一样的温热舒适睡意感。拍打后的体会是：在龟尾穴部位拍打20至30次后腹部胃肠蠕动明显增强，有气在不停地上下串动，不时有气从体内排出。由此验证了在龟尾穴拔火罐与拍打能有效地止泻涩便与利便的作用。

主要成果

栾长业总结的“栾氏推拿四大基本手法”、“全身六大常规系列推拿法”对顽固性颈椎病、颈与腰椎椎间盘突出症疗效独特，而且使很多患有蛔虫性肠梗阻病患儿免遭手术之苦。总结的“下颌关节脱位口腔外复位法”，可使病人在不知不觉中得到复位，较传统复位法简便、快捷、无痛苦。创编出版了成人与小儿彩色《推拿挂图》。倡导参与编写的书目有：《齐鲁推拿医术》、《中国推拿妙法荟萃》等多种。自1970年以来，通过临床带教和办培训班等多种形式，先后培训专业推拿工作者4000余名，学生遍及海内外，其中不少人学有所成，取得了显著成绩。1990年7月中旬，应国家有关单位邀请，栾长业率领本派几名主要传人李尚训、李冬生、栾大海等赴京参加了“中国医药暨传统手法专家亚运会义诊团”，并任医务处副主任、东北分团团长等职，为中国首次举办的亚洲体育盛会义诊三个月，受到广泛赞扬。另外，栾长业还有数次应邀赴香港讲学办班，开设门诊。曾被威海市政府授予第一批专业技术拔尖人才，并荣获山东省优秀科技工作者称号。

主要论著

1.《栾氏推拿法》，人民卫生出版1994年出版。

2.《小儿推拿疗法》，外文出版社1989年出版。

3.《成人推拿挂图》，山东科学技术出版1982年出版。

4.《小儿推拿挂图》，北京科学技术出版社2004年出版。

5.《常见腰腿痛病与推拿疗法》，主编，人民卫生出版社2008年出版。

6.《常见颈肩臂痛病与手法治疗》，主编，人民卫生出版社2008年出版。

7. 透视下手法整复胃扭转23例报告，按摩与导引，1992，4。

8. 推拿意外病例分析，按摩与导引，1991，3。

医学感悟

我非常推崇《医宗金鉴》所说的“知其体相，识其部位，一旦临证，机触于外，巧生于内，手随心转，法从手出。”每每揣摩，都有感悟，其中机理，奥妙无穷。

“工欲善其事，必先利其器。”要做好推拿治疗，首先需要有扎实的各科医学基础理论和娴熟到位的手法。同时，还需要集中百分之百的意念，做到全神贯注，专心致志。

欧阳传斌

名人小传

欧阳传斌，男，汉族，1957出生，湖南新化人。原湖南省中医药学会民间医药专业委员会副主任会员，2009年起被湖南中和亚健康服务中心聘为特约中医专家。

2008年11月，卫生部副部长、国家中医药管理局局长王国强同志在“中医中药中国行”走进湖南长沙活动现场与欧阳医师亲切交谈。

中醫博大恒精深陰中有陽陽生陰寒熱虛實兩重性辨證論治方劑神絕命回生已作奇中華千古一絕兮

歐陽傳斌書

辛卯年七月

欧阳医师手书对中医的认识

欧阳医师半岁失怙，由祖父抚养成人。其先祖父洪仪公为清末湘中草药医，驰名乡间，救人无数。8岁即承家学，在祖父耳提面命下诵读经典，精研草药。为求准确掌握中药性味功能，曾口尝百药，几经风险，以致牙动齿落。16岁即学有所成，独立悬壶，积于今已有近40个春秋。其后，进入医学专科学习，系统学习中西医理论；毕业后，又先后多次在广州、上海、北京、等高等院校进修学习，同时广泛拜师访友，医技大进。1984年从新化以特殊技术人才引进长沙，先后受聘于湖南中医学院（今湖南中医药大学）附属二医院福安联合医院、湖南建设医院从事中医临床和研究工作。

欧阳医师善用经方，且熟稔中药性味，其为人平和，医德高尚，广得患者拥戴。欧阳医师常言，用方须据经，用药须从简，临证须应变，行医须心仁，医者父母心，不应以钱物为念。所以其用方往往寥寥数味，用药大都乃平常可见之药，但数剂下去，总是药到病除；然通观其费用，一剂不过区区数元，一疗程亦只数十元。在物欲汹汹“商业处方”屡见不鲜的当今，不能不谓欧阳医师乃恪守医道的仁者。

1985年8月10日湖南电视台对欧阳医师事迹进行了报道，同年9月中央电视台转播；1986年2月13日湖南广播电台对欧阳医师的事迹做了专题报道；1993年12月《湖南日报》刊登了欧阳医师的事迹；2011年2月，湖南政法频道对欧阳传斌医生进行了采访报道。

学术经验

1. 著名中医专家周超凡先生曾为欧阳医师题

词："继承不忘古，发扬不离宗。"欧阳医师行医30多年以来，长期致力于传统民间特色疗法和地道珍贵中草药研究，在门诊同时将祖传秘方与现代医学理论相结合反复实践，使祖传秘方的科学性和有效性更加完善。他以家传草药验方心法，结合临床心得研制攻癌汤及各种散剂，治疗肺癌、食道癌、肝硬化、支气管哮喘、痔疮、急慢性乳腺炎、乳腺小叶增生、颈、肩、腰腿痛等获得较好的疗效；其自制的速效胃痛散、胃痛胶囊治疗胃及十二指肠溃疡、慢性胃炎效果显著。

案例一：一患者腰椎间盘症，20多年来反复发作，经常疼痛，下肢麻木，天气变化时症状加重，生活不能自理，身体偏瘦，施以补阳还五汤加杜仲、牛膝、野乌葛根、木瓜、玄胡，调15剂而愈，随访十年未见复发。

案例二：曾以四君子汤加味治疗肺癌15例，不同程度症状减轻或痊愈。一男性肺癌患者，经某省级肿瘤医院确诊为晚期肺癌，住院治疗不见好转，强行出院后，就诊于欧阳医师。以四君子汤合二陈汤，加白花蛇舌草、龙葵、白英、太子参、鳖甲等治之，一年后回原医院复查，最后结果未见肺部肿瘤，随访至今，身体状况较佳，一切正常。

案例三：自拟野公散治疗痔疮、直肠癌疗效显著。一患者75岁，男性，患直肠癌在某省城三甲医院住院，不见疗效，经人介绍求治于欧阳医师。乃调以野公散、野菊花、蒲公英、赤芍、生地、紫河车、半枝莲、槐花、紫荆皮等60余剂而愈，随访七年未见复发，现已80余岁矣。

2. 欧阳医师广采博蓄，精通各种中医传统疗法，临证施治，不拘一格，一切视对患者有效有利为法则。他曾采用民间特色耳压疗法结合中草药治疗胆结石也获得特殊效果，以中医小儿推拿手法治疗小儿常见病取得良好效果。

3. 近年来，欧阳医师致力于采用中医传统手段解决亚健康问题的研究，尤其是运用膏滋对亚健康人群固本调治，取得不俗效果。拟固肾养生膏对精血亏虚脱发、白发者进行调治，自2009年至2011年，临床调治男女白发脱发100余例，疗效显著，一般脱发者，一周即可见效，同时可有效预防牙齿松动。此类膏方均采用纯天然药材，按季节采收，传统方法炮制。

主要成果

1. 论著

欧阳医师曾多次应邀参加全国和国际性学术交流研讨会，并发表论文12篇且多次获奖，编著《常见病疑难病治验集》，由中医古籍出版社出版。其民间草药方治疗胃病一文入编于《中国民间疗法精要》、《全国治病特长名医编》；《中草药治疗肺癌》一文入编于《中国中医药肿瘤集》一书，由人民卫生出版社出版；民间特色疗法一文，由中国民间疗法杂志刊登发行。其治疗肝硬化、糖尿病等多篇论文入选中国首届疑难病学术研讨会、94海峡两岸医疗学术恳谈会和中国张家界国际针灸推拿学术交流会，收入大会论文集。

2. 科研课题：

2009年7月入选"中国/世界卫生组织课题：痰湿体质人群治未病服务活动"专家组，指导运用中医养生膏滋对痰湿体质人群进行治未病服务，经临床三组对照检验，该方法取得了良好效果。

医学感悟

"上工治未病"，早预防、早治疗，可事半功倍。

苏　颖

名人小传

苏颖，女，1960年出生，1978年考入长春中医学院，1983年以优异成绩毕业留校。医学硕士，教授，硕士研究生导师，吉林省教学名师，国家级精品课程《内经选读》课程负责人，国家中医药管理局重点学科带头人，中华中医药学会内经学分会副主任委员。吉林省重点学科中医基础理论学科带头人，吉林省优秀教学团队中医基础团队负责人，吉林省周易学会副会长，长春市百名优秀科技工作者，吉林省中医药科技评审专家，吉林省中医药管理局重点学科、重点研究室负责人。从事《黄帝内经》的教学与科研工作28年，尤其对五运六气理论与应用有比较深入的研究。

学术经验

苏颖教授长期深入研究《内经》五运六气理论中"天人相应"医学思想的科学内涵，探索气候变化与流行病、瘟疫发病的规律性及相关性，整理五运六气治则及流行病防治方法，挖掘其实用价值，研究思路方法及成果在全国同领域占有重要地位。首次总结了五十年长春地区异常气候致病规律，发现了长春地区流行病与气候季节的密切关系；首次运用统计学方法对明清时期医著中防治瘟疫方药规律开展研究，并取得成果，首次对东北三省五脏病发病死亡规律开展研究，研究结果为临床防治外感流行性疾病提供了重要数据。对于外感流行性疾病提出了"扶正祛邪"的防治观点。临床擅长治疗外感流行性疾病、脾胃系统疾病，以及调治亚健康。

主要成果

1. 科研与教学

科研课题"运用五运六气理论对长春地区异常气候致病规律的研究"获吉林省科技成果三等奖。主持"明清时期医著中防治瘟疫方药规律研究"获得吉林省科技成果。"五运六气与疾病防治"、"东北三省五脏病发病死亡规律"等五运六气学方面课题取得阶段成果。主持了国家重大科技专项课题重大传染病中医药应急能力建设的子课题"基于中医五运六气理论对中医疫病发病规律与发病趋势的研究"，以及国家中医药管理局"中医药古籍保护与利用能力建设项目"的子课题。

作为学科负责人带领团队将《内经选读》课程建设成为国家级精品课程，内经学科建设成为国家中医药管理局重点学科。深化教学改革，主持的教改课题获得吉林省优秀教学成果二、三等奖。十余年来公开发表学术论文70余篇。

2. 主编著作与教材

2.1主编　国家十一五规划教材《中医运气学》，中国中医药出版社2009年1月出版。

2.2主编　全国普通高等教育中医药类精编教材《内经选读》，上海科技出版社2010年2月出版。

2.3主编　高等中医药院校试用教材《难经讲解》，吉林人民出版社2009年12月出版。

2.4主编　《中医运气学》，吉林科技出版社2004年出版。

2.5主编《神秘的经络》，中国中医药出版社2011年3月出版。

2.6主编《本草图经研究》，人民卫生出版社2011年4月出版。

3. 代表论文

3.1《内经》运气变化与疫病发生相关性探析，陕西中医，2009，12。

3.2运气学异常气候年与长春地区气候及部分流行病发病规律的相关性研究，长春中医药大学学报，2008，2。

3.3余师愚《疫疹一得》论疫特色，上海中医药杂志，2006，3。

3.4　运气学说客运五步太少相生问题商讨，中国中医基础医学杂志，2001，2。

3.5长春地区气候特征及常见流行病发病的四时规律，长春中医学院学报，2003，4。

3.6张介宾研究中医运气学的特点，吉林中医药，2003，10。

3.7益气方对化疗所致小鼠免疫功能影响的实验研究，长春中医药大学学报，2011，1。

孙德仁

名人小传

孙德仁，男，1956年生，山西万荣县人，中医主任医师。1983年毕业于山西中医学院并参加工作，供职于山西省运城市中医医院儿科。一直从事中医儿科临床医疗、科研、教学工作，善于运用中医小儿推拿及中西医结合方法治疗儿科常

见病和多发病，并系统总结了中医小儿推拿的养生保健理论和促进疾病康复的方法，具有较强的推拿理论水平和较高的手法技巧，临床疗效突出。长期从事儿科临床工作的孙德仁目睹了打针、输液给孩子带来的身体和精神上的苦痛，就是服药，小孩也难以接受，临床常因患儿不能和医生配合而影响疾病的治疗效果。而应用小儿推拿治疗疾病，效果显著，患儿不会有任何痛苦感，甚至感到是一种享受。故生恻隐之心，不但身体力行，且要推广应用，惠及众生，让更多的孩子享受推拿的益处。乃于1992年申请创办了山西运城中医小儿推拿学校，至今学子4000有余，遍及京、沪、浙、晋、秦、豫、冀、内蒙。现任中华中医药学会亚健康分会副主任委员，中和亚健康服务中心少儿亚健康推拿调理办公室主任，山西运城中医小儿推拿学校校长。

学术经验

孙德仁医师在少儿推拿调理学术上强调阴阳、气血、经络、脾胃学说是少儿保健和治疗疾病的基本理论和核心学说。特别是脾胃学说，是少儿推拿辨证论治和调理的根本依据。在少儿推拿调理时注重疏通经络，调和阴阳，扶助正气，健脾和胃，促使机体的相应部位气血流畅。应用少儿推拿调理少儿亚健康之易感冒时，注重调理脾胃，培土生金，益气健脾，固表和卫。调理少儿亚健康之厌食时，运用手法技巧，解脾气之困，拨清灵脏气，恢复脾胃转运之机，使脾胃调和，脾运复健，胃纳自开，则厌食自愈。调理少儿亚健康之腹泻时，认为其病机为中气不足，脾虚湿盛，肾阳衰微。以益火培土，健脾利湿，温阳补肾为大法，调理胃肠功能以改善腹泻。认为少儿推拿保健和治疗的关键是脾胃功能，少儿疾病的共同特点就是脾胃虚弱，因脾常不足，饮食不知自节，或喂养不当，易被饮食所伤。脾胃是后天之本，气血生化之源，脾胃一伤，生化乏源，则气血不足，引起肺、肾、心、肝诸脏不足而百病皆生。胃之一腑病，则十二经元气皆不足也。故治疗、保健以健脾和胃为大法，不论外感风寒或内伤饮食，每每推拿之时，无不以清补脾经、调理脾胃为要，时时固护先天之本，念念不忘脾胃之气。

在长期的临床实践中，孙德仁认识到，少儿亚健康对少儿的健康成长及家庭、社会甚至国家的未来都将产生严重的负面影响。并且少儿亚健康对少儿造成的危害在某种程度上讲比成人更为严重，往往更接近疾病状态。少儿亚健康如不及时干预，与成人相比，更容易发展为疾病。如果采取积极有效的综合干预，也更容易使机体恢复到健康状态。

孙德仁认为，利用推拿调理来调整少儿亚健康状态有着悠久的历史和广泛的医疗实践基础，是对少儿亚健康进行干预的有效方法之一。同时，少儿亚健康推拿调理是一个节约资源、绿色环保的健康工程。少儿推拿是一种无痛苦、无毒副作用的绿色自然疗法，少儿容易接受，能消除少儿在疾病治疗过程中的恐惧心理，使少儿在轻松愉快中恢复健康，避免了家长“是药三分毒”的担心，完全符合当今医学界推崇的“无创伤医学”和“自然疗法”的要求，并且疗效显著，是一种有利无害的治疗方法。少儿推拿除了有良好的治疗效果外，还有非常好的保健功能。经常运用少儿推拿，可以增强少儿体质，提高少儿的智力水平和抗病能力。

主要成果

孙德仁在2009年全国小儿推拿学术沙龙会议上首次提出“少儿推拿”这个概念，与会专家达成共识，并得到国家中医药管理局、中华中医药学会领导的认可。2010年进一步明确了少儿推拿的定义、少儿推拿调理的范围、适应症，少儿亚健康的原因、临床表现、危害及其综合干预方法。

2010年12月1日至14日，根据中华中医药学会亚健康分会、中和亚健康服务中心的安排，孙德仁前往湖南长沙湖南移动电视台录制大型电视系列讲座《国学国医大讲堂一手护孩子健康》。这个讲座共6集，详细介绍了少儿推拿的历史，少儿推拿的优势，少儿亚健康给孩子造成的危害，少儿亚健康的症状，少儿亚健康的调理方法等。

参加由国家中医药管理局人事教育司立项的《亚健康学科体系的建设》工作，担任《亚健康专业系列教材》之《少儿亚健康推拿调理》主编。主持由国家中医药管理局医政司立项的《中医养生保健技术规范》之《少儿推拿》起草制定。已正式出版的专著有：

1.《宝宝推拿》，主编，科学技术文献出版社重庆分社1990年2月出版。

2.《宝宝推拿保健法》，主编，中医古籍出版社2004年5月出版。

3.《亚健康专业系列教材》之《少儿亚健康推拿调理》，主编，中国中医药出版社2010年7月出版。

4.《中医养生保健技术规范》之《少儿推拿》，主编，中国中医药出版社2010年12月出版。

医学感悟

医者父母心，儿科尤是也。所谓医道至博，幼科最难。只因婴儿稚弱，不堪药石。唯推拿之术，无毒无害，可治病，亦可健身。乃精心钻研，博采众长。不为良相，便为良医，良工调理，尤贵精专。夫医之为技，不专其科，则不能得也，故以推广普及少儿推拿为终身之大业。

王国才

名人小传

王国才，男，1942年9月出生于上海市。1961年7月毕业于上海中医学院附属推拿学校（现上海中医药大学针推学院）。1964年2月毕业于山东医学院医疗专业。现任山东中医药大学教授、博导。山东省中医医院主任医师、知名专家。第三批全国老中医药专家学术经验继承工作导师、第四批全国老中医药专家学术经验继承工作及学位工作指导老师、首批建设“全国名老中医药专家传承工作室”专家。兼任国家职业技能鉴定高级考评员、《中华推拿疗法杂志》副主编。曾任济南市十二届人大常委会委员、中国致公党山东省委委员。1993年获中华人民共和国国务院政府特殊高级津贴（终生），1994年被评为全国高等中医药对外教育优秀教师，1999年被评为山东省拔尖人才，2002年被评为山东省千名知名技术专家，2003年被评为山东省名中医药专家，2006年获首届中医药传承特别贡献奖。

王国才教授多次应邀赴国外讲学。1993年10月应邀赴日本在日本中国整体医学研究所作特别专题讲座；1995年5月参加“中国致公党山东省医疗访菲团”赴菲律宾义诊讲学；1996年3月-8月应邀赴菲律宾为菲卫生部“首届中国传统医学针灸推拿学习班”讲授针灸推拿学；2004年7月-8月赴马来西亚为马来西亚中医学院硕士班讲学及门诊带教。

学术经验

1.首倡“推拿手法力学信息研究”

王国才教授站在推动推拿学科整体进步的高度来考量，认为推拿至今仍主要是一种经验医学，要阐明其科学原理，关键环节是首先要对推拿手法进行定量化研究，逐步弄清并控制其对人体的刺激量与刺激型式，才有可能最后揭示推拿的治疗机制。于是，从上世纪80年代初即在国内外最早提出“推拿手法力学信息研究”课题，开始了对手法做系统的量化研究。他同合作者们应用各相关现代边缘科学的原理与技术，对传统推拿手法的法理进行了多层面的实验研究，其中包括专用实验设备的研发与实验方法的建立。早在1982年首先研制成“TDL-Ⅰ型推拿手法动态力测定器”；1986年又创新设计“推拿手法力学信息计算机处理系统”；1995年发明“TDL-Ⅱ型推拿手法力学信息测定仪”，填补了推拿专用力学测试仪器的空白。在此期间，应用上述仪器记录了由朱春霆、丁季峰等十几位著名老中医亲自操作的一指禅推法、㨰法等十几种流派手法的“典型动态力曲线图”，在推拿发展史上，首次科学地表达了手法作用力即刺激量的动力学数据。

2.提出运动关节类手法“施术四大原则”

至于运动关节类手法，他认为，其动作主要是沿关节运动轴方向进行的绕转运动，故应该用“角量”作为其治疗的量化指标，据此，他提出了此类手法的“施术四大原则”，即轴面、区位、解剖结构学及省力原则。使临床治疗达到合理、安全、量化、省力与高效的境界。譬如，进行扳法时，术者要在关节运动轴面与区位原则指导下，首先将受术关节沿着其“运动轴”方向，运动至“病理位”或“功能位”之后的“扳机点”，然后双手反向瞬间发力，使受术关节的运动幅度再扩大至关节解剖结构及其毗邻组织允许达到的最大角位——生理位，并提出“到位有效原则”，即只要扳动方向准确、幅度到位，治疗就会有效，不能以扳动响声作为手法成功唯一的标准。不能用扩大扳动幅度的方法来盲目地追求关节的扳动响声，以免因过度牵拉超越关节运动的“生理位”而造成损伤。再是遵循省力原则，利用杠杆、力矩、力偶与力的替代原理等，即可获得“四两拨千斤”的省力效果。

3.运用表面肌电图技术观测手法动作时施术上肢肌肉运动时空序列

王国才等还率先运用表面肌电图技术，观测了手法动作时施术上肢肌肉运动的时空序列，如通过对振法研究，指出振法是在全身高度协调动作的支持下所进行的一种由前臂屈腕肌群与伸腕肌群快速交替兴奋所形成的震荡动作。纠正了以往有关“强力的静止性用力”的错误操作方法。

4.善用“禅针法”

王教授的临床特色为推拿与针刺并用，他全面继承了传统推拿针刺手法规范的操作技能，对一指禅推法、衮法、振法等多种高难度手法的操作，已经达到了炉火纯青的境界。但是，他“遵古而不泥古”，对诸多传统的经典手法多有独到的领悟，例如，在深得衮法法理的基础上，又悟出了“点衮法”，使传统上以“面状”刺激为主的衮法，成为“点”“线”“面”结合，适宜于在人体“经、穴、筋壑、骨缝”等各部位应用的主治手法，大大提高了应用范围及治疗效果。他还创编了“旋脊法”、“整肋法”、“仰卧位腰椎斜扳法”等一整套有效的整脊手法；并创造性地将推拿的运气功法与振法的动作型式，应用到针刺手法上来，发明了王氏针刺手法——禅针法。禅针法是运用振法的发力形式运针，做到捻针频率快、幅度小。这种针法频率在每秒8次左右、捻转幅度在180度至360度之间可任意调控，一次操作可持续捻针数十分钟。禅针法持久均匀、得气率高、传导性好、刺激量可调性强、补泻手法量化组合、无痛安全而不滞针，形成了自成一家的推拿针刺治疗学体系。从而使治疗内、伤、妇、儿各科病症，尤其对腰突症、颈椎病、特发性脊柱侧弯、高肩胛症等疑难病的疗效有了突破性的进展。

主要成果

王教授数十年辛勤耕耘，取得多项具有原创性知识产权的研究成果，奠定了其在推拿手法运动生物力学研究领域中创始人及学术带头人的地位。

1.科研成果与获奖情况

1.1 “TDL-1型推拿手法动态力测定器”，获1983年度山东省优秀科技成果三等奖。

1.2 “推拿手法力学信息机算计处理系统”，获1986年度山东省科技进步三等奖。

1.3 “TDL-II型推拿手法力学信息测定仪”，1997年获国家技术发明四等奖。

1.4 以上项目含5项中国实用新型专利。

2.主要著作

2.1 《中国推拿》（中英对照），第一作者，上海中医学院出版社1990年出版。

2.2 《中国推拿手法学》，副主编，上海中医学院出版社1992年出版。

2.3 《推拿治疗学》，主编，北京高等教育出版社1994年出版。

2.4 《养牛妙语》，副主编，齐鲁书社1994年出版。

2.5 《足部穴区按摩疗法》，审校及部分改写，山东科技出版社1996中文版，1997英文版，1998西班牙文版。

2.6 《职业资格培训教程（技师）·保健按摩师》，主编，山东科技出版社2002年出版。

2.7 新世纪全国高等中医药院校“十五”、“十一五”国家级规划教材《推拿手法学》，主编，中国中医药出版社分别于2003年、2007年出版。

2.8 新世纪全国高等中医药院校“十二五”国家级规划教材《推拿治疗学》，主编（在编）中国中医药出版社计划于2011年6月出版。

医学感悟

传统中医推拿学的精华在于手法及其临床特色，运用科学手段全面继承总结手法经验，研究并揭示手法的运动生物力学规律及其治效机理，是推动推拿学科向现代化、科学化方向发展的必由之路。

夏庆峦

名人小传

夏庆峦，男，1938年生。1957年，19岁的夏庆峦以优异的成绩考入泰安师范。他酷爱文学，尤其是书法和诗词。他边学习功课，边习文弄墨，3年的寒窗使他夯实了深厚的文学功底。然而，他做梦也没想到，一首对大跃进不满的诗词把他推向万丈深谷——他在毕业前夕被学校开除学籍，被迫返乡。在残酷的现实面前，他没有消沉，他坚持自己的信仰，坚信天生我材必有用，仍博览群书，锐意进取。后投师儒医赵宗海先生门下，深得赵先生的赏识。赵先生德高望重，学识渊博，主张先学文后学医，常谓“医不离儒”，民间更是直白流传“秀才学医，笼中捉鸡”。故将四书五经与《内经》、《神农本草》、《伤寒论》、《金匮要略》、《温热经纬》等详加串讲、指点，将一生医疗经验倾腹传授。后来他与赵先生须臾不离，学问切磋。不但成为赵先生的得意门生，同时成了赵先生的忘年挚交。

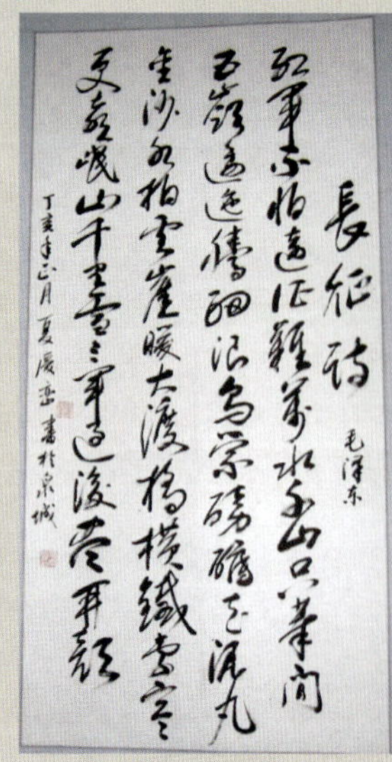

在当时政治动荡、经济贫瘠的年代里，一心沉在医学里的夏大夫把生活的重担都压在了妻子一个人的身上。没有炭烧了，妻子就去赊；没有粮了，妻子就去借。他多次深情回忆：当初多亏了同我并肩走过苦难的妻子，没有她的支持，绝对没有我的今天。生活的艰难不算什么，文化大革命期间，更经受了精神的折磨让他痛不欲生。他被造反派视为牛鬼蛇神，扣上了“现行反革命分子”的帽子而被批判揪斗，经常被造反派打得遍体鳞伤，能活下来已经不容易，但在残酷的折磨下，他学医的决心仍然是痴心不改。批斗完了，妻子把他背回家，他躺在床上仍然用颤抖的双手捧着他的药书阅读。功夫不负有心人，他终于以惊人的毅力，奠定了坚实的中医基础。

十里八村的邻居听说夏庆峦学医有成，纷纷来找他看病，结果疗效显著，得到群众好评。于是夏庆峦正式亮出了中医义务诊病的牌子，对病人分文不收，义务开方，义务针灸，义务推拿。有一次，他到枣庄进行义诊，住进了一家旅社里，来自单县的一个采购员问夏大夫：“你白给人看病分文不收，这是为什么？”夏大夫指了指墙上贴的毛主席的题词“为人民服务”五个大字说：“我为了这几个字。”采购员实在想不通，世界上竟真有这种人。夏大夫不停地接受约诊，不停地外出巡诊，文化大革命中，他白天挨完批斗晚上还接着看病开方。好人有好报，他关牛棚期间，老百姓偷着给他送鸡蛋，有时见他被打得奄奄一息，便偷偷将他背回家藏起来……他巡诊走遍齐鲁大地，至今仍在许多地方传颂着一个个夏大夫义诊的故事。

1978年，党的三中全会胜利召开，科学的春天终于来到，夏庆峦参加了全国中医选拔考试并被录用，被安排到公立医院工作，成了一名真正的大夫，由于医术高明，前来看病的人络绎不绝，每天平均看病50多人。院长称赞他这个中医支撑了半个医院的经济收入。

夏庆峦老先生今年已经73岁了，退休后在济南市北园路东泺河黄桥居开设了“中医夏庆峦诊所”。夏大夫治病不求回报，从医40年没有接受病号一件礼品，没有接受病号一面锦旗，他说：医学不是金钱，医学是科学，是凭本事。来到济南后，抢救了许多没有钱的患者，有的连姓名地址都不清楚，看了病还给他们吃饭。夏庆峦诊所墙上挂着一件书法，夏老说：行医50年我接受的唯一礼物是济南名书法家娄以忠给我的题词——“振兴中医，弘扬国粹”。

学术经验

夏老从事中医临床50载，一贯坚持正统的中医理论和中医原则，保持中医特色，发挥中医优势。他认为中、西医学是两种不同体系的科学，中西医结合是方法上的结合，在理论上不能牵强附会。他反对中不中、西不西的做法，他赞成衡阳会议精神，中医、西医、中西医结合，三者都要大发展，并做到长期共存。他擅长中医内、妇、儿科。凡久治不愈的各种疑难杂症与物理检查不明症结的各种沉疴痼疾，均以中医理法方药辨证论治，屡起沉疴。且对内科中的中风、臌胀、痹症、痿证、岩症、消渴、淋症、癃闭、下疳、梅毒与妇科经、带、胎、产诸病，儿科各种杂病，均有独到的见解和成熟的经验。他边看病边研究，写出了《中医临床新案》；他通过中医辨证施治，健脾生血，补肾填精等疗法，有效治疗白血病患者。新泰谷里镇有个20岁女孩患了可怕的白血病，半个月没吃一口饭，家里人为了火化方便，决定将她送到离火葬场最近的医院维持几天生命，夏大夫用了100付中药竟然将奄奄一息的女孩子从死亡线上拽了回来。病好了，女孩的头发和眉毛竟然也奇迹般地长出来，神色一如常人，家里人千恩万谢，老百姓奔走相告。

夏老对现代癌症有独到的认识。他回答网友对中医癌症疗效质疑说：“不是靠中医治疗成功的不多，而是真正靠中医治疗的患者不多，就是中医治疗的亦多是经西医手术化疗放疗后才让中医治疗，已经正气大亏，败象从生的患者。如果没有前期的盲目和过度医疗，中医治疗癌症是可以发挥作用的。”

夏老认为，谈癌色变，大可不必。癌本来的读音是岩，可会意为岩石的岩，因为癌症坚硬如石，溃破后又如玲珑空洞的岩穴。现在此字读作“aí”是讹音，以讹传讹，久错成真。中医对肿瘤，因部位不同病名亦不同，不都用“岩”字。唯有生在乳房的肿瘤才用“岩”字作为病名，即乳岩，就是西医所说的乳癌。其他部位的肿瘤均不用此字，比如唇癌名茧唇，舌癌名舌蕈，颈癌名失荣，食道癌、胃癌名噎膈，俗称噎食病。至于腹内其他部位的肿瘤名肠蕈、石瘕或癥瘕积聚等，各有不同的病名，治法也各不同。形成本病的病因，中医认为多与七情喜怒忧思悲恐惊有关，尤其是怒伤肝最突出。肝喜条达、主疏泄，主管全身气机调达。一旦肝郁气滞或疏泄失常，气机失畅则导致血瘀、痰郁、食郁、火郁、寒郁、六郁皆生。气为血之帅，气行则血行，气滞则血滞，气逆则血逆。中医认为人体内有四种物质，即气、血、痰、食。气不能成形，食积在肠胃内，人体表里内外一切肿瘤不是瘀血即是郁痰，愈郁愈多，肿瘤便由小变大，并且郁久化火，火盛成毒。至于今天人们所说的众多致癌因素，只是探讨，并无定论。中医认为不论什么因素，总是以气机紊乱、阴阳失调而致病。至于癌细胞，只是病理产物、病理现象，不是致病的根本，只着眼癌细胞的杀灭，恐怕是一条绝路。就如现在的化疗，目的想杀灭癌细胞，同时伤害了大量的生命细胞，得不偿失。举例说明：化疗之前尚能生活自理；化疗后，便血、尿血、眉发尽脱，整体健康状况骤然恶化。肿瘤本身亦是病理产物、病理现象，摘除肿瘤不等于摘除病因，摘除肿瘤的过程中，同样伤害气血，摧残生理。就像一棵瓜，到处拖秧，在某一部位结了瓜，将瓜摘掉，它还会结瓜。只有拔掉瓜秧才能杜绝瓜的产生。肿瘤亦是这样，只摘除肿瘤不除病根，仍是治标不治本，徒劳无益。以脑瘤为例，中医认为与肝有关，因肝脉上巅络脑，肝体阴用阳，主疏泄，若怒伤肝，肝气上逆达巅顶，痰血随气上逆于脑，形成肿瘤。只除肿瘤，非但无益，反而有害，只有从肝着手治疗方能铲除病根。中医对癌症的治疗同治其他病一样，以整体观念辨证论治。不能死套公式，千篇一律，临床治疗或以扶正祛邪，或以攻补兼施，或行气化瘀，或解郁化痰，或清热解毒，不拘一法一方，因人而异。

医学感悟

坚持中医理论和治疗原理，才能将中医发扬光大。

谢胜利

名人小传

谢胜利，男，汉族，1962年11月出生于山西省新绛县，副主任医师。1989年获北京燕京医学院本科学历，现任山西新绛县正骨医院院长，北京永寿中医院中医（神经损伤科）主任，山西省新绛中医协会会员，中国骨伤科人才学会理事。谢氏中医五世传人，自幼受父亲谢钢虎的熏陶和影响，酷爱中医事业，于1978年恢复高考时考入当地卫生专业技术学校，在长期的临床实践中熟读中医基础理论、辩证学说、阴阳五行和经络学等有关书籍，因自感对现代医学知识还有所欠缺，于1993年专修于北京燕京医学院，1997年获全科医师毕业证书。在其后的工作中拜师北京军区总院骨科主任胥少汀、河北医学院三院骨科主任周沛教授等专攻脊髓及周围神经损伤的治疗研，并拜中医名家赵存义等专攻中医“痿症”，取得并累积了脑、脊髓及周围神经损伤及神经系统疾病丰富的临床经验和独特的治疗见解。

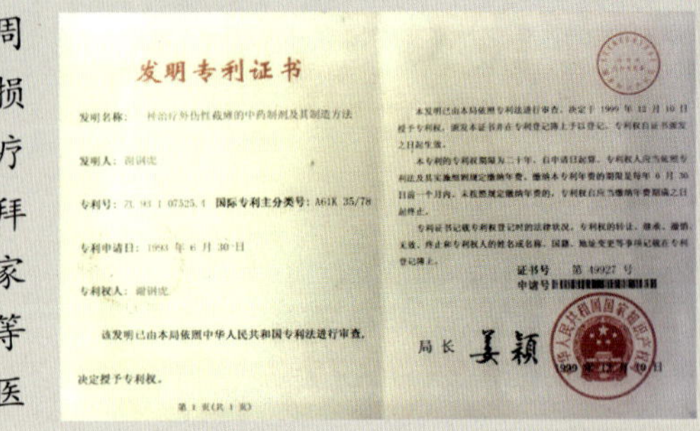

发明专利证书

发明名称：一种治疗外伤性截瘫的中药制剂及其制造方法

专利号：ZL 93 1 07525.4 国际专利主分类号：A61K 35/78

专利申请日：1993 年 6 月 30 日

该发明已由本局依照中华人民共和国专利法进行审查，决定授予专利权。

第 1 页（共 1 页）

证书号 第 49927 号

局长 姜颖

学术经验

脊髓损伤中医称之为体堕，公元前400年《灵枢》对脊髓损伤合并截瘫早就有记载，称该病为“体惰”，根据症状而确诊为完全或不完全性截瘫。另外，中医也称本病为督脉受阻。如果脊髓损伤后治疗缺乏，会使受累脊髓因缺血而迟发变性导致神经支配区血供障碍，从而临床中患者常出现严重的肌肉萎缩，肢体痉挛以及静脉回流受阻等五萎症。故治疗恢复本病需以中医“通则不痛，痛则不通”理论为指导基础，多方面考虑并结合现代医学对脊髓损伤的研究认识，采用中西复合治疗调整人体阴阳平衡，改善受累神经微循环血供，同时兴奋激活受损麻痹不全的神经，使受损神经再生修复形成神经功能替代以支配调节瘫痪和废用肢体运动、二便等各种功能获得最佳恢复。

在从事医疗、科研近三十年中，对脑、脊髓及周围神经损伤和神经系统疾病治疗颇有疗效。1994年在河北医学院动物实验中心进行药物急毒、慢毒和药理药效实验，实验结果表明“脊髓神经再生丹对胸12、13脊髓损伤的大鼠有明显促进运动、痛觉功能的恢复。对外周神经损伤的大鼠可促进其运动及感觉功能的恢复”。1995年公开发表专题研究论文“脊髓神经再生丹治疗脊髓及周围神经损伤”。1996在河北医学院三院，保定职工医学院附属医院，山西新绛骨伤科医院，陕西中医学院，山西红十字医院协助下，助父亲完成脊髓神经再生丹治疗截瘫及周围神经损伤课题研究，并由北京军区总医院著名神经科专家胥少汀为主任，北京中国中医骨伤研究院杨淮云为副主任对本技术进行成果鉴定，专家组一致认为，脊髓神经再生丹治疗截瘫及周围神经损伤疗效好，无毒副作用，具有兴奋激活神经再生神经的作用，治疗截瘫及周围神经损伤有效率达87.3%，基本治愈率达37.8%。

脑、脊髓及周围神经损伤之神经系统疾病是国内外疑难病症之一，西医手术和激素抗炎治疗只能为神经恢复创造有利的条件，但不能恢复神经。神经功能的恢复需及早采用中西复合治疗才能使受损、受累、麻痹不全的神经得到充分的血供营养和兴奋激活，才能使神经再生恢复以调节支配区的各种功能获得最佳恢复。

主要成果

1.“脊髓神经再生丹治疗脊髓及周围神经损伤”获国家专利，专利号：ZL93107525.4。

2.“脊髓神经再生丹治疗外伤性截瘫痪的临床实验研究”获河北省科技成果二等奖，证书号：95-0567。

3.学术论文“脊髓神经再生丹治疗截瘫的疗效观察”、“中医治疗股骨头缺血性坏死”入编《中国骨科新技术》，该书1994年由中国科学技术出版社出版；学术论文“大防风汤的临床应用体会 ”发表于《中国中医骨伤科杂志》，1991年第7期。

医学感悟

医家天职，救死扶伤。宁可药架生尘，但愿天下无病。

杨官成

名人小传

杨官成，男，1960年1月生，主任医师。1981年毕业于山西长治医学院临床医学系并参加工作，1985年赴上海第二军医大学长征医院进修神经内科，2003年北大医学部应用心理学研究生班学习。现任山西省稷山县人民医院神经内科主任，兼任康复医学科主任，山西省医师协会神经内科专业委员会委员，运城市医学会神经内科专业委员会副主任委员，运城市医疗事故鉴定专家库成员，稷山县中西医结合学会常务理事。曾任山西省神经电生理学会委员，山西省心理协会癫痫专业委员会委员。长期从事中西医结合神经系统疾病的临床、科研及教学工作，善于运用中西医结合方法治疗脑血管疾病及老年痴呆症。被评为首届运城市青年学术技术带头人，首届稷山县十大名医，稷山县第三、四、五届知识分子拔尖人才。

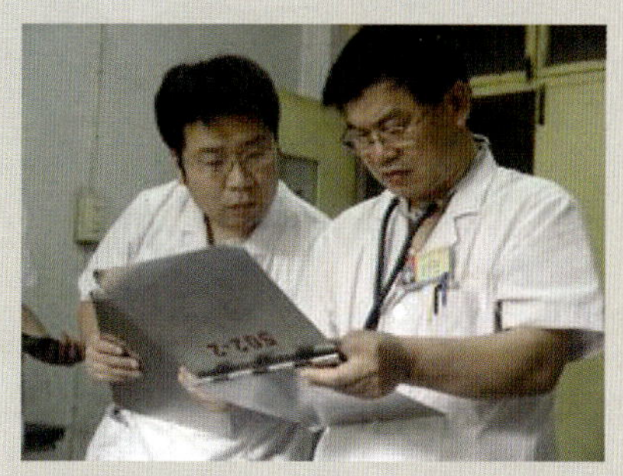

学术经验

杨官成医师在脑血管治疗方面，学术上强调局部与整体的关系，在整体观念和辩证论治的指导下，结合病程阶段，发病季节等因素因时制宜，亦应根据患者自身情况，因人制宜，强调个体化治疗。整体上重视脑梗死与其他组织脏器的联系，调节全身，注意合并症的相互影响，而不单一针对脑部病变。在活血化瘀治疗小量脑出血方面，用小剂量丹参以和血。丹参具有出血者止血，瘀血者活血的双向调节作用，在出血性中风治疗中早期应用和血药，使血液得以安宁，出血早止，使瘀血得到及早干预，功能得到较好恢复。

杨官成医师曾以小剂量脉络宁注射液（南京金陵制药厂生产）治疗小量脑出血（10毫升以下）取得了一定经验，应用活血化瘀法即“以行为止”的方法，来治疗脑出血。《血证论》云：“既是离经之血，虽清血、鲜血亦是瘀血。”祛瘀活血具有改善微循环，有止血和促进溢血的吸收，改善神经营养作用。脉络宁注射液由元参、牛膝等药物组成，具有改善微循环，降低血液粘滞度，清除自由基等作用。所以对于小量出血血肿吸收，清除血肿压迫所造成的病理状态的恢复，是有较好的作用。

主要成果

1.科研课题及专利

1.1 承担国家“十五”攻关课题——脑卒中规范化治疗推广应用研究。

1.2 承担卫生部“十一五”攻关课题——卒中登记研究。

1.3 获国家发明专利1项——医用硅胶引流管（专利号ZL201020179166.1）。

2.主要论著代表作

2.1《内科急诊救治》，南海出版公司1996年出版。

2.2《心脑疾病诊断与治疗》，中国科学技术出版社2006年出版。

2.3 27例脑梗塞应用蝮蛇抗栓酶治疗前后血小板的改变，独撰，蛇志，1997，1。

2.4 排尿性晕厥与T—CD，独撰，实用医技杂志，1997，10。

2.5 通栓化瘀汤治疗混合性中风急性期临床观察，独撰，《新中医》，1994，12。

2.6 银杏胶囊治疗Binswanger氏病18例，《中国中西医结合杂志》，1996，6。

2.7 CT定位锥孔颅腔内血肿碎吸术治疗高血压脑出血30例，合撰，河南实用神经疾病杂志，2004，2。

2.8 复发型脑卒中87例临床分析，合撰，中华医学研究杂志，2004，3。

医学感悟

医生是个需要终身学习、实践、受教育的职业，需要永不满足、不断学习的强烈愿望，需要精益求精、服务牺牲的崇高精神，需要淡泊名利、宁静致远的精神境界。

2011

國醫年鑒

GUOYI NIANJIAN

六　中医药传人

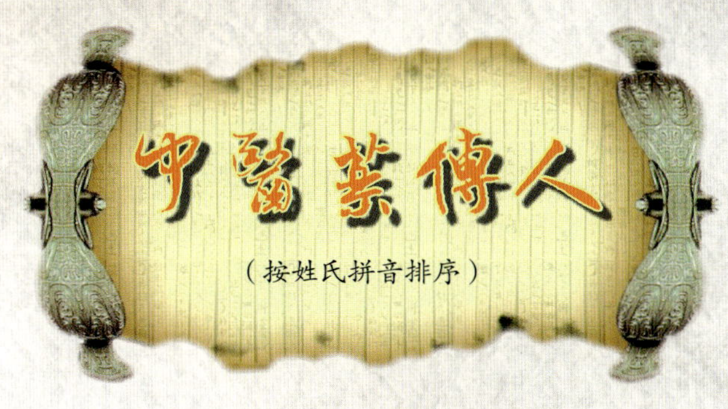

陈刚

陈刚，男，出生于1974年，汉族，四川省攀枝花市人，1995年河北藁城医学院毕业。1995年5月-1996年5月在四川省攀枝花市第二人民医院实习，1996年7月-1999年12月师从四川省攀枝花市格里坪镇医院老院长陈茂荣学习中医。2000年至今在攀枝花市西区继承祖业，在父亲指教下开办陈刚中医诊所。2003年考取中医助理执业医师证，2008年考取中医执业医师证。在多年的学习临证中，对治疗肿瘤、烧伤、骨伤、风湿类风湿中积累了丰富的临床经验。同时创制了特色经验方药。现任西区卫协会长。

陈刚为中医世家，其家传烧伤验方，是由地榆、儿茶、黄连等数十位纯中药熬炼而成，该方主要功效有：

1.抗感染作用

该家传之烧伤方治验，清楚地表明中草药具有抑菌的有效成分。这对于目前进一步研究中草药抑菌作用具有积极意义。

2.成痂作用

验方中地榆、儿茶、血竭、麝香等，早期应用能促进结痂，使创面干燥，防止感染，有利于浅度创面的愈合，充分表明中草药具有成痂作用，并且无毒副作用。

3.减轻创面液体渗出

临床观察应用家传验方表明烧伤创面较干燥，渗出少，能有效减少创面渗出与蒸发，相应地减少了体液的丧失，从而对防治烧伤早期休克十分有利。

4.脱痂作用

治验表明家传验方的化腐生肌之功效有不同程度的脱痂作用。并且不需植皮，应用此方法，平均用药5-7天可使痂皮或焦痂脱落，较自然脱痂快，创周炎症却并不严重，有效减少了全身感染的机会。因家传药属油质，涂药后可保护创面，促进上皮生长，直至愈合。

5.增强免疫调理作用

临床效果表明家传验方具有免疫调理功效，烧伤后免疫功能多方面严重受损，应用此药能有效增强免疫功能，控制感染，从而有利于创面生长而加速愈合。

通过多年的研习，陈刚看到许多骨科教材书和一些名老中医的正骨经验，大多重点详述了脱、折的治疗方法，但对中医正骨的重要问题——正骨手法，很少详尽阐明。陈刚认为，正骨手法是中医正骨的精髓，不详尽了解正骨手法及其相互配合运用，就无法对骨折、脱臼做正确接续，以致造成不良后果。为此，陈刚特将祖传骨科正骨经验和自己多年的临床实践编辑成书，重点详述正骨手法问题。在书中，陈刚论述了自己中医正骨的系统经验。

在边远的基层做医疗，设备条件有限，骨折的诊断方法是以手摸心会的摸、听为主，问、望、量、比为辅，叫做正骨六诊，它是针对骨折情况，由表及里，由此及彼的诊断方法。在临床上，首先了解骨折的病因，初步观察表面形状，这属于问、望、量、比；了解骨和骨折的变态形状，是摸、听，全方位了解伤情，才能采取有效治疗。

骨折复位后，采取合理的软夹兼小夹板包术，经治疗和包术后，有时因骨折常合并软组织损伤，骨折复位后肢体功能还受到一定影响，故必须进行适当推拿按摩和药物治疗，使之经通血活，迅速消除痉挛肿胀。与此同时，还应注意适当的功能锻炼，进一步加速患肢的功能恢复，至此才达到正骨的目的。

刁松，男，汉族，广东嘉应人。传统中医师、全科医师、易学研究员、针灸推拿师、中华武协会员。

1984年跟民间拳师刁锦煌学习“刁家拳”，1986年学习中医，1989年毕业后在山区医院行医，1993年自己开中医诊所。2008年跟太极拳老师张志刚学习陈氏太极拳、太极剑、养生功法。又先后在广州中医药大学、国际华佗中医学院攻读医古文、针灸推拿专业。从事中医20多年，一直在基层把脉开方，苦研易、医、武等中华传统学说，积累了丰富的临床经验，擅长于气功点穴，针灸刺络，药物导引，经络推拿，沉疴经手，往往立愈。尤其对亚健康人群的预防保健，颈肩腰腿痛的防治，各种慢性病、疑难杂病、顽症的中医中药治疗更显其锋。

现任全国骨伤人才学会常委、中华医学会广州天河分会常务理事、医师协会理事、广州云山门诊部主任、云松堂中医针灸科学研究所主任。

刁松自述：

习医练武经历

古往今来，凡成大家者，皆善于学习。所谓学习，无外三径：一是跟书本学，书本乃前人智慧的结晶；二是拜名师，站在巨人的肩上才能看得更远；三是社会实践中学，“上士闻道，勤而行之”。然诸学子均在读书、拜师和实践，但收获多寡迥异，结局也大不相同，或成为三流，或成为二流，而成为大家者鲜矣！何也？皆因是否下真功夫，悟性高低而已。古人云：“若问其中意，道理妙中玄。往来如昼夜，日月耀光圆。会得真妙诀，此即太极拳。凡事皆如此，不但在肘间。返璞归真后，就是活神仙。自在皆得我，太璞自神全”。故要学好武医之道，非用心体察，着意揣摩而不能窥其真谛，不下苦工，没有悟性，绝难成为大家。余自幼愚钝，悟性甚差，学习武医，效笨鸟先飞之法，孜孜以求，不敢稍有懈怠，稍有只鳞片爪的体会，今不揣冒昧，就正诸同道。

我自幼在山区长大，13岁那年，有一天母亲病了，夜深不好找医生，胃痛得非常厉害，只好叫来同村的民间武师，只见他在母亲的背上和腿上按压几分钟，母亲的胃就不痛了。这件事给了我很大的影响，我才知道医、武本为一家，我想如果我懂得这一招，何必麻烦人家，妈妈也不用忍受这么久的疼痛。于是，13岁的我就跟着这位同村的堂叔父学习“刁家拳”。初中毕业后，就报考了嘉应卫校学习中医，并立志学好中医，成为一名好中医，为群众健康作出贡献。

有了立志做好中医的愿望，但在习武学医上我又是先天不足，没有到过正规名校学习，也没拜过名师，想成为一名大师，谈何容易，只有向书本请教了，对医学知识的渴求，使我嗜书如命，购买大量古今专业书籍。但中医之道，博大精深，源远流长，我们穷一生的精力，恐怕也难以探究其全貌，更难以破译中医的无穷精髓。自迷上中医后，更想深入探索中医学的奥秘，有幸得到多位民间名医的指正，使自己能在迷雾中找到正确方向。

古人云：“上工治未病，下工治已病”。“治者，以无情之药食，矫治有情之身；养者，以自然之物，还养自然之身；痼疾宜‘三分治，七分养’，是治养不可偏废之。然则，业医者不知者众矣，庸医杀人也；病家不知者众矣，求死之道也。”三分治就是消灭敌人，七分养就是保护自己。

在跟太极中医老师张志刚先生学习太极拳时，经常听老师讲：太极拳是哲拳，是以传统哲学与中医经络学说为理论依据发展起来的。太极拳在整个运动中自始至终都贯穿着“阴阳”和“虚实”，在动作中自然就会有上下、左右、里外、大小和进退的对立、统一的特点，这样的特点不但使肌肉本身的弹性得到更好的锻炼，并提高了身体血液循环的速度，因而消除因气血运行受阻所引起的病症。太极拳不仅在外功上有独特之处，在内功方面也有特殊意义，因练太极拳时，首先要用意而不用劲，“以心行气，以气运身”，而这种用意指挥的“内气”正是中医理论中的“元气”、“正气”、“经络之气”、“先天气”。所以在练习太极拳中首先使人放松、安静，再使人感悟、添慧，充分体现了“上工治未病”和“三分治、七分养”的养生精髓，内练“精气神”，外练“筋骨皮”。

疑难病的诊治感悟

疑难病的症状特点：一、症状异常复杂，难于抓住重点。二、症状多变，或冷或热，或上或下，或有或无。三、症状反复发作，几乎所有脏腑经络气血等均有表面症状。四、治疗过程极长，用药非常复杂，经常是既长期应用西药又长期使用中药针灸理疗气功按摩，但临床效果一直不够理想。疑难病虽然表现复杂，但在病机方面看不外两个方面：一是外邪侵入，二是气血经络功能失调。在外邪方面大致有三种原因：六淫，七情，饮食饥饱劳逸外伤。在脏腑气血经络功能方面大致分为四种原因：1.阴阳五行失调，2.升降出入失常，3.痰饮，4.淤血。但综其主要方面看不外乎邪正交争、阴阳五行的关系失调、气机升降出入的关系失调三个方面。

所以不论症状多么复杂多变，但从病机看大多都具有一个共同特点：气机的升降失常。而气机升降失常的关键脏腑是肝胆，《素问》说：“肝者，将军之官，谋虑出焉。”肝脏不仅是调节神志的器官，而且还有将军抵御外邪的功能和生化气血，宣通脏腑气机、调理三焦水道、调和营卫表里、促进脾胃运化的作用。

综上所述，由于肝在人体的生理功能上具有重要的地位，所以疑难病的发病、症状表现、疾病发生后的各种变化无不与肝有关。因此治疗疑难杂病时大多从肝入手或在其他治疗方法上佐入治肝之品，能有效提升疗效。

顾树华

顾树华 吴氏学说传承人

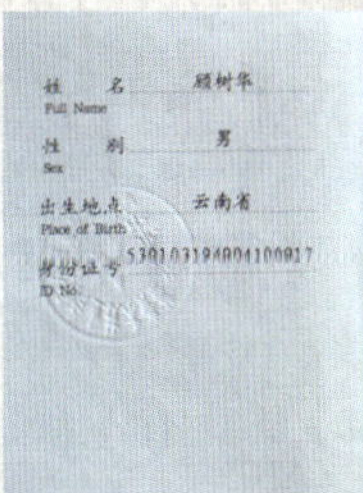

姓名 Full Name 顾树华
性别 Sex 男
出生地点 Place of Birth 云南省
身份证号 ID No.

专业名称 Speciality 卫生技术
资格名称 Qualification Level 副主任医师
授予时间 Conferment Date 2008年12月31日
Conferred by

顾树华，男，1949年4月生，吴佩衡嫡外孙，副主任医师，吴氏学术第二代传承人。自幼随外祖父吴佩衡习医，1966年师从孃孃吴元坤（云南中医学院教授，伤寒教研室主任）及舅舅吴生元（云南中医学院教授，后为全国名老中医学术继承导师）。1971年应诊，从医40年，谦和好学，敬业执著，医德佳，口碑好，深得患者信赖。现为昆明“圣爱中医馆”特聘专家。多年来潜心研究、虔诚传承、积极弘扬吴佩衡学术思想，深有感悟。《真武汤的临床运用》、《伤寒论温扶阳气法临床应用举隅》、《运用仲景经方治疗危急重症医案5则》、《传承吴佩衡学术思想践行温阳扶阳大法》、《运用吴佩衡温阳扶阳法治疗危急重症》、《吴佩衡临证真机临床应用》等多篇论文，发表在《云南中医中药杂志》、《中国医药文摘》、《中华中医药杂志》上。相关论文获“首届中华名中医论坛”优秀论文一等奖，并载入《中国医学临床技术新进展》、《国医年鉴》（2010年卷）及《中华名医文库》。这些论文贯穿一条主线：以《伤寒论》六经辨证为指导，注重温扶阳气，践行吴佩衡温阳扶阳之法。其大部分医案选入著名学者张存悌教授《中医火神派医案新选》。在经方及附子的运用上继承家学，是吴氏学术思想的积极传承者及忠实践行者。

顾树华注重《伤寒论》的研习，对吴佩衡

学术思想潜心研究，对先生极其重视人体阳气重要作用的理论核心领悟较深。吴佩衡学术思想渊源于《内经》重视人体阳气的理论，法自《伤寒论》三阴寒化证温阳辅正思想，吴氏学术思想之核心是极其重视阳气在人体的重要作用，吴佩衡先生温阳扶阳法是中医学中重阳扶阳理论之集大成者。

顾树华承家学临床擅用六经辨证，多用经方，忠实践行先生温阳扶阳之法及独特的用药风格。对吴佩衡临证真机十六字诀感悟尤深，并用以指导临床。先生经过多年的探索、积累，提纲挈领地总结出了寒热辩证的基本纲领“十六字诀”，即热证为“身轻恶热，张目不眠，声音洪亮，口臭气粗”；寒证为“身重恶寒，目瞑嗜卧，声低息短，少气懒言”。真热证兼见烦渴喜冷饮，口气蒸手；真寒证兼见口润不渴或喜热饮而不多，口气不蒸手。临证凡遇阳虚阴寒诸证，均遵循先生之理法而施治，虽远不及先生炉火纯青之境界，但可使先生独特的临证风格及鲜明的用药特色得以薪火相传。

顾树华善于治疗肺系、脾胃、老年、儿童诸病；对心脏病多有研究，疗效确切；对新老咳嗽、急慢性咽炎、鼻炎尤为擅长。多年来运用吴佩衡温阳扶阳之法治疗危急重症颇有心得，疗效显著。其研究成果及临证治验详见《中华中医药杂志》2009年三期、2010年八期、《中华名医文库》及著名学者张存悌教授《火神派医案新选》一书。

顾树华应诊40年，临证均遵循吴佩衡之理法，多用经方，用药较为精专，圆机活法，疗效显著。

案1：阳虚发热（全身感染、中枢性尿崩）

某男，57岁。于2010年7月23日初诊。

主诉：20多年来经常恶寒恶风，背部甚，极易感冒，发热。经常胸闷心慌，咳嗽喘促。

6月复受凉感冒，发热半月余，原胸闷心慌等症加重，且头昏，眩晕，全身疼痛，有时呼吸困难，住省一院。经多种检查（包括多次彩超，多次CT，二次核磁共振，骨髓穿刺等），先后疑为：流行性斑疹伤寒，多种寄生虫感染，真菌感染等。经相关检测示：

左心功能减退，脂肪肝，脾肿大，胆结石，双侧大脑陈旧性梗塞，下肢各段动脉粥样硬化。

住院23日，仍一直发热，饮水极多，小便极多，再次经脑部磁共振检查示：垂体后叶高信号带消失，提示中枢性尿崩。

后按全身感染及尿崩治疗，但仍继续发热，体温38℃上下。

刻诊：身着多件毛衣、毛裤、厚外套，仍恶寒恶风（示意秘书关上诊室门窗），出汗，手发凉，面色晦暗，两颧熏黑，目光无神，身重头昏，下肢酸软乏力，恶心不思食。小便多，夜尿频，大便少。（近日体温37.3℃-37.9℃）脉沉紧重取无力，尺部弱，舌淡夹青多涎苔白腻。

此寒湿日久，加之过度治疗，致使寒湿内滞，阳虚发热，当助阳化阴，温经散寒，以桂枝加附子汤加味治之。

附片40g，桂枝15g，杭芍15g，姜半夏15g，大枣5枚，生姜10g，甘草8g。

7月27日二诊。上方服2剂后体温37℃，已不恶心，思食。现在（下午3：30时）天气炎热，体温37.2℃。仍背部恶寒恶风、出汗。小便量仍多，大便可。脉沉细，尺部弱，舌淡晦白腻苔稍减。

此为寒湿未尽，虚阳未复。当温阳除寒，温经化湿。以真武汤加味。

附片50g，茯苓15g，白术15g，杭芍15g，桂枝15g，北细辛（后下）6g，白蔻仁 （后下）10g，生姜10g。

2010年7月31日三诊：服上方后体温正常，恶寒恶风减，饮水、尿量均减少，纳稍增，精神增。下肢仍无力，夜卧易醒，凌晨出汗。脉沉缓，舌淡红而润苔白。

真武汤原方加砂仁调理。一周后各症悉平。

按：该患者住院23日内即行44项次多种检查，每日输多种高档抗生素等液体，不但一直发热，并引发“全身感染”及“中枢性尿崩”。如此折腾杀伐，必至阳气衰微，阴寒过甚，故盛夏七月竟这般恶寒恶风。前后三诊即愈，彰显了温阳扶阳法之威力。

案2：鼻炎

某男，43岁。患鼻炎20余年，多年来服清热消炎中药极多，今年春节后鼻腔涂擦外用药水数日后喷嚏增加，清涕流淌不停。天凉或夜晚吸气时即感一股冷气进入腹部，随即绞痛腹泻，已影响正常教学工作。2010年9月24日初诊：面色苍白无华，恶寒手足冷，头痛伴轻飘空虚感，清涕一直流淌，腰酸无力，易出汗，溺清，夜尿2—3次，大便稀溏。脉沉迟细弱，舌淡夹青苔白。

此过服寒凉，至肺脾肾三脏受损，已成阳虚火衰之候，以四逆汤加味治之。附片80g，干姜15g，桂枝20g，防风15g，姜半夏15g，细辛6g，甘草10g。3剂。

4日后二诊：头已不痛，恶寒减，喷嚏清涕稍减，早晚或遇凉清涕仍多，余症如上。脉沉细尺部弱，舌淡稍青苔白。上方加重姜附剂量，连服4剂，各症平。面色好转，精神增加，已恢复正常教学工作。

按：初诊即抓住阳虚火衰之病机，投以大剂四逆汤加味，二诊即愈，彰显了温阳法之功效。

案3：发热（少阴兼表）

某女，82岁，患高血压病20余年，胃溃疡多年，心力衰竭2年余。2010年11月13日初诊：近日受寒感冒，恶寒发热无汗，肢体酸痛紧困，头痛而昏，无神欲寐，咳嗽痰滞，咽痛，胸闷、心慌时作，纳呆。体温37.8℃（平素体温36℃左右），BP168/98mmHg。大便难，3日未行，小便短少。脉沉细寸尺部弱，舌淡苔白腻。此少阴兼表之伤寒，宜温经解表，助阳扶正，以麻黄细辛附子汤加味治之。附片 50g， 麻黄 8g，细辛 6g，桂枝 15g，姜半夏12g，杏仁10g，生姜15g，甘草6g。当晚服药后，夜间未出汗，仍恶寒，下半夜烦躁。次日各症未减，体温38.2℃。中午服上药二三道后午睡，仍无汗，症未减。下午口干不思饮，食橙子一个，胃中发凉，恶心呕酸，晚餐拒食，颈部无力，头重下垂，心悸。右脉弱左脉几无，舌淡夹青多涎苔白腻。先以小半夏汤降逆止呕。约2小时后，胃中较适。仍发热，余症如上。晚间嘱食热粥一小碗以养胃气，临睡前仍以上方加大枣。药后夜间遍身微汗，熟寐。次日各症减轻，全身轻松，已不胸闷，心慌偶作。体温36.8℃，BP142/88mmHg。尚咳嗽，吐痰较多，纳增，大便通畅。继以四逆二陈汤加味，4日后各症平。

按：患者少阴兼表而发热，初诊服麻黄细辛附子汤加味何以未效？只因高龄体弱，加之纳呆，不但胃气已弱，津液亦虚。笔者遵《伤寒论》：“若不汗，更服依前法”。二诊再投原方加大枣，并运用桂枝汤“服已须臾，歠热稀粥一升余，以助药力”之法，嘱药前先服热粥一碗，既益胃气以助汗源，又添胃液而防伤正，故药后得以微汗而病除，此亦借鉴仲景之法而灵活用之。

顾树华真诚善待每一位患者，视老年患者为父母，对患儿有父母仁爱之心。数十年来不仅是用医术治病，更是用心治疗病人。

顾树祥

顾树祥 吴氏学说传承人

顾树祥，男，1943年12月生，著名中医学家吴佩衡嫡外孙，吴氏学说第二代传承人。毕业于云南中医学院，自幼随外祖父吴佩衡习医，师从姑姑吴元坤（云南中医学院教授，伤寒教研室主任）及舅舅吴生元（云南中医学院教授，全国名老中医学术继承导师）。崇尚《内经》、《伤寒论》。临床运用六经辩证、五脏辩证、八纲辩证，使用附子或以附子为主遣方治疗常见病、多发病及一些危急疑难重症，在经方及附子的运用上继承家学，是吴氏学术思想的积极传承者及忠实践行者，临床40年，近20多年累计所用附子达20余吨。1986年初创办昆明健民中医门诊部，20多年来取得了明显的社会效益及医疗效果，被昆明市卫生局评为“社会办医十佳医疗单位”。现为昆明“圣爱中医馆”特聘专家。论文《浅谈附子的临床运用》在“著名中医学家吴佩衡学术思想研讨会”上作专题讲座，《附子伍半夏的普遍性及临床疗效》、《脾肾阳虚慢性水肿治验》发表于《中医临床研究》杂志，其部分医案选入著名学者张存悌教授《中医火神派医案新选》，有关论文入选《中华名医文库》。

顾树祥先生的主要学术经验是传承家学，辩证阴阳，善用附子。

辨证论治是中医治疗疾病的精髓，基本准则；六经辩证是其核心，为其纲领；分辨阴阳，重视扶阳是治病求本的客观体现。顾树祥遵循吴老“身重恶寒、目瞑嗜卧、声低气短、少气懒言”十六字诀作为临床运用附子的指征，谨记吴老训导：“用药如用兵，用药少而精”。擅用“四逆辈”以治疗三阴寒化重症，常力挽险境，使危重病人转危为安。对急慢性咽炎、咳喘、各类骨关节病变症、痛症、痛风及中风后遗症有较深的研究。因传承家学，特别善于运用附子治疗危急重症。

附子大辛大热，入心、脾、肾经，功能回阳救逆，温中止痛、祛寒除湿，对命门火衰、下元虚冷、脾阳不运，阴寒内盛之证有明显功效。《神龙本草经》云：附子一药，其性刚燥走而不守，能上助心阳以通脉，中温脾阳以健运，下补肾阳以益火，是温里扶阳的要药。诚如虞传所说：“附子禀雄壮之质，有斩关夺将之气，能引补气药行十二经，以追复散失之元阳；引补血药入血分，以滋养不足之真阴；引发散药开腠理，以驱逐在表之风寒；引温暖药达下焦，以驱逐在里之冷湿。”（《医学正传》）

医圣张仲景《伤寒杂病论》用附子共二十九方（重复者未计），独具特色。陈修园云：“仲景即于此悟出附子大功用，不局限于心脾肾经，而据附子能温一身之阳”。

清末著名伤寒学家，火神派宗师郑钦安道：“余沉潜于斯二十余载，如之人身阴阳合一之道，仲景立方垂法之美。”（《医理真传·自序》）在阴阳两纲中尤重阳气；又论“一点真阳，含于二阴之中，居于至阴之地及人立命之根真理也”。由于郑氏极重视阳气并将很多疾病都视作阳虚治疗，故尔针对阳虚的治疗皆本仲景而专用姜桂附。考古人云：“热不过附子”。凡人一身，全赖一团真火，真火欲绝，故病见纯阴，知附子之力能补先天欲绝之火种。郑氏只将疾病分为阳虚阴虚两大类，具俱用六经辨证，故在临床处方用药上，主要用《伤寒论》原方，除他自创几首以桂附为主温阳的如潜阳丹、姜桂汤、姜桂半苓汤。在他著作中用心良苦、抛砖引玉、举一反三地强调温阳大法及运用附子的重要性，仿如张仲景所言：“虽未能尽愈诸病，庶可以见病知源，若能寻全所集，思过半矣”，既示人以规矩，又诲人以巧之。

吴老精研经典，忠实地传承了火神派的学术思想，从理论到实践至教学一以贯之。他曾说过：“郑钦安先生的著作是在实践中阐扬仲景医学的真理，其独到之处能发前人所未发”。他称附子为回阳救逆第一品药，善于广用、重用、专用，但决不滥用，胆识兼备，屡治疑难大症。在《吴佩衡医案》中，阴症案有55例，涉及内、外、妇、儿、五官等多个病种，每案均用附子，可谓三阴寒化，阳虚阴盛证治，方方不离附子，兹录吴老附子方效案3则，以飨同道。

病例1：甲型付伤寒并败血症（阳虚发热）

患者女，13岁，住西华北区。2010年7月24日亲属多人带其来诊。其母述之，发热已半月有余，晨轻夜重高热不退，住某省级医院治疗，检查提示：为甲型付伤寒并败血症。用多种抗生素、抗病毒药品输液未效，每当用抗生素均出现过敏反应，医院称之为超级过敏体质，故求助中医治疗。刻诊，面色晄白，神情呆滞，痛苦面容，畏寒肢冷，唇舌淡苔白腻，脉浮，重按无力，食物不进，进食即呕，不渴饮水，腹胀，小便短少，大便不畅。此为阴寒太盛，阴盛格阳，心肾不交，虚阳外脱。法当扶阳收纳，方用白通汤加味：

附片60g 干姜15g 砂仁10g 北细辛6g 葱头3茎（自加）。3剂。

7月26日复诊，服药后热渐退，已无高热，T37.5° C，脉已不浮，腻苔渐退，唇舌转红，欲思饮食，神情安定，已见笑容，仍腹胀，时干呕。虚阳得以收纳，阴寒渐退，仍以白通汤加味扶阳抑阴，交通心肾：

附片60g 干姜15g 桂枝15g 北细辛5g 姜半夏15g 炒鸡金10g 炒麦芽30g 葱头3茎。3剂。

8月30日三诊，唇舌红活，腻苔已退，神佳食增，睡眠稍差，时心悸。治以回阳收纳，温肾健脾，养心安神。方用吴芋四逆汤加味：

附片80g 干姜18g 炒吴芋6g 砂仁10g 波扣10g 朱茯神15g 炙远志12g上肉桂10g（研末兑服） 甘草6g。3剂。

8月10日四诊，神识正常，食量大增，夜能熟睡，二便通畅，唇舌红润，苔薄白，脉沉缓有力，原方加减调理：

附片80g 干姜18g 茯苓20g 砂仁10g 元肉15g 口芪20g 上肉桂10g（研末兑服） 甘草6g。

两周后其母来告，医院已做相关检查，一切正常。

按：病之发热，有阴阳表里虚实之分，更有真热假寒，真寒假热之别，此为阳虚阴寒，心肾不交，虚阳外越之发热，如不急以回阳收纳，贻误病机，预后可危！内经曰：“治病必求于本”，凡病当辩阴阳之意。

病例2：肺心病（寒饮伏肺）

患者女，82岁，家住苏家村32幢。2009年元月31日要求出诊（圣爱中医馆）。患者肺心病多年，近几月症情加重，卧床不起……刻诊，喘咳不能平卧，咳嗽不畅，痰白泡沫不易咯出，稍动则喘甚，每日吸氧16小时以上，面晦暗稍肿，心悸失眠，食少腹胀，下肢浮肿，小便不利，舌淡晦台白腻，脉沉细无力，口干不欲饮水。诊为肺肾阳虚，寒饮伏肺，阳不足以运行，寒湿痰饮阻遏，治以温肺化饮，补肾纳气。方用四逆二陈麻辛汤加味治之：

附片60克 生姜3片 陈皮10克 姜半夏15克 茯苓20克 桂枝15克 北细辛6克 麻黄7克 砂仁10克 炒厚朴10克 炙远志12克 甘草6克。2剂。

复诊家属来医馆代述，服上方后，咳喘渐减，吸氧只需6小时，稍能安睡，饮食渐增，治法如前，原方去生姜加干姜，去麻黄易炙麻绒，2剂。

三诊家属代述，咳喘渐愈已停止吸氧，眠食正常，面浮及下肢肿已渐消，已能下床活动。时汗多，便秘仍感乏力。更方，真武汤合桂枝汤加味，强心固肾，调营和卫。

附片60克 生姜三片 白术15克 茯苓15克 杭芍10克 桂枝15克 姜半夏15克 北五味6克 大枣12克 甘草6克。3剂。

剂尽则咳喘愈，已能到户外活动，生活完全自理。

按：老年肺心病为难治之症，此为素体阳虚，寒湿痰饮伏肺，阳虚不足以运行，寒湿痰饮阻遏，运用吴老所创四逆二陈麻辛汤温阳纳气，寒饮湿浊才得以清除。

病例3：病毒性心肌炎危症（载阳证）

患者女，39岁，友人妻，1974年相邀到家吃饭，饭后告之其妻因病毒性心肌炎住院治疗已月余，现已病危，医院已下发了四次病危通知书。邀我前往诊治。次日我到医院探望，见患者平卧在床，两眼微闭，面红，已输红霉素近二十余天仍高烧不退，无力答话，睁眼或稍偏头便眩晕大作，饮食不下，诊其脉沉微细数无力，舌淡苔白，边间齿痕，四肢冷。

拟方：白通汤以回阳收纳，以挽一线生机，方用：附片100克、干姜24克、葱头3茎。2剂。药尽，热渐退，面红已消，能起坐食粥，欲脱之阳已渐复，仍短气乏力，心悸时眩晕作,更以真武汤温肾扶阳，镇水宁心（附片100克、生姜3片、白术15克、杭芍10克、茯苓30克）。服药2剂后，病情大有好转，已能起床自理，露出笑容，心悸眩晕未作。后又投以回阳饮强心固肾（附片100克、干姜24克、上肉桂10克、甘草10克）调理周余出院，于家调理月余便恢复工作。

按：此为阳气将绝，阳脱于上之急症，患者生命危在旦夕，非重用破阴回阳之剂不能奏效，急用白通汤回阳固脱、继以真武汤温肾扶阳，后用回阳饮强心固肾而挽回生机。上三方原方运用，体现了吴老温阳大法救治危急重症，而显出快速、神奇之功效。

以上例案，均以扶阳固本立法，旨在说明附子能广泛用于临床。对“阳虚”“阴寒”病证，治疗沉寒痼疾或某些危急重症，附子之早用、重用、专用，尤能显示出化险为夷之巨大作用。但凡面色淡白无华（或兼挟青色），倦怠无神，少气懒言，力不从心，动则心慌气短，自汗食少，畏食酸冷，恶寒倦卧，喜暖向阳，多重衣被，口润不渴或渴喜热饮而不多，舌质淡（或挟青色），舌苔白滑或白腻，脉象多见沉、迟、细、弱、虚、紧等，总之，凡见阴症都可以用附子治疗。病治危笃之时，处方用药非大剂不能奏效，若投以轻剂，杯水车薪，贻误病机，则危殆难挽，扶阳祛寒，宜温不宜补，温则气血流通，补则寒湿易滞。

顾树祥先生业医40年之座右铭：

医要精、学要博、人要虔、心要虚、法要活、方要纯、治要巧、效要捷。

郝国双，1951年7月出生，辽宁省彰武县人，执业中医师。受祖辈及家乡老中医的影响，他从小就酷爱中医。1968年3月，抱着当军医的梦想，不满17周岁的他，走进了绿色军营，后来被选拔到某陆军学校任军事教官。这期间，他从没有丢掉中医的梦想，在祖传秘方的基础上，一直孜孜不倦地自学中医，收集民间秘方，拜师学艺，获得一些比较珍贵的民间流传的典籍抄本。经过多年孜孜以求，郝国双年近半百取得了“中医师资格证书”和“执业医师资格证书”。终于能够从事自己一直心仪的中医医疗，郝国双倾尽自己的全部精力，积累了一定医疗经验，已申请两项相关专利：“健康再生仪”（200810134414.8）和“保健果茶”（97101396.9）。他对于肾功能衰竭——尿毒症的治疗，有一定的研究，积累了很多临床经验，他总结的治疗方法有：

1.止法——止呕吐：

呕吐是慢性肾病病理发展过程中，由于肾功能进行性损害，尤其是尿毒症患者最早出现和最突出的症状。早期表现为厌食，以后出现恶心、呕吐、腹泻、口腔黏膜溃疡，消化道出血等症状。

现代医学认为，慢性肾炎患者出现的呕吐，多由于低蛋白血症所致的胃黏膜水肿，或由于在治疗过程中长期应用激素而并发溃疡或胃炎，或尿毒症时的尿素性胃肠道炎症等引起。

祖国传统医学认为，呕吐是由于浊邪犯胃、胃失和降、邪正相争、胃气上逆所致。

郝国双根据不同的病理变化，结合中医辩证论治进行治疗，不仅能解除呕吐等症状，还能降低血中尿素氮，肌酐等化验指标，改善肾功能达到祛邪扶正之目的。

2.消法——消浮肿：

浮肿在尿毒症患者中，可分为两种类型，一是气肿，大都因气血虚亏，特别是气虚所致。二是水肿，绝大多数属于水肿。由于水液瘀积于体内，从而导致阴阳失衡，气血失调。尿毒症患者脾肾衰败，浊阴内盛，上凌心肺，肾阴亏损，水不涵木，阳亢风动可致本虚标实之危象。采用蒸疗和口服中药，可消除浮肿。

3.汗法——大“开鬼门”：

“鬼门”即全身汗腺也，古代称汗腺为“鬼门”。

尿毒症患者，肾脏严重受损，排泄机能出现障碍，有毒的代谢废物潴留体内，产生中毒症状。研究发现，尿毒症患者的汗液中代谢废物的含量比正常人显著增高。中医蒸疗法，通过强大的热力和药力，增强汗腺的排泄功能，将体内的“毒素”通过大量的汗液排出体外，以减轻肾脏的负担，缓解尿毒症的症状。大量的临床病例说明，“大开鬼门”汗解排毒法有时能起死回生。

4.下法——“洁净府”与“去菀陈莝”：

“洁净府”就是利小便，也叫利尿。尿毒症患者口中常常有尿臭味，通过通利小便，使积聚在关节、肢体以及脏腑中的痰蚀等毒素排出体外。“去菀陈莝”就是通大便，通过排泄大便去除日久积滞在体内的糟粕物质。

5.吐法——吐痰饮：

尿毒症患者由于脾的运化水湿功能下降，或水液在体内的循环、排泄过程中遇到障碍，水液就不能正常滋润肌体，反而会在体内异常积聚，成为一种病理物质，这种异常的水液，祖国传统医学将它称为“痰饮”，其中秽浊、黏滞、稠厚的部分，叫做“痰”，另外，清稀、澄澈、透明的部分称为“饮”。这些秽浊物质具有黏滞的特殊性，所以往往导致气血在经络、血管中的运行受阻，使脏腑产生缺血缺氧的病理改变。元朝的大医家朱丹溪说：“痰之为物，随气升降，无处不到”。祖国传统医学故有“怪病多由痰生”、“百病中多兼有痰”之说。痰湿更容易滞于肾脏，引起肾脏气血痰湿瘀滞，造成经脉不通。最虚之处，便是客邪之地。在尿毒症发展的过程中，痰饮又往往是瘀血、虚损的共同结果。我们在治疗的尿毒病患者中，用药后，从患者口中吐出大量的黏液和鼻孔流出大量的黏液就充分证明“怪病多由痰生”的理论，取得了意想不到的治疗效果。

6.化瘀法——化瘀血（毒）：

瘀血是尿毒症的病理产物，又是本病一个重要的致病因素，瘀血加重了脏腑功能的失调，着于肾络，而使精气外泄。尿毒症患者症见蛋白尿、血尿、血黏度高、腰痛如刺、面色晦暗、舌有瘀斑等，都是瘀血之缘故。运用蒸疗法和口服中药能有效排除瘀血毒。

7.补法——培土生金法、金水相生法、滋水涵木法：

培土生金就是通过补益脾土的方法来改善肺的功能；金水相生是通过补益肺脏的方法来治疗肾中精气亏损的肾功能衰竭——尿毒症；滋水涵木是通过补益肾水的方法来使肝木得到滋养。

郝国双业医多年，深感“世有万种药，世有千名医；药分好坏种，医分善恶名”。自古医为仁术！

黄承电，男，1964年出生于河南省范县，中国特效医术专业委员会主任委员，甘肃省伏羲文化研究会理事，中国医疗保健国际交流促进会中老年保健专业委员会专家委员，康复保健师培训师。

多年从事中医理论指导下的康复保健工作，1998年形成了独具特色的有别于“八纲辨证”和“六经辨证”的“脏腑-经络-经气辨证”，经实践应用，对一些疾病有非常显著的康复效果，如中风后遗症、脑瘫、前列腺肥大、子宫肌瘤、痛风、脉管炎、关节炎、结肠炎、粉碎性骨折等。在《内经》“上工治未病”思想指导下，2002年总结形成了中医特色的养生保健和疾病防治技术，同年参与发起成立“甘肃省知识经济与可持续发展研究会伏羲文化委员会”，在潜心研究中国传统文化的同时积极向社会大众提供健康咨询和生命规律咨询。

黄承电认为，对于功能性疾病的治疗，现代主流医学在临床中的表现已是捉襟见肘，如神经系统功能障碍的抑郁症和精神病，消化系统功能障碍的胃萎缩和胃下垂，泌尿系统功能障碍的尿毒症和肾衰竭，呼吸系统功能障碍的哮喘和气管炎，运动系统功能障碍的类风湿和骨坏死，循环系统功能障碍的高血压和心脏病，内分泌系统功能障碍的甲亢、甲减和糖尿病等，用化学合成药品很难治愈，传统中医的治疗方法对这些疾病却能一如既往发挥积极作用，如针、砭、灸、按、导引、拔罐以及天然动、植、矿物的内服和外敷等。

多年来，黄承电以医易同源、医道同源、药食同源和历代《本草》与现代先进的实验室分析成果相结合，以传统中医理论的“阴平阳秘，精神乃治”、“气血正平，长有天命”、“正气存内，邪不可干”为养生指导思想，用药食两用植物的根、茎、叶、花、果制做成一种特殊饮品即“百草养生茶”，它可以把因食物、药物、空气、辐射、情绪污染及不合理生活方式损伤了的脏腑生理功能进行调理恢复，可以使生命处于并保持正常的动态平衡，实现“气血正平”，实现我们常说的“阴阳平衡”。

通过临床应用药食两用植物根、茎、叶、花、果的一种配剂——百草养生茶，对五脏六腑进行全方位调理，在日常生活中饮用一段时间，五脏六腑的正常生理功能就会得到全面恢复和增强，各种生理或心理的不适症状就会逐渐缓解或消除，如疲劳、乏力、困倦、畏寒、头晕、头痛、耳鸣、目眩、失眠、健忘、胸闷、心慌、心悸、气短、自卑、自闭、耳鸣、盗汗、易感冒、易便秘、易腹泻、易胃酸、易胃痛、易过敏、血压不稳、情绪不稳、不定处的酸、麻、胀、痛等等。

“让有病的人轻松实现不转变、少反复、缓恶化。”近十年来，大量临床充分证实：气血正平，百病不生；气血正平，自愈百病。“百草养生茶”技术成果成为中国医疗保健国际交流促进会中老年保健专业委员会举办的“2009中医特色诊疗学术年会暨中医药适宜技术新成果推广大会”上的重点推广产品。

李建政，女，1954年生。“银针秀”创始人，现任中国医促会亚健康专业委员会健康美容专家组主任，东南亚医学美容中医专家委员会副主任等。“银针秀”是一种对损容、损形性疾病进行治疗的特异针灸方法，是由中国中医科学院培训中心、中国保健协会减肥分会、东南亚地区医学美容学术大会中医美容专家委员会、中国医促会亚健康专业委员会、中国国际健康美容行业发展联合会联合推广的项目。李建政在该项目中获得3项国家专利，专利号分别为：ZL200720087066.4、200820067449.X、200820190285.X。由李建政撰写的论文《浅谈银针秀减肥、祛斑、祛皱的神奇效果》在第十一、十二届东南亚医学美容学会上获得优秀论文奖，并在第四届世界自然疗法学术大会上获得优秀论文奖。

李建政高中毕业后下放到农村。面对农村缺医少药的情况，年仅18岁的李建政看在眼里急在心里，便萌生学习针灸用针灸为群众看病治病的念头。后来李建政进入政界，但对针灸的挚爱从未消减，她的业余时间几乎全部放在了针灸的学习上，她先后用针灸治好了自己的颈椎、腰椎等疾病。

针灸的神奇，让李建政十分欣喜和钟爱。在随后的日子，她发现越来越多的人在追求健康和美丽，然而当下各类保健美容事故却阻挡了大多数人爱美的步伐。据了解，在整形方面例如去眼袋，需要把眼袋的脂肪团拿掉；有的为了改变国字脸，则要把骨头磨掉。李建政认为，骨头磨掉了，骨膜就坏了，这样很容易出现骨刺，而且在磨骨的过程中患者很痛苦，还有一定的风险。种种方法都是不安全的。

如何找到更安全更有效的整形之路？用中国传统的中医针灸可否实现人美丽的梦想？李建政开始苦心研究。经过十几年的摸索与积累，李建政终于自创出八种针，即“银针秀”专用针。此手法是以“一根针”为主的针刺方法为手段，通过对局部皮肤及穴位用专业手法的刺激，达到去

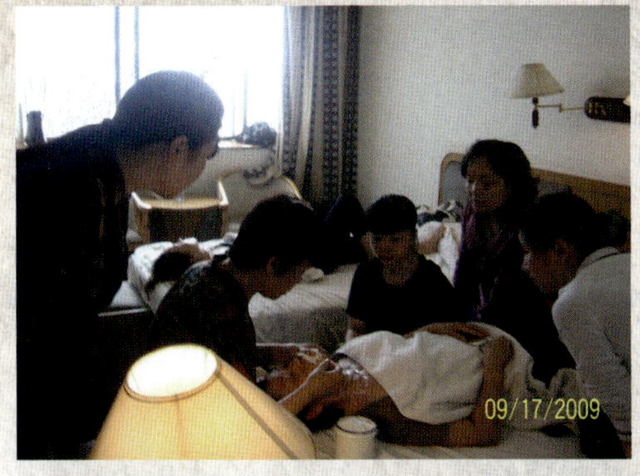

皱纹、去眼袋、提升面部、隆鼻、丰下巴、填补凹陷、减肥、祛斑等养护面部皮肤，美化容颜，延缓衰老为目的的一种方法。具有简便易行，适应性广等特点。

中医认为人是一个有机的整体，人的形体、颜面、皮肤及任何一个部分都是这个有机整体的一部分，这些部位的情况直接反映着身体的健康状况，皮肤白嫩、面色红润、体格健壮、体形匀称是健康美的标志，也是各脏腑、经脉功能正常，气血充盈的表现。因此，只有身体健康，气血流通，脏腑阴阳平衡，容貌才不会衰老，肌肤才不致枯搞，五宫才能得到濡润。反之，若脏腑、经络功能失调，气血不足或运行受阻，则皮肤粗糙、面容憔悴、皱纹密布、毛发干枯脱落、肥胖或消瘦，甚至发生各种损容损形性疾病。“银针秀”在治疗面部损容损美性疾病时，以中医学的理论为指导，注重从整体观念出发，以调理脏腑、经络、气血为主，强壮身体。针对每一个体的不同情况，补虚泻实，铲除发生以上损容损形性疾病的内在原因，同时选择适当的方法解决局部病灶。这样的局部与整体结合、内治与外治结合，不仅取得了明显确切的美容效果，而且较其他方法疗效持久。

“银针秀”在进行损美损形疾病的治疗中，既注重整体的调整，也在解决局部病灶上如祛皱抗衰、祛斑美白、减肥塑形等项目中进行了积极的理论探索和实践的操作，在祛皱抗衰原理方面的研究结论如下：因皱纹是诸多因素条件下，形成皮肤胶原蛋白和纤维蛋白的流失和断裂而产生的。运用皮肤再生、修复和皮下增生的原理，用特制祛皱专用针，在皱纹处及周边进行特殊的手法进行平刺和穿刺，因此会由组织创面渗出的血清和纤维蛋白充填组织缺损（及皱纹处）部分。创伤的修复主要是增生愈合，在创伤的开始，就已经有细胞增生，在创伤边缘部分表皮的基地细胞逐渐向缺损处移行，未受破坏的皮肤附属器如毛囊、皮脂腺、汗腺的上皮细胞也进行增值，这些上皮细胞可以与表皮细胞相互替代与补充。真皮内的纤维细胞明显增值，产生胶原，形成新的肉芽组织，即产生新的胶原蛋白和纤维蛋白填补了皱纹处，从而达到祛皱的目的。再如减肥原理：通过研究探讨，脂肪细胞的数目自青春期后即呈稳定，不再有所增减，但它的体积却可因储存的脂肪量的多少而增大或缩小，相差可达1000倍之多。所以，成年人的肥胖，一般是由于脂肪细胞体积增大所致。肥胖的人由于脂肪在细胞内大量堆积，使脂肪细胞和细胞内的空隙减少，压力增大，脂肪的代谢、分解受到障碍，所以人一旦长期肥就不容易瘦下来。用特制的针灸减肥针可以给脂肪细胞“减压”。这种经过改革的减肥专用针具，刺入皮肤脂肪层，然后运用特定的手法，对脂肪组织进行穿刺、松懈，使脂肪细胞内外的压力减小，脂肪流动液化，从而促进脂肪的代谢和分解，腹部（含啤酒肚）减肥效果更为明显，且不易反弹。

李建政介绍她的“银针秀”说：“在美容、减肥针具上我进行了技术性的突破，发明了祛皱、减肥等美容整形的专用针，使减肥和祛皱等项目获得了理想的效果，该针具获得了国家专利，打破火针不能进行面部刺击的传统观念，并且将针具进行了创造性的改革，打破了几千年火针的固有结构，改针头与针柄连接在一起的固定结构为活动连接可更换的笔式火针，这种新型的火针，不仅使用方便，做到一针多用。更主要的是采取了针头一次性使用，换人时更换针头操作，降低成本，卫生安全，解决了过去无法避免的血液交叉感染的问题，该针具也获得了国家专利。在操作手法上改多针为一针为主，改直刺为平刺为主，创立了许多行之有效的科学手法，其近期和远期效果均比普通针灸要提高10倍以上。”

梁 俊

梁俊，男，1952年2月出生，副教授，现就职于贵州大学电子科学系。通过对与贵阳中医学院合作的科研项目——《罐疗作用下皮部的形态机能变化及其病理意义》（批准文号：39260079）的研究和改造，研发出了柔质热罐和生命能场共振仪的多个系列产品。在研究实践中发现了热罐应用的二种新思路：一、在中医美容领域的应用：软质罐对人体面部皮肤的保健作用；二、在软质热罐的使用中积累了对人体生命能场共振作用的实践经验。发表了罐疗基础研究的独撰论文4篇。

1. 健康成人低焦虑情绪与心音物理量关系的探讨，贵州大学学报，2000，17。

2. 用扫描电镜术探索中医拔罐机理，电子显微学报，1999，18.

3. 医用付罐作用于人体表皮的电镜观察，贵州师范大学学报，1998，16。

4. NSEM 对付罐作用下家兔表皮形态的观察，贵州大学学报(自然科学版)1998，5。

梁俊副教授在“罐疗”项目中承担了产品的设计材料研究，且颇有心得，分述如下：

1.美容罐的设计和选材

中医美容这个概念是随着近年中医事业的兴旺而产生。中医美容器械多以硬质材料制成，如玻璃罐、陶瓷罐、牛角罐、竹罐、塑料罐等。由于硬质材料制作的拔罐器的材料特性，使其应用范围多局限在身体的躯干和四肢部位，很少有硬质罐在面部应用的报道。由于罐疗方法对改善微循环、促进皮肤新陈代谢有不可替代的作用。而随着中医美容的兴起，改善面部皮肤功能，促进面部皮肤代谢能力的需求越显突出。因此，重新开发新型罐疗器械有了广泛的市场基础。软质热罐采用医用硅胶制作，无毒无副作用，对细胞组织有良好的亲和力。罐体柔软不仅适合身体的躯干、四肢，而且对大小关节部位都可进行罐疗操作，对罐疗中的补、泄、排瘀、疏通经络的手法和各种技术的发挥更加有利。经过40多套模具的摸索设计和定型开发，使现有的热罐具备了无痛、无伤、无毒、无害、效佳、方便、价廉的特性，是新一代罐疗器械。

2.颤罐仪的设计和实施

颤罐方法的设计，是受罐疗中重复与规律起罐的方法启示改进而成。1993年，项目科研组取得了国家自然科学基金对罐疗皮部形态基础研究的支持，通过对原来的罐疗器械功能做进一步的探索，发现用注射器对软质罐疗器的重复抽吸操作对改善人体微循环，腹部肌肉组织也出现有规律的运动和共振现象。在使用这种操作后，病人明显反应：过去没有胃口，现在想吃东西了；过去便秘难排，现在排便容易了；长期便溏的，次数减少了；过去睡眠不好的，睡眠明显改善了。这说明抽吸罐体的方法对人体吃、排、睡功能有明显的疗效。吃、排、睡是人体健康的生命状态。这种过去没有的罐疗方法很可能是增强人体抗病能力的一个有效方法。抽吸罐体的这种现象类似颤动的动作，我们把这种罐疗方法称为颤罐。在对原项目加紧实验的同时，也加强了对相关仪器研制。经过长期的观察，颤罐有三个较好的作用，一是生物的整体共振作用；二是加强透皮给药作用；三是集热束形式的外热转化为内能的作用。中国中医研究院针灸研究所张维波教授对这种罐疗新方式给予了高度评价，认为脉动负压（颤罐）是一种新的医疗（技术）方式。

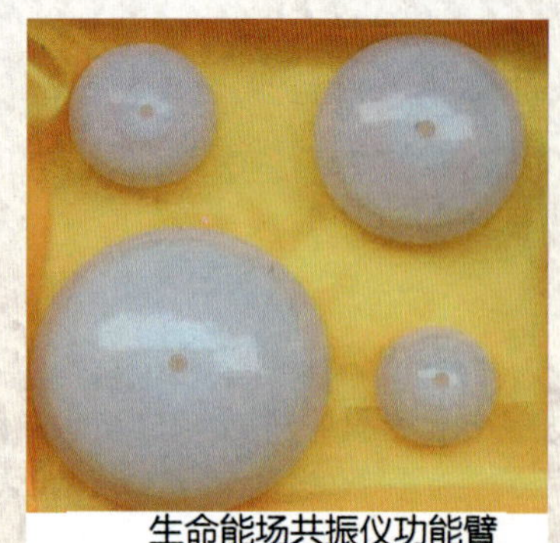
生命能场共振仪功能臂

梁俊副教授还发明制作出新型拔罐仪器——“生命能场共振仪”。专

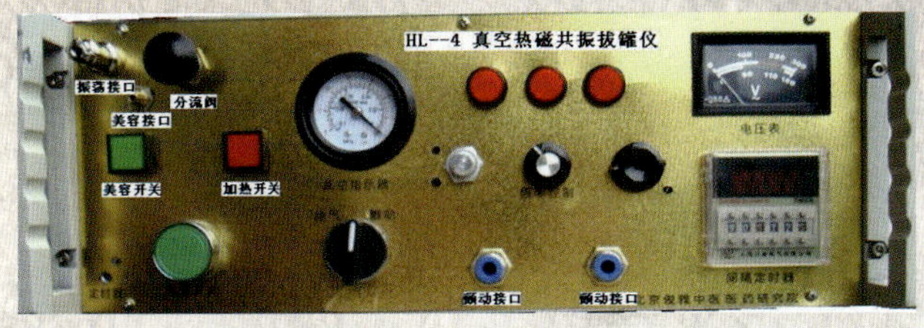

利号：Zl200920125471x，Zl2009201257154。

“生命能场共振仪”是一种集真空、磁疗、热疗、振荡、震动、药物汽化功能于一身的新型罐疗设备。是中医罐疗向现代化技术的延伸。具有改善面部及身体各部微循环、去瘀生新以及药物汽化透皮功效。真空热磁作用后，易产生热流动的“得气”感。

“生命能场共振仪”由控制系统和功能器组成。

1.控制系统：控制系统由电路控制、大功率电机、真空控制、温度控制、振荡控制、震动控制等器件组成，完成对真空的抽气、排气、节律、温度、振荡、震动等控制功能。

2.功能器：功能器是双圆弧形结构，柔性材料制成。在功能器的顶端开一个孔，在孔的下部分别布置有红外加热器、药液汽化仓、磁体、震动器。在功能器的顶侧端开两个对称抽排气孔。

“生命能场共振仪”具有多种功能：

1.真空排毒。中医认为人体邪毒由风、寒、暑、湿、燥、火产生。拔罐疗法对风、寒、暑、湿、燥、火引起的未发病具有良好的治疗作用。用柔性材料制作的拔罐功能元件，对部分人群使用后，人体皮肤有自然排毒的显示效应，皮肤表面可以直接观察到。

2.真空振荡和震动技术。真空振荡主要指真空内负压的频率有规律性的重复变化。这种规律性负压力可以看做是一种反向的按摩形式。按摩是对身体施加外压力，而真空振荡则是对身体施加外拉力。针对不同人的体质和身体状况，可按照中医辩证施治的重泄轻补，快泄慢补，下泄上补的补泄原则，通过仪器对力度、部位、快慢节奏的控制，实施不同的治疗方法。中国中医研究院针灸研究所张维波教授认为，（这种）脉动负压是一种新的医疗（技术）方式。在解决了振荡控制的关键技术后，有可能使这种新的医疗技术步入一个新台阶。震动技术与振荡技术一般情况下是同步进行。在设计上，震动技术也可以独立操作。

3.真空加热技术。真空加热技术是指在真空条件下对人体表皮不大于10cm^{2}的微小部位进行真空和加热的技术。这是我国古代流传下来的一种治疗方法，如竹罐以及近代的玻璃罐等。由于竹罐、玻璃罐加热后容易烫伤皮肤，应用上有一定的局限性。现代的真空生物加热技术，通过红外加热的方法，使真空加热控制技术得以实现。在“生命能场共振仪”的功能器上，加上一个红外电磁加热器件。通过仪器的控制端，对加热器件实现人工调控，使皮肤接触点上的热温为0-50℃可控，治疗温度一般控制在35-40℃左右，以患者自我感觉舒适度为佳。

作用于人体的外热有多种形式，如砭石、艾灸、温水、温泉、热沙、热泥、炒盐、微波、红外、远红外等等都是可以作用于人体的外热源。而真空与热源结合的却是鲜见。

真空加热技术能够让绝大多数体验者即时感受到“热”在体内流动，或者几分钟后感受到全身发热出汗。这种特有的“得气”感有可能是肌体自组织系统在吸收能量的过程中，储备能量并将其物质、能量和信息不断向结构化、有序化、多功能化方向发展的凝结过程。热流“得气”感，在中医学上，是打开穴道激活脏腑机能，实现体内细胞的自我修复、自我调节功能的有效手段。热灸在分子形态、分子细胞上的研究成果证实了热能的转换是生命现象中十分重要的技术手段。

4.真空磁疗。电、磁转换是物质的特性，在人体上，磁场的作用可以改善酶和蛋白质的活动功能，加速酶系统的生化反应。正常人体内生物电、磁保持一定的动态平衡。疾病使这种平衡被打破，外加适当强度磁场的干预，有可能使疾病得以好转。该仪器采用钕铁硼稀土永磁，磁体在真空下有节律的运动，形成磁通量的节律性变化。这种变化对所作用部位的生物组织有可能产生相互作用和共振作用。这种动态磁即成为真空微环境中的一个治疗元素。

刘国轩

刘国轩，男，号长生，字光彪，汉族，江西宁都人，1964年出生于医儒世家，自幼耳濡目染，幼承庭训，13岁随父学医，秉承家学，熟读经典，亲聆教诲，深得嫡传，受益菲浅，被尊为第四代刘氏中医传人。16岁高中毕业后随父从事传统中医、针灸、刮痧、灯草灸等自然疗法临床。酷好晨曦攻读，注重古代医籍经典著作，尤其熟读了《金匮》、《内经》、《针灸大成》、金元·四大医家、仲景的《伤寒》以及前清叶、徐、薛的经典著作，文义古奥，变化无穷，见微启悟，特效昭然。通过反复实践，认识到操古方以治今病，其势不能以尽意，应有所变更，力图深造。二十世纪八十年代起先后进修深造于江西中医学院、北京中医药大学针灸学院、北京汉章针刀学校。悉心修研，考取国家卫生部颁发的执业医师资格证，于1987年10月经考核取得“医疗机构执业许可证”，医疗机构名称为：刘长生中医针灸诊所，2003年医疗机构名称更改为刘国轩中医针灸针刀诊所。同年以中草药、针灸针刀、气功点穴、刮痧拔罐、整脊复位、牵引拉筋为主要治疗手段，创建了宁都国轩自然疗法老龄疼痛康复中心。2004年在赣州市又建立了章贡区老龄康复中心，是当地惟一为老年人服务的公益性医院，坚持以人为本，并无偿或低偿为老年人提供安全有效、经济便捷的康复服务。

刘国轩医师擅长运用李东垣的“脾胃内伤学说”和朱丹溪强调“阴常不足，阳常有余”的滋阴降火理论。

他重视中焦脾胃的升降运化作用，认为脾胃功能运化失调，百病皆起，糖尿病、乙肝、脂肪肝、酒精肝、骨质疏松症的致病原理也不例外。

脾胃属土，位于中州（中土），乃后天生化之本，长寿之道。脾喜燥恶湿，若过食肥甘，而湿内生，使脾疏泄太过，湿淫于内，困于脾土，脾土虚弱，不能制湿而湿淫所胜，脾失于运健……脏腑功能紊乱。

他认为人体内有一种火称为“相火”，人之所以富有生命力，就源于相火一气的运行，在正常的情况下相火之动受到相应约制，惟有裨补造化，以为生生不息之运用；当人体发生病理变化，相火就容易妄动，成为致病之本。所以在临床实践中则特别强调滋阴降火，重用龟板、黄柏、知母、地黄等滋阴降火之物，反对辛香燥烈温补之品。临症以气、血、痰、郁论治；气虚四君子汤，血虚四物汤，痰疾二陈汤，郁气越鞠丸，参差互用，各尽所妙。

刘国轩医师通过多年临床实践，对各种疑难杂症研究造旨较深，擅长治疗各种急慢性痧症，糖尿病、心脑血管疾病、胃病、肝病（乙肝大小三阳）、妇科疾病，白血病、肿瘤、癫痫病、精神病，颈椎病、腰椎病、骨质增生（疏松症）等常见疾病。在刘氏传统医学基础上引入中医食疗，形成了几款以个人经验方制作的专病制剂，如适合糖尿病调理的“玉竹黄精丸”、适合乙肝、脂肪肝、酒精肝调理的“山药菊花丸”、适合肾功能以及骨质疏松症调理的“佛手肉桂丸”，几十年来取得了明显的社会效益及医疗效果。

“玉竹黄精丸”调理糖尿病改变了单纯控制

高血糖为治疗目标的老办法，从提高人体耐糖能力和恢复血糖自我调节能力着手，改善血液微循环，促进人体能够自我平抑血糖；同时结合穴位治疗，调整人体生物全息，促进新陈代谢，通过综合治疗有效地消除糖尿病临床症状和并发症。

玉竹黄精丸方剂组合，可以起到以下效果：

1.养阴清热。糖尿病患者素体阴虚燥热，热极伤津，热郁化毒所致。精选“黄精、玉竹、金银花、天花粉、黄连、乌梅等”组合，具有清热解毒，养阴止渴，燥湿化痰的调理作用，有效地解决了善食易饥，口渴多饮，大便不常等临床症状。

2.化湿醒脾。脾喜燥恶湿，湿淫于内，困于脾土，脾土虚弱，不能制湿而湿内生，失于运健。湿困脾土是糖尿病的症结所在。后天饮食肥甘食物过盛，脾脏运化负荷太重，湿自内生，聚湿生痰，困于脾土而休眠，暂时丧失了运化功能，使骨、肌滋养无源。方中木香、砂仁、陈皮、山奈、黄连、高良姜等行气除腻，化湿醒脾，健脾燥湿，湿破脾自醒，脾醒则运健，就有利于充实骨骼肌力，改善糖尿病症状。

3.活血化瘀。糖尿病患者因脾失运健后，能量转化不力，所纳入的葡萄糖不能转化为人体所需能量，反而滞留在血液中或从小便流失，病情越长，葡萄糖在血液中粘滞更加严重，致使供血功能障碍，五脏六腑随之呈无器质性蠕动式损伤，即为“血瘀”。瘀血是糖尿病并发症的症结所在。方中血竭、丹参、三七等活血化瘀的药物组成，达到活血化瘀的目的，改善血液循环，促进胰岛素合成，这样才能把纳入的葡萄糖转化为能量，消除糖尿病的并发症。

4.扶正益气。人体的元（原）气是先天之本，属阳，是血之帅，也是人体维持生命的能量。当元气亏损时，需要后天补充才能身体强健，百病不侵。糖尿病患者血糖高不是病因，而是现代医学的诊断依据，意味着降糖不是治病的根本，也解决不了根本问题，久而久之，为了维持生命只有靠元气来供给，能量就大量耗损，元气大伤，形成了本虚表实的复杂现象。鉴于以上理论和正气乃存，邪气可赶的调理法则，要使糖尿病人彻底康复，必须从调理正气着手。玉竹黄精丸精选西洋参、黄芪、虫草等组合在一起，改善了能量供给，提高了人体耐糖能力和恢复血糖自我调节能力，完成了“养阴清热，化湿醒脾、活血化瘀、扶正益气”整个调理糖尿病的理论体系，使胰岛能够正常分泌和调节，维持血糖稳定，达到康复的目的。

案例1

糖尿病烂足又称糖尿病肢端坏疽，是糖尿病严重的并发症之一，也是糖尿病致死致残的重要原因。糖尿病烂足的西医治疗主要采用抗菌素及抗生素类药，外加局部清创和广谱抗菌素等，治疗效果往往欠佳，最后不得不进行外科手术及截肢术了事。但是，用纯中药外用喷剂，其功能为活血化瘀、消炎止痛，使用后发现治疗糖尿病烂足确有奇效，包括其它部位的坏疽同样有效。

康先生，男，50多岁，以前由于坏疽发生在上肢，曾手术去掉左手无名指，现坏疽又发生在左脚趾，病人恐惧，准备回老家治疗以免截肢。经朋友介绍内服玉竹黄精丸，外用纯中药喷剂为其治疗，疗法简单，洗净创面，每日三次喷涂药水于患处，开始脚背按压有疼痛感，患者怀疑皮下有脓，两周后逐渐消失。创面一周时稳定不发展，两周时伤口开始愈合，三周时基本愈合完毕，四周时脱皮，一月余即完好如初。

案例2

另一位患者是70多岁的老太太，因患糖尿病致使左足溃烂不愈，虽经医院治疗但溃烂面仍难以有效控制，最后医院决定手术锯掉患足以保全性命。此时，恰好得知内服玉竹黄精丸，外用纯中药喷剂可治此病，故迅速使用。患者开始治疗时左脚已失去知觉，患处皮肤溃烂如渣，使用3天后已控制病情恶化，一周后皮肤恢复知觉，15天后伤口开始愈合，20天后溃烂面已缩小一点，25天后溃烂面完全消失，30天后结痂开始脱落，35天后脱痂完毕，新皮肤显露。患者因此保全患足。

刘国轩医师幼承家学师传，从事传统医学和

临床医学实践二十多年，对传统医学的博大精深和至简至易颇有感受，并深知学无止境，愿以一己之得抛砖引玉，希望有缘者因此而得遇明师口传心授，真实地继承和发扬中华传统医学文化，救世济危，造福人类。

刘建国

刘建国，号逸征，1953年7月出生于山东省。现任深圳市福田区逸征居家养老服务站主任。

逸征先生自幼爱好中华武术，对气功（内功）和武医医术更是情有独钟。十几岁便跟随多位前辈老师学练中华气功和武术套路。1971年开始学习中医推拿按摩，先后受到多名专业老师的指教。在后来的工作中坚持一边自学中医基础理论，一边利用业余时间苦练气功和内功功法，同时为有需要的人们免费保健和治疗。2004年开始参加深圳市职业技能培训，先后考取了初级、中级、高级按摩师和营养师；2006年开办逸征养生馆，专业从事“内功整脊正骨疗法”和“逸征综合养生法”的研究；2008年底获国家二级按摩技师证书和“中华自然医学特技人才”荣誉称号；2009年通过“医师执业资格认证”和“国际注册特色诊疗执业医师”资格证书。

逸征先生在继承和发扬传统的整脊正骨技法的同时，博采众家之长，并结合其自身的武功、气功等特点，经过多年的学习和实践，将中国传统的整脊、正骨技法与中华武功、气功（内功）融为一体，形成了其运用气功功法整脊、正骨的独特技法。

逸征先生自创的“内功整脊正骨疗法”在整脊正骨的同时，运用点穴手法重点施术于华佗夹脊穴、八髎穴及道家所说的“三关一门”等重要部位，以达到疏通经络气血，调节脏腑器官，强身健体，防病治病的根本目的。

“内功整脊正骨疗法”能够纠正脊柱、骨盆、骨关节的偏差，修正小关节错位，还适用于脊椎软组织的各类损伤，将脊柱调整恢复到正常的生理状态，而且能使脊椎及椎间盘在一定的时

间内保持平衡的放松状态。这就能使人体的脊柱焕发出新的生命力，延缓和推迟脊柱的退化及退行性病变的发生。

这种诊疗方法在治疗颈椎病和腰椎病及其相关疾病等方面取得了非常好的效果，尤其对促进1岁以上儿童、少年免疫力的提高，消化吸收功能的增强及生长发育等方面有很好的功效。对70岁以上老年人的老年病的防治，及高血压、中风、偏瘫、老年痴呆、危重病人康复等的治疗效果也非常的显著。

逸征先生总结的“逸征综合养生法”从精神调节，饮食起居，疾病防治，运动健身等四个方面同时介入，采用传统的中医理念，运用纯天然、科学的方法和手段，疏通人体经络，畅通气血，使人体达到“精充”、“气足”、“神全”，将人体自身的“自我恢复”、“自我修复”、“自我调节”、“自我免疫”等功能调整到最佳状态，以此预防疾病、延缓衰老，提升生命质量。

吕久东

吕久东是已传承二百余年的辽南吕氏正骨第五代传人，1969年生。1985年8月跟随父亲吕兴夫在海成滑石矿职工医院学习祖传中医骨科技术三年。1988年9月份考入鞍钢职工医学专科学校学习临床医学。1991年毕业后分配海城市牌楼卫生院

中医骨科。1998年跟随父亲在海城市开设辽南吕氏正骨宗兴久扶正堂，并进修于鞍钢总医院骨科学习开放性骨科手术。2005年考入辽宁中医药大学中医专业本科班，完成学业后毕业。吕久东深得中医济世活人的要义，对老红军，老八路，现役军人，双下岗职工，特困户，五保户，残疾人等免费治疗骨科疾病。2008年5月12日四川汶川大地震发生后，吕久东奉行救死扶伤的医学要旨，放下诊所业务，亲临汶川义务救灾，每天行走在残垣断壁间，亲手救治了几百名伤者，获得广泛的社会赞誉。

吕久东认真总结吕氏正骨经验做好传承工作，练就了一身蒙眼接骨的绝活，作为吕氏医学传承者，吕久东广招对中医有爱心的广大中医院毕业生，教他们学习吕氏正骨技术，为更多的父老乡亲服务。

同时，吕久东对开放性创伤的救治尤有心得，对老年骨折病（股骨颈骨折）徒手复位，经皮牵引，取得了良好的疗效。运用手法复位（旋转法，折顶法）治疗脊柱疾病得到了经治患者的认可，疗效显著。

病例1：英落镇刘某，女，51岁。患者于2003年12月不慎扭伤腰部后，走路破形，疼痛难忍，经其他几家医院治疗后(注射杜冷丁)21天。后经多人抬入海城市吕氏正骨门诊，经查该患者系腰间盘突出症(腰椎4-5)截瘫，经过抬腿复位法针灸电疗(环跳、承扶、委中、乘山、殷门、昆仑、风市、阳菱泉、十七椎、腰奇穴等)21天痊愈，随诊至今完全康复。

病例2：八里镇大新村，女，72岁。左股骨颈骨折，经过手法复位。皮牵引，中医保守疗法，牵引时间20天后，折片可见骨痂形成良好，一年后，随诊，完全康复，行走自如。

病例3：市东四大榆树村，女。头晕，头迷，恶心，颈强双上肢麻木，经CT确诊颈椎颈体增生，颈椎综合症。经过吕久东医生采用的牵引、针灸电疗及吕氏旋转法，使其15天完全康复。

病例4：2008年5月23日在四川汶川地震灾区，四川绵竹市九龙镇杨某，女，71岁。被大树砸伤右膝关节，经吕久东医师诊为右膝关节半月板损伤，经过吕氏正骨手法复位后，立即可以行走，经过3天的复诊，基本可以自理生活，7天后痊愈。

病例5：牌楼镇三角村赵某，男。几年内右股骨颈骨折，左锁骨骨折，左双踝骨折，均是采用吕氏正骨法治疗，完全康复。

吕氏正骨用其真诚的医疗服务赢得海城父老的认可，每天都有各地的患者前来求治。坊间有句民谚生动地描绘了当地对吕氏正骨的认同：捋（吕）胳膊，捋（吕）腿，就找吕大夫。

潘才豪

潘才豪，男，1965年生，浙江台州人氏，出生中医世家。1990年毕业于北京中医药大学，后执业行医并创建潘一堂保健养生医馆。现为中华中医药学会会员、中国特色医疗医药协会专家委员、《健康新生活》杂志社首席顾问。

受家庭熏陶，年轻时，潘才豪对中医就如痴如醉，嗜书如命。只要有钱基本都买了医书。有一次，为了买回一套失窃的《医宗金鉴》，竟然特地从哈尔滨赶到云南购买。逛书店淘医书，成了潘才豪生活中的大事。不管到哪里，首先就是找书店。淘到好书，他会一连兴奋好些天。他说，中医经典内容看似枯燥，实则都有奥秘所在，最关键的是要融会贯通，学以致用。为了提高学术水平，他多次向中医名家王凤岐教授、吴大真教授和吴伯平教授等求教。

数十年来，潘才豪潜心各种肿瘤防治、疑难杂症和保健养生的临床研究，颇有心得。潘才豪医师强调现在有些疾病的病因病机已不是以前那么简单了。比如肿瘤晚期转移，病机错综复杂，虚中夹实，要从多方着手，左右兼顾，这其实也是学术的发展。专攻疑难杂症是潘才豪医师临证的一大特点，他对疑难杂证辩治有着丰富的临床经验。他灵活运用辨证施治之法，不拘泥于方剂模式，无论大复方还是小处方，以对症为要。他曾以数十味药的大复方治疗肺癌，取得较好疗效。也曾用寥寥数味治疗一位家境殷实的老年便秘患者，老人质疑药费太低，说自己出得起钱，为什么不给贵重的好药？潘大夫耐心解释，治病用药以对症为原则，凡是对症的都是好药，无所谓高贵低贱之分。老太太将信将疑吃了潘大夫的廉价处方，果然3剂就见效了，才不得不信服药不在贵贱，只应对症。

潘才豪信奉业精于勤，他一直坚持临证与读经典相互参照，不断提高诊治水平。他曾撰写“治疗腰椎间盘突出症的祖传验方分析”，原文如下：

腰椎间盘突出症的病因病机：腰椎间盘突出症在祖国医学上谓之腰腿痛、痹症之范畴。《素问·脉要精微论》云“腰为肾之腑，转摇不能，肾将惫矣”。《内经》云：“风、湿、寒三气杂至而为痹”。《灵枢经》云：“经脉者，所以气血而营阴阳，濡筋骨利关节也。”由此见，腰椎间盘突出证乃本虚标实证，人到中年，肝肾渐亏，肾虚则骨失所养，肝虚则血不荣，筋失所养责之为本；若受风寒湿邪入侵或外伤瘀血、经络不通，气血痹阻，责之为标；治疗应补益肝肾，活血通络，祛风利湿散寒为要。

腰椎间盘突出症的症状：腰椎间盘突出症大多发生在腰4、5或腰5骶1间盘，主要表现为，患者出现不同程度的腰骶部和下腰部持续性的钝痛，重者卧床不起翻身困难。平卧减轻，坐立加剧；伴有腿疼的症状，沿臀部到大腿后面或外侧及小腿外侧至足跟或足趾，大腿或小腿的麻木、疼痛；若神经根受损则出现神经麻痹、单侧或双侧下肢部分肌肉肌力减退，肌肉瘫痪。

本人以先贤的腰腿痛验方为基础，加减治疗腰椎间盘突出症效果显著。

组方：兔儿伞12g（原方：破阳伞四钱）、狗脊30g（原方：金毛狗脊一两）、菟丝子90g（原方：无根金丝草子一两）、骨碎补30g（原方：猢狲姜一两）、鸡血藤30g（原方：血屯一两）、萆薢15g（原方：粉萆薢五钱）。

主治：腰腿疼痛。

用法用量：加减治疗，每日1剂，水煎分2次上、下午温服。

腰椎间盘突出症的分型加减用药：

（一）肝肾亏损：素体禀赋虚弱，加之过劳，年老体衰，以致肝肾亏损。然筋骨失所养而无从濡养而致肝肾亏损。症见：腰背痠痛绵绵，喜按，遇劳加重，卧则减轻，乏力，头晕耳鸣，时发时止，经久不愈，手足心热，面色潮红，小便黄赤，舌红少津，脉弦细数偏阴亏者上方去萆薢、狗脊、菟丝子，加熟地黄30g、白芍30g、桑寄生30g。症见腰背痠痛绵绵日久，喜按，，畏寒肢冷,尤以下肢为甚，遇劳加重，少气懒言，头目眩晕,精神萎靡，，面色白,或黎黑，舌淡胖苔白，脉沉弱偏阳虚者上方加仙茅15g、巴戟天15g。

（二）风寒湿痹：因久居冷湿之所，或冒雨涉水，或身劳汗出当风，而致腰腿痹痛重着，转侧不利，发复发作，遇阴雨、寒湿天加重，痛处游走不定，得温症减，痛侧下肢冷凉麻木，苔腻、脉沉缓加制附子15g、羌独活各15g、乌蛇20g。

（三）湿热壅滞：腰腿疼痛伴有热感，或肢节红肿，患侧下肢麻木，小便短赤，舌红，苔黄腻，脉濡数者上方去狗脊、菟丝子、骨碎补；加黄柏15g、茵陈30g、车前草30g、薏苡仁30g、桑寄生30g。

（四）气滞血瘀：因跌扑闪挫、超负荷举重，或腰部用力不当，损伤经脉气血瘀滞不通；证见腰背疼痛剧烈，如锥如刺，痛处固定不移，难以转侧，痛处拒按，舌有瘀斑，脉沉涩者大黄10g（后下）、香附12g、血竭3-6g。

药理分析

兔儿伞Syneilesisaconitfolia（bunge）Maxim [Cacalia aconitifoliaBunge]的根。性味辛，微温、有毒。具有祛风除湿，舒筋活血，解毒消肿，止痛的功效。用于风湿麻木、腰腿疼痛、跌打损伤、毒蛇咬伤、月经不调、痛经、颈部淋巴结炎。用量汤剂6-15g，外用适量。

狗脊：本品为蚌壳蕨科植物金毛狗脊Cibotium barometz（L.）J.Sm.的干燥根茎。性味苦，甘，温。归肝，肾经。具有补肝肾，强腰膝，祛风湿，利关节。用于腰背疫痛，膝痛脚弱，寒湿周痹…。《本经》载“主腰背强，机关缓急，周痹寒湿，膝痛，颇利老人”。《药性论》载“治男子女人毒风软脚，邪气湿痹，肾气虚弱，补益男子，续筋骨”。《纲目》云“强肝肾，健骨，治风虚”。《玉楸药解》载“泄湿去寒，起痿止痛，泄肝肾湿气，通关利巧，强筋壮骨，治腰痛膝疼，足肿腿弱，遗精带浊”。《南宁市药志》：“治跌打腰痛”。

菟丝子：为旋花科植物菟丝子Cuscuta chinessis Lam.的种子。性温，味甘。归脾肾经。具有补肝肾，益精髓，明目，止泻。用于阳痿遗精、尿有余沥、遗尿尿频、腰膝酸软、目昏耳鸣、肾虚胎漏、胎动不安、脾肾虚泻；外治白癜风。《雷公炮炙论》“补人卫气，助人筋脉”。《别录》“养肌强阴，坚筋骨”。

骨碎补：本品为水龙骨科植物槲蕨Drynaria fortunei（Kunze）J.Sm.的干燥根茎。味苦，温。归肾、肝经。具有补肾强骨，破血活血，续伤止痛。用于肾虚腰痛，耳鸣耳聋，牙齿松动，跌扑闪挫，筋骨折伤；外治斑秃，白癜风。用量3-9g；鲜品6-15g。外用鲜品适量。

《开元本草》：“主破血，止血，补伤折”。《本草正》：“疗骨中邪毒，风热骨痛，或外感风湿，以致两足痿弱疼痛。”《本草述》：“治腰痛行痹，中风鹤膝风挛气证。”

鸡血藤：本品为豆科植物密花豆Spatholobus suberectus Dunn 的干燥藤茎。味苦、甘，温。归肝、肾经。具有活血补血，舒筋通络。用于腰膝酸软，麻木瘫痪，风湿痹痛，月经不调，血虚萎黄。《饮片新参》：“去瘀血，生新血，流利筋脉。”《现代实用中药》：“为强壮性补血药，适用于贫血性之神经麻痹症，如肢体及腰膝酸软，麻木不仁等。”

萆薢：本品为薯蓣科植物粉萆薢Dioscorea hypoglauca palib.或棉萆薢Dioscorea septemloba Thunb.的根茎。味苦，平。归肝，胃，膀胱经。具有利湿去浊，祛风除痹。用于风湿痹痛，关节不利，腰膝疼痛，膏淋，白浊，白带过多。《本经》：“主腰背痛，强骨节，风寒湿周痹。”《药性论》：“治冷风顽痹，腰脚不遂，手足惊掣”《滇南本草》：“治风寒，温经络，腰膝痛，全身顽麻，利膀胱水道，赤白便浊。”用量：10-15g。

方解：免儿伞：祛风除湿，舒筋活血，止痛。鸡血藤：活血补血，舒筋通络。二药合用舒筋通络，祛风除湿，活血止痛功效增进。菟丝子：补肝肾，益精髓，狗脊：补肝肾，强腰膝，祛风湿，利关节。二药既能补肝肾又能强腰膝、益精髓，壮筋骨，利关节的功效。肾健则骨有所养，肝血充足，筋络则刚，故能约束骨骼，动作健强。骨碎补：补肾强骨，破血活血，续伤止痛。萆薢：利湿去浊，祛风除痹。二合合用祛风除湿，续伤止痛。诸药合用：共奏补益肝肾，舒筋活络，祛风除湿，活血止痛之功。

多年来，潘才豪医师为了响应党和国家有关号召，以中医药服务规模小、适用性强、简便验廉、集治疗与保健于一体等优势，身体力行缓解看病难看病贵的问题。潘才豪医师根据祖国医学辩证施治为纪纲，以中和阴阳、调理腑脏为治疗根本，以地道的中医药组方，为一大批久治不愈的疑难杂证患者排除疾痛；亚健康人群以食物调摄，促使脏腑平衡，得以健康。他有一个信念：心存好生之德不为成佛，志在人民健康振兴中医！

尚　军

尚军，1969年出生。大专文化程度，现任山东省平度市电业公司主治中医师，兼任中国针灸学会会员，中国针灸学会经筋诊治专业委员会委员。从事中医针灸临床20余年，擅长用针灸、小针刀和长圆针治疗各科常见病及疑难杂症，特别在治疗中风偏瘫、失语、面瘫、颈肩腰腿痛、各种神经损伤、神经功能紊乱等病症方面有较高的造诣，先后治疗患者万余人，为许多患者解除了病痛，取得了良好的社会效益。

尚军出生在医学世家，从小受家庭的熏陶，很早就萌生了学习针灸医学的念头，在父亲的言传身教下，尚军17岁时就踏上了自学中医基础理论和经络理论的道路，同时，他结合针灸临床的特点，认真练习针刺的各种手法，从针刺的进针方法，从补到泻，从捻转到提插，随着针刺手法水平的提高，尚军逐渐掌握了从普通毫针到一尺多长的芒针等各种针灸工具的操作方法，并能在临床中运用自如。为了进一步提高临床疗效，尚军还常常在自己的身上做实验、体会针感。正是这样刻苦的锻炼和钻研，尚军的针灸医疗技术水平得到了较快的提升。

1986年，尚军参加工作后，参加了中医大专的系统学习，在临床理论方面打下了坚实的基础。特别是到电业公司医务室工作后，在公司领导的大力支持下，尚军自1993年以来连续17年到中国中医科学院进修学习和参加全国、国际性、世界性学术大会，有机会聆听了许多全国针灸名家的学术思想和理论观点，学习了他们的临床经验，并在国内外学术大会上交流论文10余篇。通过学习和交流，他的理论水平不断得到升华，临床技术水平不断得到提高。他临床中善于辨证论治，勇于挑战，如腓总神经损伤、深层巩膜炎、车祸致儿童腰骶神经损伤，声带小结引起的声音嘶哑，右侧下肢淋巴管完全性阻塞引起的下肢水肿，胃肠神经功能紊乱引起的呕吐和多年的腹泻……这些疑难杂症，经过治疗均取得了较好地疗效。

尚军还十分注重理论与实践相结合，善于临床积累总结，10余年间在《中医杂志》、《中国针灸》、《中国乡村医药》、《上海针灸杂志》等权威性医学专业期刊发表多篇学术论文，如："针刺治疗慢性鼻窦炎60例"，发表于《上海针灸杂志》2009年10期；"颈部推拿治疗不当致枕小神经痛1例报告"（第一作者），发表于《中国乡村医药》2007年5期；"深层巩膜炎案"，发表于《中国针灸》2005年8期；2003年在《中医杂志》第6期发表的"尚兆奎疑难病针刺治验三则"一文转载于《中医杂志》英文版2004年第3期。他曾作为中国中医药代表团16位成员之一参加了在泰国首都曼谷举办的国际中医药学术大会，会议上重点演讲并交流了"针刺治疗脑血栓形成的临床观察"一文，引起了与会代表的浓厚兴趣，现场为10多位患者进行义诊治疗，娴熟的针刺手法和立竿见影的疗效赢得了大家的一致好评，泰国多家华文报纸对此进行了详细报道。

近年来，尚军医师在临床研究治疗各种慢性鼻炎和鼻窦炎方面取得了可喜的成绩，经过长时间反复实践、研究发现了治疗该类疾病的有效敏感点，并进行了详细的解剖定位，命名为通窍穴，临床应用特殊的针刺手法选取通窍穴为主穴治疗该类疾病，取得了满意的疗效，他的相关理论和临床治疗方法，发表在《上海针灸杂志》2009年第10期，在中国针灸学会针法灸法分会组织举办的全国研讨会上进行了交流，并获得优秀论文奖。

尚军医师临床注重在辩证理论指导下选穴组方。针刺治疗贵在得气是他的临床主要指导思想和理念，尤其在针刺治疗神经性及运动性疾病时，循经感传是尚军医师极力推崇的能量效应。治疗时以针刺穴位下的神经根和神经干为主，使针刺得气，是取得这种能量效应的基础，能量效应也就是针刺效应。根据患者的自身和病症特点选用普通毫针及芒针治疗，通过这种效应来激发自身的潜能，进行有效的自我调节，从而达到通经活络、理气、化瘀、解痉、镇痛的治疗目的。

通窍穴临床应用

定位：位于经外奇穴上迎香内侧上方，上颌骨内侧缘与鼻外侧软骨结合部下缘凹陷中，经外奇穴鼻穿穴内侧2分处，按压该穴时有酸胀感。图示如下：

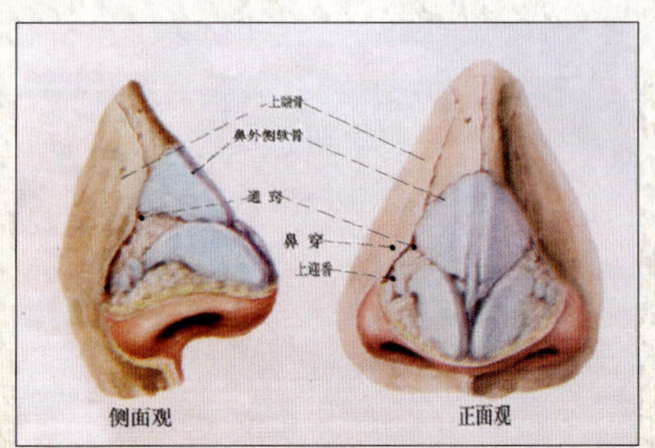

治疗范围：各种急慢性鼻炎、过敏性鼻炎、鼻窦炎。

作用机理：通窍穴是医者在临床中发现的特效穴，针刺时的感觉反应强，能够迅速的使患者局部出现酸胀、流泪、打喷嚏等反应。实践证明，反应越强，越能促使患者较深部位的分泌物从鼻腔排出，能较快的解除和缓解鼻塞、流涕、头痛等症状，对病变部位的神经有较强的激发和调节作用。

王 刚

曾祖父王绍棠

王刚，男，汉族，1975年出生于西安，祖籍河南。会计电算化专业，从事计算机行业工作。2004年创办中医世家网站，现任西安岐黄道商贸有限公司总经理。

王刚创办公益性的中医世家网站，缘起自己的家世。

曾祖父王绍棠（1902-1980），又名王作化，河南扶沟县人，中医大夫。早年在家乡行医，后足迹遍及大半个中国，曾任黄埔军校校医、同仁堂坐堂医师。行医60余年。

父亲王提仁（1945-2009），王绍棠之孙。1964年参加新疆建设兵团，任卫生员，1972年调入西安煤矿机械厂职工医院中医科工作，1993年退休。

王绍棠曾在祖籍河南扶沟县开药房，自己为乡邻把脉开药方。王刚的爷爷子承父业，在家业药房中学习问诊开方。1945年，王刚的父亲王提仁出生，而爷爷则就在那年因乱世而不幸丧生。太爷爷白发人送黑发人，把情感和责任一肩挑起，将王刚的父亲带在身边随诊学习，曾经离开河南，在新疆行医居住，后到西安定居，一直都以行医为业。父亲王提仁因为有家学的底子，又在新疆生活过，成年后到新疆建设兵团当上了卫生员，后来进入西安煤炭职工医院当中医大夫。

王刚保存了老太爷留下不少医书，有老人家自己写的、抄的，也有买的。至今他还能清楚地回忆起：

小时候练毛笔字，父亲就让我们照着老太爷的书来练习，说：既练了字，也学了医，一举两得。当他高兴时，偶尔也会让我们兄弟挑本书，随便翻几页后，念个头，考他背咏。往往我们磕磕绊绊的刚念几个字，他就能背出下面的句子来，很少有错误的时候。惊得我目瞪口呆，他更是借机要我们好好背书、学医，我们兄弟被震得只有点头的份了。

小时候，父亲对我们最严厉的时刻就是背医书。怕我们把书翻坏，就每天自己练字时默写一段，贴到墙上。下午见我们兄弟放学回家，不管有没有家庭作业，就严厉的命令：“背不会不许睡觉。”

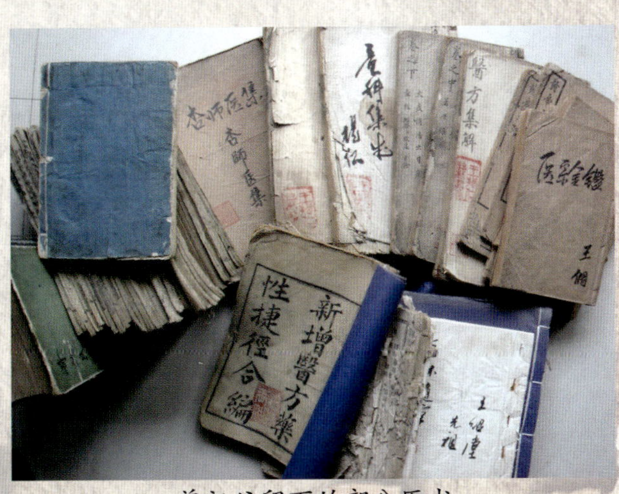

曾祖父留下的部分医书

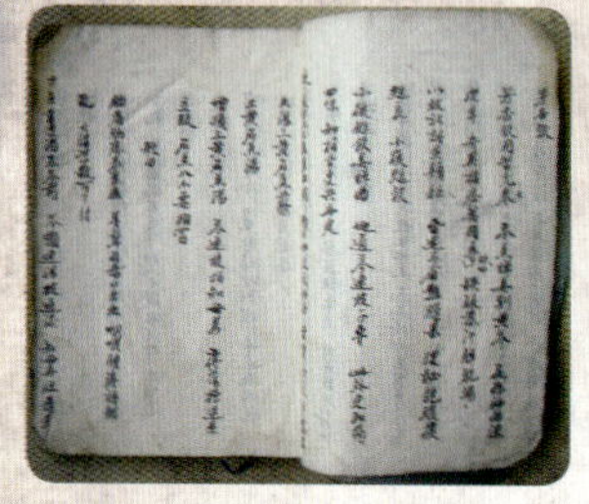
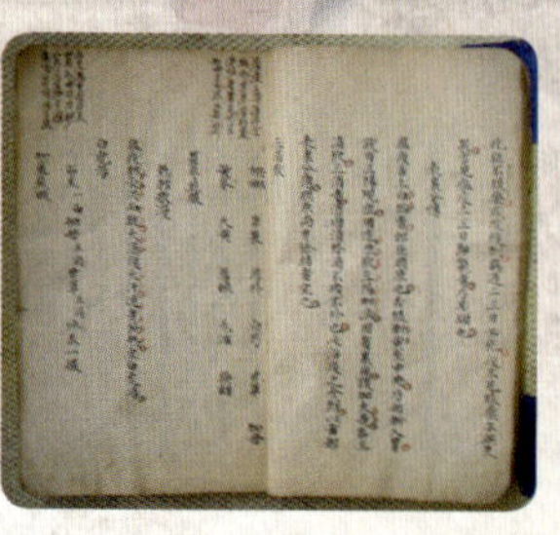
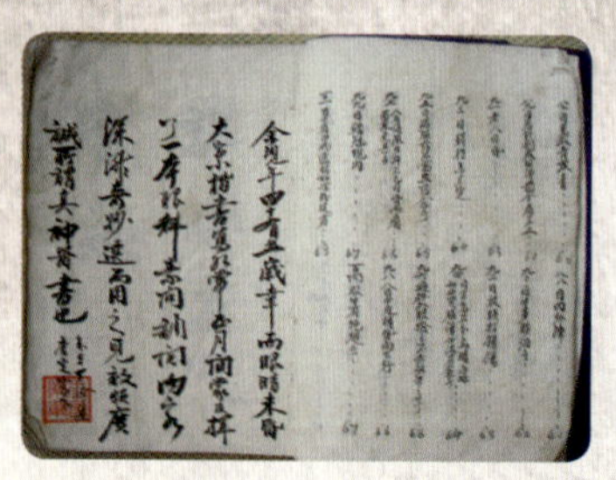
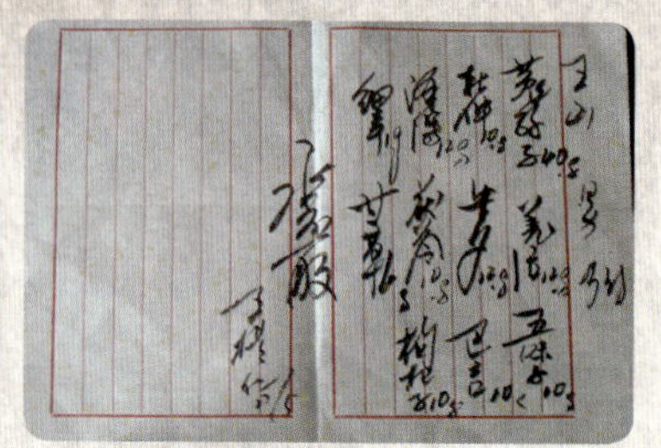

到睡觉时，只要他没出诊，就会认真检查，不但今天的要背会，还要把以前记得的再背一遍。现在还能想起当时的场景——只要我们背咏的好，他会很开心的笑。然后不管学校作业做完没有，就让我们自由活动了。很有负责心的小学班主任，因我们兄弟俩家庭作业问题，上门家访了多次没有效果。班主任只得把我们留在教室，做完作业再放回家。

父亲对老太爷是极其尊重，老太爷要他做好事，不要贪图钱财，他就义诊，并当做“历练”。持续了很长时间， 1992年西安晚报为此派来记者采访报道，留下了当时的影像。

从小在家庭环境中耳濡目染，知道行医的要义是救死扶伤，医理可以解人疾苦。在后来的人生道路上，虽然因各种因素没能直接从事中医大夫职业，早年父亲要求背诵医书的严厉和患者对父亲的千恩万谢交织在一起，潜移默化中内心深处早已形成中医文化情结。1997年，我开始系统跟随父亲学习中医，也在这时候进入计算机行业工作。起初是利用自己的计算机技术，把跟随父亲学习中医的一些资料做成单机使用的电子版。后来有好朋友知道了，希望能分享这些学习资源。随着对计算机技术的熟悉，第一个迸发的念头，就是将中医药资料全面电子化、信息化，让这种可以济世活人的古老民族文化进入信息平台，获得更高效广泛的传播。这个想法的出现，让我当时很激动，也明白内心深处对中医还是深深眷恋的。那时开始，每天工作之余一个字一个字的把中医资料录入到电脑中。

每逢周六厂休日，西安市煤矿机械厂中医师王提仁的家门口便围满了看病的患者，从清早到晚上，他忙个不停，经常连饭也吃不到嘴。他说：“今天是我为群众做好事的日子，雷打不动。”15年来他一直利用厂休日为群众看病分文不取；众多的疑难杂症在这里得到了解决。（高建国 汉新 摄）

西安晚报

1992年6月15日 星期一 第二版

2004年初，经过几年的积累后，从技术到资料都完全由自己完成的中医世家网站终于开通了。几个月后，开始有网友打来支持鼓励的电话，希望我能将网站办得越来越好，但正因为这些鼓励、支持，却使我更加谨慎细微了。

中医是随同人类历史成长的，其成熟的理论、丰富的内涵，远非我这点业余时间熬夜就能参透。在网站这个面向大众的平台上，自己又能做些什么呢？我想，自己所能做的，就是如同图书馆的管理员，将这些珍贵的资料整理好，供人查找、翻阅。用自己的劳动惠及他人，我想这也是中医文化内涵之一吧。但我也很清楚，这不是一人就能整理好的。这几年里，通过网站结交了很多在其他行业工作却热爱中医的人，是他们给了我极大的帮助，默默无闻地帮助我完善资料。

随着网站资料的增多，网站维护费用越来越高，虽然有志愿者的无私帮助，但仍面临资金、技术、人力等方面的困境。为根本解决网站的发展问题，2010年底，几位热爱中医的人士与我商议，共同出资成立了西安岐黄道商贸有限公司，公司以经营文化礼品为主，而运营收入将用于中医网站的维护、发展。

公司、网站是两个独立的个体，公司不会用中医文化网站牟利，而是另开渠道去经营。这样做的目的在于消除网站现有的商业色彩（广告等）。而我个人也将在新的网站中，取消我家的介绍专栏，彻底消除个人利益。所有这一切，都只是为还原一个纯净的中医网站。

非常感谢与我并肩的无私朋友，在不确定的前景下，在可能没有任何名誉、利益的回报下，仍愿意为中医文化传承、普及而投入。

中医，不单单能调理身体，阅读中医典籍，看名医典故，细细品味其医学之外的意义，这一过程更是净化心灵。神农尝百草、张仲景《伤寒论》、李时珍《本草纲目》等等的一部部浸透心血的著作，字里行间除了医理、药理外，更彰显他们的智慧、博爱和无私。

先祖一世医名超凡而去，我虽不行医为业，但从先辈留下的行医文物中感受到一份人生的厚重，我愿意用传播中医文化的实际行动来践行家风传承。

王成顺

王成顺，男，1958年8月出生。1980年空军第十一航空学校退伍，1984年拜长春老中医张树鹏学习中医理论。1999年至2000年，在长春中医学院进修培训，学习了针灸、按摩技术，获得了相关证书。2004年在吉林大学教育中心进修，取得了中药专业证书。1998年至2006年在长春老年病医院跟随张树鹏主任中医师学习中医药针灸按摩等临床技术。2007年至2009年在长春市天泽堂中医院坐诊，为患者进行中医针灸按摩等治疗，获得患者的好评和认同。2006年7月在中华中医药学会首届中医微创学术大会发表的论文“针灸治疗手指神经痉挛效果好”获得了优秀论文奖，被编入《中医微创技术》一书。2007年“苍斛汤治胃热牙痛2例”一文，被中国特效医术研究会编入《中医特色医术人才》一书。

2008年5月“日本国患者称赞中国针灸好”论文入编《中华医学论坛》杂志，获得了优秀论文奖，同时被载入《中国医学创新发展》一书；2008年“用针刀燿治疗一例肩周炎”被编入《中国优秀医务工作者文集》，由国家级出版社公开发行。

以下是获优秀论文奖的“日本国患者称赞中国针灸好”原文：

日本国患者称赞中国针灸好

王成顺　吉林省长春市天泽堂中医院针灸推拿科　130000

关键词：针灸、止痛

患者铃木美惠子，女，42岁，家住：日本国山梨县笛吹市。

主诉：2007年3月在自家葡萄园做工渐渐感觉到右臀部疼痛，逐日波及大腿后面，小腿外侧，尤其走路持续时间较长疼痛如灼、如刺、如裂、如钻，从上往下放散，受寒，受凉就加重，经西医多方治疗无效，2007年10月5日，来中国求中医针灸治疗。

查：脉迟而沉，舌苔淡白而滑润，病人为了减轻痛苦，身体歪向右边疼痛一侧，痛腿在直伸或关节弯曲时疼痛得更厉害，皮肤苍白，肌肉萎缩。诊断：冷风湿痹。

治疗措施：1．循经取穴。2．取局部阿是穴。主穴：环跳、阳陵泉；配穴：风市、绝骨、肾俞、承扶，针后加灸。经过10次针灸治疗痊愈。

按：此症是因外感风寒入侵经络，不通则痛，属于阳病在表。造成气血不调，出现气血瘀滞而发病，所以取穴于足少阳胆经、足太阳膀胱经，以及刺局部之阿是穴而调解各个生理机能为目的。

主穴：环跳、阳陵泉，都属于足少阳胆经。环跳穴能治膝部筋炎及神经痉挛、坐骨神经痛、腰胯酸痛、肌肉萎缩等。阳陵泉穴是筋之会穴，它能治下肢痉挛，中风足膝麻痹不仁，有舒筋活络之功能。配穴：风市、绝骨，都属于少阳胆经之穴。治下肢麻痹、半身不遂、腰痛、中风、筋骨挛急等症。

配穴：肾俞、承扶，都属于足太阳膀胱经之穴。能治膝脚拘急、恶寒、疲惫无力、足寒如冰、腰背神经痛、坐骨神经痛、臀部炎症、下肢筋痛、腰神经痛等症。特别是承扶穴部有坐骨神经主干，因此对坐骨神经痛的治疗起到重要作用。

所以，这些穴位互相配合对坐骨神经痛病能起到针到痛除之作用。

徐茨芬

徐茨芬，女，中国医促会国医专业委员会会员。从事医学临床工作48年，曾得北京中医药大学高学敏博导的指导，多次在国内外医学研讨会上发表论文。擅长以中医学及免疫学的理念治疗各种疑难杂症，如肝病、糖尿病、高血压、低血压、冠心病、心肌炎、儿童多动症、心理问题、忧郁症等；用中医异病同治、中药“多靶点”的理论、中医整体医疗观念，调理人体阴阳平衡；巧妙配合药食同源的天然植物（中草药），对心、肝、脾、肾五脏六腑进行全面调理、加强改善皮肤的微循环、清除体内自由基、激活人体细胞，达到排毒养颜的效果。从事临床治疗40多年来，对艾滋病、再障、肝昏迷、脑昏迷、冠心病频死的危重病人抢救获得重大成功，研制的“日月丹全息胶囊”（降压、降脂、通脉）申请了专利。

徐茨芬医师40多年来通过长期临床观察以及参阅了大量的中医药西医药和国内免疫学有关资料，分析原发性高血压发病机理，祖国医学认为高血压病与“肝”、“肾”有关，从西医角度、免疫学角度分析原发性高血压还与1型变态反应及3型免疫复合反应关系密切，根据以上发病机理，不断修改配方，研制成火麻仁葛根胶囊。该产品1993年为江西省重点科研项目。

徐茨芬医师的主要经验方剂有：

一、火麻仁葛根胶囊（适用于高血压、偏胖等人群）

MEDICINA ALTERNATIVA
(ALMA ATA 1962)
affiliated with
The Open International University for Complementary Medicines

Based on the record of deeds dated September 1962 located at the Public Registry of Deeds of the Kazakhstan Socialist Soviet Republic No 115620 - 20 - 6 - 30

The Senate and the Board of Directors hereby confer on

DR. XU CIFEN

who has fulfilled the qualifying requirements, the degree of

Doctor of Medicine (Medicina Alternativa)

with all the rights, honours and privileges pertaining to this degree. In testimony whereof, we have hereto subscribed our names and caused the seals of The Open International University for Complementary Medicines and Medicina Alternativa to be herein affixed.

Given

Sungai Petani, Kedah, Malaysia, May 2007

Chancellor　Registrar

Chairman　Secretary - General

Candidate's Signature

1．主要成分：火麻仁、葛根、山楂、决明子、槐米、黄精等。

2．功能：活血化瘀、清肝利胆、平肝潜阳、降火清毒、滋肾得水、镇惊开窍、调理人体阴阳平衡。帮助预防控制血压、防血栓形成、降低血液粘度、降低胆固醇、耳聋、冠心病、糖尿病及其并发症、肾病、咽喉病、老年痴呆、眼底动脉硬化、心脑血管供血不足、骨质增生、鼾声、慢性鼻炎、前列腺、肥胖、中风等。

3．特点：简便、安全、无毒副作用，保护范围广，适用各种年龄人群，亚健康人群，作用持久，停后无反弹。

二、白芷玉竹胶囊（适用于低血压、偏瘦等人群，以及此类人群失眠者）

1．主要成分：白芷、玉竹、山药、栀子、芡实、牡蛎等。

2．功能：活血化瘀、清肝利胆、清热解毒、调理人体阴阳平衡、改善微循环（帮助改善低血压、心脑血管供血不足、失眠、头晕、祛斑美白等）。

3．特点：服用简便、安全、无毒副作用、保护范围广泛、适用各种年龄人群，特别是中老年人群，男性同样有效。能充实睡眠，使大小便通畅。

三、茯苓山药胶囊（适用于各种肝损害人群）

1．主要成分：黄芪、栀子、土茯苓、沙棘、制首乌、黄精等。

2．功能：帮助改善各种肝损害（酒精肝、脂肪肝、药物肝、病毒肝等）。

徐茨芬医师重视食疗养生，她认为，保护好全身血管，同时注意心理养生、饮食配合、适量运动，有很好的防病治病效果。

张庙松

张庙松，男，1936年出生于上海市区的一个“武学世家”。1955年考入了北京航空学院。1960年调入国防科委，从事飞机结构的设计工作。由于从小就受到“武学世家”的武学、国术文化熏陶，对中华武术，特别是“武医”中的“推拿、按摩、整骨”等方面有着特殊的兴趣和爱好。在父辈们的影响和指导下，张老先生很早就懂得治疗以骨伤科为主的各类疾病。

上世纪六十年代中期，一个偶然的机会，张老先生结识了北京正骨名医罗有明老人，对罗有明的捏骨医术产生了浓厚的兴趣。在认真学习罗有明老人的“骨错缝”、“筋出槽”的经典论述和实践经验及冯天有老师的理论知识的基础上，结合自家祖传的医学经验理论，便开始利用业余时间对同事、亲朋好友及有需要的人们免费治疗头、颈、肩、腰腿疼痛的疾病，受到了普遍的欢迎和好评。

张庙松退休后放弃了“安享天年”的安逸生活，而是将自己的全部积蓄及退休金都用在了研究和总结脊柱相关疾病的预防和治疗上了。

在学习祖国传统医学的经典论述基础上，通过研究总结罗有明、冯天有老师等的实践经验和理论知识，深入发掘武医跌打和传统整骨手法，张庙松结合西方医学解剖学、生物力学理论，同时集自身几十年实践和经验，总结出一套便于推广普及，治疗与脊柱相关的颈肩腰腿痛的“脊柱生态健康法”。

张庙松认为，颈肩腰腿痛的病因病理是脊柱的软组织受伤害（如肌肉、韧带、筋膜、椎间盘、神经、血管），这同时，脊柱骨的正常生理解剖状态也遭破坏、受伤害，这两者是相互关联的。在这两者之中，脊柱骨处于主导地位。只要恢复脊柱正常生理解剖状态，并使其得到稳定、巩固和加强，颈肩腰腿痛以及与脊柱相关的一些疾病都会得到自我修复能力而转向康复。

在治疗方法上，张庙松认为脊柱的整体活动度是很大的，但每块椎骨的活动量是很小的，因而称椎骨关节为微动关节。链状结构的脊柱具有特殊的生物力学现象——共轭现象。这是指同时发生在同一轴上的平移和旋转活动，或指在一个轴上的旋转或平移必然同时伴有另一个轴的旋转或平移运动的现象。脊柱的侧屈必然伴有脊柱的旋转。通过对人体结构生理特点和力学特点的认识，可以理解为什么脊柱受伤害后会出现人们在触摸棘突、观察脊柱影像、手术解剖时观察到的特殊现象。因而，人们可以应用人体脊柱解剖学、生物力学原理，给予受伤害的脊柱人为的外力，使受伤害的脊柱回归正常生理解剖状态。根据这个理论，张庙松将全部身心都投入到探索、总结和实践上，他把自己的经验总结为“脊柱的健康运动”法。将有氧运动，健康呼吸，合理膳食，音乐修养等结合在一起。并经常免费的指导中、老年人练习，受到有关专家和民众的欢迎和推崇。

张忠田

张忠田，男，汉族，1951年10月生于河北省晋州市。中国共产党党员，军转干现已退休，河北省晋州市自然养生健身中心负责人，高级保健咨询师（中国保健协会，编号CHCZG0700173）。

1969年，张忠田应征入伍，在部队期间因“一兵多用”积劳成疾，先后得了神经官能症、心脏病、胃病、腰腿疼病、萎缩性鼻炎、鼻癌等多种疾病，后经西安市各大军地医院多种治疗方法医治，收效甚微。于是放弃了所有的医药治疗，带着病痛的折磨于1975年开始探索自我健身之路，研究民间自然健身方法。接触了一些中医基本理论后，张忠田认为，人生病是人体生物信息紊乱，阴阳失调所致，要想获得健康，必须把人体生物信息场调正常，从而达到调合气血，平衡阴阳，清瘀化痰，疏通经络，排出病气，促使人体新陈代谢功能正常，达到健康。他自己到野外晒太阳、靠树、顶树、顶墙、撞墙、拍打全身、爬行、翻滚、倒立等，应用自然健身方法一年以后，多种疾病不药而愈，又能和健康人一样参加部队的工作、学习和生活，并多次参加球类比赛。

张忠田康复后经常把强身健体的经验、自然养生健身法告诉身边有病的战友和朋友，效仿他的人都反应效果不错。1995年，他又习练了音乐健身法，并创编了多种音乐健身法，如：自然健身舞、自然太极拳、椅子上倒立唱歌健身法等，效果也很不错。1996年开始，张忠田用自创的各种自然养生健身法指导帮助民众健身，使许多疑难杂症患者身体好转。1998年，经晋州市体委、晋州市民政局、晋州市公安局和晋州市工商局备案批准，张忠田正式在晋州市体育场建立了“自然养生健身中心”，每天义务传授“自然养生健身法”，帮助广大群众走上健康之路。同时，他还在晋州及周边县市建立了十几个健身场，培养了一批自然养生健身指导师，让更多的人减少了医源性疾病、药源性疾病的风险。

经过三十五年的不断探索、实践，张忠田编创了多种自然养生健身法，即：仿生健身法、翻身滚动健身法、拍打全身健身法、顶撞墙树健身法、倒立健身法、自然音乐健身法等。复原、复本、复孩提，回归自然，恢复人的自然本能，激发人体的免疫功能，使人人都能获得健康。此方法是非药物健身法，没有副作用，简便易学、易练、易掌握，强身健体见效快。上至八十多岁的老人，下至几岁的小孩，在医师的指导下都能尽快掌握，使很多人从亚健康状态、慢性病（如高血压、高血脂、糖尿病、脑血栓、心脏病、腰腿疼等）和疑难杂症（如无名怪病、肌肉萎缩、重症肌无力、脊髓硬化等）中解脱出来。

自然养生健身法分动、静两部分。静的部分包括自然躺、自然坐、自然站、自然靠树、自然抱树、自然顶树、自然靠墙；动的部分包括躺地四肢自然运动，翻身自然滚动，坐在地上自然运动，坐在床上或凳子上双手拍手、拍头、拍打全身运动，自然站立运动、自然踏步，自然走步、双手自然摆动，自然跳动、自然翻跟头、自然倒立、自然喊叫，自然哭、自然笑、自然唱歌等。

自然养生健身法要求和注意事项：

1.静中有动，动中有静，动静结合，天人合一，人与自然和谐同步。

2.在做自然静或自然动时，首先做到三调：调心、调息、调身。调心要做到心诚、心静，不能有任何杂念，保持一个好的心态，心静效果才能好。调息即调节气息，必须静心后把气调顺，把体内淤积的气排出，气血才能通畅。调身时全身必须放松、入静，完全顺其自然。

3.动和静都是在身心完全放松入静的状态下完成的，这样才能达到自然养生健身的目的。

4.自然养生健身法的修炼过程必须听自然养生健身曲，效果才能最佳。

5.在应用自然养生健身法时出现的酸、麻、冷、热、疼、胀、恶心、呕吐等，都是正常现象，反应强烈时可以停下来，一会就好。

6.不要空腹或饭后马上应用自然养生健身法，饭后应休息1小时。在活动中出汗以后，不要马上用冷水洗，不要吃生冷食品。

自然养生健身的具体做法：

在做自然养生健身的静修法时，首先打开自然养生健身曲，心里想一下“自然养生，健康长寿”。无论是躺、坐、卧、站、靠墙树、顶墙树等，必须静下心来全身放松，静到无我的状态最好。开始听着自然养生健身曲，慢慢地把自己融入到音乐中。逐渐做到无我无他的境界，如能做到这样，强身健体效果最快最好。然后静下心来随着音乐，自然躺卧中自然运动，自然坐中自然运动，自然站中随着自身的感觉自然动起来，有的入静后随着音乐的起伏会跳出优美的舞姿，有的会打出优美的拳术。身心得到美的调理，会使有病的人获得健康，无病的人养颜美容，减肥祛斑，延年益寿，提高生活质量。

2011

國醫年鑒

GUOYI NIANJIAN

七　中医药教育与文化

一 教 育

按中医药人才成长规律施教

中医药学是一个实践性很强的学科，人才成长周期长、成本高，建议国家财政加大对中医药教育的投入，设立中医药重点人才培养专项，通过分类资助，重点投入，重点培养一批名医、创新型人才、农村城市社区基层人才、高级“西学中”人才及对外交流等重点专业和领域人才，培育一批优势学科。

提高中医药专业人才的待遇，延长中医药从业人员的退休年龄，并在享受政府特殊津贴、院士评选等方面增加中医药人才的比例。

基本现状

目前中医药教育基本形成了包括院校教育、师承教育、继续教育等在内的多形式、多层次、多途径的中医药教育体系，中医药人才队伍数量和素质不断提高。

中医药院校教育体系基本建立

中医药教育实现了由传统教育方式向现代教育方式的转变，形成了以现代院校教育为主体，继续教育、师承教育并行的中医药教育新格局。截至2008年，我国有高等中医药院校47所，其中普通高等中医药院校22所，民族医药院校3所，独立设置的中医药高职高专院校9所，独立学院和民办高等中医药院校13所，并有89所医药院校和138所非医药类院校开设中医药专业，本、专科在校生约39万人；有中等中医药学校70所，458所中等卫生学校设置了中医或中药专业；在独立设置的中医药院校及中国中医科学院有硕士学位授权单位的23个，具有博士学位授权单位的15个，博士后流动站14个；开展了中医药重点学科建设，涉及24个学科、93个建设点，形成了高等教育、职业教育、成人教育并举，中专、大专、本科、研究生等多层次、多规格的办学结构。

中医药师承教育加快推进

1990年由人事部、卫生部和国家中医药管理局联合下发《关于采取紧急措施做好老中医药专家学术经验继承工作的决定》，在全国范围内组织开展中医药继承工作。1990年以来，两部一局先后开展了4批全国老中医药专家学术经验继承项目。共培养学术继承人2815名。国家中医药管理局还实施了两批全国优秀中医临床人才研修项目，培养优秀中医临床人才437名。各地也仿照国家的做法，开展本省（市、自治区）的老中医药专家学术经验继承工作。经过近20年的努力，目前全国绝大多数老中医药专家，都有了学术继承人。

中医药继续教育网络初步形成

中医药继续教育制度的建立和实施，为实现中医药人员终身教育的目标奠定了基础。到“十五”期末，中医药继续教育覆盖率在省级达到100%，在县级达到85%，中医医疗机构中医药专业技术人员继续教育受教育率达到77.9%。近5年来各地共实施国家级中医药继续教育1956项，涉及到中医药各个学科，覆盖高、中、初级各个层次。开展了乡村医生中医专业中专学历教育项目、乡镇卫生院中医骨干培训项目等一批农村人才培养项目，有5万余名乡村医生参加了中专学历教育，2万余名乡镇卫生院中医骨干接受了中医药知识与技能培训，制定、印发了《中医类别全科医师岗位培训管理办法》和《中医类别全科医师岗位培训大纲》，启动了中医类别全科医师岗位培训工作，有5000余名城市社区中医药人员参加了培训。

中医药教育对外交流与合作不断扩大

中医药对外教育不仅培养了一批境外中医药人员，而且通过这种方式把中医药的种子扎实地播撒在世界各国，成为中医药对外交流与合作的重要基础和桥梁。通过中医药对外教育的不断扩大，越来越多的外国人认识了中医药、了解并应用中医药，从而促进了中华民族文化的对外传播。

截止到2008年底，在华学习中医的留学生本科生为3804人，研究生为857人，进修、短期培训人员5000余人，约占来华留学生总数的15%。在中国留学生（本硕）学科分布中，学习中医专业的留学生人数占第二位，仅次于汉语言专业。据不完全统计，中国每年至少有3000人次的中医药从业人员到境外从事中医教学、临床带教等工作，越来越多的中医药院校“走出去”开展中医药教育对外交流与合作。

存在问题

目前，我国正处于经济转轨、社会转型的特定阶段，由于对中医药的认识偏差以及体制、机制、政策等方面的原因，中医药教育还存在一些问题。

对中医药教育的重视不够，认识不一

有关部门和人员还不能充分认识中医药教育在我国医药卫生事业和中医药事业发展中的特殊性地位，对中医药教育重视不够。尤其是我国高校体制改革后，由于我国教育管理体制发生了一定的变化，从而使行业对中医药院校教育的宏观管理和指导缺乏职能支撑。在加强师承教育的同时，对院校教育的基础性和主渠道作用认识淡化。在强调中医传承的同时，忽视了中医药教育首先应遵循教育的基本规律。对中医药院校教育的规划还存在一定的不合理性，使本来处于弱势的中医药院校教育只能各校为战，孤军发展。中医药政策法规对中医药教育要求不明，目标笼统、执行乏力，从而使得中医药教育缺乏稳定的有力的政策支撑和制度保障，影响了中医药教育的发展和中医药教育特点的体现。

中医药教育体系不健全、结构不尽合理

一是各种类型教育定位和培养目标及任务不明确，缺乏统一认识。院校教育、继续教育、师承教育的定位定性需进一步研究厘清。二是层次发展不够平衡。从中医药人才培养的总量看，低层次人才培养过多，特别是中专学校和非中医药院校培养的人才超过中医药院校教育，民族医学教育比较薄弱，中医药职业教育萎缩，中医药精英教育亟待加强；三是院校基础教育、中医药继续教育的连续统一体有待进一步完善；四是教育层次虽已形成体系，但教育结构不尽合理，如学科建设与专业设置不相适应，传统学科专业设置与社会需求发展不相适应，尚未建立起专业设置与社会对接的良性运行机制，中医药人才就业困难与基层缺乏人才的矛盾相当突出。

中医药教育基础薄弱，投入不足

长期以来，中医药教育办学条件较差，特别是近年来办学规模快速扩大，教学、实践、实验、研究及其他配套设施紧张，不能满足实际教学需要，整体办学条件落后于国内其他院校；教师队伍总量不足，特别是结构性短缺现象十分突出，公共基础课教师普遍短缺。一些新设置专业的授课教师更为缺乏，整体水平与素质不能完全适应高等中医药教育的快速发展；内涵建设跟不上规模发展的速度，导致教学质量下降。尤其是经济欠发达地区，中医药教育发展不平衡状况尤为严重。

投资环境、机制尚需优化

中医药教育成本高，人才培养周期长，加上中医药教育投资单一，缺乏多渠道的融资途径与机制，导致中医药教育经费长期不足，制约了中医药教育的发展；受市场经济调节，一方面中医药教育实行体制、机制改革，随着非中医药院校中医药人才培养数量不断增加，竞争力不断加强，导致人才培养层次偏低，质量难以保证。另一方面，一些中医医疗机构中医药特色淡化，带来了人才市场需求萎缩，影响了中医药教育的可持续发展。

中医药教育改革相对滞后

是单学科发展，还是多学科发展，是走专业化道路，还是走综合型道路，都亟待中医药院校从办学思路、办学定位上进一步明确。由于办学规模扩大和社会对中医药人才需求的矛盾没有解决，学校为了生存和发展，盲目增加专业，致使办学特色不突出。中医药院校教育模式单一，人才培养模式尚

未摆脱传统模式的约束，课程体系相对封闭，教学内容更新缓慢，不能体现最新的中医药学科研究成果，自然科学和社会科学知识内容太少，中医理论学习忽视创新能力和创新思维的培养，教学方法和教学手段相对落后，难以满足科技进步和社会发展的需求。

中医药教育规范化管理有待加强

中医药教育发展宏观调控不力，各层次比例失调，教育资源没有得到合理配置和充分运用；中医药院校教育与中医医疗和中药产业发展脱节、理论教学与临床实践脱节的问题尚未得到有效解决。行业内的医、教、研、产未形成合力；内部管理体制改革力度不大，进展不快，管理模式和运行机制尚不能完全适应发展的需要，人才培养质量和监控体系不够完善。虽然近年来，制定了一些专业教育标准，但仅是院校行为，缺乏行业广泛认同。同时由于受管理体制的限制，执行力较弱，缺乏宏观质量监控机制和调控手段，致使教育质量难以科学、客观评价。

中医药人才培养的模式、方法还不能很好地体现和符合中医药人才成长规律和特点

现有的教育模式在遵循中医药教育规律方面做得还不够，使得中医药人才培养与事业发展不相适应的矛盾还比较突出，在一定程度上成为影响和制约中医药继承与创新的瓶颈。由于培养方法正处于探索阶段，能够运用整体观和辨证论治服务、具有深厚理论功底和丰富实践经验的中医药骨干人才缺乏。

农村和城市社区基层中医药人员的培养机制不健全

受经济因素的影响，目前中医药人员存在着东西部不平衡、城乡不平衡和上下不平衡的现状，即东部沿海经济发达省份的中医药人才大于西部经济欠发达地区；城市中医药人员相当充足，而农村依然缺乏；城市中高学历、高职称的中医药人员多集中在三级医院，基层专业技术人员严重不足。而引导中医药人员到基层服务的有效政策措施不够有力，缺乏相应的优惠政策和激励机制，很难引导中医药院校毕业生到农村和城乡基层医疗机构就业。同时，培养农村中医药人才难度较大，城市社区中医药人才培养起步较晚，基层中医药人员严重短缺，现有人员的业务知识和技术水平总体不高。

发展对策

中医药学科的特点和中医药人才成长规律的特殊性，决定了中医药教育具有一般教育特点的同时，更有自身的特点和规律。首先，注重传承。数千年来，中医药学术经验继承和人才培养的主要形式是师承教育。其次，注重实践。中医药学形成与发展的过程，就是人民群众不断与疾病作斗争、不断积累实践经验的过程。实践是中医药学术发展和人才成长的关键。第三是注重创新。中医药学术的每一次发展，都是在应对突发、重大疾病发生，总结、继承前人临床实践经验的基础上，汲取同时代先进科技，不断提高和完善的结果。因此，加速中医药教育的发展，就必须遵循中医药教育的自身特点和人才成长的客观规律；改革与中医药教育不相适应的内容，解放思想、理清思路、统一认识、创新机制，把建设现代中医药教育体系作为办学方向和目标。

加强行业主管部门对中医药教育的指导作用，改革和完善中医药院校教育制度

中医药教育结构要适应经济建设、社会发展和中医药事业发展，面向全行业，着眼人才培养的全过程，在层次、专业、科类和类型结构上不断调整和优化；在调整中医药院校教育结构和规模的同时，坚持理论与实践相结合、培养与使用相结合，建立教育培养与人才需求结构相适应的有效机制。制定专业设置、临床教学基地、人才培养等标准，开展专业认证，并注意因地制宜，分类指导，做好地区规划；在各类教育专项中加大中医药教育项目的比重或单独设立专项。办好各级各类中医药院校，探讨中医药院校共建模式，重点建设一批高水平的中医药院校，培育一批优势学科和重点专业。开放办学，兼容并蓄，注重相关学科的交叉渗透和融合，培养高层次复合型人才。实行中医药专业提前招生、长学制培养和减免学杂费政策，试办高中/大学、学士/博士一贯制教育。加大西医院校中医药课程比重，使中医药教育直接有效地为区域经济、社会和中医药事业发展服务。

建立健全中医药师承教育制度

针对不同层次的师承教育形式，建立健全具有中医药行业人才培养特色的师承教育制度，制定相关激励政策。师承教育应定性为中医药继续教育的重要途径和一种特殊的继续教育形式，定位为面向中医药在职从业人员，通过不同形式的师承教育，传承老师临床经验和技术，缩短中医药人才成长周期。把师承教育与现代教育有机结合，充分发挥其所长，使之成为中医药教育的优势和特色。师承教育制度的基本内容应包括：师承教育的类别；师承教育的学科与专业；继承人的考核与执业；师承指导老师与继承人的条件、资质；继承人的待遇与奖励措施；师承教育的管理等。师承教育制度要结合国家学位条例，制定符合师承教育特点的指导老师的导师资格，并对继承人的学位层次、授予条件做出规定。

制定符合中医药专业特点的人才评价体系和岗位准入制度

在人事制度上，特别是在职称晋升、人才招聘与使用等方面，要充分考虑中医药人才传统文化知识基础及经验性、实践性强，成才周期长的特点，对实践能力强、专业经验丰富的中医药人才给予政策倾斜，建立以“中医药专业实践能力”为主体的不同类别的人才分类评价标准、评价体系，形成具有中医药行业特点的人事制度。

健全中医药从业人员继续教育与再注册制度，并完善相应管理措施；实行中医药相关专业的职业分化和技能岗位设置，制定职业标准，规范服务范围，建立资格准入制度，强化行业规范化管理。

实行农村、城市社区中医药人才培养特殊政策

建立农村中医药人才定向培养制度，对定向培养生实行单独招生、免费助学等优惠政策。制定优惠政策，鼓励优秀中医药人才到农村、城市社区服务。对长期在城乡基层工作的中医药人员在职称晋升、业务培训、待遇政策等方面给予适当倾斜。鼓励农村、城市社区中医药人员参加学历教育，努力实现到“十二五”末，农村基层不再有50岁以下无学历中医药人员。实施农村及中西部中医药实用人才培训工程。

健全中医药人才岗位使用、激励机制

提高中医药专业人才的待遇，延长中医药从业人员的退休年龄，并在享受政府特殊津贴、院士评选等方面增加中医药人才的比例。

制定和落实中医药专家（包括家传中医药人员、一技之长中医药人员、民族医药从业人员）师承传授的鼓励政策，确保中医药师承教育指导老师、被传承人应有的条件和待遇。建立“国医大师”、“国家名中医”等中医药技术人员的名誉、奖励制度，研究制订相关的评选、奖励办法。

设立中医药重点人才培养专项

中医药学是一个实践性很强的学科，人才成长周期长、成本高，建议国家财政加大对中医药教育的投入，设立中医药重点人才培养专项，通过分类资助，重点投入，重点培养一批名医、创新型人才、农村城市社区基层人才、高级“西学中”人才及对外交流等重点专业和领域人才，培育一批优势学科。开展中医药教育理论研究。

（参考了《中国中医药教育发展战略研究》、《2008 年全国中医药统计汇编》、《中医药发展专题研究报告》）

学者认为中医药院校当以中医药专业为主体

张养生　陕西中医学院

2010-2-4

问　题

● 全国 23 所中医药院校，开设本科专业 56 个，其中中医临床类专业和中药类专业各仅占 10.71%；如果加上壮医专业和藏医专业，前三者合计仅占 25%。而现代医学类专业占所设专业总量的 37.5%。

● 某一所院校中医学类专业课程设置西医基础课程 24 门次，中医基础课程 15 门次，二者之比为 8∶5；6 个中医药专业的西医基础课程的课时总

量为 4811 学时，而中医基础课程的课时总量为 3039 学时，二者之比也是 8∶5。

对 策

● 在中医基础学科内容体系中，开设中国哲学、中国文化概论、中国社会学史、社会关系与社会心理学、物候与气象学等前期课程；中药学开设植物学、植物生理学、自然地理学、中药炮制与管理等前期课程。

● 无论专业性质如何，“中西医结合”形式已经成为高等中医药教育教学的历史事实。未来的高等中医药教育发展战略，也必须符合这一基本要求。

● 建议取缔 5 年制的本科教育和三年制硕士研究生教育，开设七年制教育，按照硕士研究生培养目标开展教学活动。

● 建议解体目前的《中医基础理论》学科，使之分化为《中国哲学》、《心理学》、《社会学原理与社会心理学》、《藏象学》、《人体体格运动学》、《经络腧穴学》、《营养与养生学》、《物候与气象学》等。以《经络腧穴学》和《针灸治疗学》的学科设立而代替目前的《针灸学》学科。

中医药类专业在中医药院校中“失重”

新中国成立后，高等中医药教育的专门机构——中医学院在全国各地相继诞生，并由培养高级专门人才的基本教育功能状态，发展到能够开展最高层次学历教育的综合大学，现在已经走过了半个多世纪的历程。

高等中医药院校教育走向多元化

我国目前的高等中医药教育形式，有大学、学院和综合大学开设的中医药学专业院系等三种类型。在全国范围内，独立设置的中医药院校有 23 所，截至 2008 年底，各院校在校生规模从 5000 名到 23000 名不等。独立设置的各中医药院校，目前都有硕士研究生教育，其中 15 所院校还有博士研究生教育，部分院校还设有博士后流动站。

从中医药院校发展过程分析，大致有以下五个阶段性标志：1978 年以前，以学校的批准设立为标志；从 1978 年开始，以硕士研究生学位授予权获得者为标志；从 1996 年以后，以扩大招生规模、实验室建设及其体制改革为标志；从 1999 年以后，以征地建设新校区、大批量建设新专业为标志；从 2000 年起，以更名大学、申批博士学位授予权或博士点建设单位和重大科研课题立项为标志。每个标志性成果，都说明高等中医药教育事业的发展在加快，水平在跨跃，教育内容走向多元化。

中医药类专业占比“失重”

自中医药院校首创到 2008 年底的 53 年里，中医药院校的专业建设与设置可以说是“今非昔比”。至 2009 年，专业设置最多的有 27 个、最少的有 7 个本科专业，平均每所院校设置本科专业 17 个还要多。

全国 23 所独立设置的中医药院校，总计开设本科专业 56 个，大致可以分为三类：一是在医药卫生专业方面，覆盖中医中药所有专业、现代医药学所有专业和运动医学、生物科学技术与工程、卫生与食品等方面；二是在非医药卫生专业方面，涉及植物保护、市场营销、计算机、应用化学、制药工程等领域；三是在人文社会科学专业方面，涉及心理学、汉语、英语或日语、工商管理、卫生事业管理、信息管理与工程、经济贸易、电子商务、体育、保险、法学等领域。

其中，中医临床类专业有 7 年制中医学、中医学、中西医临床医学、针灸推拿学、中医骨伤科学、康复治疗学等 6 个专业，仅占 56 个专业总量的 10.71%；中药类专业有中药学、中药制药、中药栽培与鉴定、中药资源与开发、中药药理学、中药分析等 6 个专业，也仅占所设专业总量的 10.71%；如果加上壮医专业和藏医专业，前三者合计仅占到所设专业总量的 25%。而现代医学类专业，开设有临床医学、口腔医学、助产医学、预防医学、医学检验、医学影像、生物医学技术、生物医学工程、营养学、医学美容、护理学、公共卫生、食品卫生、食品科学、药学等 21 个之多，占所设专业总量的 37.5%。以上事实说明，中医药类专业在中医药院校中开始显现出“失重”现象。

中医人才培养方案不姓“中”

一份完整的人才培养方案，包括培养目标、基本要求、主干学科、主要课程、主要实践教学环节、课程设置与教学进程总体安排、教学计划学期运行表等 14 部分。其中最具指导意义和专业与专业之间区别的内容部分，是《课程设置与教学进程总体安排》。若要确立或改变一个专业或一个学科的教育教学模式，就是要对这一《安排》研究分析的同时，进行课程结构的调整和课时结构的调整，最终影响学习者对这一专业知识和技能的获得。

以下是我国某一所院校中医学类专业基础课程和专业课程设置的特点。

1. 西医基础课程为 24 门次，中医基础课程为 15 门次，二者之比为 8∶5。

2. 西医基础课程设置较中医基础课程设置相对系统，特别以七年制中医专业最为突出。

3. 6 个专业的西医基础课程的课时总量为 4811 学时，而中医基础课程的课时总量为 3039 学时，二者之比为 4811∶3039=8∶5；而且康复治疗专业的中医基础课程课时仅为 236 学时。不知是否还能称得上“中医类”专业。

4. 中医基础课程体系中混合着一定的临床前期课程如：中国医学史、中医诊断学和中医各家学说等。

四个教育模式特征剖析中医药教育现状

中医药院校办学模式，是指一定时期高等中医药教育发展总特征的形象描述，是对高等中医药教育要处理的教育教学问题总的看法，反映着一定时期高等中医药教育教学要研究和解决问题的思路、领域和方法。目前中医药高等教育模式特征表现在五个方面。

表现之一：中医药院校反而寻求中医药专业以外的发展点

在全国范围内，除了独立设置的高等中医药院校外，诸多医科院校或综合大学中，均设置有中医药院系，开展着高等中医药教育。如果把全国独立设置的高等中医药院校作为一个整体来分析，中医药专业设置只有 14 个，仅占本科专业设置总数的 25%。而且由于中医学专业自身理论体系的特殊性，涉及的实验室数量很少，规模一般也很小。中医药院校的发展，已经不完全依赖于中医药专业作为支撑条件，而是投入非常大的物力和人力，积极寻求中医药专业以外的发展点。

表现之二：西医课时总量过大

在 6 个中医专业中，中医基础课程课时总量占本专业课时总量的比例，最多者为 15.64%，最少者为 7.26%，平均为 13.33%；而西医基础课程课时总量占本专业课时总量的比例，最小者为 19.63%，最大者为 22.84%，平均为 21.41%。在总体特征方面，如果把 6 个专业各自的临床专业课加入在内，则七年制中医学、中医学、针灸推拿学等三个专业的中医课时总量均大于西医课时总量；如果把 6 个专业全部的中医课时总量或全部的西医课时总量整合在一起求其平均值，他们各自所占课时总量的比例分别为 34.09%和 40.59%，说明中医类专业的建设与发展中，西医课程体系占据了太大的分量。

表现之三：学生对中医认识不深刻、不系统、不稳固

中医是在中华文化传统中孕育而形成的，其知识底架构筑于心物一元论。目前的高等中医药教学过程，将中医基础理论、医古文、中国医学史、人体解剖学和中药学、中医诊断学、医用生物学、组织胚胎学等课程，分别开设于第一学期和第二学期。就五门中医学科而言，把全部的中国文化及其知识概念，集合于中医基础理论一门学科之内，实际上难以全面系统地为中医理论形成提供所需要的知识概念和思维范式，完成不了“中医基础理论”学科的任务。而医古文、中药学、中医诊断学、中国医学史等课程，涉及更多的是医疗行为和疾病认识的经验总结等知识概念。对于初入学的大一学生来讲，可以说是“丈二和尚摸不着头脑”，学习起来总是难以理解，难以记忆，更难掌握。加之课程门次少，教育教学时间周期相对较短，所形成的认识和概念，必然是不深刻、不系统、不稳固。

表现之四：开西医课程却又学不通

对于西医基础医学来讲，由于中医课程的时间占用，只能开设主要的基础课程与专业课程，支持性的基础课程如医用化学、高等数学、实验动物学等，均被视为无关紧要而剔除；对于基础学科中较为重要的生物化学、药理学、微生物与寄生虫学、免疫学等课程，均被列为考查课程，致使学习目标降低，学习投入降低，实验要求降低——西医没法学通。

表现之五：实践教学过于强调西医

除以上显现特征之外，还有诸如教材内容构成

中，以生物结构说明中医学术观念，以化学成分说明中药作用机理，以西医疾病观察中医疗效等现象充斥各个学科的每一部分；在各个临床学科的学习、见习和生产实习过程中，无论是医院、教师和学生，均特别重视西医基础知识、基本概念、技术操作规范等方面的复习、训练与考核。加之附属医院的科室设置均是以西医学科思维指导下的建制体系，学生的实践过程与教师的实践教学只能强调西医。

以全面传承中医药文化与技术为目标办学

树立科学的中医学理论主体意识，健全中医基础医学学科体系

从“模式”自身的意义上讲，高等中医药教育教学模式，最直接的根源是中医理论核心内容的模式特征。因而，其课程教学内容及其思维构建过程、课程教学方法及其涉及对象等，均要以中医药基本理论为主进行学科规划和设置。在中医基础学科内容体系中，开设中国哲学、中国文化概论、中国社会学史、社会关系与社会心理学、物候与气象学等前期课程；为中药学开设植物学、植物生理学、自然地理学、中药炮制与管理等前期课程。让中医学基本知识回归到中国文化环境之中。

构建科学的中医药教学模式，全面传承中医药文化与技术

中医、西医是两套不同理论体系、不同治疗措施的医学学科。要开展中西医结合，首先要使中医、西医的知识概念体系、学术思想体系得到分别建立，思维方式的结合点要得到确立，临床治疗技术要得到有机融合，这样才能使其结合成为可能。

1. 无论专业性质如何，“中西医结合”形式已经成为高等中医药教育教学的历史事实。未来的高等中医药教育发展战略，也必须符合这一基本要求。作为高等中医药教育实践者的我们，就应该深入系统地开展中西医结合概念、内容和目标的研究工作，为中医药的可持续发展提供理论和思想上的支撑条件。

2. 制定“高等中医药教育的基本要求”，明确中医专业满负荷课时总量原则、学科结构体系及其秩序原则、课程内容的基本框架及其教育教学原则、运用专业理论的思维能力及其临床技能的培养原则、医学教育艺术和医学实践艺术反映原则等，不断规范高等中医药教学行为。

3. 建议取缔5年制的本科教育和三年制硕士研究生教育，开设七年制教育，按照硕士研究生培养目标开展教学活动。

4. 按照中医文化而非中医医学的知识需要，设立“旁系知识体系”课程，健全基础学科构成体系。

5. 建议解体目前的《中医基础理论》学科，使之分化为《中国哲学》、《心理学》、《社会学原理与社会心理学》、《藏象学》、《人体体格运动学》、《经络腧穴学》、《营养与养生学》、《物候与气象学》等。以《经络腧穴学》和《针灸治疗学》的学科设立而代替目前的《针灸学》学科。

培养中医教师骨干队伍，开展名副其实的高等中医药教学活动

1. 对于现任教师来讲，首要任务是通过继续教育的形式，提高中医研究需要的哲学社会科学理论水平，丰富中医文化知识，建立健全中医医学思维。

2. 以3年为一个周期，每位教师必须以一线医师的身份，在住院科室连续工作6个月以上，以不断提高临床思维能力和实践技能水平。

3. 随着社会的转型、人们生活方式的改变以及中医药服务范围的不断扩大，目前的高等中医药教育，必须开展证候的社会学研究和病因学的社会学研究，以发现证候发生的现代社会学特点，更新中医病因病机学概念，提高教师的理论水平和教学能力。

转变中医临床医疗模式，促进高等中医药教学模式的转变

1. 制定并实施中西医结合应用原则。中西医结合的方式，在中医所有学术刊物、中医专业临床教材体例中的应用，已经有数十年的历史。如果是临床需要，或者是医学科学发展的需要，我们应该把任何疾病的西医信息处理方式用以明确诊断、中医的信息处理方式用以系统辨证等做法，作为一条

中医临床原则被确定下来。

2．设立科研性中医医院，开展研究性中医临床活动。即对于可控性疾病，实行“先行中医研究治疗”的规定，逐步确立中医疗效标准体系和适应原则，为高等中医药教学提供全新的临床基地。同时也可以历练和提高教师的临床辨证能力与治病基本功。

一是将各种证候，在西医明确诊断和严密监视的基础上，按照症状层面、体征层面和理化检查诊断层面进行分类辨证，先行中医药治疗，系统观察中药疗效和中医认识的正误。通过预后总结，观察中医的技术水平及其临床需要性。

二是我们研究教学模式，就必须尽快出台相关标准，规范中医处方，限定用药方法。至少对于高等中医药院校的附属医院应该如此。

三是全部的中药处方在调剂过程中均有不规范给药现象。众所周知，一剂处方，是临床人员经过四诊合参、缜密思考以后给予的治疗方案，而调剂人员在调剂过程中，经常以处方中某一味药物的总量进行量取，然后按照剂数多少进行手工平均分配，其结果必然是剂量不准确，处方不平衡，疗效不稳定。作为学习者的学生，实在难以信服其“理、法、方、药”的原则性和科学性。

对此现象，我们必须以高度的责任意识和科学的方法加以扭转。从高等中医药教学需要和学科建设的要求出发，重新制定调剂管理办法及其操作规程。科学规范、剂量准确、处方平衡，有利于教学内容的实施。

广州中医药大学“211 工程”建设成效显

广州中医药大学 1998 年列入国家“211 工程”重点学科建设高校以来，投入大量资金，注重发展重点学科、推进人才培养、加强科学研究，“211 工程”三期建设取得了明显成效。

该校积极打造精品学科。2002 年，该校国家重点学科有中医内科学、中医临床基础、中医骨伤科学和中医妇科学 4 个；2007 年，中医学成为一级学科国家重点学科，为全国地方中医药高校和广东省省属院校唯一拥有一级学科国家重点学科的高校。此外，该校还拥有中医学、中药学一级学科以及中西医结合基础省重点学科；7 个国家中医药管理局重点学科。

目前学校师资队伍整体结构合理，具有硕士以上学位教师占高级职称教师占 56.4%。拥有国医大师邓铁涛等终身教授以及一大批知名中青年专家。该校实施了 5 批“千百十”人才培养工程、两批教学名师培养工程和教学团队建设工程等，一批优秀中青年学术骨干和学科带头人脱颖而出。2009 年，该校一位“千百十”工程培养对象成为“973 计划”中医理论专项项目首席科学家。该校还开展了 4 批全国老中医药专家学术经验继承工作，跟师学习的 100 多位优秀临床骨干大部分已成为各个专科的带头人。

近年来，还形成了由学士、硕士、博士到博士后的层次齐全的人才培养体系，培养了一大批高质量高素质中医药及相关专业人才，拥有中医学、中西医结合、中药学 3 个一级学科博士学位授予权；博士点 19 个，硕士点 24 个，已形成全日制与非全日制互为补充、科学学位与临床医学专业学位分别授予的研究生教育体系。

1998 年以来，该校承担科研项目 3600 余项，科研总经费逾 6 亿元，其中国家级课题 353 项，科研经费 3.64 亿元。科技成果质量也不断提高，“211 工程”重点学科建设以来，学校共通过科技成果鉴定 115 项；获得各级各类科技成果奖励近 500 项。

加强大学文化建设，对于全面贯彻党的教育方针，培养良好的校风，优化育人环境具有重要意义。安徽中医学院立足自身特色，找准大学文化建设的着力点——和谐文化建设，并以创新的理念引导和谐文化、以高尚的精神确立和谐文化、以鲜明的特色彰显和谐文化、以良好的声誉促进和谐文化，注重整体设计，着力细节落实，取得了文化校园建设的新成就。

黑龙江中医药大学在匈牙利建分校

2010年2月22日，黑龙江中医药大学与匈牙利泽梅尔魏斯医科大学在布达佩斯签署合作协议，商定将在泽梅尔魏斯医科大学建立黑龙江中医药大学的匈牙利分校。

黑龙江中医药大学匈牙利分校预计在今年9月开始运转，第一年招收学生的人数约为30人。根据协议，该分校将培养5年制本科学历的中医药相关专业学生，采取4+1的教学模式，即学生前4年在泽梅尔魏斯医科大学进行理论课学习和课间实习，第5年在黑龙江中医药大学进行毕业实习，毕业考核合格者将由黑龙江中医药大学颁发毕业证书和学士学位证书。黑龙江中医药大学将按中国教育部的规定，确定匈牙利分校的专业设置、课程设置、教学条件、教学内容、教学方法等，以保证教学质量。

黑龙江中医药大学理事长田文媛说，黑龙江中医药大学目前和世界上30多个国家和地区有合作关系，相信通过这次合作，中医药能够为匈牙利人民的健康事业作出更多的贡献。

广西中医学院打造新校区

2010年2月25日，广西中医学院仙葫新校区一期工程竣工暨二期工程开工仪式在南宁五合大学城举行。自治区副主席李康，自治区政府办公厅及相关部门领导出席。

广西中医学院院长朱华介绍，2003年以来，该校在南宁仙葫经济开发区征地1300亩用于建设新校区。2008年新校区建设工程被列入自治区成立50周年大庆重大开工项目，经过一年多的努力圆满完成了一期工程建设，3000多名学生已经按期入住。今年，自治区党委政府把广西中医学院新校区二期工程列入2010年“项目建设年”的建设项目，包括图书馆、公共教学楼、院系实验楼、学生宿舍、学生食堂、体育馆、体育场及后勤配套建筑，建筑面积21万多平方米，建设期为两年。工程竣工后将实现全部学生入住新校区。

朱华表示，将全力建设好二期工程，把学校建成具有中医药文化内涵、独具特色的园林校园和文明校园。

专家组考核长春中医药大学附院重点研究室建设

国家中医药管理局专家组2010年3月到长春中医药大学附属医院考核该院中风病破血化瘀重点研究室。

长春中医药大学校长助理、附属医院院长宋柏林汇报了医院近年来的发展，介绍了重点项目建设情况。该院脑病内科主任赵建军从中风病破血化瘀重点研究室的重点研究方向、研究进展和成果、队伍建设和人才培养、体制建设、基础条件建设、经费等六个方面汇报了国家重点研究室建设情况，对下步工作和预期成果进行了展望。

专家组对该院中风病破血化瘀重点研究室项目取得的成绩给予充分肯定，并实地考察了该院脑病内科。

中医院中医师占医师总数不到五成，综合医院中医人员总数下降，全国还有5500多个乡镇卫生院、30多万个村卫生室没有中医……这一现状令两会代表委员们忧心忡忡，他们从教育改革、继承创新、基层人才、继续教育等方面提出建议，呼吁按社会需求培养中医药人才。

专家主张按社会需求培养中医药人才

关键词：教育改革

院校中医类专业不低于 70%

“现在，一些中医药院校教育西化，不姓‘中’了。有的一年毕业 2000 人，真正从事中医的毕业生才 200 人。”浙江中医药大学副校长连建伟委员说。

“中医类专业设置应不低于 70%。”中国中医科学院院长曹洪欣委员认为，中医临床型人才培养投入大、见效慢，实习基地条件高，致使目前部分中医药院校非中医药专业比例提高，有的甚至多于中医专业。“要以中医药人才为主体，培养一大批热爱中医药事业、具有用传统方法研究中医能力和对古典医籍研究能力的人才，这样才能保障中医药的持续发展。”

“增设人文类中国传统文化的选修课，如《中国哲学史》、《中国文化概论》等，打下深厚的文化基础。”河南省邓州市中医院院长唐祖宣代表还建议加强对中医经典的教育，如诵读《黄帝内经》、《伤寒论》、《金匮要略》、《温病条辨》、《医宗金鉴》等经典名著，以培养中医思维，为中医教育提供一个良好的土壤。

“读经典，要反复念、反复背、反复吟诵，练好基本功，如此才能将其转化成有源之活水，灵活用于临床。”连建伟委员表示。

关键词：继承

设立名老中医研究室

“往往有时名家一讲，就有豁然开朗之感。所以转益多师十分重要，要真正地继承他们的学术经验。”连建伟委员认为，要培养优秀的中医药人才，跟名师尤为关键。

2009 年 5 月，我国评选出了 30 位国医大师，但是不到一年时间就有 4 位相继辞世，继承和整理他们的学术思想已迫在眉睫。为加强名老中医药专家的学术经验继承，培养更多的名医，唐祖宣代表建议，由政府牵头设立一批名老中医研究室，由国家中医药管理局制定统一的建设标准，并命名一批名老中医研究室，同时建议科技部将一批名老中医研究室列入国家重点科研项目。

关键词：创新

改进人才评价和政策导向

推动中医药创新，促进中医药现代化和国际化，需要改进中医药教育政策导向和人才评价导向。中国中医科学院中医临床医学基础研究所副所长吕爱平委员建议，改进中医药现代化教育政策导向，用“精通相关现代生物医学”代替“了解现代生物医学”，让学生认真学习继承中医药学术精髓的同时，精通现代生物医学和现代科学知识。在研究生阶段，培养学生扎实地掌握与中医药专业相关的现代科技知识。

同时，将人才评价由“科技产出”代替“科技头衔”，根据临床研究、基础研究、产品研究和方法学研究的要求进行考核，用可考核的科技产出作为科研人员评价的政策导向性指标，将促使中医药科研人员更加务实。

关键词：基层人才

鼓励人才向基层流动

中医药院校毕业生就业难一直是突出问题。而对中医药人才严重缺乏的农村来说，村一级基本没有，乡镇一级只有少量中医药人员，其根本原因是人才“下不去，留不住”。

“采取有力措施，解决中医院校毕业生到农村工作的问题。”中国中医科学院原院长姚乃礼委员建议，建立中医药院校毕业生到农村工作的机制，组织毕业生（包括研究生）到农村工作，服务一定时间。设立专项资金，由国家负责解决毕业生的基本生活保障和相应待遇，并为以后的工作聘任提供方便，既可以较快解决农村中医药人才缺乏的问题，又缓解了就业压力。

姚乃礼委员表示，经过 3-5 年的培养周期，大多数乡镇卫生院都有中医药人员，这些人作为“种子”，又可以带动和培养村一级的中医药人员，这样就可以形成一支强有力的农村中医药人员队伍，成为振兴和发展农村中医药事业、解决农村医疗卫生问题的有生力量。

关键词：继续教育

鼓励西医学习中医

为了让中医药得到更广泛的运用，杨金生委员建议，鼓励西医学习中医，并在综合性医疗卫生机构中积极推广使用中医药，实现中西医互补，真正体现中医药在防病治病中的特殊作用，推动医疗卫生机构开展中医医疗、科研和预防保健服务。

同时，继续实施农村卫生人员和城市全科医师、社区护士岗位培训及万名医师支援农村卫生工程等项目。积极推进住院医师规范化培训，重点为乡镇卫生院和社区卫生服务中心培养全科医师，不断提高医疗卫生机构人员中医药服务能力，为中医药事业发展提供不竭动力。

团队带团队创新中医人才培养方式

陈誩 王莒生 首都医科大学附属北京中医医院

2007 年北京中医医院在市委组织部的支持下开始实施“新名中医培养工程”。“新名中医培养工程”改变原有的“一对一”的师承模式，采用“团队带团队”的方式，发挥国家第一、二、三批老中医药专家学术经验继承工作的滚动效应，集中医院内各种可以利用的中医药资源，通过研读经典、临证实践、病例讨论、集中授课、团队交流、媒体推广等多种形式的培养方法，利用三年的时间，在教学相长的过程中打造一批具有中医临床特长的中青年名中医队伍，有力地推动了重点学（专）科建设，提高了医院的整体技术实力。

团队带团队的培养形式，能够做到老师轮流转教，学生轮流转学，一师多徒，反复实践，多开眼界，多学各家所长。

何谓“团队带团队”

“团队带团队”是按照中医师承传授的方式，在集体智慧的基础上建立导师团队和学生团队，在临床实践中教学相长。集中现有的名老中医资源以及学术带头人组成导师团队，选拔优秀的、有专业专长的、具有中医西医良好基础理论知识的副高职称的医师组成学员团队。以导师团队带学生团队的方式，坚持专业专长与中医综合基础并重的培养方式，坚持从临床入手提升中医辨证论治思维模式的行为培养，坚持集思广益教学相长共同进步的培养宗旨，坚持培养临床综合能力强的高层次人才的目标。“团队带团队”是通过研读经典、临证实践、病例讨论、集中授课、团队交流、拾遗补缺、需要什么学什么、学习多学科、多名家，实行多导师制，持续媒体推广宣传等多种形式的培养方式。利用三年的时间集中培养一批优秀的中医临床专科骨干，中医科研有思路的中医临床实用型人才。这是一种创新的中医人才培养模式。

“团队带团队”的创新意义

● *落实“以人为本”的发展核心*

团队带团队的培养模式改变原有的一对一的师承方式，一名学员多名导师，创建以中青年中医师成长需求为导向的团队培养模式。让他们参与到其他专业的临床实践中，树立中医整体诊疗的思维方法，重读中医经典，坚持需要什么学什么，缺什么学什么的指导思想，扩展临证的眼界，极大程度调动了人员的参加主动性，改变了中医越来越专的局面。坚持“因材施教，个性发展”，在多学科的临床实践中集各家所长，让更多的人体会和运用名医经验，提高整体临床水平，形成了“学中医、用中医”的良好氛围。使个人的学习成为科室的受益。

● *在培养模式上坚持科学发展，把握中医人才成长的规律*

培养的方式是根据培养对象工作需要，实行缺什么补什么和多导师制。此次导师团队不同于过去的名老中医，学员团队也不同于以前，师承的继承人为临床已有专长的副主任医师。培养的目标是中医药高层次学科专科骨干。在临床实践上，采取门诊与病房相结合；读经典与临证相结合，个人实践与研究室工作重点、学科专科建设相结合，掌握临床技能与总结名老中医经验相结合，通过研读经典、临证实践、病例讨论、集中授课、团队交流、媒体推广等多种形式，兼收并蓄各位名师的宝贵经验。为培养和造就一批中医药高层次领军人才，形成一代中医名家不断涌现的氛围和机制，体现了统筹兼顾师承工作的需要。

● 团队带团队的培养方式要求重视人才内涵培养质量

在整理名老中医学术思想理论、学说和体现名老中医学术思想的疾病诊疗体系过程中继承、应用名老中医的临床经验和技术，结合自己的专业特长，丰富中医积淀，多角度研究本专业的疑难病常见病的诊治。在继承基础上自主创新，形成诊疗新技术、专科新特色、疗效新优势，丰富学科内涵；坚持本专业门诊，参加名医工作室工作，开展名老中医学术思想相关的科研项目、参加学习交流会和疑难病例讨论。使师承学习、临床实践、病房管理、课题研究有机地融合。

● 实现全面协调可持续的目标

医院打破原来的分科格局，让学员自己挑选与自身专业发展相关的科室与导师，学习最具有中医特色诊疗方法，突破副主任医师任职的技术平台，打破专业的屏障，在更广泛的基础上思考中医的问题，在学习中医经典理论中传承学术思想，在个人的成才中推动科室的建设，在名医工作室的工作中整理研究名老中医的经验与技术，寻找自己的学术发展方向，在多学科的临床基础上凝炼专业的学术研究方向。在团队带团队的过程中培育中青年专家群体。这是保持和发挥中医药特色和优势的重要保证。

以“团队带团队”为特点的新名中医培养项目获得北京市委组织部、北京市人事局的资助。医院将不断总结经验，提高对中医人才培养工作的创新意识，积极探索中医人才培养的有效途径，为中医医院充分发挥中医特色奠定坚实的人才保证基础。

北京中医药大学：“名师大讲堂”开讲

师者的博学、儒雅和睿智、亲和在北京中医药大学2010年3月举行的“名师大讲堂”上展现出来。该校校长高思华教授用幽默风趣、底蕴深厚的讲演，给在场的学生作了题为《阴阳五行学说及中医学的思维模式》的首场讲座，为“名师大讲堂”拉开序幕。

高思华结合自身经验，向同学们讲解了中医理论是独立于西医体系的存在，是两个完全不同的理论体系。他认为，阴阳五行学说是在总结自然变化规律和自然界万物的生化和气候变化的相互关联的规律的基础上而抽象形成的，它不仅体现了古人在观察揭示自然规律方面所做出的巨大成就，更重要的是体现了古人从天体的运动、天地的相互感召来认识气候的变化，以天地一体、四时一体、万物一体的整体恒动的观点来认识自然界所有的事物，以自然变化规律来分析探讨具体事物的内部变化规律的基本思想方法。演讲结束后，高思华与在场的同学们进行了对话互动。

2009级西苑医院博士研究生赵迎盼说，“名师大讲堂”的意义不仅仅在于讲座内容本身，讲座者的个人魅力更是感染了每一位听众，高思华校长用生动、活泼的语言，深入浅出地阐述了阴阳五行学说形成的时空背景和内涵，让他受益匪浅。

“这门课非常精彩，有利于拓宽大家的知识视野，激发了我学习中医经典著作的兴趣。”该校研究生部学生李璐说。

高等中医教育者要牢固确立并坚守中医思维，在教学中首先培养中医学生的中医思维，让中医学生牢固掌握中医学理论，熟悉中医学的自然观与方法论，培养出具有坚定的中医信念和较高的中医思维能力、临床水平的优秀中医学子。

院校应加强中医思维教育

陈钊 梁永林 甘肃中医学院

中医思维即以中国优秀的传统文化为思想基础去认识世界，在中医理论指导下认识和诊治疾病，并按照中医学的知识结构、实践行为和文化环境等要求，创立中医药人才培养的教育模式和中医药学术思想的传承模式。中医学和中医思维的产生和形成，源于几千年来先哲对生命的深刻体验与感悟。中医思维所体现的整体、和谐、人性化回归自然、回归本源，更符合人类生命的本质规律。

中医学是在我国古代特有的政治条件下，在传统文化背景下产生和发展起来的，是中国传统文化的重要组成部分，具有强烈的民族性，其理论基础是中国古代哲学的“天人合一”观念，把万事万物相互间的和谐联系及其支配万事万物的共同规律作为研究人体疾病的出发点，具有“形而上学”的特点。其思维特点是整体恒动观、天人一体观、辩证观，在研究对象和研究方法上具有知觉体悟、取象比类的思维特点。这些特点与现代人习惯的分析还原思维之间存在着巨大的鸿沟。因此，在没有建立中医思维模式的情况下学习中医，无疑是事倍功半。

影响学生 形成中医思维的障碍

和以前的师带徒学习方式不同，中医院校的学生在入校以前，大多数接受了若干年的基础教育，基本形成了稳定的以西方文化为基础的思维方式。由于所受的中国传统文化教育十分有限，在进入中医院校学习中医时，往往存在理解困难和学用分离这两个突出的问题。

多数中医院校学生在刚刚接触中医基础理论时，对中医的学术语言、理论感到难以理解，为了获得较好的成绩，只能进行囫囵吞枣式的记忆。因此许多学生在学习中医课程时，成绩优异，但离开了中医课堂之后，却不能很好地应用中医的理论去认识疾病，更未能养成中医思维方式。

缺乏适宜的学习环境是导致中医院校学生学习时出现理解困难和学用分离等问题的主要原因。尽管中医院校在打造学校文化时都在努力突出中医药文化特色，但总的来说，中医院校学生所处的外部文化环境，与学习中医对环境文化的需求相比还远远不够，还不能对学习、理解中医术语和理论产生最佳的支撑作用。再加上现代科学与两千年前的传统医学科学所形成的反差，已掌握的现代科学知识形态与传统医学知识形态所形成的知识结构反差，已熟悉的现代科学知识环境和语言表达方式与陌生的古代科学知识环境和语言表达方式的反差，已习惯的现代思维方式与从未体验过的传统医学思维方式的反差成为学习传统中医药学的严重障碍，使学生难以形成学习传统医学知识的思维习惯和表达方式，难以体会传统医学思维的规律，难以理解中医学的知识内涵。同时，中医学的知识大多是以抽象的文字和文献形式传承表达的条文，证候、方剂歌诀、药物功效等需要熟读。在接触临床实践之前，这种看似单调和枯燥的学习方式，往往使当代的大学生感到不适应和难以坚持，这些障碍无疑在一定程度上影响了学生学习掌握中医思维的程度。

对于现代中医学相关专业的学生来说，中西医课程并行，也干扰了中医思维的建立。从现代社会对人才需求的多样化和建立合理的知识结构来思考，中医学生学习西医知识是非常必要的，但在什么阶段学习和西医课程量设置的多少是中医教学管理者必须思考的问题。

现在中西医课程比例大约 6：4 左右，而且基本是中医基础课和西医基础课同时开放，把两种不同的思维模式指导下的知识，同时传授给学生，无疑会造成学习者的思维混乱，无形中也遏制了学生建立中医思维模式的优先权，导致学生难以完整准确掌握中医的基本原理和知识体系，进而对中医传统理论产生困惑误解，无法巩固专业思维。

加强中医思维教育的方式

越来越多的人已经意识到抛开中医思维的中西医结合，简单而机械。中西医结合必须坚持中医思维，在保持中医特色和中医思维的前提下，充分利用现代科学和医学的成果。坚持中医思维，各取所长，用中西医的方法治疗各自所长之病是结合；同一疾病的治疗中西医相互配合，提高疗效是结合；不同的人群，不同的地区，使用适宜的中医或西医治疗方法是结合；同一疾病的不同阶段使用适合的中医或西医治疗方法是结合等等。

在课程设置上，应增设中国哲学史、中医思维学、中国传统文化概论、医易概论、古代汉语等人文课程，帮助学生了解中医学科本身的统一性，理顺传统文化与中医发展的关系，为中医思维模式的建立打下基础；西医课程应在大二下学期或大三开设，之前应先开一门中西医比较课程作为过渡，使学生对两种医学体系有一个整体比较，这样既保证了中医基础理论的学习空间，有利于建立起中医思维模式，也保证了学生知识结构的合理布局。在招生生源上应按中医本身的需要加大文科的比例，使文理学生在思维方式上达到相互影响、相互补充。加大经典学习力度，在师资配备和课时安排上予以倾斜。教学上应鼓励学生增强信心，重视中医思维模式的建立和培养，创造条件让学生尽快了解中医，热爱中医，掌握中医。

总之，我们必须正本清源，坚定信念，高等中医教育者要牢固确立并坚守中医思维，在教学中首先培养中医学生的中医思维，让中医学生牢固掌握中医学理论，熟悉中医学的自然观与方法论，才能培出具有坚定的中医信念和较高的中医思维能力、临床水平的优秀中医学子。

中医文化素质教育应突出人文精神

崔应珉 刘明 河南中医学院中医理论与临床应用研究所

目前大学生的人文社会科学知识和人文精神尤其是关于本民族的传统文化知识和民族文化精神相当薄弱。对中医院校的大学生来讲，无论是从学科本身的特点来说，还是从人文素质培养的角度来看，都亟待在观念的深层领域里重建起中国传统文化的框架。加强中医药专业人才的文化素质教育，已在许多中医药院校引起了有识之士的高度重视。各高校因为条件不同，规模各异，加之学生在校时间有限，要全面完成文化素质教育显然是不切合实际的。从中医药专业的实际出发，我们认为，对中医药专业人才实施文化素质教育的关键应围绕着人文精神的培养来进行。

人文精神对学生成长的意义

人文精神可以使学生树立正确的人生观

科学技术的高速发展已经充分显示了科技的两重性，仅仅依靠科技已经不能解决人类面临的许多问题，必须要有既具备高新技术知识又具有崇高思想的人，才能更好地适应和推进科技的高速发展。这两者之间关系密切，不可偏废。文化属于上层建筑和意识形态，尽管它受经济基础的制约和影响，但其本身具有很大程度上的相对独立性。传统儒家的“仁、义、礼、智、信”的经典价值观，值得当代大学生吸收和借鉴。尤其对医学院校的学生来说，仁心仁术指的不就是正在学习的医术和必须要具备的医德吗？

人文精神可以提高大学生的审美情趣

文学是社会生活形象的反映，是作家对现实艺术掌握的最好成果。优秀作品对人心产生的震撼作用是任何枯燥乏味的教条教育所不能比拟的，而作品之所以具有震撼的作用在于其所蕴含的美学魅力。作为高层次的专业人才应提高自己的审美情趣，通过自己对美的创造而影响社会，促进社会精神文明建设的发展。“世界上不缺少美，而是缺少美的发现”，文艺复兴时期涌现出来的无数艺术杰作，与人文精神的大力发掘关系密切。

人文社会科学能培养科学的思维方法

对于专业学习和研究来说，科学的思维方法尤其重要。掌握了这把金钥匙，就能开启科学世界的大门，尽早进入科学研究的领地，而人文社会科学正是孕育、陶冶、培养思维素质的重要方法。中医学是一门多个学科交叉、渗透、融合的科学，奠定其基础的《黄帝内经》就集医学、易学、天文、儒家和道家思想于一体。完善而独特的理论体系、灵活而科学的辨证方法，都牢牢地植根于中国古代的哲学观、思维模式和传统文化，中医学本来就是中国传统文化的一部分，二者息息相关，相辅相成。因此学习传统文化与发展中医学，二者相得益彰。

人文科学知识可以完善学生的知识结构

目前单纯的专业教育和应试教育是有缺陷的，培养的人才往往囿于微观领域，缺乏从宏观领域把握的能力。知识的积累是能力扩展的基础，要培养大学生的多种能力，关键在于学习多种知识。加强人文社会科学知识的学习有助于完善中医药人才的知识结构。知识的广博，一方面可以对本专业的学习起开阔思路的作用，另一方面又可以为工作的转换和能力的提高奠定坚实的基础。总之，人文社会科学知识对于中医药专业人才来说，其意义和价值远不止于知识本身，更重要的作用在于完善其知识结构，培养其思维方法，促使他们在认识、观念、情感、意志等方面都能健康发展，帮助他们树立正确的人生观和世界观，进而成为全面发展的人才。

人文科学教育的方法途径

课堂教学是人文精神教育的主要阵地

从高等院校的特点来看，课堂教学是对大学生进行人文精神教育的主要途径。课堂教学对大学生进行人文精神教育的手段和方法包括三个方面，其一，适当增加人文社会科学课程在教学总学时中的比例，多开设以中国古代文、史、哲为主的人文社会科学方面的选修课，甚至把一些重要的课程作为必修的基础课，形成人文精神教育的课程体系。其二，在中医专业课的教学过程中，也要结合教学内容的实际，讲出深藏在传统医学中的传统文化的底蕴。只有这样，才能启发学生去领悟和发掘传统医学的精髓和本质。其三，坚持既教书又育人的教育宗旨，要求上课的每一位教师把进步的科学的观念和正确的认识问题的方法论以及堂堂的浩然正气通过字里行间传导给学生，影响熏陶和感染感化学生。

人文知识讲座是有效途径

人文知识学术讲座有不受学时限制，无考试压力，自由听讲的特点，比较符合大学生的思维和性格特征。而且，讲座的内容经主讲人的精心裁剪，主题鲜明，知识集中，并伴有演讲的激情，在一定的空间内使学生容易产生共鸣，具有强大的感召力和影响力，受其感染的学生，又能将自己的感受辐射到同宿舍、同班级、同校园甚至在外校的同乡同学当中。既然人文知识学术讲座具有如此巨大的效应，那么，我们就应该注意围绕中医专业这个中心，开展相关的系列专题讲座，真正把人文知识讲座作为学生获取知识的第二课堂。

校园文化是人文精神教育的良好环境

学生的人文素养，在很大程度上要靠周围环境的耳濡目染。实践证明，开展丰富多样的校园文化活动，建设具有浓厚人文氛围的校园文化，是达到人文精神教育之目标的良好环境和有效途径。学校举办一些诸如文化节、艺术节、读书会、文化沙龙、诗会、影视评论等活动，使学生的集体主义、爱国主义情感在丰富多彩的校园文化活动中得到升华，责任感、使命感、义务感和勇于奉献的精神得到强化，真正做到寓教于乐。同时，在校园内部建造一些具有文化品位的设施和人文景点，使学生一走进校园就如同进入了文化的殿堂。这样，课堂教学、人文知识讲座和校园文化建设三个环节同时扎扎实实地抓下去，形成人文精神教育的立体框架，对学生多角度、多层次、全方位地进行人文素质的教育，对于培养高素质的中医专业人才必将起到重要的作用。

北中医针推教学模式有创新

于丽珊　北京中医药大学

“针灸推拿学是一门实践性很强的课程，我跟随第二批全国名老中医药专家学术经验继承工作指导老师张吉见习两年，从大二到大四去医院实习，开始连穴位都认不清楚，到后来亲自动手进行针灸的临床治疗，临床水平得到了很大提高。从最基本的穴位选取，到后来的辨证论治，针刺手法，选方遣药，张老师总是耐心讲解，并结合病人的临床情况引经据典。同时，张老师还鼓励我们在学术领域深入研究，我还在医学类期刊上发表了第一篇文章。”北京中医药大学针灸推拿学院84级针灸推拿方向七年制学生张誉清说。

2008年，北京中医药大学针灸推拿教学团队被评为北京市优秀教学团队。这个团队具有悠久的历史，经过几代人的不懈努力，形成了独特的专业特色和优良的教书育人传统，涌现出了杨甲三、张吉、何树槐、耿恩广、李学武、谷世喆等许多德技双馨的教学大师及名家。以“杨甲三取穴经验”为代表的优秀学术成果享誉世界，已翻译成为11种语言，被世界多个国家的针灸推拿界接受。

该教学团队结合针灸推拿专业“高层次、强能力、国际化”人才培养特色，开展了一系列的教学改革，具体包括：大胆进行教学计划修订，改革教学方法，实施学年学分制，精简理论课教学内容，注重实践教学和自主学习能力的培养。针灸推拿主干课程学时压缩约20%，新设针灸推拿选修课14门，开设了“针刀医学”、“针灸医案学”、“腹针疗法”等与主干课程相关的选修课，为学生自我设计，拓展专业领域搭建了选修课平台。

加强实践教学

加强实践教学改革，加大临床技能教学力度，是该团队的一大特色。通过教学改革，针灸实训基地在学科的建设中也得到了迅速的发展。购进大量教学模型和设备，基本满足针灸、推拿及相关的治疗方法效果的验证、客观显示、操作水平的判定及课堂的实际训练的需要，培养和锻炼了学生动手能力，提高了针灸技能以及其他相关临床技能的水平。同时，加强了教学实验基地及教学实训基地的建设，投入了教育部项目经费300余万元，加强硬件建设。新建教学技能实验室12个，其中多媒体示教室5个，新增临床教学基地9处。开展了“教学质量周”和学生“针灸技能基本功大赛”。每年举办“知名专家针灸技法演示”，提高了学生对实践的兴趣和重视程度，强化了专业思维。

率先开展双语教学

根据国际医疗卫生领域对针灸推拿专业人才的需求及中医药国际化的需要，早在1998年本专业就制订了“关于加强针灸推拿专业学生英语交流能力的方案”，在此基础上，2003年在全校率先开展了针灸课程双语教学，形成了突出的外语教学特色。在双语教学方面采取的主要措施有：制定科学合理的双语课程教学大纲，确定教学目的和目标；自编双语教材、讲义和教参；制作双语教学多媒体课件；聘请外籍中医药专家或从业者参与双语教学，定期聘请国外补充替代医学领域的专家作专题讲座，介绍国外传统医学发展动态；安排学生参与外国留学生临床带教及翻译工作；选送优秀学生到国外对口大学学习；每年举办“新秀杯”专业英语大赛，激发学生学习专业英语的热情；开设专业英语选修课。这一系列措施，保证了双语教学的顺利开展。围绕双语教学改革所完成的“开创中医针灸双语教学，促进中医药国际化进程”项目，2004年获得北京市高等教育成果二等奖。2008年，“经络腧穴学”被列入国家双语示范课程建设单位，是中医院校的第一个双语示范课程。在该课程的带领下，目前，学院已开设双语课程的有“经络腧穴学”、“刺法灸法学”、“按摩推拿学”等主干课程，学生的专业英语水平显著提高。

激发学生主动实践

创新能力的培养呼唤主动实践。主动实践是让学生尽可能真正作为主体参与实践活动的各个环节，包括对象的确定、方法的制定、程序（路线）的设计、问题质疑、分析总结等。为了促进学生科研创新能力的培养，团队成员努力把科研和教学相结合，在教学中及时介绍相关的科研学术动态，启发创新思维。在“实验针灸学”中，较早地开设了综合性设计性实验内容，例如，“针刺对心律失常的影响”、“针刺对高血压的影响”等题目，在课程负责人的组织指导下，采取循序渐进、分专业、分层次的实施方法，逐步为不同专业五年制、七年制开设了上述自主设计性实验。

正如针灸推拿教学团队带头人、针灸推拿学院院长赵百孝所说：“改革中医药人才培养模式，提高学生素质和临床技能已成为目前中医临床专业教育教学研究的重大课题。中医药人才培养的关键在于，让学生尽早地把所学的知识转化为技能或能力，能够较好地解决临床实际问题，真正达到授业解惑的目的。”

全面把握中医本质实现中医创新发展

——从科学哲学角度审视中医的科学性

周然 李俊 山西中医学院

进入20世纪以来，有关中医存废问题的讨论引起国人的高度关注，人们从中医、文化、历史、哲学等多角度展开有关中医存废的大讨论。但透过现象看本质，更深层次的焦点问题仍然是中医的科学性问题。中医的科学性问题既是中医论题，更是一个科学哲学命题。科学哲学作为关于科学知识考察和反省的理论，对于我们把握科学性质以及科学活动规律都具有形而上的指导意义。只有从哲学角度，明确科学本质、科学发展规律以及科学研究方法的角度，进一步认识医学与科学的关系，才能最终形成对中医特色及其属性的科学把握。本文拟从科学本质、科学的发展以及科学方法等方面审视中医，并试图回答以下问题：中医有无科学性，中医是否完美的科学，面对困境中医何去何从？

关于中医的科学性

从20世纪初以来，中医是不是“科学”的问题一直是历次讨论的焦点，但始终未能有一个明确的答案。因为争论双方各持不同的“科学观”，在不同的“科学”标准下自语自话，必然形成截然不同的结论和判断。

告别中医论者坚持狭隘的科学主义科学观，认为真正的科学知识只有一种，那就是自然科学，而哲学和社会、人文等知识并不是真正的科学；科学研究的唯一方法就是理性分析方法，只有经得起逻辑、数学计算和经验证实方法检验的理论体系，才是科学。据此而论，中医学作为一门非常复杂的学科体系，具有强烈的人文性、社会性的学科，无法得到科学主义实证方法的严苛“检验”，自然是要被开除“科籍”的。

其实，科学主义狭隘科学观的缺陷是显而易见的，20世纪50年代以后受到人文主义者以及历史主义科学哲学观的严重挑战，直到后现代主义的兴起，最终消解并颠覆了科学主义。历史主义从历史的角度考察科学现象，注重对科学理论作整体的评价，而不是单个理论的评价；认识到任何科学活动都有其文化背景，以及自然科学与哲学、政治、伦理等文化现象的联系，强调科学的时代性和历史性；强调科学活动中人们的价值取向及其作用。注重自然科学与人文科学的渗透、对话与汇合，反对单纯的逻辑分析方法。而后现代主义的兴起，对科学主义又是毁灭性的一击。他们认为科学只是许多意识形态中的一种，反对将科学与“合理性”、“客观性”和“真理”这样的概念搅在一起；而把神学、历史学、和文学等等看作是“主观的”“相对的”或“纯粹的意见”。科学也不应该享有特殊的文化和社会地位，反对科学沙文主义。费耶阿本德强调：必须重新审查我们对神化、宗教、魔术、巫术等等的态度，因为科学的目的并不比那些指导宗教共同体的生活目的更为重要，走到了反科学主义。可见，后现代主义者虽然有抹煞科学与非科学区别的倾向，但他们关于人类文化的多样性和丰富性，强调科学与其他文化的关联性，反对纯粹用自然科学认识论来审视和评判其他文化，这些见解是有道理的，也是发人深思的。

当然，自然科学的科学观也不是一无是处，它在自然科学研究领域确实取得了全面胜利，然而，真理多迈出一步就会变成谬误，把实证的有限的研究方法，转化为无所不能的教条，原先科学的解放力量，就异化为科学家探索和发展的压抑力量。医学是研究生命现象的学科，是以解决人的生老病死问题为目的。人不仅是生物人，更是社会人，人是立体的、多层次的复杂的生命体，是灵与肉的统一。医学面对的是有疾病的人，而不仅仅是人的疾病；“了解什么样的人得病，比了解一个人得了什么样的病更重要”（希波克拉底语）。针对医学一味“科学”（狭义）化导致的诸多医学难题，现代医学的有识之士（美国医学家恩格尔）提出了：生物医学模式向生物-心理-社会模式转变。因此，面对复杂的研究对象，单纯用实证的研究方法是不够的，狭隘的科学观和划界标准也是不恰当的。

与科学主义狭隘科学观相反，另一种较宽泛的辩证的科学观越来越受到人们的认同，即科学是关于知识的体系以及追求知识的社会认知活动。就知识的体系而言，科学是人类对客观世界认识的结晶，科学是由一系列概念、判断构成的具有严密的逻辑性的、可以被实践逐步证实的知识体系。根据研究对象的不同，科学体系包括自然科学、社会科学以及思维科学。就认识活动而言，是认识主体以实践活动为基础、以获得对客体的真理性的认识为目标的活动过程。《辞海》将其定义为“发现和认识自然、社会、思维发生发展的知识体系”。1999年版《不列颠百科全书》“科学”条目称“科学涉及一种对知识的追求，包括追求各种普遍真理或各种基本规律的作用”；最近英国科学委员会为“科学”一词下了新定义，认为：“科学是以日常现象为基础，用系统的方法对知识的追求、对大自然的理解以及对社会的理解。”在谈到新定义的意义时，英国哲学家ＡＣ·格雷琳说：“因为‘科学’涵盖的领域很广，所以对它的定义也应很宽泛，需要说到自然科学的研究，也要说到社会科学的研究；需要用到‘系统’和‘现象’这样的词语，我觉得这个定义下得很好。”可见，中医学是我国人民总结几千年的医疗实践而形成的认识健康和疾病发生发展规律的一个知识体系，具有完善的系统理论和确切的临床疗效，它完全符合“科学”的基本定义，中医学具有科学性也应是毋庸置疑的。

讨论至此，中医已被纳入科学的范畴，已经有了“科籍”，自然也就有了“医籍”，科学性似乎已成为中医永不失效的通行证，生存发展已没有了危机。然而，事关中医生存发展的中医科学性的讨论远没有结束。在中医支持论者中存在一种视中医为完美医学体系的倾向，继承变成了保守固守，拒绝与现代接轨，中医学的“严密的知识体系”变成了自闭系统，告别中医论者的面目固然可憎，但完美论者也能自毁长城。那么，中医学真是完美无缺吗？

中医并非完美的科学

科学作为知识体系，是客观性和主观性的统一，绝对性与相对性的统一。一方面，科学知识包含着不依赖于科学家个人或科学家团体意志的客观内容，科学之所以为科学，在于它反映和揭示了客观世界的现象、本质和规律，具有真理颗粒，科学据此与主观臆断和信仰划界。另一方面，科学活动及其结果不是纯客观的，认识成果受主客观条件制约，科学具有近似正确反映客观世界的相对性，绝对正确的、完美的科学是不存在的。决不能把科学等同于绝对正确，否则，就会使科学知识僵化，否定科学发展的必要性。

中医作为一门传统医学，是中华民族基于长期的实践积累，植根于丰厚的中国传统文化的土壤，吸收古代科学技术成果，对人体生命活动规律以及健康与疾病的防治原理及其治则的系统理性认识；

它为中华民族的繁衍昌盛做出了巨大贡献，在指导中国人民养生保健、防病治病方面发挥了重要作用。尤其是其建立在“天人合一”、阴阳五行思想基础之上的整体性施治原则，成为东西方医界之共识。然而，中医理论以及治疗手段和方法也有不尽科学之处。例如中医理论草创于秦汉，有浓厚的思辨与经验色彩，笼统模糊有余，而精细准确不足，它绝不是完美无缺的终极真理，绝不是丝毫不能触动的终极教条。正如何裕民教授所言：“作为一门早先从巫术沼泽地中蹒跚走出，自然哲学韵味甚浓的传统学科，它无可避免地烙有历史的痕迹，没法一次褪尽沼泽地的泥巴。”即使被称为现代主流医学的西医，也并非完美无缺，有些问题甚至极为严重，诸如抗生素滥用与病原微生物的抗药性、日益高昂的医疗费用、日益严重的医患纠纷、以及人工合成化学药物与现代生物技术所带来的社会道德和生物伦理问题等等。

中医理论存在不完美，恰是科学发展的常态。人类认识过程就是一个不断深入的过程，“科学的历史，就是这种荒谬思想逐渐被排除的历史”（恩格斯语）。是一个不断告别谬误、纠错的历史，是一个不断由相对走向绝对的历史。当代科学哲学家也坚持科学的相对性，不承认绝对的一成不变的科学。波普尔从自己的证伪主义或批判的理性主义的科学哲学出发，强烈反对对现有科学一味的辩护和简单的重复，认为科学理论的价值不在于对现有知识中已知事实的新解释，而在于提出惊人的、出人意料的新理论、新预测，这些预测被观察经验所确认，那么旧知识得到证伪，新知识不断增长，科学就会不断进步。库恩的范式理论则认为，科学活动总是在一定的范式（共同的科学信念、方向、方法、手段等）指导下进行的，科学发展总是由一个旧范式走向一个新的范式，经过常规阶段（范式稳固化）-危机阶段（范式危机）-革命阶段（新范式产生）循环往复的发展过程，永恒不变的研究范式是不存在的。

中医理论体系其实就是一个学科范式，学科范式的变革最终才能推动科学的变革。中医理论历经数千年而不衰，正是基于其不断的理论变革和创新。从金元四大家到明清以及现代，各代医家虽有尊经崇古的传统，但也绝非一味因循古人、划地自限，批判和创新的风气也令人欣喜。《黄帝内经》的贡献在于其吸收阴阳五行以及变易思想，为后世医学发展奠定了理论基础，虽也有临床观察描述，但绝非思想主流；东汉医家张仲景著的《伤寒论》与《黄帝内经》不同，更多地重视临床和实践，确立了中医学的“辨证施治”的基本思维路线。金元四大家更是不拘泥传统，针对北宋官家推行的依据张仲景《伤寒论》标准药方，滥用温燥药方医治瘟病的弊端，大胆提出治疗瘟疫的药方和治则，开创了温病新学科；明清时期，革新创新的风气依然不辍，《伤寒论》继续受到质疑，医家继续探索瘟病的诊治法则，终于形成了完整的温病学理论体系和有效的临床经验，并在医学界产生了伤寒学派与温病学派之争的局面。

我们认为，承认缺陷并不可怕，重要的是我们对待缺陷和不足的态度，以及应对困境的对策。面对中医的不完美，通常有几种态度值得反思：一是告别中医论者，否认中医的科学性，视中医为非科学，甚至是“伪科学”，全盘否定和抛弃。这种观点之荒谬无用赘述。二是否认中医缺陷与不足，视中医为圣贤古训，全盘接受，反对变革。尤其是对于诸如阴阳五行等核心理论，更要固守，不能变革。三是鸵鸟式态度，消极对待，像鸵鸟遇到困难把头钻到沙子里一样，无视困境的存在，任其自生自灭。面对 21 世纪的各种医学挑战，中医该何去何从？

实现中医创新发展

中医是富有中国特色的医学体系，其中既包含对人类生命健康及其疾病规律的真理把握，也夹杂有一些牵强附会的内容，既有客观性、真理性，又有相对性、局限性。对于中医既不能全盘否定，也不能固守传统。我们应该秉持辩证否定的思想理念，在对中医学体系进行深入研究的基础上，全面把握中医本质，总结中医独特的临床实践规律，继承精髓，摈弃糟粕，寻找其与现代接轨的契合点，以实现中医的创新发展。

重视中医研究，把握中医真谛。中医与西医是完全不同的两个医学体系，在医学思想、医学理论、思维方法、临床实践以及用药理论方面都有明显的差异，在两种医学体系并存竞争的过程中，首先必须把握中医真谛，恢复中医自信心。但长期以来，由于对中医药学自身发展规律、中医药特色优势以及继承创新的内涵认识不够，缺乏对中医本质及其精髓的系统研究，也没有找到中医传统与现代科学的有效契合点。近年来，国家已经认识到中医理论研究的重要意义，从 2005 年开始，国家重点基础研究发展规划已把“中医理论与中医药现代化研究”列为“十一五”期间的重点研究方向，2005 和 2006 连续两年共 7 个项目获得亿元研究经费，其目的在于通过对中医理论精髓的挖掘整理以及中医独特诊疗思维方法研究，真正把握中医本质和精髓，明确继承中医的真正内涵。

树立宽容开放的学术研究心态。中医理论科学研究属学术研究范畴，不能把学术问题政治化、伦理化，不能用感情代替理性，用文化解释科学，科学不相信同情和眼泪，别让中医承受不能承受之重。中医作为科学必须批判创新，作为文化则应该完整保存。有些人把中医阴阳五行思想视若神明，设立研究禁区，显然不是科学研究态度。邓铁涛先生则主张，中医的五行学说不能停留在《内经》的时代，需要发展，生克制化规律迄今已是“名实不符”，五行学说应该证明为“五脏相关学说”。同时，中医研究不仅是中医界内的事情，还要吸纳其他学科的研究支持。西医之所以在近代以来得到快速发展，与获得物理学、电子学、计算机学、化学等学科的支持分不开。中医在古代的创立也正是由于古代天文学、气象学、生态学等学科的支持。因此，中医学现代研究应保持系统的开放性，吸纳其他学科的先进知识和技术，并接受古代汉语、古代以及现代哲学、系统科学、数学、计算机学以及植物学等其他学科的渗透和参与。

坚持理论与临床相结合、中医传统与现代并重的研究原则和方法。中医理论源于临床实践，是对实践经验的总结和概括，中医临床是中医基础理论产生的源泉，也是评价中医理论科学性的惟一标准。因此，中医研究要揭示中医本质和精髓，必须面向临床，以临床为基础，与临床相结合。同时，中医研究还必须将中医传统研究方法与现代科学技术的研究方法相结合。中医传统研究方法是基于临床经验的基础上，从宏观角度、整体层次对人体生命规律进行定性和概括的研究，注重于功能性而非实体性研究；而现代的研究方法则更多的以实验为基础，主要从微观角度对人体生命规律进行定量化、精确研究，注重于采取实证的方法对中医的科学性内涵进行论证的研究方法；注重实体性研究。当然现代研究方法不只是实验实证方法，还包括利用信息论、控制论、耗散结构理论等研究中医，模糊数学方法以及虚拟研究方法等也可以为中医理论发展提供线索。例如中医学的阴阳、五脏、证等概念的本质研究适用还原方法就遇到“瓶颈”，而要用复杂系统科学（如耗散结构理论）则可以得到科学解释。（朱清时观点：《科学时报》2006 年 11 月 24 日）

改革完善中医教育体系，培养“纯正中医”人才。中医药继承创新，人才培养是关键。中医药学具有独特的理论体系、诊断技术和思维方式，完全不同于现代科学的知识体系和思维方式，其核心思想主要体现在《内经》、《伤寒》等古典医学著作中。我国从小学到高中所授的知识体系，都是以西方现代知识体系为主导，使学生逐步养成了现代自然科学的思维方式，中医药高等教育必然面临不易对接现代教育的尴尬局面，导致许多大学生对中医产生心理抵触。因此，加强中国传统文化教育，注重传统思维方式的养成应该更早开始。譬如有专家建议可以设立“中医药高等学校附属中学”的思路，使学生较早接受独有的中国式思维训练，为日后接受中医药高等教育奠定基础。同时，中医药高等教育也必须反思现有教育模式，从教育理念、课程设置、学生来源、教学手段等方面进行调整，培养出真信、真懂、真用中医的“纯正中医”人才，培养出具有强烈中医文化认同感和医术高超的名医大家，只有如此，中医的继承和创新才能后继有人。

福建、湖北两所中医学院更名为中医药大学

经教育部批准，福建中医学院、湖北中医学院日前正式更名为中医药大学。据介绍，两所中医学院的更名，将对学校的教学、科研、招生就业产生很多积极影响，为学校发展搭建更高平台。

福建中医学院创建于 1958 年，是我国创办较早的高等中医药院校，是福建省重点建设高校。学校拥有 11 个国家中医药管理局重点学科，12 个省级重点学科，8 个国家（局级）三级科研实验室，2 个省级重点实验室。近 5 年来，学校年均科研经费超过 3000 万元，共承担科研课题 1000 多项，其中国家级项目近 30 项。

湖北中医学院创建于 1958 年，是湖北省唯一一所高等中医药本科院校。在半个世纪的高等中医药教育实践中，湖北中医学院立足湖北，面向全国，放眼世界，形成了鲜明的办学特色，积累了丰富的办学经验。

部分高等学校获高校博士点专项科研基金资助

2010 年 3 月 30 日，教育部科技发展中心公布 2009 年度“高等学校博士学科点专项科研基金”联合资助课题，219 项课题中有中医药课题 18 项。

广州中医药大学获得资助课题 3 项，天津中医药大学、黑龙江中医药大学、成都中医药大学、山东中医药大学获得资助课题 2 项，辽宁中医药大学、长春中医药大学、上海中医药大学、南京中医药大学、湖北中医药大学、湖南中医药大学、哈尔滨商业大学获得资助课题 1 项。课题内容主要为中医基础理论研究、中药、方剂、针灸等。

山东多形式培养中医药人才

2010 年，在山东省中医药工作会议上，48 位中医药学术经验继承人向 24 位老中医药专家“拜师”，献上鲜花并行鞠躬礼。

此次师承工作在沿用传统师带徒教育模式的同时，首次将师承与学位教育有机结合。其中 30 名继承人通过研究生入学考试，在山东中医药大学进修学位课程。

2009 年，山东省为培养高层次中医人才，实施了百名优秀中医人才培养计划。首批 40 名省级优秀中医人才通过考核，其中学科带头人 10 名，学科骨干 30 名。山东还开展“乡村医生中医专业中等学历教育项目”，4600 名乡村医生参加中专学历教育学习，完成国家下达计划的 121%。抓好中医类别全科医师岗位培训，培养全科医师骨干 533 名。

该省去年继续开展中医四部经典著作强化学习活动，组织进行《温病学》统一学习，1.5 万余人参加。累计举办国家级和省级中医药继续教育项目 92 个。

目前山东省已基本形成了院校教育、师承教育和继续教育相结合，多层次、多形式培养中医药人才的格局。

随着中医院校扩招和国家医疗法律法规的逐步健全，中医学高等教育实践教学中存在的问题也日益突出，包括实习时间无法保证、学生动手机会少、带教老师“只带不教”等。笔者认为调整教学模式、实行导师制、充分利用临床实训设施进行临床技能操作训练、开展社区医学实践等方法可以缓解这些问题。

学者呼吁让高等中医药院校实践教学名副其实

赵映前 向楠 湖北省中医院

随着近年来各中医院校扩招，医疗法律法规的逐步健全以及国家医疗改革的实施，存在于中医学高等教育实践教学中的问题日益突出。而实践教学在中医学高等教育中的地位是极为重要的，是医学专业学生学习的必经阶段，是理论联系实际、综合培养和训练学生各种能力的重要环节，实践教学搞不好就无法培养真正为社会所需要的中医学人才。因此，中医学教育工作者不得不对这些问题进行思考以期找到合理的解决办法。

主要问题

由于目前的就业压力，社会及用人单位对毕业生的要求也不断提高，要求有较强的临床思维和表达能力、有全面系统采集病史的能力、有与病人及家属等交流的能力、有进行有关健康生活方式、预防养生等方面知识宣教的能力，更重要的是要有熟练的实践技能操作能力。而我国中医学高等教育培养的学生普遍存在着缺乏批判性临床思维、缺乏良好的沟通能力、临床实践能力不高等不足之处，尤其是在临床实践教学过程中暴露出以下问题。

实习时间难以保证

目前，大部分高校均将实习时间安排在最后一学年，而最后一学年正是学生准备找工作和复习考研的关键时期。面对越来越严峻的就业压力，学生实习“三天打鱼、两天晒网”，不仅不利于教学管理部门的管理，也严重影响了正常的实习时间。

学生动手机会偏少

现在病人自我保护意识日益增强，学生临床实践机会大大减少。另外，由于各高校扩招，学生多，教学基地少，医学教学资源不足。学生真正动手进行操作的机会越来越少。

带教老师存在“只带不教”的现象

带教老师在实践教学过程中起着至关重要的作用，其一言一行直接影响着学生今后的行为准则和工作态度。有的带教老师，本身业务能力较强，但在组织能力、沟通能力和语言表达能力方面不尽如人意，缺乏带教技巧，影响带教的效果。

对策探讨

为改善上述不足之处，解决实践教学中存在的主要问题，笔者认为可以试行以下方法：

调整教学模式

将过去中医教育中“基础课、临床课、临床实习”三个阶段相分割的教学模式中的临床课和临床实习两个阶段合并为一个阶段，并采取边上临床理论课、边到临床实习的“基础课、临床实习课”两阶段互动的教学模式。即在学生开始上临床课的时候，就采取边上课、边临床的方式。具体做法是：医院一般上午是医生查房、为病人诊疗的时间，在这个时间段，学生可以学到更多的东西。因此，安排学生每天上午去医院进行临床实习，以期尽早接触临床，下午进行理论课的学习，这样可以让学生在临床实习中发现的问题，及时在理论课当中找到答案，之后又在临床实习当中得到验证，从而达到临床课程和临床实习一体化，理论和实践相互促进的结果。这样不仅实现了“早临床、多临床、反复临床”的目的，而且避免了与最后一学年找工作和考研复习的冲突，保证了绝大部分的实习时间。

实行临床教师导师制

可以借鉴研究生的教育模式，将院校教育与师承教育相结合，即在学生开始上临床课时就实行导师制。在进入临床课教学阶段后，为每个学生配备临床导师，与研究生选择导师的模式相同，采取学生和导师双向选择的方法，学生根据自己的兴趣选择相应专业的导师。学生配备导师后，规定每周不少于两个半天的跟师时间，学生跟随导师抄方临诊，撰写跟师笔记并交导师批阅，还可利用业余时间到导师所在临床科室进行临床实践学习。导师除需批阅学生的跟师笔记外，还要对学生进行指导性教学，指导学生如何培养中医临床思维、临诊时如何进行系统的辨证论治以及指导学生阅读相关的古典医籍。此举不仅能密切学生与教师的关系，便于学生系统有效地学习，有利于师生交流，更能大大增加学生的实习时间，培养正确的学习方法，从而达到更好的实习效果。

充分利用临床实训设施

现在越来越多的高校建立了临床实训中心，拥有高仿真的实训模型。各高校应充分利用现有的临床模拟教学条件，在实习之前对学生开展实践操作技能方面的强化训练，把无法在病人身上进行的实践操作先在模拟教学中反复练习，使学生的临床实践能力得到一个较大的提升。具体方法可分两个阶段进行：第一阶段，学生在开始学习临床课程的同时，老师将部分实践学时安排在实训中心进行，主要训练操作性较强的实践内容；第二阶段，在学生正式开始进入临床实习之前，集中一段时间（如一周左右）在实训中心进行强化训练，主要是对以前训练过的内容以及在临床实习中最常用的实践技能进行反复练习。进入临床以后，由于前期的强化训练，学生操作熟练，信心充足，带教医生也敢于放手给学生提供动手机会，病人也不会产生厌恶情绪，因此极大地增加了学生在临床的实践操作机会，为实践技能的提高打下了坚实的基础。

广泛开展社区医学实践

临床教学资源的日益不足，模拟教学本身存在的不真实性，这些都使得社区医学实践的必要性与价值凸现出来。社区医学实践不仅可以有力补充医院临床教学资源的相对不足，而且能使学生早期接触社会、早期实践，有利于培养学生组织、沟通、交流能力及批判性思维，有利于学生综合素质特别是临床思维与技能提高，有利于培养学生热爱社区，激发掌握医学知识和技能的热情，形成为社区、为基层服务的动力，对拉近医生和群众距离，缓和紧张的医患关系，可产生独到的宣传和教育效果。此外，由于近年来“看病难、看病贵”逐渐成为一个突出的社会问题和基层中医药人才严重缺乏，而越来越严峻的就业情势也使得到基层、社区工作成为高等中医药人才就业的一种可能。

因此，在学生实习阶段，可有意识地将部分学生派到社区去，采取以下几种方式进行实践：专家边义诊边教学、家庭病床床边教学、组织社区居民进行体检、开展居民健康调查等等。

社区医疗实践是对学生、学校和社会都有利的一种新型医学实践教育模式，可以增加学生训练机会并巩固理论知识，可以为以后的工作增加经验；学校可以加强对学生实践能力培养，可以弥补现有实习基地的不足，甚至可以为学生的就业拓宽渠道；而社区居民能免费享受专家义诊、体检及咨询等医疗服务，可谓是多方受益。

对带教老师进行培训和管理、考核

临床实践教学不光要对学生进行管理和考核，对带教老师同样要进行管理、培训和考核。

在实习生进入临床实习之前，医院应对带教老师进行选择、培训，主要是对相关管理制度、带教老师职责和要求、医德医风、医疗相关法律法规，以及如何制定临床带教计划等进行培训，并请优秀带教老师介绍带教经验、医患沟通技巧等等，从多方面提高带教水平。此外，在日常带教中，也要由高资历的医生不断地对带教老师采取教学查房、小讲座、病例讨论等形式进行带教技巧方面的培训。

教学管理部门要制定带教管理办法，各科室也要建立相应的临床带教老师管理办法并有专人负责。带教老师需建立带教档案，内容包括实习计划、带教记录、讲义、实习生反馈情况、实习生平时技能操作情况、实习生出科考核成绩、小讲座完成情况等。教学管理部门和科室教学负责人要定期检查带教老师的带教记录本，旁听其专科小讲座等，以督促带教老师认真教学和实施教学计划。

另外还要广泛开展评教、评学活动，定期召开实习生座谈会，征求实习生对临床带教老师的意见并进行汇总、分析，及时反馈给带教老师以改进、解决问题。通过授课教师自评、学生评价和同行互评三种方式，全面衡量带教老师的临床教学质量，并将其与带教老师职称评聘、评优及岗位津贴等挂钩。

通过以上几种方法和手段对带教老师进行约束、管理，让带教老师不但要把学生“带”好，更要“教”好，同时对带教好的老师进行表彰、奖励，以调动老师的积极性、主动性和参与意识。

教育界人士主张以学生为中心提升高等中医药教育水平

武权生 徐厚谦 甘肃中医学院

目前我国的医学教育主要是以理论教学与临床实习为主，医学理论教学仍存在着一定的问题：理论教学以大班讲授，以教师为中心的教学，学生缺乏学习兴趣，课堂讲授的效果较差；课时少，知识多，学生学习像囫囵吞枣；课下教师与学生交流少。因此，笔者认为，中医药高等院校教育应以学生为中心、以能力为中心、以问题为中心，处理好知识、技能、能力之间关系。提倡“以学生为中心”的教学模式，即学生自主学习和老师有效指导相结合的交互式教学模式。

以学生为中心的中医药教育理念

以学生为中心是把学生作为医学教育体系的实施主体或者服务主体，无论是培养目标、课程设置、教学方法，还是学生组织管理等，都要充分考虑到学生在知识、能力和人格方面的培养，考虑到学生自身成长过程中的需求，考虑到社会对于学生知识结构、实践能力和人文素质等方面的需求。

以学生为中心的教学理念特征是重视和体现学生的主体作用，同时又不忽视教师的主导作用。教学工作围绕以下问题展开：高等中医药学生需要哪些门类知识？需要掌握哪些技能？需要具备哪些素质？如何调动学生的主观能动性？如何培养学生的情操？如何建立学生比较健全的心理特性？如何培养学生对于社会和环境的适应性？如何培养学生对于知识和技能的学习方法？

建立相应的课程体系

高等中医药教育体系应该建立集知识、能力和人格于一体的人才培养目标，并在其体系结构中予以体现。

笔者认为应有：公共通识课程、专业基础课程、专业核心课程；专业方向课、人文素质、创新能力及选修课。为学生创造全面发展的条件，使学生知识掌握与能力培养、业务能力与基础知识、专业学习与身心健康、统一要求与个性发展等方面协调发展。

改革课程内容的学科系统性，从实践出发设置教学内容，编制课程教学整体解决方案，包括主教材、实用型的实践教材、形式多样的学生学习指导、可供教师选择的案例库、教师手册和多媒体课件等。

对实践性较强的课程，采用实验、实训教学法、临床见习，使课程内容紧贴时代前沿，既能解决学生为什么要学的疑惑，有利于提高学生的学习兴趣，又能使学习能力强的学生在同样的学时内可以接受或完成更多的任务，有利于个性化教学。

以学生为中心的教学实践

以学生为中心，创新教学方法与教学手段。随着各个医院及患者对中医药临床医师素质的要求越来越高，传统的灌输式教学方法日见颓势，可由师生共同来引导教学组织过程，学生通过主动和全面的学习，达到基础知识和临床技能的统一。

在教学过程中，对不同课程采用不同教学方法和教学手段组合。可以采用以下教学方法：适合中医临床技能、临床思维能力培养的案例式教学方法；经典的程序化技能培训采用四阶段教学法（准备、教师示范、学生模仿、练习总结）。

通过应用案例式教学与传统教学相结合，突出临床病证特点，培养学生临床思维能力和独立思考能力，激发学习兴趣及主动性，提高教学质量。

高等中医院校教学改革是高校改革中至关重要且具有一定难度的项目。“以学生为中心”教学理念的设计、实施关键在于广大教师以及相关领导的教学理念是否发生根本性的转变。最终要实现从以教师为中心、单纯传授语言知识和技能的教学模式，向以学生为中心、既传授一般的语言知识与技能，又更加注重培养临床运用能力和自主学习能力的教学模式的转变。

当然，以学生为中心教学还有一些实际问题，如后期教学投入大、成本高。但总体上它有助于我们进一步深化高等教育中医药专业教学改革，优化高等中医药教育的教学内容、教学模式，强化中医临床思维和辨证施治能力、创新能力和实践能力的培养，有利于提高中医药教学质量，为社会培养出高素质、高技能的中医药专门人才。

全国高等中医药院校党建和思想政治工作研究会提出。

教育界人士共识：中医药院校应加强人文教育

2010年6月10日，全国高等中医药院校党建和思想政治工作研究会六届二次理事会暨第十九次年会在天津中医药大学召开。与会的各中医药院校党委负责人提出，新时期中医药院校大学生思想政治教育中，应该加强人文教育，以大医精诚的理念，提高学生品德素质。

会上，天津中医药大学创建的以情感人思想政治教育体系得到了与会代表的关注和赞同。此前，中共中央政治局委员、国务委员刘延东对此模式予以肯定，并建议推广。

国家中医药管理局副局长李大宁出席会议并指出，加强高等中医药院校党建和思想政治工作，要从理论上讨论，在实践中探索，中医药院校要贯彻落实全国高校党建思想政治工作会议和《国务院关于扶持和促进中医药事业发展的若干意见》的，抓好人才问题。积极宣传党和国家的中医药方针政策，振奋行业精神，增强发展中医药事业的责任心和使命感，研究中医药人才培养规律，探讨适应中医药发展所需的教育模式，完成各院校的人才培养规划。

天津市委教育工委副书记杨桂华等领导专家提出，高等中医药院校应加强人文教育、医德教育，让学生领悟大医精诚，培养品德高尚的人才。

本次会议主题为贯彻党的十七届四中全会精神、第十八次全国高校党建思想政治工作会议精神，加强中医药高校党的建设和思想政治工作；贯彻《国务院关于扶持和促进中医药事业发展的若干意见》及《中医药创新发展规划纲要（2006-2010年）》的要求，促进中医药高校科学发展。

会上，天津、上海、成都、长春、广州等地中医药大学及新疆医科大学中医学院分别作了经验交流。代表们结合各自学校实际，共同探讨了促进高等中医药院校科学发展的工作思路、战略举措。

甘肃启动五级中医药师承教育试点

全省遴选1000名指导老师，培养3000名中医药骨干

2010年7月，甘肃省委组织部、甘肃省卫生厅、甘肃省财政厅、甘肃省人力资源和社会保障厅联合发文，从今年起到2013年，在全省开展省、市、县、乡、村五级中医药师承教育试点工作。全省将遴选指导老师1000名，为每位老师遴选确定学术继承人1-3名，培养3000名中医临床骨干和中药实用型人才。

学习方式采取跟师临床或操作、集中授课等方式进行，每周保证跟师时间不少于2天。通过师承工作，继承指导老师的学术思想、临床经验或技术专长，提高临床诊疗或技术水平，并在本学科领域的某方面提出新的见解和观点。

省级财政增加的中医专项经费主要用于全省五级中医药师承教育试点工作和指导老师及继承人教学津贴补助，指导老师每人每年2000元，继承人每人每年1000元。继承人经结业考核及出师验收合格并获得出师证书者，通过规定的评聘（考试）条件和程序，晋升高一级专业技术职务时，按照有关文件规定调整岗位。继承人在继承学习期间具备评聘高一级专业技术职务者，按照职务评聘（考试）要求和程序进行。

为保证试点工作顺利开展并取得实效，各级卫生行政部门和人社部门按属地化原则负责中医药师承教育试点工作的组织实施，指导带教单位做好继承工作的平时考核、阶段考核，抓好年度考核、结业考核及出师验收。对考核不合格者，及时予以淘汰。

自上世纪90年代以来，甘肃省先后开展了四批省级中医药师承教育工作，此次五级中医药师承教育试点工作，是甘肃省在对前四批不断总结和分析的基础上，结合甘肃中医药人才队伍建设的需要，为提升中医药的整体服务能力和水平而实施的。

据悉，此次五级中医药师承教育试点工作，是贯彻落实《国务院关于扶持和促进中医药事业发展的若干意见》和《甘肃省人民政府关于扶持和促进中医药事业发展的实施意见》的重要举措，作为甘肃医改工作中发挥中医药特色的亮点，在全国也具有首创性。

辽宁中医药大学方剂学获评国家精品课程

在教育部2010年度国家精品课程评审中，辽宁中医药大学《方剂学》被评为国家精品课程。这是该校继2005年、2008年《中医基础理论》、《中药鉴定学》成为国家精品课程后，在精品课程建设中获得的又一殊荣。到目前为止，辽宁中医药大学除有3门国家精品课程外，还拥有31门省级精品课程。

辽宁中医药大学在精品课程建设上，采取了一系列有力的措施。开办了精品课程建设网站；成立了教学督导团，深入课堂听课、提出教学改进意见，促进了课程建设；建立了三级听课制度，学校要求各级领导干部每学期都要深入课堂听课，而且要达到一定的时数；实行了学生对任课教师的考评制度；制定完善奖励机制，对获得不同级别的精品课程，学校予以不同等级的物质奖励和精神奖励。

卫生部加大对甘肃中医药的投入和政策扶持

为贯彻落实《国务院办公厅关于进一步支持甘肃经济社会发展的若干意见》精神，进一步支持甘肃卫生事业发展，11月11日，卫生部出台《卫生部关于进一步支持甘肃卫生事业发展的意见》，提出了包括大力发展中医药事业在内的支持甘肃卫生事业发展的9个重点领域。

在支持甘肃发展中医药事业方面，《意见》提出：加大对中医药事业的投入和政策扶持，加强中医医疗机构和民族医医疗机构服务能力建设，建立和完善城乡中医药服务体系。将未投资建设的市州级中医医疗机构和民族医医疗机构纳入国家投资计划，加强基础设施建设，配置基础医疗设备。支持部分有中医特色的乡镇卫生院和社区卫生服务中心建设。推动中药资源的保护、研究、开发和利用。支持甘肃省加快中医药人才队伍建设，依托甘肃中医学院举办中西医结合硕士研究生班。积极开展中医药师承教育。

上海中医药大学与日韩大学签约合作

上海中医药大学 2010 年 12 月与日本冈山大学、韩国圆光大学签约合作交流，三所大学将在研究生等领域开展合作交流。

陕西启动中医药古籍整理研究

陕西省中医药研究院“中医药古籍保护与利用能力建设项目”启动会近日召开。陕西省卫生厅副厅长、省中医药管理局局长范兵及承担课题项目的专家等共 60 余人参加了会议。

陕西省中医药研究院是承担国家中医药管理局“中医药古籍保护与利用能力建设项目”的 9 家单位之一，该院中医文献学科为国家中医药管理局重点学科建设单位，承担项目中 40 种中医药古籍的整理研究，其中医案医话类 25 种，内科类 10 种，伤科类 5 种，共获项目经费 400 万元。

为确保项目学术质量和有序开展，该院成立了项目领导小组，领导项目建设的各项工作；聘请了国内著名专家组成专家委员会，负责专业指导及质量监督；聘请了省内 28 位专家作为项目负责人，负责项目日常业务工作；印发了《项目管理办法》，保障项目各项工作有章可循。

国务院发文：鼓励基层医疗机构提供中医药服务

国务院办公厅近日印发《关于建立健全基层医疗卫生机构补偿机制的意见》，《意见》明确基层医疗卫生机构主要提供基本公共卫生服务和基本医疗服务，鼓励基层医疗卫生机构提供中医药等适宜技术和服务。

《意见》具体包括三方面内容：

第一，建立健全稳定长效的多渠道补偿机制。实行基本药物制度后，政府举办的乡镇卫生院、城市社区卫生服务机构的人员支出和业务支出等运行成本通过服务收费和政府补助补偿。基本医疗服务主要通过医疗保障付费和个人付费补偿；基本公共卫生服务通过政府建立的城乡基本公共卫生服务经费保障机制补偿；经常性收支差额由政府按照“核定任务、核定收支、绩效考核补助”的办法补助。

第二，大力推进基层医疗卫生机构综合改革。明确基层医疗卫生机构功能定位，完善基层医疗卫生机构人事分配制度，建立基层医疗卫生机构的考核和激励机制，同步落实绩效工资制度，调动医务人员积极性，发挥医保对基层医疗卫生机构综合改革的促进作用。

第三，加大对乡村医生的补助力度。通过政府购买服务的方式对村卫生室进行合理补助。有条件的地方可以将实行乡村一体化的村卫生室纳入基本药物制度实施范围并落实补偿政策。对非政府举办的基层医疗卫生机构积极探索政府购买服务等方式进行补助。

国家中医药管理局将督导中医临床基地建设

2010 年 12 月 1 日从国家中医药管理局了解到，从 12 月 15 日开始，该局将组织督导组对国家中医临床研究基地建设情况，开展为期半个月的督导和调研，重点就各基地对国家发改委、国家中医药管理局关于基地建设工作相关文件的落实情况进行调研。督导组将听取各基地省级管理部门、基地和重点病种研究团队汇报，对基地相关制度建设、人才培养和科技平台建设情况进行考查。此外，督导组还将重点对基地重点病种研究方案落实情况、已成立基地联盟的工作进展情况、基地建设各方面的创新探索、有益经验和工作存在的问题、困难等方面进行督导并提出建议。

二 中医药文化论文选

用和谐理念打造文化校园

——安徽中医学院和谐文化校园建设的实践与思考

王键杨 丙红 安徽中医学院

目前，我校正在承担国家中医药校园文化建设重点研究项目。经过长期的思考与实践，我们的和谐文化校园建设取得了一些成就，主要是营造氛围，培养了创新人才；凝聚共识，推进了学校发展；凝练特色，彰显了学校个性；推陈出新，引领了区域文化。

以先进的理念引导和谐文化 创新大学文化建设顶层设计

更新和谐文化校园建设的观念

我们认为，和谐文化校园建设应是当下大学文化建设的方向。“校园文化”与“文化校园”，不是简单的词序颠倒，而是学校理念、精神、文化内涵的根本转变，是校园文化建设由“渐弱”到“渐强”的质变所达到的一个更高的阶段，是一种深层次、全方位的校园文化建设。文化校园更加强调大学文化的系统性与全局性，更加深刻地体现大学的文化功能。文化校园不仅体现为一种外在的文化现象或文化活动，更注重展现其内在的文化机理、厚重的文化积淀、持久的文化传承、深邃的文化理念，使之逐步成为特定区域内、特定人的内在生存方式，并不断影响和改造社会主体文化。和谐文化校园是一种校园文化的成熟形态和理想状态，更加具有包容性、多元性、高雅性、创新性。

在学校功能定位上体现文化传承

大学的本质是文化传承、文化启蒙、文化自觉和文化创新，大学是一种涵养心智和灵魂的特定的文化氛围和环境。针对高等中医药院校而言，中医药是中华传统文化的瑰宝，中医院校应在继承的基础上创新中医药文化，也即是中医药文化的传承与创新。所以我们在界定大学的功能时，将人才培养、科学研究、社会服务、对外交流、文化传承作为大学功能的应有之意，并将文化的传承功能落实在办学理念设计、学科专业规划、人才培养方案、教学质量监控以及文化载体建设中。

在办学理念中体现文化传承

在办学理念中，我们更加重视中医文化、中医特色、中医精神对学生培养的重要性，确立了坚定中医信念、弘扬中医精神，以人才培养为中心，以加强内涵建设为重点，以学科建设为龙头，以改革创新为动力，走“质量立校、人才兴校、科技强校、特色弘校、文化塑校、和谐融校”之路的办学理念，并以潜移默化的方式把这种理念贯穿到人才培养的全过程。

以高尚的精神确立和谐文化 凝练大学校训与大学精神

确立“至精至诚、惟是惟新”的校训

作为大学文化的重要组成部分，校训是办学理念、人才培养要求和精神文化特质的高度概括。凝重而深刻的校训，就像一张文化名片，折射出学校

的个性与特色，对学生具有很强的教育意义。安徽中医学院的校训“至精至诚、惟是惟新”不仅是治学之铭言，也是立身处世之警句；不仅是人才培养目标之凝练，也是学校发展之方向。至精至诚：学校的育人理念。取意“大医精诚”，培养医术精湛和品德高尚的学生。惟是惟新：学校的发展理念。以改革、创新的精神，思考中医发展规律，谋划学校发展大事。

重视大学形象设计

大学的形象是大学校园文化的重要组成部分，是大学文化的重要显现。大学形象如校园布局、校园风物、学校标识、校徽、校歌、雕塑等，这是大学文化的基础条件。在五十周年校庆中，我们在校园中增添了一批文化设施，特别是重点设计了校徽标准。安徽中医学院的校徽标志以“悬壶济世”典故为切入点，以安徽地域特色的徽派建筑（马头墙）为形，辅以太极、蛇杖、中草药构筑成一个完整的“中”字，表达中医治病救人的仁德。药葫芦代表以中医济世著称的“北华佗”医学精神，徽派建筑则代表“南新安”的新安医学流派，两个医学文化的元素在安徽中医学院交融，得到传承。标志中间部分似手掌形，代表中医的把脉。在徽派建筑（马头墙）框架里，药葫芦内含乾坤太极，又融合了世界常用的蛇杖医学标志，杖也可以理解为针灸之银针，表明在继承和发扬中医传统精华的同时，更有积极开放的胸襟和创新的精神。标志以宝石蓝为主色调，代表安徽中医学院务实、发展和充满希望。

确立“追求卓越、与时俱进”的校园精神

“追求卓越”体现了我校发展历程中广大教职医护员工同心协力、自强不息、追求至善至美的决心和作风。“与时俱进”蕴含着我校在发展中将抓机遇，推陈出新，与时代发展同步的特点。在此基础上，我们确立了“志存高远、爱校敬业，为人师表、教书育人，严谨治学、求真务实，与时俱进、科学发展”的教风，进一步加强教学氛围、学术环境的营造，坚决克服学术浮躁和教学不安心现象。

以鲜明的特色彰显和谐文化
着力培育校园文化品牌
弘扬新安医学文化特色

一是注重弘扬传统中医药文化精髓，其精髓集中体现在中医理论上，我们将中医学理论的教学提高到中国传统文化继承与发展的高度去设计，在全校所有专业开设中医理论和中医哲学的课程。

二是注重挖掘地方中医药文化内涵，这种内涵可以概括为“南新安、北华佗”的地方特色，“南新安”与“北华佗”既有传统中医药的共性，也有其发展流传的个性，我们将这种地方特色充分吸收到我校的文化建设中，在校园布局上，我们将两个校区充分整合，发展成“东医西药”的格局，即东校区以中医类临床专业为主，西校区以药学类专业为主，东区的校园物质文化形态注重新安医学文化特色，西区注重华佗药学特色。

三是凸显新安中医药文化特色。新安医学特色集中体现在继承与创新的有机统一与结合、学派纷呈与和谐融通的有机统一与结合、家族传承与学术传承的有机统一与结合、以儒通医与融合道佛的有机统一与结合、“地理新安”与“医学新安”的有机统一与结合、中医科学与徽学文化的有机统一与结合。我们加强新安医学的研究，整合了一大批国家级课题，出版了一系列丛书。

另外，在新安医学文化的弘扬中，注重构筑多元中医药文化平台、丰富校园中医药文化载体，建设了新安医学文化馆、校史馆、古籍部、新安医学网站等。

创新人才培养理念

提出“学生是最大利益方”的培养理念。大学的根本使命是育人，大学文化传承功能必然主要体现在育人功能上。和谐大学校园文化具有勇于创新、善于创新的特征。大学要通过构建创新机制实现创新人才的培养。我们不断推进教学改革，构建“平台+模块”式、“前期趋同，后期分化”的中医学人才培养新体系，并且优化“传统与现代、医学与人文、基础与临床相结合并富有地方特色”的课程体系。在日常的教育中，注重学生的人文素养、经典学习、实践能力、辨证思维和医德修养。

在大学文化建设的方法上体现和谐兼容

一是注重自我生成与嫁接移植结合。一方面，我们利用本科教学水平评估和中医学专业认证，深度挖掘、整合提升，生成具有安徽特色、本校特点的校园文化内涵与文化景观，并不断积累、提炼、完善。另一方面，通过外校专家的指导点拨，我们学习和借鉴其他高校的成功经验，将外校经验本土化。

二是注重传承与创新结合。在文化校园建设中，我们积极弘扬和汲取中华民族优秀文化传统和人类医药文化的精髓；正确地扬弃、杜绝落后文化的影响和不良文化的渗透。我们特别注意发挥老专家老教授在文化校园建设中的作用，在学术上注意继承他们经验，在文化氛围的营造上注意听取他们的意见。比如在我校五十周年的校庆中，校史馆的建设、古籍部的建设就充分发挥了老专家老教授的建言献策作用，同时在他们意见的基础上整理创新。

三是注重互动与对接结合。互动就是将大学文化精神和科技文化产品传输、辐射给社会，影响社会环境；同时请进社会文化，接受熏陶，开阔视野，促进构建。文化对接，就是在社会实践或实习中了解和学习企业的经营管理理念、团队精神、创业精神和创新精神，以尽快适应向社会角色的转换。我校以新安医学发源地黄山和全国中药材集散地亳州作为重点，面向全省开展产学研合作，与区域产业进行文化互动，扩大了影响，产生了良好的经济与社会效益。

以良好的声誉促进和谐文化
提高知名度美誉度
确立了公共关系目标

公共关系是一种塑造组织形象的管理职能活动。其工作的主要内容是信息交流、协调沟通、决策咨询、危机处理等。高校作为一个组织体，和企业一样需要公共关系营造。针对我校的发展状况，我们着力制定了科学合理的中长期公关规划，切实提高学校的知名度、美誉度、信赖度，建立良好的公共关系形象。最终达到内强质量、外塑形象的目的，从而凝聚人心、聚拢人气，使学校的各项工作更能适应形势的发展与环境的要求，并使形势与环境为我所用，促进教育质量和效益的提高。

改进新闻宣传，加强媒体合作

新闻媒体是高校开展对外宣传的重要渠道，它的信息传播快、覆盖面广，对于巩固学校形象，提高学校知名度和美誉度起着重要作用。我们在努力办好校报、校园网、广播站，设计好宣传画册、宣传碟片等的同时，还紧紧围绕学校中心工作和发展目标开展对外宣传，主动与媒体沟通，推动学校与社会形成和谐互动的局面，为学校的建设和发展创造良好的外部环境。

发挥校友会作用

大学文化与特色最终是体现在大学培养出的人才身上。校友是大学文化的承载者，也是大学文化的传播者、弘扬者、创造者。“校友”与“母校”之间，有着千丝万缕的联系，我们特别重视校友对学校文化发展的重要性，建立了校友会，并在全国各地校友聚集地建立分会，我们从校友的成就中反观大学文化的质量，从校友的建言中反思学校文化建设的得失。我们每年邀请杰出校友返校讲座，为在校生树立榜样，以延续校园文化。

也谈中医“文化自觉”

王智 南京中医药大学

“文化自觉”是费孝通先生提出的，意思是指生活在一定文化中的人对其文化要有“自知之明”，自知之明是为了加强对文化转型的自主能力，取得决定适应新环境、新时代的文化选择的自主地位。近日笔者看到一篇关于中医现代化需要“文化自觉”的言论，该言论提出发展中医必须要做到“文化自觉”，“真正从中医历史性、文化性、社会性中找到自己的链条，再结合现代科学，才能真正找到中医面向世界、通向未来的出口”，“中医是科学，更是文化，缺少其中任何一点都不是中医”。笔者持肯定态度，想就其中“文化自觉”要求的从自知到自主，文化转型且与科学联系的过程表达一些个人看法。

文化与科学是两个不同的概念。文化偏“软”，更多是一种隐性知识，有着诗性智慧。培养的是精神，是思想，比如孕育出了艺术，艺术有灵韵。科学偏“硬”，它具有工具性，似乎又与人文对立（科学与人文对立涉及对科学本质的探讨，本文不详述）。于是科学生产出了冷冰冰硬邦邦的数据库等产品，追求有用或者说实用。文化与科学虽然不同，但也有交汇或统一的部分，比如中医。当涉及到这个既对立又统一的辩证过程，文化中的“软”就要走向“硬”。这当然不是文化对科学的服从，是需要文化软实力体现出实力，产生硬效果。

在微观的具体案例上，中医的“有用”是毋庸置疑的。植根于中国传统文化，讲究整体观的中医，治病时，把人看做一个整体，这本身和西医的思维是不同的。做到这样的“文化自觉”，才能真正学习、掌握和发展中医，达到治病救人的目的，体现这种“整体观”文化的“硬”。

文化的“硬”还体现在药剂领域的价值上。西药药剂可以说是从单方走向复方，而中药药剂也有着从复方走向单方的趋势。中药药剂就是从复方开始的，配伍精良又疗效确切。中医药组方思维深受中国传统文化的影响，顺着这种思维进行现代药学研究，一定能体现硬价值，克服现代药学研究依照“传统”路线解决不了的困难。在医学人文领域，中国传统文化倡导的“医乃仁术”，人文精神对现代医德的培养作用更显而易见。“上医医国，中医医人”、“不为良相，即为良医”、“神农尝百草，日遇七十毒”等等谚语耳熟能详。当然不仅仅是对医德，文化熏陶本身就是对一个人完整性格、道德完善不可或缺的一环。

可以说，文化不仅给予人精神力量、解决了社会精神道德方面问题，不仅为科学发展提供了良好的大背景、让科学更好更快发展，文化更是对科学发展提供了专业性辅导，甚至根本性指引，这是能够也需要从“文化自觉”中转化出的“硬”。辩证的对立统一在于相互影响，从科学实用的角度看文化发展，只有基于现实的需要，文化也才能更好传承与发扬。

西方强调个人主义，讲究人权高于主权，写信地址也是从小到大等等，这与我国传统文化观念根本不同。笔者相信，西医思维，甚至很多其他科学领域，最初都是建立在这种西方文化的基础上，于是治病从具体病症入手，药剂由单方开始。而文化韵味在西医领域的消失很可能是大工业发展不可避免的过程，这一点可以和西方语言比如正式英语的退化方面相比较。这种外向性的强调扩张的工业发展，使西医逐渐规范化、机械化，不能不说西医对文化的丢失是一种遗憾。建立在中国传统文化基础上的中医的发展，决不能重蹈覆辙。

大胆猜想，根据马克思主义哲学，当人类社会从必然王国终于发展到自由王国，在科学领域，中医和西医这两种目前看来思维相反的医学，能够达到完美统一，共同保障人类健康，科学与文化相信也能达到完美调和。当然，科学可能统一，但文化的多样性会永恒存在，中国传统文化永远是中华民族的财富，中华民族也会永远不断继承、创新和发扬华夏文明。至少在目前和将来漫长的发展道路上，我们应该有着高度的“文化自觉”，好好把握中医的文化渊源，尤其要正确运用中医思维、坚持中医思维，真正把文化软实力发挥出来，体现出“科学”的硬实力、硬效果。

重新审视中医学术特点

曹东义 河北省中医药研究院

●目前，还原论的研究方法还处于“主流地位”，“研究中医”还没有变成“中医研究”，中医界在科研领域的主体缺失，不利于中医学术的继承与创新，国家扶持中医药发展的决心，无法得到应有的成果回报。

●为了使国家扶持中医药发展的政策、措施落到实处，有必要重新审视影响中医药科研的思路与方法。只有破解理论难题，才可能有效突破中医药发展的瓶颈，迎来中医药事业的复兴和繁荣。

《国务院关于扶持和促进中医药事业发展的若干意见》提出，“遵循中医药发展规律，保持和发扬中医药特色优势，推动继承与创新，丰富和发展中医药理论与实践”，具体做法是“既要保持特色优势又要积极利用现代科技”。

在中国，中医不是补充与替代医学，而是与西医一样属于“主流医学”。目前中医处于薄弱地位，不利于我国在医学领域里的原始创新，所以国务院才有《若干意见》的出台。如果用“中医是主流医学”的目光，审视目前的状况，分析中医界的处境，可以看出，落实国务院的战略部署，不仅需要政策倾斜、资金扶持，还需要用科学发展观作指导，解决一系列困扰中医药发展的问题。

中医学理论研究有待加强

回顾新中国成立 60 年的中医发展道路，展示的临床成就硕果累累，而理论成就相对较少。尽管目前有关探索正逐渐展开，尚有向纵深发展的必要。目前，还原论的研究方法还处于“主流地位”，“研究中医”还没有变成“中医研究”，中医界在科研领域的主体缺失，不利于中医学术的继承与创新，国家扶持中医药发展的决心，无法得到应有的成果回报。为了使国家扶持中医药发展的政策、措施落到实处，有必要重新审视影响中医药科研的思路与方法。只有破解理论难题，才可能有效突破中医药发展的瓶颈，迎来中医药事业的复兴和繁荣。

历史上，“学”与“术”的发展，经常是不平衡的，但二者可以互相促进。理论探索可以引领技术进步，技术进步也可促使理论延伸。中医、中西医结合理论研究的滞后，不仅影响临床探索，还影响到人们对于中医科学性的正确认识，也在一定程度上制约了中医学的发展。

中医学的“时空整体观”

在西医发展的历史上，解剖分析的还原论方法一直处于主导地位。因此派生了“结构决定功能”的研究方法，并且把结构看成是“物质第一性”的决定作用。近代中医曾得出结论：“西医长于解剖，中医重在气化”。但是，在“解剖为实，气化为虚”的观念里，中医的学术就难以找到“脚踏实地”的基础，也成了屡屡被当作“不科学”的依据。

时过境迁，“结构决定功能”的研究方法，出现了难以自圆其说的问题。因为它“只看到了鸡生蛋，看不到蛋生鸡”。尽管细胞分化是人体不同功能的基础，但是所有不同的组织细胞，其细胞核都含有相同的 DNA。因此，细胞功能的差异性不能用结构决定功能来解释。而且，克隆技术也证明了不同的体细胞，都可以成功地克隆出同样完整的生命。结构与功能是一系列的因果链条关系，不是简单的“结构决定功能”线性关系。人体的五脏六腑，都是从单细胞孕卵分化之后形成的。也就是说，一方面人体结构来源于功能的积累，另一方面形体结构的维持还需要功能的维护。离开功能支持，生命结构就会消失，变为一堆“泥土”。人体结构的修复，也需要功能的作用，否则再无菌的手术也不会成功，再好的药物也不会发挥作用。因此，不能把“结构决定功能”当成绝对的信条，结构与功能在生命领域有其特殊性，不能机械地一概而论。

既然结构与功能是一系列因果相连的链条，我们研究生命规律时，必须具有“时空整体观”。根据宋安群《新生物进化论》的观点，任何整体的功能只能用这个整体来解释，而不能用其组成部分来解释。如水的特性不能用其组成成分氢原子和氧原子来解释，因为两者不具备水的特性，简单相加就会爆炸，水的柔顺与滋润特性无法从它们身上推测出来。

中医学的“状态疾病观”

中西医对于疾病的认识各有特色，也各有优缺点。比如，“冠状动脉粥样硬化性心脏病”与“胸痹”，大约是中西医对于同一个疾病的不同称谓，其命名方法各有侧重。西医看重的是疾病的病理结构，强调具有纳入标准、排除标准的硬指标。中医则从生成论出发，强调患者原来气血畅通的胸部，因为各种原因发生了痹阻。无论是由于气虚、血瘀，还是因为痰阻造成的闭塞，只要通过辨证治疗，开瘀通闭，就可以转危为安。也就是说，西医冠心病的诊断，强调的是疾病在形态方面的排他性、永久性，而中医胸痹的病名，强调的是疾病在状态方面的可转化性、暂时性。西医的诊断很过硬，但在没有确诊之前，就不能做针对性治疗，距离“治未病”比较远；中医的诊断依靠证候，虽然不一定得到仪器检查的认可，但却是“防患于未然”更高层次的医学追求，有深刻的临床意义，正是“治疗关口前移”的需要。

必须看到，随着形态研究的逐步深入，“状态疾病观”正在超越、包容“形态疾病观”。“冠状动脉粥样硬化性心脏病”的病理诊断，只是一个“宏观的病灶”，它在指导临床治疗过程之中的引领价值，也在逐渐衰减。当代西医在临床上，已经不再用冠心病这个宏观病灶作为药物治疗的靶点了，而必须把药物的作用以“分子水平”进行解释才算“合格”。因此，西药的说明书，一定要阐明所使用的药物，是否属于钙离子拮抗剂、血管紧张素转换酶抑制剂、β-受体阻滞剂等分子靶点的药物，这才达到还原论观点的基本要求。而这些针对靶点的分子药物，都是通过改变生理状态而起作用的药物，而不是直接针对具体病灶形态的药物。也就是说，在西医不断向微观领域发展的时候，状态的疾病观逐渐超越、包容了形态的疾病观。

一个病人在疾病过程里呈现的症状，不是病灶直接决定的。如冠心病患者，有时症状十分突出，有时则无痛苦，并不能认为其病灶忽有忽无，忽大忽小。证候反映了机体的整个状态，它包容了散在于身体里的“各种病灶”。在很多情况下，按照西医精密仪器的检查结果，按照各种“诊疗指南”的诊断标准，一个人从头到脚可能同时存在很多病灶、病变、病理综合征，每个人都很难成为仅仅是“单个疾病载体”的理想模型。由此可见，反映整体状态的证候，比病灶更能反映疾病本质。因为任何局部的疾病，都是全身状态的干扰因素，也往往是全身变化的局部表现，而不是单独出现的孤立现象。

在中医、中西医结合的研究过程之中，必须重新审视中西医各自的学术特色，提炼其中的科学问题，如自组织与他组织的关系、生成论与构成论、结构与功能、形态与状态、局部与整体、病灶与症候、单一分子药物与多组分复方药物、毒与药、健康与疾病、精神与肉体等未来医学所必须面对的问题，重新审视中西医各自的优缺点。只有正确回答了这些基本理论问题，才能更正确地认识中医的学术体系，告别中医从业人员之中存在着的“没落意识”，促进中医药事业健康发展，促进中医药更顺畅地走向世界。

资料来源：《中国中医药报》、《人民日报》、《文汇报》

2011

國醫年鑒

JIAN

八 年度成果

一 规 范

ISO 机构落户上海中国掌中医药国际标准化主导权

国际标准化组织（简称 ISO）中医药技术委员会秘书处已经落户上海。有关人士表示，这标志着中国开始把握中医药国际标准化的主导权。

随着传统医药巨大的医疗价值和市场潜力逐渐显现，中医药在越来越多的国家和地区得到普及，中医药标准化的国际呼声和需求日益高涨。日本、韩国和欧美等国家纷纷开展了传统医药标准的研究制定，通过各种形式和途径争取国际标准制定的主导权。

据了解，ISO 是世界上最大、最具权威的非政府性国际标准化组织，有“技术领域联合国”之称。去年 9 月，ISO 通过中国提案，成立了传统中医药技术委员会，并由中国承担秘书处工作。目前，秘书处由国家标准化管理委员会和国家中医药管理局共同负责指导和管理。

有关人士表示，从某种意义上说，能够占据国际标准战略制高点不仅关系到巨大的利益得失，在国际标准制定方面“主导”还是“依附”，将决定中国中医药国际发展的前途和命运。

经过数月的协商努力，上海市有关部门正利用国际化、标准化和对外交流合作等方面的优势，并充分发挥浦东国家综合改革试验区的各项有利政策和条件致力秘书处建设。秘书处秘书长、上海市卫生局副局长、中医药发展办公室主任沈远东表示，由上海承担秘书处工作将对弘扬中华民族优秀文化、发掘中医药学宝贵财富、推动中医药国际化有非常重要的意义。今后，中国中医药将在国际竞争中面临更多的机遇。

中医药国际标准建设有序推进

随着《世界中联标准制定和发布工作规范》、《世界中医学本科（CMD 前）教育标准》的发布，中医药国际标准建设正在有序推进。这是在近日由奥敏中医药教育软件公司协办的“世界中医药学会联合会 2010 年专业（工作）委员会会长级会议”上传出的消息。

据世界中医药学会联合会（简称世界中联）黄建银副秘书长介绍，受国家中医药管理局委托，世界中联于 2009 年 8 月 24 日完成了“国际标准化组织（ISO）中医药技术委员会协调会”的组织工作，起草翻译了相关会议文稿。《国际中医医师分级标准》、《中医基本名词术语中法对照国际标准》、《中药配方颗粒国际组织标准》等草案的起草工作也已完成。

由世界中联承担的“十一五”国家科技支撑计划“中医药标准数据库、知识库建设关键技术研究”、“中医药国际标准制定方法和技术的示范研究”，以及“关键技术标准推进工程”专项“中医药领域重要基础国际标准研制”等相继结题。此外，世界中联还参与了“十二五”中医药领域重大科技问题战略研究，撰写了“中医药国际标准研究报告”，并制定了“世界中联国际组织标准工作提案”，受理提案 3 件。

《中国药典》全面发行

2010年1月25日，国家食品药品监督管理局召开2010年版《中华人民共和国药典》（以下简称《中国药典》）发行工作视频会议，要求加大宣传、发行工作力度，使《中国药典》深入人心、发挥应有作用，推动我国药品标准稳步提升。

国家食品药品监督管理局副局长吴浈在会上强调，《中国药典》是国家为保证药品质量可控、确保人民用药安全有效而制定的药品法典，是国家药品标准体系的核心，是最具严肃性和权威性的药品标准。重视《中国药典》就是重视药品标准、重视药品质量。每一次新颁布的《中国药典》，既是我国药品标准最新研究水平的体现，也是我国医药科技和监管工作水平的重要体现。要发挥好《中国药典》提升药品标准的作用，把《中国药典》宣传、发行工作作为标准执行工作的重要内容，抓好落实。

我国制订中医药防治乙脑指南

湖北省中医院教授涂晋文和董梦久负责的我国重大科研专项——“中医药防治流行性乙型脑炎的临床方案与诊疗规律研究”方案项目启动，此举标志着我国制订中医药防治乙脑指南工作正式启动。

此次项目的目标任务，除了着力解决流行性乙脑病在临床中的若干关键问题（如发热、抽搐），还希望通过临床研究、筛选中医药防治乙脑的有效中药制剂，系统深化流行性乙脑病的中医药理论和临床认识，为临床处理提供科技支撑。

中医药标准化国际化工作座谈会提出 统筹国内国际推进中医药标准化

为加快推进中医药标准化建设和中医药标准国际化进程，国家中医药管理局2010年3月9日在北京召开中医药标准化国际化工作座谈会。国家中医药管理局副局长于文明出席并讲话，中医药行业学术团体、部分高等中医药院校、中国中医科学院的有关负责人与专家，以及国家中医药管理局各司办负责人等30多人参加会议。与会人员围绕中医药标准化工作在中医药事业发展中的地位作用、面临的形势以及下一步应采取的对策、措施等提出了许多意见和建议。

国际上中医药标准化的呼声和需求日益高涨，国际标准化组织（ISO）设立中医药技术委员会（暂定名，简称ISO/TC249）及世界卫生组织（WHO）在修订国际疾病分类中纳入传统医学等，为中医药标准国际化提供了新的平台，但同时一些国家通过多种形式和途径争取国际标准制定的主导权，并在标准制定中有“去中国化”趋势。与会专家提出要在中医药国际标准的建立工作中，掌握中医药国际标准制定的话语权，既要从国内实际需求出发，又要满足国际竞争的战略需要。

国家中医药管理局政策法规与监督司副司长桑滨生介绍，目前我国已发布实施中医药标准296项，其中国家标准47项，行业标准249项；正在制修订的中医药标准381项，其中国家标准99项，行业标准282项。国际标准方面，我国于上世纪80年代中期，在国家标准的基础上，牵头起草了《经穴名称》国际标准草案，并由世界卫生组织审议通过，在国际上产生较大影响。

国家中医药管理局国际合作司副司长王笑频说，中医药在全球广泛传播，各国政府高度重视传统医药的安全应用，WHO传统医学决议敦促各成员国将传统医药纳入卫生医疗体系，ISO、WHO

等权威国际组织已将制定传统医学国际标准纳入计划，这些为中医药国际标准的制定带来机遇，但同时也面临国际竞争激烈、缺乏专项经费、国内专家团队不足等挑战。

三个中医国际标准获通过

经过两年的酝酿和反复修改，5月8-9日在西安举行的世界中联第二届第六次理事会与第五次监事会上，《世界中医（含针灸）诊所设置与服务标准》、《中医基本名词术语中西对照国际标准》、《中医基本名词术语中法对照国际标准》三个国际标准获得世界中联理事会通过，这标志着中医药国际化的进程又向前推进一步。

作为首个世界中医诊所的设置和服务标准，《世界中医（含针灸）诊所设置与服务标准》对中医诊所的设置提出了要求：一是要求诊所具有相对独立的场所、专业的中医医务人员和必要的中医医疗设备，根据需要，要设置中药调剂人员；二是要配备获得职业医师资格并从事 1 年以上中医临床工作的中医师，必要时配备语言翻译人员、护理人员和中药调剂人员。标准还对诊所的建筑与设施、服务质量提出了具体要求。

世界中联副主席兼秘书长李振吉介绍，《世界中医（含针灸）诊所设置与服务标准》的制定和实施可以为各国中医医疗活动建立最佳秩序，提高服务能力，保证医疗质量和医疗安全，树立良好的形象提供保障，并为促进中医医疗机构走上科学化、规范化的管理轨道，更好地为世界各国人民服务奠定基础，为今后建立中医（含针灸）诊所医疗质量评估和资格认证体系提供依据。

《中医基本名词术语中西对照国际标准》、《中医基本名词术语中法对照国际标准》分别就中医名词术语进行了汉语拼音和相应语种的对照翻译，并对难懂的中医术语注释了出处和解释。

世界中联监事会主席、西班牙中医基金会副会长拉蒙，全欧洲中医药专家联合会轮值主席朱勉生分别主持了《中医基本名词术语中西对照国际标准》、《中医基本名词术语中法对照国际标准》的制定，会上，他们对制定标准的进程进行了介绍。

世界中联翻译部主任王奎介绍，中文和西班牙文、中文和法文基本名词术语的翻译标准有望在一定程度上改变中医药名词翻译混乱的局面。近些年，中医基本名词术语翻译的不统一影响着中医药的国际化进程，如何制定出既符合中医规律又让国外的中医人员易懂、易读的翻译标准一直存在争论，这两个标准的制定不但解决了两大语种的中医名词术语的翻译，也为今后其他语种的对照标准提供了借鉴。

李振吉介绍，标准和法律不同，法律、法规管的是市场行为主体，即医疗机构；而市场行为的客体即商品，主要靠标准来规范。本次制定的标准属于国际组织标准。市场机制是推行国际组织标准运行的内在动力，任何单位、机构、个人要在市场竞争中占领市场，就必须使自己的服务或产品达到规定的标准。谁符合标准，谁就赢得信誉，谁就有了市场，就能取得市场回报。

由于文化背景、普及程度、从业人员水平相差很大，各国之前执行的标准也有较大差异，上述标准制定的基本原则是——协商一致。

“由于有的国家标准可能高于该准则，这个国家就会享有信誉，形成自己的特色与品牌，有的国家标准可能低于该准则，这些国家一定会努力达到该准则。”李振吉说，“世界中联国际标准化建设的目标是经过几年的努力，成为 ISO 认可的与国际标准化有关的国际组织。”

据了解，世界中联成立以来，一直把制定、发布和推行中医药国际组织标准工作作为自己的一项历史使命。经过一段时间的实施，有些标准可以转化为 ISO 标准。

中医药标准化项目《中医肛肠科诊疗指南》定稿

由中华中医药学会肛肠分会主办、辽宁中医药大学附属第三医院承办的中医药标准化项目《中医肛肠科诊疗指南》定稿会，于 5 月 25 日在沈阳召开。

中华中医药学会肛肠分会自 2009 年接受国家中医药管理局下达的关于中医药标准化项目《中医肛肠科诊疗指南》任务以来，经过项目组 30 余位专家的共同努力，认真落实，现已完成了中医肛肠科标准化项目的初稿，并得到国家中医药管理局政策法规司的高度评价。

《中医肛肠科诊疗指南》项目审批发布后将作为全国中医肛肠学科行业标准，这对肛肠学科今后发展将起到指导性作用。

中医治未病诊疗系统通过专家论证

由国家中医药管理局、中国民间中医医药研究开发协会组成的专家组，日前完成了“中医治未病诊疗系统”的论证，认为该系统符合中医“治未病”理念，具有很强的科学性、先进性和实用性，证候覆盖较广，文献资料丰富，1000 余图谱影像准确直观，易在基层推广使用。

该系统由中国民间中医医药研究开发协会与北京海峡医药研究院共同开发，集多位专家几十年对不同地区、民族 20 余万人体检验证、收集的近千幅影像资料和数据。在方法学上以中医诊断为主，参照西医诊断标准。

专家组认为，该系统以中为主，中西结合；以诊断为纲，诊疗结合；多种诊断方法结合，突出望诊；针对不同证候提供相应中药方、食疗方、理疗方等调理预防；内容丰富，操作简便，用于预防保健诊治系统前景广阔。

中药标准化战略与产学研合作发展论坛举行

中国中药标准化战略与产学研合作发展论坛及全国中药标准化技术委员会和全国中药材种子（种苗）标准化技术委员会第一次工作会 8 月 6 日在武汉举行，标志着我国中药标准化工作全面推开。

据了解，两个标准化技术委员会是中药行业第一次成立的专门的标准化技术组织，是中药领域内从事国家标准制修订工作的技术组织，不仅负责中药领域的国家标准化技术工作，而且在国家标准委的领导下承担有关国际标准化工作，是未来中药领域标准化工作的组织者和引领者。两个标准化技术委员会的秘书处承担单位中国中药协会和中国中医科学院中药研究所，作为行业颇具影响力的团体和国家级科学研究机构，一直致力于中药标准化工作，开展了中药名词术语、中药材检测方法、中药炮制规范等领域的标准研究制定工作，积累了丰富的经验，取得了大量的成果。

分别担任两个标准化技术委员会主任委员的黄璐琦在论坛上就道地药材标准的构建作了专题报告。

专家指出，中药界的有识之士都应共同来关心和支持中药标准化工作。加强产学研合作参与中药行业标准的制定，提高我国中药在国际上的竞争力。

会上，全国中药标准化技术委员会、全国中药材种子（种苗）标准化技术委员会、中国中西医结合学会中药专业委员会与广州医药集团有限公司达成全面合作战略伙伴关系，并在会议期间举行了签字仪式。

两个标准化技术委员会2010年工作会议也同期举行，分别对标委会的章程、秘书处的工作细则、标准体系框架、中长期发展计划等内容进行了讨论。据悉，中药质量与资源保护领域最为紧迫的技术标准、中药材种质资源、优良品种、新品种方面相关标准，将为两个标准化技术委员会近期工作目标。

内蒙古颁布新修订蒙中医药条例

重新修订的《内蒙古自治区蒙医药中医药条例》在内蒙古自治区第十一届人大常务委员会第十六次会议上通过并正式颁布，自2010年10月1日起实施。新条例首次提出，将蒙中医药文化纳入自治区文化发展规划，旗县以上政府应支持建设蒙中医药科普教育基地，并将蒙中医药有关知识纳入全区中小学生卫生教育课程。

据了解，随着蒙中医药事业的发展，原条例的许多规定已经不能适应新形势的需要。重新修订后的条例结合内蒙古实际，对原条例作了较大改动，在原来的22条基础上增加到60条，并增加了章的设置。

新条例对蒙医中医管理体系的建立、蒙医药高层次人才培养等问题做了规范，尤其是在政策保障、蒙医中医医疗机构设置、从业人员培养和使用、蒙药中药与制剂的调剂使用、教育科研与交流合作等方面都有大幅度改动和完善。对高等医学院校蒙中医专业毕业生到边远、贫困地区苏木乡镇卫生院工作的，在转正定级和工资津贴等方面给予特殊待遇。与此同时，该条例还重点强调了各级政府在推动蒙中医药事业发展方面的职责，突出了蒙中医药在提供基本医疗和公共卫生服务方面的作用。

《中医基本名词术语中法对照国际标准》审定

2010年8月，由世界中医药学会联合会主办、云南中医学院承办的《中医基本名词术语中法对照国际标准》总审会在昆明举行。来自法国、英国、意大利、荷兰等国代表及中国中医科学院、北京中医药大学、广州中医药大学等单位的中医药专家80余人出席。

总审会采取大组总审和小组分审相结合的方式，就疑难词条交换意见、讨论，达成共识。《中医基本名词术语中法对照国际标准》一书将在今年年底前出版。该标准将成为世界上第一部《中医基本名词术语中法对照国际标准》，向世界中联56个国家（地区）186个会员单位推荐使用。

该标准是在2008年世界中联编辑出版的《中医基本名词术语中英对照国际标准》的基础上，本着体例结构与其一致连贯，又要根据法语国家和地区的使用特点和需要扩展深化两个原则完成。24位中法专家举行26次编委会，于今年4月完成全部词条的编译工作。

16种消化病中西医结合诊疗方案确定

第二十二届全国中西医结合消化系统疾病学术会议暨消化疾病诊治进展学习班近日落幕。会议讨论制定了16种消化病中西医结合诊治方案及诊疗指南，将作为国家中医药管理局统一要求的诊疗标准，公布和执行。

中国中西医结合学会会长、上海中医药大学校长、中国科学院院士陈凯先教授，中国科学院上海生命科学研究院、中国工程院院士杨胜利教授，亚太地区消化病协会主席肖树东教授等出席了本次会议。

与会代表共 400 余人汇聚一堂，会议进行了 29 场专题学术报告会，并首次举办了青年论坛，评出一等奖 1 名，二等奖 2 名，三等奖 3 名，优秀奖 6 名。

国家中医药局发布骨科九病种临床路径

2010 年 11 月 8 日，国家中医药管理局发布项痹病（颈椎病）等骨伤科 9 个病种的中医临床路径。这是该局正式发布的第一批中医临床路径，其余 83 个中医临床路径将陆续发布。此举旨在提高中医临床疗效，规范中医诊疗行为。

本次发布的中医临床路径 9 个病种分别为项痹病（神经根型颈椎病）、单纯性胸腰椎骨折、附骨疽（慢性骨髓炎）、骨蚀（股骨头坏死）、骨蚀（儿童股骨头坏死）、桡骨远端骨折、锁骨骨折、膝痹病（膝关节骨性关节炎）、㧟外翻。

中医临床路径分为标准住院流程和住院表单两部分。住院流程中，从适用对象、诊断依据、选择治疗方案、进入路径的标准、中医证候学观察等方面内容予以明确，对标准住院日给出了上限，并对入院必需检查项目和可选检查项目严格规范，此外，明确了中医手法、针灸、牵引、其他外治法、口服中药汤剂、理疗、运动等治疗方法。住院表单则根据入院不同日期包含主要诊疗工作、重点医嘱、主要护理工作等项目内容，并需记录病情有无变异。

中华中医药学会推首批中医养生保健技术操作规范

中华中医药学会近日推出了中医养生保健技术操作规范（1）。作为国家第一批中医养生保健技术的操作规范，其对规范中医养生保健技术特别是在国际上广泛推广具有重要意义。

随着医学重心的前移，医疗模式由重治疗到重预防的转变，在世界范围内中医养生保健日益受到重视。养生保健技术是中医养生保健的核心内容，基于国内外中医养生保健的发展需要，特别是国际社会对中医养生保健技术的渴求，在国家中医药管理局的大力支持下，由中华中医药学会组织，世界中医药学会联合会中医特色诊疗研究专业委员会牵头，400 多名专家参与，严格按照标准制定的程序，完成中医养生保健技术操作规范（1）编制，并通过了以张伯礼院士为组长的专家组最终审定。

本批规范涉及保健拔罐、保健刮痧、气色形态手诊、手部保健按摩、头部保健按摩、耳部保健按摩、脊背保健按摩、足反射区保健按摩、足浴保健、中药药浴保健、藏药药浴保健等 11 项。对 11 项中医保健技术作出了明确详细的规定，包括术语和定义、操作步骤与要求、注意事项与禁忌等，是国家第一批中医养生保健技术的操作规范，适用于中医养生保健技术的操作。

中国借道国际标准化组织让中医药走向世界

中国是中药生产大国，但直到现在也没有一种中成药产品能以药品身份摆上欧美药房的货架。为打破这一僵局，中国将借道国际标准化组织（ISO）让中医药走向世界。

中国工程院院士、天津中医药大学校长张伯礼 26 日在“第三届中医药现代化国际科技大会”上表示，梳理中药在国际化过程中遇到的困难，一个很大的问题就是中国中药的研制生产标准与国际上有差距。

目前，国际标准化组织中医药技术委员会秘书处已正式落户上海。今年6月，国际标准化组织中医药技术委员会在北京召开第一次全体大会。此次会议标志着中国开始把握中医药国际标准化的主导权，中医药从“国家标准”迈向“国际标准”获得突破性进展。

据四川省科学技术厅厅长彭宇行介绍，四川省中药国际注册已见成效，成都地奥心血康胶囊生产线已通过欧盟GMP认证，有望成为中国首个进入国际市场的治疗性中成药品种。

中国科学院院士、上海中医药大学校长陈凯先教授表示，由于药效和药理的不可控制性，长期以来中医药的全面国际化发展都处于瓶颈状态。

中医药在西方国家被视为补充、替代医学的一部分，迄今还没有一种中药通过美国食品与药品监督管理局的审查作为药品在美国使用。中药在走出国门之后，只能摆在保健品的货架上，无法获得药品的“身份证”。

“一般来说，中医的处方包含很多种药材，而处方里面哪些药材有治疗的效果，哪些是预防，我们也不是特别清楚。”香港现代化中医药国际协会副会长刘永铨认为，分析出中医药作用的物质基础和作用机理，将在很大程度上推动品质标准的建立。

刘永铨表示，中药要通过国际标准化认证是一条漫长的道路，需要投入大量的人力、物力。“对于财力雄厚的大公司而言都不是容易的事，更何况大多数中小公司了。”

“中医药走向世界的主要挑战是各国根据本国法律以安全为借口设置的各种壁垒。而标准设置是中医药的主要技术壁垒形式之一。”刘永铨说。

目前，中医药在160多个国家和地区得以落地发展，全球170多家公司正致力于中草药的研发，澳大利亚、南非、加拿大等8个国家还以立法形式承认了中医地位。

在日本、韩国、英国、比利时、德国、法国、美国、澳大利亚等国家，已先后建立了中医药高等教育。国外中医医疗（针灸）机构达5万多所，针灸师超过10万人，注册中医师超过2万名，每年约有30%的当地人、超过70%的华人接受中医保健治疗，中药作为中国传统出口的主要产品，出口额呈不断上升趋势。

此前，由于文化背景和理论体系的差异，中医药的科学内涵尚未被国际社会广泛理解和接受，国际上尚未建立符合中药发展规律的国际标准。中医药服务的技术标准缺乏，产品面临着化学药品或食品等标准的技术性政策性壁垒的限制。

“要加大对品质的控制，出台系统全面的品质标准。当然，这个过程还需要几十年的时间。”陈凯认为，中医药走向国际化的道路还要循序渐进。

299项中医标准原则通过

2010年12月8日，中华中医药学会中医标准化项目终审会在京举行。会议审查验收并原则通过了299项“十一五”期间中华中医药学会承担编制的中医标准。

此299项标准分属于《中医外科常见病诊疗指南》、《中医妇科常见病诊疗指南》、《中医儿科常见病诊疗指南》、《中医耳鼻喉科常见病诊疗指南》、《中医肛肠科常见病诊疗指南》、《中医骨伤科常见病诊疗指南》等13个项目。

中华中医药学会副会长兼秘书长李俊德表示，受国家中医药管理局委托，中华中医药学会承担了部分中医标准化工作。此次参与评审的项目，历时五年时间，有近千位专家参与编制，终审会后，学会将严格按照评审专家提出的意见组织项目组进行修改，以尽早出版发布。

中华中医药学会制定八大养生保健技术规范

中华中医药学会 11 日在京召开了新闻发布会，会上发布了《中医养生保健技术规范》。

据介绍，《中医养生保健技术规范》（简称规范）是国家中医药管理局医政司委托的中医药标准化项目，由中华中医药学会按照中医药标准制定程序的要求严格制定。分为《全身推拿》、《脊柱推拿》、《少儿推拿》、《艾灸》、《砭术》、《膏方》、《药酒》、《穴位贴敷》八个分册。

国家中医药管理局政策法规司副司长桑滨生认为，随着生活水平的提高，人们对养生保健的需求也越来越大，而最近社会发生的不良养生事件，对国家中医药管理局的标准化工作提出了要求。规范的编制适应了社会的需求，梳理了操作层面的规范。

国家中医药管理局医政司司长许志仁认为，这个规范不仅有利于弘扬中医药的原创思维和技术优势，提高中医药的学术影响力，也有助于引导行业逐步走向正规。

中药炮制将有新规范

2010 年 6 月 4 日，“中医药行业特有工种职业技能鉴定中药炮制与配制工职业专家委员会会议暨教材编写启动会议”在北京太申祥和山庄召开。

国家中医药管理局职业技能鉴定指导中心组织全国众多中药炮制知名专家如中国中医科学院中药所王孝涛、成都中医药大学、浙江中医药大学的专家和饮片企业代表如康美药业有限公司等，共同编写国家中医药行业特有工种职业技能鉴定培训教材《中药炮制与配制工》。

“药材好，没有好的炮制还不能算是好药；药材好，加上好的炮制才能算好药”。《中药炮制与配制工》主编张世臣说。中药炮制历史悠久，如明代李时珍的《本草纲目》，有 330 味中药载“修治”专项，综述前代炮制经验。其中很多药物如半夏、天南星、胆南星等制法，至今仍为炮制生产所沿用。

现代中医饮片企业较多，在全中医饮片行业培训提高规范一线技术工人的素质，对保证中药质量，提高中医疗效有重要影响。

二　政　策

北京公立医院将均能提供中医药服务推 11 项举措

2010 年 6 月，城八区已经实现 100%的社区卫生服务中心设置中医科、100%的社区卫生服务站有中医药服务、100%的社区有中医专家定时、定点巡诊。未来目标是中医药服务城乡全覆盖，使全市公立医疗机构都能为群众提供中医药服务。为此，今年年底，全市所有综合医院都要设置达标的中医临床科室和中药房；力争 1 年内各区县所有乡镇卫生院（社区卫生服务中心）都设置中医科。

市中医局将鼓励知名专家多到社区出诊，方便市民。为此，本市将重点鼓励中医医师到基层多点执业，要求二级以上中医医院对口支援社区实行专家巡诊制，每个社区卫生服务中心每周至少有两次副主任医师以上专家的挂牌应诊。3 年内实现每个社区卫生服务中心都配备中医全科医师；完成社区卫生服务站（村卫生室）医生每人300学时的中医药适宜技术全员培训，使所有社区卫生服务站（村卫生室）都有以中医为主或中西医“全能”的医生。

过去，本市很多医院都有一些“简、便、验、廉”的传统制剂，如“小膏药”等，但由于申请药品正式批号的过程繁琐，这些“小膏药”逐渐在医院中消失。市中医局提出，要推进中医院传统制剂的开发与利用，年内让群众喜爱的30种以上“小膏药”重现中医医院，并协调人保局纳入医保报销。

中医药具有方便、廉价的特点，为此中医部门提出社区慢病防控中，中医药服务要100%覆盖，协调落实将中医药预防保健的内容纳入本市基本公共卫生服务项目中，在给居民建健康档案时，要加中医体质辨识内容。

今年本市将编印《首都市民中医健康指南2010版》、《中医药慢性疾病预防保健手册》等中医“治未病”系列丛书，免费发放到社区、机关、工地。

12项中医药适宜技术已覆盖申城所有社区

上海市中医药服务体系不断完善，服务能力不断增强。统计显示，目前全市已有各级公立中医医疗机构23所，各类中医门诊部、诊所303所，所有综合医院和社区卫生服务中心都设立了中医科、中西医结合科，16个区有独立设置的公立中医医院。全市民办中医门诊部和中医诊所占民办门诊部和诊所总数的22.67%。

目前，本市有7家中医医院被国家列入全国重点中医医院建设项目；有32个中医特色专科专病项目被国家中医药管理局列入“十一五”重点项目；8个学科被列为国家级重点学科，有13个学科成为国家中医药管理局重点学科。

此外，中医药适宜技术在全市社区卫生服务中广泛推广。三年来，本市共筛选出12项中医药适宜专项技术，重点在全市社区卫生服务中心进行推广。目前，这些适宜技术已经覆盖了所有社区卫生服务中心。通过“中医中药中国行”、中医“三名三进”和中药“三名三保”工程，中医“治未病”的预防保健理念深入人心，人民群众的健康意识不断增强。当前，“亚健康”已成为影响人群健康的重要因素，而中医由于自身的特色优势，在这方面发挥着越来越重要的作用。据不完全统计，上海中医的膏方量去年达到15万人次，很多名老中医的膏方还“一方难求”。

广西启动中医治疗艾滋病基地建设项目

2010年，广西壮族自治区首个中医药治疗艾滋病基地建设项目在广西柳州鹿寨县中医院启动。作为广西首个中医药治疗艾滋病基地，鹿寨县中医院将在全区中医医院中率先开展中医药治疗艾滋病工作，结束了以往由综合性医院或疾控中心承担中医药治疗艾滋病任务的局面。

据了解，至今年6月底，广西已经累计报告艾滋病感染者和病人5万多例，死亡1万多例，感染人数居全国第2位。自2005年起，广西参加了国家中医药治疗艾滋病试点项目，在南宁市第四人民医院、广西龙潭医院等对艾滋病感染者和患者进行中医药救治，至今，先后有600多名艾滋病病毒感染者和患者接受了免费的中医药治疗，其中有些已持续治疗接近5年。

临床治疗结果表明，中医药治疗可以改善艾滋病相关症状，恢复和增加体重提高或稳定免疫功能，减轻抗病毒药物的毒副作用，提高艾滋病患者的生存质量。

据介绍，除鹿寨县中医院以外，广西中医学院附属瑞康医院、贺州市中医院、贵港市中医院和苍梧县中医院也是首批中医药治疗艾滋病基地建设单位，这些单位将于今年9月底前全部启动该项目。

中医药优势学科继续教育基地名单

中医基础理论：山东中医药大学、北京中医药大学、广州中医药大学、中国中医科学院基础理论所、辽宁中医药大学、安徽中医学院

内经学：湖北中医药大学

伤寒学：广州中医药大学、北京中医药大学、湖北中医药大学

金匮要略：浙江中医药大学、黑龙江中医药大学

温病学：南京中医药大学、成都中医药大学

中医各家学说：广西中医学院

中医史学：中国中医科学院医史文献所

中医文献学：南京中医药大学、中国中医科学院医史文献所、山东中医药大学

方剂学：黑龙江中医药大学、南京中医药大学、河南中医学院

中医诊断学：湖南中医药大学、安徽中医学院、北京中医药大学、福建中医药大学、河北医科大学

中医药信息学：中国中医科学院信息所、湖北中医药大学

中医心病学：中国中医科学院西苑医院、新疆医科大学附属中医医院、辽宁中医药大学附属医院、山东中医药大学附属医院、首都医科大学附属北京中医医院、长春中医药大学附属医院、河南省中医院、天津中医药大学第一附属医院、黑龙江中医药大学附属第一医院

中医肝胆病学：上海中医药大学附属曙光医院、湖南中医药大学第一附属医院、湖北省中医院、深圳市中医院、厦门市中医院

中医脾胃病学：首都医科大学附属北京中医医院、辽宁中医药大学附属医院、江苏省中医院、中国中医科学院西苑医院、柳州市中医院、武汉市中西医结合医院、河北省中医院、宁夏医科大学附属医院、福建中医药大学附属第二人民医院、山西省中医药研究院

中医肺病学：北京中医药大学东直门医院、安徽省中医院、河南中医学院第一附属医院、新疆医科大学附属中医医院、天津中医药大学第二附属医院、辽宁中医药大学附属第二医院、长春中医药大学附属医院、江西中医学院附属医院

中医肾病学：上海中医药大学附属曙光医院、江苏省中医院、黑龙江省中医医院、杭州市中医院、湖北省中医院、天津中医药大学第一附属医院、山西省中医院、南方医科大学中西医结合医院、陕西省中医医院、云南省中医医院、河北省中医院

中医脑病学：北京中医药大学东直门医院、辽宁中医药大学附属第二医院、天津中医药大学第二附属医院、广东省中医院、长春中医药大学附属医院、山东中医药大学附属医院、陕西中医学院附属医院、湖北省中医院、贵阳中医学院第一附属医院、上海市中医医院（中医睡眠疾病专科）

中医痹病学：中日友好医院、上海中医药大学附属龙华医院、云南省中医医院

中医内分泌病学：北京中医药大学东直门医院、中国中医科学院广安门医院、辽宁中医药大学附属医院、安徽省中医院、上海中医药大学附属曙光医院、青海省中医院、贵阳中医学院第一附属医院、成都中医药大学附属医院

中医肿瘤病学：中日友好医院、中国中医科学院广安门医院、陕西中医学院附属医院、重庆市中医院、湖南省中医药研究院附属医院、广西中医学院附属瑞康医院、上海中医药大学附属龙华医院、首都医科大学附属北京中医医院、石河子大学医学院第一附属医院

中医血液病学：浙江省中医院、上海中医药大学附属岳阳中西医结合医院、中国中医科学院西苑医院

中医外科学：江苏省中医院、南通市中医院（中医外科蛇伤专科）、江西中医学院附属医院（中医外科蛇伤专科）、上海中医药大学附属龙华医院（中医外科胆石病）、山东中医药大学附属医院（中医外科周围血管病）

中医外科皮肤病学：湖南中医药大学第二附属医院、首都医科大学附属北京中医医院、重庆市中医院、黑龙江省中医医院

中医外科肛肠病学：南京市中医院、山东中医药大学附属医院、中国中医科学院广安门医院、河南中医学院第一附属医院、辽宁中医药大学附属第三医院、湖南中医药大学第二附属医院、上海中医药大学附属曙光医院、福建中医药大学附属人民医院、昆明市中医医院、内蒙古中蒙医医院

中医骨伤科学：中国中医科学院望京医院、长春中医药大学附属医院、河南洛阳正骨医院、浙江省中医院、山东省文登整骨中医院、四川省骨科医院、北京中医药大学第三附属医院、湖南中医药大学第一附属医院、上海中医药大学附属龙华医院、甘肃省中医院、武汉市中医医院、黑龙江中医药大学附属第二医院、上海中医药大学附属曙光医院、佛山市中医院、广西中医学院附属瑞康医院、南昌市洪都中医院、新疆医科大学附属中医医院、海南省中医院、江西中医学院附属医院

中医妇科学：上海中医药大学附属岳阳中西医结合医院、江苏省中医院、黑龙江中医药大学附属第一医院、湖南中医药大学第一附属医院、广州中医药大学第一附属医院、成都中医药大学附属医院、杭州市中医院、北京中医药大学东方医院、重庆市中医院、山东中医药大学附属医院

中医男科学：云南省中医院

中医儿科学：江苏省中医院、辽宁中医药大学附属医院、天津中医药大学第一附属医院、河南中医学院第一附属医院、广西中医学院第一附属医院、首都医科大学附属北京儿童医院、甘肃中医学院附属医院

中医眼科学：江苏省中医院、湖南中医药大学第一附属医院、成都中医药大学附属医院、中国中医科学院眼科医院、山东中医药大学第二附属医院

中医耳鼻喉科学：四川泸州医学院附属中医医院、江苏省中医院

中医急诊学：江苏省中医院、北京中医药大学东直门医院

中医康复学：福建中医药大学附属第二人民医院、黑龙江中医药大学附属第二医院

中医老年病学：吉林省中医药科学院、云南省中医医院

中医护理学：湖南中医药大学第一附属医院、南京中医药大学

中医全科医学：山东中医药大学

针灸学：天津中医药大学第一附属医院、上海中医药大学附属岳阳中西医结合医院、黑龙江中医药大学附属第二医院、长春中医药大学附属医院、山西中医学院第三中医院、中国中医科学院针灸所、北京中医药大学、湖南中医药大学第一附属医院、黑龙江省中医医院、浙江中医药大学附属第三医院、南京中医药大学附属医院、湖北中医药大学附属医院、首都医科大学附属北京中医医院、贵阳中医学院第一附属医院、山东中医药大学附属医院、陕西省中医医院、成都中医药大学附属医院、江西中医学院附属医院

推拿学：福建中医药大学附属第二人民医院、上海中医药大学附属岳阳中西医结合医院、南京中医药大学、长春中医药大学附属医院、山西中医学院、浙江中医药大学附属第三医院、宁夏回族自治区中医医院、河北医科大学、广西中医学院第一附属医院、湖南中医药高等专科学校附属第一医院

中医传染病学：北京地坛医院、首都医科大学附属北京佑安医院、河南中医学院第一附属医院

中医络病学：河北医科大学附属以岭医院

中医心理学：云南中医学院

神志病：黑龙江神志医院

中药资源学：南京中医药大学、贵阳中医学院、安徽中医学院、吉林农业大学中药材学院、重庆市药物种植研究所

中药鉴定学：辽宁中医药大学、北京中医药大学、黑龙江中医药大学、中国中医科学院鉴定所

中药炮制学：南京中医药大学、湖北中医药大学、江西中医学院、辽宁中医药大学

中药药剂学：江西中医学院、北京中医药大学、南方医科大学、黑龙江省中医研究院、浙江中医药大学、山东中医药大学

中药化学：北京中医药大学、黑龙江中医药大学

中药分析学：江西中医学院、长春中医药大学

中药药理学：北京中医药大学、陕西中医学院、安徽中医学院、南京中医药大学

临床中药学：南京中医药大学、成都中医药大

学、辽宁中医药大学附属第二医院、河北医科大学

民族医学：西藏藏医学院（藏医学）、新疆维吾尔自治区维吾尔医医院（维吾尔医皮肤病科）、内蒙古自治区中蒙医医院（蒙医五疗萨病）、内蒙古自治区中蒙医医院（蒙医内科心血管病学科）、新疆维吾尔医学专科学校（维吾尔医内科心血管学科）、西藏自治区藏医院（藏医骨伤学）、新疆维吾尔自治区维吾尔医医院（维吾尔医妇科）、新疆维吾尔自治区维吾尔医医院（维吾尔医骨伤学）、西藏自治区藏医院（藏医肝病学科）、广西壮族自治区壮医医院（壮医风湿病学科）、广西中医学院（壮医学）、青海省藏医院（藏医药浴科）、广西壮医医院（壮医经筋推拿学科）、贵州省黔南州中医院（苗医皮肤病科）、延边朝医医院（朝医学）、贵州省黔东南州中医医院（苗医肺病科）、西藏自治区藏医院（藏医内科心血管病学科）、云南省彝医医院（彝医骨伤学）、云南中医学院（傣医学）、西藏自治区藏医院（藏医外治专科）、中国藏学研究中心北京藏医院（藏医学）、新疆维吾尔自治区维吾尔医医院（维吾尔医特色疗法理疗科）、青海省藏医院（藏医肝胆科）、甘肃省藏医药研究院附院（藏医胃病科）、青海省藏医院（藏医内科心血管病学科）、西藏那曲地区藏医院（藏医心血管病学科）、甘肃省藏医药研究院（藏医风湿病科）、青海省藏医院（藏医内科胃肠科）、西藏昌都地区藏医院（藏医肝病科）

民族药学：西藏山南地区藏医院（藏药炮制学）、青海省藏医院（临床藏药学）

构筑起中医药发展史上的新坐标

2010 年 9 月，中医中药中国行活动总结表彰大会总结了活动第一阶段三年间的工作和经验，表彰了活动中的先进个人和单位，同时启动了以“进乡村、进社区、进家庭”为主题的中医中药中国行第二阶段活动。我们谨向活动已取得的巨大成就以及获表彰的先进单位和个人表示祝贺，向关心和支持中医药事业发展的各级党委政府、有关部门和社会各界表示敬意，向参与活动并付出辛勤劳动的同志们表示感谢，并对刚刚揭开帷幕的第二阶段活动寄予厚望。

回眸百年中医药的历史长河，我们或许更能深切认识此次中医中药中国行的意义和价值。伴着中华民族近代百年的跌宕起伏，刻着中华文化烙印的中医药也走过坎坷多艰之途。在西方文化的冲击下，中医药遭受质疑之声始终不曾断绝，2006 年一度为全社会关注的所谓“取消中医”论调，再次给中医药发展投下阴影。

对此，党中央、国务院重申大力扶持和发展中医药事业。同时，在国际金融危机持续和中国崛起的复合背景下，中华文明的价值被世界重新认识。值此风云际会，中医中药中国行适时而启，顺应民意，覆盖全国，政府、社会、行业、民众广泛参与，掀起一场轰轰烈烈的中医药文化科普行动。

中医中药中国行是宣言书，是一次对党和国家中医药方针政策的大宣扬。在中华大地上，活动所到之处向人们传递党中央、国务院发展中医药的坚定信念和决心，强化了中医药在经济社会发展大局中的地位和作用，促进了各级各地党委政府、相关部门乃至全社会对中医药的认同。

中医中药中国行是宣传队，是一次对中医药文化和科学知识的大普及。三年来，文化科普讲座，赠送图书，中医大篷车……不仅宣传中医药历史文化，也传播中医药特色优势和防病治病知识，扩大并夯实了中医药事业发展的群众基础。

中医中药中国行是播种机，是一次对中医药事业发展的大促进。活动期间，各级领导高度重视，有关部门支持配合，人民群众积极参与，业界同仁密切协作，活动广泛持久，深得民意，在每个人心中播下中医药的种子。无数种子发芽、开花，汇成了推动中医药发展的巨大力量。

中医中药中国行活动连接历史和未来，以建设中国特色医药卫生事业、推进国家经济社会发展乃至服务世界人类健康为时代背景，三年间取得的成

就使得几千年传承至今的中医药与当下的大时代共振，再次焕发出勃勃生机。

当前，如果说《国务院关于扶持和促进中医药事业发展的若干意见》的发布实施，为新形势下中医药事业明确了发展的方向和路径，那么，三年的中医中药中国行活动，则为中医药事业夯实了发展的群众基础、社会基础，营造起全社会支持中医药发展的良好氛围。两者一上一下，一纵一横，相辅相成，共同构筑起中医药发展历史上的一个新坐标，成就了新中国成立以来中医药兼具天时、地利、人和的发展最好时机。

形势大好，时不我待。在这个新坐标下，我们已然看到中医药光明的发展前景，肩负着光荣的历史使命和责任。我们要继续高举中医中药中国行活动的旗帜，后三年进一步将活动重心下移，落到基层，组织开展中医药文化科普宣传周、中医药文化科普巡讲、全国万名基层中医师读报等活动，创作贴近实际、贴近生活、贴近群众的中医药文化科普作品，让中医药真正走进广大农村、城市社区和百姓家庭中，走进人民群众的生活里。

云南将新种300万亩中药材推动中医药业发展

据《云南日报》报道：记者日前从云南省医药行业协会获悉，未来5年，云南省计划新增种植300万亩具有云南独特优势的优质高产中药材，全面推动中医药加工业的发展，力争“十二五”末，全省中药材种植产业的产值达到100亿元，中药、民族药、天然药的工业产值达到200亿元，在全国形成具有竞争力和占有较大市场份额的新兴战略产业。

云南省是享誉世界的“植物王国”，全国闻名的“药材之乡”。目前，云南省的中药材种植已发展到170余万亩。

“十二五”期间，云南省将汇集各方力量，完善产业链布局，在文山壮族苗族自治州规划种植三七、八角，在红河哈尼族彝族自治州规划种植灯盏花、除虫菊，在曲靖规划种植万寿菊，在昭通市规划种植天麻等。同时，在西双版纳、普洱、保山、德宏、红河、文山、临沧规划种植石斛，在丽江、红河、香格里拉规划种植红豆杉等，形成特色鲜明的原料基地，为生物医药产业的大发展创造良好条件。

回眸年：中医药参与医改成效初显

2010年是深化医药卫生体制改革的攻坚之年，是全面落实《国务院关于扶持和促进中医药事业发展的若干意见》的关键一年，同时也是中医药在医改中发挥作用的重要一年。时值岁末年初，盘点中医药行业，全系统积极参与医改的五项重点工作，经过一年努力，取得明显成效。

提高中医药报销比例，降低起付线

据不完全统计，今年共有上海、福建、河南、甘肃、云南、海南、西藏、吉林、重庆9个省（区、市）以政府名义制定了扶持和促进中医药事业发展的文件，部分省市政府召开促进中医药事业发展大会，各地市也纷纷出台相关政策支持中医药发展，为中医药全面参与医改提供政策保障。

国家中医药管理局以有效引导中医药服务的提供和利用为目标，在《新型农村合作医疗管理条例》研究制定中，加强与卫生部协调，将鼓励运用中医药的优惠政策上升为国务院法规。协调人力资源和社会保障部等部门，将中医医疗机构和中医药人员提供的中医药康复服务项目纳入残疾人基本医疗保障范围。各地在调整新农合补偿方案中，落实提高使用中医药有关费用补偿比例的政策措施。

河南省出台政策，参合农民在县中医医院住

院的报销起付线降低 100 元，中医药服务项目费用报销比例提高 10%。贵州省规定新农合中使用中医药的报销比例至少提高 5%-10%，一些县的提高比例达 20%。甘肃省规定新农合对县级以上医疗机构的中医药服务，报销比例在原基础上再提高 10%、起付线再降低 10%，同时城市医保对中医医院起付线降低一个档次、报销比例提高 10%。全国大多数新型农村合作医疗统筹地区制定了提高报销比例、降低起付线等政策，积极引导农民利用中医药服务。

各地从培养人才到资金支持，再到服务网点建设，推广中医药适宜技术，让百姓感受中医药“花小钱、治大病”的特色与魅力。

扩大中成药和民族药数量，发展中药院内制剂

为指导基层医务人员合理使用中药基本药物，国家中医药管理局与卫生部联合组织编制了《国家基本药物（基层医疗卫生机构配备使用部分）临床应用指南（中成药卷）》和《中成药临床应用指导原则》，将中成药和中药饮片同时列入。其中，中成药依据功能分类，共 102 个品种。

广东在 307 种国家基本药物的基础上，增补中成药 133 种、占增补基本药物品种总数的 51%。西藏遴选出 327 种藏成药和 128 种卡擦药（加味药）作为基本用药，形成《西藏自治区基本药物藏药目录》。其他各省中医药管理部门也做好增补中药品种的遴选工作以及中药基本药物配备和使用管理。

国家中医药管理局还与国家食品药品监督管理局协调制定了《关于加强医疗机构中药制剂管理的意见》，有益于中医医院研发、生产、使用院内制剂，为中药产业、中药新药研发提供源泉。湖南省发布《关于加强中医医院中药管理工作的意见》，支持有条件的中医医院开展中药饮片加工炮制工作，支持符合条件的中医医院研制膏、丹、丸、散等传统中药制剂，加大单方、验方、秘方的开发力度。

此外，采取综合措施加强对中药材的管理，保护中药种质和遗传资源，加强优选优育和中药种源研究。中药饮片、中成药的主要原料药材目前已实现人工栽培，逐步发展规范化种植和产业化生产。

专项资金支持农村中医药，培训中医全科医师

一年多来，国家中医药管理局持续推进县级中医医院建设项目、城乡医院对口支援工作，并出台政策保证 10%以上的县级中医医院接受对口支援。

该局会同国家发改委、卫生部完成《健全农村医疗卫生服务体系建设方案》编制，确定了在国家支持的县级医院建设项目中，安排中医医院 368 所、中央投资预计 55 亿元，分别占国家支持建设的县级医院项目总数和中央投资总额的 17%和确保了县级中医医院在县级医院建设项目中达一定比例。具体项目安排上，中央共安排专项资金 23.7 亿元，支持 147 所县级中医医院建设。另外，对于重点中医医院建设，2010 年国家已安排专项资金 16.3 亿元，支持 16 个国家中医临床研究基地建设和 41 所地市级以上重点中医医院建设。目前基本完成了《重点中医医院建设与发展规划》的中央投资计划。

该局还组织开展了农村基层中医药人员中医专业大专学历教育，并建设了一批农村中医药知识与技能培训示范基地；初步建立中医类别全科医师规范化培训制度，对全国万名中医类别执业医师开展岗位培训。

各省做好乡镇卫生服务体系建设，安徽组织开展农村中医药工作县乡村一体化管理试点，药品销售价格大幅度下调、群众就医负担明显减轻、中医药技术服务收费所占比重逐渐增加。福建开展了乡镇卫生院强化中医科建设项目，确定 134 个乡镇卫生院为项目建设单位，每个项目资助 3-5 万元。

绩效考核办法出台，均等化规范可依

国家中医药管理局与卫生部协调，在国家基本公共卫生服务项目考核指导意见及考核指标、社区卫生服务机构和乡镇卫生院绩效考核办法及考核指标的制定中，将应用中医药预防保健技术和方法、发挥中医药在公共卫生服务中的作用列为重点指标予以考核。

各地在推进公共卫生服务均等化方面，注重发挥中医药作用，尤其是在健康教育、重症精神疾病管理、妇幼和老年人健康保健等方面，中医药服务开展较普遍。北京、广东、上海等地要求为城乡居民提供中医体质辨识服务，特别是广东省作为实施“治未病”健康工程的试点省，要求在城乡居民健康档案中 100%填写中医体质辨识内容。甘肃省在各级疾控机构设立中医科，实施和推广公共卫生服务中应用中医药预防保健技术和方法，各级卫生监督机构设立中医监督科，监督公立医院和公共卫生机构中医药工作的开展情况，以发挥中医药在公共卫生服务中的作用。此举在全国尚属首创。

出台公立中医院改革意见，制定中医临床路径

国家中医药管理局制定发布《关于做好公立中医医院改革试点工作的指导意见》，使公立中医院的改革体现中医医院特点、保持中医药特色与优势的发挥。该局还组织制定 94 个病种的中医临床路径及中医诊疗方案，目前正陆续发布；印发了《中医病历书写基本规范》和《中医电子病历基本规范（试行)》。国家中医药管理局还会同陕西省中医药管理局、宝鸡市人民政府，启动以宝鸡市中医医院为对象，探索建立公立医院改革中中医医院投入补偿机制的专题研究。

安徽省出台《关于公立中医医院改革试点的实施意见》，从建立有利于中医药特色优势发挥的公立中医医院管理体制、运行机制和政策体系、分类补偿机制等关键环节上提出具体要求。陕西省政府提出对纳入县级公立医院综合改革试点县的县级中医院实行全额预算管理。北京市 2010-2011 年深化医改实施方案明确，公立医院都能看中医，并计划 2011 年在全市形成覆盖城乡的中医药服务网络。上海出台意见，要求政府在对公立中医医疗机构投入政策上予以倾斜。

甘肃提出，省、市、县三级政府要办好所属公立中医医院，增强服务功能，突出中医药特色。河南省洛阳市初步确定的公立医院改革试点方案中，在中医医疗收费方面，调整和增加了中医特色诊疗项目，提高中医诊查费及针灸、推拿、正骨等项目的服务价格；在公立医院补偿机制方面，市财政将承担补偿责任，并对市属中医医院在投入政策上给予倾斜。

三、科　研

中医临床研究设计优化、质量控制及疗效评价

李睿　翁维良　陆芳　耿涛　中国中医科学院西苑医院
田元祥　中国中医科学院中医临床基础医学研究所

摘　要：中医药项目在我国科技资源配置中占有的份额日益增大，为了中医临床研究的整体水平和研究质量提高，尤其是临床研究方案设计水平提高，有效质量控制措施到位，评价方法的创新等。十一五国家科技支撑计划，首次作为重要研究课题立项。通过对中医临床研究方案设计、诊断标准、设计类型、样本量、伦理问题、统计分析计划、标准操作规程、数据规范与管理、质量控制、质量监查、疗效评价的优化，可提高顶层设计水平，优化研究方案，全程质量得到有效控制，最终获得真实可靠研究结果。

关键词：中医临床研究；设计优化；质量控制；疗效评价

近几年，国家加大了对中医药事业发展的扶持力度，设立了多项中医药临床的国家级重大科研项目，如国家973,863计划、科技支撑计划、行业专项等。但是中医临床研究的整体水平与国家对科研的要求有差距。研究质量还有待进一步提高，主要体现在中医临床研究设计水平的提高高，研究全过程进行有效质量控制，疗效评价方法与水平的提高等方面。国家科技部在“十一五”国家科技支撑计划“重大疑难疾病中医防治研究”项目的课题中，专门设立 “中医临床研究的方案优化和质量控制研究”课题，意在以该课题为示范，对科技项目的研究方案优化和质量控制和管理进行试点研究。研究主要内容为：

1. 中医临床研究设计优化的必要性、原则及程序

中医临床研究优化的目的是通过反复多次的修改、专家论证、完善的过程，提高研究设计水平。使方研究案设计优化臻于更为严谨、科学、合理、严密。由于目前中医临床研究许多科研课题的设计还存在诸多缺陷，制约和影响了研究的质量和研究成果的水平。为此，国家科技部与国家中医药管理局非常重视，在“十一五”国家科技支撑计划“重大疑难疾病中医防治研究”项目的40余项课题中，专门设立“中医临床研究的方案优化和质量控制研究”课题，意在以该课题为示范，对科技项目的设计方案优化、质量控制和管理方法进行研究。对中医临床研究人员来说，临床时间多而科研时间较少，临床经验丰富而科研经验相对较少，因此，他们的临床研究设计会存在不少问题。优化就是要提高中医临床研究设计水平，使设计的方案能达到顶层设计的水平。要使中医临床研究得到广泛的认同，中医临床研究方案优化工作势在必行。优化是顶层设计上的理念，无懈可击，这将有利于提高中医临床研究人员整体科研水平。并且中医临床研究方案的哪方面亟待优化，优化的重点是什么，如何进行方案优化等一系列问题，需要研究。

2. 中医临床研究治疗方案优化[2]

治疗方案是中医临床研究的核心内容，也是目前中医临床研究中的薄弱环节和难点。临床研究者首先应该对以往治疗方案的研究结果、临床实践等情况进行认真整理、总结和提炼，并对研究领域的文献资料进行系统的收集、整理和综合评价，补充和完善临床治疗方案，夯实治疗方案的临床疗效。其次，在确定中医治法时应体现法随证立，方从法出的原则。证候、治法、处方要协调，丝丝入扣，治法对应证候，处方根据治法拟定，是中医基础理论基本要求，也是达到既定治疗效果的根本。再次，适应主方主旨，合理加减。中药治法方案的加减项目数量要合理，不宜过于复杂繁琐，加减的内容要与主方内容相适应，不可与主方主旨偏离。最后，要重视治疗方案规范表述和细节研究，增强操作的一致性和临床疗效的可重复性。

3. 中医临床研究诊断标准[3]

中医临床研究中诊断标准非常重要，但在临床研究的实际中重视不够，标准选用不当和自行拟定标准常使研究结果引起争议。中医临床研究诊断标准要进行优化，结题与推广才会得到认可，中医临床研究选用诊断标准的原则，首要应体现便于交流和广泛认可的原则，因此应注重国际通用标准的选择。若缺如，再选择区域、国家、行业、地方或企业标准，层次级别依次降低，一般不建议采用自拟诊断标准。此外，在同一个课题不宜同时采用两种或以上的诊断标准，否则可能会影响到研究结果。

目前进行的“十一五”国家科技支撑计划项目多采用西医疾病的诊断标准和西医疾病下某证候的诊断标准，即病证相结合的模式，这基本已成为研究的主流。

4. 中医临床研究设计类型[4]

中医临床研究设计方案优化是保证研究质量的关键因素，设计类型是中医临床研究实施的主要框架，是在中医临床研究设计优化中，继治疗方案优化，诊断标准优化之后，必须要考虑的要素之一。中医临床研究中某些研究者对研究设计类型的主要特点，以及所适用的疾病与干预措施认识不够，常常没有选择最合适的研究设计类型。因此，在确定设计类型时首先应根据研究目的和研究内容有针对性的进行选择。如：中医临床探索性研究阶段，其目的在于进行探索，了解临床问题，为形成假说和进行正式验证性研究服务，结果还不能作为证明有效性、安全性的正式依据。常用病例报告（case report）、病例分析（case series）等叙述性研究和横断面研究（cross sectional study）设计。在疗效验证性研究阶段，它需要对疗法的有效性和安全性的关键临床问题给出充分、稳健的答案。最常用的就是随机对照试验（randomized controlled trials，RCT）设计。此外还有平行随机对照试验、随机交叉对照试验、队列研究、病例-对照研究、横断面研究、叙述性研究等设计类型，也应根据不同的研究目的、疾病特点、适用范围等因素，结合随机、盲法等控制偏倚的设计方法，综合设计考虑。

5. 中医临床研究样本量设计[5]

样本量估算是在保证科研结论具有一定可靠性条件下，确定最少的观察例数。也就是说，某项研究估算出的样本量，对于该研究来说，是最小的样本例数，该例数基本可以满足研究结束后统计分析的需要。但是，毕竟是估算，存在一定程度的不确定性。所以，在计算样本量时，往往用多个效应指标的参数，尽可能的多用几种估算方法，多种样本量估计方法相结合。样本量估算涉及的参数包括：①确定α值，即Ⅰ型错误（假阳性概率），通常取α=0.05或0.01。一般取双侧检验。②确定β值或1-β值，β值是假阴性率，一般取β=0.10或0.20。③确定效应指标及其类型，应选择主要效应指标进行估算，并尽量选用计量资料更为客观。④确定各比较组效应指标预计值，队列研究应预计相对危险度（RR），病例-对照研究应预计比值比（OR）。同时，样本量的确定还应结合研究设计及比较类型、组间分配比例，预计失访率、依从性大小，及多结局指标等因素，全面考虑。

6. 中医临床研究伦理[7]

中医临床研究是运用中医药治疗方法，以人体为受试对象进行的临床研究活动，在此过程中必然涉及到受试者的利益与风险。因此，中医临床研究在保证安全性和科学性的基础上，还要对伦理学方案进行优化，切实从患者的利益出发，保护、尊重受试者，同时尽可能将风险降至最小范围内。

为加强中医临床研究的伦理学管理，应对伦理委员会的组成、研究方案的伦理审核、知情同意过程、跟踪审查以及试者的保护与补偿等方面进行优化。伦理委员会的组成工作应体现独立性，一切活动不受任何临床研究机构或个人的干扰或影响。伦理审查应主要从研究设计的科学性和伦理合理性，权衡受试者的获益和风险，以确保受试者的安全和权益不会受到不当的损害[8-9]。知情同意过程的根本是使受试者最终做出的是否参与临床研究的决定是在充分知晓整个研究的基础上做出的。因此，在保持中医药特点的基础上，结合医学伦理学的原则和要求对研究方案、知情同意、跟踪审查、受试者的保护与补偿进行必要的完善、补充和修改，以保证受试者的合法权益。

7. 中医临床研究统计分析计划[10]

中医临床研究通过样本来研究中医药等干预措施对疾病进程、预后等方面的作用，临床研究设计必须应用统计学原理。因此，正确的统计分析方法，合理的统计分析流程和严谨的统计分析结果解释是统计分析过程必须遵循的原则，也是保证临床研究结论可靠性、科学性的基础之一。统计分析计划以研究方案中有关于统计分析的原则性描述为指导，由生物统计学专业人员起草，与临床研究负责人和（或）主要研究者共同商讨、修改，并经双方认可定稿。主要内容包括：研究背景、研究目的、研究设计、统计分析数据集的定义、确定主要和次要变量、拟采用的统计分析方法和分析时点，等。在定义统计分析数据集时，需遵循两个原则：使偏倚达到最小和控制Ⅰ类错误的增加。确定统计分析的指标统计分析计划要详细描述主要和次要变量，以及如何对这些指标进行测量。详细描述结局指标的统计分析方法，对主要变量的分析需遵循意向性分析原则。根据数据性质，对可比性分析、疗效分析（各指标分析）及不良事件分析，分别确定统计方法。同时还要考虑单侧或双侧检验以及统计检验水准的确定及调整，分析亚组、协变量和交互作用，数据的变换，缺失值及离群值的处理，并进行期中分析。最后，统计分析计划中要说明统计表和统计图的应用格式及使用软件。

8. 中医临床研究标准操作规程[11]

标准操作规程（Standard Operating Procedure，SOP），是为有效地实施和完成临床试验，针对每一个工作环节或操作制订的标准和详细的书面规程。中医临床研究过程的每项工作都应根据该研究方案的要求制定这相应的SOP。具体包括以下几个方面内容：临床研究方案设计中的SOP；临床研究方案启动过程中的SOP；中央随机系统和数据管理系统临床应用SOP；临床研究实施过程的SOP；临床研究数据统计工作的SOP；临床研究报告撰写的SOP等。中医临床研究常用的SOP有方案及其附属文件设计、（优化）定稿、审查的SOP；研究人员培训SOP；建立伦理审查体系的SOP；知情同意SOP；研究药物管理SOP；研究方案要求的诊断设备或实验室设备操作的SOP；病例报告表记录SOP；不良事件记录、处理与严重不良事件报告SOP；临床研究监查SOP；质量控制与质量保证SOP；数据管理的SOP等。SOP的内容，要根据临床研究方案对临床研究过程的每项工作的具体要求来安排。不同的工作，内容也不同。但是，不管是什么内容，必须达到临床使用过程中的操作性要强，要求有详细的操作步骤，以便研究者较好地遵从。SOP的制订和执行，可以归纳为通俗的两点：怎么做的就怎么写，怎么写的就怎么做。同时，根据实际应用情况，对SOP要及时修改完善。修订后的SOP，必须按照要求做好记录、存档，按审批程序批准后，应对有关参研人员进行相关的SOP的培训，并认真执行，使修改后的SOP能够真正在研究中施行。

9. 中医临床研究数据规范管理[12]

数据管理是贯穿临床研究整个过程的系统工程，数据的正确性对保证临床试验的质量极为重要，因此必须十分重视。首先要对数据管理工作进行总体设计，数据管理方案要系统，分工清楚，责任明确。其次要着重加强试验过程中电子数据管理的环节，理顺和提高临床研究数据管理质量水平。电子数据管理包括：制订研究病历或病例报告表；建立管理数据库；数据的录入；源数据现场核查；数据清理与疑问管理；盲态审核与数据库闭合。

研究病历或病例报告表是临床研究数据采集工具，在制定时要考虑设计要求、设计时点、流程与设计要点等。设计好的研究病历或病例报告表，一定要经过临床充分的测试，发现设计上的问题或不切合临床实际的一些问题，加以修改。

一般根据研究病历设计“数据库定义书”，定义数据库中的变量（如一般记录项目、观察指标、疗效指标、安全性观察指标、试验评价指标、观测时点等）及其属性。在选定数据管理软件的基础上，使用标准化模块，建立临床研究数据管理的电子数据库。

数据的录入一般多采用双人双录入，两次录入完成后，可以有效降低数据录入过程中的错误。电子数据的录入上报是有时间窗要求的，一般来说，是要求访视后3d到1周的时间内，将访视数据录入进电子化数据管理系统，以保证对数据的实时监控。

源数据现场核查（SDV） 由监查员通过比较原始记录（如病历、研究病历和其他记录资料）与研究病历或电子研究病历数据一致性，是数据质量保证的关键环节。

在完成所有病例的数据录入后进行数据清理，采用电子逻辑检查、人工逻辑检查与实验室数据审核。在清理中产生的疑问，及时发出数据澄清表，由临床研究人员逐条作答。

盲态审核主要是对统计分析计划书进行修改和确认，以及对全部病例和全部数据进行确认。审核结果以文件形式，书面确认，在揭盲后将不能再修改。

10. 中医临床研究的质量控制[13-14]

中医临床研究中，无论研究规模大小、目的与内容如何，都必须考虑所得出的研究结果的真实性与可靠性。由于在研究过程中，不可避免地受到各种因素影响，使研究结果与真实情况有一定的差异，这种差异将直接影响结论的可靠性。因此，为了保证研究结果真实可信，中医临床研究就要采取严格的质量控制措施，将各种影响因素控制在尽可能小的程度。质量控制（quality control，QC），是指在质量保证系统范围内，为达到临床试验某一质量要求所采取的具体操作技术和实施的行为，以保证与研究有关的活动符合质量要求。目前，临床研究的各种规范制度尚不健全，临床研究型人才缺乏，研究者的质控意识相对淡薄，这些都是临床试验质量控制存在问题的原因。主要表现为：研究方案执行中的修改，研究病历填写欠规范，知情同意书签署欠规范，研究药物未按要求管理，电子数据上报滞后，理化检查信息不全，对（严重）不良事件认识不足，等问题。要减少中医临床研究质量控制中常见问题的发生，关键在于对中医临床研究质量控制方案进行优化。在对研究方案设计进行优化时，应聘请相关统计学、方法学和中医专家对方案进行优化论证，完善顶层设计，确保方案的科学性和可操作性。填写研究病历时，研究者要在规定时间窗内及时填写研究病历，确保所有项目填写完整，尤其是量表评分、理化检查等时效指标，填写理化检查数据，必须有本单位检验科的原始化验单作为数据支持。知情同意书填写必须规范，既需要患者本人（委托人）亲笔签名，留存联系方式并签署日期，还需研究者签名。知情同意书的签署时间必须在入组之前，确保受试者在完全知情的条件下自愿参加试验。同时，知情同意书一式两份，一份研究者留存，一份（复印件）由受试者保存。研究用药应由专人、专柜加锁保管，储存于通风阴凉处，使用时应建立详细的药物发放、回收记录表，如实记录药物发放（回收）时间及数量、领药人姓名、发药人姓名等内容。

11．中医临床研究的质量监查[15-19]

随着多中心临床研究的大量开展，中医临床研究的质量控制显得越来越重要，通过任命合格的监查员，对中医临床研究开展严格的质量监查是进行质量控制的有效措施。因此，临床研究的结果如何与质量监查有着非常密切的关系，只有优化质量监查过程，才能规范研究的操作过程。质量监查优化包括监查员的选派优化，监查准备优化，监查内容优化，监查反馈优化。

具有医学专业背景，工作认真，责任心强，接受过研究方案和相关法律法规培训，并取得培训合格证书是对监查员的基本要求。理想的监查员人选还应具备一定的临床研究经验，曾参与过临床研究且承担过研究任务，熟悉临床研究各个环节及质量控制要求。在进行监查前，应就研究方案及相关SOP对监查员进行培训，同时监查员还必须接受专门针对该临床研究的监查培训，有关临床研究病例报告表与数据管理系统使用及质控的培训，确保对各监查环节的规范要求熟记在心，以便能及时发现问题而进行有效指导。监查员还应拟定整个研究过程的监查计划，根据研究的不同阶段确定监查重点，且每次监查前要拟定该次监查计划和监查清单，针对多中心临床研究，要列出具体的针对不同分中心的监查安排。监查的频次应根据研究课题的大小、周期、质控要求、参加单位数量及经费等确定，要能保证临床研究质量控制的需要。

监查内容包括：研究进度，研究方案实施，原始资料保存，真实性核实，药物管理，CRF表格填写，知情同意书设计及签署，电子数据上报，实验室数据检查，不良事件，等。监查员对首先要了解被监查机构的研究进度，核对病例数以确定病例纳入进度是否按照研究方案正常进行，依据任务总例数及完成时限，向主要研究者报告，以便及时改进和调整进度。对研究方案的实施依从性，主要是核实受试者的选择是否严格符合研究方案诊断、纳入和排除标准要求，确认研究者将研究用药品仅用于合格的受试者，使用剂量遵照研究方案中的规定，以及盲法和随机化的执行情况。除监查病例报告表填写的完整、规范、准确外，监查员还要依据留存的原始资料，核对CRF记录的每位受试者的所有研究数据是否与原始资料对应一致。在确定真实性的过程中，监查员可以以临床研究者的身份通过电话（信件或直接拜访）询问患者治疗相关信息，以判断疾病陈述和用药与记录是否一致。在查看知情同意书时，除确定知情同意书设计是否合理、合法外。应重点监查知情同意书获取的过程是否规范：如知情同意书的签署时间是否在入组之前，日期、姓名与研究过程及病历资料的相符性，必要时可向受试者电话核实。对电子数据的监查要确认是否为双人录入，以及数据录入的及时、准确、完整性。

监查员每次访视后，应当场与被监查机构和研究者交换监查的发现，听取被监查者意见。每次监查后，监查员需及时完成监查报告交至被监查机构及上级单位，监查报告中应包括监查的内容以及就有关重大发现或事实、偏差和不足、结论、为保证依从性已采取或将要采取的行动及建议、措施的陈述，研究负责人应审核监查报告并签字。对于不能依进度按时完成研究或严重违背研究方案及法律法规的研究单位或研究者，监查员有义务及时报告相关主管部门。

12．中医临床研究的疗效评价[20]

疗效评价是在实施方案设计时就要考虑的部分，是临床研究的关键部分。疗效评价指标选择的总原则是公认、先进、可行，疾病疗效评价指标应采纳最新通用的国际标准。疗效指标选取要与研究内容协调，综合考虑疗效指标与干预措施的优势作用点，使两者协调，使得疗效指标恰好是干预措施的优势作用点。一般来说，对于大多数疾病，中医临床疗效的作用点：终点指标、相关事件、临床症状及症状群、生存质量（quality of life, QOL）。证候疗效标准和疗效综合评价标准尚在探讨中，现多使用综合评价标准。研究者应根据研究设计类型确定疗效指标的表示方法，根据干预措施的效果确定研究的终点观察干预措施的效果，还需要适当的观察期，即研究终点的选择。在进行疗效评价的统计分析时，遵守意向性分析原则（intention-to-treat, ITT），对主要疗效指标，需要同时对全分析集（full analysis set，FAS）及符合方案集（per protocol set，PP）进行分析。疗效评价要注重结果的亚组分析，对研究结果进行精细梳理，尤其是在治疗组与比较组结果相近，疗效不太分明的情况下，进行亚组分析是寻求干预措施的作用点，充分利用研究数据信息的方法。

中医科研优化设计、全程质量管理以及疗效评价研究已成为行业普遍关注并亟待解决的问题，完善优化方案的顶层设计，加强课题实施过程的动态管理，选择突出中医特色又能够被广泛接受的疗效评价指标，是保证研究结果真实可信、高质量的关键环节。尽管现阶段中医临床研究中存在着一定难度与问题，但通过“十一五”国家科技支撑计划课题“中医临床研究的方案优化及质量控制研究”课题的逐步深入，研究方案的设计水平显著提高，质量控制的程度和标准也呈现出日益完善、严格的态势[21]。相信随着临床研究者科研素质的提高，质控意识的不断强化，中医临床研究必将获得高水平、令人信服的研究结果，为国际同行所认可。

科学技术部“十一五”科技支撑计划“中医临床研究的方案优化和质量控制”（No.2006BAI04A21）

参考文献：

[1] 翁维良,田元祥,李睿.中医临床研究设计优化的必要性、原则与程序.中华中医药杂志，2010,25（1）:89-92

[2] 翁维良,田元祥,李睿.中医临床研究治疗方案的优化.中华中医药杂志，2010,25（3）:399-402

[3] 翁维良,田元祥,李睿.中医临床研究诊断标准的优化.中华中医药杂志，2010,25（2）:253-256

[4] 田元祥,翁维良,陆芳.中医临床研究设计类型的优化.中华中医药杂志，2010,25（4）:556-559

[5] 田元祥,翁维良,陆芳.中医临床研究样本量设计的优化.中华中医药杂志，2010,25（5）:710-715

[7] 李睿,陆芳,翁维良,等.中医临床研究设计中的伦理问题与优化.中华中医药杂志，2010,25（7）:1050-1053

[8]刘为民,訾明杰,刘保延,等.美国伦理审查介绍.中成药，2010，32（6）:1033-1036

[9] 汪秀琴,熊宁宁,王思成. 中医药临床研究与伦理审查.中国医学伦理学，2010，23（4）: 82-83

[10] 陆芳,翁维良,田元祥.中医临床研究统计分析计划的优化.中华中医药杂志，2010,25（8）:1261-1265

[11] 田元祥，翁维良. 中医临床研究标准操作规程的优化.中华中医药杂志，2010,25（10）:1627-1630

[12] 田元祥,翁维良.中医临床研究数据规范管理的优化.中华中医药杂志，2010,25（11）:1820-1223

[13] 李睿，翁维良，田元祥.中医临床研究质量控制方案的优化.中华中医药杂志，2010，25（6）: 882-884

[14] 李秋艳，翁维良，李睿，等.中医临床研究的联合监查与质量控制.中国中医药信息杂志，2010，17（1）: 8-11

[15] 李睿,翁维良,田元祥,等.中医临床研究质量的监查工作.中西医结合学报，2010，8（5）:405-409

[16] 李睿，翁维良，李秋艳.中医临床研究质量监查的优化.中华中医药杂志，2010，25（9）: 1444-1447

[17] 刘峘，谢雁鸣，翁维良，等.国家科技支撑计划7个课题现场监查问题与建议.中华中医药杂志，2010，25（10）: 1631-1633

[18] 李睿，翁维良，李秋艳，等.现行中医临床联合监查评价的思考.世界科学技术-中医药现代化，2010，12（2）: 286-290

[19] 刘峘，谢雁鸣，翁维良，等.国家科技支撑计划课题的现场监查.中医杂志，2010,51（1）: 8-9

[20] 田元祥，翁维良.中医临床研究疗效评价的优化.中华中医药杂志，2010，25（12）: 2052-2054

[21]孙塑伦,翁维良,杨龙会,等.中医临床研究实施过程质控与管理.北京：中国中医药出版社，2010:1-2

寒疫与甲型 H1N1 流感治疗

中医学对疫病的认识与防治已有几千年历史，积累了丰富的临床经验。疫病又称作瘟疫，按五行可分为五类，《素问·刺法论》有“五疫之至，皆相染易”的论述。根据疫病的发生发展和病邪特点，疫病主要有温疫和寒疫之分。

历史上随着疫病理论由伤寒向温病的演变，以及现代医学对流行性传染性疾病的认识，温疫理论渐臻完善，而寒疫研究相对较少。尤其是随着甲型 H1N1 流感的传播以及流感病毒的变异，深入研究寒疫的辨证论治十分必要。

本文结合寒疫的特点及甲型 H1N1 流感的临床特征进行阐述，探讨甲型 H1N1 流感属寒疫的理法方药，以期拓宽中医药治疗甲型 H1N1 流感的思路，提高临床疗效。

伤寒与寒疫

早在《内经》中对以发热为主要临床表现的外感病进行了论述，并根据病因为其命名，《素问·热论》提出“今夫热病者，皆伤寒之类也。”至东汉时期“伤寒”不仅指感受寒邪引发的疾病，而是外感病的总称。《难经》中“伤寒有五”的论述，给予“伤寒”更广泛含义，《伤寒论》建立外感热病辨证论治体系，创六经辨证一直有效地指导着治疗外感疾病的临床实践。

寒疫理论是随着伤寒理论的发展以及对外感疫病认识的不断深化而逐渐形成的。对寒疫的认识最初从对伤寒疾病的认识开始。汉代张仲景在《伤寒论》序中有“余宗族素多，向余二百，建安纪年以来，犹未十稔，其死亡者，三分有二，伤寒十居其七”，可以说张氏家族所患伤寒非普通外感伤寒，很可能是寒性疫病。晋代王叔和《伤寒例》指出“从春分以后秋分节前，天有暴寒者，皆为时行寒疫也”，明确提出寒疫的非其时有其气的发病特征。宋代庞安时在《伤寒总病论·时行寒疫论》中提出治疗寒疫的方剂圣散子方，主要由三类药组成：麻黄、防风、细辛等辛温解表；藿香、石菖蒲、白术等和中化湿；附子、良姜、肉豆蔻等温中散寒。至清代，寒疫成为一类瘟疫疾病的概称。叶霖《难经正义·五十八难》明确提出寒疫与伤寒的区别在于其具有传染性，“寒疫初病……与伤寒异处，惟传染耳。”凌德《温热类编·卷六》认为寒疫并非伤寒，治寒疫不宜用治伤寒之法，“风温、湿温、温病、寒疫等症，皆类伤寒耳。病热虽同，所因各异，不可概以伤寒法治之。”

综上所述，随着对疾病认识的不断深化，医家对寒疫的认识也由感受非时之寒而致的地域性外感寒邪之病，发展为感受具有寒邪性质的疫疠之气引起的流行性传染性的疾病。

寒疫病因

寒疫是由戾气引起的传染性疾病。刘松峰《说疫·卷二》中强调寒疫是由疠气引起的传染病“二曰寒疫……众人所患皆同者，皆以疠气行乎其间。”吴鞠通《温病条辨·寒疫论》论述其传染性“世多言寒疫者……时行则里巷之中，病俱相类。”

天时偏寒以及非时之暴寒是寒疫发生的外在条件。天时偏寒则有助于某些寒性戾气的滋生而致寒疫的发生，正如张三锡《医学六要·运气略》中指出“湿令大行，脾土受伤，民多寒疫。”而非时之暴寒不但有助寒性戾气的衍生，而且易削弱人体之正气导致寒疫的流行和暴发。

发病季节

寒疫四季皆可发病，但以气候寒热变化较骤的冬、春、秋季节多见。刘松峰《说疫·卷二》论述寒疫发病季节为“不论春夏秋冬，天气忽热，众人毛窍方开，倏而暴寒，被冷气所逼。”刘世祯《温热诠真·疫论》中有冬季寒邪合时气发病“冬气严寒，其气凛冽，疫气行于闭藏之令，合时行之气而化寒，其变多为寒疫。”黄元御四圣悬枢·卷四中有“而病寒疫，故多病于秋冬。”

临床特征

寒疫一般以恶寒、壮热、头身疼痛为主要临床特征，兼见腹泻、呕吐等症，无汗、不渴、苔白、脉浮紧为其辨证要点。吴鞠通在《温病条辨·寒疫论》中有“究其症状，则憎寒壮热，头痛骨节烦痛，虽发热而不甚渴。”刘谦吉《伤感合编·外感编》有“寒疫之为病，身热头痛，憎寒恶风，舌苔面垢。”黄元御《四圣悬枢·卷四》提出“寒疫之证，寒热无汗，得之于寒。”

寒疫与甲流

根据卫生部《甲型 H1N1 流感诊疗方案》，甲型 H1N1 流感主要临床症状：发热、咽痛、流涕、鼻塞、咳嗽、咯痰、头痛、全身酸痛、乏力；部分病例出现呕吐或腹泻；少数病例仅有轻微的上呼吸道症状，无发热。英国《新科学家》杂志报道甲型 H1N1 流感患者有半数以上病例无发热症状，也有报道甲流重症病人有 10%无发热症状。我们在临床中也发现部分甲型 H1N1 流感患者表现为只恶寒不发热、或恶寒重发热轻、或先恶寒后发热、伴无汗、周身疼痛、鼻塞流清涕、苔白或白腻等表现，结合其发病迅速、传染性强等特征，综合分析甲型 H1N1 流感的临床征象，我们认为甲型 H1N1 流感与寒疫密切相关。

辨证论治

甲型 H1N1 流感有温疫与寒疫之分，按照卫生部《甲型 H1N1 流感诊疗方案》中医药指导原则，甲型 H1N1 流感属温疫者以解毒清热为主，而对甲型 H1N1 流感属寒者当从寒疫论治。

寒疫，由寒邪疫毒引起，其初起性质属寒，宜辛温解肌，透邪解毒之法，从温解论治。如陆懋修《世补斋医书》用吴萸、蜀椒、干姜、附子等温热药治疗。刘谦吉《伤感合编·外感编》提出治寒疫“人参败毒散、六神通解散并主之。”王汉皋在《医存》中有“除湿温、寒疫可酌用温燥之品”的论述，刘世祯《温热诠真·疫论》中有“寒疫发于冬……宜用附子、细辛、大黄、牙皂辈以温里解郁。”可见散寒与解毒是治疗寒疫的基本法则。

寒疫的演变趋势或寒邪伤阳或从阳化热，当辨证治疗。对于寒疫之邪，入里伤阳，出现肢冷、昏厥则宜回阳救逆之法；寒毒入里化热，出现持续高热、口渴、神昏谵语者应清热解毒、凉血开窍。

分析甲型 H1N1 流感的临床特点，初起恶寒、无汗、周身疼痛，苔白或白腻，脉浮或浮紧者，宜选荆防败毒散加减治疗，药用：荆芥 15g，防风 10g，羌活 15g，独活 15g，川芎 15g，柴胡 15g，前胡 10g，桔梗 10g，枳壳 10g，茯苓 15g，甘草 10 克，可酌加金银花 20g，连翘 20g 增加解毒之力，以疏风散寒解毒。

对于邪正交争，邪踞少阳，而表现以恶寒与发热交替出现，胸闷、纳呆、恶心、咽痛、周身酸痛、苔白、脉弦，可用小柴胡汤加减。药用柴胡 20g，黄芩 15g，清半夏 10g，党参 10g，僵蚕 10g，蝉蜕 10g，金银花 20g，连翘 20g，甘草 10g，以和解透邪解毒。

对于寒邪从阳化热，发热逐渐加重，高热持续不退，或呕吐、腹泻、乏力、周身酸痛、咽痛、苔白腻、脉弦滑或滑数者，可选麻黄升麻汤加减治疗：麻黄 6g，升麻 10g，知母 15g，石膏 30g，黄芩 15g，玉竹 10g，白芍 15g，桂枝 10g，茯苓 15g，白术 15g，干姜 6g，金银花 30g，连翘 30g，甘草 10g，以透邪清热解毒。

若寒邪入里损伤阳气，见恶寒或畏寒、四肢厥冷，呕吐不渴，腹痛腹泻，苔白滑，脉弱，可选用急救回阳汤加减治疗：制附子 10g，党参 15g，干姜 10g，白术 15g，桃仁 10g，红花 10g，连翘 15g，甘草 10g，以温阳益气活血解毒。

总之，甲型 H1N1 流感病情与发病季节、个体体质以及病毒变异密切相关，表现错综复杂，病情演变与转归不一。中医学认识瘟疫是根据病人临床征象而辨证论治，因此，无论病毒变异与否，中医瘟疫理论与实践优势是治疗甲型 H1N1 流感的有效途径，也是提高临床疗效的关键。

针灸可引起大脑神经变化

英国研究人员日前报告说，利用现代科学手段检查中国传统针灸的效果，发现它可以引起大脑相应部位神经的变化，这有助于分析针灸复杂的作用原理。

英国约克大学等机构的研究人员在新一期美国学术期刊《脑研究》上报告说，17 名受试者接受了手上合谷穴针灸，并同时接受大脑扫描。研究人员发现，在那些认为有“得气”感觉的受试者中，与处理疼痛有关的大脑某部位神经出现活动降低的情况。

“得气”是指针灸过程中患者产生的酸、麻、胀等感觉，被认为是针灸取得效果的重要条件。如果针灸时患者没有“得气”而只是感觉疼痛，那么针灸效果可能不佳。本次研究发现，在仅感觉疼痛的患者中，大脑相关部位的神经出现复杂变化：一些部位的神经活动增强，而另一些部位的神经活动减弱。

参与研究的休·麦克弗森说，这项研究将有助于阐明针灸治疗机理。

中国中西医结合学会科技奖颁发

2010 年 4 月 9 日，2009 年中国中西医结合学会科学技术奖在上海颁奖。南方医科大学李娟等的“中药骨灵丸（片）防治骨质疏松症的基础研究”等 5 项研究获得一等奖。

获一等奖的还有“康欣胶囊改善血管性痴呆智能的基础与临床研究”、“广西特色方药治疗慢性肝病基础和临床研究”、“中国冠心病二级预防研究——血脂康调整血脂对冠心病二级预防的研究”等。

南京军区总医院蔡辉等的“补肾活血复方及其代表成分抗心肌纤维化的系列研究”等 9 项研究获二等奖。河北医科大学陈志强等的“姜黄素抗动脉粥样硬化作用机理的实验研究”等 20 项研究获三等奖。

全国劳动模范和先进工作者表彰大会在京举行。

我国首发丹参基因组框架图

世界上首个药用植物基因组框架图——“丹参基因组框架图”成果发布会 6 月 20 日在北京举行。国家中医药管理局副局长李大宁指出，现代科学的最新技术和研究成果应用于中药研究，不仅有助于世界认识中医药，有利于加速中医药国际化进程，而且还可通过申请国际专利等方式在国家化竞争中抢占主动。

据了解，广药集团广州白云山和记黄埔中药有限公司与中国医学科学院药用植物研究所合作，利用第二代高通量测序技术对丹参全基因组进行测序，目前测序深度已达丹参基因组大小的 20 倍，测序结果已覆盖 92%的丹参全基因组和 96%的基因编码区。掌握了药用植物的“基因密码”，可大幅提高中药材产量。

中国医学科学院药用植物研究所所长陈士林认为，中药基因组计划将现代生命科学的最新技术和研究成果应用于中药研究，有望彻底改变中药研究手段和方法的落后局面，架起传统中医药学与现代生命科学之间有效沟通的桥梁。丹参基因组计划的实施和完成将成为中国中医药发展史上的一座里程碑。

据悉，“丹参基因组框架图”成果的发布为药用植物生命科学研究提供系统工具，为深入开展相关学科研究奠定基础，它标志着中药研究全面进入基因组学时代，对打造绿色中药意义重大。中国医学科学院药用植物研究所等研究机构还将参与灵芝孢子油、夏桑菊、蛇胆川贝膏等药品中基础药材的基因组测序，并绘制它们的框架图。

我国第一个自主知识产权中医循证医学研究通过验收

2010年6月29日，国家十五科技攻关计划——芪参益气滴丸心肌梗死二级预防的临床试验研究中医药行业科研专项——中医药临床疗效循证评价示范研究，通过国家科技部、国家中医药管理局专家组的验收。

由陈可冀、王永炎、王士雯、杨宝峰、张运5位院士领衔的专家委员会认为，该研究是第一个在WHO注册的中医药循证研究；第一个具有自主知识产权的中医药大规模、多中心随机对照临床试验。其创新点在于：发现芪参益气滴丸对于心肌梗死二级预防具有与肠溶阿司匹林相似的疗效；建立中医药循证医学的相关技术和方法，既符合国际循证医学规范，又发挥中医药特色。

中医治疗结核新法获国家专利

经过多年研究和临床试验，贵州省江口县人民医院青年医生何钱发明的中医治疗结核病新方法，最近获得国家专利。据了解，何钱自1966年从贵阳中医学院毕业，工作期间接触了很多结核病患者，他深感西医治疗结核病多有局限，便利用节假日深入乡村，向民间医师请教，学习中草药治疗结核病知识。同时对结核病高发区和无结核病区域群众的生活状况、饮食习惯等进行专题调研，了解结核病病理。在贵阳中医学院石恩骏教授的指导下，何钱将辨病与辨证相结合，将治疗结核病的中草药与维护内脏的药物有机结合使用，通过10年的临床试验，在收治的262例结核病患者中，治愈229例，治愈率达好转23例，疗程最短的6个月，最长的18个月。从治疗到痊愈，仅需2000元左右，且副作用少，被誉为“便民疗法”。这种中医治疗结核病的新方法已于5月12日获得国家专利。

蓝芩口服液列入中医治疗手足口病普通病例推荐用中成药

卫生部颁布2010年版《手足口病诊疗指南》，继2009年版后再次将扬子江药业集团独家生产的蓝芩口服液列入中医治疗手足口病普通病例推荐用中成药。北京儿童医院中医科副主任医师燕润菊表示，目前手足口病正处高发期，仅该院每日收治患儿就达数百名，临床观察蓝芩口服液防治手足口病效果良好。

蓝芩口服液的主要成分有板蓝根、黄芩、黄柏、胖大海等，具有清热解毒，利咽消肿的特殊功效，能有效阻断病毒在口腔和体内的复制和繁殖，对多种呼吸道病症及肠道病毒引起的疾病均有较好的治疗作用。经临床应用证明，对于目前传染性很强的手足口病EV71病毒，蓝芩口服液能够起到很好的预防和治疗作用，且具有良好的安全性和耐受性。其口服液剂型在方便小儿服用的同时，直接作用感染部位，发挥抗病毒作用，疗效更确切。

近年来，手足口病发病率呈逐年上升趋势，2008年，手足口病被纳入到法定传染病的范围。今年我国手足口病疫情提前进入高发期，疫情防控形势严峻。据卫生部通报，截至6月22日，今年已累计报告手足口病例98万多例，其中重症病例1.5万例，死亡537人。资料显示，目前西医尚无预防手足口病的疫苗和特效治疗药物。中医药在治疗该病的临床实践中积累了一定的经验。

中药新药黄厚止泻滴丸获准生产

2010 年，由广州中医药大学与包头中药有限责任公司共同研制的中药复方有效部位群组方新药黄厚止泻滴丸，获国家食品药品监督管理局批准生产，并颁发了新药证书。

黄厚止泻滴丸以中医药理论为指导，进行中药有效部位群组方的新药研究探索，采用可集成化、环保、低碳的先进提取、纯化技术进行中药有效部位的提取和富集，采用科学的设计方法与药效学相结合进行最佳处方的筛选，选择与临床适应症相吻合的最佳剂型，创建了具有示范效应的、以中医药理论指导下有效部位群组方的新药研究模式。

该产品于 2002 年获得我国批准的发明专利，拥有自主知识产权。并于 2002 年被评为内蒙古科技厅科技攻关招标项目、2004 年内蒙古自治区科技计划项目，2003-2006 年连续 4 年包头市重大科技项目，累计获得自治区科技厅和包头市科技局近百万元高科技项目资金支持。

葵花双参乙肝滴丸通过二期临床

日前，国内首创乙肝抗病毒中药葵花双参乙肝滴丸通过二期临床。研究结果显示，葵花双参乙肝滴丸抗病毒效果与干扰素作用相当，E 抗原转阴率可达 30%左右。

该药由葵花药业携手解放军 302 医院、北京地坛医院、北京佑安医院、天津传染病医院、辽宁中医药大学附属医院、湖南中医药研究院等 6 家权威医疗单位，共同研制。解放军 302 医院副院长施建飞、北京地坛医院中西医结合科王融冰教授等专家认为，双参乙肝滴丸与干扰素同效，同时具有副作用小、经济实惠的优势。

中医防治甲流有疗效

“中医对‘热病’的预防和治疗，历史已证明其疗效。甲流对展示中医药科学性和有效性而言，是一个难得的机遇。”8 月 13 日，在卫生部新闻宣传中心召开的甲型 H1N1 流感防控媒体说明会上，北京朝阳医院院长王辰肯定了中医药在甲流防控工作中的积极作用。

世界卫生组织 8 月 10 日宣布全球进入“流感大流行后期”，即指大多数国家甲流活动水平已恢复到季节性流感水平，但并不意味甲流病毒完全消失。据监测统计，近期我国内地甲流活动维持在较低水平。

据专家介绍，在治疗甲流过程中，研究人员特别对中医药疗效作了科学观察，以现代科学的方法证实一些中药汤剂和其他剂型能改善患者的症状，包括减少发热时间、减轻症状等。中医药为防控甲型 H1N1 流感提供了更为价廉、有效的药物，发挥了简便验廉优势。

中药治疗慢性心衰相关论文在美发表

由华中科技大学同济医学院附属协和医院心血管病研究所专家撰写的论文《芪苈强心调节急性心肌梗死大鼠心肌 TNF2α 和 IL210 表达》近日在美国《细胞免疫》（SCI 收录）杂志发表，芪苈强心具有免疫调节、抑制心室重构作用。

中华医学会心血管分会常委、陕西省心血管分会主任委员、心衰学组副组长马爱群教授研究证实，通络药物芪苈强心通过改善血流动力学，延缓心室重构过程，改善能量代谢模式，增加能量供给等多种途径共同作用来改善心功能。

针刺治疗青光眼性视神经萎缩取得新成果

由黑龙江中医药大学附属第一医院眼科孙河等人完成的一项科研课题表明，针刺治疗青光眼引起的视神经萎缩之所以有显著效果，其作用机理与减轻一氧化氮（NO）、谷氨酸（Glu）对视网膜神经节细胞毒性作用、上调视网膜抗凋亡基因（Bcl-xl）和脑源性神经营养因子（BDNF）的表达有关。该项目日前获得黑龙江省科学技术成果奖二等奖。

本项成果为针刺治疗青光眼视神经萎缩提供了可靠依据，为进一步制定青光眼视神经保护诊疗规范打基础，同时为开发青光眼视神经保护方法的研究提供有价值的新思路、新方法，在防盲治盲领域有重大意义。

该研究创新性地应用改良滤过性手术，成功建立慢性高眼压兔眼压恢复模型，获得了成功率高、可重复性好、更符合临床视神经保护措施应用时病理特点的动物模型。在去除眼压因素的情况下研究针刺的视神经保护作用及其作用机制，更加符合临床病理过程，并首次从整体、细胞、基因表达等多个层次以及细胞因子、神经递质、超微结构、凋亡和神经营养因子等多个角度，对针刺治疗青光眼视神经萎缩的机理进行系统研究。

从 1998 年至今，孙河教授一直潜心于对针刺治疗青光眼视神经萎缩的临床研究，得到肯定疗效的结果后，又对适应症、禁忌症进行筛选和对比。于 2002 年开始进行较为系统的与西药和中西药结合疗法对比研究，结果证实了针刺治疗青光眼视神经损伤的有效性。前期临床研究表明，针刺用于青光眼引起的视力障碍、视野缺损具有提高视力、扩大视野的疗效，且无不良反应。

在黑龙江省自然基金项目的支持下，孙河带领课题组开始对针刺治疗青光眼视神经损伤的实验研究，从 2004 年 3 月至前不久，经过大量的调研、资料检索和整理后，分别完成了准备阶段、预实验阶段、实验阶段、整理分析阶段和结题阶段等各个时期的工作。结果显示：针刺能改善视网膜微循环，减轻视网膜超微结构损伤，并促进轴浆传输神经营养因子阻滞的恢复，从而使濒临变性、死亡的轴突得到最大限度的恢复，增加视网膜节细胞数和视神经纤维面积、视神经纤维占视神经的百分比，起到保护视神经的作用，阻止视功能在眼压控制后继续受损；针刺能明显促进高眼压状态后视网膜谷氨酸的清除，降低兴奋性谷氨酸诱发的细胞内钙离子过载，以保护视网膜神经节细胞；针刺在降低视网膜谷氨酸含量的同时，使细胞内一氧化氮的合成减少，从而减轻一氧化氮作为自由基对邻近细胞的直接毒性作用，保护神经节细胞；针刺能上调视网膜抗凋亡基因 Bcl-xl 和神经营养因子 BDNF 的表达，从而阻止神经的逆行性或顺行性溃变，降低视网膜神经节细胞的凋亡率，保护神经元免于死亡。

发热伴血小板减少综合征中医诊疗方案

人感染新型布尼亚病毒病临床可表现为发热、全身不适、乏力、头痛、肌肉酸痛，以及恶心、呕吐、厌食、腹泻、便血等；可伴肺、肾、肝、心、脑等多脏器功能损害，少数重症患者可因呼吸衰竭、急性肾功能衰竭、弥漫性血管内凝血而死亡。

国家中医药管理局组织中医药防治传染病专家委员会专家与来自河南信阳市商城、山东蓬莱、广东省等地的中医药一线专家，对近年来蜱虫传播疾病病例的中医证候特点、核心病机进行了研讨，总结了既往的相关救治经验，认为本病属于中医“瘟疫”范畴，初起邪犯肺卫，卫气同病，毒邪壅盛，毒损脉络，重症可表现为气营（血）两燔，若热势鸱张，败坏形体，可导致正衰邪陷，中医药应早期介入，根据本病的不同阶段辨证施治。

一、辨证论治

（一）邪犯肺卫

临床表现：患者有蜱虫咬病史，发热，恶寒或不恶寒，无汗或少汗，肌肉酸痛，头痛，或咳嗽，或恶心，舌质红，苔薄白、薄黄或薄腻，脉浮数。

治法：辛凉解毒，疏风透邪。

基本方药：银翘散加减。

金银花、连翘、荆芥穗、芦根、白茅根、薄荷、赤芍、粉葛根、黄芩、生甘草。

用法：水煎服，日一剂-二剂。

加减：1. 便秘加大黄；腹泻加黄连；2. 咽喉肿痛加元参；3. 咳嗽加桔梗、杏仁、前胡；4. 表情淡漠、舌苔腻者加藿香、苍术、苏叶；5. 恶心加姜半夏。

中成药：金振口服液、抗病毒口服液、蓝芩口服液等。

（二）毒壅肺胃

临床表现：壮热不退，汗出，烦躁口渴，头痛，面红，恶心或呕吐，纳差，腹痛，便秘，尿黄，舌质红，苔黄或腻，脉洪大或脉缓。

治法：清气泄热，解毒活络

参考方药：白虎汤加减

生石膏、知母、苍术、板蓝根、炒栀子、连翘、炒杏仁、丹参、鲜茅根、生甘草。

用法：水煎服，日一剂-二剂。

加减：1. 腹满、便秘加酒大黄、芒硝；2. 恶心、呕吐加苏叶、黄连、芦根。

中成药：金振口服液、抗病毒口服液、蓝芩口服液等。可选用喜炎平注射液、热毒宁注射液等静脉点滴。

（三）毒损脉络

临床表现：高热，或伴皮肤斑疹，便血，或见咯血，尿赤，小便不利，舌质暗红，伴瘀斑等，舌苔薄黄，脉细数。

治法：凉血解毒，清热通络，益气养阴。

方药：犀角地黄汤合生脉散加减。

水牛角、生地、粉丹皮、赤芍、桃仁、连翘、生石膏、鲜茅根、紫草、西洋参、三七、麦冬、五味子。

用法：水煎服，日二剂-三剂。

中成药：口服云南白药，可选用喜炎平注射液、热毒宁注射液、丹参注射液、参麦注射液等静脉点滴。

（四）气营（血）两燔

临床表现：壮热烦躁，夜寐不安，间有谵语，吐血、衄血、便血、尿血，或发斑，舌绛，苔黄少津，脉细数。

治法：清气凉营（血），泻热解毒。

基本方药：清瘟败毒饮加减。

生石膏、水牛角、生地、银花、黄连、栀子、知母、白茅根、赤芍、玄参、丹参、麦冬、西洋参、生甘草。

用法：水煎服，日二剂-三剂。

加减：1. 疫毒迫血妄行，出血较多者，加侧柏叶、旱莲草；2. 呕血、便血者加生大黄粉、三七粉。

中成药：口服安宫牛黄丸或紫雪散；可选用喜炎平注射液、热毒宁注射液、丹参注射液、参麦注射液等静脉点滴。

（五）正衰邪陷

临床表现：精神萎靡，嗜睡，甚则神昏，谵妄；呼吸急促；少尿；汗出肢冷，脉细数或微等。

治法：扶正固脱，解毒开窍。

方药：参附龙牡汤合生脉散加减。

红人参、炮附子、麦冬、五味子、山萸肉、生龙骨、生牡蛎、连翘、草河车、人工牛黄、石菖蒲、郁金

用法：水煎服，日二剂-三剂。

加减：神昏或抽搐加人工麝香、羚羊角粉。

中成药：口服苏合香丸，可选用参麦注射液、生脉注射液、醒脑静注射液等静脉点滴。

（六）余邪未清，气阴两伤

临床表现；低热，乏力，纳差，口渴，舌质红，苔薄白，脉细数或缓。

治法：清解余邪，益气养阴。

方药：连翘竹叶石膏汤加减。

连翘、竹叶、生石膏、青蒿、太子参、麦冬、北沙参、鲜芦根、陈皮、生甘草。

用法：水煎服，日一剂。

二、外治法

（一）结肠滴注给药：恶心、呕吐症状重，口服汤药困难者，可用中药汤剂结肠滴注；高热持续，可用柴胡注射液、清开灵注射液等结肠滴注给药。

（二）外用：蜱虫叮咬局部可选用梅花点舌丹、六神丸、玉枢丹、新癀片等，研细末醋调外用。

防治艾滋病中医药促免疫重建

由中国中医科学院广安门医院联合国内10余家单位承担的科技部重大项目——中医药干预艾滋病免疫重建研究取得新成果。

数据表明，中医药可改善和减轻艾滋病患者乏力、心慌、咳嗽、恶心等症状，改善其生活质量；可减少抗病毒药引起的毒副作用，增加抗病毒效果；费用低廉，无严重不良反应。前期研究发现，中药复方颗粒体现了提升HIV感染者CD4等水平，抑制病毒载量，提高患者免疫力。

艾滋病患者的免疫重建治疗，已成为抗病毒治疗之外的重要策略，中医药能发挥调节免疫的作用。广安门医院通过采用循证医学研究方法，观察565例艾滋病患者免疫重建作用和机理，初步形成中医综合治疗方案和相应的中药复方。同期基础实验研究明确了中医药干预艾滋病患者免疫重建的作用机理和物质基础。

中国中医科学院中药研究所乌梢蛇鉴别法获中国专利优秀奖

由中国中医科学院中药研究所黄璐琦研究员申请的高特异性聚合酶链式反应技术鉴别中药材乌梢蛇真伪的方法，近日荣获第十二届中国专利奖优秀奖。

该发明提出了利用DNA分子遗传标记技术鉴别中药材乌梢蛇真伪的方法。这一方法已被《中国药典》2010版收录用于乌梢蛇的鉴别。这是《中国药典》首次收载分子鉴别方法，是在传统药材鉴别方法上的新突破。使用此方法鉴别乌梢蛇的真伪，操作简单、易于掌握、准确性高。

中国专利奖是在专利领域由政府颁发的最高奖项，并为联合国世界知识产权组织（WIPO）所认可，要求获奖专利技术方案构思巧妙、新颖，原创性强，技术水平高，对促进本领域的技术进步与创新有突出的贡献。

据了解，近年来，中国中医科学院中药研究所科研人员知识产权保护意识不断增强，专利数量明显增长、质量显著提高。此次中国专利优秀奖的获得，标志该所的知识产权保护工作迈向上了新的台阶。

痉挛性脑瘫外科疗效提高到九成以上

2010年10月22日，记者从北京中医药大学东直门医院举办的中国脑瘫外科20年庆典大会上了解到，一种通过选择性阻断脊神经后根纤维的手术技术经过不断的发展能明显提高治疗脑瘫的效果，此项技术的开展使痉挛性脑瘫外科的疗效提高到90%以上，目前国内有20余个省市100多家医院先后开展此项手术。

到目前为止，该院骨科徐林教授及其团队已经为万余名脑瘫患者行各类手术治疗，这是国际上完成手术例数最多、治疗效果最好的一组大宗病例，被国外同行誉为“东方脑瘫外科之父”。

973课题胃癌前状态性疾病中医病因创新研究通过验收

辽宁中医药大学周学文教授主持的973课题“基于‘以痈论治’胃癌前状态性疾病（活动期）‘毒热’病因创新研究”，在上海召开的973计划中医病因病机的理论继承与创新研究课题结题会上，顺利通过验收。

由多名院士、相关领域知名专家组成的专家组，认真听取了课题负责人的结题报告，仔细审阅了总结材料，查验了原始研究记录，并就相关问题进行了讨论和指导。专家组对研究结果给予高度评价，希望通过进一步凝练总结，在现有工作基础上，提出进一步深入研究的构想，以获得重大理论创新与突破。

片仔癀二次开发显成效

作为国家科技支撑项目的“片仔癀二次开发”项目经过三年努力，目前各项研究已基本完成，在珍稀濒危中药材麝香的GAP基地建设、片仔癀质量标准及等同性研究、片仔癀作为肿瘤辅助用药的研究、片仔癀在缺血性脑中风方面的应用研究等方面取得较好成果。

国家中医药管理局副局长于文明，中国中药协会会长房书亭，中国科学院院士陈可冀等对二次开发提出意见和建议，在学术交流会上，中国中医科学院、中华中医药学会及许多工作在临床研究一线的专家学者、名老中医等40多人就片仔癀的二次开发进行了研讨。

蛇床子素调控骨代谢作用靶点揭示

上海中医药大学脊柱病研究所、上海中医药大学附属龙华医院唐德志、王拥军、陈棣、施杞等研究人员首次证实蛇床子素通过信号转导通路而促进成骨的分子机理，揭示中医药调控骨代谢的潜在作用靶点。这一研究成果日前在美国骨与矿盐研究杂志发表。

蛇床子素是一种从中药蛇床子中提取的香豆素衍生物，是治疗骨质疏松症的中药制剂健腰密骨片的主要成分之一。实验研究揭示蛇床子素可通过信号通路刺激成骨细胞分化。

课题组利用基因敲除技术，证实可显著激活信号转导通路，明显促进骨形成，增加骨量和骨强度，从而揭示了补肾、温肾类中药防治骨质疏松症的作用机制，阐述了中医“肾主骨”理论的内在规律与科学内涵，并发现防治骨质疏松症的新途径。

该项目组进行了直立姿势对脊柱退变与衰老影响研究、骨赘形成与发展机理研究、芪麝丸延缓椎间盘退变基础研究、痰瘀证的病理物质基础研究，日前取得明显突破，形成10多篇高水平论文，先后在美国《关节炎与风湿病杂志》、《脊柱杂志》和日本《药理科学杂志》发表。

这些研究得到国家“973”计划、国家杰出青年科学基金、长江学者特聘教授奖励计划项目等资助，推动了国家中医临床研究基地建设。

复方蒿甲醚获年盖伦奖

由中国医药专家和诺华公司合作开发的抗疟疾药物“复方蒿甲醚”以其创新性的治疗方案和卓越的疗效获得“2010 美国盖伦奖”最佳药物奖，这一奖项被誉为“医药界的诺贝尔奖”。

20 世纪七八十年代，我国军事医学科学院周义清教授和他的科研团队经过不断尝试，通过将由中国科学家从中药中研发的青蒿素及其衍生物和化学合成抗疟药本芴醇进行组方，成功研发出世界首个青蒿素复方抗疟药（复方蒿甲醚），这一药品疗效和意义得到了世界卫生组织的高度关注。1990年，诺华公司与中国医药界合作进行复方蒿甲醚的开发和生产，这一开创性的合作让中国研发的创新药品成功走向世界，为世界范围内的患者带来了福音，为全球对抗疟疾的努力发挥了至关重要的作用。

每年，全球有近百万人死于疟疾，其中大部分为 5 岁以下的非洲儿童。多年来，诺华累计为发展中国家以非营利的方式提供复方蒿甲醚 3 亿 4 千万份，挽救了近 85 万疟疾患者的生命。

科技助力中医药产业发展汇仁技术中心获国家级认定

中华人民共和国发展和改革委员会、中华人民共和国科学技术部、中国人民共和国财政部、中华任命共和国海关总署、国家税务总局联合发布了第十七批享受优惠政策的企业(集团)技术中心名单。汇仁集团作为江西唯一一家医药企业光荣列入名单。

近日，中华人民共和国发展和改革委员会、中华人民共和国科学技术部、中国人民共和国财政部、中华任命共和国海关总署、国家税务总局联合发布了第十七批享受优惠政策的企业（集团）技术中心名单。汇仁集团作为江西唯一一家医药企业光荣列入名单。

据悉，汇仁集团是该名单中的“老成员”，早在第十四批享受优惠政策的企业（集团）技术中心名单上就出现了。在 2009 年第二批国家创新型企业中，江西省仅有四家，江西汇仁药业有限公司同样榜上有名。

从汇仁集团了解到，汇仁强大的科研实力源自企业对科技创新的长期重视和持续投入。早在 2003 年，汇仁就在中国药谷——上海张江高科技园区投巨资兴建国家级研发中心，并经国家人事部批准设立博士后工作站。2005 年，汇仁又在英国牛津科技园建立了欧洲研发中心。科技研发的大量投入为集团后续发展提供了强大的动力。

一分耕耘一分收获，对科技研发的持续投入换来了丰硕的成果。几年来，汇仁集团承担了十多项国家九五、十五科技攻关项目及多项国家级科研课题。先后完成了 90 余个中西药新药的开发，取得了 60 多个新药生产批件，获得了 42 项国家专利和多项应用技术成果，参与制定了 30 多个饮片生产国家工艺质量技术标准。目前在研或承担的新药项目有 130 余个，其中 10 多个已进入Ⅱ期临床试验。

依靠科技创新，极大地提升了企业的核心竞争力。在今年全国工商联发布的“2010 中国民营企业 500 家名单”中，江西仅有三家民企入围，汇仁集团以营业收入总额 43 亿元名列其中。2010 年第 27 届全国医药工业信息年会在《中国医药统计年报》上发布的全国医药工业企业百强榜中，汇仁集团排名第 17 位。江西省医药企业排名第一，领跑江西省医药企业。

与国家鼓励中医药科技研发政策一样，如今，科技助力中医药产业发展已成为业界共识。12 月，在武汉举办的成长型医药企业发展论坛上，国家中医药管理局副局长李大宁就指出，在世界现代科技飞速发展的今天，中医药吸收融合现代医药的科技成果并发展创新，已经成为我国当前的主流医学之一。

2010年11月25-26日，在由国家15个部委和四川省人民政府共同主办的第三届中医药现代化国际科技大会上，香港现代中医药国际协会的刘永铨博士呼吁，应尽快分析出中药作用的物质基础和作用机理，推动中药标准的建立，打通中药进入国际市场的瓶颈。

相信在政府和企业的共同努力下，我国中医药产业凭借博大精深的传统中医文化和现代科技的积极创新，必将展翅腾飞，阔步走向世界。

上海首次颁发中医药科技

由上海市中医药学会举办的首届上海中医药科技颁奖大会12月26日在上海中医药大学附属龙华医院举行。上海市科协副主席王晓东等及上海市中医药学会各专业委员会、部分中医药机构和名老中医代表等近100人出席会议。

首届上海中医药科技奖评出《名老中医学术思想及临床经验传承研究》等2项为一等奖；《平喘方对支气管哮喘模型小鼠MIP—LA及CD86分子表达机理研究》等4项为二等奖；《脑卒中二级预防研究——中西医结合提高缺血性脑卒中患者生活质量的研究》等8项为三等奖；《三国两晋南北朝医学总录》等2项为优秀著作奖。

上海中医药科技奖是为进一步调动中医药科技工作者的积极性和创造性，促进上海市中医药科技不断发展和进步，经上海市科协、上海市科委正式批准设立的代表上海中医药科技水平的行业奖项。

四 教 育

19位中医人获国家表彰

2010年4月27日上午，2010年全国劳动模范和先进工作者表彰大会在北京人民大会堂隆重举行。19位中医人名列其中受到表彰。中共中央总书记、国家主席、中央军委主席胡锦涛在会上发表重要讲话，强调要在全社会大力弘扬劳模精神，用劳模的先进事迹感召人民群众，用劳模的优秀品质引领社会风尚，在全社会进一步形成崇尚劳模、学习劳模、争当劳模、关爱劳模的良好氛围。吴邦国、温家宝、贾庆林、李长春、习近平、李克强、贺国强、周永康等党和国家领导人出席。温家宝主持大会。

这19位中医系统人员为：北京市鼓楼中医医院院长康佳（女），天津市武清区中医医院医生陈宝贵，河北省保定市中医医院院长张会琴（女），吉林省农安县宝华骨科医院院长高宝华，吉林省松原市中医院副院长李景华，上海中医药大学附属龙华医院副院长王拥军，江苏省无锡市中医医院肿瘤科主任尤建良，福建省漳州市中医院院长助理洪敏俐（女），江西省新建县中医院院长熊周勇，山东省文登整骨医院科主任丛海波，河南省邓州市中医院院长唐祖宣，河南省开封市中医院院长庞国明，湖北省洪湖市中医医院院长、党委书记周祖山，海南省中医院护理部主任李丽花（女），重庆市中药研究院副院长李隆云，四川省安岳县中医医院党支部书记曾玲（女），西藏自治区藏医院外治科副主任医师索朗欧珠（藏族），甘肃省兰州市第二人民医院中西医肾病科主任许筠（女），青海省西宁市中医院副院长何建青。

会上，党和国家领导人向全国劳动模范和先进工作者代表颁发荣誉证书。一汽大众汽车有限公司轿车一厂焊装车间工长王洪军代表全国劳动模范和先进工作者宣读倡议书，向全国各行各业职工倡议，为夺取全面建设小康社会新胜利、实现中华民族伟大复兴创造新业绩、建立新功勋。

2005 年全国劳动模范和先进工作者表彰大会以来，各行各业涌现出一大批在全面建设小康社会、加快推进社会主义现代化伟大实践中取得显著业绩的先进模范人物，国务院决定授予 2115 人全国劳动模范荣誉称号、授予 870 人全国先进工作者荣誉称号。

对于获全国劳模与先进工作者殊荣的中医人，本报三版今明两天对其事迹进行相关报道。

欧洲议会举办首场中医讲座

2010 年 2 月 2 日，为期 3 天的“中国新年走进欧洲议会”活动在欧洲议会办公大厦拉开帷幕。作为这一活动的开篇之作和欧洲议会历史上首次中医讲座，题为《我的健康我做主》的讲座格外引人注目。

来自欧洲议会以及其他国际机构的 100 余人听了讲座。主讲人北京中医药大学基础医学院副院长李峰教授简要介绍了中医的养生理论和实践经验，持续 1 小时的讲座不时被掌声打断。

讲座之后观众们排起长队接受李峰教授的简单诊断和治疗。他们纷纷表示，中医的显著疗效是让他们信服的关键，相信中医将进一步走向世界，为全人类造福。

欧盟官员朱塞佩·马扎博士说，15 年前他被头疼折磨得死去活来，西医治疗无效后开始接受中医治疗，治好了。由此他开始对中医和中国文化发生浓厚兴趣，并多次访问中国。

李峰于 2009 年 9 月参加欧盟关于中医的一个研究项目到卢森堡做访问学者。李峰直言，对于医学而言，疗效是硬道理。他介绍，在卢森堡期间，一名警察专门找到他表示感谢中医，因为这名警察前些年患上直肠癌，做了手术和放疗、化疗，效果都不太好，但后来看了中医、吃了中药，病情出现好转。

欧洲议会工作人员佩德诺·查韦斯先生曾经浑身乏力，看西医诊断不出什么疾病。3 年前他接受中医治疗，效果很好。他结合自己的体会说，中医能使身体安静下来，使各项机能更加平衡。

李峰认为，中医走向世界的关键是普及中国传统文化，只有了解中国传统文化，才能真正理解中医，才能从心里认同和接受中医。

三级医院将为县级医院培训六千医师

卫生部和国家中医药管理局日前联合出台《县级医院骨干医师培训项目实施方案》。从 2010 年 8 月起，卫生部、国家中医药管理局将安排 6000 名县级医院骨干医师到三级医院培训，以提高县级医院服务能力和水平。

《方案》要求各省级卫生行政部门、中医药管理部门根据三级医院资源分布和医院间对口支援关系确定培训医院；东部省份承担一定的对口支援西部省份的培训任务；已开展住院医师规范化培训的医院，可适当多承担一些培训任务。县级医院要依据本地区疾病谱和农村居民医疗需求选送骨干医师参与培训。培训对象以县级医院主治医师或从事本专业 5 年以上的执业医师为主。

此次培训将重点培养骨干医师的临床思维、医患沟通和临床技术操作能力，帮助受训人员熟练掌握临床常见病、多发病诊治知识和适宜技术，县级医院专科建设和管理基本知识等。

7名中医中西医结合医师获殊荣

2010年11月5日，由中国医师协会主办的第七届中国医师奖颁奖表彰大会在北京人民大会堂举行，包括7名中医、中西医结合医师在内的95名执业医师获得表彰。全国人大原副委员长彭佩云、卫生部副部长陈啸宏、解放军总后勤部卫生部副部长陈新年、国家中医药管理局副局长李大宁、中国医师协会会长殷大奎等出席了会议并为获奖者颁奖。

本届中国医师奖获奖医师涵盖西医、中医、口腔医学、公共卫生等多个医学专业的95名执业医师。7位获奖的中医、中西医结合医师分别是何东仪、宋柏林、张永杰、杨关林、杨宝元、陈进春、蒋国昌。

陈啸宏对获奖的医师表示祝贺，他说，中国医师协会已经成功举办了7届医师奖评选活动，树立了一批医德高尚，技术精湛的好医生典型，尤其对我们行业的医德医风建设起到了积极促进作用。

他指出，当前我国卫生工作既面临重大挑战，也面临难得的改革发展机遇。医药卫生体制改革要靠全体医务工作者的积极参与和努力奉献，广大医师是卫生改革的中坚力量。医药卫生体制改革也为医务工作者服务人民健康和自身发展提供广阔的舞台。希望广大医师们积极投身医药卫生体制改革，始终坚持正确的事业发展理念，把社会效益放在第一位，以维护和增进人民群众健康为己任，积极转变服务观念，不断增强服务能力，努力提供人民群众满意的医疗卫生服务。

中国医师奖是由卫生部批准设立，国务院审核通过的医师行业的最高奖项。据了解，中国医师奖的评选前七届是每年评选一次，今后的中国医师奖评选将改为每两年评选一次。

国家为181位名老中医建传承工作室

国家中医药管理局11月9日发布通知，确定了包括22位国医大师和159位名老中医在内的181名专家成为2010年全国名老中医药专家传承工作建设项目专家（专家名单见3版），并将在今年年底前，由中央安排专项资金，完成工作室所有硬件设备的招标、采购、安装、调试工作并正式投入使用。

全国名老中医药专家传承工作室将建立国医大师/名老中医临床经验示教诊室及资料室，认真总结研究他们擅治常见病、疑难病的诊疗经验和学术思想，形成系统的诊疗方案，并推广运用于临床。此外，还将把国医大师学术经验、学术理论推广应用于中医药理论研究、教材建设及教学之中，研究国医大师成才规律和临床资料，并形成专著出版。

在人才培养方面，工作室将重点培养国医大师传承团队中2名副高以上中医药人员和5名中级职称人员，国医大师传承团队还将面向全国开放，接受10名以上外单位进修、研修人员，形成培养中医药传承型人才的流动站。

根据项目要求，2011年年底前，各工作室将实现网络资源共享平台，并把整理、收集的名老中医医案等相关资料形成电子版资料库。

119名中医药科普工作者获表彰

2010年11月8日，在中华中医药学会于浙江武义县举办的2010年全国中医药科普高层论坛暨全国中医药科学普及先进个人表彰大会上，119名优秀科普工作者分别获得全国中医药科学普及金话筒奖、编辑金牛奖和传播奖。国家中医药管理局副局长吴刚出席表彰大会。

随着近年来中医养生热的兴起，在科普教育、宣传、出版、管理等方面涌现出许多群众喜爱的中医科普专家学者，全国迅速掀起了中医药科普热潮。从今年初开始，中华中医药学会从全国中医药界和相关媒体中推选出百名优秀者，通过严格的遴选、推荐、评审、公示等程序后产生了 82 名全国中医药科学普及金话筒奖，22 名全国中医药科普编辑金牛奖，15 名全国中医药科学普及传播奖。

天津中医药大学张金钟教授获高校德育创新发展研究二等奖

由教育部高等学校社会科学发展研究中心举办的“2010 年高校德育创新发展研究成果”评选结果揭晓，天津中医药大学校党委书记张金钟教授的研究报告——《关于以情感人的大学生思想政治教育体系的研究》荣获二等奖。这是该校近年来在德育研究方面获得的高层次奖项。

“高校德育创新发展研究”奖，旨在深入贯彻落实科学发展观、党的十七大和十七届五中全会精神，为推动《国家中长期教育改革和发展规划纲要（2010—2020 年）》的实施，为推动我国高校德育工作的观念、模式、内容等方面的创新发展，分析新形势，研究新问题，探索新思路，进一步把握国际化背景下高校德育创新发展的客观规律，促进理论与实践有效结合，推出一批有影响力、辐射力的理论成果。该奖分为学术专著、研究论文、研究报告三类。经专家评审和评审领导小组复审，共评出一等奖 10 项，二等奖 23 项，三等奖 42 项，优秀奖 55 项。其中，天津高校获奖 4 项（南开大学获一等奖 1 项，我校获二等奖 1 项，天津大学获三等奖、优秀奖各 1 项）。

天津中医药大学提交的研究报告《关于以情感人的大学生思想政治教育体系的研究》，从当前大学生思想政治教育中存在的理论与实际结合不够紧密、实际效果不显著的实际出发，紧密结合大学生思想实际和学校特点，探索思想政治教育的规律，提出了寓情于教、寓理于情的大学生思想政治教育新理念，系统阐述了以情感人的大学生思想政治教育实践体系的基本思路和目标、实施方法、收获与体会，为新时期高等学校开展实际效果显著的思想政治教育，提供了新思路和新方法。

第四批老中医药专家学术经验继承工作交流经验

2010 年 12 月 16-17 日，国家中医药管理局在黑龙江哈尔滨市召开第四批全国老中医药专家学术经验继承工作经验交流会议，总结交流了第四批继承工作进展情况，部署了下一阶段重点任务。

卫生部副部长、国家中医药管理局局长王国强，黑龙江省副省长孙尧，国家中医药管理局副局长李大宁等出席会议。

王国强肯定了中医药继承工作取得的成绩，他要求，积极探索中医药人才成长特点和规律，以提高中医药队伍整体素质、增加继承与创新能力为出发点，深化中医药教育教学改革，完善中医药教育体系，提高中医药院校教育质量；积极探索师承教育与院校教育相结合的模式，逐步完善师承教育制度；推进中医药继续教育培训，探索建立中医药毕业后教育制度，加强中医药职业教育，培养名教师、创建名学科、建设名院校，培养能运用中医药理论整体思维、辨证论治的合格人才，培育能坚持以人为本、大医精诚、医德医风好的合格人才，培训能深入基层、心系百姓、运用中医药服务群众的合格人才，为中医药事业发展提供源源不断的人才保障和智力支持。

李大宁总结时指出，一是以改革探索精神，推进第四批继承工作与临床医学专业学位衔接工作，整改发现的问题；二是要突出中医药人才培养的特点和规律，坚持中医理论指导，总结老中医药专家的学术思想和临床经验，培养出能发挥中医药特点、临床疗效高的中医药人才；三是要突出质量，坚持质量优先。以“指导老师如何教、继承人如何学”为抓手，建立质量规范标准，实行淘汰制，严把出口质量关；四是加强政策研究和典型事例的总结宣传，发挥示范带动作用。

五　著作·论著

卫生部办公厅印发《手足口病诊疗指南（2010年版）》

为指导医疗机构做好手足口病诊疗工作，卫生部手足口病临床专家组结合我国手足口病诊疗实际经验，借鉴世界卫生组织和其他国家、地区相关资料，研究制定了《手足口病诊疗指南（2010年版）》，于2010年4月20日印发以指导医疗机构科学、有效地开展手足口病医疗救治工作。

《中医临床心理学》出版

由广东省中医药学会会长张孝娟、广东省卫生厅副厅长黄小玲共同主编的《中医临床心理学》一书，近日由中国医药科技出版社出版。国医大师邓铁涛为之作序。

该书上篇阐述中医心理学的理论、发展源流、病因病机和辨证论治原则；中篇介绍与心理疾病密切相关的13种病证的辨证论治，下篇较系统介绍了40余种心理障碍的临床表现、治疗方法等内容；附篇则详列了常用心理治疗方法、治疗药物及护理规程。

《中国整脊学》英文版发行

经过中美两国学者五年的努力，世界中医骨科联合会秘书长、中华中医药学会骨伤科分会副会长韦以宗编著的《中国整脊学》近日由人民卫生出版社正式出版英文版，并在全球发行。同时，韩国相关学会已购买该书韩文版版权，即将在韩国出版韩文版。据介绍，英文版《中国整脊学》的出版发行，将有助于国际医学界更好了解和学习中医对脊柱伤病的诊疗特色，扩大中医的国际影响。

《中医学报》被美国《化学文摘》收录

由河南中医学院与中华中医药学会联合主办的《中医学报》日前被美国《化学文摘》收录。

《化学文摘》创刊于1907年，是世界上著名的检索工具之一，由美国化学学会《化学文摘》社编辑出版，总部设在美国俄亥俄州的哥伦布市。《化学文摘》收录了世界上150多个国家、56种文字出版的15000多种期刊以及专利、技术报告、专著、学位论文等文献，世界范围内排名在前四位。

《中医学报》以探讨中医药基本理论，报道中医药科学实验、临床研究成果为宗旨，先后被评为中国高校特色科技期刊、河南省一级期刊和河南省自然科学二十佳期刊，今年又被美国《乌里希期刊指南》及《化学文摘》收录，标志该刊办刊水平提升。

《黄帝内经研究集成》出版

2010年9月16日，一部系统反映近现代对《黄帝内经》学术思想、传承研究全貌的大型之作——《黄帝内经研究集成》首发式在延安举行。卫生部副部长、国家中医药管理局局长王国强为《黄帝内经研究集成》作序，国家中医药管理局副局长吴刚到会讲话。

由钱超尘、温长路等60位专家学者编纂的《黄帝内经研究集成》，是《中华古代名医名著集成》系列文献学丛书之一。此书从酝酿到成书历经12年时间，2009年初，国家中医药管理局专项资金支持该书启动，在延安常泰药业有限公司支持下，于今年7月由中医古籍出版社出版，共分4卷，系统梳理了近现代《黄帝内经》的研究成果，采取丛书通用的体例，除概说、结语两篇外，另设著作、论文、会议、纪念四篇，分别将后世对《黄帝内经》学术思想的研究、传承情况进行比较详细的展示和剖析。

吴刚在讲话中说，《黄帝内经研究集成》不仅是一部学术著作，也是中医药文化建设的一项成果。中医药文化建设不仅需要中医药专家学者、中医医院参加，而且也需要中医药各类企业参与。中医药企业将中医药文化与企业文化建设结合起来，不仅有利于企业的特色发展，也将对整个中医药文化建设有所启示。

《中华经典养生名言录》出版

一本收录了历代中医养生名言，便于携带与阅读的袖珍本《中华经典养生名言录》，日前由中国中医药出版社出版。卫生部副部长、国家中医药管理局局长王国强为其作序。

该书由国家中医药管理局中医药文化建设与科学普及专家委员会专家孙光荣组织编写，历经3年，数易其稿，经专家审定委员会修改、审定，收录历代中医经典著作和当代中医名家养生名言共162条。书中所引养生名言既有原文出处，又有恰当的现代语言阐释，忠实原意，通俗阐释，有别于传统的注音、注释、串讲，是爱好、学习、研究中医养生者的重要参考书。

《药典图鉴》出版

2010年11月，《中华人民共和国药典中药材及原植物彩色图鉴》（以下简称《药典图鉴》）正式出版。《药典图鉴》系由国家药典委员会与中国医学科学院药用植物研究所通力合作，组织专家共同编著完成，填补了《中华人民共和国药典》（一部）没有基原植物形态描述的空白。

该图鉴为全文中英文对译本，卫生部部长陈竺为该书作序。该书以2010年版《中华人民共和国药典》（一部）为蓝本，收载以植物为基源的药材约530种，精选了专家们在长期野外考察中，在植物拍摄、凭证标本采集、药材制作和凭证标本鉴定、药材拍摄等过程中获得的，包括原植物生长环境、花果枝、鉴别特征部位、新鲜药材部位、原药材及药材切面彩色照片共计2300余幅，真实、准确地反映了原植物生长环境、原植物形态、药材形状，突出基源植物的鉴定特点。

《药典图鉴》对我国从事药品检验、教学、科研以及药材、饮片、中成药生产、供应、使用和国际贸易等方面的机构和有关人员具有极高的参考价值，是一部不可多得的工具书。

《环球中医药》被收录为中国科技核心期刊

2010 年，《环球中医药》杂志被“中国科技论文统计源期刊”（中国科技核心期刊）收录，标志该刊学术质量达到新水平。

《环球中医药》由卫生部主管，中华国际医学交流基金会主办，张伯礼院士任总编辑。自 2008 年创刊以来，坚持立足科技前沿、贴近临床、服务读者的宗旨，报道中医药科技和临床研究新进展，围绕重点选题组织全国知名专家撰稿、组稿，选稿用稿严格筛选，保证杂志的学术与编辑质量。

《新中国六十年中医图书总目》出版

大型中医文献检索工具书《新中国六十年中医图书总目》2010 年 3 月由人民卫生出版社出版发行。该书目共收录新中国成立 60 年来全国各地出版的中医图书 37572 种，是迄今为止收录数量最多、收集范围最广的一部中医图书目录，填补了当代中医书目编纂的空白。

该书目由中国中医科学院中医药信息研究所联合国内多家单位的科研人员，历时 5 年编纂而成。本书目所收集的图书内容涉及中医药学的各个领域，不仅记载了古医籍的发掘、整理、再版的脉络，更集中反映了中医药事业在科研、临床、教育以及管理等诸多方面所取得的成就。

据该书目主编裘俭介绍，书目共计 400 余万字，收录了新中国成立以来出版的各类中医药图书目录。书中还特别设立了少数民族医学类目，专门收录用汉语言文字和少数民族语言文字著述的民族医药书籍。书目的编纂以《中国文献编目规则》为著录指导，以《医学专业分类表》为分类标准，书末附有书名笔画索引与著者笔画索引，方便读者查阅。

首套中医类对外汉语教材出版

由天津中医药大学主持编写的中医对外汉语系列教材《实用中医汉语》精读、听力（基础篇）近日出版。这是迄今为止国内首套中医类对外汉语教材。

《实用中医汉语》立足对外汉语教学，结合中医药知识，在语言教学的同时渗透中医文化内涵，可帮助中医院校留学生解决专业学习中的语言和文化障碍。目前该教材已在天津中医药大学汉语进修生班使用，获得留学生的普遍好评。

2006 年，天津中医药大学将多年来一直酝酿编写中医对外汉语教材的想法纳入工作计划，并由人文管理学院与国际学院联合启动该项编写工作。还邀请北京中医药大学、上海中医药大学等多所中医院校对外汉语、汉语言和中医药等学科教师参与，经多年修订，数易其稿。据悉，中医药是来华留学的热门专业之一，留学生人数仅次于学习汉语语言学和中国语言文学专业者。

一中药论文入选中国百篇最具影响国际学术论文

中国科学技术信息研究所日前公布“2008 年度中国百篇最具影响国际学术论文”名单，北京大学基础医学院中西医结合教研室、北京大学医学部天士力微循环研究中心主任韩晶岩教授的论文入选。入选论文题目为“丹参主要成分对缺血再灌注引起的微循环障碍和靶器官损伤改善作用”。

该论文系统分析了丹参及其主要成分改善再灌注引起的多脏器损伤的机制，提出了丹参及其主要成分多环节改善微循环障碍的可能和进一步研究思路。论文于2008年5月发表，当年被引用12次，截至2009年被引用23次。

2008年度中国百篇最具影响国际学术论文，是按论文创新性、期刊水平、是否属于研究前沿热点、论文合作强度、论文文献类型和参考文献情况、论文即年被引用情况等指标客观评选出来的。入选的论文代表了我国科技论文发展的领先水平。

六　交流合作

澳大利亚中药行业联合会成立

电澳大利亚第一家中药行业联合会1月29日在悉尼成立。

澳大利亚联邦政府医药管理局官员麦克·史密斯在仪式上说，澳大利亚中药行业联合会的成立，使中药行业执业者可以通过这一有代表性的组织与政府相关部门直接沟通，对联邦政府医药管理局在制定草药销售、应用、卫生管理等相关政策和法规方面也将起到积极作用。

中国驻悉尼总领事胡山表示，中国政府赞赏澳大利亚政府鼓励和支持中医药发展的态度和举措。他说，中药行业联合会在澳大利亚政府管理部门与行业之间搭起了一座有效沟通的桥梁，强化了行业内部间的联系与合作，进一步加强了澳大利亚中药行业与中国中药界的交流与合作。

澳大利亚中药行业联合会会长马安阳说，由于澳中两国对中药毒性的认知有差异，有效中药成分在澳大利亚时常被禁用或不被承认，这给同行业者带来极大困扰，并影响了中医疗效的发挥。成立联合会是希望通过沟通对话、科学论证等手段，促进澳大利亚政府相关部门更加有效地实行管理，以促进中药行业健康发展，保证中医用药达到最佳效果。

澳大利亚中药行业联合会由澳大利亚中药研究机构人员，经销中药材、中医工具、针灸器材的商家以及种植中药材的厂家联合组成，其中包括澳大利亚20家主要中药业者。

世界中联召开2010年专委会会长级会议

2010年2月25日，世界中医药学会联合会2010年专业（工作）委员会会长级会议在北京召开。国家中医药管理局副局长吴刚、民政部民间组织管理局副局长杨岳出席会议并讲话。

会议目的是为进一步加强世界中联专业（工作）委员会的组织建设，规范国际学术会议的组织和运营模式。与会人员听取了世界中联秘书处工作报告，研讨了世界中医药大会与中医药国际组织标准化建设工作，学习了《世界中医药学会联合会专业（工作）委员会组织管理规定》和《世界中医药学会联合会专业（工作）委员会学术会议管理细则》。会议还就专业委员会组织建设、学术会议组织模式、国际组织标准制定、中医药网络教育等交流了经验。

中医药对外交流合作获新进展

我国中医药对外交流与合作取得新进展，国际影响力正进一步提升。这是国家中医药管理局局长王国强在今天举行的 2010 年全国中医药工作会议上表示的。

王国强说，我国中医药多边合作取得新进展，特别是由我国发起和促成的《传统医学决议》在第 62 届世界卫生大会上获得通过，这是世界卫生组织第一个敦促会员国发展传统医学的专门决议。他说，我国中医药双边合作正深入推进，中医药纳入 2009 年中美战略与经济对话框架。与墨西哥、哥伦比亚签署了传统医学领域合作备忘录，开辟了与南美国家合作新领域。2010 年还将对港澳台地区的中医药交流合作继续加强，促进两岸中医药领域交流与合作向务实发展。

中医文化和养生展在巴黎举办

为期一周的“中医文化和养生展”2010 年 4 月 26 日在巴黎中国文化中心开幕。展览由中国中医科学院和巴黎中国文化中心共同主办，主要从中医历史、诊法治法、中医养生、中医传承等 4 个方面，展示独具特色的中医文化和养生之道，并举办专家讲座，法国民众可近距离领略中医文化、体验中医养生。

2010 海峡两岸中医药发展与合作研讨会在安徽亳州召开

2010 年 4 月 29 日至 30 日“2010 海峡两岸（亳州）中医药发展与合作研讨会”（以下简称“研讨会”）在安徽省历史文化名城亳州市召开。国务院台湾事务办公室交流局李京文处长、国家中医药管理局台港澳中心王承德主任、亳州市牛弩韬市长出席开幕式并讲话。作为回应台湾“搭桥专案”的重要活动，此次研讨会由国家中医药管理局对台港澳中医药交流合作中心与亳州市人民政府联合主办，来自海峡两岸的 120 多位领导、专家学者以及企业界人士参加了本次研讨会，就两岸中医药产业合作、中医药科研合作与推广等问题展开了广泛深入地研讨。两岸中医药交流从以往学术交流层面向与中医药科技研发与中药材贸易等层面并重的架构发展。

中国挪威拓展中医药合作领域

2010 年 6 月，挪威科技大学校长托尔比约恩弗尔·狄格尼斯访问中国中医科学院。中国中医科学院院长曹洪欣会见了狄格尼斯一行，双方就多项合作事宜进行磋商并签订了合作备忘录。

自 2004 年，中国中医科学院与挪威科技大学的相关专家在中、西药物联合用药的安全性研究、中药综合疗法对银屑病相关抗原影响的研究、中草药对肠癌的干预治疗研究等领域进行了卓有成效的合作。

双方决定在中医药学的生物学机制和临床疗效研究、开展西医学和中医学结合的体外研究模型和体内实验改善疾病治疗和保证病人安全及互派留学生和交换学者等方面进一步加强合作。

两岸联合进行中医药研究的首个平台在厦揭牌运作

海峡两岸联合进行中医药研究的首个平台——海峡（厦门）中医药科技创新平台，20 日在厦门大学正式揭牌运作。

中国卫生部副部长、国家中医药管理局局长王国强、厦门大学校长朱崇实等官员和台湾地区中国医药大学副校长李英雄，台湾工业技术研究院生物医学研究所副所长李连滋共同为该平台揭牌。

海峡（厦门）中医药科技创新平台以厦门大学为主体，以厦门市中医院、台湾地区的中国医药大学、台湾工业技术研究院为合作单位组建。据称，今后，该平台将采取共享机制，面向两岸中医药科研单位、高校、医疗机构和企业开放，为两岸中医药领域的实质性交流提供硬件支撑。

该平台负责人介绍，该平台将重点开展海峡两岸常见病、多发病和重大疾病的中医诊疗理论基础及临床研究，开展闽南与台湾特色中药制剂的机理研究及二次开发，以及闽台特色诊疗诊断新技术和新设备的研究工作，力争将平台打造成一个两岸一流的中医药研发基地。

海峡两岸签订 6 项中医药协议

2010 年 6 月 21 日下午，在 2010 海峡两岸中医药发展与合作研讨会闭幕式上，两岸有关单位共同签订 6 项中医药合作协议，合作内容涉及中药新药研发、数字化辅助诊疗系统开发、中医临床诊断技术项目对接等方面。

台湾杏辉药品工业有限公司与北京大学中医药现代研究中心签订《海峡两岸中药新药开发合作协议》。双方将深入研究肉苁蓉总苷及其制剂的质控方法、作用机理等。

厦门海峡中医药合作发展中心与台湾中医诊断学会就中医临床诊断技术项目的对接签署合作意向书。厦门海峡中医药合作发展中心、厦门市中医院与台湾红崴科技集团达成协议，将继续合作举办中医临床适宜技术及足弓矫正医学培训班和中医经络穴位养生培训班。

此外，厦门大学医学院及生物医学研究院与台湾企业签订《中医亚健康数字化辅助诊疗系统开发合作协议》、《台湾特色中药小叶葡萄的研究与开发合作协议》、《牛樟芝现代化技术应用与产业开发合作意向书》。

中药国际化迈出坚实一步

中国医药界致力于中药国际化已有多年，但在进军欧美主流医药市场上没有突破。天津天士力公司出品的复方丹参滴丸成为首例进入美国食品和药物管理局（FDA）三期临床试验的中成药，可谓中药国际化过程中的坚实一步。

阻碍中药国际化的一个巨大拦路虎是中药治病机理模糊，没有获得普遍认同，围绕中药产生过激烈论战。如何依据西方医药标准清楚地阐述中药治病机理是一大难题。

此外，西方一些国家在政策上曾有过对中医药的排斥，近年来虽有所放宽，但严格的药品审批程序也令中国众多中医药企业产生畏难情绪。

以美国为例，候选药物需要通过三期临床试验才可能被批准上市。统计数据显示，只有约十五分之一的候选药物能通过 FDA 的全部三期临床试验并最终与消费者见面，大多数药物会在二期临床试验阶段止步。

如此高的淘汰率，再加上临床试验的高额费用和漫长时间，令一些中医药企业只愿在中国国内“游泳”，而不敢向着国际市场“出海”。天士力公司在 FDA 针对复方丹参滴丸开展的前两期临床试验中支出了巨额资金，其取得的进展具有重要意义。

FDA 的药品审批非常严格，一直是全球药品上市的风向标，其审批结论会成为全球众多药品监管机构的重要参考。按照研发规律估计，在中国已经上市并能进入 FDA 三期临床试验的候选中成药，最终经 FDA 批准上市的可能性很大。

世界中医药学会联合会风湿病专业委员会成立

2010 年 8 月 7 日，世界中医药学会联合会风湿病专业委员会成立大会暨第四届国际中医风湿病学术会议在北京召开。

本次大会由世界中医药学会联合会、中华中医药学会主办，中华中医药学会风湿病专业委员会承办。原全国人大常委会副委员长许嘉璐，全国政协副秘书长蒋作君，原卫生部副部长兼国家中医药管理局局长、世界中医药学会联合会会长佘靖，世界中医药学会联合会秘书长李振吉、国家中医药管理局副局长于文明等出席了开幕式。著名国医大师路志正教授、朱良春教授也参加了开幕式。参加开幕式的还有来自美国、英国、荷兰、日本、韩国、新加坡、马来西亚、菲律宾、泰国等国家和地区以及台港澳和国内的代表 500 余人。

世界中医药学会联合会风湿病专业委员会推选王承德为会长，著名国医大师路志正、朱良春以及平馬直樹（日）、张成国（台湾）为名誉会长。大会共收到论文 180 余篇，遴选 30 篇进行了大会学术交流，内容涉及中医风湿病的理论探讨、临床观察、实验研究、针灸治疗、研究进展等。本次大会从组织建设不断完善、学术研究逐渐深入、科学研究硕果累累、学术交流日渐频繁、人才培养加快步伐等多个方面充分反映了中医风湿病学发展近年来的最新成果。

王承德介绍，世界中医药学会联合会风湿病专业委员会的成立为国际中医风湿病人才培养、学术交流、技术合作、科研创新提供了十分广阔的空间，充分利用的平台，世界中医联合会风湿病分会将成为国际中医风湿病联系的纽带和桥梁，为世界风湿病发展做出巨大贡献。对弘扬传统中医药文化，提高中医风湿病学研究水平，加强世界各地中医风湿病学术交流，打造中医药对风湿病的国际防治联盟，促进中医风湿病事业的发展，推动中医药国际化进程具有重大的现实意义和深远的历史意义。

风湿病是临床最常见的多发病、疑难病之一，缠顽难愈，疼痛致残，变证多端，对人类健康造成严重危害，引起各国政府和专家的高度重视。世界卫生组织和许多国家先后成立了风湿病的学术组织和研究机构。中医药对风湿病的认识已有数千年的历史，早在 2000 年前就提出了“风湿”病名，马王堆汉墓出土的“五十二病方”有“疾痹”和风湿病的记载，《黄帝内经素问》有痹论专篇，提出了行痹、痛痹、着痹、五体痹、五脏痹病名，认识到风湿病的多系统、多脏器损害的临床表现。张仲景《金贵要略》提出了风湿、历节病的病名。“病者一身尽疼，发热日晡所剧者，名风湿”。中医风湿病基本囊括了现代医学 100 多种风湿类疾病。历代医籍论述颇多，使风湿病从病名分类、证候、治疗到预防、康复自成一体，形成了系统完整的理论体系。据不完全统计，中医治疗风湿病有效方剂 500 多种，有效中药 1000 多种，治疗方法丰富多彩，源远流长。风湿病是多病因、多病机、多系统、多脏器损害的疾病，中药具有多成分、多效应、多靶点、多途径、多疗法的优势，因此中医药治疗风湿病具有疗效高、毒副反应低的特点。中医药对风湿病防治的独特优势，使中医药在风湿病的防治中处于重要的地位。

据悉，随着自然科学的发展，基础医学研究的不断深入以及各种先进技术的广泛应用，人们对风湿病的认识和诊疗有了长足进步，中医风湿病学也随着现代免疫学、分子生物学、基因组学的飞速发展，成为一门古老而新兴发展迅速的科学，中医风湿病学科的发展已经进入一个崭新的阶段。风湿病学科的形成和发展是多个相关学科相互渗透、相互交叉、相互结合的结果。

香山会议聚焦中医药基础研究

2010 年 8 月，由中国工程院推荐、香山科学会议主办、国家中医药管理局科技司和天津中医药大学联合承办，以“中医药基础研究发展战略”为主题的第 379 次香山科学会议学术讨论会在北京香山饭店召开。针对中医药面临的 8 个问题，专家们对今后中医药基础研究提出 13 个研究方向、6 类研究方法。

来自全国 30 个单位的 50 多名专家、学者应邀参加会议，深入研讨了国内外中医药基础研究现状及前沿问题，明确了中医药基础研究方向，凝练了学科目标，促进了从事中医药基础研究学者之间的交流与合作。

专家一致认为，目前中医药主要存在 8 个方面的问题：思维方法的僵化和创新性思路的匮乏；中医药复合型人才不足；缺乏具有中医药特色的临床评价标准；中医药标准化建设有待加强；对目前已取得的科研成果及其转化情况缺少系统分析；中医药国际化的危机意识淡薄；中药药效物质基础不清，作用机理不明；经络概念和穴位特异性尚存争议。

针对以上问题，专家们对今后的研究提出 13 个研究方向：基于临床疗效和临床问题，坚持中医药的原创性，开展病证方、方病证、证病方等相关系统研究；建立国际上认可的适合中医药自身特点的临床疗效评价标准，从术语证候规范化、疾病证候分类、中医药知识产权保护等方面推进中医药的标准化、国际化；选择确有临床疗效的慢性疾病中的优势病种，或组建多学科交叉的国际化大团队对中医基础理论及针灸、中药、方剂的作用机理进行深入研究；选用先进方法推进本草基因组、中药和方剂体内代谢的研究；中药药效分类理论、中药配伍禁忌系统的研究；中药的质量标准和质量控制的系统研究；濒危和珍稀中药品种的保护和替代研究；回归经典，把“经络”和“脉络”的研究分开，明确穴位的概念和内涵；选择远端取穴治疗脏腑疾病，进行穴位与非穴位的比较研究，并对国际上的负面观点做出回应；穴位效应与穴位配伍规律的生物学基础研究；建立中医药研究信息库，对成果转化情况进行常态、动态统计分析，以促进成果对中医药理论的丰富和发展，指导临床，提高疗效；凝练新的科学问题；建立中药化学成分库、组分库、活性库、方剂库，同时建立符合国际标准的临床样本资源库；推进中医药基础学科的三级学科进一步分化。

会议还提出了中医药基础研究的研究方法：一是中医药思维模式的研究；二是基于临床提炼科学问题，围绕临床疗效展开基础研究；三是整合基础与临床研究优势，建立基础医学、药物研发与临床应用联合的研究模式，进行应用创新研究；四是重点开展具有临床应用潜力的基础研究，建立基础研究成果转化为临床诊疗应用技术的平台，促进成果转化；五是中医基础理论四种研究模式与方法：临床—总结—再临床—再总结；以临床疗效为基础，以特色疗法为载体，总结创新理论；以临床疗效为基础，以若干中药成方为载体，研究中药组方配伍理论；文献整理挖掘，提炼升华理论；六是通过回归经典，正本清源，实现对中医药临床科学问题的再认识。

据了解，香山科学会议是由科技部发起，在科技部和中国科学院的支持下于 1993 年创办，是我国科技界以探索科学前沿、促进知识创新为主要目标的高层次、跨学科、小规模的常设性学术会议。本次香山会议针对目前中医药基础研究取得的重要进展和存在问题，分析中医药现代研究可能的突破点，理清思路，凝练方向，为国家及各部委规划部署中医药基础研究提出建议，并引导全国多学科研究力量取得共识、形成合力，为推动中医药基础研究深入，揭示中医药理论的科学内涵奠定理论基础。

现代中药国际化产学研联盟启动

2010年8月7日，由卫生部和天津市人民政府主办的“现代中药国际化产学研联盟启动暨复方丹参滴丸FDAⅡ期临床试验结果报告会”在北京召开，全国人大常委会副委员长桑国卫出席报告会并宣布联盟启动。

卫生部副部长、国家中医药管理局局长王国强在讲话中指出，中医药走向世界要聚合资源、形成合力，以增强我国中医药自主创新和国际竞争能力，为维护人类健康做出新的贡献。

王国强说，随着“国家新药创制”科技专项的实施，以企业为主体、高校和科研机构共同组成的“现代中药国际化产学研联盟”的成立，标志着在新的历史条件下，我国中医药在走向世界过程中正迈向一个更高的发展阶段，对增强我国中医药自主创新和国际竞争能力，促进在世界范围内的更大发展具有重要意义。

王国强指出，联盟是中医药走向国际的新实践，要解放思想，大胆创新，充分发挥集中化、协同化优势，将国内外中医药科研、产业、人才、技术、资金、市场等优质资源聚合起来，通过自愿原则，合作共赢，共同筹划，统一协调，集中解决中医药走向世界进程中遇到的各项难题，成为中医药产业、产品和服务全面走向世界的桥头堡，成为中医药研发技术标准创新和产业转化的主要平台，成为国际化中医药人才的培养基地。

王国强说，复方丹参滴丸成为首个顺利完成美国FDA的二期临床研究的中药复方制剂，说明中药和西药一样，能经受美欧等西方国家安全性和疗效标准的严格考验，对推动国内更多优秀的中成药产品走向国际医药市场，具有积极示范作用。

王国强对联盟提出了3点希望：一要以科学发展观为指导，继续探索和形成以市场为导向、项目为纽带、契约为保障、成果为核心的新机制，充分调动联盟各方的积极性；二要立足国内，面向国际，不但要聚合国内的资源和力量，还要充分利用全球医药科技资源，在广泛开展国际交流和项目合作的同时，对制约中医药走向世界的难题展开联合攻关；三要坚持继承和创新并重的原则，在继承和发展中医药理论和实践的基础上，牢牢把握国际医药学发展现状和未来趋势，科学借鉴，合理利用，推动中医药的科技开发和产业发展整体迈向一个新的台阶。

“现代中药国际化产学研联盟建设”是天士力集团牵头实施的国家“重大新药创制”科技重大专项课题，联盟由天士力集团与北京大学、天津大学、北京中医药大学、天津中医药大学等17家校企共同组建，是一个政府推动、企业为主、院所支持、市场化运作的实体。

“联盟”主旨是集成产学研各方面研发、技术、人才、资金等资源，以要素合力突破制约瓶颈，打破中医药国际化进展缓慢的僵局。据了解，该组织将把复方丹参滴丸FDA临床试验转化成的资源，服务于更多的企业，使中医药进入国际医药主流市场少走弯路、规避风险。

“联盟”投入运行后，将筛选国内具有代表性的优秀中成药品种，按照国际标准进行全面系统的研发与开发，将突破质量、安全性和临床疗效评价等各项关键技术障碍，与国际标准接轨，以创新药物进入国际医药主流市场。

首届北京中医药国际论坛举办

2010年10月16日，以“开放的北京，发展的中医”为主题的首届北京中医药国际论坛在京举办。国家中医药管理局副局长于文明、北京市副市长丁向阳等出席开幕式。论坛由北京市卫生局和北京市中医管理局主办，旨在构建北京与世界各地中医药学术交流的平台，展示北京地区中医药的资源和地域优势，扩大中医药在国际医学界的影响。

来自美国、法国、日本等 14 个国家和地区的政府官员，及从事中医教育、医疗、科研的数百名中外专家代表参加会议。

于文明指出，我国中医医疗服务体系已基本形成。现有中医院 3146 所，床位 42 万张。76%的乡镇卫生院，34%的卫生室，92%的社区都有中医药服务。但中医药发展也面临着如特色优势逐渐淡化、中医药理论创新不够等问题。还有待于进一步深化和世界各国政府间中医药交流合作，扩大合作领域和范围。加强和国际组织的合作，为中医药走向世界提供更多积极、有益的支持。

丁向阳指出，北京市政府把发展中医药作为提高全民健康水平的重要手段，制定了一系列扶持发展中医药的政策，全市社区和公立医院都必须设置中医科、中药房，并力争使全市社区中医药服务和医护人员的构成，达到社区全体医疗人员的 25%。

北京市中医管理局局长赵静介绍，今后，社区医院中医药人才数量比例将执行两个标准，城区比例将从现在的 18%增加到 25%，郊区县比例将从现在的 12%增加到 15%。对此，该局计划采取三措施，从应届大学毕业生中招收中医药人才，充实到社区医院；出台优惠政策吸引外地中医药人才到北京社区医院工作；请北京中医药大学培训社区全科医生，使其掌握中医药知识和技能。

本届北京中医药国际论坛设政府论坛 1 个，分论坛 3 个。20 余位中外专家从中医药在公共卫生体系中的作用、中医药的国际教育、针灸临床研究新热点和糖尿病及其并发症的中医药治疗4 个角度出发，就各自研究成果作专题报告。

第七届世界中医药大会召开

第七届世界中医药大会于 2010 年 10 月 1 日在荷兰海牙市召开，国家中医药管理局副局长于文明出席。会议审议通过了《国际中医师分级标准》和《中医基本名词术语中葡对照国际标准》，将于近期发布。

大会以“中医药的临床实践与科学研究和产品开发”为主题，围绕中医医疗、教育与科研，中医药国际标准化和全球国际发展战略及欧洲中医药立法等问题展开研讨，在中医药治疗男科和不孕症方面进行学术交流，为参会代表提供展示临床新技术、新方法和新成果的展示区和工作坊。会议还讨论了世界中联理事会与监事会换届选举相关事宜、修改了学会章程。

会议由世界中医药学会联合会主办，荷兰中医药学会、荷兰医师针灸师协会、荷兰针灸师协会共同承办，来自 40 多个国家和地区的 800 余名代表参加。

中法将开展中医药临床合作

2010 年 10 月，中法中医药合作委员会第四次会议及以代谢综合征为主题的专题研讨会在上海召开，上海中医药大学附属曙光医院与法国巴黎 PitieSalpetriere 医院于会前签署了合作意向书，双方表示将在委员会框架下开展中医药临床及其他方面的合作。受委员会中方主席、卫生部副部长、国家中医药管理局局长王国强委托，委员会中方副主席、国家中医药管理局副局长于文明出席了会议。

会议听取了联合项目的进展汇报，提出未来合作的新建议。中方介绍了国家中医临床基地的总体情况，提出合作意向。法方介绍了合作项目的资金保障设想、法国草药管理情况及中法卫生合作的范例。

委员会是依据中法两国政府签订的中医药领域合作协议于 2007 年成立的，成员由两国卫生、科技等管理、科研和生产机构的代表共同组成，任务是指导和监督两国开展中医药合作。

澳门将设立中医药国家重点实验室

据新华社澳门特区政府发言人办公室消息：26日特区行政长官崔世安会见到访的科技部副部长曹健林时表示，澳门将设立中医药国家重点实验室，这将有利于推动中医药的高科技研究，也有助于推进粤澳合作及横琴中医药科技产业园的建设和发展。

双方就进一步加强特区与国家科技部的合作以及在澳门设立中医药国家重点实验室等具体问题进行了交流。

中医药走向世界步伐加快与70多国签定相关协议

中国卫生部副部长、国家中药管理局局长、中华中医药学会会长王国强 1 日在此间的第十二届中国科协年会特邀报告会上表示，中国已经与 70 多个国家签定了中医药内容的政府间协议 94 个，中医药辐射的人群越来越大，走向世界的步伐正在加快。

目前，国际社会对以中医药为代表的中华传统医药的认识发生了积极的变化，中国与有关国际组织和有关国家对中医药的交流与合作快速发展。

王国强介绍说，由中国发起的传统医学决议在去年的第 62 届世界卫生大会上获通过；国际标准化组织于去年通过中国提案，成立了中医药标准技术委员会，并决定将该委员会的秘书处设在中国；中医药纳入了中美战略与经济对话的框架；中医药服务贸易列入了中国与多边的贸易谈判范围；中国中医药对外办医、办学逐渐增多，中医药出口贸易持续增长；世界上开展中医药研究和中医药人才培养，开办中医诊所和医院的国家和地区也越来越多，中医药辐射的人群也越来越大。

但是，王国强提醒，中医药发展在国际层面面临新的竞争和挑战，特别是一些国家抢占中医药技术的制高点，争夺中医药的知识产权和主导权。

王国强提出，在中医药的创新发展中要高度重视加强国际合作与交流，保持中国在中医药领域的主导优势地位，大力推进中医药理论和实践在世界范围内进一步丰富和发展。

当前，中国中医药事业发展进入了一个前所未有的发展战略机遇期。去年 4 月，国务院发布了支持和促进中医药事业发展的若干意见，明确了扶持和促进中医药在医疗、保健、教育、科研、产业、文化六位一体全面协调发展的主要任务和政策措施。国家中医药管理局等与几个部门还共同发布了中医药创新发展规划纲要，组织了一大批研究项目并已取得了阶段性成果。

王国强表示，创新发展中医药是中华民族的历史责任，真诚希望广大科技工作者进一步关心支持并积极参与到中医药的科学研究中来，共同探索中医药的奥秘，让中华民族这一瑰宝得到进一步的发扬和壮大，更好地造福于全人类。

中国中医科学院联合近百名专家成立中医药国际联盟

中国中医科学院院长曹洪欣教授今天说，截至目前该院已为 20 多个国家元首、政界要员提供优质了中医药保健服务，并得到了充分肯定。为构建高水平的中医药科研国际合作平台与机制，该院联合海内外近百名中医药专家组成的“中医药国际联盟”正式宣告成立。

他称，中国中医科学院作为世界卫生组织，临床与信息、针灸、中药传统医学合作中心，坚持开展多途径的中医药国际交流与合作，先后与世界100多个国家和地区科研院所、高等院校进行了80多项实质性合作，重点开展了心血管病、肿瘤、血液病、糖尿病、艾滋病、骨伤科疾病等100多项重大疾病防治研究。

出任首届中医药国际联盟主席的曹洪欣透露，包括美国耶鲁大学教授郑永齐、加州大学教授许家杰等近20个外国中医专家，陈可冀、程莘农等20余名两院院士以及40余位中国重点大学与科研院所的院校长已加入中医药国际联盟。他表示，将通过组织联盟年会、项目合作、学术交流等，推进中医药科技、医疗、教育等合作信息、资源共享，提高中医药自主创新和防病治病能力。

全国人大常委会副委员长周铁农致辞称，当前中医药事业进入前所未有战略机遇期，希望中医药国际联盟吸纳更多优势资源，不断创新合作机制与模式，平等对话，互利共赢。

国家中医药管理局、中国科学院、中国工程院以及以色列、日本、奥地利、澳大利、匈牙利、挪威、俄罗斯、美国、坦桑尼亚、突尼斯、越南和香港、澳门地区的中医药专家学者160人出席了“2010国际中医药发展论坛暨中医药国际联盟成立大会”。大会同时颁发“岐黄中医药基金会传承发展奖”，马继兴、王永炎等七位致力于中医理论与临床研究的专家获此殊荣。

第三届中医药现代化国际科技大会25日在蓉召开

2010年11月，四川省人民政府新闻办公室召开新闻发布会宣布：第三届中医药现代化国际科技大会将于本月25日-26日在成都世纪城新国际会展中心召开，同期将举办2010中医药国际科技博览会和中医药现代化成就展。据悉，与前两届大会相比，本届大会在内容、规模、活动组织安排等各方面都将达到一个新的高度，将对四川省及成都市中医药产业的发展起到巨大的推动作用。

本届大会由科技部、卫生部、国家中医药管理局、国家食品药品监管局、教育部、农业部、文化部、国家民委、国家人口计生委、国家质检总局、国家林业局、国家知识产权局、中国科学院、中国工程院、国家自然科学基金委等15个部委和四川省人民政府共同主办，四川省人民政府承办。“这是历届大会参与主办的国家部委最多的一次，充分体现了国家有关部委对中医药发展的高度重视和对四川中医药产业的大力支持。”

据介绍，大会主席由全国政协副主席、科技部部长万钢和省委书记、省人大常委会主任刘奇葆担任，大会组委会主任由省委副书记、省长蒋巨峰担任，大会学术委员会主席由2001年诺贝尔化学奖获得者K.BarrySharpless教授、中国工程院院士王永炎、中国科学院院士陈凯先担任，K.BarrySharpless教授还将在大会上做学术报告。“本届大会是规格最高、规模最大的一届。”本届大会组委会办公室主任、四川省科技厅厅长彭宇行表示，目前，大会各项筹备工作正在顺利推进，预计将有20多个国家、地区和国际组织的2000名代表前来参会；共征集论文1300余篇，确定学术报告210余篇。

据介绍，本届大会的主题为“中医药创新与发展”，为期两天的会议将围绕这一主题重点举办创新论坛、专题活动、中医药科技博览三大活动。其中创新论坛由大会报告和主题分会两部分组成，设置了政府论坛、中医药学传承创新与基础理论研究等七个主题分会。专题活动将主要围绕中医药学术、国际合作、产业发展方面的热点问题开展，并首次设置了“生物医药产业对接洽谈会”。本届大会的活动内容较前两届更加丰富，操作形式也更加务实高效，同时将更加关注成果转化和产业发展，预计签约总金额将达65亿元，将成功促成56个重大科技成果转化项目、风险资本项目及银行授信项目成果对接，其中投资过亿元的项目将达 9 个。

新闻背景

四川素有“中医之乡、中药之库”美誉，是我国最大的中药材产地之一，而成都则是全省现代中药产业发展的核心区。鉴于四川在中药材原料、科研、人才培训等方面的良好基础和优势，1998 年 11 月，科技部批准四川省组建全国第一个国家级中药现代化科技产业基地。1999 年 6 月，科技部、卫生部、国家药品监督管理局、国家中医药管理局、中国科学院与我省签订共建基地协议并全面启动基地建设。目前，四川省中药产业已初步形成了“点-线-面”结合、优势突出、层次分明、特色明显的差异化发展格局，中医药科技创新、中医药研究开发、中药材规范化种植、中药企业竞争力、中医药服务体系、中医药国际交流合作等各项能力和水平都取得了较好成效。第一届及第二届中医药现代化国际科技大会分别于 2002 年和 2005 年在成都成功召开，第二届大会后，国家有关部门决定定期定点在四川举办这一国际盛会。

中国与 70 多个国家签订 94 个含有中医药内容的协议

中国已与 70 多个国家签订含有中医药内容的政府间协议 94 个，有关中医药的国际合作与交流正在快速发展。

据卫生部副部长、国家中医药管理局局长王国强介绍，由中国发起的《传统医学决议》在 2009 年的第 62 届世界卫生大会上获得通过。国际标准化组织于 2009 年通过中国提案，成立了中医药标准技术委员会（暂定名），并决定将该委员会的秘书处设在中国。

王国强说，在中医药的创新发展中，中国重视加强国际合作与交流，中医药纳入了中美战略与经济对话的框架，中法第一批中医药合作项目已经启动，中医药服务贸易列入中国与多边贸易的谈判范围。

另外，中国对外办医、办学和科技合作日益增多，中医药的进出口贸易持续增长，同时开展中药研究和中药人才培养，开办中医诊所和医院，开发和生产中医药的国家和地区也越来越多，接受中医药服务的人群不断扩大，中医药走向世界的步伐正在加快。

王国强同时建议，中医药学术的创新发展面临着许多新情况和新问题，应通过创新中医药理论、中医药技术等措施，推动中医药学的发展。

第十二届中国科协年会由中国科协和福建省政府共同举办，11 月 1 日至 3 日在福建召开。中国科协年会是中国科技界最高规格、最大规模、最具权威性的跨学科科技盛会。

东南亚地区中医药研究增速

由中国中医药国际合作中心承担的国家中医药管理局科技项目《针对东亚地区中医药竞争策略研究》日前通过专家组验收。该课题组通过对近 5 年敏感信息的分析，发现东南亚地区中医药研究发展速度较快，尤其是韩国、日本以及中国香港等地区更为突出，显示出明确的研究热点与良好的合作团队。运用函数拟合的方法预测未来 5 年内，中医药研究仍然呈现上升趋势，并可能出现国际合作与跨国联合研究的团队。

针对标准项目分析后，发现了韩国呈现政府管理、研究团队、研究方法、标准研制的多方面合理分工、密切合作的整体推进理念，从而提示我国标准研制应该进行配套的系统化战略设计，从政策研究、标准体系建设、标准研制、应用推广和标准化服务等多方面部署机构与人员。

澳门科技大学中医药学院基金会运城考察洽谈合作

2010 年 11 月 23 日，澳门科技大学中医药学院基金会理事长黄琼就中医药产业发展合作事宜来运城市考察。市委常委、常务副市长王殿民陪同考察。

黄琼先后对运城卫校和石药银湖制药有限公司大容量注射剂扩产项目建设工地进行了认真考察，听取了运城市中医药产业发展情况的介绍。在具体合作方面，黄琼表示，将与运城市成立联合工作室，对运城市的中医药优势、发展环境等进行分析研究，从而制定科学的人才培养计划、医药产业发展策略和中医药科技产业园建设规划。关于在运城市建设医药生产基地事宜，黄琼表示，可通过拥有的 600 多种药号，开展生产合作。

王殿民说，运城市委、市政府一贯重视、支持中医药产业的发展，双方应充分发挥联合工作室的作用，不断开拓思路，通过多渠道实现运城与澳门两地医学教育机构联合办学和成立培训机构，为国内外培养高端医护人才。希望通过双方积极合作，促成中医药科技产业园落户运城，实现双赢。

上海中医药国际论坛开幕

作为目前使用人口最多、保存最完整、影响力最大的传统医学体系。中医药学的发展过程不仅镌刻着中华民族自古以来对生命、健康、疾病的认识与总结，也蕴藏着深厚的传统文化内涵。因此，加强文化的继承、研究和创新在当前中医药学的发展中具有非常重要的意义。作为中医药学走向世界化的一次有益探索，11 月 4 日—11 月 6 日，由上海市中医药学会、上海中医药大学主办，国家中医药管理局、上海市商务委员会、上海市中医药发展办公室等协办的“2010 上海中医药国际论坛”在上海展览中心友谊会堂召开。在开幕式上，上海市中医药各界 400 余名专家学者来到现场，一起见证了这次中医药界的业界盛会。

据主办方介绍，此次论坛与“第四届上海传统医学与健康博览会”同时举办，在弘扬学术精神、促进中医药学科发展与多学科的交融结合、促进学术研究与社会生活的联系，促进中医药的国际传播，这其中也包括了“中医药文化研究与跨文化交流”、“中西医结合慢性肾脏病“预防-治疗-康复”体系建设”、“中医药妇幼健康及服务体系建设”、“中医药“治未病”与世界自然医学发展”四个平行论坛。

11 月 4 日下午 2 点 30 分，主持人上海中医药大学副校长施建蓉与现场众多专家一起拉开了此次论坛的序幕，中华中医药学会副会长、上海市中医药学会会长严世芸、上海中医药大学党委书记、常务副校长谢建群等中医药界的知名学者专家也驾临现场发布了各自激情洋溢的演讲。现场众多专家表示，此次论坛给了中医药界一次对外展示自己的平台，中医作为中国文化的一个重要组成部分，集中体现了中国人固有的思维方式和价值观。中医能走向国际化将会有着重要的意义，它可以在世界范围内传播中国的价值观，促进东方文化在世界范围内的复兴，推动世界文化的多元化。

据主办方介绍，随着中医药对外交流与合作工作的不断深入，中医药国际化已进入一个新的时期。在对外交往的过程中，无处不凸显出中医药文化的国际交流与沟通对中医药医疗、教育、科研和产业走出去的重要影响和推动作用。此次论坛旨在充分认识和挖掘中医药学所蕴涵的学术和文化价值，进一步发挥中医药文化与实践在人类健康保健中的作用，促进中医药更好地走向世界。据悉，本次论坛将展开多个不同主题的平行论坛，其中主题为“中医药文化研究与跨文化交流”的论坛将着重展示中医药文化研究最新成果，旨在促进国际主流学术界对中医药核心文化理念的理解和认识；而

“中西医结合慢性肾脏病预防-治疗-康复体系建设”、“中医药妇幼健康与服务体系建设”、“中医药‘治未病’与世界自然医学发展”等平行论坛则更加具体地针对慢性肾脏病的流行、妇幼健康的保护、中医特色的“治未病”手段和其他自然疗法等层面展开深入探讨和分析，与会专家与政府官员将共同探讨和总结中医药在各个健康领域中所能发挥的作用，以及进一步完善服务体制机制的战略和手段。

主办方表示，中医药的国际化需要由政府主导和行业牵头，以及社会多方面的广泛参与和共同努力，而此次上海中医药国际论坛的召开，也是希望给行业搭建这样一个合作推广的平台，未来主办方还将定期组织这样的论坛，整体推进中医药国际化战略目标的价值实现。

传统中医药文化

九芝堂传统中医药文化

“心忧天下，敢为人先，经世致用，实事求是”的湖湘文化是中华文明的重要组成部分，湖湘中医药文化是中国医药宝库中一颗璀璨的明珠，是贡献给中华民族的一份独特财富。九芝堂——作为湖湘中医药文化的一个典型代表，她将“悬壶济世、利泽生民”的湖湘中医药文化传统精髓一脉传承。

清顺治七年，即公元 1650 年，天下初安，疮痍满目，劳澄先生（字在兹，号林屋山人）“心忧天下”目睹民生艰难，疾疫肆虐，在古城长沙坡子街开无名小药店，这就是九芝堂的前身。劳澄先生在创建初期就仿效神农氏亲自试药，立下了“吾药必吾先尝之”的规矩，凡是九芝堂研配出的新药，都要在自己或者亲属身上试验，以确保用药安全。劳澄之子劳楫取劳澄所绘《天香书屋图》，图中“植双桂，桂生九芝”，以画中九芝为名，将药店正式称作“劳九芝堂药铺”。经过数代苦心经营，九芝堂由小到大，渐成规模。

近 300 多年以来，九芝堂秉承中国医药文化的优良传统，吸取湖湘文化“敢为人先、务实求精”的精神，尊崇“药者当付全力，医者当问良心”的祖训。在选材方面，九芝堂非道地的药材不用，如肉桂选用越南产的上桂，鹿茸多用锯茸、西茸。为了保证成药的品质，还从采收季节上加以注意，如薄荷必用秋叶，蜂蜜则用水分少、浓度高的冬蜜。制麝香蟾蜍丸需取端午节时的蟾蜍毒汁制成。因为选料考究，九芝堂形成了一套独特的药材鉴别技术，目前九芝堂的这项技术正在以师带徒的形式传承下去。同时，九芝堂在制作工艺上也非常讲究，如熬制膏药的葱油要预先熬成膏状油质，黄丹按季节下料，熬炼时掌握火候，药料须待油熬至成滴水成珠时方可拌入，收膏时趁热洒水入锅，让蒸气把油烟带走，如此制成的膏药有明如镜、黑如漆、热天不流汁、冬天不硬不脱、香味浓的优点。九芝堂还对碾磨技术进行了改进，改变传统手碾、脚碾的工艺而采取跳碾，跳碾技术目前仍流传于湖南和江西。因为有较高的研粉、漂洗技术，同治年间，九芝堂又新添了给长沙县善后局加工荸荠粉、百合粉等贡品的特殊业务。

为了更好地挖掘成药的疗效，九芝堂人不墨守陈规，而是匠心独具，创造性地整理出一本成药配方，品种多达 320 种，均以古典成方为基础，结合多年的实践经验，适当地增、减、化、裁。比如儿科药“灵宝如意丸”，加重了麝香的剂量，并将天麻用姜汁煮透，紫金锭把古方紫金锭与玉枢丹两个处方合二为一，对小儿惊风有奇效；治疗跌打损伤的狗皮膏药，除增加麝香外，还增加海马、三七等几种伤科要药。九芝堂传统中药炮制技术和传统制剂技术对中药制药方法进行了完善和提高，代表了湖湘传统中药制药技术和方法的最高标准和水平。

潘高寿传统中药文化

清光绪年间（约公元 1890 年前后），广东开平人氏潘百世、潘应世兄弟在广州高弟街开设药铺，店号“长春洞”。长春洞是前店后场式的药铺，前店买药，后场制丸，施工 10 余人，进行作坊式生产。1920 年代初，潘氏兄弟先后去世，药铺由潘百世之子潘逸流、潘应世之子潘楚持共同经营。没有久潘逸流、潘楚持又相继离去，转营他业。药铺由潘百世的四子潘郁生出任司理，番郁生刚刚接手经营，长春洞药铺就因战火被毁，潘氏改在西关十三行路豆栏上街设店，重新营业。

潘郁生根据岭南独特的气候特征，将具有润肺镇咳作用的川贝母和有祛痰作用的桔梗与枇杷叶一起熬炼，于 1929 年制成止咳化痰的新药“潘高寿川贝枇杷露”，随着潘高寿川贝枇杷露的走俏，1929 年番郁生正式树立起了潘高寿药行的招牌，专营枇杷露。而长春洞仍然以经营蜡丸业为主。长期以来，潘高寿药行采用传统方式生产而限制了药行的发展。直到公私合营前，潘高寿药行仍然是作坊式生产，雇工亦不到 30 人。

改革开放以后，潘高寿药厂获得了飞跃发展。到现在，公司有员工 700 多人，主要生产糖浆剂、口服液、煎膏剂、颗粒冲剂、中药合剂等六大剂型百多个品种，包括治咳药系列、妇、儿用药系列以及治疗肝炎、肾炎、胆囊炎等多种疾病的药物。产品畅销全国，并远销加拿大、澳洲等国家和地区。

“积功累德潘高寿，妙药灵丹济世人”跨越百年历史的潘高寿，顺利通过了 GMP 认证，在全国中成药企业中名列前茅，成为了一个以治咳药而闻名的国药老字号企业。2007 年潘高寿凉茶（72 号秘方及其专用术语）入选“国家级非物质文化遗产”；2008 年“潘高寿传统中药文化”入选第二批国家级非物质文化遗产名录。至此，潘高寿已成为全国惟一拥有“中华老字号”及“双国遗”荣誉的中药企业。

陈李济传统中药文化

陈李济是全国现存最老字号的药厂，创于明万历二十七年（1600），迄今已有 408 年历史，创始人是陈体全和李升佐两人。陈李济药厂现隶属广州医药集团有限公司，是上市公司“广州药业”的全资子公司。陈李济是国家认定的“中华老字号”，2008 年“陈李济传统中药文化”入选第二批国家级非物质文化遗产名录。陈李济以生产蜡壳药丸而闻名于世，其蜡丸存放 100 余年而不变，令人惊讶其制做之精良，联合国教科文组织曾委托人到厂摄制这一传奇绝艺。在制作蜡丸的过程中，陈李济还有一种著名的副产品——百年陈皮，对驱风化痰有卓绝的效果，曾被清帝钦定为贡品，成为广东“三件宝”之一。此后因制蜡丸工艺设备改变而不再生产，现存少许已视为厂宝，到访的贵宾能得到几片便是享受到最高礼遇。

陈李济由广东南海商人陈体全、李升佐共同创立于公元 1600 年（明万历年间）。陈李济于清朝末年首创蜡壳大蜜丸剂型，蜡壳包装工艺堪称当时的中药包装革命，沿用至今。清朝同治年间获“杏和堂”封号，店藏“百年陈皮”被列为贡品。改革开放以来，陈李济持续发展，进入“全国中成药重点企业 50 强”。2008 年“陈李济中药文化”被列入国家非物质文化遗产名录。陈李济中药博物馆”，是岭南地区首家中药行业博物馆，以其鲜明的岭南中药文化特色获得各界称誉。

同济堂传统中药文化

贵州同济堂是贵州中药行业中闻名遐迩的老字号，始创于清光绪十四年（公元 1888 年），由唐炯（字鄂生，曾任清朝矿务大臣，云贵总督）和于德楷（字仲芳，曾任清朝知县）二人合资开办。据今已有逾百年的悠久历史。

今日同济堂，秉承“同心协力，济世为民”的文化精神，始终坚持传统中药特色，弘扬中医药文化。经过百余年的努力、拼搏，现今的“同济堂”已经发展成为一家集科研、生产、销售、种植为一体的高科技重点龙头企业，拥有两个 GMP 生产厂和一个省级技术中心，在职员工数千人。主导产品“仙灵骨葆胶囊”填补了中成药治疗骨质疏松的空白，荣获中国骨伤科协会“特别贡献奖”、“贵州省优秀产品一等奖”等多项奖项。

鹤年堂中医药养生文化

1405 年（明朝永乐三年）由回回诗人、著名医学家、养生大家丁鹤年在北京菜市口创办鹤年堂医馆和中药铺，他同时也开创了以养生立店的先河。鹤年堂原址座落在现宣武区菜市口大街铁门胡同迤西路北，骡马市大街西口，与丞相胡同相对，与回民聚居的牛街相邻。1999 年，原国内贸易部授予鹤年堂“中华老字号”称号。

鹤年堂以“寿人寿世为怀”的建店宗旨、“医不三世，不服其药”的科学精神、“鹤年堂前无贵贱”的服务意识，在数百年继承和弘扬传统医药精髓的过程中，形成了以“调元气，养太和”为核心的鹤年堂中医药养生文化，包括：“和者鹤寿”的天年观、“阴阳之律，性命之本”的认知观，“终身养生不辍，整体平衡不偏”的整体观，“生命无养，逆之于体”、顺应四时、颐养“七情”的“天道鹤年”观，“生命无调，体自弱衰”的“人道鹤年”观，以及“未病常调，将病预调，已病医调”的“以调求和”之法、“节、律、神、和”四字诀的“以神求和”之法及“以动求和”之法等等。在其独特养生思想指导下，鹤年堂的中药饮片炮制技术享誉京城，《北京市志稿中》中描述：“本市药业，鹤年堂以精制饮片著名，其炮制皆遵古法”；《北京卫生大事记》记载：“早年间北京就曾流传着这样的说法‘要吃丸散膏丹请到同仁堂，要吃汤剂饮片请到鹤年堂’”。鹤年堂非常重视施“上品药”于“未病”者，“养命以应天”，无毒久服不伤人，不老以延年；施“中品药”于将病者，“养性以应人”，适症修补虚损；对已病者，慎施多毒的“下品药”，“主病以应地”，病愈既以上、中药调之。因此，鹤年堂除了和其它药铺一样有“主病以应地”的丸散膏丹外，上、中药品种非常丰富，乾隆二十三年发行的《西鹤年堂丸散目录》中记载 516 种，民国时期发行的《西鹤年堂参茸醪醴丸散膏丹价目表》中记有 694 种，传承配本上记载的品种更多。如曾是宫中贡酒的佛手、玫瑰、金橘、茵陈养生“四宝酒”、“甘露饮”、“午时茶”等等，近年根据老配本挖掘整理的 36 种养生药酒、26 种养生茶、22 种甘露饮、108 种药膳、138 种药粥、82 种药汤等系列养生制品，去除了“良药苦口”的弊端，成为最具鹤年堂特色、具有广阔产业前景的中医药养生宝库。

2008 年，“鹤年堂中医药养生文化”入选第二批国家非物质文化遗产名录。正可谓“五千年大中华文化灿烂源远流长，六百载鹤年堂养生妙方润泽苍生。”

今日鹤年堂，已经发展成为拥有鹤年堂医药有限公司、鹤年堂中医药研究院、鹤年堂传统门诊、鹤年堂直营连锁药店、养生产品生产基地——吉林鹤年堂参茸制品有限公司、天津鹤年堂饮料有限公司、鹤年堂养生项目连锁管理机构等企业群，走上了以中医药产业为龙头，以开发养生保健项目和产品为主的综合性养生产业集团的发展之路。

北京同仁堂是中国传统医药中闻名遐迩的老字号，始建于 1669 年，至今已有 337 年历史。同仁堂从 1723 年开始“承办官药”直至 1911 年，在长达 188 年时间里，同仁堂遵照皇家挑选药材标准、恪守皇宫秘方和制药方法，形成一套严格的质量监督制度，同仁堂与清宫太医院、御药房之间有机的融合和影响，形成了同仁堂中药的特殊风格和传统知识。

同仁堂中医药文化集中体现在“同修仁德，济世养生”的价值观，“炮炙虽繁必不敢省人工，品味虽贵必不敢减物力”的质量观和“讲信义，重人和”的经营理念，“童叟无欺，一视同仁”的职业道德，以及同仁堂的品牌和特有标记，《乐氏世代祖传丸散膏丹下料配方》和《同仁堂虔修诸门应症丸散膏丹总目》，同仁堂传统中药炮制技术，同仁堂的制药特色即传统中医药与宫廷制药的融合，概括为“处方独特、选料上乘、工艺精湛、疗效显著”。

但是，受西方现代化的影响，同仁堂原有的传统中药炮制技术和制药特色面临着生存发展的困境，传统的制药方法受到束缚，独特的技术面临流失的风险。同仁堂为保护这一优秀的传统文化做着不懈努力，并亟待得到全社会的尊重和保护。

第四批全国老中医药专家学术经验继承工作经验交流会议在哈尔滨隆重召开

2010 年 12 月 16 至 17 日，国家中医药管理局在黑龙江省哈尔滨市召开了第四批全国老中医药专家学术经验继承工作经验交流会议，各省（区、市）卫生厅局、中医药管理局，局直属单位分管领导、23 个承担临床医学（中医师承）专业学位培养工作的高等中医药院校学位管理部门负责人及带教单位、指导老师和继承人代表，共计 120 余人参加了会议。会议总结交流了第四批继承工作进展情况，部署了下一阶段重点任务。

卫生部副部长、国家中医药管理局局长王国强，黑龙江省人民政府副省长孙尧，国家中医药管理局副局长李大宁等领导同志出席会议并讲话。国家人力资源和社会保障部专业技术人员管理司、国务院学位委员会办公室有关部门负责人出席了会议。

首届中医药特色优势建设经验交流会在常州召开

2010 年 12 月 27 日上午，全国首届中医医院中医药特色优势建设经验交流会，暨第二届中医医院院长培训班在常州召开。国家中医药管理局副局长马建中，常州领导范燕青、居丽琴出席开幕式。来自全国 31 个省市的 400 多家中医医院的院长和专家参加会议。

常州市委书记范燕青代表市委、市政府，向长期以来关心、帮助常州中医药事业发展的国家中医药管理局、江苏省卫生厅、江苏省中医药局表示感谢，向参会的院长和专家表示欢迎。他指出，中医药是我国优秀文化的瑰宝，历经千年不衰。随着健康观念和医学模式的深刻转变，中医药的科学与文化价值日益彰显，越来越得到国际医学界的广泛认同，中医药产业正迎来前所未有的发展机遇。

范燕青指出，中医药在常州有得天独厚的发展土壤，明清时期诞生了孟河医派，涌现出费伯雄、马培之等一批名家。近年来，以市中医院为龙头的中医医疗机构快速发展，已建成 6 个省级中医重点临床专科。广大市民对中医药也十分信任，市中医院冬季膏方在全省率先突破每年 1 万料。根据国家医疗卫生体制改革的新要求，常州出台了一系列鼓励扶持中医药发展的政策和措施，各级财政对全市 5 所中医医院基本建设分别给予扶持，专门设立市级中医专项经费，用于专科专病建设、人才培养、适用技术推广等，成功创建全省首家“全国农村中医工作先进市”。

范燕青希望全市中医药工作者充分利用会议契机，广泛学习借鉴先进做法和成功经验，拓宽思路、拓展视野，进一步推动常州中医药事业的传承与创新，进一步加强常州中医医疗和预防保健服务体系建设，进一步提升常州中医药服务能力和水平，让更多的人了解中医药、感受中医药、使用中医药，为维护和增进人民群众健康、促进社会和谐作出应有贡献。

本次会议为期两天，安排 16 场专题交流和培训活动。

澳门打造粤澳中医药平台

据新华社澳门电澳门特区政府中医药科技产业园筹备办公室日前表示，澳门的商贸平台优势有助加快粤澳中医药产品打入葡语国家和欧盟等海外市场，同时葡语国家、欧盟等海外药厂也可借助澳门平台走入内地市场

近年来，澳门中医药业平稳发展。10 年来，从事中药、西药与中西药生产的药厂数目、药厂工作人员数量年均增长约 10%至 30%。截至 2010 年 10 月底，澳门中医药业出口货值达到 1.1 亿澳门元，约为 2000 年的 1.5 倍。

中国中医科学院中医药文化中心成立

2010 年 12 月 20 日，中国中医科学院中医药文化中心成立大会暨首届中医药文化研究高峰论坛在京举行。文化部非物质文化遗产司司长马文辉，国家非物质文化遗产代表性传承人、中国中医科学院院长曹洪欣出席并为中心揭牌。

马文辉说，中医针灸申遗成功是国际社会对中华民族传统医学文化的认可，是对中医学整体生命观的认可，是对中华民族伟大创造力的认可。文化中心的成立将有助于对中医药文化的进一步传承、研究与创新。

据曹洪欣介绍，该中心未来工作将立足于三个结合，一是与东城区国家中医药改革试验区建设相结合；二是与中国医史文献所科研力量相结合；三是与中国医史博物馆相结合，把弘扬中医药文化，推动中医药文化传播发展作为重点，加强文化内涵研究，扩大中医药文化的影响力。

资料来源：《中国新闻网站》、《新浪网站》、《新华网站》、《人民网站》、《北京日报》、《中国中医药报》、《国家中医药管理局网站》

九 特色医案

邓铁涛用血府逐瘀汤治血胸

邓铁涛，男，1916年10月生，广州中医药大学终身教授，博士生导师，中华中医药学会常务理事，全国名老中医，广东省名老中医。2009年，93岁的邓铁涛教授被人力资源和社会保障部、卫生部、国家中医药管理局评为“国医大师”

血府逐瘀汤是清代名医王清任《医林改错》的代表方剂，本方由当归、生地、桃仁、红花、枳壳、牛膝、川芎、柴胡、赤芍药、甘草、桔梗，共11味药组成。治疗胸中瘀血。临床辨证以胸痛，舌暗红，脉涩或弦紧为辨证依据。临床上以本方为主，灵活运用可以治疗许多病症。邓老在题跋中写道：“此方广州军区157医院曾用于治疗枪伤之血胸患者获效，可见王清任之方不仅可以重复且能发展。”原广州军区157院院长，现为南方医科大学教授的靳士英（80岁），是邓老早年的弟子，跟随邓老临证实践，共同研究病人的诊治情况。他提供了一个典型的病例如下：

某战士，1978年2月20日负伤，3月4日入院，右胸部枪弹伤，一线救治胸部穿刺抽出积血900ml。来院后X线检查，第四肋间以下积血，四次抽出积血160ml。4月20日 x 光检查，胸腔积血仍在第5肋间以下，为避免纤维胸，原拟开胸清除积血，4月21日改服血府逐瘀汤，每日1剂。5月5日 x 光检查，胸腔积血全部吸收且胸膜仅轻度增厚，无粘连，疗效非常满意。

王清任，清朝乾隆三十三年（公元 1768 年）生于河北省玉田县鸦鸿桥河东村，清道光十一年（公元 1831 年）在北京去世。他曾在北京设立医馆，名叫“知一堂”。他是当时京师一带的著名医生。他的《医林改错》，在临床医学上提出了不少新的创见。王清任根据自己多年的临床经验，认真总结出气虚症状 60 种（包括半身不遂门 40 种，小儿抽风门 20 种）和血瘀症状 50 种。这些经验都弥补了前人理论不完备的地方。在立方用药方面，王清任把补气和逐瘀结合起来，自创行气活血为主的方剂 31 个，血府逐瘀汤是其代表方剂之一。目前，中国医界仍然用他的某些方剂来治疗脑膜炎后遗症、小儿麻痹后遗症、小儿伤寒瘟疫、痘疹吐泻等疾病，都有良好效果。

为了便于记忆，前人编辑的“血府逐瘀汤放歌”如下：

血府当归生地桃　红花甘草壳赤芍
柴胡芎桔牛膝等　血化下行不作劳

朱良春从肺论治顽固性便秘

邱志济整理

顽固便秘病因复杂，中医古有“阳结”、“阴结”之分，阳结为热证、实证，阴结为寒证、虚证，可因多种疾病引起，究其病机多责之枢机不转，运传失常所致。有中气不足，推运无力或寒邪痼闭而秘；有津伤血耗，肠燥失润而秘；有胃失和降，腑气不通而秘；有湿热阻滞或食积气滞而秘；更有肝郁或木气之体，肝失疏泄条达致秘等。朱师治疗便秘，首分寒、热、虚、实、郁，精选廉验古方，或自创丸散，每收廉验之效，今选析如下，以飨同道。

虚不胜攻理中通　　塞因塞用屡效宏

顽固便秘时如多用泻下攻伐之剂，多见初用有效，继用无效，久用则便秘更甚。长期依赖泻药或灌肠通便的患者，病延日久，中气大伤，身体更加虚弱。吾师朱良春教授常用塞因塞用之法，即用补法治疗顽固便秘，或选仲景理中丸（汤）加味，或选局方四君子汤加味治疗脾胃虚弱、不任攻伐，气机逆乱、运化失权，脾不升清、胃不降浊之证，每收佳效。

笔者历年仿用多能应手，曾治黄姓妇，40 岁，便秘 8 年，平素依赖果导、双醋芬汀或牛黄解毒片等维持，若不用药，五六日不排大便，腹部胀满，因久用泻下攻伐之剂，脾胃大伤，纳食不馨，面色萎黄，神疲乏力，舌淡苔薄白，脉沉细。证属脾胃虚寒，升降失常，运传无力，又久服泻下之剂，中气大伤，肠中津液匮乏。治当温中醒脾，益胃生津。方用仲景“理中丸”加味改汤。处方：党参15克，生白术50克，干姜、炒枳实、葛根各10克，炙甘草6克，药服5剂，胀满好转，大便3日一次，纳食增加，续服5剂，腹胀消失，大便两日一行，减白术量为30克，守方又10剂，大便每日一次，诸症全除，嘱以香砂六君丸善后，追访两年无复发。

《侣山堂类辨》谓此方（指理中丸）大生津液，乃从方注渴欲饮水者加术悟出。临床体会此方不但治中焦虚寒、气不化津、运传失常为合拍，且证见中气颓废、腹胀不食便闭（如肝硬化腹水误治重症）用之，亦可挽其中气，救其津液，使腹胀便闭消失，但必须重视舌脉无阳明燥化之象。理中丸（汤）乃仲景平调脾胃之方，盖阴阳错乱失衡，中气败坏，当用人参益胃，以干姜之辛温，鼓舞参术之健运，行甘草之迂缓，奠定中土，恢复机能，益胃醒脾，而又鼓舞中气。方中加枳实乃取“枳术丸”之意，重用白术滋脾液、健脾运，伍枳实既能补中行滞，又有降中寓升之妙，使健脾助运之功大增。加葛根升阳生津与枳实升降相因，更助清升浊降。此方药简效宏，剂量的灵活变通，寓于其中。此乃补中求通，塞因塞用之一也。

体肥便秘痰浊因　　皂角牵牛疗效神

肥人便秘多属痰证，滋润攻伐，清泻外导均不对证。此证多见便秘不爽，欲便难解，甚至时有后重及腹胀心烦、坐卧不安之象，当属中医之“痰秘”、“风秘”之说，多因饮食不节，嗜食油腻或静多动少，体内积湿生痰，痰阻气机，或湿痰化热，湿热胶结，遏阻腑气，亦有脾胃气虚，运化失常，痰浊内生遏阻腑气。盖痰为阴邪，攻伐滋补愈益其疾，故治不对证，便秘久延不已。朱师治疗此证，取《金匮》“皂荚丸”合危亦林“皂角丸”之意，自拟“皂角牵牛丸”。取炙皂荚子、炒枳壳、砂仁、广木香、牵牛子、莱菔子等份为末，炼蜜为丸，每丸约重3克，早晚饭前枣汤或米饮送吞一丸，每治肥人风秘、痰秘、气秘，取效甚速，久用无副作用，减其量或据大便增减药量，治疗老年形体丰腴者便秘疗效亦佳。

皂荚子润燥通便，祛风消肿，逐秽涤垢，治大便燥结。李时珍谓其“治风热大肠虚秘、瘰疬、肿毒、疮癣”，又云“能通大肠阳明燥金，乃辛以润之之义”，李东垣谓能“和血润肠”。皂荚、皂荚子均含皂甙，虽均有刺激燥悍之性，但入丸量微少，服后反有调中健脾之功，牵牛少用亦有调中健脾之妙。笔者历年治疗小儿疳疾均选用此两药配伍，疗效理想。皂荚合牵牛子能刮垢、能涤瑕、能促助分泌、能融释秽浊痰黏。用枣汤或米饮送服，乃取“十枣汤”之意，在峻悍药中寓润沃缓和之法。方中用砂仁平调脾胃，乃取仲景“大半夏汤”之意，盖太阴湿土，得阳始运，阳明燥土得阴方安，砂仁得白蜜，两扼其要，可润阳明之燥，可降太阴之逆。方中加木香以行三焦之滞气，助砂仁通脾肾之元气，痰郁可开也。且有“善治痰者，不治痰而治气”之意。此方峻药轻投，缓缓斡旋，故治痰秘、风秘或老年性便秘无副作用，笔者历年使用疗效满意。

木气之体多便秘　　平肝和胃多效验

木气之体多见儿童，小儿稚阴稚阳“肝常有余，脾常不足”，临床多见肝强脾胃弱，肝木气旺，木旺侮土，升降逆乱，运传失常，糟粕不能顺降而滞于肠道，加之饮食不节，喂养无方，脾胃更伤，土虚木贼，遂渐成郁秘，长期便秘。戴元礼云：“郁者，当升者不升，当降者不降，当传化者不得传化，此为传化失常，六郁之病见矣。”如木气条达，肝能正常疏泄，脾升胃降，则糟粕顺降不滞，大便畅通也。故朱师常以平肝和胃之法治疗小儿便秘屡收满意疗效。笔者仿朱师之法，自拟“平肝和胃散”。处方：生大黄10克，生甘草30克，茯苓60克，陈皮30克，制半夏10克，麦冬100克，共研粉为8岁小儿一月量，每次服3-5克，一日两次，随年龄和大便燥溏增减，蜜水调服。

此方取仲景“大黄甘草汤”、“麦门冬汤”，局方“二陈汤”合方之意。方中微用大黄、半夏意在和胃降逆，微量大黄合甘草，甘苦化阴，调中健胃，缓缓斡旋，微微导利。二陈为平调脾胃、除痰安中之方，李士材云：“半夏之辛，利二便而去湿，陈皮之辛，通三焦而理气。”重用麦冬之意，乃因麦冬不但沃燥增液，且能荣枯起朽，以滋培肺脏阴精生化之源。方中微用苦寒，恐益其燥，不投泄泻，恐损其液，不用重坠，恐耗其气。吾历年使用此方治疗小儿各种便秘（包括习惯性便秘，巨结肠症、肠梗阻等），尤其是儿疳便秘，均收廉验之效。小儿疳积症，多由脾虚食滞，肝火气郁，积久而成。古分五疳，但均须补脾、消积、平肝、开郁为主。临床实践证明儿疳症多有便秘，前贤有“壮人无积，虚则有之”之说，可见小儿疳积便秘的治疗亦应本“便秘为虚之标，虚为秘之本”之旨，勿过于攻伐清泻，以损生生之气。

笔者选析朱师从虚、寒、痰、郁等论治顽固便秘的廉验特色，颇有体会的是，治顽固便秘必须注重整体观念，重视“舒肺达肝”之法，盖肺气宣降，肝气才能条达，则胃肠运传正常。肺失宣降，枢机不转，则气机升降失常，无气推运，致糟粕滞留肠道，即生便秘。百病生于气，又以气郁为多，气郁诸病，又以肝郁不达者为多，肝郁不达又以肺气不畅者为常见，欲开肺气，必须补肺，欲达肝气，必先舒肺，补肺才能制肝，舒肺才能达肝，故首案用塞因塞用之补法，重用参术以补肺气，尾案重用麦冬以补肺阴而制肝。药贵轻灵，轻可去实，治病要寻其机窍，特别是舒展肺肝气机，用药尤宜轻灵。所谓肺主治节在于气机之升降出入，肺肾吸纳相召，脾肺升降相因，肝肺左升右降此其一也；肺主治节在于营运血液，肺气变生血液，气为血帅，肺为之敷布血液此其二也；肺主宣降，其治节在于通调水道此其三也。肺为水之上源，主气而布散津液，倘肺气宣降失常，津液失于敷布，肠腑乏于濡润，即便燥成秘，故有下病治上、腑病治脏之说。叶天士精通开肺气、通大肠之法，常用紫菀、杏仁、瓜蒌、枇杷叶等药。《宋人医方三种》载蔡元长苦大肠秘，医不能通，用紫菀研末（即一味紫菀散）服之，须臾遂通。元长大惊，问其说，曰大肠，肺之传送也。此补肺制肝、舒肺达肝之理，充分体现了中医治病的整体观念。

路志正湿病证治十二法

李平　中国中医科学院广安门医院

对湿之论述，始于《内经》、《难经》，湿病之名可追溯到《金匮要略.痉湿暍病脉证并治》，湿证最早见于《景岳全书·湿证》，专论有薛雪著述《湿热病篇》，路志正教授发煌古旨，博学诸家，主张不独南方有之，北方亦多湿邪，辨病多从内外分证、三焦辨治，笔者通过中国中医科学院广安门医院所级课题《路志正教授从湿论治疾病经验研究》，整理路老内科常用辨治方药十二法如下：

1. 湿蕴胃腑

症状：胃脘痞闷不适，食后胀满，恶心欲吐，纳呆食少，呃逆时作，舌淡红，苔薄白腻，脉滑或濡。

治则：芳香化浊，和胃降逆

处方：姜半夏 10 克，枇杷叶 10 克，藿香 12 克，苏梗 6 克，白蔻仁（后下）6 克，陈皮 10 克，茯苓 10 克，杏仁 6 克，生姜 3 克。

加减：苔白厚腻者，加草果 6 克；苔薄黄腻者，加竹茹 12 克，芦根 15 克；苔黄厚腻，口黏苦者，去苏梗，加黄芩 6 克，黄连 3 克；呕苦、嘈杂者，加吴萸 3 克，黄连 6 克。呃逆、呕吐甚者，加刀豆 12 克，旋覆花（包）10 克。

2. 湿困脾土

症状：脘痞腹胀，周身倦怠，肢体沉重，纳谷不馨，厌油腻，口黏，吐白痰涎沫，大便黏滞不爽或溏泄，舌淡红，苔白腻，脉濡滑。

治则：芳香醒脾，燥湿行气。

处方：佩兰 10 克，藿香 12 克，苍术 9 克，砂仁（后下）3 克，厚朴 9 克，白芷 6 克，大腹皮 9 克，陈皮 9 克，茯苓 12 克，泽泻 6 克，六一散（包）

12克，桔梗6克。

加减：头昏蒙不清者，加蔓荆子6克；带下清稀者，加炒荆芥穗9克，炒薏苡仁20克。肢体沉重较甚者，加防风、防己各6克，去肌表经络之湿。

3. 湿热蕴结

症状：胸膈不适，脘腹胀满，肢体沉重，口干苦而黏，大便黏滞不爽或便秘，小便黄浊或短赤，午后身热，心中烦热，舌淡红或红，苔黄腻，脉濡数或滑数。

治则：清热祛湿，调中行气。

处方：黄连6克，栀子3克，豆豉6克，厚朴10克，藿梗10克，半夏9克，茵陈12克，白蔻仁（后入）6克，杏仁10克，滑石（包）15克，通草6克。

加减：湿重于热者，去栀子，减黄连为3克，加草蔻10克，热重于湿者，加黄芩9克，连翘6克。大便黏滞不爽者，加败酱草12克，枳实10克；大便秘者，加槟榔片6克，生大黄（后下）1.5克。

4. 寒湿中阻

症状：脘腹胀满，隐隐作痛、遇寒则甚，得热痛缓，泻下清稀，纳呆食少，口淡不渴，周身沉重，肢体酸楚，舌淡苔白滑腻，脉沉迟。

治则：温中散寒，燥湿行气。

处方：厚朴9克，干姜6克，草蔻仁（后入）6克，苍术12克，陈皮9克，茯苓12克，泽泻6克，广木香（后下）6克。

加减：兼寒湿外侵，身冷恶寒，肢体酸痛者，加苏叶9克（后入），羌活9克。兼肝经虚寒，出现胸胁不适，痛连少腹，妇人经来腹痛者，去砂仁、泽泻，加乌药9克，醋元胡10克，当归12克。

5. 脾虚湿困

症状：脘痞腹胀，食后为甚，头重昏蒙，面色萎黄，神疲肢倦，懒于动作，口淡纳呆，大便溏薄，舌淡胖有齿痕，苔薄白腻，脉细弱。

治则：益气健脾，化浊祛湿。

处方：太子参12克，茯苓12克，苍术10克，半夏9克，陈皮9克，砂仁（后入）4克，扁豆10克，藿香6克，佩兰10克，生姜3片。

加减：气虚下陷，脘腹重坠者，去扁豆、藿香、佩兰，加黄芪15克，炒枳实9克，升麻6克。头蒙较甚者，乃清阳不升，加荷叶6克，葛根10克。有食滞者，加焦三仙30克，香橼皮9克。

6. 湿邪弥漫，中上同病

症状：胸膈痞闷，脘腹胀满，头昏沉重，厌食纳呆，口中黏腻，渴不欲饮，舌淡红，苔白腻，脉濡或滑。

治则：宣肺理气，健脾祛湿。

处方：藿荷梗（各）12克，杏仁（去皮尖）9克，豆豉9克，佩兰12克，白蔻仁（后下）6克，半夏9克，厚朴9克，茯苓12克，竹叶6克，枇杷叶10克。

加减：胸膈痞闷较甚者，去豆豉、竹叶，加枳实9克，香橼皮9克。肺气上逆，咳嗽有痰者，去豆豉、佩兰、竹叶，加前胡10克，陈皮10克。胃气上逆而呕者，加旋覆花（包）10克，生姜6克。湿邪化热者，加黄芩6-9克。

7. 湿邪中阻，肝脾不和

症状：胁肋胀满，脘腹痞闷，隐痛不适，痛甚则泻，泻后痛减，复如故。体倦乏力，纳呆呕逆，舌淡苔白腻，脉虚弦，重取无力。

治则：疏肝缓急，燥湿运脾。

处方：柴胡12克，枳壳10克，青陈皮（各）9克，苍白术（各）10克，薏苡仁15克，防风6克，白芍12克，甘草6克。

加减：脾气虚者，加太子参12克，茯苓12克。中阳虚寒者，加干姜3克，草果6克。如出现嘈杂泛酸，呕吐苦水，舌边红，口干黏苦者，则为湿热内蕴，胆胃不和，宜合黄连温胆汤加减。

8. 湿阻肝胆，蕴热发黄

症状：胸胁满闷，两肋痛胀，身目发黄，脘痞腹胀。口干黏苦，恶心呕吐，纳呆，四肢困重，小便黄浊，大便不调，舌淡苔薄黄腻，脉沉弦滑。

治则：疏肝利胆，清热祛湿。

处方：柴胡12克，茵陈15克，枳壳15克，赤芍12克，川朴10克，川楝子6克，郁金9克，茯苓12克，泽泻6克，苍术6克，甘草6克。

加减：如湿郁化热，热重于湿者，去川朴、苍术、川楝子，加黄芩10克，龙胆草6克，车前子（包）12克。如胁痛较著者，去泽泻，加元胡9克。如为寒湿下注，少腹拘急，睾丸坠胀者，上方去茵陈、泽泻，加干姜6克，乌药10克，盐茴香12克，以暖肝散寒，行气化湿。

9. 湿邪蕴阻，脾肾阳虚

症状：脘腹痞闷不适，时发凝痛，得热则缓，纳呆运迟，面色白光白，神疲懒言，周身困重，肢冷畏寒，大便溏泻，腰背酸楚沉重，舌淡胖有齿痕，苔白滑腻，脉沉迟尺弱。

治则：补益脾肾，温阳化湿。

处方：附子（先煎）9克，炮姜6克，白术12克，茯苓12克，党参10克，厚朴6克，广木香（后入）6克，炙甘草4克。

加减：如泻利次数较多，清稀如水者，加猪苓12克，泽泻10克，增加利水渗湿之力，利小便而实大便。如以腰背酸楚疼痛症状明显者，加桑寄生15克，山药12克。

10. 湿热阻滞肠道

症状：下痢赤白脓血，肛门灼热，腹痛腹胀，里急后重，身热心烦，小便短赤，苔黄腻，脉滑数。

治则：清热燥湿，调气行血。

处方：黄连9克，黄芩10克，大黄（后下）3克，赤白芍各12克，当归12克，广木香（后下）9克，槟榔6克，葛根12克，甘草6克。

加减：如湿邪偏重，下脓多于下血，身热不甚，脘痞呕恶，苔白腻者，上方去大黄，加藿香12克，苍术6克。如热毒较盛，下血多于下脓，血色鲜红，壮热烦渴，舌红苔燥者，宜加白头翁12克，败酱草15克，银花15克，赤芍改丹皮。兼食滞者，嗳腐吞酸，呕吐呃逆，糟粕与脓血杂下者，加枳实12克，炒莱菔子9克，谷麦芽各15克。如下痢赤白黏冻，白多赤少，伴腹痛畏寒，里急后重，脘痞纳差，头身困重，舌淡苔白腻，脉濡缓者，为寒湿之邪内蕴肠道。治应温中散寒，行气燥湿，方用胃苓汤加当归、炮姜、广木香。

11. 湿阻胞宫，带脉不利

症状：带下量多，或色白清稀，如涕如涎，或带下黄浊，腥臭。腰膝困重酸软，少腹坠胀，肢体倦怠，苔腻，脉缓滑。

治法：白带，健脾燥湿止带；黄带，清热燥湿止带。

处方：白带方：苍白术各12克，陈皮12克，薏苡仁15克，车前子（包）12克，山药15克，炒荆芥穗9克，生龙牡（另包，先煎）20克，柴胡12克，茯苓15克，泽泻9克，甘草6克。

加减：有头昏沉重，或头蒙不清者，去泽泻，加川芎6克，天麻6克。少腹胀痛较著，遇寒痛甚者，上方去车前子，加炮姜6克，乌药10克。如伴面色萎黄，气短乏力。舌淡胖有齿痕者，乃脾气虚弱，上方加太子参12克，甘草改为炙草。

黄带方：黄柏10克，芡实15克，车前子（包）15克，椿根皮12克，薏苡仁15克，泽泻9克，川楝子10克，山药18克。

加减：带下色赤者，加鸡冠花15克，丹皮12克，以清热凉血。外阴搔痒，或有外阴湿疹、溃疡者，加用自拟“带下外洗方”：苦参30克，马鞭草30克，车前草20克，黄柏15克，蛇床子15克，白矾10克。煮沸20分钟，先薰后洗，1日2-3次。

12. 湿蕴膀胱

症状：小腹胀满，小便频数，淋沥赤涩，尿道疼痛或点滴不通，口黏口苦，渴不欲饮，苔黄腻，脉滑数。

治则：清热祛湿，通利膀胱。

处方：瞿麦12克，萹蓄12克，木通10克，滑石（包）15克，车前子15克，竹叶9克，栀子9克，甘草梢6克。

加减：如尿中带血者，为热伤血络，迫血妄行，加小蓟15克，蒲黄（包）12克，生地15克。如小便黄赤混浊，或如米泔水样者，加萆薢12克，黄柏9克。如排尿突然中断，尿道刺痛窘迫，或尿中有砂石者，为湿热蕴结，煎熬尿液，结为砂石，阻闭尿道，加海金沙（布包）15克，金钱草20克，鸡内金粉3克（分2次冲服），琥珀粉3克（分2次冲服）。经治症减，余邪未净者，不可专事清利，以免伤阴耗液，当用清心莲子饮加减，以扶正清除余邪。

路志正治疗肠澼、带下兼毒淋经验

马秀文　河北省衡水市哈励逊和平医院

国医大师路志正从医近70年，对中医文化、中医理论精髓谙熟于胸。现年近九旬仍临证不辍。笔者有幸于2007年跟随路志正侍诊，2008年被选拔为第二批全国优秀中医临床人才研修项目培养对象后再次拜路志正为师，他首倡从脾胃论治胸痹病；被崇为杂病圣手。现举异病同治一案：肠澼、带下兼湿热毒淋案，与同道共饷。

病例：患者史某，女，40岁，2007年2月23日初诊。山西大同郊区农民。于4年前出现小腹疼痛，大便溏薄带脓液，肛门下坠，渐至腰酸，并伴有多汗。近一年小便淋漓不畅，小腹痛引于脐。月经前期，色暗黑有块，白带量多为黄色或粉红色脓性物。经某医院检查，尿细菌培养为白色念珠菌、链球菌生长。经西医抗菌消炎及激素治疗无效，中医多处诊治疗效不显。病程久延，精神压力很大，而来求诊。诸症如上述，诊见：面色晦滞、两颧浮红，舌体瘦、质淡、苔薄腻水滑，脉沉滑。

诊断：肠澼、带下兼湿热毒淋。

辨证：湿热日久成毒，蕴结肠胃、注于下焦，带脉不固、正气不足。

治则：健脾益气、燥湿清热、兼以解毒。

处方：太子参10g，生黄芪15g，炒苍术、白术各15g，土茯苓20g，萆薢15g，炒苡米15g，桃杏仁各10g，败酱草15g，车前子15g（包煎）、苦参6g，盐黄柏9g，广木香10g，白头翁12g，醋香附10g。7服，每日1服，水煎2次，分3次温服。第3煎去渣、分4次熏洗外阴部，保持外阴清洁、勿烫伤。

二诊（2007年3月9日）：服药后小腹及脐部疼痛见缓、汗出等症减少，小便见畅，但停药后又发作。心烦急躁、有恐惧感，带下仍为脓性色黄质稠，大便呈脓性黏滞不爽，每日2次，小便黄赤，面色浮红。舌质淡苔薄腻，脉沉滑。见机转，宗前法。按原方加减：去桃杏仁，加秦皮10g，生牡蛎20g（先煎）。7服，水煎服，服法同上，第3煎去渣熏洗阴部。

三诊（2007年3月17日）：小腹转为隐痛、喜按，口干、心烦、胃纳欠馨，小便灼热短黄，大便质稀而黏，脓液减少，带下量多色黄，较前质稀。舌淡红、苔薄白，脉沉细。

治则：健脾益气，清热化湿。

处方：党参10g，生黄芪18g，炒苍术、白术各15g，土茯苓20g，萆薢12g，猪苓15g，车前子15g（包煎），炒黄柏10g，白头翁12g，秦皮10g，败酱草15g，广木香10g（后下），益智仁9g（后下），甘草6g。14服，水煎服，第3煎去渣外洗。

四诊（2007年4月27日）：药后症状减轻，小便通畅、白带减少，大便无黏液，小腹坠胀但不疼痛，已停用激素。头顶有重压坠。舌体瘦质淡，苔薄白，脉沉细小弦。

治则：升阳除湿，健脾温肾，佐以和血调气。

处方：炒芥穗9g，藁本6g，天麻6g，炒蒺藜12g，炒苍术、白术各15g，炒山药15g，车前子15g（包煎）、土茯苓20g，败酱草15g，丹参15g，川芎10g，乌药10g，广木香10g（后下），生龙骨、生牡蛎各20g（先煎）。12服，水煎服，服法同上，并配合外洗方：蛇床子15g，白矾6g，苦参9g，马鞭草15g，黄柏9g，甘草6g。12服，水煎，先熏后洗阴部，注意清洁、防止烫伤。经过近3个月治疗，数年顽疾终得治愈。

按：肠澼、淋病、带下三病同居下焦，但病位不同、病机各有侧重。肠澼之病，位在大肠，多以湿热为患。淋病乃位在膀胱净府，可见五淋，病机各异。带下为带脉不固，精津化浊，或为湿热、或为肾虚、或为脾湿。三病俱见、缠绵不愈，乃湿热蕴久成毒，湿热毒邪阻滞大肠浊腑、膀胱并浸淫带脉，前后二阴同病，大小便俱不利。病虽不同，病机求其一元化，治之当“先其所因，伏其所主”，异病同治。《素问·标本病传论》“大小不利，先治其标”。

本案病涉一脏、二腑、一奇经，三病同治，然重在肠澼。肠澼乃因湿热毒郁积胃肠、不得宣通而致。胃肠中焦乃土位，纳化之所，后天之本，重症顽疾久恙必以恢复中土斡旋转输为先。治遵“辛以散之、苦以燥之、寒以清之、甘以调之”之大法。久病正气不足，欲祛湿热毒邪、必扶正顾本。故首诊以参芪健脾益中气；再以白头翁汤清肠道湿热郁毒；薏苡附子败酱散除肠中久澼之脓毒；湿热毒弥漫下焦，气机阻滞，以杏仁宣肺开上焦、气化湿亦化，薏仁淡渗清热利湿健脾、邪从小便出，桃仁苦以泄滞血、甘以生新血，主里急下重、大便不快；更配木香行气导滞，此亦“行血便脓自愈、调气后重自除”之意；方中暗含萆薢分清饮（程氏）清利湿热、分消走泄；一方之中、多方备焉。“间者并行、甚者独行”，所集经方时方之长，扣紧病机。又抓住“毒淋”之“毒”字，重用败酱草、苦参、白头翁、土茯苓，以清热燥湿、解毒杀虫。败酱苦平、清热解毒排脓破瘀，主肠痈下痢、赤白带下；苦参含多种生物碱，杀抑痢疾杆菌、大肠杆菌、变形杆菌、金黄色葡萄球菌、滴虫等，可解毒、抗炎、解热、抗过敏，有类似氢化可的松一样的作用；白头翁清热燥湿、凉肝解毒，主“便脓血、尿短赤”；土茯苓解毒除湿治“五淋白浊、杨梅疮毒、丹毒”（《滇南本草》）。理法方药，环环相扣，轻重缓急安排得当，首诊即获效。

三诊时，热毒之势渐衰，而湿邪难以骤化，正虚又显端倪，遂以党参易太子参，去苦参之苦寒燥烈、生牡蛎之收敛，加入益智仁、猪苓、甘草。取杨氏萆薢分清饮、四苓散意化裁，加强气化，以防苦寒过用、化燥伤阴。

四诊，则湿热毒邪已衰其大半，本虚之象益显露，湿浊蕴蒸、清阳被蒙，以头顶重坠如压为主症，故治以“升阳除湿、健脾温肾、佐以和血调气”，仿完带汤意与上方化裁，佐以乌药之“顺气开郁、主小便频数、止血浊（《圣济总录》）”易益智仁以“宣通，补心气、命门、三焦之不足”，天麻、蒺藜、川芎、丹参调肝经气血，因“水湿之性、非土木调达不能独行”。《内经》云：“大毒治病，十去其六……小毒治病，十去其八，谷肉果菜食养尽之。”但湿热毒久蕴，暗耗气阴，又久服苦寒清渗之品，不无伤阴之虞，故宜早防护，更重视外治法，先熏后洗，直达病所，既重整体又不忘局部，故效如桴鼓。

唐由之诊治老年黄斑变性思路

周尚昆　中国中医科学院眼科医院

唐由之治疗老年黄斑变性是以“气血理论”为指导，在充分利用现代检查仪器，扩大望诊范围的基础上，全身辨证和微观辨证相结合，调理气血，谨守病机，以专方为主，分期分型论治，最终达到气血调和，脉络通利的目的。

老年黄斑变性是一种常见的眼科致盲眼病。目前由于该病的确切病因不明，在治疗上较为棘手。中国中医科学院唐由之研究员从事中医眼科临床及科研 60 余年，在治疗该病方面积累了丰富的经验。笔者有幸随师学习，受益匪浅。

洋为中用　客观把握

中医看病重在辨证论治，准确的辨证来源于对疾病信息全面详细的采集，根据患者的全身和局部症状进行判断分析。“望闻问切”则是达到这一目的必不可少的桥梁及手段。

唐由之研究员对四诊有自己独特的见解，他认为四诊固然重要，但不可平分均等。就眼科而言，应首推望诊。由于历史条件所限，古人对于眼病的诊治主要停留在肉眼观察上，因此对于外障眼病的描述较为确切，而对于内障眼病，由于眼底及相关组织的病变不能窥及，仅能从自觉症状进行记载。故古代文献中没有老年黄斑变性这一病名，只能根据该病的临床自觉症状进行推测，将其归属于“视瞻昏渺”范畴。治疗上则多从宏观上进行把握，根据全身症状进行辨证。

唐由之研究员在多年的临床中发现：绝大多数老年黄斑变性患者的全身症状并不明显。这给临床上准确辨证论治带来了困难。虽然中医“五轮”学说将瞳神疾病归属水轮，在脏为肾；《内经》中说“肝开窍于目”，“黄斑属脾”等理论，但是由于看不到眼底，在全身症状缺如的情况下，很难保证辨证的准确性。因此，唐由之研究员一再强调，中医眼科一定要积极吸收现代科技的最新研究成果，洋为中用，充分利用现代的科学仪器，扩大望诊范围，通过检眼镜、眼底血管造影、OCT、视野等检查手段，对眼内的组织结构、病理改变以及视功能的损伤程度等进行客观、全面地把握。参照现代医学的研究成果，做到中西互参，从宏观上把握，微观上分析，充分发挥中西医结合优势，并根据治疗效果，修正治疗方案。

调理气血　谨守病机

唐由之研究员认为，中医治病一定要寻根求源。对于老年黄斑变性来说，主要应当责之于“气血”。

《内经》中云：“气脱者，目不明”；“气血不和，百病乃变化而生”。《古今医统大全·眼科》中云:“目得血而能视，故血为之主，血病则目病”。血乃阴液，有营养和滋润的作用，血为养目之源，但血的运行有赖于气的推动。关于两者的关系，唐容川在《血症论》中指出：“气为血之帅，血随之而运行，血为气之母，气得血而静谧”；“气结则血凝，气虚则血脱，气迫则血走”。正所谓“气血之体犹太极，气血之用犹阴阳。”血不能自行，有赖于气的推动，气行则血行，气滞则血瘀。目之所以能够视万物，全赖于气血调和。

从眼的解剖上看，眼底主要由视网膜和脉络膜组成，该组织内血管极为丰富，属多血多气之脏，气血的异常或机能的减退均会影响组织的正常功能。

从老年黄斑变性的发病病理上看，病变早期主要是色素上皮吞噬、转运功能等机能下降，bruch膜的代谢产物沉积，随着病情的进展，bruch 膜破裂脉络膜新生血管长入引起，最终导致眼底出现玻璃膜疣、出血、渗出、水肿等。

从该病患者的发病年龄来看，多为大于 50 岁的老年人，随着年龄的增长，人体的机能减退，气血日渐虚弱，全身精微物质不能充分上达，则目窍失养，代谢产物沉积，眼底出现色素紊乱，玻璃膜疣丛生；气虚推动无力，气滞运行不畅，均可导致血行受阻，脉络瘀滞，血液不循常道，则血溢脉外，导致眼底出血、渗出形成；精血同源，精亏血少，则不能濡养目窍、全身，阴不制阳，阴虚火旺，则火灼脉络，眼部出血频发，严重影响患者视力。整个发病过程和气的推动、统摄功能，血液的充盈状态，脉道的通畅程度等因素有直接关系。

因此，唐由之研究员在治疗老年黄斑变性的过程中，将“气血理论”应用于临床，从气血的关系入手，既重视凉血止血、活血养血，又不忘补气行气，固肾明目。最终达到气血调和，脉道通畅的目的。

专方为主　分型论治

针对患者全身症状不太明显的特点，唐由之研究员从眼底微观辨证入手，以“气血理论”为指导，采用经验方:蒲黄、姜黄、丹参、旱莲草、枸杞子、女贞子、黄芪等加减治疗老年黄斑变性。对于早期干性老年黄斑变性患者，眼底以大量玻璃膜疣为主者，考虑为肾阴不足，精亏血少，气血不足引起，酌加楮实子、枸杞子、覆盆子、白术等补肾明目，健脾益气。

对于湿性老年黄斑变性患者，若发病时间较短，眼底有大量新鲜出血者，考虑气有余，便是火，火伤脉络。在治疗上，急则治其标，在止血药生侧柏叶、茜草、大小蓟的基础上，酌加生地、丹皮、赤芍、槐花、炒栀子、连翘等清热凉血之品。

当眼底出血稳定，出血伴有大量渗出、黄斑水肿时，则已到活血化瘀，行气利水阶段，选用活血行气的药物如川芎、姜黄等进行治疗。考虑到脾主运化水湿的特点，在活血化瘀行气的基础上配合健脾利湿药如茯苓、地肤子、车前子等，以促进眼底出血渗出、黄斑水肿的吸收。

病至晚期，眼底瘢痕形成，根据本病久病多虚的特点，重用补肝肾明目药以恢复元气，酌加昆布、海藻、半夏、浙贝母以软坚散结，促进瘢痕吸收。

李振华用养血温经通络法治寒痹

郭会卿　李沛　河南省中医院

首批国医大师李振华教授擅长应用脾胃学说治疗内科杂病，总结出通过药物性味归经以及药效应用与脾胃的生理、病理特点相结合的用药大法，笔者有幸作为弟子跟随李振华学习工作，蒙受教诲，受益匪浅。李振华应用养血活血、温经通络法治疗寒痹（慢性风湿性关节炎）效果良好，现总结如下。

定义与范畴

寒痹指寒邪偏重的痹病，是风寒湿三气杂至合而为痹，以寒气偏胜者，又名痛痹、骨痹。《灵枢·贼风》："尝有所伤于湿气，藏于血脉之中、分肉之间，久留而不去……寒温不时，腠理闭而不通；其开而遇风寒，则血气凝结，与故邪相袭，则为寒痹。" 慢性风湿性关节炎表现为关节疼痛剧烈，受寒加剧，得温稍舒者属中医寒痹范畴，是痹病中最为多见的一种类型。

病因病机

李振华认为痹病的发生主要有两个方面：一是正气虚，多因起居不慎，房劳过度，素体虚弱或长期劳损，劳逸失宜，产后、病后引起。若卫气虚弱，腠理不密，御邪力弱则邪气乘虚而入，经脉闭阻，气血运行不畅，形成痹病。正所谓"正气存内，邪不可干，邪之所凑，其气必虚。"寒痹的发生主要是内在阳气亏虚，不能温煦肌体，尤其不能抵御寒邪的侵袭而发病。二是外邪侵袭，风、寒、湿、热之邪气侵袭人体引起痹病。《素问·痹论》云："风寒湿三气杂至合而为痹……其寒气胜者为痛痹。"李振华认为痹证是由于风寒湿三气杂至合而为痹，这三气是既合又杂，不是一气致病，风寒、风湿、寒湿也不是各占1/3，风寒湿热造成痹病也不是各占25%，病常有偏重，可偏风、偏寒、偏湿，以及二气杂合为病。偏寒者疼痛以冷痛、怕冷为主，与寒冷气候变化关系密切，机体阳气不足，寒气侵袭，寒凝血脉，经脉不通故而痛甚，故《素问·痹论》说："寒气胜者，为痛痹。"寒为阴邪，易伤阳气，阳气不达四末则四肢欠温，痛处有冷感，寒得阳热则散，气血得热流畅，故得热痛减。李振华特别强调中焦脾气（阳）在寒痹发病中的重要性，认为脾主四肢，脾气（阳）虚则不能温煦四肢末节，也不能抵御寒邪的侵袭，发病后四肢怕冷，遇寒加重。另外瘀血、痰浊阻络也可致痹，邪留日久可致气滞血瘀，故治疗贵在疏通经络、行气活血。

辨证论治

主证：肢体关节肌肉疼痛剧烈，遇寒加重，得热则减，痛处固定，日轻夜重，甚则关节不能屈伸，痛处有冷感，四末欠温，舌淡苔白，脉弦紧等。

治法：养血活血、温经通络。

方药：当归12g，川芎10g，赤芍15g，桂枝15g，知母12g，香附10g，川牛膝15g，川木瓜15g，丹参15g，鸡血藤30g，制川乌6g，制草乌6g，木香8g，制马钱子1g，炮山甲10g，蜈蚣3条，元胡10g，甘草3g。水煎服，每日1服。加减：寒邪胜者再加制附片10g，干姜10g，细辛5g，肉桂10g。

典型病例

沈某某，男，40岁，2009年9月29日以双膝关节间断发作性疼痛4年，加重1周为主诉来诊，自述每遇寒冷天气变化即加重，周身怕冷，四肢不温，舌质淡暗、舌体胖大、舌边有齿痕，舌苔薄白，脉沉迟无力。检查：膝关节皮色皮温正常、无肿胀，活动正常，化验检查：血沉10mm/h，ASO＜250 U，RF＜20U，CCP（-），X 线片无异常。西医诊断：慢性风湿性关节炎。中医诊断：痹病（寒痹），辨证：血虚关节失养，阳虚关节失于温煦，寒邪乘虚侵袭，痹阻骨节经络，不通则痛。治法：养血活血、温经通络止痛。

方药：拟上方原方，21服水煎服，每日1服。

二诊：2009年10月20日，服上药后关节疼痛大减，畏寒怕冷、四肢不温症状也较前缓解，舌质淡暗胖大、舌边仍有齿痕，舌苔薄白，脉沉迟。效不更方，继服上方21服，水煎服，每日1服。一月后随访病已痊愈。

小　结

《症因脉治》卷三云："寒痹之证，疼痛苦楚，手足拘紧，得热稍减，得寒愈甚，名曰痛痹。"现代医学的慢性风湿性关节炎属本病范畴。李振华认为是日久机体阳气不足，又感受寒邪，内阻经脉而引起，以冷痛为主要表现，也可见筋骨肌肉关节等处疼痛酸楚、重着沉困、麻木不仁、关节肿大、屈伸活动不利，甚则关节变形、累及脏腑，病程较长，缠绵难愈，治疗颇为棘手。

李振华以养血活血、温经通络法治疗寒痹效如桴鼓，屡用屡效。方中当归、川芎、赤芍、丹参、鸡血藤养血活血，制川乌温经定痛，制草乌治疗痛痹之功效较川乌更著，二者均为大辛大热之品，可温经通脉，散寒止痛，为治寒痹必用之药。现代研究证实：川乌、草乌、桂枝等可降低 ASO、CRF、ESR、RF 的滴度；丹参、鸡血藤、穿山甲等通经活络，知母、桂枝寒热并用滋阴不伤阳，温阳而不损阴；制马钱子、炮山甲、蜈蚣、元胡行气通络止痛，制马钱子常用量为 0.5-1g，以甘草佐制其毒性，疗效好且未见有毒副作用；川牛膝、川木瓜引药下行达膝关节，木香、香附行气以活血，气行则血行之意也。

李振华活用温中方治疗关格

郭会卿　李沛　河南省中医院

李振华教授是首批国医大师，著名中医脾胃学专家，从事中医临床与教学工作 60 余载，擅长应用脾胃学说治疗内科杂病，总结出通过药物性味归经以及药效应用与脾胃的生理、病理特点相结合的用药大法。笔者有幸作为弟子跟随李振华学习工作，蒙受教诲，受益匪浅。李振华疏肝理气、温中健脾和胃法治疗关格（慢性不完全性肠梗阻）效果良好，现总结如下。

定义与范畴　肠梗阻指肠内容物在肠道中通过受阻，泛指自空肠起点至直肠之间任何一段肠管的肠内容物运行受阻。慢性不完全性肠梗阻这一类型属中医"关格"、"肠结"、"痞证"、"腹胀"等范畴。

病因病机　中医认为本病形成原因有气滞、血瘀、寒凝、热结、湿阻、积食、虫结等，大小肠为传化之腑，司饮食传化，肠腑之气以降为顺，以通为用，暴饮暴食、饮食不节、气血瘀滞、热结寒凝、燥屎内结等致肠道传化障碍、清浊不分，积于肠道导致本病。急性者多为实热证，治宜通腑泻热，使脾胃大肠升降传导功能复常，气血津液代谢逐渐恢复。慢性者则常虚实夹杂，老年人多为虚中夹实，年轻人多为实中兼虚。不通则痛、腹胀为实证表现，但其本是中焦脾胃虚弱、脾运化的清气不升、胃肠中的浊气不降而引发本病。

分期与表现　急性者表现为腹痛、腹胀、呕吐、不能排气和排便等症状，概括为"痛、吐、胀、闭"四大症，如能及时诊断、积极治疗大多能逆转病情的发展，否则可发生体液和电解质丢失、肠壁循环障碍、坏死和继发感染，最后可致毒血症、休克、死亡。单纯性肠梗阻的死亡率约在3%左右，而绞窄性肠梗阻则可达10%-20%。慢性者发病较缓，呈间歇性发作的腹部绞痛，伴有腹鸣、经常性腹胀，排气或排便后症状缓解，应用灌肠、泻药、消炎等方法能有一定效果，但难以完全缓解，一旦进食寒凉或油腻食物则寒湿痰食瘀塞、脾胃升降失调即复发，脾虚失运则腹满而痛、食不下，腑气不降则大便不通不排气，胃气上逆则呕吐。

辨证治疗　《医学入门》云："关格死在旦夕，但治下焦可愈，大承气汤下之。"急性者用大承气汤通腑泻热，急下存阴，不但有促排作用，且有灭吐之效，可解除麻痹性肠梗阻。现代医学一般先采用胃肠减压、静脉输液补充水和电解质、适当给些解痉消炎药等方法治疗。慢性者用灌肠、泻药、消炎和运动是常用疗法，但可取一时之效难以根除，且经常应用泻药会损伤中焦脾气或脾阳，使病情逐渐加重，频繁发作。李振华应用疏肝理气、温中健脾和胃法，以温中方为基本方加减从根本上治疗本病效果良好。温中方组成为土炒白术10g，茯苓10g，陈皮6g，旱半夏10g，炒白芍6g，炒香附6g，砂仁8g，桂枝3g，乌药8g，西茴6g，沉香5g，炒枳壳6g，木香4g，北山楂5g，甘草2g。水煎服，每日1服。

典型病例　单某，男，49岁，初诊时间：2009年11月24日。主诉：间断腹痛、腹胀1年，加重8天。病史：2009年1月一次打篮球后又喝酒吃油腻食物突发腹痛、腹胀，在某医院住院诊断为肠梗阻，经灌肠、消炎、增加运动量等方法治疗，一周后病情缓解出院，此后分别于5月、7月、9月、10月先后4次因进食油腻食物复发，每次均住院消炎、灌肠、服用泻药缓解，但发作间隔时间越来越短、症状越来越重、持续时间越来越长，故求助于李振华治疗。

此次又因喝酒诱发，已经8天，腹痛腹胀、嗳气、大便不通，经消炎灌肠增加活动量等病情不见好转，刻诊：右腹部胀痛，腹痛固定在右上腹，深吸气或快走时加重，脐腹偏右可扪及肠型包块，轻度压痛，肠鸣音活跃。舌质淡暗、舌体稍胖大，脉沉缓。西医诊断：慢性不全性肠梗阻。中医诊断：关格。辨证：肝脾胃三脏失调，运化失常，腑气不通。治法：疏肝理气、温中健脾和胃。方药：温中方加减。温中方加重砂仁7g，另加川朴10g，丁香6g，郁金10g，柿蒂10g，佛手10g，桂枝5g。15服，水煎服，每日1服。

二诊：2009年12月5月，服上药后腹痛消失，腹胀较前明显减轻，食欲好转，大便已通但还不太规律，排便不爽，日行1-2次，神疲乏力、失眠多梦，舌质淡，苔薄白，脉沉缓。方药有效，说明辨证无误，守上法稍作调整。方用：温中方加重砂仁6g，另加川朴10g，泽泻15g，炒薏苡仁30g，丁香6g，郁金10g，桂枝5g，21服，水煎服，每日1服。

三诊：2009年12月29日，服上药后腹痛腹胀未再发作，排便通畅1日1行，食欲可，乏力较前好转，仍失眠多梦，舌质淡，苔薄白，脉沉缓。病情缓解，巩固治疗，加用温中健脾益气药物，方用温中方加党参15g，川朴10g，砂仁6g，桂枝6g，白芍10g，干姜10g，泽泻15g，炒薏苡仁25g。20服，水煎服，每日1服，巩固治疗而愈。

小结　肠梗阻是外科四大急腹症之一，发病急，不但可引起肠管本身生理和功能上的改变，还可导致全身性生理上的紊乱，并发症多，复杂多变，诊治困难。急性者多采用手术治疗，慢性不完全性肠梗阻则用泻药灌肠解痉消炎，常不能根治。中医学认为大小肠功能是泄而不藏，腑气以通为用，以泄塞上逆为病，凡饮食不节、劳累过度、寒邪凝滞、热邪郁闭、湿邪中阻、瘀血留滞、燥屎内结或蛔虫聚团等因素均可引起腑气不通，阴阳关格使肠管气血痞结、通降功能失常滞塞上逆而发病。肠道气血瘀结、肠腔梗阻不通则发为腹痛；肠腑闭阻、胃肠之气上逆则发为呕吐；气滞于中而致水谷精微不能上升、浊气不能下降、肠内积聚气体液体则发为腹胀；肠道不利传导失司、糟粕痞结致使肠道阻塞、大便矢气不通而发病。李振华根据这一病机特点运用的温中方具有疏肝理气、温中健脾活胃、补虚运脾降逆作用；祛邪而不伤正、病愈而不复发，为治本病之特有经验。方中加厚朴、佛手、丁香、郁金行气消胀除满；木香、砂仁流通气机；白术健脾助运，理气化湿，润肠通便；白术配焦三仙补中运脾降逆；木香、沉香运行气血；厚朴、枳实行气散结、削痞除满、加速积滞排泄；桂枝、白术、茯苓、薏苡仁温中健脾，诸药合用共同调理脏腑气机，使中焦脾升胃降及大小肠泄浊功能恢复正常，梗阻得以解除，彻底治愈本病。

体会薛伯寿活用四逆散

郭世岳　河南省滑县中医院

薛伯寿上世纪 70 年代师从中医大家蒲辅周，具有扎实的理论基础和丰富的临床经验，笔者有幸通过统考进入第二批全国优秀中医临床人才培训班，拜薛老为师，随师侍诊，对薛老灵活运用经方四逆散治疗临床各科疾病深有感悟。

脾胃不调案

刘某，男，41 岁，2010 年 3 月 10 日就诊。

患者喜食肥甘厚味，近半月来出现脘腹胀满，便干不爽，周身困重，体倦乏力，失眠多梦，舌质暗红，苔薄黄而腻，脉弦细而滑，证属痰湿内阻，脾胃气滞。治宜理气化痰，调和肝脾。方用四逆散合平胃散加味。处方：柴胡 10 克，枳实 10 克，白芍 15 克，炙甘草 10 克，苍术 8 克，厚朴 8 克，陈皮 10 克，焦三仙各 15 克，连翘 12 克，莱菔子 10 克，槟榔 6 克，广木香 6 克，黄连 6 克，法半夏 9 克，茯苓 12 克，生姜 3 片。14 剂，水煎服。服上方后诸症皆消，嘱注意饮食清淡，调畅情志。

小儿咳嗽发热案

毛某，男，5 岁，2009 年 11 月 27 日就诊。

患儿素体虚弱，易患感冒。昨天因受凉后出现咳嗽发热，体温 38.5 摄氏度，服解热西药后体温稍降，但咳嗽渐有加重而就诊。症见：发热，干咳，鼻塞声重，咽痛而红，纳差不饥，大便干，唇红，手心热。舌质红，苔薄白，脉浮滑数。证属风热犯肺，肺失宣降，脾胃气滞。治宜疏风清热，宣肺止咳，理气和胃。方用四逆散合麻杏石甘汤、升降散加味。处方：炙麻黄 6 克，炒杏仁 8 克，桔梗 6 克，前胡 6 克，柴胡 10 克，枳壳 6 克，赤芍 6 克，炙甘草 6 克，蝉蜕 4 克，僵蚕 6 克，防风 6 克，连翘 8 克，黄芩 6 克，神曲 9 克。3 剂，水煎服。服用上方后热退咳止，大便通畅，饮食渐增，继以调理脾胃善后。

月经不调案

李某，女，36 岁，2009 年 12 月 27 日就诊。

患者有月经不调史，量少色淡，经期头痛，经期 6-7 天，白带量多微黄，失眠多梦，肩背痛连及项背，少腹胀满。舌体碎裂，少苔，脉弦细，证属气血失调，阴虚有热。治宜养血清热，调经理气，健脾止带。方用四逆散合四物汤加味。处方：当归 15 克，白芍 12 克，川芎 8 克，生地 12 克，柴胡 10 克，枳实 10 克，女贞子 10 克，旱莲草 10 克，炒白术 10 克，云苓 12 克，鹿角霜 15 克，山药 15 克，砂仁 4 克（后下），黄柏 10 克，炙甘草 10 克。10 剂，水煎服。服药后诸症好转，继服上方调理。

胃脘痛案

李某，女，42 岁，2010 年 2 月 5 日就诊。

患者 2 年前因乳腺纤维瘤行手术治疗。近年来胃脘疼痛，时有胀满，四肢发凉，夜尿多，受凉后则时有遗尿，大便稍溏，失眠多梦，时头痛，月经提前，经期乳房胀痛，经期和量正常，舌质淡，苔薄白，脉细稍弦。证属肝胃不和，阴虚气滞。治宜疏肝理气，温中健脾。方用四逆散合小建中汤加味。处方：柴胡 10 克，枳实 10 克，白芍 18 克，炙甘草 10 克，桂枝 10 克，党参 10 克，鸡内金 8 克，炙茱萸 6 克，生姜 4 片，大枣 30 枚，炒谷、麦芽各 12 克。20 剂，水煎服。服上方后症状明显减轻，继服上方调理。

按：人体的正常生命活动，赖以气机的升降出入正常。如肺的宣发与肃降，肝的升发条达，脾之升清运化，胃之降浊受纳以及肾水上济、心火下降等等无不与气机的升降调畅有着密切的关系。气机升降失常，百病乃生。所以《素问·六微旨大论》云："出入废，则神机化灭，升降息，则气立孤危。故非出入则无以生长壮老已，非升降则无以生长化收藏。是以升降出入，无器不有。"

《伤寒论·少阴病脉证并治》第318条："少阴病，四逆，其人或咳，或悸，或小便不利，或腹中痛，或泄利下重者，四逆散主之。"四逆散和四逆汤的鉴别是：四逆汤由附子、干姜、炙甘草组成，用于治疗少阴阳虚阴盛，下利清谷，恶寒倦卧，手足逆冷等证。四逆散的药物组成为柴胡、白芍、枳实、炙甘草，其方证病机乃因少阴阳郁无以外达四末所致。具有疏肝解郁，条达气机，开胃行滞之功。张景岳的柴胡疏肝散，王清任的血府逐瘀汤，均是在此基础上衍化而来，临床应用十分广泛。

从以上病案可以看出，薛伯寿在辨证论治的基础上，重视气机的升降调畅，从调理肝脾入手，运用本方治疗内、外、妇、儿各科病证取得了较好的临床疗效。

刘保和应用血府逐瘀汤验案举隅

彭智平　刘少灿　河北医科大学中医学院

刘保和为河北中医学院教授，师从印会河。从事临床与教学工作至今已40余载，临床善于问诊、抓主症，屡起沉疴，治疗疑难病症常出奇制胜。笔者有幸侍诊于刘保和，临床悉听其教导，渐有所得。现将刘保和应用"血府逐瘀汤"的临床经验总结如下：

血府逐瘀汤出自清代王清任的《医林改错》，乃为其诸多祛瘀汤（通窍活血汤、膈下逐瘀汤、身痛逐瘀汤等）中所治症目最多的一方，方有当归、生地、桃仁、红花、枳壳、赤芍、柴胡、甘草、桔梗、川芎、怀牛膝共11位药组成，其中桃仁、红花、赤芍、川芎、怀牛膝、当归能活血化瘀，同时怀牛膝又能祛瘀通经引血下行，当归又能补血养血，配合生地凉血清热使瘀去而不伤正，方中又佐柴胡、枳壳以疏肝理气，桔梗开宣肺气为诸药之舟楫，能载药于胸中血府，桔梗与枳壳相配又能调理胸中气机升降，诸气药旨在气通血活，全方共奏活血化瘀、行气止痛之效，治疗胸中血府血瘀证。王清任本人用此方治疗头痛、胸痛、胸不任物、天亮出汗、灯笼病等多种症候。

王清任对气血理论的发挥及其临床应用可谓淋漓尽致，然对血府之瘀血在其《医林改错·气血合脉》说中仍然慨叹："惟血府之血，瘀而不活，最难分别。"笔者对此深有体会。初随刘保和临诊过程中，见其用此方疗于多种疑难病症，疗效甚佳，他运用此方有以下指征：患者觉平素周身沉困而重，休息特别是睡眠后加重，活动后减轻；敲击右胁肋牵引剑突下疼痛，伴或不伴剑突下压痛；脉涩滞不畅，尤以右寸涩象明显；发病开始时向前反推5年，多有外伤病史。

刘保和验案举隅：

验案1：牙痛

任某，男，50岁，2009年8月12日初诊。患者自觉满口牙痛，左侧甚，痛窜至耳根，痛时按之加重，且觉木、胀。有糖尿病史5-6年，一直服用西医降糖药，面色黧黑，舌淡红苔薄白，脉沉涩不畅。敲击右胁肋牵引剑突下痛。询问病史，知5年前在厕所安装灯泡时从凳子上摔倒，当时疼痛难耐。

处方：血府逐瘀胶囊一盒，按说明书服用，并嘱30分钟以后来看效果。病人服药后20分钟即来曰："牙已不疼。"

按语：《活法机要·坠损》提出："治登高坠下，重物撞打，箭镞刀伤，心腹胸中停积郁血不散，以上、中、下三焦分之。"患者从高处摔倒，致瘀停胸胁，又因摔倒时惊恐，肾亦受损，故可判断其病位在中、下二焦。而且糖尿病乃土之有余，土盛则克水，久则水亏。肾又主骨，齿为骨之余，肾水亏虚，且上行之路亦被瘀血阻滞，因而牙失荣而痛乃作。面色黧黑亦乃肾水不能上承所致。故用血府逐瘀汤活血、疏通肾经，使肾水能达于上而使牙痛除。然其糖尿病已久，非一朝一夕所能凑效，当需缓图。

验案2：头痛

严某，男，26岁，军人，2009年3月22日初诊。患者头痛，自2008年11月份部队“拉练”之后出现，喜按后脑，两眼发困，两耳发热，纳可，寐可，二便正常，舌质暗苔薄白，脉细涩。敲击右胁肋牵引剑突下痛。询问病史，知5年前因训练，鼻子受过外伤，鼻骨骨裂2次。

处方：当归、生地、桃仁、红花、赤芍、枳壳、桔梗、柴胡、怀牛膝各10g，川芎、炙甘草各6g，7服，水煎服，每日1服。2009年3月29日复诊，头痛已减一半，余症均减，续服原方7服，后因它病来诊，知此病已愈。

按语：鼻居面中，为阳中之阳，是血脉多聚之处，又是清阳交会之地。头为诸阳之会，清阳所居之位。此即《内经》所说的“清阳出上窍”。鼻子受伤致瘀血留阻于阳经，而阻碍清阳上升之道而发头痛，久之瘀血郁积于胸中。其头痛喜按，两眼发困均为清阳不升之征。两耳发热乃经络不通，局部郁热之象。然其“拉练”为诱发诸症之因，故用血府逐瘀汤去其瘀滞，畅其气机，使清阳之气得升而诸症见愈。

验案3：口中香

吴某，女，2009年3月1日初诊。患者自觉口中香，如吃了黄豆感，自今年春节后发作。月经提前4-5天，色黑有血块，末次月经为2009年2月26日。身不定处有憋胀感7-8年，揉捏则嗳气。舌质暗，脉涩滞不畅。敲击右胁肋牵引剑突下痛。

处方：生地、桃仁、红花、当归、赤芍、枳壳、桔梗、柴胡、川芎、怀牛膝各10g，炙甘草6g，7服，水煎服，每日1服。2009年3月8日复诊，自述口中香已除，已无不适，故嘱停药。因此人为药房内员工，随访至今未复发。

按语：《素问·金匮真言论》云：“中央黄色，入通于脾，开窍于口……其臭香。”又因足太阴脾经“夹咽，连舌本，散舌下”，且“脾主味”，故口中香乃脾之病。妇人多忧悲郁怒，多致肝气郁结，久之使血络瘀阻，肝病传脾而出现脾经症状。此即《金贵要略》所云“见肝之病，知肝传脾。”7年前患者身不定处有憋胀感，揉之则嗳气，肝气郁滞之象可证，久之则病脾而出现口中香。血府逐瘀汤亦可视为由四逆散和桃红四物汤加怀牛膝、桔梗组成。四逆散疏肝解郁，桃红四物汤活血化瘀，怀牛膝、桔梗升降相因、斡旋气机而使郁结得开，瘀血得化而诸症皆除。

验案4：失眠

达某，女，38岁，2008年8月6日初诊。患者寐差自15岁开始，夜过21点以后即入睡难，入睡后次日清晨2点左右即睡不实，4点必醒，寐中外界稍有动静即醒。月经前10天面长痤疮，白带正常。咽滞（自觉因说话多引起）。19岁时曾患心肌炎，现遗留心肌炎后遗症，疲劳时易犯头晕（西医诊为美尼尔氏综合征），日犯一次。血压低，饥时心慌，出虚汗已10年。二便调，纳可。舌淡红苔薄白，脉沉细涩。敲击右胁肋牵引剑突下痛。

处方：生地、桃仁、红花、当归、赤芍、枳壳、柴胡、怀牛膝、炙甘草各6g，川芎、桔梗各4g，生黄芪15g，党参10g，麦冬10g，五味子6g，7服，水煎服，每日1服。经随访，患者药后多年痼疾有所好转，此后一直按此方抓药，现已愈。

按语：古人云：“阳入于阴则寐，阳出于阴则寤。”患者初因阴阳不和而入睡难，渐为瘀血阻络，留于胸中，使阳不能入于阴而致失眠。阳降不得，便亢逆而上，发为痤疮，经后消退缘其部分瘀血可借月经而排出体外。日久则气阴两虚，而出现头晕、心慌、出虚汗之症。然胸中瘀血乃其疾病发展的根本原因，故治疗仍当活血化瘀以治其本，方用血府逐瘀汤，佐以生脉饮、黄芪培补气阴，使气行则血行，水足则舟行。

瘀血证的一般证候如刺痛、拒按、夜间痛甚、肌肤甲错、舌有瘀斑、脉涩诸症皆为医者所熟知，但就血府逐瘀汤证而言，其病位在血府，由敲击右胁肋牵引剑突下痛，可知“血府”即为胸胁膈间。刘保和还用此方治疗过心悸、咳嗽、脱发、头摇等多种疑难病症。凡具备血府逐瘀汤的指征，刘保和即用此方，不拘于何病，临床效如桴鼓。

仙方活命饮加减治疗肋软骨炎

张虹　河南省洛阳正骨医院

肋软骨炎是指发生在肋软骨部位的慢性非特异性炎症，又称非化脓性肋软骨炎、肋软骨增生病。此病多见于青壮年女性，西医病因至今尚不明确，一般认为与劳损或外伤有关，在人们搬运重物，急剧扭转或因胸部挤压等使胸肋关节软骨造成急性损伤，或因慢性劳损或伤风感冒引起的病毒感染等，导致胸肋关节面软骨的水肿、增厚的无菌性炎症反应而发病。

仙方活命饮出自《校注妇人良方》，具有清热解毒、消肿溃坚、活血止痛的功效。仙方活命饮加减治疗肋软骨炎疗效显著。

治疗方法

中药内服　仙方活命饮加味：药用金银花20g，防风12g，白芷6g，当归15g，陈皮10g，穿山甲10g，贝母9g，天花粉15g，乳香10g，没药10g，赤芍12g，皂角刺6g，甘草6g 为基本方。气滞胀痛明显者加香附12g，郁金12g；血瘀刺痛明显者加三棱12g，土鳖虫10g；湿盛困痛者加苍术12g，秦艽10g，萆薢12g。阴雨天痛增怕冷者加桂枝10g，细辛4g，羌活12g。每天1服，水酒各半煎分2次服，7天为1个疗程。

中药外敷　以上汤药药渣加米醋150ml 拌匀，用文火炒热，趁热布包温熨患部，每天2次，每次10分钟。

典型病例

张某，女，27岁，教师，2007年11月8日初诊。患者于1个月前因患感冒有发热、咳嗽伴胸痛等症状。经内服感冒通及输液抗炎等治疗后热退，感冒亦逐渐痊愈。且胸痛逐渐局限于前胸上部右侧，并有肿胀，劳累时加重，右上肢活动轻度受限。自用芬必得内服治疗，效果不佳，遂来我院就诊。见患者神清，精神差，右侧胸肋疼痛，困胀不适，纳可，眠差，二便调，舌质暗红，苔薄白，脉弦。查右胸第3肋软骨与胸骨交界处肿胀，皮色基本正常，压痛明显，上肢活动受限。胸部CR 片示胸骨及肋骨骨质无异常。既往无肝病、胆囊炎、胆结石病史，无外伤史。腹部 B 超未见异常。血常规、血沉及心电图无异常发现。诊为右第3肋软骨炎。证属气滞血瘀。予基本方加香附10g，郁金10g，每天1服，水煎服。药渣外敷，3天后肿胀、疼痛明显减轻，继续治疗7天，肿胀、疼痛消失，恢复工作。随访1年未见复发。

讨　论

肋软骨炎根据其临床表现应属中医“胁痛”范畴。治疗应采用清热解毒、活血化瘀、消肿止痛之法治之。

该方虽专为实热疮疡而设，但该方组方严谨，配伍精当，活血化瘀而不伤正，散结消肿通络行滞而不伤阴，诸药合用温凉相抵，唯行散之力卓著。方中方中金银花性味甘寒，最善清热解毒疗疮，前人称之谓“疮疡圣药”，故重用为君。乳香、没药气香，香能走窜而善行，故能行血散瘀，利气通络，血行气利则疼痛自止；当归尾、赤芍活血散瘀，消肿止痛；陈皮行气通络，《本草纲目》谓本品“同补药则补，同泻药则泻，同升药则升，同降药则降”，方中配伍应用加强活血消肿之功，以上诸药共为臣药。白芷、防风透达营卫，散结消肿；气机阻滞每可导致液聚成痰，故配用贝母、花粉清热化痰散结；穿山甲气腥而窜，其走窜之性无微不至，故能宣通脏腑，贯彻经络，透达关窍，凡血凝血聚为病，皆能开之；皂刺通行经络，能直达病所，均为佐药。甘草清热解毒，并调和诸药；煎药加酒者，借其通瘀而行周身，助药力直达病所，共为使药。诸药合用，共奏清热解毒、消肿溃坚、活血止痛之功。

气滞严重者，常加入香附、郁金二药。香附味辛微苦而甘，辛散肝气之郁，苦降肝气之逆，甘缓肝气之急，故为调和肝气，理气解郁之要药。郁金味辛苦而气寒，其味苦从阴，主降泻而入血分，故能破有形之在瘀；味辛从阳，主行散，而入气分，能解无形之气郁。血瘀刺痛明显者，常加入三棱、土鳖虫。三棱苦平，入厥阴肝经走血分，以破血中之瘀结，入太阴脾经走气分，以消气滞结聚，乃治疗血瘀气滞，停痰停积而成症瘕结块之要药。土元咸寒，能入肝行血软坚，有破症瘕、消瘀血、通经疗伤之效，两药同用增加原方活血化瘀之效，同时可加速局部隆起的消散。湿盛困痛者，常加入苍术、秦艽、萆薢，以加强祛湿邪的目的。阴雨天痛增怕冷者，加入桂枝、细辛、羌活，以利温通经络。

采用药渣醋炒热敷的方法，将药渣进行热敷既可以充分利用药物，又可以通过药物的直接作用和温热效应，使药力从皮到肉，从筋到骨，层层渗透，从而使腠理疏通，脉络调和，气血流通，邪祛正安。

跌打丸外用治疗皮肤病

包佐义　河南省洛阳市中铁十五局中心医院

跌打丸由金不换、两面针、田基红等中草药制成，是骨伤常用药。其主要功效是舒筋活络、行气止痛、活血化瘀，可治疗跌打损伤，软组织瘀血肿痛等病症。传统的用药途径主要是内服。近年来经临床医生临床应用验证，用其外用治疗某些皮肤病也有极好疗效。

冻疮：本病主要是由于皮肤受寒冷的刺激，引起毛细血管痉挛、收缩，久之血管麻痹，静脉瘀血，致使局部皮肤血液循环受阻所致。跌打丸的活血化瘀作用可以疏通皮肤微循环，改善局部血运，从而消除冻疮的局部症状。对于未破溃的冻疮，可以用跌打丸 5 粒，研细加 75%酒精或白酒适量调成稀糊，外敷患处，每天换药 1 次，连用 5-7 天即可见效。

寒冷性脂膜炎：本病常在寒冷季节发病，多发于体质比较肥胖的中青年女性，常在两侧大腿外侧的皮肤上出现暗红色的结节，局部皮肤温度降低，有瘙痒及痛感，遇热则加重，治疗不及时或多摩擦时若溃烂感染则经久不愈合。发病早期可用跌打丸2-3粒研细，用白酒或75%酒精调成糊，外敷患处，每日换药1次，有较好的疗效。

输液引起的静脉炎：常在静脉穿刺的部位出现条索状硬块，可根据硬块长度，取跌打丸3-5粒，用白酒或75%的酒精调成糊状，外敷于患处，每日擦药1次，大多在用药3-4次即可痊愈。

臀部肌肉注射后的局部皮肤硬块：大多与注射药物浓度过高或药物配伍不当或注射深度不当有关。可根据硬结大小，取跌打丸1-2粒，用白酒调成糊状，外敷患处，每日换药2次，连用3-4天即可使硬结消散。

结节性红斑：为常发于青年人的双侧小腿伸侧的一种非化脓性炎症性皮肤病。可在原发疾病治疗的基础上取跌打丸3-4粒，用白酒或75%酒精调成糊状，分别外敷于结节处，每日换药1次，可促使局部红肿和结节消退，疼痛减轻至消失。

小腿丹毒：丹毒系溶血性链球菌感染，引起表皮网状淋巴管炎所致，小腿是丹毒的好发部位。在应用抗菌消炎药治疗的同时，取跌打丸 3-5 粒研细，用白酒或米醋调成糊状外敷患处，每日换药 1 次。

朱长庚治疗股骨头坏死经验

袁普卫　陕西中医学院骨伤研究所

朱长庚教授曾任全国股骨头缺血坏死专业委员会委员，陕西中医学院骨伤教研室主任及陕西中医学院附院骨伤科主任，他在应用中医药方法治疗股骨头坏死方面积累了丰富的经验，现介绍如下：

股骨头坏死的中医病机

股骨头坏死是指由于某种原因导致股骨头的活骨组织坏死的一种病理过程，由于其病理机制多为骨质的血供障碍所致，所以也称为股骨头缺血性坏死。中医学根据其发病部位、证候特点、病理机制，将其归于“骨蚀”、“骨痹”范畴。袁浩据《灵枢·刺节真邪篇》之“虚邪之入于身也深，寒与热相搏，久则内著，寒胜其热，则骨痛而肉枯，热胜其寒，则烂肉腐肌为脓，内伤骨为骨蚀。”称之为“骨蚀”。刘柏龄据《圣济总录》中所述的“肾脂不长则髓涸，而气不行，骨内痹，其证寒也”、“痹为闭而不通之意”，认为寒邪伤及肾阳致气滞血瘀形成瘀痹，且该病的发病部位又在髋部，故称之为“髋骨痹”。朱长庚根据多年临床经验认为，股骨头缺血性坏死是由于肝肾不足、气血凝滞、经脉痹阻、不能濡养关节所致。

股骨头坏死的中医治疗

朱长庚提出以补肾、活血、生骨为治疗股骨头缺血性坏死大法，取得了满意的临床疗效。

方药组成：黄芪30g，丹参15g，三七15g，土元10g，鹿角胶10g，牛膝8g，生甘草6g。

方解：黄芪起补脾肺之气，益气生血的作用，为君药。丹参活血化瘀，行气止痛，三七活血化瘀，消肿止痛，鹿角胶功能为温补肝肾，强壮筋骨，活血消肿，通调督脉，为血肉有情之品，性味咸温，入肝肾二经，三药共为臣药。土元破血逐瘀，接骨续筋，为佐药。牛膝主下焦血分，善活血通脉，引血下行为，为使药。甘草益气和中，调和诸药，为使药。

使用方法：研磨装胶囊每次服用含生药量1.2g，每日3次。每疗程10天。

适应范围：I期、II期股骨头坏死。

外敷：朱长庚临症时常常配合中药外敷治疗，明显增强了治疗效果。

方药：热敷散（陕西中医学院附属医院经验方）

组方：刘寄奴12g，独活12g，防风12g，秦艽12g，红花9g，艾叶9g，桑枝30g，赤芍15g，花椒9g，川芎9g，草乌9g，生姜30g，栀子9g，五加皮15g，大葱3根，透骨草12g。用食醋将药拌湿，用纱布包裹，蒸热后热熨患处，每日2-3次，每次40分钟。

主治：适用于股骨头坏死患处疼痛较剧者。

临床体会

本病的治疗效果与股骨头缺血坏死的范围大小、是否有股骨头塌陷及塌陷的程度、病人接受治疗的时间有密切关系。对于I期和II期的股骨头缺血性坏死，通过中西医结合治疗后，取得满意效果，III期以上的患者由于股骨头已出现塌陷，如不及时正确的治疗，绝大多数病人都有进一步发展的趋势。因此，及早治疗刻不容缓，同时应联合其他保守治疗方法。

崔应珉活用温胆汤临证经验

车文生　徐羽　河南中医学院

崔应珉系河南中医学院研究生导师，主任医师。崔应珉教书育人、治病活人30余年。他善治各种常见病及疑难杂症，论医理能化繁为简，谈用药清晰明了。现谨录崔应珉温胆汤临床用验于此。

刨根探底寻所出　加减化裁尽其途

温胆汤一方在唐代孙思邈《备急千金要方》和王焘编撰的《外台秘要》中均有记载，《外台秘要》言其出于南北朝姚僧垣所撰的《集验方》，由半夏、枳实、陈皮、竹茹、甘草、生姜六味药组成，主治“胆寒之大病后虚烦不得眠”。其后温胆汤又见于陈无择之《三因极一病证方论》，药用即在《备急千金要方》原方基础上加茯苓、大枣，而生姜则由原来的四两减为五片，主治“气郁生痰变生的诸症”。

明清医家又总结出不少加减化裁之法，如烦热者加黄连，名黄连温胆汤；痰滞者去竹茹，加胆南星，名为导痰汤；加柴胡、黄芩，又名柴芩温胆汤；加人参、菖蒲者名为涤痰汤。《证治准绳》去竹茹，加枣仁、五味子、远志、熟地黄、人参，名为十味温胆汤。经过加减化裁大大扩充了该方的临床适应证。

崔应珉将温胆汤及其化裁方广泛应用于临床各科的多种病证，如中风、胸痹、胁痛、失眠、胃痛、脏躁、闭经、厌食、心痛、惊悸、神经性呕吐、癫痫、耳鸣、眩晕、癫狂等证，均获满意疗效。

脑虚痰瘀作中风　小小温胆建奇功

《删减方》谓："凡髓虚实之应，主于肝胆"、"热则应脏，寒则应腑"、"髓虚者，脑痛不安；髓实者，勇悍"。脑为髓海，髓虚即为脑虚，即脑之正气不足也，故应治腑，即胆也。不难看出胆、髓、脑之间的关系，故温胆汤能治疗脑之正气不足。

案例：脑梗后遗症，康某，男，59岁，2009年6月2日来诊。脑梗病史2年，现症见右肢不遂，眠差，烦躁，语言不利，大便不成形，舌体胖，质紫，苔白稍厚，脉沉细滑。中诊：中风。西诊：脑梗后遗症。中风之病因病机为风、火、痰、瘀导致脑脉瘀阻或血溢于外。此处当辨为风痰瘀阻脉络。处方：炒白术15g，姜黄15g，桑枝30g，天麻15g，桂枝15g，制香附15g，半夏30g，陈皮10g，茯苓30g，炒枳壳12g，竹茹12g，丹参15g，郁金10g，三七3g，胆南星15g，川朴12g，石菖蒲12g，豨莶草30g，夏枯草30g，甘草10g，桂枝10g，生龙牡各30g，地龙15g，白僵蚕15g，　川牛膝15g，薏苡仁60g，焦栀子30g。7服。并用水蛭、全虫各300g。分别装胶囊，分别日三次，每次3粒。

主方温胆汤化痰解郁通络。治疗疾病先以辨主证为要，再对具体症状而用药，如肢体不遂，加姜黄、桑枝、天麻、桂枝、鸡血藤、豨莶草等活血通络；眠差，用焦栀子、夏枯草、薏苡仁、川牛膝等以清痰火；脑萎缩，加全虫、水蛭、蜈蚣、地龙或入煎剂或装胶囊等以活血通窍；语言不利，苦笑失常，加远志、莲心、淡竹叶等以清心火；因中风后遗症实乃瘀血阻络，故需加大活血化瘀之力度，常加石菖蒲、郁金、丹参、三七等活血开窍之品。如此用药，效如桴鼓。

气短眩晕心惶惶　黄连温胆效如彰

心悸临床表现为气短、心慌、眩晕等症。可用黄连温胆汤加减治疗。崔应珉论其意有二：一者心与胆关系密切，《素问·六节脏象论》云："凡十一脏皆取决于胆。"《医学入门》载："心与胆相通，心病怔忡，宜温胆汤。"张景岳云："少阳属木，木以生火，故邪之盛者，其本在胆，其表在心，表者，标也。"二者痰瘀交阻于心。胆为清净之府，心中有神明所藏，亦喜清净，不能为痰瘀之浊相扰。

案例：岳某，女，63岁，2008年11月5日初诊。突发头晕，肢体活动不遂2天，患者体胖，平素气短，下肢乏力，面目浮肿，口干，纳差，时呕吐痰涎，夜间耳鸣，血压150/90mmHg,，心率58次/分，ST-T 段缺血样改变，既往心肌缺血史，舌体大，有齿痕，质紫暗，苔腻稍黄，脉略弦。中诊：心悸，眩晕。此为痰瘀互阻。处方：黄连10g，半夏15g，陈皮10g，茯苓30g，杏仁10g，　竹茹10g，石菖蒲12g，郁金10g，丹参30g，葛根15g，三七10g，天麻10g，炒白术10g，桂枝9g，川芎9g，甘草6g。7服。

方以黄连温胆汤清胆和胃，化痰通络；丹参、郁金、葛根、三七活血化瘀；因痰涎上扰，蒙蔽清窍发头晕耳鸣，故用半夏天麻白术汤燥湿化痰，理气和胃；桂枝温通心阳；川芎解郁。患者自诉服上药头晕，耳鸣，纳食明显改善，以原方为主，视症状稍作调整，治疗一月，诸症状消失。

顽固失眠多恼人　柴芩温胆情最真

临证顽固失眠颇为棘手，崔应珉认为情志抑郁或胆胃不和之失眠可用柴芩温胆汤加减治疗。《外台秘要》明言温胆汤用于"胆寒之大病后虚烦不得眠"，临床多见胆胃不和之证，"胃不和则卧不安"，故和胃化痰，配上柴胡、黄芩，和解少阳，疏通三焦气机之通道。胆胃和，气机畅，眠自安。

案例：孙某，女，26岁，2009年7月28号来诊，平素脾气急躁，两周前因与其同父异母之弟打架，变得情绪易激动，不能自控，现苦于入睡困难，易醒，烦躁，记忆力减退，舌质紫，苔白腻，脉弦滑。

处以柴芩温胆汤加上珍珠母、郁金、香附、炒柏枣仁等，另嘱其愉悦心情，放宽心胸。一周后，患者复诊自诉睡眠有明显好转，但情绪仍易激动，按上方基础上加减，依旧嘱畅情志。如此调治月余而愈。

癫痫多为痰瘀扰　导痰加味用之妙

崔应珉认为癫痫多属痰瘀之证。脑为至清至粹至纯之腑，为真气所聚，维系经络，协调内外，以主元神。脑清则神识清明，主持有度；脑为髓海，水谷精微及肾精所藏。清灵之脏腑喜静谧而恶动扰，易虚易实，是故神伤窍闭为其病理基础。清窍被扰，元神失控，神机散乱，则昏仆抽搐；髓海不充，元神失养，脑神乏机，致恍惚不安，目光呆滞等。临床可用温胆汤去竹茹加胆南星、石菖蒲（即导痰汤）合上白金丸，再加上全虫、蜈蚣、水蛭等虫类药以搜风剔络止痉。每每起到良效。

案例：某男，24岁，海南省文昌市人，2009年1月出诊。患者自诉患癫痫10余年，面色萎黄，形瘦，大便泄泻，疲乏无力，咯白色痰涎，舌体胖大，苔白腻。处方：党参20g，炒白术15g，陈皮10g，半夏12g，茯苓30g，白芍30g，天麻10g，钩藤10g，地龙15g，生龙牡各30g，蝉衣10g，生南星15g，白僵蚕15g，川芎30g，石菖蒲12g，郁金15g，甘草6g，当归10g，生黄芪30g，另外全虫、蜈蚣各200g，粉碎研末装入空心胶囊，每天各三粒，每天各两次，09年2月22号，电话来述癫痫发作已减少，但大便仍泄泻，效不更方，但改炒白术30g，生南星25g，加炒山药30g，白扁豆15g，天竺黄15g，以健脾益气化痰，嘱其坚持治疗，前后三月余以上方加减而获效。

结　语

温胆汤及其化裁方的主治病证十分广泛，临床上应用该方要牢牢抓住主证及其辨证要点，崔应珉认为，该方有三大主证：一是精神情志病证，如惊悸或胆怯、眩晕、头痛、失眠、健忘等；二是脾胃病证，如纳差、厌食、痰涎不化、脘腹胀满、大便溏薄不爽或干结便秘等；三是脉象弦或滑或弦滑，舌苔腻滞。临证时，若上述某一病证出见或诸证兼见，皆可采取“异病同治”的原则，选用该方。否则不宜用该方。

杨牧祥辨治眩晕临床经验

于文涛　河北医科大学中医学院

杨牧祥为河北医科大学教授、主任医师、博士生导师，全国第二、三、四批老中医药专家学术经验继承工作指导老师，享受国务院特殊津贴专家，河北省首届十二大名中医。他从医执教近 50 载，理论功底深厚，临床经验丰富，辨证用药独特。笔者有幸师从于侧，受益匪浅，现将其辨治眩晕的临床经验简介如下。

眩晕为临床常见病症，中老年人多发，可见于高血压病、颈椎病、高脂血症、脑动脉硬化、椎基底动脉供血不足、短暂性脑缺血发作、梅尼尔氏综合征等多种病。杨牧祥认为，本病多由气血不足、肝肾亏虚、头目失荣、或肝阳上亢、痰火上逆、扰动清窍所致，病位在脑窍，与肝、脾、肾三脏密切相关。根据眩晕特点与伴随症状及舌脉的不同，杨牧祥将眩晕归纳为肝阳上亢、痰浊中阻、瘀血阻络、气血亏虚、肝肾亏损5种证型，依据其病机辨证施治。

肝阳上亢型：患者多有高血压病或短暂性脑缺血发作病史，症见眩晕耳鸣，头痛且胀，面色潮红，性情急躁易怒，每因烦劳或恼怒病情加剧，失眠多梦，舌红，苔薄黄，脉弦。

《素问·至真要大论》有“诸风掉眩，皆属于肝”之说，杨牧祥认为，肝为刚脏，肝气易升、易动，达巅而致眩晕。忧郁恼怒，肝失疏泄，郁而化火，暗耗肝阴，或肾阴素亏，水不涵木，肝阳上亢，风阳升动，循经上扰清窍，发为眩晕。正如叶天士所云：“水亏不能涵木，厥阳化火鼓动，烦劳阳升，病期发矣”。故治当滋养肝肾，平肝潜阳，方用自拟四草饮加减，由天麻10g、钩藤15g（后下）、刺蒺藜15g、女贞子15g、旱莲草15g、夏枯草15g、益母草15g、龙胆草6g、决明子15g 等药组成。方中女贞子、旱莲草滋养肝肾以培其根；天麻、钩藤、刺蒺藜、夏枯草、龙胆草、决明子以清肝泄热、平肝潜阳；益母草活血化瘀通络，诸药相合，共奏滋养肝肾、平肝息风、标本兼治之功效。

临证时，在本方基础上随证化裁：若腰膝酸软、筋骨无力、肝肾亏虚的老年人或体弱者，酌加桑寄生、杜仲以补肾壮腰；若胁肋胀痛、急躁易怒、肝郁气滞者，酌加柴胡、香附、川楝子以疏肝理气；若头晕且胀、面红目赤、胁肋灼痛、肝郁化火者，酌加栀子、黄芩以清肝泻火；若大便干结难下、热郁津亏者，酌加火麻仁、生地、玄参、麦冬，以增液清热通便。验之于临床，本型患者多见于高血压病、短暂性脑缺血发作等患者，是临床较为多见的证型。杨牧祥并嘱患者应尽量避免精神刺激，保持情绪乐观，饮食以清淡为主，忌食辛辣油腻之品，将有助于治疗。

痰浊中阻型：此类患者多形体偏胖，血脂偏高，症见眩晕，头重如裹，胸脘痞闷，恶心欲呕，食少多寐，苔白腻，脉濡滑。

《丹溪心法·头眩》指出："头眩，痰夹气虚并火，治痰为主，无痰则不作眩，痰因火动"。杨牧祥认为，饮食不节，伤及脾胃，脾失健运，湿聚生痰，痰浊上逆，阻遏清阳，清阳不升，浊阴不降，故头目眩晕。治疗当以燥湿化痰、健脾和胃为主要治法，方用自拟苓术饮加减，由茯苓15g、炒白术15g、广陈皮10g、清半夏10g、天麻12g、钩藤15g（后下）、白蒺藜15g 等药组成。方中以茯苓、炒白术、广陈皮、清半夏健脾燥湿化痰、祛除发病之源，天麻、钩藤、白蒺藜平肝而治眩晕，标本兼治。

临证时，可在本方基础上化裁：眩晕较甚、呕吐频作者，加炙枇杷叶、姜竹茹、代赭石、旋覆花，以和胃降逆止呕；脘腹满闷、舌苔厚腻、湿浊较重者，加苏梗、荷梗、佩兰梗、霍香梗、蔻仁、砂仁芳香化浊，理气消胀；耳鸣时作者，加郁金、石菖蒲，以通阳开窍。徐春甫在《古今医统》指出："肥人眩晕，气虚有痰"。杨牧祥认为，本病证多见于形体肥胖、高脂血症、梅尼尔氏综合征等患者，临床可根据原发病的不同，在本方基础上加减施治，并嘱其适当节制饮食，忌油腻辛辣之品，以防助湿生痰，有助于治疗。

气血亏虚型：该型患者多素体虚弱，或久病积损，症见头晕目眩，动则尤甚，劳累即发，面色淡白，唇甲色淡不华，神疲乏力、心悸少寐、纳差食少，舌淡、苔白，脉细或弱。

杨牧祥认为，脾为后天之本，气血生化之源，脾胃虚弱，不能运化水谷，生化气血；气虚则清阳不展，血虚则脑失所养而发为眩晕。亦有久病劳倦，内伤心脾，导致气血亏虚者。此类患者多为久病之后或素体虚弱，贫血、低血压患者。治当益气养血、养心安神为主要治法，方用自拟参术饮加减，由太子参15g、炒白术15g、炙黄芪30g、当归15g、熟地15g、茯神15g、远志10g、炒枣仁15g、木香6g 等药组成。方中太子参、炒白术、炙黄芪健脾益气，当归、熟地补血养血，茯神、远志、炒枣仁养心安神，木香理气醒脾，补而不滞。全方共奏益气养血、养心安神之功效。

临证时，在本方基础上随证化裁：面色萎黄、爪甲无华、血虚甚者，酌加白芍、阿胶，以增强补气养血之药力；畏寒肢冷、腹中隐痛者，加干姜、香附、乌药、元胡以温中助阳、理气止痛；如脘腹下坠、气虚下陷者，重用参芪，酌加升麻、柴胡，以益气升阳举陷；脘腹胀满、食欲不振者，酌加川朴、枳壳、鸡内金，以健脾理气消胀；伴见大便溏泻者，酌加炒山药、炒扁豆、炒苡仁，以健脾止泻。杨牧祥并嘱其劳逸适度，避免因劳诱发；饮食宜既清淡又富于营养，则有助于气血得复。

肝肾亏损型：该型患者多年高体弱，常伴高血压、脑动脉硬化等病，症见眩晕久发，两目干涩、视物模糊、口燥咽干，耳鸣如蝉，神疲健忘，腰膝酸软，舌红嫩，少苔，脉弦细。

杨牧祥认为，肾主先天，藏精生髓，若禀赋不足，肾精不充，或老年精亏，或房劳过度，可致精亏不能生髓，髓海空虚而发生眩晕。故治当滋养肝肾、养阴填精为主要治法，方用自拟八味饮，由熟地15g、山萸肉15g、怀山药15g、茯苓15g、丹皮10g、泽泻10g、女贞子15g、旱莲草15g 等药组成，本方具有滋补肝肾、滋水涵木之功效。

杨牧祥认为，本型患者治疗不当，或迁延不愈，可进一步发展为肝阳上亢型，甚至变生肝风内动，故应及早治疗。临证时，在基础方上随证化裁：五心烦热、潮热盗汗、阴虚内热甚者，可加知母、地骨皮、五味子、浮小麦，以滋阴清热敛汗；头晕胀痛、面红目赤、性情急躁、肝阳上亢者，可加天麻、钩藤，以平肝潜阳；眩晕较甚、时时欲仆、肢体麻木、阴虚阳浮者，酌加生龙骨、生牡蛎、怀牛膝，以潜浮阳。并嘱患者劳逸适度，避免情绪波动及恣情纵欲，损伤肝肾。

瘀血阻络型：患者症见眩晕，头痛如刺，精神萎靡，神疲乏力，失眠健忘，面唇紫暗，舌质紫暗，或有瘀斑瘀点，脉弦细涩。

杨牧祥认为，血行不畅或血溢脉外，阻滞脑窍，脑窍失养，故而眩晕。因气血相关，气行则血行，气滞或气虚皆可导致眩晕，故方以自拟芪归饮加减，方由生黄芪30g、当归15g、赤芍15g、川芎15g、丹参15g、青皮10g、枳壳10g组成。该方重用生黄芪补气，意在强化气的推动作用，并非补虚。配合当归、赤芍、川芎、丹参活血祛瘀通络；青皮、枳壳行气化瘀，共奏行气活血、祛瘀通络之功效。

临证时，在本方基础上随证化裁：若头痛经久不愈，痛如锥刺不移，入夜尤甚，血瘀脑络者，酌加水蛭、全蝎以加强祛瘀通络之力；若胸闷刺痛阵作，胸阳不宣，心脉瘀阻者，酌加薤白、瓜蒌以宣通心阳、活血通脉；若月经后期或痛经，经色紫暗夹块者，酌加泽兰、益母草以化瘀调经。杨牧祥认为，此型患者可分为两类：一为颅脑外伤、脑出血等原因所致，临床虽为少见，但是病情急骤，须结合现代医学手段进行急救后再行中药治疗；二是脑动脉硬化或脑血管病后遗症，此类临床颇多，往往与其他证型相兼出现。

杨牧祥强调，眩晕虽可归纳为以上5型，但从临床来看，各种病理因素在发病过程中相互影响，相互转化，多呈虚实夹杂之势，因此治疗时不可胶柱鼓瑟，当权衡病证轻重，随证治之，方能取效。

病案举隅：

刘某，女，71岁，已婚，2008年9月10日初诊。间断性头晕6年余，重时眼前景物旋转，站立不稳，伴头痛、耳鸣、两目干涩、失眠多梦、腰膝酸软，大便干结，舌质稍红而暗，少苔，脉弦细。曾服用伊那普利，无明显疗效。辅助检查：血压：180/100mmHg；双目正大等圆，颈抵抗（-），神经反射存在，病理反射未引出；巴氏征（-），霍氏征（-）。

分析：患者肝肾阴虚，肝阳上亢，故见头晕头痛，甚则肝阳化风，则见视物旋转，站立不稳；阴虚火旺，虚热扰神，故而失眠多梦；阴虚肠燥，故大便干结；耳鸣、两目干涩，腰膝酸软，少苔，脉弦细，皆肝肾阴亏之征象。西医诊断：高血压病。中医诊断：眩晕，证属肝肾阴虚，肝阳上亢，治宜滋补肝肾、平肝潜阳、活血通络。方用自拟四草饮加减：天麻 10g，钩藤 15g（后下）、刺蒺藜 15g，女贞子 15g，旱莲草 15g，夏枯草 30g，益母草 15g，决明子 15g，丹参 15g，虎杖 15g，桑寄生 30g，杜仲 10g，怀牛膝 15g，茯神 15g，远志 10g，合欢花 15g，合欢皮 15g，夜交藤 30g，郁李仁 10g，火麻仁 10g。14 服，水煎分 2 次温服，日 1 服。二诊：头晕、耳鸣、两目干涩、失眠多梦、腰膝酸软明显减轻，便已不干，血压 150/90mmHg。原方减去郁李仁、火麻仁，加枸杞子 15g，菊花 10g，生龙骨 30g（先煎）、生牡蛎 30g（先煎），继服 14 服。三诊：患者诸症悉除，血压 130-140/80-90mmHg。考虑血压已平稳，口服复方降压胶囊善后。

针灸治疗精神分裂症

刘晓晖　广州中医药大学针灸推拿学院

精神分裂症是以基本个性改变，思维、情感、行为的分裂，精神活动与环境的不协调为主要特征的一类最常见的精神病。精神分裂症的患病率男女相等，男性一般常在 17-30 岁开始起病，女性在

20-40 岁开始起病，无器质性改变，为一种功能性精神病，本病患者一般无意识和智能方面的障碍，但发作时不仅影响本人的劳动能力，且对家庭和社会也有影响。精神分裂症病程多迁延并呈进行性发展，是一种严重而逐渐衰退的精神病，患者似乎失去了与现实的接触，难以鉴别主观与客观，认为他们的情感受到控制。

失眠可能会加重精神分裂症。精神分裂症可分五种：

紧张型精神分裂症——此型患者极度社会功能退缩、孤僻，阴性症状严重，有严重的精神运动性障碍。

瓦解型精神分裂症——此型患者言语不连贯，情绪和情感体验与现实不适切，通常没有幻觉。

偏执型精神分裂症——此型患者对他人非常猜疑，行为受被害妄想的支配，幻觉和妄想明显。

残留型精神分裂症——此型患者当前没有妄想、幻觉或破裂性言语和行为，但日常生活缺乏动力和兴趣。

分裂情感性障碍——此型患者同时具有精神分裂症和情感障碍如抑郁症、双相情感障碍或混合型躁狂症的症状。

病例摘要

患者孔某，女，26 岁，海航职员，以面部痤疮、失眠来诊，面容佳，身材适中，却强烈要求减肥。与其交谈中发现其从小各方面优秀，但家庭不和，经常受父亲打骂。希望有男孩子的性格，不相信身边任何人，对任何活动都无兴趣，一直没有朋友。现工作环境空姐围绕，让她失去了往日旁人称赞的光环，她把这些归结为肥胖，久而痤疮满面，失眠难忍。医师诊断为：精神分裂症。治以疏肝解郁，安神调志，并结合心理治疗。

针刺的治疗由笔者操作。患者病之本在神，安神开郁为要，局部治疗为辅。给予四神针、印堂、双率谷、双太阳、双安眠、双内关、双神门安神定志；面部痤疮沿经透刺，局部围刺，结合双天枢、关元、双阴凌泉、双三阴交统调内分泌；双太冲泻郁等。针刺头部时患者感觉得气，舒适欲睡，然针刺面部时觉疼痛，几经调节针刺方向仍觉有刺痛，故留针候气，嘱患者配合吐纳放松，但患者依旧精神紧张，眉头紧锁。接下来的针刺，患者都带着紧张情绪，当时只是叫其放松，未做其他处理。针毕，患者无觉不适，嘱放松心情，多参加活动，不适随诊。当日回去后来电诉觉头胀痛甚，全身疼痛，痛不欲生。笔者导师详细了解其治疗过程后言：“非针刺之过，为患者情绪所致。”耐心开导患者后，患者情绪稳定，觉疼痛缓解。次日来诊，导师以心理开导为主，配以少量针刺，针毕患者觉舒适，疼痛完全缓解。

体 会

医治病人，不仅治病，而且治人。精神分裂症病人常情绪感情不稳定，对他人容易猜疑，治疗此类病人，应先得到病人充分的信任和接受，凡刺之法，先必本于神，神定方可治病。在针刺前虽注意了与病人的沟通交流，针刺头针时也得到患者的信任，但是在针刺面部时患者感到疼痛，接下来的治疗内心多少产生了抗拒。但当时对此并未做出及时正确的处理，只顾治病，忽略了患者的情绪，导致患者病情加重。

在与此患者的交流中，我们感觉到她身心郁结，气机不顺，导致其烦乱、失眠、不知所措，此类病人一旦精神紧张，很容易把郁气憋住郁闭于内，气郁则胀，气不行，郁闭不通则痛。在针刺面部时，患者明显感觉到了疼痛，以致在接下来的针刺治疗中一直处于紧张状态，无法达到预期的安神定志调气机的作用，相反，由于精神紧张，气机郁闭阻滞于内，出现了后来头胀痛甚，全身疼痛难忍，痛不欲生的症状。若是当时找到了适当的针刺方向，或是感觉到病人的不适后立刻将疼痛部位的针出了，解除了病人的疼痛，缓解了病人的紧张，就可以减轻由于气机郁闭造成的一系列不良后果。

针灸治疗应以患者舒适为度，特别在治疗有情志疾病的患者时，应注意避免患者的精神紧张，以免产生相反疗效。另外，对于有情志疾病的患者，更应该充分取得患者的信任，为的也是舒和患者气机，两神合一，对治疗效果起十分重要的作用。

王有奎治疗慢阻肺经验

尹政先 太原市中医医院

王有奎是山西太原中医研究所呼吸科主任、山西省著名呼吸病专家，从事呼吸病临床医疗及研究40余载，对哮喘、慢性阻塞性肺病、肺纤维化等治疗有突破。笔者有幸拜王有奎为师，临证侍诊，现将王有奎对慢性阻塞性肺病（简称慢阻肺）的治疗经验介绍如下：

辨病辨证结合 突出中医药优势

王有奎治疗呼吸病，以西医诊断标准辨病，按中医辨证施治方法进行分型、用药。这样既能掌握疾病的本质及发展规律，又体现了以人为本、善于治病求本的中医学优势，对规范中医诊疗很有帮助。

重视补气调气 协调脏腑功能

王有奎首次提出哮喘病机是宗气不足、肺宣发肃降不利所致，突破了中医传统的“未发时扶正气为主，既发时攻邪气为急”的治疗原则，主张治疗哮喘全程均应补气调气，恢复肺主气的功能。90%以上的哮喘病人服药10-20天，哮喘即可得到控制，以后坚持2个月左右的缓解期治疗，即可达到停药后再不复发的效果。

对体虚外感和反复感冒者在解表同时合以补肺气药物，以扶正固本，杜绝感冒的复发。

对慢性支气管炎，以往中医多采用化痰止咳的方法。王有奎则加用大量的党参，可补益肺脾之气，肺卫气足，防御功能增强，再不会因外邪侵袭而导致感冒或外邪犯肺而生咳喘；脾气强，运化有力，可杜绝生痰之源，而且，脾肺功能增强更可化生宗气，宗气足，以“贯心脉，行呼吸”之力强，自无咳喘之发作。以5天为一疗程，一般在1-2个疗程就可以达到咳止痰消，再不复发咳喘的效果。

对慢性阻塞性肺气肿、肺心病、肺间质纤维化等以平素即气短，动则明显加重为主症的疾患，则须用人参、西洋参、沉香、蛤蚧等大补元气、补肾纳气之品方可见显效。

经过长期的医疗实践，证实补气调气法是治疗疑难呼吸病能有所突破的关键，并使呼吸病疗效得以提高。

祛痰利痰 标本同治

王有奎据多年的临证实践，总结了肺系病“治痰七法”，并强调治痰应掌握三个原则：一是认清生痰之源，采取标本同治之法，既化解已生之痰，又杜绝新痰的滋生。二是治痰必须理气（气郁者疏之、气逆者降之、气陷者升之、气虚者补之），使肺气充盛条达，推动痰湿运行有力，易于排出体外，三是重视利痰，鉴于呼吸病多有痰液黏稠、咯吐不爽以致胸闷气短或顿咳不止，对这种情况每以花粉生津，稀释痰液，合以大量利痰的冬瓜子，使痰液排出体外，病人顿感胸中通畅，咳止喘平。

对慢阻肺的诊疗经验

慢性阻塞性肺病以逐渐加重的气短为主要表现。本病属于中医学“喘证”、“痰饮”、“肺胀”的范畴。根据慢性气管炎的病史及肺气肿的临床特征和胸部X线表现及肺功能检查，可以确诊。

中医学认为本病的发生，是由于久咳、久喘日久不愈，并反复感外邪，致使肺之体用俱损，肺主气的功能失常，宣发肃降不力，难以敛降。“肺为气之主，肾为气之根。”肺虚则气不能肃降，肾虚不能纳气，致使呼多吸少，动则气短。肺虚宣降无力，则气失清肃而气滞胸闷，子盗母气，肺虚及脾，脾失健运，肾虚不能蒸化，致使痰浊愈益潴留，则气滞痰阻，胸部胀满；病程中肺虚卫外不固，更易感受外邪，导致本病的急性发作或加重。故本病是虚中夹实、以肺脾肾虚为主、并兼气滞痰阻的一种虚实错杂的疾患。

对本病的治疗采取补虚泻实、标本同治的方法。时时以顾护元气为念，以益气养阴生津、补肾纳气为主，合以祛痰宣肺理气之品。

辨证分型施治

辨证要点：本病以虚中夹实为特点。当详辨其证之轻重，偏虚偏实。虚以气虚为主，当以气虚的程度与兼症为依据，辨别属肺气虚、肺脾气虚，还是元气大虚，肾不纳气，兼以辨别有无阴虚津亏之证。实证多为气滞、痰阻，并辨别有无血瘀的证候以决定处方用药，按以下 5 种分型施治：

痰热壅肺型

咳嗽痰多，色黄质黏，不易咯出。胸满烦躁，喘息气粗。或伴身热，口渴，溲赤，便干。舌边尖红，苔黄，脉数，多为慢阻肺急性感染者。

治宜清肺化痰，降逆平喘。

方用越婢加半夏汤或桑白皮汤加减。

常用药：麻黄、杏仁、石膏、桑白皮、半夏、苏子、浙贝、花粉、冬瓜子等。

方中麻黄、杏仁宣降肺气平喘；石膏、桑白皮清泄肺中郁热；苏子、半夏化痰降气平喘；浙贝、花粉、冬瓜子化痰利痰。

气虚痰盛型

咳嗽，痰黏稠或呈泡沫痰、量多，动则气短，兼食少纳呆，胃脘痞满，倦怠乏力。舌淡苔薄白或白腻，脉弦。相当于慢支合并肺气肿者。

治当补气祛痰。

方用苏子降气汤合补肺汤加减。

常用药：苏子、厚朴、陈皮、半夏、前胡、茯苓、白术、冬瓜子、紫菀、党参、黄芪、熟地、五味子、桑白皮。

方中以苏子、桑白皮降气祛痰，止咳平喘；前胡、紫菀、冬瓜子增强化痰利痰的功能；半夏、厚朴、陈皮祛痰和胃以除胃脘痞满，增强食欲；白术、茯苓健脾祛湿，杜绝生痰之源；党参、黄芪益气，脾肺并补，增强脾肺功能，以为治本之品。熟地、五味子补肾纳气，缓解动则气短情况。

气结痰郁、肾不纳气型

哮喘多年未愈，当前平素即气短，动则加重，痰多胸部胀闷，夜间多阵发性胸闷气喘，呼吸困难，不能平卧，甚至喉中痰鸣，舌淡或紫，脉弦数。相当于支气管哮喘合并肺气肿者。

治当益肺肾，调气机，化痰平喘。

方用复健汤合哮灵汤加减。

常用药：熟地、山茱萸、山药、茯苓、黄芪、当归、五味子、补骨脂、人参、沉香、苏子、炙麻黄、杏仁、花粉、冬瓜子。

方中熟地、山萸、山药、茯苓、补骨脂、人参、五味子、沉香等共达补肾纳气作用；炙麻黄、杏仁合用宣降肺气，平喘；花粉、冬瓜子、苏子化痰利痰。

肺肾阳虚型

喘咳多年未愈，当前呼多吸少，气不得续，稍有活动气短即明显加重，痰液黏稠，咳吐不利，胸闷咳嗽。兼纳呆，胃腹胀满，食少体倦，腰酸背冷，舌胖质暗，脉弦数。此型有肺脾肾虚，气滞痰阻错杂为患。多为重度慢阻肺有阳虚表现者。

治当补虚泻实，标本兼治。

方用复健汤加减。

常用药：熟地、山茱萸、山药、茯苓、五味子、人参、黄芪、当归、补骨脂、胡桃肉、沉香、白术、枳实、麦冬等。

方中人参大补元气，沉香补肾纳气为主药；补骨脂、胡桃肉、熟地、山茱萸、五味子增强补肾纳气作用；黄芪、当归益气补血；白术、茯苓、山药、枳实健脾和胃；麦冬养阴，可防止过热伤阴。

气阴两虚型

动则气短，声低气怯，自汗畏风，干咳无痰或痰少不利，口干欲饮，心中烦热，舌红，脉细或细数。多属于慢阻肺病属阴虚体质，平素咽干口干，常有烦热者。

治宜益气养阴。

方用育阴培元汤加减。

常用药：黄芪、太子参、五味子、天冬、麦冬、知母、百部、桑白皮、地骨皮、生地、川贝、花粉、冬瓜子等。

方中太子参、黄芪、五味子补益肺气；生地、天冬、麦冬、知母生津养阴；贝母、百部化痰止咳；花粉、冬瓜子利痰；地骨皮、桑白皮养阴清热。

五苓散医案两则

熊兴江　中国中医科学院广安门医院
魏　戌　中国中医科学院望京医院

五苓散可以利水渗湿，助阳化气，是治疗太阳蓄水证的经典名方。悸、眩、渴、烦、吐涎沫、小便不利、脉浮是本方方证识别关键；脱水与蓄水并存是本方证病机关键。笔者运用本方治疗高血压病、心律失常、慢性充血性心力衰竭、慢性肠炎、脂肪肝、慢性肾炎、内耳眩晕症均取得一定疗效，兹举该方验案两则。

案一：频发室性早搏

曹某，男，72岁。初诊日期：2009年7月6日。

主诉：心慌时作5年，乏力思睡半年。患者自5年前开始出现心慌不适，时作时止，活动后减轻，伴胸闷，无胸痛。曾前往某医院检查，诊断为心律失常：频发室性早搏、二联律，给予倍他乐克口服，服药后心率常低于60次/min而停服，心电图提示心肌缺血改变；半年前开始出现体力下降，现症为易疲劳，下午头昏沉如裹，阴雨天上症加重；腰酸疼，下肢沉重；咳嗽，晨起咳白痰数口，口不渴饮；稍有劳作必腋下出大量黄汗而浸透衣物；睡眠梦多，早醒；易尿频、尿急、尿无力，夜尿3次；舌淡红，苔薄黄腻，脉沉涩结无力。既往有慢性支气管炎病史多年。西医诊断：心律失常、频发室性早搏；中医诊断：心悸。辨证：心气不足，水饮凌心。治法：补益心气，温化水饮。拟五苓散、茯苓杏仁甘草汤、甘草干姜茯苓白术汤、桂枝茯苓丸、四君子汤加减。处方：党参20g，炒白术30g，茯苓30g，猪苓15g，泽泻20g，桂枝10g，光杏仁10g，干姜4g，桃仁10g，赤芍药10g，牡丹皮10g，枸杞15g，炙甘草10g。

二诊：患者服用上方3剂后自觉体力明显好转，神清气爽，头昏沉消失，咳嗽咳痰减，胸闷消失，未觉心慌，腰酸痛减轻，且意外发现困扰多年的腋下黄汗痼疾也得到明显好转；面色黄黯，体胖，肌肉松；舌质淡红，苔薄白，脉较前转浮，且有力。查：心率72次/min，节律不齐，早搏4次/min。拟上方加防己10g，生黄芪20g，改桃仁15g，赤芍药15g，另外每次冲服三七粉3g，每日2次。

三诊：患者电话告知坚持服上方1个月余，体力基本恢复正常，头晕胸闷消失，黄汗基本痊愈，咳嗽咳痰止，小便量增多，尿频减，夜尿减至1至2次，腰酸痛消失，腿脚较前灵便；平常自察脉搏，每分钟偶尔可及早搏1至2次，但不觉心慌。半月前因家属生病奔走劳累，今日自觉心慌明显，自察脉搏发现每一次正常脉搏之后必定有一次停顿，遂服二诊方药1剂，第二天告知心悸消失，早搏1-2次/min，嘱咐患者继续服药巩固，注意休息。随访至今未复发。

按：本案患者初诊时见其心悸、头晕于阴雨天加重，下肢肿、口不渴饮、脉沉，病机属水饮凌心，为典型的五苓散证，且吉益东洞《药征》谓茯苓“主治悸及肉瞤筋惕也，旁治小便不利、头眩、烦躁”，黄煌也认为茯苓主治眩悸、口渴而小便不利，故用大剂量茯苓30g利水定悸。茯苓杏仁甘草汤可以宣肺化饮，胸闷气短是本方方证关键，该患者胸闷、心慌、咳嗽咳痰，病机属水饮犯肺，这是典型的茯苓杏仁甘草汤证。肾着汤可以健脾除湿，自觉身体沉重，上楼或远行尤甚，容易腰部发冷、沉重或疼痛是本方证特征。该患者腰酸腰痛，属寒湿痹阻腰部，故取肾着汤以温化，且取大剂量白术30g以“利腰脐之气”。患者有前列腺肥大病史，夜尿频，下肢静脉曲张、瘀斑，脉沉涩，是瘀血阻滞下焦，故取桂枝茯苓丸活血化瘀。此外，考虑前列腺肥大虽属瘀血内阻之实证，但实质以肾虚为本，故方中加枸杞以补肾。药后患者症状好转，心悸改善，提示方证的对。二诊时患者诉说多年的黄汗好转，可能提示此黄汗属水饮内停所致。方中加防己、黄芪合成防己黄芪汤、桂枝加黄芪汤益气利水、固表止汗。

患者皮肤黄黯，形体肥胖，为“黄胖”体质，符合茯苓、黄芪药证，可用茯苓类方、黄芪类方。三诊时早搏频发，本方起效迅速，提示茯苓类方所定之“悸”不仅仅包括功能性心律失常导致的心慌，还包括器质性心律失常，且一旦认准心悸属茯苓药证，必须大剂量运用方能起效。

案二：脂肪肝

刘某，男，27岁。2008年7月7日就诊。

主诉：腹胀2月。患者2月前无明显诱因出现腹胀不适，饮酒后即腹泻，体检发现甘油三酯略偏高，B超显示“脂肪肝”。患者平素体力尚可，汗出较多，口干渴，饮水多，胃口好，喜食肥甘厚味，腹胀，揉按后好转，睡眠尚可，大便偏干，每日一行，小便正常。查：肤色偏灰无光泽，体型肥胖，下肢不肿，舌淡润苔薄白，脉沉。拟五苓散原方，处方：泽泻10克，茯苓15克，猪苓10克，炒白术12克，桂枝10克，五剂，每日一剂，水煎服。服药5剂后，患者诉说腹胀略减，于是又断断续续服本方7剂，1月后称最大的感觉是“轻便了许多”，腹胀明显减轻，口渴止，大便正常，体重减轻10余斤，患者笑称本方是“减肥良药”，并随访至今患者病情一直稳定。

按：患者虽有血脂高，胃口旺盛，喜食肥甘厚味，腹胀，大便偏干，但腹诊腹肌松软，并非热结在里的腹肌绷紧有抵抗感，因此首先排除最常见的少阳阳明同病的大柴胡汤证。又见其肤色偏灰无光泽，容易汗出，考虑系《金匮》尊荣人的“骨弱肌肤盛”，但患者体力尚可，脉搏不虚，故非典型的黄芪桂枝五物汤证。舌淡润，排除其腹胀、口渴口干、饮水多和大便偏干系内热耗伤津液所致，笔者始拟本方治疗，药后患者体重减轻10余斤，疗效之好出乎意料，说明方证对应则定能收桴鼓之效。患者虽服用本方体重大减，但只有出现五苓散证的肥胖用本方才有效果，不可针对肥胖一概滥用。

从该病案悟出，患者疾病是蓄水所致，其腹胀当为“水痞”，其肥胖当为“水胖”，且下肢肿、小便不利、舌胖大不一定是本方证必备指征。值得注意的是本方原文服法是作散剂温水冲服，并且药后还需“多饮暖水”至汗出方可。

和贵章谈治肿瘤

和瑞欣　河南省郑州市中医院

河南中医学院和贵章教授出身中医世家，上世纪60年代毕业于北京中医药大学医疗系，从事中医临床和教学近50年，医疗经验丰富。现就和贵章对肿瘤病的治疗经验介绍如下。

素常中医临证所治肿瘤患者多属晚期患者，和贵章认为：肿瘤病情复杂，从潜证到显证是一个漫长的过程，大多数患者绝不是寒、热、气、血、痰、毒、虚、劳、外感等单一因素所致，往往是多种因素胶着互结促成，故治之就要审时度势、攻补兼施、寒热并用、舒气畅中、固先天之本而益后天或益后天而固先天之本。要对因、对症、对证、对病、对位、对时、对地域、对人等兼而顾之，要主次有序，最根本的是提高生存质量，减少痛苦，延长生存时限。这里保命是根本，祛邪是为了保命。至于邪祛多少，还要看生命的承受力，不能不要命地祛邪。尤其对于放疗、化疗或手术后的病人，一定要把握好患者体内环境变化状况，不能简单地认为肿瘤已除、仅仅扶正、提高免疫力就可万无一失。因为放疗涉及局部，至于整体邪正力量对比状况是不明了的；化疗是正邪不分，具体邪祛多少、正伤多少、是否改变了正邪力量的对比，还是一个未知数。至于手术后一定正能胜邪，这也是一种善良的意愿，因为手术创伤了体内的组织结构，除组织局部需要整体力量的整合修复外，还面临因创伤可能导致的肿瘤转复问题。所以对肿瘤患者的中医治疗，除消瘤防变的基本法则外，对放疗之后的病人要抗幅射；对化疗之后的病人要防白血球减少、胃肠道等副反应；对手术后的病人要协助创伤后的组织结构修复等。现举两例中医药治疗肿瘤的医案。

案 1：乳腺癌肝转移案

患者王某，女，54 岁， 农民。2000 年 4 月 19 日初诊。

1999 年 6 月查为右乳癌，行手术切除，为防止转移右腋窝行淋巴结扫荡性根治术。至今右臂肘以上尚肿，干活下垂后尤甚。1999 年 11 月 29 日腹部胀气不适，在当地地区医院进行乳癌术后复查时，B 超发现肝包膜不光滑，右肝后上段及下段可见多个高回声光团，最大面积 $22\times32mm^2$，周边见声晕，肝内管系走向部分紊乱，门脉 9mm，胆系管 5mm 等。提示：胆囊壁毛糙，肝内占位性病变。为进一步确诊，12 月 1 日 CT 查肝右叶顶部及 V1、V2 交界区各可见一圆形低密度影，直径约 3cm，界限模糊。诊断：肝右叶两个转移灶。

刻诊：右上臂肿胀、乏力、消瘦、腹胀气，其他无明显不适。素常性格内向，喜生闷气，田间劳动不能按时休息吃饭，有时体能付出过多，有接触化肥、农药史。苔稍腻质暗红，脉弦。据此则立：扶正蠲毒、舒肝理气、软坚散结消瘤为法。

处方：瓜蒌 30g，制乳香、制没药各 7g、蒲公英 30g，炮山甲 9g，薜荔果 30g，天葵子 30g，炒水蛭 3g，蟾皮 6g，石上柏 30g，龙葵 30g，藤梨根 30g，山慈菇 15g，楮实子 30g，生白术 18g，生白芍 15g，制香附 15g，鸡内金 30g，斑蝥 0.1g，沉香（分吞）3g，三七 10g，老菱壳 30g，生姜 3 片、大枣 5 枚。30 服，水煎服，日 3 次，100ml/次。

2000 年 6 月 27 日复诊：带来一周前 B 超检查资料，肝轮廓清晰，形态正常，包膜光滑，肝实质回声致密，欠均匀，肝内管系走行正常，门脉 10mm，胆管 4mm，提示：肝、胰、脾、腹腔周围未见异常回声，胆囊壁毛糙。因家属有疑虑，又作腹部增强 CT 检查，肝右叶及原病灶处未有明显异常发现，结论：与 1999 年 12 月 1 日 CT 片对比，肝右叶原转移灶处无异常发现，它处亦无明显异常。患者情绪很好，因病属乳腺癌转移，故原方加强了治乳腺癌的药物，一则巩固肝转移灶不再复发，二则防乳腺癌再次复发或转移。

处方：瓜蒌 30g，制乳香、制没药各 7g，公英 30g，炮山甲 9g，鹿角胶 30g，炒水蛭 15g，知母 10g，川贝 20g，天花粉 20g，法半夏 10g，白及 10g，皂刺 15g，二花 30g，山慈菇 30g，文术 15g，海藻 15g，夏枯草 15g，鱼腥草 30g，蜈蚣 3 条、制香附 30g，15 服，煎服法同前。自制青连益肝丹（西红花、石上柏、斑蝥等），分 2 次吞服，每次 1 粒。

用药后情况稳定，效不更方，原方 15 服再进，以资巩固。嘱其应继续治疗，注意情绪、饮食、劳逸适度以防生变。

案 2：肺鳞癌、胸水、胸闷、咳喘急危案

患者邢某，男，64 岁，退休工人，2005 年 7 月 20 日初诊。

因病情危重不能门诊就医，其家属代述：左肺鳞癌，已住某省医院两个多月，胸水、心包积液、咳喘、气短。经放、化疗无明显好转，近喘闷气短日趋严重，且见张口抬肩，端坐呼吸，不得平卧，日夜头不得安枕，稍有动作则呼吸急促，喘息不止，心悸突突，语难成序，已历两周，饮食少入，欲向近死。家属断言，难熬过 7 天，而求治于中医，以希万一。

和贵章认为是：肿瘤波及胸膜、心包膜，导致渗液过多，积于胸腔与心包内，压迫心肺，胸气失畅，心功受障，肺之气机阻塞，故致喘闷逆息急危征象。应标本同治、立消瘤固本、祛邪逐水、平逆止喘为法。

处方：醋甘遂 5g，醋大戟 3g，瓜蒌 15g，射干 24g，杏仁 18g，百部 18g，仙鹤草 18g，龙葵 30g，生薏仁 30g，炒葶苈子 30g，西洋参 6g，山慈菇 15g，鱼腥草 30g，炒冬瓜仁 24g，法半夏 10g，僵虫 10g，全虫 10g，地龙 15g，炮山甲 10g，泽漆 15g，蜈蚣 3g，生麦芽 30g，生姜 3 片、大枣 5 枚。3 服，水煎，频频呷服。嘱其当晚急煎服。服后逐渐神定，胸满、胸闷、胸胀、气短、气逆、喘息明显好转，可以安枕，是夜较前安稳许多。

2005 年 7 月 23 日复诊：3 服药后，患者可坐轮椅到诊室就诊，因大病初定，人尚憔悴，面略浮肿，饮食好转，余悸未消，乏力神疲，舌苔腻，脉弦滑。药已显效，原方再进 3 服，仍嘱频频呷服。药后诸症消息，一周后出院还乡调治。

按语：案1为转移癌，一定要抓住原位癌不放松，和贵章曾比喻：如同一棵松树长在山上，如果种子移种到河谷，尽管其处所不同，但仍然是松树，其特性不会改变。所以乳腺癌转位于肝，仍应以治乳癌的药物为导引，如瓜蒌、制乳香、制没药、蒲公英、炮山甲、老菱壳、鹿角霜等，加上治肝癌的药物如石上柏、斑蝥、山药、三七、沉香、蟾皮等合力歼之。抓原位癌是充分认识肿瘤的性质和特点，用针对性更强的药物，效果更理想。

案2是左肺鳞癌，应是上皮肿瘤，因浸润胸膜、心包膜，形成积水，故应为癌症所致水饮留蓄症。因水饮过多，阻滞肺、心正常功能，欲向近死，故应抓住消水救急，同时消瘤防变。消水用猛药之醋芫花、大戟、引领其他消水药：葶苈子、泽漆、龙葵、冬瓜仁等搜消脏腑、窝囊难消之水，并用治癌之瓜蒌、射干、仙鹤草、山慈菇及虫类药物等以从根治，用人参、生薏仁等以强心抗癌消水，鱼腥草以治肺，且病属危重，频频呷服，以防格拒不纳。此提示我们该用有毒性药品应果敢选用，不得半点犹豫。

魏经汉教授谈心律失常的中西医治疗

任壮　《中国中医药报》记者

日前，在北京举行的“整合调节——心律失常药物治疗新策略高峰论坛”上，记者就治疗心律失常的有关问题采访了知名心血管病专家、河南大学第一附属医院魏经汉教授。

记者：目前，关于心律失常的病因，医学界有没有统一的结论？

魏经汉（以下简称魏）：心律失常根本原因有两个，一个就是神经调节的问题，像交感神经兴奋，迷走神经兴奋或者是受抑制，造成心律失常，这是一种非心脏结构性的改变，而只是神经调节的改变，比如这个病人喝了酒，早搏就多起来了，抽烟多了，浓茶喝得多了，咖啡喝得多了，都会发生心律失常。另外一种就是心脏本身有病，像冠心病、高血压、风湿性心脏病、扩张性心肌病、心肌炎，等等，这些都是心脏本身发生改变了，心肌细胞发生改变了，那么，心肌细胞膜肯定要发生改变，心肌细胞膜上的离子通道也要发生改变，心律失常就会发生。目前病因研究已经进入到离子通道这个平台上了，再做进一步探讨，就是寻找出逆转基因的改变。

记者：得了心律失常之后，怎样治疗效果比较好，药物治疗是中药好还是西药好？

魏：目前来说，治疗的办法基本有两个，一个是药物治疗，一个是器械治疗，包括了射频消融手术治疗。一般常用的是药物治疗，但是对于药物治疗来说，治疗当中存在问题。在1990年代，国外通过卡斯特研究发现，绝大多数的抗心律失常药物，包括一类、四类抗心律失常药物都是可以控制症状，使早搏少一些，但是增加病人的死亡率。也有些抗心律失常的药物不增加死亡率，像β受体阻滞剂，就是常用的倍他洛克，但是抗心律失常作用的效果比较差一些。目前来说，从全世界范围内大家都在积极地探讨新的抗心律失常药，一个是安全，不增加病人死亡率，再一个疗效好。现在我们国家就发挥我们的特长，从中医药这个途径上来攻克这个难关。

参松养心胶囊经过循证医学研究证明，它的疗效是好的，没有什么明显的不良反应，不会增加死亡率。这个药我看还是不错的，比西药有优越性。但是从我在临床应用当中的观察来看，中药还需要进一步地发展，它需要精制，特别是能制成静脉制剂，疗效出来快，治疗效果就更好一些。

再一个就是射频消融治疗，射频消融治疗在1980年代后期、1990年代初期在我们国家广泛开展。就目前来说，看来有良好的治疗效果。像对于预激综合征的合并阵发性室上性心律过速以及所谓快速性心律失常、室性心动过速，疗效都非常好。心房颤动是21世纪仍然没有攻克的难题。近几年来国内医学界许多人在刻苦钻研用射频消融来治疗房颤。通过研究可以说，参松养心胶囊可以预防房颤的发生。

记者：治疗缓慢性心率失常目前有什么方法？

魏：治疗缓慢性心律失常，那目前常用的就是起搏治疗。通过植入起搏器，解决了很大问题。在1960 年代以前，我们对缓慢性心律失常实在是没办法，特别是一些器质性的，也就是结构性改变的心脏病，像冠心病以及扩张性心肌病，控制病态窦房结综合征，心跳慢都不好控制。而发展到植入起搏器阶段，特别是起搏器由原来的单一的心室的感知、心室的起搏这一种，只能保证跳，到今天不仅是能保证跳，还能自动地调节心律的快慢，随着病人的活动，心律可以增快，随着病人休息，心律还可以减慢一些，这样的起搏器更智能化，更接近于生理功能，越来越朝前发展。而且起搏器对于心衰的治疗效果也很好，因为心衰的病人有的是发生了室内传导阻滞，两个心室，左心室、右心室跳动收缩不协调了，这时候心脏功能就差了，不协调了。用了起搏器以后，用数字化技术，用计算机来使它调整运动，可以使两个心室协调起来。对于心律失常治疗，有的还采用走廊手术，包括房颤治疗，用刀切，让电信号沿着这个走廊传下去，但是效果不好，做得就很少。

心律失常都与离子通道异常有关，由于疾病的发生，钾离子、钠离子的通过就会发生异常，从而导致心律失常发生。现在这些根本的问题还没能解决。今天谈到的参松养心胶囊，它是作用于多个离子通道的，所以这是符合治疗心律失常的一个根本措施，所以说它是有发展前途的，将来治疗心律失常药物的研发都是要从离子通道上，来考虑、发掘、攻克。

记者：慢性心律失常患者是否可以长期使用中药？

魏：心律失常分急性发作和慢性，慢性就是说持续时间比较长，始终存在心律失常。这样的情况不容易治，由于它的电活动已经成了固定的环路了，需要长期服药。长期治疗并不等于是终生，用一阶段以后，你把它调整一下，这样心律失常就得到控制了。因为用药时间长，就需要这个药的不良反应要小，要不然时间长了以后，对肝肾功能损害了，或者是对其他的部位，比如肺毒性、眼角膜的毒性，出现这些问题的时候那就麻烦了，所以长期使用得克服它的不良反应。

记者：西药的主要不良反应问题表现在哪些方面？

魏：像胺碘酮，作为目前常用的抗心律失常药物，它有心脏外的毒性，可以造成肺间质纤维化，可能导致呼吸功能衰竭。另外可以发现甲状腺毒性，形成甲亢或者是甲状腺功能低下，在角膜上造成胺碘酮碘原子的沉积，影响视力，有的人还发生皮肤的侵害。再一个，它可以引起缓慢性的心律失常，甚至出现尖端扭转性室性心律过速，所以它不能长期使用。同样的，像Ⅰ类抗心律失常药物，利多卡因、普罗帕酮、美西律这些药物，长期使用都会增加病人的死亡率，本身也可以造成更严重的心律失常。

记者：用中西医结合的方法，比如说同时用药效果会不会更好？

魏：这个我们也在探索。西药比较精制一些，可以静脉滴，也可以口服，口服的片剂，一片可以掰成二分之一、四分之一来进行调节使用，西药的特点是起效快，中药比较粗制一些，提纯度还不够，起作用慢。

病人一旦得了病以后，就希望快一点好，大夫也希望快一点起效。在这种情况下，我们可以把中药、西药一块用，起效了以后，就把西药逐渐停掉，光用中药继续维持，来进行强化治疗。这是一种可以采取的办法。

治疗心律失常的中药不少，但参松养心胶囊能够经得起大样本的观察，得出明确结果。中医过去缺乏这方面的研究。

人物介绍：魏经汉，男，主任医师、教授、硕士研究生导师。1967 年毕业于河南医学院，从事临床医疗、教学、科研工作 30 余年，主要研究高血压，冠心病，心肌梗塞，心律失常及心力衰竭的诊治。曾获省部级科技成果奖 5 项，专著 7 部，发表论文 50 余篇。任中华医学会理事，中华医学会心电生理和起搏学会委员，河南心血管病学会委员，5 家省部级杂志编委。

王翘楚致力失眠治疗之路

王麦囤　上海市中医医院

王翘楚（1927.2-），男，江苏海安人。全国著名中医学家，上海中医药大学附属市中医医院主任医师、终身教授，中医睡眠疾病研究所名誉所长，中国睡眠研究会理事会顾问，中医睡眠医学专业委员会名誉主任，全国第二、三批老中医药专家学术经验继承工作指导老师，享受国务院特殊津贴专家。

王翘楚早期师从南通名医陈树森，后从姜春华，学术志同道合。从医62年，临床擅治中医内科杂病。近20年来，以"天人相应"理论指导落花生枝叶治疗失眠症研究，组织课题组从临床、药理、药化、生药和文献等方面进行了系统研究，取得一系列成果，先后获上海市政府科技进步奖，上海市中医药科技进步奖，获国家发明专利3项。

五千多年来，中国传统医药积累了防治疾病理论和丰富经验，如何继承、发展、整理、研究这一份宝贵的遗产，向现代医学尚未解决的薄弱环节和未知领域进军，是我国中西医药工作者和其他相关学科工作者共同的任务。王翘楚穷20余年精力，致力于中医失眠症、中医睡眠疾病的研究，做了大量的探索和研究，取得了丰硕的成果。

研究花生叶治失眠

1991年，王翘楚退居二线，却开始了一个对中医药开发应用的探索课题。他从以"天人相应"理论指导用花生枝叶治疗失眠症课题起步，提出花生叶的"昼开夜合"与人体"入夜则寐，入昼则寤"可能有共同的促睡眠物质基础，以这一设想（假说）为指导，组织临床、药理、药化、制剂工艺和文献等多学科参与，采取医、科、工、农结合，形成一个花生枝叶治疗失眠症研究课题组。

王翘楚到上海市中医医院后，在上海市科委、上海市卫生局、上海市中医医院和上海市中医文献馆等单位领导的支持下，以科研为依托，带动中医失眠症、中医睡眠疾病优势专科的建设。课题组二十年如一日，以坚忍不拔的精神，终于取得了一系列科研成果，由花生枝叶研制的"落花安神合剂"已在临床应用8万多人次，以花生枝叶为主研制的花丹安神合剂正在做3期临床研究。科研成果先后获得市、局级5项成果奖励，并获批国家专利3项。

与此同时，上海市中医医院先后建立了中医失眠症专科门诊、上海市中医失眠症医疗协作中心、上海市中医医院中医睡眠疾病研究所，现专科年门诊量达2万人次左右。课题组目前承担了国家"十一五"支撑课题1项、部级课题2项、市级课题1项，医院、研究所预试课题5项，各项课题均在顺利开展中。在此基础上，王翘楚老中医工作室获批成立，从1993年起先后以师承形式带教5人，带教失眠症专科医师30余人，一支中医失眠症专科队伍正在逐步壮大。

2008年初经中国睡眠研究会同意，以上海市中医医院中医睡眠疾病优势专科、中国中医科学院研究生院和广安门医院失眠专科、广东省中医院、山东省中医院、陕西唐都医院中医科为筹备单位，筹备成立中医睡眠医学专业委员会，2008年10月挂靠在上海市中医医院，11月在上海召开成立大会，王翘楚教授任名誉主任。2009年10月又在上海召开第四届全国中医科研方法暨花生枝叶治疗失眠症成果汇报研讨会，出席100余人，交流论文60余篇。

提出新观点，创立新学说　"天人相应"治未病

早在《内经》时代就有"上工治未病，不治已病"的观点，王教授从这一传统的防治疾病的理论出发，对失眠、焦虑、抑郁症提出了《失眠症"治未病"康复预防十二讲》，强调人类要尊重自然界阴阳消长规律，合理作息，才能有益健康，如果违反自然界阴阳消长规律，就会百病丛生。同时强调人与社会要和谐相处，在改造客观世界的同时，要

认真改造主观世界，才能少生失眠、焦虑、抑郁症等精神类疾病。这一本《十二讲》对广大患者和健康人群宣讲后，普遍反应收获很大，对患者治疗后的康复和健康人群降低失眠、焦虑、抑郁症的发病率也起了积极推动作用。

提出“脑主神明”新观点

中医认为心是人体精神意识的中枢，在此基础上，王教授从当代临床实践的新现象出发，进一步发扬李时珍“脑为元神之府”和王清任“人的记性在脑不在心”的学术观点，从而提高了中医对脑是神经、精神中枢的认识，仍然保留“肝主情志，心主血脉”的合理内含，提出“脑主神明，肝主情志，心主血脉”的新观点，为现代中医临床科研实践和药学实验研究提供了科学可行的依据，增加了中西医之间的共识。

创“五脏皆有不寐”说

历代医家均认为“心藏神”，心为人体精神意识的中枢，故临床对失眠症辨证、立法、处方、用药多以心为中心而波及肝、脾、肾，而从未有提及与肺的关系。近 20 年来，王教授在临床实践中发现，失眠症不仅与心肝脾肾相关，而且与肺也密切相关，临床常见感冒发烧热退后，因精神过劳或情志不悦，呛咳不已，数月不愈者，实属肝亢或肝郁木旺侮金（肺）所致，用平肝或疏肝解郁加清余邪润肺之剂，常会收到良效，故提出“五脏皆有不寐”，以肝为中心而波及他脏的，符合当今临床实际的观点。

“辨证”新观点

辨证论治是中医的一大特点，对临床也有很好的指导作用。100 多年来，不少前辈在临床上探索把西医的辨病和中医辨证结合起来，以提高疾病的诊治水平。如 20 世纪 60 年代，朱良春曾首先提出辨证与辨病结合的问题，70 年代沈自尹发表了“辨病与辨证结合”应用的经验体会。此后，国内外不少学者均一致认为中医临床采取辨病与辨证结合确能提高诊断、治疗水平，从教材编写、政府制定医疗、科研、新药研究等规定都有辨病与辨证结合的内容要求，这是中西医在临床实践中逐步求同存异走向结合的一大进步，应该充分加以肯定。但从今后中医走向国际科技平台竞争的要求来看，确实还存在不少问题有待解决。

为此，王翘楚先后两次撰文论述辨证的发展方向，目的是要强调“证候辨证”是我国传统临床医学一大发明。始创于汉代张仲景《伤寒论》的六经辨证，至明清吴鞠通、叶天士发展为三焦辨证和卫气营血辨证。新中国成立 60 年来，辨病与辨证结合，把证候辨证识病提到临床医学上一个十分重要的地位，在中医临床医学正在走向世界的今天，千万不要忘记“证候辨证”是我国临床医学的一大发明，辨病和辨证结合是六经、三焦、卫气营血辨证的发展。但它还要进一步提高和发展，就是要从主攻现代临床医学尚存在的薄弱环节或空白地区，去从证中求病、病中求证，继续发挥中医证候辨证优势，不断发现新的证和新的病，为攀登现代医学科学高峰占领我国传统医学一块前沿阵地而多作贡献。

孙兰军运用中医药治疗高血压的策略

汪涛　天津中医药大学第二附属医院

高血压是心脑血管疾病的危险因素，是常见的心血管病，也是脑卒中和冠心病发病的最重要危险因素，被称为影响人类健康的“无形杀手”。孙兰军从事心血管专业四十余年，对高血压的中医药治疗有独到见解，现将其综合整理如下。

改善高血压防治现状迫在眉睫

我国高血压流行状况：随着社会经济的变革和人们生活方式的变化，我国人群心血管病患病率持续升高，高血压最常见，患者约有 2 亿人。据 2002 年全国调查，我国成人高血压患病率为 18.8%，比

1991年增加31%，高血压知晓率、治疗率和控制率分别为30%、25%和6%。

高血压危害：脑血管病　高血压是脑卒中最重要的危险因素，并且更易引起出血性脑卒中。中国脑卒中研究显示，传统危险因素（血总胆固醇、体重指数、吸烟等）的相对危险度(Relative Risk, RR)与发达国家差异不大——高血压除外（与美国檀香山、弗明翰队列研究比较）：高血压的RR值，中国显著高于发达国家（5.4 vs 2.1）；高血压的RR值，出血性脑卒中高于缺血性脑卒中（5.6 vs 4.1）。

心力衰竭　高血压是引起心力衰竭的主要病因（男性：39%，女性：59%），高血压的患者约40%死于心力衰竭。根据Framinghan研究，血压升高20mmHg，慢性心力衰竭的危险增加56%。积极降压达标，可以使心衰的危险降低52%。

对高血压人群而言，除了年龄外，左室肥厚是预测心血管事件最强的危险因素。左室肥厚是心脏对长期高血压的适应性改变，心脏结构的重塑增加了心血管死亡、猝死、冠心病、心力衰竭及卒中的危险。

糖脂代谢异常　高血压患者极易并发糖代谢异常或糖尿病，而且高血压是糖尿病病情进展的强预测因子，50%以上的高血压患者同时伴有胰岛素抵抗或2型糖尿病。而伴发糖代谢异常后，高血压患者发生心血管并发症的危险可增加2-3倍。

高血压还可导致脂代谢异常、肾小球入球动脉硬化、神经递质分泌紊乱、血管动脉粥样硬化等。

因此改善高血压预防和治疗现状已迫在眉睫。

“高质量降压”成新观念

常用药物：目前临床上常用五大类降压药（CCB：钙离子拮抗剂；ACEI：血管紧张素转换酶抑制剂；ARB：血管紧张素Ⅱ受体拮抗剂；β-B：β受体拮抗剂；D：利尿剂），其单药或联合治疗适用于抗高血压的初始和维持治疗。单药治疗只能使不到一半高血压患者血压达标，约2/3高血压患者需联合治疗。

新观念：“高质量降压”是现在国内外较为推崇的降压观念，主张高血压治疗不应该再单纯着眼于血压数值的变化，更要关注降压过程和临床获益。其重要内容包括：第一，强效降压，重点强调血压达标；第二，持久降压，有效抑制血压的“晨峰”现象；第三，平稳降压，减少血压波动；第四，降低中心静脉压，实现整个动脉系统血压降低；第五，合理的联合配伍方案；第六，副作用小，药物间不良相互作用少。

发挥中医药治疗优势：

中药降压治疗的优势，体现在改善生活质量。血压升高可出现头晕、头痛、耳鸣、失眠、胸闷、心悸气短、健忘、腰酸乏力等；同时靶器官（如心、脑、肾等）损害和相关疾病（如糖尿病、冠心病）亦可出现相应症状，如伴左心衰竭时会出现呼吸困难、气短、胸闷、紫绀（嘴唇或指甲、皮肤发紫）等。

中医药治疗高血压不单着眼于血压的下降，更着眼于患者生活质量的提高。例如长期高血压的患者，因为已经适应了“高血压”的状况，头疼并不是很明显，但是单纯地使用西药降压后，血压降至正常或接近正常水平，反而不能适应“血压正常”的状况了，头疼的症状更明显。而中药治疗高血压，降低血压缓慢，同时症状改善明显。

降压平稳和缓　西药治疗高血压，常常有为达到目标血压而频繁加减药量等情况，因此，也常常出现血压波动幅度较大的现象。而中药降压作用缓和，稳定血压效果较好，如葛根、杜仲、野菊花、夏枯草（需注意观察肾功能）、钩藤等，尤其适用于早期、轻度高血压患者。较重的高血压病中西药联合应用，也可防止血压较大波动。

多靶点调节　中医药通过多层次、多环节、多靶点的综合调理，可使高血压病人在改善症状，减轻或逆转终末器官损害，防止严重并发症等有着一定的优势。

如中药养血清脑颗粒就是通过上调和下调多种基因协同发挥作用。研究表明养血清脑颗粒改善和减轻LVH的机制可能与LTBP-2基因表达下调有关。

靶器官保护　治疗高血压，降压是一个很重要的目标，但是不能仅仅局限于降压，更重要的是在降压的同时，要预防心、脑、肾等靶器官的损害。

因为靶器官受损引发的心衰、肾衰等往往比高血压本身更为致命。

除一些西药有保护靶器官的作用外，目前一些研究发现，中药在对某些受损器官的逆转以及并发症的防治方面也有一定作用。例如活血祛瘀中药丹参、田七、赤芍、丹皮等协同降压的同时，还可降低血液黏稠度，有预防及治疗中风的效果；又如黄芪可强心利尿，降压和降低尿蛋白，改善肾功能。复方制剂养血清脑颗粒能改善长期高血压导致的LVH，降低心肌间质胶原蛋白含量，降低心肌Ⅰ、Ⅲ型胶原的比值，组织形态学观察表明养血清脑颗粒能改善心肌微循环环境，减轻心肌损伤；牛黄降压丸可降低左心室肥厚程度，减轻肾脏小动脉硬化，对糖脂代谢、中枢神经递质有一定的影响。

中药治疗高血压，通常从患者的具体病证出发，采用辨证论治的方法，以中药复方，调整体内环境，改善血管内皮功能，使心、脑、肾、血管得到保护。

“治未病”思想——治疗前移　尽管目前心血管疾病诊断和治疗技术发展迅速，但绝大多数疾病缺少根治性手段，所以应将心脑血管疾病的早期预防放在首位。2010年1月2日，发现和干预中国高血压隐匿危险因素协作组（即EARLY协作组）正式启动，以关注、干预和预防为宗旨，致力于高血压隐匿危险因素的研究，寻找有效的干预方案，这与中医“治未病”思想吻合。

目前认为血压从110/75mmHg起，人群血压水平升高与心血管病危险呈连续性正相关。临床上经常碰到有些患者辅助检查发现主动脉已经增宽、左心室肥大、心脏舒张功能异常，还有些患者出现头痛、头胀、头发沉、脖子发硬、走路像踩棉花等症状，但血压在120/80mmHg以上、140/90mmHg以下，还不能诊断为高血压，而属于高血压前期（我国定为正常高值）。在高血压前期药物治疗方面，西药的相关研究很少，而中医药通过辨证论治、整体调节，可以取得很好的疗效。

与西药合用——“减毒增效”　高血压患者多为老年患者，或同时伴有其他疾病，可能同时服用几种药物，药物相互作用就成为影响降压疗效和安全性、影响用药依存性和连贯性的重要因素。心衰患者常用的地高辛，糖尿病患者服用的阿卡波糖，以及临床常用的西咪替丁、抗真菌药物等，易和许多降压药物产生不良相互作用，或影响药物代谢。

中西药合理联用，可以减轻或消除副作用，达到“减毒增效”的目的。如钙拮抗剂可造成浮肿，同时给予健脾利湿的中药白术、茯苓、猪苓、车前子等，可使其浮肿消退；血管紧张素转化酶抑制剂可导致咳嗽，选用中药桑叶、桑白皮、百部、前胡、陈皮、蝉衣、佛耳草、川贝等疏风宣肺止咳，针对有的患者兼有咽痛等症状，还可以加用马勃、玄参等清热利咽。

中药降压治疗的原则

辨证论治　高血压属于中医“风眩”范围，病理因素涉及风、火、痰、虚，其中以肝阳上亢型为核心。常见的辨证分型及方剂如下：

肝阳上亢：以血压升高兼见眩晕，伴头目胀痛、面红耳赤、烦躁易怒、舌红苔黄、脉弦数为辨证要点。代表方：天麻钩藤饮。

痰浊中阻：以血压升高兼见头晕头胀、沉重如裹、胸闷多痰、肢体沉重麻木、苔腻、脉滑为辨证要点。代表方：半夏白术天麻汤。

肝肾阴虚：以血压升高兼见眩晕，伴头痛耳鸣、腰膝酸软、舌红少苔、脉细数为辨证要点。代表方：杞菊地黄丸。

瘀血阻滞：以血压升高兼见头晕、头痛如刺、痛有定处、胸闷心悸、舌质紫暗、脉细涩为辨证要点。代表方：血府逐瘀汤。

辨病治疗　对于临界、1级高血压：加用中药治疗，能通过降低其交感神经兴奋性，起到镇静与改善睡眠作用；同时兼能利尿通便，整体改善患者生活质量。对于2、3级高血压：中药在某些程度上可以减少西药用量；减轻副作用；减少或延缓并发症的发生。

病证结合　病证结合是通过对现代医学病的中医症状学、证候学、证和检测指标相关性研究，探索病与证之间的内在规律；随着中医临床医学的迅速发展，在以病的诊断指标作为“金标准”的基础上，研究中医辨证论治显得越来越重要。

中药治疗高血压的不足

起效慢　中药治疗高血压起效慢，特别是对于中、高度高血压降压效果欠佳，应配合西药联合应用。

用药不方便　辨证用药可以得到很好的疗效，但中药汤剂使用较不方便，应进行剂型创新。目前已有大量的中成药应用于临床，如养血清脑颗粒、牛黄降压丸、松龄血脉康等。

难辨证　目前临床上对于高血压的辨证分型较为复杂，证型不统一，应进行大规模的循证医学研究，建立统一的诊断标准，将证型简化及标准化。

中药降压治疗应注意的问题

辨证论治是基础　中医药治疗高血压的优势在于整体调节及辨证论治，不仅降低血压数值，同时改善症状、保护靶器官等。坚持以辨证论治为基础可以更好地提高疗效。

个体化治疗是方法　由于高血压的复杂病因、病理生理、不同的危险因素及靶器官受损等诸多因素使高血压的治疗方案必须因人而异，兼顾多个方面。个体化治疗的目的是使每一个具体患者降压达标并减少心脑血管并发症的风险，如果没有针对患者个体的有效治疗，又怎能奢谈全面防治高血压的目标。

中西医结合是方向　中医的辨证分型与西医的分期分级关注的重点不同，各有所长。中医重视整体，西医关注局部。所以应该把中医的辨证分型与西医的分期分级有机地联系起来，从中西医两种医学对疾病的认识高度，共同评价，判断预后，提出规范的治疗措施。

贾秀兰诊疗胸痹思路

殷拥军　余旸明　成都中医药大学

胸痹为一中医病名，相当于西医的冠心病。成都中医药大学附属医院贾秀兰主任医师从事中医药临床、科研和教学工作 30 余年，致力于心血管疾病的中医药防治研究，临床经验丰富，对疾病有独到见解，笔者有幸随师学习，颇有所获，现将其治疗冠心病经验总结如下，以供同道参考。

《素问·脏气法时论篇》曰："心病者，胸中满，胁支满，胁下痛，膺背肩胛间痛，两臂内痛，虚则胸腹大，胁下与腰相引而痛。"符合现在对胸痹的认识相关性。东汉张仲景首先明确提出"胸痹"病名，对其病因病机作了较为详细的分析，并拟定辨证论治的具体方药。

目前，中医对于胸痹（冠心病）的诊断及治疗存在着诊断及证型模糊化、宽泛化的缺憾，贾秀兰临证强调诊断标准的规范性，指出临床并不是具有胸痛症状，尤其是左侧胸痛的患者都是胸痹。心包疾病、食道疾病、左胸膜和肺部病变等均可引起胸痛，心脏神经症、植物神经功能紊乱患者，均可见胸痛症状，而更年期妇女更甚。因此不可盲目将胸痛等同于冠心病。

她提倡中医药与国际接轨，主张将国际公认的冠心病诊断标准作为中医胸痹的诊断标准，但其核心内容辨证分型仍是中医精髓。她认为中医"证"的思维是"有诸内必形之于外"，但四诊收集和获取的信息，有模糊性和主观性，辨证缺乏规范性和严谨性。应借助现代科学检测手段，心电图、运动试验、动态心电图等，以扩展和补充中医的四诊，建立与现代诊断技术相结合的双轨式诊断体系，辨证辨病相结合。

病因病机：胸痹的主要病机为本虚标实。本虚以气虚、阴虚为主，标实为血瘀、痰浊、阴寒等，而其中又认为瘀血所占比例最高。情志内伤也是她临证用药的一个重要指导思想，她认为情志内伤引起脏腑功能失调，忧思伤脾则运化失司，津液不得敷布，聚而为痰；郁怒伤肝，肝失疏泄，气郁化火，灼津为痰。气滞痰阻，使血行不畅，阻于心脉，则发胸痹。

辨证辨病相结合

对于稳定型心绞痛的患者，贾秀兰认为其病机多为心气虚兼夹痰浊或瘀血所致，治疗以补益心气、活血通络、化痰宣痹为主要原则，选方多用四君子汤、瓜蒌薤白半夏汤加活血化瘀之品。对于不稳定型心绞痛患者，她认为其血管的器质性病变和功能性病变同时存在，临床二者各有侧重，其发作与劳累有关或无关，可表现为气阴两虚、肝气郁结、瘀血阻滞等多种形式，治疗多选益气养阴、疏肝理气、活血化瘀之品，以其侧重的不同，方选生脉饮、丹参饮、冠心Ⅱ号方，酌情加入疏肝理气之品，并根据寒热虚实的不同，选用速效含服的中成药，如速效救心丸、麝香保心丸、苏合香丸、复方丹参滴丸等。对于无症状性心肌缺血，她指出不能因其无症状而忽视治疗。临证根据病人体质和舌脉变化处以方药，痰浊型多给予瓜蒌薤白半夏汤，气血亏虚型则用八珍汤，瘀血体质者方选血府逐瘀汤，阴虚则用六味地黄丸，阳虚体质用金匮肾气丸，并酌情疏肝行气、宁心安神之品，以阻止变证发生。

活血化瘀，贯穿始终

通过对冠心病病机的研究，贾秀兰认为，在整个病情发展过程中，瘀血始终存在于疾病的每一阶段。成因多样且复杂，外伤可致离经之血为瘀；气虚则血行不畅而为瘀血；情志不舒致气机郁结，血行不畅而致瘀血；寒邪侵犯致寒凝气滞、瘀血阻滞；邪热入血，致血热内结，热灼阴血，煎熬成瘀血。瘀血既是病理产物，又是致病因子。冠心病患者多为中老年人，随年龄增长，五脏功能减退，气虚不能运血，血行无力则瘀阻脉络，病因和病理产物交替叠加，使病情缠绵难愈。预防应着眼于前，治疗应防变于后。在治疗过程中，她强调活血化瘀的重要性，指出急性期可缓解心绞痛，中长期则可达到预防急性冠状动脉事件，改善、稳定粥样斑块，起到标本兼治，短期和中长期疗效的多重性作用。她在辨证论治的基础上，多选用桃仁、红花、丹参、赤芍等活血化瘀之品，并多用葛根于方中扩血管。

重视情志致病，提倡心理治疗

情志内伤为冠心病的一个重要发病机制。患者因诊断成立，心理负担加重，不少病人常出现悲观、忧虑，甚至失望等负面情绪，表现出排斥治疗或过度求医、过度治疗等。因此，在临床实践过程中，应强调心理治疗，医者要有仁爱之心，耐心开导病人，怡情开怀，适度锻炼，并根据病人不同的心理素质及表征，给予对应心理治疗，于方剂中可酌情加用有抗抑郁作用的银杏、柴胡、人参、佛手；有抗焦虑作用的胡黄连、野菊花、马齿苋、厚朴、苦楝子、银杏、人参；有宁心安神作用的酸枣仁、柏子仁、夜交藤、合欢皮等药物。

重视地域特色

四川地区由于气候潮湿，加之病者多有嗜食肥甘厚味，故临床痰瘀型冠心病较多。病人多见：心胸满闷，形体肥胖，痰多气短，伴倦怠乏力，纳呆，遇阴雨天发作或加重，舌质紫暗，或边有瘀斑，苔白腻或白滑，脉滑。治以通阳泄浊，豁痰开结。治疗痰湿重者，多选用瓜蒌薤白半夏汤合温胆汤加减，以瓜蒌、薤白化痰通阳、行气，半夏加枳实行气破结，加茯苓、陈皮健脾利水化饮为主，辅以活血化瘀。如心胸刺痛，舌质暗红或紫暗，有瘀斑，脉弦涩，治以活血化瘀，通阳散结，以桃红四物汤合丹参饮为主方，辅以化湿宽胸。方中桃仁，红花活血化瘀，四物汤养血活血，加丹参饮加强活血、行气止痛之功。

贾秀兰通过对冠心病病机的深入研究及大量临床实践，强调本虚标实为其基本病机，重视诊断的规范性，治疗以扶正祛邪为主，活血化瘀贯穿始终，重视情志致病，提倡心理治疗，充分发挥中医药“治未病”的特点及优势，强调整体调节，可取得满意的疗效。

赵斌治疑难症验案 4 例

郑访江　《中国中医药报》记者
祁　琴　通讯员

甘肃省名中医、陇南市成县中医院院长赵斌主任医师使用中医方法治疗疑难病症颇有心得，现举4例验案。

筷子蘸药滴服解昏迷

1987 年 5 月，农民赵某打水时突患脑出血，顿时神志昏迷，急诊入院。赵斌初与本院一高年资西医主治医师同诊，续以营养脑细胞、止血、抗感染、纠正酸碱与电解质平衡等西药静滴，三天后复苏。不料第五天，病情复发，且昏迷程度转为深度，伴发全身高热、紫斑、时时搐搦，右侧肢体全瘫，因虑输液药用已不能满足病情需求，遂排除一切输液建议，赵斌通知将救治药改为中药犀角地黄汤和天麻钩藤饮加减，用筷子头蘸药持续从患者口中滴入，加给鼻饲补药进食。至次日下午，患者复苏，红斑减退，体温与血压降平。在稳定续治一周后，渐转为三甲复脉汤、补阳还五汤加减，大剂直接口服，配合按摩等法，住院 43 天，诸症消失，患者步行出院。

日花十元中药助恢复

1997 年 7 月，一 16 岁少年患急性阑尾炎，初在本村诊所治疗，高热、腹部剧痛、口渴等症不减，遂来成县中医院，急行普外手术。打开腹腔时，可见阑尾腐烂已仅剩残端，脓液弥散腹腔，继发腹膜炎，主治医生随之给阑尾残端与腹腔脓液清除，并留置引流管后关腹，继给输注抗感染、支持类西药，但因每日医疗费用需 100 元左右，病家经济不支，故而术后未至一周即自行停药。值此两难之际，赵斌听取主治医生汇报后，当即决定：撤除一切西药，专用中药治疗。这使众位以西医学知识为主的外科医生们颇感不解。赵斌给患者以托里消毒汤加减液每日 1 剂口服，生肌玉红膏坚持局部换药。每日医疗费用不足 10 元，如此治疗不满 10 日，腹部深达 7cm 的引流通道竟然愈合完好，发热、腹痛诸症全除，饮食复常，二便通利，精神随之恢复。

小剂速治起死能回生

2003 年 9 月，一乡村七旬老妪高血压病复发，进而神识不清、呼吸困难、小便失禁。家人因恐年高病危，遂在家中输液治疗。8 小时后，疗效不显，随邀请赵斌会诊。察其目闭口开，呼之不应，鼾声噜噜，四肢厥冷，唇青舌淡，脉沉迟细，一派厥脱之象，血压为 180/110mmHg。辨为阴寒内盛，心肾阳衰，遂取附片、桂枝、干姜、吴茱萸、红参、白术、砂仁、炙草各 3g，入小茶缸中上火急煎，5 分钟即取液 20ml，继以小勺频频滴服。之后如此即煎即饮，接连不断，1 小时后，患者手足渐温，呻吟声出；约 2 小时，神志转清，血压亦逐渐平稳下降。至此，乃嘱病家如此坚持过夜，方才撤离。次日，病人家属欣喜来报，病情缓解，遂再处前方加白芍、柏子仁、陈皮，剂量改为各味 10g，嘱其每服 100ml，一日三次，直至全功。患者至今健在，足证“小剂量速治法”之奥妙无穷。

治法独特浴足疗坏疽

2009 年 3 月间，成县城关镇六旬妇女杨氏继经年糖尿病之后，又现左足溃烂疼痛，虽曾辗转求治于省县诸医，疮面竟扩大至大部足面，行走废用，痛苦不堪，也有省级医师建议其截肢者。延至 5 月间，又并发腔隙性脑梗塞，乃赴成县中医院诊治。赵斌应邀会诊，见其足面硬壳发黑，边缘有渗液，揭其底层，漫布稠脓，气味奇臭难闻，全身并见头昏、耳鸣、心烦、纳呆、失眠、乏力、二便不利等症；询其前期用药，尽以抗感染、支持类西药为主，均无显效，因听多人说糖尿病足无药可治结论，自已全然放弃。对此，赵斌先行思想开导，鼓励其建立治愈信心，再教其一定要食谷肉果菜各类，适量补给，以生精血，后予补阳还五汤合四妙散加减口服方，另处外用去腐生肌汤，嘱其每日二次煎液兑温水浴足。众医皆感不解，从未遇见脓疮以温水浸泡治疗先例，犹恐因此而加重，引来纠纷。赵斌以自己长期实践经历，耐心教导众医与病家如法操作。果然，病足脓液日渐化稀且减少，疮面日渐缩小，足部支持能力逐步增强，全身症状亦随之迅速好转，半年后全然康复，患者因此而避免了截肢之苦，同时还大大减少了经济负担。

张士卿治疗儿童多动症经验

张弢　甘肃中医学院　郑访江　甘肃省健康教育所

儿童多动综合征，简称儿童多动症，是一种儿童行为障碍性疾病，多数自婴儿时期即显症状，如兴奋、睡眠差，不易养成定时大小便习惯等，而学龄期最为显著，多数病儿年龄增长后症状逐渐减轻乃至自然消失，可以说是儿童期特别是学龄期儿童的常见多发的行为问题。国外报道其发病率约5%-10%，在我国，其发病率约占全体小学生的1%-10%，男性患儿约为女性患儿的4-9倍，多发于6-14岁。患儿智力正常或基本正常，其主要表现为注意力障碍，如注意力不集中，不能专心做事或听课，易受外界干扰；行为障碍，如好动、好说、好闹，自己难以控制，与年龄不相称的活动过多，语言过多，难以遵守纪律，容易影响他人学习，好与同学争吵；情绪障碍，如易怒、易兴奋，情绪不稳，易激动，控制力弱，常因不能满足其要求而大哭大闹，甚至在冲动时打闹不休，较难预测其情绪波动；学习困难，如尽管其智力不差，但由于注意力涣散，学习内容不能全面掌握，家庭作业不能按时完成，对学习缺少自信心，因而学习成绩不佳。严重的可以出现逃学、说谎、偷窃等行为，甚至会发展为攻击性、破坏性行为，严重影响了儿童身心的健康成长，故对本病的防治是儿科临床一个重要课题。

中医学无多动症病名的记载，但在一些医籍中有一些与多动症一些症状相类的描述。如《灵枢·行针》“重阳之人，其神易动，其气易往也”，《素问·举痛论》“惊则心无所倚，神无所归，虑无所定”，又如《寿世保元》云：“徒然而忘其事也，尽力思量不来，为事有始无终，言谈不知首尾。”这些描述与多动症患儿临床表现十分相似。

本病病因尚不清楚，一般认为与早产、难产、脑外伤和某些传染病、中毒等因素有关，并与家族遗传、先天发育及出生史有一定联系；其属中医肝风、失聪、健忘范畴，与心、肝、脾、肾诸脏关系密切，部分医家从心脾入手、从脾肾入手，研究本病。

张士卿教授系甘肃省名中医，国务院政府特殊津贴享受者，甘肃中医学院原院长、博士生导师，现任中华中医药学会儿科专业委员会副主任委员、甘肃省中医药学会副会长等职。他通过多年临床实践，认为儿童多动症的发病，除了与其先天不足，后天失养导致脾胃虚弱、气血亏乏，精血不充，以致心神无以受奉，肝木不得涵养，体内阴阳失衡，阳动有余、阴静不足，神魂志意不周有关外，很多情况下和痰瘀互结、清窍受蒙亦关系密切。

痰瘀攻于心脑而生多动诸证

张士卿指出，痰瘀相关的理论，由来已久。早在《黄帝内经》中，对于痰瘀相关的理论和治疗已初见端倪，如《灵枢·百病始生》说：“凝血蕴里而不散，津液涩渗，著而不去而积成矣。”又说：“肠胃之络伤，则血溢于肠外，肠外有寒，汁沫与血相搏结，则合并凝聚不得散，而积成矣”，说明了津液与血瘀相互影响的病变过程。后世历代医家据此不断对痰瘀理论进行发挥，清代医家唐容川更是在《血证论》中明确提出“血瘀积久，亦能化为痰水”，“瘀血流注，亦发肿胀者，乃血变成水之证”。张介宾也说：“痰指人之津液，无非水谷所化，化失其正，则脏腑病、津液败而血气即成痰水”等等。可见，痰与瘀虽是人体内不同的病理产物，但是两者却有着共同的一点，都是体内津血运行失常的病理反应。由于“津血同源”这一生理基础，导致痰瘀之间相互转化，相互搏结，共同为患，容易形成痰瘀互结的病理状态。所以古人早就有“怪病多痰”、“怪病属瘀”等认识。

就小儿而言，其体质特点为“阳常有余”，“心热为火同肝论”，所以，临床上心火易亢者居多，心火亢盛，心神不宁，加之火盛烁津，炼液为痰，痰滞血涩，瘀阻不行，就容易导致痰瘀互结。同时小儿肝常有余，有余则易升发太过而横犯脾土，脾土受制运化不及，最易生湿生痰；痰气交阻，又易致一身气血之营运不周而血瘀，也可形成痰瘀互结。因胎儿难产、产伤，或幼小时跌打损伤，使头身等处留有瘀血不消；或因所愿不遂，情怀不畅、气郁不舒，气血失和，凝痰生瘀。加之小儿体质本有“脾常不足肾常虚”之特点，若因风、火、痰、瘀互结，气机升降不调，必致心、肝、脾、肾诸脏气不平，阴阳逆乱，气机升降不调，或气血不能上荣髓海，痰瘀攻于心脑而生多动诸证

治法以养心安神配合涤痰活血

对于儿童多动综合征的治疗，张士卿认为，由于其发病不但与先天不足、后天失养有关，亦常与痰瘀互结密切相关，因此，在治疗时，除用补养心脾，安神定志，或填精补血，益智开窍等法外，常应配合泻火涤痰、活血化瘀之法，以宁神定志，开通心窍。具体到用药，张士卿尤善用桂枝加龙牡汤、甘麦大枣汤、孔圣枕中丹、配合通窍活血汤加减化裁，亦可用逍遥散合千金龙胆汤加减化裁。药用：桂枝、赤芍、生龙骨、生牡蛎、熟地、丹参、石菖蒲、远志肉、桃仁、红花、胆南星、炙龟板、炙草、大枣、浮小麦。临证时，可根据具体病情随证加减：如偏于心脾两虚者，可去熟地、龟板、红花，加太子参、炒白术、茯神、当归等；偏于虚阳上扰者，可去桂枝，加枸杞、益智仁、鹿角粉等；若属痰火蕴结者，可去桂枝、熟地，加黄连、竹茹、龙胆草、白菊花等；如夜寐不宁，多梦呓语者，还可加用珍珠母、夜交藤等。

典型案例：周某，女，8 岁，2003 年 8 月 10 日初诊。患儿出生足月顺产，平素未得过特殊疾病，唯于 4 岁左右时，发现好动少静，做事不能专心，教其算术加减，反应比较迟钝，语言表达尚可，但容易急躁，性情执拗。读小学以来，上课不能专心听讲，爱做小动作。学习成绩较差，尤以数学经常不及格。刻诊：面色苍晦，睡眠欠佳，多梦善呓，饮食尚可，但不喜欢吃蔬菜、水果。就诊时坐立不宁，无有静时。舌红苔白，脉象弦滑。据证分析，当系肝旺脾弱，痰瘀互结，心窍不开，神守不宁。治宜调肝理脾，豁痰化瘀，开窍益智，宁神制动。方用逍遥散合千金龙胆汤合通窍活血汤加减。

处方为：柴胡 10g，当归 10g，云茯苓 10g，赤白芍各 10g，丹参 10g，郁金 10g，法半夏 10g，青陈皮各 6g，菖蒲 10g，远志 6g，益智仁 10g，龙胆草 10g，钩藤 10g，炙草 6g，炒枣仁 15g，焦三仙各 10g。上方增损，先后服药 30 余剂，诸证缓解，听课、作业稍能专心、静谧。后嘱其常服归脾丸、六味地黄丸，每日 2 次、每次各服 4 粒，约半年余。随访家长，谓其能正常听课，数学成绩亦明显提高。

松静功辅治糖尿病

陈金伟　广东省连州市北湖医院

糖尿病患者最好配合气功治疗——这是因为糖尿病是一种全身性疾病。糖尿病患者练习气功，不仅可使经络畅通，气血旺盛，而且可改善内分泌功能，增加胰岛素分泌，减少心、脑、肾等并发症的发生。气功中的松静功最适宜糖尿病患者练习，因为松静功主要是练习放松入静。放松入静是练好气功的最基本要求，练好松静功可为练习其他气功打下良好基础。现把练习松静功的方法介绍如下，供糖尿病患者和有需要的朋友参考。

姿 势

1. 卧式

仰卧式　仰卧在硬板床上，枕头高低以头颈舒适为宜。双目、口齿轻闭。上肢放在身体两侧，肘关节自然放松，双手十指微曲或虚握拳，置于大腿两侧，或双手交叉相握轻放于小腹上。下肢自然伸直，双脚自然分开。

侧卧式　向左、右侧卧均可。以右侧卧式为例：右肩向下，面向右侧躺卧。双目轻闭或半张半合，仅留一缝，口齿轻闭。右腿伸直，左腿弯曲，轻放于右腿上。右手自然放在枕头上，距离面部约为两拳左右，左手轻放于左髋关节上。

2. 坐式

普通坐式　端坐硬板凳上，腰部放松，双肘关节微曲，稍向下沉，但不用力，手心向下，自然轻放于两侧大腿上。头稍向前倾，双目半开半合，舌头自然放松，不要做上下左右舔舌动作。

自然盘膝式　端坐硬板凳上，双腿盘起，左小腿在上，右小腿在下。上体端正，肩膀放松，双肘屈曲，腋窝保持空虚，双手合十，轻放在近小腹的大腿根部。

3. 站式

自然站式　自然站立，双膝微屈，两脚平行分开与肩宽。臀部稍向下坐，着力于腰髋部。上体保持端正，腰脊放松，双肩稍向下沉但不用力。腋窝保持空虚，双肘关节稍曲，双臂自然下垂，稍做外撑，掌心向下，五指分开，微弯曲。

抱球站式　在上述自然站立的基础上，双手作环抱状，双手之间距离约为 50 厘米，掌心向内，十指微曲，五指分开，形似抱球状，高度为低不下脐，高不过乳。

呼 吸

自然呼吸　呼吸自然、柔和、细缓、均匀，与平时静坐时一样。

深长呼吸　在上述基础上，逐渐将呼吸加深、加长。

意 守

1. 意守丹田　上丹田是指印堂穴（两眉间连线中点）；中丹田是指脐中穴（脐内 1.3 寸处）；下丹田是指关元穴（脐下 3 寸处）。上丹田一般不宜意守。意守中丹田能增强脾胃功能，改善糖尿病中后期出现的腹胀、纳差、腹泻、消瘦等症状。关元穴是人体重要的穴位，与人体强壮有关。糖尿病患者身体抵抗力减退时可意守关元穴。

2. 意守命门　命门穴是督脉上的一个重要穴位，位于第 2 腰椎棘突间，也称后丹田，是人体十二经络之主。命门在中丹田之后，在意守中丹田的基础上，再意守命门，意守完毕，还需把意气归于中丹田。

3. 意守涌泉　涌泉穴是肾经的一个穴位，在脚心稍前方凹陷处。作用为使气下行，头脑清楚，双腿有劲。糖尿病患者出现眩晕、肢体麻木、沉重时，可意守此处。练习完后将意气归于中丹田或下丹田。

4. 意守足大趾　足大趾上有脾经（内侧）和肝经（外侧趾甲根后）通过，意守足大趾有疏通肝脾二经、补气活血功效。练完功后要把意气归于中丹田。

练 法

1. 放松入静　呼气时，从头部开始向下缓缓放松，放松至中丹田（或下丹田），也可沿脊柱放松到腰部命门穴，双上肢同时从肩部放松至肘部；吸气后，再配合呼气从已经放松的部位继续由上而下放松，直至全身放松，然后酌情意守上述穴位或大足趾。如自觉某一处未放松，可用轻微动作使其放松。一次放松不成，可多次入静放松。

2. 气息升降　当放松入静运用自如后，可在意守下丹田和涌泉穴的基础上练习升降：随呼气将气息自下丹田经双腿降至涌泉穴，稍停后再随吸气将气息自涌泉穴经双腿引入下丹田——如此升降，反复练习。如糖尿病合并下肢动脉粥样硬化者，双下肢可有疼痛感，否则会感到温热、轻松和舒适。

3. 收功　准备收功时，要把意念引导至中丹田或下丹田，然后轻搓双手，轻轻活动肢体，随后收功。

资料来源：《中国中医药报》

十　数字中医药

一　管理与规划

国家中医药管理局吴刚副局长在全国中医药信息化建设经验交流会上的讲话

抓住机遇　科学谋划加快推进中医药信息化建设步伐

——在全国中医药信息化建设经验交流会上的讲话

吴刚　国家中医药管理局副局长

2010 年 4 月 1 日

全国中医药信息化建设经验交流会今天在无锡隆重开幕了。刚才，有关领导发表了热情洋溢的致辞，同时我们还颁发了全国中医医院信息化示范单位牌匾。在这里，我代表国家中医药管理局，向出席这次大会的各位领导、各位代表致以诚挚的问候！向获得“全国中医医院信息化示范单位”称号的 20 家医院表示衷心的祝贺！

近些年来，随着计算机网络技术的日新月异，中医药信息化建设得到很快发展，中医药服务信息手段越来越先进、越来越方便，中医药信息化的巨大社会价值和经济潜力也日益显现。“十一五”期间，广大中医药工作者在中医药信息化建设方面做了大量基础性和开拓性的工作，取得了令人鼓舞的成绩。

一是电子政务系统建设不断加强。“十一五”期间，各地中医药管理部门根据《国家电子政务总体框架》，加强政务系统信息化建设。充分利用信息技术和网络，改变传统办公方式和服务模式。在电子政务和办公自动化建设中，积极开展中医药政务信息网络和数据库建设，努力实现信息资源交换与共享。在中医药门户网站建设中，努力实现公众留言、网上政策解读等便民服务窗口，增加群众互动栏目、调查了解民意内容，扩大网上服务功能，启动政府信息公开目录建设，拓宽公开形式。北京、山西、吉林、江苏、浙江、安徽、河南、四川、陕西、甘肃、湖南等 11 个省市中医药管理部门分别建立了独立的门户网站，其他地区在卫生部门网站全都设立了专门的中医药专栏；北京、天津、成都、湖北等中医药大学和中国中医科学院广安门医院建立了数字图书馆，北京市中医管理局、山西中医学院等将现代信息技术与传统博物馆相结合，建立了中医药数字博物馆，实现了中医药资源的有效共享。通过电子政务建设，提高了中医药管理部门的科学管理水平和工作效率，加强了信息沟通，强化了便民措施和服务功能，为加强中医药管理和促进中医药事业发展发挥了重要作用。

二是信息资源开发与标准研究不断推进。通过构建全国中医药信息单位协作网，由数十所中医药院校及研究院所参与，以中医药科学数据共享中心为依托，研究开发了临床术语数据库、中医疾病诊疗数据库、中医疫病文献数据库、中药基础信息数据库、民族医药数据库等一批中医药数据库，为中医药信息化奠定了基础。开展完成了中医药标准体系框架研究，制订和公布了中医基础理论术语、中医病证分类与代码等 27 项国家标准，以及中医病证诊断疗效标准等 209 项行业标准。开展《中医结构化电子病历功能技术规范》等制订研究，参与了世卫组织《经穴部位》国际标准的制定工作、《国际疾病分类代码（ICD-11）》传统医学部分的编制工作。这些都为中医药信息标准的研究制订打下了良好的基础，有效推进了中医药标准化进程。

三是信息化基础研究不断深入。研究建立了中医电子病历系统、中医药术语标准数据库检索平台、重大疑难疾病文献信息查询系统、公共卫生突发事件中医药信息资源共享平台、中医医疗质量监测网络、中医药继续教育网络等一批新的应用系统，其中中医临床科研信息共享系统得到广泛推广，并获得 2009 年国家科技进步二等奖，对中医医院临床科研一体化研究工作产生了较大影响。配合国家中医临床研究基地建设，同步开展了中医临床研究基地信息共享与开发技术平台构建研究，设计了中医临床研究基地信息化建设的总体设计方案、基本功能规范、基本技术规范和建设指导意见，为其提供了一个很好的建设方案和蓝图。

四是中医医院信息化建设成效显著。中医医院信息化建设是现代化医院建设中不可缺少的基础条件与支撑环境。近年来，各地中医医院信息化建设快速发展，取得了显著成就。中医医院信息系统和医疗服务信息系统得到广泛应用，一些中医医院在电子病历、临床医疗信息共享平台建设等方面取得了较好成效。从对近 100 家中医医院调查分析显示，近 3 年平均每家医院累计投入信息化建设资金达 1100 多万，96%以上医院已具备医院信息管理系统，76%的医院已具备医院信息管理与检索系统，58%的医院已具备电子病历、远程医疗和医学影像系统。从所取得的社会效益和经济效益来看，中医医院信息化建设已经成为改善医患关系、突出中医药特色、优化医疗环境、有效缓解看病难看病贵、惠及百姓和实现和谐社会的一个重要途径。

五是信息化人才教育体系初具规模。初步形成了院校教育与继续教育相结合的多形式、多层次、多途径的中医药信息化教育格局。高等中医药院校开设中医药信息学专业或设立专业方向，在全国 25 所本科中医药院校中，6 所专门建立了独立的中医药信息相关院系，9 所开设了信息管理与信息系统专业，7 所开设了计算机科学与技术专业，4 所院校以及中国中医科学院开展了中医药信息学研究生教育，培养中医药信息化专业人才。去年，中国中医科学院中医药信息研究所和湖北中医学院的中医药信息学学科首次被国家中医药管理局列入重点学科建设范围。上海、广州、吉林等地采用多种形式，有效、有计划地开展对中医医院管理人员和信息技术人员的信息知识培训，为中医药信息需求提供了人才保障。

六是信息技术交流与培训形式多样。由管理部门或学术团体组织的中医药信息化学术交流活动日益频繁。国家中医药管理局先后组织了中医药电子政务信息交换系统培训、部分省市中医药管理部门网站建设座谈会，对中医药管理部门网站建设，推进政务信息公开等进行了培训和交流。2008 年举办的全国中医医院信息管理人员培训，紧扣当前中医医院信息化建设中的标准化、区域医疗信息共享、电子病历、中医临床信息的处理及利用、现代医院中的新技术应用、信息管理以及信息安全等热点问题，提高了中医药信息工作人员管理与技术水平。各地也组织了多种形式的培训、学习、交流活动，大大提高了中医药系统的信息化水平。

七是信息化示范工作影响广泛。为贯彻落实《2006—2020 年国家信息化发展战略》提出的“加强医疗卫生信息化建设，推进医疗服务信息化，改进医院管理，开展远程医疗，统筹规划电子病历，促进医疗、医药和医保机构的信息共享和业务协同，支持医疗体制改革”重要任务，我局制定了《中医药信息化建设“十一五”规划纲要》。去年，在全国组织开展了中医医院信息化示范工作。为了切实做好评审的实施工作，根据《中医医院信息化建设基本规范（试行）》，我局组织制定了《中医医院信息化示范单位评审细则》、《评审评分表》、《中医医院信息系统主要功能现场测评表》，由中医药系统内外专家组成评审组，按照统一规定的测评内容、测评方式和测评程序进行了评审，评出了中国中医科学院广安门医院等 20 家医院作为中医医院、藏医院和蒙医院信息化示范单位。通过中医医院信息化示范单位评审，调动了全国各级中医医院开展信息化建设的积极性，在各地产生了很大影响，有力地推动了中医医院信息化建设。

在总结成绩和经验的同时，我们也应清醒地看到，中医药信息化建设还存在着不少困难和问题，从对信息化内涵建设和掌握能力的现状来看，信息网络基础建设还很薄弱；中医药自主知识产权的信息技术产品开发相对滞后；中医药从业人员应知、熟知、会知信息技术和水平还普遍较低。从信息化支撑中医药事业发展的需求来看，信息化标准提供的支撑还远不能满足中医药事业发展的需求；信息化创新提供的技术手段还不能促进中医药事业跨越式发展；信息化能力也还远远没有达到和中医药事业发展与医改新需求相适应的水平。希望大家通过本次会议，认真总结建设经验，交流应用成果，分析存在的困难和问题，进一步统一思想，提高认识，理清思路，明确目标，凝聚力量，开拓创新，推动中医药信息化建设的深入研究、广泛应用和不断发展。

下面，我讲几点意见，供大家参考。

一、充分认识中医药信息化建设的重要性和必要性

当前中医药事业迎来了前所未有的发展机遇，中医药信息化建设在深化医药卫生体制改革、提高中医药医疗质量、满足中医药服务需求、实现人人享有基本医疗卫生服务的目标等方面发挥着重要作用，具有现实和历史意义。

一是有利于中医药事业持续性发展，实现中医药现代化。

当前，中医药事业的快速发展，为中医药信息化建设提供了良好的契机，为实现中医药医疗、保健、教育、科研、产业、文化各项事业全面健康可持续发展提供重要支撑。在中医药信息化建设过程中，运用现代信息技术手段，建立中医电子病历，规范中医诊疗信息；建立中医药信息网络服务平台，传播中医药文化，实现中医药教育资源共享；健全中医药信息化体系，提高中医药信息标准化水平，更好地促进中医药事业可持续性发展，实现中医药现代化。

二是有利于完善中医药信息系统，深化医药卫生体制改革。

新的医药卫生体制改革方案将信息系统列为主体框架--“四梁八柱”当中八项重要支撑之一，提出建立实用共享的医药卫生信息系统，大力推进医疗卫生信息化建设；完善医疗保障信息系统；建立和完善国家、省、市三级药品监管、药品检验检测、药品不良反应监测信息网络；建立基本药物供求信息系统等信息化建设要求。这些都为中医药信息化建设提出了具体任务和目标。

三是有利于中医医疗质量提高，满足中医药服务需求。

目前，国家医疗卫生服务信息网络建设逐步完善，基本实现了区域内医疗卫生信息共享，提高了医疗卫生信息网络服务水平，使中医药服务范围得到有效延伸、中医药服务质量水平得到提高。中医医院通过加强信息系统建设，优化就医流程，实现医院无纸化、无胶片化，减少患者排队、等候时间，提高医疗服务效率。通过建立中医医疗信息共享平台，共享检验、检查、影像等诊疗信息，实现专家远程会诊、患者异地咨询、医生在线 调用和远程教学等，有效减少了患者诊疗费用，从而有利于解决民众“看病难、看病贵”问题，更好地满足民众日益增长的中医药服务需求。

二、抓住机遇，进一步推进中医药信息化建设

随着新医改方案实施，信息化建设为医改提供技术支撑作用将日益凸显。信息化独具功能，促进中医药信息资源的共享和围绕医改目标业务流程的变革，为全国范围内的信息资源共享奠定基础。最近一个时期，卫生部和我局出台了一系列有关信息化的文件、标准和规范，内容涉及区域卫生信息平台、居民电子健康档案、综合卫生管理信息平台、电子认证系统、电子病历基本架构和管理规范等数据标准和规范。我们要更新观念，把握机遇，紧跟形势，充分认识推进和实现中医药信息化的重要性、必要性和紧迫性，坚持全面规划，突出重点，切实发挥信息化在推动中医药参与医改及扶持和促进中医药事业发展中的作用。

一是要统筹规划，符合发展规律。要根据区域卫生规划、医院的功能定位和整体发展战略，认真研究和规划本地区下 阶段的中医药信息化建设，实现各部门、各单位信息系统互联互通和资源共享，实现信息网络由分散建设向统一规划建设转变，细化、实化和深化医改中中医药信息化建设各项重点内容和方法步骤。中医医院信息化建设是一

项系统而复杂的工程，不可能一步到位，必须分步实施。

二要注重实用，符合客观实际。医院信息化建设要量身定制，不能光跟着软件走，要充分详细表达自己的需求，切忌目标模糊不清、贪大求全；要认真分析现状，不能只提不切实际的口号，不考虑其投入效益和长远发展需求。要从简单、实用建设项目做起，从有限的目标和有条件的系统做起，同时注意系统的可扩展性。要善于通过运用先进的信息技术手段，实时采集、动态地观察医院的各种医疗信息，进行综合分析评价，逐步提升医院管理整体水平。

三要以人为本，符合中医特色。医院信息化的进程是医院业务流程优化和再造的过程，其中包含了大量优化管理的成分。信息化的目的不是单纯的实现计算机加数据库加网络，不是用信息技术固化原有的管理模式，而是改善医院管理，提高服务水平和服务效率。中医药信息独具特色，中医院有它的特点和规律。要利用先进的信息技术建立中医药信息共享和管理平台，体现以病人为中心的理念，优化医疗服务流程，减少患者等候时间；规范服务行为，保证患者安全，提高医疗服务质量。开发和引用信息系统要符合区域医药卫生服务总体需求，遵循中医诊疗规律、突出中医药特色优势，符合中医医院工作流程，满足民众对中医药服务的需求。

四要强化技术，符合现代要求。医院信息技术发展快，软硬件更新快，业务需求变化快。要不断推进信息化技术服务于中医药医疗、管理、科研、教育等领域的应用水平，关注和引进国内外信息化最新科技成果。开展远程医疗、远程培训，重视和分析研究下一代网络、第三代移动通信等新兴信息技术给中医药信息化带来的影响，及时提出中医药信息系统建设和升级方案，保证中医药信息化的先进性和适度超前性。目前，医院的信息化存在的一个问题是简单叠加的系统很多，不仅没有实现系统的优化，反而增加了麻烦；还有一个问题是要加强系统的稳定性，有些系统常常死机，给临床工作带来麻烦。作为中医药管理人员，尤其是院长，要努力掌握必备的信息基础知识，了解信息化建设的需求和进展，增强与信息网络技术人员沟通的能力，具备一定超前意识。只有这样，才能不断适应形势发展需求，引导中医医院信息化建设走上良性发展的轨道。

三、不断创新，充分发挥示范医院的辐射带动作用

今年初，我局正式确定了 20 家中医医院信息化示范单位。这些单位在信息化建设方面提供了先进的做法和经验，为信息化建设树立了榜样和标杆。我们要以信息化示范单位为基础，大力推进示范工作，充分发挥示范带动作用。各示范单位应该围绕“示范”两个字，不断巩固、创新和探索信息技术和手段，加快研发和普及成熟、适用的信息技术手段，以点带面，努力促进医院信息化建设适宜技术的推广。今后，我局将根据建设情况，继续开展第二批全国中医医院信息化示范单位评审工作。

中医医院示范单位除了网络基础设施好、管理能力比较强、运行机制良好、建设符合标准规范、应用符合中医药特点等基本要求之外，最重要的还是要加强新技术的开发应用、临床应用的普及推广、医疗服务水平的不断提升，为促进中医医疗机构信息化建设与发展提供示范模式。我们将以示范医院为主要参与单位，组织建立中医药信息化建设研究协作机制，密切结合医改要求，赋予研究及试点任务，开展信息技术，特别是中医药信息技术、标准、规范的研发、应用和推广工作。各地也要不断总结推广示范单位经验，组织学习、参观和交流，牵头做好本地区中医药信息化建设和研究工作。各示范单位需要重点加强以下几方面：

一是要加强规范应用。要带头运用中医药信息标准和规范，率先探索可借鉴的中医药信息技术标准规范体系和模式，创新中医医院管理和中医诊疗服务模式，整合开发具有中医药特色、适合中医医院实际的信息系统。去年年底，我局与卫生部联合印发了《电子病历基本架构与数据标准》，推广实行医院标准化电子病历，这将对医院发展和管理产生重要作用和影响，有关部门对相关工作进行了部署。这里，我再强调几点：

首先，要高度重视中医电子病历基本架构与数据标准的顶层设计，积极参与中医证候、中医四诊、中医辩病辩证依据、中医诊断、中医鉴别诊断、中医治疗措施和中医预防保健服务等数据标准的研究和制定，加快中医医院信息基本数据集标准化、结构化中医电子病历的应用。

其次，要积极参与制订《中医电子病历基本规范（试行）》征求意见工作，就《基本规范》在中医医院的适用性、可行性以及中医电子病历应用系统建设、区域中医医疗服务信息共享与协同等问题，结合深化医改的要求和中医医院实际，认真组织研究，积极向我局反馈意见。

第三，要抓紧开展基于中医医院临床路径信息技术标准研究。我局已启动首批 10 个病种中医临床路径征求意见和相关筹备工作，各示范单位要围绕中医临床管理行为、措施、模式、规范等特点，组织开展中医临床路径信息技术的开发和前期应用，研究提出可推行的建设意见和方案，积极争取加入试点中医医院行列。

二是要加强科研攻关。要将先进的信息系统与现代科学管理模式引入医院管理系统，开展中医药信息化基础研究和科研能力建设，研究和解决中医医疗服务信息的临床科研数据挖掘与资源共享等关键问题，积极运用中医医院信息资源挖掘技术，建立符合中医医院信息分析利用的模式和方法，开发适合中医药事业发展的医疗、科研、保健和康复信息利用系统，不断提高对信息资源的利用能力；积极与中医药科研院所、相关高等院校加强科研合作，多研究和开发基于中医理论知识的信息技术、信息产品；多研究和设计符合中医药特色和规律的名老中医经验传承研究信息系统、中医临床应用基础研究信息系统、综合信息管理系统、科研信息管理系统等，扩大成熟、领先的信息技术和产品在中医药领域的应用，充分发挥在本区域乃至全国的示范作用。

三是要加强指导帮扶。要以示范单位为基础，建立中医医院信息化建设专家指导组，帮助和指导各地中医医院信息化建设的规划、产品选择、实施和评估等工作，培训中医诊疗信息的采集、处理、交换、传输技术流程，研究可复制的中医医院信息化建设模式，促进医院管理的科学化、规范化。重点帮扶贫困地区中医医院信息化建设规划制定、实施监理、绩效评估，拉近东部与中西部地区差距，努力实现二、三级中医院信息化建设同步发展和全覆盖。

四是要加强学习交流。各示范单位要主动承担本地区中医药信息化建设系列讲座、论坛、巡展等活动，成为中医药信息化培训实验基地，参与中医药信息化相关教材编撰，与相关院校共同开展医学信息专业学生实习、研究生培养工作。重视学习交流的针对性和科学性，有关部门要组织对示范工作的结果进行客观科学的评估，以点带面，积极推动全国中医医院信息化建设。

四、突出重点，把信息化建设规划中的各项任务落到实处

当前是中医药事业发展的重要时期，我们应以科学发展观为指导，积极发挥中医药信息化支撑和推动作用，继续按照统筹规划、资源共享、突出重点、分步实施的方针，推动中医药信息化建设有序、平衡的发展。

一是加快电子政务系统建设，提升中医药行政管理水平。

要加快国家与省级中医药管理部门之间政务信息传输网和管理平台建设，尽最大努力改变中医药管理系统信息交换与共享技术水平相对落后的局面。近期重点完善中医药电子政务信息交换系统应用改造，整合各类中医药行政管理应用系统；搭建内部电子政务协同办公平台，逐步实现机关内部主要办公业务的数字化和网络化。这里特别强调要高度重视中医药政务信息收集、整理、分析质量，切实履行好信息报送职责，使信息共享真正成为各级管理部门了解动态、科学决策、指导工作的重要手段。

要组织开展中医药政务信息资源目录体系的制定、推广和应用工作，加快建立以省级中医药管理部门为主体的政府网站群，整合各地中医药管理部门社会管理和公共服务的职能。推广北京、吉林、青岛等地的做法，以政府门户网站为载体，提高信息公开质量，增强办事服务能力，创新互动形式，扩大服务范围，提升服务水平。

二是加强信息标准化建设，建立统一评价指标

体系。

要加快中医药信息基础标准、中医药信息管理与共享服务标准、中医医疗信息网络系统标准、中医药数字化技术规范、中医药信息标准分类规范等信息标准的修订和推广应用，促进网络互联互通、应用协同互动和信息共享利用。要根据国家信息化指标体系的思路，设计和建立一套科学、实用和可操作的，并且符合中医药特点和规律的中医药信息化指标体系，科学评价中医药信息建设的效益和质量，正确指导中医药信息化工作进展。

我局正式启动《中医医院信息化建设基本规范》修订工作，将进一步明确中医医院信息化建设基础设施规范、应用系统规范、信息标准以及应用规范、用户规范和信息化管理规程，特别强调了引入国家行业规范标准和国际标准等先进技术的必要性。各有关部门和医院要积极配合做好修订工作。

三是重视统计数据收集，建立统计信息共建机制。

中医药统计工作是信息化建设重要内容。要加快建立国家级统计信息中心，实现各地中医药管理部门、中医医院等单位各类统计信息网络直报，完善中医医疗质量监测系统。各地应以省为单位建立相应的统计信息部门，指定专人负责统计信息工作。

加强中医药综合信息统计工作，以《国家卫生统计调查制度》为依据，制定《中医药综合统计管理制度》，设计体现中医药特色、符合国情、结构完整的统计信息指标体系和统计方法，构建中医药综合统计数据库，为制定中医药政策、法律法规提供科学的决策依据。

四是认真调查研究，制订中医药信息化发展规划。

今年是实施《中医药信息化建设“十一五”规划纲要》的收官之年，也是科学制定中医药信息化建设“十二五”规划的基础之年。我们将继续以抓好示范、经验推广、规范标准、设备准入等工作，推动各地中医药信息化建设发展。要重点支持中西部地区，以信息扶贫为先导，积极运用远程医疗和远程教育技术功能，加强对口信息技术支援，优势互补，共同发展。国家中医药管理局将在总结“十一五”中医药信息化建设实施情况的基础上，通过广泛深入调研，科学确定信息化建设目标和任务，制定《中医药信息化建设“十二五”规划纲要》。各地要积极建言献策、支持配合，主动参与规划的调研制定工作。有条件的省级中医药管理部门，要结合自身发展现状，科学制定本地区中医药信息化发展规划。单独制定规划条件尚不成熟的省级中医药管理部门，也要将信息化发展规划内容纳入本地区中医药事业发展整体规划中。

五、完善措施，为信息化建设提供有力保障

中医药信息化建设是一项长期工作，制度和措施是重要保障。这次会议十分重要，既是对落实中医药信息化建设“十一五”规划纲要的交流和总结会，也是加快落实医改任务、圆满完成“十一五”目标、为“十二五”开局打好基础的动员会。完善保障制度和措施，对于做好下一步工作，推动中医药信息化建设，具有非常重要的意义。

一要进一步提高认识，加强领导。我们应该认识到，信息化投入除了改进流程，提高工作效率，减少浪费之外，更主要的是能够提升医疗质量和管理效率。无锡市中医医院就是个很好的例证。这次的经验交流选择在无锡，既有经验交流，又有现场参观。尤其在昨天大家拿到的会议资料中有报纸上刊登的无锡市中医医院的经验。该院通过信息化提升了医疗安全质量，提高了医疗服务水平，促进了医院管理的科学化，这是他们深有体会的。各地要把中医药信息化摆在重要的位置，建立、明确中医药信息化工作机构，统筹规划，精心组织，科学实施。各部门和单位在信息化建设中既要为本地、本单位中医药事业发展提供信息技术和服务支持，又要在国家卫生信息化总体规划下积极参与各项建设，形成各部门共同推动信息化的良好氛围。

二要进一步抓好队伍建设。应该说，我们当前的队伍水平与国际相比差距还是比较大的。以美国医院为例，81%以上医院信息专业人员超过 10 人，31%的医院信息专业人员超过 50 人，而我国超过75%的医院信息人员还不足医院总人数的 1%。我们要以院校教育、继续教育和岗位培训为重点，建立多层次、多形式、多途径、重实效的信息化人才培养机制，实施中医药信息化普及性教育；要充分发挥中医药院校、科研、学术团体的作用，建立规范、系统、可持续的中医药信息化人才培养平台，采取多种形式，有计划、有步骤地开展培训，下大力培养一批具备中医药学、信息学、管理学的复合型人才；要以中医药信息化项目为依托，加大信息化知识普及和培训深度，强化领导干部的信息化意识，提高信息化素质和应用技能，增强运用信息技术分析解决问题的能力；要紧密联系信息技术人员工作实际，按需施教，增强针对性、实用性和先进性。各地要像重视引入中医药专业技术人员一样，重视计算机及其信息技术人才的引进，加快中医药信息化人才培养，并为他们创造较好的工作和生活条件，千方百计稳定专业人才队伍。

三要进一步加大资金投入。投入大、周期长，一直是阻碍医疗信息化的一个重要原因。很多管理者认为，多买设备、多建房子、多培养人可以，但是搞信息化是赔本的买卖。资料显示，早在 1993 年美国的医疗信息化支出就达到 75 亿美元，目前，每年已达到 300 亿美元左右。大部分医院信息化投入占医院总收入的 3-4%。我国香港医管局从 1991 年开始进行信息化建设，2005 年投入 6 亿美元，2007 年是 10 亿美元，2010 年将达到 20 亿美元。按照卫生部的要求，医院每年用于信息化建设的费用，应该占医院总投入的 1-5%，但实际上我国 68% 的医院信息化投入占总投入不足 0.5%，26%的医院不足 1%。2007 年，中国医院信息化总投入只有 63 亿元。所以我们要研究制定加快中医药信息化发展的投融资政策，积极开辟投融资渠道，促进信息化建设步入可持续性发展轨道；要紧密结合国家拉动内需政策，加快中医医院基础设施建设的机遇，加大对中医医疗机构特别是中西部地区中医医疗机构信息化基础设施建设所需资金投入。要强化项目科学论证，在加强工程建设的同时，要充分提高工程建设与运行管理水平，避免重复建设和低水平建设，严格实施招投标、政府采购政策，加强项目建设管理和资金管理，确保资金使用效益。

四要进一步抓好管理维护。要将信息化管理作为中医药管理的一项重要工作内容，建立健全信息化管理的组织保障体系、规范标准体系；要不断创新和改进管理模式和方法，重视顶层设计，完善中医药信息化建设、管理、运行、维护和绩效评估等制度。要切实加强运行维护工作，建立专业运行维护队伍，充实人员力量，完善运行维护手段，将中医药信息系统运行维护经费列入定期财政预算，确保信息系统安全稳定运行和长期发挥效益。

五要进一步强化信息安全。按照国家信息安全等级保护要求，加快中医药信息网络、政务内网安全保障系统建设，完成中医药信息系统安全等级保护工作。建设和完善信息安全监控体系，开展信息安全定期检查，加强对管理维护服务外包企业的监管，提高应急反应和处置能力。坚持“谁主管，谁负责”的原则，落实信息安全管理工作责任制，强化广大干部职工的信息安全意识，建立和完善维护中医药信息安全的长效机制。完善中医药网络与信息安全应急响应机制，加快推进中医医疗机构信息备份系统建设，增强信息基础设施和重要信息系统的抗毁能力和灾难恢复能力，保证重要业务信息万无一失。

同志们，中医药信息化建设经过中医药系统同志们的共同努力，取得了可喜成绩。但是，我们也清醒地看到，与其他行业和中医药事业实际需求相比，中医药信息化建设还处于发展阶段，存在较大的差距和不足，需要走的路还很长。我们要以科学发展观为指导，实事求是，解放思想，加快中医药信息化的步伐，使信息技术在中医药管理和中医药防病治病的实际应用上取得创新性进展，努力开创中医药信息化建设的新局面。

春天是播种的季节，一分耕耘一分收获。让我们以本次会议为契机，互相学习，广泛交流，兼收并蓄，共同进步，以信息化带动中医药现代化，不断提升中医药服务能力与管理水平，为促进中医药事业持续和跨越式发展做出新的更大贡献！

资料来源：《国家中医药管理局网站》

国家中医药管理局关于确定全国中医医院信息化示范单位的通知

国中医药函〔2010〕16号

各省、自治区、直辖市卫生厅局、中医药管理局，新疆生产建设兵团卫生局，中国中医科学院，北京中医药大学：

为推动中医医院信息化建设，提升中医医院医疗服务质量和管理水平，我局组织开展了中医医院信息化示范工作。根据中医医院信息化示范工作部署，经各省（区、市）中医药管理部门推荐，国家中医药管理局组织专家评审，现确定中国中医科学院广安门医院等18家医院为全国中医医院信息化示范单位；青海省藏医院为全国藏医院信息化示范单位；内蒙古自治区兴安盟蒙医院为全国蒙医院信息化示范单位（名单见附件）。

请各省（区、市）中医药管理部门加强对中医医院信息化建设的指导，组织开展多种形式的中医医院信息化建设经验交流，推动区域医疗卫生服务信息共享。

请各示范中医医院进一步加强信息化建设，研究并运用中医药信息规范和标准，以医院管理和电子病历为重点，整合开发和推广应用具有中医药特色、符合中医医院实际的信息系统及软件，积极探索中医医院信息化建设发展的途径，不断提高中医医院信息化水平。

附件：全国中医医院信息化示范单位名单

二〇一〇年一月十九日

附件：

全国中医医院信息化示范单位名单

1.中国中医科学院广安门医院

2.首都医科大学附属北京中医医院

3.河北省石家庄市中医院

4.内蒙古自治区准格尔旗中蒙医院

5.长春中医药大学附属医院

6.上海中医药大学附属龙华医院

7.江苏省中医院

8.江苏省无锡市中医医院

9.江苏省昆山市中医院

10.山东中医药大学附属医院

11.河南省洛阳正骨医院

12.湖南中医药大学第一附属医院

13.广东省中医院

14.广东省江门市五邑中医院

15.广东省中西医结合医院

16.海南省中医院

17.四川省绵阳市中医院

18.云南省中医医院

全国藏医院信息化示范单位名单

青海省藏医院

全国蒙医院信息化示范单位名单

内蒙古自治区兴安盟蒙医院

二　中医药远程学习资源

北京中医药大学远程教育学院

北京中医药大学远程教育学院是北京中医药大学开展远程教育的具体实施机构。北京中医药大学是教育部批准开展现代远程教育试点高校中惟一的一所中医药高等院校。远程教育学院原名网络教育学院，根据教育部有关文件，北京中医药大学可“利用网络等现代化手段开展本、专科学历教育、学士学位教育”，“自行组织考试录取学生”，对于“达到毕业要求的本、专科学生颁发成人高等教育毕业证书”，并按规定办理毕业生的高等教育学历证书电子注册。

网址及主页面

网址：www.ibucm.com；ICP 证号：京 ICP 备 05004623 号

特色介绍

办学方针：坚持中医药成人教育的办学方向，开展面向在职从业人员的中医药现代远程教育，把提高和改善从业人员的理论水平、知识结构与学历层次作为主要任务。

办学措施：采取各项有效措施，全面提高远程教育教学质量，如严格招生对象审核，把好入口关；改善办学条件，加强硬件建设；加强课件建设，丰富教学资源；加强教学管理，建设和完善远程教育教学体系；严格考试管理，严肃考风考纪。

办学重点：投入大量人力、物力和财力，对内部软硬件建设加大投入。和其它高校合作，选择优秀网络课件供学员使用，促进资源共享，创建良好的教学环境。全国各省、市现有学习中心 32 个，方便广大学员就近选择报考入学。

发展趋势：通过现代远程教育方式，为世界各地培养、培训实用的中医药人才，使中医药高效率、广覆盖、多层面地推向世界，适应境外对中医药教育的需求，加快中医药走向世界的进程。

办学意义：有利于缓解目前对中医药教育需求的不断增长与相对匮乏的教育资源之间的矛盾；有利于在世界范围内传播中医药学术和中医药文化，促进中医药更广泛地走向世界；有利于进一步深化中医药教育事业改革；有利于进一步发挥我国中医药教育体系的优势和特色；有利于提高医药卫生行业在职从业人员的整体素质和业务水平，形成中医药教育教学的规模效益和质量效益。

亚健康预防与治疗专项技术

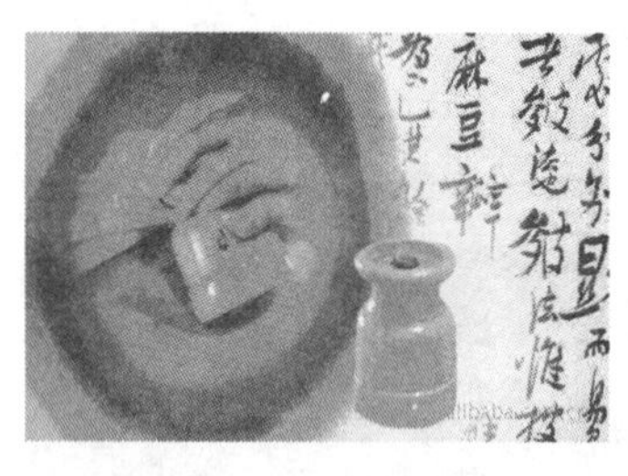

中和扶阳养生技术

该技术以中医扶阳理论为指导，采用专利产品扶阳罐，结合独有的中医经络推拿手法，对阴阳失衡、体虚血滞、疲劳虚寒人群进行调理，其中温刮温灸技术系中医业界首创技术。临床试验表明，此项技术对疲劳、畏寒、体虚、痛经、莫名疼痛、头晕、感冒、肥胖等多种人群效果显著。该技术入选2009年度中国/世界卫生组织中医药治疗未病合作项目。并被评为中华中医药学会“2009 年度百项亚健康调理技术”。（学习网址：http://www.zhsh.org.cn/）

中和亚健康综合调理技术

该技术系针对各型亚健康人群进行综合调理的综合性养生服务方法，是湖南中和亚健康服务中心独创的一套服务模式、服务技术的总称。其基本服务模式包括亚健康仪器检测、中医专家亚健康分型、经络调理、膏丸内调、跟踪服务等的系列流程，适用于各种亚健康服务机构。该技术入选2009 年度中国/世界卫生组织中医药治疗未病合作项目，亦被评为中华中医药学会“2009 年度百项亚健康调理技术”。（学习网址：www.jk1351.com）

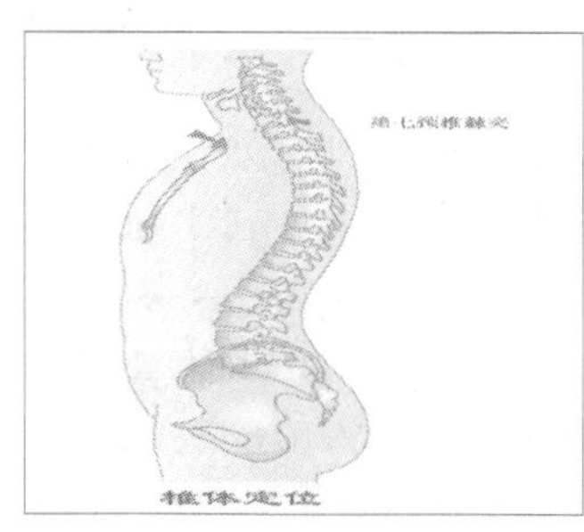

中和脊柱养生技术

该技术通过对脊柱两侧肌肉、肌腱、关节囊、韧带等软组织及脊柱小关节的调节，行气活血，疏通经脉，恢复脊柱及相关组织的相对平衡。操作简易安全，疗效显著，广泛适用于保健、养生、医疗行业。同时结合膏方内调以固肾强骨。该技术系 2009-2010 年度长沙市科协重点科研课题。（学习网址：www.jk1351.com）

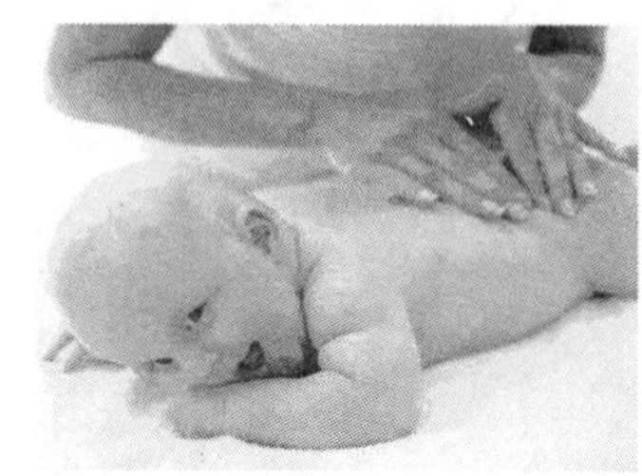

少儿亚健康推拿调理技术

该技术包括少儿腹泻推拿调理服务项目、少儿厌食推拿调理服务项目、少儿易感体质推拿调理服务项目、少儿肥胖推拿调理服务项目、少儿增高推拿调理服务项目、少儿益智推拿调理服务项目等。主要以常用中医养生保健技术规范少儿推拿为基础，结合少儿亚健康推拿调理教材，由四季康贝公司作技术指导，运用独特的推拿技术，推拿过程中配合精油系列、药浴技术、足浴技术、药袋系列等来调理少儿腹泻、厌食、易感、肥胖、短小等症状，使少儿达到健康状态。

少儿腹泻、易感、厌食推拿调理技术入选中华中医药学会百项亚健康中医调理项目。（学习网址：www.sjkb.cn）

亚健康音乐调理技术

该技术是基于《黄帝内经》五音-五脏关系的谐频共振学说制定的亚健康音乐调理技术，采用“调理对象评估-音波调理方案制定--音波调理实施-调理后再评估-调理后管理”的个体调理方式，为个人提供五音-五脏-五色-五味等与中医五行理论相对应的高峰体验。

其自主研发的五音调理音乐及智能化音乐调理应用系统，可提供具有中国特色的、全新的、规范化的、简便易行、能在机构或居室实施的亚健康音乐调理技术方法。（学习网址：www.jk5151.com）

北京中医药数字博物馆

北京中医药数字博物馆——最有特色的中医药数字化典藏中心

北京中医药数字博物馆（原名北京中医药网上博物馆），是在国家中医药管理局《二十世纪北京中医发展史略研究》成果基础之上创建，由北京市中医管理局和北京市科协共同主办。它是一个虚拟的人文与科技展示平台，运用数字技术实现博物馆的收藏、展陈、研究、教育等功能，内容涵盖了中医药五千年的文化积淀。目的是以更快捷、更方便的形式向世界各阶层人群提供更全面、更准确的中医药知识，为世人提供了解、认识中医药学的发展历程、探寻中医药学发展脉络和规律、展示中医药最新研究成果的平台。其目标是建设中国第一个最有特色的中医药数字化典藏中心，国内外著名的中医药信息展示中心，国内外广受欢迎的中医药网络咨询服务中心和国内外著名的中医药数字博物馆。

网址及主页面

网址：http://www.tcm-china.info/；ICP证号：京 ICP 备 05056888

特色藏馆：

1、名医馆：包括近代名医、古代名医、现代名医等，另有名医视频和名医趣闻等。

2、宫廷医学馆：用生动的文物画面，简明的文字，揭示历代御医诊治帝后疾病所展示的高超医术；揭示其养生保健的趣闻、故事；揭示宫廷医学渊源、机构设施，剖析其特色，透视其鲜为人知的神密。

3、中药馆：让人们在日常生活中熟悉和掌握中药知识，对养生保健、防病治病有良好的指导作用。其中，“中药知识测试”是中药馆的特色亮点。

4、针灸馆：包括针灸史话与问对、针灸名家名著、针灸铜人与铜人图、出土文物与专题精选、针灸器具与技法、针灸教育与交流、研究临床与科研等。

5、养生保健馆：包括养生基本理论、养生与中国文化、养生术与养生法、养生与科学、疾病与康复保健等、养生趣闻、咨询互动、养生推荐等。

6、教育馆：首次将中医教育的历史在网络上呈现，为照顾普通读者，文字浅显，典故、生僻字配有注释。还附有较详细的参考文献，以使有深入研究兴趣的读者，可以通过它获得更详细的资料，以实现“研究性与普及性兼顾”的建馆理念。

7、国际交流馆：其导航系统采用世界地图模拟导航方式，以历史阶段、国别或地区为线索，有机地组织和展示中医药历史上和现代的交流成果。

中国中医科学院中医药信息研究所图书馆查询系统

——国内第一个提供中医药学信息查询的专业查询系统

中国中医科学院中医药信息研究所图书馆查询系统是由中国中医科学院中医药信息研究所创办的国内第一个提供中医药学信息查询的专业查询系统。其图书馆拥有中国中医药数据库检索系统、全文期刊、电子图书、文献题录、引文数据库、馆藏目录、信息标准、WEB等资源，该图书馆查询系统可提供书刊目录查询、电子图书阅览、中文文献查询、外文文献查询等服务。

网址及主页面

网址：http://www.cintcm.ac.cn/opencms/opencms；ICP证号：京ICP备05055726号

特色介绍：

中国中医药数据库检索系统：包括中医药多库融合平台、中药基础信息数据库、中药化学实验数据库、中药化学统计数据库、中药药理实验数据库、“有毒”中医药平台、古代本草文献数据库、现代方剂应用数据库、突发公卫平台、针灸主体数据库、中医药学语言系统、临床术语数据库、海外中医古籍联合目录、民国期刊数据库等。

全文期刊：包括中国医院数字图书馆(cnki/chkd)、中国中医科学院学位论文数据库、万方数据、CNKI过刊数据库、维普医药信息资源系统、读秀学术搜索、药物信息全文数据库/IPA、循证医学全文数据库（EBMR）、Alt HealthWatch（补充替代医学文献数据库）、Natural & Alternate Treatments（补充替代疗法信息数据库）、DynaMed循证临床信息数据库、信息科学与信息技术辞典数据库、InfoSci-Online Premium数据库、冷泉港实验室实验方案、《医师信息和教育资源》(Pier)等。

电子图书：包括超星电子图书、中医古籍全文数据库、中草药实用手册全文数据库、NetLibrary电子图书、方正电子图书等。

文献题录：包括中国生物医学文献服务系统、(SinoMed)CMCC/CMCI整合版、外文生物医学文献数据库(pubmed)、全国报刊索引数据库、西文生物医学期刊文献数据库等。

引文数据库：包括中国生物医学期刊引文数据库(CMCI)、中国引文数据库(cnki)、CMCC/CMCI整合版、科学引文索引数据库(SCI-Expanded)等。

馆藏目录：包括馆藏书目查询、中医图书联合目录数据库、海外中医古籍联合目录、新书新刊通报、国家科学图书馆联合编目服务系统、NSTL外文期刊联合目录、馆藏中医古籍目录数据库、WorldCat联机联合目录、国家科学图书馆联合目录集成服务系统等。

信息标准：包括中国中医药学主题词表、中国中医药一体化语言系统等。

WEB资源：包括中医药搜索等。

三　网上中医药保健服务

湖南梦网健康频道

湖南梦网健康频道——交互式的数字传媒健康管理平台

“梦网健康频道”是湖南移动与湖南远志健康管理有限公司共同搭建的以移动梦网技术为基础的数字传媒健康平台。平台以中医药文化传统特色为核心，通过为老百姓提供健康管理类的交互式影音资讯和咨询服务，达到传播中医药文化知识和提高老百姓自我保健意识的目的。湖南移动梦网健康频道作为3G战略互联网流媒体业务，可通过互联网宽带在线观看健康类视频资源和网上在线健康咨询，3G网络成熟后即可通过手机观看和实现手机在线咨询。湖南移动手机用户发送“B”到1065851106，即可在线浏览健康专家视频，在线与专家互动。

网站网址及主页面

网址：http://health.jk5151.com；ICP证号：湘ICP备09027873号

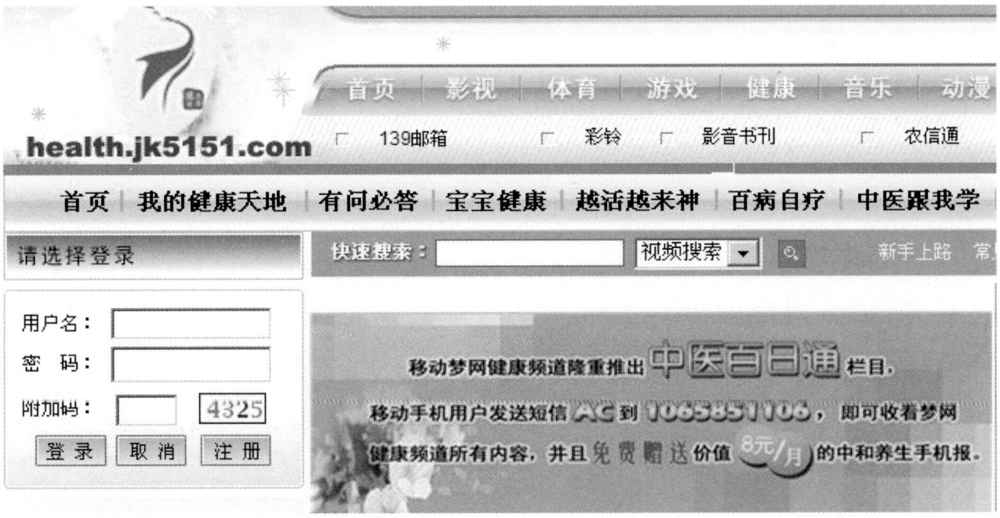

特色栏目

1.我的健康天地：大众可以为自己建立健康档案，记录自己的健康状况，了解自身疾病防护的关键点，可建立包括"我的基本信息、我的个人医生、健康自测、我的健康档案、我的健康博客、我关心的健康话题"的健康空间。

2.有问必答：健康频道会员可免费向专家提问，在提问区提交问题后，专家将在工作日的24小时之内给予答复；中南大学湘雅医院、湖南中医药大学附属一医院、湖南省妇幼保健院、省儿童医院等单位的名医提供健康咨询服务。

3.宝宝健康：由中南大学湘雅医院儿科、当代儿科杂志、长沙育欣婴幼服务信息网络技术有限公司、湖南远志健康公司联合推出，既为家长提供日常宝宝保健、早期教育的基本常识，也为家长提供关于宝宝疾病防护和家用急救措施的专家讲座，点击视频即可观看、学习。

4.越活越来神：邀请知名度比较高的养生专家或者是健身教练，系统地介绍中老年人喜闻乐见的养生理念、保健方法或者是健身运动项目。

5.百病自疗：介绍包括内科、外科、妇科、皮肤性病科、五官科等的疾病自我防治法，让大众可以做自己的健康医生。

6.中医跟我学：可以根据自己的兴趣和需要，自主学习中医文化、中医基础和中医临床的相关知识和方法。

7.名家会客厅：可领略名医名家的不同风采，更真切地体会中医博大精深的文化底蕴和养生精粹。

中医世家网——公益型中医药学习网站

中医世家网站，由中医世家王提仁大夫之子王刚创办。王刚首先是把自己的世家积累和学习中医过程中搜集到的书籍资料，分享给有相同爱好的朋友，逐渐受到越来越广泛的欢迎。通过不断地收集、整理，逐渐形成中医书籍、中药材、中药方剂为主的数据体系，并将所有数据通过分类、索引、数据字段搜索等方式，全面细致地展示，便于在线阅读、查看。其栏目主要包括中医书籍、中药材、中药方剂、名医等。该网站为公益性质，通过免注册、全公开方式，方便中医爱好者随时查询、阅读各类书籍、药材、药方等数据，深受中医爱好者的关注。

网址及主页面

网址：http://www.zysj.com.cn/；ICP 证号：陕 ICP 备 05010324 号

主页面

特色栏目

一、书籍在线阅读、搜索

书籍的章节、目录页面上，各章节标题通过排版，基本达到实体书的目录样式。而章节细分至四级目录，浏览章节目录即了解正文内容的框架，确定所需浏览的内容。

点击章节标题，可打开书籍对应内容页，并跳转至该标题内容中。而内容页完全对应章节顺序，确保看书的过程中，章节与内容对应、前后有序。

通过站内的书籍搜索，可在网站的书籍中，找出所有包含搜索内容的书籍名称及所在的章节目录，并可方便地选择、查看到相应的书籍内容。

二、中药材数据的在线查看、搜索

在具体的药材页内，将此药材在各现代药典的记录同时展示到一个页面中，通过业内链接跳转，方便不同药典记录的对照。同时与《本草纲目》等著作相结合，将各个书籍中的同名药材的信息链接，也显示在此页面中。访客在这个页面里，就了解到有关该药材在古、今各药典里的信息，方便对比查看。

不但可以通过拼音字头、中英文名称、别名等信息来搜索中药材。还因为每个药材在现代药典的数据录入中，药材的产地、性味、功能主治等都细致地分别定义、录入，所以可以通过选择产地、性味、归经、功能主治等，来查找相应的药材。

“2010年度十佳中医药信息服务网站”名单（排名不分先后）

阳光中医全科医业

阳光中医全科医业（网址：http://www.ygyyw.com）是中医技术人才协会、中医学术研究总会、中医特色治疗中心、中医亚健康服务中心的有机结合体的模式。阳光中医全科医业的模式在学术方面可承前启后，沟通现在各层次的特效专长技术。其模式全面兼顾中医标准化运作与多样化发展，融入现代成熟的股份制融资模式，解决中医持续健康发展的大问题，有效解决中医发展过程中人才的参与、技术更新、人员待遇、机构的所有权与经营权问题，有效解决中医发展与生态保护问题。其宗旨是：使为医者能“不为人役，乃役于人”；使患者能“少为病痛，少为病穷”；使医患能“互相尊重、互相理解、温馨和谐”；使业医者与中医业能“精研岐黄，博取众长，博采中西，再创辉煌”；打造医、政、大众可信、可控、可交流、可融资的平台。

中医世家网

中医世家网（网址：www.zysj.com.cn）建立于2004年初，由中医世家王提仁的后代所创办，面向中医爱好者，全开放、无需注册，主要提供中医相关的论著、方剂、药材、医案等信息的收集发布，方便广大中医爱好者查找中医类书籍、药材资料等。该网站在书籍内容的目录页上，各级目录通过排版，基本达到实体书的目录样式。点击目录即可打开对应内容页，确保看书的过程中，章节前后有序。在药材信息方面，则收集了数部现代药典，并与《本草纲目》等著作相结合，它将各个书籍中的同名药材都汇集到一个页面中，访客在这个页面里，可了解到有关该药材在古、今各药典的信息，方便对比查看。

中医中药网

中医中药网（网址：http://www.zhong-yao.net）原名中药网，于2006年5月1日正式创建，访问量逐年提升，目前的日访问IP近60000，日浏览量近200000。

内容海量性：中医中药网文章内容近30w条，为访问用户提供各种资讯与信息，栏目总量超过700个，覆盖了各种与中医中药相关的信息；

栏目多样性：中医中药网不仅包括各类资讯和知识文章还包含供求、黄页、产品、招商等企业级服务栏目，为企业提供各种针对性服务，并因其拥有广泛的用户群体，扩大了企业的商务影响；

中医中药网论坛（bbs.zhong-yao.net），现注册会员 13w 多个，栏目包括了中医中药各类栏目，广大中医中药专业人员以及非专业人员，共同探讨和交流各类中医中药话题和知识，是目前国内最大的中医中药专业论坛之一。

中国网中医频道

中国网中医频道（网址：http://zy.china.com.cn/index.html）是由中国互联网新闻中心（中国网）、中华中医药学会共同创办的，目前互联网中最权威、最具传播力和影响力以及唯一多语种平台的中医药门户。该站将传统的中医药知识与最新的科学技术相结合，融合中医药行业内的即时新闻、人物访谈、诊疗知识等资讯信息，以及在线互动、商务交易、会员服务等系统功能，通过多媒体跨平台的传播方式，满足互联网用户浏览、学习、交流、分享中医药知识的需求。

针灸中国网

针灸中国网（网址：http://www.acucn.com/）创建于 2005 年 10 月，是专业从事中医药、针灸行业的互联网信息服务机构，是由世界针灸学会联合会主办的针灸行业网站，提供全面的针灸学习资料及针灸行业资讯，打造顶级的针灸交流服务平台。已逐步发展为集报道最新中医针灸行业新闻、收录针灸资源、创建针灸资料库、深化理论研究、分享交流经验、中医针灸医生个人博客、针灸论坛、穴位方剂搜索、专题会议发布、专业技能培训、中医针灸器材商城以及中医药专业美国留学或就业指导服务等为基础内容的中医药针灸行业门户网站。

中医人网

中医人（网址：http://www.tcmer.com/）是由第一军医大学（现南方医科大学）等单位的多名在职教师及医生于 2005 年创办，致力于中医药研究、交流，科学养生美容知识推广的大型公益性中医药门户。网站为用户提供国医研究、实用中医、健康知识、医学考试、医药新闻等方面的信息，其频道主要包括：医学新闻、中医学院、针灸学院、中医养生、中医美容、药膳食疗、天下无疾及中医人社区等，其中图解本草、名家医案、验方效药等一直是网站的经典栏目，文章被众多媒体广泛转载。它立志创建世界最大的中医药专业数据库，为了挖掘、保存、研究及推广中医药资源，同时向普通百姓推广科学、简单有效的养生美容等健康知识，中医人网站开辟了多个频道，使专业人员和非专业人员均能轻松各取所需。

央视喜乐乐网

央视喜乐乐网（网址：xilele.cctv.com / xilele.com），是中央重点新闻网站中唯一定位于“健康网络电视”的网络视频媒体。针对广大白领阶层及庞大亚健康人群的“身心健康”需求，以“视频、互动、多终端”为特色，提供视频节目服务、SNS 人际交流服务和健康类电子商务服务。其中，有关中医药的视频信息节目是特色。网站重点栏目包括：喜乐乐健康 TV、慢性疾病患者经验交流与情感分享平台——喜乐乐病友圈，以及孝文化栏目等。同时，央视喜乐乐网通过线下社区渠道和大型社区活动，服务于健康产业线下广大中老年人群，并在此基础上进行上下游相关产业拓展。另外，央视喜乐乐网每年和民政部合作，举办“全国社区春晚”等大型品牌活动。

健康无忧网

健康无忧网（网址：http://www.jk5151.com/）由湖南远志健康管理服务有限公司创建，是为广大养生机构、企业、厂家、个人爱好者等提供的健康管理、服务、交流的专业平台，主要包括《中和养生手机报》、移动梦网健康频道、十佳百优养生机构、无忧商城、新媒体与养生论坛等频道。其中，《中和养生手机报》是国内第一家弘扬中医药文化，传播时尚养生理念，指导大众日常养生的专业新媒体刊物，面向全国运营。移动梦网健康频道目前已拥有健康影视、健康资讯等丰富资源，只要是健康频道会员，就可以充分利用这些健康资源，为自己及家人的健康解忧。养生与新媒体论坛则是国学国医岳麓论坛重要的分论坛，首届养生与新媒体论坛的主题是养生产业在新媒体领域的应用及发展趋势。

北京中医药大学远程教育学院

北京中医药大学远程教育学院（网址：www.ibucm.com）是北京中医药大学的二级学院，是北京中医药大学开展远程教育的具体实施机构。北京中医药大学是国家教育部直属的唯一一所重点中医药大学，也是唯一一所进入“211工程”建设的高等中医药院校。2000年7月经教育部批准开展远程教育试点，是迄今为止开展远程教育试点高校中唯一的一所中医药高等院校。根据教育部教高厅【2000】9号文件以及教育部教高司【2000】75号文件的规定，北京中医药大学可“利用网络等现代化手段开展本、专科学历教育、学士学位教育”，并“自行组织考试录取学生”，对于“达到毕业要求的本、专科学生颁发成人高等教育毕业证书”，并根据教育部教学【2001】4号文件的规定办理毕业生的高等教育学历证书电子注册。

新浪中医频道

新浪中医频道（网址：http://zhongyi.sina.com/）是由国家中医药管理局与新浪网联合主办，生命方程健康管理服务机构承办的以中医药资讯为主的大型网上信息交互平台，它以“权威、易读、多元”为宗旨，以“中医药全球普及”为目标，以“传承传播中国文化、中医文化、中医药学”为己任，通过“新闻、保健、疾病、文化、工具、互动”六大特色频道，为网民提供含文图音视频的全方位中医药类综合资讯、深度访谈、虚假医药产品警示、观点评论、特色专题、保健产品、互动应用、博客社区等服务，满足网民浏览、学习、表达、交流、分享等多元化与个性化的需求。

四　数字化中医药养生资源

亚健康音乐调理养生系统

——中和亚健康音乐调理系统

中和亚健康音乐调理系统是专业提供亚健康音波调理服务的养生调理系统，亚健康音波调理服务是基于《黄帝内经》五音-五脏关系的谐频共振学说制定的亚健康音乐调理技术，目前，该技术已入选2011年自然科学基金项目。

中和亚健康音乐调理系统采用“调理对象评估—音波调理方案制定—音波调理实施—调理后再评估—调理后管理”的个体调理方式，为个人提供五音—五脏—五色—五味等与中医五行理论相对应的高峰体验，智能化实现集音波、色光和香熏调理为一体的综合调理法。

系统简介：

中和亚健康音乐调理系统也称“智能化亚健康音乐调理综合应用系统”，是由计算机应用服务器、亚健康音乐调理应用软件、中央通信和控制单元、远程控制单元以及外接的音箱、音波体感振动器具、芳香雾化装置等构成，是支撑亚健康音乐调理的物理基础。在亚健康音乐调理应用软件中设置有不同分类的亚健康调理音乐库，例如，当输入被调理者的中医辨识或症状评估结果时，亚健康音乐调理应用软件能从音乐库中搜索出与该评估结果相对应的调理音乐，在播放调理音乐时，亚健康音乐调理应用软件驱动中央通信和控制单元与远程控制单元通信，通过远程控制单元启动与调理音乐类型和强度相对应的色光和熏香调控功能。系统可以通过小型手动遥控装置完成选曲播放、音乐调理、色光调理和熏香调理所需的调控功能。

系统页面精选：

图一："中和音乐养生调理应用系统"主页面。体现中医五行及中国传统音乐等元素，体现特色养生意境和特有音乐养生理念。

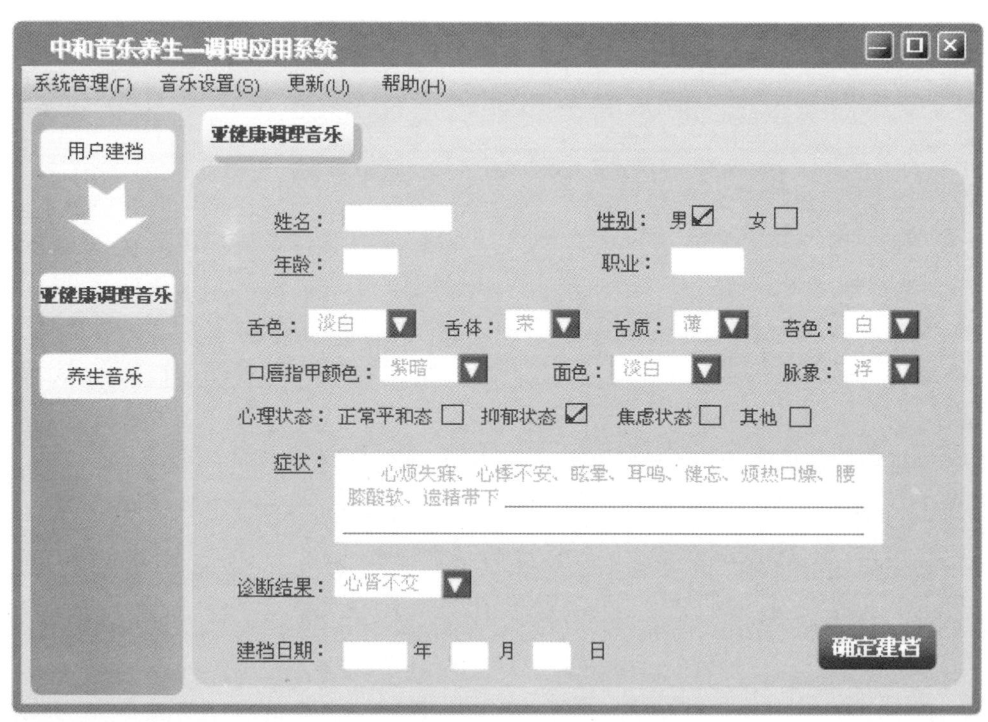

图二："用户建档"页面。记录被调理者的健康状况，包括舌诊项目、口唇指甲、面色、脉象、心理状态等，以及目前出现的亚健康症状或疾病症状，得出诊断结果，确定建档。

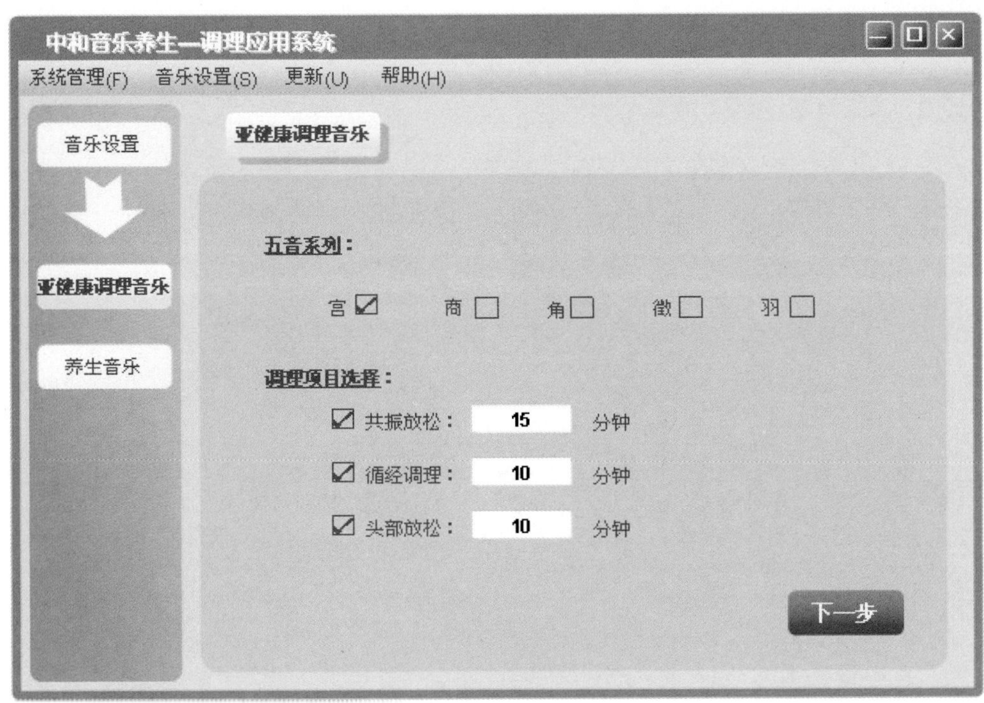

图三："设置调理项目"页面。根据诊断结果，选择被调理者应该接受的调理项目，包括五音系列的选择，共振放松、循经调理、头部放松等项目的选择及调理时间设置。

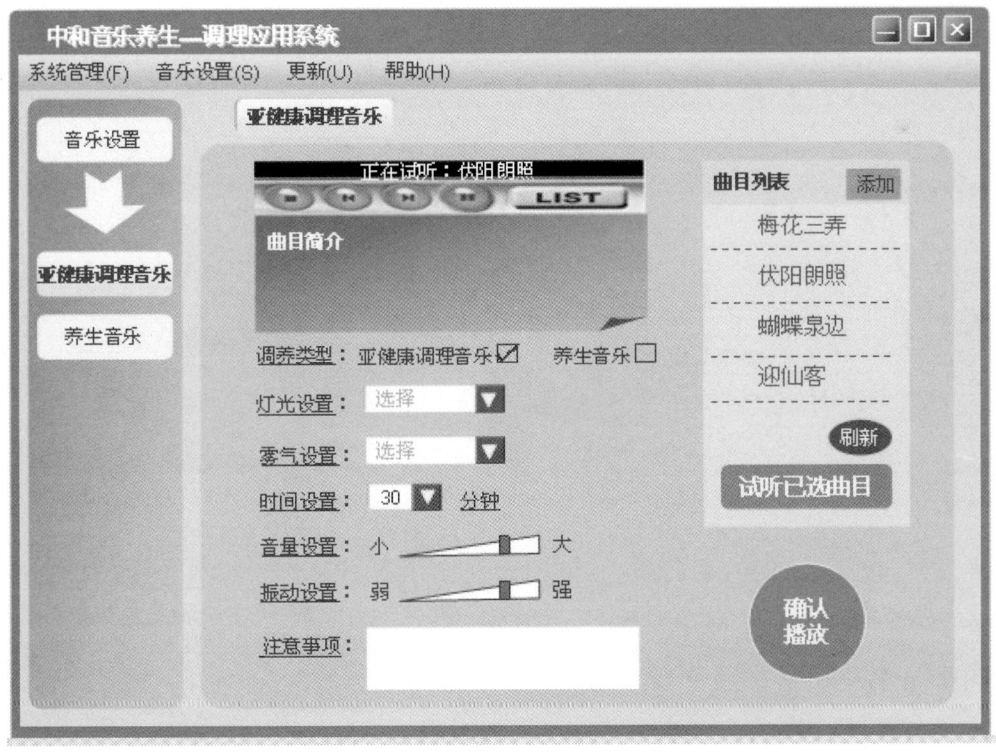

图四："具体调理方式"页面。根据不同的调养类型选择具体调理方式，如选择具体的养生音乐曲目、灯光类型、雾气等，并根据实际情况，针对性地选择音乐音量大小和音波振动强度等。

2011

國醫年鑑

GUOYI NIANJIAN

十一 治未病与亚健康

"治未病"健康工程进展

国家中医药管理局召开第三届"治未病"高峰论坛

为贯彻落实《国务院关于扶持和促进中医药事业发展的若干意见》，进一步传播"治未病"理念和方法技术，国家中医药管理局于2010年1月16日上午在北京钓鱼台国宾馆五号楼召开第三届"治未病"高峰论坛。会上，卫生部副部长兼国家中医药管理局局长王国强对"治未病"工作做了重要指示。

王国强：要从六个方面下工夫做好"治未病"工作

一要在提供服务上下工夫。在现有服务提供体系建设基础上，要进一步扩面、下沉和提升。首先，着眼于服务提供体系的构建和整体推进，总结推广试点单位经验，扩大开展"治未病"服务的单位和范围，覆盖面要广，涉及面要宽。其次，按照卫生工作"重心下沉"的要求，加强基层医疗卫生机构开展"治未病"工作的能力建设，特别是社区卫生服务机构，要紧密结合目前已出台的《国家基本公共卫生服务规范（2009版）》，探索将中医预防保健服务和公共卫生服务相结合的有效途径和模式。前不久我专门去了长宁区，看到了"治未病"受到了群众的欢迎，这种服务是规范的，是高起点的，对于我们提升"治未病"的社会的认知度，以及群众感受到"治未病"的有效性、科学性都起到了很好的作用。第三，要按照相关规范要求，持续提服务水平，规范服务行为，完善服务功能，提供高水平、规范化的服务。赢得群众对"治未病"的理解、认识和参与。我们要注意防止"治未病"庸俗化，防止这种庸俗化来毁坏中医"治未病"本身。

二要在科学研究上下工夫。"治未病"作为一项创新性的工作，科技在其中的支撑作用日益显现。要围绕"治未病"服务实践，进一步明确科研重点，加快科研实施，创新科研机制。重点要加强健康状态辨识、评估和干预的技术方法及其产品的开发，加强相关标准规范和服务效果评价方法和指标体系的研究。要加快实施"十一五"国家支撑计划和行业专项等相关课题，加紧做好"973"计划相关项目的准备工作，力争早日产出一批高质量的科研成果和老百姓欢迎和用得上的技术和服务。要充分发挥战略联盟等新型组织模式的作用，创新机制，整合资源，转化成果。

三要在人才培养上下工夫。一定数量高水平、稳定的人才队伍是中医预防保健服务体系健康持续发展的重要保障。要针对目前人才队伍建设中存在的主要问题，加强管理人员和复合型人才的培养，培养一批既懂中医药基本理论和知识，又懂健康管理等知识的人员，加强技术骨干和"治未病"服务职业技能人员的培养，充实专业技术人员队伍。要通过岗位培训、院校培养、交流学习等方式，加大培训力度，同时积极开展中医预防保健服务职业技能鉴定试点工作。

四要在完善机制上下工夫。要探索建立完善有效的运行机制和管理机制。政府引导与发挥市场机制作用相结合，动员社会力量参与，满足人民群众多层次的需求。注重市场的开发和培育，发挥市场的调节和激励作用，完善企业和医疗卫生机构的合作机制，实现同生共赢，共同发展。进一步完善中医特色预防保健-服务模式，建立健全相关管理制度和规范，加强机构和人员管理，规范技术产品应用。

五要在宣传普及上下工夫。认识"治未病"、了解"治未病"是社会接受"治未病"、欢迎"治未病"的前提，为期一年的中医特色健康保障服务体验活动取得了良好效果。我们要进一步加大宣传普及力度，继续举办"治未病"高峰论坛系列专题讲坛和服务体验活动，采取各种群众喜闻乐见的方式，面向老百姓，宣传中医药防病治病知识，介绍中医药适宜技术和养生保健方法，传播"治未病"理念，不断扩大社会影响。特别是我们各地，在"中医中药中国行"开展三年之后，要进一步总结如何创新品牌、创新途径，在"治未病"方面开辟更好的宣传方式，使老百姓受益。

六要在配套政策上下工夫。要不断完善扶持政策和措施，为发展中医预防保健服务提供良好的政策环境。研究制定鼓励社会资本进入中医预防保健服务领域，并举办中医预防保健机构的相关政策标准和要求；在公共卫生服务相关政策中继续纳入中医预防保健服务；及时了解各地"治未病"服务收费情况，研究制定中医预防保健服务的价格政策。

王国强：要认真落实国务院《若干意见》，加快发展中医预防保健服务

王国强强调，我们必须认真贯彻落实国务院《若干意见》，加快发展中医预防保健服务。《若干意见》的正式发布，作为新时期推进我国中医药事业科学发展的纲领性文件，强调要积极发展中医预防保健服务，并提出了具体要求。

首先，加快发展中医预防保健服务，必须进一步提高思想认识。思想认识是做好各项工作的重要基础，只有思想认识到位，才能坚定信心、勇于探索、大胆实践，才能积极主动地开展工作、强化措施、实现目标。加快发展中医预防保健服务，我们必须充分认识开展"治未病"工作的时代背景、科学价值、独特作用和战略意义。"治未病"是一种积极主动的生命观、健康观和方法论，重在从整体上动态把握、维护和提升人的健康状态，其丰富的思想内涵，完全符合医学模式的转变和医学目的的调整，极具先进性和超前性。

我们必须充分认识到，开展"治未病"工作、加快发展中医预防保健服务，是落实深化医药卫生体制改革要求，实现党的十七大提出的人人享有基本医疗卫生服务战略目标的需要；是顺应医学发展趋势，引领人类健康发展方向的重要举措；是满足人民群众日益增长的健康需求，减轻医药卫生费用负担和开支，促进全民健康素质提高的重要途径；是彰显中医药独特优势，促进中医药全面继承与创新，又好又快发展中医药事业的重要内容；是弘扬中华民族健康文化，体现我国文化软实力的重要行动。

第二，加快发展中医预防保健服务，必须进一步整体推进中医预防保健服务体系的建设。开展"治未病"工作、发展中医预防保健服务，涉及许多方面、许多领域，既要有提供服务的机构，还要有服务的人员和技术产品；既要有政府的引导和政策的保障，还要有需求的激发和市场的培育。这是一项社会系统工程，必须通过构建中医预防保健服务体系，才能确保各方面整体行动、协调配合、相互促进，才能实现健康、有序、可持续发展。应当看到，体系建设是一项长期的任务，当前，我们要以实施"治未病"健康工程为抓手，从中医预防保健服务提供体系、服务技术（产品）体系和服务支持体系三个方面，按照《工程实施方案》所确定的主要目标和任务，扎实做好各项工作，特别要针对工作中的重点、难点和薄弱环节，强化措施，整体推进，尽快完成中医预防保健服务体系框架的构建。

第三，加快发展中医预防保健服务，必须进一步强化服务目标。经过实践和研究，我们把中医预防保健服务的目标确定为维护和提升健康状态，从而使人们"不生病、少生病、迟生病、带病延年、提高生活质量"，这不同于以疾病为中心的临床诊疗服务，充分体现了以人的健康为中心，充分体现了中医"治未病"的理念。应当看到，疾病是人的整体功能失调在局部的反映，因此，防范和控制疾病的发生、发展及其变化，必须从整体功能的角度来维护和提升人的健康状态。

第四，加快发展中医预防保健服务，必须进一步提高服务水平。服务水平直接影响服务效果，直接影响社会对"治未病"工作的接受度和认可度，关乎中医预防保健服务发展的根本，特别对处于起步并着手全面铺开的现阶段来说尤为重要。提高服务水平，关键要抓服务标准、服务规范。

要全面、深刻把握中医特色健康保障-服务模式的内涵，在服务理念、服务准则、服务流程、服务内容等方面，真正体现该模式的服务基本规范要求。要全面加强服务提供平台建设，切实按照《中医预防保健服务提供平台建设基本规范》要求，认真做好服务区域设置、服务人员配备、仪器设备配置等工作。要加快服务队伍建设，大力开展岗位培训和职业技能人员培养，切实提高专业服务人员的综合素质和技术能力。要抓紧服务技术标准规范建设，加大服务质量监控力度，组织开展服务效果评价。

第五，加快发展中医预防保健服务，必须进一步开拓创新。开拓创新是任何一项事业常盛不衰、保持旺盛生命力的源泉，对于发展中医预防保健服务这一新的工作、新的任务来说，显得更为重要和迫切。通过大量的研究和初步的实践，在开展"治未病"工作中，已创新性地提出了中医特色健康保障-服务模式及其服务规范，"政府引导、市场主导、多方参与"的运行机制等，同时在技术产品的研究与开发、服务体系的构建与运行、推进工作的方式与方法等方面也进行了创新性探索。

加快发展中医预防保健服务，必须进一步解放思想，开拓创新。如在构建中医预防保健服务体系的组织形式上，要探索采用"战略联盟"等形式，集成、优化和链接各方资源，创建新型载体，形成集组织一体化、行动项目化、管理网格化于一身的新型组织模式。在服务技术和产品上，要以维护和提升健康状态为核心，以中医学为主体，融合现代科学技术方法，紧紧围绕健康状态辨识、评估、干预的各个方面，通过挖掘、继承、集成、提升等方式，加快创新。

在运行机制上，要充分发挥市场机制的作用，推动社会力量投资兴办中医预防保健服务机构。在政策措施上，要建立中医预防保健服务机构、人员的准入制度，完善服务规范和技术标准，创立中医预防保健服务项目，完善服务价格政策，制定中医预防保健服务纳入公共卫生服务、健康保险的相关政策等，加快制度创新，充分发挥政策的推动与保障作用。

同志们，积极发展中医预防保健服务，是党中央国务院的明确要求。通过大家的共同努力，我们已经迈出了坚实的第一步，取得了显著的成效，积累了初步的经验。在今后的发展道路上，只要我们携起手来，勇于面对新情况、新问题和新挑战，勇于探索、大胆实践，勇于进取、不断创新，就一定能加快实施"治未病"健康工程，加快构建中医预防保健服务体系，加快发展中医预防保健服务，为真正维护中国人民的健康水平作出我们中医人应有的贡献！

许志仁："治未病"预防保健服务效果调查报告

国家中医药管理局医政司司长许志仁在论坛上做了关于"治未病"预防保健服务效果的相关调查报告。

一、调查对象及其内容

1、调查对象:"治未病"预防保健服务试点单位及接受"治未病"预防保健服务（指在中医健康状态辨识与评估基础上进行过中医健康干预）满6个月的人群。

2、调查内容，健康改善情况和服务满意度。

二、调查方法

由各"治未病"预防保健服务试点单位组织服务对象填写《"治未病"预防保健服务效果——健康情况改善和服务满意度调查表》。

三、调查实施

1、国家中医药管理局统一组织，各"治未病"预防保健服务试点单位具体实施。

2、各"治未病"预防保健服务试点单位负责对《调查表》填写工作的组织和指导。

3、中医医院医疗质量监测中心负责调查数据的录入、检验并进行统计分析。

四、结果与分析

根据有效调查的87个"治未病"预防保健服务试点单位情况看，91.3%成立"治未病"中心等中医预防保健服务科室，83.91%为一级临床科室，75.86%应用了中医特色健康保障服务模式。

中医预防保健服务科室的业务用房面积平均为1493.3㎡，并设置了健康状态信息采集与管理区域（占13.09%）、健康状态辨识及风险评估区域（占7.54%）、健康咨询及指导区域（9.57%）、健康干预区域（42.86%）。

中医预防保健服务科室在岗人员平均49.97人。其中医护人员29.32人，中医医护人员20.06人，占医护人员总数的68.42%，为开展中医预防保健服务提供了一定的专业人才保障。

从87个试点单位自成立中医预防保健服务科室或列入"治未病"预防保健服务试点开始到2009年10月31日计算，开展中医健康辨识与评估（体质辨识等）服务的人次为2628911；中医特色健康体检（中医健康状态辨识与评估＋西医健康体检）的人次为425922；中医健康干预人次为1866671，接受"治未病"全程系统服务人数为124849。

试点单位中采用的中医干预方法，从高到低的依次顺序是：灸法（93.1%）、针刺（91.95%）、火罐（90.8%）、推拿（90.8%）、敷贴（79.31%）、耳穴（68.97%）、膏方（63.22%）、熏蒸（63.22%）、点穴（58.62%）、足疗（57.47%）、刮痧（55.17%）、药膳（55.17%）、药浴（52.87%）、脐疗（28.74%）。

"治未病"预防保健服务效果--健康情况改善和服务满意度调查，共收到55个试点单位组织符合调查条件的服务对象填写的调查表4373份，经数据整理后有效调查表为4336份，占99.15%。

1、调查对象基本情况。

性别分布，男性1778名、占42.81%，女性2375名、占57.19%。

年龄分布，≤20岁占5.67%，20-29岁占18.67%，30-39岁占23.69%，40-49岁占17.92%，50-59岁占16.76%，60岁及以上占17.29%，基本呈正态分布。

学历情况，以高中或中专为多，占30.78%，其次是本科学历占21.44%，大专学历占21.29%，初中学历占14.34%，小学及以下学历占6.97%，硕士及以上学历者占5.18%。

收入情况，月人均基本都在2000-3000元。

参加医保情况，城镇职工基本医疗保险占39.88%，遥居其他方式之首，公费医疗占14.52%，城镇居民基本医疗保险占8.34%，新型农村合作医疗占3.76%，商业性医疗保险占2.2%。

过去三年中接受健康体检人数比例中，未接受过体检的占19.98%，接受过1次的占31.12%，接受过2次的占21.50%，接受过3次或以上的占27.40%。

接受"治未病"预防保健服务的时间在6个月-1年的占70.93%，在1-2年之间的占22.86%，超过2年的占6.21%。

了解"治未病"的途径，报纸占25.61%，杂志占12.55%，电视网络占19.67%，朋友介绍35%，书籍占6.41%，服务单位宣传占51.6%。

提示："治未病"试点单位在整个人群的宣传工作中发挥着重要作用。

2、"治未病"预防保健服务效果--健康情况改善。

被调查对象在接受"治未病"预防保健服务半年以后，在38项不适表现（除去选项为"无"）中，选择"比半年前好多了"的比例为46.84%，选择"比半年前好一些"的比例为26.2%，总共达到73.04%。按试点单位的不同批次统计，38项不适表现中均显示接受第一批试点单位服务的人群改善最为明显，其中有36个不适表现改善选项为"比半年前好多了"和"比半年前好一些"的比例之和均大于其他批次；按所占比例从高到低排序，前五位为神疲乏力占85.26%、困倦占83.8%、小便增多或清长82.97%、大便秘结占82.62%、易感冒占82.02%。提示第一批"治未病"预防保健服务试点单位服务人群的不适表现改善情况好于其他批次，可能与调查对象接受服务时间较长、服务提供单位的技术力量较强有关。

服务措施对健康改善重要程度的选项中，选择"重要的"的比例由高到低前五位是健康指导占84.59%、中医体质辨识占81.43%、健康档案建立占75.3%、饮食调理占64.21、内服药物调理占

61.81%。提示服务对象对"治未病"预防保健的健康指导和中医体质辨识及健康档案建立有重要认识，同时显示出对饮食和内服药物在"治未病"预防保健中重要程度的认同。

3、"治未病"预防保健服务效果--服务满意度。

对"服务的总体感觉"，满意率达90.64%，其中选择"非常满意"的占25.21%、选择"满意"的占65.43%。其他项目的满意率分别是：服务人员的技术水平为89.9%，服务人员的服务态度为88.63%，服务过程的设计安排为83.76%，服务项目的丰富程度为80.97%，服务项目的收费情况为79.17%，服务场所的设施环境为75.18%。提示服务对象对"治未病"这项服务表示充分肯定，相对而言收费和环境设施还不尽如人意。

下一步工作思路。

1、建立评价体系。评价体系的建立既要符合健康服务效果评价的常用原则和方法，又要体现中医预防保健服务的特点及其优势，以有利于"治未病"观念的传播、有利于"治未病"健康工程的实施、有利于中医特色健康保障-服务模式的普及和有利于中医预防保健服务技术（产品）的推广。

----干预健康状态成效（"治未病"服务核心评价），主要评价个体健康状态干预效果和群体健康状态干预效果。

----"治未病"服务内部绩效，主要评价服务提供机构效益。

----"治未病"服务外部绩效，主要评价社会经济效益。

2、确定评价指标，评价指标要简洁、集约，在着眼于服务技术（产品）效果的短期评价的基础上，要为后续的持续性评价奠定基础。同时兼顾获得进行回顾性对比研究的相关资料和数据。

----个体健康状态干预效果评价指标。

----群体健康水平干预效果指标。

----服务提供机构效益指标。

----社会经济效益指标。

3、完善评价方法。评价方法要体现科学性，普适性与大众性相结合，要有较强的可行性和针对性。

为了能及时、动态开展评估，应在全国建立"治未病"服务监测网络，通过对监测信息的统计分析，得出客观真实的效果评价结论，为制订更加科学、合理的政策提供依。谢谢大家。

国家中医药管理局“治未病”试点单位第六次会议召开，要求扩大基层试点，推进区域建设

2010年12月2-3日，国家中医药管理局在上海召开全国“治未病”预防保健服务试点单位第六次会议。国家中医药管理局副局长马建中出席会议并讲话，全面总结了近三年“治未病”预防保健试点工作取得的初步成效，提出今后要按照“高起点、规范化”的要求，不断扩大试点范围，积极推进区域性“治未病”服务体系建设，让“治未病”工作健康有序发展。

马建中指出，由国家中医药管理局启动的“治未病”健康工程实施近三年来，试点单位和范围不断扩大，工作不断深入，取得明显成效。国家中医药管理局及一些地方出台了一系列发展中医“治未病”服务的实施方案和管理措施。区域性“治未病”服务网络初步形成，“治未病”作用逐步体现，服务可及性不断提高。研发了一批“治未病”的相关干预技术和产品，中医预防保健服务内容和手段日益丰富。广大民众对中医预防保健服务的认知度和需求不断提升。在试点工作中，发现存在试点单位工作开展不平衡、平台建设和服务提供与“高起点、规范化”的要求差距较大、相关技术和产品及服务内容不够丰富、专业人才不足、相关政策不配套等问题。

对于今后“治未病”工作的开展，马建中强调，一是各试点单位要按照“治未病”健康工程

总体要求和“高起点、规范化”的基本要求，结合本单位实际，创造经验，丰富模式；中医药管理部门要评估成效，加强督查和指导；不断扩大试点范围，特别是增加县级医院、乡镇卫生院、社区卫生服务中心的比例，增强基层平台建设，增强服务可及性。

二是进一步推进并扩大区级区域性试点，在区域性试点工作中，积极推动建立“政府引导、市场主导、多方参与”的“治未病”工作运行机制，加强中医“治未病”的支撑保障体系建设，并积极探索将中医“治未病”工作与公共卫生服务体系有机结合的基层健康保障服务体系。

三是充分利用现代技术方法，开发针对人体健康状态动态辨识、评估、干预及其效果动态再评估的技术、产品，形成体系。

四是要针对服务收费项目设立、收费标准、“治未病”服务的报销政策或纳入基本公共服务的范围、医疗和保健技术的界定及运用范围、从业人员的执业范围和职业技能鉴定、“治未病”预防保健机构定性以及社会机构的监管准入等管理问题，开展政策研究，加强协调，争取新进展。

五是在全面总结的基础上，加强对服务效果的评价，应侧重居民健康水平、疾病负担、社会负担、国家受益等方面，同时加大宣传，促进社会各界进一步认识和认同“治未病”理念、理论和服务效果。

据了解，“治未病”工程启动以来，国家中医药管理局遴选确定了三批共103家“治未病”预防保健服务试点单位，涉及30个省（区、市）。其中既有医疗机构，也有保健服务机构，既有政府举办的，也有社会创办的。上海、广东为实施“治未病”健康工程试点市、省。

上海市长宁区卫生局、广东省中医药管理局等18个部门和单位就区域性“治未病”服务体系建设、通过政策保障“治未病”工作开展、建立社区居民中医健康档案等内容进行了大会交流。

全国各试点单位和部分独立养生保健机构的300余名代表参加了会议，并参观了上海市长宁区新泾镇社区卫生服务中心、上海国经堂中医养生馆等“治未病”预防保健机构。

国内首家治未病中心在广东省中医院成立

2010年3月29日，全国首家中医“治未病”中心（下称中心）在广东省中医院成立。卫生部副部长、国家中医药管理局局长王国强参加了揭牌仪式，并对此赋予了积极评价和由衷期许。

负责中心运作的广东省中医院副院长杨志敏说，医院整合资源推出“治未病”服务，无论从哪个角度来看，都有着明显的好处：一方面，“治未病”拓展了医院职能，使其服务从治病救人向预防疾病延伸；另一方面，中医的养生保健手段对亚健康大有作为，与专业的健康管理公司的合作，将为亚健康群体提供更为专业的中医药解决方案。

据介绍，医院原有的体检中心、传统疗法中心和康复科等，经整合后成立“治未病”中心，由“辨识体检中心”、“健康调养咨询门诊”、“传统疗法中心”三大块组成。如果一个人来到“中心”就诊，第一步是在“辨识体检中心”进行详细的“中医体质辨识”，在此基础上运用中医辨证等方法，结合现代医学体检，采取个性化评估技术，让人了解自己的体质、状态和易患疾病。随后，该人可到“健康调养咨询门诊”进行更为详细的咨询，在这里专家将根据体检报告进行综合分析和评估，提供个性化疾病预防方案和因时、因地的养生调理规范，为其“量身打造”一套健康管理计划。而对于发现患有明确疾病者，坐诊专家会给出专科诊疗建议。最后，来人还可以到“传统疗法中心”通过针灸、按摩、熏蒸等对身体进行综合调理。

据悉，该中心成立以来，吸引了不少广州市民前来体验，尤其是一些手术后的病人和慢性疾病患者，在该院专科治疗之后，专门到中心进行健康评估和咨询管理方案。而且，对所有在中心就诊的个人，医院都将为其建立个人的健康档案，进行追踪和随访，并对采用“治未病”方法调节后的效果进行评估和统计，以此达到建立中医实证研究的目的。

全国首届中医养生美容科学论坛在北京举行

2010年12月8日，全国首届中医养生美容科学论坛在北京举行，国家中医药管理局副局长吴刚出席会议并讲话。

全国首届中医养生美容科学论坛在北京举行

针对当前美容行业暴露出来的一些问题，吴刚强调指出，随着经济社会的发展，人们对健康与美的追求也愈发强烈，导致美容行业的空前壮大。但是，由于市场监管尚不能满足实际需求，医疗美容和生活美容两个领域出现了鱼龙混杂的复杂局面。一方面，提供各类美容服务的机构众多，使人们有了更大的选择余地；另一方面，部分无资质提供相应美容服务的机构及个人，导致各类事故引发纠纷不断，尤其是近期发生的一起严重事故造成极为恶劣的社会影响。所以，加强市场监管和行业自律，成为当前美容领域亟待解决的两个紧迫问题。

吴刚指出，由于经济社会的进步，人们对美的追求是不可逆转的趋势。在这种情况下，我们的美容业界务必强化行业自律。首先要严格准入制度，从事整形美容的，一定要由有资质的机构通过持有专门执业医师证书的人来提供服务；从事中医美容的，无论刮痧、按摩、艾灸、拔罐或食疗，从业人员也必须经过正规培训，掌握正规的中医美容操作技术，具有相应的资质。我们必须认真做好中医养生美容这一事关中医药长远发展、事关人民健康的重要工作，不断提高中医养生美容的效果和覆盖率。第二是做好中医养生的宣传工作。普及中医养生保健知识不是一项简单的工作，这既需要扎实的专业知识素养，又需要良好的语言表达能力，严格地讲，这项工作只有真正的中医药大家才能胜任。只有这样，才能保证宣传内容的准确性、科学性和权威性。因此，也建议有关部门进一步加强网络、电视、报刊等大众传媒的内容管理，严格把关，对涉及中医养生美容的知识应该请中医权威专家来审核、把关。第三，国家中医药管理局将组织正规的中医各种适宜技术的培训班，颁发职业上岗资格证，今后中医美容技术的培训将纳入正轨。现已率先开展了“中医刮痧师”和“中药调剂师”等职业的取证培训，将来还将陆续开展其他的中医技能的取证培训，这是对消费者负责，对企业负责，对社会负责，对国家负责。他强调，当前中医药事业发展面临着新的机遇，希望中医养生美容行业能够学科有序发展，在建立相应标准、推进学术交流和培养高级人才等方面取得好的成绩，为建设社会主义和谐社会做出应有贡献。

中医养生保健治未病健康工程学术大会在北京召开

2010年9月19日，“中医养生保健治未病健康工程学术大会”在北京人民大会堂隆重召开。会议在卫生部、国家中医药管理局的支持下，由中国保健协会、中华中医药学会主办，元润堂治未病研究院承办。

本次大会以“科学保健养生”为主题，共分领导发言、揭牌仪式、授书仪式、学术报告四个环节。会议由中国保健协会副秘书长周邦勇、中华中医药学会副会长谢阳谷分别主持。中国保健协会理事长张凤楼致开幕词，国家中医药管理局副局长马建中发表主旨讲话，对活动给予高度评价，以学术方式推动中医养生的传承和传播值得提倡。国医大师陆广莘老先生一展大师风采。

马建中副局长在大会主旨发言上说，要多方研讨养生保健“治未病”深刻内涵，继承创新中医药预防保健方法和技术，促进中医养生保健服务的全面发展。中医养生在社会各个层面广受欢迎，中医“治未病”思想受到广泛关注，各级政府推动中医养生预防保健的力度不断加大，广大人民群众尤其是中老年人群、亚健康人群、老慢病人群从中获益匪浅，中医养生保健“治未病”面临良好的发展机遇。但是，我们也看到，中医“治未病”理念尚未得到广泛普及，服务模式尚需不断完善，服务质量有待提高，手段和形式需要丰富，专业技术队伍缺乏，服务体系尚未形成，尚不能满足人民群众日益增长的健康需求。同时，广大群众对于中医养生基本知识、基本原理的认知有限，对于当前中医养生的各种说法和做法不具有判断力，一些打着养生旗号的人用极端的、片面的、违反中医基本原理的甚至是欺骗的手段，不实传播，在社会上造成大众对中医养生的认知偏差，长此以往，将对整个中医药的健康发展产生不利影响。

马建中强调，当前在医药负担不断增加的大环境下，中医养生在社会上受到前所未有的重视，国家将加大对中医养生保健的推广和投入：一是不断创新和推广“有特色、系统化、实用性”相结合的中医养生保健服务方案，发扬光大“治未病”思想，为众多中老年、亚健康、老慢病人群提供优质的中医养生保健服务；二是中医养生既要有理论深度，又要有科普宣传，要坚持“科学客观、实事求是、以人为本、服务社区”原则，让广大群众学习到中医养生思想真实内涵，真正让群众受益；三是要积极引导中医养生产业健康发展、自我约束、科学规范。

“治未病”千人大讲堂系列活动在湖南常德举行

由中国中医药科技开发交流中心、昆仑健康保险股份有限公司、炎黄东方（北京）健康科技有限公司联合举办的“‘治未病’千人大讲堂”系列活动，2010年9月3日在常德拉开帷幕。国家级名老中医王琦教授在本次活动中，做了关于“体质与养生”的专题讲座。

“‘治未病’千人大讲堂”系列活动旨在让群众能够近距离了解中医科普知识，真正达到普及健康养生知识，传播“治未病”理念的目的。

“治未病”千人大讲堂系列活动在常德举行

讲座中，王琦教授为常德市民们讲授了中医体质、健康养生等知识，通过讲座，市民们了解到了人分九种体质，一种平和，八种偏颇，偏颇体质会给人带了各种各样的疾病隐患，每个人的体质不同，养生也要因人制宜，要依据个人体质寻找适宜的养生方法。

讲座结束后，王琦教授还应邀在汇华堂中医治未病医院进行坐诊，让市民更深刻的认识了中医体质以及根据体质辨证施养的意义。

“治未病”提升社区医疗业绩

浙江省杭州市拱墅区康桥镇吴家墩村78岁老汉夏宽松患哮喘型慢性支气管炎，平时由社区责任医生上门为他定期体检、送医送药，一旦疾病发作，就会立即入住康桥镇社区卫生服务中心及时治疗直至好转。这位老人是康桥镇开展社区中医“治未病”一条龙服务的受益者之一。日前，记者前往采访时，夏老汉的儿子说，社区关注老年人的医疗保健特别重要，因为大多数人欠缺相应知识，不懂照顾患病老人，全靠社区医生代他们为老人尽孝心。夏老汉和他的儿子，称赞康桥社区中医“治未病”工作做得好。

据该中心主任陈可儿介绍，近年来，康桥镇在争创“卫生强镇，健康康桥”品牌的活动中，对45岁以上中老年人，普遍提供中医“治未病”系列服务。此举成为康桥镇社区卫生服务中心又一亮点，进一步促使卫生服务业务大增。该中心2009年门诊量达19.8万人次，比上一年增加61%；全年业务收入2200万元，同比增长55%。该中心被评为浙江省规范化社区卫生服务中心，其《中医“治未病”在中老年人群常见病慢性病管理中的运用》也被列入省级中医药科技项目。

地处杭州市城郊结合部的康桥镇，常住人口1.57万，流动人口2.4万，辖11个农村社区。近年来，康桥镇社区卫生服务中心把中老年人的健康管理列为工作重点之一，特实施中医“治未病”系列服务，分为健康调查、健康干预、健康评估，循环往复。该镇对45-64岁、65岁以上两个年龄组共4200余人体检统计结果，10种人体异常指标检出率为54.2%，其中血压异常占28.7%，高血糖为12.4%，超重或肥胖者占19.6%；中老年人群77.3%患有1种及以上慢性疾病，共患4种以上疾病者占到19.4%。

根据体检分析结果，康桥镇社区卫生服务中心凭借中医“治未病”的理念，运用中医药参与健康管理。一是个体干预。对威胁中老年人健康最为严重的高血压、糖尿病等患者逐个建立健康档案，并由卫生服务中心组织20余名责任医生实行个案管理，上门提供随访、咨询、体检、督导服药和中医保健指导等服务。二是整体干预。该中心制订实施“社区中老年人中医保健行动计划”，包括未病养身、已病早治、慢性病防其复发，普遍推广中医理论指导下的中医食疗、运动锻炼、情绪调理和冬病夏治、中医膏方健体等。三是健康促进。通过印发宣传资料入户、下村举办科普讲座、巡回展览宣传图版、开展大型义诊咨询活动等多种形式，促使中医“治未病”的理念和中医药科普知识深入人心。康桥镇还开办了两所农民健康学校，每个社区都设中医健康教育活动室，对中老年人作中医药保健专题讲座和赠送中医健康处方。同时，康桥镇社区责任医生还上门干预不良生活行为，镇里向每户赠送健康教育读本和烹饪控油壶、限盐勺以及身高体重测量仪，营造中医药养生保健氛围。

充分发挥中医药“简、便、廉、验”优势，这是康桥镇开展社区中医“治未病”医疗服务一大特色。该镇社区卫生服务中心有7名中医师，其中副高级职称2名，中心开设中医内科、外科、骨伤科、皮肤科和针灸推拿科，并设立配备350余种中药饮片及200余种中成药的中药房；中心所属各社区卫生服务站都有中医师，普遍推广应用针灸、推拿、拔火罐等适宜技术。中心增设30余张中西医结合床位，收治老年病人医疗康复和临终关怀为主。

康桥镇2009年社区卫生服务绩效考核结果显示，社区居民对中医“治未病”服务的知晓率和满意度，从上一年的61%提高到84.8%。

西安莲湖区中医药社区服务成示范

全力打造15分钟社区群众就医圈，出了家门到社区卫生服务中心，在充满中医药文化氛围的国医馆，就可以得到周到、细致的中医药医疗、保健、康复等服务。日前，莲湖区批准成为“全国中医药特色社区卫生服务示范区”，这是迄今陕西全省唯一一家获此项殊荣的单位。

强化政策经费保障

莲湖区是古城西安最大的中心城区，总面积43平方公里，人口73万，辖9个街道办事处、32个村和102个社区。从2007年开始，该区开展全国中医药特色社区卫生服务示范区创建活动后，区政府专门成立由分管区长任组长的创建工作领导小组，制定实施《创建全国中医药特色社区卫生服务示范区实施细则》，明确区人事、财政、卫生、建设等相关部门的工作职责，分解目标任务，形成了政府主导、区卫生局协调、各级相关部门密切协作的创建工作机制。区财政每年拨付50万元社区卫生专项资金，用于社区卫生服务经费。区劳动和社会保障局积极引导和鼓励参保人员到社区卫生服务机构就医，规定凡门诊、住院（包括家庭病床）使用中医药的费用不仅属于统筹基金支付范围，起付标准也较一级医院统一下调100元，个人自付比例较一级医院统一下调5%。

整合社区卫生资源

按照《国务院关于开展城市社区卫生服务指导意见》和《卫生部、国家中医药管理局关于充分发挥中医药服务实施意见》，该区对政府所属的一级医院和部分二级医院转型为社区卫生服务中心。以街道办事处为单位，设立社区卫生服务中心，建立以社区卫生服务中心为主体，以二、三级医院及专业防病机构为技术依托的新型社区卫生服务体系，建成了11所社区卫生服务中心，83所社区卫生服务站。同时，设置中医科、功能康复和中药房，配置饮片、常用中成药和基本诊疗设备。

标准化规范社区卫生服务

根据《西安市社区卫生服务机构标准化建设方案》，统一规范机构名称、标识、科室设置、设备和人员配备。2007年区财政拨付60万元专项经费，对青年路、环西、枣园三家社区卫生服务中心进行标准化建设试点。青年路社区卫生服务中心成为全市首家完成标准化建设的机构，新建的“国医馆”成为全省创建中医药特色社区卫生服务示范区的一大亮点。在标准化建设中，从基本医疗、公共卫生、康复及中医药服务等方面强化功能区分，突出中医药特色。

深入开展中医药科普宣传

各社区卫生服务中心利用多种方式开展中医药健康宣传，在导医台、诊室配有中医教育处方20余种，免费向患者和群众发放。邀请中医专家举办《社区常见病症中医药照顾》讲座三期，培训中医药人员180余人次，使各社区卫生服务机构充分运用中药、针灸、推拿、火罐、刮痧等方法，服务60岁以上老人2.6万人，慢性病患者2.7万人。编写印发全区中医药适宜技术手册和居民健康知识手册2万余册，免费向居民发放，中医药适宜技术在社区卫生服务的范围不断扩大。

北京市“十病十药”研发方案和第一批筛选结果正式公布

2010年10月19日，北京市“十病十药”研发方案和第一批筛选结果正式公布，12个具有自主知识产权的中药方剂项目新鲜亮相，这些项目将向危害首都市民的十大危险性疾病发起攻势。

“十病十医”是为落实北京市人民政府批转的北京市科委、北京市卫生局《首都十大危险疾病科技攻关与管理实施方案》，充分发挥中医药在疾病防治中的重要作用而实施的一项中医药科技攻关项目。此中“十病”是指脑血管病、心血管病、糖尿病、慢性肾病、脊椎和骨关节病、肝炎、禽流感等新发传染病、肿瘤、抑郁症、艾滋病。而“十药”则将通过对临床经验的总结和民间验方的收集再交付相关委员会专业筛选综合论证继以进一步的科技攻关而成。

据悉，北京市政府拟发挥宏观指导、支持引领作用，市中医局、发改委、科委等9部门联合推进“十病十药”项目，今后3年每年投入2000万为项目实施提供资金保障。

会上，国医大师颜正华、唐由之为活动献方。北京中医药大学东直门医院、中国中医科学院广安门医院、北京市中医医院等七家首都中医医院以及同仁堂集团也分别作为名院名企献方。

据介绍，随着首都十大危险疾病中医药科技攻关项目的展开，今后5-10年内十大危险疾病的患者，有望通过安全、有效、廉价的中医药产品得到有效救治。

第四届国学国医岳麓论坛在长沙开幕

第四届国学国医岳麓论坛在长沙开幕

国家中医药管理局副局长吴刚在会上致辞

《国医年鉴》2010年卷在论坛上首发

湖南省中医药大学等被授为亚健康培训示范基地

论坛受到社会各界的关注

2010年5月21日上午，由中华中医药学会和中和亚健康服务中心主办的第四届国学国医岳麓论坛在长沙开幕，来自全国各地的医药和养生专家共聚一堂，共同探讨进一步推进中医“治未病”及亚健康重点项目的建设。国家中医药管理局副局长吴刚、中华中医药学会李俊德秘书长、湖南省中医药管理局局长邵湘宁等领导出席会议。

本次论坛为期三天，分设一个主论坛和七个分论坛，主论坛采取国际论坛流行方式进行，只举行简短的开幕式，增设专题演讲和嘉宾互动环节。分论坛分别是：国学论坛、国医论坛、亚健康论坛、经络调理论坛、书画与养生论坛、养生与新媒体论坛、长寿研究论坛。同时举办“首届亚健康调理技术及产品展览会”及书画展，为健康领域的学术研究、交流、信息咨询、教育培训、产品研发、科技成果及推广应用等多方面提供展示平台及服务。

在开幕式上，举行了《中医治未病》教材、《国医年鉴》2010卷和《三十六行养生谈》的首发仪式，并授予湖南省中医药大学为亚健康培训示范基地。

2010年亚健康专业第二期培训班在北京中医药大学举行

北京中医药大学第二期亚健康专业培训班于10月28日开班。开班典礼在北京中医药大学针灸推拿学院药厂四楼412举行。中和亚健康服务中心主任孙涛、针灸推拿学院刘清国书记、中和亚健康服务中心副主任朱嵘、针灸推拿学院副院长于天源、中和亚健康服务中心培训部主任黄博明、针灸推拿学院特色疗法推广培训中心主任王朝阳、副主任侯中伟、中和亚健康服务中心培训部主管马文杰等出席了开班典礼。开班典礼由王朝阳主任主持。

全体学员与领导合影

会上，孙涛主任、刘清国书记、于天源副院长均做了重要讲话，他们鼓励学员好好学习。授课老师均为中医知识深厚的博士生导师、多年教学与临床经验丰富的专家等，肯定会让学员在学习中丰富亚健康学知识与临床实践技能。希望大家珍惜培训机会，认真学习，为今后亚健康工作的开展起到积极作用。

世界针灸联合会养生保健基地揭牌

2010年1月30日，世界针灸学会联合会养生保健基地在京揭牌。该基地结合世针联的专业优势，充分体现中医特色，以一流专家队伍和精湛技术，提供专业培训、示范功能、保健咨询、健康大讲堂等综合性、专业性的养生服务。

国医大师唐由之、贺普仁、陆广莘任养生保健基地高级顾问，来自中医界内、外、身心健康等领域的15名专家被聘任为专家组成员，全国政协委员、骨科专家温建民任组长。中共中央政策研究室原秘书长纪玉祥、世针联秘书长沈志祥为基地揭牌。

王国强参加香港注册中医学会慈善基金启动典礼暨中医药保健嘉年华，强调让中医药更好维护港人健康

2010年5月1日，香港注册中医学会慈善基金启动典礼暨中医药保健嘉年华在香港举行。卫生部副部长、国家中医药管理局局长王国强一行应邀出席，王国强高度赞扬香港中医药事业的发展，希望中医药更好地维护香港民众健康。香港食物及卫生局副局长梁卓伟、卫生署署长林秉恩、中医药管理委员会主席范佐浩等出席。

随着3000余名在场香港民众高声齐诵“健康之道，从小到老；中华医药，传家之宝”，“中医药保健嘉年华”揭开序幕。大家还观赏了注册中医师们精彩的太极拳表演，参加了免费中医咨询、体质咨询、中药材鉴别、耳穴保健及养生保健游戏等活动。

王国强在典礼上高度赞扬了自回归以来，在香港特区政府支持下中医药事业所取得的长足发展。1999年香港特区政府通过了《中医药条例》，成立“香港中医药管理委员会”，制定一系列促进香港特区中医药事业发展的政策、措施，将中医药医疗、教育纳入香港医疗、教育服务体系；建立了高水平的中医药研究平台，培育了现代与传统并存的中医药产业。中医药队伍团结壮大，中医药优势特色不断加强，得到民众越来越广泛的认同。

王国强说，香港注册中医学会致力于维护注册中医师的专业地位，争取香港中医药界的权益。在促进中医药学术交流、提升香港中医药界凝聚力、提高中医药疗效、服务能力等方面取得发展。衷心祝愿香港注册中医学会慈善基金会在各方力量的支持下越办越好，为香港中医药事业发展和维护港人健康多做贡献。

香港注册中医学会由香港11个历史悠久的中医团体联合于2003年创立，至今已发展会员5000多名，是目前香港会员数最多的中医专业团体。

香港注册中医学会慈善基金会是香港首个中医组织获政府批准注册的（非牟利）慈善团体。

图为王国强（左二）在香港注册中医学会会长冯玖（左三）陪同下参加中药材鉴别活动

其宗旨为弘扬祖国医学，以岐黄之术回馈社会。基金会将通过筹集善款支持中医慈善工作，提供免费或减费形式的赠医施药服务等；支持或资助香港或其他地方的中医医疗慈善团体，捐助有需要人士或机构等；设立奖励基金，奖励对人类健康有重大贡献的个人或团体等。

鉴于大众对防病保健、抵抗流感的关注，香港注册中医学会慈善基金会设计一系列老幼皆宜的活动，在社区推广日常生活中简易可行的养生保健方法，加强市民对中医药的认识。

为发挥中医药“治未病”的特色，慈善基金会将开展全民健康推广活动。通过公开讲座、工作坊、学校和院舍探访等形式，促进香港市民对个人健康的关注，以中医药带领大家走上健康之路。

深圳将出台中医养生保健行业细则

2010年7月1日，全国十余个副省级城市的第一部中医药法规《深圳经济特区中医药条例》（以下简称《条例》）开始实施，《条例》规定非医疗机构不得以“中医治疗”名义开展推拿、按摩、刮痧、拔罐等活动。非医疗机构在经营项目名称和介绍中，不得使用“中医”、“医疗”、“治疗”等术语，不得宣传其治疗作用。

调查发现，针灸、拔罐、点穴、火疗、按摩推拿等“中医治疗”已成为深圳不少美容、保健机构招揽顾客的亮点。然而，中医养生保健行业也存在标准缺失、行业不规范、从业人员参差不齐等现象。随着中医养生保健的日益红火，行业标准的出台迫在眉睫。深圳将成立中医药协会，出台相关细则，制订中医养生保健机构准入的标准和门槛等。

中医治疗项目繁多

近日，从深圳市内10多家相关保健、美容机构，发现不管是美容院、按摩院还是足浴中心，都存在中医养生保健和中医治疗项目。以中医按摩、刮痧、拔罐、点穴、火疗等最为普遍，宣传称其对治疗颈椎病、腰椎病及养颜、排毒、减肥等有效。

这些项目收费不等。有的在50元左右，有的则要上百元。

从业人员呈混杂状态

调查发现，养生保健机构的中医项目从业人员呈现出参差不齐、鱼龙混杂的状态。大部分在美容院从事中医项目服务的都只是“经过机构专门的中医知识和技术的培训，对中医略懂皮毛”的美容师，进行中医治疗也多不是中医师或中医学院毕业的科班生。小部分保健机构聘请的所谓中医师，也大都没有医师资格证，只有过学医经历。

最近，中医点穴减肥陆续在一些减肥和美容机构出现。有关人士抱着尝试的心态去体验了一次，本以为进行中医点穴的是专业中医师，没想到对方只进行了短期的培训。

“点穴和按摩的手法实在不敢恭维，做完后没感觉。”体验后，对“中医治疗”心存质疑。认为，“治疗”应是具有医师资格的人员才能从事。

“非医疗机构从事中医治疗项目属于非法行医”

到非医疗机构接受推拿、按摩等是否会对个人健康产生安全隐患？

从深圳市卫生监督所了解到，此前，卫生监督部门收到一些美容院、减肥机构假借“中医治疗”名义开展按摩、针灸、刮痧、拔罐等活动的举报，称治疗效果不好。

“非医疗机构从事中医治疗项目属于‘非法行医’，对个人身体健康会产生不良影响。”深圳市卫监所相关负责人说。

深圳市卫生和人口计划生育委员会中医处处长廖利平强调，由于非医疗机构不具备“治疗”能力，中医诊疗水平无法与正规医疗机构相比，会对人体健康产生安全隐患。

“进行中医治疗时，医生必须先诊断，然后决定对病人采用中医治疗。没有医师资格证的按摩人员不懂医理，也不懂使用中药。或许只学了些按摩手法，但这只能用于身体保健或亚健康调理，不能算治疗。”廖利平说。

将采取“开大门补后门”措施

解到，由于养生保健行业处于“多头管理”状态，导致深圳中医养生保健行业缺乏有效监管和行业标准，出现中医养生保健服务机构多、服务内容和服务标准不统一，及非医疗机构内出现中医治疗项目的现象。

对此，深圳市卫生部门将采取“开大门补后门”措施。“开大门”就是给非医疗机构半年过渡期，让其整改，取消中医治疗项目。“补后门”则是支持非医疗机构在中医养生保健方面的准入，对非医疗机构的人员进行培训等，以达到准入标准。

“行业细则将规定养生保健服务项目的内容、服务的标准、服务的机构、人员的准入标准等，并规定哪些中医项目非医疗机构不能开展。”廖利平说，“在统一标准管理下，中医养生保健行业才能健康、规范发展”。

香港举办第九届中医药及健康产品展

2010年8月12日，香港第九届国际中医药及健康产品展开幕，来自中国、澳大利亚、英国等13个国家和地区的参展商将在5天会期中展示各式中药产品和健康护理产品。

本次展会邀请多位知名医药界人士，探讨中医药在临床应用、品质控制、法规及产业电子化等领域的最新发展。

为推广中医药，主办方在场内设置了多块展板和电子屏，介绍各类常见中药的功效及调养方法。展板上还列有穴位按摩和制作食疗汤水的内容，图文并茂，简单易懂。现代化中医药国际协会副会长刘永铨表示，香港拥有不少历史悠久的中医药和保健产品品牌，在品质管理和市场推广方面具有丰富经验。香港特区政府今年成立检测及认证局，促进了中药质量控制等服务。香港和内地的中医药企业应利用这些优势，合作拓展全球市场。

北京市规范中医足疗

2010年8月，北京市中医管理局发布通知，规范北京市中医医疗机构开展中药泡洗和足底反射诊疗项目。

通知指出，中药泡洗、足底反射疗法等中医药传统疗法是在明确诊断和中医辨证的基础上依据患者病情所采取的个体化中医药外治疗法，有系统的理论基础和临床治疗规范。

通知强调，中药泡洗（足部）疗法是在相关系统疾病主要疗法基础上开展的辅助治疗。在诊疗过程中，要按照中医诊疗常规，辨证论治，并规范中医病历书写，操作人员应具有执业医师或执业助理医师资格，足底反射疗法要按照适应症和禁忌症开展诊疗活动。

百项亚健康中医调理技术项目名单公布

经中华中医药学会和中和亚健康服务中心的征集和评选，2010年8月19日，2009年度百项亚健康中医调理技术项目名单公布，小儿预防感冒发热项目等12项技术成为首批入选技术。

本次评审经形式、内容和学术3方面，恒神气头部经络养护技术、小儿养生脾胃养护项目、女性产后养护项目、老人关节养护项目、扶阳罐温刮温灸亚健康调理技术、中和温体通络祛痰利湿降脂术等12项亚健康中医调理技术以其创新性、科学性、安全性、有效性及可推广性方面的优势，在78项申报技术中脱颖而出。

所有入选项目将在今年9月举办的“中医中药中国行·文化科普宣传周——中医药养生保健体验展”中展出。

中医健康管理论坛在京举行：治未病彰显中医健康管理优势

2010年8月21日，2010中医健康管理论坛在京举行，与会者探讨了中医健康管理的现状、对策、合作等问题。国家中医药管理局副局长吴刚出席并指出，中医健康管理要以治未病为重点，发挥养生保健优势。

吴刚说，当前，中医药事业面临新形势、新特点、新机遇，中医健康管理的优势越来越突出，日益受人们重视。中医健康管理在继承中医理论基础上，运用中医特色保健服务，以治未病为重点，发挥了养生保健的重要作用。为贯彻落实《关于扶持和促进中医药事业发展的若干意见》，国家中医药管理局实施治未病健康工程，探索构建中医特色预防保健服务体系。今年初已先后确定100多家治未病预防保健服务试点单位，涉及中医医院、社区卫生服务机构、预防保健机构及其他医疗卫生机构，治未病预防保健服务体系框架初现雏形，彰显了中医健康管理的优势。

与会专家还就完善中医健康管理服务模式、服务规范，加快构建中医特色预防保健服务体系，推进“治未病”健康工程实施等问题作了专题讲座。

第二界中韩学术交流论坛再聚沈阳

2010年10月25日、26日在辽宁省沈阳市举办了“第二届中韩传统医药与亚健康高峰论坛”。此次论坛汇聚了中韩中医药专家和学者共约400人，与会者齐聚一堂、不分国界，召开了一届别具一格、与众不同的论坛。

本次论坛由中华中医药学会和中和亚健康服务中心主办；由辽宁中医药大学、全国高健委名医名院发展促进专业委员会、国家中医药管理局亚健康干预技术实验室、“合力防治亚健康·健康科技中国行”组委会协办；中华中医药学会亚健康分会、中和亚健康服务中心学术部、辽宁省中医药学会、北京聚医堂医学研究院、上海莱香（国际）化妆品有限公司、台湾莱香生物科技有限公司、莱香（国际）亚健康调理养生美容中心承办。

出席本次论坛的领导有国家中医药管理局机关服务局局长、中和亚健康服务中心主任、中华中医药学会亚健康分会主任委员孙涛教授，辽宁省卫生厅董德刚副厅长，辽宁省亚健康学会宋培秀会长，全国高科技健康产业工作委员会名医名院发展促进专业委员会杨尊润主任，辽宁省中医

药大学国际学院石岩副校长，辽宁省中医药大学继续教育学院鄂蕴娟院长等。与会领导在本次论坛中做了重要致辞。

本次学术论坛采用主论坛和分论坛相结合的方式，增设专题演讲和嘉宾互动环节。围绕中韩亚健康国际标准与型态分类研究、理论进展与临床体会、评价新模式与健康管理模式、少儿亚健康与少儿健康服务产业等问题，进行了广泛深入的研讨和交流。领导的重要讲话和专家的专题报告，理论深刻，内容丰富。既承前启后，又继往开来，表现了传统中医药的博大精深，同时又与时俱进的结合现代中医药的特点，不断融合众家之所长，把中医药的发展不断推向新的巅峰。共同探讨中医药产业的发展与未来。

浙江推出治未病服务“和睦模式”

2010年12月4日，浙江省中医药管理局组织专家验收了杭州市拱墅区和睦街道社区卫生服务中心承担的《中医“治未病：社区工作模式探讨与实践》课题。专家组认为，该课题通过模式设计、社区实验和效果观察，在国内首次提出由政府主导，社区卫生机构、社区基层组织和社区居民共同参与的“三位一体”的中医“治未病”社区推进新模式——“和睦模式”，实践表明已取得显著效果。

“治未病”探索区域性模式课题负责人和睦社区卫生服务中心主任杨帆介绍，课题组剖析了中医“治未病”社区推进现状，认识到问题在于“治未病”工作多由上级医院推行，社区区域性“治未病”服务较为薄弱，因此在中医“治未病”社区推进对策中，设计了由政府主导，社区卫生机构、社区组织和社区居民共同参与的中医“治未病”社区推进工作新模式。

从今年6月开始实践的“和睦模式”项目，基本构架和做法为：以街道为区域，对中医“治未病”社区推进工作进行“顶层设计”，成立中医“治未病”社区推进工作组，并设立相应的专业技术小组，建立中医“治未病”社区推进网络，设立以财政投入为主的专项基金，制定实施中医“治未病”工作计划。

课题项目以和睦街道所辖4个社区作为模式实验区。首先开展“治未病”培训与科普教育等，如举办中医“治未病”社区干部专题读书会，组织街道各级干部和社区工作者、辖区内企事业单位负责人及卫生人员听课，使大家明确“什么是中医治未病”及政府应担任的角色。

利用街道文化中心场所，办“中医‘治未病’健康教育站”，向居民展示中医“治未病”各种基本知识以及常用中草药等，还举办首轮10场由省、市级名中医主讲的“治未病”科普讲座。同时编印《中医治未病保健手册》和中小学生《中医治未病知识手册》发放到户到人。组织卫生人员深入社区、公园、街头及住宅小区，开展中医“治未病”咨询和义诊活动。采取会议宣传和制作播放影像，巡回展示图板，增设黑板和宣传橱窗，举办知识竞赛等多种形式，使中医“治未病”服务进家庭、进校园、进企业单位，促使治未病的思想理念与方法手段深入人心。

"治未病"社区服务获双赢

6个月的实践表明，效果明显。通过对社区干部了解有关"治未病"的5方面知识测试结果，"治未病"知晓率从原先的20%上升到80%，对"治未病"工作政府应担任什么角色，从较清楚仅为16%上升到42%，多数干部原来认为"治未病"机构是大医院，现在明确主要应是社区卫生服务机构。

据对实验区6000余户居民的中医"治未病"综合干预前后效果测评，采用基线调查表问卷统计显示，相关"治未病概念、亚健康认知、治未病与养生、治未病专科了解"等11个方面的问卷回答正确率，经统计学处理均有非常显著性差异。对中、小学生抽样测评包括治未病与营养、与作息、健康等7个方面内容的回答正确率，统计提示干预前后的变化同样有显著性差异，说明干预有效性。

开展中医"治未病"社区推进工作不仅使社区干部群众从中受益，也使社区卫生机构得益，增挂"和睦医院"牌子的和睦街道社区卫生服务中心，今年6-10月的中医诊疗量逐月增加，5个月的中医门诊人次与去年同期相比增幅达62.5%。

研究认为，"和睦模式"凸显了政府主导的区域性推进中医"治未病"优势，促使"治未病"的理念形成区域覆盖；有利于"治未病"的技术服务提高到较高水平并呈现多元化拓展；中医药服务需求意愿得到更好的满足和互动。实践这一区域性治未病服务模式，使社区居民享受到更多中医"治未病"预防保健服务，使社区医院扩大中医业务成果，体现了区域性"治未病"服务的综合效应.

当地政府对"和睦模式"也较满意，认为该模式体现了中医治未病工作与大预防与公共卫生服务体系的有机结合，切合基层实际。

"治未病"社区推进路长

浙江省中医药管理局局长徐伟伟点评"和睦模式"时说，这一模式课题研究的切入点好，符合医改方向，符合百姓需求。作为模式，可向全省推广。

对此，课题组建议，制定政府主导"治未病"社区推进区域性运作规范，探索适合中医"治未病"社区推进的技术方法，深化"治未病"理念推行和技术应用的管理方法学研究，拓展"治未病"应用范围。

国家中医药管理局医政司司长许志仁在验收课题时指出，中医"治未病"怎么进社区，拱墅区和睦街道提出了工作模式，很有意义。中医"治未病"载体在社区，主力军在社区，这一课题抓得准，针对性强。"和睦模式"把中医"治未病"从点走向面，把点连成片，"治未病"工作不再仅仅定点于卫生部门的内部，而是上升到政府，下延到百姓。许志仁认为，社区"治未病"服务的文章应有上、中、下三篇。"和睦模式"做好了"治未病"健康教育工作，这只是上篇，中篇为中医"治未病"干预方法，下篇是区域性"治未病"服务效果评价，希望拱墅区和睦街道继续研究，做好中、下篇文章，使得这一模式领先全国。

中医"治未病"中心落户北京中医医院

2010年12月28日，首都医科大学附属北京中医医院中医治未病中心成立并举行揭牌仪式。

首都医科大学附属北京中医医院是国家中医药管理局中医治未病试点单位，也是北京市中医管理局中医治未病建设基地。北京中医医院中医治未病中心面积2000平方米，包括"三部一室"，即：健康管理部、特色医疗部、社会医疗服务部和北京市中医研究所流行病学研究室。

北京中医医院在"治未病"方面历史悠久，

特色突出，蕴藏着巨大的潜能。长期以来，临床医生在进行中医中药治疗疾病的同时，积极向患者教授中医预防保健知识，始终将中医“未病先防”、“欲病救萌”、“有病防变”、“愈后防复”的预防思想贯穿于日常医疗工作中，体现在各个临床专业的诊疗活动中。国家中医药管理局重点专科——针灸科，对脑血管患者从发病到康复，从急性期到恢复期，采用中药内服、外用，针灸、功能锻炼等非药物综合治疗方法，形成了药物治疗、肢体康复、物理治疗、心理疏导等为内容的卒中单元，倡导中医“已病早治”、“既病防变”、“新愈防复”，特别是康复治疗与药物治疗同步进行，抓住病人康复的最佳时期，大大降低了患者致残率，有效提高了患者的康复率，改善了患者的生活质量。

为了进一步落实吴仪副总理的讲话精神，充分体现把治疗、预防、保健、养生融于一体的中医传统，该院整合原有资源，投资重点建设了中医治未病中心。

一个人来到“中心”就诊，第一步是在“健康管理部”进行详细的“中医体质辨识”，在此基础上运用中医辨证等方法，结合现代医学体检，采取个性化评估技术，让人了解自己的体质、状态和易患疾病。随后，可到“健康调养咨询门诊室”进行更为详细的咨询，在这里专家将根据体检报告进行综合分析和评估，提供个性化疾病预防方案和因时、因地的养生调理规范，为其“量身打造”一套健康管理计划。而对于发现患有明确疾病者，专家会给出专科诊疗建议。最后，来人还可以到“特色医疗部”通过中药、针灸、按摩、拔罐等方法进行综合调理。“中心”将向所有前来就诊的人赠送养生计划，建立个人健康档案，并对其效果进行评估。

社会医疗服务部侧重预防，逐步在社区建立“规范化、规模化、信息化”防治慢性病和老年疾病的管理模式，提高社区人群对慢性病的知晓率、控制率，降低社区人群心脑血管急性事件发生率、死亡率及伤残率。在社区定期开展“中医健康大讲堂”、“太极拳”等养生活动，宣传中医“治未病”的知识和预防为主的健康理念，建立防治结合的服务模式。发挥社区卫生服务贴近群众、方便经济的特点，使之真正成为群众的“家庭医生”和健康顾问。从而，提升社区医疗服务能力、管理能力和自身建设能力，实现社区居民由被动就医向主动预防的转变。

在“三个部”实践的基础上，流行病学研究室承担“治未病”中医理论、经验的整理和研究，负责“治未病”科研课题的设计、临床资料库建立及数据分析；开展名老中医养生保健经验总结、临床效果评价、临床流行病学调查，以及中医药社区干预模式及普及效果评价体系，为中医治未病的可持续发展提供理论上保障。

除了四大板块分工合作之外，医院还要求临床各个专业科室随时介入治未病中心，针对本专科疾病提出具体的调养、调护以及康复措施，在临床实践中推广中医治未病思想，进一步提高中心的综合服务能力，共同完成“上工治未病”的健康服务和健康保障工作。

首届北京中医药国际论坛举办

2010年10月16日，以“开放的北京，发展的中医”为主题的首届北京中医药国际论坛在京举办。国家中医药管理局副局长于文明、北京市副市长丁向阳等出席开幕式。论坛由北京市卫生局和北京市中医管理局主办，旨在构建北京与世界各地中医药学术交流的平台，展示北京地区中医药的资源和地域优势，扩大中医药在国际医学界的影响。

来自美国、法国、日本等14个国家和地区的政府官员，及从事中医教育、医疗、科研的数百名中外专家代表参加会议。

于文明指出，我国中医医疗服务体系已基本形成。现有中医院3146所，床位42万张。76%的乡镇卫生院，34%的卫生室，92%的社区都有中医药服务。但中医药发展也面临着如特色优势逐渐淡化、中医药理论创新不够等问题。还有待于进一步深化和世界各国政府间中医药交流合作，扩大合作领域和范围。加强和国际组织的合作，为中医药走向世界提供更多积极、有益的支持。

丁向阳指出，北京市政府把发展中医药作为提高全民健康水平的重要手段，制定了一系列扶持发展中医药的政策，全市社区和公立医院都必须设置中医科、中药房，并力争使全市社区中医药服务和医护人员的构成，达到社区全体医疗人员的25%。

北京市中医管理局局长赵静介绍，今后，社区医院中医药人才数量比例将执行两个标准，城区比例将从现在的18%增加到25%，郊区县比例将从现在的12%增加到15%。对此，该局计划采取三措施，从应届大学毕业生中招收中医药人才，充实到社区医院；出台优惠政策吸引外地中医药人才到北京社区医院工作；请北京中医药大学培训社区全科医生，使其掌握中医药知识和技能。

本届北京中医药国际论坛设政府论坛1个，分论坛3个。20余位中外专家从中医药在公共卫生体系中的作用、中医药的国际教育、针灸临床研究新热点和糖尿病及其并发症的中医药治疗4个角度出发，就各自研究成果作专题报告。

辽宁沈阳市中医院治未病中心试营业

2010年11月25日，作为国家中医药管理局“治未病”的试点医院，辽宁省沈阳市中医院“治未病”中心试营业。

该院“治未病”中心服务人群包括健康人、亚健康人和病人，体现中医特色优势，从建立个人健康档案入手，运用中医辨证方法并结合现代医学体检进行中医体质辨识，让人们了解自身体质、状态和易患疾病；同时，跟踪调查需调养人群在不同季节的症状、证型、体质类型，并运用按摩、灸疗、药膳、中药汤剂等中医传统疗法干预调理。

从本月25日至年末，辽沈地区市级以上劳动模范、五一劳动奖章获得者、两院院士、1级至3级教授及特级教师将获得中心提供的免费服务。

江苏丹阳市中医院“治未病”中心成立

2010年12月，作为江苏省中医药管理局首批中医“治未病”试点单位，丹阳市中医院成立“治未病”中心。

该院“治未病”中心选派中医理论功底扎实、临床经验丰富的主任中医师任负责人。并引进中医数字化四诊仪，通过对就诊者面象、舌象、脉象、问诊症状等中医体质辨识，结合体检建立个人健康档案，制定不同体质“因人制宜”的防病治病原则和保健方法。在院内，“治未病”中心与各临床科室中西医结合、优势互补，建立起防治疾病的网络体系。在院外，经常开展义诊和中医特色的健康教育及养生指导，构建起中医养生保健预防网络。使中医院的服务范围拓展延伸到医疗、预防、保健、养生康复等各个方面。

上海长宁区编织治未病服务网

上海市长宁区自2009年10月启动实施“治未病”健康工程以来，持续为区域内百姓提供系统、规范、全面的“治未病”服务，取得阶段性成效，截至目前，已完成4万例居民的中医体质普查工作，初步形成“覆盖全区、辐射周围”的“治未病”服务网络。

长宁区卫生局局长张平表示，该区将构建中医预防保健服务体系作为政府惠民工程、中医药发展的系统工程和改变医学模式的试点工程，着力推进实施“治未病”健康工程。

该区将“治未病”工作纳入2010年政府实事工程，以社区开展的“治未病”服务（包括体质普查及建立中医档案）为基础，积极引导社区居民参与“治未病”健康工程，全区目前已完成4万例居民的中医体质普查工作，并对部分居民实施了有效干预，深受百姓欢迎。

长宁区将中医特色预防保健体系建设纳入公共卫生服务项目，区政府按每万人口5万元的标准，下拨中医特色预防保健经费，建立了政府对“治未病”试点工作的引导投入机制；同时，鼓励社会力量投资兴办中医预防保健服务机构，积极参与构建区域中医预防保健服务体系。

此外，该区将中医预防保健服务体系建设作为“医学目的改变”的政策研究平台，总结中医药科技成果推广模式，实现成果惠及于民。

为保障“治未病”健康工程的规范有效实施，长宁区制定了《长宁区KY3H“治未病”中心、分中心、服务站设置基本规范》，制定相关工作指南和工作控制程序，还在区疾病预防控制中心建立“治未病”促进中心，规范“治未病”服务，使“治未病”服务成为慢性非传染性疾病干预及传染病预防的重要手段和工作举措。

该区对区域内45名业务骨干进行了“治未病”专业培训，在现有社区居民电子节健康档案基础上增加中医养生板块，举办“治未病”健康讲座40场次，受众约2000人次。以10家社区卫生服务中心为基础，横向联合其他商业医疗机构、民营医疗卫生机构和其他类功能社区等，初步形成了“覆盖全区、辐射周围”的“治未病服务网络，明显提升了社区提供中医预防保健服务能力。

治未病全面铺开尚需政策跟进

国家中医药管理局2008年启动治未病健康工程，以开展治未病试点工作，探索构建中医特色预防保健服务体系的有效途径。三年来，治未病试点单位和范围不断扩大，工作不断深入。然而有的试点单位开展得有声有色，有的却成效甚微。据记者了解，成效明显的试点单位是因为有地方政府的重视和配套政策的支持，而进展缓慢的单位，恰恰是缺少这个环节。没有财政补偿，又未建立收费标准，个别单位对开展治未病显得“有心没力”。在日前召开的全国治未病预防保健服务试点单位第六次会议上，“尽快建立治未病项目收费标准”、“治未病服务应纳入医保报销范围”等成为与会代表热议的话题。

治未病作用逐步显现
降低发病率 减少医疗费用
参与公卫服务 保障群众健康

三年来，国家中医药管理局遴选确定了三批共103家治未病预防保健服务试点单位。一些试点区域将治未病服务纳入本地区公共卫生服务体系，区域性治未病服务网络初步形成，治未病的作用逐步体现。

广州市荔湾区邀请中医专家专门设计了《荔湾区社区卫生服务中医保健专档》、《五行体质评定表》等，目前已建立中医专档5万多份。同时，对居民个人健康档案进行统计、分析、评估和预测，根据不同体质制定不同的中医调养方案，深受社区居民欢迎。

上海市长宁区将治未病工作纳入2010年政府实事工程，目前已完成4万例居民的中医体质普查工作，并对部分居民实施了有效干预。该区新泾镇社区卫生服务中心统计显示，通过开展治未病服务，社区居民慢性病、多发病的发病率明显降低，该中心每次诊疗费由原来的152元降至目前的84元，降低了居民医疗费用支出。

上海市闸北区则把治未病工作与慢病防治结合起来，制定并实施社区慢性病中医药菜单式服务，即通过基线调查做体质辨识，制定选择适合的个性化健康服务菜单，进行治未病菜单式干预。有效预防了辖区居民慢性病的发生和转变。

四川省成都市青羊区财政投入近千万元，打造了区治未病中心、分中心和工作室，形成治未病三级网络，在群众中广泛宣传治未病理念和预防保健方法。今年上半年，该区治未病中心完成体质辨识和评估1400余人次，累计开展中医传统康复治疗3300多人次，就诊百姓每次费用平均仅为40元左右，对亚健康、颈肩综合症等进行干预治疗，成效显著。

甘肃省天水市疾控中心把治未病与现代预防医学结合起来，在常见传染病和慢性病的防治中发挥治未病作用。该中心对6.27万居民开展的应用中医治未病理论预防控制流感的项目研究显示，项目地区流感发病率为25.5/10万，明显低于全市60.6/10万的发病率。

治未病配套政策待健全

收费无名难入医保亟需建立长效机制

国家中医药管理局出台了一系列推动和指导治未病工作的文件，有效引导了治未病试点工作。但对于治未病服务的具体收费却未予明确。除广东省出台治未病服务价格政策并纳入医保外，其余试点地区和公立试点单位均无收费标准。大多数单位都是免费向群众提供服务，如果没有政府财政的强力支持，这种方式恐难持久。

上海市长宁区新泾镇社区卫生服务中心治未病科负责人邹忠告诉记者，目前中心已经为8900名社区居民做了中医体质辨识，超过辖区居民的10%。“由于治未病项目没有收费标准，所以对居民都是免费的，花费由卫生局‘买单’。”按照长宁区区政府按每万人口5万元的标准下拨中医特色预防保健经费计算，人均仅5元钱。在体质辨识后，该中心会建议居民根据情况到相关科室进行干预治疗。“治疗费用是可以医保报销的。”

记者了解到，大部分试点单位都是依靠财政拨款开展治未病项目，因为没有价格政策，不能收费，所以开展的项目往往仅限于体质辨识，进一步的评估、分析、干预则很难展开。“如果是已病防变和病后康复，可以通过正常的医疗渠道，走医保报销；未病先防只能是通过医生口述告诉群众该如何预防保健。”

长宁区卫生局局长张平表示，治未病服务项目的种类和收费标准，是目前医疗机构开展治未病服务的障碍，也是影响其能否持续发展的问题。如何将治未病服务项目纳入服务收费项目并确定收费标准，是亟待解决的问题。

代表们一致认为，开展治未病对于维护人民群众的健康权益具有重要的推动作用，是降低医疗成本、提高卫生保障效益的重要途径，是深化医改的必然要求。将财政拨款作为治未病参与基本公共卫生服务的配套政策，同时应出台价格收费标准，将其纳入医保门诊报销，建立长效机制，保障治未病工作深入而有效地推广。

“对于老百姓来说，不花钱就能得到预防保健服务当然好。但目前财政拨款不能满足全部人口的治未病需求，只有将其纳入医保，才能从根本上让百姓享受治未病服务。”有代表认为。

突破治未病瓶颈

地方经验值得借鉴

纳入医保和财政经费保障双线并行

国家中医药管理局有关负责人表示，中医治未病预防保健服务体系的建设是一项开创性工作，涉及到原有医疗卫生政策的调整，以及新政策措施的制定。而设立治未病服务项目收费标准、制定治未病服务报销政策、将其纳入基本公共卫生服务的范围等等，都是亟待解决的问题。该局正在加强与有关部门的协调，开展政策研究，争取取得新进展。

在收费标准和纳入医保成为困扰其他试点地区和单位难题的时候，广东省率先突破，将中医预防保健服务网络政策研究列入省政府重大决策咨询专项，出台治未病服务收费价格政策，并将其纳入医保门诊报销范围。

广东省中医院在试点中争取到了广东省中医药局、省物价局等主管部门的理解和支持，对中医体质辨识、健康调养咨询、经络检测、膏方诊查等12个服务项目试行收费。试行一年后，广东省中医药局与物价局、卫生厅联合出台政策，将治未病收费扩大到省内所有试点单位。按照该省收费标准，中医体质辨识按照医生职称高低，每次收费从40元-20元不等；中医健康调养咨询可提供个性化疾病预防和调治方案，普通医师每次30元，名老中医则需150元。为了鼓励百姓接受治未病服务，提高预防保健意识，广东省研究决定将治未病服务纳入医保门诊报销范围。此举受到群众欢迎，反响强烈。在试行结束后，广东省又下发通知，将试行时间延续到2011年年底。目前，广东全省已有12个市、30个单位开展治未病试点工作，2009年治未病服务量达312万人次，今年上半年也已达144万人次。

广东的做法得到了其他地区和单位的认可，大家建议国家有关部门能在广东的经验基础上，尽快出台适合全国的价格政策。

目前开展的中医治未病和预防保健工作中，有些服务项目本身具有公共卫生服务的性质和特点，代表们认为，对于这类服务项目不适合由医疗保险机构进行费用支付，也不适合由群众自己负担，应该将其纳入到公共卫生服务体系中，由财政给予经费保障，免费向城乡居民提供。

现阶段国家确定的10个类别基本公共卫生服务项目中，居民健康档案管理、健康教育，孕产妇以及老年人等重点人群和高血压、2型糖尿病等慢病患者的中医药健康管理等6项涉及中医药内容，要求发挥中医药作用。依靠财政拨款开展治未病服务的地区大都是围绕上述项目，但中医基本公共卫生服务并没得到全面实施，部分地区将中医内容作为可选项目，甚至删除。而冬病夏治、儿童中医健康管理等服务项目也具有公共卫生服务性质，但未纳入，还需开展研究论证，争取纳入公共卫生服务体系。

治未病要深入百姓生活，必须依靠财政拨款纳入公共卫生服务体系和出台价格政策纳入医保报销范围两条线并行，才能真正发挥中医治未病的预防保健作用，让群众晚生病、少生病，乃至不生病。这是与会代表的共识。

《脊柱常见病整脊诊疗指南》正式发布，中医整脊操作将得到规范推广

脊柱劳损疾病是当前最常见的慢性病之一，人群之罹患率高达30%，在中老年人中罹患率高达70%，位居老年人常见病第二位，再加上使用电脑、长期伏案人群不断增多，颈椎类疾病的发病率逐渐年轻化。为了能制订出科学规范、临床实用的诊疗指南，中华中医药学会整脊分会历时近3年，组织全国专家，集中优势力量开展对常见25个病种诊疗指南研究工作，终于在12月8日正式对外发布了《脊柱常见病整脊诊疗指南》（以下简称《指南》），并将在行业内推广应用。

脊柱劳损已成为多发疾病

据全国中医药标准化委员会整脊科诊疗指南专家委员会主任韦以宗教授介绍，脊柱劳损病最大的特点就是高发病率和高复发率，由于过去存在非手术疗法不能解决颈、腰椎管狭窄症，腰椎

滑脱症，椎曲变小类颈椎病和椎间盘突出症等临床难题，因此，患病后手术率高、病人痛苦大、医疗费用高。

另一方面，由于长期以来标准化一直是制约中医整脊学学科发展的重要因素之一，因此脊柱劳损方面的疾病迫切需要在应用现代科研方法的基础上，研究和制订具有中医药特色、科学性强、严谨、规范，使其成为行业内实际应用、行业外广泛接受和认可的诊断、辨证、治疗、护理和预防指南。

为此，《指南》的制定过程邀请了该行业内专家12名，组成专家评审组，并邀请5名资深中医、中西医结合骨科专家咨询，集中审议《指南》初稿，并聘请葛宝丰院士和施杞教授进行终审，最后报送中华中医药学会审议。

中华中医药学会学术部相关负责人表示，这次发布的《指南》，其病种包括了整脊临床常见疾病，涵盖了目前整脊临床就诊患者的95%以上，且25种脊柱劳损病整脊治疗均有不同程度的中医特色和优势。

整脊理论研究成果不断

《脊柱常见病整脊诊疗指南》的发布，历时近3年。而据记者了解，在整脊诊疗方面的规范化研究，早在几年前就已经开始。

从2003年开始，由北京市昌平区光明骨伤医院牵头，联合全国12个三甲中医院、3个骨伤科研究所成立了中医整脊临床科研协作组。

作为这一科研协作组的负责人，韦以宗教授介绍了7年来他们所取得的进展。韦以宗说，在协作组成立以前，由于中医治疗脊柱疾病缺乏自己的理论指导，几乎所有的相关中医著作都是引用西医的脊柱运动力学和椎间盘学说。因此，他们首先在总结中医治疗脊柱历史经验的基础上，提出“发掘、整理中医对脊柱伤病认识和诊疗经验，将历史整脊手法总结为推拿、牵引、旋转、悬吊、侧扳、过伸、屈曲和整盆八大疗法”这一新观点，并且明确指出中医对脊柱的认识是整体观、系统观和动态观，因而用“整脊”作为中医防治脊柱劳损病的学科名词。

通过临床研究和科学实验，提出新的、富于中医原创思维的脊柱运动力学理论：脊柱四维弯曲体圆运动规律、脊柱圆筒枢纽学说、脊柱轮廓平行四边形平衡理论和椎曲论，用于指导临床诊断、治疗和疗效评定标准。在此基础上提出以“理筋、调曲、练功”为三大治疗原则，用整脊手法、针灸、内外用药和功能锻炼作为四大疗法的现代中医整脊治疗学。

此外，他们运用“上病下治”颈曲变小类颈椎病，以调腰曲、调胸椎为主的整脊法，治疗颈曲变直、反弓类颈椎病884例，结果椎曲恢复改善率达98.5%，临床治愈率达87.5%。目前，课题协作单位已累计观察治疗这类病例两万多例，全国20多家应用单位累计观察治疗近两万例，均取得较好的疗效。

韦以宗告诉记者，这一疗法不仅解决了既往非手术疗法治疗颈椎管狭窄症和颈腰综合征的困难，临床有效率为96.5%，治愈率达81.7%，且没有并发症，更为安全。

建议规范推广到基层

我国著名脊柱外科专家、中国工程院院士葛宝丰在审定《指南》时认为，中医整脊经过临床多年实践升华到理论，再由此理论结合临床实践收到较良好治疗效果，可以说具有科学性、创新性及临床实用性。

葛宝丰指出，以多发病、常见病的研究为主题的诊疗指南诊断明确、治疗规范、统一，使用起来易掌握、易推广、易使患者接受，为此，他建议尽快把诊疗指南推广到基层社区卫生院，为缓解群众看病难、看病贵的问题做出贡献。

作为终身评委的施杞教授也表示，《指南》所列的25种疾病，基本上较全面地反映了当前临床实际，这些诊疗的方法、疗效、技术较充分反映了中医整脊的特色优势，而且治疗方法较为全面，概括了近20多年来全国各地各家常用的有效方法。同时《指南》也提出了一个基本范式，如列“正脊骨法”、“牵引调曲法”、“练功疗法”，提炼传统和多家方法的重要元素，具有推广可信度。

二 “治未病”健康工程书籍

《中医治未病》

2008/2009年度的中国/世界卫生组织《中医药‘上工治未病’工程项目以及中医药对亚健康防治干预研究》科研课题项目，组织多位国内知名专家、学者及一批具有多年经验的中医药专家，历时两年进行多次研讨、论证、编撰、修订完成此书。在编纂过程中，得到了国内很多专家的悉心指教，得到了WHO官员和国家中医药管理局领导的大力支持。并由中国中医药出版社权威出版。主编：孙涛、何清湖。

本书共30多万字其中共6章59节，分为总论和各论。其中总论共三章，第一章概述主要介绍中医治未病的概念、源流、原则，第二章治未病的方法中介绍了对调养精神、合理饮食、体质调理、食疗与膏方、四季养生与冬病夏治、针刺、艾灸、火罐与推拿按摩及五禽戏、八段锦、太极拳、气功的方法；第三章介绍了亚健康定义、亚健康与中医治未病及15种常见亚健康的中医证候的证候特点、证候分析、调理原则、调理方法。各论共两章，第四章在治未病思想指导下防治亚健康，介绍了27种常见亚健康症状的定义、判断依据、发生原因、调理原则、调理方法和19种亚健康疾病倾向的判断依据、调理原则、调理方法；第五章治未病与常见疾病的防治中介绍了22种疾病的防治方法。附篇第六章为中医治未病中心范例，列举了广东省中医院、上海中医药大学附属曙光医院、四川省中西医结合医院、四季康美企业、四季康美庄园中医治未病建设思路。教材初步构建了中医治未病的学术体系，厘清了中医治未病的源流，丰富了中医治未病的内涵，提出了一些新的学术观点，具有一定的学术价值和实际应用价值。

为预防保健及相关专业人员提供了一本详实、有效的实用工具书。

《漫话中医治未病》

本书是2008年立项的中国／世界卫生组织合作项目《中医药“上工治未病”工程项目以及中医药对亚健康防治干预研究》，旨在比较全面地整理、总结中医治未病的具体方法和经验，项目由中和亚健康服务中心和湖南中医药大学承担实施，《漫话中医治未病》科普教材的编纂是整体

研究方案中的一个重要组成部分。主编：孙涛、朱嵘。该科普教材的编纂目的就是为了更好的在社会上推广中医的治未病理念，并教会大家一些常用的中医养生方法和技术，以及一些常见亚健康状态的中医调治方法。

本书为便于普通民众阅读，将治未病的主要思想通过100个问题予以简明、形象的阐述。内容涵盖了中医治未病及相关的概念与原则；常见手段和养生方法；中医常见体质的辨证及调理方法；针对常见亚健康症状和常见慢性疾病，如何从调养精神、合理饮食、体质调理、食疗与膏方、四季养生与冬病夏治、针刺、艾灸、火罐与推拿等多个角度选取最简明、实用的一种或多种方法进行调治。

全书约1万6千字，为了便于读者更好的理解书中内容，针对性的插配了漫画图片。本书图文并茂，文字简明易懂，调治方法便捷，实用性强，充分展示了中医治未病的理念在养生、保健、亚健康调治方面的独特优势。可以预期，随着中医治未病理念的不断推广，将会对人们树立健康的生活方式，对促进人们“不得病、少得病、晚得病、不得大病”具有重要的促进意义。

《少儿亚健康推拿调理》

《少儿亚健康推拿调理》是“亚健康专业系列教材”之一，作者：孙德仁，由中国中医药出版社2010年7月1日出版。全书共3章及1个附篇，第一章少儿亚健康概述，第二章少儿推拿手法与穴位，第三章少儿亚健康推拿调理及综合干预，详细介绍了25种常见小儿亚健康状态的调理及干预手法，附篇少儿常见病的推拿调理，介绍了11种少儿常见疾病的推拿调理。

《亚健康芳香调理》

《亚健康芳香调理》是“亚健康专业系列教材”之一，作者李菁菁，由中国中医药出版社2010年8月1日出版。 亚健康芳香调理属芳香疗法，它是自然疗法学领域的一部分。本教材是在充分遵循中医学基本理论的基础上，介绍了芳香疗法的基本理论、制作方法以及在亚健康调理方面的应用，内容注重系统全面，突出实用性，适合作为亚健康专业的教学用书，同时也可作为亚健康事业机构以及各中医养生保健和美体美容机构的培训教材使用。全书共十章，第一章绪论，第二章芳香疗法的理论基础，第三章关于植物精油的基础知识，第四章精油的植物属性，第五章精油的使用方法以及注意事项，第六章常用单方精油，第七章芳香疗法配方学基础，第八章精油的美容作用，第九章精油与情绪养生，第十章芳香疗法中常用的按摩方法。

三 治未病健康技术展示

1.恒清乐全身经络养护技术

恒清乐全身经络养护技术：疏通经络，改善经络阻塞所造成的酸痛、肿胀、肤质粗糙现象，有助脏腑机能提升。

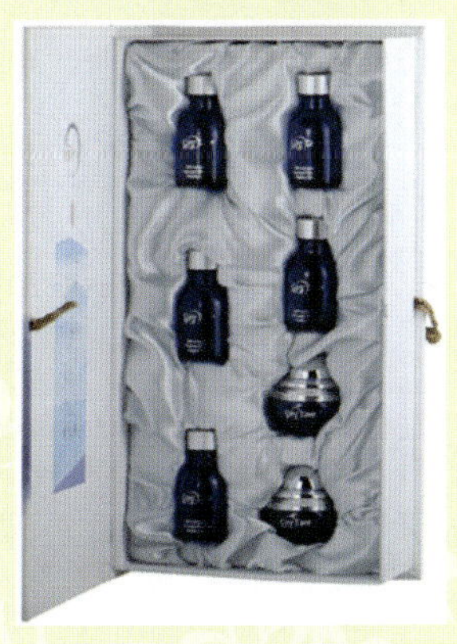

恒清乐全身经络养护技术商品套组
——恒清乐通畅组

1. 调理症状

（1）腰背部：脏腑反射区：腰背部是与人体五脏六腑所对应最大的反射区，腰背部集聚了五脏六腑的俞穴，既便于诊断和调理操作，也是脏腑排毒的通道。

膀胱经：是人体最长的一条经，也是人体排毒最强大的一条经脉，古人云："经常把痧刮，活到八十八"，讲的即是此经脉。

（2）胸部和手部：手三阴经、手三阳经循行位置；促进末梢循环，提升脏腑气血循环，清热除湿，缓解肌肉僵硬酸痛，去角质排泄毒素。

（3）腹部和腿部：脏腑及足三阴经、足三阳经所在地；提升脏腑机能，促进胃肠蠕动功能，促进体内的多余水湿及毒素的排出。

2. 工具及产品

（1）辅助工具说明：摩蝎刷

成分：三重环保合成胶，耐精油腐蚀材质，软硬适中。

特色：

1）四季康美专利，耐精油、耐酸碱、耐腐蚀；

2）操作方便，替代手工操作；

3）根据人体工学设计，任何部位均可使用，无死角，作用比手更具渗透力；

4）169颗弹性柔珠，可同时作用于经络、穴位、反射区，达到点、线、面共调；

5）市面总有仿制盗版的工具，但无论从哪一方面相比都无法超越。

产品图片：

（2）产品说明

五行精油：根据脏腑五行属性用于四肢经络循行路线、背部脏腑的反射区，胸腹部脏腑所在地。

产品图片：

恒清乐全身经络养护技术套组商品
——五行精油

百草冰乳霜：修复筋膜，镇痛止痒，提神醒脑。

主要成分：冬青、艾叶、薰衣草

用法：沙龙 通经络后涂于操作部位稍作按摩进行镇定安抚，阻塞严重者在操作前涂于痛处软化；

居家 涂于任何筋膜僵硬酸痛处按摩；涂于额、颈、胸部舒缓头昏、恶心；可清醒头脑、振奋精神、消除疲劳；涂于蚊虫叮咬处，止痒。

产品图片：

恒清乐全身经络养护技术商品套组
——百草冰乳霜

幸福活力霜：活血化瘀，消肿止痛。

主要成分：延胡索（元胡）、郁金香、红花、麝香

用法：沙龙 通经络后涂于操作部位稍做按摩有利于痧毒代谢，预防痧毒沉积及脾虚肉松者产生淤青阻塞，严重者在操作前涂于痛处软化；

居家 涂于僵硬肌肉处，令其活化变软缓痛；涂于跌打损伤处，消肿止痛散瘀。

产品图片：

恒清乐全身经络养护技术商品套组
——幸福活力霜

（3）效果说明：

1)通过对经络、穴位、反射区的刺激疏通可以达到；

2)持久改善酸痛（腰酸背痛、肩颈酸痛、关节疼痛等）；

3)塑造曲线（祛除水湿毒素、紧实肌肉）；

4)改善皮肤晦暗、斑痘疹；

5)改善脏腑功能（消化不良、腹胀嗳气、月经不调等）。

3．市场区隔：

1)操作流程简单易掌握，便于美容师或调理师学习；

2)工具简单易操作，替代手法同时对经络、穴位、反射区，达到点、线、面共调；

3)产品用途广泛，只对症状不分人群，便于携带，使用方便；

4)对于调理过程中出现的好转反应，有完善的解决方案。

4．注意事项：

1)多喝水排毒：刷前后喝温水或花茶，有助于排毒；

2)体虚者轻刷：轻刷和缩短时间，避免出现头晕现象；

3)防寒：做完后4小时内不能洗澡；操作前中后不能受风（空调、风扇），以免受到风寒湿邪侵袭；

4)饥饱时勿刷：过饥过饱及酒后不可刷，应在饭后半小时或酒醒时刷，以免影响消化；

5)术后及伤口：伤口发炎部位、皮肤病患

者、疤痕要避开以免感染；大手术后部位至少半年，小手术后部位至少两个月才可刷，且轻刷，因此时身体正处于较虚弱的状态；

6)女性：月经期经量多者避开相应反射区及腹部，避免量更多；经量少者可轻刷相应反射区，有助于改善宫寒瘀血的滞留；子宫肌瘤囊肿者轻刷；怀孕期不可刷，以免动胎气；做了胸部假体者不可刷胸部，以免影响假体的效果；

7)疾病患者：所有严重疾患者宜轻刷。

2.恒焕采面部经络养护技术

恒焕采面部经络养护技术：活化面部经络，滋养五官脉气，消除皮肤及五官内燥火炎症。

恒焕采面部经络养护技术商品套组
——恒焕采养护组

1. 调理症状：

改善因面部气血瘀滞造成的暗黄、松弛、色斑、黑眼圈及眼睛酸胀、鼻塞耳鸣以及因面部及五官燥热造成的面疱、痘疹及眼睛干涩、鼻咽干涩等症。

2. 工具及产品

（1）辅助工具说明：棒棒樘

成分：天然环保胶质制成

功效：协助活化面部、耳周、发际等经络循行处。

特色：

1)台湾进口，四季康美独家外观设计专利；

2)耐精油耐酸碱耐腐蚀；

3)符合人体工学设计，耳周的缝隙均可做到；

4)代替手工，操作省力舒适，平稳好握。

工具图片：

恒焕采面部经络养护技术辅助工具
——棒棒樘

（2）产品说明

焕采洗颜粉 ：分解污染；消炎杀菌； 新陈代谢。

主要成分：花粉、凤尾草、皂荚、夏枯草

用法：沙龙 主要用于操作前对面部的清洁，促进面部毒素新陈代谢，涂抹于面部用面膜盖住敷1分钟，再加水清洗；

居家 面疱、皮肤粗糙：早晚取适量加水清洁，或取适量加水调成糊状敷脸8分钟，伤口处勿搓揉，皮肤细腻滑嫩，面疱收口，缓痛消炎；

牙龈肿痛：取适量加水漱口并含于口中，一日多次，消肿止痛；

皮肤湿疹、瘙痒：取适量加水调成糊状敷，一日多次，止痒修复；

腹泻：取3g加水后吞服，快速清除肠道细菌；

阴道干痒、阴道炎、尿道炎：早晚直接涂抹患处或用2g加200ml纯净水稀释来灌洗。

产品图片：

恒焕采面部经络养护技术商品套组
——焕采洗颜粉

神阙养元调理露：调理任脉及阴经，滋补经络脉气。

主要成分：植物固醇、香附叶、艾叶

用法：沙龙 涂抹于面部经络循行处，补脉气活化经络；

居家 涂抹于眼周或滴于眼内改善黑眼圈、眼袋眼、眼睛疲劳、视力模糊；

涂抹于比翼两侧或滴于鼻孔内改善鼻塞、鼻腔干燥；

涂抹于肚脐部可双向调节内脏机能（亢奋、低下），改善改善腹胀腹痛腹泻，调节内分泌、各种妇科问题等。

产品图片：

恒焕采面部经络养护技术商品套组
——神阙养元调理露

焕采果冻微晶乳：1.赋活细胞；2.超强保湿；3.收敛毛孔；4.有利上妆；

主要成分：胶原蛋白、玻尿酸、没药醇、小黄瓜

用法：沙龙 洁肤调理后，取适量涂抹于肌肤配合配合棒棒槌活化疏通20分钟至吸收即可；

居家 可当做平时的洁肤用品，强效补水保湿，收敛毛孔。

产品图片：

恒焕采面部经络养护技术商品套组
——焕采果冻微晶乳

美肤升级胶囊（清）：清除血液中的毒素，改善情绪及酸性体质；

1. 精神方面：头晕、头痛、失眠、多梦、情绪急燥；

2. 身体方面：口腔溃疡、咽喉痛、长痘长斑、皮肤癣症；肩颈腰背僵硬酸痛；腹胀便秘、打嗝、消化不良；乳腺增生、月经不调、痛经、内分泌失调；肥胖水肿、易发炎症。

主要成分：葡萄籽、金银花、综合维生素

美肤升级胶囊（调）：过敏现象（如皮肤敏感、红血丝外露等）；各种增生（骨质增生、乳腺增生、子宫增生等）；免疫力下降（如经常感冒、妇科炎症的频发、长期打针吃药等）；各脏腑机能失调现象。

主要成分：蜂胶、樟芝、蒜精、蒲公英

产品图片：

恒焕采面部经络养护技术商品套组
——美肤升级胶囊

3. 效果说明

1)改善面部肤色变得光泽透亮，肤色均匀，斑疹痘减少；

2)提升五官功能，紧致肌肤；

3)缓解面部肌肤及五官的炎症；

4)口服胶囊清除血液毒素，改善增强体质。

4. 市场区隔

1)避免化合产品对肌肤的危害；

2)通过工具对面部经络的疏通，效果比手工按摩明显；

3)外用配合内服产品，从深层去进行排毒，改善皮肤问题；

4)产品多用途，多用法。

注意事项：面疱严重者不建议使用手法活化，搭配生机清净调理露、清新平衡液进行镇定消炎，可涂抹恒焕采产品，等面部问题改善后再搭配。

3.恒神气头部经络养护技术

恒神气头部经络养护技术：活化肩颈头部，补充头部经络气血。

恒神气头部经络养护技术商品套组
——恒神气套组

1．调理症状

（1）肩颈：放松肩颈肌肉，放松神经，改善肩颈僵硬酸痛，促进气血运行通畅，祛除寒湿，缓解疼痛，预防肩周炎、颈椎病，甲状腺或淋巴肿胀等等；

（2）头部：改善头昏脑胀、头晕头痛、记忆下降，失眠多梦、健忘、睡眠质量下降、记忆力衰退、健忘、反应减慢、脱发、发质枯黄、断裂开叉、情绪不良及压力大等问题。

2．工具及产品：

（1）辅助工具说明：神采刷

成分：天然胶质制成

特色：

1)台湾进口，四季康美独家外观设计专利；

2)耐精油、耐酸碱、耐腐蚀 ；

3)符合人体工学设计，耳周发际的淋巴缝隙均可刷到；

4)代替手工，操作省力舒适，平稳好握。

工具图片：

恒神气头部经络养护技术辅助工具
——神采刷

（2）产品说明：

安心神气百草油：安抚疼痛、消除疲劳，配合手法在肩、颈部使用。

主要成分：冬青、罗勒、鼠尾草、尤加利。

用法：配合手法在肩颈使用。

安心神气调理露：滋补头部经络脉气，活化大脑细胞。

主要成分：蔓荆子、防风、何首乌、天麻

用法：沙龙 涂于头皮，并点压揉按头皮上穴位，疏通头部经络气血，濡养发丝；

居家 涂于太阳穴提神醒脑，缓解疲劳、头昏脑胀；涂于头皮及发际线，改善头晕头痛、失眠多梦，改善发质枯黄、断裂开叉等；长期使用可预防头部因风、寒、燥而引起的问题。

产品图片

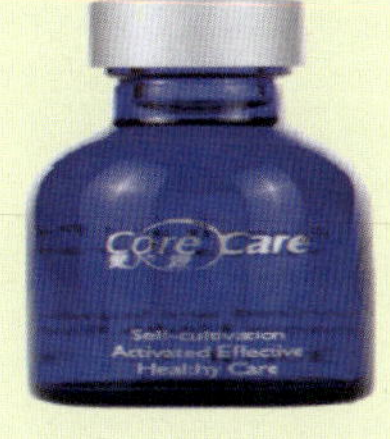

恒神气头部经络养护技术商品套组
——安心神气调理露

安心神气活乐霜：消肿止痛；解毒生肌止痒；提神醒脑。

主要成分：川乌、赤芍、薄荷脑、没药、肉桂用法：沙龙 操作前涂抹于耳周及肩颈处，并用手搓至发热，通经活络促进气血运行；

居家 肌肉酸痛、经期腰痛、神经痛及肿胀疲乏涂抹疼痛处；

针对皮肤燥痒、头皮痒、疥癣、烫伤、毒虫叮咬可止痒消炎；

涂适量于耳周及头皮，清凉又温热的效果立即提振精神，有利学习工作；针对久年所形成的扭伤闪伤等外伤跌打遗留下来的疼痛也十分有效。

注意事项：安心神奇活乐霜涂抹时注意避开眼部，操作时耳周及颈侧的淋巴位置轻刷。

产品图片：

恒神气头部经络养护技术商品套组
——安心神气活乐霜

3．效果说明：

1）通过工具对头颈部经络、穴位的疏通刺激，配合产品的功效；

2）改善头颈部酸麻胀痛（肩颈酸痛、耳周淋巴肿胀）；

3）塑造肩颈部的曲线；

4）改善头昏头痛、失眠多梦等；

5）改善发质；

6）紧致五官轮廓，提升五官功能。

4．市场区隔

1）产品独特的功效，安全放心直接涂抹于头皮，改善头部问题；

2）特色工具更加全面的疏通刺激头头颈部经络穴位，比精油手法按摩效果更明显；

3）产品的多用途性，还可用于身体其他部位跌打损伤以利用下来的疼痛（活乐霜）。

4.恒养乐任督二脉养护技术

恒养乐任督二脉养护技术：疏通任、督二脉，纠正经络不通所致的阴阳失衡，改善机体亢奋或虚弱，滋阴补阳增强体质。

恒养乐任督二脉养护技术商品套组
——恒养乐养护组

1．调理症状：任督二脉作用是统摄十二经络，滋养循行部位，提升正气预防衰老。

（1）任脉：月经失调、妇科、便秘腹泻腹胀、消化不良、胸闷、喉咙不适及面部气色、嘴周、黑眼圈眼袋、疲乏；主要是面部、咽喉、胸腹、下腹的问题。如面色无华，咽喉不适，气喘胸闷，脘腹胀满，便秘腹泻肠炎，月经失调，带下，下腹疼痛，脏器虚惫，元气不足。

（2）督脉：腰酸背痛、肩颈酸痛、脖子僵硬、头晕头痛、眼睛疲劳、鼻塞、怕冷、手脚冰凉；主要是头脑、五官、脊髓及四肢的问题，如面色苍白，眩晕头痛健忘，耳鸣，眼花，腰脊酸软，佝偻形俯，背脊畏寒，手脚冰凉，腹泻，性功能下降，女子小腹冷痛，宫寒不孕，肢体酸软。能振奋人体阳气、强壮保健、清脑宁神。

2．工具及产品

（1）辅助工具说明：动力虎

成分：天然树脂制成

特色：

1）台湾进口，四季康美独家外观设计专利；

2）耐精油、耐酸碱、耐腐蚀；

3）符合人体工学设计，脊椎胸腹任何部位都可推揉、滑压，作用点深层；

4)代替手工，操作省力舒适，平稳好握。

工具图片：

恒养乐任督二脉养护技术辅助工具
——动力虎

(2) 产品说明

平衡养乐油（-）：改善任脉不适，调整脏腑，滋养阴脉气血。促进新陈代谢、帮助血液流通、使人头脑清明，心情愉悦。

主要成分：葡萄籽油、甜杏仁油、冬青、尤加利、薄荷

平衡养乐油（+）：改善督脉不适，刺激脏腑反射区及神经，提升阳脉气血。刺激穴位疏通经络、帮助吸收，缓解肌肉酸痛，用后使人全身轻松、精神抖擞。

主要成分：葡萄籽油、甜杏仁油、肉桂、姜、冬青

产品图片：

恒养乐任督二脉养护技术套组商品
——平衡养乐油

养乐温灸膏 ：温热去寒止痛，提升气血循环，醒神去疲，强化水湿代谢。

主要成分：桧目、薄荷、姜、丁香、肉桂

用法：沙龙　祛除督脉湿寒，涂抹在尾椎、腰椎、颈椎至吸收；祛除任脉湿寒，涂抹在小腹至吸收；

居家　涂抹于寒湿处改善因血液循环不良而引起的肌肉僵硬、肿胀、酸痛、手脚冰凉、痛经等问题；

涂于颈肩及腰处，先凉后热提升气血循环改善疲劳困乏；

涂于肿胀的腹部、腿部、背部按摩，强化水湿代谢可消肿纤体紧实。

产品图片：

恒养乐任督二脉养护技术商品套组
——养乐温灸膏

特性：

1)细分子冷热交换技术—让酸痛部位先凉后热，以冷热效应促进循环，缓解疲劳

2)特殊的深层活化技术—活化的热感只存在于肌肉筋骨内，体表没有任何红或变热的现象。

3)绝佳渗透性热感及效果持续性—养乐温灸膏用后会在皮肤上形成长效薄膜，立即产生热感并可持续1-2小时，到晚上或隔天洗澡后，身体循环加速，体表的养乐温灸膏的热感又开始上升，再次代谢酸痛因子减缓肩颈的疲劳感。

3. 效果说明

1)脊椎挺拔、腰酸背痛改善；

2)腰背、腹部寒凉得到改善变得温暖；

3)肤色红润、有光泽，头昏脑胀改善。

4. 市场区隔

1)市面上针对任督二脉的经络疏通技术没有专门的工具只是用精油做；

2)工具采用富含大自然正能量的天然树脂制

成，色泽光鲜，质感润滑；

3)产品采用先进的技术配合手法效果更佳。

5．养乐法的注意事项

1)多喝水排毒：操作前后喝温水或花茶，有助于排毒；

2)体虚者轻度操作：避免出现头晕现象；

3)饥饱时勿刷：过饥过饱及酒后不可操作，应在饭后半小时或酒醒后，以免影响消化；

4)女性：经期量多者暂停使用；经量少者可轻度操作；子宫肌瘤囊肿者轻度操作；怀孕期不做；

5)疾病患者：所有严重疾患者宜轻操作；

6)脊椎重点：颈椎操作时须注意力度，脊柱失稳、脊椎手术后及骨质疏松者慎用。

5.小儿养生脾胃养生

小儿体质大致可分为：

1．寒型：形寒肢冷、面色苍白、不爱活动、胃纳欠佳，食生冷物易腹泻，大便溏稀。

2．热型：形体壮实、面赤唇红、畏热喜凉、口渴多饮、烦躁易怒、胃纳佳、大便秘结。

小儿的体质除了有遗传的因素，其实大部分是靠后天的养护去改善的，主要是靠后天脾胃的养护，因为中医认为脾胃为后天之本，气血生化之源。可是，小儿常“脾胃不和”，“肠胃脆弱”，倘若不注意养护，一旦生病，则脾胃功能更处于低下状态，致胃口不佳，饮食少思，影响小儿身体健康。

（一）针对寒性体质小孩的脾胃养护项目

1．症状表现：消化吸收不良、厌食挑食、体瘦矮小、发育迟缓、畏寒怕冷、易腹泻、小便清长或不利；

2．建议产品：

1）活泉：活化细胞，提升人体吸收及代谢能力，改善体质；

主要成分：梅子、龙眼、枇杷、百香果、柳橙、香菇、海苔、青椒、牛蒡、芦笋、西番莲、小麦草、豌豆苗、冬虫夏草、人参、党参、灵芝、葛根、龙葵、过手香等近百种五色果蔬及汉方草本；

2）神阙养元调理露：调理任脉及阴经，滋补经络气血。

主要成分：植物固醇、香附叶、艾叶等；

3）经络传导调理露：强化督脉气血，提升脊椎能量，解除背部风寒湿邪气等。

主要成分：麻黄、桂枝、姜活、细辛等；

4）沐青百草浴2号：温经散寒，缓解体内湿寒。

主要成分：伸筋草、秦艽等

5）产品图片：

益元活泉

神阙养元调理露

经络传导调理露

沐青百草浴2号

3．调理方式

1）活泉饭中服用，促进肠胃蠕动，加强消化吸收功能；

2）神阙养元调理露涂抹于胃部，推腹5分钟；滴于肚脐内，双手搓热捂住肚脐，加以按摩直至将产品吸收，双向调节胃肠蠕动功能；

3）经络传导调理露涂抹于腰部、脊柱、肩颈、百会穴来回摩擦生热，早晚一次，提升阳气；

4）用沐青百草浴2号进行泡浴，用药包在脊椎及颈椎来回搓洗。

（二）针对热性体质小孩的脾胃养护

1．症状表现：食多腹胀、消化不良、大便干结、畏热喜凉、口渴多饮、烦躁易怒、易生疮长湿疹、皮肤瘙痒等；

2. 建议产品：

1)活泉：活化细胞，提升人体吸收及代谢能力，改善体质；

主要成分：梅子、龙眼、枇杷、百香果、柳橙、香菇、海苔、青椒、牛蒡、芦笋、西番莲、小麦草、豌豆苗、冬虫夏草、人参、党参、灵芝、葛根、龙葵、过手香等近百种五色果蔬及汉方草本；

2)神阙养元调理露：调理任脉及阴经，滋补经络脉气。

主要成分：植物固醇、香附叶、艾叶等

3)生机清净调理露：清热凉血、消炎止痛；

主要成分：九节菖蒲、连翘、艾叶；

4)生机清净顺畅饮：清除肠道污染，改善肠道内环境；

主要成分：酪梨、葡萄、凤梨、木瓜、苜蓿芽、胡萝卜、豆芽等果蔬发酵萃取的酵素，活性益生菌；

5)沐青百草浴1号：祛燥除湿、洁肤止痒，缓解体内湿热；

主要成分：蛇床子、土茯苓、地肤子、桃花、荷叶等；

6）产品图片：

益元活泉

神阙养元调理露

生机清静调理露

生机清静顺畅饮

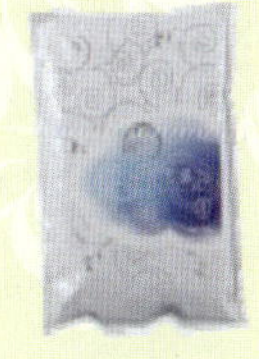

沐青百草浴1号

3. 调理方式：

1）活泉饭中服用，促进肠胃蠕动，加强消化吸收功能；

2）神阙养元调理露涂抹于胃部，推腹5分钟；滴于肚脐内，双手搓热捂住肚脐，加以按摩直至将产品吸收，双向调节胃肠蠕动功能；

3）生机清净调理露涂抹于腹部，降胃肠燥火；

4）生机顺畅饮晚上睡觉前可直接吞服或与冷开水果汁调和后喝，改善因燥热导致的大便干结或便秘；

5）用沐青百草浴1号进行足浴或泡浴，将药包在手脚心或皮肤瘙痒处搓洗；

若小儿脾胃不和则气血生化不足，自幼体质虚弱，易受外邪侵入导致感冒发热，感冒发热是小儿时期最常见的外感病之一。其发病原因，主要由于小儿脏腑娇嫩，肌肤疏薄，卫外不固，加之寒暖不知自调，易于感受外邪，常因气候骤然变化、冷热失常，外邪乘虚入侵，就会发生感冒；内经曰：寒邪外束，阳不得越，郁而为热（发烧）。若养育不当，孩子经常厚衣重被，深居室内，缺乏锻炼，则抵抗力弱，更加重其易感性。

6.小儿预防感冒发热

（一）预防小儿风寒感冒发热的养护

1. 症状表现：风寒感冒起病较急，发热，畏寒，甚至寒战，无汗，鼻塞，流清涕，咳嗽，痰稀色白，头痛，周身酸痛，食欲减退，大小便正常，舌苔薄白等。

2. 产品搭配

1）濡养胶囊（补）：补充体内所需营养，无需转换；

2）经络传导调理露：强化督脉气血，提升脊椎能量，解除背部风寒湿邪气等。

主要成分：麻黄、桂枝、姜活、细辛等；

3）养乐温灸膏 ：温热祛寒止痛，提升气血循环，醒神去疲，强化水湿代谢。

主要成分：桧目、薄荷、姜、丁香、肉桂

4）沐青百草松身浴：缓解身体疼痛；

主要成分：桑枝、威灵仙；

5）产品图片：

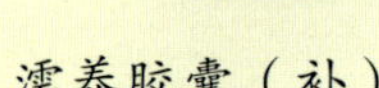

濡养胶囊（补）　经络传导调理露

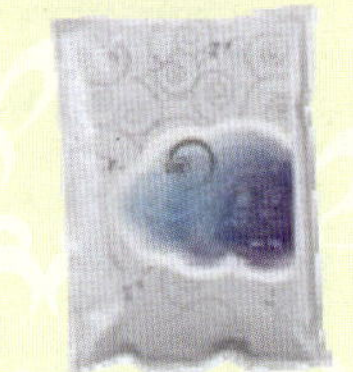

养乐温灸膏　沐青百草松身浴

3．调理方式

1)濡养胶囊（补）饭后服用，每日2-3次，每次2-3粒；

2)经络传导调理露涂抹整个脊椎，用手搓热至吸收；

3)养乐温灸膏涂抹于腰肾区以及手足关节搓热祛除体内寒气；

4)沐青百草松身浴用于足浴，用药包敷于关节处。

（二）预防小儿风热感冒发热的养护

1．症状表现：风热感冒主要表现为发热重，但畏寒不明显，鼻塞、流浊涕，咳嗽声重，或有黄痰粘稠，头痛，口渴喜饮，咽红、干、痛痒，大便干，小便黄，检查可见扁桃体红肿，咽部充血，舌苔薄黄或黄厚，舌质红，脉浮而数。

2．产品搭配：

1）活泉：活化细胞，提升人体吸收及代谢能力，改善体质；

主要成分：梅子、龙眼、枇杷、百香果、柳橙、香菇、海苔、青椒、牛蒡、芦笋、西番莲、小麦草、豌豆苗、冬虫夏草、人参、党参、灵芝、葛根、龙葵、过手香等近百种五色果蔬及汉方草本；

2）经络传导调理露：强化督脉气血，提升脊椎能量，解除背部风寒湿邪气等。

主要成分：麻黄、桂枝、姜活、细辛等。

3）生机清净调理露：清热凉血、消炎止痛；

主要成分：九节菖蒲、连翘、艾叶；

4）沐青百草浴1号：祛除体内湿热；

主要成分：蛇床子、土茯苓、地肤子、桃花、荷叶等。

5）产品图片：

益元活泉　生机清净调理露

经络传导调理露　沐青百草浴1号

3．调理方式

1）活泉饭中喝，若发热时加大量喝；

2）经络传导调理露涂抹整个脊椎，用手搓热至吸收；

3）生机清净调理露适用于不超过38度的低热，涂抹于前心后背、额头、手心脚心、甲状腺处；

4）沐青百草浴1号用于泡浴或熏蒸，用药包搓洗四肢；

4．小儿养护优势特点

1）调理管道多，吃、喝、涂、抹、搓、洗、泡等；

2）产品辨证论治调理，针对不同体质不同机理特点给予不同调理方案；

3）外用产品使用方便，效果明显；

4）口服产品无需转化直接吸收，口味适合儿童；

5）减少抗生素对小儿身体的伤害

6）在一定范围内，不需打针输液，减少小儿打针疼痛的畏惧；

7.女性产后养护

中医认为女人一生三个重要的调理养护期是：青春期、孕产期、更年期。青春期，如同吐绿抽芽的萌生，假如呵护不当，便会留下一生的后患；孕产期，如同开花结果的收获，如果护理失常，会给自己带来许多痛苦；更年期，如同叶落归根的衰退，如果保养不周，便为人生之秋造成最后的遗憾。

而女性的伟大正因为她们能孕育生命，所以孕产期就女性一生而言最为重要，也就是我们常说的“坐月子”。而在这期间，女性生产后大量的损耗气血，体质较为虚弱，骨骼松弛易受风寒侵袭，严重的还会导致卵巢子宫机能下降等等。我们针对孕妇产后的养护如下：

（一）调补气血：

1．症状表现：气血两虚面色苍白、体弱无力、免疫力低下、奶水不足

2．建议产品：

1）活泉：活化细胞，提升人体吸收及代谢能力，改善体质；

主要成分：梅子、龙眼、枇杷、百香果、柳橙、香菇、海苔、青椒、牛蒡、芦笋、西番莲、小麦草、豌豆苗、冬虫夏草、人参、党参、灵芝、葛根、龙葵、过手香等近百种五色果蔬及汉方草本；

2）盛和胶囊：强肾补肾，产后病后调补；

主要成分：山药、丁香、茴香、花椒

3）益元甜蜜饮：调补气血，促进子宫收缩，加强恶漏排导；

主要成分：沙棘、松花粉、南瓜萃取物、牡荆、菊糖、黑糖

4）产品图片：

益元活泉

盛和胶囊

益元甜蜜饮

3．调理方式

1）活泉在饭中喝，促进营养的吸收

2）盛和胶囊饭后服用，每日三次，每次两粒；

3）益元甜蜜饮待产后恢复月经后使用；

（二）防风去寒

1、症状表现：腰背、肩颈、关节疼痛、头痛；

2、建议产品：

1）沐青百草浴2号：温经散寒，缓解体内湿寒。

主要成分：伸筋草、秦艽等

2）沐青百草舒女浴：抗菌消炎止痒

主要成分：蛇床子、黄柏、百部；

3）养乐温灸膏 ：温热祛寒止痛，提升气血循环，醒神去疲，强化水湿代谢。

主要成分：桧目、薄荷、姜、丁香、肉桂

4）甜蜜安静贴补：理气血，逐寒湿，温煦经络脏腑；

主要成分：唐辛子、薄荷、艾叶、植物水解胶原蛋白、纳米远红外线粉；

5）产品图片：

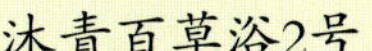

沐青百草浴2号

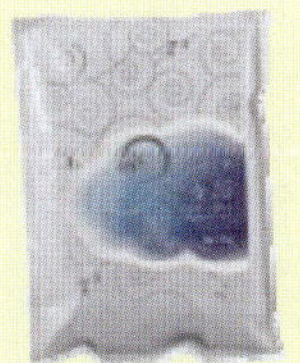

沐青百草舒女浴

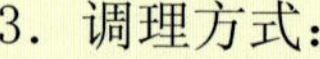
养乐温灸膏

甜蜜安静贴补

益元甜蜜饮

轻扬运化调理露

3．调理方式：

1）沐青百草浴2号用热水泡后将药包敷于腰背、肩颈、小腹部、四肢关节处；

2）沐青百草舒女浴用于泡浴，搓洗皮肤；

3）养乐温灸膏涂抹于腰背、肩颈、小腹部、四肢关节处，搓热用RE灯照5分钟；

4）贴于肚脐、腰部、腹部、胸部、肩颈部、尾椎部、腿部等位置10小时持续有效；

（三）产后修复：

1．症状表现：身材肿胀。阴道松弛、子宫卵巢机能衰退

建议产品：

1）养乐温灸膏 ：温热祛寒止痛，提升气血循环，醒神去疲，强化水湿代谢。

主要成分：桧目、薄荷、姜、丁香、肉桂

2）气色私房锭：修复阴道、子宫黏膜，调补腺体，改善内环境；

主要成分：当归、白果、花椒、大茴、芡实；

3）益元甜蜜饮：调补气血，促进子宫收缩，加强恶漏排导；

主要成分：沙棘、松花粉、南瓜萃取物、牡荆、菊糖、黑糖；

4）轻扬运化调理露：祛湿散寒、紧实带脉；改善体质，促进水湿代谢；

主要成分：瞿香、香附叶、桂枝；

5）产品图片：

气色私房锭

养乐温灸膏

2．调理方式：

1）养乐温灸膏涂抹于腰背，祛水湿紧实带脉，搓热用RE灯照5分钟；

2）气色私房锭前三天每晚塞入阴道一粒，以后隔天用1粒；

3）益元甜蜜饮待月经恢复后饮用，可强化子宫收缩；

4）轻扬运化调理露涂抹于腹部、腿部等肌肉松软肿胀的地方，搓热按摩至吸收；

5）同时进行恒气色、恒幸福、恒气色手法按摩。

（四）女性产后养护优势特色

1．调理途径多，吃、喝、涂、抹、搓、洗、泡、塞等；

2．快速补充生产时大量流失的气血、荷尔蒙，产品无需转化直接吸收；

3．有效祛除体内水湿，保持身材的恢复。

8.老人关节养护

关节主要有一些滑膜、韧带、骨膜、组织间液、骨构成，由于人老体衰各脏腑机能下降导致气血不足，不能濡养骨关节的各组织或者由于外邪（风邪、寒邪、湿邪）引起经脉不通畅，从而引起一些症状表现：

（一）老寒腿：

1．建议产品

1）沐青百草松身浴：缓解身体疼痛；

主要成分：桑枝、威灵仙

2）疏通腿部经络（恒清乐通畅养护组刷腿部）

3）养乐温灸膏 ：温热祛寒止痛，提升气血

循环，醒神去疲，强化水湿代谢。

主要成分：桧目、薄荷、姜、丁香、肉桂

4）知足百穴贴：通畅末梢循环、提升脏腑气血循环、清热除湿、消肿止痛；

主要成分：威灵仙、蓖麻子、没药、乳香、木鳖子

5）产品图片：

沐青百草松身浴

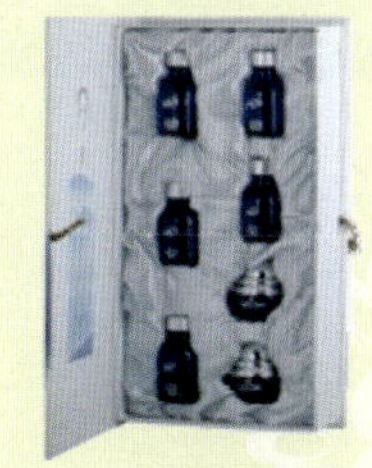

恒清乐通畅养护组

养乐温灸膏

知足百穴贴

2．调理方式

1）沐清百草松身浴用于泡腿，将药包敷在关节处，来回搓洗；

2）用魔蝎刷对腿部进行经络疏通30分钟；

3）经络疏通前将温灸膏涂抹于关节处来回搓热；

4）知足百穴贴在刷完腿之后贴于整个关节处以及脚底。

（二）颈椎关节疼痛

1．建议产品：

1）沐青百草松身浴：缓解身体疼痛；

主要成分：桑枝、威灵仙；

2）百草冰乳霜：修复筋膜，缓解疼痛，提神醒脑；

主要成分：茴香、松针、天竺葵、罗勒；

3）幸福活力霜：活血化瘀，消肿止痛；

主要成分：延胡索、郁金香、红花、麝香；

4）恒养乐平衡组进行督脉经络疏通

5）恒神气养护组进行肩颈经络疏通

6）产品图片：

沐青百草松身浴

百草冰乳霜

幸福活力霜

恒养乐平衡组

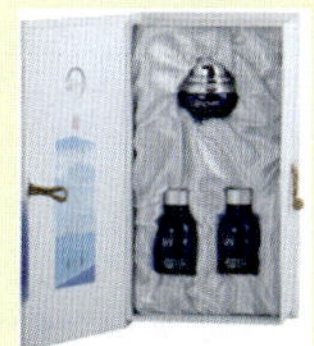

恒神气养护组

2．调理方式

1）沐青百草松身浴进行熏蒸，将药包敷在颈椎处；

2）将百草冰乳霜和幸福活力霜涂抹整个肩颈，来回搓热直至吸收即可；

3）恒养乐着重疏通督脉、脊椎30分钟；

4）恒神气着重对颈椎进行疏通以及穴位的按压。

（三）老人关节养护的优势特点

1．对于未病或症状较轻的，可进行外用涂抹商品养护，方便携带；

2．对于症状较重的，可同时进行经络疏通，全方位的对经络、穴位、脏腑的刺激，提升功能，双向调节改善体质；

3．在祛除外邪的同时，还能提升脏腑机能，强健骨骼。

9.中和能量平衡健脊术

中和能量平衡健脊术：健脊正形，舒络止痛，振奋精神

中和能量平衡健脊术产品套组
——中和御祯康套组

1．调理症状

由脊柱问题引起的各型病变及疲劳、肌痛、失眠、健忘、情绪低落等各型躯体性亚健康。

2．产品：

中和御祯康能量中药油

（1）成分：

主要成分：红花、透骨草、刺五加、独活等中药

（2）产品说明：

主要功效：健脊正形，舒络止痛，活血化瘀，消除疲劳，振奋精神

用法：配合手法在颈肩腰使用

产品图片

中和能量调理中草油

中和温通利湿术产品套组
——中和御祯康温通油套组

1．调理症状

包括但不限于痰湿人群，凡具有身重不爽，易困倦，睡眠不佳，体形肥胖，多汗且粘，胸闷，痰多，面色淡黄而暗，舌胖苔白腻，口粘腻或甜，脉滑者均能适用。

2．产品：

中和御祯康温通中药油

（1）成分：

主要成分：姜黄、肉桂、艾叶、苍术等中药

（2）产品说明：

主要功效：温通经络，振奋阳气，化痰除湿，降脂瘦身，养心安神

用　　法：配合手法在肩、腰、腹部使用

产品图片

中和温通调理中草油

10.中和温通利湿术

中和温通利湿术：温通经络，振奋阳气，化痰除湿，降脂瘦身，养心安神。

11.岐伯堂腰痛中医经络技术

本技术需要调理师熟练掌握中医基础理论知识，特别是可以把十二正经和任督二脉的经络循

行和循经穴位融会贯通。本方法对手法也有一定要求，手法的熟练程度及如何在刺激穴位时恰当的运用，对疗效的好坏有直接影响。但最重要的是根据不同的亚健康状人群进行辨证调症，起到症消康复的作用。

一、适应人群：腰痛，失眠，腰膝酸软，头昏，眼花，五更泄泻者。

二、功　　效：滋阴益肾，培补肾元。

三、操作手法：

1．俯卧：在胸椎第10节淤堵处做火疗10分钟，点按穴位：肾俞（主治腰痛），气海俞，腰阳关，关元俞，秩边，腰俞，长强（督脉阳气生发穴）各1分钟

2．刮痧：刮肾俞（主治腰痛、肾虚），气海俞，腰阳关，环跳。

3．拔罐：拔肾俞，腰阳关，环跳，留罐10分钟。

4．疏通肾经，功效：肾主骨，生髓，造血，藏精，主纳气，主水，通过疏通肾经，达到滋阴固肾的作用。

操作方法：

用拇指点涌泉十八次，顺着涌泉到然谷穴推十八次，点然谷穴十八次，太溪顺时针点十八次，从太溪穴到阴谷涂上油膏，将大钟、水泉、照海以指腹各按揉九次，复溜、交信揉十八次，双拇指向

上推到阴谷五遍，双拇指滴水不漏法从太溪穴到阴谷穴五遍，拨阴谷穴九遍，用掌心向上推十八遍；两条经络共用时十四分钟。

5．仰卧：疏通肺经，操作手法：用拇指从中府到太渊按揉五遍，再从太渊揉拨到鱼际，点按鱼际九遍，少商点按九遍，敲法：经络锤敲九遍。两条经络共八分钟。因为肺金生肾水，重点穴位中府、尺泽、少商。

6．足部手法疏通：肾反射区、输尿管反射区、膀胱反射区、尿道反射区、扁桃体区、上下颌及全身淋巴系统、脾反射区、闪腰点反射区作为重点10分钟。

坐位：华佗夹脊法5分钟。功效：通经活络，使淤堵的夹脊两侧疏通。

操作手法：在所选定的夹脊穴上用点穴工具进行重复来回点压，找到痛点进行重点疏通，手法要由轻到重，不可突然发力。

效果：以上技术，每次调理60分钟左右，本技术在岐伯堂调理中显示出了良好的效果，一般调理一次就会有很好的效果，能够很轻松的直腰行走。伴随症状如失眠，腰膝酸软，头昏眼花，五更泄泻等症状都能改善，通过以上技术调理一段时间后，能够收到非常好的效果。

12.岐伯堂便秘中医经络技术

一、适用人群：便秘，腹胀，身肿，肌肉臃肿者。

二、功效：润肠通便，补脾益肾，和中开痞。

三、操作手法：

第一次

1．在背部胸椎第6节淤堵点火疗5分钟，起到活血化瘀的作用。

2．点按背部膈俞、肾俞（肾主二便）、肝俞（肝主疏泄）、脾俞、胃俞（提升中

气），大肠俞每穴位2分钟

3．穴位刮痧，刮脾俞、胃俞、肾俞、八髎穴（去火散瘀）

4．穴位拔罐，拔脾俞，肾俞，留罐10分钟，点揉上巨虚和下巨虚（大肠、小肠的下合穴）

5．敲胆经，用经络锤从环跳穴开始经过风市、中渎、阳陵泉、外丘一直到足窍阴敲击１８遍，功效：增强胆汁分泌，增加人体消化吸收，给人体提供足够的造血原材料；点昆仑穴，用拇指点揉一分钟（约２０下左右），功效：可将体内的心包积液和代谢废物排出体外。

疏通心包经，从天池到曲泽按揉五遍，从天池到劳宫双拇指叠压或排压五遍，点内关十八次，经络锤敲九遍。功效：将血气能量运转全身。

6．在腹部中脘，大横，腹结各点穴1分钟，点解溪1分钟，在腹部火疗5分钟，揉腹5分钟。

第二次

1．点按背部肺俞、膈俞、肾俞、肝俞、脾俞、胃俞、大肠俞各一分钟。

2．疏通脾经，功效：通过疏通脾经，增强脾主肌肉，主运化，主统血的作用。

操作方法：用拇指点按隐白、大都、白五、公孙、商丘各五次，从商丘到血海双拇指叠压五遍，从血海到箕门揉拨五遍，经络锤敲脾经九遍。两条经络共十分钟。

3．腹部火疗5分钟，顺时针揉腹5分钟。

4．足部手法疏通，肾反射区，输尿管反射区，膀胱反射区，升结肠、降结肠，横结肠和直肠反射区，每区疏通1分钟，在降结肠反射区容易有硬块，降结肠做重点疏通。

第三次

点按背部膈俞、肾俞、脾俞、胃俞、肝俞各点穴1分钟，

捏脊，从八髎捏到大椎5遍。

敲胆经，用经络锤从环跳穴开始经过风市、中渎、阳陵泉、外丘一直到足窍阴敲击１８遍，功效：增强胆汁分泌，增加人体消化吸收，给人体提供足够的造血原材料；点昆仑穴，用拇指点揉一分钟（约２０下左右），功效：可将体内的心包积液和代谢废物排出体外；疏通心包经，从天池到曲泽按揉五遍，从天池到劳宫双拇指叠压或排压五遍，点内关十八下，小锤敲九遍。功效：将血气能量运转全身。

腹部火疗5分钟，拔罐（大横，中脘，腹结，神阙），6个罐，留罐10分钟。

5．做足部手法疏通：肾反射区，输尿管反射区，膀胱反射区，升结肠、降结肠，横结肠和直肠反射区，每区疏通1分钟，在降结肠反射区容易有硬块，降结肠做重点疏通。

效果：以上技术每次调理60分钟左右，本技术在岐伯堂调理中显示出了良好的效果，一般调理一次就会有很好的效果，按以上技术调理一段时间后，有便秘症状的，大便通畅了。对身肿，肥胖等症状者，尤其脂肪肝人群有很好的效果。经过调理的人群，症状都有不同程度的改善。

13.岐伯堂脾胃不合中医经络技术

一、适用人群：腹痛、腹胀、身肿、肌肉臃肿、胃痛、胃炎、胃酸过多

二、功效：益气健胃、清胃活血、温中健脾

三、操作手法：

第一次

1．火疗点穴位：在胸椎第六节淤堵点火疗五分钟，起到活血化瘀的作用。点按

背部穴位脾俞（健脾利湿），胃俞，胃仓（和气降胃），配合呼吸渗透法每穴一分钟。

2．穴位刮痧：刮脾俞、胃俞（和气降胃）、三焦俞，作用于中焦以清热祛瘀。

3．拔罐：拔脾俞、三焦俞，留罐10分钟，起到聚集气血归于脏腑的作用

4．敲胆经，用经络锤从环跳穴开始经过风市、中渎、阳陵泉、外丘一直到足窍阴敲击１８遍。

功效：增强胆汁分泌，增加人体消化吸收，给人体提供足够的造血原材料；点昆仑穴，用拇指点揉一分钟（约２０下左右）。可以把体内的心包积液和代谢废物排除体外；疏通心包经，从天池到曲泽按揉五遍，从天池到劳宫双拇指叠压或排压5遍，点内关18次，小锤敲9遍。将血气能量运转全身。

5．疏通脾经：功效：通过疏通脾经，增强脾主肌肉，主运化，主统血的作用。

操作方法：用拇指点按隐白五下，点大都五遍，点太白五下，点公孙五下，点商丘五下，从商丘到血海双拇指叠压五遍，从血海到箕门揉拨五遍，经络锤敲脾经九遍。两条经络共十分钟。

6．足部手法疏通：肾反射区，输尿管反射区，膀胱反射区，胃，胰腺，十二指肠反射区，每区疏通1分钟，起到调节脏腑的作用

第二次

1、火疗点穴位：在胸椎第六节淤堵点火疗五分钟，起到活血化瘀的作用。

点按：脾俞（主运化水湿），胃俞（和气降胃），肾俞（滋阴潜阳），厥阴俞，心俞，配合

呼吸渗透法每穴一分钟。

2．腹部刮痧:刮中脘（胃的募穴）、天枢（大肠的募穴）、不容、腹结（止痛化瘀）。

3．腹部拔罐:中脘、关元、天枢、不容、腹结。作用是：聚气止痛。

4．疏通胃经，功效：通过疏通胃经，增强胃主受纳，腐熟水谷，降胃气的作用。

操作手法：腹部：用双手从不容穴推到气冲穴十八遍，再从髀关到梁丘肘按揉五遍，双拇指抵压五遍，从梁丘到解溪揉拨五遍，点解溪九下，掐陷谷到内庭九遍，点厉兑九下，用小锤敲九遍。两条经络共六分钟。

5．疏通肝经，功效：肝主疏泄、藏血，疏通肝经以达到平肝潜阳，镇熄内风，疏肝解郁的作用。

操作方法：先用掌揉期门到章门五遍，从大腿根部到曲泉用掌揉五遍，拨五遍。曲泉到中都揉五遍，从中都顺着胫骨双拇指叠压到中封五遍，太冲到大敦指掐九遍，两条经络共用时八分钟。

6．足部手法疏通：肾反射区，输尿管反射区，膀胱反射区，胃，胰腺，十二指肠反射区，每区疏通1分钟，起到调节脏腑的作用。

效果：以上技术，每次调理60分钟左右，本技术在岐伯堂调理中显示出了良好的效果，一般调理一次就会有很好的效果，根据以上技术每天进行调理一次，调理一段时间后，对身上湿气重，胃寒，胃痛，胃炎，胃酸多等消化系统症状都能够起到不同程度的改善。

14.岐伯堂头痛中医经络技术

一、适用人群：头痛，头晕，目眩，恶心，呕吐，腹胀，多汗者。

二、功效：镇息内风，滋阴泻火

三、操作手法：

第一次

1．点穴位：点按背部风池（祛风止痛），大椎（阳气重穴散寒解表），肝俞，胆俞（疏肝理气），各1分钟。点按头部 印堂（醒脑开窍），鱼腰（开窍明目），鱼尾，率谷（止偏头痛），翳风（祛风止痛），颧髎，听宫（开窍镇痛），丝竹空，听会，发髻高处每穴做5下加按风池2分钟。

2．整个头部刮痧，重点对膀胱经，胆经用刮痧板进行刮痧。

3．穴位刮痧：风池，翳风（祛风穴），列缺（颈项寻列缺），合谷（面口合谷收），

4．穴位拔罐：大椎（阳气重穴散寒解表），肝俞（调肝理气），肾俞，留罐15分钟。

5．疏通肝经：肝主疏泄、藏血，疏通肝经可以起动平肝潜阳，镇熄内风，疏肝解郁的作用。

操作方法：先用掌揉期门到章门五遍，从大腿根部到曲泉用掌揉五遍，拨五遍。曲泉到中都揉五遍，从中都顺着胫骨双拇指叠压到中封五遍，太冲到大敦指掐九遍，两条经络共用时八分钟。

第二次

1．点穴位：点按背部风池、大椎、肝俞、胆俞，各1分钟

点按头部 印堂、鱼腰、鱼尾、率谷、翳风、颧髎、听宫、丝竹空、听会，

发髻高处每穴做5下加按风池2分钟。

2．整个头部刮痧，重点对头部的膀胱经、胆经用刮痧板进行刮痧。

3．疏通胆经：功效：让上升的肝火由胆经下降，有疏肝理气的作用。

操作手法：用拇指点肩井、日月穴各一分钟，肘揉环跳十八下，揉拨环跳九遍，从环跳到膝，肘揉九遍再揉拨五遍，拨阳陵泉九遍，从膝到踝揉拨五遍，点足临泣九下，敲胆经十八遍。两条经络共六分钟。

4．足部手法疏通：肾反射区，输尿管反射区，膀胱反射区，尿道反射区，头部反射区，肝反射区，上下身淋巴和全身淋巴反射区；每区用时1分钟约20下左右。能起到调节脏腑的作用。

效果：以上技术每次调理45到60分钟，本技

术在岐伯堂调理中显示出了良好的效果，大部分人群一次就能解决头痛的问题，对于头晕，目眩，恶心，呕吐，腹胀，多汗的人群有着非常好的效果。

15.世明泉天然苏打水亚健康调理技术

原理：天然苏打水的保健功能：

（一）天然苏打水对人体保健具有五项功能

1．调节功能

天然苏打水因为有理想的PH值，长期饮用能清除人体内的酸性代谢物， 调节人体酸碱平衡，改变酸性体质。

2．渗透功能

该水独特的小分子团与身体细胞内及周围的水分子团相配，与其它分子相互作用，利用能量振动交流，可以穿过细胞膜带入营养，并把有毒废物带出细胞，保持人体内清洁畅通，充满活力。

3．营养功能

天然苏打水不但洁净，而且富含人体所需的多种矿物质和微量元素。这些微量元素呈离子状态，更易被人体吸收。

4．清除功能

天然苏打水可清除人体血液中部分自由基，排除体内毒素，使人体处于正常的循环、排泄状态。

5．促进功能

天然苏打水溶解度高，能促进胰岛素分泌和胆同醇分解，使人体远离高血脂。

由于现代人饮食结构不合理，运动不足，心理负担过重，不良嗜好及生活的不规律，使人的酸性程度不断增加。日常多喝弱碱性天然苏打水，能改变快节奏生活带来的酸性体质，确保身体健康。

（二）天然苏打水之所以有五个保健功能，是因为它具有六个属性：

1．干净、纯洁和防病

新鲜而无污染的天然苏打水之所以有益健康，是因为它能够抵抗引起疾病的微生物，并且抑制多种微生物的繁殖。

2．充满生命能量

人的身体有几十万亿的细胞悸动和脉动，形成一个谐频的复杂系统。生命的这种脉动使彼此机能进行重要的生物和化学交流，而破坏了和谐波脉动就会引起疾病。该水是活性水，能与人体的能量振动发生共振，故饮用此水能增强人的生命力。而饮用死水是有害的，因为人的身体必须消耗宝贵的能量用来转化它，并且在它发挥应有的功能前首先给它能量。

3．充满生命氧

氧气是生命燃料，人体拥有的越充足，身体各器官就会越好的行使职能，人就会越健康。大部分人认为人体吸入的只是空气中的氧气，但是溶解于水的氧能直接地进入人体的细胞，被人体细胞快速吸收。

4．富含离子矿物和微量元素

当雨、雪在天空中降落并融化后渗入泥土和火山岩石，便积聚了矿物质和微量元素，这些都是身体传导和生产几十亿脉冲所必须的。

两次诺贝尔奖获得者莱纳斯鲍林博士指出：“人类所有疾病均源自矿物质的缺乏。”天然苏打水中的矿物质和微量元素最适合身体的需要。

5．理想的PH值

含有丰富矿物质的天然苏打水PH值呈弱碱性，对传输氧气，调节新陈代谢，排除酸性废物和预防疾病是非常必要的。

6．重要的六角行结构

该水的小分子团平滑整齐地排列着，形成完整的六角形，并且含有丰富的矿物质。科学研究证明，只有有益于身体健康的水的小分子团才能形成完整的六角形，像雪花一样的晶体。而不利于身体健康的水一般是无序无形的。

正因为天然苏打水具有以上六个属性，才能充分发挥五大功能。那么天然苏打水和各种疾病是什么关系?对恢复和预防疾病能起到什么作用呢?

天然苏打水不但能满足身体用水的需要，还

有它特殊的作用——调节酸碱平衡。

世明泉微量元素含量功效：

元素	含量 mg/L	效　用
硒	0.0002	抗癌益智，防治心血管病，抵抗汞铊砷中毒。
碘	0.009	用来消毒和治疗甲状腺肿大、防治心脏病
铁	0.002	造血、预防畸形、治疗贫血、促进生长并有杀菌功效
锌	＜0.0025	促生长、治创伤、增强免疫功能
硼	0.6	有杀菌、消炎、脱敏、镇痛的功效
偏硅酸	34.3	对动脉硬化、神经系统紊乱、关节等有防治作用
钼	0.0026	防治食道癌
锶	0.54	强壮骨骼、防治心血管疾病功能及牙齿的正常组成部分
锂	0.068	强壮骨骼、镇静安神、防治心血管疾病、造血
铬	＜0.004	促进胰岛素发挥作用、防治粥状动脉硬化、促生长

溶解性总固体：616 mg/L

碳酸氢钠：286.34mg/L

PH 值：8.0

1. 营养分析 ：苏打水富含硼、锌、硒、铬等离子矿物和微量元素，这些微量元素呈离子状态，更易被人体吸收。天然苏打水 pH值呈弱碱性，对传输氧气，调节新陈代谢，排除酸性废物和预防疾病是非常必要的。世界卫生组织对优质饮用水提出了比较具体的条件，其中最重要的条件是饮用水必须是弱碱性，即 pH值7.5——8.5之间，欧美国家称天然苏打水为“送你十年寿命的水”。

2. 饮水与保健：东汉著名医学家张仲景说：“水入于经，其血乃成，谷入于胃，脉道乃成，水之于人，不亦重乎？故人之形体有厚薄，年寿有长短，多系于水土禀受滋养之不同。 ”人体中含75%的水。水对身体的所有功能都很重要，因此水是生命的根源，饮水的好坏，直接影响到人的身体健康程度。为了获得健康的体魄，我们的机体需要保持一定的酸碱平衡。人体需要处在碱占70%、酸占30%的内环境中才能健康生存。如果人体长期处在酸性的内环境中，就会引发一些疾病。相反，当体内碱性物质增加时，人体对食物中钙质的吸收能力增强。如果想延缓衰老，就必须有一定碱的储备，因为它可以缓冲过多的酸。当pH值远离平衡点，酸性过多时，就容易引发失眠、关节炎、类风湿、痛风等疾病。要使体内酸碱平衡，保持身体健康，补充弱碱性天然苏打水是比较好的选择。

适应症：

胃酸过多、过少，便秘，膀光癌，胆结石、肾结石，中风、心肌梗塞，糖尿病，痛风病、腰痛等风湿性疾病，手足疾病，肝病，高血压、高血脂，过敏症，肥胖症

世明泉天然苏打水适用人群：

1. 健康人群
2. 亚健康人群与酸性体制人群
3. 对神经官能症与植物神经紊乱的人群
4. 对胃炎、溃疡、结肠炎的人群
5. 对肝胆疾病的人群
6. 对糖尿病与痛风的人群
7. 对心脑血管疾病的人群
8. 对内分泌功能与免疫力功能低下的人群
9. 对造血功能低下的人群
10对痛风人群

调理方法：

胃酸过多、过少一———胃酸过多的症状是烧心、返酸水、腹胀、腹痛和全身不适，饭前1-1.5小时饮用适量的温热苏打水，会产生反射性，抑制胃酸分泌。

胃酸过少，在饭前20-30分钟喝少量冷苏打水刺激胃液分泌增加胃酸。

便秘----长期便秘可导致大量毒素重新回到体内，使肝脏负担过重，还会使大量的毒素转移到皮肤。返回的毒素超过三分之一从皮肤中排出就会导致痤疮（粉刺）、酒渣鼻、湿疹和皮肤干燥，这些都会加快人体老化。另外不及时排便，使宿便在肠内产生毒素，会诱导疾病发生。

膀光癌--多饮能量活化水能减少患膀光癌症的发病率。---《喝能量活化水可防病》。

胆结石、肾结石---苏打水中的偏硅酸有助于分解和排除结石。肾结石是因缺水而导致尿中钙浓度过量引起的。----《喝能量活化水可防病》。

中风、心肌梗塞----为老年人多发病，与水有关。由于夜间排尿、呼吸，肌体缺水，使血液黏稠度升高，血小板凝聚力亢进，常有人在清晨发病。晨起后即饮能量活化水1-2杯，一是补水，二是清理肠道，减少疾病发生。

每天服200mg铬，能减少迟发性糖尿病50%以上的发病率。糖尿病人通常缺乏合成胰岛素所必须的镁离子及锌和铜，而天然苏打水中含有这三种矿物质，经常饮用会产生好的效果。

痛风病、肩病、腰痛等风湿性疾病——尿酸是这三种疾病的元凶。普通自来水100毫克能溶解尿酸11.7毫克，而弱碱性天然苏打水100毫克能溶解21.3毫克的尿酸，为前者的2倍，而溶解率是它的1.8倍。所以经常饮用天然苏打水能有效的排泄尿酸，使患考从疼痛中解脱出来。虽然痛风比较难治疗，但只要坚持饮用天然苏打水15-30天，血液中的尿酸值就会下降。我国编辑出版的《护理手册》上介绍，每次用80-100mg碳酸氢钠溶于35-38摄式度水中洗澡20分钟，有促进代谢及溶解皮肤作用，用于治疗伴有代谢障碍的痛风或风湿性疾患，多发性关节炎及脂溢性皮炎等皮肤病。

手脚疾病——经常用天然苏打水浸泡能够逐渐恢复。

每天多喝天然苏打水可止咳去痰。

肝——天然苏打水西方国家又称肝脏水，经常饮用有保护肝脏作用。

高血压、高血脂——原国是体内酸性过度，坚持喝弱碱性天然苏打水使酸碱平衡，可降血压、降血脂。

过敏症——此水经常饮用可减轻皮肤病、湿疹、蚊虫咬伤。主要是微循环灌流功能增强，从而延缓皮肤衰老，减少皮肤疾病。

减肥——此水代替饮料，每天可减少摄取150千克热量，可起到减肥作用。

此外，口腔炎、喉咙痛，用此水漱口，可减轻症状；三杯此水迅速解醉；每天饮用此水可提神解劳，改善睡眠质量；此水可减少焦油及尼古丁危害；经常用此水揉洗眼睛，使眼睛舒适明亮；经常用此水洗脸可使皮肤细嫩，防止黑斑、雀斑及皮肤老化；经常用此水洗澡，能预防各种皮肤疾病，提高细胞新陈代谢，使皮肤细胞活化，保持肌肤健美；户外活动涂沫此水，可减少紫外线的损伤；用此水洗头，预防头皮痒、头皮屑、使头发乌黑柔顺。

健康提示：

一次喝完一杯水（200-250毫升）这样才能使身体真正吸收使用。

美国专家推荐了一个喝水行程表供您参考：

6：30 经过一整夜睡眠，身体开始缺水，起床之后先喝250毫升的水可帮助肾脏及肝脏解毒，稀释血液防止心脑血管疾病发生。

8：50 喝250毫升缓解早晨的紧张状态。

11：00 第三次喝水补充消耗的水份，有助于放松紧张的工作情绪。

12：50 用完午餐半小时后，喝一些水助于消化。

15：00 喝一杯此水提神醒脑。

17：30 下班前喝一杯，减少饥饿感，防止暴饮暴食。

22：00 睡前半小时喝上一杯，保持体内水份。

每天应喝2000到2500毫升水，以满足生命之需要。

16.“莱香三养疗法”花姿婷妇科亚健康调理干预技术

“莱香三养疗法”亚健康干预技术与产品是由国家中医药管理局亚健康干预技术实验室战略合作单位上海莱香公司自主研发的亚健康调理干预技术与产品。“莱香三养疗法”亚健康调理干预技术与产品已入选我国与世界卫生组织合作研究《中医药“上工治未病”工程项目以及中医药对亚健康防治干预研究》项目中。

【原理】

“莱香三养疗法”，即“养气”、“养血”、“养经络”。这里的“养”不单是补养，还有调养、调理、养护的含义，如“养气”包括补气、调气、理气、行气等；“养血”包括补血、活血、祛瘀等；“养经络”包含经络调理、疏通经络等。“莱香三养疗法”的基本原理为：在亚健康调理的实践中，在整体观念指导下，以“养气、养血、养经络”为基础，运用独特的“莱香三养疗法”产品与亚健康调理干预技术，顺应四时养生，根据不同的亚健康症状辩证调理。

【功用】

疏通经络，行气活血；调节脏腑，沟通内外；平衡阴阳，补虚泻实；改善体质，使面色红润；促进新陈代谢，活化细胞；调和体内营养状态，平衡内分泌，使阻滞在人体内的毒素排出体外，使身心保持气血充盈、经络通畅、脏腑安和、阴阳平衡的健康状态。

【适应症】

亚健康状态，如头晕、头痛、疲劳、失眠、健忘、目干涩、便秘、身体酸痛、月经失调、无食欲、面色晦暗、内分泌失调、乳腺增生、畏寒、情绪低落、烦躁易怒、下肢无力等症状；或痰湿质等体质偏颇。

【应用方法】

（一）清

1. “生理净化养生”套盒：

（1）产品组成：生理净化原液5ml*24瓶。

（2）主要成分：多种草本植物酵素精华元液、百部、蛇床子、黑面神、菊花、荆芥、栀子、当归、藏红花、苦参等草本植物萃取液。

（3）使用方法：

1）每次月经结束后三天开始使用，用温水清洗外阴；

2）取出护理液，扭开盖子并剪开瓶口薄膜，再拧紧盖子去掉盖子外套；

3）以仰卧姿势，垫高臀部，臀部下面垫上毛巾或纸巾，以免流出的护理液滴到床单上。将5ml摆瓶护理液的喷嘴管直接伸到阴道深处，慢慢挤压，直至护理液完全放入，保持臀部垫高状态，作用20分钟，使之充分吸收，然后用毛巾或纸巾擦拭溢出的液体即可。

2. “温宫滋补”套盒：

（1）产品组成：温宫滋补按摩油50ml，温宫滋补1号油5ml，温宫滋补2号油5ml,温宫通穴精华10ml，温宫调敷液20ml，温宫草本药膜10g*6包。

（2）主要成分：多种草本植物酵素精华元液，植物复合素、当归萃取液、人参萃取液、川穹萃取液、姜精油、乳香精油及多种草本植物精华等组合而成。

（3）使用方法：

1） 清洁；用温宫通穴精华点压开穴，疏通经络（使用前先摇晃瓶子10下以活化其有效成分）；

2） 去温宫滋补按摩油5ml+温宫滋补1号油和温宫滋补2号油各5—8滴混合油按摩腰部及腹部；

3） 取温宫滋补药膜+温宫调敷液混合后敷于护理部位；4)配合私密花语仪器效果更佳。

（二）调

1. “护宫调理”套盒

（1）产品组成：护宫调理1号油10ml，护宫调理2号油10ml，护宫调理3号油20ml，护宫调理4

号油20ml，护宫调理5号油20ml.

（2）主要成分：多种草本植物酵素精华元液，当归精华、藏红花精华、川芎精华、艾根精华、没药精华、姜精油等。

（3）使用方法：

1）护宫调理1号油，每天在温水中滴5滴进行坐浴或滴2滴在内裤进行护理；

2）护宫调理2号油5—10滴，点压肚脐四周相关穴位，也可于肚脐艾熏；

3）在月经期取5滴3号精油涂抹在背部及腹部尾椎八髎穴处，然后用红外灯加热15分钟即可；

4）在经期后第二个星期（即排卵期），每天取20滴在腹部及尾椎部位按摩吸收即可；

5）在经期后第一个星期（即女性安全期）使用，每天取20滴在腹部及尾椎部位按摩吸收即可；

6）配合私密花语仪器效果更佳。

2.“幸福女人”套盒：

（1）产品组成：幸福女人元夜50ml，幸福女人能量精元10m，青春再造精元10ml，幸福女人通穴精华10ml，艾灸条1盒/2支。

（2）主要成分：多种草本植物酵素精华元液，植物复合素、当归萃取液、人参萃取液、川穹萃取液、益母草萃取液、姜精油、乳香精油等。

（3）使用方法：

沐浴或清洁背部及腹部；

用艾条灸腹部神阙穴之晕红；

然后用幸福女人通穴精华5—10滴，点压穴位，后滴于神阙穴内；

用幸福女人元夜3—5ml+幸福女人能量精元+青春再造精元各5—8滴混合后按摩腹部；

配合私密花语仪器效果更佳。

（三）补

1.“生命摇篮养生”套盒：

（1）产品组成：生命摇篮元液50ml，生命摇篮能量精元1号5ml，生命摇篮能量精元2号5ml，生命摇篮通穴精华10ml，生命摇篮调敷液20ml，生命摇篮草本药膜10g*6包。

（2）主要成分：多种草本植物酵素精华元液，植物复合素、肉苁蓉萃取液、淫羊藿萃取液、川穹萃取液、当归精油、檀香精油、迷迭香精油及多种草本植物精华组合而成。

（3）使用方法：

清洁；

用生命摇篮通穴精华点压开穴，疏通经络；

取生命摇篮元液5ml加生命摇篮精元1号+生命摇篮精元2号各5-10滴混合后按摩；

取生命摇篮草本药膜+生命摇篮调敷液混合后敷于护理部位。

2.“葆春能量情趣”套盒：

（1）产品组成：葆春能量油50ml，葆春激能液15ml，葆春疏理露3ml*12支；

（2）主要成分：多种草本植物酵素精华元液，维E、玫瑰、茉莉、月苋草油、肉苁蓉、益智仁、淫羊藿、人参等萃取精华；

（3）使用方法：

1）在浴后，用葆春能量油倒在手心中在脊柱上下轻揉按摩，然后可在性敏感点做轻揉按摩，时间可长短，达到安全进入愉快状态；

2）配合私密花语仪器效果更佳。

（四）养

1．“益生青春饮”胶囊

（1）产品组成：30粒/盒。

（2）主要成分：果蔬草本萃取综合酵素（首乌、桂枝、麦冬、桂皮、五味子、杨桃、荔枝、榴莲、冬瓜、玉米、西兰花等）。

（3）使用方法：每天早饭前服1次，每次1-2袋；每袋用300毫升以上的温水（水温不能超过40℃）搅匀后饮用。

2．“益生青春饮”套盒

（1）产品组成：12瓶/盒，30毫升/瓶（液体）。

（2）主要成分：果蔬草本萃取综合酵素（人参、牛樟芝、百合、灵芝、冬虫夏草、木瓜、海苔、火龙果、无花果、龙眼、菠菜、山药等）。

（3）使用方法：每天早（饭前）、中（饭前）、晚（睡前）各服1次，每次20毫升以上（1瓶更佳）；每次用200毫升以上的温水（水温不能超过40℃），搅匀后饮用。

【健康提示】

1．调理期：1次/2天，连续7次；

巩固期：1次/3天，连续7次；

保养期：1次/5天，连续7次以上。每21次为1个疗程。

2．保持良好习惯，如饮食有序、劳逸结合、生活规律、坚持锻炼。

3．每天饮水量保持2000-3000毫升，多食五谷杂粮和蔬菜水果。

17．“莱香三养疗法”莱香酵素调理技术

1．“益生通畅饮”套盒

（1）产品组成：12袋/盒，5g/袋（粉末）；

（2）主要成分：果蔬草本萃取综合酵素、首乌、桂枝、麦冬、桂皮、五味子、杨桃、荔枝、榴莲、冬瓜、玉米、西兰花等

（3）使用方法：每天早饭前服1次，每次1-2袋；每袋用300ML以上的温水（冷开水，水温不能超过40度）搅匀后饮用。

2．“青春泉生命饮”（调理型）套盒

（1）产品组成：12瓶/盒，30ML/瓶（液体）；

（2）主要成分：果蔬草本萃取综合酵素、人参、牛樟芝、百合、灵芝、冬虫夏草、木瓜、海苔、火龙果、无花果、龙眼、菠菜、山药等.

（3）使用方法：每天早（饭前）、中（饭前）、晚（睡前）各服1次，每次20ML以上（1瓶更佳）；每次用200ML以上的温水（冷开水，水温不能超过40度）搅匀后饮用。

3．“益生青春饮”套盒

（1）产品组成：益生青春饮（液体）30 ML×12支

益生青春饮胶囊10粒/板×3板

（2）主要成分：益生青春饮（液体）——龙眼、荔枝、莲藕、益母草、芦荟、蔬菜、菇类氨基酸多醣体等多种果蔬酵素及草本植物精华，并含胎盘丝及莲花胎盘（其为女人珍宝）。

益生青春饮胶囊——龙眼、荔枝、莲藕、益母草、芦荟、蔬菜、菇类氨基酸多醣体等多种果蔬酵素及草本植物精华。

（3）适用症状：益生青春饮（液体）——更年期、痛经、内分泌、哮喘、丰胸、清肠毒、排宿便、消除小肚子、美容、年轻、肌肤润滑，抗衰修复皮肤及受损的细胞组织（细胞是人体的发动机）令人体呈现健康之美。

益生青春饮胶囊——可消炎杀菌，外敷伤口及治疗口腔溃疡，抗癌

（4）使用方法：益生青春饮（液体）——每日1-2次，每次30ML -60ML，加温水

300-600ML稀释后食用，水温不宜超过40度。

益生青春饮胶囊——每日3-6粒，早晚服用（餐前空腹或餐后2小时后服用）

4．畅优健康饮

（1）产品组成：10瓶/盒，30ML /瓶（液体）

（2）主要成分：奇异果、葡萄柚、桑葚、火龙果、木瓜、蔬菜、菇类、氨基酸多醣体等多种蔬果酵素及草本植物精华。

（3）适用症状：亚健康各种体制的调整，清除血管壁毒素，让身体恢复健康状态，修复受损及衰老的细胞组织，从而令肌肤重返青春活力。

（4）使用方法：每日1-2次，每次30ml-60ml，加温水300ml-600ml稀释后食用，水温不宜超过40℃

5．畅优通畅饮（排毒）

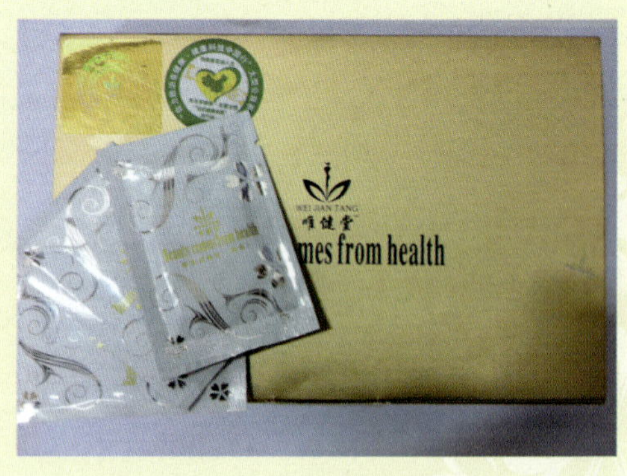

（1）产品组成：12袋/盒，5g/袋（粉末）；

（2）主要成分：水果、蔬菜、苜蓿芽糖等多种蔬果酵素及草本植物精华

（3）适用症状：便秘、排便困难、肠道宿便过多、腹部脂肪肥厚。

（4）使用方法：每日一袋，上午或下午餐前服用，每小袋用200ml以上35℃以下温水冲服

18.“莱香三养疗法”欧宝亚健康经络调理技术

【应用方法】

（一）、泡浴：

“养元固本化积排毒浴”套盒

（1）产品组成：养元固本化积排毒浴药包5袋（120g/袋）；

养元固本化积排毒浴原液1瓶（20ML/瓶）；

（2）主要成分：荷叶、桃花、野玉桂、黑钩藤、大水枫、威灵仙等；

（3）使用方法：将药包1袋放入水中煮开3-5分钟，然后将煮开的药包和药汁放入浴桶浸泡，同时加入原液，最后将浴桶水温调到43-45度左右进行泡浴。15次/疗程，每隔1天泡浴1次（前5次泡浴，每次用浴包1袋+原液8-10滴；后10次泡浴，每次用原液20—30滴）；每次泡浴下水3-4次，累计下水时间20分钟，休息时间10分钟以内，泡浴时可用药包摩擦按摩全身，出浴后不必用清水冲洗。

（二）、内服：

1. “益生通畅饮”套盒

（1）产品组成：12袋/盒，5g/袋（粉末）；

（2）主要成分：果蔬草本萃取综合酵素、首乌、桂枝、麦冬、桂皮、五味子、杨桃、荔枝、榴莲、冬瓜、玉米、西兰花等；

（3）使用方法：每天早饭前服1次，每次1-2袋；每袋用300ML以上的温水（冷开水，水温不能超过40度）搅匀后饮用。

2. “青春泉生命饮”（调理型）套盒

（1）产品组成：12瓶/盒，30ML/瓶（液体）；

（2）主要成分：果蔬草本萃取综合酵素、人参、牛樟芝、百合、灵芝、冬虫夏草、木瓜、海苔、火龙果、无花果、龙眼、菠菜、山药等；

（3）使用方法：每天早（饭前）、中（饭前）、晚（睡前）各服1次，每次20ML以上（1瓶更佳）；每次用200ML以上的温水（冷开水，水温不能超过40度）搅匀后饮用。

（三）、外调：

1. “皇家穴疗精品套”：

（1）产品组成：皇家穴疗神阙元气液1瓶（10ML/瓶）、皇家神奇开穴油1瓶（20ML/瓶）、皇家祛疼痛精元露1瓶（10ML/瓶）；

（2）主要成分：植物精华、人参、艾叶、香附叶，麻黄、桂枝、羌活，冬青、薄荷、细辛等；

（3）使用方法：

1）用皇家穴疗神阙元气液2滴，滴入肚脐中。

2）用皇家神奇开穴油，点按脐周四穴（水分、气海、天枢）。

3）用皇家祛疼痛精元露，按摩腰部与疼痛部位。

2. “三焦气血阴阳调理精品套”：

（1）产品组成：三焦气血元液（50ML/瓶）、生命气血精元1号（10ML/瓶）、生命气血精元2号（10ML/瓶）；

（2）主要成分：植物精华、当归、红花、杏仁、西洋参、薄荷、柠檬草、丹参、桃仁等；

（3）使用方法：

1）用三焦气血元液3ML，按揉背部三焦经、膀胱经、小肠经。

2）用生命气血精元1号5-8滴，点按背部大椎穴、肺俞穴、天宗穴、肩井穴、高盲穴，每穴3－5分钟。

3）用生命气血精元2号5-8滴，刮背部膀胱经、三焦经、小肠经。

3. “阴阳五行能量精品套”：

（1）产品组成：金-能量元素（10ML/瓶）、水-能量元（10ML/瓶）、木-能量元素（10ML/瓶）、火-能量元素（10ML/瓶）、土-能量元素（10ML/瓶）；

（2）主要成分：植物精华、益母草、灵芝、雪莲、玫瑰、红花、冬虫夏草、香柏木等；

（3）使用方法：

1）依次用金元素、水元素、木元素、火元素、土元素各5-8滴，依次用双手拇指推督脉，从尾椎长强穴到百汇穴，各推21遍。

2）依次用土元素、火元素、木元素、水元素、金元素各5-8滴，依次用双手拇指推任脉，从咽喉向下绕脐至关元，各推21遍。

4. “十二正经诊疗套”：

（1）产品组成：通经活络导引元液（100ML/瓶），肺经元液、大肠经元液、胃经元液、脾经元液、心经元液、小肠经元液、膀胱经元液、肾经元液、心包经元液、三焦经元液、胆经元液、肝经元液（10ML/瓶）。

（2）主要成分：植物精华、灵芝、牡丹皮、香附、柴胡、人参、檀香、玫瑰、姜等。

（3）使用方法：

1）用通经活络导引元液8-10滴分别在各经脉上，从下至上推3遍。

2）用十二正经元液各5-8滴分别在各经脉上，从下至上推21遍（例如：肺经-用肺经元液滴在肺经整条经脉线路上从少商至中府揉推21遍）。

【健康提示】

1. 调理期：1次/3天，连续七次；

巩固期：1次/5天，连续七次；

保养期：1次/7天，连续7次以上；每21次为一个疗程。

2. 保持良好习惯。如饮食有序，劳逸结合，生活规律，坚持锻炼。

3. 每天饮水量保持2000-3000ML，多食五谷杂粮和蔬菜水果。

19. “莱香三养疗法”唯健堂亚健康体质调理干预技术

【应用方法】

（一）内服

1. “畅优健康饮”套盒

（1）产品组成：10瓶/盒，30ml/瓶（液体）

（2）主要成份：奇异果、葡萄柚、桑葚、火龙果、木瓜、蔬菜、菇类、氨基酸多醣体等多种蔬果酵素及草本植物精华。

（3）使用方法：每日1-2次，每次30ml-60ml，加温水300ml-600ml稀释后食用，水温不宜超过40℃。

2. “畅优通畅饮”套盒

（1）产品组成：12袋/盒

（2）主要成份：水果、蔬菜、苜蓿芽糖等多种蔬果酵素及草本植物精华

（3）使用方法：每日一袋，上午或下午餐前服用，每小袋用200ml以上35℃以下温水冲服

（二）外调

1. 三焦排毒套组

（1）产品组成：三焦排毒精华油 （100ml/瓶）、上焦草本精华（10ml/瓶）、中焦草本精华（10ml/瓶）、下焦草本精华（10ml/瓶）、能量魔蝎刷1个、温灸艾草条 （2根/盒）。

（2）主要成分：多种草本植物酵素精华原液，当归、川芎、防风、独活、羌活、血竭、乳香、没药。

（3）使用方法：

1）三焦排毒精华油推揉背部；

2）分别用上焦草本精华，中焦草本精华，下焦草本精华推通膀胱经，小肠经，三焦经；

3）温灸艾草条灸命门穴。

2. 补气强身（气虚）体质调理套（阴阳套）

（1）产品组成：补气强身油（30ml/瓶）、精华原液1 号 （5ml/瓶）、精华原液 2号（5ml/瓶）、通穴草本精华（10ml/瓶）、能量通经棒1个。

（2）主要成分：多种草本植物酵素精华原液，当归，川芎，独活，牛膝，红花，乳香，没药，白芷，人参，尤加利，肉豆蔻。

（3）使用方法：1）补气强身油按揉腹部和背部；

2）精华原液1号推揉脾经，胃经，肾经及膀胱经；

3）精华原液2号刮脾经，胃经，肾经及膀胱经。

3. 活血通络（血瘀）体质调理套（阴阳套）

（1）产品组成：活血通络油（30ml/瓶）、精华原液1 号（5ml/瓶）、精华原液 2号（5ml/瓶）、通穴草本精华（10ml/瓶）、能量通经棒 1个

（2）主要成分：多种草本植物酵素精华原液，艾叶，鼠尾草，茴香，葡萄柚，香附，木香，桂子，迷迭香，柠檬，杜松

（3）使用方法：1)活血通络油按揉腹部和背部

2)精华原液1号推揉肺经，大肠经，肝经及胆经

3）精华原液2号刮肺经，大肠经，肝经及胆经

4. 通经活络（痰湿）体质调理套（阴阳套）

（1）产品组成：通经活络油（30ml/瓶）、精华原液1 号（5ml/瓶）、 精华原液 2号（5ml/瓶）、通穴草本精华（10ml/瓶）、通经活络精元露（10ml/瓶）.

（2）主要成分：多种草本植物酵素精华原液，薰衣草，艾草，独活，羌活，苍术、藿香、杜松、肉桂、没药、甘草.

（3）操作流程：1)通经活络络油按揉腹部和背部

2)精华原液1号推揉肺经，大肠经，脾经及胃经

3)精华原液2号刮肺经，大肠经，脾经及胃经

【健康提示】

1. 调理期：1次/3天，连续7次；

巩固期：1次/5天，连续7次；

保养期：1次/7天，连续7次以上。每21次为1个疗程。

2. 保持良好习惯，如饮食有序、劳逸结合、生活规律、坚持锻炼。

3. 每天饮水量保持2000-3000毫升，多食五谷杂粮和蔬菜水果。

20.“茯甘金养肝法”亚健康调理干预技术

“茯甘金养肝法”亚健康调理干预技术与产品是由中医药管理局亚健康干预技术实验室战略合作单位惠州市力康保健品有限公司自主研发的亚健康调理干预技术与产品，“茯甘金养肝法”亚健康调理干预技术产品已入选我国与世卫组织合作研究中医药“上工治未病”工程项目以及中医药对亚健康防治干预研究项目中。

原理：

养肝含有滋养、调理、保护的含义，滋养---滋补、滋润、滋长；养----培养、养育、涵养；总的是通过供给优良的物质让肝脏得到有效的滋养、保护的方法，他是透过选用民间秘方及岭南地道药材精制而成的调理技术产品达到以食养生

的亚健康调理技术方法；主要体现在：

1．茯甘金解毒因子有效增强肝脏的解毒能力，清除进入体内或原积存毒素。

2．茯甘金生新因子强力修复肝脏受损细胞，有效避免受损肝脏组织细胞继续病变恶化。

3．茯甘金免疫因子通过提高免疫能力，抵抗病菌侵袭，阻断致病根源，有效避免疾病形成。

4．茯甘金多种活性因子通过体内循环促进肝脏与身体其他器官及系统之间的生理协调，促使内分泌系统正常运转，有效增强各种器官功能，提高身体整体素质。因此，由于肝脏功能的改善和提高才会有以上可看见和体会到的效果。

功用：

疏肝理气、活血散瘀、消食健胃、健脾宁心、清热解毒、行气和中；增强机体解毒力、提高机体免疫力、改善内分泌，平衡脏腑功能，使身体快速恢复健康状态；

适应人群：

1.一般人群:男女老少皆宜。

2．亚健康人群：包括肝胃气滞、胸胁胀痛、血热血瘀、痈肿疮毒、泄泻毒痢、失眠多梦、心神不安、眼目昏花、食积不消、胃脘痞满、心烦易怒、腰肌酸软、体倦力乏、颈项强痛、咳嗽痰多、口渴消渴、便秘便溏、过胖过瘦、经期混乱、内分泌失调，血压、血脂、血糖高者等。

3．饮酒过量或酒中毒者。

调理方法：

本方法主要采取内服调理

颗粒冲服剂冲服调理法：

1．温开水冲服，每次一袋，加温水（约60度）300ml。缓缓喝下。

2．服用的最佳时间：早上八点和晚上八点。饭后半小时服用。服用前后半个小时内不要吃饭或零食，以免影响吸收。也可根据情况，调理上半身时饭后半小时服用，调理下半身时饭前半小时服用。

3．根据亚健康表现不同采取如下不同次数和不同服用量，小儿减半；

1）肝胃不和、胸胁胀痛、血热血瘀或郁闷者，饭后半小时冲服，每次1—2包；每天3次，10天一个调理周期，连服5个周期。

2）失眠多梦、心烦易怒、腰肌酸软、体倦力乏者、饭后半小时冲服，每天3次，每次一包，临睡前加服一包。10天一个调理周期，连服3个周期。

3）口舌干燥、二便不利；便秘便溏、过胖过瘦；经期混乱、内分泌失调，血压、血脂、饭前半小时冲服，每次一包，每天2--3次；10天一个调理周期，连服3个周期。

4）经常醉酒或酒精过量者、酒前或酒后随机冲服，每次1—2包；酒精过度或有中毒现象者每天3次，每次一包，10天一个调理周期，连服10个周期。

5）本品携带服用方便，入口甘甜，无任何不良气味。符合养生物质甘、淡、平的基本属性。四季适用，男女老少皆宜。

组成：

颗粒剂---10gx6包/小盒；10gx36包/大盒；

袋泡茶----6gx18袋;/盒

茯甘金配方来源于一个民间郎中世代祖传密方，历经近千年，经不断实践完善，成为民间养肝护胃，强身健体的良方；由20多种植物原料精制而成。根据药典等文献资料记载，茯甘金颗粒中所用植物有非凡的介绍，部分属性如下：

佛　手—舒肝理气、和胃止痛；用于肝胃气滞、胸胁胀痛、胃脘痞满、食少呕吐；

余甘子—清热凉血、消食健胃、生津止渴、用于血热血瘀、肝胆病、消化不良、腹痛、喉痛、

咳嗽；

金银花—清热解毒、凉散风热、用于痈肿疔疮、喉痹、丹毒、热血毒痢、风热感冒、瘟病发热；

茯　苓—利水渗湿，健脾宁心；用于水肿尿少、痰饮喘悸、脾虚食少、便溏泄泻、心神不安、惊悸失眠；

鸡内金—健胃消食、涩精止遗；用于食积不消、呕吐泻痢、小儿疳积、遗尿、遗精；

葛　根--解肌退热、生津、透疹、升阳止

泻。用于外感发热头痛、口渴消渴、麻疹不透，热痢，泄泻；高血压、颈项强痛；

甘　草—补脾益气、清热解毒、去痰止咳、缓急止痛、调和诸药；用于脾胃虚弱、倦怠无力、心悸气短、咳嗽痰多、脘腹四肢痉急、疼痛、痈肿疮毒、缓解药物毒性、烈性；

黄　精—滋阴潜阳，软坚散结；用于热病伤阴，虚风内动，里有郁热，胸腹痞块，月经不调，痈肿疮疡，阴虚肺痨，梦泄遗精等。

调理提示：

1.若身体患有肝炎，在服用茯甘金期间请不要喝浓茶、浓咖啡，不要喝过量的酒。

2. 有出血症状者禁服，孕妇在医师指导下服用。含糖颗粒糖尿病人禁服。（可选择无糖型茯甘金颗粒、胶囊或袋泡茶）

效果体现：食用茯甘金的效果体现主要有如下：

（1）. 可看见的外在表现：　服用一段时间后，相当部分人可以从外表上发现的变化：

1）舌苔：舌苔黄白或青紫色的人，舌苔逐渐转为正常的润红色。

2）脸色：暗斑（肝斑）逐渐变淡或消失。

3）眼圈：有黑眼圈的逐渐变淡或消失。

4）眼神：眼睛逐渐有神，有亮光。

5）行动：行动比以前利索有劲；

（2）. 可体会的内在感觉：服用一段时间后，相当部分身体有不舒服感觉的人会有比较明显的改善。

1)口腔：有口苦、口干者，服用后很快就能感受到口腔滋润，唾液增多（生津止渴）。

2)肝区：肝病患者曾经患过肝炎的人食用1—10个阶段后胸胁隐痛或压迫感消失。

3)情绪：工作压力大、心情压抑，胸口郁闷的人食用1--5个阶段后心情会逐步舒畅开朗。

4)睡眠：睡眠不好、多梦的人食用1--3个阶段后症状改善，容易入睡。

5)体力：体力改善。身体不易疲劳。

6)食欲：食欲差、吸收功能不好的人，服用1--3个阶段后会觉得胃口改善，食欲增强。

7)身材：身体偏瘦，软弱无力、食用2--6个阶段后由于消化吸收功能改善，身体逐步健壮；肥胖的人服用1--6个阶段后能通过调整机体平衡功能，排除多余脂肪，在保持正常饮食，不暴食暴饮的情况下，将军肚将逐步变小。体形逐步正常。

8)胃肠道：经常腹泻或者大便干结，小便黄赤的，服用1--3个阶段后胃肠道动力　加强，大便成形，小便正常。

9)肾　脏：有腰酸腿痛，腰膝无力的人食用1—3个阶段后后，肾功能改善，相当 部分阳痿早泄的人恢复明显的晨勃现象。

10)酒精过量：有酒精过量、脂肪肝症状、醉酒或酒后难受的人服用1--5个阶段后症状很快改善缓解甚至消除。

21.路老牌足浴康养生调理技术

“路老牌足浴康养生调理技术”与产品是北京路志正中医药研究院最新的研究成果。在路志正教授和他的学术继承人路洁的带领下，根据国医大师路志正教授的经验方，经十多年临床研究及应用，独立研发,用于亚健康外治临床的养生调理健康品，拥有技术（产品）的全部所有权的创新性项目。

原理：

国医大师路志正教授，经过几十年临床研究实践，提出了“百病皆由湿作祟”在2005年编成了《中医湿病证治学》一书。例如人们日常生活中常见的风湿病，又名痹症。是人体营养失调，感受风寒湿热之邪，合而为病。日久正虚内生痰浊、血瘀、热毒、正邪相搏，使经络、肌肤、血脉、筋骨甚至肺腑的气血痹阻失于濡养，而出现肢体、关节、肌肉疼痛、肿胀、酸痛、麻木、重着变形、僵直及活动受阻特征，总称风湿病。

再如：人们常见疑难病症：痛风。元代朱丹溪著《格致余论》既有论述，”认为是内由血热，外受风寒，涉水立湿，热血得寒污浊凝涩，痹阻经脉，致肢体关节红肿热痛，痛如虎啮，日轻夜重”明代龚延贤《万病回春-痛风》中，“一切痛风，肢体痛者，痛属火，肿属湿”

因目前国内痹症太多,特别是腰椎病、颈椎病、肩周炎、关节疼痛病例人数越来越多，这慢性也是疑难病之一，严重失去劳动能力甚至瘫痪，为突破此种僵局，特进行此项目研究。

路志正教授通过对风寒湿痹实例的研究，提出了以中医整体观念为指导，五脏为中心，上病下治、局部达全身的调理方法。确立了疏风清热祛湿，活血消肿止痛的治则。自路老牌足浴康问世以来，足浴保健康的养生理念，受到广大消费者的一致认可。

功用：

疏通经络，行气活血；调节脏腑，沟通内外；使身心恢复保持气血充盈、经络通畅、脏腑安和、阴阳平衡的养生保健功能。

经多年临床实践证明，还具备特有的：清热凉血、疏风散寒、祛湿通络、活血行瘀、通阳健脾、利筋养脉的改善人体循环障碍功能。

适应症：

通过疏通气血，改善人体血液循环、使其有效成份迅速作用于下肢、皮肤、腠理、经络、骨髓，而达到使人提高体质，增强代谢循环功能的目的。

用于以寒湿邪为主引起的病症及并发症：风寒湿痹、风湿性关节炎、肢节酸痛、手脚冰凉、下肢酸沉、血脉不通、疲劳肿胀、皮肤瘙痒、肢体麻木等症状人群。同时对缓解痛风引起的关节疼痛有很好的效果。

日常调理，如改善睡眠，预防神经衰弱和失眠。每晚用路老牌足浴康泡脚可以加强神经系统锻炼，促进神经系统调节功能，改善睡眠效果,提高睡眠质量。

防止腿脚麻木。可以激活腿神经末梢，使神经系统上下贯通，从而消除腿脚麻木，使中老年腿脚更加轻松，行走利落。

能缓解疲劳，增加脑供血供氧，使精力充沛，有利于学习，记忆。

调理方法：

1. 日常足浴养生调理：

1）产品组成：“路老牌足浴康”1袋（浓缩型）（6g/袋）；

2）主要成分：苏合香、藏红花、皂刺、川芎、鸡血藤、伸筋草、苦参、透骨草等

3）使用方法：将1袋药粉倒入盆中，放入开水化开，然后加入温水，最后将水温调到40-45度左右进行足浴。每次足浴25-40分钟。30次/1疗程，每天1次。足浴后不必用清水冲洗。

2. 风寒湿痹，疏通血脉调理

1）产品组成：“路老牌足浴康”2袋（浓缩型）（6g/袋）；

2）主要成分：苏合香、藏红花、皂刺、川芎、鸡血藤、伸筋草、苦参、透骨草等

3）使用方法：将2袋药粉倒入盆中，放入开水化开，然后加入温水，最后将水温调到40-45度左右进行足浴。每次足浴25-40分钟。30次/1疗程，每天1次。足浴后不必用清水冲洗。

在足浴的同时，还可以用毛巾沾在药水，热敷酸痛的关节部位。疏通关节血脉。

3. 痛风患者的调理：外用+内服

外用：

1）产品组成：“路老牌足浴康”2袋（浓缩型）（6g/袋）；

2）主要成分：苏合香、藏红花、皂刺、川芎、鸡血藤、伸筋草、苦参、透骨草等

3）使用方法：将2袋药粉倒入盆中，放入开水化开，然后加入温水，最后将水温调到40-45度左右进行足浴。每次足浴25-40分钟。30次/1疗程，每天1次。足浴后不必用清水冲洗。

在足浴的同时，还可以用毛巾沾在药水，热敷酸痛的关节部位。疏通关节血脉。

内服：

1)产品组成：“路老牌风痛立安颗粒”2袋（8g/袋）；

2)主要成分：略（药食两用植物）

3)使用方法：每天服2次，每次1-2袋；

4. 风寒湿痹，周身血脉不通调理（泡浴）

1）产品组成：“路老牌足浴康”4袋（浓缩型）（6g/袋）；

2）主要成分：苏合香、藏红花、皂刺、川

芎、鸡血藤、伸筋草、苦参、透骨草等；

3）使用方法：将4袋药粉倒入浴桶或浴缸中，放入开水化开，然后加入温水，最后将水温调到40-45度左右进行泡浴。每次泡浴20-30分钟。30次/1疗程，3天1次。泡浴后用清水冲洗。

健康提示：

1. 服用方法

调理期：1次/1天，连续30次；

巩固期：1次/2天，连续15次；

保养期：1次/3天，连续10次以上；每20次为一个疗程。

2. 保持良好习惯。如饮食有序，劳逸结合，生活规律，坚持锻炼。

3. 每天饮水量保持2000-3000ML，多食五谷杂粮和蔬菜水果。

22.诗艾芳香疗法与养生技术

原理：

芳香疗法的理论优势体现在生命观方面的优势，针对生命的精神、功能、整体、动态等层面的均衡把握，对生命复杂现象及规律作直觉观测、灵性感悟和整体的引导。

1、在预防康复观方面，诗艾芳香疗法的优势在于从整体上认识患病是人体失衡所造成的。

2、在治疗观方面，诗艾芳香疗法的优势体现在从整体调节人体功能。因此，以“通、调、养”为法则的诗艾芳香疗法和中国医药在亚健康方面防治方面异曲同工，具备了得天独厚的功能优势。

功 效：

从整体而论主要是无损伤性获取信息，系统的功能观察，动态的诊察内容和简便的诊察方法。芳香疗法治疗具有安全、有效、低毒等优势，其单方及复方的药理作用具有多效性，同时存在多个有效成分或部位，而通过辩证治则组成的复方，其各组部分之间产生化学反应又具有新物质及新功效，使得复方形成比单方精油更优势的整体调节功能，从而更有力地纠正机体的各种不平衡状态，有效地治疗复杂疾病奠定了基础。

产品特点：

通：通就是疏通全身经络、血管、淋巴，排出身体毒素运用产品：五行经络导引、能量玉石醒肤通穴、香肩舒适保养、清逸安神头疗、十四经络导引。

调：调就是调节脏腑能量，改善脏腑亚健康症状及病变。在疏通全身经络的基础上，根据患者身上出现的症状重点进行理疗。运用产品：卵巢保养、幸福伊人子宫保养、乳香健康养疗、四季五行能量经络养生、清甘疏丹调理、私密保养、理肠健康养疗。

养：养就是养精气神，平衡阴阳。精气神是构成生命活动的三大要素运用产品：理肠腰魅纤体保养、肾部保养、益气补元保养、乳香丽盈保养、乳香挺好保养。

操作方式：

诗艾芳香疗养法将植物精油结合国际最新流行的仪器（智能生物微波理疗仪等）、国际最新流行的理疗方法（热石疗法等）、最为天然的理疗工具（玉石、水晶、黑胆石等），通过皮肤、黏膜组织、呼吸、经络穴位等作用于人体，以效果为导向，从整理治疗的观点出发，将技术与治疗理念揉合在一起，形成独特的诗艾“通、调、养”芳疗理疗方式。

应用领域：

1、亚健康人群的康复理疗；

2、非健康人群的辅助理疗；

3、皮肤美容美体方面；

4、情绪调养方面。

23.伊点伍日康视疗仪治未病技术

“伊点伍”日康视疗仪，致力于全球视力卓越品牌，倾力打造视力康复工程，引领光明事业。该品属于中科视必康（北京）国际医学研究院数位眼科专家27年的科研成果，属于国家专利产品。本产品现已通过国家医疗器械质量检测机构鉴定，被国家有关部门批准为“准”字号产品，并被评为全国消费者质量信得过好产品及中国专利新技术新产品博览会金奖等荣誉。

伊点伍日康视疗仪，针对青少年近视、弱视、散光，有独特的治疗效果，先进的绿色理疗技术，优秀的品质，高性能的防反弹装置，让您轻松摘掉眼镜，清晰面对世界。

伊点伍日康视疗仪，针对性更强，根据度数、强度大小不同而采用不同的视疗仪，有针对性、有目的性地去调节和改变，效果更加显著。

原理：

改善角膜曲率和眼轴；视觉训练；穴位刺激。

功用：

对近视和弱视均有初治增视、持续治疗视力逐步提高，近视屈光度和散光有所改善，防止近视发展，降低近视度，疗效稳定。

适应证：

适用于青少年近视和弱视及散光的辅助治疗。

方法：

调试弹性带的向后拉力，调试按摩球在太阳穴稍近小眼角处的压力，拉力和压力大小以将眼拉成半眯缝状态为宜，以受治者能耐受为度。

24.天养玄灸女性健康保养技术

天养玄灸女性健康保养技术是南京新感觉科贸有限公司传承祖国传统医学，独立开发，拥有中国完全自主知识产权的创新型中医调理亚健康技术。它是一种安全、无接触、无伤害、无毒副作用，毫无创伤的绿色养身方法，具有独特的中医外治保健功能的疗法。

原理：

天养玄灸女性健康保养技术以名贵的蕲艾和独特配方的檀香、降香、藿香、川乌、丹参等中药特制而成的艾条，在皮肤上方进行循经走脉，使纯阳的热能非常有效的将药力直接转换为人体所需的能量，从而起到补正驱邪、填精壮阳、疏通经络、通畅气血、祛寒祛湿、解痉止痛、活血化瘀、美容强身作用。

功用：

解决了美容院管理女性亚健康的热点难题，在行业内首创使用培元复位手法+天养玄灸仪+女性健康产品调理养护三连环的方式解决女性健康，克服传统温灸掉灰、掉火、易燃，不宜固定，不能随意调控温度，作用面积小，点燃后浓烟等问题。通过中医玄灸疗法刺激激发人体机能自我修复功能，对女性生殖系统由内到外抗衰；杀菌消炎、清宫排毒、活血化瘀、打通经络，调理气血、调节女性内分泌、解决女性生殖系统亚健康。

适应证：

经血黯黑、白带色白清稀，月经延期、闭经、面色黯黑或苍白无华，黄褐斑、舌色黯淡、痛经、腰膝酸冷、四肢不温、痛经、性冷淡。下身异味、滴虫性阴道炎、霉菌性阴道炎、子宫内膜炎、宫颈糜烂。夫妻生活不协调、阴道干涩、阴道松弛、性交痛、怕冷　、过早出现皱纹、斑点、脸色晦暗；体型变化明显者。

方法：

精华油点熏---放轻音乐---喝花茶（护理前后）---清洁/去角质---背部反射区调理约30分钟---能量补充（玄灸）---引血下行---温宫按摩约10分钟---温宫养身（玄灸）。其中玄灸操作：将两根“天养金灸条” 固定于不锈钢燃烧盒内，保持灸条“悬”在盒中，保证空气接触，然后驱动小风扇，10分钟预热后即可移至施灸部位，调整好高度并加盖艾蓬后施灸使用，时间约20分钟。

25.RPA/TPA中医通络养生美容技术

RPA/TPA中医通络养生美容技术与项目是南京新感觉科贸有限公司借鉴国外先进技术，独立开发，拥有中国完全自主知识产权的创新型中医调理亚健康技术，该技术所采用的“通络能量发生器”已取得国家实用新型专利，专利号200720033331.0。荣获中国美业2007年最佳科技创新品牌奖。

原理：

RPA/TPA中医通络养生美容技术与项目的核心内容是利用一种可通过美容师传导人体的、十分安全的弱电磁能量进行美容的“通络能量发生器”，结合既不是膏霜也不是精油被称之为“能量元素”（中草药高技术提取物）的产品，共同作用人体的穴位和经络，代替传统的针灸、刮痧、点穴、按摩等手段，其作用兼容并超越这些传统项目，从而调节人体的亚健康。

功用：

该技术具有疏通经络，补充人体气血能量、补益五脏，行气活血，止痛，平衡阴阳、活血化瘀、消炎镇痛功效。从现代医学角度来说，该技术依托高科技“通络能量发生器”，对被美疗者实施带有电磁能量的按摩，激活生命能量，在功能上可达到或超越针灸治疗的效果，再加上RPA“能量元素”对人体皮肤和人体本身的作用，这个独特的技术能预防和改善许多现实的和潜在的慢性疾病，并调节多种亚健康状态，让现代人放松紧张的心境，减轻生活的压力，从而达到健康美容的最终目的。

适应证：

亚健康状态。颈椎疼痛，颈椎病，脊柱保养，缓解或消除背部酸痛，消散腰部风湿寒邪等，解除腰部酸胀不适，淡化黑眼圈消脂去眼袋、平复皱纹促进细胞再生，高效渗透，激活乳腺细胞，调整机体代谢功能，暖胃养胃，调节脾胃平衡功能。

方法：

将通络能量发生器芯片绑至和顾客所做项目有关穴位，精华油一定量用于给顾客开背，用精华和精华油一定配比，带通络能量发生器能量疏通和顾客所做项目有关的经络，用带能量手点按和顾客所做项目有关穴位，对顾客进行徒手按抚和整理。为顾客敷相应的中草药膜粉。整个调理过程因不同项目在40-80分钟左右。

不适应症：

孕期禁做；有出血倾向疾病患者禁做；皮肤有开创性伤口，脓胞、急性化脓性炎症、传染性皮肤病患者禁做；严重心脏、肝、肾疾病患者禁做；

体内装有金属类器物者（如心脏起搏器）禁做；癫痫病患者禁做。

26.中医“三维一体”疗法

手法：

患者趴在床上，手抓住床头，医者助手用双手抓住患者双脚踝部往后牵拉5分钟，拉力约为25公斤，同时医者对患者的突出部位进行按、揉、理筋，使肌肉放松，间隙拉松，以利于外敷药物渗透。

内服：

“消突惠康液”，每日1剂，炖3次混合后，分早、中、晚空腹服用。

外敷：

外用中草药烤干磨粉备用，敷贴时，用红酒2汤勺倒入不锈钢杯里烧开，再放入5克左右药粉，进行调拌，趁稍热敷贴于突出部位上，后用胶布固定即可，每日换药1次。

禁忌：

骨质疏松症或骨肿瘤不可牵拉和整脊。

27.少儿亚健康腹泻推拿调理技术

原理：

少儿亚健康腹泻推拿调理技术主要是运用独

特的推拿手法，在少儿体表特定的部位或穴位触摸做功，使其产生一定的能量，通过信息传递，达到健脾化湿止泻的目的。

适宜人群：

脾胃虚弱导致的大便稀，次数多，甚至有的如水样，腹胀，腹痛，食欲欠佳，精神不振的少儿。

功效：

健脾化湿止泻

【调理方法】

1、手法调理：

1）湿热泻

选穴： 补脾经360次 清大肠 360次 清小肠480 次 清天河水360 次 顺摩腹5分钟 揉脐3分钟 推下七节骨240 次 揉龟尾1分钟。

2）寒湿泻

选穴：补脾经360次 补大肠360 次 清小肠480 次 推三关360 次 揉外劳宫3分钟 逆摩腹5分钟 推上七节骨240 次 揉龟尾 1分钟

3）伤食泻

选穴： 补脾经360 次 清大肠360 次 清小肠480 次清天河水360 次 揉板门3分钟 揉中脘3分钟 分推腹阴阳16次 推下七节骨240次 揉龟尾1分

4）脾虚泻

选穴：补脾经360次 补大肠360次 清小肠480 次推三关360次 逆摩腹5分钟 揉脐3分钟 推上七节骨240 次 揉龟尾1分钟 按揉足三里1分钟 捏脊16遍 。

注意事项

1）施术者双手要保持清洁，勤修指甲，手法适度。

2）调理环境安静，室温适宜。

3）调理一般在饭前进行，调理完后避风寒。

4）调理体位：选择体位以便于手法操作和使少儿舒适为原则。施术者端坐，受术者，根据选穴不同，分别采用坐位、仰卧位和俯卧位。

5）疗程和时间：7天为1疗程，每次推拿约30分钟。

2、康贝止泻中药草本精油系列调理

康贝止泻1号

成份:人参、白术、甘草、茯苓、肉豆蔻、车前子、葛根、安息香、桂枝等。

功能及作用:健脾益气，和中止泻。本品用于各型腹泻的辅助调理。

康贝止泻2号

成份:人参、白术、甘草、茯苓、肉豆蔻、车前子、葛根、安息香、陈皮等

功能及作用:健脾益气，升清止泻。本品用于各型腹泻的辅助调理。

康贝止泻3号

成份:人参、白术、甘草、茯苓、肉豆蔻、车前子、葛根、安息香、羌活等。

功能及作用:渗湿利水，健脾止泻。本品用于各型腹泻的辅助调理。

3、康贝腹泻中药草本药浴调理系列

组方:人参、白术、甘草、茯苓、肉豆蔻、车前子、葛根、桂枝、陈皮等。

功效及作用:健脾益气，调中止泻。本品用于各型腹泻的辅助调理。

用法:先将药包放入电热壶中，加水煮沸煎汤，保温15-20分钟，然后将药汤倒入适量温水中（38度左右）浸洗10-30分钟，每晚1次，每次1剂，连用3剂。

注意事项:

1）药包破损不宜用，以防药渣进入少儿肚脐中；

2）皮肤有破损者不宜用；

3）水温应保持在38度左右，洗浴时要注意保暖，以防感冒。

4、康贝腹泻中药草本足浴调理系列

组方: 人参、白术、甘草、茯苓、肉豆蔻、车前子、葛根、牛膝等。

功效及作用:健脾化湿，升清止泻。 本品用于各型腹泻的辅助调理。

用法:先将药包放入电热壶中，加水煮沸煎汤，保温15-20分钟，然后将药汤加入2000毫升温水中（38度左右），浸泡少儿双足15-20分钟（保温），浸泡完后用温水洗净擦干，最好洗毕抬高双足，休息15-20分钟。每晚1次，每次1剂 ，连

用3剂。

注意事项：

1）足部有破损者不宜用；

2）药包破损不宜用；

3）水温应保持在38度左右，小心烫伤。

28.少儿亚健康厌食推拿调理技术

原理：

少儿亚健康厌食推拿调理技术主要是运用独特的推拿手法，在少儿体表特定的部位或穴位触摸做功，使其产生一定的能量，通过信息传递，达到健脾和胃，消食化积，增进食欲的目的。

适宜人群：

较长时间对各种食物没有兴趣，不思饮食，或进食量较平时减少，食欲不佳或偏食、挑食的少儿。

功效：健脾和胃，消食化积。

调理方法：

1、手法调理：

化积推拿法：

选穴：补脾经360　推四横纹48次　掐揉四横纹3遍　运内八卦36次　揉板门3分钟　清大肠360次　清天河水360次　揉中脘3分钟　分推腹阴阳16次　摩腹5分钟　按揉足三里2 分钟　捏脊16次

适应症：食滞内阻，损伤脾胃导致的厌食。

补脾健运法：

选穴：补脾经360次　推四横纹48次　掐揉四横纹3遍　运内八卦36次　推三关360次　揉板门3分钟　揉中脘3分钟　分推腹阴阳16次　摩腹5分钟　按揉脾腧1分钟　按揉胃腧1分钟　捏脊16次。

适应症：脾胃虚弱，运化无力导致的厌食。

注意事项：

1）施术者双手要保持清洁，勤修指甲，手法适度。

2）调理环境安静，室温适宜。

3）调理一般在饭前进行，调理完后避风寒。

4）调理体位：选择体位以便于手法操作和使少儿舒适为原则。施术者端坐，受术者，根据选穴不同，分别采用坐位、仰卧位和俯卧位。

5）疗程和时间：　10天为1疗程，每次推拿约30分钟。一疗程结束后可休息2-3天，观察并评价其疗效。

2、康贝厌食中药草本精油系列调理

康贝增食1号

成份：山楂、鸡内金、神曲、雷丸、芜荑、人参、白术、陈皮、木香、安息香、　桂枝、甘草等。

功能及作用：行气健脾，开胃增食。本品用于各型厌食的辅助调理。

康贝增食2号

成份：山楂、鸡内金、神曲、雷丸、芜荑、人参、白术、陈皮、木香、安息香、陈皮、甘草等。

功能及作用：健脾益气，和中增食。本品用于各型厌食的辅助调理。

康贝增食3号

成份：山楂、鸡内金、神曲、雷丸、芜荑、人参、白术、陈皮、木香、安息香、羌活、甘草等。

功能及作用：杀虫化积，和胃醒脾。本品用于各型厌食的辅助调理。

3、康贝厌食中药草本药浴系列调理

组方：山楂、鸡内金、神曲、雷丸、芜荑、人参、白术、陈皮、木香、　桂枝、甘草、羌活等。

功效及作用：健脾开胃，行气消食。本品用于各型厌食的辅助调理。

用法：先将药包放入电热壶中，加水煮沸煎汤，保温15-20分钟，然后将药汤倒入适量温水中（38度左右）浸洗10-30分钟，每晚1次，每次1剂，连用6剂。

注意事项：

1）药包破损不宜用，以防药渣进入少儿肚脐中。

2）皮肤有破损者不宜用。

3）水温应保持在38度左右，洗浴时要注意保暖，以防感冒。

4、康贝厌食中药草本足浴系列调理

组方：山楂、鸡内金、神曲、雷丸、芜荑、人参、白术、陈皮、木香、　桂枝、甘草、羌活等。

功效及作用：健脾开胃，行气消食。本品用于各型厌食的辅助调理。

用法：先将药包放入电热壶中，加水煮沸煎汤，保温15-20分钟，然后将药汤倒入适量温水中（38度左右）浸洗10-30分钟，每晚1次，每次1剂，连用6剂。

注意事项：

1)药包破损不宜用，以防药渣进入少儿肚脐中。

2)皮肤有破损者不宜用。

3)水温应保持在38度左右，洗浴时要注意保暖，以防感冒。

5、康贝中药草本肚兜系列调理

性状：本品为椭圆形保健袋，药芯亦为椭圆形，内容物药粉为浅黄色粉末，气味清香。

主要成分：由人参、白术、胡黄连、苍术、香橼、佛手等16味中药组成。

功效：益气健脾，扶正固本。

适宜范围：本品为外用保健用品，主要对少儿长时间见食不贪，食欲不振，甚则拒食，腹胀，面色少华，形体偏瘦，大便不调等症状有保健调理作用。

注意事项：

1）在洗浴时应把兜肚取下，以免受潮降低疗效；

2）保持干净卫生，清洗外保健袋时须将药芯取出；

3）暂停使用时，请将药芯取出并置于原塑封袋内，密封保存；

4）过敏体质者请慎用。

29.少儿亚健康易感体质推拿调理技术

原理：

少儿亚健康易感体质推拿调理技术主要是运用独特的推拿手法，在少儿体表特定的部位或穴位触摸做功，使其产生一定的能量，通过信息传递，达到益气固表，调和阴阳，预防感冒的目的。

适宜人群：

体质虚弱经常感冒的少儿。

功效：

益气固表，调和阴阳，预防感冒。

调理方法：

1、手法调理：

选穴：开天门24次　分推坎宫24次　揉太阳2分钟　揉耳后高骨2分钟　拿揉风池8次　拿揉肩井8次　补脾经360次　清肺经360次　分推手阴阳60次　推三关360次　清天河水360次　揉肺腧3分钟　分推肺腧24次　捏脊16遍。

注意事项：

1）施术者双手要保持清洁，勤修指甲，手法适度。

2）调理环境安静，室温适宜。

3）调理一般在饭前进行，调理完后避风寒。

4）调理体位：选择体位以便于手法操作和使少儿舒适为原则。施术者端坐，受术者，根据选穴不同，分别采用坐位、仰卧位和俯卧位。

5）疗程和时间：10天为1疗程，每次推拿约30分钟。一疗程结束后可休息2-3天，观察并评价其疗效。

2、康贝易感中药草本精油系列调理

康贝防感1号

成份：人参、黄芪、白术、防风、当归、安息香、甘草、白芷等。

功能及作用：益气固表，强卫御邪。本品用于体弱经常感冒者的辅助调理。

康贝防感2号

成份：人参、黄芪、白术、防风、当归、安息香、甘草、陈皮等。

功能及作用：健脾益气，强卫固表。本品用于体弱经常感冒者的辅助调理。

康贝防感3号

成份：人参、黄芪、白术、防风、当归、安息香、甘草、羌活等。

功能及作用：健脾益气，强卫固表。本品用于体弱经常感冒者的辅助调理。

3、康贝易感中药草本药浴调理系列

组方：人参、黄芪、白术、防风、当归、　陈皮、羌活、甘草、桂枝等。

功效及作用：益气固表，强卫御邪。本品用于体弱经常感冒者的辅助调理。

用法：先将药包放入电热壶中，加水煮沸煎汤，保温15-20分钟，然后将药汤倒入适量温水中（38度左右）浸洗10-30分钟，每晚1次，每次1剂，连用10剂。

注意事项：

1）药包破损不宜用，以防药渣进入少儿肚脐中。

2）皮肤有破损者不宜用。

3）水温应保持在38度左右，洗浴时要注意保暖，以防感冒。

4、康贝易感中药草本足浴调理系列

组方：人参、黄芪、白术、防风、当归、甘草、牛膝等。

功效及作用：健脾益气，强卫固表。本品用于体弱经常感冒者的辅助调理。

用法：先将药包放入电热壶中，加水煮沸煎汤，保温15-20分钟，然后将药汤加入2000毫升温水中（38度左右），浸泡少儿双足15-20分钟（保温），浸泡完后用温水洗净擦干，最好洗毕抬高双足，休息15-20分钟。每晚1次，每次1剂，连用10剂。

注意事项：

1)足部有破损者不宜用。

2)药包破损不宜用。

3)水温应保持在38度左右，小心烫伤。

5、康贝中药草本药袋调理系列

性状：本品为各种不同动物外形药袋，药袋内含有粉末状药物，气味清香。

主要成分：本品由雄黄、朱砂、菖蒲、白芷、藁本、苍术等　味中药组成。

功效：防秽辟邪，益气固表。

适宜范围：本品为外用保健用品，主要对少儿平素体弱易感，如经常感冒发热，鼻塞，打喷嚏，流涕，咽痛，扁桃体肿大，多汗，饮食欠佳等症状有保健调理作用。

注意事项：

1）在洗浴或洗脸时应把药袋取下，以免受潮降低疗效；

2）请保持药袋清洁卫生；

3）暂停使用时，请将药袋置于原塑封袋内，密封保存；

4）过敏体质者请慎用。

30.天灸技术

原理：

天灸又称药物灸、发泡灸。是采用对皮肤有刺激性的药物敷贴于穴位或患处，使其局部皮肤自然充血、潮红或起泡的治疗方法。根据 “天人相应”、“冬病夏治”、“春夏养阳”、”冬补三九”等理论，以经络腧穴理论及中医时间治疗学为基础，选用芳香、辛温之品研末调制，在“三伏天”、“三九天”等特定时间敷帖穴位以治疗哮喘、慢性咳嗽、慢性支气管炎、过敏性鼻炎、虚寒性胃痛、慢性肠炎等慢性疾病。

功用：

祖国医学认为，人与自然是和谐统一的整体，即天人合一。在疾病的调理以及保健养生中，如果能将人体阴阳与四季气候的特点有机结合，将起到事半功倍之效。春夏养阳、秋冬养阴便是这种思想的结晶。“春夏养阳，秋冬养阴”，出自《黄帝内经·素问·四气调神大论篇》。春夏顺其生长之气即养阳，秋冬顺其收藏之气即养阴。春夏养阳，即养生、养长；秋冬养阴，即养收、养藏。一方面借助自然界夏季阳旺阳升，人体阳气有随之欲升欲旺之趋势，体内凝寒之气易解的状态，此时扶阳祛寒可以更好地发挥治疗作用。另一方面为秋冬储备阳气，阳气充足则冬季不易为严寒所伤。天灸疗法通过芳香、辛温之品药物，结合特定穴位刺激，即可以达到以上效果。

适应症：

《内经》说“邪之所凑，其气必虚”，脏气的虚弱和免疫功能的异常，是过敏性疾病的致病关键，过敏性鼻炎、哮喘、感冒易患者、虚寒性胃痛等慢性疾病均与肺、脾、肾、免疫功能异常有密切关系。实验证明通过天灸疗法以后，能提高巨噬细胞吞噬功能，增加E—玫瑰花结形成率和淋巴细胞转化率等机体细胞免疫功能。同时血中嗜酸性细胞明显减少，免疫球蛋白和补体C3的含量下降，明显抑制机体的过敏状态。所以每年天灸贴药，对巩固治疗效果，增加机体功能和抗病能力非常有利。

调理方法：

在三伏天、三九天等特定时间，采用成品天灸膏药，使用改良好的天灸胶布将膏药贴在以肺俞、脾俞、肾俞为主的特定穴位上，成人贴药时间为30-60分钟，小孩20分钟为宜，以皮肤感觉热痛但可耐受为度。贴药后局部皮肤出现红晕、轻度红肿、小水泡、轻度热痛感属正常现象。如贴药时间过长引起水泡，应保护创面，避免抓破感染，必要时前来医院处理或搽烫伤软膏，戒食易化脓食物，如牛肉、烧鹅、鸭、花生、芋头等。个别出现皮肤过敏者，可涂抗过敏药膏或来医院处理，并戒食鱼虾，生鸡等易致敏食物。另注意：孕妇及发热患者不宜接受天灸治疗。

31.温灸·隔物灸亚健康调理技术

概述：

《医学入门》说：凡病“药之不及，针之不到，必须灸之。”汉代张仲景《伤寒论》更明确提出了“阳证宜针、阴证宜灸”的治疗规律。而且都是一些阳不胜阴，病势危殆之疾，急施灸法，以冀阳复。均说明灸法在治疗上有独到之处。神阙温灸已有数千年历史，来源于彭祖的炼脐和孙思邈的蒸脐，应用温灸治疗阴症（慢性疾病）与阳气暴竭（急性功能衰竭性疾病）屡获奇效。他们自身也通过持之以恒的神阙隔物灸达到寿超百岁，鹤发童颜，思路敏捷，老而不衰的人间仙境。但是，由于传统灸法存在先天性缺陷，如烟熏火燎，温度无法控制，操作繁琐，耗时费力等种种弊病，使其临床地位日渐丢失。宁波三环自然疗法研究所裘爱国所长对传统灸法进行了三十多年的深入研究，在其首创的“肝病中华三环疗法”中首先以天灸发泡法代替了传统的艾灸法，接着发明了温灸·隔物灸等系列产品，使灸法成为医务人员以及普通老百姓都能使用的一种方便、高效的医疗手段。温灸·隔物灸系列产品系结合高科技技术改良发明，使用方便。使用时只需打开密封袋，轻轻抖动数次，撕去两边胶贴保护纸，将温灸·隔物灸工作面对准相关穴位或阿是穴（疼痛部位）即可。使用30分钟后，温度可达50℃-60℃，在此温度范围可持续恒温达6小时以上。宁波三环自然研究所有限公司目前已开发出温灸·隔物灸止痛和免疫两大系列。经上海中医药大学附属曙光医院等多家医院的临床证实：温灸·隔物灸止痛系列对骨关节疾病，特别是颈（腰）椎病的治疗效果最为明显。其具有养筋荣脉、逐寒祛湿、行气活血的作用，可以温经通络、活血化淤、消症散结，能明显缓解颈项疼痛、上（下）肢放射性痛及麻木、头痛、头晕及腰部酸痛、强迫性体位等症侯群。常能取得立竿见影的效果，总有效率达96.2%。综上，温灸·隔物灸是一种安全、简便、疗效好、费用低廉、无毒副作用的绿色自然疗法。温灸·隔物灸系列产品对处于激烈竞争中的社会精英、中老年人士或慢性疾病患者保健、治疗效果显著，选择温灸并持之以恒，常能使慢性疾病在不知不觉中消失，更能使人精力充沛、容光焕发、体质强健。

作用机理：

1．药疗　在温热效应下，药物分子活性会大大强化，大批药物粒子液化汽化后，迅速透入皮下，不通过内脏器官，无任何毒副作用，是真正的“绿色疗法”；

2．灸疗　隔物灸能自动发热，并能产生50—60度左右的温度，随发热而产生的红外线，可穿透肌肤1-2CM。同时，温度的大幅度提升，使细胞组织吸收营养能力大大提高，强化了机体的修复能力，强化了新陈代谢，使疼痛得以缓解，病症稳定良性的调节到正常状态；

3．热疗　将温灸·隔物灸贴在穴位上，激活人体的经络系统、免疫系统，灸疗调节白细胞的吞噬功能，可以产生一种能调节人体自愈免疫系统的内源性药物，这种内源性药物和温灸自身的外源性药物，双效叠加，会使病变迅速缓解、消失，恢复人体正常状态。

优 点：

1. 内病外治、简便实用：通过神阙穴（其处于人体最佳的黄金点位置）与人体各脏腑经络的联系，在纯天然药物与温热效应的综合作用下达到内病外治的目的。

2. 异病同治、疗效显著：人体各脏腑通过经络密切相联，通过温灸神阙这一人体最强大的功能调节中心而达到异病同治的根本目的。

3. 自然环保、无毒副作用：温灸 隔物灸实现了灸疗技术的现代化，开创了在睡眠中施灸、治病愈疾的先河。无烟、环保、使用方便、不占时间，十分适合现代人的快节奏生活，符合二十一世纪人类回归自然、返朴归真的绿色健康需要。

适应症：

1. 镇痛型：适用于软组织扭挫伤，风湿关节痛，关节炎，肩周炎，腰肌劳损及颈、腰椎增生性疼痛、癌性疼痛等。

2. 免疫型：适用于体质虚弱、慢性炎症反复不愈，癌症病人的辅助治疗及调理。

32.路老膏方调理技术

路老膏方调理技术是北京路志正中医药研究院在路志正教授的带领下，根据国医大师路志正教授的独家配方及七十余年的临床经验，结合中医药几千年的理论思想,真正做到的药食同源、符合现代人体质的冬季健康品。

原 理：

春秋战国时代《五十二病方》就有膏方的记载，如肪膏、脂膏、猪膏、豹膏、蛇膏等30余种；西汉《黄帝内经·灵枢》记载有2个膏方；东汉时期《神农本草经》已有“煎膏”的论述；晋代葛洪《肘后备急方》中的膏方用苦酒（醋）与猪油作溶剂，内服、外敷皆用；南北朝时期陈延之的《小品方》记有单地黄煎；唐代孙思邈的《千金要方》有很多“煎”剂；宋代的《太平惠民和剂局方》记载有“杏仁煎”、“地黄煎”、“枸杞煎”；金元时期《东垣试效方》载有“清空膏”，《丹溪心法》记有“藕汁膏”，《世医得效方》录有“地黄膏”、“蛤蚧膏”明代《本草纲目》记载有“益母草膏”；清代《摄生总要》有“龟鹿二仙膏”，《医宗金鉴》中有“两仪膏”等。

路志正教授悬壶济世70余载，在理论和临床上，博采众长，尤其崇尚脾胃学说和温病学说，擅于运用调理脾胃法治疗内科杂证，1995年获国家中医药管理局中医药基础研究二等奖。路老通过对当今社会大环境的分析，结合现代人的体质，遵循中医未病先防的理论思想，提出了以中医整体观念为指导，五脏为中心，冬令进补强身，春来防病健体的养生方案。自研究院成立以来，路老膏方调理技术与产品，受到各界人士的一致认可。

功 用：

路老膏方调理技术，常由阿胶、核桃、芝麻等组成，遵照古法熬制而成，具有独特的口味和疗效。由于阿胶性味甘平，主要归肺、肝及肾经，具有补血止血、滋阴润肺的功效。核桃有补脑、强壮神经、补血润肤的功能，芝麻又能补肺益气、通血脉、润肠通便，再加上路老独家调补配方，就能起到良好的强身健体、补血健脑、益智安神等作用。阴阳平补，气血同调，作为独具中医特色的中药剂型，路老膏方既可用来防治疾病，又能保健养生，是根据不同个体的体质和临床表现而确立不同处方，是任何人均可以使用的冬季养生产品。

适应症：

适用于各种阴阳失衡、气血不调的亚健康状态，如头晕、头痛、疲劳、失眠、健忘、目干涩、便秘、身体酸痛、月经失调、无食欲、面色晦暗、内分泌失调、畏寒、情绪低落、烦躁易怒、下肢无力等症状。

调理方法：

膏方一般以冬季为主，带有明显的季节性。一般从冬至开始服用，大约50天左右，也就是冬至以后的头九开始，六九结束，或服至立春前结束。如果一冬服二料膏方，服用时间可以适当提前。服用膏方药时最好配合饮食调理，劳逸适宜，运动保健等，这样才能使膏方的作用发挥至最佳。

当然，由于现代冰箱等储存条件的提高，根据患者的病情可以一年四季随时服用膏方，这种膏方一般以清膏为主。

膏方的服用方法可以分为冲服和含化。

一般人喜欢冲服，取一汤匙膏方，用90℃左右白开水冲入，和匀服用。如方中用地黄等滋腻药或配料中胶类剂量较大，膏滋粘稠难取，可以隔水蒸化或微波炉小火转后取用。

所谓含化，即是将膏汁含在口中慢慢融化后吞服。一般清晨空腹服，因此时胃肠消化吸收能力强，且不受食物干扰。如空服感肠胃不适，可在饭后一小时左右服用。

服用剂量根据患者病情或身体情况及药物性质而定，尤其与患者消化功能密切关系。一般应从小剂量开始，逐渐增加，如每日先服一汤匙，约10-20克，如果患者无不适感觉，再加至早晚各服一汤匙，以加强其治疗效果。

健康提示：

1、空腹服用膏滋后，最好马上服用少许热粥或热泡饭，因为粳米味甘性平，功能补中益气，健脾养胃，除烦渴，止泻痢，使之和滋补药同用，既可延长药物在消化道停留时间，以利营养物质的吸收，又可避免补膏腻滞，有碍消化的副作用。

2、服用补膏后，如出现饮食减少、脘腹胀闷、大便溏泻、舌苔厚腻等情况，中成药可选用参苓白术散、香砂养胃丸、藿香正气片，中药可选用陈皮、佛手、砂仁等泡茶饮用。其中陈皮，《本草纲目》谓其：“同补药则补，同泻药则泻，同升药则升，同降药则降。”对服用补膏后出现脘腹胀满，纳呆倦怠，苔腻便溏者，陈皮泡茶简单实用。

3、服用补膏后出现口渴、咽干、鼻燥等症，这是因为熬制补膏所用的胶剂要用黄酒烊化，而黄酒其性燥热，暖胃、辟寒、通血脉，故少数阴虚阳元体质的人会出现口渴、咽干现象。对此，可选用柚子、甘蔗、柠檬等水果生津止渴，也可选用白木耳、麦冬、枫斗等润肺生津。

4、膏滋存放不当很容易霉变。如果白花不厉害，可以把白花挖掉，把膏重新入锅蒸沸；如果很厉害，绝对不能再吃。为防膏方霉变，膏方要用专用调羹，启用后要及时放入冰箱存放。

33.一指禅并温和灸“三、神、关”亚健康调理技术

功能：

培元固本、理气散瘀、温经散邪

操作方法：

一指禅：大拇指指端罗纹面或偏峰着力于穴位上，沉肩、垂肘、悬腕，产生的力持续地作用于治疗穴位上。每穴3min，每日1次，30次为1疗程。

罐　疗：颈7到骶5的肩背腰骶部督脉和膀胱经循行路线上进行走、闪、定罐，至患者自觉背部有温热感，背部泛红、微紫为度。每次20min，隔2日次，10次为1疗程。

温和灸：施灸时将艾条的一端点燃，对准应灸的腧穴部位，约距皮肤2-3cm，熏烤，使患者皮肤局部有温热感而无灼痛感为宜，皮肤潮红为度，每穴灸10min，每日1次，30次为1疗程。

技术流程：

1. 患者仰卧位，露出腹部及小腿，嘱患者放松。一指禅点按足三里、神阙、关元，每穴3min。

2. 温和灸足三里、神阙、关元每穴10min。

3. 患者俯卧位，暴露肩背腰骶部皮肤。涂抹适量介质油行走罐、闪罐、定罐疗法20min

适应人群：

1. 疲劳性亚健康：自觉持续的难以恢复的疲劳，常感体力不支，懒于运动，容易困倦疲乏。

2.　睡眠性亚健康：自觉长期入睡困难，即使入睡睡后易醒，醒后难以入睡，或入睡后多梦影响睡眠，醒后不能恢复精力。

3.　疼痛性亚健康：自觉长期感到身体某些部位有持续的或间断的疼痛，经各种检查排除器

质性疾病。

4. 症状性亚健康：（包括感冒性亚健康、心肺功能低下性亚健康、消化不良性健康、内分泌代谢功能紊乱性亚健康）

1）感冒性亚健康：抵抗力低下，容易受感染，反复感冒、易出汗、，常伴有咽痛、低热等。

2）心肺功能低下性亚健康：不明有原因的胸闷气短、胸痛、喜叹气，心悸、心律失常、血压不稳，经各种检查排除器质性心肺疾病。

3)消化不良性健康：常有食欲不振、有饥饿感却没有胃口、腹胀、嗳气、腹泻、便秘等症状。

4）内分泌代谢功能紊乱性亚健康：性功能低下，月经紊乱、痛经，轻度的高血脂、高尿酸，

糖耐量异常；腰酸、尿频、尿痛，但经各种检查排除器质性肝肾相关疾病。

注意事项：

嘱病人调理后注意防寒保暖，多饮温开水，忌食生冷油腻辛辣食物，改善不良生活习惯，规律睡眠，适量运动。

禁忌症：

（1）饱腹、空腹都不宜罐疗操作；

（2）罐疗前要先排净大小便；

（3）同一部位，不能天天罐疗；

（4）拔罐的斑痕，未消退前，不可再罐疗等。

34.“张胜利养源粉”五谷为养中医亚健康调理技术

原理：

1. “张胜利养源粉”依据中医学阴阳理论，从食物四气五味出发，调整人体阴阳，以五谷为媒介，使机体阴阳达到平衡；

2. “张胜利养源粉”依据营养学平衡理论，调整人体组织微环境，确保体内酸碱平衡；

3. “张胜利养源粉”营养均衡，富含多种纤维蛋白、维生素及矿物质，满足机体需求；

4. “张胜利养源粉”依据中医五谷为养理念，继承并发挥五脏同补、五脏同调的饮食文化；

5. “张胜利养源粉”配方设计科学合理。

功用：

1. 调整体内阴阳平衡，调理人体水电解质平衡；

2. 长期食用可增强人体免疫力，抵抗病邪侵袭；

3. 降低胆固醇吸收，减少心脑血管意外；

4. 减慢老年人记忆力下降；

5. 对糖尿病具有保健和预防的作用；

6. 调整人体的代谢功能；

7. 长期食用对于美容养颜具有一定效果。

适应症：

对于糖尿病早期、心脑血管疾病、肥胖症、更年期综合症以及老年人脑改变起到保健及预防作用。

食用方法：

“张胜利养源粉”可单独食用如：熬粥、蒸窝头。（蒸窝头时可加入适量活性干酵母或食用小苏打）；可混合食用如：烙饼、做面条时均可多加入一些小麦面粉；熬粥时可随自己口味适量加些糖、盐、肉、蛋、菜。

“张胜利养源粉” 食用时应注意：和面时一定要用凉水和面，绝不可用烫水和面，以免造成发粘、发硬影响口感；熬粥时，先在粉剂中倒入适量凉水，再用筷子将其充分调成稀糊状，等锅中水沸腾后倒入锅中，边倒边搅再煮沸2-3分钟即可。

“张胜利养源粉”熬粥、制成面条服用为最佳食用方法，因为食物中一些对身体有益的微量元素(尤其是活性物质)在50℃—60℃时最容易遭到破坏，低于或高于（最高不要超过100℃）此温度时不易遭到破坏，而熬粥和煮面条时的温度比此温度（50℃—60℃）要高得多，但也未超过100℃，所以粥和面条为最佳方法。

35.“蜂宝热敷袋缓解疼痛康复治疗法”治未病技术

“蜂宝热敷袋缓解疼痛康复治疗法”是河南省开封市红星蜂疗保健品有限公司（原39231部队蜂疗保健品厂）生产，拥有中国完全自主知识产权的新型二类医疗器械。“蜂宝热敷袋缓解疼痛康复治疗法”干预亚健康技术已入选我国与世卫组织合作研究《中医药“上工治未病”工程项目以及中医药对亚健康防治干预研究》项目中。

原理：

“蜂宝热敷袋缓解疼痛康复治疗法”治疗时，“蜂宝热敷袋分蜂宝袋和产热袋两种，蜂宝袋由蜂胶和川穹、红花等活血化瘀的中药组成；产热袋由氧化铁粉和碳粉组成，产生天然能量场，具有临床生物学效应。产热度为50度，产热时间为48小时。按照中医理论内病外治的方法，泄实补虚，疏通经络，调理阴阳，引导气血，调理脏腑，增强新陈代谢，达到治病健身的目的。

功用：

具有引导气血、平衡阴阳、疏通经络、活血化瘀、消炎镇痛的功效。现代医学认为“蜂宝热敷袋缓解疼痛康复治疗法”即热疗和药疗为一体，能够给肌体组织细胞补充能量、活化细胞，提高细胞膜的通透性，恢复细胞活力，提高血红蛋白的携氧能力、改善微循环促进新陈代谢、加快能量的转换，消减体内致病因子，达到增强和改善人体抗缺氧、抗疲劳、抗病能力的效果。

适应证：

亚健康状态。多为中老年患者由于工作压力大，家庭负担重或高度精神紧张，不良饮食习惯，造成头痛、怠倦、失眠、全身关节酸痛、无食欲、月经不调等症状。

方法：

使“蜂宝热敷袋缓解疼痛康复治疗法”将蜂宝热敷袋的产热袋打开，反复抖动10余次，有热感后，再放入蜂宝袋中，其药物垫的一面，接触患部即可固定。48小时更换一次产热袋，一个月换一次蜂宝袋，一个月为一疗程，可根据病情进行调节时间。

36.松龄春益肾活血通络法调理技术

原理：

其一，“酒是百药之长”药借酒势，酒助药力，无处不到，奏效尤捷。药物制成酒剂后具有其它药剂型所没有或远远不能相比的功效。临床上对许多疾病治疗更为适用，对一些顽固性疑难病症多有意想不到，令人信服的疗效。

其二，组方独特：体现在配方中刚柔搭配得当，故饮后不上火。普遍的反馈是饮用后睡眠好，食欲增，感到舒服。实质上是先解决了“虚不受补”的问题，为身体的康复提供了良好的条件。再者，是所用的药物，都是黄金搭档，真的是“可以持之以君，又惜之为臣”的上品药材，所以效果明显，见效快，有巅峰发挥的境界。

其三，治疗理念与众不同：人自有生命以来，就是靠吃喝才有力量去支撑各种活动，是依靠体内各器官，五脏六腑功能维持整个生命的正常运作。人吃下的食物入胃，血液是由食下的五谷之物生化而来，血液中含有大量的营养物质，在“气”的推动下由经络输送到人体的五脏六腑和四肢，头部等部位。为人体各部位维持正常的生理活动提供充足的营养。卫气具有抵御疾病、调节体温、滋养皮肤的作用。人体就是依靠这些体内器官互相协作维持生命。人平常都想补气补血以求精力旺盛就是这个道理。该酒以其独特的组方，以三分治七分养的宗旨，重点在调养人体器官，只有人的五脏六腑健全了，内脏器官代谢处于最佳状态，从而增强机体免疫力系统的功能，各种病变自然会消失，这就是松龄春酒有与众不同的组方和治疗理念，才会有与众不同的品质。

其四，松龄春酒是选用西洋参、五加参、黄芪、淫羊藿、补骨脂、冬虫夏草等十余味名贵中草药材，以陈年纯酿酒浸泡后科学精制而成。内含诸多人体极有益的氨基酸和有机微量元素，所含黄酮类物质能扩张冠状动脉增加其的血流量，从而降低心肌耗氧量，改善微循环，起到其他药物不可替代的防止冠心病作用。抗衰老、延年益寿、增白美容的功效，都与丰富的微量元素锗有关，本品含有丰富的锗，锗是一种不可多得的有机锗，它能促进人体生理功能正常化，提高免疫功能。对于治疗癌肿、防止心脏病发作、抗衰老、美容增白，提高生育能力、预防流产、保护肝脏、防止脑萎缩、老年痴呆症、帕金森氏病、治疗老年骨质疏松症等，具有独特疗效。

功用：

肾被视为“生命之根”“先天之本”寓元阴元阳的相互维系，相互推动。肾为五脏六腑之本，五脏六腑之阴，非肾阴不能滋助，脏腑之阳非肾阳不能温养。肾阴充则全身诸脏之阴亦充。肾阳旺则全身诸脏之阳亦旺。任何情况下，肾阴和肾阳遭到破坏而又不能自行恢复时，就会导致疾病的发生。松龄春酒就是根据这些原理，迅速有效的培补命门之火和温补肾阴阳留住命根，同时用足够的和极有效的成分培补气血，使身心恢复保持气血充盈，经络通畅，脏腑安和，阴阳平衡的健康身体。药借酒势，酒助药力，无处不到，奏效尤捷，收到意想不到，令人信服的疗效。

适应症：

1．腰腿、肩周、关节酸痛；

2．气血虚，手脚怕冷、麻木易抽筋；

3．睡眠不好，中老年便秘；

4．易感冒、肥胖易出汗，肢体乏力；

5．晕眩、视力差、视物不清或重影；

6．性无能、冷淡；

7．亚健康各种病态。

使用方法：

服用简单，经济方便：开头早晚空腹饮用各一次，每次20ml—30ml，瘦弱者可拌上好蜂蜜同服效果更佳。有胃病或不饮酒者，可拌粥或汤、冷开水、雪碧饮料同饮。对于难护理的年迈老人可拌麦片同食下，或用10ml—15ml拌鸡、鸭肉炖食汤肉。体虚弱或体力透支过甚者，可同等量的松龄春酒与上等的蜂蜜同时冲冷开水服下，极易恢复体力。

更具体的服用方法（或原则）：当口感有改变时，即饮时不是很甜，或甜中带甘味了，此时用量可以递减到一半。即不再见好饮，不想饮，饮时难饮难吞了，此时的你（大约2—3疗程，每疗程20天，用430ml两瓶）一般病痛都消失，身体健壮，有年轻十年的感觉（特别是在相貌上体现）。此后再坚持每天10ml—15ml，每天服用一小口，一点点“常饮有奇功”即可体现，一是饮食不减当年，二是男女胜过当年神仙般感受。有许多老人感叹说：七十岁过三十岁的生活！

37.全息气血调理与减肥技术

全息气血调理与减肥技术是一套以中医理论为基础、中医技术为主导的综合性调理为特色的纯绿色健康调理减肥技术。

原理：

根据中医理论进行八纲辨证，将中医拔罐、刮痧、经络按导、推拿、点穴、艾灸等简单、安全的操作方法揉合在一起，以补泻之法形成一套专业的操作流程，以实则泻之、虚则补之、热则凉之、寒则温之，达到平衡阴阳、调补气血、刺激代谢，改善和提升脏腑功能的目的，使过多的脂肪分解、体重减轻、垃圾毒素排出，最终达到内病外治，在减轻体重的同时恢复身体健康和生命活力。

适合人群：

各种原因引起的不同类型肥胖，尤其是伴有三高、四高五高（高血压、高血脂、高血糖、高血粘、高尿酸）、失眠、便秘、脂肪肝、心脑供血不足、色斑、月经不调等亚健康者。

功效：

全息气血调理与减肥技术，通过内病外治的方法，打通经络，调理气血，调整阴阳平衡，改善和提升脏腑功能，促进脂肪分解和毒素的排出，在自身调整的基础上逆转亚健康状态，促使身体恢复健康和活力。

1.体内脂肪自然分解，垃圾毒素自然排出，体重减轻；

2.气血调畅，皮肤组织收紧致密，不松弛，即使体重不减轻也有收紧和塑身的作用；

3.100%的人亚健康（未病）得到改善；睡眠改善，表现为入睡快，睡眠加深，中间觉醒减少，醒后身体轻松，觉得疲劳得到恢复，不需药物助眠；

1)便秘得到改善，表现为排便快、顺畅、不干燥，不需药物通便；

2)3-5天开始肤色变亮、红润，色斑淡化或消退；

3)部分人胸闷、心悸减轻，医院检查心脏缺血好转，停服心脏药物；

4)相当一部分人血压、血糖逐渐下降，最快一周有效，降压药、降糖药逐渐减量，三个月或半年复查血脂、血粘稠度、血尿酸不同程度改善；

5)大部分脂肪肝减轻或消失；

6)部分人月经改善，表现为经前期腰酸、下腹坠胀、心烦、痛经等症状减轻，多数月经会提前数天，颜色变红，血块减少，少部分绝经不到一年的顾客，月经复通；

7)其他：风湿、骨关节痛、怕冷、颈肩腰痛、过敏、免疫力低下、腹胀、胃肠不适等可有不同程度的改善。

4.饮食习惯改善，由于点穴、缩胃等手法使扩张下垂的胃缩小上移，饭量减小，不易再暴饮暴食，有利于减少摄入和控制体重；100%人调理结束后口味变淡，饮食结构发生改变，摄入脂肪、高蛋白类减少，粗杂粮比例增加；扩张异位的肠管复位，腹胀改善，腹围明显缩小；

5.体重减轻，身体变轻松，体力、精力均有所增加，整个人年轻有活力。

操作程序 ： 全程60-90分钟

1．背后膀胱经、督脉有关腧穴补泻拔罐，刺激身体脊神经和对应的脏腑器官功能，增加代谢，促进毒素排出。如果体质或膀胱经虚弱则改为督脉、华佗夹肌脊和内外膀胱经推揉或背部走罐或督脉、膀胱经艾灸；

2．（背后）头疗或头部刮痧：主要有风府、风池、督脉、两条膀胱经、肝胆区、头部放松，通过补泻手法刺激头及耳廓全息反射区，疏通头部经络，改善血液循环；

3．按摩棒放松，按揉膀胱经、华佗夹脊、脊间穴、腿部经络和重点穴位，疏通经络，通过补泻手法刺激穴位达到激发和调节的功能；

4．前面任脉、胃经、脾经、胆经等与脂肪代谢有关的经络或重点穴位补泻拔罐；

5．（前面）头疗+面部穴位点按，补泻手法刺激、梳理头、面、颈部所行经络和重点穴位及耳廓全息反射区，改善血液循环，促进自身调节；

6．腹部、腿部按摩棒、手法放松。腹穴点按，包扩提、拉、抖、推、运八卦，以任脉、胃经、脾经、带脉上的穴位为重点进行缩胃及腹穴点按。要点：顾客放松，调理师要全神贯注并提气，与顾客进行呼吸及气息配合，有一定的深度和下沉时间才能达到效果。腹部过度肥大松弛者，带脉加强布罐或走罐，以疏通三焦、通调气血，促进腹部皮下及内脏脂肪的分解，提升脏腑功能，促进代谢产物和毒素的排泄，收紧腹部皮肤。

7．根据辨证及检测结果，配合四肢经络的补泻按导、拨揉、刮痧及重点经络或穴位艾灸，达到泻实补虚、调节阴阳、改善代谢的目的。

8．减肥饮食指导：根据经络检测、体质测评结果以及顾客体重、腰臀比、腰身比等计算标准体重，从定性和定量两个方面对顾客提出饮食建议。饮食原则总体是四低二高（低脂肪、平衡蛋白、低淀粉、低盐、高维生素、高纤维素），根据顾客的体质指导顾客调整饮食属性，比如，阳虚体质以温补类肉食、蔬菜、水果及谷类为主，尽量少吃寒凉性食物如绿茶、苦瓜、鸭子、螃蟹、香瓜等。这样在调理的同时即可矫正饮食偏差，逐步改变偏颇体质为平和体质。

说明：

本技术所用的罐为气血通磁疗罐，刮痧板为医用牛角或玉石、砭石材质，艾条为市售专业医用艾条，按摩棒为市售之医用按摩棒，所有器械用品均为合法企业生产。

38.凰字工间操亚健康干预技术

凰字工间操亚健康干预技术是由四川省中西医结合医院亚健康中心王超主任医师根据多年临床经验针对颈部不适人群自主设计的一种简易、方便、有效的亚健康调理干预技术。该项目在四川省科技厅和四川省中医药管理局资金支持下，进行了多中心临床疗效评价，现已申请影像版权登记，受国家知识产权保护（版权号：21-2010-1（7118）-0138）。

原理：

最早凤凰属风，在古代风神信仰中，认为世界上的风是由巨大的鸟拍动翅膀产生的，这种能产生风的鸟就是凤凰，故崇拜凤凰为各方风神，认为四方各有一只巨鸟在拍动翅膀。也因此“凤”、“凰”二字与“风”字同有代表风的“几”部。凤鸟具有柔而细长的脖颈（蛇颈）背部隆起（“龟背者，隆也”）。中医学认为 颈者手足之阳经，督脉所过，肝肾主之，一旦受损，诸症百出，常可发生头、颈、胸和肩臂上肢症状，重者督脉受损危及生命。按阴阳五行之说，凤色赤，五行属火，是南方七宿朱鸟之象。凰字保健操的设计以中医传统文化为依据，依阴阳属性，五行之理、诸阳之会，遵照人体颈部运动生理规律与象形之意，通过书写凰字，可带动颈部各个环节得到活动，从而锻炼颈部肌肉，强化关节稳定性，行气活血通络，促进疲劳恢复。

功用：

锻炼颈部肌肉，强化关节稳定性，行气活血通络，促进疲劳恢复。与国内外同类技术比较，凰字工间操简便易学、方便有效。长时间低头伏案工作的人群或头颈常向某一方向转动者等易感人群的工余时间锻炼，可达到“工间十分钟，肩颈轻松松” 的良好效果。

适应症：

凰字工间操适用于亚健康态颈部疲劳。长时间的颈椎肌肉、韧带、肌腱和骨关节的负载引起肌肉韧带劳损、颈肌痉挛和颈椎关节的炎症反应，局部微循环障碍，出现僵直、酸软或胀痛等不适症状。

诊断标准为：长期从事低头伏案工作及颈肩部肌肉紧张的不良生活习惯；自述有颈部不适，自觉颈部疼痛、肌肉僵硬、活动受限的表现；颈部可触及压痛、条索、结节等阳性反应点；实验室检查：血常规、 血沉、抗“O”、类风湿因子无阳性发现；影像学检查：颈部X线、CT等无阳性发现。

亚健康态颈部疲劳人群主要包括：长时间低头伏案工作的人群或头颈常向某一方向转动者，如作家、编校人员、办公室工作人员、电脑工作人员、会计、刺绣女工、手术室护士、交通警察和教师等。

操作方法：

做操前，先自然站立，两脚略分开，与肩同宽，双手叉腰，全身尽量放松，眼微闭，匀速呼吸。想象自己站立于“凰”字正下方 ，

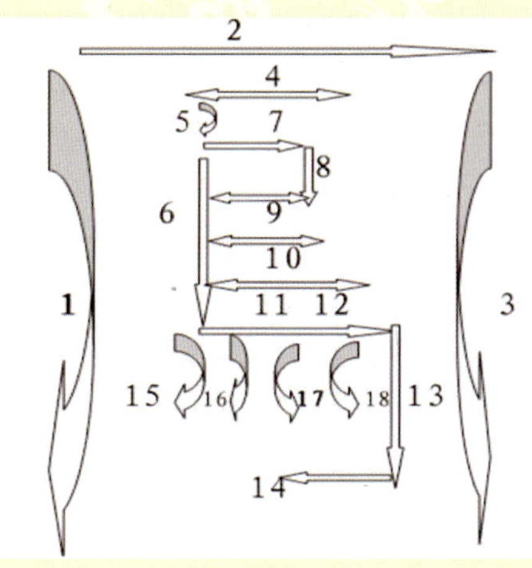

正在用头完成“凰”字的书写。

“凰”字按笔划分解成：

18个动作流程具体如下：

1. “ 头部前倾的同时缓缓向左肩倾斜，使左耳贴于左肩，停留片刻后，头部返回

2. “ ”头部前倾同时向右旋转，右耳贴近右肩后，停留片刻，

3. “ ”与1方向相反

4. “ ”头部向右肩倾斜使右耳贴于右肩，回到中位同样再使左耳贴近左肩做一次

5. “ ”头部向后仰至极限位，缓缓回到中位

6. “ ”头部向左倾斜，使左耳贴于左肩，停留片刻后，头部返回

做完操后，无头晕不适感为宜。

每次20分钟，每日一次，6天一个周期，连续2个周期为一个疗程，每一疗程后进行记录，观察期为1-2个疗程。

健康提示：

在练习凰字工间操时一定要注意以下几点：

1）静，排除杂念，专心练习，怡然自得，对身心健康起到良好调节。为避免晕眩。老年人还应闭上眼睛，保持身体静止。

2）慢，运动时动作尽量可能慢，防止头晕、头痛。

3）松，运动时，颈部肌肉一定要放松，尽量不用力，使肌肉各关节．得到舒展，促进气血流通，加快康复。

4）恒，锻炼要持之以恒，每天3次，每次应尽量力而行，练习后自我保健按摩，如捏一捏，点按风池，大椎，肩井穴，必会有满意效果。

5）此外，还需要注意颈部的养护，包括：①保暖，注意风寒侵袭，如出汗、饭后、浴后、睡后注意防范，②饮食:多食豆类制品、山药等，③枕，选透气性好，能随时调节枕头高低，以生理位为佳，一般高度以8cm-15cm为宜。

39.国琛虫草养生调理技术

1.虫草鲜品调理技术

主要成分:

采用HWH培养技术，色泽金黄，略带橙红，具草菌香味。富含虫草　素、虫草酸、粗蛋白、氨基酸、维生素、虫草多糖等。

作用机理:

（1）提高人体的免疫功能，增强人体抗病能力；

（2）改善肾功能，提高性能力，对肾功能不全者作用明显。

（3）对呼吸系统以及代谢系统疾病作用明显，特别是虚劳咳嗽效果显著，并可强化人体的代谢功能。

（4）对中枢神经系统具有明显改善、调节作用，对神经衰弱、失眠多梦者具有极好的康复作用。

适用人群:

各种慢性疑难病、现代文明病、中老年常见病、肾虚及各类亚健康人群。

2.虫草子实体调理技术

主要成分:

精选虫草新鲜子实体，经特殊工艺焙制，色泽金黄，无杂色，具草菌香味。富含虫草素、虫草酸、粗蛋白、18种氨基酸、维生素Va、Vb12、Vc、Vb1、Vb2、Vd、Ve等，虫草多糖、超氧化物歧化酶。

作用机理:

（1）具有补肾壮阳的功效，对肾功能不全者有特殊疗效。对阳痿及性冷淡患者有明显改善的作用；

（2）改善呼吸系统，能益肺、平喘、祛痰；

（3）抗真菌、抗病毒，抑制肿瘤、抑制癌细胞的生长；

（4）营养全面的补品之王，适用于各类病后久虚不复。

适用人群：

心、脑血管疾病患者，老年慢性支气管炎、支气管哮喘、身体因劳成虚、易感冒、病后久虚不复及免疫力低下。

3. 虫草灵芝破壁孢子粉胶囊调理技术

灵芝是一种奇珍异草，古来民间即称之为“长生不老仙草“或”瑞草“。《神农本草经》和《本草纲目》记载：”保神，益精气，好颜色，久服不老延年“。

国琛牌产品，精选优质北冬虫夏草子实体和椴木完全成熟的赤灵芝为原料，经现代高新技术工艺，超细破壁精制而成。破壁率达99%以上，更易消化吸收。

本产品能有效地抑制癌细胞的形成和生长，是抗肿瘤、防癌症的辅助治疗良药。对原发性肝癌可改善其症状，减轻疼痛，使肿瘤缩小。并能有效提高细胞免疫和体液免疫的机能。适用于心脑血管疾病患者，消化系统及久病体虚者，癌症患者及放、化疗障碍者，年老体弱者及免疫力低下人群。

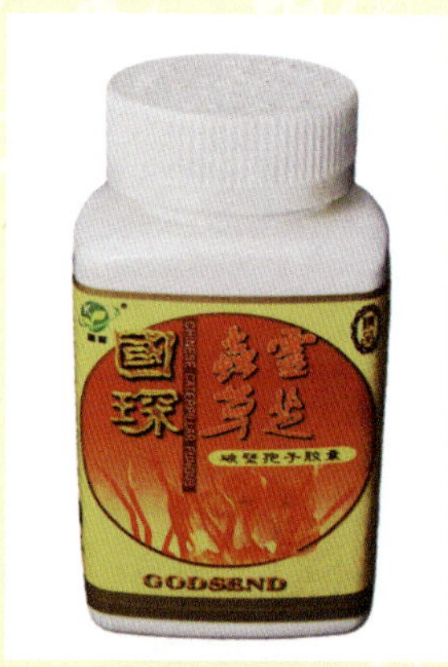

4. 虫草胶囊调理技术

主要成分：

符合GMP生产标准，100％优选子实体干品，富含虫草素、虫草酸、粗蛋白、18种氨基酸、维生素Va、Vb12、Vc、Vb1、Vb2、Vd、 Ve等，虫草多糖，超氧化物歧化酶。

作用机理：

（1）能全面提高人体免疫力、增强抗感染力，抑制癌细胞的分裂；

（2）对心、脑血管疾病效果显著，可防止动脉硬化，保持心律正常，对血压高低有双向调整作用；

（3）对呼吸系统疾病有很好的康复作用；

（4）能祛斑，增白，具有美容、护肤的作用。

适用人群：

心、脑血管疾病患者、高血压患者、哮喘、肺气肿、支气管炎、癌症患者以及免疫力低下人群。

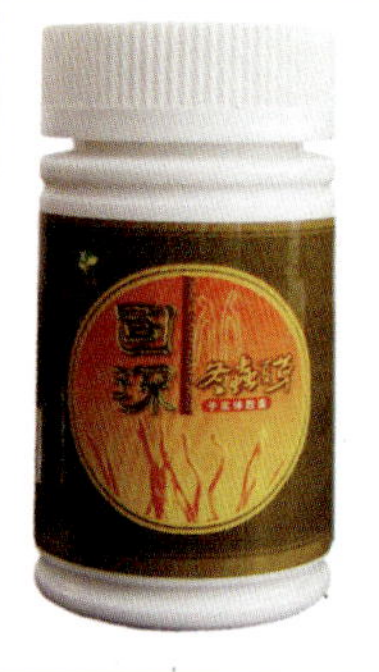

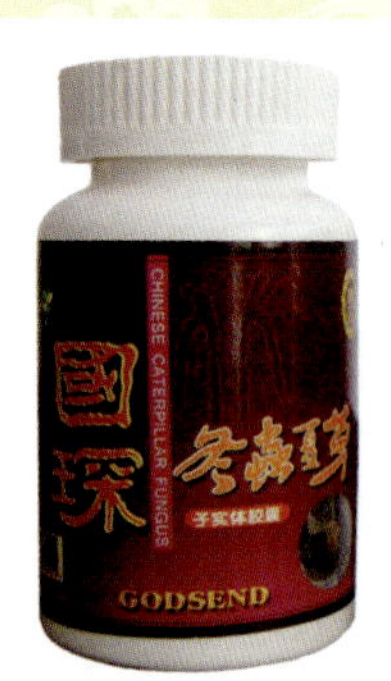

5. 三通虫草酒（内服）调理技术

适用于阳痿早泄、腰膝酸软等患者，中老年人健忘不寐、神经衰弱、体虚多病

及免疫力低下人群。

严重肝功能不全者慎用。

6. 三通虫草酒（外用）调理技术

台湾智慧大学出版的《冬虫夏草健康奇绩》中介绍：虫草具有消炎作用，其杀菌机能比可的

松（风湿或气喘特效药的主要成分）更有效。

国琛产品精选了上等的鲜活虫草，采用传统工艺，科学组方草本植物配制而成，完好的保存了生物活性物质。

7. 虫草酒调理技术

主要成分：

采用HWH培养技术，色泽金黄，略带橙红，具草菌香味。富含虫草　素、虫草酸、粗蛋白、氨基酸、维生素、虫草多糖等。

适用人群：

适用于阳痿早泄、腰膝酸软等患者，中老年人健忘不寐、神经衰弱、体虚多病及免疫力低下人群。可补肾阳不足引起的眩晕耳鸣等症状，既补肾阳又益肺阴，对久咳虚喘、劳咳痰血者效果尤为显著。

严重肝功能不全者慎用。

40.五行蔬菜汤、牛蒡茶、蔬菜养生保健法

蔬菜养生保健法主要是通过“五行蔬菜汤”、“糙米茶”、“牛蒡茶”等系列食疗保健品种，对于改善人的饮食结构和身体素质，调节酸碱平衡，改善亚健康体质，以及降低医疗成本等都将发挥有益的作用，其市场前景看好，是中医养生疗法的一个优秀“成员”。

理论基础：

本疗法运用中医养生学的“药食同源”和“五行生克制化理论”并结合了包括基础营养学等现代先进的科研成果，较系统地论证了蔬菜养生保健法的积极意义。

五行蔬菜汤以牛蒡、白萝卜、白萝卜叶、胡萝卜、香菇等天然肥料种植的新鲜蔬菜为原料，运用超低温冷冻干燥技术，100%保留了除水分外的一切营养元素。五种蔬菜即白色入肺，青色入肝，红色入心，黄色入脾，黑色入肾。五色滋润五脏，通过五行合一，对人体进行排补双向作用。

牛蒡为菊科草本直根类植物，性温、味甘、无毒。别名大力子、东洋参、牛鞭菜等。牛蒡子和牛蒡根既可入药也可食用。经常食用牛蒡根有促进血液循环、清除肠胃垃圾、防止人体过早衰老、润泽肌肤、防止中风和高血压、清肠排毒、降低胆固醇和血糖，并适合糖尿病患者长期食用（因牛蒡根中含有菊糖），类风湿，抗真菌有一定疗效，对癌症和尿毒症也有很好的预防和抑制作用，因此被誉为大自然的最佳清血剂，台湾民间把牛蒡作为补肾、壮阳、滋补之圣品。

技术定位：

功能性食品，主要作用在于补充营养、调节体质、增强免疫力，无任何添加剂，对疾病的有一定的辅助治疗作用。

适用人群：

对90%以上的疲劳、失眠、免疫力低下等亚健康体质及状态调节作用良好。消费者反映产品效果良好，对消费者体质起到了很好的调节改善作用，无任何不良反应，产品安全、有效！

传统中医运用五行学说来推求人体脏腑之间、脏腑与生命现象之间以及脏腑与体外事物之间，五行相克和相生的关系，形成相应的生理、病因病理诊断和养生治疗理论。人身的五脏为肺金、心火、肝木、肾水、脾土，五行即为五脏的活动现象。

41.扶阳罐“以罐代手”亚健康调理技术

扶阳罐（图1）集温刮、温灸、推拿、热疗、走罐、磁疗、红外线七项功能合一，是目前唯一具

有此综合功效的创造性革新型的医疗器械产品。首次成功实现热能、磁疗、红外线的同步导入，透过人体皮肤组织，产生谐振，能量被生物细胞所吸收，引起组织的温热效应，活化细胞组织，激发脏器功能，效果显著。能真正做到排毒祛瘀、驱寒祛湿，有效宣通瘀结的经络、温补亏损的阳气。

扶阳罐这款新的发明，已获得国家多项实用新型、外观专利及注册了数十个商标等知识产权。扶阳罐运用最新科研技术，并与传统疗法相结合，可以代替传统的刮痧、艾灸、推拿疗法，代替红外线保健仪、磁疗保健仪等治疗设备。不但可以在专业机构使用，也可以在家庭自助使用。

扶阳罐“以罐代手”方法是在传统按摩手法的基础上演变而来的一种极具现代特色的亚健康调理的手法。其中，扶阳罐温刮、温灸调理亚健康技术已得到业界的广泛认同。

以罐代手是通过运用扶阳罐各种手法作用于机体的特定部位，刺激并引起局部和全身的反应，从而调整机体机能，消除病理因素，以达到治病和提高机体机能为目的的一种有效手法。

在具体操作手法上，扶阳罐集合温刮、温灸、温推、温拨、温滚、点按六大特色方法于一体，这六种操作手法既有深厚的刮、灸、推拿、按摩的渊源，又极具创新特色。

一、扶阳罐温刮

以温热的扶阳罐陶瓷边缘着力，进行单方向直线或弧线刮拭，从而达到疏通经络、活血化瘀目的之方法，称为扶阳罐温刮。这种温刮方法与传统的刮痧区别在于三种物理能的同步导入，干预亚健康状态，达到无痛刮痧，出痧快，退痧快的目的（见图2）。

扶阳罐刮痧治疗时同样也可以采用轻、重、缓、急不同刺激量的手法，虚者补之，实者泻之。所谓补法就是使用较轻的力量移动扶阳罐进行刮拭，作用于施术部位缓慢而时间较长的方法。泻法就是手法重而有力，作用施术部位快速而时间较短的方法。通过扶阳罐刮痧，从而改变人体阴阳不平衡状态，使邪去正复。

扶阳罐温刮的动作要领为：术者手持扶阳罐，以罐底陶瓷边缘成45°角接触皮肤进行直线或弧线刮拭。在临床应用中主要有以下几种方法：

1、补法刮拭：轻柔、缓慢、长线的刮拭。适合虚证、体型瘦弱者（包括幼儿、老年人）、脊椎棘突突出者，以及肌肉薄弱处。

2、泻法刮拭：稍重、稍快、短线（寸刮）的刮拭。适合实证、体型结实者，及肌肉组织厚实处。

3、平补、平泻刮拭：一轻一重、一急一缓、一长一短的刮拭，适合于中间状态者。

比较来说，刮痧是一种泻法，它是通过刮拭的方式将体内难以排泻的有害物质排出体外。

扶阳罐刮痧的优势就是有温刮痧，可以更快地增强局部血液循环，使局部组织温度升高。另外，在扶阳罐的温热刺激下，提高局部组织的痛阈，加上其磁场作用，使紧张或痉挛的肌肉得以舒展，从而消除或减少疼痛。

图 1 扶阳罐

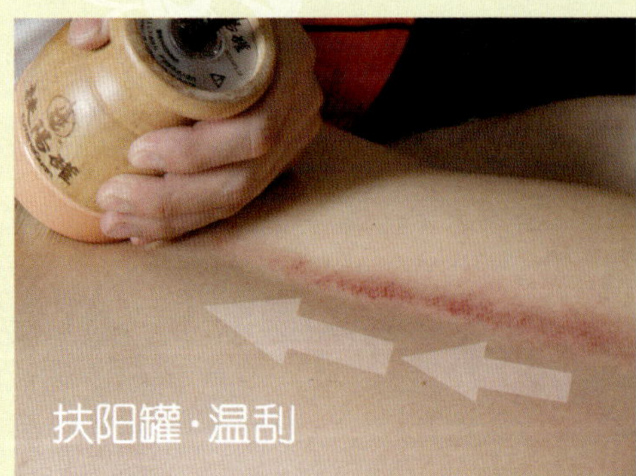

图 2 扶阳罐–温刮

图 3 扶阳罐–温灸定灸

一般的刮痧，退痧时间需7天左右，间隔时间也需7天左右。而用扶阳罐温刮能缩短间隔时间至3天左右，对病症能起到快速治疗的作用。温热的扶阳罐在刮痧时，扶阳罐的热能、红外线、磁场使得在温刮的同时也在进行磁刮、红外线刮，让三种能量同步导入皮下组织的不同层面，迅速扩张血管，软化血管，活血化瘀，松解局部粘连的肌肉组织。在扶阳经络通药油等介质的配合下，能更快地疏通经络，祛寒止痛。正如患者在自述体会时所说：“这是在享受中摆脱病魔”。

加上配合扶阳罐有温刮痧的各种扶阳素药油的使用，使扶阳素药油的药力更快地发挥作用，使刮痧效果得到更进一步的增强。

二、扶阳罐温灸

用温热的扶阳罐罐底硅胶平面着力，吸定在体表进行环旋揉动或快速振颤，以温通气血，扶正祛邪，达到治疗疾病和预防保健的方法，称为扶阳罐温灸。扶阳罐独特的设计，扩大了罐底面的尺寸，从而使寻找穴位变得更加轻而易举。

扶阳罐温灸的动作要领为：术者手持扶阳罐，以罐底硅胶平面接触皮肤进行稍长时间的温灸。扶阳罐恒温控制在50°左右，温灸前先在体表走罐，待皮肤适应罐的温度后再停下来对穴位温灸。在临床应用中主要有以下几种操作方法：

1、定灸：手持扶阳罐在相应穴位停留、温熨，并可作轻柔和缓、螺旋形的揉动（见图3）。

2、振灸：在相应穴位停留、温熨，手持扶阳罐作静止性收缩发力，作上下快速震动，动作连续不停顿，传导性要强，渗透到皮下组织深层，使施术部位产生震动感（见图4）。

3、颤灸：术者持扶阳罐置于体表穴位，手持扶阳罐作快速细微的振颤，振颤的频率要高，力度均匀，受术者有振颤至皮下及松弛的感觉（见图5）。

比较来说：灸法是一种补法，温灸不同的穴位和部位可产生不同的补益作用。

目前国内灸疗发展受到一定阻碍。有些医疗单位的针灸科在临床上很少运用或根本不用灸疗法，究其原因，灸疗时所产生的烟雾燎绕，烟薰眼睛难以忍受，吸进体内呼吸难受，操作时稍不注意还会灼伤皮肤，从而使得灸疗法难以普及。

扶阳罐在研发时就已充分考虑到这一弊端。不仅使用了热能，还运用了红外线、磁场同步导入皮下组织的不同层面，使温灸的渗透力更强。适宜的温度比艾条燃烧时高达200多度的高温更具亲和力。

使用扶阳罐温灸，温度恒定，不会有烫伤病人的危险，免除了烟熏火燎的窘况。

特别是株洲日新生物科技实业有限公司运用现代科技技术，从菊科植物——艾叶中提取有效成分所制成的“金艾扶阳素”，浓缩了艾叶的精华，比传统的艾叶和艾绒能更好地发挥其效能。通过温灸和扶阳素的双重作用，刺激腧穴，激发经络的功能，调节机体各组织器官功能失调。

三、扶阳罐温推

以温热的扶阳罐罐底面着力，进行单方向或往返的直线或弧线推动，从而达到行气活血、消瘀散结、扶助阳气目的之方法，称为扶阳罐温推。通过扶阳罐温推操作法的运用，可起到“以罐代手”推拿的目的。

图 4 扶阳罐–温灸振灸

图 5 扶阳罐–温灸颤灸

图 6 扶阳罐–温推

扶阳罐温推的动作要领为：术者手持扶阳罐，以温热的罐底面接触体表，按循行方向罐前三分之一稍抬起，沿经络或体表循行，操作时力度重而不滞、轻而不浮，路线不偏斜、不跳跃，缓慢地进行温推。在临床应用中主要有以下几种操作方法：

1、直线温推：适用于面积较大的施治部位，如四肢和颈、背部，持扶阳罐沿经络循行方向直线推罐，并保持一定压力。直线推动包括两种形式，一种为长线温推，一种为短线温推。长线温推指连续推罐较长的距离，推罐连续，中途不间断、不停顿；短线温推指距离较短的推罐，在体表分段或绕开关节时的往返推罐（见图6）。

2、弧线温推：适用于面积较大、组织柔软的施治部位，如腹部、腋窝、腰背部。也可以按顺时针方向或逆时针方向作环形推罐。

四、扶阳罐温拨：

以温热的罐陶瓷边缘着力，置于肌肉、肌腱等组织一侧，作与其走行垂直方向拨动，其状如弹拨琴弦，从而达到剥离粘连、消散结聚、解痉镇痛目的之手法，称为扶阳罐温拨。

扶阳罐温拨的动作要领为：术者手持扶阳罐略微倾斜，以温热的罐陶瓷边缘压住受术部位或阳性反应点，适当用力下压，由浅入深，朝向与肌纤维垂直的方向拨动。拨动时要具有渗透力，且罐底边与表皮没有摩擦。拨动频率可快可慢，速度要均匀，用力要由轻到重，再由重到轻，刚中有柔（见图7）。

扶阳罐温拨多用于肩背部、颈项、跟腱等处。具有松解粘连、缓解痉挛、祛瘀止痛、舒筋活血等功效。

五、扶阳罐温滚：

以扶阳罐罐底陶瓷部分着力，在体表进行连续不断往返滚动的方法，称为扶阳罐温滚。

扶阳罐温滚的操作要领为：术者将扶阳罐横置，罐底陶瓷部分接触体表，一手握住罐的上部，另一手用掌压住陶瓷边并推动，使罐在体表局部滚动，力度均匀，节奏一致，连续往返滚动，使受术者有压和滚动的感觉（见图8）。

扶阳罐温滚多用于肩背部、腰臀部、四肢等肌肉发达部位。可以温通经络、调和气血、缓解痉挛。

六、扶阳罐点按：

以扶阳罐罐底陶瓷部分着力，在体表腧穴或一定部位上，逐渐往下用力，按而留之的方法，称为扶阳罐点按。

术者一手握住扶阳罐上部，罐体与体表形成一定角度，另一手大拇指抵住罐底陶瓷部分，相对应的另一瓷边以点接触体表穴位、阳性反应点或椎间。垂直用力，力度由轻到重。在点按时，不可以有移动，力度要渗透，由浅入深（见图9）。

除了头面部少量穴位以外，扶阳罐点按在全身大多数经络穴位都可以应用。具有温通经络、调和气血、镇静止痛的作用。

对亚健康状态者，通过以上六种操作手法的综合运用，目前调理技术已经较为成熟。扶阳罐

图 7 扶阳罐–温拨

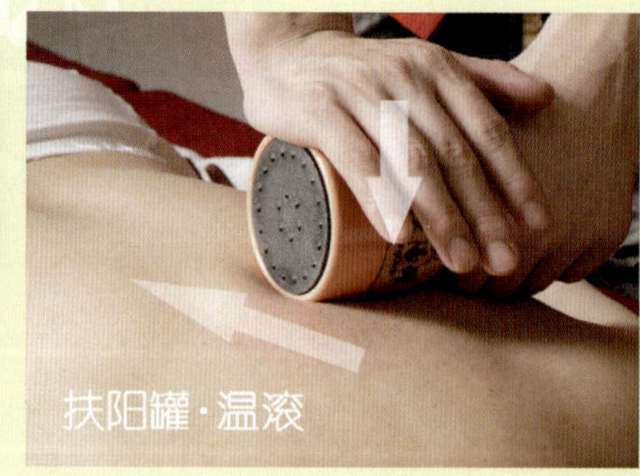

图8 扶阳罐–温滚

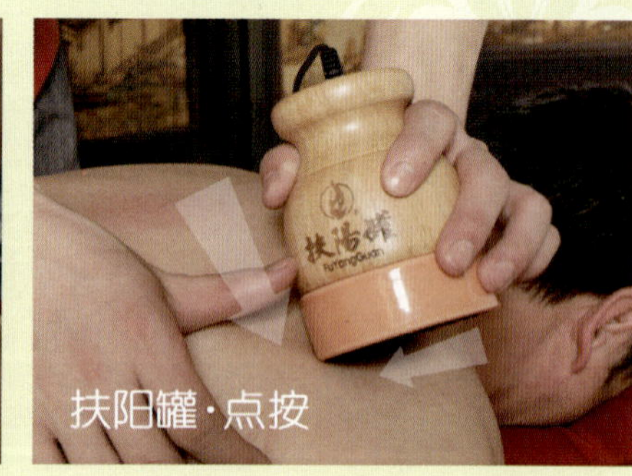

图 9 扶阳罐–点按

"以罐代手"各项操作技术在全身调理、减肥修身、固肾壮阳、暖宫养颜、调经止痛等亚健康领域取得了显著成效。同时在治疗和改善头晕头痛、腰酸背痛、失眠多梦、肠胃不适、肩周炎、风湿性关节炎、前列腺炎、妇科杂症等病症方面取得了明显成效。

使用扶阳罐以罐代手，可以减轻施术者的工作强度，更加有效地保护施术者的双手，并且便于规范地操作。由于扶阳罐的温热效应和磁场作用，可以使肌肉组织更容易放松，施术的部位更快地提高组织温度，促进新陈代谢，改善血液循环。

而针对不同病情研制的各种扶阳素药油，集中药之精华，借助扶阳罐的温热力，透过穴位表皮，经经络的传导而迅速发挥温通气血，扶正祛邪的作用，提高和加强了亚健康状态的调理效果，使受术者得到更温柔的调理享受。

42.少儿增高保健推拿法

少儿增高保健推拿法是山西运城小儿推拿学校针对对身高不满意的少儿进行保健推拿调理，使之增高的一种方法。

推拿选穴

补肾经：肾经穴位于小指掌面自指尖至指根成一直线。操作时用拇指指腹自少儿小指掌面指尖直推至指根360次。（图1）

功效：补肾益脑，强筋健骨。

补脾经：脾经穴位于拇指桡侧缘从指尖到指根成一直线。操作时用拇指指腹自少儿指尖直推至指根360次。（图2）

功效：健脾和胃，补益气血。

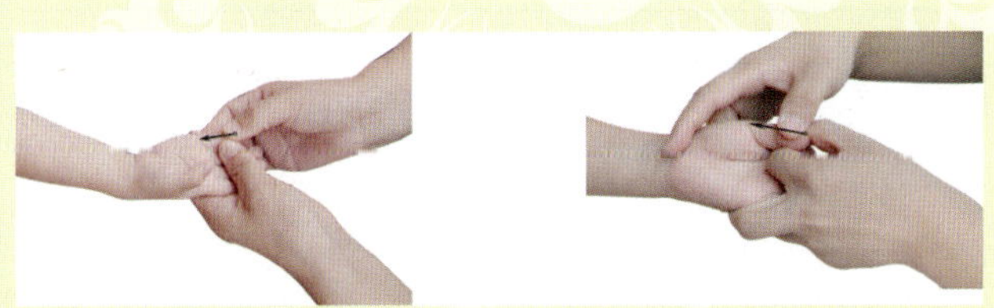

图1 补肾经　　图2 补脾经

揉中脘：中脘穴位于肚脐正中直上4寸处。操作时用手掌大鱼际或掌根揉3分钟。（图3）

功效：健脾和胃。

分推腹阴阳：操作时用两拇指指腹从腹部正中线剑突下向两侧分推60次。（图4）

功效：健脾和胃，消食化积。

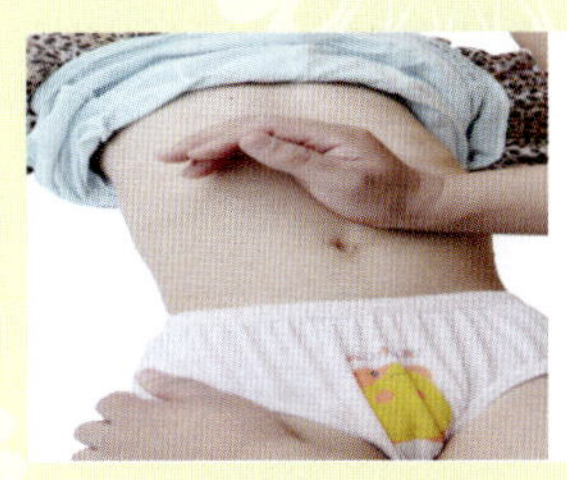

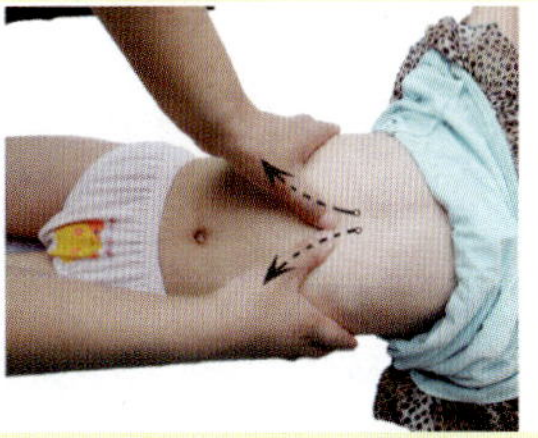

图3 揉中脘　　图4 分推腹阴阳

揉涌泉：涌泉穴位于足掌前1／3与后2／3交界处凹陷。操作时用拇指指腹在涌泉穴上揉2分钟。（图5）

功效：滋阴补肾，强筋健骨。

捏脊：脊即整个脊柱，从骶尾经腰椎、胸椎至大椎成一直线。

少儿俯卧位，操作者将两手食指屈曲，用食指中节桡侧顶住脊柱两侧的皮肤，拇指前按，两指同时用力捏起皮肤，自腰骶开始向前推捻，捏三提一，至大椎，随后用食指、中指和无名指指面向下梳抹为一遍。共操作七遍。（图6）

功效：调阴阳，理气血，和脏腑，通经络。

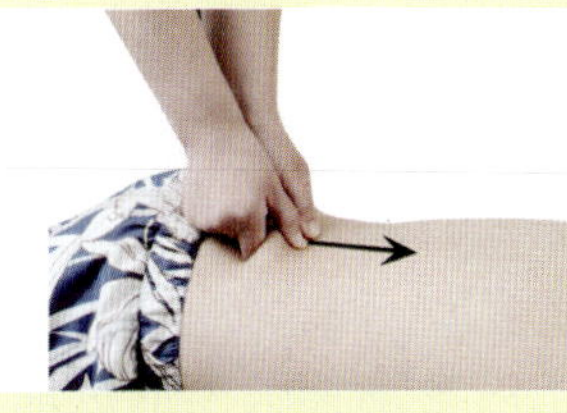

图5 揉涌泉　　图6 捏脊

点按肾腧、点按委中、点按后承山、点按三阴交、点按昆仑穴各1分钟

肾腧穴位于第二腰椎棘突下旁开1.5寸;委中穴位于腘窝中央，两大筋(股二头肌肌腱与半腱肌肌腱)中央间;后承山穴位于腓肠肌肌腹下凹陷

中，用力伸足时出现人字纹处；三阴交穴位于内踝上3寸，胫骨后缘凹陷中；昆仑穴位于外踝后缘和跟腱中间凹陷处。操作时用两手拇指指腹持续稍用力点按两侧的肾腧、委中、后承山、三阴交、昆仑穴各1分钟。（图7、图8、图9、图10、图11）

功效：舒筋活络，强健筋骨。

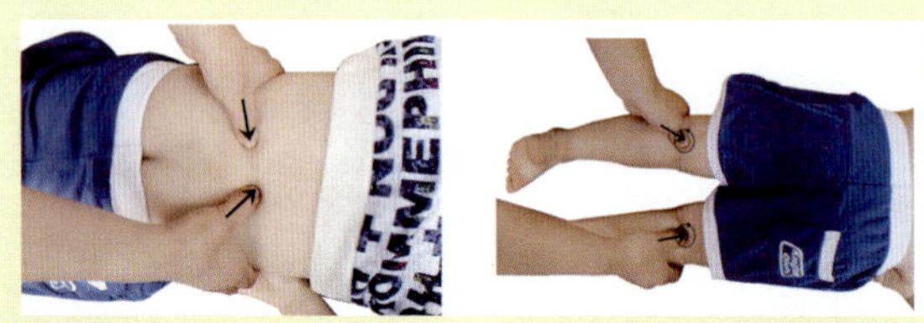

图7 点按肾腧　　图8 点按委中

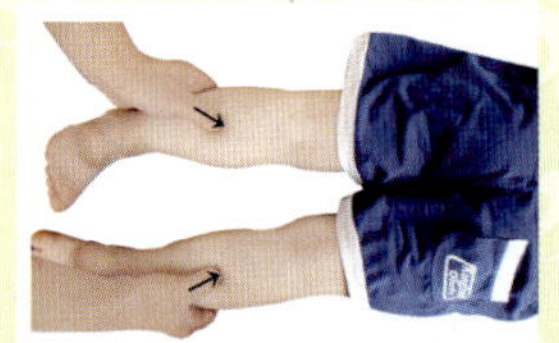

图9 点按后承山

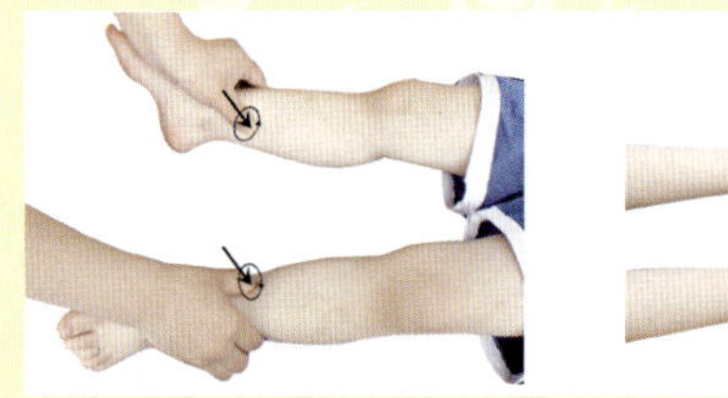

图10.点按三阴交　　图11 点按昆仑

运动肩关节、肘关节、腕关节、髋关节、膝关节和踝关节各8次

少儿端坐或仰卧位，操作时用一手扶住少儿上肢被屈伸关节的近端，另一手握住少儿上肢远端，两手协同，依次屈伸一侧上肢的肩、肘、腕关节，各关节屈伸8次，然后再屈伸少儿另一侧的肩、肘、腕关节；随即用双手握住少儿两下肢远端，使少儿两侧髋膝关节做被动屈伸动作8次，然后一手握住脚踝部，另一手握住脚背，两手协同使踝关节做被动屈伸活动。（图12、图13、图14、图15、图16）

功效：滑利关节，舒筋通络。

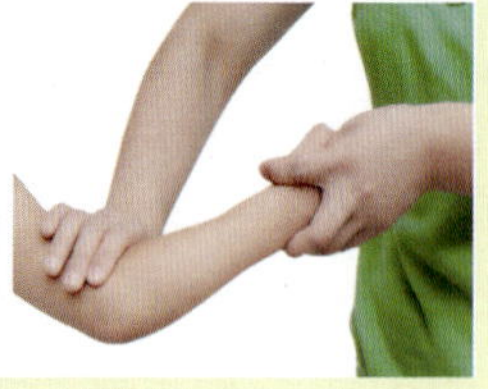

图12 运动肩关节　图13 运动肘关节

图14 运动腕关节

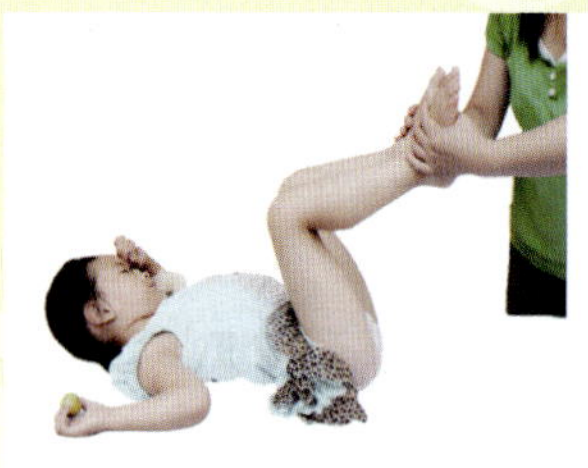

图15 运动髋、膝关节　　图16 运动踝关节

温馨提示：

1)推拿完后让孩子喝杯牛奶；

2)营养荤素搭配，牛肉、鱼、菠菜、胡萝卜和柑桔对增高有重要作用；

3)经常做伸展和跳高运动；

4)充分休息，保证足够的睡眠。

43.少儿推拿治疗“夜啼”技术

山西运城少儿推拿学校治疗“夜啼”有独到推拿方法。

调理原则：益心、清热、安神、交通心肾

调理方法：

补脾经360次

小儿由家长抱坐或仰卧位，施术者用一手食

指与拇指夹住小儿拇指掌侧和背侧，暴露拇指桡侧缘，另一手拇指螺纹面着力，在其拇指桡侧缘自指尖直推至指根。（图1）

补肾经360次

小儿由家长抱坐或仰卧位，施术者用一手拇指与其余四指固定小儿的小指并使其手掌面向上，另一手用拇指螺纹面着力，自小指掌面指尖直推至指根。(图2)

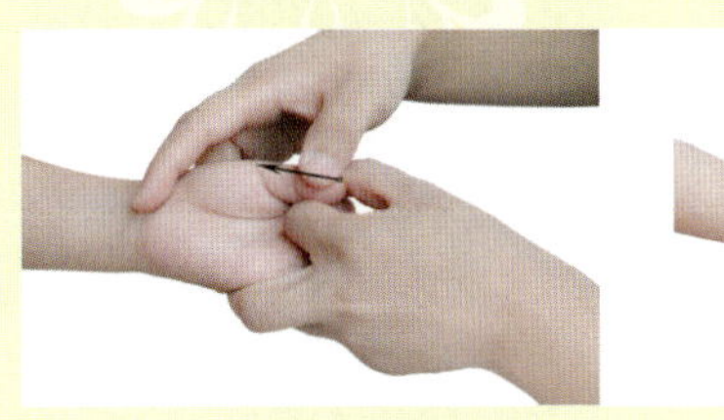

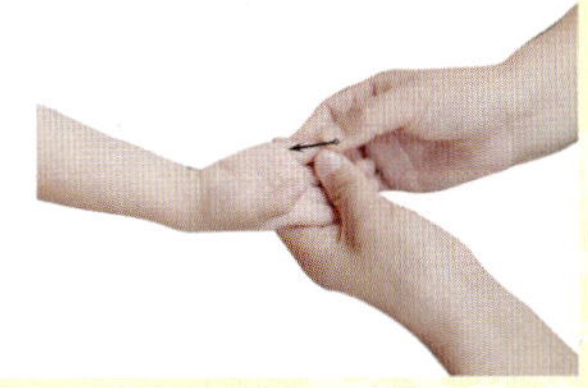

图1 补脾经　　图2 补肾经

清心经120次

小儿由家长抱坐或仰卧位，施术者先用一手托小儿之手使其掌心向内，用其拇指与其余四指固定小儿中指掌侧和背侧，再用另一手拇指螺纹面着力， 从指根推向指尖。(图3)

清肝经120次

小儿由家长抱坐或仰卧位，施术者先用一手托小儿之手使其掌心向内，用其拇指与其余四指固定小儿食指，再用另一手拇指螺纹面着力， 从指根推向指尖。（图4)

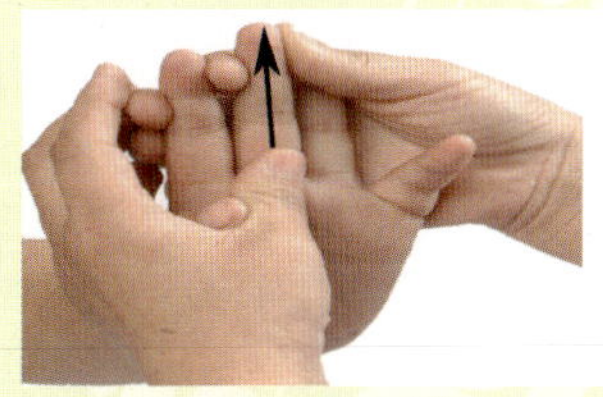

图3 清心经　　图4 清肝经

捣揉小天心3-5分钟

小儿由家长抱坐或仰卧位，施术者用一手握住小儿指掌腕部，使其掌面向上，另一手中指指端着力，吸附在手掌大小鱼际交界处的小天心穴上，腕部放松，以腕关节连同前臂一起做轻柔缓和的回旋运动3-5分钟，然后再用中指指端捣16次。(图5)

按揉百会3-5分钟

小儿由家长抱坐或仰卧位，施术者用一手拇指螺纹面着力，按在小儿头顶正中线与两耳尖连线的交叉点，腕部放松，以腕关节连同前臂一起做轻柔缓和的顺时针方向的回旋运动。(图6)

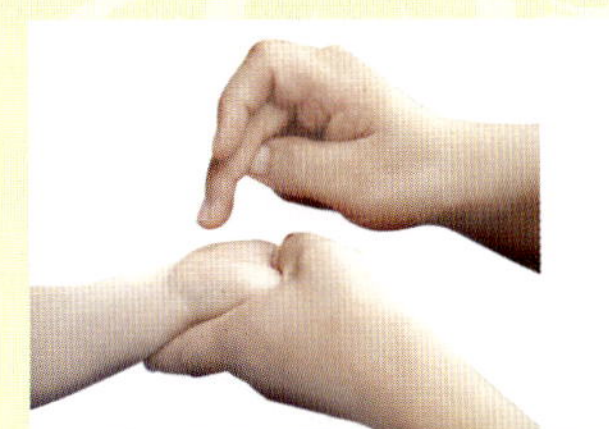

图5 捣小天心　　图6 按揉百会

调护与护理:

1)加强新生儿护理，注意保暖，温度适宜；及时换尿布。

2)保持环境安静，养成良好的睡眠习惯。

3)合理喂[illegible]以满足生长发育为原则。乳母饮食不宜辛辣厚[illegible]寒凉。

44.“女性私密保养”亚健康调理服务技术

湖南省长沙市久美神话健康生活会所根据女性生理特点及生殖保健需求，开发了 “净、修、润、调、紧、鲜、香、妙” 八大生殖系统保养服务项目。该系列服务项目是久美神话专家团队将参与推广国家生殖道感染干预工程C2项目过程中取得的大量经验加以提炼、结合中医传统精华的同时，整合了韩国、日本等国内外最先进的私密养颜理念和技术，在实践的过程中不断完善形成的。

一、“女性私密保养”八大服务项目介绍

（一）适应人群：所有希望通过生殖系统保养和调理达到健康、美丽、延缓衰老的目的已婚女性。

（二）原理及主要功效：遵循系统调理、重点改善的原则。围绕排除毒素、修复损伤、营养滋润调节、平衡内分泌、提升二性生活品质五大方面，分层次、分重点为女性系统调理生殖系统亚健康状态。

八大服务项目中，“净、修、润、调”四个元素重点在改善生殖器官功能；“紧、鲜、香、妙”四个元素重点在提升二性生活品质。

1、净——排除毒素：私密保养系列项目中的核心项目，提倡已婚女性每月定期清除阴道、子宫内的毒素和垃圾1-2次。对生殖系统进行全方位的排毒、清洁、净化。温暖子宫、激活宫腔活力、养阴养颜。

2、修——修复损伤：采取舒适安全的自然疗法，可以促进机体免疫力、修复力的提升，深度清除炎症、排除毒素、去腐生肌、修复坏死细胞，恢复生殖系统健康机能，达到以“养”为“治”的目的。

3、润——营养滋润：采用专业用于女性妇科的多种植物精华油（薰衣草、茶树[illegible]尤加利、佛手柑、广霍香等）以独特比例[illegible]而成，令生殖系统全面吸收植物精华、，[illegible]生殖系统气血、能量及营养物质，增加阴道分泌物，令衰老组织重焕新生。使子宫阴道更营养、更滋润、性生活更和谐，保持生殖系统年轻态。

4、调——调节平衡内分泌：采用纯天然中药营养卵巢、逆转卵巢衰老；激活内分泌轴，提升卵巢分泌内源性雌激素的功能，全面改善因卵巢衰老引起的面色晦暗、失眠、疲劳、不良情绪、月经失调等问题。

5、紧——改善阴道生理衰退性松弛：通过指导顾客进行缩阴运动，同时使用天然中草药配方修复阴道松弛肌纤维，360°收紧阴道，恢复弹性度，增进性生活满意指数。

6、鲜——养护外阴皮肤：使私密部位色素淡化，防止老化，增强活力。

7、香——激活泌漓腺：恢复女性健康自然体香，散发出女性魅力。

8、妙——全面细心呵护身体：采用牛奶鲜花及芳香SPA，全面养护身体，放松心情，释放压力，改善性冷淡，享受心身合一的愉悦。

二、“女性私密保养”的服务流程及结构：

由经过严格培训的亚健康调理师为顾客提供全程护理，每次护理时间约为六十分钟。服务中采用获得国家专利技术的女性妇科臭氧理疗仪、女性子宫氧吧仪、以及中国著名老中医刘俊岑先生研制的纯中药制剂“坤元丹”及“藤药敷脐疗法”，有机结合，五效合一，协同达到调理和保健的效果。

“女性私密保养”通过教育女性定期做生殖系统调理，全面提升生殖器官的免疫力及修复力，修复生殖系统的机能损伤，改善生殖系统亚健康引起的一系列面部问题，如肤色暗黄、长斑、长痘、皱纹、松驰，改善性生活不和谐问题，如性冷淡、干涩、阴道松驰、更年期提前等。

四 “治未病”健康工程论文

亚健康服务发展趋势的几点思考

孙涛 中华中医药学会亚健康分会 北京

在新时期大卫生环境下，以亚健康服务这一预防保健服务的重点为抓手，积极构建中医药预防保健服务体系，推动中医药预防保健工作科学发展实为必要，本文特就亚健康服务发展趋势思考如下：

一、创新思维，科学构建亚健康学科理论体系

20 世纪 90 年代，亚健康（Sub-Health,SH）作为一个新的医学概念，被纳入科学视野，从千百年来固有的健康、疾病概念中剥离出来[1]，它的提出顺应了时代发展的要求，是对健康作出的新的阐释。随着亚健康概念得到越来越多人的关注和认可，亚健康学也正以一门独立的学科不断发展。科学构建亚健康学科理论体系，是亚健康学科、研究、服务等科学发展的前提。下面我将亚健康学科体系建设的设想简要阐述一下，供大家参考。

中医药在预防保健方面具有独特优势，中医养生是调治亚健康的有效方法。因此，亚健康学科体系的构建，要把握“一个突出”、“三个结合”，即中医特色要突出，基础与临床相结合、理论与技能相结合、传统与现代相结合。亚健康学科体系应由以下四部分组成，即理论知识体系、应用知识体系、工程技术体系和工具学科体系。这四个部分涵盖的内容各不相同，但各部分之间又密切相关，共同构成完整的亚健康学科体系。

1.着力加强亚健康基础理论知识体系建设

基础理论知识体系是应用知识体系的基础。扎实的基础理论知识，将会对亚健康知识的应用具有很好的指导作用。反之，如果缺乏必要的基础理论知识，将无法辨别复杂的亚健康症状，无法对亚健康的辨证分型等做出正确的判断，从而影响亚健康的合理调治。加强亚健康基础理论知识体系建设，努力构建以中医基础理论知识为基础、以健康和亚健康相关概念及中医辩证等理论为核心的亚健康基础理论知识体系，设置《亚健康学基础》、《亚健康中医基础理论》、《亚健康管理》等相关学科，促进亚健康基础知识体系更加充实、科学。

2.积极发展亚健康应用学科体系建设

亚健康应用学科体系建设是亚健康学科体系建设的重点。一方面，它综合应用亚健康基础理论知识，以基础理论知识体系为指导；另一方面，随着应用学科体系的不断发展进步，又能不断丰富和发展亚健康学科的基础理论研究，促进亚健康整体学科体系建设。应用学科体系主要包括以下内容：一要介绍临床常用的亚健康诊疗方法和技能；二要针对亚健康人群常见症状和某些疾病倾向，重点介绍亚健康调治方法，包括中药、饮食、针灸、推拿、运动、心理、音乐等多种养生方法；三要开设《亚健康诊疗技能》、《亚健康药膳与食疗》、《保健品与亚健康》、《足疗与亚健康》、《中医养生保健与亚健康》等相关应用课程。

3.大力推进亚健康工程技术学科体系建设

亚健康检测、评估等一系列工程技术的出现，丰富了亚健康基础知识及亚健康应用知识的内容，为亚健康服务产业发展提供了必要的条件和技术设备保证，如辅助性常规医学检查类、常规体液微观筛查类、功能影像检测类、量表和问卷调查类等亚健康检测类技术的应用，极大地促进了亚健康学术及产业的发展。反之，基础理论学科体系、应用体系及亚健康服务产业的发展，使亚健康工程技术不断面临新的挑战，加快其发展速度。大力推进亚健康工程技术学科建设，掌握亚健康的各种检测仪器、评估设备，更大程度地发挥工程技术对亚健康学科体系及亚健康产业的拉动作用。

4.继续完善亚健康工具学科体系建设

工具学科体系能为亚健康学的发展提供科学的工作思路和方法。借助工具，可以培养亚健康从业人员树立良好的道德观念、拓展他们的视野和思维、丰富他们研究亚健康知识和方法，为亚健康学科又好又快科学开展提供科学、有效的手段。继续完善亚健康工具学科体系，掌握《医学统计学》、《亚健康数据库管理》等课程，为亚健康学发展插上腾飞的翅膀。

二、更新理念，加强亚健康服务行业从业人员的培养

亚健康服务专业技术人员是亚健康服务的提供者，为中医药预防保健服务体系的构建提供人才支撑和智力支持，其数量的多少及水平的高低直接决定了提供服务的规模和质量。当前，我国亚健康服务行业人才队伍不仅缺乏领军人才，而且数量偏少，水平参差不齐，人才培养的任务十分繁重。我们要加快培养一批中医基本功扎实、掌握中医养生康复知识和技能的专业骨干，大力发展职业技能教育，加大技能应用型人才的培养力度，为各类型亚健康服务机构输送大批专业技能扎实的优秀人才。亚健康服务人才的培养应兼顾中医本身的特点，立足传统与经典，鼓励改革与创新，全面权衡，培养其专业精神和社会服务能力。

1.加强亚健康服务高级人才的培养

各高等中医药院校及其附属医院应当充分利用自身的人才资源优势，精心选拔一批具有深厚中医理论造诣和丰富临床实践经验的人才，认真总结中医药调治亚健康实践经验，研究制定规范化培训计划，组织编写亚健康人员岗位培训教材。

各高等中医药院校要逐步开设亚健康学科相关课程，加强对中医专业学生的亚健康相关专业知识的灌输。一方面，要对他们进行亚健康思想及内涵的教育，提高他们对中医药调治亚健康重要性和必要性的认识；另一方面，还要对他们进行中医药调治亚健康基本技术、基本技能的培训，加强他们亚健康调治服务中的实际操作能力，为中医药调制亚健康培养更多优秀的人才。

2.加强亚健康服务职业技能人员队伍建设

根据亚健康服务产业发展的需求，应积极加强亚健康服务职业技能人员的培养。一方面，鼓励现有中等中医药院校开展亚健康服务职业技能型人才的培养。另一方面，设置相应亚健康服务职业技能鉴定机构，确保中医药预防保健服务职业技能培训工作规范化开展。

三、产学互动，促进亚健康事业全面发展

社会需求对亚健康学术及产业发展具有重大的导向价值，学术只有对社会进步作出贡献就其自身才能得以发展，我一直主张以亚健康产业拉动学术，学术和产业二者应以跷跷板式互动性发展为模式。

1.亚健康产业的现状

随着人们渴望健康的需求日益增长，亚健康产业逐步崭露头角，专门致力于亚健康学术研究和服务推广的各种形式的亚健康服务机构应运而生。一些公立医院及民营医疗机构的“亚健康研究室”、“亚健康服务中心”等不断涌现，亚健康产业逐步形成。然而，亚健康行业在蓬勃发展的同时，也存在诸多问题：如亚健康服务整体水平不高，服务手段普遍粗糙，管理较为混乱，专业人才严重匮乏等，这些已成为制约亚健康事业发展的主要问题。因此，理顺亚健康学发展思路，科学构建亚健康理论体系，进一步推动亚健康学术系统化和规范化，促进亚健康产业健康发展。

2.亚健康产业发展的趋势

如果说大健康产业是 21 世纪经济的核心产业，那么医药事业就是 21 世纪的黄金行业，如果把医药事业比喻为浮在海面上的冰山一角，那么亚健康服务产业就是尚隐藏在水面下惊人的整个冰山。作为二十一世纪人类共同面临的三大健康问题即亚健康问题、慢性复杂性疾病问题、老年人健康问题三者之一，亚健康既是一门新兴学科，更是一个朝阳产业，亚健康事业仍有广阔空间有待开发与研究。

2.1 突出中医特色优势，推动亚健康产业快速发展

中医学在长期的发展过程中形成了较为完整的预防思想和有效的防治原则，中医养生文化在调治亚健康方面具有独特的优势。中医“治未病”蕴

含了未病先防、既病防变和愈后防复的思想，是干预亚健康的基本原则。基础研究方面，可否进一步参考健康功能型态并结合中医的证与体质“三位一体”地对亚健康进行分类，是未来亚健康研究值得探讨的一个方向；应用研究方面，充分发挥中医药特色优势，运用针灸、推拿、足疗等养生保健方法调治亚健康，对提高亚健康人群生活质量与国民健康水平具有重要的意义。

2.2 结合社区卫生服务，建设亚健康服务平台

社区卫生服务中心开展针对亚健康人群的卫生服务有着广阔的需求和前景，同时在各社区卫生服务中心开展亚健康服务，对进一步拓展社区卫生服务中心的可持续发展道路也有着积极的意义。因此，社区卫生服务中心不仅应该成为健康教育中心和慢性病防治中心，还应该成为亚健康服务的平台。目前，我国亚健康产业还处于起步阶段，社区卫生服务建设也有诸多不足，将二者有机结合，探索社区卫生服务中心和亚健康产业新的发展道路，将是一种有益的尝试。

2.3 探索亚健康服务模式，实现服务规范化、多样化

目前我国的亚健康产业主要以健康体检服务为核心，属于“发现健康问题、但不能充分解决健康问题”型的服务，并且大多数服务是一次性和非连续性的，这样的服务模式已经落后于市场的需求。此外，当前体检行业还存在服务机构进入门槛低、总量过剩、服务质量参差不齐等问题，这些问题直接导致服务需求量下降、不良竞争增加、一些机构难以为继的局面。为保证亚健康服务产业健康发展，亚健康服务机构必须引入正确的管理理念，实现服务升级，增加服务内容，扩大服务范围，吸引更多的服务对象。

2.4 拓展亚健康服务领域，促进产业多元化发展

围绕亚健康防治工作形成的亚健康产业已经渗透到多个领域，这些领域正日渐形成一个庞大的产业群。在教育方面，有亚健康教材推广亚健康教育、亚健康管理师培养等；在基础研究方面，有亚健康理论研究、亚健康中医辨证研究等；在食品工业方面，有亚健康营养补充食品、防衰老益寿食品等；在农业方面，有无公害食品、健康食品、绿色食品等；在制药业方面，有防治亚健康状态的各种化学药、植物药等；在休闲业方面，有亚健康旅游、运动健身等；在传媒业方面有亚健康网站、书籍刊物、音像制品等；在医疗业方面，亚健康检查中心、亚健康调理中心等；在设备制造业方面，有亚健康检测设备、治疗设备、家用亚健康治疗设备等。

总之，现代信息高速公路为开展亚健康的研究提供了极大的便利。亚健康作为一门新的学科和事业也得到越来越多人的关注和认可，将中医药引入亚健康基础研究和调治，如同为亚健康学术和产业发展注入了源头活水，相信未来的亚健康研究成果会越来越丰富，未来的亚健康事业定会蒸蒸日上。

参考文献

王育学. 亚健康21世纪健康新概念. 南昌：江西科学技术出版社，2002：5

亚健康型态分类研究的探索

孙 涛 樊新荣 中华中医药学会亚健康分会 北京

前 言

当前，由于世界范围内医疗费用的持续增加，各国政府都在积极寻求措施，切实改善国民的健康状况，以期降低医疗支出。与此同时，随着经济发展和社会进步以及传统生物医学模式向生物-心理-社会-环境-生物医学工程医学模式的转变，人们对健康的追求程度越来越高，认识也发生了深刻变革，从“已病图治”到“未病先防”，“亚健康”的概念由此应运而生。自20世纪80年代苏联学者提出了“第三状态”的新概念以来，亚健康越来越受

到众多学者的认同和重视。本文在回顾关于亚健康分类研究的基础上，提出了亚健康“三位一体”分级分类判定标准。

亚健康状态研究是21世纪健康和疾病预防研究领域的热点问题，但由于对其概念、分类及判定标准等问题缺乏统一认识，使得临床上缺乏针对亚健康状态的系统干预措施和手段，干预亚健康的产品市场存在混乱，严重影响了干预的效果，很大程度上阻碍了科研和临床等方面的发展，对亚健康状态进行系统、科学的分类，并提出相应的分类依据及评判标准，是临床识别及干预亚健康状态的前提和基础，因此加强亚健康的分类研究对于提高亚健康的防治水平显得十分重要和迫切。

1. 亚健康分类的研究现状

由于亚健康的症状多种多样，且不固定，目前众多学者对亚健康的分类认识不一。

1.1 根据亚健康状态的轻重程度进行分类

殷淑珍[1]将亚健康状态分为2个阶段：轻度心身失调阶段和浅临床阶段。轻度心身失调阶段常以疲劳、失眠、纳差、情绪不定等为主要表现。这种失调进一步发展，则进入浅临床状态，这时已经呈现出可能发展成某些疾病的高危倾向，突出的表现是：3种减退（活力、反应能力、适应能力）和3高1低（高血脂、高血糖、高血粘、低免疫力），并有向5病（肥胖、高血压、冠心病、糖尿病、中风）综合发展的趋势。武维屏[2]提出亚健康状态有两种情况：特异性疾病的临界状态和非特异性疾病的临界状态。处于亚健康的人自觉会有诸多不适症状，实验室检查等可能有某些指标的变化，但尚达不到相应疾病的诊断标准，如血压长期接近临界值的状态；血糖时常高于参考值，但尚未达到糖尿病诊断标准；或者一些用量表评定的心理疾病在临界分值的状态等。陈国元等[3]提出“亚健康”状态分为3个阶段：①轻度心身失调：以疲乏无力、失眠、胃纳差、情绪不稳等为其主要表现；②“潜临床”状态：潜伏着有向某些疾病发展的倾向。其表现比较复杂，可概括为3减退：即活力减退、反应能力减退和适应能力减退。临床检查可发现有接近临界水平的高血压、高血糖、高血粘度和免疫力低下；③“前临床”状态：是指已经患病，但症状不太明显，医生尚未明确诊断，未开始治疗的状态。

1.2 根据亚健康状态的症状表现进行分类

赵瑞芹[4]等指出亚健康状态大体有以躯体症状为主的躯体性亚健康状态，以心理症状为主的心理性亚健康，以人际交往中的不良症状为主的人际交往性亚健康。亚健康的恶化—过劳死。董玉整[5]指出亚健康既表现为个体的亚健康，又表现为群体亚健康和社会亚健康，且这三者之间有着内在的联系。就个体亚健康来说，又具体表现为身体亚健康、心理亚健康、情感亚健康、思想亚健康和行为亚健康等方面。谢仁明[6]也提出了亚健康在临床上的分类：疾病的潜伏状态或恢复期、慢性疲劳综合征及轻度神经精神的失调状态。姜蕊等[7]根据世界卫生组织对健康的定义进行推导，把亚健康划分为身体亚健康、心理亚健康、情感亚健康、思想亚健康、行为亚健康5个方面。闫伯华[8]提出的分类为功能失调型亚健康、精神与心理型亚健康、环境污染性亚健康、道德亚健康、生活方式亚健康、病源因素性亚健康。谢雁鸣[9]等根据因子分析结果，将亚健康的不同症状特征归纳为如下7个亚型：心理性亚健康、疲劳性亚健康、睡眠性亚健康、胃肠性亚健康、口咽性亚健康、体质性亚健康、疼痛性亚健康和其他型亚健康。林本荣[10]等对亚健康症状谱进行分类①躯体不适综合征②亚临床状态综合症③原因不明综合征④病原体携带者综合征⑤检验高低值临界状态⑥躯体健康处于高致病性危险因子状态。

《亚健康中医临床指南》[11]指出亚健康的分类有躯体亚健康、心理亚健康和社会亚健康三大类。《亚健康学》[12]将亚健康分为躯体亚健康、心理亚健康、社会交往亚健康和道德亚健康，其中躯体亚健康包括疲劳性亚健康、睡眠失调亚健康、疼痛性亚健康、其他症状性亚健康，心理亚健康包括焦虑性亚健康、抑郁性亚健康、恐惧或嫉妒性亚健康、记忆力下降性亚健康。社会交往亚健康包括青少年社会交往亚健康、成年人社会交往亚健康、老年人社会交往亚健康。

2. 亚健康的型态分类

基于以上不同观点，笔者在 Gordon 博士的功能性健康型态（Functional Health Patterns，FHPs）[13]的基础上，参考“NANDA 护理诊断分类系统 II”[14]与《健康评估》[15]，提出对亚健康者的不适表现进行亚健康型态判定。型态是个体生理、心理、社会、文化和精神的综合，体现了“亚健康者-环境”的互动，各型态之间也存在着相互联系，具体可分为以下六种型态亚健康：活动-休息型态亚健康、营养-代谢型态亚健康、排泄型态亚健康、感知型态亚健康、性-生殖型态亚健康、认知-应对-关系型态亚健康。

3. 亚健康 “三位一体”分级分类判定标准

亚健康是介于健康与疾病之间的一种中间状态[16]，如不及时加以干预，有可能进一步发展为心身疾病，当然也可通过积极的干预使机体恢复到健康状态，这与中医学“治未病”的思想不谋而合，由于亚健康状态是心理、社会、自然等多方面因素综合作用于人体，导致人体脏腑阴阳气血失调，脏腑形神失养所致，中医学对亚健康状态的调治有其自己独特的理论体系[17]，通过中医辨证论治、辨体论治，合理运用药物、针灸、推拿和自然疗法等具体的调治方法，运行气血，疏通经脉，调节脏腑功能，调整机体阴阳偏颇，改善体质，从而实现对亚健康的早期干预，阻止其向疾病转变。辨证论治是中医认识疾病和治疗疾病的基本原则，证是对疾病某阶段机体整体反应状态所作的病理概括，包括病变的原因、部位、性质以及邪正关系，反映这一阶段病理变化的本质[18]。中医体质学是研究人类各种体质特征，体质类型的生理、病理特点，并以此分析疾病的反应状态，病变的性质及发展趋向，从而指导疾病预防、治疗及养生康复的一门学科[19]。由于不同体质对疾病的易罹患性不同，对疾病的发生、发展与转归的影响也不同，因此通过体质的调整、优化，针对各种体质及早采取相应的措施，纠正某些不良的倾向性，改善和扭转偏颇体质，干预亚健康，改变易发某类疾病的倾向，从而预防疾病或减轻病变程度。因此在进行亚健康型态的判定为纲的基础上，同时结合亚健康状态者脏腑气血阴阳盛衰情况的病理性阶段概括的证的因素以及相对稳定的体质因素为目，进行亚健康“三位一体”分级分类的判定，从而为更有效的干预亚健康状态提供依据。

亚健康是描述人体没有西医疾病诊断，但是却有多种“不适”临床表现和各种能力显著减退的总体状态[20]，亚健康的“三位一体”分级分类的判定需要根据亚健康状态者的不适表现进行现代医学的检查，排除疾病（包括精神类疾病及可明确诊断的疾病），判定为亚健康后，根据亚健康的不适表现进行亚健康型态、证与体质的辨别。

（1）活动-休息型态亚健康：指个体在活动运动、睡眠休息、能量平衡、心肺-血管性反应方面的亚健康状态。常见表现包括：虚弱、疲劳、精力不足、易患感冒、关节疼痛、肌肉酸痛、颈肩僵硬、失眠、早醒、多梦、困倦、起立时眼发黑、心慌、心悸、畏寒、手足发凉、头昏沉、偏头痛等。出现这类型态的亚健康，可以通过适量运动、充足的睡眠、规律的起居、适当的补充营养来进行调节。中医常见以肺脾气虚、肝郁脾虚、心脾两虚、肝肾阴虚证为主，兼见脾肾阳虚、肝郁化火、气滞血瘀等证，中医体质常见气虚质、阳虚质、阴虚质、血瘀质等体质。

（2） 营养-代谢型态亚健康：指个体在吞咽、消化、吸收、代谢、水化方面的亚健康状态。常见表现包括：食欲不振、体重减轻、体重超重、易患感冒、大便中含有不消化的食物、口臭、呃逆、恶心、泛酸、腹胀、腹痛、咽干、口渴、眼睛干涩、皮肤干燥、皮肤瘙痒等。出现这类型态的亚健康，可以通过合理膳食、适量运动、均衡的营养来进行调节。中医常见以肝郁脾虚、脾虚湿阻、脾胃虚弱证为主，兼见肺胃阴虚、肺气不足等证，中医体质常见气虚质、湿热质、痰湿质、阴虚质等体质。

（3） 排泄型态亚健康：指个体在排尿、排便、排汗、气体交换方面的亚健康状态。常见表现包括：尿频、尿急、尿无力、尿余沥、腹泻、便秘、大便时干时稀、大便先干后稀、多汗、无汗、盗汗、皮疹、脱发、咽干、咽痛、咽喉异物感、咳痰、气短、少气懒言、胸闷等。出现这类型态的亚健康，可以通过合理膳食、规律的生活、适量运动来进行调节。中医常见以肾气虚、肝郁脾虚、湿热内蕴证为主，兼见肺气虚、痰湿蕴肺等证，中医体质常见气虚质、气郁质、湿热质等体质。

（4）感知型态亚健康：指个体在视觉、听觉、味觉、痛觉、平衡觉等各种感觉方面的亚健康状态。常见表现包括：视力下降、耳鸣、颅鸣、听力减退、口中异味、疼痛、眩晕等。出现这类型态的亚健康，可以通过适量运动、合理膳食、充足的睡眠来进行调节。中医常见以肝肾阴虚证为主，兼见气血两虚、肝阳上亢等证，中医体质常见气郁质、气虚质、血虚质、阴虚质等体质。

（5）性-生殖型态亚健康：指个体在性特征、性功能、生殖方面的亚健康状态。常见表现包括：性功能异常、腰痛、腰膝酸软、月经不调、遗精、白带增多等。出现这类型态的亚健康，可以通过适量运动、戒烟限酒、充足的睡眠、合理膳食、增加沟通、心理咨询来进行调节。中医常见以肾气虚、肝气郁结证为主，兼见肾阳虚、气血不调等证，中医体质常见气虚质、阳虚质、气郁质等体质。

（6）认知-应对-关系型态亚健康：指个体在注意力、认知、沟通、自我感知、自尊、创伤后反应、应对反应、家庭关系、角色履行方面的亚健康状态。常见表现包括：注意力不集中、健忘、反应迟钝、孤独、自卑、精神压力大、紧张、恐惧、焦虑、抑郁、角色错位、对工作、学习、生活环境难以适应、人际交往频率减低、人际关系紧张等。出现这类型态的亚健康，可以通过合理宣泄、代偿转移、增加沟通、心理咨询、心理治疗来进行调节。中医常见以肝气郁结、心肾不交证为主，兼见心胆气虚、肝胆火旺等证，中医体质常见气郁质、气虚质、阴虚质、湿热质等体质。

以上六种型态之间存在着相互的联系，不同型态可相兼出现于同一亚健康状态者。例如：一个膳食不平衡的人，往往会出现营养失调，属于营养-代谢型态亚健康，其尿频和夜尿增多的表现属于排泄型态亚健康，尿频和夜尿增多，多可造成睡眠的紊乱，进而属于活动-休息型态亚健康。以上六种型态与各种证候、体质的对应关系也不是唯一的，同一证候或体质可见于不同型态之中。运用“型态—证—体质”三位一体进行分级分类判定，型态是纲，证、体质是目，以利于更好地调理与养生。

4. 结语

毋庸置疑，随着亚健康问题成为普遍的健康医学与社会问题，要探寻干预亚健康的合理方法，需要对亚健康状态进行合理分型，从而更加有效的把现代医学与传统医学的精华运用于干预亚健康状态，目前存在的分类标准内容宽泛，可操作性差，我们提出的按照型态-证-体质“三位一体”对亚健康状态进行分级分类的判定标准，力求为中西医结合干预亚健康探索出一条可行的道路。

参考文献

[1]殷淑珍．亚健康与 QT 离散度[J]．中国全科医学，1999，2(3)：227-228

[2]武维屏，边永君．亚健康状态的中医治疗[J]．中医杂志，2000，41(4)；251-253.

[3]陈国元，刘卫东，杨磊，等．教师“亚健康”现状及预防对策的研究[J]．职业卫生与病伤，2000，15(2)：101-102

[4]赵瑞芹，宋振峰．亚健康问题的研究进展[J]．国外医学·社会医学分册，2002，19(1)：10-13

[5]董玉整．亚健康及其产生的三个主要原因[J]．中华流行病学杂志，2003，24(9)：758-759

[6]谢仁明，王永炎，谢雁鸣．亚健康状态的中医认识及其干预评价[J]．中国中医基础医学杂志，2005，11(1)：40-41.

[7]姜蕊，吴文清．常见亚健康症状的辨析[J]．光明中医，2005，20(5)：18-19.

[8]闫伯华．亚健康状态的研究方法[J]．现代预防医学，2005，32(7)：747-748

[9]谢雁鸣，刘保延，朴海垠，等．亚健康人群亚型症状特征初探[J]．北京中医药大学学报，2006，29(5)：355-360

[10]林本荣，俞守义，励建安，等．亚健康的诊断、分型与干预措施[J]．中国康复医学杂志，2007，22(8)：756-758

[11]中华中医药学会．亚健康中医临床指南[M]．北京：中国中医药出版社，2006：10.

[12]孙涛，王天芳，武留信．亚健康学[M]．北京：中国中医药出版社，2007：10.

[13]Gordon M. Nursing Diagnosis: Process and Application[M]. 3rd ed. St. Louis: Mosby-Year Book; 1994: 1-8.

[14]North American Nursing Diagnosis Association

(NANDA)(2000):Nursing Diagnoses: definitions and classification. PA, USA.2001-2002: 53-362.

[15]吕探云.健康评估[M].北京:人民卫生出版社,2006: 402.

[16]王育学.亚健康状态[M].南昌:江西科学技术出版社,2002:18-19.

[17]于春泉,张伯礼,马寰.亚健康状态常见病因及其干预措施[J].天津中医药,2005,22(5): 439-440.

[18]朱文锋.证素辨证学[M].北京:人民卫生出版社,2008:11.

[19]王琦.中医体质学[M].北京:人民卫生出版社,2008:6.

[20]李霞,何丽云,刘超.Boosting算法及其在中医亚健康数据分类中的应用[J].中国卫生统计,2008 25(2):158-16

"三位一体"的亚健康型态分类研究

何清湖1　周兴2

1湖南中医药大学　2湖南中医药大学第一附属医院男性病科2

最近国内孙涛教授提出按照型态-证-体质"三位一体"对亚健康状态进行分级分类,即根据亚健康状态者的不适表现进行亚健康型态辨别,并与中医证、体质的相关性进行研究。这将使亚健康的分级分类和判定更加科学化、规范化,为实施个体化的判定、干预及亚健康管理提供理论和实践支持。笔者比较认同这一分类,现作一简要分析。

1.亚健康概念、诊断标准

20世纪80年代中期,前苏联学者N·布赫曼教授提出,人体除了健康状态和疾病状态之外,还存在着一种健康和疾病之间的中间状态(又称灰色状态),我国学者王育学等称之为"亚健康状态"。但目前对于亚健康状态概念的认识和界定尚缺乏统一的标准,普遍的观点是指人们处于健康与疾病之间的一种生理功能低下的低质状态及其体验,是处于欲病而未作的中间阶段[1]。包括躯体亚健康、心理亚健康、社会交往亚健康等。

关于亚健康的诊断标准,国外有英国1991年制订的慢些疲劳综合征(Chronic Fatigue Syndromc,CFS)标准[2]、美国疾病控制中心(CDC)1994年修订的CFS标准[3]、日本的"过劳死"标准[4]等。国内有中华中医药学会发布的《亚健康中医临床研究指导原则(试行)》,笔者最近也组织编撰出版了《亚健康临床指南》[5]一书,提出了亚健康的中医学标准。但总的来说,还没有形成一个权威的、具有广泛代表性的亚健康症状判断标准,因此对于亚健康概念、范畴、诊断、治疗等一系列问题仍需要深入展开研究。

2.亚健康型态分类的必要性

2.1 更好的适应现代医学"生物-心理-社会"医学模式

随着医学模式由单纯的"生物"模式向"生物-心理-社会"模式转变,我们对于疾病的认识不再是单纯的机体在生理上的异常,还应包括心理、社会适应能力等方面的改变,因此现代医学对疾病的治疗,除单纯药物以外,还有心理干预、运动、饮食等各种治疗手段。同样,现代医学对于亚健康的分类,也包括躯体亚健康、心理亚健康、社会交往亚健康等方面,我们临床中也有必要根据分类不同,对不同类型的亚健康采取不同的干预措施。型态分类将进一步合理划分亚健康状态人群,使临床干预更加有的放矢。

2.2 更有利于指导中医药参与亚健康的防治

中医学中虽没有"亚健康型态"一说,但以整体观念、辨证论治为基本特征的中医学历来就重视个体之间的差异,《黄帝内经》中有因时、因地、因人的三因制宜策略，张仲景的辨证论治，强调辨证、处方、用药的因人而异、因证而异，完全是一种个体化的诊疗模式。通过对亚健康状态人群进行型态分类，根据型态、证候、体质等差异，选择合适的治疗手段，完全符合中医学辨证论治的思维，更有利于指导中医药防治亚健康。

2.3 丰富和发展中医体质学说

体质是人体生命过程中，在先天禀赋和后天获得的基础上所形成的形态结构、生理功能和心理状态方面综合的、相对稳定的固有特质，是人类在生长、发育过程中所形成的与自然、社会环境相适应的人体个性特征。目前一般将体质分为平和质、气虚质、阳虚质、阴虚质、痰湿质、湿热质、瘀血质、气郁质、特禀质等9种基本类型，而不同体质类型在形体特征、生理特征、心理特征、病理反应状态、发病倾向等方面各有特点，因此体质实际上是证的潜在状态，辨体质是中医辨证的重要组成部分，不同体质必然在亚健康的发病中表现出各自的差异。

3. 亚健康型态分类方法初探

目前，孙涛教授在Marjory Gordon的功能性健康型态基础上，参考NANDA的“NANDA护理诊断分类系统II”以及吕探云主编的《健康评估》[6]等相关内容，结合实践，归纳、分析、提炼出了亚健康的六种型态分类，其中每个型态本身是生理、心理、社会、文化和精神的综合，体现了“亚健康者-环境”的互动，各型态之间也存在着相互联系。具体可分为以下六种型态亚健康：活动-休息型态亚健康、营养-代谢型态亚健康、排泄型态亚健康、感知-认知型态亚健康、性-生殖型态亚健康、应对-关系型态亚健康。

3.1 活动-休息型态亚健康

指个体在活动运动、睡眠休息、能量平衡、心肺-血管性反应方面的亚健康。常见表现包括：虚弱、疲劳、精力不足、易患感冒、关节疼痛、肌肉酸痛、颈肩僵硬、失眠、早醒、多梦、困倦、起立时眼发黑、头晕、心慌、心悸、胸闷、畏寒、手足发凉、头昏沉、偏头痛、目眩、耳鸣、颅鸣、精神不振、反应迟钝、记忆力下降、注意力不集中等。出现这类型态的亚健康，可以通过适当的运动锻炼、合理充足的睡眠、补充特别的营养来进行调节。中医常见肺脾气虚、脾肾阳虚、心脾两虚等证，中医体质常见气虚质、阳虚质等体质。

3.2 营养-代谢型态亚健康

指个体在吞咽、消化、吸收、代谢、水化方面的亚健康。常见表现包括：食欲不振、体重减轻、体重超重、易患感冒、大便中含有不消化的食物、口臭、呃逆、恶心、泛酸、腹胀、腹痛、咽干、口渴、眼睛干涩、皮肤干燥、皮肤瘙痒等。出现这类型态的亚健康，可以通过合理的饮食、充足的营养来进行调节。中医常见肺胃阴虚、肝郁脾虚、脾虚湿阻等证，中医体质常见气虚质、湿热质、痰湿质、阴虚质等体质。

3.3 排泄型态亚健康

指个体在排尿、排便、排汗、气体交换方面的亚健康。常见表现包括：尿频、尿急、尿无力、尿余沥、腹泻、便秘、大便时干时稀、大便先干后稀、多汗、无汗、盗汗、皮疹、脱发、咽干、咽痛、咽喉异物感、咳痰、气短、少气懒言、胸闷等。出现这类型态的亚健康，可以通过合理的饮食、适当的运动来进行调节。中医常见肾气虚、肝郁脾虚等证，中医体质常见气虚质、气郁质等体质。

3.4 感知-认知型态亚健康

指个体在注意力、定向力、感觉感知、认知、沟通、自我感知、自尊方面的亚健康。常见表现包括：注意力不集中、耳鸣、颅鸣、听力减退、疼痛、眩晕、情绪不稳、紧张、焦虑、恐惧、健忘、孤独、自卑等。出现这类型态的亚健康，可以通过适当的运动、合理充足的睡眠、合理宣泄、代偿转移、心理咨询来进行调节。中医常见肝肾阴虚等证，中医体质常见气郁质等体质。

3.5 性-生殖型态亚健康

指个体在性特征、性功能、生殖方面的亚健康。常见表现包括：性功能异常、腰痛、腰膝酸软、月经不调、遗精、白带增多等。出现这类型态的亚健康，可以通过适当的锻炼、戒烟限酒、充足的睡眠、合理膳食、增加沟通、心理咨询来进行调节。中医常见肾气虚、肾阳虚等证，中医体质常见气虚质、阳虚质等体质。

3.6 应对-关系型态亚健康

指个体在创伤后反应、应对反应、家庭关系、角色履行方面的亚健康。常见表现包括：精神压力大、紧张、恐惧、焦虑、抑郁、易患感冒、角色错位、对工作学习生活环境难以适应、人际交往频率减低、人际关系紧张等。出现这类型态的亚健康，可以通过合理宣泄、代偿转移、增加沟通、心理咨询、心理治疗来进行调节。中医常见肝气郁结等证，中医体质常见气郁质等体质。

4. 男性性-生殖型态亚健康概念的提出

查阅相关文献，目前有关男性性-生殖亚健康的研究基本上还没有，笔者对于男性性-生殖型态亚健康的研究也只是一个最初步的构思与设想。

4.1 男性性-生殖亚健康概念

根据“生殖健康”概念的引申以及参考目前对于亚健康诊断的诸多标准，笔者认为：男性性-生殖亚健康状态就是指介于男性生殖健康与生殖疾病的不稳定中间状态，即持续存在或反复发作6个月以上的男性生殖（性）不适状态或适应能力显著减退而无明确疾病诊断，或有明确诊断但所患疾病与目前生殖（性）不适没有直接因果关系的状态。

4.2 男性性-生殖亚健康病因分析

男性性-生殖亚健康的发生与生物、心理、社会、环境等诸多因素有关，由于男性在生殖、家庭和社会中的重要地位，工作精神压力导致的过度疲劳、睡眠不佳、免疫力下降；不良生活习惯的影响，如酗酒能引起的慢性酒精中毒，导致睾丸萎缩、精液质量下降；香烟中的有害物质，尼古丁、亚硝胺等，可引起睾丸受损、生精障碍；洗桑拿、蒸气浴等高温对睾丸生殖功能的影响；以及环境污染，各种化学物质、化学药物、杀虫剂、交通废气等等[7]，均使男性性-生殖亚健康问题日趋严峻。

4.3 男性性-生殖亚健康表现

4.3.1 男性生殖细胞的数量呈下降趋势　据WHO 1993 年调查报告：近半个世纪以来男性精子数量下降 4-5 成，精子密度亦较前明显减低。近20 年来人类精子数量每年以 2%速度在下降[8]。Carlsen E[9]和 Giwercman A[10]等综合分析了1938-1990 年全球21个国家公开报告的61篇文献结果，揭示人精子数目在过去50年中降低了40%以上，从1940年的113×106／ml 降到1990年的66×106／ml，精液量降低 20%，从 3.40ml 降到2.75ml。Carlsen E等的报告在国际上曾引起极大反响，诸多的科学家和专业学术刊物发表了观点和评论。据统计，20 世纪 50 年代，每毫升精液中精子在1亿个以上，90 年代减少到不足6 000万个，50 年内男性平均精子减少了 45%。张树成[11]等对我国 1981-1996 年间，成年有生育力男性精液质量检测报告的 114 篇文献，涉及 39 个省市的 256 份数据，进行了综合分析，结果提示：我国成年有生育能力男性，精子数目降低了 18.6%，精子活动率降低了 10.4%，正常形态精子降低 8.4%，每次排精总数降低了 26.2%，精液量降低了 10.3%。表明我国男性精液质量也正呈现快速下降的趋势。

4.3.2 男性性功能减退明显　性功能减退，甚至出现不同程度的性功能障碍，也是男性生殖亚健康的一个重要表现。目前，还没有关于男性性亚健康的相关流行病学调查报告，我们无法获得直接的数据资料，但是从男性性功能障碍的发生率分析，同样可以意识到男性生殖亚健康发生的严重趋势。男性性功能障碍包括勃起功能障碍（Erectile Dysfunction ，ED)、早泄、不射精等症，其中以ED 影响最大、最为常见。日本政府 1998 年对全国的调查结果显示，患中度以上 ED 症状人数在 1 130万以上，占成年男性 39%[12]。2 001-2 002 年间，美国国家健康及营养调查研究（National Health and Nutrition Examination Survey ，NHANES) 2 126 例男性，资料显示，20 岁以上的男性人群 ED的发病率为 18.4%[13]。在我国，ED 发病率约占成年男性的 10%[14]。并且与年龄呈正相关，冷静[15]等调查了 1 582 例 40 岁以上上海城市男性，各年龄组患病率为 32.8%-86.3%。另一项全国调查结果显示[16]，我国城市男性的患病率为 26.1%，40岁以上的总患病率为 40.2%，该调查发现北京城区中老年男性患病率为 41.2%。

4.3.3 男性更年期综合征呈高发病率　男性更年期综合征，也称中老年男性雄激素部分缺乏综合征（partial androgen deficiency of aging male，PADAM)，是指在中老年男性随着年龄的增长体内雄激素合成功能逐步衰退，出现以生殖生理和植物神经系统功能紊乱为主的症候群，表现为性欲减低、勃起障碍、疲乏、精力不集中、关节肌肉酸痛、潮热、自汗、甚至抑郁、焦虑、烦躁易怒等一系列临床综合征，但进行相关检查却没有器质性病变，严重地影响了男性患者的健康与工作。与女性更年期综合征非常相似，也属于男性生殖亚健康范畴。资料显示，目前发达国家已进入老龄社会，美国有2 517万名年龄在40-55岁之间的男性正在经历更年期，预计到2 020年这一人数将达到5 750万；而全世界大约有4.08亿同年龄段的男性正在经历更年期，2 020年将达到6.9亿人；我国老龄人口亦超过10%，吴金华[17]等调查显示，我国中老年男性PADAM患病率为39.87%。因此，如何改善中老年男性的生殖亚健康问题，提高中老年男性的生活质量，受到了社会、政策制定者和医学家们的广泛关注，男性更年期综合征已是不可回避的重大医学课题。

4.3.4 前列腺亚健康态　前列腺亚健康态，就是指在前列腺炎发病前的一段时间内，前列腺的局部功能可能已经出现了一定程度的改变，如过度充血等变化，但还没有明显临床症状，或出现轻微尿频、腰腹部不适，DRE、EPSR等检查仍无异常；另外一种情况就是，前列腺炎患者在疾病治愈后短期内虽然已将前列腺内的病原体完全清除，但并不表示由于感染所致的前列腺组织损伤完全修复，因此前列腺在炎症刚刚治愈的一段时间内也属于亚健康态。这些情况都极易诱导前列腺炎的发生，因此如何采取有效的措施，减少诱因的发生，在男性生殖亚健康防治中也具有至关重要的作用。

5. 男性性-生殖亚健康与中医肾的相关性

5.1 肾藏精

《周易》云：“天地氤氲，万物化醇，男女媾精，万物化生。”《类经·脏象类》言：“两精者，阴阳之精也。搏，交结也……凡万物生成之道，莫不阴阳交而后神明现。故人之生也，必合阴阳之气，构父母之精，两精相搏，形神乃成。”《素问·上古天真论》曰：“二八，……精气溢泻，阴阳和，故能有子。”从而明确了“人始生，先成精”，并且这种生殖之精藏于肾。即《素问·六节藏象论》所言：“肾者主蛰，封藏之本，精之处也。”故《灵枢·本神》概而言之曰：“肾藏精。”

5.2 肾主生殖

5.2.1 腺、性、精、育与肾　腺、性、精、育是男性生殖的四大主症，临床上各症的病理相关亦与中医肾密切相关。“腺”包括睾丸、附睾、精囊腺、前列腺等疾病，睾丸、附睾古称“肾子”，精囊腺、前列腺属于“精室”范畴，清·唐容川说：“男子之胞，一名精室，乃藏精之所”，其所藏之精即“肾中之膏脂也”（徐灵胎），故“腺”归于肾系；“性”指性器官疾病、性功能障碍等，如《素问·灵兰秘典论》所说：“肾者作强之官，伎巧出焉”，男子性功能的正常维持，离不开肾的“强于作用”（王冰）；“精”多指遗精、滑精、不射精、早泄等排精异常，肾气盛，男子“精气溢泻”，肾气不足，男子精关不固而失精、滑精；“育”涉及生育、节育、不育等，肾藏精，主生殖，精子的产生、成熟与肾息息相关。

5.2.2 天癸与肾　《素问·上古天真论》云：“…丈夫八岁，肾气实，发长齿更。二八，肾气盛，天癸至，精气溢泻，阴阳和，故能有子。…七八，肝气衰，筋不能动，天癸竭，精少，肾藏衰，形体皆极。八八，则齿发去…”说明了男性生殖机能发育盛衰过程与肾的密切关系，肾气盛，天癸至，肾精满壮，精满自遗；肾气衰，天癸竭，肾精衰竭，精少不能施泻则嗣育机能衰老，纠其根本，在于肾精。而天癸学说与男性生殖内分泌相似，“下丘脑-垂体-睾丸轴”的成熟与衰退与天癸盛衰密切相关。

综上所述，肾精具有促进天癸充盛的作用，天癸充盛则具备生殖能力；肾气具有司精关开阖、“作强”的作用，肾气盛，则精关开阖有时，“强于作用”，生殖之精藏泻合宜，从而发挥其对生殖机能的调控作用。男性因生理、病理因素影响致使肾精不足，天癸不充，则生殖之精生成不足，生殖能力下降；肾气不足，性功能减退，均可导致男性性-生殖亚健康的发生。因此，男性性-生殖亚健康的机理重在肾的阴阳失衡、精气不足，证型以肾气、阴、阳不足为主，临床治疗当从肾入手进行干预[18]。

6. 男性性-生殖型态亚健康研究的初步构思

6.1 男性性-生殖亚健康概念的研究

男性性-生殖亚健康是一个复合体，包含男性生殖（性）亚健康的多种状态，也涵盖了不同年龄阶段的男性性-生殖亚健康，如何对其概念的内涵、外延进行合理界定，有待进一步研究。

6.2 男性性-生殖型态亚健康诊断、治疗标准的规范

目前，还没有男性性-生殖亚健康规范的诊断、治疗标准，因此，制订公认的诊断标准、治疗标准、预防调摄方法，对男性性亚健康、生殖亚健康、前列腺亚健康等作进一步的分类研究，开展大规模流行病学调查等，还有许多工作值得深入。如研究设计男性生殖亚健康评分量表、男性性亚健康评分量表用于男性性-生殖亚健康的诊断，以及建立规范的男性性-生殖亚健康中医临床指南等。

6.3 型态-证-体质"三位一体"的男性性-生殖亚健康研究

"三位一体"模式目的是运用中西医结合的思维模式，更好的进行亚健康临床干预，我们将以男性性-生殖型态亚健康研究为基础，探讨其与中医证、体质的相关性，从而有利于采取个性化治疗与辨证用药模式对男性性-生殖亚健康进行综合调理，包括心理调节、运动调节、饮食调节以及针灸、按摩、足疗、拔罐、刮痧、中药等多种方法。

6.4 男性性-生殖型态亚健康相关干预方法、产品开发研究

"三位一体"模式将型态-证-体质三者紧密结合，我们可以通过研究具体的干预方法、保健品、产品等，用于针对某一具体证或体质，从而治疗属于该型态的亚健康患者，具有极高的针对性和可操作性。

参考文献：

[1]朱德良，温元强，杜艾嫒，等.亚健康概念认识及界定现状评析.甘肃中医，2007，20（7）：11-14

[2]王庆华.刘化侠，许红梅.等.慢性疲劳综合征诊断及预防.国外医学护理学分册，2005，24(7)，369-372

[3]林本荣，俞守义，励建安，等.亚健康的诊断、分型与干预措施.中国康复医学杂志，2007，22（8）：756-758

[4]刘冲.预防过劳死的综合对策.日本医学介绍，2005，26(1)，40-41

[5]何清湖.亚健康临床指南.北京，中国中医药出版社，2009.3

[6]吕探云.健康评估.北京：人民卫生出版社，2006,402.

[7]金建远，倪崖，吕建新，等.有机环境污染物对男性生殖系统的影响.浙江省医学科学院学报，2007，18(4)：29-34

[8]王旭初，潘天明.男性不育患者260例生育意念和心理状态调查.生殖医学杂志，2004，13(5)：291

[9]Carlsen E, Giwercman A, Keiding N,etal.Evidence for decreasing quality of semen during past 50 years. BMJ. 1992,305(6854):609-613

[10]Giwercman A,Carlsen E,Keiding N,etal.Evidence for increasing incidence of abnormalities of the human testis: a review. Environ Health Perspect,1993,101(2): 65 - 71

[11]张树成，贺斌，等.我国男性精液质量的评价与建立生殖资源数据库的意义.中国计划生育学杂志，2005，13(8)：468

[12]肖凯，近藤保彦.日本治疗勃起功能障碍的现状与展望.中国男科学杂志，2005，19(2)：1-5

[13]Elizabeth Selvin PhD, MPH, Arthur L Burnett MD, etal.Prevalence and Risk Factors for Erectile Dysfunction in the US. The American Journal of Medicine, 2007, 120 (2): 151-157

[14]朱积川.男性性功能障碍诊治框架.中华男科学杂志，2005，11(9)：713

[15]冷静，王益鑫，黄旭元，等.上海市1582例中老年男子勃起功能障碍流行病学调查.中国男科学杂志，2000，14(1)：29-31

[16]张庆江，朱积川，许清泉，等.三城市2226例男性勃起功能流行病学调查.中国男科学杂志，2003，17(3)：191-193

[17]吴全华，周庆新，沈忠海，等.海岛中老年男性部分雄激素缺乏综合征的流行病学调查.疾病监测，2006，21（4）：208-211

[18]何清湖，李大禹，周兴.以肾为本干预男子亚健康.中国中医药现代远程教育，2008，6（2）：110-111

基于《黄帝内经》五音-五脏谐频共振学说及其音乐声波调理法

魏育林 孔晶 刘国玲 卫生部中日友好医院 北京

《黄帝内经》中“五音-五脏关系的相关论述是中医五音疗法的理论基础。中国历代医案均记载有五音疗法成功案例。新中国成立以来，热爱中国五音疗法的音乐人、研究人员和临床工作者们采用临床观察方法评价其疗效，证实五声调式音乐可减轻患者身心症状。但在“五音-五脏关系”的基础理论研究方面，尚有诸多问题需要回答。中日友好医院魏育林研究员与本院临床相关科室、中国科学院声学研究所、生物物理研究所、先进技术研究院、心理研究所和音乐作曲、录音制作、音乐心理、音乐治疗和计算机及通讯等多学科专家及其技术人员合作，建立亚健康音乐调理多学科研究协作组，采用现代音响技术，以宫音为例，历经 10 年开展了宫音音波调理的临床与基础研究。在科学研究基础上，提出了基于《黄帝内经》五音-五脏关系的谐频共振学说，建立了音乐声波调理方法。现介绍如下：

一、基于《黄帝内经》五音-五脏关系的谐频共振学说

基于《黄帝内经》五音-五脏关系的谐频共振学说（简称谐频共振学说）是以《黄帝内经》五音-五脏关系和中医藏象学说为理论基础，用现代语言简要归纳如下：五音与五脏关系是指徵音与心、羽音与肾、宫音与脾，商音与肺，角音与肝之间存在相通的关系。在中医心、肝、脾、肺、肾五脏之中，心分血肉之心和神明之心。血肉之心主脉，通过经脉（血脉系统和经络系统）与其他四脏相连。其中，血脉系统是血的通道，经络系统是气的通道。血脉-五脏系统和经络-五脏系统共同构成“经脉-五脏系统”。其主要功能是输送气血，滋养神明之心、五脏六腑和全身其他组织，提供人体生命活动所需的营养物质和能量；而神明之心主司意识、思维、情志等活动并影响全身脏腑、经络、形体、官窍的生理活动。五音的作用机理如《史记·乐书》所概括：①“动荡血脉”；②“通流精神”；③“和正心”。谐频共振学说是建筑在现代科学基础上，认为人体是一个开放的、不停地与外界进行物质、能量和信息交换的多元共振体。它以共振方式接收外源性和内源性的五音声波振动。人体听觉器官接收空气传播的五音声波振动，人体触振动觉感受器和腧穴接收固体或液体传导的五音声波振动。其中，触振动觉感受器接收的五音声波振动按神经接收途径进入各级中枢神经系统和大脑皮质，而腧穴接收的五音声波振动则通过人体“经脉-五脏共振系统”影响人体脏器组织的功能。与基于心理学的西方音乐疗法不同，基于谐频共振学说的音乐调理不注重音乐的情绪性、情感冲突和思想性等音乐心理变化，而强调音乐的自然和谐美感及其物理属性，使人放松平静，减少不良情绪和心理对“神明之心”的干扰和影响，达到五音的“和正心”作用。同时，五音声波振动通过“经脉-五脏共振系统”的谐波共振，促进“气血”流动，增加脏器组织血供及其组织新陈代谢，改善脏器组织细胞的功能，减轻身心症状，促进机体恢复到本能的、自组织、自调节的动态平衡状态，维护和促进人体身心健康。达到五音“动荡血脉、流通精神”的作用。

二、基于谐频共振学说的音乐声波调理法

音乐声波调理法(简称音波调理)是以基于《黄帝内经》五音-五脏谐频共振学说为理论基础。其调理对象主要为亚健康状态人群。分为音波循经调理法、音波放松静养法和呼吸吐纳发音法三大类。音波循经调理法分个性化和程式化调理两种，两者的区别是前者针对个体健康状况制定个性化调理方案，采用相对个性化的音乐和手持式音波调理设备及相应手法，选择性地在调理对象经络腧穴上进行音波调理；后者是针对亚健康状态常见症状制定的统一调理方案，采用适宜的、统一的音乐和固定式音波调理用设备，帮助或指导调理对象在固定的

经络腧穴部位进行调理。音波放松静养法分体感音波放松法和音波静养法两种。体感音波放松法是程式化、被动式的音波调理方法，需要专用调理音乐和音波调理设备进行调理。使调理对象在聆听音乐的同时，身体感受到音乐声波的谐频振动。音波静养法是主动式音波调理方法，采用专业人员指导下的团体训练结合居家的方式进行。呼吸吐纳发音法是主动式音波调理方法，采用专业人员指导下的团体训练结合居家的方式进行。原则上，被动式音波调理是按疗程进行的短期调理方法；主动式音波调理应成为日常养生方法之一，正确实施、持之以恒就能获得预期效果。

为保证音波调理的科学性、安全性、有效性和规范性，音波调理采用“调理对象评估-音波调理方案制定-音波调理实施-调理后再评估-调理后管理”的方式进行。鉴于音波调理人员不是经验丰富的临床医师，为便于临床应用，音波调理技术研发团队推荐相关评估指标供调理人员参考实施：1、采用问诊和症状量表评估方法，确定调理对象的主要身心症状及程度，评估音波调理改善身心症状的临床效果；2、采用脉诊确定五脏脉象，或采用脉象频谱分析技术评估音波调理对经脉-五脏谐频共振系统状态的影响；3、采用脑电波、心率变异性（HRV）、心率和呼吸频率等生理指标，评估音波调理对意识和自主神经系统功能及其生理功能的影响。4、采用远红外热成像技术，分析和评价音波调理对人体全身或局部远红外辐射热场的能量分布及能量强度变化的影响；5、采用人体功能状态快速检测系统，从人体整体和器官系统层面进行功能状态评价。以发现机体早期或潜在的功能紊乱及判定其紊乱程度，评估音波调理对人体功能状态的影响。调理后管理的主要内容是主动与调理对象沟通，定期提出评估报告和预警、调理、养生建议及相关咨询指导。而调理对象应有意识地感觉和体会自己身体的反应，从不适症状的改善、精神和体力的恢复、疾病易感性降低、生理功能的改善等方面进行调理前后的自我比较，多与调理人员或专业人员进行沟通，以维护自身的健康状态。

随着物质生活水平的不断提高，健康长寿的需求不断增加，现代中国人需要科学、安全、有效，简便易行、人性化和艺术化的养生调理方法，而音波调理能满足这些条件。随着人类探寻“音乐声波-人体生命-自然宇宙关系”的不断深入，音波调理方法将得以不断发展，前景广阔。

引入GRADE制定中医药国际标准的思考与实践

刘为民[1] 刘保延[2] 何丽云[1] 孙涛[3] 姚乃礼[2] 黄宝斌[4] 朱嵘[3] 李丽慧[3] 文天才[1]
罗文舒[1] 张艳宏[1] 王天芳[5] 王佳佳[5] 宋丽娟[6] 李幼平[7] 吴泰相[7]
1 中国中医科学院中医临床基础医学研究所 2 中国中医科学院 3 中华中医药学会亚健康分会
4 世界卫生组织驻华代表处 5 北京中医药大学 6 国家中医药管理局国际合作司
7 中国循证医学中心

循证医学意为“遵循证据的医学”，著名临床流行病学家David Sackett教授将其定义为“慎重、准确和明智地应用所能获得的最好研究依据来确定患者的治疗措施”。一段时期以来，循证医学通过大规模、随机、对照研究来评价治疗方案的有效性和安全性，以及对患者长期预后的影响。它主要以证据强度最高的随机对照试验（RCT）为基础进行meta分析。而中医药学强调辩证论治、个体诊疗。在RCT未大规模开展的情况下，引入循证医学系统评价的方法是否符合中国中医药国情一度是众多研究者激烈争论的话题。

中医药强调针对个体进行辨证论治，体现真实世界的个体化的辨证论治。它遵循“从临床中来，到临床中去”的规律。体现在研究的设计上，多归属于观察性研究等传统意义上的低质量研究。观察性研究又称非实验性研究或对比研究，确切地说应是非随机化对比研究。该研究的研究者不能人为设置处理因素，同时受试对象接受何种处理因素或同一处理因素的不同水平也不是由随机化而定的。如何针对该特点进行临床评价成了重要问题。

一、GRADE 来源及其理论框架

随着循证医学的发展，2000 年包括WHO 在内19 个国家和国际组织共同成立了推荐等级的评估、制定与评价[1]（The Grading of recommendations Assessment ,Development and Evaluation, GRADE） 工作组，由67 名专家通力协作，制定出国际统一的证据质量分级和推荐强度标准，2004年颁布。主要内容见表1。

表1 研究中每种主要结局指标的证据质量[2]

观察性研究	证据质量	随机对照试验
相关性极强，没有影响有效性的主要因素	高	研究质量没有严重问题
强相关、存在一致性，没有似是而非的混杂	中	设计或执行有严重问题，或者为准试验设计
研究质量没有严重问题	低	设计上或执行时有很严重的问题
设计上或执行时有很严重的问题	非常低	设计上或执行时有很严重的问题
降低研究质量的影响因素有：结果严重不一致；直接性不确定；高度可能存在报告偏倚； 稀疏数据；对于直接性如果存在较大的不确定性可能降低证据质量两个级别		
其他影响质量的因素有 可能存在着混杂，降低观察效应；存在着剂量--反应梯度		

二、将 GRADE 引入中医药临床评价的思考[3-7]

GRADE突破了过去主要从研究设计角度考虑证据质量的局限性，综合考虑研究设计、研究质量、研究结果的一致性和证据的直接性。除随机对照试验外，观察性研究也是重要的证据来源。观察性研究一开始被归为低质量，但若某干预措施疗效显著；证据显示存在剂量效应关系；存在各种可能导致疗效显著性降低的偏倚时，观察性研究证据的等级将可能提高。高质量的观察性研究对于有效性和安全性的评价也具有重要意义。同时，它明确定义了证据质量和推荐强度，即证据质量指在多大程度上能够确信疗效评估的正确性；推荐强度指在多大程度上能够确信遵守推荐意见利大于弊。它注重从使用者而非研究者角度制定标准，拓宽了应用范围，并随时更新。推荐意见将根据当前可得证据的3 种结论（肯定，否定，不确定），简化为强弱两级。它清楚评价了不同治疗方案的重要结局， 对不同级别证据的升级与降级有明确、综合的标准，从证据到推荐全过程透明， 明确承认患者价值观和意愿， 就推荐意见的强弱，分别从临床医生、患者、政策制定者角度做了明确实用的诠释。 同时，GRADE 认为，研究的设计并不是决定证据等级和推荐强度的唯一标准。其影响因素是多方面的。侧重从临床实际中考察。强调研究质量、一致性。强调患者的接受程度。

GRADE 强调对于结局指标的评价，按照重要性的不同，将其按照 0-9 分进行评分，并侧重对于重要和关键结局指标的评价。GRADE 还可以用于诊断性试验中。客观评价诊断指标的敏感性和特异性，有助于对于诊断指标的选择。本研究团队在艾滋病和亚健康的研究中，引进并自行研制了量表和 PRO 量表，观察终点结局指标的变化，突出中医证候学特点，同时进行多项生物学指标的检测，初步建立了艾滋病和亚健康的评价指标体系。在进行大样本的量表的信度、效度、反应度研究之外，下一步可以参考 GRADE 对于结局指标、诊断指标的评价方法，客观评价中医药诊断、治疗的指标体系。

GRADE 同时重视收益和费用的平衡问题， 督促合理的资源配置。促使中医界引入了卫生经济学的评价方法，客观进行中医药干预的成本效益、成本效果分析。

GRADE 提倡在充分权衡不同治疗方案利弊基

础上的利弊平衡，更能凸现中医特色和优势。干预措施的“利”包括降低发病率和病死率、提高生活质量、降低医疗负担和减少资源消耗等；“弊”包括增加发病率和病死率、降低生活质量或增加资源消耗等。与常规西医治疗相比，中医药治疗具有副作用小、使用方便、又廉价，利大于弊，能够凸显中医简、便、验、廉的特点，合理评价中医优缺点。

GRADE 重视患者价值观和意愿。提倡对患者意愿进行调查，根据调查情况决定推荐强度。临床医生必须确保对患者的治疗应符合他们的价值观和意愿。这和中医药学以人为中心的思想是一致的。

当然，近年来，随着临床流行病学的普及，中医界也开展了一系列的随机对照试验。如何对其进行客观评价也是很重要的。GRADE 认为，随机对照试验并不一定意味着证据等级最高。在GRADE 中，基于RCT 得出的证据一开始被定为高质量，但我们对该类证据的信心可能会因为下面5 个因素而降低： 研究的局限性； 研究结果不一致； 间接证据； 结果不精确；报告有偏倚。在电话访谈中，我们发现很多标明为随机对照试验的中医临床研究并不是真正的随机，将随机等同于随意，或者采用半随机的方式进行随机，或者随机遭到人为破坏，未做到随机分配方案的隐藏，盲法难以实施、两组基线不均衡，执行随机过程中患者依从性降低甚至导致失访、随机对照试验难以开展等等问题。针对中医药学特点，我们尝试多种随机方法，如最小化随机、多重随机、中央随机、区组随机、患者意愿随机。并引入了实用随机对照试验，对随机中出现的问题进行梳理，注意执行过程中的一致性。注意患者意愿。这是与GRADE的理念一致的。

三、采用 GRADE 制定亚健康的相关标准

1. 建立亚健康国际标准的必要性

当前，由于世界范围内医疗费用的持续增加，各国政府都在积极寻求措施，切实改善国民的健康状况，以期降低医疗支出。与此同时，随着经济发展和社会进步，人们对健康的追求越来越高，认识水平也在发生深刻变化，“亚健康”的概念由此应运而生。由于亚健康本身就是介于健康与疾病的中间状态，因此，亚健康的防治对于维护人类健康具有极其重要的战略意义。中医学在长期的发展过程中形成了较为完整的预防思想和有效的防治原则。中医学“治未病”包括未病先防、既病防变和愈后防复，是干预亚健康的基本原则。一方面，通过养神健体，防止亚健康的发生；另一方面，可以对亚健康早期干预，阻止其向疾病转变，同时对疾病痊愈后进行有效干预，防止复发。因此，中医学“治未病”对于亚健康的防治具有独特优势。在 21 世纪，人类卫生医疗工作将实行预防性健康策略防治亚健康状态是重点之一。处于亚健康状态的人群往往伴随着一系列的主观不适感觉和生活质量的下降，用客观的方法评估亚健康人群的主观感受十分困难，使用正确和恰当客观的方法和手段对中医药干预亚健康的评估是十分重要的，目前，中国很多地区、机构都在开展亚健康的研究，也进行了一些大样本的流行病学调查和干预效果的评价研究，但如何在研究过程中建立亚健康相关标准是目前急需解决的问题，我们拟建立中医药干预亚健康相关标准和评价体系，据此对干预结果做出客观评估。

2. 发展 GRADE 体系，建立亚健康国际标准

GRADE适用于制作系统评价、卫生技术评估及指南、标准。该标准代表了当前对研究证据进行分类分级的国际最高水平，意义和影响重大。包括WHO和Cochrane 协作网在内的28 个国际组织、协会已采纳GRADE 标准，成为证据发展史上的里程碑事件。世界卫生组织在所制定的指导指南制定的指南中推荐使用GRADE，并已经采用GRADE 标准制定了甲型流感H1N1的指南。[8]采用GRADE建立指南的步骤[9]包括：1）建立相应程序：区分问题优先次序，选择专家小组，明确利益冲突，同意按照专家组步骤进行。2）系统评价，对于所有重要结局的可能获得的最佳证据进行系统评价。3）对于重要的结局指标准备足够档案资料。 对于每个亚组，准备足够的档案资料。其结果要根据系统评价结果而定，而且应该包括质量评价和研究结果的总结。4）对证据质量和推荐意见的强度进行分级，评价每一结局指标证据质量。5）评价结局指标的相对重要性。6）评价总体证据质量。7）平衡收益和风险。8）平衡净收益和费用。9）确定推荐强度。10）实施和评价。

我们在世界卫生组织的资助下，主要采用GRADE 体系，建立世界卫生组织亚健康标准。

3．具体步骤

1）文献检索数据库选择：选择公认的医学文献数据库CNKI、MEDLINE、重要的专业协会数据库、手工检索的期刊、会议论文、研究报告、会议记录等。

2）文献年代与范围：来源于近20年内国内外以亚健康、sub-health相关为主体的文献。

3）检索内容：①亚健康的病因病机、病邪特性、临床分期、中医四诊、辨证方法、辨证分型、治则治法、有效方剂、中药等内容。②包括不同干预措施如膏方、敷贴、刮痧、拔罐、艾灸、砭石、足部按摩、脊柱按摩、全身按摩、凉茶、中药药浴、药酒、中成药进行的临床研究文献。

4）制定研究文献纳入标准及证据筛选表，由两名独立的系统评价员定期随机筛选摘要，不同意见，由第三者协调解决。

5）综合分析与证据提取：按专题将证据的摘要汇总、综合为证据表，包括：作者及资料来源、发表年份、研究类型、研究的质量等级、样本数、干预组或对照组情况、临床结局、效应量、置信区间或P值、试验场所、随访数、特异度、灵敏度、纳入标准、评注等。

6）文献系统评价：采用 GRADE 标准，运用GRADEprofiler、Revman 5.0软件输入数据，进行meta分析等定量研究，统计方面进行异质性检验、计算统计合并效应量，用森林图表示合并后的结果，同时进行敏感性分析。

7）评价结局指标的相对重要性。将结局指标根据重要性不同分为9个等级。

8）评价总体证据质量。

9）平衡收益和风险。

10）平衡净收益和费用。

12）形成强度不同的推荐意见，为标准的形成奠定基础。

除此之外，我们还采用了访谈、问卷调查、专家共识会等方法参与亚健康标准的制定。在此不再赘述。

四、引入 GRADE 体系，进一步发展中医药临床评价体系

作为循证医学教育部网上合作中心的北京分中心，多年来，中国中医科学院多次派人在中国循证医学中心进修、学习，并多次赴国外交流。具备了循证医学、临床流行病学、统计学、数据管理、计算机、医学英语的专业知识，熟练掌握了REVMAN软件的使用，完成20多个系统评价，并已经在国际上注册发表。对团队人员进行GRADE的培训，并检索翻译了大量英文材料，已经联络全国多家医院和基地，为开展临床试验奠定基础。与我院中医药信息研究所、协和医科大学图书馆、中国国家图书馆建立良好的联系，熟练掌握MEDLINE、荷兰医学文摘、CNKI，维普、万方、cochrane 数据库的使用。 主持和参加世界卫生组织西太区临床实践指南的撰写和世界卫生组织亚健康标准的制定。对中医药评价体系的建立有自己独特的思路。与国家中医药管理局、科技部、北京市科委建立了良好的关系，承担多个临床试验的方案优化、质量控制、稽查、监查、临床试验的质量评估。熟练掌握多种与循证医学相关的统计方法。能够熟练进行方案的设计与制定，数据质量评价、电话访谈、数据抽提、建立数据库、数据统计分析。采用纬博融智系统，建立了专家库。针对中医药特点，开展了个体化、辨证论治评价理论体系、真实世界临床评价等的研究。参加了跨国、多中心临床试验，具有很强的国际国内影响力。

我们可以从以下几个方面开展GRADE相关研究：

1．理论研究和实践相结合，构建理论、方法、技术于一体的GRADE研究平台，针对中医药临床特点，提高中医药临床试验的质量。

借鉴世界卫生组织推荐的GRADE系统，通过对中医药治疗艾滋病、亚健康的评价研究，突出中医特点，以随机对照试验和观察性研究为突破口，按照研究设计、研究质量、一致性和直接性的要求、制定检索策略、完整检索 MEDILINE、CNKI 等中英文数据库、进行文献的质量评定和数据的抽提，选择高强度、高水平、高质量的证据，采用REVMAN软件和 GRADE 软件，建立数据库，对关键的结局指标进行客观评价，同时权衡利弊、权衡收益和费用情况，考虑患者的使用情况，进行评分，确立证据质量和推荐等级，促进循证医学和临床流行病学的传播和应用，为国际标准和循证医学指南的建立和完善奠定基础，最终极大程度的提高中医药临床试验质量和水平，推动中医药临床评价体系的成熟和完善。

2. 以已经开展多年的亚健康和艾滋病中医药评价体系为主体，引入GRADE系统，引入诊断性试验的评价方法，研究影响诊断干预和患者结局的方法，参考针对诊断指标敏感性和特异性的评价方法、对多种结局指标重要性的评价方法、对终点结局指标的评价方法、量表的信度、效度、反应度等评价方法。建立全方位的中医药评价体系。

3. 以随机对照试验和观察性研究为切入点，开展中医药治疗艾滋病和亚健康的安全性和有效性评价，比较两种不同设计在临床实际中的应用情况，发挥中医学“从临床中来，到临床中去”的特点，注重真实世界的研究。注重研究质量，一致性和直接性，注重患者的实际应用情况调查，对结局指标的重要性进行评定，对费用进行调查。注重对临床试验的质量控制、监查。分析影响研究质量的环节。通过临床一线医生或者患者的访谈或者问卷调查，比较两种设计在临床实际中的应用情况，为进一步提高临床试验的质量奠定基础。

4. 借鉴GRADE系统和循证医学的理念，针对中医药临床研究特点，发展中医药临床评价方法学研究，探讨多种临床研究设计、评价的新思路

目前正在开展的课题有以下几个方面内容：中医辨证论治评价方法学理论体系的构建，实用随机对照试验的应用与发展、符合中医药研究特点的典型案例研究，基于信息采集系统的名老中医验案研究，注重临床实际的真实世界研究，个体化的中医临床研究的评价体系（ 如单病例随机对照试验），注重临床实际应用、加速新药研发过程的转化医学研究。符合中医证候特点及问诊情况，反应病人主观感受的量表及PRO 量表的研制。针对医疗费用，强调资源配置的卫生经济学研究。能够真实了解专家、临床一线医生和患者情况的定性研究。中医药应对公共卫生突发事件，挑战证据质量的开拓性研究。响应世界卫生组织号召，采用 GRADE 系统，进行循证医学指南和国际标准的制定。结局指标的重要性判定，和关键结局指标的评价研究。从患者角度出发，保护受试者权益，平衡风险和收益的伦理学研究。针对临床中常见的问题，完善临床试验注册制度，采用四级监查制度，加强临床试验质量控制。采用最小化法随机，多重随机、患者意愿随机、中央随机等等多种比较先进的方法，解决中医药临床研究中的随机问题。构建多种符合中医药临床设计的数学模型和统计模型，切实解决中医药临床评价瓶颈问题。

总之，GRADE作为国际可接受的标准，将其引入中医临床疗效评价，将有利于带动整个临床评价的发展，带动中医药学与循证医学的共同发展，有利于发扬中医特点，实现中医的现代化和国际化。因此，有必要汇聚优秀的中医临床评价专业人才，创新科研人才组织机制，营造有利于中青年科研人才的成长环境，借鉴世界卫生组织推荐的GRADE标准，整合我国现有的科技资源，从而形成以GRADE及其相关研究为主体的优秀人才的团队效应和当量效应，提升科技队伍的创新能力和竞争实力，为建立立足于中医药优势，与国际规范接轨的中医临床疗效评价指标体系奠定基础。

参考文献

[1] GRADE Working Group. Grading quality of evidence and strength of recommendations [J]. BMJ, 2004, 328:1490-1494.

[2] Schünemann HJ, Oxman AD, Brozek J, et al. Grading quality of evidence and strength of recommendations for diagnostic tests and strategies[J]. BMJ, 2008, 336(7653): 1106-1110.

[3] Guyatt GH, Oxman AD, Kunz R, et al. Rating quality of evidence and strength of recommendations: What is "quality of evidence" and why is it important to clinicians?[J]. BMJ, 2008, 336(7651):995-998.

[4] Guyatt GH, Oxman AD, Vist G, Kunz R, et al. Rating quality of evidence and strength of recommendations GRADE: an emerging consensus on rating quality of evidence and strength of

recommendations [J]. BMJ , 2008;336:924-926.

[5] Guyatt GH, Oxman AD, Kunz R, et al. Rating quality of evidence and strength of recommendations: Incorporating considerations of resources use into grading recommendations[J]. BMJ, 2008, 336(7654):1170-1173.

亚健康状态三级干预方案的临床随机对照试验研究

罗仁 赖逸贵 赖名慧 严美花 赵晓山

南方医科大学南方医院中医科

随着现代医学理论的发展，“生物－心理－社会”的医学模式已被医学界广泛接受的理论。目前国内医学界普遍认为，亚健康状态是由于生物、心理、社会三方面因素导致机体的神经系统、内分泌系统、免疫系统整体协调失衡、功能紊乱所致。本课题组基于这种医学模式理论，结合中医“治未病”的思想，在临床实践基础上，提出了“亚健康状态三级干预方案”。这是目前国内首次提出的系统性防治亚健康的干预方案，在亚健康状态干预研究领域具有明显的创新性。为了探讨亚健康状态的三级干预方案的临床疗效，本课题组进行了其随机对照的临床研究。现报告如下：

1. 研究对象

1.1 对象

来源于 2010 年 8 月课题组从进行公务员亚健康状态流行病调查的公务员人群中随机选取 75 名判断为亚健康状态的公务员直接进行三级干预，剔除 5 位不合格病例，共有 70 名完成亚健康状态三级干预方案实施。其中男性 41 名，女性 29 名。同时从进行公务员亚健康状态流行病调查的公务员人群中随机选取 40 名判断为亚健康状态的公务员为对照组，直接进行亚健康状态一级和二级干预。剔除 4 名不合格病例，共 36 名完成亚健康状态一级和二级干预(即二级干预方案)，其中男性 20 名，女性 16 名。

1.2 实验分组

课题组前期研究结果表明，不予任何干预 6 个月后，公务员亚健康状态的未见明显变化，因此，本研究仅设对照组为二级干预方案组，实验组为三级干预方案组，不设空白对照组。

1.3 诊断标准：

亚健康的诊断标准：根据WHO关于健康[1]的定义，结合中华中医药学会的《亚健康中医临床指南》提出的概念[2]，制定了亚健康的判断标准：①持续3个月以上反复出现的不适状态或适应能力显着减退，但能维持正常工作； ②无重大器官器质性疾病及精神心理疾病； ③尽管具有明确的非重大器官器质性疾病或精神心理疾病诊断，但无需用药维持，且与目前不适状态或适应能力的减退无因果联系。

1.4 病例选择

（1）纳入标准：①符合上述诊断标准；②年龄20-60岁；③自愿接受研究。

（2）排除标准：①不符合纳入标准者；②处于心脑血管、糖尿病、肿瘤等重大疾病治疗期；③患非重大疾病但需用药维持者；④妊娠及哺乳期妇女、精神神经疾病患者；⑤不愿接受研究。

（3）剔除病例标准：①不符合纳入标准而被误纳入者；②由于主观或客观原因，未按规定服药，无法判断疗效或数据不全影响疗效评价者；③受试者用药依从性差，或中途自行换药或加用其它药物影响疗效和安全性评定者；④观察中自然退出、失访。或是治疗有效，但不能完成整个疗程以致临床观察不全等原因影响疗效和安全性判定。

（4）病例脱落标准：①受试者依从性差，影响有效性和安全性评定者；②发生严重不良事件、并发症和特殊生理变化不宜继续接受研究的病例，并列入不良反应；③受试者自行退出的病例；④因各种原因疗程未结束退出试验、失访病例；⑤未按研究方案规定用药的病例。

2. 研究方法

2.1 干预措施

2.1.1 给予三级干预方案，具体方法如下：

一级干预：自我保健宣导、健康教育讲座、发放"干预亚健康手册"（见附录一）等方式进行（讲座涉及定期体检的意义、体检结果共性存在问题、生活方式病、亚健康的预防与干预等）；

二级干预：进行普查、筛检、定期健康检查，对体检结果存在的主要健康问题，或是理化指标正常，但身体确有不适感觉的亚健康人群和理化指标处于临界状态的人群，对其可能不良后果提出警告与相关的建议，而进行普查、筛检及定期健康检查是早期发现亚健康状态的重要手段。于是将课题组研制的"亚健康状态评定量表（Sub-health Measurement Scale，SHMS）"[3]运用到体检工作中，结合中医辨证论治、心理评估、亚健康状态评估等方法，融合现代医学体检的各种检查手段，对公务员人群的健康状况进行个性化评估，以早发现、早诊断、早治疗，即"三早"干预。

三级干预：本课题组制定个体化和集体的保健计划及其干预措施，对已经出现症状并且比较明显的公务员，对其进行辨证调治，提出相应的健康调养的指导如心理平衡、适量运动、合理饮食及纠正不良生活等，由经过培训的中医临床医师，进行中医药综合干预措施，并进行亚健康改善的动态跟踪服务，定期回访。

2.1.2 干预期内的药物控制

实验组按中医辨证论治分型进行个体化的干预用药。由于亚健康状态不同于某些疾病有明显的分期、证候转换，因此临证时依据个体亚健康状态不同的中医证型，给予不同的中药处方内服，每1周回访1次调整中药处方；中药每日1付，水煎2次，每日服用2次；视个体亚健康状态恢复情况，服用2-4周不等。

2.2 观测工具

以《公务员亚健康状态三级干预方案临床观察表》为观测工具，内容包括一般情况、疾病情况、临床表现、中医四诊信息、个体化干预方案等资料，每个症状根据程度轻重采用4级评分制，评分越高，症状越重。疾病情况、中医四诊的部分，由调查医师与被调查者面对面地进行结构式访问来完成。干预结束后对其进行健康状态、临床疗效综合评估。

《公务员亚健康状态三级干预方案临床观察表》包括以下内容：

第一部分 一般资料：姓名、性别、年龄、婚姻、文化程度、联系方式等。

第二部分 疾病情况：主诉、现病史、既往病史、家族史、舌脉象等。

第三部分 临床表现：包括精神情志、寒热汗、头部、胸腹部...舌脉、中药诊断等。每个症状根据程度轻重采用4级评分制，包括无、轻、中和重，程度越重，评分越高。中医四诊的部分，由课题组医师与受试者者进行结构式访问来完成，并且每周电话访问一次，了解受试者症状改善或变化的情况。

第四部分 个体化干预方案：包括不良生活方式的建议、指导及改善情况；具体使用中药情况等。

第五部分 辅助检查结果（阳性结果为主）。

第六部分 不良事件观察表及临床疗效的评价。

2.3 疗效评定

（1）干预前后对健康状态的判断。

（2）临床疗效评价：参考《中药新药临床研究指导原则》[4]：临床痊愈：中医临床症状、体征消失或基本消失，证候积分减少≧90%；显效：中医临床症状、体征明显改善，证候积分减少≧70%；有效：中医临床症状、体征均有好转，证候积分减少≧30%；无效：中医临床症状、体征均无明显改善，甚或加重，证候积分减少不足30%。

2.4 统计分析

应用SPSS 14.0软件处理数据，采用频数统计、X^2检验，统计检验水平为0.05。

3. 结果

实验组给予三级干预方案干预后的临床痊愈

34例，显效27例，有效5例，无效4例，总有效率为94.29%，而对照组给予二级干预方案后的临床痊愈4例，显效6例，有效10例，无效16例，总有效率为55.56%（见表1）。卡方检验显示，卡方值=39.024，P<0.001，两组数据差别具有统计学意义。这提示公务员亚健康状态三级干预方案的临床疗效优于二级干预方案。总之，亚健康状态三级干预方案对于公务员亚健康状态具有显著的临床疗效，可以应用于亚健康状态的防治。

表1 试验各组的临床疗效情况（n,%）

	例数（n）	痊愈	显效	有效	无效	总有效
对照组	36	4（11.11）	6（16.67）	10（27.78）	16（44.44）	20（55.56）
实验组	70	34（48.57）	27（38.57）	5（7.14）	4（5.71）	66（94.29）

4. 讨论

亚健康患者通常表现出躯体、心理、社会交往等各方面的不适应症状，临床表现非常复杂，确切病因不清，目前在制订干预对策上也只能强调单纯医学手段治疗，尚未形成系统性的干预措施与体系。西医在亚健康研究上由于理论研究基础薄弱缺乏等因素，造成西方医药界至今没有提出很好的治疗办法。而中医辨证论治非常有利于亚健康状态的临床分类和治疗干预[5,6]。本研究表明，运用三级干预方案对亚健康公务员进行个体化的中医药综合干预措施，取得了良好的临床疗效。

生物－心理－社会三个方面有着密切的联系，具有相互影响、相互促进、相互制约的特点。身体的虚弱或疾病状态会导致心理上的挫折感，导致情绪的抑郁、信心的丧失等精神障碍；而身体上的虚弱与疾病状态以及心理上的挫折感，都会引起个人的社会适应能力降低，引起社交关系的紧张，逐渐失去来自家庭成员、单位同事以及朋友等社会支持；社交的障碍会加重精神心理的负担，严重的心理障碍又会加重身体的虚弱或疾病。本课题组根据这一理论基础，提出重视个体心理调节能力的作用。通过亚健康状态一级干预措施，进行大规模的自我保健意识、亚健康防治知识讲座、发放“亚健康干预手册”等方式，来提高广大民众的自我诊断知识、自我保健意识以及自我心理调节能力，使众多亚健康状态人群通过自己的调节保健而恢复健康，达到“治未病”的境界。对于经过亚健康一级干预的自我调节保健，亚健康状态未见明显改善的人群，需要咨询专业医师，进行身体的普查、筛查或定期的健康检查，并结合本课题组研制的SHMS，综合判断是属于亚健康状态还是疾病状态，并提出保健或治疗的建议，即进行二级干预。对于亚健康状态比较严重的就诊者，详细收集四诊资料，进行中医的辨证论治，并提出专业的健康保健建议，从心理上、运动上、饮食上及社交能力上进行全面细致的干预，以进行三级干预，最终使其得以康复。总之，公务员亚健康三级干预方案对防治公务员亚健康状态具有良好的效果，值得推广应用。

参考文献：

[1] http://www.who.int/about/definition/en/print.html

[2] 中华中医药学会发布.《亚健康中医临床指南》. 北京:中国中医药出版社，2006，10

[3] 许军,冯丽仪,张金华,等.亚健康状态评定量表的信度效度研究，南方医科大学学报.2010,11:234-236。

[4] 郑筱萸. 中药新药临床研究指导原则[M] . 北京:人民卫生出版社, 2004 :

[5] 孙晓敏,魏敏,朱春燕,等. 广东地区亚健康状态的流行病学调查研究. 山东医药.2008.48(4):59-60

[6] 孙晓敏,余克强,李玉萍,等. 维康颗粒干预亚健康状态的疗效及安全性. 山东医药.2010.50(25):70-71

附：亚健康状态三级干预方案的操作规范

1、一级干预：

以自我保健、健康教育为主，辅以运动指导、饮食指导、心理指导等措施以消除亚健康状态的危险因素。干预方法：①加强健康宣教，为各种单位及团体进行亚健康状态干预专题讲座，宣传栏等形式，提高人们对亚健康的认识，倡导健康生活方式，纠正不良生活习惯，并根据具体情况给予个别指导。②印发自我保健、健康教育等的知识手册，供大家参阅，以提高人群自我保健意识。

2、二级干预：

进行普查、筛检、定期健康检查以及亚健康量表自测等干预亚健康状态，以早发现、早诊断、早治疗（即“三早”干预）。进行普查、筛检及定期健康检查是早期发现亚健康状态的重要手段。自我保健的主要环节应经常检测自身的呼吸、脉搏、血压、心率、观察大小便情况等，对于理化指标正常，但身体确有不适感觉的亚健康人群和理化指标处于临界状态的人群，如高血压临界、糖耐量低减等，现代医学往往缺少有效的防治方法。于是将“亚健康状态评定量表（SHMS）”运用到体检工作中，结合中医辨证论治、心理评估、亚健康状态评估等方法，融合现代医学体检的各种检查手段，对人群的健康状况进行个性化评估。

3、三级干预：

采用中医辨证论治为主要措施的临床干预亚健康状态。采用现场调查的方式，进行医师访谈，采集中医四诊资料，以进行中医辨证。根据被调查者填写的量表内容和现场调查医师通过中医四诊掌握的资料，按《中医诊断学》以及 1986 年全国虚证与老年病会议制定的《中医虚证辨证参考标准》、国家中医药管理局颁布《中医病证诊断疗效标准》、中华中医药学会的《亚健康中医临床指南》等有关中医证候的辨证标准，进行临床的辨证论治进行个体化干预和调治，可充分发挥中医药调治亚健康的优势。对已经出现症状并且比较明显的人群，对其进行辨证调治，提出相应的健康调养原则如心理、运动、饮食指导，纠正不良生活等，并进行中医药干预，积极改善体质，避免其向疾病转化，使机体恢复健康状态，从而达到对相关疾病预防的目的。（见示意图 1）

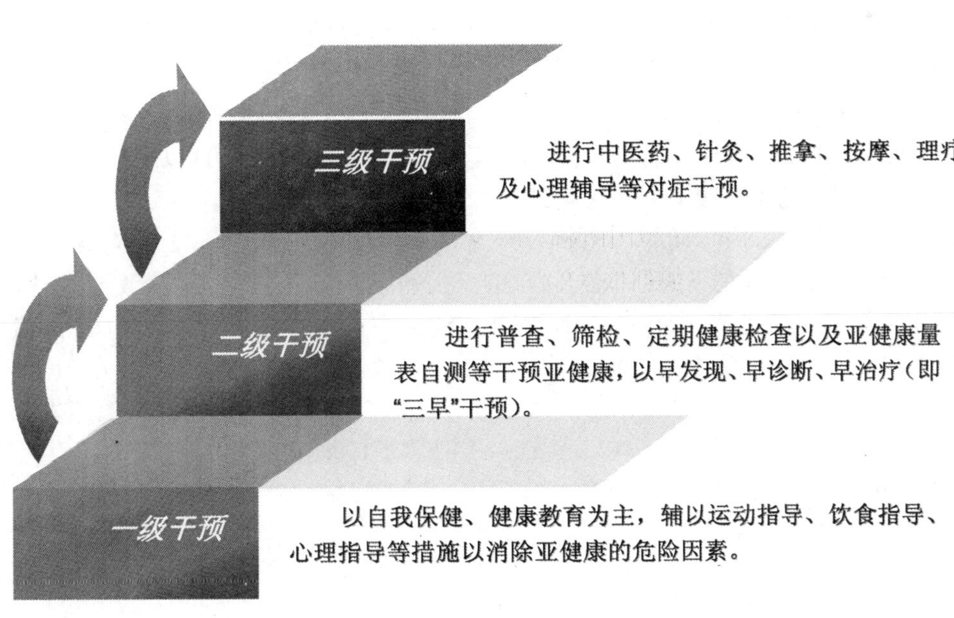

图 1　亚健康三级干预方案的操作流程图

老年人护阳过寒冬

朱杰　江苏省兴化市中医院

宋代养生家陈直认为，有些老人虽已高龄，却面色红润，思辨清晰，举步轻捷，这种情况不是真阳血海气壮，而是缘于“虚阳”。“得虚阳气盛，充于肌肤。”“常得虚阳气存，自然饮食得进，此天假其寿也。”如果缺少虚阳之气，就要酌进汤剂，调停膳粥，常加温补。陈直在中医史上第一次提出了“虚阳”的概念。

阴阳之要，阳密乃固

阳气是受于父母的先天之气和后天的呼吸之气及脾胃运化而来的水谷之气结合而成的，它具有温养全身组织、维护脏腑功能的作用。阳气虚就会出现生理活动减弱和衰退，导致身体御寒能力下降。中医阴阳学说中，阳常居于主导方面，《黄帝内经》说，“阴阳之要，阳密乃固”，失其阳气，则折寿不彰。药王孙思邈认为：“人年五十以上，阳气日衰，损与日至。”意思是随着年龄的增长，人的阳气会逐渐亏耗，但阳残不尽，生命仍然可以延续，若阳气绝亡，则为生命的结束。陈直用“虚阳”来概括老年生理特点，并阐明“常得虚阳气存”在养生防病中的重要性，实是一大创见。

所谓“虚阳”并非“阳虚”，是一个生理的概念，而并非病理的状态，它是相对应于小儿时期的“稚阳”、青年期的“成阳”、成年期的“盛阳”而言。清代著名医家陈修园也曾经提出过“老人为衰阳”，后世大加赞赏。实际上陈直提出的“虚阳”学说要远早于陈修园，这是值得注意的。

阳气是生命的根本

正因为老年“虚阳”这一生理特点，在病理上也就有“血气已衰”、“百疾易攻”、“宿疾时发”的表现。老年人正值人生的“寒季”，冬天寒冷时节，两寒相交，各种老年病，如心脑血管疾病、呼吸道疾病等，更容易进入多发期。俗话说老年人“熬年关”，就是说熬过冬天最冷的时节。陈直认为，老人天癸数穷，精血耗竭，神气浮弱，不可乱投汤药，妄行针灸，老年人服药宜用温平顺气之药，进食宜温中补虚，“大体老人药饵，止是扶持之法”。陈直于书中收集了老年人调摄食治 233 首方子，如二黄丸、三仙丹、八仙丹、旱莲散等，用于保养阳气、补益精气、补虚抗老、延年益寿并兼治诸疾，并一一详细叙述方药、剂量、服法、适应证，博采旁搜，给我们留下宝贵的资料。

老年护阳首选“当归生姜羊肉汤”

这是一张沿用两千多年的中医名方，由汉代医圣张仲景创制，记载于中医经典《金匮要略》。当归有活血、养血、补血的功效；生姜既是厨房不可缺少的调料，还可以温中散寒、发汗解表；羊肉是老少皆宜的美味食物，性质温热，能温中补虚。羊肉、生姜、当归三者配合起来，具有温中补血、祛寒止痛的作用。还可以加入适量白萝卜，以补中有通，以免阳气阻滞。

当归生姜羊肉汤的具体做法：将羊肉洗净，除去筋膜，切成小块，生姜切成薄片，当归（约 20 克，中药房有售）洗净，纱布松松地包住捆扎好，一同放在锅里，加水后先用大火煮开，再用微火煨两小时左右即可。食用前可以适当加一点盐和其他调料，吃肉喝汤。

天下第一补——粳米

赵桂芝　山东中医药高等专科学校

中医认为粳米有养胃生津之功，古方中每多用之。如《伤寒论》中的白虎汤、桃花汤及竹叶石膏汤等方皆用了粳米。

粳米是相对于籼米和糯米而言的。中国的大米主要可分为粳米、籼米和糯米三类。粳米是粳稻种仁，属粳型非糯性稻米，主产于中国长江以北一带稻区。从黏性程度上分，糯米黏性最强、籼米最弱，粳米居中，所以喜欢吃粳米的人最多。

现代研究认为粳米含淀粉、蛋白质、脂肪、铁及B族维生素和多种有机酸、糖类、磷、钙等营养成分。中医认为粳米味甘性平，归脾、胃经，有健脾养胃、止渴除烦、固肠止泻之功。以粳米煮粥，可补中益气、健脾养胃、益精强志、强壮筋骨、和五脏、通血脉、聪耳明目、止烦、止渴、止泻，被誉为“天下第一补人之物”。粳米粥制作简易，服食方便，吸收快，不伤脾胃，老少咸宜。

煮粥时，上面有一层浓滑如膏之物，称为米油，也称粥油，是补益填精上品，病人、产妇、老人及体弱者最宜食用。如单取此米油，加上少许食盐空腹服下，效果更佳。古今还有许多以粳米配方治病之药膳方。

粳米磨成粉，炒焦，每服5克，一日三次，辅治腹泻。

粳米15克，炒黑，用水一杯煎服，辅治小儿吐乳。

粳米100克，人参3克（或党参末30克），同煮粥，用冰糖调味食用，有益元气、补五脏、生津液、抗衰老作用。适用于年老或病后体弱、久病羸瘦、食欲不振、五脏虚衰、心慌气短、失眠健忘、劳伤虚损、慢性腹泻等气血虚弱、津液不足之病症。

粳米50克，党参20克。先将粳米炒至黄黑色，再与党参同煮粥，煮好后饮用粥汤。有补中气、和脾胃、除烦渴、止泄泻作用。适用于脾虚泄泻、消化不良、慢性胃炎、胃及十二指肠球部溃疡等症。

粳米100克，生黄芪30-60克，浓煎取汁，同煮粥，煮熟后加入红糖适量，陈皮1克，再煮沸食用。有补中益气、健脾养胃、消肿利水作用。适用于中气不足、内伤劳倦、体虚自汗、慢性腹泻、年老或体弱浮肿等气血不足之病症。阴虚火旺舌红脉数者忌食。

粳米100-150克，煮粥，煮至半熟时，加入茯苓粉100克同煮熟食用。有除湿健脾、消痰利尿作用，适用于肥人多痰、小便频数或小便不利等症。

何首乌50-100克，浓煎取汁，加入粳米100克，大枣3枚同煮粥，用冰糖调味食用。有补肝肾、延年益寿、养血作用。适用于肝肾虚损、头晕耳鸣、头发早白，以及老年人高血脂、血管硬化、血虚便秘等症。

粳米100克，枸杞30克，同煮粥，用适量油盐调味食用。有补肾养阴、益血明目作用。适用于肝肾亏损、头晕目眩、久视昏暗、腰腿酸软，以及老年糖尿病等症。脾胃虚弱便溏者忌食。

佛手10-20克，水煎取汁，加入粳米100克同煮粥，用冰糖和香葱适量调味食用。有行气止痛、健脾和胃作用。适用于胸闷气滞、胃痛嗳气、呕吐恶心、消化不良、食欲不振、小腹胀痛等症。

麦冬20-30克，水煎取汁，与粳米100克同煮粥，用适量冰糖调味食用。有清心润肺、养阴止渴作用。适用于肺燥之咳嗽、咯血、热病伤津、胃阴不足、口干思渴、虚劳烦热等症。

粳米100克煮粥，将熟时加入川贝母粉末5-10克和适量冰糖（或白糖），煮沸即可食用。有润肺定喘、止咳化痰作用。适用于体弱或老年人的慢性支气管炎、肺气肿、咳嗽气喘等。

四个部位要春捂

辛海　北京中医医院

虽然已过惊蛰节气，但是寒意仍然很浓，老话说“春捂秋冻”，在此时节有些部位最需要“捂一捂”。

手　腕

手腕处有心经的原穴——神门穴，而原穴是脏腑原气经过和留止的部位，能够强化脏腑的功能。大家都知道心主管全身的血脉，通过输送气血来温暖全身，所以春捂的第一个关键部位就是神门穴。

神门穴位置：在腕横纹上，手小指一侧腕下方肌腱的内侧。

小贴士

神门穴主治：胸痛、便秘、焦躁、心悸、失眠、食欲不振等疾病。该穴为人体手少阴心经上的重要穴位之一。

神门穴保健方法：用拇指指端反复点按神门穴 30 次，可以去除烦躁、安神定志。按揉此穴时力量不需要太大，也不必追求酸胀感。

腰　眼

人体阳气的根在肾，而腰为肾之府，肾阳虚时常出现腰酸软、怕冷、尿频或容易困倦疲乏。用热水袋热敷或艾灸腰眼处的肾俞穴，可以起到温暖肾阳的作用。

肾俞穴位置：取穴时通常采用俯卧姿势，肾俞穴位于腰部，当第二腰椎棘突下，左右二指宽处。

小贴士

肾俞穴主治：腰痛、肾脏病、高血压、低血压、耳鸣、精力减退等。

肾俞穴保健方法：两手握拳，以食指掌指关节突起部放在两侧肾俞穴上，先顺时针方向压揉 9 次，再逆时针方向压揉 9 次，如此连做 36 次。每天按揉肾俞穴，具有滋阴壮阳、补肾健腰等作用。

小　腿

有些人在天气寒冷时容易出现偏头痛或小腹痛，甚至出现恶心、呕吐等，中医认为这种表现属于阳虚，这时要重点保护好小腿外侧，可以多热敷足临泣穴和阳辅穴。

足临泣穴位置：第四脚趾和小脚趾之间缝的终点，取穴方法是将手指从第四脚趾和小脚趾之间的缝向脚背方向推，推到有骨头的边缘时就是足临泣穴。

阳辅穴位置：在小腿的外侧，脚外踝关节上方四寸的位置。

小贴士

足临泣穴主治：头痛、眼痛、目眩、乳痈、瘰疬、胁肋痛、疟疾、中风偏瘫、痹痛不仁、足跗肿痛、头痛、腰痛、肌肉痉挛、胆囊炎、中风、神经官能症等。

阳辅穴主治：偏头痛、眼痛、腋下肿痛、下肢痿痹、半身不遂、脚气、瘰疬。

肚　脐

中医称肚脐为神阙穴，温暖这个穴位可以鼓舞脾胃阳气，特别是一些胃部怕冷、易腹泻的人，要特别注意这个部位的保暖，可以经常在肚脐热敷。另外，还可在中脘穴（位于脐上 4 寸）和胸骨下剑突连线的中点处热敷或艾灸，有助于胃肠保暖。

小贴士

神阙穴是人体生命最隐秘最关键的要害穴窍，是人体的长寿大穴。经常对神阙穴进行保养，可使人体真气充盈、精神饱满、体力充沛、腰肌强壮、面色红润、耳聪目明、轻身延年。并对腹痛肠鸣、水肿腹胀、泻痢脱肛、中风脱证等有独特的疗效。

神阙穴的保健方法：

其一是揉中法：每晚睡前空腹，将双手搓热，双手左下右上叠放于肚脐，顺时针揉转（女子相反），每次 180 下。

其二是聚气法：端坐，放松，微闭眼，用右手对着神阙穴转，意念将宇宙中的真气能量向脐中聚集，以感觉温热为度。

发挥少儿推拿优势，推广实用少儿保健推拿调理技术

程大安

小儿推拿——中华民族传统医学中的瑰宝，也是世界医学中的一支奇葩！

小儿推拿，起源于明代后期。至今近 600 年历史，是在经络学说的原理上，根据小儿生理、心理、病理的特点，总结和发展出一套独特的手法，作用于小儿的头面部，四肢胸背的经络穴位，达到治病防病的效果。遗憾的是它在当代却没有受到广泛关注，这门绝活几乎销声匿迹，后继乏人，更谈不上发扬光大了。四十年前，我在农村当知青时，偶然学了一点小儿推拿的技术，边醉心于此，学习，研究，探讨，几近四十年，感悟颇深，并略举几例经我调理、诊治的小朋友案例，并就教方家。目前，经过大量专家、学者的努力，已经把小儿推拿的范畴扩展到了少儿推拿。服务对象到了 14 岁一下的儿童，中国中医药出版社也出版了《少儿亚健康推拿调理》本科学历教育的教材，为少儿推拿的快速发展打下了理论基础。

少儿推拿对增强幼儿体质，提高免疫力效果显著。曾治疗一黄姓女孩，8 岁，去年因动手术抵抗力非常差，三五天感冒发热，咳嗽不止，经过三个月的推拿调理，半年多来，很少感冒，即使偶感风寒，也无须进医院吊抗生素，只用几味中药泡泡脚，发点汗就可以了。

就诊疗疾病而言，少儿推拿效果也是十分得力的。曾治疗一陈姓女孩，四个多月大，夜嚎惊乍，通宵达旦，其全家六个大人被吵得精疲力竭，我仅推拿一次当晚进入深睡眠，五次推拿调理后痊愈，长辈们可以睡安稳觉了。

又有熊××，3 岁半，来我处正值盛夏，孩子两颊通红，嘴唇干裂，不大便，体温 40.1℃。我立即开天门，推肝木，推天河水，推下七节骨之法，半小时左右，大便通，热退至 38.2℃，第二、三天继续调理，一切体征恢复正常。还有很多案例，不再赘述。总而言之，在多年的临床实践中，我觉得少儿推拿虽不能说是万能的，但是确有以下六大优点：

一、对小儿常见病，感冒发热，咳嗽痰多，疳积，腹泻，盗汗，夜惊，遗尿，脑瘫，多动症等，少儿推拿的疗效要明显强于中药及西药治疗。

二、少儿推拿师从调理身体阴阳平衡着手，是从根本上把疾病除掉。

三、增强体质。为什么孩子老生病？病好后又经常复发？这是孩子体质弱，免疫力低下造成的，通过少儿推拿，培补孩子的“先天之本”（肾）和调理“后天之本”（脾），五脏安和，正气上升，促进生长发育，健脑益智。

四、绿色疗法：无痛苦，无药物副作用的自然疗法，易为少儿接受且疗效显著。

五、简便易学：适合家庭操作。家长学会后可随时随地结合实际为宝宝健康进行调理维护，为国家为家庭节约大量的医药费。

六、健全儿童心理健康。大人通过双手与宝宝肌肤亲密接触，有益于两代人之间情感和谐，不仅增强了宝宝的安全感，也让宝宝懂得额怎样去爱别人。在其理论和时间相结合的运作中，产生令人意想不到的效果：摸摸手指，推推手臂，捏捏背脊，就能祛病健身，既无毒付作用，也易懂易学。每一个家庭的父母及长辈，能通过自己温柔的双手将内心的慈爱传递给心肝宝贝，使孩子们的身体、心理同样健康，真是福莫大焉。

我接触少儿推拿并应用到临床近四十年之久，认为当前如何传承发扬是一个关键问题。少儿推拿

是易学难精的技术活，各种因素导致继承乏人，行业主管部门应该号召更多的有志之士来了解，学习，加入到这个行列中来，让小儿推拿这一绝活得以发扬光大。

在这里，我发自肺腑地感谢中和亚健康服务中心和四季康贝（北京）少儿推拿调理连锁机构立志开展少儿推拿这个项目，使蕴含千百年来中医学精髓的这门中医传统技术得以传承，造福子孙万代。真希望在有生之年能看到小儿推拿走进千家万户。

中医正脊与拉筋外治手法在社区及农村发展优势

刘国轩　江西省赣州市宁都县国轩自然疗法老龄康复中心

笔者从事中医工作 30 余年，自己开办了自然疗法老龄康复中心，潜心研究头颈肩背腰腿痛的病因病理和治疗方案，成功治愈了大量疼痛患者，目睹大量属于药物治疗和其它治疗适应症而没有治愈、致使“因病致贫，因病反贫”的患者。故就中医正脊与拉筋外治手法与针灸、针刀相结合治疗头颈肩背腰腿痛在社区与农村发展优势做一论述。

1. 疼痛类疾病严重阻碍了社会生产力的发展和经济发展

早在 50 年代以前，对慢性软组织损伤与脊柱骨性组织相关疾病极为少见，就无器质性病变和器质性病变及少数富贵人家患这类疾病，这完全可以体现“劳力者筋健，劳心者筋缩”的概念。现在随着高科技的迅速发展，人民生活水平与工作质量不断提高，大大地减少了体力劳动强度。可是，许多“高科技疾病-头颈肩背腰腿痛”的发病率反而大大提高了，形成机关化、职业化、基层年轻化趋势。当然，不恰当的运动或过度的运动也会导致疼痛类疾病。

我国农村山区在农忙季节中，每位农民每天工作时间长达 10 几个小时以上的超强体力劳动，完全是超负荷的体力劳动，这也就是中医所谓的“妄作劳”，无形之中损伤了人体元气与筋骨，造成局部肌群损伤、脊椎体骨骼错位、筋脉挛缩，呈蠕动型病变，继而发生腰椎间盘突出、头颈肩背腰腿痛等一系列疼痛疾病。在农村由于受经济条件限制，都处在于“小病忍、大病拖、重病才去看大夫”的情况。这类疾病遽然形成社区与农村的常见病多发病，而社区与农村医疗定位于保大病，与农村初级卫生保健基本又有矛盾。所以该类疾病始终得不到行之有效的治疗措施，因治病又导致刚解决温饱的农民再次步入贫困。就腰腿痛而言，已成为基层医疗不可争议的话题，患者腰腿痛，医生则“头痛”，在腰腿痛机理不明确的年代，医生始终对腰腿痛这类疾病患者束手无策，为了达到止痛的目的，除了常规的理疗措施外，就是大量滥用激素、抗生素、镇痛药，使患者此病未好它病又起。如此逐渐形成了严重的阻碍社会生产力，影响了社会经济发展。

2. 中医正脊与拉筋外治手法的新认识

2.1 中医外治手法对慢性软组织损伤的临床意义

慢性软组织损伤在临床上确实是一个“老大难”的疾病。试图找出疾病的根本原因，一直是医学界追求的目标。现代医学系统地提出了慢性软组织损伤的概念及范围，对其慢性软组织损伤各种形式和病理变化过程进行研究认为，慢性软组织损伤是人体动态平衡失调，造成人体平衡失调的致病因素是人们在日常生活工作当中长时间姿势不正确、过度劳累、长时间精神紧张使肌肉收缩状态，致使人体椎体“错位、筋脉挛缩”呈蠕动式形成慢性软组织损伤等一系列病变。针对临床广泛存在缺乏有效治疗手段而言，中医正脊与拉筋外治手法在长期临床实践当中观察，对慢性软组织损伤的病因病理有了新的认识，在此认识的指导下通过中医正脊与拉筋外治手法结合针灸、针刀治疗慢性软组织损伤取得了非常好的临床效果。

2.2 中医正脊与拉筋外治手法对脊椎病因学的临床意义

脊柱以督脉中轴线旁开 1.5cm，上至枕骨上项线，下至尾骶骨、以胸椎、腰椎、骶椎旁开 3.0cm 为脊柱区带，这些位置的软组织、脊柱骨性组织最极易被无器质或器质性损伤，损伤后在自我修复过程中形成了新的病理因素，那就是瘢痕、挛缩、粘连、堵塞使肌肉与骨骼产生高应力，这些因素在适当深度的部位既有可能卡压、牵拉，使脊柱区带神经末梢功能障碍堵塞了与脏器植物神经相连接的通道。脊柱有神经调节系统、体液调节系统、电生理调节系统、形成庞大的信息反馈系统。如果病理因素发生在某一个脏器的电生理线上，植物神经与信息电流发生变化，那就会直接导致某一个脏器功能紊乱，因植物神经大多数位于脊柱的前面或两侧，由于瘢痕、挛缩、粘连、堵塞的病理因素存在，必然对植物神经卡压、骨骼与肌群牵拉迫使椎体错位或紧缩，从而导致脊椎与骨骼相关的一系列疼痛类病因病理变化。

颈胸腰部椎体错位或筋缩病变性疼痛是临床上比较多见的一种疾病，其病变比较复杂，既有软组织损伤引起的，又有皮神经卡压引起的，既有局部病变所致，又有远端放射过来引起的。通过触诊手段掌握椎体的棘突、钩椎关节、横突、肌周群局部病变，了解 C、T、L、S 椎体组织机能，分析任何一节椎体因病理因素发生的疾病症状；如 C1-C3 多见于寰枢关节错位或筋缩，常牵涉到同侧枕区、枕下区、颈上区、舌咽迷走神经支配颅后窝部分结构，就会出现眩晕、恶心呕吐、头痛、偏头痛、耳鸣耳聋、面麻痹、舌头麻、视物模糊、失眠等症状；C3-C7 错位或筋缩除颈项痛之外常牵涉到肩背疼，因肩背部主要的肌肉是斜方肌、肩胛提肌及正中线头颈最长肌、半棘肌、大小菱形肌，以及肩胛旁前、后锯肌，受颈 3、4、5、6、7 神经根和臂丛神经支配，会出现颈肌紧张疼痛、肩背痛（与慢性胆囊炎、胆结石、糖尿病、肺癌、冠心病、心绞痛等鉴别诊断）、肩臂酸胀疼痛、手麻痹疼痛、触摸皮肤时有刺痛感等症状；T1-T12 筋缩、错位分为两部分，一部分为 T1-T7 严重牵涉全胸，由于胸背部的斜方肌、大小菱形肌、肩胛旁前后锯肌、肩胛下缘的大小圆肌及背阔肌，深层的最长肌和胸棘肌，这些都是受颈胸神经背支支配。因此，除了 C3-C7 错位和筋缩所致的上背部各种疼痛以外，还会出现心、肺、肝、胃四个脏腑的相应疾病，例如；心脑血管疾病、咳嗽、胸闷、呼吸不畅、胁痛、肋间神经痛、胃痛、慢性胆囊炎、胆结石、肺癌、冠心病、心绞痛、乳腺癌、乳腺增生等疾病；另一部分是 T8-T12，它们之间的筋缩、错位就会发生慢性结肠炎、糖尿病、腰背痛、髋关节、膝关节、踝关节、长短腿等疾病。L1-L5 与骶骨主要由竖脊肌和腰胸筋膜及前缘的腰大小肌、和腰方肌与骨骼组成，背部肌与肌筋膜受腰脊神经后支（返支）支配，腰大肌等受腰丛神经前支支配，腰丛神经从腰大肌腹部穿出有支配后腹膜的髂腹下神经，与骶丛神经的生殖神经一起支配生殖器官的生殖股神经，所以错位筋缩就会产生腰椎间盘突出、臀部及腰背酸痛不能弯腰、行走不便、下肢酸痛麻木不能下蹲、膝关节、踝关节疼痛、前列腺炎、肾结石、妇科各类疾病等。

2.3 中医整脊与拉筋的临床意义

中国传统医学整脊与拉筋的临床意义，是在不损伤躯体结构条件下，主张以"无创伤疗法"恢复脊柱正常生理曲度或代偿性曲度，消除因骨关节错位或筋缩对脊髓、神经、交感神经和颈椎动脉的刺激而产生的症状体征。

整脊与拉筋临床应用，《医宗金鉴·正骨心法要旨》有一段精辟的论述："夫手法者，谓以两手安置所伤之筋骨，使仍复于旧也。但伤有轻重，而手法各有所宜。其痊可之迟速，及遗留残疾与否，皆关乎手法之所施得宜，或失其宜，或未尽其法也。盖一身之骨体，既非一致，而十二经筋之罗列序属，又各有不同，故必素知其体相，识其部位，一旦临证，机触于外，巧生于内，手随心转，法从手出。或拽之离而复合，或推之就而复位，或正其斜，或完之阙，则骨之截断，碎断、斜断、筋之弛、纵、卷、挛、翻、转、离、合，虽在肉里，以手扪之，自悉其情，法之所施，使患者不知其苦，方为手法。"由此可知，恢复曲度为主要目的，调曲先理筋，既要辩证施法，也要随证加减，不宜拘泥某法，结合现代影像诊断学，明确诊断，医患合作，掌握手法要领，从而达到活血化瘀，消肿止痛，舒筋活络，理顺筋络，解除筋挛，松解粘连，整复移位的作用机制，调整关节突关节紊乱和椎体倾斜，降低患者血中内源性致痛物质含量，提高患者血中内源性镇痛物质因子的含量。

3. 中国传统医学整脊、拉筋外治疗法在社区及农村具有发展优势

运用中国传统医学整脊、拉筋外治疗法治疗脊柱相关疾病以及慢性软组织损伤的头颈肩背腰腿痛，骨质增生，充分体现简、便、廉、验的特色。由此可见，有效地改变农村及社区看病难的问题，同时解决了我国农村和城镇低收入人群的医疗保健问题，大大提高社区及农村生产力，给家庭带来了经济效率和社会效益。

典型病例；李云中，男，23 岁，大学生，家住宁都东山坝镇来源村，在读高一的时候颈椎就开始疼痛，到现在就 6-7 年了。他爸爸也患有强直性脊柱炎，颈椎强硬、驼背，不能参加生产劳动，因病致贫，一直拖着没有去看医生。而李云中大学毕业后，没有找到合适的工作，家庭经济困难，所患颈椎病越来越严重，直接影响生活质量。无奈之际，经人介绍来我康复中心就诊，X 光显示，颈椎生理曲度变直，C4-C5 椎体反弓，椎体下缘不同程度增生，C1-C6 椎体后缘硬化，C5-C6 椎间隙变窄。

临床症状；颈椎疼痛不适，伴有偏头痛；

临床诊断；颈椎骨质增生移位（错位）型颈椎病；

病因病理；颈椎骨质增生移位型颈椎病多发生在 C3-6 节段，是由慢性积累性损伤所致，即颈周软组织的挛缩（缩筋）性病变造成的。这种劳损所致的慢性病变，除颈项部肌、肌腱病变外，还有颈椎周围的韧带、关节囊、滑液囊的病变，这些组织的粘连、结疤、缩筋所造成的骨组织改变，不管对称与否，都会使骨连接发生不同程度的改变，大多数发生在单侧，或者它们的病变十分不对称，或根本不对称，那么整个椎骨就被紧张的一侧拉向对侧，或发生颈椎旋转等各种错位，不仅如此，由于颈椎的骨与关节囊，肌腱、韧带附着部的交界处长期存在异常高应力，就出现颈椎骨、关节边缘的骨质增生，进而，由于连接椎体有关的软组织长期处于扭转、牵拉状态，在椎体的边缘处也会产生椎体前的骨唇和椎体后的骨赘增生。这些骨质增生和错位必然要刺激或压迫颈椎各组织器官，从而产生多个系统复杂的临床表现，这就可以较客观地解释颈椎关节移位增生型颈椎病的发病机理。

治疗方法；整脊配合针灸

1. 针刺 C4-5 错位的关节囊和韧带附着点一穴多针法进行减压，松解缩筋、粘连、结疤，消水肿。

2. 整脊手法；

1）悬吊牵引复位法；首先垂直悬吊牵引片刻，以适应牵引力，轻重可以进行调整，双手轻扶颈部，用拇指顶推 C4-5 错位的棘突，往复运动，当患者呈肌放松状态时，以适当的力度有小到大，瞬时向前加力推去，以求复位成功，大部分患者可听到一种轻微的骨移动音。

2）侧旋复位法；医生立于棘突偏歪侧，一手拇指顶住偏歪的棘突侧方，另一手扶住患者下颌，两手同时向对侧旋转，以纠正错位。经过 10 天的治疗，症状消除，X 光显示颈椎椎体回复正常，痊愈。

此类患者不胜枚举，大量医学临床资料表明，完全体现了中国传统医学整脊与拉筋外治手法的简、便、廉、验的医学治疗观，演绎了传统医学的发展观。传统医学整脊、拉筋走进社区、基层、农村是社会发展的需要，全民健康的需要。社区、基层、农村存在着很多常见病、多发病、疑难杂症的诊治误区，给广大患者带来了极大的痛苦和不必要的经济负担，看病难、难诊治是普遍存在的问题。整脊拉筋完全符合社区、基层、农村常见病多发病，特别是慢性软组织损伤，头颈肩背腰腿痛及脊柱相关疾病的治疗，投入少，见效快，易于接受，解决基层治疗遇到实际问题。让传统中医整脊、拉筋沿着正确的方向，以规范化，专业化，制度化的道路，普及推广，完善发展，利国利民。

五　“治未病”健康工程试点单位

六百年鹤年堂开辟产业化新天地

刘学歧

京城养生老字号

鹤年堂与一般医馆药铺的区别在于，她不仅悬壶济世“治已病”，更是“治未病”思想虔诚而执著的追崇者。

提起京城历史最为悠久的养生老字号鹤年堂，老北京几乎是无人不晓。据《北京市志稿》记载：“本市药业之开设最久、声誉最著者，若西鹤年堂，起于明……。”鹤年堂始建于明·永乐三年（1405年）前后，比故宫早15年，比地坛更要早125年，跨过七个世纪、历经600余年岁月沧桑，是京城历史最为悠久的中华老字号。

2005年，老字号协会授予鹤年堂“京城养生老字号，历史悠久第一家”的称号。

2008年，“鹤年堂中医药养生文化”项目被列入国家级非物质文化遗产保护名录。

鹤年堂最初由元末明初最著名的回回诗人、养生大家丁鹤年创立，字号中既嵌入他本人的名字，也包含了《淮南子·说林》中“鹤寿百岁，以极其游”之意。由此开始，鹤年堂先后由丁鹤年家族、曹蒲飒家族、王圣一家族、刘一峰家族等四大世医家族共十七代传承数百年。

鹤年堂与一般的医馆药铺的区别在于，她不仅悬壶济世“治已病”，更是“治未病”思想虔诚而执著的追崇者，形成了以“调元气，养太和”为文化内涵的“鹤年堂中医药养生文化”，其别具特色的食养术、经络养生术、形养术、神养术、药护术等养生技术方法传承至今，丰富而灿烂。

鹤年堂，解放初走向公私合营，因种种原因，此后数十年曾一度沉寂……而在时代变迁，经济发展之后，养生再度进入普通百姓的日常生活，她也在年届600岁之际，重新焕发了青春活力。

在人们的眼中，如今的鹤年堂已经成为传统中医药养生文化的载体，凝聚着六百年养生文化精华、养生技艺精髓，犹如浴火重生的凤凰，其羽更丰，其音更清……

传承纯正养生文化

近些年来，鹤年堂耐得住寂寞，不为浮躁的商业利益所驱动，而是在挖掘和传承传统养生文化上下真功夫。

“鹤年堂的中医药养生文化”中蕴涵着纯正的中华传统养生理念和规范方法，这已在养生研究者中得到普遍认同。业内专家认为，在疾病预防方面、尤其是应对亚健康的挑战中，倡导树立科学养生理念，推广系统规范养生方式方法，是世界性的健康潮流。今天，绿色自然的疾病防治方式方法受到人们的推崇，为中国传统养生文化在世界范围内越来越广泛地被认知和接受，创造了历史性机遇。

中国人讲求养生有着悠久的历史。见诸于可考文字的，其萌芽大概可以追溯到殷商时代，甲骨文中就出现了有关个人卫生（如沐、浴）和集体卫生如“寇帚”之类的记载。周代还设有食医，专门掌管周王与贵族阶层的饮食，指导“六饮、六膳、百馐、百酱”等多方面的饮食调理工作，《吕氏春秋》是这样论述的：“知生者也，不以害生，养生之谓也。”可以看出，养生文化是中华文明的重要组成部分。

中医理论中的“治未病”所指的主要就是人们常说的养生保健。如今，随着工作压力的增大及作息不规律、饮食结构不合理等不良生活方式的形成，亚健康问题日益突出。如何调理保养身体成了许多人不得不面对的一个迫切问题。但是，一个耐人寻味的现象是，诸如养生书籍悄然盘踞着畅销书榜，街头林立的美容院、足疗店也打出各种“养生保健牌”，更有一些不良商家打着养生旗号夸大宣传……在如此错杂纷纭的氛围中，人们“东一头，西一脚”，却难以辨别真伪优劣。这样的情形无疑会产生误导，甚至影响到人们对传统养生文化的信任。

作为传统养生文化的代表，鹤年堂在正本清源、引领健康方面的作用，被社会寄于厚望。而鹤年堂也以实际行动作出了表率。近些年来，鹤年堂坚守传统，耐得住寂寞，不为浮燥的商业利益所驱动，而是在挖掘和传承传统养生文化上下真功夫。

鹤年堂组建了老中青三代传承人队伍，采取分类传承、贴身传承等方法，对每一种传统产品制作技艺原滋原味地传承其传统技法，对每一剂传统配方精心研究其机理及原料标准，对每一类传统调理方法、手法技艺深入探求其蕴含的内在医理，对每一条传统养生理念进行深刻辨析并准确把握其丰富内涵。在传承工作中循序渐进，成熟一个固定一个，并确定传承人具体负责，逐项落实，不挂“空档”。这些扎实有效的措施，确保了鹤年堂在创立六百年之后仍占据着传统养生文化和技艺的高地。

融于生活的调养方法

鹤年堂倡导的养生健康公式是“养生之本=经络调理+食养内调+神养太和”，挖掘整理食养配方达数百种。

都市白领王女士非常注重养生保健，可她的困惑和苦恼在于：保健类书籍林林种种，东说一个方，西说一个法，也不知哪个适合；今天说缺这个元素，明天说缺那个营养，要是同时吃，一天得吃几十种；这个馆那个院都在宣传养生，可是去了才知道都是在卖某种产品……一个字：“晕”。与王女士有着同样感受的大有人在。

养生保健真的那么复杂吗？鹤年堂的“老丸药头”、国家级传承人雷雨霖老先生虽然已85岁，仍鹤发童颜，步履矫健。他说：“把养生说复杂了，那是没理解养生的真谛。”雷雨霖从14岁进鹤年堂做学徒，老师就常教诲“摄生律宜解，摄生法宜行”的道理。至于鹤年堂的养生之道，他说，从根本上就是六个字“调元气，养太和”，具体讲就是“气通以经络，精充于食调，神养于太和”三句话。鹤年堂倡导的养生理念，就是把养生寓于日常生活方式当中，让人们从根本上健康起来。其养生健康公式就是“养生之本=经络调理+食养内调+神养太和”。

经络学说是中华民族独有的传统文化，是中医养生的“根”。经络最神奇之处在于它是人体的预警器，通过经络探查可早期预警疾病；经络还是气血、脏腑的总开关和调控器，能够接受外部刺激，唤醒体内能量周转信息，激发体内最活跃的潜能，调控体内气血能量的周通疏泄，故经络调理被称为“上医之法”；而食养是中医内调的最高境界，食养是根据食物性味归经原理，补充调节体内精气。对此《神农本草经》早有论述，上药养命以应天，无毒久服不伤人，轻身驻颜而鹤寿。所以，食养也被称为“上药之法”。业内专家表示，把经络调理和食养内调精妙结合，就可使体内元气充盈、周流通畅，阴阳平衡达到最高状态。正气存内，病安从来？

冬至之后，到鹤年堂要求代加工一种称为“乾元膏”滋养品的人络绎不绝。原来，天人合一、四时调养是鹤年堂传统养生的重要理念，“乾元膏”就是鹤年堂传统四时养生膏方中的冬季滋养配方。配方并不神秘，全是阿胶、大枣、枸杞等药食同源本草药材，但配伍精当，熬制工艺很有讲究，历史上就是老北京人冬季滋养佳品。它补气养血，常人服用养生保健，特别是对气血亏虚、运行不畅所引起的手脚冰凉、头晕、失眠、面色无华等症状有着非常好的调养作用，很受人们的欢迎。

鹤年堂中生代传承人、大师兄王国宝先生介绍，鹤年堂早年的东家像王圣一家族、刘一峰家族都有宫廷御医背景，特别是刘一峰，是两代御医之后，所以，在鹤年堂像这样的食养配方非常多，如今挖掘整理并完整传承下来的108种药膳、138种药粥、36种药酒、数十种膏方，还有养生茶、饮、煎、露、粉等，不但有民间验方，还有不少宫廷秘方。这些食养配方方便地融于人们日常生活当中，妙在让人们在不知不觉间，就会远离疾病，走向健康。

迈入产业化经营大道

鹤年堂在北京开设了第一家养生馆，但在董事长臧东坡的计划里，这样的养生馆将要开到全国各地乃至海外。

经过岁月的变迁，养生在今天已逐渐成为一种时尚，一种潮流。因之而萌生的养生产业发展神速，被视为极具潜力的朝阳产业。

2009 年，因北京地铁四号线工程建设，鹤年堂又一次拆迁。但鹤年堂仍把新建店面选在已经扎根了 600 余年的菜市口。新的鹤年堂以独特的服务模式诠释着久远的传统：一楼是中医传统门诊和“治已病”的药房，二楼、三楼是调理“未病”、“将病”的经络养生场所，同时还设有养生文化宣传长廊、普及养生理念的“敬修堂”、体现食养自健的“茶疗室”等。

鹤年堂医药有限责任公司董事长臧东坡在接受采访时表示，“鹤年堂中医药养生文化”作为国家保护的优秀项目，既要传承，更要弘扬，要让她走出深宅大院，面向社会，为更广大的人民群众健康服务，而把养生文化向养生产业转化是最实际最有效的出路。“未病常调——将病预调——已病医调”，是鹤年堂数百年坚持的养生理念和手段，这种“全健康模式”今天看来也是非常科学的、先进的。鹤年堂养生产业化之路，就从恢复“全健康模式”起步。

据了解，养生产业尽管吸引了众多的投资者，但像鹤年堂这样有着几百年中医传统作保障的实属罕有。鹤年堂作为养生产业的领军者，正在实践中的这种新模式受到了业内的极大关注和认可。在鹤年堂古香古色的养生馆里，有常见的中医坐诊开方抓药，但令人新奇的是，经络调理也要由中医经络师根据每个人的不同身体状况开出调理处方，再经经络调理师按方调理，让客人体验到真正的经络调理、治疗和保养的精妙。在一般人的印象中，中医养生就是“一根针、一碗汤、一柱灸”，但在养生馆，一些现代高科技仪器也派上用场。鹤年堂经络养生传承人路新宇先生介绍说，这个养生会馆也是以鹤年堂经络调理、食养自健的“八技”、“十法”为根基的，传统经络学说中有许多理论非常正确，但由于过去没有好的方法实现这种理论，所以，存在着“理通而效不能达”的问题。今天的鹤年堂人谨遵“兼收并蓄”祖训，用现代科技作为技术支撑，让阴阳归元、阳开玄府、周天药浴、薰阴洗髓等传统调理方法焕发了新的活力，实现了“理通效达”的境界。在养生馆，还可以享用和购买食养内调的养生酒、茶、膏等等，资深的养生专家会结合每个人的身体情况和生活方式给予个性化的养生调理建议。据悉，目前鹤年堂在北京开设了第一家养生馆，但在董事长臧东坡的计划里，这样的养生馆将要开到全国各地乃至海外。

部分资料来源：《中国中医药报》

2011

國醫年鑒

十二　海外中医药

海外中医药概况

中医药很早就有了国际交流。约从公元5世纪起，中医药就相继流传到印度、阿拉伯、日本、朝鲜、越南等国；10世纪后又向西方国家传播，对当时东方和西方医疗保健和医药学发展产生较为深远的影响。现在承认并使用中医药的，基本上都是受中国文化影响深远的周边国家——日本、韩国和东南亚各国以及西方国家的华裔社区。西方国家的主流社会，使用范围仍然十分局限。但随着中医药在全球范围的传播，及美国、欧盟国家对中医药了解的加深，这些国家也在加大对中医药的研究、开发、管理和使用的力度。

据世界卫生组织统计，目前在全世界有40亿人使用中草药治病，占世界总人口的80%。据该组织估计，中草药的开发利用在未来的10年内将在世界上全面兴起。2003年，中国中药出口克服困难，8年之后再次突破7亿美元大关，出口总值达7.12亿美元，同比增长6.11%。

亚洲、北美和欧洲是中药出口的主要市场。尤其是亚洲市场约占中药出口总值的2/3。这几个市场的中药出口近几年都稳步增长。目前，全球四个主要中药市场为东南亚及华裔市场、日韩市场、西方市场、非洲及阿拉伯市场。是一个发展中的庞大市场，也是我国中草药、中成药、保健品的主要出口市场，值得研究和开拓。

一、亚洲地区

1、立法管理情况

明治维新前，中医一直是日本唯一的医疗保健体系。但其后西医药在法律上取代了汉方医药的地位，中医药被废除。目前日本中医师仍没有法定地位，按照“汉方认定医制度”，只有取得西医师资格者才有权开汉方制剂处方。汉方医不可以从事医学行为，只有日本国家认定的医师资格才可以开方子，扎针。

目前，已有217种中国汉方药处方被纳入日本医疗保险体系，年销售额达10亿美元，日本制药企业也生产中国汉方药；240种OTC中国汉方药可以在药店销售并有望增至300种。但由于医师处方用的中国汉方药不多，而且有权使用中国汉方药的医师和药剂师没有接受过正规的中医药教育，严重影响了中医药在日本的普及。

公元6世纪前，韩国自身的治疗方法与传入的中国医学相结合，发展成为有独立特色的韩国中医学，古代称之为“东医”。1980年韩国政府颁布法令，统称为“韩医”，其中包括1914年就开始行医的草药医生，法令承认其为韩医，规定韩医的合法权力和地位，并规定韩医和西医的地位是相同的，享受同等待遇。目前，韩国政府采用西方医学和韩医并存的政策，承认韩国传统医药的合法性，韩国政府保健卫生部允许东、西方两种医药均可享受到医疗保险。1969年韩国保健卫生部规定11种古典医籍上的处方可由药厂生产而无须做临床等各种试验，其中有4种即是我国古典文献：《景岳全书》、《医学入门》、《寿世保元》、《本草纲目》。韩国目前共有56个成方制剂、68个单方制剂作为药品进入健康保险。

越南为正式承认中医即传统医学医生的国家。70年代末，全国经卫生部门承认的传统医学医生几乎占全部医师的一半，约2万人左右。

新加坡的中医药有悠久历史和良好的群众基础。新加坡政府长期以来，对中医中药没有予以正式承认。但各种中医药团体、医疗机构与中药房又需要执行当地医药管理法规。近年来，新政府对中医药逐渐严格管理，该国卫生部成立了中医药管理局，成立了“新加坡中医团体协调委员会”，进步加强中医药管理。2000年11月14日，新加坡国会三读通过了中医师法案，标志着中医师行医的法定地位得到正式认可。新加坡有中医医疗机构30余家，中药店开设的中医诊室有1000余家。开设中医学院、中医师注册工作也在进行之中。

马来西亚卫生部向来对中医十分关注和支持，

但仍未接受中医师的注册，因而中医界尚无合法地位，在那里甚至不注册也可行医，缺乏法律保护和政策扶植。政府对药物重金属含量有控制标准，对有毒品及濒危野生动物药品一律禁售。

菲律宾虽然在法律上不允许中医药挂牌行医，但由于菲律宾华侨众多，就医的需求量很大，因而政府也只能采取默许的态度。

在泰国，中医师在泰国的合法地位一直未受到政府的承认，政府中允许通过考试的方式领取泰古医执照营业，加入中医总会，否则只能在不公开场合治病。中医药属卫生部统管，药品的行政管理机构是食品管理局，也直属卫生部。泰国只有合格的西医师才有资格使用针灸，中医师不能在临床上应用针灸。泰国政府早在 1987 年政府正式通过和批准了中草药议案。有中药店 800 余家，多有坐常中医师诊病，也有许多私立中医院广泛应用中草药和针灸进行治病。较大的中药批发商约为 10 家，中小型约为 40 家。

2、教育培训情况

日本迄今为止，没有一所中医药大学，仅于 1982 年开办了一所明治针灸大学，或在某些医科大学开设中医学讲座。

韩国政府规定，韩医师必须是高中毕业，经 6 年韩医学习后，通过全国韩医师资格考试，再由卫生社会事务部发给韩医师执照。据统计，1980 年领取执照的医师有 3015 人，1985 年 3789 人，目前有 5000 余人。韩医学院由 1986 年的 5 所增加到 10 所。韩医院和诊所约有 3600 多家，其中设备较好的有 20 多所。

越南的东医学专科大学本科为六年制，其中 4 年学习现代医学，2 年学习传统医学。此外，越南还建立了传统医学培训系统。目前，越南已培养了各级传统医学技术人员（包括专业研究生、完善医师、医助、药剂师）万余名。

印尼的中医教育规模较小，目前全国仅有一所中医学院。此外，印尼还有几所大学设有针灸专科。中医协会也经常举办短期培训班，毕业后可得到印尼卫生部认可，发给行医执照。雅加达针灸协会和药商公会组织中也有分会举办类似的短期针灸进修班。

目前菲律宾没有正规中医教育，只有一些短期培训班，主要教授针灸、推拿、按摩技术。这些培训后的人员经考核合格者，得到菲卫生部认可，从而有进行针灸、推拿工作的行医权。

3、中药进口情况

日本从中国进口的中药材以甘草、野山参和圆参为主。进口较多的中成药有蜂王精、银翘片、银翘丸、六神丸等。日本厚生省批准生产的汉方药仅限于张仲景的 210 种经方，其中 147 种批准为“医疗用医药品”，可以在医院中使用，其余 63 种为“一般用医药品”，只能在药店柜台销售。目前在日本销售比较好的中国汉方药产品主要是治疗皮肤病和不孕症的。

韩国上世纪 80 年代末，共建成中药厂 80 个，占全部中西药厂总数的 22.2%。自 1992 年以来，已逐步实施了中药制剂生产的 GMP 标准，目前估计韩国中药市场已达 10 亿美元以上。韩国主产高丽参，但其他中药资源严重匮乏，主要依靠从我国进口。我国对韩出口的中药材种类逐年增加，目前接近 300 种，其中甘草、桂皮、半夏、茯苓、黄芩、红花、远志等出口金额较大，如甘草的年对韩出口额高达 400 万美元左右。

越南由于受传统中医文化的影响，消费者非常青睐使用中成药，年销售量不断上升。规模较大的中药店有近 200 家，中小药店更是遍布城乡。现从我国出口到越南的中成药就有 180 种。中药材种类繁多，品种齐全，无论植物类、动物类、矿物类药应有尽有。目前，我国共有 16 家药品生产企业获得在越南的经营许可证。

新加坡政府对含汞、铅、砷等重金属的中药或成药则明令严格控制，禁止销售黄连、黄柏、川乌等有毒药品。进口的中药材多数是补药。

马来西亚经营中药的店铺约 3000 余家，有中医师工会会员 800 余人，多数开店兼诊病，以祖传药店为多。马来西亚政府对药物重金属含量有控制标准，对有毒品及濒危野生动物药品一律禁售。马来西亚经营中药的店铺约 3000 余家，有中医师工会会员 800 余人，多数开店兼诊病，以祖传药店为多。

目前，21 个阿拉伯国家中，几乎都开设了数量不等的中医诊所和中草药店。阿拉伯地区早在上世纪 50-60 年代，中国援外医疗队就把中医药带到了中东地区，在中东地区，保健、强壮、减肥、美容的中成药很受欢迎。治疗中东地区的高发病、传染性肝炎、糖尿病、高血压等病症的中成药也很畅消。中东地区大小药店咳嗽糖浆、正红花油、清凉油、风油精等中成药到处有售，售价高出国内许多倍，但产品大多来自港台、东南亚、日、韩甚至欧美国家。我国产品打入该市场有巨大开发潜力，但必须在剂型改造、装璜和广告宣传上下功夫，才能占份额。

4、中医药科研情况

目前，日本从事中医药研究的达 5 万人，18 个主要研究单位包括亚洲医药研究中心、东京北里大学东洋医学研究中心、日本汉医研究中心、富山医科药科大学等，都是颇具实力的科研机构。日本对汉方制剂的研究尤为重视，有煎剂、散剂、片剂、胶囊、滴丸、丸剂、颗粒剂、口服液等，其颗粒剂是为解决丸、片不易崩解且服用量大问题开发的新剂型，已占汉方制剂产量的 60%以上。日本生产的医疗用汉方制剂有 149 种，因厂家剂型不同，计 903 个品种。日本的汉方制剂品种比较集中，其中产值最高用量最大的药品称为“特列药品”，1993 年为 86 种。在特列汉方制剂中，又以“七汤二散一丸”（小柴胡汤、柴朴汤、补中益气汤、加味逍遥散、八味地黄丸、小青龙汤、六君子汤、柴胡桂枝干姜汤、麦门冬汤和当归芍药散）共 10 种制剂的产值最高。大部分汉方制剂有明确的成分标准、药理研究及临床功效数据，在生产过程中的浓缩、干燥、灭菌、药物动力学、药效学等研究方面，都融入了现代新技术，并开发出了新辅料、新添加剂，从品质到外观均优于我国中成药。

为了满足日益增长的中医药需求，日本厚生省正在执行由政府投资的引种中国药材一建设专项基地一发展中药材生产的五年计划。现已建成中药材植物种植园，栽培品种达 500 种以上。目前，药材种植户和生产企业都不断扩大种植品种和生产规模，现日本已贮藏了 1500 种药用植物的种子用于引种载培。企业对中医药的研究开发也十分重视，用于研究开发的费用占总销售额的 12.5%，他们研究的重点主要放在心脏病、癌症和老年病的治疗药物上。

韩国韩医药的科研工作，陆续建立了一些科研机构。这些科研机构多数附设在医科大学、韩医院及韩药制药机构中。韩医学的研究特点是：①实验设计注重从方证开始；②在同等剂量、同指标上注意合煎与分煎的作用差别；③尝试对全方做有效部位的化学提取，一般以水提、浓缩、干燥、制成水提物供实验用；④探讨方剂加减的药效变化；⑤注意药材区别和炮制要求。韩国在 1985-1989 年间对我国 80 余个古方、验方进行研究，1990 年的产值已达我国目前中药产品出口总额（即 5 亿美元）。

越南的针灸医学研究小组除了不断扩大针灸在治疗中的临床应用，还进行了穴位、经络和针灸机制的研究。包括：①关于穴位的研究：一是研究穴位的形状和面积；二是运用电子设备，确定穴位和经络的多种物理常数；三是进行穴位电阻方面的研究。②关于经络的研究。在传统的针灸经络系统中，有电生物学的活动表现，各条经络的穴位上都有一定的电压分部区。③对针灸机制及其作用的研究：在病人身上针灸，则机体生物电场产生定向效应。

马来西亚普遍使用中医药，中医药从业人员甚众，但研究工作尚未受到重视，国内外学术交流也较少。主要进行针灸研究及中医研究，中药科研刚刚起步。

1988 年，阿联酋成立了中国中医药治疗中心，沙特、阿曼、也门相继商讨引进中医药专家。阿拉伯市场国家政府间的合作刚刚起步，多头办医药，较难理顺。但阿拉伯世界也将会出现一个应用中医药的新纪元。

二、欧美地区

1、立法管理情况

美国早在 20 世纪初期，植物药就与化学合成药物同被列入美国药典。美国国立卫生研究院于

1992 年 7 月设立了非常规医学办公室，负责对各种传统医学（包括针灸、中药、推拿、气功）进行科学评估，从而逐步确立非常规医学在美国的合法地位。1998 年白宫成立了补充与替代医学中心，白宫补充与替代医学政策委员会 2002 年向布什总统、参众两院递了最终报告，将中医列为替代医学保健系统之一。

目前，美国将植物药列为饮食补充剂进行管理。与欧盟各国的管制相比较，美国对植物药的控制在西方是较为宽松的。美国 FDA 已拟完了一部《天然药物法规指南》，它颁布实施后，将使中草药从支流的“营养食品”转向主流的“药品”，FDA 不再要求中草药是所谓纯而又纯的单体纯品，而可以是“安全、有效、可控”的“混合物”。

加拿大将中药按天然健康产品监督管理。1998 年，加拿大议会发表报告：《天然卫生产品：新的视角》，调查形成 53 条有关法律系统、安全、疗效、产品许可以及标签等方面的建议，其中一条有关疗效的建议中提出应该允许天然健康产品作出健康说明，包括结构功能说明，危险减低说明以及治疗说明。

在英国，中医属于替代医学范畴，需自费现款结清。20 世纪 80 年代起，英国设立专门考核、登记注册中医及针灸人员的部门。英国的西医师均经严格考核才有行医资格，他们一般不再经任何审批手续就可使用非正规医疗手段，甚至开出中药处方。针灸医师也可用中药、推拿等疗法，但不能使用西药。2008 年的金融危机后，英国政府将抓紧对中医业加强管理，对所有中医师进行注册登记，对经营中药的商店颁发许可证。

德国早在 1961 年在第一部药品法令中正式列入植物药。1976 年第二部药品法令包括植物药都要通过特定专委会评审。1978 年卫生部内设专门负责审查植物药的 E 委员会，审查修订近 400 条草药及复方制剂的标准条款。

法国卫生部于 1996 年，同意在法中合办的中医医院使用中药制剂，中草药已于 1999 年列入国家医疗保险。法国医学会也承认传统中医是合法医疗实践的组成部分，一些社会健康保险机构已同意支付中医治疗费。

在欧盟，按照新法案规定尚未列入目录的植物药仍然作为食品来管理，中成药可以借助这个平台登陆欧盟市场。《传统植物药注册程序指令》于 2004 年 4 月 30 日正式生效，过渡期为七年，在此期间，各成员国会对《传统植物药注册程序指令》进一步细化为本国的相应法规，以达到指令所要求的目标，但具体方法和措施可根据本国实际情况灵活制定。2005 年 10 月开始在欧盟成员国实施以来，各成员国实施进展不一。以英国和德国最为迅速，德国是首先注册传统药的国家，英国则是注册传统药最多的国家，至今已有 20 多个传统药品得到注册，其它如芬兰、荷兰、瑞典等国也相继注册。注册的传统药以单味药和欧洲传统药为主，但也有一些复方制剂和非欧洲传统药获得注册。如：第一个注册的欧盟传统药品 Klosterfrau Melisana，含有香脂草、土木香、欧当归、生姜、丁香、高良姜等成分，可内服或外用治疗不同疾病。这些非欧洲传统药和复方制剂的成功注册为传统中药制剂注册提供了一些借鉴经验。

2、教育培训情况

中医进入美国的初期阶段是 20 世纪的 70 年代。这个时期美国的中医教育多局限于诊所里的师带徒形式。到 80 年代，美国开始出现了小规模的中医学院，此后，中医学院的数量和规模迅速发展。90 年代，在中医学院全面发展的基础上，中医教育开始走进了著名医学院的课堂，走进了西医医院和大的医疗中心，并且越来越多地被列入西医师继续教育的课程。1996 年，美国国立卫生研究院（NIH）在全国的替代医学研究中心设立了中医博士后项目。由此美国的中医教育形成了目前的如下 4 种形式：1. 中医学院；2. 医学院里的中医教育；3. 西医师的中医继续教育课程；4. NIH 中医博士后项目。

美国的中医大学教育目前已成为培养美国中医、针灸师的主要途径。据不完全统计，从 80 年代至今短短的 20 多年里，美国已有 80 所中医学院，而且其数量还在增加。这些中医学院总共每年有大约 2000 名毕业生。学院的规模大小不一，较大者如新英格兰针灸学院（New England School of

Acupuncture）、太平洋中医学院（Pacific Institute of Chinese Medicine）、美洲中医学院（American College of Traditional Chinese Medicine）等，各校的学生数在400-500名左右，主要集中在加州、麻州和纽约地区；中等规模的学生数在200-300名左右，主要分布在中部、西部和南部。小规模的学生数则有10-100名不等，遍布美国各州。一般中医学院的学制为3年，3年中要修完2000-3000个学时的理论课程（包括中医和现代医学）和完成500-800个学时的临床实践。

法国在1985年，针灸师达7000-9000人，其中10%左右系统学习过中医（3年以上学制）。法国拥有近10个针灸专门学校，18个针灸、中医研究单位，6家针灸杂志，政府还成立了针灸专门委员会。

3、中药进口情况

美国是我中药出口的主要市场之一。据美国《预防》杂志调查，大约有6000万美国人服用中药。美国人用在民间疗法上的费用每年达37亿美元，用于食品增补剂（包括中药）的消费为80亿美元。

德国是在西欧国家中使用中草药最多的国家，占了德国和欧盟70%的市场，服用中草药的德国人超过58%。在德国的任何一家药店里都可以买到中草药。德国的银杏制剂年销售额已超过1亿美元。用甘草、穿山甲、知母、茯苓等中药制成的止喘药和用大蒜、山楂、芦丁制成的青春活力片等在欧盟国家中的年销售额已达22亿美元。目前，德国有7万家药店，20%无处方亦可出售。医疗保险在魁茨汀示范医院植物药已纳人体系之中。

法国是欧共体第二大草药市场。1952年法国医学科学院承认针灸疗法是一种医疗行为。1985年法国卫生部成立“针刺治疗诸问题研究委员会”。已决定将中医学教育纳入高等医学院校课程中去。法国最大的草药制造商是阿科菲阿麦公司。市场上有23000家药店，其中有一万多家药店是草药与天然药物的主要销售渠道。在法国草药市场上有印度、中国、非洲、德国和本国的草药。最受欢迎的是用于减肥、催眠、治疗紧张、循环及消化系统疾病、疼痛、便秘和治疗风湿病的草药。

英国草药市场值估计为6500万英镑，是欧共体第三大草药市场，整个市场值可达2.25亿英镑，包括人参、大蒜、食品添加剂和顺势疗法药物。已有175年历史的波特斯公司有很高声誉，产品多达150种，除6种外，余均获产品许可证。在英国增长最快的是保护心脏健康的鱼油，其增长率为33%。其他增长较快的产品有月见草油、止痛药、止咳药、治疗风湿痛及皮肤病的药物。英国有药店1200多家，以布茨药店影响最大，是中药销售的主渠道。英国医生处方使用草药可享有补贴。与欧洲其他市场一样，草药与天然药物制品主要用于缓泻剂、感冒和咳嗽用药、胃药和镇静剂等。现在在英国城市的社区医院里，大部分采用各种草药制成的药物来治病。英国有100万人患耳鸣症，用银杏制剂收到较好效果。

此外，加拿大、意大利、荷兰、罗马尼亚、波兰、奥地利、保加利亚、俄罗斯及前苏联各国、阿根廷、墨西哥等西方国家的政府和民众对西方草药、中医药越来越广泛重视。特别是在拉美地区33个国家中与中国建交的19个国家，资源丰富，地域辽阔，是中医药的潜在大市场。

4、中医药科研情况

美国现有40多个中医针灸学会或基金会，近10种中医、针灸杂志。除医疗机构外，美国的一些大学和医药公司也开始研究中药的药理、药效。美国在中药研发和市场战略的研究上不惜重金，仅美国国立卫生研究院每年投入中药专项研究的经费就高达2亿美元左右。美国著名的斯坦福大学设立美国中药科学研究中心，集中了一批医药精英，选用最先进仪器设备，专门从事中药的研究开发。美国一部分保险公司正在计划对中草药的开发和研究投入庞大资金。

德国尽管对针灸承认的较晚，但其理论研究工作并不落后，据统计，从1940年至1982年，德国出版的中医学和针灸学专著、译著约为250

种，各种刊物上发表的有关文章近 1000 篇。针对经络问题开展研究，形成“福尔电针”学派，即利用人体电位信息而发展起来的一种特殊的诊断、治疗技术。福尔利用这种技术已在心脏、血管、肺、胃肠、血液、泌尿和神经科等领域取得了成功的结果。

德国涌现出大量对中医感兴趣的研究人员，并形成了众多的流派，可归纳为以下几种：①整体观；②自然疗法；③独立体系；④预防医学；⑤心身医学；⑥民间疗法；⑦能量观；⑧功能观；⑨和谐观；⑩自疗观。

随着中医药临床实践的发展，中医药的科学研究在英国也开始得到重视。包括：①生药学研究：②药理学研究：中药的临床应用及其明显的疗效使英国人对中药的药理发生兴趣。③临床疗效研究：关于中药临床疗效方面的研究，在英国较多地集中在皮肤病的治疗上。④毒副作用研究：关于中药应用的安全性及其毒副作用的研究，一直受到英国有关当局的重视。英国现代中医药研究主要体现在三个方面：针灸临床与基础研究、中药饮片与中成药的应用以及中医理论与临床研究。

三、非洲地区

1、立法管理情况

1960 年以来，中国援非医疗队活跃在许多国家，使不少非洲人了解了中医药与针灸，并且屡受其益，这为中医药在非洲的发展打下良好的基础。

鉴于中医药卓著的疗效，良好的口碑及受惠于中医中药的广大白人、黑人患者日渐高涨的呼声，南非政府国会于2000年10月通过法律程序确认了中医中药在南非的合法地位。

2、教育培训情况

非洲各国的医学教育尚未形成自己的体系，中医教育缺乏。南部非洲中医药学会正在筹备创办非洲大陆第一个培养当地中医药专门人才的中医药学院。目前中医师多由中国和其他亚洲国家培养。自 60 年代起，来华学习中医者已逾千人，几乎遍布非洲的 55 个国家和地区。学制从 3 个月到 5 年不等，少数人还读了研究生。

3、中药进口情况

中国的传统中医药已经进入非洲市场。非洲最喜欢的中成药品种是清凉油，其次是中药材。

坦桑尼亚较受欢迎的中成药为有治疟平喘、减肥美容、强壮止痛功能的药物，如青蒿琥酯片、平喘膏、红花油、麝香风湿膏、减肥茶、六味地黄丸、全鹿丸、金鸡虎丸、止咳糖浆、五子衍宗丸、十滴水、藿香正气水、冰硼散等。这些药品质量可靠、价格便宜，受到青睐。政府每年从中国进口的中药将近 100 万美元，但由于贫穷，中药食品、滋补品难销售。

莫桑比克地处南部非洲，中国针灸疗法在那里取得很好的疗效，被称为“神奇的中国针灸医术”。头针、耳针治疗偏瘫，体针加拨罐治疗腰腿疼痛，体针治疗高血压、性功能不全症，电针治疗胃下垂、神经性头痛、失眠以及一些运动神经性疾病皆取得了很好疗效。近年来，又利用中草药，中成药治疗哮喘、肝炎、心脑血管系统疾病、性病获得良效。目前在中药店里有中药出售。

南非政府于 2002 年 2 月 22 日发布了为期 6 个月的中成药注册登记通告，准许其进入南非市场，这在世界各国尚属首次，目前我已有 100 多家企业的 300 多个品种的中成药利用这个机会进行申请登记，取得合法进入南非补充药物市场的机会。但目前，市场开发力度不够。

4、中医药科研情况

非洲医学界的学术研究工作甚为薄弱，这与医学教育水平密切相关。由于传统医学特别是中医药的广泛使用，在非洲国家也加大了对传统医学的研究工作。但与发达国家相比，还有很大差距。应用中医、针灸治疗常见病、疑难症的学术论文多出自中国援非医疗队的医生之手。那里是艾滋病、病毒性肝炎等传染病的高发区，现代医学措施疗效欠佳，中国医疗队运用中医学辨证论治理论进行分型，综合应用中药、针灸等措施开展临床研究，使得 70% 以上的患者症状改善、病情减轻。

四、大洋洲地区

1、立法管理情况

澳大利亚的维多利亚省于 2000 年，在澳大利亚下院通过《维省中医草案》三读，中医首次被一个西方国家以法律形式予以承认和保护。自此，维省中医可以享受消费豁免权和医疗保险，由 2000 年 12 月成立的维多利亚州中医管理局自行监管。其主要职能是：规范中医执业标准；注册一切符合标准的中医师（包括针灸师）；审核及批准中医本科教学以使之符合注册标准；设立中医考试及再教育标准；制定执业准则纲领；在法案授权下与警务联手处罚一切违规者。

2010 年 5 月 8 日澳大利亚联邦政府宣布，将于 2012 年在全国正式实施中医注册。中医立法后与西医的沟通将趋向于平等，澳大利亚的医疗体系将渐渐有所变化。中医、西医这两大医疗体系将会在澳大利亚更加融洽配合，取长补短。

中医在新西兰作为补充替代医学，还未进入当地医疗体系，中医师作为一种职业，还没有医生的地位，中医医疗费用不享受医疗保险，但是新西兰政府已于 2007 年正式立法将传统针灸纳入全国卫生医疗体系，与西医，物理理疗师同等注册管理，但只有新西兰医学会注册的医生在接受针灸培训后从事针灸服务才能纳入医疗体系，获得医疗保险支付。

同时新西兰政府也对中药进口及销售立法管理。当地政府即将对中医师的行医资格开展立法咨询，希望纳入卫生法的管理体系，这将会对于中医药在新西兰的发展起到极大的推动作用。以新西兰中医学院为代表的中医药机构及中医社会团体正在逐渐规范中医管理，形成行业自律，提升社会形象，进行严格针灸操作培训，规范医疗废弃物的处理及医德标准，新西兰的中医诊所每年都接受当地政府卫生部门的专业协会的检查

2、教育培训情况

澳大利亚也是第一个在正规大学设立中医本科教育工作的国家。澳大利亚于20世纪60年代末，第一所针灸学院在新南威尔斯州悉尼市创立。80年代，中澳医学交流频繁，中国针灸专家与中医师相继被邀到澳大利亚讲学，澳大利亚也派出在职医师到中国来学习深造。1969 年，新南威尔斯州悉尼市创立了第一所针灸学院。90 年代以来，一些学院与中国国内实力雄厚的中医药高校合作，招收中医针灸专业的本科生和硕士研究生。皇家墨尔本理工大学与南京中医药大学合作，开设了中医学系，成为西方国家第一所正式设立中医学系的大学。现主要中医药院校有：澳大利亚针灸学院、澳大利亚自然疗法学院、新南威尔斯州理疗学院、皇家墨尔本理工大学中医系、悉尼科技大学针灸系等。

新西兰的中医药教育还处于起步阶段。据了解，目前新西兰的中医针灸教育尚未普及，全新西兰的八所国立大学并未开设中医药针灸课程。2006 年前，有分布在奥克兰、威灵顿、基督城三所较大的中医药针灸学校，均属于私立学校，分别是新西兰中医针灸学校（NZ School Of Acupunture & TCM, 在奥克兰及威灵顿均设有校区）、奥克兰自然医学院（Auckland College Of Natural Medicine, 在奥克兰）、克赖斯特彻奇自然学院（College Of Natural Medicine，在基督城）。各校的课程内容、结构不尽相同，主要差异表现在课程中西医学比例和临床培训两方面。

3、中药进口情况

澳大利亚每年至少有 280 万人次看中医，传统医药用品的消费每年至少十几亿澳元，由于中医药的广泛应用，中草药的进口量自 1992 年以来已增长了 4 倍，并逐渐成为澳洲医药市场的重要组成部分。

4、中医药科研情况

目前，澳大利亚全国大约有 5000 家中医及针灸诊所，在悉尼和墨尔本等大都市，目前分别有 2000 多名中医师开业行医，其他州首府如布里斯班、阿得雷德和帕斯也都有数百名中医师。各地都成立了中医学会，也有全国性的组织澳大利亚全国中医针灸学会联合会。

王国强率中医药代表团访问美国、加拿大

应美国加利福尼亚州参议院副执行主席和加拿大卫生部邀请，卫生部副部长、国家中医药管理局局长王国强率中医药代表团于 2010 年 6 月 8—17 日访问了美国和加拿大，与两国卫生和中医药管理等机构探讨中医药合作计划，深入交换意见。

在访问美国期间，王国强在旧金山与加州参议院副执行主席余胤良进行了会谈。王国强表示此次访问旨在加强与美国中医药界的交流，深入了解当地中医药发展现状特别是中医药立法工作的情况，并高度评价了余胤良参议员在推动中医药在加州立法方面所做出的努力，王国强同时指出随着中美关系的不断发展，中医药已被纳入两国战略经济对话框架，将为双方进一步合作奠定基础。

在洛杉矶，王国强一行与美国加州大学洛杉矶分校（UCLA）东西医学结合中心等医学合作中心的管理人员和学者进行了座谈。该校副校长华盛顿教授、东西医学结合中心主任许家杰博士等机构负责人和学者出席了座谈会并分别介绍了各自部门的情况。根据该中心近年来发展情况，王国强提出要坚定结合医学发展的信息和决心并就如何更好加强东西医结合工作提出了具体的工作建议。

在加拿大期间，王国强与加拿大卫生部副部长 Yeats 女士进行了会晤，并与加卫生部自然产品局进行了工作会谈，双方各自介绍了中医药发展和加拿大自然产品的管理等情况，就深入开展合作交换了意见。代表团还访问了安大略省中医管理过渡委员会，了解了当地中医针灸立法进展情况，提出了建设性意见。

访问期间，王国强一行还与我国驻美国大使张业遂、驻加拿大大使兰立俊及驻旧金山总领事高占生、驻洛杉矶代总领事黄晓健进行工作会面，并访问了旧金山、洛杉矶、魁北克以及多伦多等地的中医药学术机构和有关团体，共同就如何推进中医药继承创新、顺应国际上的发展需求和加强国际合作深入交换了意见。

资料来源：《国家中医药管理局网》

习近平出席皇家墨尔本理工大学中医孔子学院授牌仪式

新华社记者 饶爱民摄

习近平与皇家墨尔本理工大学校长加德纳教授共同出席授牌仪式

正在澳大利亚访问的国家副主席习近平6月20日在墨尔本出席了皇家墨尔本理工大学中医孔子学院授牌仪式并发表讲话。

习近平表示，中国南京中医药大学和皇家墨尔本理工大学在过去10多年富有成效的合作基础上，成功开办墨尔本第二所、澳大利亚第九所孔子学院，这是中澳人文领域友好交流和务实合作的又一重要成果，对此表示热烈祝贺。

习近平强调，文化教育交流，贵在心灵沟通。孔子曰，“君子和而不同”。中澳两国虽然历史文化不同，但多年来两国在人文领域相互借鉴和交流合作取得丰硕成果。中医药学凝聚着深邃的哲学智慧和中华民族几千年的健康养生理念及其实践经验，是中国古代科学的瑰宝，也是打开中华文明宝库的钥匙。深入研究和科学总结中医药学对丰富世界医学事业、推进生命科学研究具有积极意义。他说，中医孔子学院把传统和现代中医药科学同汉语教学相融合，必将为澳大利亚民众开启一扇了解中国文化新的窗口，为加强两国人民心灵沟通、增进传统友好搭起一座新的桥梁。

习近平勉励学院师生珍惜宝贵机会，掌握科学学习方法，不断提高汉语水平，深入了解中医学知识，争取成为博学广识的中医学专家和中澳文化交流的使者，为中澳世代友好作出贡献。相信在双方共同努力下，中医孔子学院必将越办越好，中澳友好交流和务实合作必将迈上新台阶。

皇家墨尔本理工大学校长加德纳教授表示，习副主席莅临该校并出席授牌仪式，使全校师生深受鼓舞，体现了中国政府对国际人文、医药教育的高度重视和支持，是澳中关系中的一件大事。学校愿以中医孔子学院创办为契机，加强同中国的文化和医药交流，共同为增进人民之间的友谊、解决全球健康问题发挥积极作用。

同日，习近平还考察了澳电信公司墨尔本总部和卡尔德米德牧场。习近平积极评价澳电与中国企业在多领域开展的合作，勉励双方进一步加强在高科技领域的合作，更好地实现优势互补，为促进中澳经济发展作出新的贡献。在卡尔德米德牧场，习近平与牧场主人及澳方官员就澳大利亚农、畜牧业特别是奶牛养殖、奶制品生产销售、食品安全以及与中国开展合作等进行了交流，希望他们再接再厉、发挥优势，拓展与中国的互利合作，实现共同发展。

资料来源：《人民日报》

美国人治病也有望用上中药了

现代中药走向世界不再只是一个口号。2010年8月7日，由天津市人民政府、国家卫生部主办的“现代中药国际化产学研联盟启动暨复方丹参滴丸FDAⅡ期临床试验结果报告会”宣布，天士力集团中成药复方丹参滴丸成为我国第一例圆满完成美国食品和药品管理局（FDA）Ⅱ期临床试验的中成药。

迄今为止，打进欧美国家市场的药品还没有一种中成药。想要进军西方主流医药市场，通过FDA药品审批可谓必由之路。但FDA审批药品极为严格，而且整个研发费用高达数亿美元。纵观全球，每年只有不到 20 个新药能获批上市。但这并没有让中国的中医药人望而却步。1996年，天士力集团将主打产品——复方丹参滴丸以药品身份向FDA提出申请，并于第二年获得IND临床试验批件。

2010 年 8 月 7 日，全国人大常委会副委员长桑国卫等领导，在北京钓鱼台国宾馆参加现代中药国际化产学研联盟启动仪式。

1997 年开始，天士力在国内进行了大量深入的基础研究。同时，复方丹参滴丸连续多年销售额超过 10 亿元，成为国内单品销量最高的中成药。2007 年，复方丹参滴丸启动Ⅱ期临床试验，通过给美国人治病，验证是否有效。2010年7月22日、23日，FDA经过两天的Ⅱ期结题会晤，确认复方丹参滴丸安全有效，并Ⅲ期临床研究及后期产品开发的相关问题开展了讨论。天士力计划在3年内完成最后阶段的临床研究。获准上市后，它将成为给美国人治病的第一个中成药。

中国工程院院士、国家科技重大专项重大新药创制项目技术副总工程师张伯礼认为，传统西药开发模式遇到瓶颈，FDA已经开始接受新的药品研发路线，从而促成了FDA对中药的态度转变。

资料来源：《生命时报》

北加州中医药联商会举办中医药政府部门座谈会

由于美国对中药出入口管制的改变，并禁止频临绝种动植物交易，美国中医药从业员有可能因不了解最新情况而触犯法律法规故，北加州中医药联商会特别于8月10日晚假座中国城皇宫酒家举办中医药界和政府部门座谈会，盛邀美国农业部（USDA）、美国鱼类和野生动物服务部（U.S. Fish & Wildlife Services）、加州鱼猎局（Department of Fish & Game）和美国海洋渔业服务部（National Marine Fisheries Services）人员为湾区中医药业者讲解美国有关法律法规。近200位中医药业者参加了座谈会。

美国农业部代表约翰 R·尼尔逊（John R·Nelson）表示，美国以前的进口法规比较宽松，很多中药品合法输入美国，但目前修改的法规或增订了新条例，有些中药材变成违禁品。尼尔逊指出，该部门首先要确认某种中药的进口日期，才能确定该中药是否违法；新法规从生效时算起，不会追溯以往进口的中药。他提请中医药业者保存好发票单据，这些发票可以证明进口的中药材是合法还是违法的。尼尔逊同时指出，该部门发现有问题的中药材不会当场没收，而是追查来源，证实该中药确属违法才会采取行动。至于法规改变是因应某种动植物在原产地的状况而修订的，譬如禁止有口蹄疫疫区的动物进口美国等。

美国鱼类和野生动物服务部代表麦特·马田（Matt Martin）说，国际公约对3万3000种动植物按照其频临绝种的危险程度分为三类，第1类是高频危绝种动植物，是绝对不可以进行交易的；第2类是频危绝种动植物，需要许可才可以进行交易；第3类是某公约会员国认为某种动植物在该国属于频临绝种危险的的动植物，只有从该国进出口时需要许可证。马田指出，除了例外和需要许可证外，一般而言，任何人都不可拥有或交易受保护的频临绝种动植物。马补充说，他们查获的绝大部分进口频临绝种动植物都没有许可，也就是违法的。

加州鱼猎局代表威廉·欧伯连恩（William O' Brien）表示，该局执法人员和警察拥有同样权利和职责，所以外出执行公务时都是枪不离身，但他们全副武装进入一间中药行或其他店铺不代表该中药行有问题，而是执行例行公务。只在发现有问题的中药材才会和联邦有关部门联络，并按照相关法规采取适当行动。他欢迎商家主动上缴违禁动植物或成品，该部门没有提供奖金，但也不会对商家进行追究，而会用这些违禁物品做社区教育。

美国海洋渔业服务部代表戴瑞克·罗伊（Derek Roy）指出，该部门宗旨就是保护海洋生物在一定的数量。在美国，任何人不可以拥有受保护的海洋生物，也不可以进行交易。 违法的个人会受到3万2500元的民事罚款，倘若触犯了刑法，个人罚款10万元，公司罚款20万元及入狱若干年，或对每一宗犯法行为两样并罚。

资料来源：《侨报》

李大宁副局长率中医药世界联盟代表团访非洲

由国家中医药管理局李大宁副局长率领的中医药世界联盟代表团于2010年8月访问非洲，与非洲多国卫生部官员及当地民众进行交流与沟通，为推动中医药走向世界、走进非洲，取得了卓有成效的进展。

2010年8月22日上午，“中医药在非洲的发展与未来”研讨会在南非约翰内斯堡隆重召开。研讨会上，中国、加纳、南非、科特迪瓦、莫桑比克等卫生部、药监局官员分别介绍了各国传统医药发展的状况，肯定了中医药对提升非洲各国民众健康水平的积极作用，并探讨了如何以中医药世界联盟为依托让中医药惠及更多非洲民众的发展战略及实施方案。

8月22日下午，中医药世界联盟（TCMA）走进非洲—暨全球中医药营销年会在南非约翰内斯堡皇宫酒店会议中心隆重举行。

为了将中医药文化、技术与药品进一步在西非国家进行推广与发展，帮助西非国家人民使用安全有效并权威的中医药产品，中国国家中医药管理局和加纳共和国卫生部于 8 月 27 日，在加纳首都阿克拉签署了《关于合作发展中医药的协议》（以下简称《协议》）。国家中医药管理局李大宁副局长及加纳卫生部副部长 Mettle-Nunoo Joseph Robert 先生分别代表两国政府在协议上签字。

《协议》指出：为了保证中医药产品能有正常规范的渠道进入加纳，双方同意中医药世界联盟（TCMA）负责筛选、推荐已经在中国市场上市的优秀中药品种，并认可中医药世界联盟为所有在加纳已经注册的中药产品进口的唯一产品质量检验组织；中国将协助加纳完成对中药的审批体系的建立；加纳协助中医药世界联盟在西非地区寻找中药临床试验中心，并进行人群桥接试验及其他相关临床试验；中医药世界联盟将与加纳政府联合组织培训机构，完善中医药技术、产品等相关知识的培训。《协议》的签署促使国内一大批高疗效、高品质、高安全性的中药品种快速进入西非市场，同时推动了西非地区传统药、植物药的发展。

资料来源：《搜狐健康》

王国强副部长会见捷克上议院副议长米兰·施德奇

2010 年 8 月 24 日，卫生部副部长、国家中医药管理局局长王国强会见了来访的捷克上议院副议长米兰·施德奇（Milan Stech）等一行 10 人。捷克驻华使馆代办和国家中医药管理局科技司、国际合作司、传统医学国际交流中心有关负责人出席了会见。

王国强向捷方介绍了我国中医药的历史、在中国医疗卫生服务体系中的地位和作用以及中医药“简、便、验、廉”的特色和优势。据捷方介绍，目前在捷克的中医药服务以针灸和推拿为主，而一些中成药在商店也有销售。在捷克行医的人员数量不多，且几乎都来自中国。根据捷克去年的统计，该国有 10 万人曾经接受过中医药方面的服务。

王国强表示，希望与捷克能继续加强业务交流，互通有无；并愿意与捷克在中医药医疗服务、养生保健、科学研究、产业合作等各个方面开展务实有效的交流与合作，共同努力促进传统医学在两国的发展，推动传统医学更好地为两国民众的健康服务。

资料来源：《国家中医药管理局网》

《中医走向世界》在荷兰海牙开机

由中国中央电视台与世界中医药联合会合和北京岐黄中医药科学发展基金会联合制作的大型电视系列片《中医走向世界》于 10 月 1 日在荷兰海牙召开的第七届世界中医药大会上开机拍摄。该片将在欧洲、亚洲、美洲和非洲等地拍摄，展示世界中联会员团体在各国发展中医药、传播中医药文化，以中医药为载体提升中国文化软实力，用中医药文化影响世界的感人事迹。

350 年前波兰传教士医生卜弥格将中医药作为博物学的知识带回欧洲，荷兰人布绍夫将中国灸术施用于痛风，欧洲人逐渐对中医药产生兴趣并进行研究。荷兰是中医药在欧洲发展较好的国家之一，在海牙市政府的支持下，第七届世界中医药大会于 10 月 1-2 日在荷兰海牙世界论坛国际会议中心召开。《中医走向世界》在大会开幕式开机拍摄。

中医在海外只是服务于华人吗？有多少外国人相信中医？中医药文化如何在海外发挥其软实力？中药贸易在欧洲的规模有多大？谁在不断发展欧洲的中药贸易？海外中医的生存质量如何？欧洲有纯粹的中医医院吗？他们是如何运作的？

这些国人关注的问题，想必在看过《中医走向世界》第一集后将会得到满意的答案。

中央电视台《中华医药》栏目著名主持人洪涛任制片人，栏目总编导兰孝兵任该片的总编导。该片以独特的视角、全球视野展示中医药的国际影响力，该片将是改革开放三十年来中医药国际发展的经典回顾与展示。

资料来源：《中医药网》

马建中副局长率团访问印度尼西亚、泰国

应泰国卫生部、印度尼西亚针灸学会的邀请，国家中医药管理局副局长马建中率中医药代表团于2010年10月26日至11月4日前往印度尼西亚和泰国进行了访问，分别与印尼卫生部、教育部、泰国卫生部进行了会谈，同时参观了印尼针灸诊所、泰国皇家军队医院、华侨中医院、国家制药厂、索奈县级医院以及北京同仁堂公司驻印尼和泰国分店。国家中医药管理局人事教育司司长姜在旸及国际、医政司有关人员一同参加了访问。

资料来源：《国家中医药管理局网》

第七届世界中医药大会入围2010年最有影响力的100个会议

2010年11月4日在北京举办的第三届中国会议产业大会上，发布了2010年中国有关单位举办的100个最有影响力的会议，第七届世界中医药大会名列第67位，是唯一入围的中医药会议。

由世界中医药学会联合会主办，荷兰中医药学会、荷兰医师针灸师协会、荷兰针灸师学会和全欧洲中医药学会联合合会共同承办的第七届世界中医药大会于10月1日至2日在荷兰海牙世界论坛国际会议中心召开，来自40多个国家和地区的850余名代表参加了本次盛会。大会以“中医药的临床实践与科学研究和产品开发”为主题，围绕中医医疗、教育与科研，中医药国际标准化和全球国际发展战略及欧洲中医药立法等问题展开研讨，学术研讨集中在中医药治疗男科和不孕症方面进行交流，大会还为参会代表提供了展示临床新技术、新方法和新成果的展示区和工作坊。会议还讨论了世界中联理事会与监事会换届选举相关事宜、修改了学会章程。

资料来源：世界中医药学会联合

王国强副部长主持召开第八届中国—新加坡中医药合作协调会

第八届中新中医药合作协调会于2010年11月16日在京召开，会议由王国强副部长主持，新加坡卫生部医药服务总监（副部级）Prof. Satku率团参会。于文明副局长、医政司、国际司、人教司领导陪同出席会议。与会双方回顾了自上一届协调会以来双方合作的落实情况，并就下一步合作内容与方式达成一致共识。

王部长和Satku教授一致高度评价了中新中医药合作机制。双方一致同意，今后在中新中医药合作备忘录框架下继续开展合作，中方继续向新加坡卫生部推荐专家协助开展中医考试工作，新方为中医药高层管理人员提供培训机会。同时，双方承诺进一步完善合作机制，将中医药科研、中西医结合、教育合作内容纳入合作计划，使合作机制与时俱进，适时更新，日益完善。

海峡两岸医药卫生合作协议有助于中药发展

2010年12月，《海峡两岸医药卫生合作协议》正式签订。《协议》的主要内容为建立两岸传染病疫情信息通报机制，加强两岸药品安全管理及研发合作、两岸中医药研究与交流、两岸重大意外事件所致伤病者的紧急救治合作，促进中医药发展，采取措施保障中药材品质安全。

本次《海峡两岸医药卫生合作协议》最大的亮点在于两岸促进中医药的研究与交流、采取措施保障中药材品质安全。目前，国内中药产业将迎来极大挑战，首先，作为进口中药材的主要地区，香港《中医药条例》已经生效，《条例》规定未获注册的中成药将禁止在港售卖，违 禁者或负刑事责任。其次，欧盟颁布的《传统植物药注册程序指令》将在明年3月31日到期。该《指令》规定，在欧盟市场销售的所有植物药必须注册，得到上市许可后才能继续销售。目前，国内没有任何一家中药品种能在欧盟注册成功，只能以食品、保健品、植物药原料或农副土特产品的形式流通。这也意味着，在明年4月1日过渡期到期后，中药将全部退出欧盟市场。

另一方面，作为另一个中药进口大国——日本，其政府行政刷新会议的预算甄别工作组计划将汉方药排除于公共医疗保险的适用对象之外，这也意味着自1976年以来一直作为医保药品的日式中药在日本可能成为自费药。中药在欧盟、日本、香港受到重挫，使得国内中药产业迎来一 场生死攸关的危机。

两岸有相同的文化和历史渊源，本次《海峡两岸医药卫生合作协议》的正式签订将有助于中药提高质量，双方的合作也有助于宣传和推广中药材，在世界范围内为中药树立一个积极健康的形象，台湾的先进技术加上内地的中药资源将有助于中药产业健康发展。

资料来源：《中国经济网》

美国总统奥巴马任命中医专家为美国国家医学顾问委员

美国著名华裔中医专家田小明被美国总统奥巴马政府任命为国家补充和替代医学顾问委员会委员，成为首位接受这一职务的中西医结合临床专家。他在接受新华社记者采访时说，包括中医、中药、针灸和气功在内的补充替代医学正在美国稳定发展，很有前途。

据田小明介绍，为了满足美国公众日益增长的健康医疗需求、减少庞大的医疗开支、弥补西医治疗的不足，美国正在积极探讨能够辅助西医而又安全有效的疗法。2002年，美国白宫批准将世界上43种传统医学和疗法正式纳入美国补充和替代医疗体系，其中“中国传统医学”作为独立医学体系正式被列入白宫文件。

目前，美国政府每年花费1.2亿美元用于补充和替代医学的研究和发展，而针对中医、中药和针灸的研究项目多达几十种。此外，美国每年有1.8亿人自费购买包括中草药在内的保健品，花费约200亿美元，并呈逐年递增的趋势。在2007年，占美国总人口38%的公众选择接受补充和替代医学的治疗。

田小明说，美国联邦政府邀请华裔医学专家出任补充和替代医学顾问委员会委员，表明美国主流社会正在重视研究和应用中医，加强中医的发展，有助于医政改革，希望中国传统医学能够更好地造福美国人民。

被美国西医界称作“创造奇迹的中医师”的田小明曾成功医治了很多疑难病症患者，因此于2007年被世界中医药学会联合会授予国际杰出医师贡献奖。 1991年，田小明在美国国家卫生研究院临床中心创建了第一个中国针灸诊所，并担任主任级顾问医师。这标志着美国国家卫生研究院第一次正式承认针灸，将其作为美国常规治疗方法之一。2000年，他被时任美国总统的克林顿任命为白宫补充和替代医学政策委员会委员，成为首位由美国总统亲自任命担任白宫医政委员的中医专家，参与完成了 2002 年白宫补充和替代医学的医政报告。这份报告已经成为美国政府发展补充和替代医学的纲领性文件。

资料来源：《中华网论坛》

欧洲对传统草药的管理方式不同

中药按药品在欧盟注册上市，目前主要有两种途径：注册上市和登记上市。

注册上市分两种情形，一是从未在欧盟上市的中药，或虽然在欧盟已上市销售过，但要申请新适应证的中药。对于这种情况，欧盟要求提供全新的临床研究数据和临床试验数据，欧盟相关药监机构要对安全性、有效性及质量可控性进行严格评审。另一个情形是科学文献齐全的中药品种，欧盟同意申请人提供安全性、有效性方面的科学文献，不必重新进行临床研究数据和临床试验。

登记上市，就是允许符合条件的传统草药简化申报资料要求登记上市。对于登记上市的产品，如果具有欧盟草药专论或欧盟原料名单，则可豁免传统使用证据和专家报告、文献资料或新研究资料的要求。

另外，根据《传统植物药注册程序指令》对于药品的定义，药品是指任何声称具有治疗或预防人体疾病功效的物质，是任何通过药理、免疫、代谢作用，或通过医学诊断手段，可恢复、纠正或调整人体生理功能的物质。只有符合上述条件之一的产品，欧盟才将其按药品进行管理。

因此，尽管欧盟颁发了《传统植物药注册程序指令》，并非要求所有中医产品今后按药品进行管理。许多中药产品还可以按食品、食品补充剂或者化妆品在欧盟合法销售。

《传统植物药注册程序指令》是欧洲首次对传统草药制订的法规。但指令要求对符合下列条件的传统草药才可依据指令实施登记注册上市：一是非处方药。二是口服、外用或吸入制剂。注射剂不可以登记上市。三是传统使用年限要求：产品必须具有 30 年以上的使用年限，包括至少 15 年在欧盟国家使用的年限。四是产品原料符合要求。指令要求只有源于植物药的产品才能登记上市。如果植物药中含有维生素或矿物质，且维生素或矿物质在其中只起辅助作用，也可按登记上市。动物药不能按此指令登记上市。

因此，按照《传统植物药注册程序指令》主要是针对中成药的注册上市和登记上市。目前欧盟各成员国具体方法和措施有差别，荷兰相对宽松。中药饮片、单味颗粒剂依然可以按食品、食品补充剂来销售。虽然从中成药在我国中药出口结构来看，2009 年我国出口中药总量约 14 亿美元，中成药出口约占 1.6 亿美元，占出口总量的 11.43%左右。但中成药是中药的重要组成部分，重视中成药在欧盟的注册，有利于中医药的国际发展。

欧盟《传统植物药注册程序指令》为中药以治疗药品身份进入欧盟药品市场提供了法律依据，也为中药进入欧洲主流植物药市场和欧洲药品分销渠道提供了可能。这将大大扩大欧洲中药市场，规范目前分散零乱的欧洲中成药市场，保证中成药质量，提高中药的声誉，是中药在欧洲正常健康发展的一个难得机会。注册传统中药将使欧洲中医药进入一个新的发展阶段。

资料来源：《生意社》

中药在欧洲迄今无一例注册成功

2004 年 3 月 31 日欧盟颁布的《传统植物药注册程序指令》规定了 7 年过渡期，允许以食品等各种身份在欧盟国家销售的草药产品销售至 2011 年 3 月 31 日。因此，目前欧盟市场的中草药大多以食品、保健品、植物药原料或农副土特产品的形式流通。但 7 年的过渡期即将结束，中药在欧盟仍没有成功正式注册，究竟原因何在？

欧盟《传统植物药注册程序指令》规定，传统草药“在申请日之前至少已有30年的药用历史，其中包括在欧盟内至少已有15年的使用历史”。证明上述传统应用史的重要依据是公开发表的文献资料，专家报告和海关进出口文字记录等也属于证明文件。但是，要提供产品在欧盟市场具有15年使用历史的证明很难。一些在中国药典记载超过15年、不含毒性药材、现仍然广泛应用的经典中成药，如六味地黄丸、乌鸡白凤丸等，早在1995年之前就已经进入欧盟市场。然而，连同仁堂这样的百年老店也难以提供在欧盟各国市场具有15年使用历史的证明。2004年以前，中药出口欧盟各国的海关记录都是按照食品等身份而不是按照药品来登记的。而且，在2000年之前中国海关仅要求按中成药或中药饮片的统一编码进行申报，企业没有单个品种的出口记录。

二是高额费用让许多企业望而却步。据报道，一家企业的中药如果按照《传统植物药注册程序指令》的规定注册，注册费大约需要80万元人民币，要通过欧盟GMP认证，生产设备等硬件投资需要400万元人民币以上，而培训、专家指导等软件投资还需要400万元左右。

尽管如此，一些中国企业仍在积极努力，争取在7年过渡期结束前在欧盟将其产品注册成功。据悉，四川成都的地奥心血康胶囊已经通过了荷兰药监部门的审查，地奥心血康胶囊生产线也已通过了欧盟GMP认证，有望成为中国首个进入国际市场的治疗性中成药品种；广药集团奇星药业获“英国传统草药产品简易注册与欧盟(英国)药品GMP认证”项目立项；兰州佛慈“岷山”牌浓缩当归丸也得到了瑞典国家药品管理局的同意和正式接受，预评估也已通过。

资料来源：《人民网》

中医将纳入泰国正规医疗

据泰国《世界日报》报道，泰国卫生部长朱林在12月3日主持的2011年度卫生部政策发表与推动座谈会中透露，卫生部支持传统中医和泰医列入正规医疗体系的一系列工作，将在明年陆续实现，包括中医从业人员将获得在泰行医许可证以及泰医533种药方列入正规药方清单等。 朱林表示，卫生部将这些传统医术列为“可供民众选择使用的医术”，除了西医以外，传统中医和传统泰医也能成为正规医术之一。朱林说，中医从业人员在持有合法行医证的情况下，将可以在泰行医。相关法规近期将列入政府公报而正式生效，将有首批320名中医医生获得在泰行医许可证。此外，卫生部将把泰医术和泰草药方列入正规药方清单，与西药药方一样获得医院用药补贴，凡是参与国民免费医疗体系的医院，向患者开出泰草药可获得每人2铢的官方补助，这一补助明年将增至每人6铢，现有列入国家正规药品清单的19种泰草药方也将另增533种。朱林还表示，各医学院也将增加开设泰医课程，目前已有1000多名大学生修读泰医课程，明年还将持续增加。

香港《中医药条例》12月3日生效规管中成药注册

为规管中成药，香港特区规定，所有在香港进口、制造和出售的中成药必须在12月3日前进行注册，否则便属违法出售。

香港规管中成药注册的《中医药条例》第119条将于12月3日实施。新例生效前，市面已注册的中成药有1.16万种，占已递交申请书的药物总数的2/3。

香港特区政府发言人表示，市民由外地携带中成药回港，如用作转售，需了解是否合法；如携带大量中成药返港，海关及卫生署需了解情况，辨别是否属于自用。

资料来源：《中国中医药报》

2011

國醫年鑑

GUO YI NIAN JIAN

十三　杏林故事

青海玉树抗震救灾中医有特色

2010年4月14日青海玉树发生地震后，各地中医药管理部门和中医医疗机构紧急行动，纷纷组建救援医疗队，甘肃、四川、广东等地的医疗队已经赶往灾区一线，北京的医疗队正在整装待命，中医药人以高度的使命感和责任心为抗震救灾贡献自己的力量。

甘肃省中医院领导班子高度重视，积极组建医疗队奔赴灾区，甘肃省卫生厅厅长刘维忠在为队员送行的讲话中说："你们不仅是医务人员，更是中医人，要显示出中医院在紧急救治中的能力和作用"。刘维忠在讲话中强调，医疗队要在这次抗震救灾中充分运用中医药诊疗方法，彰显中医药特色，发挥中医药优势，做好医疗救援工作。甘肃省中医院迅速启动突发事件应急预案，成立了医院抗震救灾领导小组，当日下午，院长李盛华、党委书记妥建福紧急召集医院各职能部门开会，研究部署抗震救灾的具体工作，指示医院有关部门组建医疗队。广大职工踊跃报名参加抗震救灾工作，并于17时30分成立了由普外科、神经外科、骨科、麻醉手术科以及护理、感染管理等方面的业务骨干21人组成医疗救治队，配备1.43万元救援物资、7.36万元救援设备、1.88万元急救药品和3000余份宣传资料，以及4台救援车辆，并设法装备50间备用病房，随时准备接治灾区转运伤员。4月15日上午9时30分，甘肃省中医院医疗队带着领导的嘱托，带着全院职工的希望和对灾区人民的祝福，急赴青海玉树地震灾区。医疗队不仅带上了简单的手术器械、药品，还带上了具有中医特色的小夹板，带上了甘肃省中医院自制药品，如：损伤散、消定膏、消肿止痛合剂、健胃止痛合剂、防风感冒冲剂等，让中医药在地震等重大自然灾害的救治中发挥应有的作用。到达灾区现场后，医疗救援队及时与当地抗震救灾指挥部和当地政府取得联系，请领了救援任务。根据抗震救灾指挥部的安排，甘肃省医疗救援队主要承担伤员的现场救治和重伤员、危重伤员的转运工作，同时在当地设立的临时收治点开展卫生防疫、消毒灭菌和健康教育工作。目前，该省医疗救援队已按照抗震救灾预案和方案，在灾区有序开展各项医疗卫生救援工作。

灾情牵动了四川人民的心，特别是曾经经历"5·12"汶川特大地震灾难，深切感受过全国人民无私大爱的四川人民感同身受，心急如焚。全省医疗卫生行业包括灾区中医医疗单位在第一时间紧急行动，立即组织医疗队。中医医疗单位医务人员纷纷请战，要求奔赴灾区前线，以自己的实际行动报答全国人民对四川灾区的无疆大爱。14日下午，省级医疗队已经启程飞赴玉树。广元市、绵阳市、德阳市卫生和中医系统在最短的时间内按照医疗紧急应急方案，集结最强的医疗力量，通过各种方式前往地震灾区。广元市卫生局、中医药管理局组建了包括市中医院四个医疗单位共19名医务人员的医疗队，出动了4台救护车，携带10余万元急救药品，14日晚19时从陆路星夜兼程赶赴灾区。此外，民营医疗机构广元市湘康医院自发组织医疗队，派出两台救护车，8名医务人员一同前往。出发时，广元市委、市政府、市卫生局、中医药管理局领导专程为医疗队员壮行。绵阳市卫生局、中医药管理局组建了以市中医院医务人员为主体的医疗队于15日下午出发赶赴前线。绵阳市中医院派出了19名包括脑外、骨伤、普外在内，具有丰富战地紧急救治经验的专家。德阳市卫生局、中医药管理局派出了53人的医疗队，于15日凌晨3点出发，其中曾经受灾最为惨烈的什邡市在第一时间组织了33名医务人员去帮助玉树灾区正在遭受苦难的同胞。作为第二梯队，四川省骨科医院等中医医院和全省医疗卫生系统都组建了医疗队，紧急进行救灾物资储备，等候命令，随时准备前往灾区。四川省骨科医院已经按照要求准备了80张病床，随时接收地震灾区转运来的伤员。14日上午，正在广元市青川县检查该县中医医院灾后恢复重建工作的四川省中医药管理局局长杨殿兴、副局长冯兴奎得知玉树地震消息后，立即要求省、市级中医医疗单位按照统一部署组建医疗队，派出有战地紧急救治经验，身体状况良好的医务人员在第一时间紧急驰援灾区。四川省甘孜州与玉树州接壤，虽然该州的石渠县也在此次地震中有人员伤亡，房屋受到较大损害，但是甘孜州首先派出包括中藏医药人员在内的医疗队以最快的速度进发玉树州。

广东省卫生厅、中医药局联合紧急组派了首批赴青海抗震救灾专家组共27人，15日晨飞赴灾区。其中，广东省中医院1名儿科主任医师、广州中医药大学附属第一医院 1 名骨科护士已随队于当天中午到达西宁。广东省中医院许尤佳主任医师说，由于灾区条件有限，目前他们正在西宁集结，然后根据统一安排分赴不同地点参与伤病员的救治。

北京市中医药管理局组建了由 7 家中医医院参加的医疗救援队，计划分三批次支援灾区，主要医护人员由普通外科、骨伤科、中医急症、儿科、麻醉科等相关专业的医师和护士组成。各方面工作现已基本准备就绪，随时可以奔赴地震灾区参与救援。鉴于灾区地处高原，为保障医护人员健康和伤病员得到及时救治，北京市藏医院捐出一批红景天冲剂，已随卫生部组织的第一批地震救援医疗队从北京运往地震灾区。

青海省中医院副院长李军茹说：“我们刚接到命令，机场有一批病人，正在赶往那里。”4 月 14 日 7 时 49 分，青海省玉树藏族自治州玉树县发生地震后，青海省卫生厅立即启动突发事件卫生应急一级响应，全力开展抗震救灾医疗救援工作。青海省中医院随即行动起来，抽调骨科、外科、泌尿科、急诊科、护士、药房工作人员组成一支救援队伍。4 月 14 日 20 时，他们从西宁出发，经过 18 个小时的长途跋涉，终于到达重灾区。“倒塌的房屋边有很多人，虽然我们还在车上，但能够看出，他们来自全国各地”。

国家中医药管理局发布了在卫生应急救援工作中，要积极利用当地的医药资源，充分发挥民族医药的作用的指导意见：

对于闭合性骨折，中医的治疗措施：1. 就地取材，临时固定。可选用夹板、木板条、树皮、树枝、绷带、布条等作为临时固定材料。2. 注意固定物的松紧度及有效性，注意肢体远端的血液循环，一般固定最好超过上下两个关节。 3. 有技术条件时，应及时以手法整复，然后予以外固定。4. 如固定后疑有血管、神经损伤或受压时，应松解固定或解除外固定。5. 外固定后上肢应悬吊胸前，下肢应避免负重，抬高患肢。6. 可用活血化瘀中药外敷消肿。如七厘散、跌打丸等。

对于单纯软组织损伤，中医药救治：1. 单纯软组织损伤时，治疗应以活血化瘀、消肿止痛为主。内服可用桃红四物汤加五苓散加减，外敷可用七厘散或云南白药。2. 肿胀明显者，可加用利水消肿中药，如用四妙丸内服外用。3. 疼痛明显者，可加用行气止痛中药，如元胡、三棱、莪术，外用止痛膏。4. 瘀血明显者，可加用地龙、血竭，外用三七粉。

对于创伤后并发症，中医药有特色：1. 创伤感染，在抗生素不足的情况下可应用清热解毒药物治疗。如金银花、连翘、蒲公英、紫花地丁、野菊花等。2. 挤压综合征。注意保护肾脏功能，在无透析条件下可考虑应用淡渗利湿中药治疗。如猪苓、茯苓、泽泻、车前草、薏苡仁、黄芪等。3. 褥疮，注意卧床患者的护理，防止发生褥疮。如用红花加酒精浸泡后外擦预防。4. 深静脉血栓，可应用活血利湿通脉中药治疗。如鸡血藤、地龙、水蛭、三七、泽泻、黄芪等。在灾后防疫工作中，要注重发挥中药汤剂预防疫病的作用。如清瘟败毒饮，或用黄芪、黄连、黄柏、板蓝根、大蓟、小蓟、大青叶等。

中医研发抗击甲流新药惹争议

《科学新闻》杂志 2010 年第一期封面故事《抗击甲流，“金花”裸奔》刊出后，腾讯网上反对声一片。此后不久该杂志刊登了另一篇叫《中医发展需要指南针》，认为中医研发新药的科研“不规范”，是仓促上阵抢科研经费。

早在 2009 年 10 月底，北京市已在 20 家设有中医儿科的中医医院，向社会公布了“金花清感”儿童方。北京市还投入 7000 万元，贮备 200 万人份“金花清感”，以替代进口“达菲”。 中国工程院院士钟南山表示，“此前我一直对中药治疗甲流是否有效没有表态，现在经过临床循证医学研究证实，有两个中药群对治疗甲流病毒有效果。我非常服气，要推崇。”

该杂志批评说，在走访了朝阳医院、地坛医院、海淀医院等参与临床研究的多家医院后却发现，整个“新药”研制过程一片混乱。他们说，也许其关心中医发展的初衷是为了中医学术进步，但是其倡导的发展道路却是行不通的。有人认为“中医药不应该接受科学的标准”，因为“中医药有自己的体系”；另一些人则认为“中医药是不敢接受科学的检验”，因为“中医药经受不了客观标准的检验”。现在，中医药终究开始接受科学的检验；然而，执行者却不遵循科学的规范。是这些执行者的科学素养太低所致，还是急功近利的心态所致？中医药研究的这种“特色”，根源在于传统文化的惯性，还是在于管理体制的纵容？因此，该杂志在《中医发展需要指南针》之文中，进一步发表观点说，中医要发展，就必须抛弃其错误的以“阴阳五行”为基础的理论，而用科学来规范它；其疗效也必须接受现代医学的检验（即“废医验药”）。

面对这样的批评，中国工程院李连达院士发表文章说，近日有关金花清感方研究的新闻报道，有的不够准确，引起一些争议。在科学问题上有不同的看法和争论是正常的，但必须尊重事实，本着实事求是的科学态度进行讨论。

一、有人认为“不应立此研究项目”。在甲流入侵我国，即将发生大流行之时，北京市政府及时组织力量，投入大量人力物力财力，立项进行研究，研制治疗甲流的有效中药，确保人民大众的健康与安全，这是人民政府为人民，把人民的利益与安全摆在首要地位，全心全意为人民服务的表现，这项研究课题是人民的需要，社会的需要，是正确的、及时的，我完全拥护，全力支持。

二、有人对“金花清感方”的科研经费提出质疑。在美英等国研究一个新药，确实需要投入5亿-8亿美元，但我认为，问题的关键不在经费多少，而在于使用是否合理。

三、有人认为“急于求成”。西方常规研究一个新药需要8-10年，我国常规研究一个中药也要5-8年。但是在特殊情况下也会开展紧急研究，例如我国研制甲流疫苗仅用几个月，美国、欧洲也不到一年时间，就是一个例证。

四、协定处方、医院制剂与国家批准的新药，三者不应混为一谈。

五、有人不相信中医药能治疗甲流。中药能否治疗甲流，不决定于任何人的主观判断，而决定于大量客观的科学实践，决定于能否提供可靠的科学证据，充分证实中药的安全性、有效性及质量可控。根据目前北京、广州、东北等地区的阶段性研究成果，初步显示中药对甲流有良好治疗作用。

可以毫不夸张地说，中医学术的成长过程就是伴随着抗击传染病而发展的，《内经》之中的“热论”、“评热论”、“刺热论”、“热病篇”，《难经》的“伤寒有五”，张仲景的《伤寒杂病论》，唐宋以降众多的伤寒学家，明清的瘟疫、温病学派，真是数不胜数，蔚为大观。这些辉煌成就的取得，都是从临床实践开始，然后上升到医学理论，再回到临床实践之中去检验，不断提高，不断进步，其间并没有经过实验室动物实验的检测。

当然，中医药没有经过实验室检验，有受时代限制的因素，更有研究思路、研究方法的不同。西药的研究、制造，起源于染料化学工业产品，其对人体往往有大毒、大危害，所以在应用到人体之前，必须做大量的实验，以证明其安全性；中药的发明，多起源于古人的采集食物，虽然有时可能出现副作用或者中毒，却已是经过几千年临床实践检验，并且有了互相配伍、减毒增效的一系列措施，历代医家把用药安全时刻放在心上，积累了丰富的实践经验。

在甲流疫情于世界范围内大规模爆发的时候，疫苗生产供不应求，抗甲流西药储备不足而有耐药现象出现，在这样的重要关头，中医界奋起研发针对性强的“莲花清感”颗粒，无疑具有十分重要的现实意义。“废医验药论”者却把中医研究新药的方法视为“裸奔”。其实所谓“裸奔”，只不过是某些人想象的事情，是用西医标准看中医才会出现的怪现象。这正像鲁迅先生所讽刺的那样，有人见到露出来的胳膊，就想到了全裸体，这只是思想者臆造的问题。他们打算让中药按照西药的规矩走，必须先实验室后临床，不仅混淆了中西药的区别，而且把这种方法“推而广之”严格执行下去，就会造成中医临床使用中药汤剂的不合法。如果必须拿出数据来才能开汤药，这就是“用制度遏制中医”，不是“废医验药”，而是先“废药”，再“废医”。因此，“废医验药”的提法，不仅严重违反《宪法》关于“发展传统医药”的基本精神，也与国务院在2009 年发布的《关于扶持和促进中医药事业发展的若干意见》（22 号文件）精神背道而驰。22 号文件说：“中医药（民族医药）是我国各族人民在几千年生产生活实践和与疾病做斗争中逐步形成并不断丰富发展的医学科学，为中华民族繁衍昌盛做出了重要贡献，对世界文明进步产生了积极影响。”

“废医验药论”却说，“中医要发展，就必须抛弃其错误的以‘阴阳五行’为基础的理论，而用科学来规范它；其疗效也必须接受现代医学的检验（即‘废医验药’），不能停留在寻找成功个案、‘感觉有效’、‘就是相信它有效’这样的阶段。”“废医验药论”严重破坏中医药的生存环境，阻碍中医药的发展、进步，这种噪音正在干扰人们对于中医的正确认识，我们必须认清它的危害。“废医验药论”者，以化学分析的方法研究中药，其目的不是为了让中医药更安全，而是借口“验药”，把中药新药完全扼杀。比如，按照所谓化学分析，他们宣布大量的中药不安全，从而牵扯到很多中成药的使用。即使是被中医称为“和中之国老”的甘草，也被他们罗织了很多罪名，什么“大剂量服用甘草的危害，国内外医学界早已知道，中外文献上有大量的报道，对此没有什么异议”云云，实在是骇人听闻。众所周知，一味中药里有大量的化学成分，中医使用中药不是按成分用药，而是组合起来发挥“和实生物”、“和而不同”的作用。

“废医验药论”者对中药的复杂成分置之不顾，紧紧抓住其中一个成分说话，把本来不会产生毒副作用的良药，说成为不安全药物；并且只要方剂里包含这味药物，那么整个方剂也就不安全。他们希望用这种“株连九族”的研究方法，“打倒”所有的中药。因此，他们就能“顺理成章”地把中医药治病的过程，歪曲成“推行毒物、污物入药，坑害患者”的“欺骗”行为。

“废医验药论”者，煞有介事地抬出孙中山先生来，把 80 年前他的一段话经过添油加醋，就变成了“中医就如同没有指南针的船”，他们宣称，“有人要用指南针来指引、帮助中医这条船到达目的地，但这上面的船长（一些政府决策者）、水手（中医师）和很大一部分乘客（病人、中医拥护者）仍然心存芥蒂、甚至拒绝！”

我们必须正告那些自以为有指南针的人：你们手里从来不曾有中医发展的指南针。中医这条大船，已经驶向世界的主要大港，她的发展需要的是全球定位的卫星导航系统，而不再是你们刻意兜售的所谓指南针。“究天人之际，通古今之变，成一家之言”，才是中医展现个性，大步向前的阳光大道。

王国强给 120 位两院院士讲中医

2010 年 11 月 1 日，在福州召开了中国科协第 12 次年会。这是由中国科学技术协会和福建省政府共同主办的，包括 120 位中国“两院”院士、台港澳专家在内的广大科技工作者，以及美、英、俄、日等国科技团体代表等共 5000 余人，共赴中国这一年度“科技盛宴”。

中共中央政治局委员、全国人大常委会副委员长王兆国出席年会开幕式并讲话，全国人大常委会副委员长，中国科协主席韩启德致开幕辞，中共福建省委书记孙春兰致欢迎辞，中国科协常务副主席邓楠主持年会开幕式。全国政协副主席、科技部部长万钢围绕国家“十二五”科技发展规划，福建省省长黄小晶围绕福建科技、经济发展，卫生部副部长、国家中医药管理局局长、中华中医药学会会长王国强围绕中医药发展，国家文物局局长单霁翔围绕文物保护，工信部电信研究院副院长曹淑敏围绕三网融合，中国农业科学院植物保护所研究员彭于发围绕转基因科技作大会报告。

在全国最高的科技平台上说中医，是前所未有的事情。这也是一个给院士们讲中医的机会，实际上是一个中医科普宣传。因为自从近代西方科技进入中国以来，人们的脑海里装的大多是西医的知识，对于传统的中医学术，很多人不理解了，或者干脆就像鲁迅所误解得那样，把中医比作骗子，把中医理论看成虚无缥缈的玄学。这都是严重的误解，极不利于建立我国特色的卫生体制，也不利于建设科技原始创新型国家，不利于国家安全战略。这绝非危言耸听，因为“近 30 年来我国卫生总费用增长了 100.6 倍，而同期我国 GDP 增长了 65.2 倍”，这样要想顺利实现医改目标，就必须充分发挥中医药有效且费用相对较低的优势和作用。

中华中医药学会副会长兼秘书长李俊德先生，负责组织这个报告的起草工作，他非常珍视这个难得的机会。在这个场合说中医，应该如何说？如何讲的既生动，又深刻，而且还要让院士和领导们都能听懂，留下深刻的印象，以有利于中医事业发展？要做好这个《报告》是不容易的。

李秘书长说，2009 年的第 11 次年会上，铁道部长的报告令人振奋，说我国高速铁路的发展，已经达到了世界领先水平，原来我们总想买人家磁悬浮的专利，现在我们的“中国高铁”破解了很多难题，所达到的水平已经世界领先。将来大家出门，一小时可到石家庄，两小时可到郑州，只要不是新疆、西藏，都能当天到达。这个报告使人听了很受鼓舞，并且与人们都有关系，很亲切。中医的报告，也应该是这样的。应该写好这个报告，并且可以作为将来向中南海汇报中医问题的重要参考。

李秘书长的构想，这个报告的形式，就是一个“大科普”，给院士们讲的中医科普。这也是很难写的“大科普”。因为中医的历史是那样悠久，中医的问题也是千丝万缕难以说清楚的，在短短的 40 分钟里，应该说什么？怎么说？这是问题的关键。因此，召开了几次由国家中医药管理局领导参加的策划会、初步稿件讨论会。桑司长、苏司长、张司长等等，各位领导、专家们，纷纷献计献策，讨论了多次，修改了多次。

最终定稿的王国强部长的报告，题为《发展中医药 造福全人类》。全文突出的就是中医药原理的“原始创新性”，当然，对于中医药的历史贡献、现实作用、未来价值，这个报告也给予了充分的肯定、系统的论述。

报告立意高远，气度恢弘，不同一般。在这一我国科技界规模最大、规格最高、最具权威的年度“科技盛会”上发出中医药的强音，受到了与会者的广泛关注。在大会现场听取王国强报告的中医药界专家十分振奋。“在科技领域这么高层次的会议上发出中医的声音，必将产生一系列连锁反应，促进多学科的交叉融合。”北京中医药大学王琦教授说。中国工程院院士张伯礼教授表示，面向这么多各级领导、各个行业专家学者作中医药创新发展的报告，十分必要，“不仅让他们了解中医药的发展和政策，更能引起他们的重视，吸引更多学科的专家与我们开展合作。”张伯礼说。中华中医药学会顾问温长路教授认为，报告立足国民经济发展的全局和服务百姓健康需求谈中医的创新发展，很好地体现了“自主创新”这一大会主题，让各行业的专家们看到了中医药领域在自主创新方面充满机会。中华中医药学会秘书长李俊德说，不少其他领域的院士在听取王国强的报告后纷纷表示，将关注中医药领域的科研创新，支持中医药发展。

来自美国科促会、俄罗斯科工联、英国工程技术协会、日本科技振兴机构等多个国外科技团体认真听取了王国强的报告。一位美国官员告诉记者，在报告中了解到中国传统医学的理念与世界卫生组织提出的医学发展方向惊人吻合，这代表了一种必然的趋势，这位官员表示，将积极关注中国传统医学的发展。

美国军队开始把针灸作为保健方法

据《海峡都市报》报道，美国媒体选出近 10 年来改变人类生活的 50 件事物，针灸榜上有名。报道说，针灸、草药治癌等已逐渐融入医疗主流。确实，近年来随着中医药国际交流的进一步深入，针灸和草药的治疗效果已经得到了世界人民的认可，针灸师、中医师在国外的行医受到尊重，感染了很多外国人也纷纷来华学习针灸，学习中医药，演绎了一个个感人的故事。

美国空军军医部 2008 年冬季宣布："空军军医部部长已宣布开展一项旨在训练现役军医掌握战场实用中医针灸治疗技术的试点项目，其目的是将针灸治疗与军事医学的实践在实战环境中相结合"。美国空军军医部部长办公室指出："过去数年内，在那些一线战场上遭受严重创伤的军人身上，针灸已被证实能及其有效地减轻复杂的痛性综合症。现有的研究数据已强有力地证实：使用针灸能够治疗"外伤后忧郁症"以及因持续背负至少重达 45 磅的背包所引发的"慢性腰痛"这是两种现役军人们最常见的疾病。空军为此计划拨出专款。军医所需的针灸治疗技术，将包括如何使用针灸来治疗神经肌肉骨骼系统的疼痛以及常见的功能性与器质性疾病。"

一向以高新尖端科技为导向的美国军方，能重视传统中医技术，并在战场医护上推广实践，足以说明中医学具有不可替代的优秀特质。

美国著名华裔中医专家田小明 2009 年年初被奥巴马政府任命为国家补充和替代医学顾问委员会委员。田小明表示，中医作为中华民族几千年创造和积累的医学瑰宝，已经越来越多地为美国主流社会所接受。

1991 年，美国国立卫生研究院（NIH）决定探索针灸的临床应用，特聘田小明医生为中医针灸临床顾问。田小明成为跻身于 NIH15 位主任级临床顾问的第一位华人医生。2000 年，美国白宫成立补充和替代医学政策委员会。克林顿总统任命了包括田小明医生在内的 20 名医学专家。这是华人医学专家第一次作为中国传统医学代表亲自参与美国医疗政策改革的全过程，为确立包括针灸、中医药、按摩和气功等在内的中国传统医学在美国医疗保健系统中的地位，发挥了关键性的作用。

美国《华盛顿邮报》、NIH 院刊、美国西医专业杂志"Hippocrates（希波克拉底）"等以"中国针灸的惊人疗效创造医学奇迹"等为题，向美国公众和美国西医界医师介绍了中医针灸的疗效及田小明教授在美推广针灸的贡献。针灸作为中医的先导已成功被美国所接受，并获得稳步发展。

据美国《侨报周末》报道，在伊拉克战场上，美军使用了世界上最先进的武器装备及高科技的医疗设施。让人称奇的是，美军设在德国的伊战后方医院——陆军医疗中心，居然使用中国的古老针灸及火罐为伤兵疗伤。从浙江农村移民赴美的朱灵彬,即是美军伊战后方医院中的医学针灸师。在军中用针灸为官兵服务，他有不同的感受。朱灵彬幼年生长在贫穷的浙江青田农村。来美前，他曾在浙江省的一所地区级医院学习针灸，后进入北京成人教育"中医针灸按摩大专班学习"，学成后返回浙江省丽水市中心医院从事针灸按摩工作。朱灵彬夫妇 1989 年 5 月移民来到美国，在加州取得了中医针灸硕士学位。当夫妇俩准备在加州以针灸作为谋生手段时，朱太太却意外地入伍，成了一名美国陆军士兵。朱灵彬也在此后不久成了美国陆军中的一名注册针灸师。虽然针灸合法化在美国推动了 30 余年，可对美国大多数州来说，针灸仍属外来的"新生事物"，有些州甚至无法接受这一在中国已延续了数千年的医术。"我们不管那一套。"朱灵彬说，"部队中主要是看效果，只要疗效好，就可使用。"

到美进入军营后，2006 年朱灵彬随军从德国返回阿拉斯加陆军总医院，并开始为总医院组建第一所针灸诊所，为官兵及家属提供针灸治疗。在大部分业余时间里，朱灵彬在社区中为低收入家庭提供一项免费针灸治疗，患者只需支付针灸成本即可得到治疗。为了取得更好的疗效，朱灵彬一边为病患治病，一边探索。他根据美军军营病患的特点，尝试了"一穴多针"、"喷药火罐"等新疗法，取得了很好的疗效。最近，他也在尝试使用一些中国民间药方。他说，与地方最大的不同即是，在部队什么都可以试、什么都可以用。

2003 年至 2006 年，朱灵彬作为美国陆军医学针灸师随军驻守美在德国最大医疗中心（LRMC），为近万人次美军伤兵疗伤。朱灵彬的病人中伞兵比率很高，因高空下落，伞兵的膝关节很容易受伤。关节手术后，许多伤兵喜欢用针灸帮助恢复创伤。朱灵彬的工作是医治疼痛，为手术后的伤员做康复治疗。他与同事不仅用银针和火罐，还使用了"神灯”。在配备着世界一流医疗设施的美军医疗中心，他们使用最“古老”的中医医术，显得有些不合时宜，可他们的工作很受欢迎。

在具体的实践之中，朱灵彬还不忘因人、因地制宜，他说：“那些大兵对针灸疗法很感兴趣。他们都是战场上出生入死过的，对新治疗手段一点都不怕。”病人多是年轻的男女士兵，而且人高马大，肌肉丰满，“因此用粗些的针效果才好。”为了增加疗效，朱灵彬一般先给病人需要治疗的部位按摩，待需扎针的穴道揉开之后，再用针灸治疗。美国大兵此前做过针灸治疗的人很少，敏感度高，治疗效果显著。许多伤兵在接受针灸治疗后可减少止痛药的用量，有时甚至减少到一半，疗程因此大大缩短。

朱灵彬在军中开展中医针灸治疗的经历，让他看到针灸治疗在美国民间推广的前途：针灸很适合治疗常见病、多发病，每根针的成本低于1美元，如果全民推广可给政府省下不少钱。因此朱灵彬给奥巴马总统的白宫内阁秘书长卢沛宁（CHRIS LU），写了一封长信，建议奥巴马政府考虑推广用针灸治疗疾病，并把针灸纳入联邦政府的医保范畴。朱灵彬甚至还创造出ACU-CARE（针灸医保）这个词，专门用于联邦医保计划。

“中医影响世界”论坛受关注

“中医影响世界论坛”是由李俊峰先生发起的非官方的非赢利性的组织。论坛原名“中医影响世界百年论坛”，后更名为“中医影响世界论坛”。论坛的宗旨是“传承、弘扬、发展中医药，为全人类健康服务”。论坛将不断的邀请中医药界、西医药界、教育界、经济学界、统计学界、哲学界、心理学界、国学界、法律界、文学界、艺术界、体育界等社会各领域的专家学者及各方媒体通过不定期的论坛形式，讨论中医药的发展，为中医药的发展出谋划策。论坛将围绕中医药理论的传承、创新，中医药临床成果的继承与创新以及中医药人才的培养与发展等与中医息息相关的话题展开。

论坛计划每年召开1到2次会议，每次会议确定一个主题，5-10个分议题，论坛将围绕主议题和分议题召开多场讨论会。每次会议的举办地点由主办方申请，经论坛组委会商议后确定。

该论坛已于2008年6月23日，在青海举办了“2008 振兴中医 迎奥运 勇登玉珠峰暨中医影响世界论坛第一次会议”以及2008年11月30日在北京举办了“中医影响世界论坛第二论坛大会第一次专题研讨会”，两次会议均取得圆满成功，对中医药的现状及发展做了深入的研讨。

第三次会议在广州举行，论坛主题是促进中医药的现代化发展。论坛秉承“百家争鸣、百花齐放”的原则，通过系列的论坛大会及专题研讨会，群策群力，传播思想，增强信念，共襄大业。

随着论坛影响力的不断扩大，2009年12月26日、27日在北京社会主义学院隆重召开。“弘扬中华文化推进中医药发展理论研讨会暨中医影响世界论坛第二次会议”。论坛的主办单位，改为由北京市中医管理局、北京中华文化学院、中国农工民主党北京市委员会、中国哲学史学会中医哲学专业委员会、中国社会科学院中医药事业国情调研组联合主办，北京博爱堂名医馆承办，北京奥运经济研究会协办的。

研讨会主题，一、从文化角度探讨中医药与文化、艺术等多学科结合发展。分议题包括：（1）如何充分利用中医药资源，提高中医药文化创意产业水平（2）如何提高中医药的社会影响力（3）传统中医理论与传统中国画论、传统艺术与中医学在学理上的“通似性”探讨；二、从哲学的角度谈如何发展中医药学、发扬中医药文化。主要探讨中医药与哲学结合发展。分议题包括：（1）中医药与中国传统哲学（2）中国传统哲学如何指导当前中医药学的临床实践和科研（3）如何以哲学思想促进中医药的发展。

本次会议邀请政府相关领导、中医药学、哲学、社会科学、文化艺术等各个领域的专家领导，围绕中医药和中医药文化的现状及存在问题，如何弘扬中华文化与实现中医药发展等问题，从中医药学、哲学、社会科学、文化艺术等多角度出发，深入探讨如何推动中医药与多学科融合发展，努力推动北京中医药人文社会科学发展，推进中医药文化建设。

在本次会议上，各主办单位和参会专家领导共同提出“关于制定《中医药人文社会科学发展规划》的倡议”，共同呼吁多部门合作，社会各界积极支持，制定发展规划，指导未来发展，促进中医药人文社会科学层面的研究，以文化引领中医药事业发展，开创中医药工作的新局面。

“火星——500”项目选入中医科研

按照俄罗斯生物医学问题研究所计划，人类首次模拟火星载人航天飞行试验已经于 2010 年 6 月 3 日正式实施。中国航天员科研训练中心航天员教员王跃将与其他国家的 5 名志愿者一道参加“火星－500”试验。

志愿者选拔工作从 2009 年 11 月开始，来自世界各地的数千名志愿者候选人，经过基本条件选拔、医学选拔、心理选拔等多轮筛选，最终确定 6 人组成飞行乘组。他们分别在医学、工程、生物、计算机等诸多领域拥有特长，并经过俄罗斯专项任务培训。28 岁的中国志愿者王跃是航天员科研训练中心航天员教员，航空航天与航海医学硕士，先后参与神七任务和第二批航天员选拔工作。

这次“火星－500”试验的主要任务是探索“人与环境”相互作用，了解长期密闭环境下乘组健康状态及工作能力状况，特别是获取超长飞行时间、完全自主控制、资源有限、无法实施身体及心理特殊治疗、完成火星表面出舱活动等条件下的相关数据。

中医学极为重视人与天地自然的和谐统一，中医药在预防太空病方面，已经取得了令人瞩目的成就。航天员中心医监医保研究室主任李勇枝博士说，在神五、神六、神七太空飞行的过程中，宇航员都服用了一种名为“太空养心丸”的中药制剂，以加强身体机能，更好地防治空间运动病。“太空养心丸”内含十几味中药，对提高心血管功能有显著功效。所谓“空间运动病”，是宇航员在空间失重环境下，容易引发心血管功能失调、骨盐丢失、红细胞下降等反应，是一种应激反应。对此，西医缺乏有效而无毒、副作用的手段，但中医以强身固本的原则来调理和用药，能够提高航天员的生理功能储备，让他们能在特殊环境下的适应性和耐受性得到提高。

出舱活动任务的复杂性，还带来了另外两大医学难题——减压病和体力、耐力的下降。这三大空间病中的任何一个发作，后果都可能很严重。以空间运动病为例，受太空环境因素的影响，航天员可能出现失去方位感、头晕、呕吐、恶心等症状。出舱过程中，呕吐物一旦堵塞舱外航天服的管道，可能把航天员置于非常危险的境地。因此，3 名航天员从飞行前 8 小时就开始服用中药，在出舱前进行了针剂注射，飞行期间还喝了具有电解质补充功能的饮料和医用糖盐补充剂，以缓解疲劳。

中医药在航天医学领域的应用，已经显示出广阔的前景。李勇枝说，“西方国家十分关注中国航天医学的最新进展，俄罗斯、欧洲都在尝试中医药在航天医学的应用，比利时政府则优先资助航天医学专家搞中医药研究。”

比利时的航天医学专家曾用他们的设备，对“神六”飞行乘组任务前后的生理变化进行测定，并与缺乏中药“保驾”的国外航天员进行了比较。他们得出了这样的结论：“在短期航天飞行后,中国航天员的心血管自主神经功能变化情况与俄罗斯航天员、欧洲航天员存在着明显的差异。中国航天员的心血管自主神经功能在 5 天的短期太空飞行后,没有明显地受到重力变化的影响，心血管调整控制能力明显优于经历过同等飞行条件的俄罗斯及欧洲航天员。”

同时，由于环境的部分相似性，航天中医药成果还将推广至航海和航空，并进一步投入更广阔的民用市场。这些成果在提高普通人群的免疫力，治疗失眠和老年骨质疏松，让现代都市人摆脱亚健康状态等方面，都将发挥独特作用。李勇枝说：“我们希望让这个中国自主知识产权的产品走向国际。”

中方参试项目责任总师李莹辉说，这次“火星－500”试验，俄罗斯、中国、美国、德国和欧空局的研究机构共有100多个项目参与。我国结合未来载人航天工程发展方向，将开展针对长期密闭环境下人体中医辨证研究、火星任务地面模拟环境对近日生物节律与氧化应激的影响研究、长期密闭环境对乘组成员非言语交流的影响研究等三大项目开展实验研究。具体工作由航天员科研训练中心承担，相关实验设备和器材已经运抵俄罗斯并进舱。通过这些项目的研究，我国将首次获得对长期密闭环境中人体整体功能状态的中医辨证、人体生物节律和氧化应激的规律性认识，了解不同文化背景下乘组相容性特点，积累长期载人航天飞行中的医监技术经验，对于传播中国特色的载人航天技术与文化，提升我国载人航天工程的国际参与度具有重要意义。

中医药参与“火星－500”试验项目，对于中医药走向世界、走向现代和我国建设创新型国家，都具有非常积极的意义。

黄建银介绍新西兰的中医药教育

黄建银　世界中医药学会联合会

2009年12月7日至10日，世界中联一行9人，应会员单位新西兰中医学院的邀请，前往美丽的新西兰，考察调研中医药教育发展状况。

新西兰是一个英联邦国家，国土面积26.9万平方公里，但人口只有四百余万。其中83%居民为欧裔移民，华人大约10万人，分别来自中国内地，中国香港、澳门特区以及新加坡、马来西亚、印尼、柬埔寨、越南等地。大部分华人居住在新西兰三大主要城市——奥克兰、威灵顿和基督城，其中又以奥克兰的华人数目最多，接近8万人。

新西兰的医疗体系基本是参照英国模式，主流医学为西医学。中医在新西兰作为补充替代医学，还未进入当地医疗体系。中医师作为一种职业，还没有医生的地位，中医医疗费用不享受医疗保险，但是针灸治疗已为新西兰政府所接受，而且只有新西兰医学会注册的医生在接受针灸培训后从事针灸服务才能纳入医疗体系，获得医疗保险支付。

新西兰的中医药教育还处于起步阶段。据了解，目前新西兰的中医针灸教育尚未普及，全新西兰的八所国立大学并未开设中医药针灸课程。2006年前，在奥克兰、威灵顿、基督城分布有三所较大的中医药针灸学校，均属于私立学校，分别是新西兰中医针灸学校（NZ School Of Acupunture & TCM，在奥克兰及威灵顿均设有校区）、奥克兰自然医学院（Auckland College Of Natural Medicine，在奥克兰）、克赖斯特彻奇自然学院（College Of Natural Medicine，在基督城）。各校的课程内容、结构不尽相同，主要差异表现在课程中西医学比例和临床培训两方面。

新西兰中医针灸学校所开设国家针灸学位文凭为四年全日制的课程，修完毕

业后获NZQA（New Zealand Qualification Authority，是新西兰的一个政府机构，其功能之一是对海外的学历进行评估，其结果作为移民申请的学历评分依据）认可的国家针灸文凭（NDA，LEVEL 7）。第一年学习中医医学史、中医阴阳五行学说、经络学说，及西医的解剖学和生理学；第二年学习中医病机学、辨证施治原则、针刺操作，及西医传染病学和病理学等；第三年学习辨证施治实际应用、病例分析、经络穴位的应用，以及西医药理与针灸的关系；第四年重点学习临床技能及诊所开设和相关的管理知识。临床见习和实习安排在第3、4学期，通常是到当地私人开业的中医针灸诊所或到海外中医医院进行为期3个月的临床实习（并不是

必修内容)。此外，该学院还开设中草药学位课程(Diploma Of Chinese Herbal Medicine, LEVEL 6，全日制3年)、推拿气功学位课程(Diploma of Tuina-Qigong，LEVEL 5，全日制2年)。

奥克兰自然医学院开设的课程则表现得较全面且兼具灵活多样性，既有5年全日制的中医、针灸学士学位课程(3年新西兰中医药、针灸专科文凭课程，加2年国内中医学院学习，采用中国高等中医药院校教材和国外如美国、澳洲等地的中医针灸教材)，也有与国内中医学院合办的中医硕士学位课程(学位由国内中医学院颁发)。此外还开设多个兼读制文凭课程，如针灸推拿初级班(12周)、高级班(12周)，小儿推拿保健短期班(3周)，药膳、食疗短期班(3周)等。授课及临床带教导师多由中国教育部认可的中医针灸学教授、讲师及新西兰注册医学基础课程导师担任，并定期邀请国内中医学院的专家到新西兰讲学。由于课程设计合理、师资有保证以及经新西兰教育部核准、NZQA认可学历并可借此申请新西兰的技术移民，因此一开办即吸引了不少当地对传统中医药感兴趣的人士和海外国际学生就读。

克赖斯特彻奇自然医学院，教授按摩、顺势疗法、呼吸疗法、针灸学和中药学。东方医学系的学生，在第一年学习阴阳五行学说、气血津液、八卦、八纲辨证及西医的病理学和药理学。第三年学习中药的历史，草药的辨认、制备、作用，学习针灸史、《内经》、选穴原则、配穴。第四年主要是临床实习。所聘教师均受过多年的中药或针灸专业的培训。

目前新西兰中医学院是在新西兰开展中医药教育比较成功的中医药教育机构。新西兰中医学院前身为奥克兰自然医学院(Auckland College of Natural Medicine)，2006年与克赖斯特彻奇自然医学院(Christchurch College)合并，成立新西兰中医学院，在奥克兰当地获得广泛知名度，并跻身新西兰一流中医院校行列。

我们访问了学院总部，位于奥克兰市中心。该校分设有两个校区：奥克兰校区及基督城校区(Christchurch Branch)。奥克兰校区的建筑面积约2000平方米，办公室300平方米、教室700平方米、教学诊所400平方米，有教职员工50名，19名有硕士以上学位，其中专职教师15名，7名有硕士以上学位，其中专职中医教师10名，中医教师基本来自中国。

该学院提供的是学历教育及职业教育，使用英语教学。经过多年的研究，该院制定出了符合当地教育法规，适合当地使用的教学方法和教学大纲，其本科学历健康医学学士课程具有三个专业：中医专业(包括针灸草药)、针推专业及中草药专业，总学时4800学时，中医药基础教育2700学时，实习课时1200学时。学生通过毕业考核后，参加由ACC认可的中医针灸专业组织，即可获得ACC注册针灸师资格。

据了解，由于该院强调临床实践能力，许多学员在毕业前就有稳定的患者群体。奥克兰校区的教学门诊床位数 17 张，日均门诊量 120 人，诊所根据奥克兰城市诊所管理法规制订了管理办法《新西兰中医学院附属中医门诊部管理手册》。该院目前在新西兰已经有了广泛的知名度，现在还是浙江中医药大学教育合作基地。

香山会议“象思维”重视原创

中国科协学术部每年在香山不定期召开新观点新学说学术沙龙，由不同学科领域的组织者提出申请，经批准之后邀请有关专家进行座谈。2010年 10 月 9 日至 10 日的第 45 期学术沙龙，由中华中医药学会承办，会议的主要议题是“象思维与经络研究”，来自全国各地的中医学者，与中国社会科学院、清华大学、天津大学、北京师范大学等单位的有关学者出席了座谈。

大家普遍认为，中医学擅长于象思维，与西方逻辑思维习惯不同，是形成中医特色的重要原因。古人仰观天象，俯察地理，仔细研究人体的各种生理病理状态，逐渐构建了以元气、阴阳五行、脏腑经络、气血津液、辨证论治等为基本理论的中医学体系，安全有效地诊治疾病，与中华民族相伴数千年，不断发展，不断进步。

然而，自西医学传入我国，以“破象”的解剖学研究方法，探索人体内部器官结构，用微观的细胞、分子来说明人体的生理功能、病理变化，被崇为时代新秀，中医学的象思维则被认为“陈腐玄虚”。有人在国民党统治时期提出取消中医的议案，直至现在仍然有人提出“中医是伪科学”的论调。这种“叫倒好”的舆论宣传，阻碍了中医学按照自身规律发展的进程，甚至起到了“促退”中医事业的作用，是造成中医在近现代逐渐衰落的重要原因。

与会的学者们指出，取象比类的思维，是人类最早的思维方式，也是最根本的思维方式。不仅人类需要象思维，蜜蜂建巢、动物觅食也需要运用象思维；象思维不仅是人类早期的思维，即使是高度科技文明之后，象思维仍然具有不可替代的作用。比如卫星发射，既需要监测天气、宇宙星体的相对位置，及其变化的影响，也需要时刻监测卫星的位置、状态。当卫星运行进入“盲区”没有信号的时候，不但屏幕上没了图像，人们的心里也时刻担心其运行是否安全。尽管经过科学计算，其安全概率非常高，但是“天有不测风云”，随机应变才能保证安全。

所谓“象”，不仅有整体的形象，而且还有属性的象；有可见的自然之象，也有人心（脑）里抽提出来、整合起来的“意象”。因此，我们接收到卫星的电磁信号，也是卫星的象，通过对信号的象思维，可以知道其是否处于正常状态。中医的脏象学说与此相似，是通过四诊把握外在的象，推测人体的整体状态是否正常。假如判定其属于不正常状态（病象），则进一步推测是属于何种原因，如何调控（即治疗），进而使其转为正常。中医这个诊治疾病的过程，也就是人体的“象变化”、“象转化”的过程。当然，人体是一个自组织整体，其调控过程比卫星飞行还要复杂得多。钱学森先生把人体称为开放的复杂巨系统，就是因为人体不仅与其他生命系统一样是向环境开放的，而且是精神力量统摄的高级智慧生命。一句“股票暴跌”的话，不管载体与传播媒介是什么，都有可能击垮一个人的生命。当然，一句激励的话语，也可以塑造一个英雄。一个信息引起人体生命系统的“巨涨落”，足以说明中医“形神一体”观念的巨大价值。也就是说，看待人体，不能只靠其内部结构是否正常来判定。

其实，西医通过B超、核磁、X线检测，也是通过对图像的检测，推测人体的健康情况，只不过西医重视的是结构，由结构推求生理病理数据，与中医象思维注重“象的转化”，进行性质判断不同。

只有认清中医思维方式的特色，才能沿着中医自身的规律发展。否则，放弃象思维，只重视数据的逻辑分析，就有可能背离中医的传统，逐渐“西化”，失去独立发展的空间。因此，回归象思维，就是找回中医原创性思维的重要途径，是极为重要的。

尽管象思维一点也不玄虚，中医象思维还是存在着很大的困惑，这就是如何建立中医的评价标准，如何坚持中医的评价标准。使《宪法》赋予中西医并重的地位、作用落到实处，这是需要今后努力探索的重大问题。

“中医科普金话筒奖”传扬正确声音

中医药是一个凝聚着国学精华，道术并重的独特学术领域。如何认识它的价值，如何向大众介绍中医药知识，的确是一件不容易说清楚的事情，不容易做到把中医说得准确无误。

为深化和巩固“中医中药中国行”成果，进一步推进中医药文化知识与科学知识的普及，2010年11月7-10日，中华中医药学会在浙江省武义县举办全国第五次中医药科普高层论坛暨“全国中医药科学普及先进个人”表彰大会。

随着综合国力的增强，人民生活的改善，以及医学模式由重视治病向注重健康的转变，中华文化的逐渐复兴，人民大众对于中医药知识的需求不断增加，而过去一段时间以来，正规中医药人员对于科普工作不够重视，市场常出现了需求与供给的巨大空间，一些惟利是图的人员混杂其间，“乱纷纷，你方唱罢，我登场”，似乎什么人也可以说中医，怎么说都道理的混乱局面。逐渐出现了把中医药养生保健知识娱乐化、戏说化的“虚假繁荣”。有的宣讲中医者，既非专业人员，也不系统了解中医药的知识，只把某些中医理念抽提出来，以偏概全，误导民众，对于中医事业的发展带来不利影响，甚至损害了中医的声誉。

为了澄清混乱，新闻出版署最近出台了《关于加强养生保健类出版物管理的通知》，提出出版养生保健类出版物实行资质准入制度。国家把住中医养生保健作品的出口，无疑是治理这种混乱局面的一剂良药。

中华中医药学会几年以来，一直注重推动中医药科普工作，不仅成立了中医药科普的专业委员会，而且自 2006 年以来，先后表彰了“百名中医药科普专家”、“全国中医药科普工作先进集体”、“全国优秀中医健康信使”，评选建国 60 年以来的“全国中医药科普著作奖”，推选“全国中医药科普金话筒奖”等，通过一系列的措施，促使中医药科普的“正规军”走向前台，走向亿万民众，使人民大众接受正确的中医药知识。这些做法，的确是一个树正气的好措施，也是“补偏救弊”的有力举措，日后必将显示出其巨大而深远的历史影响。

中医药事业一直存在继承与创新的问题，尽管可以通过不同方法加以促进，但是中医药科普工作有着不可替代的作用。因为中医药科普宣传工作，一方面是为了向大众传播中医药知识，可以提高民众的素养，有利于养生保健；另一方面，中医药科普工作，也是为中医药继承和发展创造良好的社会基础，增加中医药的公信力。因为近代以来，很多人误认为中医药古老、不科学，很多年轻人对于中医药的了解逐渐减少，中医药甚至有逐渐淡出人们视野的深层忧虑。

尽管“中西医并重”是我国的卫生方针，但是中西医的发展是严重不平衡的。在西医院“以药养医”的时候，中医院却在“以西养中”。中医医疗市场的萎缩，又会加重中医事业的衰退，这对弘扬传统国学，建设创新型国家是极为不利的。

为了给中医药发展创造良好的环境，必须清理各种打着中医旗号的所谓科普活动，制止“黄钟毁弃，瓦釜齐鸣”的混乱，正本清源，树中医正气，维护中医声誉，才能使中医药走向规范与繁荣。

邓铁涛接受《人民日报》专访

《人民日报》记者姜赟专访了国医大师邓铁涛先生，刊发了一篇报道《振兴中医，不是另起炉灶》，刊登于 2010 年 1 月 18 日第 13 版。文章说，邓铁涛，国医大师，中医界无人不晓。他曾五次上书中央，为中医发展呐喊疾呼。他力主运用中医药介入抗击非典，治愈许多患者且副作用小。非典一役，名扬天下。他说，中医与国家的强盛息息相关，没有国家强盛，就无中医振兴。而今，面对许多人眼中中医发展的良机，这位中医泰斗又有怎样的感悟？对未来医学有着怎样的预测？

邓铁涛先生说：“治未病应该成为新医改的重要支柱”。长期以来，中医药服务主要限于医疗领域，同样体现中医药特色优势的“治未病”，在我国现有卫生体系中一直欠缺。何谓治未病？就是未病先防，既病防变，愈后防复。西方经验告诉我们，基于“已病”的卫生体系，即便富如美国，也支持不了日益增长的天文数字般的医疗开支。事实上，运用和发挥中医治未病优势的中医预防保健服务，也就是中医养生，不仅个人可以节省医疗成本，国家更可以大幅降低医疗费用支出，还可以正确引导人们的生活方式。在疾病预防方面，西方医学讲卫生，却是从外部防御，比如绝对无菌、消毒；中医讲养生，比较重视发挥人体的能动作用。中医的养生之道，自古有之，只是未能从童年开始，临老养生，为时已晚。未来卫生事业必将把养生放在最重要的地位。此外，深化医药卫生体制改革的三个方针之一就是坚持预防为主，贯彻这一方针，中医药治未病可大显身手。因此，治未病应该成为新医改很重要的一个支柱。

记者问他：“2006 年，中南大学一位教授发起‘促使中医中药退出国家医疗体制’的网络签名活动，掀起了中医存废之争。这场签名活动后来无果而终。虽然事情已经过去很久，但很多问题值得深思。您如何看待其中暴露出来的中医发展困境？”

邓铁涛先生回答：“西方模式，罩在中医头上的紧箍咒”。他说，这反映出一部分学者对中医药学的信心不足，一种信任危机在滋长蔓延，这是一种危险的思潮。为什么会这样呢？有历史的原因也有现实原因。但主要是因为用西方自然科学的框框把中医框住了。自然科学的框源自欧美，让中医往里钻，却不相容。中医药学具有独特的理论体系，所以才能持续数千年发展，才能指导临床实践。若抛开古老的名词，探究其实质，仍然具有崭新的、丰富的内涵。如：“天人相应观”是中医学的整体观；“阴阳”学说是中医学的矛盾论；“五行”学说是中医学的系统论；“辨证论治”是中医学的辩证法。中医理论的发展要依靠临床实践。中医之真理在疗效，不在实验研究，是要病人“点头”，而不是靠小白鼠“点头”。中医药学是从人体自身实践开始的，医疗实践一直是中医学发展的轴心，推动这个轴心不断发展的是博大精深的中华文化。中医基础理论的创新与发展，绝不能把有五千年文化积淀的系统理论丢开，另起炉灶。我们必须在继承中创新，走中医自己的路，才能为中医药创造更加美好的未来。

记者问他：“人才匮乏成为制约中医药发展的主要因素之一。那么，它的病根在哪里？”

邓铁涛先生回答说：“一言以蔽之，以西医学之模式办中医药事业，是对中医药学执行‘酷刑’！”中医院校一直都是中医药人才培养的主力。但是，一些中医院校的教学，中医的根不深。学生学了很多东西，长了很多旁根，主根却没有长好，结出来的果自然就会变味。现在，中医硕士、博士英语必须达到四、六级，但医古文水平可以不管。教授、主任医师之职称评定，必须考外语，而不用考医古文。机械地用西医教育去培养中医之才，南辕北辙，如此下去，中医事业难以振兴。甲流刚开始时，我们治疗了 30 例，平均只用了 100 多元钱。我们把这个结果送到北京去，居然有中医问：你们真的没有用西药吗？心里戚然。现在全国最欠缺的是有真本领的“铁杆”中医。如果不注重传承，造成断代，意味着中医药被处以死刑。几十年来，中医在医、教、研、药各方面，都以西医的模式为准绳。现在看来，这一模式，对中医之束缚多于帮助。因此，必须对中医重新做深入的研究和整改。可喜的是，在卫生部门的重视下，这种情况已朝好的方向发展。

记者问他：“现代医学的许多治疗措施与技巧都是从动物身上练出来的。不少治疗手段，看起来能治好某一个病，但可能落下另一个终身遗憾。举个极端的例子，用抗生素治疗小孩发热，热是退了，但是耳朵却聋了。未来医学，能否避免这种遗憾？”

邓铁涛回答：“仁心仁术乃医之灵魂”。比如，中医学在公元 3 世纪《金匮要略》就已经用大黄牡丹皮汤口服治疗阑尾炎。这一方法至今仍可使用。仁术是未来医学重要的灵魂，用仁术来考量，才是未来医学的方向。中医留存五千年，视病人之痛为己痛，以“仁”治病。许多名医，包括中医师和西医师都具有“仁心”。爱护病人，处处为病人着想，这称为“医德”。先有“仁心”才有“医德”，这是人所共称的“医者父母心”。医师的医德，决定其医术，先有“仁心”，才有“仁术”。我认为未来医学模式将讲究中医的“天人观”，即把人放在时间、地域、人群、个体中进行健康保健预防与治疗的观察研究。中医诊治疾病，不单单在追求“病”上，而是按“时、地、人”把大环境以至个体整体进行辨证论治与预防。未来中医须以传统经典理论为根，各家学说为本，临床实践为生命线。仁心仁术乃医之灵魂，发掘宝库与新技术革命相结合则是自主创新的大方向。可以预见，中西医学全面而平等的合作，前途是光明的，共同创造未来的医学，为人类的健康与幸福作出更大的贡献，是可以做得到的。

缅怀国医大师王绵之

王绵之（1923－2009），汉族，为江苏省南通一个中医世家的第19代传人。他1938年从父王蕴宽受业，1942年正式悬壶。2008年12月，被北京市授予“首都国医名师”称号。2009年5月，由人力资源和社会保障部、卫生部、国家中医药管理局联合授予首届“国医大师”称号。王绵之教授因病医治无效，于2009年7月8日10时55分在北京不幸逝世，享年86岁。

国医大师邓铁涛先生闻听王绵之先生去世的消息，震惊不已，撰文纪念。

文章说“我与绵之兄，认识已有数十年，他致力于高等教育教材《方剂学》之创建，我搞《中医诊断学》之建设，王老居京城而我在岭南，虽相识相知数十年而相聚之时日屈指可数，但绵之先生之音容笑貌却深深印在我脑海之中。先生年轻时是个帅哥，当我每想到先生时，脑海中便出现他脸面稍向上仰，满面春风，微微含笑的形象，他的笑貌带有学术上的满足感，还有一点傲气。关于这一点，可能因为先生有个第19代名医传人的岐黄血统之故吧？”

邓铁涛先生在文章之中提出了一个发人深思的问题：“国医大师是怎样铸成的？”他认为王绵之学中医，在家学渊源的基础上，早上临床治病人，并且遵循“医药不分家的优良传统”，这对他研究《方剂学》，夯实学术上的基础是很重要的。因此，现在中医本科生去中药房实习很有必要。1955年成立中国中医研究院之后，1956年周恩来总理指示于东南西北建设4所中医学院，王绵之先生奉调北京中医学院任教。王老在这个中医高等学术平台上有机会施展其才华，受命《方剂学》教材之创建。王绵之认为《中医方剂学》是“运用中药，使辨证论治具体化的一门学科。是一门既有基础又有临床的桥梁课，跟西医药物课程不一样。”也就是说，方剂学是中医辨证论治，理、法、方、药，环环相扣的综合理论中的重要组成部分。王绵之能成功研制出“太空养心丸”，实有赖于其数十年打造《中医方剂学》之基础。而王老能踏入中医高等教育之门又是其成功的基础之基础也，中医药学术之存废，高等教育正确的方向是关键中之关键，其谁曰不然？王绵之先生一步一个脚印地步入“国医大师”之门的光辉之旅就是深入中医宝库，发掘中医宝库，发扬中医宝库的历程。可以说王老就是在这个伟大宝库中锻炼出来的。

各位国医大师都有不同的学术贡献，王绵之先生的突出贡献是对我国航天员保健，他研究的“太空养心丸”成功地预防了太空病。据介绍，世界航天员之航天运动病发病率为50%，而在先生手下的三批航天员，却无一例发病。

《中国中医药报》记者厉秀昀，于2006年6月30日报道说：6月28日，北京中医药大学召开庆祝建党85周年大会，会上表彰了王绵之教授为神州六号航天员费俊龙、聂海胜在飞行过程中的健康保障做出的贡献。

2006年4月，中国航天员科研训练中心在给北京中医药大学党委的感谢信中说：“举世瞩目的神州六号载人飞船圆满遨游太空，英雄航天员费俊龙、聂海胜在5天飞行过程中，身体健康，表现出色，最后自主出舱。其中中医药发挥了突出的作用。这正是贵校著名中医学家王绵之教授的功劳。我们要特别感谢王绵之教授为神六任务作出的突出贡献，感谢他耄耋之年，为弘扬中国传统医学做出的贡献，同时感谢贵校对我们工作的大力支持。”

中国航天员科研训练中心认为，实践证明与我国传统医学相结合，是我国发展航天医学的独特优势，这不仅为保障航天员身体健康，保持良好工作能力发挥重要作用，而且为建立具有中国特色航天医学体系奠定了基础。航天员中心医监医保研究室主任李勇枝博士说，在神五、神六、神七太空飞行的过程中，宇航员都服用了一种名为“太空养心丸”的中药制剂，以加强身体机能，更好地防治空间运动病。“太空养心丸”内含十几味中药，对提高心血管功能有显著功效。所谓“空间运动病”，是宇航员在空间失重环境下，容易引发心血管功能失调、骨盐丢失、红细胞下降等反应，是一种应激反应。对此，西医缺乏有效而无毒、副作用的手段，但中医以强身固本的原则来调理和用药，能够提高航天员的生理功能储备，让他们能在特殊环境下的适应性和耐受性得到提高。

出舱活动任务的复杂性，还带来了另外两大医学难题——减压病和体力、耐力的下降。这三大空间病中的任何一个发作，后果都可能很严重。以空间运动病为例，受太空环境因素的影响，航天员可能出现失去方位感、头晕、呕吐、恶心等症状。出舱过程中，呕吐物一旦堵塞舱外航天服的管道，可能把航天员置于非常危险的境地。因此，3 名航天员从飞行前 8 小时就开始服用中药，在出舱前进行了针剂注射，飞行期间还喝了具有电解质补充功能的饮料和医用糖盐补充剂，以缓解疲劳。

中医药在航天医学领域的应用，已经显示出广阔的前景。李勇枝说，“西方国家十分关注中国航天医学的最新进展，俄罗斯、欧洲都在尝试中医药在航天医学的应用，比利时政府则优先资助航天医学专家搞中医药研究。”

比利时的航天医学专家曾用他们的设备，对“神六”飞行乘组任务前后的生理变化进行测定，并与缺乏中药“保驾”的国外航天员进行了比较。他们得出了这样的结论：“在短期航天飞行后,中国航天员的心血管自主神经功能变化情况与俄罗斯航天员、欧洲航天员存在着明显的差异。中国航天员的心血管自主神经功能在 5 天的短期太空飞行后,没有明显地受到重力变化的影响，心血管调整控制能力明显优于经历过同等飞行条件的俄罗斯及欧洲航天员。”

同时，由于环境的部分相似性，航天中医药成果还将推广至航海和航空，并进一步投入更广阔的民用市场。这些成果在提高普通人群的免疫力，治疗失眠和老年骨质疏松，让现代都市人摆脱亚健康状态等方面，都将发挥独特作用。李勇枝说：“我们希望让这个中国自主知识产权的产品走向国际。”

怀念国医大师方和谦

2009 年 12 月 23 日 22 时 29 分，国医大师方和谦教授病逝。

方和谦 1923 年出生于中医世家。12 岁随父习医，父亲“严于治学，精于临床”的精神，给予他很深的影响。他 19 岁考取中医师职业资格，于 1942 年在北京开办“方和谦诊所”，开始了行医生涯。1952 年参加卫生部举办的“中医学习西医学习班”，学习了西医知识，扩大了视野，同时取得了西医执业资格，为他在综合医院工作以及开展中西医结合工作打下了坚实的基础。1954 年至 1958 年在北京市卫生局中医科工作，主管中医师资格的审批，参与北京市中医医院及综合医院中医科的组建工作，为北京市中医药事业的恢复和建设做了大量的奠基性工作。1958 年调北京中医医院任内科医师，兼任北京中医进修学校伤寒教研室组长，教授《伤寒论》课程。1968 年到北京朝阳医院中医科任科主任，1980 年任主任医师，首都医科大学教授，一直在临床一线从事中医临床、教学和科研工作 68 载。从 1978 年起，历任中华中医药学会理事、中华中医药学会内科专业委员会委员、北京红十字会理事、北京中医药学会会长、北京市科协常务委员、北京中医学院顾问等学术职务。1990 年，被二部一局确定为全国首批 500 名老中医学术继承工作指导老师。1993 年，荣获国务院有突出贡献的专家称号，享受政府特殊津贴。2007 年，被评为“全国老中医药专家学术经验继承工作优秀指导老师”及“北京市老中医药专家学术经验继承工作优秀指导老师”。2009 年，被人力资源和社会保障部、卫生部和国家中医药管理局评为首届国医大师，同年获北京市政府“首都国医名师”称号。

方老为人谦和，始终以“医疗战线上的一名小兵”自居；他学识渊博，却把学问做到浅近而平易；他医技高超，却始终孜孜不倦、勤于治学。在六十余载的行医生涯中，无论是治病救人、还是教书育人或从事学术研究。方老出身京城中医世家，他坚持弘扬仲景学术，但不墨守陈规，师法而不泥方；

他主张经方和时方合用，对古方学以致用并创新发展；他倡导中西医结合，优势互补；他的医术在京城有口皆碑，在六十余载的行医生涯中，善治内科疑难杂症，救治过的患者不计其数。方老一贯重视人才的培养，他在学术上对学生毫无保留、无私奉献，在生活中对学生平易谦和、关怀备至，先后担任四批全国老中医药专家学术经验继承工作指导老师，他培养的学生遍布海内外，许多都已成为中医药事业的栋梁和骨干，为中医、中西医结合教育事业做出了突出的贡献。在北京市中医管理局启动的“名医大讲堂”上，他给青年中医师们系统讲解《伤寒论》，历经 9 个月，共讲授 16 讲，为首都中医药界留下了宝贵的经典学习财富，在全行业形成了良好的“学经典、用经典”的氛围。

国医大师路志正先生撰文说：“痛失老友，医界损失”。路老和方老相识于上世纪 50 年代初期，由于工作和业务的关系，得以相识。随着时间的推移，建立了亲密友谊。1956 年夏，北京乙脑肆虐，方和谦先生积极参与防治工作。经蒲辅周老师等专家同心协力，积极抢救，疫情终于得到控制，疗效达到 90%以上，挽救了很多患儿的生命。他主编了《北京市 1956 年流行性乙型脑炎治疗总结》手册，其中收集了 200 多个案例。并撰写“参加流行性乙型脑炎防治工作的点滴体会”，由卫生局印发各医院，有力地提高了传染病的防治水平。在 2003 年非典暴发流行时，方老对防治工作给予了及时正确的指导。在日常医疗工作中，方老乐于同西医专家相互切磋，共同配合，救患者于危难之中，一些疑难危重疾病经他会诊后常常转危为安。

为了提高中医学术和临床疗效，路老与方老等经常一起讨论疑难病例交流经验，取长补短，拓宽了中医治疗疑难急危重症的辨证思路。在上世纪 80 年代初，他俩同巫君玉教授、谢海州教授，利用业余时间从晚 7 点半到 9 点半，在北京鼓楼医院组织中医同道复习经典以温故知新。当时方老讲《伤寒论》，路讲温病，谢老讲《金匮要略》，巫君玉教授讲中医内科。方老对《伤寒》、金匮有深厚的基础，《伤寒论》397 节，篇篇都有自己撰写的讲稿。他讲课深入浅出，引人入胜，逐条讲解，逐句剖析。并将《伤寒》、《金匮》与《内经》中的相关问题有机联系起来，结合临床，举一反三，纵横贯通，使深奥的理论通过范例教学而简明晓畅，让学生有顿开茅塞之感。他精通伤寒，但从不自诩为“经方派”，主张“经方”“、时方”不可偏颇，要融会贯通，随证治之，始能获效。

为了发挥中医善治急症的优势，转变中医急诊特色濒临失传的危机，路老、方老共同向北京市卫生局提出报告。经卫生局批准，在北京市鼓楼中医医院举办了全国中医内科急症学习班，由路老和方老等授课。学习班结束后，路老和高荣林教授等在此基础上，编写成《中医内科急症》一书，由陕西人民科技出版社出版。他们经常讨论北京市中医药事业发展的有关事宜，尤其是如何继承和发展中医治疗急症的传统特色，并为其坚持不懈，努力拼搏，互相砥砺，亲密合作，从而结下了深厚的友情。

缅怀国医大师张镜人

全国著名老中医张镜人教授，于 2009 年 6 月 14 日 9 时 28 分在上海华东医院病逝，享年 87 岁。张镜人教授从医 70 年载，医德高尚、医术精湛、仁心敬业，受到了社会的推崇。他生前著书立作，为中医药事业的发展及培养中医药人材倾注了毕生精力。张镜人教授生前曾担任全国政协第七、八届委员、原中华全国中医药学会第二届委员会副会长、中华全国中医药学会上海分会理事长、上海市卫生局副局长、顾问、上海市第一人民医院中医科主任、中医研究室主任等职。

张镜人教授出身医学世家，从小即由家人延请名师精心教导。四岁，入家族私塾，九岁开始学习古籍文学，十二岁开始接触医学，上午学习古文经典著作，下午则诵读医学著作，打下了扎实的中医基本功。这种文、史、哲与医学的统一、博与专的统一的治学方法，为其成为一代名医奠定了坚实的理论基础。

张镜人少年时起即随长辈抄方，1941 年起随父侍诊，有时代父应诊，晚上由父亲督课。在父亲的指导下，又先后学习了《四诊抉微》、《临证指南医案》等医籍，反复习诵《伤寒论》、《金匮要略》等名著。这种边临床，边读书，理论和实践相互印证的学习方法，使张镜人进步很快，1945 年开始独立应诊。凭借深厚的理论功底和扎实的临床积累，张镜人临证颇多效验。其医德更为人称道，不论贫富一视同仁，对贫困的患家不仅免收诊治费用，还屡屡施药救济。随着声名日起，就诊病人络绎不绝，张镜人很快在沪上中医界崭露头角。

解放后，张镜人积极投身到新上海的公共医疗事业之中。1950 年当选嵩山区（现卢湾区）医务工作者协会主任委员，同年 10 月担任区种痘大队长。1952 年张镜人提出“干部保健工作，中医义不容辞”，其提议得到采纳，促成了卫生局直属公费医疗中医门诊部的成立，这是建国后上海第一所国家创办的中医医疗机构。1952 年上海市中医学会成立，选举产生了首届执行委员会，张镜人任副理事长。同年，市卫生工作者协会成立，张镜人当选为常务委员。正是由于对中医医疗卫生事业的执着和贡献，1954 年 7 月 27 日接上海市人民政府市长陈毅署名的委任状，担任市卫生局医疗预防处中医科副科长。张镜人毅然关闭了自己繁忙的私人诊所，放弃了自己的高薪收入，义无返顾地投身到我们政府领导的中医药事业中，成为沪上中医界加入公共医疗机构的第一人，并由此走上行政管理与医疗业务双肩挑的生涯。其后又曾担任上海市卫生局中医处副处长，上海市卫生局副局长等职务多年，将自己的生命与党的中医药事业紧紧地联系在了一起。 1956 年上海市卫生局规划筹建上海中医学院，举办 2-3 年学制的西医离职学习中医研究班，由张镜人等全程筹备并负责。第一批中医带徒工作结束，张镜人等修订了《上海市中医师带徒暂行管理办法》，在固定师徒关系、临症口授的同时，改变过去"分散带"的方式，提倡"个别带，集体教"，要求由带教老师组成教研组，规定教学计划和课程，按各人所长，分工上课，既发扬了中医带徒的优良传统，又保证了教学质量，开创了中医师承教育改革的先河。由于在中医教育改革工作中的出色成绩，年仅 35 岁的张镜人于 1958 年被推选为上海市中医学会第二届委员会副理事长。1975 年张镜人又当选中华全国中医学会第二届委员会常委暨副会长。

张镜人悬壶 70 春秋，对急性感染性疾病、慢性胃炎、病毒性心肌炎后遗症、冠心病、慢性肾功能不全、风湿病等均有深入研究。特别是在热病和脾胃病方面有深厚的造诣。治热病，继承并发扬家学，熔伤寒与温病于一炉，主张祛邪为先，提倡“表与透”；疗杂病每从脾胃入手，崇东垣、景岳之说，临床强调“宏观以辨证，微观以借鉴”， 20 世纪 70 年代首创“调气活血法”为主治疗萎缩性胃炎，对胃粘膜腺体萎缩疗效显著，打破了“胃粘膜腺体萎缩不可逆转”的观点，为中医药治疗萎缩性胃炎及防治胃癌开创了新思路。很多国际友人亦慕名前来。由于张镜人在中医界中的影响，先后多次受国家卫生部国际交流中心委托，应日中中医学研究会及日中友好协会的邀请，赴日进行中日中医学术交流会。受此影响，中日中医界的学者、民间团体之间也开展了互访。此外，在澳大利亚、泰国、马来西亚、印尼、新加坡等国都留下了张镜人的讲学足迹；所到之处，人们无不为中医药的神奇魅力所倾倒。

张镜人重视科研，创建了上海市第一人民医院中医研究室，先后承担多项科研项目，凡课题立题与设计、方药拟订与解析，课题实施与观察、资料收集和总结等，均事必躬亲，带领大家一丝不苟的去完成。辛勤的耕耘换来了累累硕果：先后获得国家科技进步三等奖、国家中医药管理局科技进步甲级奖等 10 余项奖励。先后发表论文 100 余篇，主编、参编专著近 20 余部。主编的代表性书籍有：《辞海》中医分科、《中医治疗疑难杂病秘要》、《中医古籍选读》、《中华名医治病囊秘·张镜人卷》、《中医临床家·张镜人》等。

张镜人在不断提高、不断完善自我的过程中，非常关注人才的培养，特别是对中青年医生培养方面倾注了大量心血，逾 80 岁高龄还担任上海市优秀青年医学人才的指导导师，诲人不倦。正是由于张镜人的突出业绩，1991 年起享受国务院特殊津贴，1994 年经国家人事部批准为终身教授，同年获首届上海市医学荣誉奖，1995 年荣获首届“上海市名中医”称号，1996 年获中央保健委员会颁发的奖状。2004 年经上海市卫生局批准，成立“张镜人首席名老中医工作室”，对张镜人教授的学术经验进行全面整理。

怀念郑魁山教授

被称为“西北针王”、“中国针灸当代针法研究之父”的甘肃中医学院郑魁山教授，因病医治无效于 2010 年 2 月 21 日 2 时在兰州逝世，享年 93 岁。

郑魁山 1918 年 12 月出生于河北省安国县的针灸世家。16 岁随父郑毓琳先生系统学习《内经》、《难经》、《针灸甲乙经》等中医经典著作。20 岁时学成后行医于安国、保定等地，1943 年赴北平行医，1947 年考取中医师，独立开业。1951 年从卫生部中医进修学校毕业后，与同道栾志仁等针灸界同仁创办北京广安门联合诊所，任针灸顾问。1951 年-1953 年协助北京中医学会创办北京中医学会针灸研究班和针灸门诊部。1952 年受卫生部派遣任赴山西医疗队队长。1954 年任华北中医实验所针灸主治医师，并受聘在政务院（国务院）医务室为中央首长诊疗疾病。1955 年-1969 年在卫生部中医研究院针灸研究所任主治医师兼第三研究室负责人，从事传统针法研究。1957 年与北京协和医院协作研究视神经萎缩，任副组长。1960 年与协和等 10 个医院协作研究经络实质，任组长。1956-1966 年分别在中医研究院高师班、国际针灸班和前苏联、印度、朝鲜等外国专家班任教。文革期间于 1970 年下放到甘肃省陇南市成县医院，任副主任医师、中医科主任。

1982 年，郑魁山调入甘肃中医学院针灸教研室，主要从事教育工作，1985 年与其他同志一道共同创建了针灸系，并任针灸系主任，后因年事高改任名誉系主任、教授。1992 年甘肃中医学院针灸系经国务院学位委员会批准创建了学院唯一的硕士研究生培养点，其担任研究生导师组组长。在这一时期，他还任职中国针灸学会等学术组织，并受聘为《新编针灸大辞典》、《中国大陆名医大典》、《世界名人录》编委会顾问。1993 年，郑魁山教授被人事部、卫生部和国家中医药管理局遴选为有独到临床经验和技术特长的老中医药专家学术经验继承工作指导老师。

郑魁山教授在 60 余年的针灸教学、临床和科研实践活动中，对针灸理论追本溯源，对传统针刺手法孜孜以求，推陈出新，在继承的基础上发扬光大，他以祖国医学八纲辨证、八法治病的理论原则为指导，结合自己数十年的临床医疗经验创立了针灸的汗、吐、下、和、温、清、消、补“针刺治病八法”，给古老的针灸医学带来了勃勃生机。他擅长应用传统针法治疗急症、重症、难症，形成了一套具有特殊治疗作用的针刺方法，如“穿胛热”、“温通法”、“过眼热”、“关闭法”等，对传统针法进行了独创性的发展。他努力探索针灸配穴和针法的应用规律，十分注重总结疑难杂症的治疗经验，在传统针法的基础上，对“烧山火”、“透天凉”等针法去繁就简，精心提炼，使之在临床更为实用有效。他所创“热补法”、“凉泻法”的针刺手法，在临床操作上简便易学、易行易效，该针法的实验研究课题，获甘肃省科技成果奖。“‘热补法’治疗视网膜出血的临床研究”课题，获卫生部科研成果奖。“‘烧山火’针法对家兔实验性类风湿性关节炎的实验研究”论文，在 1996 年 10 月获美国 1996 年国际传统医学学术会议杰出论文奖。

郑魁山对古代的“子午流注”和“灵龟八法”也有很深的研究。为了使前人经验发扬光大，方便后学，在前人的理论和经验基础上结合个人实践体会，研制成袖珍“子午流注与灵龟八法临床应用盘”，有“纳子法”、“纳甲法”、“灵龟八法”三种优选取穴治病的用途，并且不用推算即可找到 60 年每日的“花甲子”及当日当时的开穴，给针灸医、教、研提供了简便准确的工具，也为时间医学和针灸、中药等疗法探讨优选法创造了条件。

在长期的医、教、研工作中，郑魁山学验俱丰，桃李满天下。他先后在国内外医学刊物上发表学术论文66篇，出版或先后修订再版13册。其中《针灸集锦》及修订本，被日本京都中医学研究会翻译成日文出版；《子午流注与灵龟八法》3次修订再版，并在台湾以繁体字再版；《针灸补泻手法》精装本，1996年获西南西北地区和甘肃省优秀图书奖；《针灸补泻手技》在日本用日文出版；《点校·针灸大全》由人民卫生出版社出版。他的“传统针灸取穴法”、“传统针刺手法”被录制成录像片，供甘肃中医学院针灸教学使用，并获甘肃省高校优秀成果奖、西北五省奖和北京中国中医药博览会“神农杯”优秀奖；其演示的《针刺手法一百种》教学幻灯片和所撰《针灸问答》分别由中国医药科技出版社出版。《中国针灸精华》录像片由甘肃音像出版社出版，并获甘肃省教学成果二等奖。

由于他在教学、科研和医疗工作中的成绩显著、贡献突出，1988年获甘肃省园丁奖，1989年获全国优秀教师荣誉称号，从1992年起，享受国务院政府特殊津贴。2004年，被甘肃省人民政府授予“甘肃省名中医”荣誉称号。近年来，他多次应邀赴日本、美国、墨西哥、新加坡等国讲学、医疗，备受欢迎，被誉为“西北针王”，享誉国内外。

《郑魁山针灸临证经验集》系统介绍了郑魁山60余年的针灸教学、临床和科研实践，创立了汗、吐、下、和、温、清、消、补的“针灸治疗八法”，首次公开郑氏几代家传针灸手法、秘方、配穴。

怀念老中医岑泽波

岑泽波（1936-2009），广东佛山南海九江人。1962年毕业于广州中医学院。曾任广东省中医院院长，广州中医学院教务处处长，是广州中医学院教授，1982年起享受国务院特殊津贴。1993年被授予广东省名中医称号。1983-1998年任广东省政协常委，1993-1998年任广东省政府参事。1998年退休后到美国定居，两年后受邀回港任教。2000年起，岑泽波一直担任香港中文大学中医学院客座教授，给香港培育新一代中医人才，此外还给几十个中医团体讲课，帮助香港中医界在职人员培训、提升。与此同时，他还担负着香港医疗事故的鉴定报告工作。

“香港没有一所中医院，这是阻碍中医发展的一大问题。”岑泽波说。香港中医呈马鞍型发展，1872年成立全国首家纯中医院———东华三院后，吸引了许多内地精英考入任职，香港中医一度达到顶峰。但自后来香港为日军所占领，将东华三院改作后方军医院后，至今未有一家公立中医院，中医走入低谷。也正是由于缺乏中医院这个实践平台，加上西医观念的入侵，中医日益缺乏群众基础，新一代的中医水平大不如前。那么，如何才能让香港中医恢复昔日辉煌呢？“一是要输送人才；二是将办中医院的经验传给他们，帮助其立法，建立中医院。” 香港人口约700万，中医就有8000多人，乍一看来中医人才很多，但仔细调查后会发现，在这8000多人中，60岁以上的占了过半，剩下的大部分在50－60岁之间，老龄化十分严重，急需新鲜血液注入。在香港执教的7年中，岑泽波搭起了一座连通广东、香港两地的桥梁。由于内地许多中医院里都有他以前的学生，所以他经常从香港带队到内地实习，帮助他们将理论与实际相结合。由于教育水平高、基础好，毕业出来的中医院学生受到香港中医学界的欢迎，大都担任中医团体的重要工作，甚至有些行政能力突出的学生毕业一年后就做了行政主任。

广东中医源远流长，具有深厚的群众基础，自古以来是中医药强省，比如起于明代号称中药之始的“陈李济”，其创始人就是广东南海人。南海原就是广东的“医生街”，名中医数量居全省之冠，如当年全国十大名中医何竹林、清代的何梦瑶等，至今仍有大批南海籍的名中医散布世界各地。

岑泽波笑称自己是九江“播种”，香港出生，内地教育、改造、工作。他在九江生活的时间只有短短6年，他在这度过了难忘的童年。岑泽波出生于中医世家，他的家族从 1773 年开始行医，迄今已八代。前面六代人都是纯粹做中医，从岑泽波开始走中西结合的道路，而岑泽波的两个女儿则是以西医为主。岑泽波从小就跟着父亲抄处方，后来攻读医科。他非常强调医德。“善欲人知非大善，恶恐人知是大恶”，他说医生骗人可能病人没有专业知识都不知道被骗，这就需自律。作为一个医生，病人看见笑容可掬、嘘寒问暖的他，病痛也会减轻一点，以至于二三十年前看好的病人至今仍对他念念不忘。不管身在哪里，那份家国情怀始终萦绕在岑泽波心头。他孜孜不倦地传播中医精髓，就是希望通过一代代的努力，将中医中药发扬光大，让全世界都为之折服。他曾经参加美国游泳锦标赛，1000 多名参赛者当中只有 7 名亚裔，他抱着“为中国人争光”的信念，一举夺得一个第 5 名、两个第 6 名，在美的华人都特别受鼓舞。

追思吉良晨先生

全国老中医药专家学术经验继承工作指导老师、首都医科大学附属北京中医医院主任医师吉良晨教授，因突发急病于 2010 年 1 月 6 日 17 时 16 分在北京不幸逝世。

吉良晨，字晓春，晚号蛰龙，满族，出生于 1928 年，北京市人，农工党员。在身为晚清御史的祖父身边长大，自幼秉承庭训，师教私塾 9 年。7 岁开始学医，酷爱方术医药，先后拜过四位名师，第一位是深得御医学派传承的晚清御医袁鹤侪，继而是拥有丰富临床实践经验和独特方药的民间世医韩琴轩，第三位是伤寒大师陈慎吾，陈老精湛的医术和高尚的医德对吉良晨影响很大。他还跟随金匮大家宗维新先生深入钻研金匮、讲授金匮，沿袭了学院派的学术风格。他 21 岁悬壶京都。先后结业于北京中医研究所、北京市中医进修学校。吉良晨还精通武术，曾追随南派形意拳，为买氏（庄图）四代传人。后带艺投师崔氏（毅士），攻习杨派太极拳，为露蝉门下五世弟子。吉良晨长期从事中医教学、临床工作，以锐意进取、坚韧不拔的精神努力探求，擅长于脾胃病、男性病、疑难杂病等，每起沉疴，多获良效。他灵活运用六味地黄丸、二至丸，自创启阳丸、十子育春丸等肝肾同治的方药，治疗阳痿、不育、腰痛、胸痹、虚劳、不寐、眩晕等多种病症。善于在错综复杂的临床实践中，寻找共性的东西，探知特性的难点，寻找主要矛盾，不断总结、发展、提高。

吉良晨不仅是中医名家，也是养生学家。他认为：精气神三宝，气养为先。重视“食养”，他认为食养不单是指营养，要“食饮有节”，因为好多疾病都是吃出来的，“饮食自倍，肠胃乃伤”、“膏粱之变，足生大疔”、“食勿过饱”都是实践的名言。他认为，很多中药与食物有关，“食药同源”，好多既是药又是食。因此，可以用食物调摄身体，用药物调养虚损，要补其不足，损其有余，不能贪腹，不能滥补，要补得其所，过饱伤身心，妄补亦伤身。所以，吃喝要适度，要有节制。他所谓的“气养”，一是指练功行气，“行养生之道”，充养自己；二是避免被七情所伤。他身体力行，力推太极拳运动。认为太极拳是一种高级的运动锻炼形式，从中医学来看，它能调和阴阳，疏导气血，通畅经络，充实内脏，从而使“阴平阳秘”、“精神内守”、“正气存内”，提高自身的免疫能力，起到祛病延年、养生长寿的作用。

吉良晨先生为人率直，心胸坦荡，为中医药事业殚精竭虑，仗义执言。有些人无视世态，扬言要消灭中医，面对此情，他说要加强中医自身建设，“天行健，君子以自强不息”，“虽有大风苛毒，弗能为害”！他医教双全，诲人不倦，提携后生，桃李满天下。他教学内容丰富，深入浅出，画龙点睛。谈古论今时总能引经据典，妙论佳句信手拈来。他常教导学生：“要做老实人，不要自欺欺人；要做明明白白的名医，万不可做徒有虚名的名医。”他自己也以“务勤不惰，学习不怠，临证不已，深化不息”这四“不”语句作为自己一生的座右铭，终身学习，锲而不舍，求知进取，为后学者树立了榜样。

贺老中医邵经明教授百岁寿辰

河南中医学院邵经明教授，1911 年 3 月生，西华县人。曾在周口市人民医院工作，1958 年调到河南中医学院从事教学医疗。历任针灸教研室主任、针灸系名誉主任、针灸硕士研究生导师。首批全国老中医药专家经验带徒导师，国务院特殊津贴获得者。论文“针灸治疗哮喘临床观察及实验研究”获省科委科技成果三等奖。参编高等中医院校《针灸学》、《各家针灸学说》教材，任忡国针灸大全》副主编。撰写《针灸锦囊》、《针灸防治哮喘》等专著。在国内外刊物发表论文 60 余篇。

邵经明老人不仅具有教书育人的崇高责任感，还有一颗金子般的心。从 60 年代开始，他就把每天每月 3 元 5 元的稿酬，10 元 8 元的坐诊补贴都积攒起来，存入银行。为了实现自己的心愿，春节里他甚至没给过儿孙压岁钱。子女们装修房子，他也没有资助。至今，他坐的还是旧沙发，用的是 70 年代的老电视，老俩口穿的衬衣早就洗褪了色也舍不得买件新的。积攒到1999 年6 月，存款达到了 10 万元，他把钱全部取出，交给了河南中医学院。学院以此建立了“邵经明教育奖励基金”，按照邵老的心愿，用来奖励优秀教师和品学兼优的大学生。如今，早已退休的邵老仍坚持指导研究生、去校医院坐诊。尽管行动不便，上班要拄拐杖，下班要徒弟们用自行车推回来，但他从不迟到，从不让学生和病人多等半分钟。他常说，只要这架小车不倒，就只管往前走。为祖国和社会多作一点贡献，就是我最大的幸福。邵老从医 80 余载，执教半个多世纪。通晓中医内、外、妇、儿各科，尤精于针灸，在学术上多有独到之处。他强调辨证与辨病相结合，以准确诊断；针灸取穴少而精，重视特定穴的应用，擅用背腧穴治疗脏腑病；针刺手法师古而不泥古，将针刺与气功融为一体，创出一种热感手法，尤其对火针、三棱针的应用多有发挥；他研创的“三穴五针法”治疗哮喘，独具匠心，疗效不凡。2007 年国家中医药管理局已将“邵氏五针法治疗肺脾亏虚型哮喘病的多中心临床评价”作为中医临床适宜推广项目向全国推广，学界已将该技术编入本科教材中。他的学生、上海中医药大学博士生导师杨永清教授说：“25 年来，我运用邵老针灸治疗哮喘的经验指导临床与实验研究，成功申报了多项国家自然科学基金项目，研究邵老传授针法的论文发表在《科学引文索引》（SCI）上。”由此可见邵老的学术影响。

邵老不仅医术精湛，更是医德高尚。他把唐代名医孙思邈《大医精诚》中的“凡大医治病，必当安神定志，无欲无求，先发大慈恻隐之心，誓愿普救含灵之苦”名句，当作自己的座右铭，亲笔书写下来放在诊室的办公桌上，并要求弟子们反复诵读，充分显示了大医的仁爱之心。他心连广宇，志存大道，一生淡泊寡欲，粗衣粝食，勤奋读书，老而不倦。对于公益事业，却每每慷慨解囊。他曾多次捐款并自愿交纳高额党费。在 80 多年的行医生涯中，他救治过多少人的生命！在半个多世纪的教学活动中，他教育过的学生，有谁能数得清？一百年的岁月沧桑，他经历了多少风风雨雨！那丰富多彩的阅历本身就是一篇壮丽的诗章。

孙光荣人民大会堂谈《明医》

2009 年 12 月 23 日，孙光荣教授行医 45 年暨《明医--孙光荣教授走过来的七十年》首发式在北京人民大会堂举行，他在临床、科研、教学以及中医药文化建设和中医养生等方面取得的成就令人瞩目，特别是他提出来的“明医”主张， 在业内外影响广泛。

他指出作为中医人，应该做到“六明”：一是明志：名老中医为什么都能够执着追求中医学术思想与临证经验的提升，坚定不移、心甘情愿地为发展中医药事业奋斗不息？继承者是否深入研究、可否准确回答、能否真实继承而“明志”。二是“明德”：名老中医都以“苍生大医”律己，究竟在哪些方面以及怎样律己，才能成为“苍生大医”？继承者是否深入研究、可否准确回答、能否真实继承而“明德”。三是“明理”：名老中医都讲究“勤求古训”，但究竟怎样“勤求”以及“勤求”了哪些“古训”？继承者是否深入研究、可否准确回答、能否真实继承而“明理”。四是“明术”：名老中医都追求“博采众方”，究竟到哪里、用什么方法“博采”以及“博采”了哪些“众方”？继承者是否深入研究、可否准确回答、能否真实继承而“明术”。五是“明法”：名老中医都讲究“发皇古义”、“融会新知”，究竟在何处以及怎样“发皇”了哪些“古义”和“融会”了哪些“新知”？继承者是否深入研究、可否准确回答、能否真实继承而“明法”。六是“明业”：名老中医都注重突出中医药特色优势，而在现代医学大环境下，名老中医怎样不受社会、学术客观环境的影响，坚持突出中医药特色优势而不被“舶来品”牵着鼻子走？不是自我标榜为“中医”而又使患者能够心悦诚服地承认是真正的中医？继承者是否深入研究、可否准确回答、能否真实继承而“明业”。

《中国中医药报》2010年4月29日专门编发了中国中医科学院余瀛鳌研究员、王永炎院士两位中医名家对孙教授倡导“明医”的评论。

余瀛鳌研究员通过考证文献，指出“明医”一词，似未见于早期经典医著，目前刊行的多种中医辞书（如《中国医学大辞典》、《中医大辞典》等），亦未见载述。他翻阅金·成无己《伤寒明理论》，看到当时的名家严器之为该书所写的序言中说：“余尝思历代明医，迴骸起死，祛邪愈疾……”，由此可见严氏对“明医”的高标准与严要求，这也是这位著名中医文献学家所看到较早的“明医”词藻。

余老认为，“明”作为一个多义词，与“明医”相关的涵义如《荀子·不苟》篇说：“公生明，偏生暗。”此处之“明”，当是聪敏、明晰之意，引申义为明察事理的真谛。《老子·三十三章》有“自知者明”的解释，如果联系到一个从事诊疗的医生，寓有通过明晰的辨识病证，能自出机杼、熟练地掌握诊治的要领。汉·司马相如《谏猎书》对“明”字的释义是：“明者，远见于未萌。”联系医学，那就是高明的医生，能够预测病势的发展，反映出“上工治未病”的高水平。这也是从事诊疗的医者，通过不懈努力，积极争取达到的标准。“名医”与“明医”，一般都能获得社会上的尊重，但二者的现实情况，也有可能是“同中有异”，因此我们不能完全等同看待。所谓“名医”，学术临床水平高，在社会上的名望重，这可以说是基本要素和条件，但可能因为有社会、人事、机构、媒体等多种复杂的因素，也可能名不符实；而“明医”则不应有这样的个别情况，“明医”一定是学验俱富，不仅是学理渊深、明晰，更重要的是诊治疾患，在溯因、辨证、论病、施治等多方面，能够心知肚明，治效显著，并富有远见卓识。也就是说，一定是一位高明的医生。

余老认为，明·李梃的《医学入门》将历代对医药学贡献大的名家，分为“上古圣贤”、“儒医”、“明医”、“德医”、“法医”、“仙禅道术”六类人物，共204位。其中的“明医”占98人之多，包括扁鹊、淳于意、医缓、医和、文挚、华佗、唐慎微、王叔和、姚僧垣、巢元方、王冰、孙兆、庞安常、朱肱、陈文中、成无已、张从正、危亦林、倪维德、吕复、熊宗立、虞抟、薛己、程伊等，说明在明代对高明的医生称“明医”，已经是“有言在先”了。

中国工程院王永炎院士也认为，“明医”一词的提出，有一定的启发作用。他说，中国的高等教育延续了西方的模式，而今是继续基本照搬、借鉴赶超呢？还是回首追寻中国人自己的路？对待宋代书院、大学与科举制度，我认为应取其优质而发扬，兼取批判态度，但不可全部废弃不用。应当认真地做一分为二的分析，发掘积极的要素，寻求有益的经验。联系中医高等教育，更应该“我主人随”，闯出中国人自己的路。其实，家传、师授、学派的继承与太医院的教习，均是抚育名医的门径，至少能使其明于医道而谓“明医”。曾几何时，政府主管部门举办优秀中医临床人才研修项目，结业考试的重要方法之一是仿科举考试的策论笔试，应试者依“策问”作答，策论内容以临床为主，围绕主题

“射策”有据，提炼升华理论内涵、发挥个人新见解，这恰是返璞归真。

王院士还深情地说：“孙光荣先生与我系同辈中医学人，他富有智慧而勤奋敬业，平生忠诚于中医事业，多所贡献，实令我与同辈学人景仰敬重。我与光荣虽合作和促膝相谈，然更多的是以文会友。论及受教育的过程，均有师承教育的阅历。他幼承庭训，青年又曾务农。我也曾有过类似的经历，这种经历与明于医道有所关联。1962 年经卫生主管部门批准，我拜董建华老先生为师，老先生的第一课就申明需要补上庭训，重谙做人、业医的道德准则，强化尊师重教的‘养成’教育；先从写字抄稿做起，晨起半小时端坐写字台前，以毛笔蘸清水练写字，每天在班上抄稿一万字，并列为基本功之一；部署阅读经典医著且要求背诵。诸如此类的庭训所得，终生铭记。我想光荣 9 岁即承庭训，感悟自然比我深刻，此乃达成‘明医’的重要门径。吾辈若能谨守庭训，自能抵御利益驱动而规避急功近利的弊病。再谈务农，做中医首先要能明白为何要做中医，是谓先得‘明医’，务农也是有利的门径，当然不是说‘非务农则不能明医’。我读中学时，暑假回家做农活，大学毕业不久又下放安徽枞阳，曾居住在村落既务农又业医。生活耕作在大自然之中，日出而作、日落而息的农村熏陶，体验了中国悠久的农耕文明，这对于理解、感悟、诠释天地人一同的宇宙观，对于二元论、还原论的批判，对于中医学原创思维的认识等，则多有裨益，我和光荣能有深邃的思考本源，自当与青年时代务农的阅历有关。”

《明医--孙光荣教授走过来的七十年》一书之中，收录了很多感人至深的杏林故事，它既是孙光荣先生个人的人生财富，也是许多现代中医历史过程的细节补充，更是中医学子可以借鉴、效仿的好教材。

《中医近现代医话》直面争议说人物

中医学有过辉煌的几千年历史，也有过近代长达百年的衰落。对于衰落的原因，2010 年 5 月出版的《中医近现代史话》，对此进行了深入探索，认为主要是在外部还原论的科学观、机械论的技术观、新旧取代价值观的挤压下，中医界内部发生自我改造而逐渐形成的。

历史进程到了近代，在中医按照自身规律不断发展的时候，西方医学逐渐东传，来到了中医曾经一统天下的中国。在京城行医 40 余年的王清任，不知是否听到了西方医学长于解剖的消息，但是他开始为祖先的解剖内容进行纠错。1830 年《医林改错》出版之后，中医界信心大失。由此走上了自我改造的道路，也是一个逐渐衰退的开始。汇通医家主张汇通中西医知识，希望熔中西医知识于一炉，愿望虽然很好，效果却事与愿违，中医很快就出现了“失去自我”的尴尬局面。

崇尚西学的精英们批判中医理论，政府也在有意无意之间排挤、打压、歧视中医，甚至利用行政措施，积极推行取消中医的政策。这种不良思潮，直到建国之后的很长时间里，还影响着行政领导的思想、政策。

该书通过大量的事实，认真分析俞樾主张废医废药，严复、梁启超、章太炎带头反对阴阳五行的历史背景，深层的科学、文化原因；结合现代医学、现代科学的最新进展，指出余云岫“废医存药”系列主张，和他依靠行政力量借助提案取消中医的错误，是以“医学革命”扼杀中医；指出鲁迅在《呐喊·序言》里“悟出”中医都是“有意无意的骗子”的时候，全社会的人绝大多数都不知道他周树人就是那个骂中医的“鲁迅”，他们家庭的“由小康陷入困顿”的真正原因，也绝对不是因为请中医看病，而是他祖父科举舞弊案被判死刑，他父亲的鼓胀病和 37 岁早死也与此有关。鲁迅隐姓埋名骂中医，是他的污点而不是光荣，毛泽东曾经有过明确的论述。梁启超、胡适、傅斯年看不起中医，都与当时的社会环境有关，是几十年前早已过时的错误言论，当时的社会精英们构筑起一道封杀中医学术的铁丝网，是时代的悲剧。

在求生存的过程之中，中医界为了摆脱被人指责为陈旧、保守，主动打出“科学化”的招牌，希望融汇新知。建国初期，卫生部制定了不正确的中医政策，给中医事业造成了巨大的损害。

该书列举“毛泽东系列措施救中医”的大量历史事实，比如撤销两位的卫生部副部长，他们建国前一直是共产党军队卫生工作的最大的领导人，也是红军时期就参加革命的老将军，但是，毛泽东还是痛下决心把他们撤了职。震撼了人们的心灵，也扭转了歧视中医的历史。让西医学习中医，建立中医研究院、中医学院，让中医进医院，开展中西医结合，一系列措施背后都有动人的故事。1955 年卫生部开始表彰中医成果，还有很多没有来得及表彰大量成就。针刺麻醉、中西医结合治疗急腹症、宫外孕等一系列成果背后，都有可圈可点的故事。结束文革，成立中医药管理局，世界针灸热等，也都是故事多多，人物可歌。

2010 年 6 月 2 日，刘世峰、程立刚在《中国中医药报》上发表书评“心系中医命运”指出：中医步入近现代之后，在新文化运动的浪潮里，被颠来倒去地审视、怀疑、批判，几近覆灭而幸存于今；在举国学习西方先进科学技术的当代，中医学竟能早早地跨出国门，迎来五洲学子，走进世界各国寻常百姓家。这翻天覆地的变化，其背后蕴含着许多动人的故事，也反映着历史的必然，理应引起当代学者的深入研究和探索。近读曹东义教授新作《中医近现代史话》、《永远的大道国医》，不仅心灵受到强烈震撼，而且被其中揭示的哲理所鼓舞，使我们看到中医学正处于伟大复兴的前夜，随着人们对待生命科学的世界观、技术观、价值观的转变，中医学对于人类的巨大贡献将更加充分地显现出来。中医现状如何？出路在何方？曾经困扰了无数学子，也是中医界当前和今后都必须回答和解决的问题。笔者长期生活在基层，工作在中医临床一线，中医的现状着实令人堪忧。历代中医名家成长摇篮的农村，中医的身影已经变成了“稀有”，农民们想要看中医必须进城去寻找，中医的传承遇到了前所未有的阻碍。中医的学术特色逐渐淡化，它的生存因为“不能来大钱，而被当作无大用”，逐渐被边缘化了，甚至大有淡出中国主流医学舞台的危险。在很多人的心目中，中医已经是“补充医学”、“替补医学”的身份了，中医的生存危机是不言而喻的，只不过很多人不敢直说而已。科技部中医药发展战略课题组对当前中医现状的调查评估结果，“全国真正能用中医思维治病的纯中医已经不足 3 万人”，其结论则着实让人心寒。为什么会发生这样巨大的变化？《近现代中医史话》提供了不少事实证据。“鲁迅当年隐姓埋名骂中医”、“梁启超、傅斯年等人瞧不起中医”，使我们看到一帮文化精英是怎样影响了大众对于中医的目光；“余云岫寿终正寝真幸运”、“毛泽东撤职两位副部长惊天下”，让我们了解当初党和政府为了扶助中医发展所采取的有力措施；“卫生部表彰中医研究成果”，说明中医政策的转变已经步入正确轨道；“结束‘文革’成立中医药管理局”，中医的复兴有了专门的组织领导；“中医的复兴与复杂性科学研究”，预示着未来科学与中医学的密切关系。

《永远的大道国医》实际是一部简明的中医历史，只是与以往的史书只写过去有所不同。这部书不仅有“回看中医历史辉煌”，使我们通过生动的历史场景、人物描叙，看到了中医标志性的历史成就；“冷眼再看中医初遇西医时”，让我们看到了中医前辈为了与时俱进、吸纳西医知识、与科学共舞，所主动与被动采取的一系列措施；“重视中医现实作用”，充分揭示了不仅在应对传染病挑战、抗震救灾等突发公共卫生事件里，中医药是不可或缺的重要力量，而且中医对于慢性病、复杂性疾病，对于养生保健、治未病，都有西医所不具备的方法论优势，这也是“遥望中医未来复兴”的出发点。中医的未来属于“未来学”的内容，世界的未来学里还没有关于中医的多少介绍，《永远的大道国医》通过系统论、自组织理论、新生物进化论、复杂性科学等未来科学的探索，认为中医在思想方法上，是超越还原论方法，走向未来科学最为成功的典范。所有这些对于过去、现在的认识和关于未来的畅想，都更加坚定了我们对中医的信心。

著名中医学家、国医大师邓铁涛先生、朱良春先生挥毫泼墨，为《永远的大道国医》题词推荐，中华中医药学会学术顾问温长路先生为该书作序进行评介，为读者阅读本书指点了门径。

《河北中医五千年》杏林故事一箩筐

由河北省中医药管理局组织编写的“燕赵中医药丛书”之《河北中医五千年》，于2010年10月在中国中医药出版社出版，书中收载了大量的杏林故事。

国医大师路志正先生为该书作序说：“中华民族五千年的文明史，装不下医药发展的全部内容。因为人类的历史已有几百万年，疾病的历史也有几百万年，中华大地上的先民们认识自身，探索医药规律的历史，口耳相传一定会超越有文字记载的五千年。而这有文字可考的五千年医药史，许多历史细节也是扑朔迷离的。因此，要想写好《河北中医五千年》谈何容易！就是这样一个艰巨的任务，燕赵医界的同仁们竟然敢为天下先，不辞辛苦搜集资料，组织一大批热心的同道认真编写，最终把这件事情做成了，实在值得庆贺。”

医学是伴随着人类进步而出现的文明之果，由酸涩到甘甜已经历了几千年。在这长达几千年的发展过程之中，人们首先碰到的问题是，人从哪里来？人为什么会有生死？如何才能祛除疾病、获得健康、延缓衰老？在漫漫长夜里，古人仰望着满天的星斗，辗转反侧，思索了很久，探索了很久，他们的认识不断提高，知识不断积累，口耳相传，有的已经流传了上千年。

燕赵大地孕育了远古文明，张家口泥河湾文化已经有170多万年，北京猿人也有50多万年。母系社会女英雄炼石补天的故事，也许不是完全出于想象，科学家通过卫星遥感测图，还原出的地貌特征显示，河北白洋淀地区曾经有过天文灾难，严重的火灾、水患都与外星撞击地球有关。女娲、伏羲神话记载于《山海经》《列子》《淮南子》，是龙的传人最早的故事。女娲炼石补天看似荒唐，其实不然，天上如果没有石头，那么天上为什么会掉石头？满天的星斗、闪烁的银河又说明了什么？这正是古人天地一体，阴阳互根学说的体现。伏羲夜观天象，昼察地理，远取诸物，近取诸身，划出了代表天地人的八卦，推演出世间万事万物的变化规律，哲学由此诞生。

5000年前，炎帝、黄帝、蚩尤三大祖先，“聚于涿鹿，战于板泉”，在河北大地上演了有史以来最大的一场战争，也是民族大融合、文化大交流的开端。炎帝神农氏把他的农业技术、采药经验带到了河北，黄帝则把服牛乘马、引重致远以利天下的思想播撒在燕赵的土地上，并且咨询岐伯、伯高等医学家，开创了研究医学理论的先河。尧舜禅让，天下为公，选贤与能，造福于民。君主贤明，灾害难免。衮淹洪水，土不能挡。大禹治水，改父之败，活用五行，疏导立功。一时之间，燕赵大地，英雄辈出，令人感动。

转眼之间到了商代，河北藁城台西遗址，早于殷墟文化，陶器铜器之外，出土了最早的医疗工具砭石，最早的药用植物种子，大量的酒器、骨针、朱砂，说明医药进入了系统化的时代；台西人住房讲究通风防潮，饮水开挖水井，全方位展现了河北早期居民的幸福生活。

司马迁在《史记》里，推求医学的源流，他认为开辟这个学科的杰出人物，既非神农、黄帝，也不是宫廷御医，而是一位行医民间的秦越人扁鹊。尽管在扁鹊身上充满了神奇的谜团，也改变不了他作为医学宗师的地位。他善于诊脉、望色、开创临床各科的学术成就，使他成为集大成的“医经七家”的代表。他生活的年代，正是老子、孔子开创道教、儒学的时代。中医学也在这个世界文化轴心诞生的时代，同步、同时成熟了。

秦始皇生于邯郸，死于沙丘，燕赵大地是他“出生入死”之地，也是他入海求仙的堤岸，长生不老的神话，嬴政演绎得令人眼花缭乱。尽管都是喝酒，中山靖王刘胜饮酒，多子多福求长生，而河间献王刘德传承儒学，功盖前世却不得不“纵酒死”。窦太后崇尚黄老之学，董仲舒主张天人合一新儒学，都与《黄帝内经》有着千丝万缕的联系。安国药王庙供奉的神主，虽然难于确定到底是谁，但是祁州的药市却历史悠久，几乎可以上溯到汉代。

汉朝末年，华佗的外科手术也许不是在曹操的邺城开展的，张仲景的辨证论治也没有迹象表明与河北有多少联系，但是那时、以及唐宋时代，河北的医学家也碰到过他们所面对的疾病，也要做出自己的努力。继北齐李密著《药录》，唐代张果作《伤寒》前后，很多社会名流都喜欢医药知识，或者著本草，或者收验方，或者研医理，或者讲针法，或者推敲《局方》，是一个名家辈出，学术渐兴的时代。窦材的《扁鹊心书》提倡“大灸”治重病，学术特色极为浓厚。

金元时期医学争鸣，首先从燕赵大地发起，刘河间主张火热为病甚多，各种传染病都是热证，用药多选寒凉，制方偏于攻下，他的学术见解很快传遍大江南北，影响极为深远。易水张元素主张时代不同，学术也应该创新，制定了脏腑辨证的系列理法，归纳出药物性味归经、引经报使学说。他的徒弟李东垣生逢乱世，人民流离失所，内伤之病层出不穷，而时医不察往往当作实证治疗，内伤外感不加区别，误治之患时有耳闻，因此著作《内外伤辩惑论》《脾胃论》风行天下，被尊为补土派的宗师。罗天益、王好古都是元代著名医学家，也是河北易水学派的继承人，都有大量著作传世。

明清时期，河北医家继续传承优良医风，见于地方志等史籍记载的医家几乎多如牛毛，他们的医学著作遍及各个学科几乎指不胜屈。魏荔彤研讨经典深入分析用力大，杨照藜评介温病学家王孟英著作研究透。西医传入之后，中医界积极吸收其特长，王清任勇于改正经典解剖错误影响大，张锡纯《医学衷中参西录》也开风气之先。

建国前后，杨医亚办杂志、编教材传播中医学术。新时代，郭可明用中医治乙脑创世界水平疗效，盛子章治梅毒彰显中医特色获金奖，北戴河气功疗养得到卫生部表彰，文革艰难岁月《河北中草药》顺利出版，张大昌以赤脚医生名誉奉献敦煌卷子《辅行诀》，使千年绝学得以传承。

在党和政府的领导下，河北中医药事业尽管有坎坷，但是取得的成就难以计数，奋斗之中走出来许多名医、名师，他们不平凡的事迹不胜枚举，只能另外写成著作进行叙述。

小诊所里的老中医王凤霞

从医院退休后的王凤霞，在北京市西城区租了一间 20 多平方米的小平房作为自己的诊所。在近 20 年时间里，她运用“火针”技术，治愈了 3000 余例妇科疑难杂症。如今，小诊所周围的豪华大楼一座连一座，把王大夫的小诊所衬托得更加破旧。然而，已 75 岁高龄的王凤霞大夫仍旧安坐小诊所，继续坚守一个老中医“悬壶济世”的传统与责任。

王凤霞出身中医世家，早年学习西医，先后供职于铁道部三局医院和北京椿树医院。她医术高明，众多患者慕名而来，但是很多妇科顽疾还是难住了她。她决心对这些让妇科疑难杂病进行攻坚。西医行不通，她就转向中医，最终发现了奇迹般的“火针”疗法。“火针”是我国一种古老的针灸方法，《黄帝内经》之中记载，用火针可以治疗痹证，由于种种原因，火针在清朝后期逐渐衰落，只在民间有少数流传。新中国成立后，北京针灸学会会长贺普仁重新从古籍中挖掘出这项技术，并在治疗的病种以及火针材料方面作了发展。与普通的针灸疗法不同，火针是将针体烧红，借助火针的热力刺入人体相应的穴位和部位，以祛除疾病的针刺疗法。在进行治疗时，火针的温度要达到 600-800 摄氏度。王凤霞经过百般努力，找到了贺普仁，向他学习火针技术。火针配合她熟悉的西医解剖学，让她如鱼得水。

王凤霞运用中医疗法，已经治愈 3000 余例外阴白斑，留有病例资料的有 1260 例。这种疾病被认为是妇科疑难顽症，现代医学至今找不到致病原因，也无法找到治愈它的良方。1993 年-2002 年，王凤霞的火针治疗外阴白斑论文在一些专业学术会议上获得了认可。来找王凤霞看病的病人络绎不绝，但由于王大夫恪守为人民大众服务的信条，不收挂号费，每次扎针只收 20 元材料费。碰上穷困无力支付治疗费的病人，王凤霞就免费义诊，所以收入并不高。

2009 年，小诊所的房租由以前的 400 元涨到 2000 元，王凤霞无力承担。目前，她的 30 名患者自发凑钱为王大夫付房租。台湾台南医院的齐院长曾邀请她坐诊，他劝王凤霞："只要你来我们医院，我保证你两三年就可以买楼房。"王凤霞没有答应，她说："我舍不得我的穷姐妹。"

75 岁高龄的王凤霞忧心的是火针的传承。她曾经收过两个徒弟，但因为他们对西医的解剖学不甚了解，离开了王凤霞无法独立操作，没有成功。自己的技术能够传承下去，是她目前最迫切的心愿。

在民间，像王凤霞这样身怀绝技的医生大有人在，通常他们被冠以"民间中医"的称谓。但与出身正规医院、有行医资格的王凤霞不同，他们中的不少人虽然医术能够得到群众的认同，但由于通不过种种以西医内容为主的资格考试而被划入"非法行医"行列。王凤霞所希望的"以师带徒"的传承方式，也曾经备受质疑。

2007 年，我国推出了《传统医学师承和确有专长人员医师资格考核考试办法》，对民间医生的准入做出调整。其规定，师承人员跟师学习满 3 年后，可以向省级中医药管理部门申请参加出师考核。出师考核合格后，师承人员在医疗机构中试用期满一年并考核合格后，就可以参加执业助理医师资格考试。此外，对那些依法从事传统医学临床实践 5 年以上，并且掌握独具特色、安全有效的传统医学诊疗技术的人员，可以申请参加确有专长医师资格考核。

我国曾发起三次被称为医疗"技术革命"的民间中医向国家"献方"活动。第一次在 1958 年，当时贡献出十万多个独家秘方。以后的两次出现在 1971 年和 1982 年前后。"云南白药"、"片仔癀"等著名中成药都是在这三次"技术革命"中涌现的。

据中国民间医药协会所做的"民营中医医疗机构发展现状及对策研究报告"显示，我国各类民间中医医疗机构约占全国医疗机构总数的 15%以上。中国社会科学院中医药事业国情调研组组长陈其广说："正因为有民间中医药的存在，才使得部分被西医宣布得了'绝症'的患者仍然有康复存活的希望。"该调研组建议，应注重中医药属于应用学科的性质特点，改变片面强调学历不重实际才干的人才选用方法，为民间中医药创造平等竞争机会；人才培养要侧重鼓励师承教育的发展，强化临床实践；要利用适量政府资源对民间中医药从业人员开展继续教育。（据《中国中医药报》整理）

山西省运城市民间中医苏永泉

苏永泉的诊所以按摩为主，专治小儿病，与山西省某著名大医院一街之隔。然而小诊所并不冷清：10 平方米见方的陋室中，或坐或卧着 5 个幼儿，周围坐的全是家长。墙上挂满锦旗，笔者数了数，共 15 面，最早的是 2007 年的，最新的是 2009 年 12 月的。一面锦旗后露出半幅古画，另外的空白处贴着没裱过的书法条幅——抄录孙思邈的《大医精诚》。

他曾经在当地某著名医院门口摆了个免费咨询的摊子，无人问津；他曾因种种原因领不到行医证照，被列为卫生行政机构的打击取缔对象；经过考察，在当地中医管理部门的重视下，他终于有了诊治疾病的场所。患儿的家长们反映说，以前孩子一病就去医院，一去医院就让抽血检查输液，动不动就是成百上千地花钱啦；尽管自己也知道用抗生素不好，可医院让输液也没办法啦；听人说这个中医治得好，以后孩子一有病就先来这儿啦。

他用电脑、照相机、摄像机拍下患者的资料，这也都是患儿家长帮助自己搞的。都说儿科为"哑科"，儿童的病不好治，并且有"宁治十男子，不治一妇人；宁治十妇人，不治一小儿"的民间谚语，而他为什么治好了那么多儿童患者？他说："中国娃娃有两个特点：一是都有个统一的名字：宝宝！二是都有个统一的病症：脾弱！"他不认为小儿病有多难，究其病因，首先是养育、调护失偏，过于溺爱，背离了自然的生长发育规律。其实历代中医儿科总结："小儿若要安，常着三分饥与寒"，就这么简单。其次就是药害：滥用抗生素，本来通过调理或用民间验方就能解决的小病，非去大医院输抗生素。其实很多患儿脾虚就是大量使用抗生素的后果，因为脾的运化功能，相当于西医所说的肠道有益菌分解食物及肠动力学等作用。抗生素同时杀灭了肠道的有益菌族，造成脾运无力。还可形成肝气犯脾、肝脾不和。中医看病讲求整体，西医则就事论事，故而将伤食腹痛乳积导致的咳嗽误诊为肺炎，用抗生素，越治越糟。

2005 年，他从家乡来到省城行医，在某著名医院门口摆了个免费咨询的摊子，两个月无人理会。只有一些患儿家长抱着"没办法试一试"的心思来摊子上问他。后来家长渐渐多起来，他租下房子开了诊所。3 年间房租一直涨，他的按摩费不得已也从最初的十几元涨到三四十元。他曾经被人介绍去过 7 家医院，有公立的有民营的，但没有一个庙愿意安放他的。"有个民营医院院长明着跟我说：你这根本给我挣不来钱，咋留你！"

在他的家乡曾流传一句话："小儿若要安，离不开任化天。"任化天就是他师父。他从中年开始追随任化天习医，口传心授身练十数年，后来自己开诊所，在当地也有了些名气。1998 年《执业医师法》颁布，肃清了医疗队伍中的"江湖骗子"，使我国的就医、行医环境更加安全，但也使一大批主要靠家传、师徒相授或自学成医、植根于民间并直接服务于百姓的真正的"草根医生"，因种种原因领不到行医证照，而被列为卫生行政机构的打击取缔对象，他当时就是其中之一。

作为山西省农村中医药工作试点市，运城市卫生局有着一个在其他地方卫生局见不到的内设机构：中医科。2005 年，他们曾带着 6 名具有影响力但是没有行医资格的"中医"来到省城太原市，由省卫生厅专门组织了一场考试，解决了领证问题。2007 年，他们又下发了《关于对我市民间中医和中医一技之长人员进行考试考核及资格认定的通知》——被称为"将是写进运城甚至全省中医发展史的重要文件"。运城市 800 多名"年龄不低于 45 周岁、从事中医临床工作 15 年以上、未出现过二级以上医疗事故者，且必须在当地群众中享有良好的声誉"的人，有 260 人首批通过了由省聘专家出题、兼具基本理论和临床操作的笔试与面试，获得了由运城市卫生局统一颁发的"民间中医师"或"中医一技之长人员"资格证书。他也是这批终于领到"地方粮票"的医师之一。

但毕竟只在运城一方有效。观全国全省也只此一家为民间草医松绑"试水"。2009 年底，运城市第二批 500 多名"民间中医师"报名者通过了面试，同时深受国家中医药管理局重视的"中医民间医生范畴及管理立法研究"课题也已由运城市卫生局完成结题。现在他在省城"行医"并授徒，领的是工商和劳保部门颁发的培训与保健按摩执照。看病开方，那是时时担着出事故要坐牢的风险。而就是这个"资质不够"的民间草医，多次被请到山西中医学院给全科医生培训班讲课。

他最大的心愿是让每一个母亲都学会婴幼儿按摩方法。山西省中医药管理局局长文渊在为他的小儿按摩专著作序时写到："时值深化医药卫生体制改革之前夜，得此书稿，尤为珍贵。其理其意倘能大行于世，则小儿看病难贵问题庶几有所缓解，而健康水平有所提高。在经济体制深刻变革、社会结构深刻变动、利益格局深刻调整、思想观念深刻变化的背景下出其书，实大有功于黎民苍生。"他希望把他师徒两代的婴幼儿按摩方法推广到全国，让每一个母亲都学会。"按中国有一亿三千万儿童计，每人每年节省下去医院输液的 1000 元，就是 1300 亿元，我们每年就会有 4 艘航空母舰了！"这是他的梦想。

村医王汤药的故事

《中国中医药报》记者周颖报道，今年 48 岁的王汤药，出身于中医世家。由于自幼体弱多病，父母希望女儿服用汤药后能恢复健康，也希望她承传祖业，不负重望，故取名"王汤药"。

高中毕业后，王汤药选择浙江丽水卫校学习，后在浙江余姚市中医院跟随该院皮肤科主任戚元熏实习，掌握了用中草药治疗皮肤病的方法。王汤药当初的小诊所再简单不过了，药柜以其母陪嫁的书橱替代，诊桌是公公生前留下的一张破旧的裁衣台。刚刚毕业回到乡村，到她这里看病的患者寥寥无几，很多人还半信半疑。42 岁那年，王汤药还自费去安徽中医学院成人教育学院半脱产班进修。学习期间，她刻苦钻研中医理论，注重临床实践，技术水平进步很快。如今，不仅本地群众来找她看病，杭州、上海、江苏等外地患者也慕名而来。

王汤药用中草药治病救人，24 年如一日，事迹感人，她是无数乡村中医的一个缩影。农村中医药是我国中医药工作的重点，农村中医药的天空是由无数象王汤药这样的乡村中医撑起来的，他们大多数是当年的“赤脚医生”。正是他们，靠着一针一药，翻山越岭，救死扶伤，守卫着我国县乡村中医药服务网络的网底，护卫着亿万农民的健康。他们的地位不高，责任不小，意义重大。

在王汤药的药房，中药柜占了很大地方，除中成药之外，常用中药饮片有几百种。为方便患者，她还备有煎药机。如病人需要，一袋袋加工好的中药就可如约取到。王汤药说，熬制中药很严格，为保证药效，需要浸泡等程序。

在开阔的庭院里，牡丹、赤芍含苞待放，鱼腥草、败酱草绿色诱人，还有白花蛇舌草、枸杞、白及等。王汤药说，山乡有很多中药材，以后准备再多种一些，形成一个百草园，既能入药，又可观赏。王汤药说，“我很少使用西药。”有些皮肤病滥用西药，副作用大，病情反复发作难根治，还可能导致骨质疏松。如对荨麻疹的治疗，中医治愈率能达到 80%，且副作用小，价格便宜。一个来自浙江临安的姑娘，因虫咬后，胳膊上起了几个红包，又痛又痒，在当地打了一个多月的点滴，花了 1400 多元，没起一点作用。在小姐妹的引荐下，她慕名来到仙霞村卫生所求医。工汤药检查后，认为是丘疹性荨麻疹，开了一周的中药，只花费 100 多元就治好了。

一次，有位 12 岁的湿疹患者来求医，那时王汤药没有中药房，只好开张处方让其到别处抓药。服完 3 周的中药后，患者就痊愈了。其父激动地说：“没想到几服中药就治好了孩子的病，真感谢您呀！”就这样，从一个、两个患者到三个、四个……王汤药渐渐忙碌了起来。6 年后，患者越来越多。即便如此，她还是没有充足的资金将中药房搬到家中，只是闲时去山上采些当地中药，为对症患者开些偏方验方。那年甲肝流行，同村有个甲肝患者找到王汤药。根据病情，王汤药给他开了一张清热化湿处方。3 天后患者找来，说病情未见好转，胃还很难受。王汤药检查处方后，又仔细询问他的症状，直到患者打开抓来的中药，王汤药才明白了：原来药店没有按处方抓药，方中的关键药物“茵陈”也已经发霉。王汤药十分伤心，下决心把中药房办起来。于是她和丈夫商量后，贷款 2000 元办起了一个小中药房，虽然仅有几十种常用中药，但王汤药的心踏实了。

24 年后，王汤药自建村卫生室 750 平方米，7 名工作人员，年收入百万元，年门诊量万余人次，并成为新农合定点机构。王汤药几年前患了右肾萎缩，但仍带病坚持为乡亲们服务，每天一坐就是几小时，常常到午后一两点钟才能吃饭。有时饭还没吃完，病人就来了，她总是撂下饭碗就进诊室。王汤药想病人之所想，忧病人之所忧。炎热的夏天，她把电扇让给患者；寒冷的冬天，她给病人送上热水袋；对无人陪护的病人，既端茶送水，又将可口饭菜送到床前。对贫困患者或残疾者，她都采取或全部免费，或半价收费的方法，带钱不足者可先取药后付款。

汪星是王汤药的独子，去年毕业于芜湖市中医药高等职业学校。受家庭熏陶，汪星从小就喜欢中医药，对中医药疗效充满好奇，对母亲也很钦佩。特别是每次看到母亲为患者不吃饭不睡觉的无私精神，在幼小的汪星心里留下了深刻的印象。为给母亲减轻负担、也希望为百姓解除病痛、在农村施展自己的才华，汪星毕业后回到了仙霞村。“在乡村医师这个岗位上坚守一天，就得做到无怨无悔！”对汪星的选择，王汤药很欣慰。她告诉儿子，选择医生这个职业，就是选择了奉献和艰辛，更意味着责任和义务。如果要坚持在基层，就要虚心学，好好干，不怕吃苦受累。儿子在母亲身旁学抄方，学诊断，学认药，尽心尽力。在母亲的指导和帮助下，汪星的诊断水平进步很快，现已能独立为患者诊断治疗了。

中医药治疗艾滋病的故事

河南省中医管理局刘品介绍说，上世纪 90 年代，在中原大地的部分农村地区，很多农民因为卖血而招致艾滋病。数以万计的艾滋病患者生命安全遭受严重危害，广大人民群众心头阴霾重重。在党和政府的领导下，医疗卫生工作者挺身而出，抗击病魔，护佑百姓。一批又一批中医人走上治艾一线，以中医药为武器与病魔“短兵相接”。特别是在国家中医药管理局开展中医药防治艾滋病试点工作之后，河南省作为试点省之一，加强项目管理，组建专家团队，完善诊治方案，健全工作机制，稳步规范实施，使中医药治艾取得确切的临床疗效，5 年来，数千名纳入项目管理的患者重启希望之舟。

河南省卫生厅、中医管理局曾组织医学专家奔赴基层诊察病情、研究治艾之道。参与其中的几位中医专家利用一个月时间，辗转几个地方，广泛接触患者，然后“背对背”开处方。尽管处方各有差异，但是思路一致，最终形成了一个方子。当时是把方子交给各地防疫站，熬制汤药，由患者自行取用。许多患者服用汤药后反映不错，但却因缺少经费支持，方子后来被搁置。到 2002 年，河南省中医管理局再次抽调专家到新蔡县调研。河南中医学院三附院的李发枝教授等，根据患者症状分析其病因病机，有针对性地选方遣药，并加工成片剂，对 200 多例患者进行了为期 3 个月的观察治疗。患者反映效果不错，同样遗憾的是，这次探索没有作为正式的科研项目进行，无法获得系统有效的统计信息。在防治艾滋病的战斗打响后，曾有一个阶段，西药抗病毒治疗是临床救治的主要手段，中医工作者只能站在西医同行的身后做一些辅助性工作，或提供一些关怀性治疗。直到 2003 年，中医药在抗击“非典”中取得了世人瞩目的成果，加上一些民间中医积极地探索治艾并展现了独到疗效，中医药防治重大疾病和传染病的思路和价值被重新审视。为此，国家中医药管理局派专员赴河南作了深入调研，随即于 2004 年 8 月率先在河南等 5 个省份启动中医药治疗艾滋病试点项目。

艾滋病对中医而言是一个新病，即使是中医专家，过去也缺乏与之“较量”的经历。河南中医学院一附院的脑病专家张怀亮教授，被选拔为省中医药防治艾滋病专家组成员，在第一次专家会上，他便向省卫生厅副厅长、省中医管理局局长夏祖昌发问：“一没见过艾滋病，二没治疗过艾滋病，来这里一开会就成专家了？”作为河南省中医药防治艾滋病试点工作的“当家人”，夏祖昌的回答是“你没见过，别人也没见过，边干边学！”专家组阵容相当强大，由河南中医学院三所附院和省中医药研究院抽调副高以上职称的骨干专家组成，大都是学术带头人，涉及呼吸、肿瘤和脑病等多个领域。这些专家最初也多抱有与张怀亮同样的心态，期待而忐忑。专家组成立后的第一项工作就是参加培训学习。20 来人一起下到开封市尉氏县作临床治疗，验证摸索，这样的前期调研工作进行了两个多月。从中医临床视角看，艾滋病既有瘟疫之传变，又有杂病之特点，三焦同病，气血阴阳俱虚，寒热错杂于中，脏腑亏虚而又湿热内蕴。专家组集思广益，辨证论治，或三焦并治，或寒热同炉，或气血阴阳俱补，或单法独往，或标本兼治，虚实同调。通过疗效观察发现，接受中医药治疗的患者症状改善，食欲增加，体质增强，康复信心提高。与艾滋病“交手”的专家们，从中找到了对付艾滋病的感觉，“心里有数”了。这期间，专家们还总结临床，结合既往经验，研制出“艾益康”中药制剂（初为片剂，后改胶囊），作为项目患者长期服用的中药。

项目面向的主要是三类患者，一是不适应抗病毒治疗的，二是退出抗病毒治疗的，三是接受抗病毒治疗但毒副反应较大的，为他们提供免费的中医药治疗。2004 年 10 月，项目进入正式实施阶段。河南省中医管理局以患者自愿加入为原则进行了组织动员。国家分配给河南的项目计划数是1400例，而当年实际上有9个县市的1792名患者纳入项目。到2006年，试点项目进一步扩大，病人总数增加至2546例。分布在开封、周口、驻马店、南阳、商丘5个省辖市的13个县（区）、37个乡（镇）、137个行政村。2009年，省卫生厅作出决定，安排1000名退出抗病毒治疗的患者转为中医药治疗。

5年来，中医药治疗艾滋病以确切的疗效，赢得了患者的广泛信赖，试点项目已成为省艾滋病防治工作体系的重要一环。李发枝教授指出，经过中医药治疗的患者，痛苦减轻，感冒、纳差、腹泻和消化道症状减少，同时，西医检验指标也有所改善。总体上看，患者CD4上升、稳定和下降的各占有三分之一，病毒量前三年无明显差异，而到第四年好转情况明显，具有统计学意义。他认为，中医药治艾关键在于辨证求因，审因论治，这已经形成共识。目前可以说，中医药治疗艾滋病已从以关怀性治疗为主提升到以医疗救治为主，中医药防治艾滋病取得了阶段性成果。在项目一线坚持了5年的张怀亮教授以亲身体会，总结了四个“没想到”，一是没想到中药汤剂治疗艾滋病有效；二是没想到中成药治疗艾滋病有很好的效果；三是没想到中医药对患者免疫缺陷有很好的救治作用；四是没想到中医药救治会受到患者们的广泛欢迎。

上蔡县李斯楼村是项目中的一个医疗点，河南中医学院三附院的蒋士卿教授与县中医院的李金山医师一起接待患者。诊室墙上张贴着“河南省中医药治疗HIV/AIDS专家指导、巡诊、会诊工作流程”，“治疗艾滋病药物发放、领取及应用工作流程”，“治疗艾滋病医疗工作流程”，“中医药治疗艾滋病村卫生室工作人员”等多个图表。村卫生室负责人李红彦介绍，这个点原有46名项目患者，目前除死亡4人、退出1人外，41名患者病情稳定。同几年前相比，患者各种症状都大为缓解，基本上都能参加劳动、料理家务，心态也平复如常。平时，每月省里专家来坐诊两天，县中医院的医生则按规定是半月来一次，村卫生室人员都参加过中医药治艾技术培训，对患者情况随时掌握，有问题须及时上报。

一位候诊的中年妇女说，她的CD4当初最低降到39，后来服用抗病毒药物和中药治疗，最近刚检查出来的指标是500多。原来她肝脏、胆囊都有问题，浑身没劲，走不动路，还经常腹泻、发烧，“现在很少生病，也有力气干活”，因为孩子上学，丈夫在外工作，她自己在家一个人养着“8大8小3个老”一共19头猪。另一位身材敦实的男性患者告诉记者，他一直服用中药，没有用抗病毒药物，CD4稳定在400多。

在牛庄卫生室，几位患者谈到服用中药后的身体情况，首先说的一句话就是“感觉有劲了”。一位30多岁的妇女爽快地说，“我刚才还从地里搬运成袋的苞谷哩”。卫生室负责人介绍，项目患者最初有50人，因死亡或县外打工，目前还有40人，这些患者“下地干活、外出打工，都没闲着”。他们中间CD4指标上升的占一半，保持平稳的近一半，下降的只有三四人。其中有13位单纯服用“艾益康”的，各项检验指标与中西医结合治疗的没有什么差异。

文楼村的项目点里，358名患者中有171人报名参加了中医药治疗项目。卫生室负责人说，“听说中医专家来巡诊，大家早就盼上了”。候诊的患者说，村里有人已经想方设法“借来”服用过，都说这个药“中”。上蔡县中医院关华院长说，医院为每个项目村选派了骨干中医师，在省级专家指导下定期到村巡诊发药，并做好规范记录，对巡诊专家开出的中药处方，医院负责统一煎药装袋送到患者手中，对病情较重的患者，医院开设特设病房，由省、县中医专家会诊治疗，同时还担负着单服中药（小样本）的病毒载量采血体检的具体工作任务。

为推动临床科研同步提高，在项目实施过程中，围绕艾滋病中医证治规律、中医药干预、疗效评价标准等方向，进行了卓有成效的研究。2006年成立了“河南省中医药治疗艾滋病临床研究中心”，2008年底获得国家“十一五”科技重大专项课题1项，已经在全国范围内正式启动。中医药对艾滋病机会性感染和HAART毒副作用的研究，被列入国家科技重大专项合作课题。该省进行的疗效评价标准研究，被国家中医药管理局吸纳为全国评价的基础。

李发枝教授是最早进入中医药治疗艾滋病领域的专家之一。年过花甲的他没有被分派巡诊任务，但是，多年来，他每周二下午，几乎是“雷打不动”地到尉氏县中医院艾滋病房参与会诊。那里都是一些危重患者，病情复杂棘手。看完病，往回赶的时候每每已是夜色深沉。在对肺炎、脑炎、痴呆以及顽固性腹泻等艾滋病并发症患者的临床救治中，他积累了丰富的经验。一位患者患空泡性脊髓病，四肢瘫痪，吞咽困难，从前没有治愈先例，而经他辨证施治，半年后症状消失，至今已生存两年有余。他主持编写了关于中医药治艾辨证要点的培训教材，每年都亲自为项目技术队伍进行培训。

巡诊专家队伍从最初的 20 人发展到现在的 39 人，他们大都是科主任、学术带头人，临床科研任务十分繁重，但他们每月须到巡诊点出诊两天，“除非是手破了”，日期也被严格限定，出发和返回的时间都要如实填写上报，并要求以高速路收费站票据为证。他们一次巡诊往返往往达数百甚至上千公里，每人要负责 100 名左右患者，看病历、开处方、会诊危重患者。因为项目经费有限，专家们每月只有 80 元巡诊补助，但他们年复一年，坚守在岗位。

5 年前项目启动的时候，许多巡诊点条件十分简陋。河南中医学院一附院脑病三区主任王保亮教授负责周口市商水县的 3 个村 125 人的巡诊任务，其中有两个村最初只能在村医家里看病，或在村街上摆个桌子。有一位患者病情较重，卧床不起，他就带上医疗器械到患者床边诊治。也有个别患者情绪悲观，不配合，有一次，王保亮上门看望一位患者，患者却死活不肯见，后来又暴躁地拿起铁锹把他赶出家门。他却一直坚持，5 年来风雨无阻。有一年恰逢冬至，回来时风雪特别大，高速路被封，那晚他就在只有一个小煤炉的清冷村屋中度过。后来他改乘小火车，车上没水没饭，饥寒中熬了 9 个小时才回到家。蒋士卿教授也在街上摆过“摊”，用的是患者家里的桌子，赶上风雨天，也是患者拿来雨伞。条件虽然艰苦，但是在数年的相处中，专家与患者之间的信任和感情日益深厚。

上蔡县中医院李金山医生是基层中医的代表，按规定他半月下村一次即可，但他主动每周一次。他经常上门看望患者，对每一个患者的病情、心理和家庭情况了若指掌。对重病号，他就在患者家里帮助熬药、甚至陪伴到半夜。有一次他病倒了，患者们知道后非常焦急，关切之情溢于言表。

5 年前，呼吸病专家、河南省中医药研究院的徐立然教授（现河南中医学院一附院副院长），皮肤病专家、河南中医学院一附院的何英教授奉调参加项目办管理工作，从此与中医药防治艾滋病事业结下难解之缘。项目实施之初，他们奔波于试点地区协调布局建点，经常是上午跑一个县、下午跑一个县，“天天不着家，一直在路上”，就是他们的日常生活状态。项目逐渐展开后，作为项目办的负责人，徐立然把更多的精力放到组织专家巡诊、检查督促落实、汇总科研信息等工作中。100 多个项目村，他都跑到了，而且不止一遍两遍。作为中医专家，每到一地，他也经常受邀参加重症患者的会诊，与艾滋病患者“零距离”接触。项目办常跟他出行的一台车曾 3 年跑出 20 万公里行程。为了工作，他常常与司机替换着开车连夜赶路。去年冬天，他去北京送血样刚回到郑州，又连夜奔赴新蔡县。累了就停到休息区在车上打个盹，天色稍亮又马上出发。在经过申丘路段的时候，因过度疲劳，车辆发生追尾，徐立然负重伤，锁骨、肋骨和腿骨多处骨折。但在重新站起来后，他又马上回到岗位，恢复到往常的工作状态。

张悟本事件损害中医声誉

似乎一夜之间，张悟本这个名字就红遍了大街小巷。2010 年 2 月 1 日，湖南卫视的《百科全说》播出“张悟本谈养生”一期，就登上了史上同时段收视率的前三甲。他的书《把吃出来的病吃回去》（由人民日报出版社出版），成了 2009 年保健类图书中最大的“黑马”，上市 6 个月，占据当当网、卓越网、新华书店等所有排行榜的销售冠军。据报道，该书销量已达 300 万册。

号称卫生部养生专家的张悟本，语出惊人，他说最好的医生是自己，最好的医院是厨房，各种病都可以通过喝绿豆汤、吃生茄子来解决。张悟本原为北京市第三针织厂职工（现为铜牛集团），没有医师资格，其妻子和父亲都是该厂员工，并非出自“中医世家”，其妻子和父亲也是该厂职工。

张悟本对于很多疾病都声称可以用食疗方来解决，这个食疗方几乎是“万能”的灵药——每天1斤多绿豆煮水喝。在张悟本的说教中，最著名的要数“绿豆说”了，它不但能治近视、糖尿病、高血压，还能治肿瘤。对此，全国名老中医、卫生部中日友好医院首席专家晁恩祥无奈地表示：“像这种一个萝卜、一斤绿豆就能治病的说法，未免太过荒谬！”北京中医医院副院长王国玮点评说，有两点老百姓必须要知道，一是中医讲究辨证施治、整体观念、因人施治。食疗同样是因人而异的，不同的人方法不同，不同的季节调理方法也不一样。二是中医历来讲究的都是“以治为主，以食疗为辅”，仅依靠食疗治病需谨慎。

张悟本还说，不要喝酸奶，里面的增稠剂会让血管堵塞。对此，中国营养学会理事长程义勇教授批驳道，不是所有的酸奶都加增稠剂。退一步说，即使用了，只要按照国家标准来用，也不会对人体产生危害。况且，增稠剂本身根本不会造成血管堵塞，这是很无知的说法。

张悟本说，生吃长条茄子就等于吃降脂药，它不仅吸油，治血脂黏稠，还能治肿瘤。国家食物与营养咨询委员会副主任、中国农业大学食品学院李里特教授表示，茄子对补充人体膳食纤维确实有好处，但它就是一种普通的蔬菜，在营养方面未必比深色绿叶菜好。中国中医科学院广安门医院食疗营养部主任王宜也表示，生吃茄子确有一定的清热解毒、活血消痛的功效，茄子提取物能降低血清胆固醇。但这种吃法并非人人都适用，而且，不同体质的人摄入量是多少，也都有讲究，不能一概而论。

“张悟本现象”并非个例，如今养生论调出一个火一个，养生专家粉墨登场让人眼花缭乱，甚至有的仅为钱财。卫生部中国健康教育中心专家田向阳认为，现代人对健康的热衷是其土壤，但这块土壤尚不成熟。卫生部去年的调查显示，我国居民具备健康素养的总体水平为6.48%，加上医学的专业性，很多人无法分辨真假。而有些所谓“专家”往往又抓住大家想走捷径、有病想尽早治愈等心理，时常爆出惊人之语。

国医大师李济仁表示，中医讲究辨证，还要辨体，每个人体质不同，病症不同，随便乱补肯定有害。现在媒体热炒的很多养生说法都太绝对，这是非常不慎重的，可以说是误国误民！

田向阳呼吁，媒体发布健康资讯需要提高门槛，应有医学专家顾问团为媒体“保驾护航”，一来确保专家真正有资质，二来为传播出去的内容把关。作为老百姓，一定要多问几个“为什么”：他为什么这样说？科学依据在哪？其他的专家怎么看？要静下心来多质疑，太玄的东西不可信，盲从很容易既花钱又误病。

甚至有专家断言，张悟本仅是“昙花一现”式人物。只有传播有科学依据的真理才能长久，从“神坛”上跌下来的林光常、刘太医都是教训。

他的挂号费也因此水涨船高。位于国家奥林匹克中心西南门处的悟本堂，张悟本是此处惟一的坐诊专家，挂号费2000元一次，而且已经排到今年年底。据了解，由于患者太多，悟本堂已不接受高血压患者的预约。

不仅如此，杂粮也沾了张悟本“养生说”的光。在菜市场里，绿豆、黑豆已成了不少消费者的必买品，少则三五斤，多则几十斤，价格被不断推高。有摊主甚至调侃道，“这绿豆涨价都是张悟本的功劳！”据说，以张悟本名义销售的某品牌绿豆甘草汤已经卖到138元，售价38元一瓶的醋泡黑豆，刚推出半个月每天就能卖出100多瓶，成为该公司最畅销的产品。

李一“以道骗财”利用中医

说起道长李一的骗局，比张悟本造成的声势要大得多，手段也更技胜一筹。

根据百度的介绍，李一原名李军，重庆沙坪坝区人，出生于1969年9月13日，高中学历。现任中缙云山绍龙观住持。因在网络上走红，成为了新一任“养生达人”。大谈养生、国学的他，不仅虚构弟子三万，更是号称身怀“驾驭220伏电”的绝技。但其利用电流断症、治癌的特别“医术”，引发了网友热议，也让医学专家强烈质疑。

李一出生在重庆沙坪坝区，其父是某国企的一名退休工人，“为人和蔼、本分”；李一从小都在石桥铺长大，初中时在石桥铺街头打架斗殴小有名气，高中时则逃学跟河北来重庆摆地摊表演杂耍的人走了，“去学绝世武功”。李一在家排行老二，街坊邻居常叫他“李二娃”。李一1994年开办气功班，大渡口为主要活动场所。他和弟子们“自编自创”了一套《龙人气功》。据李一的昔日追随者介绍，这套“功法”实际上是东拼西凑，由李一弟子中文化最高、一个重师数学系的毕业生执笔而成。1996年左右，李一又开设了一家推拿按摩类的“道医馆”，拉开其“道家养生之旅”。这家推拿按摩馆的位置特别，挨着重庆市委机关大院的小礼堂。这个道医馆，门口挂着八卦图，既没有招牌，也无医疗器械，李一更无行医资格，便开始了“通电疗法”试验。但生活的窘迫仍如影相随。这个地处特殊位置的道医馆，让李一迅速积累起大量政商资源。1997年起，在政商人脉的帮助和“智囊团”策划下，李一开始了商人之旅。1997、1998年间，他先后担任重庆华厦文化传播服务公司、重庆德宏文化传播公司等一系列公司的董事长，还创立了重庆北碚保护道教文化促进会，自任会长。1998年7月，李一以旗下重庆德宏文化公司为发起人，联合北碚保护道教文化促进会、重庆乡源工贸公司、重庆联昌鞋业公司等企业，共同组建了重庆龙人文化集团（下称重庆龙人）。李一出任董事长。

李一真正发迹于2004年，他在中智信达的培训课堂上讲养生课，结识了大批精英朋友，“当时他不出名，我们抱着试一试的态度，让他来给我们的高管培训班免费讲解养生课程”。他们是名人、企业高管、富豪等等。2005年，著名导演张纪中被邀上缙云山“辟谷”治疗，同行者有其妻樊馨蔓及演员王菲、李亚鹏夫妇。其后，樊馨蔓以这次经历出版了畅销书《世上是不是有神仙》，首次实录推介李一的辟谷等养生术。这之后，李一开始频频被电视台邀请去做节目、开讲座，如凤凰卫视《世纪大讲堂》、《锵锵三人行》、《智慧东方》、湖南卫视《天天向上》等。中智信达也推出李一的养生光盘，李一自己出版《养生有良方》一书。随后，《中国企业家》、《南方人物周刊》相继推出大幅报道。李一渐渐被涂抹上了神性光泽。2009年起，中智信达与李一深度合作，针对高端人群，定期推出五天四夜的“养生修炼特训营”，李一亲授养生疗法、功法。每位学员收取的费用为16800元。“我们过去请李一大师讲课不收费，现在每期‘特训营’公司需‘捐功德’三四十万。”赵鑫表示。《时代周报》记者近日对绍龙观进行了实地查访。绍龙观已吸引了众多养生修炼者，观内鉴湖养生宾馆常年客满，房价高昂，豪华套房每日1699元，普通标间为488元；附近农民的房屋也常被来自外地的“仙友”长期租住。

李一的绍龙观养生中心的各种“疗程”和国学院的“课程”则是李一最广为人知的另一条财路，也是其赢利模式的主轴。除了免学费的“三日观”外，所有养生、治疗和培训项目均收费不菲：5日养生班3800元，7日道医班9000元，外丹堂一个疗程9800元，李一道德经集训（李一不在就听录音）16800元，国学总裁班39800元，一场法事3万-5万元不等，据知情者透露，辟谷起价高达30万元。据知情人介绍，免费的“三日观”是收费的起点，是一个针对观摩者筛选诱导的过程，每一个环节都有专人负责。如何说话，说什么话，怎样应对都经过严格的培训和规范，目的是确保在“三日观”期间准确甄别观摩者的经济状况，确保目标客户进入收费养生培训环节。

李一外丹堂开展足疗、按摩、藏浴，绍龙观称他们可用电疏通经络治病，所有的病人，都用那两三种药，不符合传统医学辨症施治、对症下药的常识。他们号称一个道士每天能给十位病人“补气”。李一曾在凤凰卫视《世纪大讲堂》大谈“道医”如何被中医遮蔽，但他并无任何行医资质和许可。李一及其绍龙观是借养生之名，在行医疗之实。缙云山养生网网页快照中，“‘缙云山国学院七日道家养生调理班’—糖尿病、高血脂、心脑血管及各类慢性病者的福音”标题赫然在目，内容明确称用“道医临床发功调理+道家行气诀脉法（潜伏期疾病诊断技术：导电察体）+道家秘传外丹药浴+道家养生功法修炼，满足广大‘亚健康’仙友及糖尿病等患者快速祛病强身的需求”，非法行医嫌疑昭彰。

李一自称“以道家精神倡导人类新文明”是他毕生的理想和奋斗目标，他利用道家贵生主张，在“养生即是养道”的理念下，自称摸索出一系列与普通人共享的养生方法，讲究的是未病先医，用整体的思路，激发生命的自愈能力。“养生而炼精，炼精而化神”。通过修炼道家功法，使身体中亏损的精、气、神逐步恢复到充盈状态，达到无病自医。

多年来，社会各界名人、名士来到缙云山养生求医、闭关修行，使这里的养生文化逐渐蜚声海内外。据说阿里巴巴创始人马云先生、著名导演张纪中、演员李亚鹏、王菲夫妇更是每年固定上山修炼，在那里体味道法自然，体验道家薪火相传的养生功课。央视《感动中国》总导演樊馨蔓与身患重度糖尿病的朋友一起亲身经历中国传统道家医学的神奇后，在博客中记录了自己对道家文化的真实感悟。

李一借道家养生，涉嫌非法行医，聚敛钱财骗局的揭破，又一次教育了人们。有学者指出，现在国学热一浪高过一浪，这是一个大局，各色人等都粉墨登场，真心实意的多，不怀好意的也有，大家应该加以提放。

大道堂敛财盗用中医旗号

2010 年是各种伪养生大师轰然倒塌最多的一年，在北京的大道堂中医养生研究院也是其中之一，它倒运是从上了央视的《焦点访谈》开始的。这个研究院的院长刘逢军据说很有些绝招，诸多现代医学不能根治的疾病，通过他的养生调理都可以治愈，引得不少人慕名而来。

据说北京大道堂中医养生研究院，一上午有 400 多人请院长刘逢军“指导养生”。记者暗访时，在大厅中听到不断循环播放刘逢军讲养生的内容，竟然有这样的高谈阔论：“我放生了 2000 斤鲤鱼，这些鱼离开的时候，都在向我鞠躬，你能想象 2000 斤鱼一起鞠躬的情形吗？”在大厅内候诊的患者的答复，更令人不安：“我信他，我就觉得他神奇！”

其实，神奇的刘逢军并不神奇。刘逢军 1952 年出生，18 岁入伍，1994 年 42 岁退役，受过中医学高等教育。但是，他并没有提及自己在何时何地受过何种医学高等教育。而在部队期间，他也没有任何脱产学医或者从医的记录。他自称在退役后就被聘任为北京光明中医学院养生系的系主任和教授。然而据原北京光明中医学院院长闫孝诚教授介绍，北京光明中医学院已经不存在了，也没有设立过养生系。那么刘逢军是不是这所中医学院的教授呢？据闫孝诚教授说，光明中医学院只是一个民办性质的学校，根本没有评定职称的资格。而刘逢军和大道堂与北京光明中医学院只是挂靠关系。刘逢军还自称退役后被聘任为西藏驻京办事处医务部门的中医师和主任。对此，记者也与西藏驻京办事处进行了核实，办事处称他们没有医务部门，只是在 10 多年前，刘逢军仅仅是租过西藏驻京办事处的地方。刘逢军在书中还自称是卫生部养生师专家委员会的副主任委员，而经过调查，卫生部根本就没有这个养生师专家委员会。

神奇的刘逢军诊断患者时，在一个带有玻璃窗的咨询室内进行咨询，而患者在咨询室外排起了长队，每隔几分钟就会有 10 人一组集体进入咨询室。而这些能够见到刘逢军的患者都必须要提前一周进行电话预约，并用自己的二代身份证做个人信息登记，同时还要签上一份公告合同书。据北京大道堂工作人员介绍，公告合同书是患者必须要阅读并签字的，不认可挂不了号。在公告合同书中有这样的重点内容：一个是他们不是医疗机构；另一个是，他们的产品属于食品，不是药品。但是大厅反复播放的刘逢军自己的录音，却不断列举着他治病的效果。其中有一段声音是说，经过他五年的调理，患者肝上的肿瘤缩小并钙化。记者跟随一位咨询者进入了这间神秘的咨询室。坐在桌子前的就是刘逢军，记者发现，虽然说是咨询，可是咨询者一落座，刘逢军一句话都没问，只抬头看了几眼、就开出了方子。几乎所有咨询都是这样的流程，算起来，每个人的“咨询时间”只有几十秒，其中还包括开调理方子的时间。有顾客反映，一分钟是最长的。

在大道堂显眼的位置，摆放着刘逢军的书和光盘，刘逢军在书中这样解释他的望诊：“3 个小时望诊 254 人。一位西医教授很惊讶，她问我靠什么手段。我说，靠《易经》的高度哲学抽象法和全息论。”更让人惊讶的是，这《易经》全息望诊不但“神速”而且还可以“隔空”，就是在人不到场的情况下，刘逢军可以通过照片望诊，只要是三五天内带有面部和舌象的近照都可以。望诊后，不管你想调什么病，都是吃由大道堂自制的食疗产品——养生宝。大道养生宝一盒 22 元，一般一天就要吃上一盒。刘逢军在自己的书中就列举了使用大道养生宝治愈肺癌的病例。但是按照《食品安全法》的规定，所有生产食品的企业应当取得食品生产许可证，大道养生宝的包装上，根本就没有食品生产许可证号。据了解，大道堂曾经到北京质监局咨询过，得到的答复是大道养生宝从内容、包装到用法都不属于食品，所以不可能取得食品生产许可证。大道养生宝给大道堂带来了巨额盈利，在记者暗访的这个上午，共有 400 多人挂了刘逢军的号，每人挂号费 31 元，每人购买养生宝少则几百元，多则上千元，按每人平均花费 500 元计算，大道堂仅仅 4 个小时的销售额就可能超过 20 万元。

大道堂中医养生研究院的经营范围除了中医养生方面的技术咨询、技术服务、培训之外，并没有医疗和中医诊疗的内容。然而，在书和光盘中，刘逢军却列举了大量自己治病的例子，其中包括癌症、糖尿病、牛皮癣、老年痴呆症等诸多不治之症。在光盘中就举了刘逢军用 3 根冰棍儿救活癌症晚期患者的案例。

北京悟本堂被拆除半年之后，北京大道堂中医养生研究院又因媒体曝光而暂时停业。尽管这里已经大门紧闭，但仍不时有咨询者前来“买药”。大道堂与悟本堂相似，都表示“不挂号、不看病，只是预约、咨询和调理。”而且，他们都有“神奇”的“调理”方式。大道堂的养生师也不进行号脉等中医坐堂诊断手法。

北京中医药大学东方医院亚健康科主任彭玉清认为，中医养生潮的兴起是大势所趋，然而群众对什么是真正中医缺乏认识或认识不多，在很多人眼里中医是神秘的、祖传的。因此，一些不是专家的人为了获利招摇撞骗，这给中医养生带来混乱，希望真正的中医业内人士能够认真研究百姓需求，提倡科学养生，让中医养生市场健康有序发展。有学者认为，此类“神医”之所以屡禁不绝，与医疗科普不足，群众缺乏足够的科学养生知识密切相关。在看到中医优势的同时，教育民众不可轻信“养生大师”所谓“健康秘术”的“神奇功效”，应到权威的中医医疗机构接受养生保健治疗。因为只有对症治疗，才能增进身体健康。

中医药界迎新春茶话会

2010 年 1 月 23 日，中华中医药学会、中和亚健康服务中心、中国中西医结合会、中国针灸学会、中国中药协会、中国民族医药学会联合在京举行“杏林春暖——2010 年中医药界迎新春茶话会”，中医药界专家学者欢聚一堂，喜迎新春佳节。卫生部副部长、国家中医药管理局局长、中华中医药学会会长王国强出席并致辞。

王国强向一年来辛苦工作在中医药战线上的

同志们致以新春佳节的问候和衷心的感谢。他希望全国中医药战线的同志们在新的一年里，抓住机遇、迎难而上、顽强拼搏、再接再厉、扎实工作，紧紧围绕深化医药卫生体制改革这条主线，全面贯彻落实《若干意见》，按照全国卫生工作会议和全国中医药工作会议的部署，在深化医改中加快推进中医药事业发展。

与会人员互致问候，共叙友情，谋划发展，畅谈过去一年来在党中央、国务院的大力支持下，在卫生部和国家中医药管理局的领导下，中医药事业改革与发展取得的显著成就。会议同时举办了中医医疗、保健、科研、教育、产业、文化成就展，演出了主要由中医药系统选送的精彩的文艺节目。

国家中医药管理局副局长吴刚、李大宁、马建中，党组成员王志勇等领导出席了茶话会。有关部委、局直属单位以及各地中医药部门的领导、专家、学者及代表也参加了茶话会。

资料来源：《中国中医药报》

杨氏沙园膏药：医者仁心 杏林佳话

“肿疙瘩、生疮、长疙瘩，贴杨氏膏药”、“杨氏膏药奇效，有毒不用刀”很多上了年纪的洛阳人都知道这句话。

清乾隆版《嵩县志》中对杨氏沙园膏药有明确记载，说杨氏沙园膏药主治各种风湿、骨病、疮疡、疔毒、痈疽、乳痈等中医外科疾病，疗效显著，闻名于世。2010 年 9 月，杨氏沙园膏药被列入洛阳市非物质文化遗产，2010 年 2 月，入选“河南老字号”。

名满河洛：大国手义传仁里

我慕名去老城金业路西关杨氏沙园膏药店采访，一走进店内，淡淡的中药味扑面而来，一位慈祥的老人正在为一个患了疙瘩的孩子贴膏药。她就是杨氏沙园膏药第八代传人、76 岁的杨秀清老人，边上给老人当助手的是第九代传人、杨秀清的女儿吴建丽。

我说明了来意，杨秀清老人笑着说：“杨氏沙园膏药的创始人杨瑞生在清初，老家在现在的伊川县葛寨乡沙园村。”

老人拿出了一摞摞家里代代相传的“宝贝”。我仔细翻看，大部分是患者为感谢杨氏治病之恩赠送的牌匾的文字资料，赠送者以普通百姓居多，但也不乏官宦富商。牌匾的内容有“厚德载福”、“艺比鹊陀”、“妙手回春”、“神膏普济”、“术精变法”和“大国手义传仁里”等。

其中“术精变法”匾额是清光绪十六年（公元1890年）蓝翎五品、山东宁阳县主簿蔡文光为感谢沙园杨家为其家人治病之恩赠送的。“大国手义传仁里”就更值得一说了。清同治七年（公元1868年），河南府嘉奖各行当艺精德高之人，杨氏沙园膏药传人榜上有名。因感杨氏传人悬壶济世，当时的河南知府为杨氏传人题写了“大国手义传仁里”牌匾，一时传为佳话。

意外机缘：沙园膏药出深山

今年56岁的杨宗臻是沙园村人，原任伊川县文联主席，曾参与杨氏族谱的编修，也很关注杨氏膏药。

杨宗臻介绍说，杨氏传人能走出沙园村到洛阳行医治病，其中还有一段故事呢！

民国时期，洛阳城里最大粮行的老板的母亲得了一种病，到处求名医诊治，数年不愈。一个偶然的机会，他的朋友介绍他找到了当时名贯河洛的杨氏沙园膏药传人杨守铭。杨守铭不负盛名，1个月的时间就把老太太的病给治好了。

除了感激之外，粮行老板还给杨守铭建议：这么好的医术，应该去洛阳行医，让更多的病人解除疮痈之痛。他愿意尽其所能资助杨守铭开诊所。

想想人家说得很有道理，杨守铭也有意让杨氏沙园膏药造福百姓，就这样，杨氏传人带着沙园膏药来到了洛阳。

配方独特：膏药贴上病患除

膏药距今已有1600多年的历史，是祖国中医药文化遗产中最重要的外科用药剂型之一。

杨氏沙园膏药采用祖传秘方，配方独特，由五六十种中药经过多重工序精心熬制而成。

吴建丽说，要想膏药好，选材很重要。他们做膏药的药材都是专门到药材产区采购上好药材，运回后分类存放，该切的切，该碾的碾，然后在香油缸里浸泡。熬制工艺就更复杂了，温度要达到300℃以上，然后将不同的药材分段分批入锅，一直要熬到能“挂丝”才算好。

接下来是下丹。下丹可是个技术活，凭的全是经验。膏体要不老不嫩，老了膏药在身上贴不牢，嫩了膏药会散流。

最后是摊膏药，摊膏药的标准是“铜锣边，菊花心”，说的是要把膏药摊出一个圆圆的花形来。

吴建丽说，熬膏和摊膏的技术绝非一朝一夕就能学会，她也是跟母亲学了多年才能拿捏准。

医者仁心：华夷愚智皆平等

“若有疾厄来求救者，不得问其贵贱贫富，长幼妍蚩，怨亲善友，华夷愚智，普同一等，皆如至亲之想。”吴建丽说，几百年来，这已成杨氏传人看病行医之道。

今年69岁的张润生是洛龙区水磨村人，幼时得病，双肋生疮。张润生父母将张润生带到西关找杨守铭诊治时，其双肋部位已经化脓腐烂，有些地方骨头都露出来了。杨守铭给他贴了膏药，数月之后，张润生奇迹般地好了。

张家人千恩万谢，可家境贫寒无以为报，就决定把家中用来搞运输挣生计的一头小毛驴送给杨家。秉承家训的杨守铭坚辞不受。杨守铭的理由很简单：有钱治病，没钱也得给治，这是杨家的祖训。

张家感激杨先生的大恩大德，遂把张润生认给杨守铭做义子，50多年来，两家你来我往，成了一家人。

西关杨氏诊所门庭若市，千里之外来洛求医问药者不计其数。“施药不如传方”，为了治病救人，杨守铭还写了很多膏药的配方及熬制方法，散发给人们，造福百姓。

河洛名医：高风亮节捐秘方

在过去，像这种远近闻名的行医世家，家规非常严格，传男不传女自不必说，外人是根本没有机会接触膏药制方的。

到了杨守铭这一辈，他不仅改了传男不传女的规矩，还把祖传秘方捐给政府，培养徒弟。

20 世纪六七十年代，大凡小孩子们得痄腮，父母就会把孩子带到西关杨氏沙园膏药店贴膏药，膏药一时用量很大。这时杨守铭已在当时的西关卫生所当医生了，抽不出更多的时间做膏药。到了1970 年，膏药已经供不应求。

适逢洛阳市当时成立西关膏药厂，政府安排杨守铭进厂负责膏药生产技术，膏药名为“活血消肿膏”，西关膏药厂以后并入了洛阳市中药厂。杨守铭带着祖传秘方进厂，在膏药厂培养徒弟，还把女儿杨秀清带到厂里工作。

杨秀清从小受祖父、父亲熏陶，深谙“简、便、廉、验”的膏药制方，和父亲一道承担起了膏药厂的技术工作。

1986 年，退休之后的杨秀清总想再做点事，想把杨家传承了 300 多年的沙园膏药发扬光大。很快，杨秀清中医诊所在西关开起来了，她带着女儿看病行医，治病救人。

2001 年，由于在中医药行业的突出贡献，洛阳市中医学会授予杨秀清“河洛名医”称号。

现如今，杨氏沙园膏药传统技艺由杨秀清女儿吴建丽、女婿百国文继承，系杨氏膏药第九代传人。杨氏膏药第十代传人百俞锦目前正在中医学院进行系统的专业知识学习，相信这枝民间医药奇葩会在河洛人地上绽放出更夺目的光彩。

资料来源：《洛阳晚报》

十四　警示台

国家中医药管理局发布2010年第一批虚假中医药机构网站名单

2010 年 3 月，国家中医药管理局在互联网上监测到 20 家虚假中医药机构网站，发现这些网站存在严重欺骗行为，如中国国际皮肤病理研究总院（http://www.kxt99.com）冒用国家中医药管理局多位领导名义进行药品疗效认定，中国人民解放军疑难病研究总院高血压康复中心冒用部队名义进行虚假宣传。

2010 年 4 月 20 日，国家中医药管理局发布国中医药通【2010】1 号通告，将《2010 年第一批虚假中医药机构网站名单》予以公布，以保护广大人民群众的切身利益，营造安全的网络医疗服务环境。

附件：

2010年第一批虚假中医药机构网站名单

序号	单　位	网　址	地 区
1	中国中医皮肤病研究总院白癜风专研中心	http://www.80955749.com	北京
2	中国中医药高血压病研治总院	http://www.gxy365.cn	北京
3	中国中医牛皮癣基因研究中心	http://www.npx83260909.cn	北京
4	中国疑难病研究院鱼鳞病治疗研究中心	http://www.pfw01.com	北京
5	中国国际牛皮癣病理研究院	http://www.zggjnpx.com	北京
6	中国中医药研究院皮肤病研治中心	http://www.pfjk119.com/01.htm	北京
7	中国基因医药科学院糖尿病康复中心	http://www.hexietnb.com	北京
8	中国皮肤病防治中心牛皮癣研究总院	http://www.995yy.com.cn	北京
9	中国中医药疑难病研究院皮肤病研治中心	http://www.xdq010.com/yyjs.htm	北京
10	中国结石病研究总院	http://www.jieshi120.net.cn	北京
11	中国人民解放军第二炮兵医学药物研究总院	http://www.09tnb991.com	北京
12	中国人民解放军疑难病研究总院高血压康复中心	http://www.gxy368.com	北京
13	中国中医医学科学院风湿骨病研治中心	http://www.zygbjkw.com.cn	北京
14	中国中医药脑神经康复中心	http://www.bjsmkfw.com	北京
15	中国中医皮肤病研究院北京中医皮肤病治疗中心	http://www.chinapiyan.com	北京
16	国际医药生物科学研究总院	http://www.tnb8686.cn	北京
17	首都医科大学颈椎病腰椎病临床研究中心	http://www.hg590.com	北京
18	北京中医疑难病研究会糖尿病专家门诊	http://www.tnbchina.com	北京
19	北京新国际高血压研究总院	http://www.gaoxueya120.info	北京
20	中医老年呼吸病康复中心	http://www.lnhxb.com/	山西

国家中医药管理局发布2010年第二批虚假中医医疗机构网站名单

2010年3月起，国家中医药管理局在互联网上监测到20家虚假中医药机构网站，发现这些网站存在严重欺骗行为，非法使用“中国”、“中华”、“首都”等词语和“首都医科大学”、“中医药大学”、“同仁中医”、“白求恩中医学院”等与国内知名医疗单位相似名称，以迷惑欺骗消费者。

2010年7月15日国家中医药管理局发布国中医药通【2010】2号通告，将《2010年第二批虚假中医药机构网站名单》予以公布，以保护广大人民群众的切身利益，营造安全的网络医疗服务环境。

附件：

2010年第二批虚假中医医疗机构网站名单

序号	单　　位	网　址	地　区
1	中国中医科学研究院北京糖尿病专科医院	http://www.bjtnb120.com	北京
2	中国中医研究院北京肠胃疾病研治中心	http://www.315cw.com	北京
3	中国国际脑神经干细胞研究总院	http://www.kxjyd315.com	北京
4	中国国际股骨头联合总院	http://www.hssgw.com	北京
5	中国中医药糖尿病研制总院	http://www.tnb315.com	北京
6	中国中医药大学腰椎病颈椎病研究院	http://www.010yzw.com	北京
7	中国国际病理研究院骨病研究总院	http://www.ggt355.com	北京
8	中国脑神经科学研究院	http://www.666xnkcd.com	北京
9	中国老年医学委员会糖尿病专研中心	http://www.jktnb010.com	北京
10	中国医科大学首都白癜风医院	http://www.bdf2010221.com	北京
11	中华骨病研究协会国际合作中心	http://www.kfggt.net	北京
12	中华医学会国际骨病基因研究院	http://www.999jgfhw.com	北京
13	首都医科大学男性疾病防治中心	http://www.120qianliexian.net.cn	北京
14	首都中医生理科学研究院医学美容中心	http://www.qb666.com	北京
15	北京国际中医治疗牛皮癣银屑病康复总院	http://www.npx886.com	北京
16	北京同仁中医医科研究总院糖尿病治疗中心	http://www.tangbingkang.com.cn	北京
17	北京同仁医学研究院皮肤病康复治疗中心	http://www.pfb2010.com	北京
18	北京国际痛风病研究院治疗中心	http://www.bjtf666.com	北京
19	北京国际现代男科医院	http://www.gjnk999.com	北京
20	白求恩中医学院附属医院	http://www.bqenpx.cn	河北

国家中医药管理局发布2010年第三批虚假中医医疗机构网站名单

2010年10月起，国家中医药管理局在互联网上监测到20家虚假中医药机构网站，这些网站宣称其自制药可以治愈顽症，如类风湿、牛皮癣、白癜风、高血压等，存在严重欺骗行为。

2010年10月29日，国家中医药管理局发布国中医药通【2010】3号通告，将《2010年第三批虚假中医药机构网站名单》予以公布，提醒广大人民群众提高警惕性，防范虚假中医药机构网站，拒绝购买假冒伪劣中药制剂。

附件：

2010年第三批虚假中医医疗机构网站名单

序号	单　　位	网　址	地　区
1	中国国际糖尿病医学研究总院	http://www.tnbjk999.net	北京
2	中国航天医学研究院骨病研究中心	http://www.gugu120.com	北京
3	中国中医药科学院	http://www.qlx66.com	北京
4	中国北大脑病基因研究院	http://www.nbkf99.com	北京
5	中国国际糖尿病生物医药研究总院	http://www.ykw999.com	北京
6	中国国际高血压病理研究总院	http://www.wyk88.com	北京
7	中国国医药研究总院颈椎腰椎病专研中心	http://www.yzbkf.com	北京
8	中国国际皮肤病病理研究总院	http://www.nk555.com	北京
9	中国骨病生物医药研究总院	http://www.xgjh99.com	北京
10	中医药研究院	http://www.pifubing999.com	北京
11	协和医科大学精神疾病科研中心	http://www.zhsmn120.com	北京
12	北大航天中医院附属风湿免疫专研中心	http://www.010good.net	北京
13	首都医科大学燕京医学院牛皮癣专研中心	http://www.20107289.com	北京
14	中瑞国际白癜风研究院	http://www.2010bdfw.com	北京
15	河北国防现代医学院	http://www.gfnpx.com	河北
16	河北国防现代医学院	http://www.gfnpx.com	河北
17	山西省中医老年呼吸病医院	http://www.lnhxb.com/	山西
18	山东省医学研究总院	http://sdyxyjy.com	山东
19	上海医联专家医学研究中心	http://www.dfnbw.com	上海
20	河南漯河宏运医院	http://www.wuguifen.com/index_cn.asp	河南

国家食品药品监督管理局要求查处利用互联网宣传销售假药行为

（国家食品药品监督管理局 2010 年 01 月 08 日发布）

国家食品药品监督管理局发出通知，要求各省（区、市）食品药品监督管理局对未经注册在互联网上借虚假机构并/或盗用合法药品生产企业的名义，违法宣传销售具有治疗高血压等疾病药品特征的产品进行查处。具体的产品名称和网址情况如下：

1. 产品名称："美克诺·肌诺泰"，标示企业名称：北京国际医学研究科技合作推广中心，网址：www.jwsjkw.com；

2. 产品名称："腰痹通胶囊"，标示企业名称：中国医科大学腰椎病颈椎病研究总院，网址：www.168393.cn。该产品系盗用合法药品生产企业江苏康缘药业股份有限公司生产的腰痹通胶囊的批准文号；

3. 产品名称："止咳喘系列特效中药"，标示企业名称：中国中医哮喘病研究院，网址：www.bqeqgy.com.cn；

4. 产品名称："联邦·稳压肽"，标示企业名称：中国高血压病理研究总院，网址：www.lbwy999.com；

5. 产品名称："联邦·骨泰康、联邦·脊肽宁"，标示企业名称：中国国际骨病康复研究院，网址：www.gbkf120.net；

6. 产品名称："依尔洁软胶囊、清雅颗粒"，标示企业名称：北京国际狐臭病研究院，网址：www.09hc.com；

7. 产品名称："益脑康泰"，标示企业名称：中国中医药头痛病理研究总院，网址：www.toutong120.com；

8. 产品名称："澳润胶囊"，标示企业名称：中国股骨头坏死医学研究总院，网址：www.010ggt.com。

保健食品"赐富牌化维纤胶囊"夸大宣传被查处

（国家食品药品监督管理局 2010 年 01 月 22 日发布）

浙江赐富医药有限公司生产的保健食品"赐富牌化维纤胶囊"在《参考消息》、吉林的《新文化报》、黑龙江的《新晚报》和《生活报》等多家媒体进行夸大宣传，宣称"研制出首个安全逆转纤维化的纯天然生物制剂，其疗效是 Y 干扰素的两倍以上、纤维化没了，老肺病好了、老肺病救命之术、92%的患者取得明显效果，53%的患者彻底康复"等功效，与食品药品监督管理部门批准的"提高缺氧耐受力"功能不符，含有不科学的表示功效的断言和保证等内容，严重欺骗和误导消费者。

浙江省食品药品监督管理局已依法收回了"赐富牌化维纤胶囊"产品的广告批准文号，其再发布的广告均是违法行为。

四种药品广告文号被撤消后企业仍在媒体发布严重违法广告

（国家食品药品监督管理局2010年02月23日发布）

国家食品药品监督管理局在监测中发现，有四种药品因虚假宣传被食品药品监管部门依法撤销广告文号后，企业仍在一些媒体上对其进行广告宣传，违法情节严重，严重欺骗和误导消费者。现对下列4种药品及其生产企业、发布媒体予以曝光：

一、北京京铁华龙药业有限责任公司生产的药品“根痛平颗粒”，其功能主治为“用于风寒阻络所致颈腰椎病引起的肩颈疼痛、活动受限、上肢麻木”。该药品在《华商报》、《西安晚报》等媒体继续发布严重违法广告，宣称“一喝显奇效，1-2疗程酸麻困疼等症立即减轻，2 3 疗程即可”，含有不科学地表示功效的断言和保证。

二、同溢堂药业有限公司生产的药品“益安宁丸”，其功能主治为“气血虚弱，肝肾不足；失眠健忘，神疲乏力，腰膝酸软”。该药品在《贵阳晚报》、《南国都市报》、《楚天都市报》、《成都商报》、《华西都市报》等媒体继续发布严重违法广告，宣称“治疗心脏病10天就见效……”等，含有不科学地表示功效的断言和保证，并使用消费者名义为产品功效作证明等内容。

三、河南百年康鑫药业有限公司生产的药品“大风丸”，其功能主治为“舒筋活血，补虚祛风。用于腰腿疼痛，四肢麻木，筋骨酸重”。该药品在《今晚报》、《燕赵都市报》、《保定晚报》等媒体继续发布严重违法广告，宣称“服用不到2天：肢体酸痛基本消除，麻木部位阵阵热流窜动……”等，含有不科学地表示功效的断言和保证。

四、广东华天宝药业集团有限公司生产的药品“腰椎痹痛丸”，其功能主治为“壮筋骨，益气血，舒筋活络，祛风除湿，痛痹止痛的功效，用于治疗实证腰痛”。该药品为处方药，在《太原晚报》、《南国都市报》、《楚天金报》、《成都商报》等媒体继续发布严重违法广告，宣称“三天快速止痛，三阶段全面康复……”等，含有不科学地表示功效的断言和保证，并使用消费者名义为产品功效作证明等内容。

查处非法药品“胰愈降糖胶囊”和“强肾糖胰康”

（国家食品药品监督管理局2010年03月10日发布）

国家食品药品监督管理局发出通知，要求各省（区、市）食品药品监督管理局对未经审批注册的药品“胰愈降糖胶囊”和“强肾糖胰康”进行查处。

“胰愈降糖胶囊”标示企业名称：中国海总糖尿病专研中心，网站：www.81tnb.com；“强肾糖胰康”标示企业名称：中国中医科学院糖尿病基因医学研究总院，网站：www.qstyk.com。

国家食品药品监督管理局要求查处盗用合法企业产品名义从事违法宣传销售的五种假药

（国家食品药品监督管理局 2010 年 04 月 16 日发布）

国家食品药品监督管理局发出通知，要求各地对盗用合法药品生产企业生产的“银屑胶囊”的名义，违法宣传销售具有治疗牛皮癣药品特征的产品进行查处。经核查，被查处的产品均未经注册。

根据通知内容，要求各地查处的产品具体名称和标示生产企业名称情况如下：

一、产品名称：“银屑胶囊”，标示企业名称：中国军事医药科技学院，网站：www.npx010.com/txyw.asp；

二、产品名称：“紫丹银屑丸”，标示企业名称：中国藏医研究院皮肤病研治中心，网站：www.zypfbw.com.cn、www.zyyxb.com.cn；

三、产品名称：“天山佰草银屑胶囊”，标示企业名称：协和医学研究院皮肤病康复中心，网站：www.tsbc99.com；

四、产品名称：“新一代银屑胶囊”，标示企业名称：中国中医疑难病研究总院，网站：www.npx009.com；

五、产品名称：“银屑胶囊”，标示企业名称：武汉同济堂医药生物科技有限公司。

上述产品均系盗用合法药品生产企业新疆维阿堂制药有限公司生产的“银屑胶囊”（批准文号：Z20080093）的名义。

国家食品药品监督管理局要求查处假药“虫草肾阳丸”

（国家食品药品监督管 2010 年 0 理局 5 月 05 日 发布）

国家食品药品监督管理局下发通知，要求各省（自治区、直辖市）依法严肃查处假药“虫草肾阳丸”，切实保障公众用药安全。

国家食品药品监督管理局接到云南省食品药品监督管理局报告，该局在监督检查中发现辖区内市场上销售的“虫草肾阳丸”（盗用批准文号：国药准字 Z22024102，标示生产企业名称：吉林省华侨联合企业制药厂，标示产品批号：20090630）涉嫌为假药。后经标示生产地吉林省松原市食品药品监管局核实，无药品所标示的药品生产企业。

2010 年第 1 期国家药品质量公告中不符合标准规定的药品名单

（国家食品药品监督管理局 2010 年 05 月 11 日发布）

国家食品药品监督管理局公布了 2010 年第 1 期国家药品质量公告，其中，不符合标准规定的药品如下：

国家抽验不符合标准规定的药品名单

序号	药品品名	标示生产企业	生产批号	药品规格	不合格项目
1	刺五加注射液	黑龙江乌苏里江制药有限公司	080517	每瓶装 100ml	含量测定
2	刺五加注射液	黑龙江乌苏里江制药有限公司	080502	每瓶装 250ml	含量测定
3	莪术油葡萄糖注射液	西安秦巴药业有限公司	0810171	125ml:莪术油 50mg 与葡萄糖 6.25g	含量测定
4	鱼腥草注射液	福建三爱药业有限公司	080302	每支装 2ml	检查（pH 值 ）
5	克霉唑乳膏	新乡华青药业有限公司	090102	1%	含量测定
6	克霉唑乳膏	芜湖三益制药有限公司	090302	3%	检查（细菌数）、含量测定
7	克霉唑乳膏	芜湖三益制药有限公司	081204	3%	检查（细菌数）

国家食品药品监督管理局要求：查处非法药品“蜂蚁健骨素”、“特供叁号”和“糖瑞平·胰活胶囊”

（国家食品药品监督管理局 2010 年 06 月 02 日发布）

国家食品药品监督管理局发出通知，要求对未经注册，借虚假机构或盗用合法药品生产企业的名义，违法宣传销售具有治疗糖尿病等疾病药品特征的产品“蜂蚁健骨素”、“特供叁号”和“糖瑞平·胰活胶囊”进行查处。

“蜂蚁健骨素”（麝香风湿胶囊）标示企业名称：浙江天一堂药业有限公司（该产品系盗用合法药品生产企业“浙江天一堂药业有限公司”及其产品的名义）；“特供叁号”标示企业名称：中国人民解放军老干部局糖尿病中心；“糖瑞平·胰活胶囊”标示企业名称：中国人民解放军总后勤部。

国家食品药品监督管理局对 4 种夸大宣传药品曝光

（国家食品药品监督管理局 2010 年 06 月 08 日发布）

国家食品药品监督管理局对监测到的“三十六味消渴胶囊”等 4 种夸大了药品的疗效、严重欺骗和误导消费者的药品予以曝光。同时，提醒消费者：应通过正规渠道购买药品并在医师或药师的指导下使用。

被曝光的药品及其违法广告情况如下：

一、广西北海凯运药业有限公司生产的药品“三十六味消渴胶囊”。该药品为处方药，擅自在大众媒体发布广告，药品广告宣称“第一阶段：口渴失眠、视物模糊、皮肤骚痒、便秘腹泻等不良症状明显改善，手脚麻木、冰凉刺痛消失、四肢有力……”等，含有不科学地表示功效的断言和保证，并使用消费者名义为产品功效作证明等内容。

二、广西桂西制药有限公司生产的药品“双瓜糖安胶囊”。该药品广告宣称“刚吃一个月，就感觉自己浑身有劲了，血糖也正常平稳了，睡觉也安稳了，眼睛也清亮了……”等，含有不科学地表示功效的断言和保证，并使用消费者名义为产品功效作证明等内容。

三、山东烟台中亚药业有限责任公司生产的药品“消糖灵胶囊”。该药品为处方药，擅自在大众媒体发布广告，药品广告宣称“3-7 天，血糖、尿糖平稳下降，口渴多饮、全身无力改善。可减用西药……”等，含有不科学地表示功效的断言和保证，并使用消费者名义为产品功效作证明等内容。

四、河南新乡佐今明制药股份有限公司生产的药品“益津降糖胶囊”。该药品为处方药，擅自在大众媒体发布广告，药品广告宣称“服用 5-7 天即可见明显效果，连续服用 3-4 个疗程康复停药……”，含有不科学地表示功效的断言和保证，并使用消费者名义为产品功效作证明等内容。

国家食品药品监督管理局发布 2010 年第 2 期违法药品、医疗器械、保健食品广告公告汇总

（国家食品药品监督管理局 2010 年 07 月 08 日发布）

为加强药品、医疗器械、保健食品广告监督管理，整治违法发布广告行为，进一步规范广告发布秩序，国家食品药品监督管理局对各省（区、市）食品药品监督管理部门发布的违法广告公告情况进行了汇总。

汇总期间，各省（区、市）食品药品监督管理部门以发布违法广告公告等方式，通报并移送工商行政管理部门查处的违法药品广告 14574 次，违法医疗器械广告 782 次、违法保健食品广告 3893 次，撤销或收回因严重篡改审批内容进行违法宣传的 9 个药品广告、4 个医疗器械广告和 16 个保健食品广告的广告批准文号。北京等 13 个省（区、市）对违法广告涉及产品采取了 125 次暂停销售的行政强制措施。

其中违法情节严重、违法发布广告频次高的药品、医疗器械和保健食品有：长春人民药业集团有限公司生产的药品“蠲痹抗生酒”、吉林省辉南辉发制药股份有限公司生产的药品“麝香心脑通胶囊（广告中宣传名称：甲乙抗栓）”、青海省格拉丹东药业有限公司生产的药品“回生甘露丸”、辽宁中医学院药业有限公司生产的药品“生血片”、吉林敖东集团金海发药业股份有限公司生产的药品“鹿筋壮骨酒”、北京长城制药厂生产的药品“利脑心片”、广东宏兴集团股份有限公司宏兴制药厂生产的药品“息喘丸”、营口中成康泰医疗器械有限公司生产的医疗器械“全息反射降压治疗板”、保健食品“野酒花牌梦康宁胶囊”。

国家食品药品监督管理局要求查处假药“藏肾生精丸”

（国家食品药品监督管理 2010 年 07 月 20 日发布）

国家食品药品监督管理局发出通知，要求各省（区、市）食品药品监督管理局对未经注册，并借虚假机构的名义，违法宣传销售假药“藏肾生精丸”（标示批准文号：国药准字 Z54020017，标示生产批号：20090915，包装规格：每瓶 9g，9g×10 瓶）进行查处。

国家食品药品监督管理局曝光33种假药

（国家食品药品监督管理局2010年08月17日发布）

国家食品药品监督管理局发出通知，集中曝光了“五十八味益肾胶囊”等33种假药，并要求各省、自治区、直辖市食品药品监督管理部门加强对辖区内药品经营企业、医疗机构的监督检查，一旦发现，立即依法查处。

国家食品药品监督管理局接到相关举报，反映在报刊、互联网等媒体上有假借虚假的权威机构，宣传具有治疗糖尿病、牛皮鲜等慢性病、疑难病的产品。经核实，举报反映的“五十八味益肾胶囊”等33种产品均为未经批准注册的假药。

附件：

违法宣传销售假药表

序号	标示生产企业名称	产品名称
1	中国国际健康协会糖尿病救治基地 中国地区CDRA全球糖尿病康复协会	五十八味益肾胶囊
2	中国（国际）糖尿病康复研究院	默克·牛胰素
3	同仁厂	生物降压方
4	/	欢康骨筋丸胶囊
5	张仲景创新工程	肾脉通含片
6	中国绿色草本植物研究中心	口服胰岛软黄金
7	中国国际中医精神障碍基因研究总院	金肽·郁舒宁、金肽·睡康宁
8	国际生物医药糖尿病病理研究总院	奥维·胰康肽
9	中国肾病研究院	诺美御肾R8胶囊
10	北京鹤年堂	补益强心片
11	同仁堂	同仁眼清、同仁耳黄金
12	北京中瑞白癜风研究院	白癜风胶丸、清白酊
13	中医药研究院	气管炎灵
14	/	血樱花胶囊
15	/	生命态散结灵
16	美国加州药业	康曦磁化膏
17	中国人民解放军总医院疑难杂病研究院	维压特号胶囊
18	中国人民解放军陆军医学研究总院	胰肾降糖胶囊
19	中国科学院脑病研究中心	辉瑞健脑回春丹
20	中华中医药研究院康复中心	糖舒宁胶囊
21	中国糖尿病康复网	胰岛再生活力康泰
22	北京中医鱼鳞病医疗中心	迪尔止消鳞

23	中国中医科大学附属痛风治疗中心	痛风康活力素
24	骨病康复网	联邦·骨康宁
25	国际高血压康复中心	生物·愈压素
26	首都医科大学失眠抑郁治疗中心	宁心解郁安神胶囊
27	中国国际股骨头科研部	09金骨软胶囊
28	中国股骨头治疗网	股骨康活力素
29	中国中医药大学腰椎病颈椎病研究所	龙骨劲康胶囊、龙骨劲康贴、龙骨腰痛灵胶囊、龙骨腰痛灵贴
30	中国藏医研究院	紫丹银屑丸
31	中国生命科学研究院	基因克疝灵胶囊
32	韩国金圣草中国官方销售网站	金圣草
33	牛皮癣康复网	新一代银屑胶囊

国家食品药品监督管理局曝光六种保健食品严重违法广告

（国家食品药品监督管理局2010年08月27日发布）

国家食品药品监督管理局集中曝光了“厚德牌蜂胶软胶囊”等六种违法情节严重、违法发布广告频次高的保健食品广告。目前，食品药品监督管理部门已经将这些违法广告移送有关部门查处。

为加大对违法发布保健食品广告的整治力度，规范广告发布秩序，国家食品药品监督管理局组织对全国部分报纸发布的保健食品广告进行了重点监测。在对监测数据进行汇总后，集中对其中违法情节严重、违法发布广告频次高的保健食品广告进行了集中曝光。

违法情节严重、违法发布广告频次高的六种保健食品广告具体内容如下：

一、保健食品“厚德牌蜂胶软胶囊”[卫食健字（2002）第0599号]，其批准的保健功能为“调节血糖、调节血脂”。广告宣称“厚德蜂胶是糖尿病专用蜂胶，添加了胰岛素辅助因子，吸收率达到惊人的99.99%，服用可以血糖平稳，胰岛被修复，并发症全面逆转……”等。该广告宣传不规范，含有不科学地表示功效的断言和保证，并使用消费者名义为产品功效作证明等内容，严重欺骗和误导消费者。

二、保健食品“绿海牌复方蜂胶胶囊”（国食健字G20070332），其批准的保健功能为“辅助降血糖、增强免疫力”。广告宣称“服用当天，血糖就正常了，脚麻酸都明显变轻了……”等。该广告宣传不规范，含有不科学地表示功效的断言和保证，并使用消费者名义为产品功效作证明等内容，严重欺骗和误导消费者。

三、保健食品“诺尔牌养正堂胶囊”（国食健字G20070066），其批准的保健功能为“辅助降血糖”。广告宣称“很多糖尿病患者服用养正堂胶囊不到一周时间，以前剧烈波动的‘7点血糖’变的非常平稳，皮肤不痒了，随脚灵便了，看东西清楚了，从来没有过的舒畅感觉遍布全身……”等。该广告宣传不规范，含有不科学地表示功效的断言和保证，并使用消费者名义为产品功效作证明等内容，严重欺骗和误导消费者。

四、保健食品“百邦牌蜂参胶囊”（国食健字G20050254，广告中标示名称为：百姓蜂胶），其批准的保健功能为“增强免疫力”。广告宣称“一般在一个月内餐后血糖会降到6mmol/l左右。口渴、多尿、乏力等，不超过半个月基本消失……”等。

该广告宣传不规范，含有不科学地表示功效的断言和保证，并使用消费者名义为产品功效作证明等内容，严重欺骗和误导消费者。

五、保健食品“中葆牌苹唐胶囊”（国食健字G20041139），其批准的保健功能为“调节血糖”。广告宣称“服用3-7天：血糖平稳下降，注射胰岛素可停1/3……”等。该广告宣传不规范，含有不科学地表示功效的断言和保证，并使用消费者名义为产品功效作证明等内容，严重欺骗和误导消费者。

六、保健食品“今雄牌苍芎胶囊”（国食健字G20090331，广告中标示名称为：基因口服胰岛素），其批准的保健功能为“辅助降血糖”。广告宣称“昨天血糖14，今天11，后天6，停药1-2天，血糖还是6，有些甚至能维持一个月，两个月，六个月还是6……”等。该广告宣传不规范，含有不科学地表示功效地断言和保证。

11种违法广告被曝光

（国家食品药品监督管理局2010年10月13日发布）

国家食品药品监督管理局根据各地食品药品监督管理部门近期发布的违法广告公告，发布了2010年第3期违法广告汇总，并对广西平南制药厂生产的“前列清茶”、河南凌云医药科技有限公司生产的医疗器械“腰枕治疗仪”、保健食品“新滋美胶囊”（国食健字G20070117）等11种违法情节严重、违法发布广告频次高的药品、医疗器械和保健食品予以曝光。

2010年第3期违法广告公告汇总显示，在该公告汇总期间，各地食品药品监管部门以发布违法广告公告等形式，通报并移送同级工商行政管理部门查处的违法药品广告17724次、违法医疗器械广告2257次、违法保健食品广告4185次。撤销或收回了因严重篡改审批内容进行违法宣传的123个药品广告、4个医疗器械广告和13个保健食品广告批准文号。吉林等16个省（自治区、直辖市）对违法广告涉及产品采取了347次暂停销售的行政强制措施。

附件：

11种违法广告名单

一、广西平南制药厂生产的药品“前列清茶”，其功能主治为“清热，利湿，通淋。用于慢性前列腺炎湿热下注证。症见：尿频，尿急，时有疼痛，尿有余沥”。该药品为处方药，擅自在大众媒介发布广告。广告宣称该产品“30杯喝走男人频、滴、疼、软；逆向冲刷，杀菌排垢，激活细胞，恢复免疫力；治疗彻底，有效率达90%以上”。该广告含有利用专家名义作证明和不科学地表示功效的断言和保证等内容，严重欺骗和误导消费者。

二、吉林天药本草堂制药有限公司生产的药品“心舒胶囊”，其功能主治为“行气活血、通窍、解郁。用于冠心病引起的胸闷气短，心绞痛”。该药品为处方药，擅自在大众媒介发布广告。广告宣称该产品“精滤血液、激活心肌细胞、高效强心；3疗程告别心脏病；不用支架，少花9万”等。广告含有利用专家、患者名义作证明和不科学地表示功效的断言和保证，严重欺骗和误导消费者。

三、湖南乐邦制药有限公司生产的药品“龟蛇酒”，其功能主治为“滋阴补肾、益气活血、舒筋通络、祛风除湿，用于老年体弱，头昏眼花，腰膝酸软，尿频，四肢麻木，关节酸痛”。广告宣称该产品“服用当天，失眠多梦等多种症状明显好转；服用15天，关节疼痛等症状消失；服用一个疗程，肝肾功能恢复正常，患者整体功能平均年轻10岁；长期服用，白发转黑发，老年斑消失，抗病能力提高”等。产品功能与主治的宣传超出了食品药品监督管理部门批准的内容，含有不科学地表示功效的断言和保证，严重欺骗和误导消费者。

四、贵州家诚药业有限责任公司生产的药品

“解毒止泻胶囊”，其功能主治为“清热解毒，利湿止泻。用于胃肠湿热所致的腹泻、腹胀、腹痛，急性肠炎见上述症状者”。广告宣称该产品为“10分钟快速止泻止疼痛，彻底清肠毒，肠炎连根除，安全，无毒副作用”等。产品功能主治的宣传超出了食品药品监督管理部门批准的内容，含有不科学地表示功效的断言和保证等内容，严重欺骗和误导消费者。

五、青海省格拉丹东药业有限公司生产的药品“回生甘露丸”，其功能主治为“滋阴养肺、制菌排脓。用于肺脓肿，肺结核，体虚气喘，新旧肺病等”。该药品为处方药，擅自在大众媒介发布广告。广告宣称该产品“肺病老咳喘，一丸定音；20 分钟快速起效，24 小时清除肺内毒素，60 小时后增强血氧供应，三周期旧肺换新肺”等。该广告含有不科学地表示功效的断言和保证等内容，严重欺骗和误导消费者。

六、保定中药制药有限公司生产的药品“舒筋丸”(广告中宣传名称：金关捷)，其功能主治为“祛风除湿，舒筋活血。用于风寒湿痹，四肢麻木，筋骨疼痛，行步艰难”。该药品为处方药，擅自在大众媒介发布广告。广告宣称该产品“一丸定痛，只需服用一粒疼痛立刻消失，服用三个疗程就能根除骨关节疾病；被称为中华止痛第一方；筋骨同治，治骨除根”等。该广告产品功能主治的宣传超出了食品药品监督管理部门批准的内容，含有利用专家、患者名义作证明和不科学地表示功效的断言和保证等内容，严重欺骗和误导消费者。

七、河南凌云医药科技有限公司生产的医疗器械“腰枕治疗仪”，其适用范围为“适用于腰肌劳损、腰椎退行性病变、腰椎间盘脱出等病症的辅助治疗”。广告宣称该产品是“我国目前唯一治疗腰椎间盘突出不复发的办法，恢复正常生理曲度，修复破裂纤维环周边受损组织，消除水肿炎症”等。该广告含有利用专家、患者名义作证明和不科学地表示功效的断言和保证等内容，严重欺骗和误导消费者。

八、北京盛世临科技有限公司生产的医疗器械“盛世临红外保健系列贴－I 型（商品名：化糖贴)”，其适用范围为“适用于正在接受常规治疗而效果不理想的 2 型糖尿病，对于糖尿病引起的血糖控制不良，气短懒言，夜尿频多，健忘，手足畏寒，肢体麻木，肢体疼痛症状有辅助治疗作用”。广告宣称“化糖贴对心、脑、肾、眼、胃、皮肤、生殖器、妇科病等并发症有效率为 84.6%，逐步减停口服血糖药，血糖平稳正常不反弹”等。该广告含有利用患者名义作证明和不科学地表示功效的断言和保证等内容，严重欺骗和误导消费者。

九、哈尔滨市天地仁医药科技开发股份有限公司生产的医疗器械“痔疮磁化膏推射器”，其适用范围为“痔疮”。广告宣称“美国 FDA 承认康曦是治疗痔疮的最佳方案；一夜之间，6000 患者的痔疮神秘消失；治痔疮 3 年不复发”等。该广告含有不科学地表示功效的断言和保证等内容，严重欺骗和误导消费者。

十、保健食品“新滋美牌新滋美胶囊”（国食健字 G20070117)，其批准的保健功能为“抗氧化”。广告宣称该产品“滋养卵巢；服用 15 天睡眠加深，皮肤润滑，服用一周期色斑淡化，痛经缓解，月经正常，更年期症状消除，服用 2 周期乳腺增生、子宫肌瘤、卵巢囊肿明显改善”等。该广告产品保健功能的宣传超出了食品药品监督管理部门批准的内容，含有利用患者形象和名义作证明，不科学地表示功效的断言和保证等内容，严重欺骗和误导消费者。

十一、保健食品“东方之子牌双歧胶囊”（国食健字 G20050741)，其批准的保健功能为“增强免疫力”。广告宣称“双奇被誉为双歧杆菌之王、萎缩性胃炎 30 天被控制、大多数患者服用 1 至 2 个疗程，各种不适症状消失”等。该广告产品保健功能的宣传超出了食品药品监督管理部门批准的内容，含有利用患者形象和名义作证明，不科学地表示功效的断言和保证等内容，严重欺骗和误导消费者。

消费警示："长寿因子口服液"等未获批准

（国家食品药品监督管理局 2010 年 10 月 13 日发布）

国家食品药品监督管理局接到举报，反映祥康养生堂在生产、销售"长寿因子口服液"、"长寿因子酒"等产品时，夸大宣传产品的治疗功效。经核实，上述产品均未经国家食品药品监督管理局批准。

国家食品药品监督管理局曝光"辉瑞健脑回春丹"等四种假药

（国家食品药品监督管理局 2010 年 10 月 20 日发布）

国家食品药品监督管理局发出通知，曝光了"辉瑞健脑回春丹"等 4 种假药，并要求各省、自治区、直辖市食品药品监督管理部门加强对辖区内药品经营企业、医疗机构的监督检查，一旦发现，立即依法查处。

国家食品药品监督管理局接到举报，反映在市场有盗用合法药品生产企业的名称或盗用合法药品批准文号的产品，进行具有治疗疑难病等功能的虚假宣传。经核实，举报反映的产品均为未经批准注册的假药，具体产品情况如下：

一、"辉瑞健脑回春丹"，标示生产企业名称："中科院脑病研究中心"。该产品系利用伪造权威机构和知名药品生产企业的名称进行非法宣传销售。

二、"复方通络醒脑胶囊"，标示批准文号为："国药准字 Z20027062"。该产品的批准文号系盗用合法药品生产企业云南永孜堂制药有限公司的名称及其生产的"天麻醒脑胶囊"的药品批准文号。

三、"胆舒软胶囊"，宣传网站地址：www.jiankang09.cn，标示批准文号为："国药准字 Z20060027"，标示研发单位："中国中医科学研究院北京胆囊疾病康复诊疗中心"，标示生产单位："大连天宇奥森制药有限公司"。该产品及其批准文号系盗用合法药品生产企业大连天宇奥森制药有限公司的名称及其生产的"胆舒软胶囊"的药品批准文号。

四、"强效牌腰息痛胶囊"，宣传网站地址：www.01051298764.com。该产品系"清华大学附属疼痛研究院"盗用合法药品生产企业陕西君寿堂制药有限公司生产的"君寿牌腰息痛胶囊"的合法名义。

消费警示："默克·骨芝宝"为未经批准的假药

（国家食品药品监督管理局 2010 年 10 月 25 日发布）

国家食品药品监督管理局接到举报，反映在报刊上有宣传能根治痛风的产品"默克·骨芝宝"。经核实，该产品为未经批准注册的假药。不法分子利用虚假权威机构和知名药品生产企业的名义夸大宣传该产品，并在其宣传销售网站中利用伪造的国家局网站数据查询页面来欺骗患者。产品具体情况如下：

标示产品名称："默克·骨芝宝"，标示分装机构："中华医学会北京国际痛风病研究总院"，标示研制机构："默克生物制药有限公司"，宣传销售网站地址：www.mkgzb.com。

"散结灵胶囊"等 4 种药品违法广告被曝光

（国家食品药品监督管理局 2010 年 10 月 27 日发布）

国家食品药品监督管理局在监督检查中发现，"散结灵胶囊"等 4 种处方药品擅自在大众媒体发布广告，广告中存在夸大疗效和功能主治等虚假内容，严重欺骗和误导消费者。为严厉打击违法药品广告，规范药品广告发布秩序，食品药品监督管理部门根据《药品广告审查办法》对上述违法广告的药品及生产企业进行了处理，同时依法移送工商行政管理部门查处。现将违法广告药品予以曝光。同时，提醒消费者：应通过正规渠道购买药品并在医师或药师的指导下使用。

被曝光的药品及其违法广告情况如下：

一、西安方兴制药有限公司生产的药品"散结灵胶囊"，其功能主治为"用于阴疽初起，皮色不变，肿硬作痛，瘰疬鼠疮。"该药品为处方药，擅自在大众媒介发布广告。广告宣称"一般 3 天见效，一疗程症状消失，2-4 疗程肿结囊肿萎缩脱落轻松痊愈……"等。该广告含有不科学地表示功效的断言和保证，并使用消费者名义为产品功效作证明等内容，严重欺骗和误导消费者。

二、广东华天宝药业集团有限公司生产的药品"腰椎痹痛丸"，其功能主治为"用于治疗实证腰痛。"

该药品为处方药，擅自在大众媒介发布广告。广告宣称"3 天疼痛明显减轻，30 天腰有劲，腿有力，90 天腰椎病彻底康复，爬梯扛米袋，样样行……"等。该广告含有不科学地表示功效的断言和保证，并使用消费者名义为产品功效作证明等内容，严重欺骗和误导消费者。

三、吉林万通药业集团梅河药业股份有限公司生产的药品"脑蛋白水解物口服液"，其功能主治为"用于先天性脑发育不全、中枢神经系统感染、老年性痴呆、颅脑外伤后遗症、脑血管损伤后遗症等疾病。"

该药品为处方药，擅自在大众媒介发布广告。广告宣称"3 个月后，感觉四肢僵直明显减轻，就像束在身上的绳子被解开，浑身舒坦多了……"等。该广告含有不科学地表示功效的断言和保证，并使用消费者名义为产品功效作证明等内容，严重欺骗和误导消费者。

四、广东宏兴集团股份有限公司宏兴制药厂生产的药品"十香丸"，其功能主治为"用于气滞寒凝引起的疝气、腹痛等症。"

该药品为处方药，擅自在大众媒介发布广告。广告宣称"当天不自觉放屁，腹部压力消除，疼痛坠胀立即减轻……"等。该广告含有不科学地表示功效的断言和保证，严重欺骗和误导消费者。

国家食品药品监督管理局曝光"益肾糖灵胶囊"等三种假药

（国家食品药品监督管理局 2010 年 12 月 03 日发布）

国家食品药品监督管理局接到举报，反映在市场上有利用伪造的虚假权威机构宣传具有治疗慢性病、疑难病等功能的产品。经核实，举报反映的产品均为未经批准注册的假药，具体产品情况如下：

一、标示产品名称："益肾糖灵胶囊"，标示生产企业名称："中国人民解放军军事医学科学院糖尿病研究中心"。经核实，部队系统没有"中国人民解放军军事医学科学院糖尿病研究中心"。

二、标示产品名称："杞黄降糖胶囊"，标示药品研究机构："解放军生物医学科学院糖尿病研究中心"。经核实，部队系统没有"解放军生物医学科学院糖尿病研究中心”。

三、标示产品名称：“强力击疝宝胶囊”，标示产品生产单位：“中国疝病康复中心”。经核实，“中国疝病康复中心”为未经批准的虚假机构。

敦煌破获非药品冒充药品重大案件 六人被判有期徒刑

（国家食品药品监督管理局2010年12月07日发布）

甘肃省敦煌市人民法院对敦煌市食品药品监管局联合当地工商局、公安局和检察院共同破获的一起非药品冒充药品重大案件依法做出判决，6名被告人因犯销售伪劣产品罪，被分别判处有期徒刑1-3年并处罚金。

2010年4月，根据举报线索，敦煌市食品药品监管局联合工商局开展监督检查，发现有人以“健康讲座”为名向一些老年人销售普通食品“银杏灵芝沙棘软胶囊”，并声称该产品能够治疗各种“老年病”。同时，该案件的涉案人员还通过赠送现金、购物券及其他商品等手段获取老年人信任，以此骗取钱财。随后，敦煌市公安局、食品药品监管局紧急行动，当日便将该团伙所有6名成员一网打尽。

经调查，该团伙有组织、有预谋地以举办健康讲座为幌子，兜售冒充药品的非药品产品，根据相关法律法规其行为已构成销售伪劣产品罪。该案件是食品药品监管部门在全国开展整治非药品冒充药品专项行动中查办的典型案件。相关企业，应引以为戒，共同抵制非药品冒充药品行为。

杭州“11.24”非法生产经营假药团伙案一审宣判 4人获刑

（国家食品药品监督管理局2010年12月08日发布）

2010年11月17日，浙江省杭州市中级人民法院依法对“11.24”非法生产经营假药团伙案做出一审判决，主犯被以非法经营罪判处有期徒刑10年，并处罚金人民币400万元；其他3名被告人分别被判处有期徒刑6年、5年6个月、5年6个月，并处罚金人民币25万元、15万元、5万元；法院责令上述被告人继续退出犯罪所得。

2008年9月，杭州市食品药品监管局和杭州市公安局同时接到群众举报，称从杭州某科技公司高经理处，以现金交易方式购得的药品可能有问题。调查发现，该科技公司并未取得药品经营许可资格。两局密切配合，抽调精干力量成立了专案组，根据举报信息摸排调查、加强监测、密切跟踪，辗转浙江、广东、江苏、上海等地，掌握了该制售假药团伙的犯罪事实。

该案主要犯罪嫌疑人是美籍人士，其利用网络高科技犯罪，涉案药品特殊，涉案金额巨大，仿制多家知名厂商药品，销售网络涉及国内多个城市，被国家食品药品监督管理局和公安部列为重点督办案件。

2009年11月24日，专案组抓获涉案主犯，缴获了大量假药以及全英文标识的包装标签、说明书等，查获了用于制售假药的压片机、包衣机等制假工具，捣毁了两个假药包装窝点。该团伙产销网络被彻底摧毁。

资料来源：《中医药管理局网站》

张仲景故里南阳医圣祠

书影《伤寒论》

张仲景像

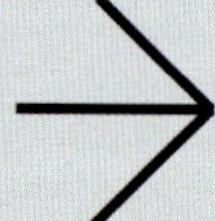

主任致辞

亚健康事业是功在千秋的大事业已是不争的事实了。

随着人类健康观念的变化和世界医学模式的转变，21世纪的医学，将从疾病医学向健康医学发展，人们对自身健康状态的关注，已从“已病图治”转变为“养生保健，未病先防”。处于健康与疾病之间低质状态的亚健康，伴随着时代的脉搏，成为21世纪最时尚的概念之一。关注与调治亚健康，成为健康医学的主题之一，符合世界医学发展趋势，对世界卫生组织提出的实现“人人享有卫生保健”的目标具有积极的促进作用。

我个人认为，亚健康问题、慢性复杂性疾病问题、老年人健康问题成为二十一世纪人类共同面临的三大健康问题。亚健康问题因其人群广泛，亚健康者多是创造社会财富的中坚力量以及亚健康问题以往不被重视等原因，使其位居三者之首。毋庸置疑，社会需求是任何学科和产业发展的第一推动力，鉴于此，亚健康既是一门新兴学科，更是一个朝阳产业。

让我们以中和亚健康服务中心为平台，为了亚健康事业，坚定信心、迎难而上、携手共进、开拓创新、科学发展。

我坚信，亚健康事业必将为二十一世纪人类的健康做出巨大的贡献！

中和亚健康服务中心主任　孙涛

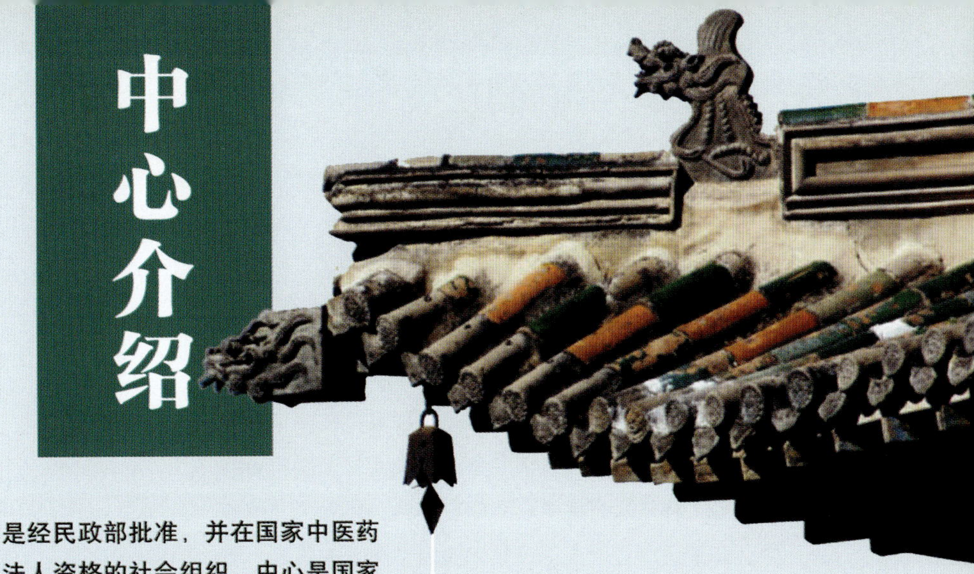

中心介绍

中心简介

中和亚健康服务中心（以下简称中心）是经民政部批准，并在国家中医药管理局的业务指导和监督管理下，具有独立法人资格的社会组织。中心是国家批准的惟一的从事亚健康研究、服务、管理，并构建亚健康服务体系，培养亚健康专业人才的一级专业组织。

中心秉承以产业拉动学术，学术推进产业的理念，以传播中医药文化为先导，以推广中医常用养生保健方法为主要手段，以预防保健专业服务人才培养为突破点，联合有志于亚健康服务的各类机构和企业，共同发展亚健康产业、服务全民健康。构建一个集学术、产业推广；第三方权威质量监督；标准、规范制定；专业人才培训；新产品、新技术研发为一体的产业平台。中心将联合社会各界人士，从以下几个方面共同构建和发展我国的亚健康事业：

★ 政策／规范

(1) 在国家中医药管理局等上级主管部门的正确指导下，从事亚健康产业各个环节相关规范的制定。

(2) 积极参与并推进亚健康产业管理的规范化进程。

(3) 经主管部门同意或授权进行相关行业统计，收集、分析、发布相关行业信息。

★ 学术/标准

(1) 开展各种形式的学术活动，组织重点学术课题的研究和考察活动。

(2) 编辑出版有关亚健康方面的学术专著、最新科研成果信息、科普期刊、科普图书及音像制品。

(3) 研究并制定亚健康临床干预指南等标准。

(4) 建立和推广亚健康检测、干预、管理体系。

★ 人才/教育

(1) 开发亚健康咨询师等新的职业。开展亚健康咨询师等的培训、认证、考评、管理等各项工作。

(2) 编撰亚健康专业系列教材，构建亚健康学科体系。

★ 交流/合作

(1) 联系政府和社会公益资源，展开整合传播与推广。

(2) 举办各种学术会议和论坛，普及和宣传亚健康知识。

(3) 通过培训、咨询、市场调查、技术推广、展览展示、组织文化艺术交流活动等方式，拓展亚健康产业的宽度和内涵。

(4) 通过接受企业或个人捐赠、组织成立基金会组织，为亚健康产业的发展贡献力量。

国家亚健康干预技术重点实验室

重点实验室

中和亚健康服务中心联合湖南农业大学、中华中医药学会亚健康分会及湖南中医药大学，以湖南农业大学中药资源与开发系为基础，以国家科技部作物种质创新与资源利用重点实验室、和湖南省亚健康诊断与干预工程技术研究中心为研究平台，成立了“国家中医药管理局亚健康干预技术实验室”。在国家中医药管理局指导下，依托中医药学术团体和机构的资源，从事健康、亚健康的教学、研究、管理、服务。推广亚健康知识，培养中医药亚健康专业服务人才，致力于服务全民健康，推进亚健康产业发展。

富智中和集团

中国第一家亚健康领域标准制定、技术研发、教材出版、人才培训、调理服务及健康产业连锁推广的综合服务提供商。

一、业务模型

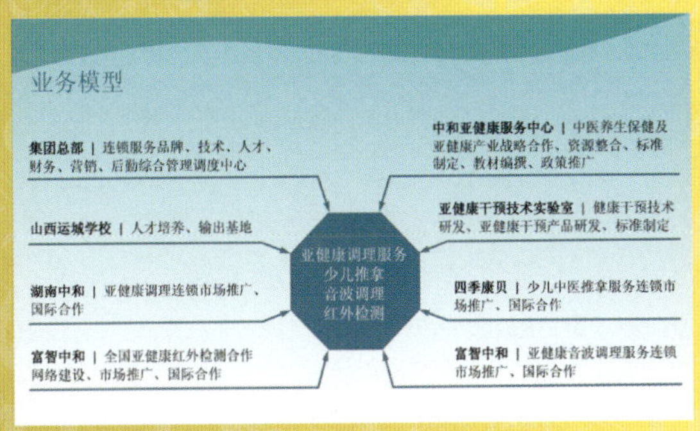

二、前沿产品

1、全球第一台《亚健康红外热成像检测仪》

亚健康人群检测的专业设备 中医可视化的领航者

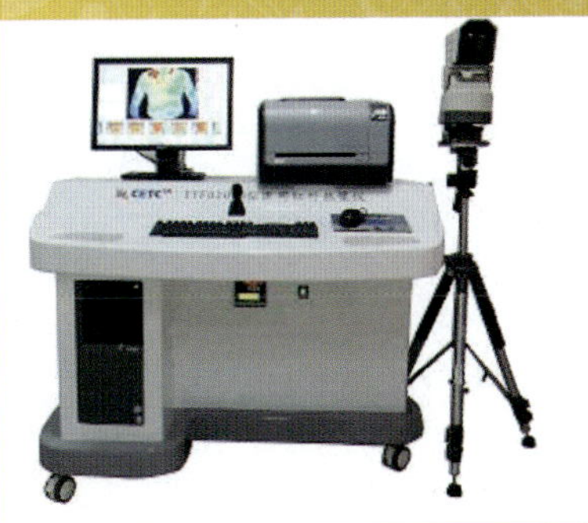

2、世界首创《中和音乐养生-调理应用系统》

中和音乐养生-调理应用系统根据中医五音与五脏的对应关系，再结合五色、五嗅、芳香疗法等理论，通过播放人体需要的音乐和控制器械对身体的音波震动，达到对身体亚健康状态的调节和治疗。

图一 中和音乐养生-调理应用系统主界面

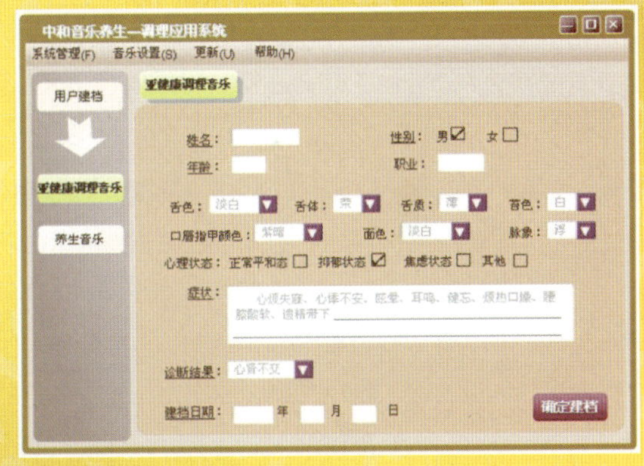

图二“用户建档”页面

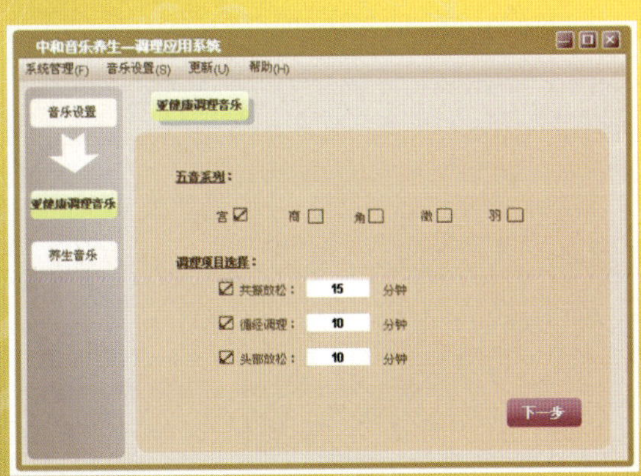

图三 “设置调理项目”页面

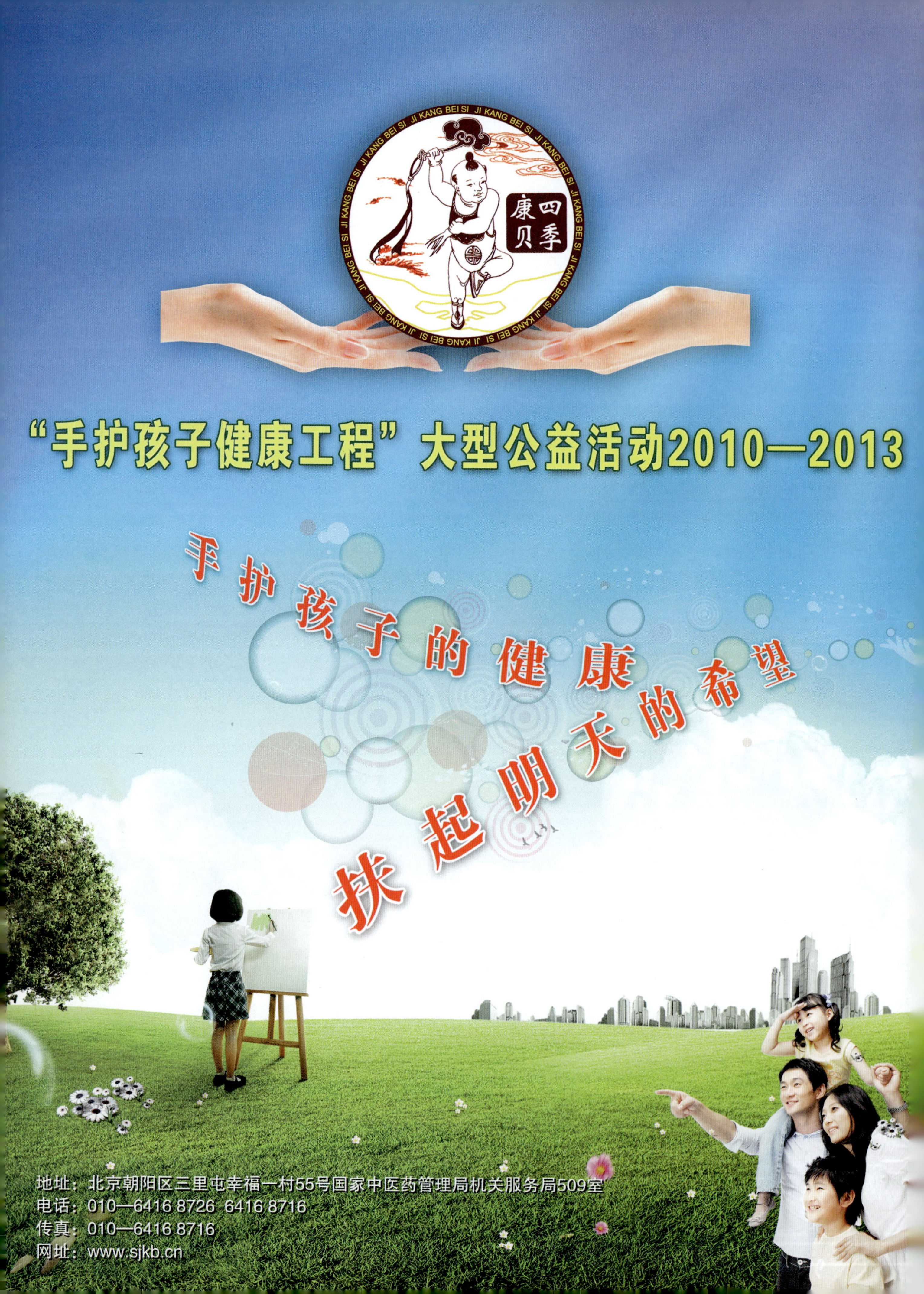
四季康贝
“手护孩子健康工程”大型公益活动2010—2013
手护孩子的健康
扶起明天的希望
地址：北京朝阳区三里屯幸福一村55号国家中医药管理局机关服务局509室
电话：010—6416 8726 6416 8716
传真：010—6416 8716
网址：www.sjkb.cn

國學國醫岳麓論壇

主办单位： 中华中医药学会 中和亚健康服务中心

承办单位： 富智中和集团

中华国学国医养生文化第一品牌

全国亚健康产业标准规范发布、理论技术推广的最高平台

发布中医养生、亚健康产业市场发展的最前沿资讯

宏扬中医药养生文化的盛宴

养生保健产品推广、展示、交流的国际平台

论坛三大特色

权威的学术交流平台

中华中医药学会秘书长李俊德和中和亚健康服务中心主任孙涛在国学国医岳麓论坛为2009《国医年鉴》首发揭幕

中华中医药学会秘书长李俊德和中和亚健康服务中心副主任朱嵘在国学国医岳麓论坛为2010《国医年鉴》首发揭幕

中华中医药学会骨伤专业委员会主任孙树春在国学国医岳麓论坛·国医论坛上做主题演讲

湖南中医药大学副校长何清湖在国学国医岳麓论坛·亚健康论坛做主题演讲

高端的政府媒体平台

卫生部副部长、国家中医药管理局局长王国强和湖南卫生厅厅长张健亲临论坛活动基地指导工作

国家中医药管理局副局长吴刚和湖南中医药管理局局长邵湘宁在国学国医岳麓论坛上为《中医治未病》首发揭幕

原湖南省委宣传部部长文选德在国学国医岳麓论坛上做重要讲话

湖南卫视、红网、央视喜乐乐网、潇湘晨报、长沙晚报

丰富的营销资源平台

首届岳麓论坛场景 树立论坛品牌

第二届岳麓论坛场景 扩大影响，关注亚健康

第三届岳麓论坛场景 开花结果 确定论坛模式 定位养生文化品牌

第四届岳麓论坛场景 以学术为基础 打造中华养生文化第一品牌

國學國醫岳麓論壇

养生、保健及亚健康产品展览会

为推动我国健康产业的发展，打造健康产业的特色品牌，加强健康产业技术交流，国学国医岳麓论坛同期举办养生、保健及亚健康产品展览会。

是国内外养生、保健及亚健康产业企业展示实力和形象，塑造品牌的极佳平台，通过展览会、论坛、讨论会、科技成果发布会、颁奖晚会等方式，打造中国的国际健康产业盛会。

分论坛合作

为进一步扩大论坛影响，提高知名度，使之更好的服务于大众，论坛组委会决定在全国范围内寻找合作创办新的分论坛的合作伙伴。愿意合作的单位可以与会务组联系。

参会、参展范围

- 保健、营养品、绿色有机食品类
- 养生、保健产品类
- 功能茶类
- 功能油类
- 家庭医疗保健、康复用品及器械类
- 睡眠产品类
- 健身、美容美体、按摩器材类
- （养生、营养保健及SPA养生、瑜珈养生会馆）特许连锁机构加盟区
- 服务机构类

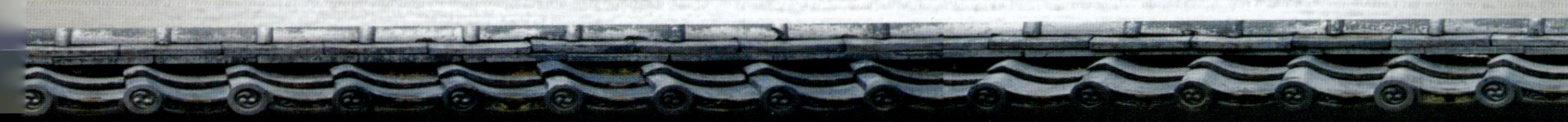

北京会务组：
联系人：史亚文　邮箱：shiyawen1979@163.com
　　　　孙瑞洁　邮箱：ruijie0212@163.com
电　话：010-64150586　传　真：010-64130087
地　址：北京市朝阳区三里屯幸福一村55号国家中医药管理局机关服务局办公楼510室（100027）

长沙会务组：
联系人：赵琼　邮箱：zhaoqiong77@163.com
电　话：0731-82868898　传　真：0731-82868891
地　址：长沙市朝阳路253号铁银商务楼402、401
网　址：www.gxgy.org

国家扶持的芳疗新旗舰，助您赢在起点——诗艾经典芳疗室

“诗艾经典芳疗室”是按照国家“亚健康芳香调理养生示范单位”要求和规范的，经严格审查及缜密检验，获得国家中医药管理局业务主管的中和亚健康服务中心授权，荣膺国内唯一“亚健康芳香调理养生示范单位”指定标准。

- 国家权威机构认可的“诗艾通调养芳疗养生技术”

- 标准的“通调养”产品体系

- 标准的立体式形象视觉体系

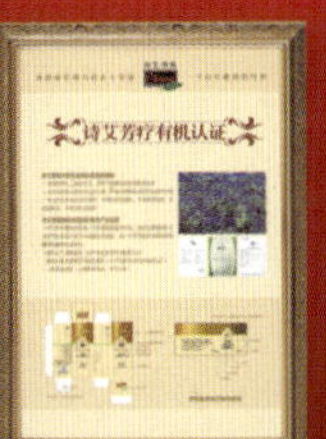

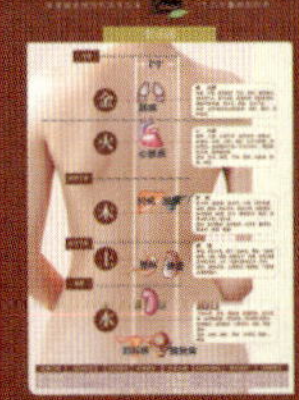

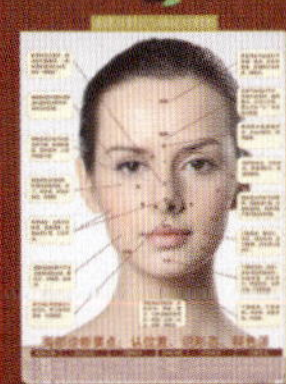

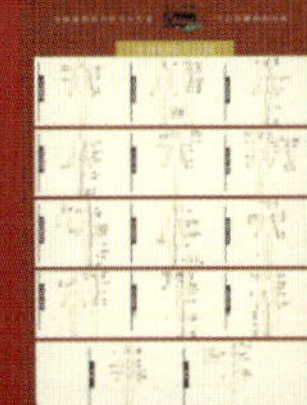

- 标准化的诊疗服务体系
- 标准的程序递接式营销系统
- 标准的人才培养和保障体系
- 标准的会员拉动体系
- 标准的业绩提升系统
- 国字号芳疗旗舰

“亚健康芳香调理养生示范单位”

领航新时代国字号规范养生！

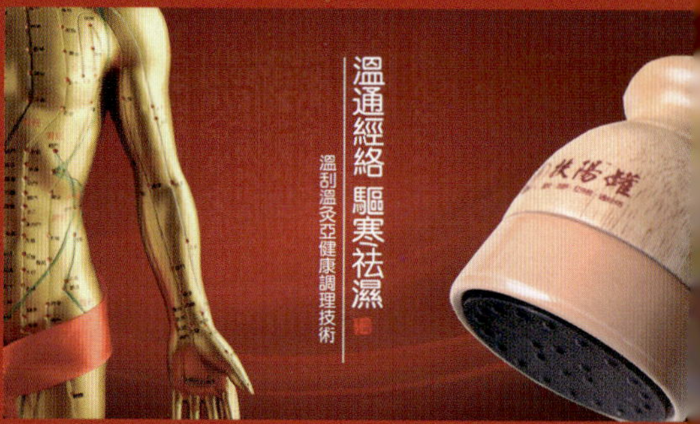

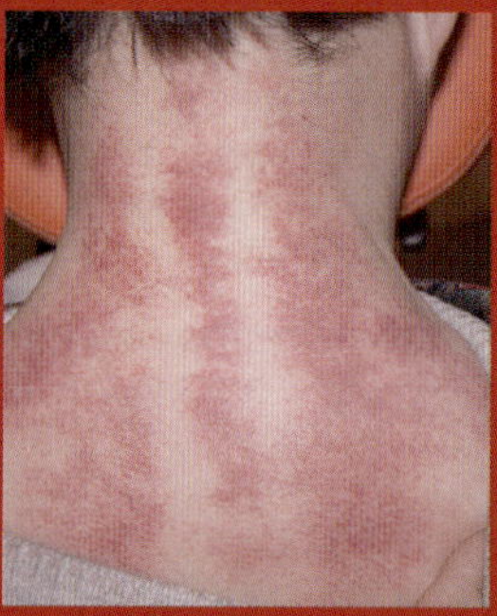

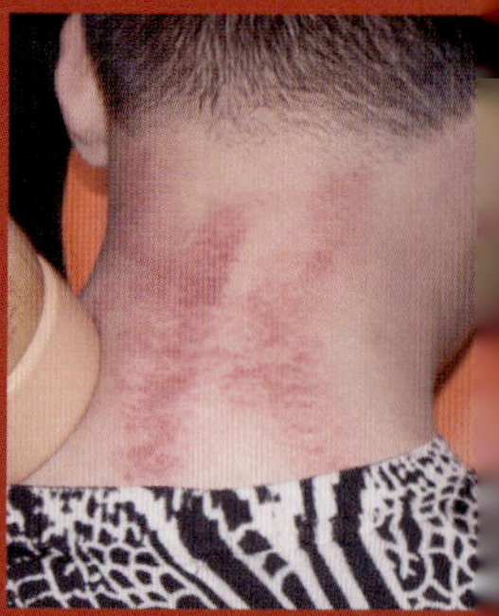

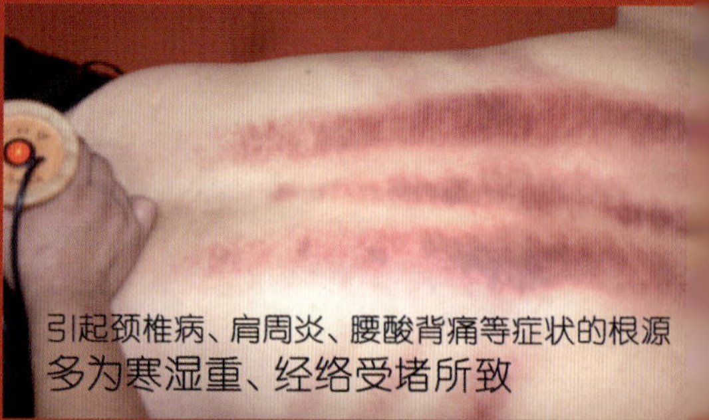

湖南长沙国学国医药王堂——赖瀚涛

赖久，字瀚涛，男，祖籍江西九江，出生于中医世家，其祖父赖富涵、父赖文波均是当地享有盛誉的老中医，赖医师自幼秉承家传，在祖、父辈的言传声教的影响下，年幼即熟读《黄帝内经》、《伤寒论》、《金匮要略》、《本草纲目》等中国传统医学宝典。毕业于湖南省中医药大学，主治医师，一直在单位职工医院就职行医。后来为了更好的提高自己的医疗技术，先后在北京、上海、广州等地参加各种学术会议学习、工作，现在湖南长沙国学国医药王堂坐堂。多年的临床实践使他发现中医药在治疗肾病、颈、腰椎疾病、风湿、胃病、心脑血管疾病等方面的发展前景，并广泛收集治疗各种慢性疑难疾病的单、验方虚心请教了许多名老中医专家和民间老中医，博采众长，经过十多年坚持不懈的临床研究总结，在省级、国家级刊物上发表多篇文章，其中发表了《中医治疗肾病的特点》《现代中医治疗肾病的方法》《给肾病患者的几点建议》《肾病患者的养生与护理》《西医的“肾脏”与中医的“肾”的异同》《肾病康复指南》等，另发表的《胃病康复指南》《甘温除胃热，甘寒养胃阴》《新病先攻其邪，邪去正自复，旧病先扶其正，正胜邪自出》《见热勿清热，见寒勿祛寒，见胀勿行气，见痛通则安，升清与降浊，消补最关键》《胃病患者生活饮食注意事项》等文章，得到了中医治疗胃病的真传，获得了很多业内嘉奖。

学术经验：以中医辨证论治为指导思想，总结出治疗各类颈、腰椎疾病、风湿、胃病、心脑血管疾病等治疗系列专用方药，配合独特的中药敷贴、针灸、穴位注射，整体调节各脏腑之间的阴阳平衡，使各种慢性疑难疾病得到根本性的治疗，让许多慢性疑难疾病患者走上康复之路。

烟台美士林生物科技有限公司

烟台美士林生物科技有限公司是一家科技创新型民营企业，公司以“立足现代科技、服务民众健康”为宗旨，着眼于高新生物技术的发展方向，开发保健类功能性食品，为增强人们体质、创建和谐社会做出贡献。

美士林生物科技公司的业务范围：研制、生产、销售新型保健食品等生物产品；承接有关生物技术科研课题，受委托进行有关项目开发；技术咨询、协作、转让和中介服务等。

公司的专业领域涉及：应用现代生物技术研究传统中药材的新原理、处理方法和新用途；进行植物类及菌菇类生物资源的新开发研究；研制新型中药制品、保健品和功能食品等。

公司科研指导思想：探寻中药材的新资源，发掘传统中药材的新用途；明确所用中药材的有效成分和作用原理，但不主张进行提取；通过精细选料和精心炮制，最大限度去除毒副作用以确保安全；经过科学配伍以求兼顾多功能而适用面广，并且以缓效治标、以长效治本，充分调动人体自身潜能；本公司所有产品绝不排斥其他中西药品。

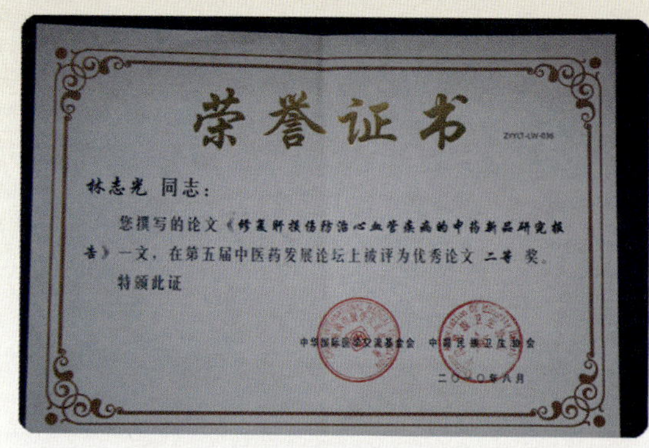

荣誉证书

林志光 同志：

您撰写的论文《修复肝损伤防治心血管疾病的中药新品研究报告》一文，在第五届中医药发展论坛上被评为优秀论文 二等 奖。

特颁此证

卫宝茶粉是烟台美士林生物科技公司、中医药研究中心的科研人员在继承先贤古训，博采众方的基础上，不断挖掘、筛选、改进，历经长达8年之久的潜心研究，研制出药食同源的、纯中草药配伍的、无任何毒副作用的定型产品，用于医治各类急慢性胃炎（尤其浅表性胃炎、委缩性胃炎）。卫宝茶粉益气温中、理气活血、养胃生津、消除炎症。可杀死幽门螺杆菌（HP），能快速恢复胃粘膜一切功能，增强身体免疫力，从而彻底摆脱病症的折磨。

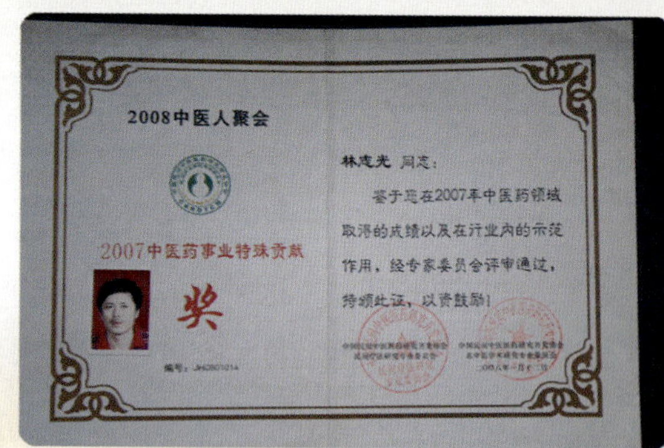

2008中医人聚会

2007中医药事业特殊贡献

奖

林志光 同志：

鉴于您在2007年中医药领域取得的成绩以及在行业内的示范作用，经专家委员会评审通过，特颁此证，以资鼓励！

公司热忱而真诚地欢迎社会各界朋友合作发展，携手共进，同创辉煌。

地址：烟台福山区松霞路179号

邮编：265500

电话：0535－2137800

传真：0535－2137802

沈阳新辽沈中医门诊部——陈永贵

陈永贵教授：

国家级期刊发表类风湿类论文20余篇

著有“热病妙方”“弊证知要”等名著

辽宁省中医药学会委员

美国加州医学院客座教授

辽宁省中医风湿病专业委员会副主任委员

▲ 陈永贵同志在几十年从事医疗工作中，由于业绩突出，先后被评为“省、市劳动模范”“省五一奖章获得者”“市优秀科技工作者”的荣誉称号

▲ 1997年7月，陈永贵院长研制的“开痹通系列中成药品”荣获“97加拿大国际营养保健产品，中医中药产品(技术)博览会，暨国际荣誉评奖会，国际名优产品最高金奖”奖杯

◀ 1998年5月，陈永贵院长荣获“辽沈优秀企业家”称号

风湿病常见，类风湿病更可怕，各种骨病不断的损害着人们的身体，严重时甚至会导致关节软组织畸形，造成残疾。很多人投医无门，盲日用药，身体损伤严重。在总结了多年临床经验的基础上，陈永贵教授将风湿临床症状分为寒型、热型、寒热错杂型、气血两亏型、痰血瘀滞型等五种类型，即“五型风湿疗法”，该疗法包括了西医所说的风湿、类风湿、产后风湿、股骨头坏死、强直性脊柱炎、颈椎病、腰间盘突出等病症。

“五型风湿疗法”能对风湿、类风湿顽症根治。在治疗过程中，首先采用扶正祛邪之方法解决久病必虚的问题，再根据不同的症状、病情配制不同的中药饮片，实行辩证施治、由标入本，效果显著，使很多中晚期的病人，重新走向健康之路，打破了类风湿病不能治愈的紧箍，远远超过了西方对类风湿1.6%的治愈率，连欧美风湿病专家都惊叹：要彻底根除类风湿顽症，还得依靠中国古老而又神秘的中医中药。现在，“五型风湿疗法”治愈的病人已遍布世界各地。

◀ 1999年5月，陈永贵院长在钓鱼台国宾馆《第四届跨世纪人才十大新闻人物》颁奖后，接受中央视台记者采访

哈尔滨市中医医院简介

岐黄济世五十载，杏林果实春满园。哈尔滨市中医医院始建于1957年，经过50余年的艰苦创业，现已发展成为集医疗、教学、科研、预防、保健、康复为一体的“三级甲等”和全国示范综合性中医医院。黑龙江省中医小儿脑瘫治疗康复中心、哈尔滨市中医药研究所、哈尔滨市肛肠学会和哈尔滨市中医传统按摩手法学会等隶属于本院。医院占地面积20500平方米，建筑面积3万平方米，院内设有门诊楼、医技楼、13层住院楼、专科病房楼、制剂楼等，院外设有道外门诊和尚志社区卫生服务中心。

2008年，新班子组建后，坚持以人为本、科学管理、科技兴院、突出发挥中医专科特色优势，实行“大专科、小综合”的发展道路，迈入了一个新的历史阶段。目前开设床位760张，年门诊量达25万人次，年收治病人近9300人次；设临床科室16个，医技科室11个，临床分科和专家专病门诊28个。现有在岗职工703人，其中卫生技术人员545人，具备正高级职称资格82人，副高级职称123人；国家级名中医2人、黑龙江省名中医5人，哈尔滨市名中医5人，博士4人，硕士66人。医院目前固定资产近1亿元，设备总值4500万元，主要设备有进口螺旋CT、彩超、全自动生化仪、经颅多普勒、心频、腹腔镜、电子胃镜、肠镜、微波治疗仪、麻醉机、呼吸机、肾透析机、肛肠疾病检查仪、肠动力测定仪、抢救监护设备、超声刀、离子刀、氩气刀等手术设备及康复设备等。

医院现有省政府重点学科1个、省中医管理局重点学科3个，市政府重点学科1个，国家二级实验室2个，省级继续教育基地3个。此外，心内科、肾病科被中医药管理局确认为省级重点专科建设单位；糖尿病、糖尿病神经病变两种专病被确认为省中医管理局中医重点专病建设单位；中西医结合大肠肛门病治疗中心是我省肛肠专业的龙头单位；中风脑病康复治疗中心是治疗脑血管疾病的重点学科；小儿推拿科治疗小儿肌性斜颈和小儿脑瘫的水平在国内居领先地位；中医骨伤科、儿科、妇科、外科、按摩科、针灸科、皮肤科为院级重点专科，在治疗上各具特色。医院中药制剂继承和开发秘、验药方研制成丸、散、膏、丹、冲剂、口服液、胶囊等60多个品种。

医院坚持“科教兴院”战略，多年来，先后获得省科技进步二等奖1项、三等奖2项；市科技进步奖4项，省市新技术应用奖11项；省市中医药科技进步奖8项，市局科研成果20余项；国家（部委）和省科研课题立项14项，市科研立项16项，曾先后被评为全国“模范职工之家”、中华中医药学会授予的脑病治疗中心护理单元“全国中医特色护理优秀科室”，荣获黑龙江省卫生系统医院文化建设先进单位、黑龙江省中医工作先进集体、黑龙江百姓信赖活动中特色医院、省文明单位、全国医院文化建设先进单位、省卫生系统医院文化建设先进单位、省中医工作先进单位、省卫生系统行业作风建设先进单位、省服务信誉满意单位、市第28届劳模单位、药剂科被评为2006年度“感动哈尔滨”先进集体、省第十届劳动模范集体等殊荣。

哈尔滨市中医医院

曲靖市陈祖祥中医门诊部——陈祖祥

陈祖祥，男，汉族，1958年5月21日出生，出身中医世家，大学文化，中医执业医师。在1976年参军，到部队后，先后在解放军、武警医院工作，1988年6月转到云南沾化医院中医科工作，后组建了自己的中医门诊——曲靖市陈祖祥中医门诊部。至今从事中医临床工作40年。

门诊部以中医药为核心，坐诊医生有陈祖祥（父）、陈绍剑（子，2004年毕业于河南中医学院中医系）。门诊部主要擅长治疗外感热病及各种疾病，尤其对慢性肝病，肝硬化，肾病，颈腰椎骨质增生，椎间底盘突出症，心脑血管病变，外伤骨折等都有奇特疗效。

案例：降华，男，54岁，云南师宗人。因在缅甸开矿，被缅匪打伤休克4天4夜，后送回国内抢救治疗，人虽然苏醒了，可是不会走路，大小便无知。经很多西医专家会诊，没有疗效。患者3月后，由我门诊接诊，通过多方的治疗，7天下肢会动，大小便有感觉；40天病人能下床活动、走路；一个月后能从他家住的六楼下到一楼晒太阳；两个月后停诊停药，康复重返缅甸上班。

由于几十年的中医临床工作，2005年11月，陈祖祥被云南省全面建设小康社会工作部推荐去北京参会，被授予全面建设小康社会的“百佳红旗人物”；2006年6月被授予全国百名“改革创新风云人物”。

荣誉证书

司徒植同志：

鉴于您在针灸手力治疗领域中所做出的卓越成就，经核准确认您为全国科监委医疗卫生管理委员会医学研究部专家主席团副主席。

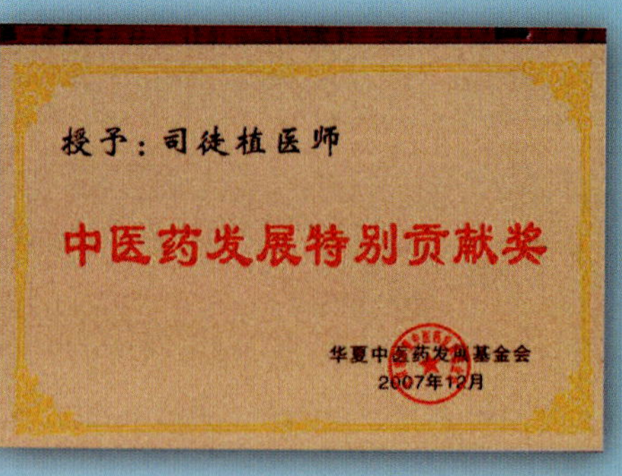

授予：司徒植医师

中医药发展特别贡献奖

华夏中医药发展基金会

2007年12月

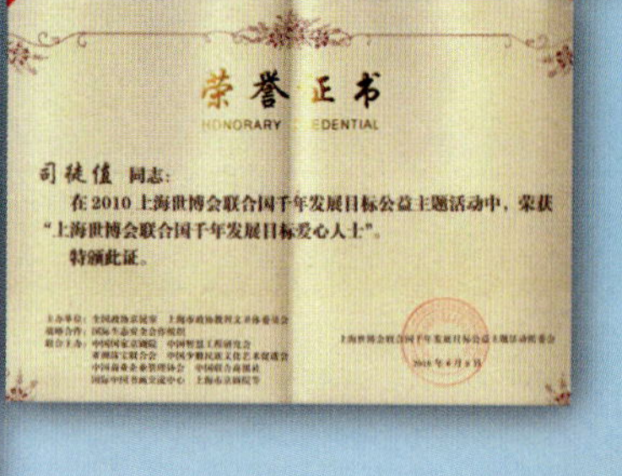

荣誉证书

HONORARY CREDENTIAL

司徒植 同志：

在2010上海世博会联合国千年发展目标公益主题活动中，荣获“上海世博会联合国千年发展目标爱心人士”。

特颁此证。

健康至重 医乃仁术

——记司徒植和他的“飞磁宝垫”

司徒植，香港同胞，原籍广东开平，医学博士，1955大学毕业。他常以自己是新中国培养的第一代大学生而自豪。1975年回港创办了簪港开埠以来第一所以中医传统针灸和手力治疗的专科院校，毕业学生遍及世界各地。在港英殖民统治下，为了提高中医的应有地位，1979年又创办了“中国医学促进会”并连任会长。

司徒植历时30多年潜心研究人体十四经脉的循行路向和规律，配合针疗学“三点联按”特效疗法，以及中西医结合“五线合壁”临床实验，发明了有助于人类健康成长和保健养生整脊理疗的“飞经走穴磁行整脊健康护垫”。于2008年通过国家知识产权局、香港创新科技署、香港生产力促进局、台湾、日本以及美国等专利审核,已获得多项发明和实用型专利，引起各界的高度重视。在众多康复病者的爱心倡议下，名曰：“飞磁实垫”。

近年来司徒植和他的团队不惜劳苦，足迹遍布大江南北。为了对汶川和玉树地震脊椎伤害的同胞表示关爱，以“飞磁实垫”送健康，协助伤员早日康复回到建家园的行列，使飞磁实垫为人类医疗保健作出应有的贡献。

纯天然饮食　造养生佳品

山海食品有限公司

山海食品有限公司，以倡导身心健康生活方式，提供全面健康饮食为主要方向，致力于研发和推广系列天然生态养生品，为人类打造天然健康的生活。

公司主要产品天籽兰花，产于亚热雨林下生态种植的优质石斛花。我公司投资在云南缅甸边界开发专业种植兰花基地，经特殊加工工艺制作而成；既有渊源久远的历史文化内涵，又具有现代保健产品和健康饮食文化等养身新概念，天仔兰花自然生长量稀少，属及其罕见而又珍贵的现代都市人首选健康养身佳品。

1500年前，《神农本草经》中已有记载，野生石斛兰，常年受天地之灵气，吸日月之精华。自古为皇室养生极品，民间罕有，我公司经过三年的努力培植和研发，终于研制生产出一批天籽兰花系列产品，给现代都市高品味追求、高生活标准的健康生活爱好者。提供一种拥有来自视觉、味觉、养生、健康等多方面的完美享受。

天籽兰花保持石斛本身很好的滋阴润肺、养胃生津、明目清热、增强免疫力、抗衰老、解郁、治疗呼吸道疾病、糖尿病、慢性肝炎、慢性胃炎等疗效，理气、益血、驻颜、补心、安神、养生。可快速提高人体精血、津液浓度，达到滋阴补虚，补五脏，调节机体免疫功能。适用于多种常见病、慢性病、手术、放化疗等病人的防与治病；也适合于疲劳过度等引起的身体不适。

天籽兰花饱蕴天地之灵气，调阴阳，和气血，驻容颜，保精神。以柔返朴，归真自然，具有很好的保健功能。

理气： 气清而不浊，和而不猛，疏畅气机，宣通窒滞而无辛刚燥之弊，改善调节功能，舒缓胸臆；

益血： 气行则行，气滞则血滞，以先天之精，养后天之气血；

驻颜： 吐故纳新，清血养颜，滋阴润肺补而不燥，促进新陈代谢，使皮肤光滑、有弹性和光泽；

补心： 心主神明，主血脉，延血脉沁香入心，使心火宁谧，血脉自通，而气力自倍；

安神： 神安则不乱，则精不妄耗。养精神，安魂魄，减缓压力，恢复身体的应变能力；

养生： 五脏皆安，则精华上发，清静无为，恬愉自保。恢复精神，减缓压力及焦虑。

保定市利禾食品有限公司

张胜利养源粉于2007年投入生产，2009年6月成立保定市利禾食品有限公司，厂房面积1500平方米，注册资金100万元，流动资金1000万元，职工136人；2010年投资1.215亿元（现已开工建设），占地面积49亩，设计年产量10万吨，职工700余人。新厂址位于保定市望都县绿色食品工业园区。企业工艺先进，从精选配料到包装成袋均采用一条龙流水生产线自动完成。此项目得到各级政府的高度重视和大力支持，已被列为河北省重点项目。

“张胜利养源粉”所采用的原材料来自于三农（农业、农村、农民），主要原料如：全黄豆、全小麦、全玉米、蘑菇、全黑豆、小米（含细糠）、高粱米（含细糠）、黑木耳、白木耳、枸杞子、山药（麻山药、淮山药）、芝麻、海带、大红枣、桑椹、莱菔子，均是原生态、无公害食品。

“张胜利养源粉”被中华中医药学会和中和亚健康服务中心认定为“百项亚健康中医调理技术”产品；世界传统医药文化保护与发展委员会和国际中医药联盟认定为“健康长寿食品”；荣获国家发明专利：ZL200810001818.X。

“张胜利养源粉”的益处是：

健康长寿；坚持长期食用对保持身体的阴阳平衡和体液的酸碱平衡都具有非常重要的作用；身体体型不容易发胖；高寿后记忆力仍较好；对心脑血管及糖尿病具有保健和预防的作用；能提高人体的代谢功能和免疫力；七、具有很好的美容养颜效果。

企业文化：“质量安全重于泰山，诚实信誉至高无上”

企业理念：“不图赚钱、只为奉献、众人健康、我的心愿”

冯德孔——云南白癜风专科

冯德孔在联合国总部前

新华社、中央电视台、新华网、腾讯网、网易报道：在斯里兰卡举行的第45届传统医学大会上，有165个国家、5000多学者参会，云南白癜风专科冯德孔等九位中国中医专家荣获第45届世界传统医学贡献奖。图为：各国专家听取冯德孔的白癜风报告

冯德孔在第45届世界传统医学大会上对5000多学者做白癜风学术报告：关于发现白癜风新问题

斯里兰卡总统夫人接见中国中医代表团，右立第一人为冯德孔

中国中医代表团在第46届世界传统医学大会上阵容庞大，冯德孔首先获得世界传统医学贡献奖（右起第三人）（印度、金奈2008年3月21日）

第46届世界传统医学大会主席彼德尔亲自为中国中医冯德孔颁发传统医药发展杰出奖

2008年3月25日联合国国际交流医科大学在印度金奈举行的第46届世界传统医学大会上，冯德孔再次荣获世界传统医学贡献奖和杰出成就奖，成为我国目前唯一一位连续两届获此奖和多奖项的中国中医专家

国际医科大学校长班迪斯为冯德孔颁发传统医学贡献奖、并聘冯德孔为该校客座教授

中国中医代表团出席美国中医节，照片正中为冯德孔

冯德孔在美国国际医药大学做学术报告后，中美两国专家合影

冯德孔在美国旧金山美洲中医学院交流后与该院教授合影（左起第一人，冯德孔）

两岸三通后，北京中医药学会委聘冯德孔为大陆中医代表团团长率团访问台湾，在台湾中国医药大学交流。右三：冯德孔，右四：张永贤副校长迎接代表团

首个大陆中医代表团在台北市中医师公会交流

中国中医专家代表团赴泰国学术交流合影，左四冯德孔、左三泰国树津院长

香港回归前，冯德孔出席道届世界中医药学研究会年会，中国中医专家代表团到达香港

中国皇帝御用中药柜
冯德孔摄于2009年元月20日台中市台湾中国医药大学博物馆

冯德孔、冯伟以贵宾身份与俄罗斯医药企业家基里亚克出席全球华商500强2006年北京峰会

在香港举行的首届世界中医药学会年会大会主席台上，各国专家传阅冯德孔治愈的大量白癜风疗效照片

获第46届世界传统医学大会贡献奖后，非洲医学专家与冯德孔合影

冯伟在韩国大邱韩医大学学习、交流

德国、瑞典学者到云南白癜风专科交流学习

韩国韩医大学教育院到院交流

韩国大邱韩医大学国际教育院院长南基守教授（左）与冯德孔教授交流后合影

冯德孔——云南白癜风专科

冯华医师在北京人民大会堂出席中国首届主任医师学术年会

中美两国名医相聚洛杉矶、图为美国著名中医梁兆佳与中国著名中医冯德孔合影

冯德孔在美国国会前

冯德孔在新加坡做白癜风学术报告，印度、日本专家聚精会神听取报告

冯德孔在美国国际医药大学做白癜风学术报告

一位大学教授治疗前面部严重白癜风

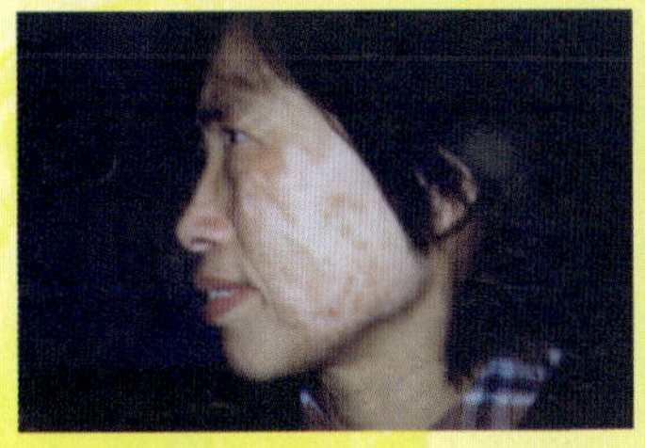

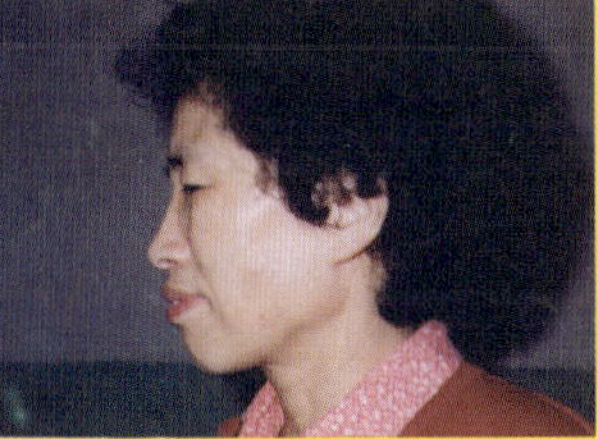

治疗八个月全部痊愈至今十六年未复发

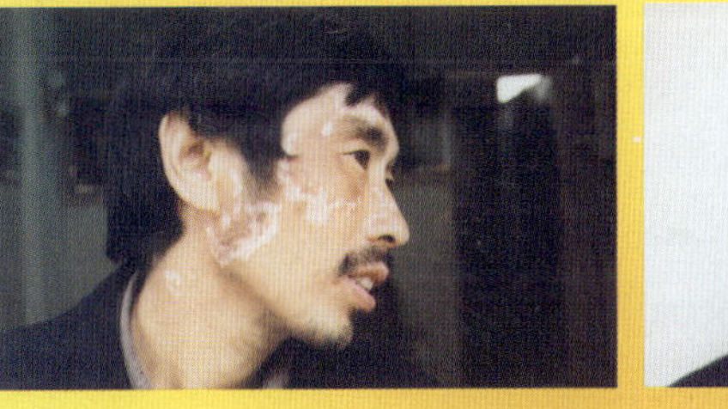

一位工人面部严重白癜风

治疗半年，顺利治愈

法国患者不远万里到云南求治白癜风

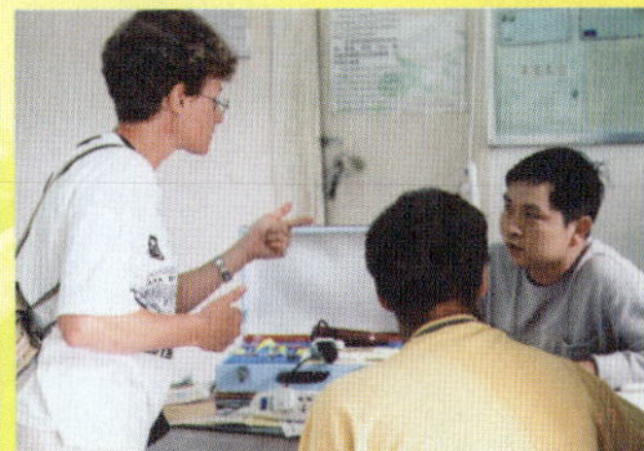

冯华医师接诊法国患者

冯华医师认真解答法国患者问题，并指导法国患者如何治疗白癜风

冯德孔医师接诊外国患者

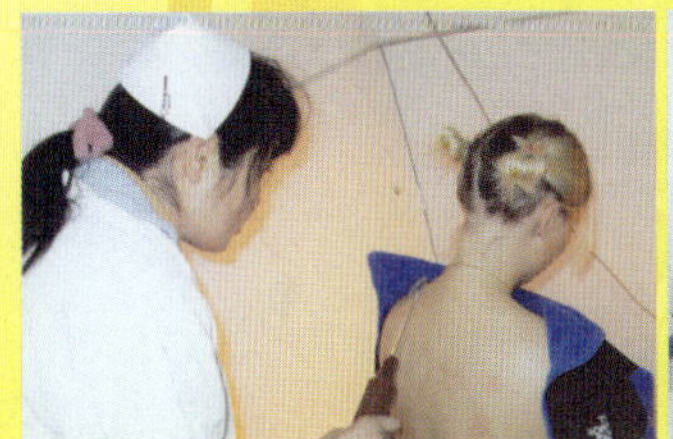

现在正治疗中的外国患者已经获得初步疗效

冯德孔医师接诊外国患者

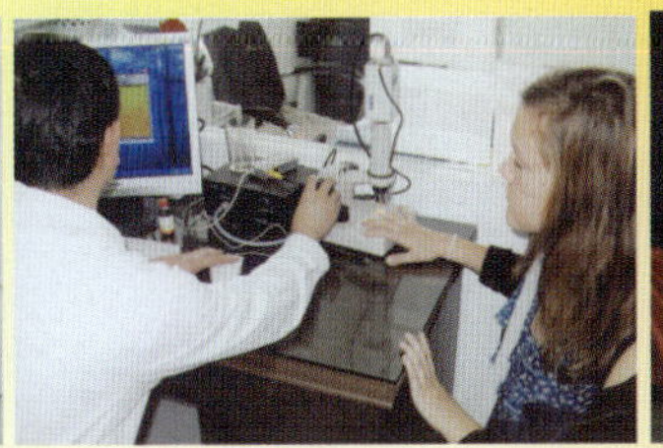

冯华医师为外国患者做微循环检测

中国中医代表团在日本东京大孤交流后合影

冯德孔做客中央电视台央视网《华人会客厅》栏目

人物介绍：中央电视台十二年中三次报道云南白癜风专科，2007年11月29日新华社和全国各大网站报道，这在省内、国内对医疗机构的报道都少见。冯德孔多次以中医代表团团长、顾问等身份受邀到美、日、斯、印、新加坡、泰国等国交流，并且在两岸三通后率团两次赴台湾交流。

今年8月冯德孔受邀到中央电视台央视网《华人会客厅》回答央视网关于白癜风患者关心的问题。其中包括：人体为什么会出现白癜风？白癜风能够治愈吗？在央视展示了严重白癜风在云南白癜风专科治愈的真实照片。

冯德孔认为香港《凤凰卫视》著名主持人陈文茜对冯小刚白癜风病的说法不对（陈文茜当面对冯小刚说："你有钱了也不整整容""你比葛优还不优"），冯德孔指出：这不是钱的问题，在这里治愈的大面积白癜风患者大多数人都是收入一般的患者，但是他们都有强烈的求医愿望。因为白癜风严重影响了患者的升学、就业、婚姻恋爱、社会交往等等。大部分患者如果坚持治疗，是能够比较好获得理想的疗效的，这不是钱的问题而是有没有求医愿望问题。

关于人体为什么产生白癜风，冯德孔从戏剧演员、汽车驾驶员两种职业的发病情况浅显易懂的说明了多数人的发病原因，也指出少数由遗传所致。

妇女白色病变比白癜风更严重的压在妇女心上，殊不知这种被判为不治之症甚至有恶变可能的皮肤病在云南白癜风专科早已取得非常好的疗效，比如云南石屏县的一位39岁的妇女患有非常严重的外阴白色病变，5年前，在这里治愈；红河县一位24岁的女青年，在6年前治愈，疗效十分巩固，近日电话访问未复发。由于妇女外阴白色病变和白癜风发病原因相近而症状有所不同，采用不同的药物也就能治愈，解除了妇女患者的病痛也排除了癌变的可能性，终结了外阴白斑不能治愈的神话。

冯德孔、冯华作为重点录入中医史册2010年《国医年鉴》

国家中医药管理局副局长与冯德孔合影

冯德孔做客中央电视台央视网《华人会客厅》

中央电视台央视网《华人会客厅》主持人王珍珍向冯德孔赠送纪念品

韩国大邱韩医大学国际教育院长南基教授(左)与冯德孔教授交流后合影

德国学者杰姆三年来两次到云南白癜风专科交流，与冯伟合影

新落成的毛泽东青年时代巨型雕像，湖南长沙橘子洲头

北京荔博园医药研究所及荔博园奖学金简介

北京荔博园医药研究所于2002年11月注册于北京市中关村科技园区昌平园，注册资本500万元。

北京荔博园医药研究所是一家以新药研发为主体的科技公司，被北京市科委认证为高新技术企业，吸引和聚集了一批有志于从事医药研发事业的人士，搭建起有自身特色的研发技术平台。

公司自我定位为一个学习型组织，注重员工的成长，为员工职业生涯的可持续发展提供广阔的空间。核心技术人员的专业领域包括临床医学、药学、化学等与药物研发生产相关的各个专业，研发水平在国内同行中处于领先地位。此外，公司注重同科研单位、各大院校及其附属医院的联系与合作，先后与北京中医药大学东方医院、天津中医药大学附属医院、新疆维吾尔自治区中医院、湖北中医学院附属医院等多家单位建立了合作关系。

公司自2002年至今先后开发新产品7个，均为中药新药第6类，项目均为国内独家或首家。每年投入研发的费用高达100万以上，累计投入已超1000万。

公司董事长黄文峰先生是一位非常成功的中年企业家，多年来一直致力于教育慈善事业，先后在北京、上海、成都、广州四所中医药大学设立了荔博园奖学金。荔博园奖学金是北京荔博园医药研究所为弘扬祖国医学、发展中医药事业而设立的，专注于奖励和资助中医药高等院校中，存在经济压力学生的助学项目。该项目设立于2004年，从启动至今，已资助在校硕、博士生共419人，资助总金额已达380余万元。

创新的理念贯穿着企业迅速发展的航程，朴实无华的务实精神保证着远大目标的实现，保障人民的健康水平，向社会提供优质产品是民族企业义不容辞的责任。北京荔博园医药研究所作为中医药产业家族新的一员，将秉持“勇于探索、锐意创新、积极进取、后来居上”的精神，在铸造自己的辉煌轨迹中，为丰富和发展中医药事业做出积极的贡献！

07年广州中医药大学荔博家园成员集体照，前排居中为公司董事长黄文峰先生

2008年北京中医药大学颁奖典礼

2010年组织成都获奖学生的交流活动

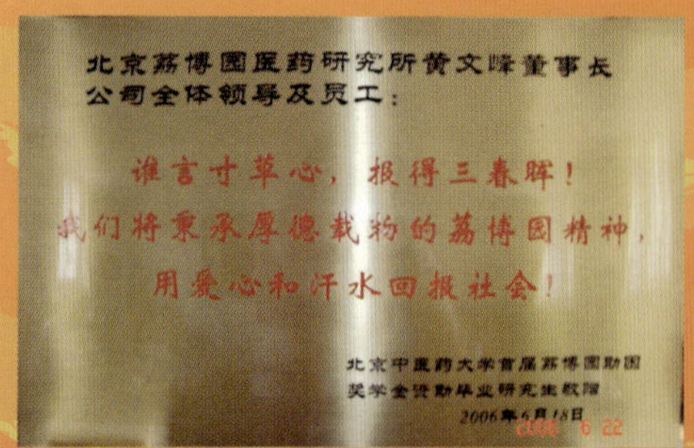

北京中医药大学首届荔博园毕业生赠送的牌匾

※公司简介※

赣州国珑医药科技有限公司孕育于2002年，正式组建于2010年，是一家集科研、生产、销售、教育于一体的民营现代高科技企业，总部坐落在景色宜人的历史文化古城—赣州，生产企业落户于河南郑州。公司秉承“悬壶济世,治病救人”和“科学发展、超越自我、诚信经营、守信为本”的理念，在大力弘扬中华中医精髓的宏愿指引下，将刘氏祖传医术成果转化为现代生产力，相继推出了【山草安唐】、山药菊花丸、佛手肉桂丸等系列产品，奉献并服务于社会，帮助更多的患者解除痛苦，真正造福千家万户。

“国珑医药”坚持人才战略、品牌战略和科技产业战略相结合。目前公司正处于稳健性发展阶段，并呈现出强劲的发展势头。我们在原有基础上大力加强研发、生产能力，与郑州力泓医药科技有限公司强强联合，聚集专家型人才，规范有序经营销售；并确定以“现代医药科技”为主要发展方向，针对各种疑难病症，充分挖掘民间中医验方、秘方，实施研发“药食同源类保健食品”，打造“国珑”牌【山草安唐】等系列产品造福于人类！

※专家介绍※

刘国轩，中医专家（专家证书号：HY2009050707、执业医师证书号：2131196402130336），出生于医儒世家，从幼耳濡目染，幼承庭训，秉承家学，熟读经典，亲聆教诲，深得嫡传，并酷爱武术、气功，被尊为第五代刘氏中医传人。毕业后随父从事传统中医、针灸等自然疗法。晨曦攻读，注重古代医籍经典著作，尤其是《金匮》、《内经》、《针灸大成》、《金元·四大医家》；仲景的《伤寒》以及前清叶天士、薛生白、吴鞠通的经典著作，文义古奥，变化无穷，见微启悟，特效昭然，成功地研发了纯中药攻克糖尿病的产品【玉竹黄精丸】、以及“山药菊花丸”、“佛手肉桂丸”等山草安唐系列产品。通过反复实践，认识到操古方以治今病，其势不能以尽意，应有所变更，力图深造，八十年代起先后进修深造于江西中医学院、北京中医大学针灸学院、北京汉章针刀学校。长期以来，取各家学说之长，结合临床实践，悉心修研医术，对糖尿病、心脑血管疾病、胃病、肝病（乙肝大小三阳）、妇科疾病，白血病、肿瘤、癫痫病、精神病、颈椎病、腰椎病、骨质增生、头颈肩背腰腿痛等疑难杂症研究造旨较深，使各种顽疾常沉疴立起。业余时间博览医学全书，潜心临床，学验俱丰，先后出席北京人民大会堂、钓鱼台大型医学学术会议，并发表学术性论文《非药物疗法治疗疑难杂症探讨》、《人体经络穴位就是一个大药房》、《民族医学治疗糖尿病体会》等30余篇。传略业绩被选载入国家人才数据库，世界中医药学会联合会委员，世界中医药学会针刀专业委员会委员，先后荣获中国针刀优秀人才奖，中国针刀名医、中国医学行业著名专家、优秀模范勋章和中国中医特色诊疗杰出人物的称号。

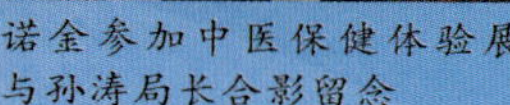

诺金参加中医保健体验展，与孙涛局长合影留念

政协第十届全国委员会副主席郝建秀

邹万生与人大常委会副委员长陈昌智合影

邹万生与王文元合影

中国诺金生物科技集团有限公司

中国诺金生物科技集团有限公司是以生物技术为主体，以保健食品、蛇科研究、养生滋补酒、矿产资源为主要领域的高新技术企业集团。集团目前下设有多家子公司，是一家集研发、生产、销售为一体的大型集团公司。

郑州万生生物科技有限公司是中国诺金生物科技集团的一个主要子公司，该公司注册资金500万元，位于郑州市高新技术开发区，是集研发、生产及销售为一体的高新技术企业。集团与延边长白山神科技有限公司建立了长期的友好合作关系；在安徽省安庆市建立了养蛇基地和蛇科研究所；在山西省太原建立了中医药研究所；在重庆市建立了“金炳谷”养生滋补酒系列基地。

2010年6月，集团被指定为上海世博会荷兰文化馆中医药发展国际论坛唯一“特供商单位”。由于品质的优良，效果的独特与神奇，现已上市的“衡缘”系列产品已成为中国医疗保健国际交流促进会中老年“治未病”指定产品、毛泽东养生饮食文化研究会健康事业推广指定产品、第四届中医药发展论坛“重点推荐产品”。首届中医药技能演示与成果交流大会“中医药优秀成果奖”和“中医药特殊贡献奖”。

中国诺金是一家年轻的，快速成长的公司，它拥有优秀的管理团队，雄厚的资金实力，丰富的保健类产品流通领域以及丰厚的人才储备，这些都为公司的迅速崛起与飞速发展奠定了坚实的基础，在统一标识，统一配送，统一质量标准的数字化管理基础上，实现“顺天爱人，奉献社会”的企业宗旨，以人类健康为己任，坚持走高科技路线，注重自主创新，保证产品品质，立志跨入国内一流企业，重拳打造中国诺金全新高端形象。

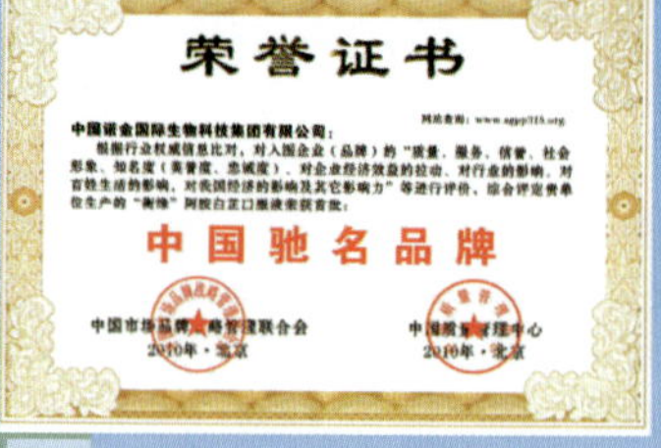

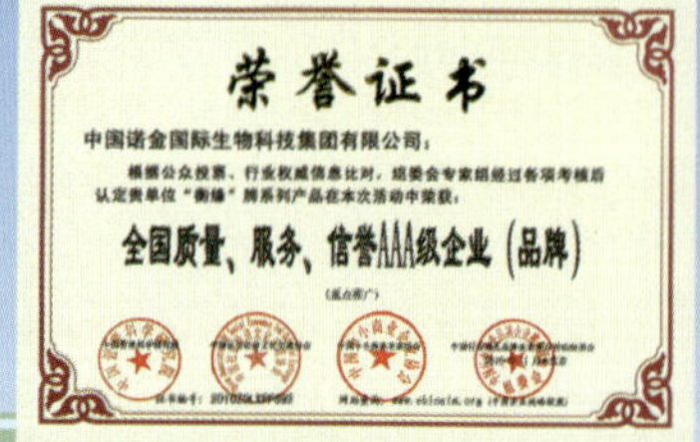

于志远专家按摩馆

专业医学保健集团于氏企业创办人于志远先生，是我国保健按摩培训创始人，商务部副部长姜增伟称之为“洗浴按摩行业活化石，是当之无愧的保健按摩界泰斗”！首版《中华人民共和国按摩师职业技能标准》和国家级教材《按摩师》的唯一编者；是中国第一本搓澡行业专著《搓澡术》的作者；北京修治脚病保健按摩研究会秘书长；长期担任劳动部全国中医保健按摩行业领导职务。信奉禅宗的于先生仁心行善，曾怀普度众生之心从京徒步至佛教圣地五台山朝圣，并多次在此闭关修炼，磨练意志、正品修德、感化众徒。于先生还多次与全国各地佛教高僧大德研经议法，不断受众高僧点化，其佛心逾之虔诚、其医技更加精妙。

于氏企业旗下拥有浴神宫（旗舰店）、浴康苑两家专家保健按摩会馆。其浴神宫店是集品牌按摩、经络搓澡、专家修脚、客房餐饮，是真正由专家坐镇，也是全国唯一以专家命名的超大型按摩会馆。馆内大师、专家级按摩师，长期为国内外领导、明星、企业家、社会名流等高级人士和平民百姓做按摩服务，得到了社会各界极高的评价。于志远先生被原九大部委评为二OO九年度“改革开放30年洗浴按摩行业品牌建设魅力领军人物”。其名扬四海的“于式按摩、于式搓澡、于式修脚”被评为“中国洗浴按摩十大自主创新品牌”之三甲。浴神宫更被评为“中国中医康复医疗保健十佳品牌单位”之首。

浴神宫技术师资一流、管理规范、教学模式新、收费合理、培训考核、实习就业为一体，学员学习、吃、住、实习条件十分优越，就业更有保障，对学员高度负责而闻名全国。

姓名：于志远
Name
性别：男
Sex
身份证号：110104195803050458
ID card
学组：保健按摩
Science Group
职务：首席专家
Position
证件编号：20100613200
Empioyee's ID NO.

发掘整理特效疗法充分发挥对某
一疾病达到药到病除着手成春的奇迹
——吕炳奎题

注意事项

1.此证只限本人使用，不得转借或私自涂改。
2.持证者个人资料可在本专业委员会官方网站查询。
3.此证只限在有效期内使用，此证必须加盖本专业委员会公章和钢印方可生效。
4.如遗失本证，须向发证单位报告，以便审核补发。

有效期限：
2010年6月13日～2015年6月13日

中国民间中医医药研究开发协会
特效医术发掘整理专业委员会

联合国国际交流医科大学
辅助医学
传统医学证书
（阿拉木图宣言.1962）
著名的
于志远 博士
达到本次大会评选的各项要求
荣获金手指奖
特此授予在医疗保健传统医学领域中，
为人类健康做出巨大贡献的杰出名医！

大会主席签名
颁发日期：2009年11月

阿勒泰地区哈萨克医医院

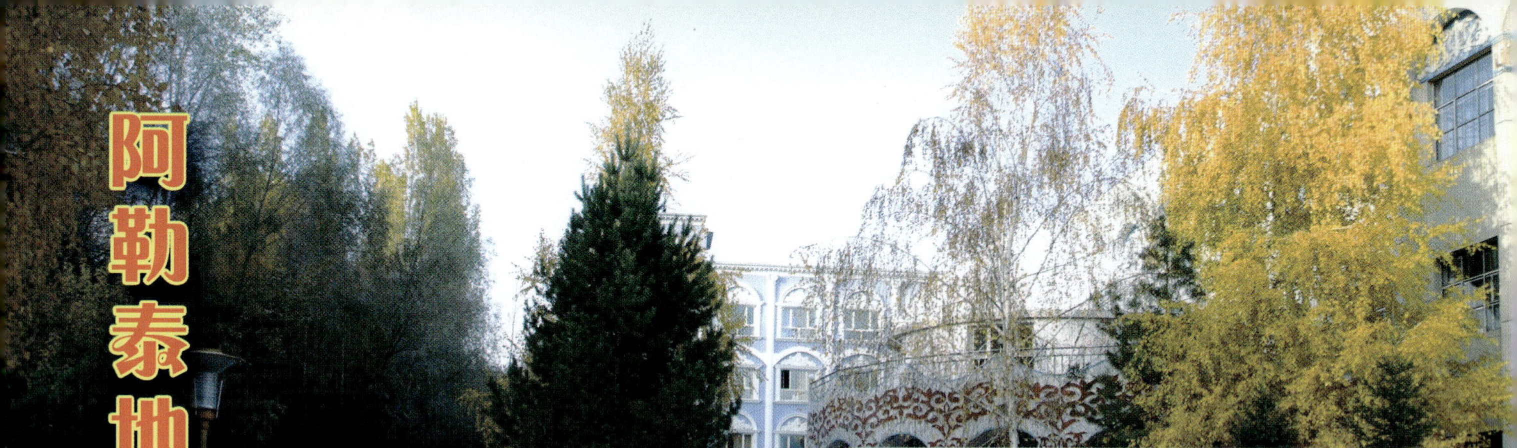

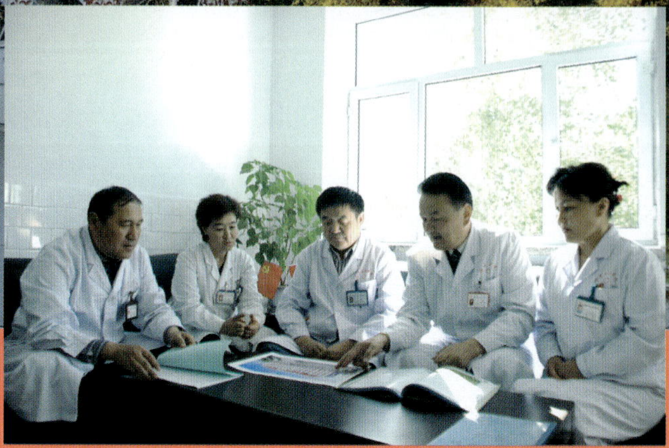

团结奋进的领导班子

阿勒泰地区哈萨克医医院成立于1985年，是一所集哈萨克医为主、兼中西医结合治疗为一体的地区级二级民族医院。医院占地15250平方米，建筑面积8080平方米，固定资产1700万元，床位编制100张，在职职工148人，其中少数民族工作人员138人，116名专业卫生技术人员，其中有高级职称15人，中级职称36人，大专以上学历71人。

建院二十余年来，在地委、行署的领导下，挖掘、整理、研究和传承了哈萨克民族医药学，在突出特色诊疗、人才培训、哈医药开发方面取得了长足的进步。组织编写了《哈萨克族医学理论基础》与相关培训资料，相继出版了《哈萨克药志》（二、三册）、《哈萨克族医学概论》、《哈萨克医史》等医学书籍。学历教材《纳日克塔勒格》（哈萨克医诊断学）、《奇帕夏克巴延》（哈萨克医方剂学）、《达日木扎热瓦特巴延》（哈萨克医药物学）、《门斯孜部特思纳玛》（哈萨克医二十四脏器解剖学）、《哈萨克医学基础理论》、《阿依合特尔格》（临床各科：内儿科、外妇科、骨伤科、布拉吾学、皮肤科学等）等正在编写出版。经与国家教育部、卫生部，以及自治区卫生厅、教育厅、中医药管理局多方争取，使哈萨克医学专业在阿勒泰地区卫生专业学校开设，并于2010年9月招收首批100名学员。哈萨克医学专业人才培养目标实现了从继承型逐步转向研究型、专业型人才培养的重要历史变革，标志着哈医药正在全面完成传统继承的前提下逐步转向现代化发展。

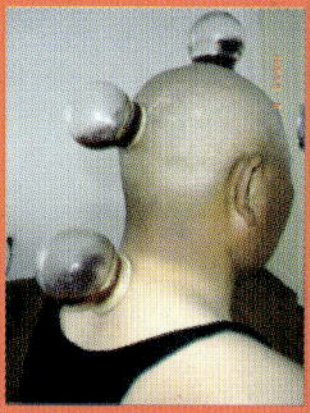

放血疗法

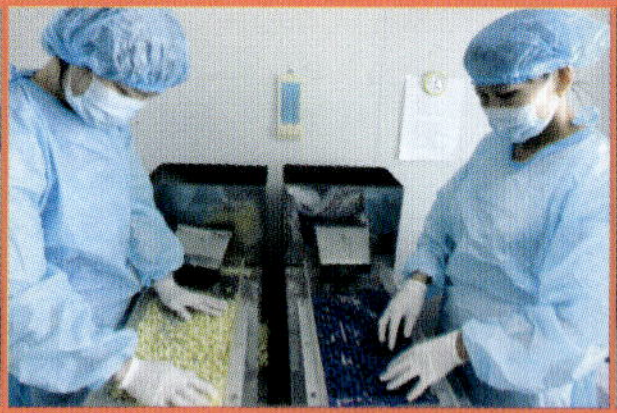

生产中的哈药制剂

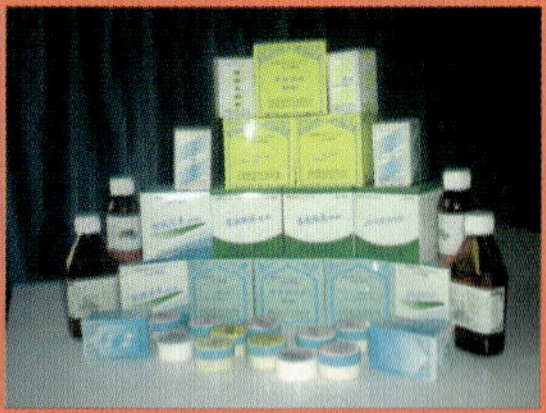

自制部分药品

医院除设有内、外、妇、儿、皮肤科、哈萨克医药研究室等常规科室外，还设有特色科室：哈医药浴治疗科、哈医放血治疗科、哈医皮肤科、哈萨克药制剂室等。建院以来在传承的基础上，几十余种哈医适宜技术在以上特色科室临床广泛使用，取得了显著的治疗效果。其中布拉吾（哈医药浴）技术、汗达勒玛（舌下放血）技术、塔尔多尔巴（预防褥疮护理）技术等十余种哈萨克诊疗技术已上报相关部门。

医院近年来有百余种哈萨克药古方、单味方和效果较好的几十余种哈萨克药在临床使用，其中10余种已取得自治区药制批准文号，批量生产并在临床中使用，深受区域广大患者的喜爱。近期扎合帕尔等品种院内制剂与萨斯尔等单药材的质量标准已制定，部分院内制剂已申请批号，部分作为提升国药准字号药上报，几十余种制剂与相关研发部门、开发企业联合申报国药的前期工作正在进行。

展望未来，在国家和各级部门的大力支持下，医院将努力传承和发展哈萨克医药事业，精益求精，开拓创新，为广大各族患者提供更具特色的诊疗服务。

地址：新疆阿勒泰市公园路54号
电话：0906-2153536（内科）0906-2153526（外科）
电话：0906-2154037（办公室、党办）
传真：0906-21254037
网址：aitkazyyy@163.com

造天然药用植物航母

Na
自

大连王力野生灵芝

灵芝介绍

灵芝Ganoderma lucidum是一种真菌。在真菌分类系统中，灵芝隶属担子菌门、多孔菌目、灵芝科。目前可作药用的灵芝有13种，如赤芝、紫芝、黑芝、密纹芝、松杉灵芝、平盖灵芝等。如灵芝之类的木腐真菌，有一年生的和多年生的。其中多年生的例如平盖灵芝、松针层孔菌、桦树茸孔菌，其药理活性最强，但主要靠野生采集，因而异常珍贵。

据史料记载：灵芝"入心充血、益心气、助长充脉、安神、补肝气，祛痰、健胃、活血。补中增智慧、利关节、保神、益精气，坚筋骨，好颜色、"现代中医学认为："灵芝有滋补强身，益气宁神、健脾活胃、养肝解毒"等作用。

灵芝富含有丰富的三萜类化合物、有机锗、多糖类、灵芝酸，腺苷，生物碱、多肽类等，具有提高机体免疫功能，加速血液微循环，提高血液供氧能力，消除体内自由基，抗放射，提高肝脏、骨髓、血液合成DNA、RNA、蛋白质的能力。具有抗肿瘤、降血糖、降血脂、抗氧化和抗衰老作用。对于降低血液胆固醇，预防动脉粥样硬化、脑血栓、高血压、冠心病、老年慢性支气管炎、咳喘，过敏性心律失常、神经衰弱、胃痛、顽固性胃炎、糖尿病及各类病毒性肝炎具有良好的疗效。尤其是对各类癌症引起的疼痛具有良好的缓解效果。经常服用具有提高肌体免疫功能和抗过敏作用。因为灵芝种类繁多，故每种灵芝的作用也不完全相同，例如平盖灵芝保肝护肝最好，松针层孔菌抗癌、提高免疫力，桦孔茸对防治糖尿病效果显著。

野生灵芝与养殖灵芝的区别

1、品种：世界上野生灵芝104多种，目前我国对其中86种已经有了较明确的认识，还有一些品种有待于开发，而养殖灵芝目前只有5种。野生灵芝即使是在同一种灵芝中、在任何数量下都找不到两个完全相像的，而养殖灵芝从颜色、形状上都非常相像。

2、生长期：野生灵芝，除我国的赤芝、黑芝为一年生外，大多为子实体多年生植物，有的野生灵芝生长期达上百年，其药用价值更为显著，它神奇的效果为野生灵芝披上了一层神秘的色彩，而养殖灵芝多为一年生，生长期仅有二至三个月。

3、药效积累：野生灵芝生长期越久药效积累越强。而养殖的药效一代不如一代，到了第四代，养殖灵芝的药用价值微乎其微。

4、寄居物：野生灵芝大多寄居于活树干、树皮、木桩或朽木上。而养殖灵芝是长在大棚中，寄居于锯末或棉花籽上，一般以椴木为主。比如多年生的野生平盖灵芝，被称为树舌，就是在活树干上生长着，根本无法栽培。另外野生灵芝为森林有害菌，国家是不允许在森林种植的，因为树上如果有灵芝生长，树木的营养便会被其吸收，开始死亡的历程。

5、繁殖：野生灵芝是担孢子有性遗传，两个雄性一个雌性结合，方能再繁殖成另一个小的野生灵芝。而养殖灵芝是无性遗传，再生长方式是通过菌丝分裂来完成的。

6、形状：野生灵芝无柄的居多，由于品种的不同形状也不尽相同。而养殖灵芝由于品种受限，目前只有一种有柄的灵芝。所以野生灵芝与养殖灵芝比较好区别。

7、农药残留：野生灵芝生长于大自然之中，没有农药及任何有害物质残留，而养殖灵芝一般生长于人工搭建的大棚之中，需要进行防腐、防虫处理，其农药残留较大。

8、有机锗与有机硒：野生灵芝中最有价值的有机锗和有机硒在养殖灵芝中根本不含。每一克野生灵芝中含有机锗800至2000微克，含有机有机硒1000至4000微克。是生长二十年野山参中有机硒含量的4~6倍。

9、营养成分总对比：灵芝多糖、灵芝酸（三萜类）、灵芝总碱及大量的微量元素。野生灵芝中灵芝多糖及灵芝酸的含量是养殖灵芝的三到六倍。而总三萜及大量的微量元素在养殖灵芝中的含量也远不如野生灵芝。

野生灵芝与养殖灵芝成分对比表

类　别	野生灵芝	养殖灵芝	破壁孢子粉
有机锗	800-2000ppm	无	无
有机硒	1000-2000ppm	无	无
多　糖	2.3%	0.4%	0.75%
灵芝酸	15	5	极少
总三萜	100多个种类	少量	极少
腺　苷	25个种类	少量	极少
微量元素	完全配合	差异极大	差异极大
其他成分	150多种	10多种	10多路
农药残留	无	有大量农药残留	有大量农药残留

野生灵芝的服用方法

一、每次10-40克，加水500-1500毫升。通常可以反复煮2次，煮过2次的野生灵芝可以晒干储存，至一定量时，用水煮开可洗脸洗头及泡澡等，能养颜美肤，同时对皮肤病、脚气都有较好的作用。

二、野生灵芝，当茶饮，不限量，根据个人喜好饮用。可以放入冰糖、红糖、大枣、枸杞等调味，并且灵芝水与任何药物、食物一起服用都没有禁忌，可以同时服用。

三、器皿要求：砂锅，汤煲优佳，不锈钢器皿比较好。

四、野生灵芝性平、属于食疗，显效慢，需要坚持服用，根据个人身体状况，5-20天能有所感觉（初期睡眠明显改善，身体有力量，食欲增加）。长期服用可全面提高人体精、气、神。

野生灵芝药理作用的特点

1. 无毒性，无副作用。
2. 不特定对某一器官有功效。
3. 全面提高人体的自愈机能和免疫功能，使机体功能正常化，全面提高人体精、气、神。

武汉科技大学中南分校医院

鲁玉霞院长简历

鲁玉霞，女，汉族，中共党员，大学学历，湖北省武汉市人，毕业于武汉医师进修学院。现任武汉科技大学中南分校医院院长及华中科技大学武昌分校医院副院长。1973年开始参加工作，几十年如一日，一直从事临床业务及医疗管理，对医术精益求精，对工作一丝不苟，以较高的业务素质和耐心细致的服务理念赢得了病人的高度赞誉，尤其在医院管理和重症急救及老年病的诊治等方面有较深的造诣。

自1997年鲁玉霞受聘于武汉科技大学中南分校医院任院长后，不断加强医院建设，深化医院改革，强化医疗服务和质量管理，大力倡导科技兴院，先后培养和引进了一批业务精湛、服务热情的中青年业务骨干，同时还借用省市大型医院专家优势，聘请为本院专家资源，定期到本院坐诊、会诊，从而使医院步入健康、稳定、可持续的发展轨道。

鲁院长不仅精通医疗业务与管理，还勤于思考，不断吸收新知识，及时掌握医疗界学术新动态，不断开展医疗新技术、新业务。先后在国内外学术杂志发表论文多篇，经常参与医疗行业学术研讨活动和社会公益事业。2006年兼任《中华中西医临床杂志》第二届编委、医疗行业高级研究员；2007年度荣获“中国百名改革创新风云人物”荣誉称号；2008年兼任中国亚健康促进会理事等职务；2009年获得“新中国六十周年百名功勋人物”荣誉称号。

武汉科技大学中南分校医院简介

武汉科技大学中南分校医院地处武汉光谷东湖高新技术开发区内。依梅南山，临汤逊湖，环境优美，景色怡人，诊疗设备齐全，技术力量雄厚。医院坚持“以德行医，患者至上，诚信为本，质量第一”的办院方针，常年承担着中南分校数万名师生的预防保健和诊疗、急救工作任务，同时还接诊社会各界重急症门诊和病患者的住院治疗任务。

医院现有职工50余人，中级以上专业技术人员占80%。开设有门诊、内、外、妇、儿等十几个科室。大中型医疗设备近20余台，为学校师生预防保健和诊疗服务提供了强有力的技术和设备支撑，初步形成了功能齐全，技术精湛，具有一定实力的中小型综合医院。

医院坚持以病人为中心，不断强化质量管理、严格监督与考核机制，以人才培养和科技创新为先导，十分重视对卫技人员的业务培训，先后培养和引进了一批业务精湛、高素质的人才队伍，为医院的建设和发展提供了坚实的的基础和条件。近年来，医院紧紧围绕构建和谐医院的发展目标，狠抓医疗质量管理和医德医风建设，大力弘扬以人为本的服务理念，以良好的优质服务和较高的医疗质量赢得病人和社会的高度赞誉。

医院地址：湖北省武汉市江夏大道18号

邮　　编：430023

海陆高科（北京）基因医学研究院

概括：海陆高科（北京）基因医学研究院由国内外著名基因信息专家、世界生命科学杰出贡献者刘祖海博导为院长，国内外一批杰出基因和医学专家为学术顾问，亚洲香港基因信息集团为支持，中国基因科学院（香港）等为后盾而成立的基因和医学研究机构。海陆高科（北京）基因医学研究院经工商局批准办理营业执照，依法从事科研经营机构。

中国中医代表团
刘祖海 同志：
弘扬国粹 爱我国医
——中医中药亚洲行
（第48届世界传统医学大会 斯里兰卡·科伦坡）

主营范围：

一、基因信息研究工程，基因信息医学研究工程，基因信息食品工程，基因信息中医药研究工程，基因信息健康管理工程。利用基因信息技术对疾病进行早期预防及治疗。

二、开展科研工作，在国内外建立分院，推广最新医疗技术。

三、开展联合科研，在医疗器械、治疗手段、中医药、基因信息药品方面进行科研。

四、进行前沿医学的培训、考试及发证（基因信息健康指导师，营养师）等工作，以及医务人员的出国公派工作和管理水平资质的提升。

五、医院的股份制改造，硬件设施的改造，康复医院的建设工作、健康管理工程推进。

刘祖海先生简介

刘祖海，男，1959年出生，基因信息学创始人之一。1992年在美国Sea--Land基因信息科学家集团从事生命科学应用科研和基因信息工程产品的生产与临床应用研究。现任香港亚州健康基因信息（集团）发展有限公司亚洲执行总裁、中国社会工作协会康复医学工作委员会常务理事、健康扶贫工程组织委员会的执行主任、全国健康扶贫工程服务中心主任、全国肿瘤防治工程服务中心主任、全国糖尿病防治服务中心主任、中华中医学会肿瘤分会顾问。发表了《基因信息的表达和生物电磁能量》、《生物能量的储存和电磁场的能量转化》、《生物基因信息制品的原理》、《基因重组工程、升级工程及人类种族的适应性》、《基因信息工程重组的原理和升级原理》、《中国中医药基因信息学的发展与应用》等20多篇论文。并获得世界卫生组织世界传统医药文化保护与发展委员会、国际中医药联盟颁发的“人类杰出贡献奖”，《弘扬国粹爱我国医——中医中药亚洲行》、《世界医科传统医学大学客座教授》、《世界传统医科医学大学博士学位》、《传统医学杰出贡献奖》、《传统医学终身荣誉奖》、《英国皇家医学大学金手指证书》、《世界卫生组织慈善大使》等荣誉。

廊坊市立石和蔬菜有限公司 Langfang

Langfang city lishihe vegetable CO.,Ltd

廊坊市立石和蔬菜有限公司是从事农副产品的生产、加工和销售的专业公司。成立以来，逐步走出了一条立足资源创特色，龙头带动扩规模，一体化经营增效益的发展之路。经国家进出口检验检疫局（CIQ）评审，达到了出口保鲜蔬菜厂库卫生要求。由于品种全、信誉高，受到日本、韩国、台湾、泰国、菲律宾、新加坡、马来西亚、美国等客商的好评。在全体员工的共同努力下，廊坊市立石和蔬菜有限公司现已发展成为立足于中国功能食品的研发、生产和销售推广的大型健康食品生产企业。

中国中医药科技开发交流中心

全国重点推广项目

第四届世界养生大会指定产品

蔬菜汤+糙米茶 新世纪神奇健康饮品

蔬菜汤及糙米茶为什么能产生如此神奇的养生效果呢？答案在于五行蔬菜的营养精华产生相乘、相合、相生的化学作用可以修复人体内被化学药品、压力、电磁波、代谢毒素破坏的体细胞。体细胞一旦有了正常的活力，各种文明病便逐渐消失，身体也变得更年轻。

这些营养精华分别是：萝卜含有大量消化酵素及淀粉酶，能修复胃膜组织，并有可抑制癌细胞的INDD；萝卜叶含有大量胡萝卜素及钙、铁、维他命C、维他命B1、维他命B2等营养元素；胡萝卜含有大量β胡萝卜素、维他命B1、维他命B2、叶酸NDD等，能改善微血管功能，降低血压；牛蒡含有高纤维、维他命A及B，可以帮助消化，对预防癌症及动脉硬化亦具功效；香菇则含有多糖体，可以促进人体T细胞作用，活化巨噬细胞，增强抗病力，并具有抗癌作用。

以上五种蔬菜组合而成的蔬菜汤，进入人体后会产生许多微妙变化。它能促进人体珍贵的骨胶原生成，在体内产生三十种以上抗生物质，这些物质可帮助细胞吸收有用营养、排除有害物质、减少细胞内自由基生成，促进体细胞生成及强化，增强白血球、血小板、T细胞活力，提高免疫力，加速新生健康细胞。以上种种作用相乘后，身体便会充满活力，疾病就会慢慢减轻，甚至痊愈。

糙米茶有[三通]及[除三臭]功效，即通血、通便、通尿与除大、小便臭及口臭。糙米可清血脂，分解胆固醇，让血管畅通无阻，提供细胞充足的养分及氧气，维持器官活力。糙米是天然无害的利尿剂，可促进胰岛素分泌、降低血糖，对糖尿病患者颇有助益，糙米中的纤维能帮助肠胃消化、消除宿便，可预防大肠癌、直肠癌、结肠癌。

将糙米茶及蔬菜汤当成日常茶饮，代替不健康的饮料，成人可改善已退化的身体机能，并能预防癌症及各种文明病；孩子则可消除速食、零食带来的副作用，同时促进脑部与身体健康发育。

全国免费咨询电话

400-8121-566

国内销售网络

廊坊市立石和蔬菜有限公司

地　址：廊坊市廊霸路中段166号

电　话：0316-5122197　5120958

传　真：0316-5219319

网　址：http://www.lishihe.cn

注册号：晋食药监械【准】字2010第2270004

弘扬中华文明　科技创造未来

四诊合参辅助诊疗仪是由北京中医药大学专家、教授牵头的科研团队，传承和发展中医理论和方法的基础上，历三十余年研究，凝众多领域人才智慧，在多项国家重大科研课题支持下，研制的具有里程碑意义的中医类的诊断仪器。它的诞生和使用，助力传统医学加速数字化、量化的发展步伐。

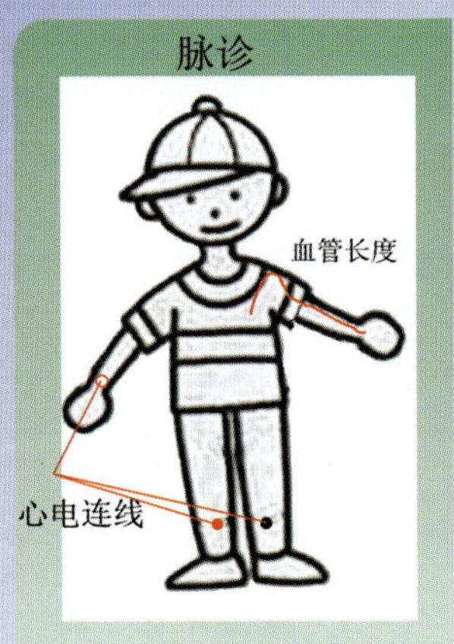

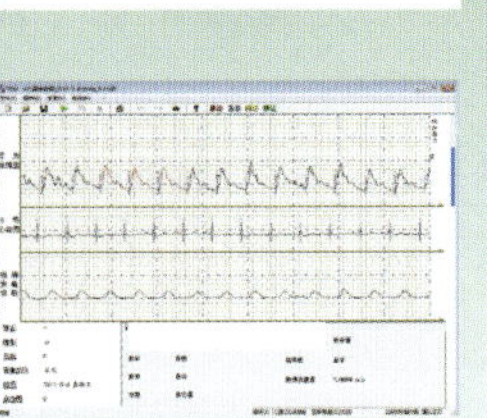

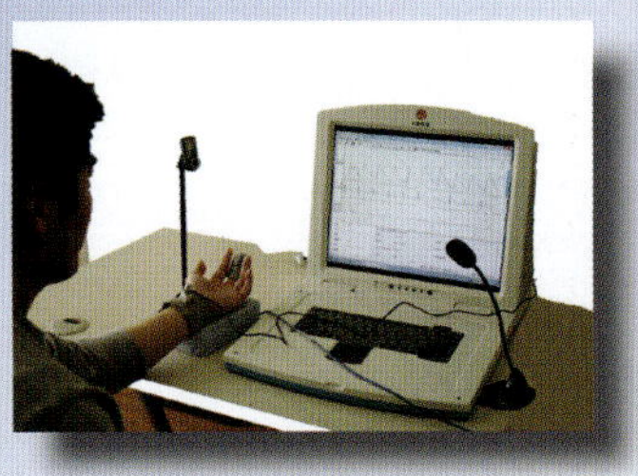

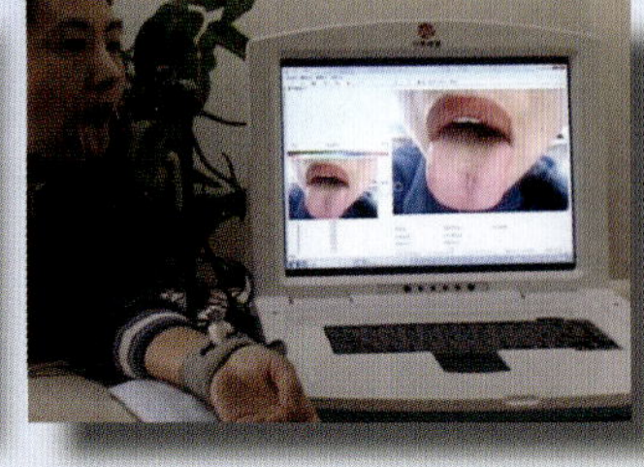

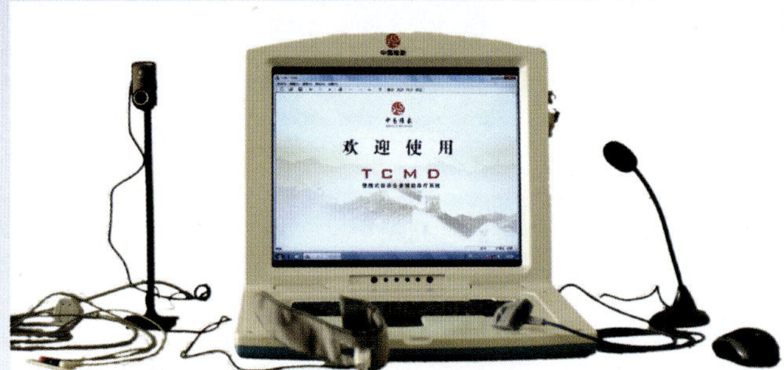

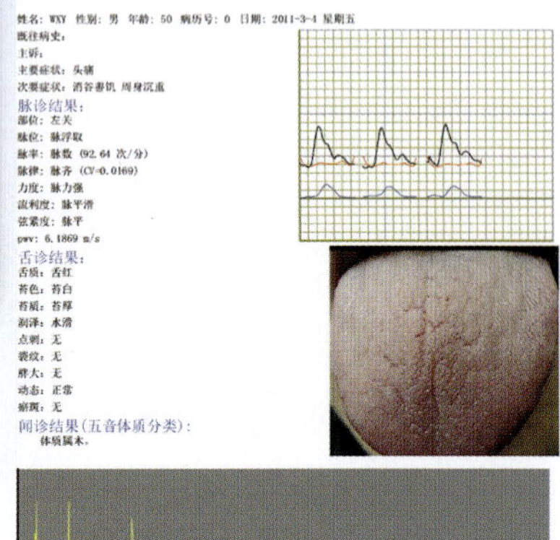

科技获奖成果：

获2005年北京中医药大学自然科学奖一等奖；

获2006年中华中医药学会科学技术奖二等奖；

获2006年教育部自然科学奖二等奖；

专利成果：

一种中医脉诊准确定位和采集装置　　专利申请号：200520117640.7

一种中医脉象诊断仪器　专利申请号：200510073523.X

项目资助：

国家“十一五”科技支撑计划重大项目No.2007BAI07A23

国家“十五”科技攻关重点项目No.2004BA721A09

国家自然科学基金重点项目No.60431020

国家自然科学基金资助项目No.30371720；

国家自然科学基金资助项目No.39970884

国家自然科学基金资助项目1992～1995；

高等学校博士学科点专项科研基金资助项目No.200027

教育部创新工程重大项目培育资金 No.708016

四诊合参辅助诊疗仪的应用价值：

临床运用：辅助医师进行辨证诊断、遣方用药；

科研运用：为临床研究、药物研发等科研领域提供数字化、量化指标；

健康评价：提供中国特色的健康评估及管理识别系统；

传承中医：辅助中医教学，提高临床诊断水平，提供中西混搭融通的平台；

突发事件时的运用：在客观条件受制约时，便携式的特点使得抢救、巡诊等不能携带大型设备时，有着突出的作用；

对基层医疗机构的充实，对边远地区医疗水平的提升，都有着明确的实际意义。

独家经销：北京中易维象科技有限公司　　**生产商：山西博德电器有限公司**

地址(ADD)：北京市海淀区长春路5号新起点8号楼1911室（100089）电话(TEL)：010-51289935　82561751　网址(HTTP)：www.bjzywx.cn

巧用中医特色疗法让县级中医院走出困境

云南凤庆县中医院发展模式记实

为什么我国县、市(地州级)中医院有85%以上经营困难,有50%以上处于亏损.是中医院医师技术不行?还是院领导决策无能?都不是!

据有关专家及业内行家调查的结论是:我国县、市（地州级）中医院在组建中存在：先天不足，后天失调，定位不准，任务不明，问题所造成的。

在建国初期为拯救中医、民族医这瑰宝。在绝大多数有条件的县、市（地州级）都由政府投资组建起中医院，民族医院。按政府部署任务，完成区内医疗任务，经营模式是计划性质。医院没有设置特色科室，更没有抓品牌树立的意识。随着我国经济形势由计划经济转入市场经济。整个市场随经济形势而开放。医疗事业也由政府行为转全民承办，中医诊所，针推治疗所，处处可见，中医仅有的特色如骨伤、风湿、针灸、推拿、中药内服、外用、洗烫、熏蒸等热门项目被各路精英，纷纷拥入。使中医院走入困境。为摆脱困境，政府投入巨资，效仿西医医院配置内、妇、儿、外等西医科室。不论从技术力量，设备装配、资金投入、诊治信誉都远远落后于县级正规医院。造成“中不中，西不西，不论不类，毫无特色”之局面。政府投资补助难于见效，中医院频频倒闭被兼并。救救中医院，就是救中医师，也是拯救中医事业。

县、市（地级）中医院发展之路在何方？云南省凤庆县中医院领导班子，在困难中始终保持着清醒的头脑。院长李明华及班子成员，经认真调查分析研究认为。中医院必须走中医特色疗法路子。必须树立特色品牌才能站稳脚跟。他们将发展“社区康复理疗”订为主攻目标。把治疗颈、肩、腰、膝病、风湿、类风湿、中风偏瘫、截瘫等慢性康复性疾病治疗，作为主要服务内容。院长动员全体员工时说，现代社区卫生服务中的“六位一体”工作内容，我们只要紧紧抓住“康复理疗”这一位，充分发挥中医优势，抓好这项工作，就是我们对全县人民的贡献。就是我们发展目标。院领导班子大胆引进国内最新专利技术，购进最新最适用的康复理疗设备，聘请全国民间名中医，前来医院坐阵策划。在短短两个月内医院就上马了刘老中医独特的“中药熏蒸；三点式牵引；中药透入；中频；超短波；推拿；按摩；针灸；火罐；脐疗；骨伤组合疗法等十余种最有效，最新治疗的方法。最新疗法为广大慢性疼痛患者解决燃眉之急。最好的疗效为长期病痛患者解除病痛，使之恢复了正常工作及劳动能力，患者激动地说：原来要到省城治疗的疾病，现在在家门就可以得到治疗。而且疗效真神！中医院真正为我们老病号办了大好事，党的农村医保就是好。两个月的试诊共诊治门诊及住院病人1705人，治疗8778人次，理疗收入19万余元.采用中药特色效法.中医院有救了。门诊治疗人数增多，促使住院率上升，并且拉动辅助诊室效益（化验、影像、中药房、B超等）使医院综合收入翻了一翻。医院员工看到中医特色疗法带来的效益，个个干劲十足。院领导班子同昆明请来的老名医，并没有满足现状。他们正在研究如何帮助乡、镇卫生院解决社区康复这一大事，他们把眼光放到全县最基层的卫生服务部门，同他们建立连锁服务关系，帮助他们提高经济效益。要为全县最基层的边远山区老百姓解除病痛之苦。我们坚信一个以县医院为中心为全县人民解决“康复理疗网络工程”年底一定能实现。

刘培光老中医独特的最有疗效的十项理疗项目（其中包括最新专利技术三项，国家级高新技术二项）

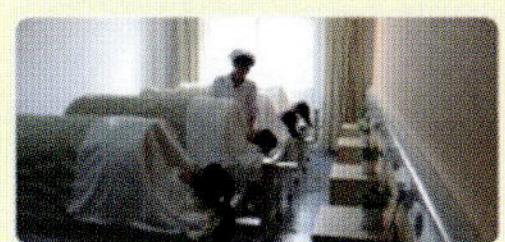
全身熏蒸治疗

局部熏蒸治疗

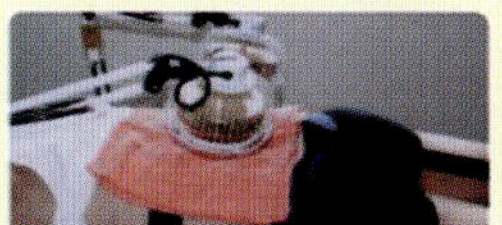
腰部组合治疗

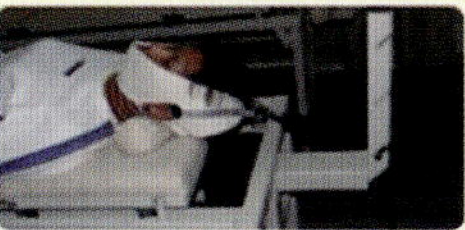
三点式颈椎牵引

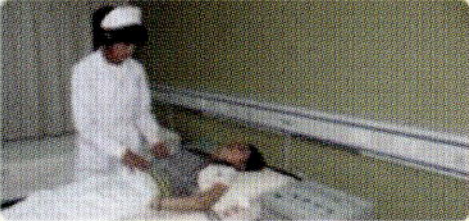
超短波治疗

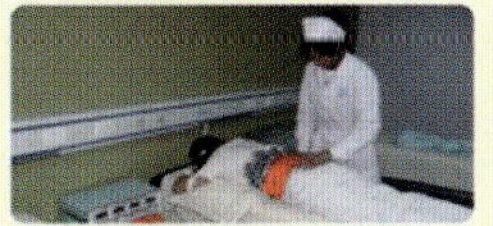
中药离子导入治疗

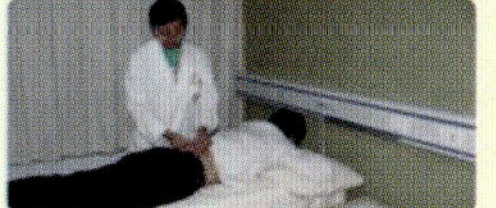
针灸治疗

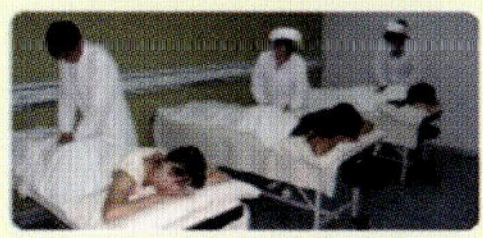
推拿按摩治疗

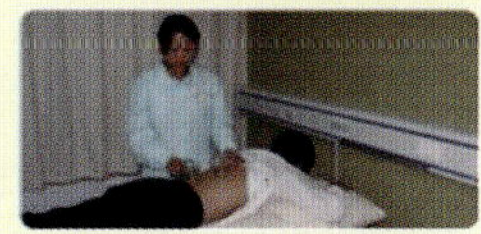
脐疗、火罐治疗

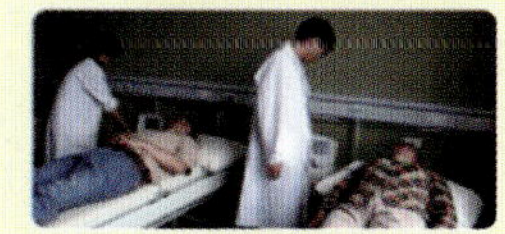
中频治疗

中国民间中医药民间名医刘培光获奖证书

特色疗法创始人

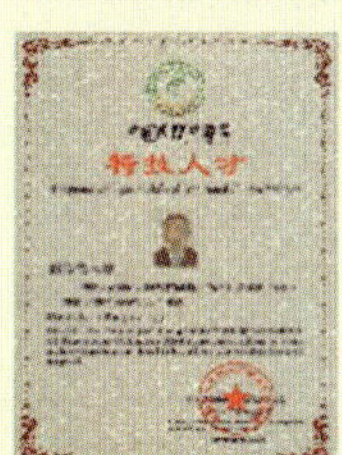

特技人才证书

民间名医证书

优秀中医特色疗法证书

继承与创新奖牌

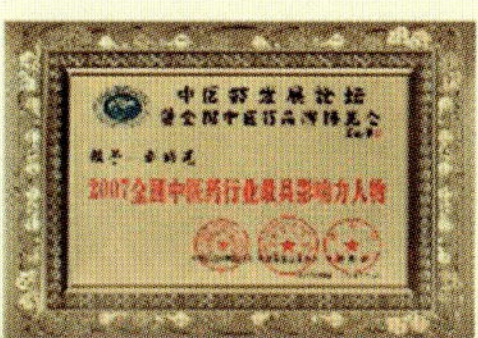

最具影响力人物奖牌

部级论文证书

高新技术推荐证书

部级论文证书

三项专利证书

高新技术项目证

帮助县、市（地州级）中医院走出困境的振兴方案

昆明易复康科技有限公司是由中医世家传人，行医46年的老中医创办。是集科研、生产、推广、营销为一体的科技型公司,刘老中医总结40余年治疗颈、肩、腰、膝病经验。创立了“中药熏蒸牵引法”，“三点式异变牵引法”“颈、肩、腰、膝病组合治疗法”等三种颈肩腰膝病中医特色疗法，并根据疗法原理设计了“多功能颈肩腰膝病组合治疗床”，“脊柱四椎熏蒸牵引理疗床”两大系列产品（均获专利授权）。系列产品以：低价位，投资小；功能全，疗效佳；易操作，见效快；省资源，效益高。而被中国民间中医医药研究开发协会，名中医学术研究专业委员会授予“优秀民间名中医特色疗法”“中国民间中医药特技人才”，“中国民间中医药民间名医”称号。此项目被科技部中国高技术企业发展评价中心评为高新技术推荐目录，是建议转化推广应用。刘老中医被授予“2007全国中医药行业最影响力人物”“2007全国中医药继承与创新奖”有关论文被评为部级二等奖，两篇论文被收载入《中国医学创新发展》巨著。

刘老中医研究制造的系列康复理疗设备，自投入社区康复理疗后，产生巨大反响，曾为十余家县级医院，社区卫生服务中心（站）解决了燃眉之急，并帮助他们走出困境。获得丰厚的经济收入。为本区范围内慢性康复患者解决病痛之苦。

昆明易复康科技有限公司宗旨：为全国基层社区居民解决疼痛之苦。帮助社区基层卫生服务机构走出困境。

连锁经营方式：昆明易复康科技有限公司(甲方)1、投最新特色疗法的专用设备及相应的配套理疗设备;2、提供三项专利区域使用权；3、提供刘氏三种特色疗法区域使用权；4、帮助合作方培训医技人员；5、传授刘氏三种特色疗法；6、保证同一县只合作一家医疗单位，谁家捷足先登谁家独占鳌头；7、保证乙方接手后马上产生经济效益。

合作方（乙方）：1、必须具有县级中医院医疗许可手续；2、提供相适应的经营治疗场地及水电配套；3、选派医德高、肯学习爱钻研医技人员接受传授；4、负责指导安装调试设备人员往返差旅费食宿费(工作期间)及工作日工资;5、所获取的门诊及住院的理疗收入甲方、乙方各占50%，用于各方开支及利润。并保证每月底汇出。

违约条款:违反连锁合作协议者除终止协议，退还各方投入外，违约方应付给对方违约金5万元。

风险：甲方：设备问题及传授技术，经技术监督部门认证是所造成事故主体，由甲方承担。乙方：操作失误及医疗事故，由乙方负责。

该系列产品由昆明易复康科技有限公司研发生产销售并可承担推广运用服务。

医疗器械注册证号：滇（昆）食药监械（准）字2007第1560004号

医疗器械经营企业许可证：滇530578号　执行标准：Q/KYK01-2006/XG1-2007　公司地址：昆明金星小区金星路112号二楼

邮编：650224　联系电话：0871-6666897　13769103460　13908844424　传真:0871-6316810　联系人：刘先生

郭星斗，男，生于1935年，1960年开始自学中医，取得从医资格，开始了医学道路。

为了继承祖国传统医学，为了解除人类的疾苦，郭医师曾参与国医韩鸣皋先生《万病顾问》一书的编写工作；1968年自己撰写《骨科秘传奇方》医书；1979年又撰写近万字《关于癌症的防与治》；1975年被调省商业医院工作；1985年被聘省华夏医院，主治骨伤、癌症、烫伤等；1993年自主创办贵阳星斗华夏医院至今。贵阳晚报、大陆桥报、新京报、新民晚报美国版、环球时报、等多家省内、省外、海外媒体曾报道过郭医师的事迹。

经郭医师抢救的各类杂症有百余例；骨科从60年开始至今有万余例，经治愈的各型骨折尚未出现一列例伤残；郭医师不崇洋、不牵引、不采用塑材、钢材固定置换，烧烫伤不植皮，妇科、肌瘤、乳腺增生等不手术，对各类疾病的治疗方法不断的改进、创新，有一系列独树一帜的治疗方案，功效高、治愈快、简易、方便、花钱少，治病救人。

山西省人民医院麻醉科——郭永清

郭永清，女，1982年毕业于山西医科大学，中共党员，硕士、在读博士，主任医师，现任山西省人民医院麻醉科主任，麻醉手术支部党支部书记，山西医科大学兼职教授。毕业后一直从事麻醉专业，曾在北京、上海等知名医院麻醉科专业进修、日本琦玉医科大学麻醉系研修。28年来潜心临床麻醉研究 在各种疑难、重症病人手术的麻醉和重症监测治疗方面、尤其是器官移植麻醉方面积累了丰富的临床经验 目前承担省级课题两项，院级课题三项，共发表论文35篇。

在麻醉规范化、标准化、科学化、现代化发展方面做了大量工作，建立健全了本专业工作流程、规章制度，创立了本科室肝移植麻醉规范；不断完善麻醉专业内涵建设，在省内率先开展门诊麻醉，提出麻醉质量管理需要对质量进行检查和评估，有关各种诊疗操作的常规、规范、指南和标准的概念、定义及其作用的制定和更新是麻醉质量管理的重要内容。严格麻醉监测和麻醉监测仪器管理，严格设备正确使用的要求和培训，不断提高麻醉质量、降低麻醉风险。制订了本科室必要的麻醉监测仪器和设备及基本的监测标准，并将其作为科室麻醉质量保证和持续改进的重要手段。加强对各种麻醉仪器、监测设备的原理、各参数的临床意义及其正确使用方法等内容进行多种形式的培训和继续教育，确保麻醉医师能重视和正确使用各种麻醉仪器和监测设备。正因为多年来实施有效的持续质量改进，了解影响麻醉质量和结果的行为和工作程序缺陷，及时找出发生问题的原因，采取积极有效的改进措施，监测实施措施后的结果，麻醉科才取得了连续六年、十万余例麻醉无麻醉死亡和纠纷的好成绩。

现任中国麻醉医师协会委员 山西省麻醉医师协会副主任委员，中华麻醉学会山西分会常委，山西省麻醉质量控制部副主任委员、山西省医师协会内镜医师分会麻醉专业委员会副主任委员、中华临床医师杂志特约编辑，中国中医药现代远程教育杂志特约编委，全国名医专家委员会首席专家，中国医促会中老年保健专业委员会会员及专家委员，山西省医疗事故鉴定专家等职。

南京赵立珍烧伤专科医院——赵立珍

赵立珍，女，高级医师职称，1955年毕业于第一军医大学，历任解放军81医院内科住院医生、主治医生。1986年晋升副主任医师。

1992年组建南京医研所专家门诊部；1997年组建南京市卫协老干部第二门诊部，常青门诊部；2002年成立南京赵立珍烧伤门诊部，任法人代表；2005年任中国国际中医学会理事，同年获中国医界名家称号、获美国烧烫学会有突出贡献奖的提名奖。

近年来，赵立珍医师多次出席国家卫生部医师学会组织的学术讨论会并作重点发言，并获优秀论文奖、突出贡献奖。研制的《解毒灵配方》申请国家专利（专利号CN1107346），发表论文10多篇，论文《中药外敷治疗双手增生型疤痕》在《江苏中医药》杂志上发表。她医术高超，医德高尚，多次免费治疗病人，南京市《服务导报》、《南京快报》、《南京晨报》、《金陵晚报》、《江南时报》、《时代周刊》等媒体先后报道了她的先进事迹。

技术介绍：

赵立珍烧烫伤医疗技术在治疗烧烫伤应用上的最大特点就是不感染。由于烧伤面完全失去皮肤的天然保护，而且创面湿润，温度适宜，为细菌的繁殖生长提供了良好的环境，容易导致败血症，破伤风等死亡病症，所以抗感染一直是治疗烧伤的难题。赵立珍烧烫伤医疗技术具有良好的抗感染功能，临床感染率几乎为零。而且患者对所使用的药物不产生抗药性，无副作用。完全可以代替抗生素等昂贵药物。

赵立珍烧烫伤医疗技术在治疗烧烫伤应用上的另一个亮点就是不留疤痕。这是由于在她的治疗下上表皮细胞可以迅速地在几天内上表皮化而抑制了疤痕组织的产生，治疗速度可以达到普通药物手段的三倍。赵立珍烧烫伤医疗技术的愈合能力还体现在它对久治不愈的伤口治疗上。几个月不愈合的伤口在他的治疗下几个星期就可治愈。

除此之外，赵立珍烧烫伤医疗技术还可以在24–48小时内完成去腐的作用，效果自然。疼痛是所有烧伤病人最难忍受的苦难，赵立珍烧烫伤医疗技术可以在30秒到5分钟内止痛，避免了目前大量采用止痛药，止痛针的治疗方法，减少了治疗开销。

联系电话：025-85424865

蕈都微生物研究所

总理秘书侯正祥和任庆堂在世界第三界食用菌大赛会议上的合影

中国科学院研究员、中国食用菌协会副会长卯晓岚在2005年与任庆堂合影

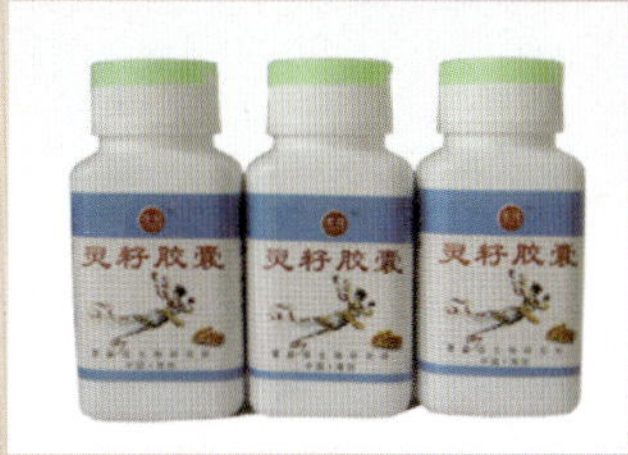

蕈都微生物研究所是一所以生命科学为研究方向，以食药菌为研究内容的研究机构。研究所自筹建以来，继承祖国食药文化之精髓，汲取现代世界食药文化之精华，在深度进行学科研究的基础上，运用现代科学技术，完成了蕈都、蕈萌牌灵芝茶、灵芝醒酒茶、灵籽胶囊和碱性真菌食品的研发；自上世纪八十年代初开始，还对有关食药真菌品种进行了栽培工艺、原料、生态、子实体质量及临床效果研究。其中研究的真菌品种有灵芝、桑黄、冬虫夏草、竹黄、松茸、天麻等，都取得了良好的社会效益。

蕈都微生物研究所以产品质量研究为基础，产品质量优异， 2010年，蕈都、蕈萌牌灵芝茶，被国家社会调查所评定为“中国茶行业标志性品牌”。世界生命科学学会主席马克·沃可为产品提辞：“蕈都灵芝茶，绿色健康食品”；中国科学院微生物研究所卯晓岚先生赞誉本研究所：“业精于勤”。

寻甸县马朝富诊所——马朝富

马朝富医师，生于1944年4月12日，现年67岁，从医45年。自幼酷爱医学，早年在昆明有幸跟随名医张仕杰习医多年，对中医造诣较深。

由于历史的原因，尽管环境恶劣，曾踏遍家乡的山山水水，采集众多中药配合中医针灸、推拿、拔罐疗法等，无偿或抵偿为当地人民群众治病。

1980年，经寻甸县卫生局的严格考核，以理论实践平均分98分的优异成绩名列全县第一，获得云南省医务人员开业执照，故得“寻甸县马朝富诊所”之名，批准在寻甸县城挂牌开诊。2004年，在云南省昆明省会考区以优异成绩考得中医执业医师资格证书。

现在的寻甸县马朝富诊所，已有继承者次子马勇智（昆明学院中医专业毕业）为助理，另聘有三名护士，设有病床12张，拥有中药500多味。以中医为主结合西医，每日接治数十人乃至上百人患者。以几十年所探索、实践总结出来的丰富独特经验，以最优化的服务、最精湛的技术、最简洁的措施，诊疗各种常见病、多发病和久治不愈的疑难杂症，取得了很好的疗效。

2008年受邀参加第三届中医药发展论坛（由中华国际医药卫生理事会和中国民族卫生协会主办），荣获“2008年中医药继承与创新人物”称号；2009年参加第四届中医药发展论坛，由本人撰写的“我的十证疗效定论”一文，获“2009年中医特色疗效法奖”；2010年先后获得“中国医学专科专病优秀专家、新世纪十年医学贡献奖”、“华佗纪念奖等称号。同年11月，受邀参加中国医学专家学者赴日本医学访问团到日本进行中日医学友好访问考察。

作为一名老中医，马朝富给自己定下了目标：一要教好带好培养好下一代接班人；二要继续为人民群众医好病、治好病，真正让人民群众得到实惠和收益；三是继续发掘祖国中医学，让它更加发扬光大，走向世界、服务全人类；四要把自己宝贵经验、医集、医案写出来交付于祖国人民，更好地有用于国家和服务于人民大众。

中医药发展论坛

授予：马朝富 同志

2009中医特色疗法

中华国际医学交流基金会 中国民族卫生协会

二〇一〇年一月

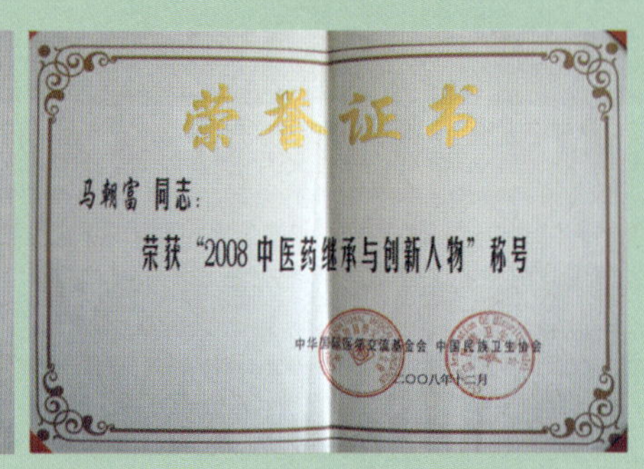
荣誉证书

马朝富 同志：

荣获“2008中医药继承与创新人物”称号

二〇〇八年十二月

腾冲县崇仁诊所——杨康庆

杨康庆，1939年6月出生于中医药世家，民国初年父亲杨文纯创办崇仁堂。经营得当，享誉海内外，55年公私合营，成为当今腾冲县制药的前身。

杨康庆1959年考入云南中医学院，1963年毕业后一直从事临床工作，曾任主任、副院长、院长之职。1988年，杨康庆辞去一切职务，离职创办了崇仁诊所。现已22年，诊所初具规模，设有B超室、化验室、观察室、药房、药库等。二百多平方的建筑屋全部供诊所使用，有职工8人，其中高职2人、中职2人、初职4人，主要从事疑难病研究治疗，擅长治疗小儿常见病、脑栓后遗症、急慢性肝胆胰脾疾患疾病、腮腺炎、带状疱疹、不孕症、肾结石等，22年来共诊治70余万人次。

杨康庆现任腾冲个私协会医药分会副会长，中国疑难病研究协会常务理事副会长，全国高科技健产委医疗、保健、康复委员会腾冲工作指导中心主任。

2003年荣获“中国西部当代名医”称号；2007年荣获“中国名医”称号；2009年荣获“共和国功模人物”称号；2008年4月和10月分别由县人民政府和保山市人民政府表彰奖励授予“先进个体工商户”荣誉称号。

黄多茹中医内科诊所——黄炳华

黄炳华医生在撰写论文

黄炳华，男，汉族，1939年出生，中共党员，广东省深圳市人，1978年宝安县赤脚医生函授大学毕业。2008年获国际交流医科大学中医学博士学位。

1947年，在塘下涌村私塾读书；1952年开始寻师学医，学有所成后成为塘下涌大队卫生站赤脚医生兼站长；1977年参加宝安县赤脚医生函授大学学习，1978年毕业。2002年退休后，重建塘下涌卫生站，2006年改为黄多茹中医内科诊所。

黄炳华用中医"天人相应"理论调理养生，对治疗流行性感冒有明显效果；用"辨证论治"法则治疗内科常见病、多发病及筋骨痹痛等疾病疗效显著，特别是用内服中药治疗心脑血管病、阑尾炎、胆总管结石等疾病有突破性效果，对高血压、糖尿病、红斑狼疮也有很好的疗效。

黄炳华医生为患者分析中草药治病药理

他撰写的论文有：《浅谈中医养生治未病》、《浅谈"辨证论治"在临证中的应用》、《治疗肠痈的心得》、《"培土生金法"自治虚损病》、《"培土抑木温阳法"治疗阳上亢脾阳虚证》、《"培土温阳利水法"治脾肾阳虚水肿》、《"活血祛瘀通便法"治疗肠痈》、《运用"天人相应"理论治时行感冒》。

他奉行以人为本，患者可先治病后结算费用；对于经济困难的患者，可先记账后归还；对于经济困难的长期病患者实行减免药费优惠；对于贫困交迫、有病无钱医治的极度经济困难患者可酌情免费治疗近年来，一些患有白血病、强直性脊椎炎、红斑狼疮、心脑血管病和各种慢性疾病的经济困难患者，因减免药费得到连续治疗而不断康复。

其慈爱的善心，高尚的品德和信守诺言的作风，令人敬佩。

大连蓝氏北虫草科技有限公司

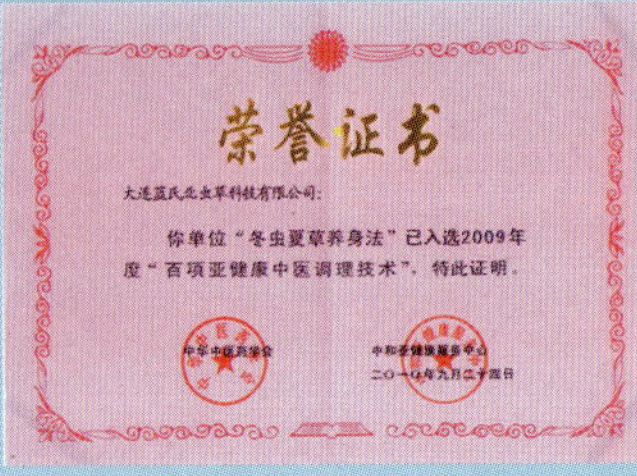

大连蓝氏北虫草科技有限公司是致力于北虫草培育的生产基地，通过多年对北虫草高产栽培模式及保健应用的研究，已经开发出生产北虫草子实体干品的先进生物科学技术，其成果获得国内专利（专利号：200510046800.8），并获香港第七届国际专利发明博览会金奖，国内已注册"蓝氏蛹虫草"商标。现蓝氏北虫草工业化生产已形成规模，近年来，应市场需求稳步发展，开发的系列产品北冬虫夏草茶、饮料、酒、胶囊等远销美国、澳大利亚、台湾、香港等地，受到国内外客商及患者的好评，成为代替野生虫草的重要药材和保健品。

大连蓝氏北虫草科技有限公司创立者蓝蓍碧教授是享誉中外的微生物学家，从事微生物教学、科研四十余年，曾任教于原沈阳农学院，原辽宁省出口食用菌研究所所长。通过长期的微生物学研究，蓝蓍碧教授取得了多项科研成果：她是第一位培育灵芝、香菇的学者，第一位开展职务DNA技术研究以及叶面固氮研究的中国学者，在食用菌技术的研究上，蓝教授贡献卓著，九十年代初期开展的"抗毒剂一号——菇类蛋白多糖"研究项目获国家发明专利（专利号93102825，0-4），并获1993年中国新科技成果专利技术博览会金奖，1994年中国专利技术博览会金奖，让世界对中国的微生物技术刮目相看。2007年北虫草白色种的选育获第八届香港国际专利发明博览会金奖（专利公告号：20071015755.6），国家科技部在《星火科技30分》栏目联合全国电视台播出了蓝氏蛹虫草的培育技术。

经过多年来大量使用者验证，蓝氏北虫草及全面的营养素含量，能明显提高人体免疫力，改善内循环，提高新陈代谢，从而提高了对许多疾病的成功治愈率，是集保健与治疗为一身的最理想的绿色食品新资源，具有广阔的开发应用前景。

大连蓝氏北虫草科技有限公司将与所有热爱健康事业的精英，精诚合作，为增强全民体质携手共进！

杭州旭进医药科技有限公司

杭州旭进医药科技有限公司是一家年轻、充满活力、传承发扬、勇于创新、不断进取的新型公司。中草药研发应用、推广实验成果及产业化基地等项目经浙江省发展和改革委员会批准确立为省重点项目。隶属于公司旗下的杭州旭进堂国医养生馆是对外服务的主要窗口。公司的专家队伍有教授、博士生导师、中医师、药师、特别顾问及技术人员多人，其中精英占百分之四十五。

公司有关国医养生之精辟专论《医道》、《人生之道在于自然》、《遵医道而行天下》、《事业与养生是生命之价值》、《养生必知》、《人生朦梦胧文化与养生哲学》、《论四季养生》、《遵生篇》、《四季自然蔬果是养生维命之根本》等多篇专论受到中医药相关部门领导的认可和好评。这些理论专述为广大民众真正认识理解传统医学之养生精髓做出了有力的普及。

杭州旭进堂国医养生馆之宗旨：以人为本，关爱生命，已病治病，未病养生，未病与已病之间治其交病。运用《黄帝内经》最高医理："天人合一，人天相应"之法则结合与人与自然界朝夕相关的二十四节气，三阴三阳、五运、六气和五行变化原理，并融合于生命特征辩证论治。实践证明，人的生命活动与疾病，必须与自然界各种变化相适应，唯有如此，才能顺应自然，求得人体和自然界之和谐统一，保持健康。因市场经济日益发展，许多人士在生活的压力下小病不治，日积月累，积劳成疾，呈现出已病或亚健康状态。凡经本馆调理养生后，疗效显著，得到广大人士之认可与好评。

旭进堂国医养生馆，以自产天然有机的中草药针对性调理养生内服外用，又创新研制了膏摩外治的绿色疗法：将药物通过皮肤刺激进入人体经络的传导系统，从而达到治病、防病的效果。主要外治于黄褐斑、青春痘、妇科盆腔炎、哮喘、支气管炎、颈椎病，肩周炎，骨质增生，关节炎，风湿腰痛，偏头痛、头晕和失眠等疾病。该产品已批准上市，其疗效受到了社会的认可。

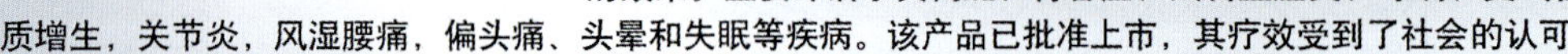

公司全体上下，合力一心，以无私奉献，各尽其能，振兴国医国药，将养生事业发扬光大：2010年中秋应邀参加由国家中医药管理局等单位主办的全国中医药文化科普宣传活动；同时，参加2010年全国第四届中和亚健康论坛，为大会作出精彩演讲；2010年12月，中国劳动和社会保障部授权本公司承办中国就业培训技术指导中心举办的康复保健师培训。

我们的事业正在起步，以真诚回报社会，以创新促进发展，希望国医国药养生事业朝着正轨方向振兴发展，我们也会为之而不懈努力。

遵医道而行天下　就是我们的事业

香港枢天阁药艺有限公司董事长 陈汉水

名人小传：陈汉水，男，1941年10月生于福建南安，主修中医内科、兼修人文、经济。陈先生早岁失学，少年时期就边工作边自修经史子集和传统医学。上世纪60年代初悬壶济世，1973年迁港，定居后仍从医，且长期应邀外诊。1993年获荣誉教授，1999年获国际杰出医学成就奖。三十多年来，陈先生无视物欲横流的氛围，踽踽独行于医药研发的路上，屡以"吾爱吾土"为辞婉谢多个外邦、外区医事部门、机构、学府、师友的邀聘，偈然固守着"师古而敢迈古、遵经而不泥经"的信念，坚持自主创新的特立独行。

学术经验

上世纪七十年代后期，陈先生就开始进行医事研究。八十代初即成功地通过理学、生命科学和医学的融汇，进行以中药作可控冷疗的临床应用。冷疗法乃根据古哲思"阴阳剥复，天地再合"的理论自拟新方，为危重病患者提供一续命新方。盖一经饵服这种方剂，可使体温下降，周身散发凛冽冷气，籍缓和病症的恶化且具良好的镇痛效果，能舒缓机体新陈代谢、减少脏器能量消耗，延长存活期，为继续救治争取时间。

北京孟庆云哮喘病医学研究院——孟庆云

孟庆云，男，1937年6月出生，副主任医师，中共党员，河北省香河县人。1962年毕业于津沧高等医学专科学校，原任河北省香河县气管炎哮喘医院创始人，现任北京孟庆云哮喘病医学研究院院长和湖北省咸宁市中医医院名誉院长，中国人民解放军66055部队医院和北京市大型物资运输公司医院特聘专家。拥有五项专利发明，曾荣获“第三届河北省十大优秀发明者”，“河北省十佳院长”，《中国贸易报》“全国十大创新先锋人物”，“香港国际中医药研究会，首届著名专家”。他主研支气管哮喘项目，达到国内领先水平，被列入国家中医药管理局科技交流中心科技成果推广项目。

孟庆云院长从医五十年，经验十足，治愈患者无数，在祖传秘方的基础上不断创新，我院采用特效药物穴位注射，结合口服中药达到治疗目的。经过无数临床病例观察，患者经过治疗后，通过X光、心电图等检查，病理损害恢复，自觉症状消失。这种特色疗法先后治愈国内外患者4万余，主要以我国传统中医的辨证施治方法，标本兼治。他研制的“一套治疗缓解慢性支气管炎的药物”、“一套治疗缓解期肺心病的药物”、“一套治疗支气管哮喘的药物”、“一套治疗肺气肿的药物”、“一套治疗支气管扩张的药物”获得国家知识产权局的五项国际发明专利，中西医结合治疗支气管哮喘研究获得“河北省科技成果证书”、“廊坊市科技进步一等奖”。专家一致认定：该成果在治疗支气管哮喘方面取得了突破性进展，该成果较其他同类技术比较，操作简单，疗效快，复发率低，费用低，具有科学性、先进性和推广应用价值，在疗效上达到了国内领先水平。

哮喘病是一种极难治的顽症，尤其是慢性支气管炎哮喘肺心病支气管扩张，一直被世界卫生专家认为不可逆转不可康复的顽症，但由于目前医学界还未找到真正的原因，对病理分析不清，有的哮喘治疗很难达到治愈的目的，更甚者有的还会发展为肺气肿，肺心病。当今世界卫生组织称之为五大顽症的哮喘病，目前被我们孟氏中医特色医疗治法征服。院长认为引发气管炎哮喘的主要原因是，肺脾肾三大功能失调，或先天功能不足，不能完成本人应有的功能，特别是肾功能低下，肾上腺分泌功能损失，脏腑失调，因果交替，导致支气管肺部反复感染难以治愈，所以在治疗过程中，应以中药补肾纳气，益肺健脾利湿，活血化瘀，机体恢复元气，肾上腺分泌正常，就会得到控制，病理损害恢复，自觉症状。

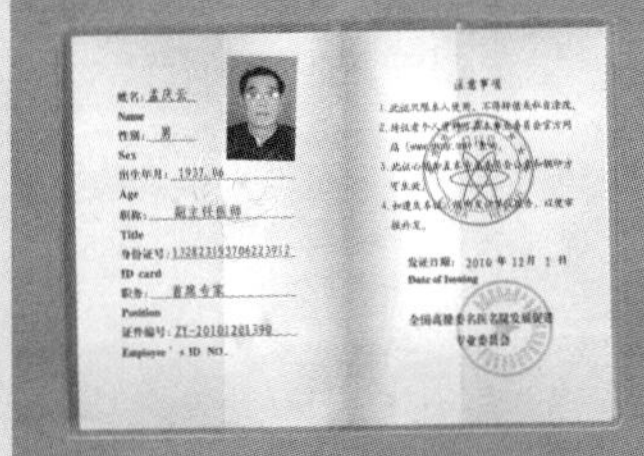

北京聚龙烨康体健身服务中心——秦助龙

秦助龙，男，汉族，学历大专，1952年2月生于北京。1987年，参加中医推拿教学班，学期三年，以优异的成绩毕业。后拜洪学斌主任为师，成为洪学斌老师的弟子。

同年，开始在和平里社区保健中心，中医针灸按摩门诊实习。后又向东直门中医院的臧福科，刘焰刚、安徽亳州的张震主任、青海省中医院的任治平主任学习按摩与全息疗法,水平又得到了进一步的提高，从事按摩工作至今；1990年，向我国著名国家级保健医生杨志高先生和同仁堂坐堂老药师学习中医学，使得在中医保健医学方面有了更深的造诣；2002年获联合国世界和平基金会鉴发的自然医学功勋奖，发表《浅谈望诊与信息诊断的临床指导》获自然医学优秀成果奖。

秦助龙现任北京聚龙烨康体健身服务中心执行董事，总经理；北京华夏高新国际科学医学研究院院长助理、研究员；向跃军中医研究院副院长、教授、高级讲师。

单位简介：

北京华夏国际高新科学医学研究院东城一分院和聚龙烨康体健身服务中心为一体，是一家专业的养生保健机构，在主任专家秦助龙先生带领下，传承祖国传统的自然疗法，以秦氏经络按摩为基础，从推拿按摩技术、运动方式、生活方式、饮食方式多角度推广中医养生文化，为数以万计的亚健康人群解除痛苦，更悉心传授培训无数学生为更基层的民众服务。

聚龙烨经络调理中心，服务项目包括：推拿、足疗、刮痧、拔罐、砭术、灸术、熏蒸、药膳调理、培训等六大类。

其中特色服务项目有五类：

1、辩证经络调理。根据顾客口述和身体检查，发现问题根源所在，顺势运用推、拿、按、揉、点等手法，疏通经络，恢复人体的自愈能力，从根本上解决疼痛等问题。

2、砭石解肌驱邪。东方奇石——砭石，带有奇特的天地能量，直接作用于皮肤，可以有温经驱寒、散结解痉、通经活络等作用，结合秦氏经络按摩手法，将天地能量发挥到极致，对亚健康人群常见的经络不通、肌肉僵硬，肩、颈、腰部疼痛、易疲劳等问题，能有一定的改善，经常调理，风邪、湿邪等不易侵入。目前砭术头部经络调理，就属于此类。

3、特色足底疗法。足底犹如人体的第二张脸，直接反映身体的年龄，做好足底的养护，就有利于改善身体问题，沿缓衰老。结合华夏高新国际科学研究院研制百络通排毒强肾洗剂，通过足底涌泉穴等众多穴位渗透，达到排毒通肾、强肾健体的作用。

4、药膳饮食调理。聚龙烨强调经络健康源于健康的生活方式。专业经络调理之外，更需要从饮食、运动、心态等多层面进行调整。我们的祖先在几千年前就提倡药食同源，将中药材做成菜、酒、茶，对身体进行调理。聚龙烨根据现代人的生活习性推敲出适合不同人群的药膳调理方法。

5、女性熏蒸调理。生活、工作、环境的改变，女性的健康问题越来越严重，运用秦氏经络按摩手法，结合华夏国际高新科学研究院研制的百络通女性熏蒸洗剂，驱寒散瘀，通经活络，从根本上解决气血瘀滞问题。

滦县庆和针灸研究所——孟庆和

孟庆和，男，1944年出生于河北省滦县孟家屯村农民家庭。十三岁时便开始苦读医书。十八岁完成中学学业后，自学我国第一版中医五大学院系统教材，为临床打下了理论基础。同时，在师傅孟昭天、王成岩、苗春辉等各位老先辈的指导下，应邀义务行医于家乡及周边几个县市，颇受群众好评。

1979年参加河北省中医选招考试，1983年经卫生局考核获正式行医执照。1985年考取中华针灸进修学院学习三年，1988年学院毕业后，应河北省玉田县政府和人民的聘请创办了玉田县偏瘫针灸医院，任技术院长、主治医师，每天应诊100－200人次，受到了玉田县卫生局、玉田县县委宣传部、唐山劳动日报、河北科技报、河北电视台的表彰。1989年晋升为中医师职称。1990年回到家乡创办了河北省滦县安各庄针灸医院，任技术院长兼主治医师。1991年，由于事业的发展，在滦县卫生局和县委县政府的大力支持下，创办了滦县针灸医院，任技术院长。1992年，应滦县第二人民医院的聘请，出任针灸科主任医师兼总务科主任、院委委员。由于成绩卓著，事迹突出，受到了中央电视台、河北滦县县委宣传部、滦县电视台、滦县卫生局的表彰。1996年在河北省科委和滦县科委的支持下，创办了滦县针灸研究所，任所长。2002年注册民办非盈利企业“滦县庆和针灸研究所”，任所长兼滦县卫协门诊部主任。

四十多年来，接诊各种疑难病患者达10余万人次，受到患者的一致好评。论著了《我国农村中医药改革与发展》、《读大医精诚论有感》、《中风病的中医诊断与针灸治疗》、《针刺治疗聋哑病1300例临床总结》、《针灸治疗中风病400例临床研究》、《刺络拔罐治疗带状疱疹的报导》、《针灸治疗褥疮报导》、《针灸治疗急性腰扭伤130例临床报导》、《针灸治疗小儿脑瘫临床体会》、《中风病的心理学介入和康复指导》等十几篇学术论文。

由于不懈的努力和执着，2009年任聘中国行业发展研究中心高级研员、医学专家。

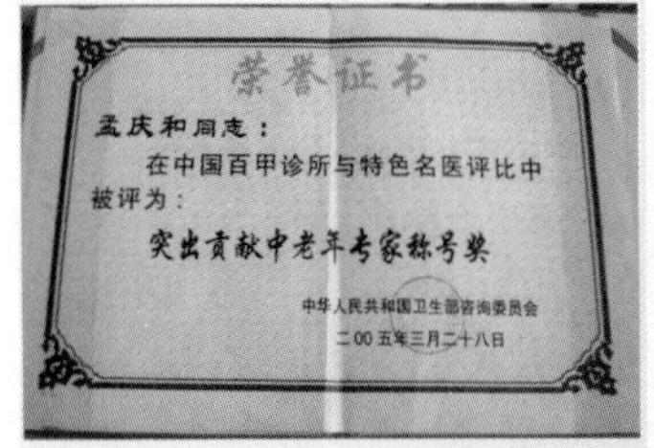

荣誉证书

孟庆和同志：

在中国百甲诊所与特色名医评比中

被评为：

突出贡献中老年专家称号奖

中华人民共和国卫生部咨询委员会

二〇〇五年三月二十八日

中国行业发展研究中心

孟庆和

男

1944.04.18

医学

高级研究员

有效期为五年

2009.05.27

聘书

孟庆和同志：

兹特聘您为国际科学研究院终身

“客座教授”

马振明，男，1943年出生，吉林市人。企业干部，助理工程师，共产党员，高级健康管理师，高级按摩师，北京红景天公司健康顾问。擅长手部穴位点穴。自1986年始，一直在学习、研究手部穴位点穴，通经活络祛病，为自己、家人及他人调治亚健康。通过手部穴位点穴，达到小儿至老人的强身健体的目的。

专业擅长：

一、手部穴位点穴，气功点穴，专门调治从头至脚各部位疼痛，效果理想。

二、用绿色中药圣莲红景天专调治亚健康。

圣莲红景天是用长白山五色神草研制，经现代高科技生产，保留了传统特色,是人类健康的保护神，是药食同源之上品，对健康人是防病，对亚健康人是调整转健。

青岛郝敬华推拿中心——郝敬华

青岛郝敬华推拿中心创始人郝敬华，出生于青岛三代中医世家，由于长辈的言传身教，自幼对中医产生了浓厚兴趣并掌握了一定的医疗技术。大学期间（从1965年开始）业余行医，亲身体验到了其良好的医疗效果，更加激发了习医的热情。后进入中医专科学院学习，取得大专学历。四十余年的行医生涯，郝敬华不仅完全继承了家传的各种医疗技术（针灸、推拿、中草药治疗、拔火罐及刮痧等），而且在推拿（尤其是小儿推拿）、针灸及中草药饮片配方治疗中皆有突破与创新。同时郝敬华还掌握了西医的普通理论及常见病的治疗，真正做到中西医相结合。2004年12月被“上海百寿苑中医药研究院”特聘为研究员。

郝敬华同样重视对子女的医术传授，女儿郝洪恩已取得了国家考核的“高级按摩师”资格；儿子郝灵波及儿媳黄卫红，也在小儿推拿与临床疾病治疗方面有一定的建树。为了弘扬家传医术，奉献社会，2006年9月25日郝敬华与女儿一起开办了“郝敬华推拿中心”。推拿中心成立后由于高超的医术和快捷可靠的疗效，很快赢得了社会的信任和上级部门的关注。

青岛郝敬华推拿中心位于青岛市市北区，在青岛市城阳区设置分支机构一处。为了发掘中医推拿（尤其是小儿推拿）的潜力，促进中医事业的发展，弘扬国粹造福人类，中心根据上级部门的指示和提议以及广大群众要求，已开始对外培训小儿推拿专业人才。使中心成长为集医疗保健、科研与教学成为一体的综合性医疗保健机构。

相信郝敬华推拿中心在各级领导的亲切关怀、大力支持与正确指导下，并在广大群众的关爱和拥戴下，必将走出一条成功之路，为人类的健康事业作出应有的贡献。

沈阳市铁西区大潘镇桃园社区卫生室——孙多治

孙多治，男，汉族，1955年9月3日生，1971年2月参加卫生工作，先后在赵家村卫生室，大潘镇桃园社区卫生室工作，并于1980年至1983年参加辽宁中医学院函授学习。临床上以中西医结合的方法治疗各种疾病，擅长治疑难杂症。先后发表过5篇医学论文：“神效止泻散敷脐加点刺四缝穴治疗小儿腹泻”、“中西医结合快速治愈带状疱疹”、“神效中药药枕，快速治愈顽固性失眠”、“中药神效烫伤散治疗各种烧烫伤”和“神效治癣王和愈风丹组合快速治愈牛皮癣”。

带状疱疹是由水痘-带状疱疹病毒引起的急性炎症性皮肤病，中医称“缠腰火龙”或“缠腰火丹”，俗称“蜘蛛疮”。当机体过度疲劳或局部创伤，年老体弱，免疫功能低下，以及在高温温热环境中都易发生此病。一年四季均可发生，以春夏季节较多。

经过学习各家之长，结合临床经验，现孙多治总结出一套能够在短时间内快速止痛，快速治愈带状疱疹，不留后遗神经痛的中西医结合治疗方法：中药“桑螵蛸散”外敷，梅花针在疱疹区用重手法叩刺放血，用闪火法拔火罐排毒，三棱针“龙眼穴”放血收根；西药抗病毒抗菌消炎。本方法具有简单易掌握，花钱少，能够迅速止痛、并在短时间内（5-9天）快速治愈带状疱疹而不留后遗神经痛。

蒙自军分区医院——黄效学

黄效学，男，彝族，1959年11月24日出生，贵州省织金县人，1979年2月在贵州省织金县应征入伍；1982年退伍回乡后，在少普乡卫生院从事医疗工作，对各种常见病的诊治有了丰富的临床经验；2005年到蒙自军分区医院骨伤普外科工作，对各类骨折、跌打损伤、骨质增生、风湿、类风湿性关节炎、肩周炎、颈椎病、坐骨神经痛、腰椎间盘突出等症以中西医结合治疗达到了很好的疗效。

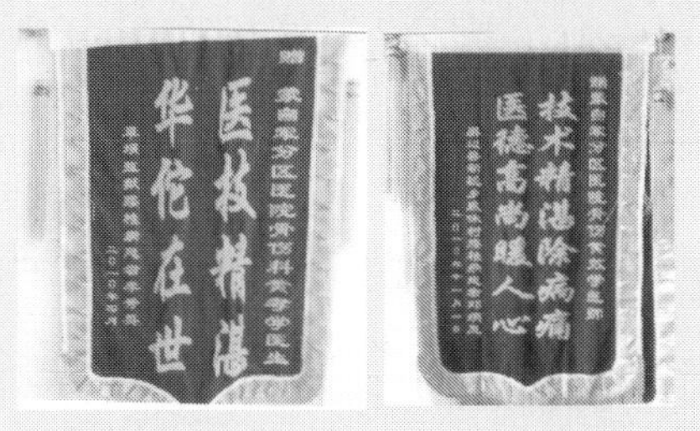

2008年在北京九龙堂医学保健研究院培训学习，参加中国针灸推拿协会，浮针疗法与骨药制作疗法应用学习班，学历大专；2009年参加云南省基层实用针灸技术培训班，在云南省针灸学会、云南省中医学院学习；2010年4月参加云南省针灸学会针灸推拿治疗颈椎、腰椎病特色培训班。

通过30多年的实践经历，对各种骨病、骨伤的治疗总结出一定的治疗经验，以20多味中草药泡制的药酒，结合针灸、推拿为一体，加火功疗法治疗腰椎、颈椎、风湿病深受广大患者的好评。

山西省潞城市肿瘤研究所——陈海林

陈海林，男，汉族，1955年8月出生，山西潞城人，大专学历。

1984—1988年参加山东中医函授大学，学制四年，第二年进浙江中医学院进修；1990年参加山西省个体行医资格考试（长治赛区）名列前茅；2008年被中国临床医学继续教育研究院任命为研究员；2009年被中国医促会中老年保健专业委员会，增补为肿瘤学科专家委员，并获得中医药创新一等奖，科研成果二等奖。

从上世纪九十年代初开始在临床中运用祖国传统医学理论，结合现代医学的诊断手段和影像资料，从事肿瘤治疗的研究工作，同时用中医治疗各种皮肤病，如牛皮癣等。

《天元纪大论》中所述：“在天为气，在地为形，形气相感而化生万物矣”。因此《内径》对于人体生理和病理生理的认识也完全是从“气化”的角度来认识，从“气化”的角度出发来研究人体的生理现象、病理现象、疾病的诊断、治疗和预防原则，从而通过气化的演变迅速达到治疗肿瘤的目的。

从有形化无形，气化流行，方能生生不息

萧县周易学会——欧阳江南

欧阳江南（道号：逍禅子），男，1967年生于安徽萧县圣泉寺下岱河岸边一个古老的山村，自幼对易医道有着浓厚的兴趣。1987年高中毕业后开始在本县名老中医龙城老人李大宽先生的指教下，对祖国的传统瑰宝中医中药学、易学进行了系统的学习和探索。挖掘整理民间绝技验方，对本县皇藏峪原始森林公园中野生本草进行了深入的研究和临床试用，卓有成效；1995年参与筹备“萧县周易学会”，任副会长，主持学会工作。探讨“易学与人体健康和事业成败的关系”，对古人“顺应天地，养性修真”有了更深刻的认识。1997年在江西龙虎山皈依道教，并周游全国参学拜师，后跟随湖南桃花源九真精舍道医堂谢先铭道长深研术数与道家医术秘笈，博览了大量的易学古籍。2003年回家乡与龙城老人李大宽先生一起筹建皇藏峪民间医药研究所与易道医院。后被北京宝芝堂医学研究院聘为研究员，在萧县成立宝芝堂分院，并被录入《萧县志》。

近年来，欧阳江南帮助师父谢先铭道长整理和编著500多万字的《中国民间秘方集》；帮助李大宽老师整理和编著了《风水求真讲义》与《六爻求真讲义》，已作为萧县周易学会的内部教材。

通讯地址：安徽萧县龙城交通东路39号邮编：235200
联系电话：0557-5016416
电子邮箱：ah15955717001@126.com

河北省涞水县保定地区726厂医院——成桂田

成桂田，男，1949年7月出生，汉族，河北涞水县人，毕业于河北省石家庄中医函授学校，原系乡村中医师。1982年春开始临床研究敷脐疗法；1986年，在涞水县卫生局注册建立涞水县敷脐疗法门诊部；1987年5月，经涞水县科委批准建立敷脐疗法研究所；1989年，开始在中医药信息报上发表有关敷脐疗法方面的文章；1990年，在河南省委机关门诊部钟声分部任敷脐疗法专家；1996年，回本厂职工医院工作；2005年成为“中国国际经济文化发展研究中心”高级研究员、“中国评论月刊”特邀评论员，“中共中央党校市县领导月刊”理事会委员，“中华临床医学会”常务副理事。

成桂田先后研制了多种敷脐药物，如糖尿病保健贴脐膏、心脏病贴脐膏、哮喘贴脐膏、疫毒痢贴脐膏、小儿厌食膏、感冒贴脐膏、高血压贴脐膏、风湿油、特效粉刺霜等。其中疫毒痢贴脐膏获发明金奖，所写论文《中医药之光》获中华中医药学会学术部建会20周年继续教育6学分，并获第五届国际中西医优秀成果交流研讨会金奖。同时，有包括《关于类风湿性关节炎的观察、思索与治疗》等多篇论文获得多种国际、国内奖项。